苏尼特右旗志

ᠰᠦᠨᠢᠳ ᠪᠠᠷᠠᠭᠤᠨ ᠬᠣᠰᠢᠭᠤᠨ ᠤ ᠲᠡᠦᠬᠡ

(2001—2015)

苏尼特右旗地方志编纂委员会　编

方志出版社
Publishing House of Local Records

图书在版编目（CIP）数据

苏尼特右旗志：2001—2015／苏尼特右旗地方志编纂委员会编. —北京：方志出版社，2020.9

ISBN 978-7-5144-4483-4

Ⅰ.①苏… Ⅱ.①苏… Ⅲ.①苏尼特右旗-地方志-2001—2015 Ⅳ.①K292.64

中国版本图书馆 CIP 数据核字（2022）第 121614 号

责任编辑：徐宏
责任校对：刘玉霞
责任印制：赵楚
出 版 者：方志出版社
地　　址：北京市朝阳区潘家园东里 9 号（国家方志馆 4 层）
邮　　编：100021
网　　址：http://www.zgfzcb.cn
发　　行：方志出版社图书营销中心（010-67110500）
印　　刷：北京中科印刷有限公司
开　　本：889 毫米×1194 毫米　1/16
印　　张：50.5
字　　数：1484 千字
版　　次：2020 年 9 月第 1 版
印　　次：2020 年 9 月第 1 次印刷
定　　价：388.00 元

序 一

贫困问题一直是困扰人类社会发展的重大问题。中国作为世界上最大的发展中国家，为解决贫困问题进行了长期不懈的努力。改革开放以来，特别是党的十八大以来，以习近平同志为核心的党中央把脱贫攻坚作为全面建成小康社会的底线任务和标志性指标，纳入“五位一体”总体布局和“四个全面”战略布局，以前所未有的力度推进精准扶贫、精准脱贫，扶贫开发成就举世瞩目，显著改善了贫困地区和贫困群众生产生活条件，具有重大的现实意义和深远的历史意义。身处中华民族几千年发展历史上将首次整体消除绝对贫困现象的伟大时代，如何更好地发挥地方志的存史、育人、资政的作用，是新时代全国地方志系统必须深入研究和着力解决的重大课题。

党的十八大以来，在党中央国务院的正确领导下，全国地方志系统深入学习贯彻习近平新时代中国特色社会主义思想和党的十九大精神，紧紧围绕党和国家事业发展需要，深入推进地方志改革创新发展，凝心聚力，稳扎稳打，勇于担当，主动作为，全国地方志形势和地方志工作者的精神面貌发生了深刻变化，取得了优异成绩。其中，为贯彻落实《全国地方志事业发展规划纲要（2015—2020年）》，经中国地方志指导小组领导批准，中国地方志指导小组办公室于2015年、2017年先后启动民族地区与贫困地区志书、年鉴出版资助工程（以下简称“志鉴出版资助工程”），对国家级贫困县（区、旗、县级市），中西部地区、少数民族边疆地区面临出版经费困难的志书和综合年鉴给予出版资助。实施志鉴出版资助工程是紧扣时代脉搏、坚持创新发展、传承弘扬中华优秀传统文化的一项创举，不仅有力推动了“两全目标”的实现，而且数十部资助出版的志书、年鉴及时记述了民族地区与贫困地区在全面建成小康社会伟大征程中取得的新成绩和新经验、出现的新情况和新问题、涌现的优秀人物和典型事迹，留住地方文化的“根”和“魂”，为这些地区的经济社会发展、地域文化传播、爱国主义教育、精神文明建设等提供了历史借鉴和智力支持，对全面提升民族地区与贫困地区文化建设水平、确保民族地区与贫困地区和全国其他地区同步全面建成小康社会具有重要意义。

尤为可喜的是，志鉴出版资助工程促成了一批扶贫志书的编纂出版，在文化脱贫攻坚中发挥了独特的作用。例如，《贵州省减贫志》全面系统客观记述了从1978

年至2015年贵州省扶贫、减贫工作的历程及取得的经验，为贵州省实施大扶贫战略提供了有力的资政辅治参考，集中体现了地方志工作因时而动、顺势而为的新作为。前不久，由福建省地方志编委会和人民网共同编纂的《闽宁扶贫协作图志》，是全国首部扶贫协作图志，图文并茂、直观立体、全方位地展现闽宁扶贫协作波澜壮阔的历程，弘扬“闽宁一家亲”“携手奔小康”的深厚情谊和滴水穿石、久久为功的精神，是贯彻落实习近平总书记扶贫工作重要论述精神，服务国家精准扶贫、精准脱贫战略的有力举措。希望各地以此为鉴，编纂出版更多、更好的扶贫志书、年鉴，助力国家精准扶贫、精准脱贫战略的实施，充分展现地方志的独特价值和作用。

当前，我国脱贫攻坚已进入全面决战决胜的关键时期，尚未脱贫的贫困地区集中分布在中西部深山区、极端干旱山区、高寒阴湿地区等，文化建设还比较薄弱，文化产品还不够丰富，文化精品更是少之甚少。同时，这些地区往往是民族文化、历史文化、红色文化、生态文化富集区，具有发展文化旅游、推进文化扶贫的巨大潜在优势，也是繁荣发展地方志事业的巨大文化宝库。要发挥好文化扶贫凝聚人心的优势，善于利用方志文化优势为贫困地区“赋能”，在脱贫攻坚中做出方志人应有的贡献。要发挥好中国名镇志文化工程、中国名村志文化工程的引领作用，大力加强乡镇村志编纂，让百姓记得起乡情、记得住乡愁，凝聚贫困乡镇村庄的强大民心，补齐贫困乡镇村庄的文化短板，以“扶智”的方式“扶志”，践行习近平总书记强调的“扶贫先扶志，扶贫必扶智”的重要理念。

求木之长者，必固其根本；欲流之远者，必浚其泉源。扶贫扶起的是志气骨气，传承的是家国情怀，守护的是绿水青山。扶贫既要富口袋，也要富脑袋。必须坚持文化脱贫和物质脱贫两手抓，筑牢贫困地区文化之基，补足信仰精神之钙，引领脱贫发展之舵。全国地方志系统要围绕中心、服务大局，坚决投入脱贫攻坚这场必须打赢的硬仗，积极参与脱贫攻坚战，发挥优势和特长，深入挖掘文化资源，着力补齐文化短板，努力帮助民族地区与贫困地区的文化建设实现较大的发展提升，在全面建成小康社会、实现中华民族伟大复兴中国梦的征程中贡献方志人的力量。

是为序。

中国社会科学院院长
中国地方志指导小组组长　谢伏瞻

序 二

当前，在以习近平同志为核心的党中央的坚强领导下，全国各族人民正在全面建成小康社会的决胜阶段奋勇向前、阔步迈进。全面建成小康社会，最艰巨最繁重的任务是在革命老区、民族地区、边疆地区、贫困地区。消除贫困、改善民生、实现共同富裕，是中国特色社会主义的本质要求，是中国共产党的重要使命。为了全面实现小康，党中央高度重视扶贫开发工作，全力推进脱贫攻坚工程，实施精准扶贫、精准脱贫。习近平总书记明确提出，全面实现小康，一个民族也不能少，不能落下一个贫困家庭，丢下一个贫困群众。扶贫开发是个系统工程，发展是第一要务，只有发展，因地制宜找准路子，才能最终实现精准扶贫、精准脱贫。“治贫”必先“治愚”，在加强经济和基础设施建设、提高教育水平等方面的同时，扶贫开发还要注重文化扶贫，特别是通过挖掘革命老区、民族地区、边疆地区、贫困地区的文化内涵、历史底蕴、地情资源，让广大干部群众了解地情、了解历史、了解本地区的优势和劣势，在思想上脱贫，尤为关键。

赓续不断地编修地方志是我国独有的优秀文化传统，绵延千年而不断。党中央、国务院高度重视地方志工作，近几年来，习近平总书记、李克强总理、刘延东副总理作出了一系列的重要指示。2015 年 8 月，国务院办公厅印发《全国地方志事业发展规划纲要（2015—2020 年）》（简称《规划纲要》），明确要求到 2020 年必须全面完成第二轮修志规划任务，这是全国地方志工作在全面建成小康社会进程中的硬性任务，也是全国地方志系统为全面建成小康社会的献礼。届时，将同步实现省省有省志、市市有市志、县县有县志，这不仅在中国文化发展史上是绝无仅有的，在世界文化发展史上也是罕见的。从目前来看，要实现这一目标任务，还存在不少困难和问题，特别是民族地区与贫困地区，面临着缺乏人才、资金等诸多困难。实现到 2020 年必须全面完成第二轮修志规划任务，一个省、一个市、一个县都不能少。自 2015 年 8 月，经中国地方志指导小组批准，中国地方志指导小组办公室启动民族地区与贫困地区志书出版资助工程（以下简称“资助工程”），对经国务院扶贫开发领导小组办公室认定的国家级贫困县（区、旗、县级市），中西部地区、少数民族边疆地区、经济欠发达地区存在出版经费困难的省市县三级综合志书进行出版资助。截至目前，已经确定资助两批 20 多部志书。2016 年 4 月，该工程成功入选国家新闻出版广电总局实施的“十三五”国家重点图书、音像、电子出版物出版规划项目。当前正处于全面推进扶贫开发工程的攻坚阶段，深入推进资助工程，是全国地方志系统配合推进精准扶贫、精准脱贫的重要工作，必须引起高度重视。

资助工程是地方志系统的政治工程。革命老区、民族地区、边疆地区、贫困地区蕴含着极为丰富的文化内容，编纂出版志书，对于继承和发扬优秀传统文化、民族文化、革命文化，加强民族团结、促进当地经济社会建设意义重大。革命老区、民族地区、边疆地区、贫困地区的志书是充分展示在中国共产党领导下这些地区经济社会建设取得的巨大成就、各族人民生活幸福安定的历史依据。特别是边疆地区的志书，是历代王朝、社会主义新中国对该地区行使主权的文化宣示，是真实记录边疆地区与祖国一脉相承、荣辱与共的重要载体。《规划纲要》明确要求到2020年全面完成第二轮修志规划任务，是党中央、国务院对各级政府和地方志工作机构的政治要求，必须不打折扣坚决完成，革命老区、民族地区、边疆地区、贫困地区也不能例外。资助工程既是全国地方志系统的文化扶贫工程，又是确保到2020年全面完成第二轮修志规划任务的推进工程，具有重要的政治意义。

资助工程是促进民族地区与贫困地区文化建设的基础工程。地方志书是全面系统地记述本行政区域自然、政治、经济、文化和社会的历史与现状的资料性文献，记述内容包罗万象，记述对象丰富多彩，是对一个地方的文化普查和历史资料的全面梳理。一个地方的经济社会建设，离不开文化支持。发展是硬道理，只有真正实现全面、协调、可持续发展，才能最终实现小康。与此同时，发展也必须是有序的而不是盲目的，必须是实事求是的而不是凭空设想的，必须是因地制宜的而不是照搬照抄的。实践证明，脱离当地的自然条件、历史基础、文化传承、人文习俗等搞所谓的建设，要么是盲人摸象、坐井观天，要么是揠苗助长、掩耳盗铃，要么是削足适履、画蛇添足，最终会落得个水土不服、无疾而终。对于民族地区与贫困地区来说，立足本地的资源、市场、人文旅游等优势，因地制宜找准发展路子，是确保科学发展的首要任务。民族地区与贫困地区，尤其是那些自古以来还没有编修过志书的地区，开展志书编纂既是对当地自然、政治、经济、文化、社会、生态等方面的发展历史、发展脉络、发展规律的全面摸底和调查，又是总结历史经验、汲取历史教训、挖掘历史智慧的全面梳理和探求。通过学习、利用地方志书，让各级领导干部、广大人民群众了解当地的历史、了解实实在在的地情，从历史中汲取营养和智慧为现实提供借鉴和服务，是确保民族地区与贫困地区发展不走弯路、不走冤枉路的有效手段。

资助工程是全国地方志事业协调发展的促进工程。第五届中国地方志指导小组成立以来，一直把走基层、探实情作为一项重要任务，截至目前，已经到30个省（自治区、直辖市）开展了调研。通过座谈、实地考察等多种形式，充分了解了当前全国地方志事业发展面临的主要困难和问题。其中，区域发展不平衡，中西部地区特别是边疆少数民族地区地方志工作与东部地区相比还存在不少差距，是制约全国地方志事业实现全面、协调、可持续发展的瓶颈所在。有的地方甚至出现了花费了大量的人力、物力，经过十余年的艰辛努力编纂出志书，因为缺乏出版经费迟迟未能出版的状况。正是基于以上了解到的情况，中国地方志指导小组及其办公室才下定决心启动资助工程。到2020年全面建成小康社会时，地方志事业区域发展不平衡问题必须得到妥善解决，这也是深入贯彻《规划纲要》的应有之义。而作为主业的修志编鉴，到2020年全面完成第二轮修志规划任务、实现综合年鉴编纂全覆盖的“两全目标”，是中西部地区特别是边疆少数民族地区地方志工作发展的重中之重。从现实意义来说，资助工程对于实现全国地方志事业全面、协调、可持续发展具有重要的促进作用。

在党中央、国务院的高度重视下，全国地方志事业发展迎来重大战略机遇。越是发展的关键时期，越要有大局观，越要从全国一盘棋的角度考虑问题。《规划纲要》作为顶层设计，确定的各项目标任务都要落到实处，而作为“两全目标”之一的到2020年全面完成第二轮修志规划任务，实现省、市、县一个都不能少的目标，是关键中的关键。希望借助资助工程的深入推进，进一步引起全国地方志系统对实现“两全目标”的重视，确保按期保质完成，用志书客观而忠实地记述中国共产党人带领全国各族人民全面建成小康社会的光荣与曲折历程，为全面建成小康社会贡献“志”礼。

是为序。

中国社会科学院原院长
中国地方志指导小组原组长 王伟光

民族地区与贫困地区志书出版资助工程领导小组

组　　　长：谢伏瞻

常务副组长：高　翔

副　组　长：冀祥德

成　　　员：高京斋　邱新立

民族地区与贫困地区志书出版资助工程领导小组办公室

主　　　任：冀祥德

副　主　任：邱新立

成　　　员：于伟平　陈　旭　杨海峰　王丹林　徐　宏

城市名片

CITY CARD

2001-2015

魅力苏尼特

- 全国第一支乌兰牧骑诞生地
- 全国民族团结进步先进集体
- 全国科技进步旗
- 全国科普示范县
- 国家卫生县城
- 中国骆驼文化之乡
- 中国草原快骥之乡
- 中国最大的合同战术演习训练基地
- 全国新时代文明实践试点旗
- 国家级电子商务进农村综合示范县
- 国家级小型微型创业创新示范基地
- 全国绒毛纺织业转移试点园区
- 乌兰牧骑获全国“最美奋斗者”（称号）
- 乌兰牧骑获“全国民族团结进步模范集体”（称号）
- 内蒙古自治区民族团结进步示范旗
- 内蒙古自治区文明旗县城
- 内蒙古自治区双拥模范城
- 内蒙古自治区先进文化旗
- 蒙古族传统祝颂文化传承之乡
- 内蒙古骆驼文化摄影基地
- 内蒙古观赏石宝玉石基地及钱币石之乡

生态优先
绿色发展

苏尼特右旗在浑善达克沙漠实施京津风沙源生态治理工程

苏尼特右旗科技局进行人工种植苜蓿

苏尼特右旗环境生态部门开展野外生态植被取样

苏尼特右旗森林公安分局组织民警对野生动植物保护区进行环境卫生清理

2013年，苏尼特右旗举办中美生态开发合作夏令营活动

人工植苗黄柳效果

沙障内人工补植杨柴当年效果

百灵鸟

盘羊

野 驴

斑胸滨鹬

狼

黄 羊

锁 阳

蒙古柄扁桃

地梢瓜

丝叶鸦葱

二色补血草

黄花铁线莲

沙漠湖—乌日图淖尔

2017年11月21日，中共中央总书记、国家主席、中央军委主席习近平给苏尼特右旗乌兰牧骑队员回信，勉励乌兰牧骑队员：永远做草原上的“红色文艺轻骑兵”

2017年11月25日，内蒙古自治区党委书记、人大常委会主任李纪恒（左二）到苏尼特右旗，对学习贯彻习近平总书记关于乌兰牧骑重要指示精神进行调研指导

2018年2月13日，内蒙古自治区党委副书记、自治区主席布小林（左五）到苏尼特右旗看望慰问乌兰牧骑队员

苏尼特右旗新区鸟瞰图

中国黄金集团公司内蒙古锡林郭勒盟苏尼特右旗金曦黄金矿业有限责任公司鸟瞰图

国道、省道交通要道

赛汉塔拉镇街区

赛汉塔拉镇城镇社区一角

苏尼特右旗综合高级中学操场

城镇街道建设

蒙古族中学鸟瞰图

苏尼特右旗赛汉塔拉镇工业园区

苏尼特右旗绒毛纺织产业循环经济园区

首届中国·苏尼特国际绒毛节在苏尼特右旗赛汉塔拉镇召开

中国·苏尼特国际绒毛节展区一角

纺织工人在生产线上作业

2013年，锡林郭勒盟羊羊牧业股份有限公司在苏尼特右旗成立

2007年12月，苏尼特羊获评“中华人民共和国地理标志保护产品”

畜产品精加工车间

家禽屠宰分割生产线

2010年4月15日，国电中商朱日和风电项目由国电中商苏尼特右旗风电有限公司投资建设。图为该项目剪彩仪式

2015年6月1日，苏尼特金曦黄金矿业有限公司召开安全生产月启动仪式

风电厂区

风电安装现场

金曦能源光伏区

中国第一支乌兰牧骑——苏尼特右旗乌兰牧骑，被誉为草原上的“红色文艺轻骑兵”

摔 跤

赛 马

射 箭

赛骆驼

背景为汽车拉力赛

内蒙古党校、苏尼特右旗委联合开展“北疆党旗飘、马背上党校”送教活动启动仪式

2010年8月8—9日，中共苏尼特右旗委、苏尼特右旗人民政府承办全国八省区首届“敖登高娃”杯吉鲁根祝赞词大赛

2009年5月，中国农业科学院草原研究所在苏尼特右旗建立荒漠草原监测样地。图为中国农业科学院学生实地进行实习

苏尼特金曦黄金矿业有限公司举办职工运动会

苏尼特右旗举办全盟第三届乒乓球比赛

全旗各中小学开展校园足球比赛活动

全国重点文物保护单位——金长城

2014年12月，苏尼特右旗额仁淖尔岩画群被列为内蒙古自治区第五批重点文物保护单位

桑宝拉格苏木苏玲新旧石器生产遗址出土的玉珠等装饰件

桑宝拉格苏木吉尔嘎郎图遗址出土的磨盘、磨棒

乌日根塔拉镇、赛罕乌力吉苏木出土的玉勒、龙神

在那仁宝力格新旧石器生产遗址发现的各种石器

非物质文化遗产之现代蒙古包技艺

传统蒙古包内饰

现代蒙古包内饰

非物质文化遗产之苏尼特蒙古族服饰

2015年，苏尼特右旗举办第九届乌兰牧骑艺术节暨第十八届“苏尼特之声”业余乌兰牧骑文艺会演。图为会演期间，举办民族服饰大赛

骨雕作品

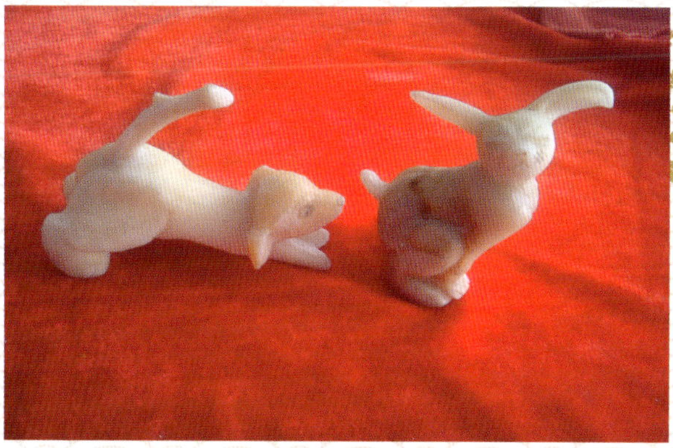
骨雕作品

毛毡作品五畜图

蒙古族刺绣

苏尼特右旗公安交警部门与交通运输部门联合开展“确保春运安全、责任重于泰山”宣传活动

苏尼特右旗人民法院成立巡回法庭

苏尼特右旗举办“中行杯”政法系统文艺汇演

苏尼特右旗开展依法治旗培训讲座

苏尼特右旗消防大队官兵向群众发放消防宣传资料

苏尼特右旗公安机关开展多警种预防突发事件联合演练

苏尼特右旗公安边防官兵利用召开那达慕的机会，向牧民群众宣传法律法规及国家政策等知识

2007年9月27日 苏尼特右旗额仁淖尔苏木成立全区首个基层“三所联调”矛盾调解机制

苏尼特右旗司法局组织开展化解矛盾纠纷，宣传“人民调解法”活动

朱日和基地官兵参加驻地抗洪抢险。图为官兵堵决口

苏尼特右旗人民武装部组织预备役官兵参加抗洪抢险

驻地公安消防、边防官兵连续扑灭多起草原火灾

2001年4月，苏尼特右旗人民武装部组织民兵预备役人员开展西部大开发“浑善达克沙漠源头治理大会战”

2011年8月12日，北京军区政治部战友文工团在苏尼特右旗为牧民群众和驻地部队官兵进行慰问演出

公安边防官兵进行反恐训练

驻地武警、消防、边防多警种与石油公司进行突发事件联合演练

开展中小学生国防教育和军事夏令营活动。图为模拟实战进行演练

赛汉塔拉镇

赛汉塔拉镇位于内蒙古苏尼特右旗中部，赛汉塔拉系蒙古语，原名“花呼日音塔拉”，意为“美丽的原野”。辖区面积3307.4平方公里，地理坐标为北纬42°12′09.47″～42°50′59.36″，东经112°14′45.78″～113°10′56.56″。镇区优势明显，交通条件便利，人口相对集中，产业比较密集，通往乌兰巴托、莫斯科，连接欧亚的中欧班列途经境内，是苏尼特右旗政治、经济、文化中心。下辖9个社区居委会、8个嘎查和1个生态移民区。

该镇是全国第一支乌兰牧骑的诞生地。2017年11月，中共中央总书记、国家主席、中央军委主席习近平给苏尼特右旗乌兰牧骑队员回信。乌兰牧骑先后获全国“最美奋斗者”“全

国民族团结进步模范集体”等称号。苏尼特祝赞词、苏尼特长调、蒙古包营造技艺、骨雕技艺等列入自治区非物质文化遗产名录；“双喜”牌蒙古包、“都市牧歌”“香泰”“赛普”“暖倍思”绒毛产品、“赛汉”白酒等是全国和自治区著名商标和产品；苏尼特羊“名扬天下”，被誉为“熊猫羊”；赛汉塔拉温泉度假村有着全国“第一黄金泉”美誉。赛汉塔拉镇通过举办全旗乌兰牧骑艺术节、苏尼特骆驼文化节、牧人之家草原珍珠节等民族文化活动，让国内外游客相聚苏尼特草原，体验草原红色文化、苏尼特民风习俗和自然风光。

朱日和镇

朱日和镇位于内蒙古苏尼特右旗南部，朱日和系蒙古语，意为“心脏”，镇名源自朱日和镇南一座山。辖区面积2735平方公里，地理坐标北纬41° 55′ 30″ ～43° 47′ 00″ ，东经111° 03′ 30″ ～114° 16′ 00″ 。该镇是全旗新兴工业重镇和唯一集工业、牧业、农业于一体的综合镇，下辖10个嘎查、5个村委会和3个社区居委会。

该镇境内光能、风能资源丰富，地下蕴藏着丰富的铁、铜、黄金、花岗岩、石灰石、硅石、石油等资源，先后有苏尼特金曦黄金矿业、朱日和铜业、海源化工、蒙达钛业等几十家厂矿企业入驻朱日和工业园区；红色、国防等特色旅游资源优势凸显，苏尼特王府、毕鲁图庙、温都尔庙、成吉思汗边墙等古迹遗址被列为自治区级文物重点保护单位。每年，通过举办“巴彦敖包祭祀暨苏尼特王府那达慕”及毕鲁图庙“千盏灯会”，吸引着国内外游客前来观光旅游。

乌日根塔拉镇

乌日根塔拉镇位于内蒙古苏尼特右旗东北部，乌日根塔拉系蒙古语，意为“广原”。辖区面积3729.9平方公里，地理坐标为北纬42° 58′ 56.77″～43° 39′ 51.70″，东经112° 21′ 09.50″～113° 56′ 17.73″。下辖9个嘎查、2个社区居委会。

该镇按照“草原生态旅游文明卫生城镇”建设目标，逐步形成“生态建镇、产业兴镇、特色富镇、文化强镇”的发展格局。该镇境内矿产资源丰富，分布有石灰石、萤石、煤炭、铁矿石、芒硝等资源。查干淖尔碱矿天然碱储量居亚洲第二、全国之首，是国家重要天然碱生产和加工基地，研发生产的“马兰”牌系列产品被评为全国和自治区著名商标和产品。乌日根塔拉镇是查干淖尔恐龙的故乡、中国草原快骥之乡。该镇以传承和弘扬蒙古马精神、兵团精神为引领，加快民族特色旅游项目推进，挖掘生态旅游产业潜力，促进旅游惠民增收致富。

乌日根塔拉镇出土的查干淖尔恐龙化石

乌日根塔拉镇区街道

天然滑沙场

苏尼特碱业有限责任公司厂区

额仁淖尔苏木

额仁淖尔苏木位于内蒙古苏尼特右旗西北部，额仁淖尔系蒙古语，意为“斑斓的湖泊”。北与蒙古国接壤，国境线长18.15公里，辖区面积4512.7平方公里，地理坐标为北纬42°28′53.14″～43°26′05.50″，东经111°08′26.59″～112°39′04.02″。下辖8个嘎查，苏木驻地浩雅尔海拉图，距赛汉塔拉镇150公里。

该苏木是全旗唯一的边境牧业苏木，拥有天然草牧场，畜牧业以苏尼特羊和苏尼特双峰驼的养殖、繁育为主。境内野生动植物资源丰富，是盘羊、金雕、野骆驼、黄羊等国家保护动物的栖息地。在这里，商朝古村聚落遗址、金元时期古城遗址、青铜器时代的德勒哈日岩画等彰显历史的悠远与厚重，千年古榆、山泉以及大小红山、大小四方山、敖包山等特色旅游资源，成为特色边境苏木建设与发展的持续动力。

额仁淖尔岩画

脑木更（大红山）敖包

阿尔善图嘎查队部

桑宝拉格苏木

桑宝拉格苏木位于内蒙古苏尼特右旗中部，桑宝拉格系蒙古语，意为“涌流的泉子”。辖区面积3452.5平方公里，地理坐标为北纬42° 24′ 37.62″ ～43° 10′ 17.67″，东经112° 31′ 19.84″ ～113° 39′ 05.42″ 。下辖9个嘎查，苏木驻地其呼日图，距赛汉塔拉镇以东35公里处。

该苏木属于牧业苏木，天然优质草牧场资源丰富，苏木划区轮牧草场87万亩，天然打草场16万亩。该苏木以苏尼特羊养殖和肉牛繁育为畜牧业基础。2015年，桑宝拉格苏木年末牲畜存栏194227头（只），有以草场、牲畜、劳动力为入股方式经营的牧民专业合作社23家。

牧民新居

桑宝拉格苏木肉牛繁育育肥合作社

赛罕乌力吉苏木

赛罕乌力吉苏木位于内蒙古苏尼特右旗东南部，赛罕乌力吉系蒙古语，意为“吉祥美好”。辖区面积2663.6平方公里，地处北纬42° 26′ 09.96″ ～43° 05′ 44.53″，东经113° 28′ 42.45″ ～114° 15′ 47.57″ 。下辖8个嘎查，苏木驻地陶高图苏莫，距赛汉塔拉镇110公里。

该苏木属于牧业苏木，拥有天然优质草牧场，可利用草场面积2299平方公里，占总面积87%。草场围栏化面积90%，草场沙区面积80%以上。2015年，全苏木年末牲畜存栏107690头（只）。

赛罕乌力吉苏木党委政府

赛罕乌力吉幼儿园

阿其图乌拉苏木

阿其图乌拉苏木位于内蒙古苏尼特右旗东部，阿其图乌拉系蒙古语，意为“马鞍形的双峰尖山”。2012年8月，恢复苏木建制。辖区面积1934平方公里，地处北纬43° 16′ 53.00″～43° 05′ 42.00″，东经113° 23′ 44.00″～113° 56′ 18.00″。下辖6个嘎查。苏木驻地赛音呼都嘎，距赛汉塔拉镇115公里。

该苏木属于牧业苏木，拥有天然优质草牧场，可利用草场283万亩，围栏草场面积232万亩，以养殖和繁育苏尼特双峰驼、苏尼特羊、苏尼特黄牛为畜牧业基础。2015年，全苏木年末牲畜存栏109673头（只）。经营注册牧民合作社10个。

全旗首条穿沙公路

嘎查队部

沙障内人工补植杨柴

2014年5月27日，全旗召开《苏尼特右旗志（2000—2014年》动员大会暨地方志编修业务培训班

2019年12月16日，《苏尼特右旗志（2001—2015）》编撰人员合影留念

前排左起：郝彪、包全、图布新、娜日娜、赵鑫

后排左起：金花、海日、伟力斯、查娜、牛晓峰、呼格吉勒图、阿拉腾陶格斯、斯日古楞巴雅尔、萨仁图雅、奥恩、田冬霞

2019年12月16日，《苏尼特右旗志（2001—2015）》评审会合影留念

前排左起：南丁、苏德日古、蒙根飒、韩泽、诺日布、李建文、查干浪涛、佈仁、苏耀乐图、赵在旺、王占奇、图力古尔、乌恩其、苏宝音

后排左起：齐日迈、张慧慧、秦倩倩、徐媛英、王慧、鲁智光、郝文强、达布希拉图、郝彪、图布新、哈达巴特尔、哈斯朝鲁、包全、王玉锁、颜旭东、赵鑫、董丽娜、郭亚飞、高建娣

《苏尼特右旗志（2001—2015）》历届总监修、副总监修

第一届（2001—2005）

总 监 修：武国栋　　（中共苏尼特右旗委书记）
敖其尔胡雅嘎　　（苏尼特右旗人民政府旗长）
巴根那　　（苏尼特右旗人民政府旗长）
副总监修：图门额　　（中共苏尼特右旗委副书记）

第二届（2006—2009）

总 监 修：马　峰　　（中共苏尼特右旗委书记）
朝洛蒙　　（苏尼特右旗人民政府旗长）
副总监修：董德福　　（中共苏尼特右旗委副书记）
邓　义　　（中共苏尼特右旗委常委、人民政府副旗长）

第三届（2009—2013）

总 监 修：巴特尔　　（中共苏尼特右旗委书记）
佈　仁　　（苏尼特右旗人民政府旗长）
副总监修：蒋　涛　　（中共苏尼特右旗委副书记）
吴长海　　（中共苏尼特右旗委常委、人民政府副旗长）

第四届（2013—2017）

总 监 修： 佈　仁　　（中共苏尼特右旗委书记）

　　　　　　布仁金　　（苏尼特右旗人民政府旗长）

副总监修： 刘长春　　（中共苏尼特右旗委副书记）

第五届（2018—2020）

总 监 修： 佈　仁　　（中共苏尼特右旗委书记）

　　　　　　布仁金　　（苏尼特右旗人民政府旗长）

副总监修： 王占奇　　（中共苏尼特右旗委副书记）

第六届（2021—　　）

总 监 修： 锡林巴特尔　　（中共苏尼特右旗委书记）

　　　　　　王占奇　　（苏尼特右旗人民政府旗长）

副总监修： 范有强　　（中共苏尼特右旗委副书记）

　　　　　　哈斯巴特尔　　（中共苏尼特右旗委常委、人民政府副旗长）

《苏尼特右旗志（2001—2015）》
历届编纂委员会

第一届（2011—2014）

主　任：	蒋　涛	（中共苏尼特右旗委副书记）
副主任：	那斯图	（中共苏尼特右旗委常委、旗委办公室主任）
	那顺乌力吉	（苏尼特右旗人大常委会副主任）
	宝力德巴特尔	（苏尼特右旗人民政府副旗长）
	鲍向东	（政协苏尼特右旗委员会副主席、财政局局长）
	苏宝音	（政协苏尼特右旗委员会副主席）
委　员：	乌云德力格尔	（苏尼特右旗人大常委会办公室主任）
	图力古尔	（苏尼特右旗人民政府办公室主任）
	毕力格巴特尔	（政协苏尼特右旗委员会秘书长）
	杨　宏	（中共苏尼特右旗纪律检查委员会副书记、监察局局长）
	宝力格	（苏尼特右旗人民武装部副部长）
	特木尔	（中共苏尼特右旗委组织部副部长、人力资源和社会保障局局长）
	王　慧	（中共苏尼特右旗委宣传部副部长）
	乌力吉那仁	（中共苏尼特右旗委统一战线工作部副部长）
	斯　钦	（中共苏尼特右旗政法委员会副书记）
	图布新	（苏尼特右旗档案史志局局长）
	乌力吉敖其尔	（苏尼特右旗发展和改革局局长）
	锁　钢	（苏尼特右旗教育局局长）
	曹树文	（苏尼特右旗住房和城乡建设局局长）
	宝日郎图	（苏尼特右旗林业水利局局长）
	达布希拉图	（苏尼特右旗农牧业局局长）
	乌云达来	（苏尼特右旗文化体育广播电影电视局局长）
	娜仁高娃	（苏尼特右旗统计局局长）
	刘濛克	（中国人民银行苏尼特右旗分行行长）

第二届（2015—2016）

主　任：刘长春　（中共苏尼特右旗委副书记）

副主任：兴　安　（中共苏尼特右旗委常委、常务副旗长）

特木尔　（中共苏尼特右旗委常委、旗委办公室主任）

乌恩其　（苏尼特右旗人大常委会副主任）

苏宝音　（政协苏尼特右旗委员会副主席）

委　员：卞俊俊　（苏尼特右旗人民政府办公室副主任、法制办公室主任）

杨　宏　（中共苏尼特右旗纪律检查委员会副书记、监察局局长）

宝力格　（苏尼特右旗人民武装部副部长）

斯日古楞　（中共苏尼特右旗委组织部副部长）

阿·斯琴巴特尔　（中共苏尼特右旗委宣传部副部长、文学联合会主席）

图布新　（苏尼特右旗档案史志局局长）

乌力吉敖其尔　（苏尼特右旗发展和改革局局长）

锁　钢　（苏尼特右旗教育局局长）

巴雅尔　（苏尼特右旗民族宗教事务局局长）

赛音朝克图　（苏尼特右旗人力资源和社会保障局局长）

曹树文　（苏尼特右旗住房和城乡建设局局长）

宝日郎图　（苏尼特右旗林业水利局局长）

达布希拉图　（苏尼特右旗农牧业局局长）

乌云达来　（苏尼特右旗文化体育广播电影电视局局长）

娜仁高娃　（苏尼特右旗统计局局长）

顾　问：王斯钦　（政协苏尼特右旗委员会原主席）

诺日布　（中共苏尼特右旗原旗委常委、政府副旗长）

第三届（2017—2018）

主　任：	布仁金	（中共苏尼特右旗委副书记、人民政府旗长）
副主任：	蒙根飒	（中共苏尼特右旗委常委、人民政府常务副旗长）
	图力古尔	（中共苏尼特右旗委常委、旗委办公室主任）
	乌恩其	（苏尼特右旗人大常委会副主任）
	南　丁	（苏尼特右旗人民政府副旗长）
	苏宝音	（政协苏尼特右旗委员会副主席）
委　员：	哈斯朝鲁	（苏尼特右旗人民政府办公室副主任、法制办公室主任）
	斯日古楞	（中共苏尼特右旗委组织部副部长）
	王　慧	（中共苏尼特右旗委宣传部副部长）
	图布新	（苏尼特右旗档案史志局局长）
	曹树文	（苏尼特右旗发展和改革局局长）
	锁　钢	（苏尼特右旗教育局局长）
	哈达巴特尔	（苏尼特右旗民政局局长）
	赛音朝克图	（苏尼特右旗人力资源和社会保障局局长）
	唐文生	（苏尼特右旗交通运输局局长）
	巴特尔	（苏尼特右旗林业水利局局长）
	董国荣	（苏尼特右旗农牧业局副局长）
	吴铁刚	（苏尼特右旗文化体育广播电影电视局局长）
	娜仁高娃	（苏尼特右旗统计局局长）
	斯琴高娃	（苏尼特右旗妇女联合会主席）
	那日苏	（苏尼特右旗文学艺术联合会主席）

第 四 届（2019—2020）

主　任： 王占奇　（中共苏尼特右旗委副书记）

副主任： 图力古尔　（中共苏尼特右旗委常委、旗委办公室主任）

乌恩其　（苏尼特右旗人大常委会副主任）

南　丁　（苏尼特右旗人民政府副旗长）

苏宝音　（政协苏尼特右旗委员会副主席）

委　员： 巴特尔　（苏尼特右旗人民政府办公室主任）

宋红宾　（中共苏尼特右旗委组织部副部长）

王　慧　（中共苏尼特右旗委宣传部副部长）

鲁智光　（苏尼特右旗保密机要局局长）

图布新　（苏尼特右旗档案史志局局长）

锁　钢　（苏尼特右旗教育局局长）

哈达巴特尔　（苏尼特右旗民政局局长）

特木尔巴干　（苏尼特右旗人力资源和社会保障局局长）

唐文生　（苏尼特右旗自然资源局局长）

王轶松　（苏尼特右旗住房和城乡规划建设局局长）

刘　永　（苏尼特右旗交通运输局局长）

朝克吉勒图　（苏尼特右旗文体旅游广播电视局局长）

格日勒　（苏尼特右旗卫生和健康委员会主任）

温英平　（苏尼特右旗审计局局长）

杜永生　（苏尼特右旗市场监督管理局局长）

齐日迈　（苏尼特右旗统计局局长）

班剑英　（苏尼特右旗林业和草原局局长）

孙长利　（中国人民银行苏尼特右旗支行行长）

第五届（2021—　　）

主　任： 王占奇　　（中共苏尼特右旗委副书记）

副主任： 范有强　　（中共苏尼特右旗委常委、纪委书记、监委主任）

哈斯巴特尔　　（中共苏尼特右旗委常委、人民政府副旗长）

特木尔　　（中共苏尼特右旗委常委、统战部部长）

图力古尔　　（中共苏尼特右旗委常委、旗委办公室主任）

聪　美　　（中共苏尼特右旗委常委、宣传部部长、副旗长）

乌恩其　　（苏尼特右旗人大常委会副主任）

财　权　　（政协苏尼特右旗委员会副主席）

委　员： 巴特尔　　（苏尼特右旗人民政府办公室主任）

宝　喜　　（中共苏尼特右旗委办公室常务副主任）

宋红宾　　（中共苏尼特右旗委组织部副部长）

王　慧　　（中共苏尼特右旗委宣传部常务副部长）

李金荣　　（中共苏尼特右旗委统战部副部长）

乌云达来　　（中共苏尼特右旗委政法委常务副书记）

鲁智光　　（苏尼特右旗保密机要局局长）

图布新　　（苏尼特右旗档案史志馆馆长）

锁　钢　　（苏尼特右旗教育局局长）

苏富贵　　（苏尼特右旗工业和信息化局局长）

阿·斯琴巴特尔（苏尼特右旗民族事务委员会主任）

高　伟　　（苏尼特右旗公安局常务副局长）

哈达巴特尔　　（苏尼特右旗民政局局长）

杨　宏　　（苏尼特右旗司法局局长）

特木尔巴干　　（苏尼特右旗人力资源和社会保障局局长）

唐文生　　（苏尼特右旗自然资源局局长）

王轶松　　（苏尼特右旗住房和城乡规划建设局局长）

刘　永　　（苏尼特右旗交通运输局局长）

朝克吉勒图　　（苏尼特右旗文体旅游广播电视局局长）

斯琴毕力格　　（苏尼特右旗卫生和健康委员会主任）

吴铁刚　　（苏尼特右旗退役军人事务局局长）

张　磊　　　　（苏尼特右旗应急管理局局长）
温英平　　　　（苏尼特右旗审计局局长）
杜永胜　　　　（苏尼特右旗市场监督管理局局长）
齐日迈　　　　（苏尼特右旗统计局局长）
班剑英　　　　（苏尼特右旗林业和草原局局长）
杜　飚　　　　（苏尼特右旗政务服务局局长）
斯琴高娃　　　（苏尼特右旗妇女联合会主席）
那日苏　　　　（苏尼特右旗文学联合会主席）
孙长利　　　　（中国人民银行苏尼特右旗支行行长）

《苏尼特右旗志（2001—2015）》
编辑人员

主　　编： 图布新

副 主 编： 娜日娜　包　全　池　波　额尔德木图

总　　纂： 赵　鑫

编　　辑： 高永厚　娜仁其木格　田冬霞　斯　琴　萨仁图雅　锡林花

图片编辑： 尚国华　温　佳　田　露　樊晓伟

蒙文编译： 乌兰朝鲁　海　日

编审校对： 鲁智光　贺·达布希拉图　齐日迈　郝　彪　诺日布　苏耀乐图
赵　珍　池　波　苗晓琴

资料整理： 吴长海　乌永刚　那日苏　张栓斌　郝　彪　康建军　刘　兵
贾凤英　王文武　张艳敏　牛晓峰　李祥如　阿拉腾陶格斯
呼格吉勒图　金　花　斯日古楞巴雅尔　奥　恩　查　娜　伟力斯

提供资料图片撰（供）稿人员名单
（以姓氏笔画为序）

马　胜	马春香	王　华	王　明	王　博
王　影	王子山	王文武	王玉荣	王春华
王晓乐	王丽萍	王建国	王雪松	小　艳
于媛媛	巴特尔	巴音塔娜	邓迎兰	牛晓峰
乌　云	乌日汗	乌日力嘎	乌仁图雅	乌日查呼
乌云毕力格	乌云格日勒	乌日古玛拉	乌斯日古冷	乌斯日古楞
乌格塔木拉	尹宝平	布　和	白　杨	白晓东
白音吉日嘎拉	包金风	包木其尔	冯志江	付佳琪
付磊磊	史占胜	田小晨	达日玛	达木林吉
吉日嘎拉图	刘　丹	刘　阳	刘　华	刘　兵
刘　杰	刘　佳	刘文杰	刘亚菲	刘旭钢
刘益洪	刘育隆	吕志刚	吕传芳	那日苏
任建慧	师　艾	孙　健	孙建忠	孙建辉

孙维维	旭日干	邢立松	邢晓龙	邢文辉
邢巧霞	闫海舰	闫佳磊	伊如汉	伊茹娜
伊巴特尔	朱　娜	阿　斯	阿荣娜	阿拉达日图
阿·斯琴巴特尔		宏　鹰	李　伟	李　刚
李　勇	李　国	李　晖	李　敏	李志伟
李志华	李吉刚	李宏华	李贵生	李荣华
李晓梅	李剑锋	李业鑫	李　佟	拉嘎芦
秀　丹	牡　丹	努　娜	沈兴芝	宋　启
宋志刚	宋永霞	苏　宁	苏丽丽	苏日娜
苏龙嘎	苏布登花	苏兰高娃	苏日塔拉图	杨志强
杨振东	杨晓纯	杨艳丽	杨树海	张　帆
张　娟	张永平	张占勋	张晓军	张艳敏
张小霞	张敏娜	张海燕	张海霞	邹立军
宝日玛	呼日勒	呼斯楞	郎建军	牧其尔
孟克其木格	图　雅	图门其其格	竺　佩	周占山
宗慧敏	查　干	哈　思	哈　斯	哈斯图雅
哈斯毕力格	郝　军	郝　彪	郝郁文	郝素荣
贺·达布希拉图		侯志忠	侯慧颖	胡莉娜
娜布其玛	娜仁高娃	娜仁图雅	娜仁其木格	南丁朝鲁
思　琪	姚学恒	赵　君	赵　敏	班红莉
班红霞	恩　克	恩克巴特尔	高明娜	格日勒玛
郭　玉	郭玉军	郭丽萍	贾　慧	贾凤英
贾海云	贾可福	贾淑霞	脑　明	通格拉嘎
徐东坡	袁喜玲	曹雅琼	黄振生	康　智
康建军	梁　潇	梁美军	梁国栋	萨其尔
萨日娜	莎如拉	盛　飞	朝克满达	韩　智
韩　瑛	韩　巍	晶　晶	鲁元琴	温　佳
谢海燕	满都呼	满都日娃	新吉勒图	赛汉图雅
赛汗其其格	熊翠巧	额伊太	额尔德木图	樊文兵
潘　梅	颜旭东	魏海宏		

《苏尼特右旗志（2001—2015）》
评审委员会

主任委员：	查干浪涛	内蒙古自治区地方志办公室副主任
副主任委员：	李建文	锡林郭勒盟党史地方志办公室党组书记、主任
	佈　仁	中共苏尼特右旗委书记
	布仁金	中共苏尼特右旗委副书记、政府旗长
委　　员：	赵在旺	内蒙古自治区地方志办公室综合处处长
	韩　泽	内蒙古自治区地方志办公室第五攻坚组组长、副编审
	苏德日古	锡林郭勒盟党史地方志办公室副主任
	王占奇	中共苏尼特右旗委副书记
	图力古尔	中共苏尼特右旗委常委、旗委办公室主任
	乌恩其	苏尼特右旗人大常务委员会副主任
	南　丁	苏尼特右旗人民政府副旗长
	苏宝音	政协苏尼特右旗委员会副主席
	郭亚飞	锡林郭勒盟党史地方志办公室地方志科科长
	郝文强	内蒙古自治区地方志办公室盟市志业务处主任科员、副编审
	徐媛英	内蒙古自治区地方志办公室盟市志业务处主任科员
	王　慧	中共苏尼特右旗委宣传部常务副部长
	巴特尔	苏尼特右旗人民政府办公室主任
	鲁智光	苏尼特右旗保密机要局局长
	刘洪涛	苏尼特右旗发展和改革委员会主任
	哈达巴特尔	苏尼特右旗民政局局长
	额尔登宝力嘎	苏尼特右旗财政局局长
	齐日迈	苏尼特右旗统计局局长
	高建娣	锡林郭勒盟党史地方志办公室地方志科副科长
	秦倩倩	内蒙古自治区地方志办公室综合处副主任科员
	董丽娜	内蒙古自治区地方志办公室综合处科员
	张慧慧	锡林郭勒盟党史地方志办公室地方志科科员
	达布希拉图	苏尼特右旗退役军人事务局干部
	郝　彪	苏尼特右旗作家协会副主席
	诺日布	退休干部（中共苏尼特右旗委原常委、原副旗长）
	苏耀乐图	退休干部（苏尼特右旗人大常务委员会原副主任）

序

苏尼特右旗地处内蒙古自治区中部，锡林郭勒盟西部。历史上，这里曾是北方游牧民族繁衍生息的辽阔草原，灿烂的草原文化和民俗风情蕴藏着无穷的魅力。悠久的历史孕育出时代新生的力量，砥砺奋进的气息弥漫而来。在改革开放的新时代，勤劳朴实、热情豪放的苏尼特右旗各族人民团结进取，励精图治，高举中国特色社会主义伟大旗帜，以习近平新时代中国特色社会主义思想为指导，坚定不移跟党走，建设家乡同奋斗，全旗经济建设突飞猛进、社会事业全面进步、民族团结日益巩固、社会大局和谐稳定，呈现出欣欣向荣、蒸蒸日上的大好局面。苏尼特右旗先后被评为全国民族团结进步模范集体、全国科技进步旗、国家卫生县城和全区民族团结进步示范旗、自治区双拥模范旗、自治区文明旗县城、自治区文化先进旗。

2014 年 6 月以来，苏尼特右旗紧跟新要求，奋进新时代，全力推进地方志事业繁荣发展。经过全旗各部门、各行业的通力合作，在苏尼特右旗编纂委员会的坚强领导和全体编纂人员辛勤努力下，《苏尼特右旗志（2001—2015）》数易其稿，终于付梓问世。这不仅是苏尼特右旗文化事业的重大成果，也是了解苏尼特右旗的重要窗口和桥梁，更是对习近平总书记“要高度重视修史修志”和李克强总理“修志问道，以启未来”重要指示精神的最好实践。

一邑之典章文物，皆系于志。《苏尼特右旗志（2001—2015）》从大量档案资料和鲜活的细节中，篦梳全旗的发展脉络，还原激荡人心的历史进程，从中探问苏尼特右旗的过去和现在，全面记述了全旗自然、经济、政治、社会、文化的发展状况，以存真求实的笔法，凸显了苏尼特右旗经济社会发展的巨大成就，在为党立言、为国存史、为民修志方面做出了重要贡献。

修志是一项浩繁的系统工程，更是一件功德无量的善政。《苏尼特右旗志（2001—2015）》的出版是全旗文化史上的又一里程碑。“治天下者以史为鉴，治郡国者以志为鉴。”地方志素称“一方之全史”“地方百科全书”，《苏尼特右旗志（2001—2015）》以丰富翔实的资料全面客观地记述了全旗的发展轨迹，生动反映了时代特征和地方特色。我们衷心希望这部志书能够成为全旗各族人民热爱苏尼特右旗、建设苏尼特右旗的好教材；成为对外宣传苏尼特右旗的重要载体；成为各界有识之士到苏尼特右旗兴业的投资指南；真正发挥“补史之缺”“参史之错”“详史之略”和“资治、教化、存史、育人”的重要作用。

往事值得记取，时序不断更新。我们坚信，勤劳智慧的苏尼特草原儿女定能以史为鉴，团结奋进，在全面建设社会主义现代化国家新征程中再创佳绩，苏尼特草原的明天一定会越来越美好！

积七年之功，聚全旗之力量，有幸共襄盛举，不胜欣慰。借此，感谢为这部志书的编纂出版而殚精竭虑、默默工作、无私奉献的同志们，谨此为序。

中共苏尼特右旗旗委书记　　锡林巴特尔
苏尼特右旗人民政府旗长　　王占奇

凡 例

一、《苏尼特右旗志（2001—2015）》以马克思列宁主义、毛泽东思想、邓小平理论、“三个代表”重要思想、科学发展观、习近平新时代中国特色社会主义思想为指导，坚持辩证唯物主义和历史唯物主义的立场、观点和方法，按照《地方志工作条例》要求，实事求是、客观真实地记述苏尼特右旗自然、政治、经济、文化、社会的历史与现状，反映全旗的政治文明、物质文明和精神文明建设成果，突出时代性、民族性、科学性、资料性和地方性。

二、本志以现代社会分工和科学分类，并参照国家行政体制等，统编历史、横排竖写，除大事记、概述、专记、附录、索引外，分志部分共设26编。以编、章、节、目层次记述史实。

三、本志为2002年版《苏尼特右旗志》续志，是苏尼特右旗建旗以来的第二部县志。上限为2001年，下限至2015年。第二十编乌兰牧骑，由于内容属于特殊跨限事物，适当上溯或下延，以便保持史实记述的完整性。

四、本志采用述、记、志、传、图、表、录、索引等8种体裁记述。大事记采用编年体。概述为全书之纲，反映全貌。各分志为全书之纬，横排竖写。图照置于志书之首，部分图片时间上溯或下延至2020年前，彩页均不集中署名。

五、本志采用现代规范的语体文记述，使用的简化字以国家语言文字工作委员会等部门发布的有关规定为准，行文力求严谨、朴实、简洁、流畅。

六、本志记事、记物、记人一律采用当时称谓，如地名、机构、职务等。志书地名以苏尼特右旗民政局提供的现行标准地名为准。

七、数字用法、标点符号、计量单位分别执行国家标准《出版物上数字用法》（GB/T 15835—2011）、《标点符号用法》（GB/T 15834—2011）、《国际单位制及其应用》（GB 3100—1993）。

八、统计数据以统计部门数据为法定数据。全志表格的制作及数据都经统计部门审核，统计部门缺少的，采用有关单位提供的表格和数据。计量单位的使用遵循国家相关规定，为尊重当地居民的使用习惯，书中部分使用“亩”作为面积的计量单位。

九、人物编分人物传略、人物简介和人物名录。人物传略以卒年先后为序；人物简介收录曾在苏尼特右旗工作过、调任后任副厅级以上职务的干部，在苏尼特右旗任正处级的退休干部，民主人士，农牧区致富带头人，科技、卫生、公安、文化艺术等方面做出贡献的人物；人物名录收集苏尼特右旗2001—2015年各行各业受到厅级以上部门表彰的人物；专业技术职称人物名录，收录副高级职称的专业人员；退役军人和政法干警立功受奖人物名录，收集自治区级三等功以上表彰人物；收录单位领导，为副处级以上干部。

十、志书资料主要来源于档案史志局和全旗承编单位提供的资料，社会各界知情人士和调查采访所得资料，部分资料来自报刊资料、电视台资料、口碑资料、统计资料、党史资料和行业志资料、年鉴资料等，经鉴别考证后采用。

目　录

第三编 人 口

第四编 城乡建设·环境保护

第五编 交通运输

第六编 邮政·通信

第七编 农牧林水

第八编 工 业

第九编 商贸·旅游

第十编 金 融

第十一编 经济综述

第十二编 中国共产党地方组织

第十三编 地方人民代表大会

第十四编 地方人民政府

第十五编　人民政协地方组织

第十六编　军　事

第十七编 法 治

第十八编　社会团体

第十九编 教育·科技

第二十编 乌兰牧骑

第二十一编 文化·体育

第二十二编　医疗·卫生

第二十三编　档案·史志

第二十四编　民族·宗教

第二十五编 精神文明建设

第二十六编 人 物

ᠭᠠᠷᠴᠠᠭ

ᠣᠷᠣᠰᠢᠯ

ᠨᠢᠭᠡᠳᠦᠭᠡᠷ ᠳᠡᠪᠲᠡᠷ [illegible] [illegible] ᠤ [illegible]

ᠬᠣᠶᠠᠳᠤᠭᠠᠷ ᠳᠡᠪᠲᠡᠷ [illegible] [illegible] [illegible] [illegible]

[illegible]

[illegible]

[illegible]

[illegible]

ᠶᠢᠰᠦᠳᠦᠭᠡᠷ ᠰᠡᠳᠦᠪ [illegible]

ᠠᠷᠪᠠᠳᠤᠭᠠᠷ ᠰᠡᠳᠦᠪ [illegible]

ᠠᠷᠪᠠᠨ ᠨᠢᠭᠡᠳᠦᠭᠡᠷ ᠰᠡᠳᠦᠪ [illegible]

[illegible]

[illegible]

[illegible]

[illegible]

ᠬᠣᠷᠢᠨ ᠵᠢᠷᠭᠤᠳᠤᠭᠠᠷ ᠬᠡᠰᠡᠭ ᠰᠣᠶᠣᠯ ᠤᠷᠯᠢᠭ ᠡᠷᠡᠬᠦᠯ ᠮᠡᠨᠳᠦ

ᠬᠣᠷᠢᠨ ᠳᠣᠯᠣᠳᠤᠭᠠᠷ ᠬᠡᠰᠡᠭ ᠲᠠᠮᠢᠷᠴᠢᠯᠠᠯ

ᠭᠤᠷᠪᠠᠨ ᠨᠢᠭᠡᠳᠦᠭᠡᠷ ᠬᠡᠪᠯᠡᠯ ᠴᠢᠬᠤᠯᠠ ᠪᠥᠭᠡ ᠶᠢᠨ ᠱᠠᠰᠢᠨ

[illegible]

[illegible]

[illegible]

[illegible]

[illegible]

概　述

一

苏尼特右旗位于内蒙古自治区中部，锡林郭勒盟西部。地理坐标为北纬 41°55′50.07″～43°39′51.70″，东经 111°08′26.59″～114°15′47.57″。东接锡林郭勒盟苏尼特左旗、镶黄旗，南邻乌兰察布市察哈尔右翼后旗、商都县，西连乌兰察布市四子王旗，北与二连浩特市接壤，与蒙古国交界，国境线长18.15公里。东西长254.52公里，南北宽 192.71 公里，总面积 2.23 万平方公里。

苏尼特右旗曾是北方游牧民族繁衍生息的辽阔草原。“苏尼特”最早源于蒙古族古代部落首领名，后为元宗室 17 世孙所部名，《蒙古秘史》中记为“雪你惕”。秦汉时期为上谷代郡之北境，后汉乌桓鲜卑居之，晋为拓跋氏地，隋唐为突厥所居，辽为抚州，金属西京路。元朝创立行省制度，归兴和路，建行省区划。清崇德七年（1642 年）正式设旗建制，成为苏尼特右翼旗。民国 17 年（1928 年）归察哈尔省，1937 年沦陷。

民国 34 年（1945 年）11 月 25 日，内蒙古自治运动联合会成立。民国 35 年 7 月，中国共产党领导的新民主主义政权取代世袭右翼苏尼特封建政权，苏尼特右旗民主政府在温都尔庙（今朱日和镇）成立。民国 36 年 9 月，阿拉坦敖其尔向国民党投降，民主政府解放。民国 37 年 8 月，在赛罕乌力吉苏木阿拉塔图郭勒（今道日木嘎查）成立苏尼特右旗临时政府。1949 年 6 月 1 日，临时政府从陶高图庙迁到温都尔庙。1949 年 7 月 1 日，苏尼特右旗人民政府在温都尔庙成立。1957 年 7 月 18 日，二连浩特镇升格为县级市，直属锡林郭勒盟行政公署领导，其地域由苏尼特右旗划出。1958 年，党委、政府驻地迁至赛汉塔拉镇。1969 年 11 月，划归乌兰察布盟管辖；1980 年 5 月，重新划归锡林郭勒盟管辖。1985 年，全旗下辖 17 个苏木乡镇和 78 个嘎查、村居民委员会。2003 年 8 月 1 日，苏尼特右旗与二连浩特市进行行政区划调整，将格日勒图敖都苏木、额仁淖尔苏木呼格吉勒图雅嘎查划归二连浩特市。全旗下辖 13 个苏木镇和 76 个嘎查、村居民委员会。2006 年 6 月 6 日，实施撤乡并镇。下辖 3 个苏木、3 个镇和 75 个嘎查、村居民委员会。2012 年，根据内蒙古自治区人民政府（内政字〔2012〕35 号）文件批复，恢复阿其图乌拉苏木。

2015 年，苏尼特右旗辖赛汉塔拉镇、朱日和镇、乌日根塔拉镇、桑宝拉格苏木、额仁淖尔苏木、赛罕乌力吉苏木、阿其图乌拉苏木，58 个嘎查、5 个村民委员会、14 个居民委员会。苏尼特右旗人民政府所在地赛汉塔拉镇是全旗政治、经济、文化和交通中心。截至 12 月，全旗总人口 68337 人，其中，非农牧业人口 37045 人，农牧业人口 31292 人。由汉族、蒙古族、回族、满族、朝鲜族、藏族、哈尼族、土家族、侗族、布依族、壮族、彝族、鄂温克族、达斡尔族等民族构成。

二

苏尼特右旗地势南高北低，南部为阴山山脉北麓，多丘陵山地，基岩由花岗岩与变质岩组成；中北部地势平坦，波状起伏，分布着大小不等的古湖盆地和古河道；东部为巴嘎腾格里沙漠延伸部分，丘陵环绕及低洼地带，又是浑善达克沙地源头。全旗平均海拔 1000～1400 米，最高处红花敖包山，海拔 1671.8 米；最低处浩来音呼都嘎，海拔 993 米。

苏尼特右旗地处北温带，属中温带亚干旱大陆性气候。全年太阳辐射强烈、日照充足，气候干燥、湿度不均、日夜温差较大，冬季漫长、夏季炎热、无霜期短、四季分明。年平均气温 4.3℃，最高气温 38.7℃，最低气温零下 38.8℃，无霜期 140 天。年平均降水量 170～190 毫米，蒸发量平均 2384 毫米。风力一般在 3～5 级，最大 9～10 级，平均风速 5.5 米/秒，是国内最佳的风能区之一；平均日照 3231.8 小时。

苏尼特右旗境内无常年性天然河流，地表水贫乏，只有季节性河流。地下水受地质、地貌、气候、水文等自然因素影响，全旗地下水资源分布不均匀且埋藏较深，水资源总量 4.74 亿立方米，地下水 1.44 亿立方米，主要分布在中部，其余地区浅层地下水较丰富。

苏尼特右旗土地总面积中，天然草场面积 21298.91 万公顷，占土地总面积的 97.77%；耕地面积 1854.12 万公顷，园地面积 4.47 万公顷，林地面积 5915.60 万公顷。全旗主要有栗钙土、棕钙土、风沙土、草甸土、碱化草甸土、沼泽土、盐土、碱土等地带性土壤和隐域性土壤。栗钙土区多分布于低洼地、沟谷中；棕钙土区多分布于高平原、季节性湖泊、干河床地区；风沙土非地带性分布，除浑善达克沙地横贯境内中、东部外，其他地方还分布有面积大小不等的固定风沙土。

苏尼特草原是闻名遐迩的纯天然牧场，地上地下资源十分丰富。草原上分布着野生植物 400 余种。境内野生建群优势植物有克氏针茅、糙隐子草、冰草、羊草、冷蒿、蒙古葱、阿尔泰狗娃草等；荒漠化干草原植物有戈壁针茅、草芸香、兔唇花、优若藜等；禾草类植物有小叶锦鸡儿、中间锦鸡儿、狭叶锦鸡儿等；沙丘草场植物有沙生冰草、沙竹、沙柳等；非地带性草场植物有芦苇、芨芨草、苔草、白刺、红沙、柠条、盐爪爪等。全旗野生动物有 40 余种，飞禽有 30 余种，国家重点保护野生动物有 21 种。其中，国家一级保护动物有金雕、蒙古野马、蒙古野驴、白鹤、大鸨等 6 种；国家二级保护动物有盘羊、黄羊、秃鹫、鹅喉羚、草原斑猫、荒漠猫、兔狲、猞猁、雪兔、灰鹤、蓑羽鹤、隼类、小鸥、草原雕、天鹅等 15 种。

苏尼特右旗发现和探明的地下矿藏有九大类 34 种、矿产地 132 处、矿点 57 处。其中，储量较丰富的矿产有煤炭、石油、铁、铜、铅、锌、金、银、天然碱、芒硝、蛇纹岩、石灰岩等 20 种。开发利用的矿产有石油、铁、铬、铜、金、石灰岩、石英岩、天然碱、萤石、建筑石材、砖瓦黏土、蛇纹岩、建筑用砂等 14 种。煤矿资源丰富，探明煤矿储量 34.60 亿余吨，煤矿床产地为赛汉塔拉煤田，储存于白垩系地层中；石油储量 2670 余万吨，系华北石油二连油田组成部分，原油为低硫高蜡陆相原油；探明黑色金属矿产中铁矿储量20730余万吨、铬矿储量 6.9 万吨；有色金属矿产中铜矿储量 1340.14 万余吨、铅矿储量 0.59 万吨、锌矿储量 1.70 万余吨；贵金属矿产中金矿储量 443.40 万余吨、银矿储量 42.5 吨。铁矿均属于温都尔庙式铁矿，赋存于温都尔庙群绿片岩中；铜矿产地为朱日和镇谷那乌苏、别鲁乌图、香林香达等铜硫矿区；金矿有毕力赫、谷那乌苏、查干敖包、毛拉格尔、温都尔、干觉岭等金矿区。

三

苏尼特右旗坚持以改革开放为动力，以富民强旗为目标，以调整结构为主线，全面实施“生态立旗、牧业富旗、工业强旗、科教兴旗、旅游活旗”发展战略，全力实现“稳增长、调结构、促改革、惠民生”总体目标。全旗生态环境总体遏制、局部明显好转，现代化畜牧业稳步推进，新型工业化逐步转型升级，绒毛纺织产业链经济实现循环发展，着力培育特色优势主导产业和高新技术产业，科学合理挖掘第三产业新的增长点，全旗经济社会实现持续健康发展。2015 年，全旗地区生产总值完成 59. 5 亿元，是 2001 年 5. 63 亿元的 10. 6 倍，年均增长 11. 7%，总量和增速分别居全盟第八位和第四位；社会固定资产投资完成 30. 6 亿元，是 2001 年 1. 53 亿元的 20 倍，年均增长 16. 6%，总量和增速分别居全盟第十位和第四位；公共财政预算收入 2. 96 亿元，是 2001 年 0. 25 亿元的 11. 8 倍，年均增长 8. 8%，总量和增速分别居全盟第八位和第四位；城乡常住居民人均可支配收入分别为 29413 元和 8405 元，是 2001 年 4220. 43 元和 855 元的 7 倍和 9. 8 倍，年均增长 8. 2%和 8. 6%。

苏尼特右旗畜牧业作为全旗基础产业和支柱产业，畜牧业的发展总体经历了“灾害挫折、生态恢复、结构调整、产业优化”四个阶段。2001 年起，由于连续四年遭受风灾、雪灾、旱灾、虫灾等特大自然灾害，全旗畜牧业基础遭到毁灭性打击。年度牲畜头数 47. 7 万头（只），降到历史最低点，农牧民生产生活都遇到前所未有的困难。2002 年，全旗在国家和内蒙古自治区的大力支持下，加大生态及农牧业产业化基础建设投资，畜牧业生产开始恢复。2005 年，相继启动实施围封禁牧、退牧还草、生态移民、沙源治理等工程，推进“围封转移”战略，开展生态恢复禁牧区试点工作，累计搬迁转移农牧民 5160 人。加大草原生态治理和畜牧业基础建设投资力度，累计投入资金 3 亿元，比“九五”时期增长 2 倍。

2006—2010 年，苏尼特右旗全面贯彻落实“两转双赢”目标，以生态和畜牧业基础建设、结构调整、产业化和农牧民转移等工作为切入点；以发展培育农畜产品龙头企业、组建农牧区经济合作组织和专业协会、促进畜产品精深加工、加强饲草料基地建设等为抓手，初步形成“东牛、西羊、南草、北移”畜牧业发展布局，逐步完善“六大基地”建设，发展“公司+合作社+牧户”模式，实现“畜牧业增效，农牧民增收”产业目标。2006 年，完成沙源治理项目投资 3747 万元、治理面积 24. 85 万亩。全旗畜牧业逐渐恢复，畜牧业基础地位得到巩固，避灾型畜牧业基础粗具规模。年度牲畜首次突破 100 万头（只）大关，1222. 54 万头（只）。其中，大畜 2. 37 万头（匹、峰），小畜 120. 18 万只。2008 年，全旗年度大畜比重提高 22%，山羊比例首次下降 9%，改良畜比重提高 5. 4 个百分点。2010 年，全旗牲畜总头数 78. 59 万头（只），控制在 80 万头（只）内。优化畜群畜种结构，母畜比重 89. 6%，改良比重 99. 4%，比 2005 年分别提高 6. 5 和 33. 6 个百分点；大畜由 1. 2 万头增加到 2. 4 万头，年均增长 15. 6%；山羊数量明显减少，山羊占畜群比重由 2005 年的 34. 3%下降到 18. 3%，下降 16 个百分点。年度过冬牲畜畜均占有畜棚、畜圈面积分别由 2005 年的 0. 57 平方米和 2. 3 平方米提高到 0. 91 平方米和 3. 33 平方米；青贮窖和高产饲草料基地分别为 3100 座和 3 万亩。五年来，全旗实现农牧民转移 6417 人，转移牧民年均增收 2000 元，农牧区实际居住人口平均每年减少 7%左右；累计投入生态和畜牧业基础建设资金 2 亿余元，新增沙源治理面积 99. 3 万亩；组建农牧民合作经济组织 29 个，带动农牧户 4080 户，实现农牧民来自产业化人均收入 50%。

2011—2015 年，苏尼特右旗按照“优质、安全、高效、生态”的现代畜牧业发展理念，采取“减畜、增绿、转人、增收”重点措施，逐步实现全旗畜牧业产业升级和产品换代，提高科技对畜牧业发展的影响力和贡献率，加快推进全旗集约化、标准化、生态化、优质化现代畜牧业发展步伐和进程。2011年，全旗饲养牲畜创历史最高纪录，牧业年度大小牲畜头数243.37万头（只），其中，大畜3.79万头（匹、峰），小畜239.58万只。全旗重点建设“苏尼特肉业现代化养殖科技示范园区”“草原羊肉业现代化养殖基地”“乌日根塔拉镇萨如拉塔拉嘎查产业化基地”“苏尼特羊优质种公畜保种基地”等现代化养殖基地4个。全旗范围调剂种公羊3325只，发放种公羊补贴266万元。完成黄牛冷配2200余头，受配率和受胎率均比上年有所提高。引进西门塔尔母牛728头，巩固和完善西门塔尔牛核心群12个，核心群基础母牛存栏头数稳定。发展农牧民合作项目94个，畜牧业产业化项目带动牧户4500余户，占总牧户的90%以上。推进高效生态畜牧业建设，提前出栏冬羔5.5万只，兑现补贴资金528万元；年内出栏牲畜77.2万头（只）、打贮草8250万公斤、市场调剂350万公斤。生态环境保护与建设得到加强，投入资金1960万元，启动实施草原生态保护奖补机制，兑现资金1.3亿元，惠及牧户6526户21253人。2013年，全旗草原生态得到保护和改善，畜牧业产业化进程稳步推进。实施京津风沙源治理工程、水保工程和小（2）型水库除险加固工程，累计封沙育林15万亩、飞播造林8万亩、沙源治理23万亩、节水灌溉3万亩；落实草原生态保护补助奖励政策，发放补助资金1.2亿元。全旗实现种公羊集中管理51个嘎查，苏尼特羊种畜繁育户237户、标准化畜群742群。启动实施苏尼特羊肉全产业链追溯体系建设试点工作。全旗出栏牲畜78万头（只），出栏冬羔18.1万只，旗财政兑现补贴1344万元；畜牧业基础建设资金投入1.1亿元，新建棚圈3万平方米、储草棚2.2万平方米。投入资金3400万元，实施集中连片项目1个、整村推进项目4个，实施生态脆弱地区扶贫移民搬迁工程，转移农牧民345户1100人，落实各类扶贫项目资金300万元，实现1893名贫困人口稳定脱贫，占贫困人口的27.5%。2015年，全旗牧业年度牲畜存栏由2010年的141万头（只）增加到187万头（只），年均增长5.9%；储草9185万公斤。发放草原生态补奖资金1.2亿元，完成草牧场确权承包摸底调查工作。继续实施冬羔补饲提前出栏工作，出栏冬羔8.99万只，肉食品精深加工比重由60%提高到75%。农作物播种面积4.6万亩，其中，粮食作物播种面积0.95万亩，总产量562吨。全旗加快高效生态避灾型畜牧业步伐，产业结构调整优化成效明显。投入资金2.6亿元，实施京津风沙源治理工程和城镇及周边绿化工程；严格执行国家主体功能区规划，完成生态建设66万亩，小流域治理面积708平方公里，森林覆盖率8%，草原植被盖度18%。全面落实国家草原生态补奖政策，发放补奖资金6.06亿元，惠及6500户2.12万牧民。

苏尼特右旗依托苏尼特羊、苏尼特双峰驼地方优良品种优势，完成10万只苏尼特羊追溯体系建档任务。苏尼特肉业有限公司生产的苏尼特牛、羊肉分割系列产品，获“中国食品安全放心品牌”称号；苏尼特右旗现代肉羊产业化实施方案通过内蒙古自治区财政支持现代农业项目旗县实施方案审查论证会审查，标志着苏尼特右旗正式划入自治区肉羊产业带；苏尼特羊肉正式被国家质检总局列为国家地理标志保护产品，这是内蒙古自治区，也是全国同类产品中首个地理标志产品。赛汉塔拉绒毛纺织产业循环经济园区被评为“国家承接纺织产业转移试点园区”和“全区绒毛纺织服装产业示范基地”。

四

苏尼特右旗工业企业因应改革开放的需要与发展，坚持以建立工业区为载体，以项目建设为依托，以招商引资为动力，推进工业园区化、优势特色产业规模化发展进程，工业由过去单一传统产业向多元支柱产业转型升级，成为拉动全旗经济增长的主导力量。

2001—2005年，苏尼特右旗党委、政府立足能源、交通等区位优势，及时把全旗工作方向和重点转到发展工业经济上来，突出强化工业发展战略。2002年，率先利用朱日和镇的资源优势和区位优势，通过大力招商引资，在朱日和镇建立高载能工业区，确立朱日和工业区的主导地位，为苏尼特右旗加快工业化进程奠定坚实有力的基础。2005 年，全旗工业总产值 13 亿元，较 2001 年 4. 90 亿元增加 8. 1 亿元。工业增加值 8. 02 亿元。

2006—2010 年，苏尼特右旗继续完善经济发展思路，加大招商引资力度，坚持工业经济主导地位不动摇，以金属采选、能源、化工及畜产品精深加工为主攻方向，逐步扩大产业规模，增强发展后劲，初步形成以工业为主导的特色产业体系。2010 年，全旗工业总产值 48. 5 亿元，较 2005 年的 13 亿元增加 35. 5 亿元。工业增加值由 2005 年的 5. 37 亿元增加到 2010 年的 20. 64 亿元，年均增长 29. 5%。工业增加值在地区生产总值中所占比重为 64. 1%，较 2005 年提高 14. 5 个百分点。黄金、铜金属量、铁精粉、碱化工产品产能分别为 3 吨、4000 吨、120 万吨和 50 万吨。油田合作勘探区域面积 1800 平方公里，引进勘探开发企业 12 家，通过区块合作开发收益 7500 万元。核准风电装机容量 45 万千瓦、并网发电 27 万千瓦。矿产资源已勘探项目 86 个，投入资金 2. 7 亿元。2010 年，全旗规模以上工业企业由 2005 年的 19 家发展到 44 家，工业经济增长率 69. 5%。通过引进项目、勘探开发、整合企业、规范进行等措施，朱日和铜业、峰雷公司铜矿、宝德公司、中广核风电等一批企业相继建设投产；苏尼特碱业公司乙二醇项目开工建设。初步形成“金铜铁碱、煤油风石”工业经济多点支撑、多元发展的格局。

2011—2015 年，苏尼特右旗多级产业支撑体系逐步形成。金属采选、能源化工精深加工等特色产业加快发展，新蒙新材料硅锰合金、中广核风电工程等一批重大项目落地投产。2015 年，全旗工业总产值 91. 1 亿元，比 2010 年的 48. 5 亿元增加 42. 6 亿元。其中，规模以上工业总产值 66. 2 亿元，较上年同期增长 18. 8%；规模以下工业总产值 12. 5 亿元，较上年同期下降 0. 4%。黄金、铜金属量、铁精粉、硅锰合金产能分别为 2. 03 吨、6149 吨、170 万吨和 978 万吨。全旗规模以上工业企业由 2010 年的 44 家增加到 2015 年的 47 家，工业经济增长率 69. 5%，工业经济占主导地位的局面基本形成。

五

2001—2005 年，苏尼特右旗加快城镇建设，增强城镇服务功能，城镇化进程得到有力推进。“十五”时期，全旗固定资产投资累计 20. 3 亿元，是“九五”时期的 4. 6 倍。通信条件大为改善，固定电话、移动电话和 ETS 无线接入系统等现代通信工具广为普及，互联网进入学校、企业和普通家庭。农村牧区广播电视“村村通”工程深入开展，综合覆盖率分别为 95. 5% 和 92. 5%。2004 年，完成朱日和 220 千伏变电站的建设工程。完成农网改造、城网改造工程。“十五”期间，境内电力投资 20864 万元。“十五”期间，全旗重点改造赛汉塔拉大街、锡林路、都仁路、杭盖路等主要街道，配套供水、供电、排污、路灯、绿化等各项辅助工程，完成街巷硬化工程，方便居民出行。火车站商业广场完工，文化休闲广场开工。组织实施赛汉塔拉镇一期、二期集中供热工程，供热面积 12 万平方米。加大房地产开发力度，对主要街道两侧及黄金地段进行开发，新增商住用房开发面积累计 22. 8 万平方米，城镇基础设施和房地产投资累计 2. 4 亿元，是 1999 年的 4 倍。2005 年，全旗城镇化率 52. 9%，比 1999 年提高 13. 2 个百分点。

2001 年，国道 208 二级公路赛汉塔拉—白音查干段建成通车。2005 年，国道 208 一级公路赛汉塔拉—二连浩特段单幅建成通车，省道 101 公路赛汉塔拉—呼和浩特、赛汉塔拉—锡林浩特段全部改造完成，交通事业投入创历史新高，累计投资 10 亿元。村村通公路率 60% 以上。

2006—2010 年，苏尼特右旗按照城镇总体规划有序推进，经济社会发展条件明显改善。“十一五”期间，全旗社会固定资产投资累计 106 亿元，是“十五”期间的 5. 2 倍，年均增长 34. 9%，道路交通、水电、通信等基础设施明显改善，支撑发展能力持续增强。2010年，全旗通达苏木镇的路网结构基本形成，柏油路和砂石路总里程1301公里，行政村道路通达率75%。赛汉塔拉—白音查干高速公路开工建设，郭尔奔—芒来煤矿铁路建成并投入使用。完成温都尔220千伏变电站扩容和农网、城网改造工程，新建1座35千伏变电站。通信干线扩容，建设基站19座，赛汉塔拉镇内2G、3G通信信号实现全覆盖。农村牧区广播覆盖率和电视覆盖率分别是95.8%和92.8%，电视、网络、手机通信信号覆盖范围进一步扩大。城镇建设步伐明显加快，“十一五”期间，以赛汉塔拉镇为重点，城镇基础设施和房地产开发累计投入8.2亿元，是2005年的5.7倍，其中，新增建筑面积48万平方米，建设改造排水管网33.7公里、给水管网8.5公里，新增集中供热面积80万平方米，新建赛汉塔拉镇污水处理厂和垃圾处理厂。实施新区建设，市政设施条件和人居环境不断改观，镇区“四纵七横”的道路框架基本形成体系。2010年，全旗城镇化率64.1%，较2005年提高11.2个百分点。

2011—2015年，苏尼特右旗加快城乡一体化建设，城乡城镇化建设明显改观。全旗柏油路和砂石路总里程1410公里，行政嘎查村道路通达率75%，赛汉塔拉—白音查干高速公路建成通车。2015年，投入资金8407万元，为11个嘎查修通水泥路179.8公里；投入资金8200万元，新建和改造线路721公里。继续加大电网建设力度，初步形成以220千伏为主网架、110千伏和35千伏为辅网架的供电网络，通过农网改造升级和新能源分散供电方式，基本实现“村村通电”“户户通电”目标。2015年，累计投入资金4.55亿元，实现52个行政嘎查村全覆盖，农村牧区基本公共服务水平大幅提升。全旗城镇面貌、功能和宜居性持续改善，赛汉塔拉镇“一城三区”框架基本形成，给排水管线和供热管网分别达162公里和54.5公里，分别是2010年1.4倍和1.3倍。城镇化率66.6%，城镇人均住房面积38.5平方米。2015年，开工建设中水回用工程、新区洼地改造工程、道东生态治理工程等城镇建设项目。投入资金2600万元，加大老城区改造步伐，实施550户棚户区改造工程。投入资金2700万元，完成镇内路灯节能改造、人行道及小街巷硬化、供热管网改扩建等市政工程建设。

六

2001—2005年，苏尼特右旗坚持“科技兴旗”战略作为带动全旗经济发展切入点，社会各项事业快速健康发展，城乡人民生活水平稳步提高。“十五”期间，全旗共引进国内外科技项目资金1300余万元，教育基础建设投资3359万元，是“九五”时期的3倍多。完成赛汉塔拉镇4所中学、5所小学、1所幼儿园教学楼建设，为综合高中、蒙古族中学建设宿舍楼，教育事业稳步推进，办学条件明显改善。

苏尼特右旗将各项卫生事业工作纳入全旗国民经济和社会发展总体规划，加大卫生基础设施建设和医疗服务队伍建设，公共卫生防控能力和医疗救治水平得到全面提高。2003年4月，苏尼特右旗遭遇“非典”疫情，在短短一周中收治传染性非典型肺炎临床诊断病例6例、疑似病例1例、留观人员28人次，全部治愈。2004年11月，阻断33年的“人间鼠疫”重大疫情在苏尼特右旗突发，全旗迅速启动《突发公共卫生事件防治预案》，阻断传染源，历经37天积极治疗，防治和消除疫情。

“十五”期间，苏尼特右旗扶贫工作成效显著，扶贫资金累计投入7350万元，是“九五”时期的4.6倍，脱贫人口累计1.04万人。组织实施农牧区医疗救助制度，社会保障开始向农牧区延伸。加强城镇低保的动态管理、分类施保和应保尽保工作。提高再就业培训和各项扶持政策力度，城镇登记失业率控制在4.8%以内。

2006—2010年，苏尼特右旗财政用于民生及社会事业投入12.2亿元，是“十五”期间的3倍。重点扶持劳动密集型企业和个体户发展，培训城镇各类人员6550人，帮助7800余名城镇失业人员实现再就业。城镇低保月平均保障标准和补助水平分别是2005年的1.1倍和2.3倍；农牧区补助水平由2006年人均432元提高到2010年的1082元。“十五”期间，全旗建设城镇廉租住房334套，实施107套游牧民定居工程和500套农牧区危房改造工程。投入2.6亿元用于发展教育事业，年均增长35%，是“十五”时期的1.8倍；新建校舍5.6万平方米，是2005年的1.7倍；适龄儿童入学率98.6%，高考升学率逐年提高，扶困助学补贴范围逐年扩大，全部兑现义务教育阶段教师绩效工资；校舍安全工程完工2.5万平方米。医疗卫生条件进一步改善，人民群众健康水平不断提高。标准化人民医院开工建设，完成蒙医院及妇幼保健所改扩建，新建8所嘎查村卫生室。优化基层医疗卫生资源，完善标准化社区卫生服务中心建设，公共卫生服务体系不断健全，城乡医疗保险覆盖范围持续扩大，城镇居民基本医疗保险参保率达到92%以上，农村牧区合作医疗参保率基本实现全覆盖。全面启动医药卫生体制改革，基层卫生院全部实现“零差价”服务。深入实施“质量兴旗”工程，食品药品安全状况进一步好转。人口和计划生育工作取得新成绩，人口自然增长率控制在预期目标之内。文化、广播电视事业蓬勃发展，农村牧区广播电视覆盖率分别达到95.8%和92.8%。苏尼特文化中心、苏木镇文化站、老干部活动中心文化场所建成使用。苏尼特王府修缮一、二期工程顺利完工。“乌兰牧骑故乡”等文化品牌建设深入推进，2007年，苏尼特右旗成功承办全区第四届乌兰牧骑艺术节。

2011—2015年，苏尼特右旗财政用于社会事业和民生投入占财政总支出的65%。教育投入年均增长17.1%，建立从学前教育到高中教育的助学体系，在全盟率先实现高中阶段免费教育，本科上线率47.5%，比2010年提高6%。医药卫生体制改革扎实推进，投入资金1.2亿元，全旗完成人民医院、6所苏木镇卫生院、63个嘎查村标准化卫生室建设。实施扶贫、安居等民生工程，实现7363名贫困人口脱贫，新建城镇保障性住房2752套，完成农牧区危房改造3823套，新增城镇就业8186人。扎实推进文化惠民工程，苏木镇文化站、嘎查村文化室实现全覆盖。农村牧区广播电视自办节目覆盖率98%，通信信号覆盖率81%。食品药品市场监管、行业自律深入推进，群众饮食用药安全得到有效保障。深入开展安全隐患排查治理，安全生产形势持续稳定。

七

2001—2005年，苏尼特右旗委、政府注重精神文明和民主法制建设。全旗上下深入开展学习“三个代表”重要思想和保持共产党员先进性教育等活动，以创建文明行业、文明单位、民族团结为主题的群众性精神文明建设活动广泛开展，人民群众的文明意识不断增强，综合素质明显提高。赛汉塔拉镇进入内蒙古自治区“六星级”文明城镇行列。军民共建和“双拥”工作深入开展，2002年进入全区双拥模范旗行列。广泛开展普法教育，“四五”普法工作顺利通过盟委、行署的检查验收，广大干部群众的法制意识逐步增强。人民调解工作走在全区基层前列，公安机关始终保持对违法犯罪的高压态势，依法打击各类违法犯罪活动，社会治安综合治理和维护稳定工作取得新的成绩。加大行政审批和行政许可项目的清理力度，积极推进依法行政。认真执行人大决议，自觉接受人大监督，密切与人民政协、工商联和无党派人士的联系。党的民族政策和宗教政策得到进一步贯彻落实，2005年，苏尼特右旗被评为全国民族团结进步模范集体，平等团结互助的社会主义民族关系进一步巩固，为保持边疆民族地区安宁稳定的政治局面做出积极贡献。

2006—2010年，苏尼特右旗委、政府坚持从民族团结、边疆安宁的大局出发，精神文明和民主法治建设进一步加强。通过深入学习实践科学发展观活动和创先争优活动，认真查找自身建设中存在的一些突出问题，切实解决群众关心的热点和难点问题。2008年，成功承办全盟两个文明建设经验交流会，经济建设和精神文明建设协调快速发展。民主法制建设取得新进展，顺利完成“五五”普法工作，广大干部群众法制观念进一步增强。加强廉政建设，严格落实党风廉政建设责任制，坚决纠正部门和行业的不正之风。大力推进政务公开、村务公开制度，基层政权建设得到不断加强。认真做好信访工作，妥善解决群众反映强烈的突出问题。持续加强社会治安综合治理、安全生产、环境保护和整顿规范市场秩序等专项整治工作。国防动员和后备力量建设不断加强，军警民共建和双拥工作深入开展。全面贯彻落实党的民族宗教政策，民族团结、社会稳定的局面进一步巩固。

2011—2015 年，苏尼特右旗积极推进依法治旗和“平安西苏”创建，圆满完成“六五”普法工作。全面推进依法行政、政务公开和科学民主决策，自觉接受人大依法监督和政协民主监督，“十二五”期间，办结人大代表建议、意见和政协委员提案 396 件，办结率 95%。积极开展全国卫生城镇、全区文明旗县城和群众性精神文明创建活动，人居环境质量和社会文明程度不断提高。认真开展党的群众路线教育实践活动和“三严三实”专题教育，正风肃纪、建章立制、狠抓落实，推动政风明显好转。严格落实“约法三章”，按要求完成办公用房清理工作，处置公车 55 辆，“三公”经费支出明显下降。加强与工青妇等群众团体的联系，充分听取和采纳社会各方面对政府工作的意见和建议。

2011—2015 年，苏尼特右旗扎实推进“德润草原、文明西苏”建设，重点开展“文明旗县城、文明苏木镇、文明单位、文明家庭、文明校园”五大精神文明创建和“市容环境整治、交通秩序整治、市场环境整治、社区综合治理、不文明行为整治、窗口行业优质服务整治”六项文明专项行动。2015 年，全旗开展“道德模范”“身边好人”以及“最美家庭”“最美人民警察”“最美人民检察官”“最美人民法官”“最美环卫工人”选树活动，用身边的人和事迹温暖身边人、感动全社会。全旗有 3 人入选内蒙古自治区好人榜，4 人被评为全区“百佳十星级文明户”和“百佳文明农牧民”，20 人被评为全盟“道德模范”“身边好人”，57 人被评为全旗“身边好人”。

全旗 6.8 万各族人民在旗委、政府的带领下，传承历史，继往开来，以精神文明建设作为全旗经济社会各方面和谐发展的有效抓手，以争创全国卫生旗县城和创建自治区级文明旗县城为契机，全旗动员、全民参与、高位推进、全力以赴投身到富裕、文明、美丽、幸福的苏尼特右旗的各项建设中来，积极推进民生工程，努力打造和谐草原，走出一条加快发展、富民强旗的腾飞之路，让文明之花开遍苏尼特草原。

大事记

2001 年

1 月 19 日 山西省军区向遭受严重雪灾的苏尼特右旗捐助面粉、大米、棉衣、棉被等价值 20 万元赈灾物资。

1 月 苏尼特右旗委印发《关于在农村牧区开展“三个代表”重要思想学习教育活动的实施方案》(“三个代表”重要思想指中国共产党代表先进生产力的发展要求，代表先进文化的前进方向，代表最广大人民的根本利益)，按照《方案》在全旗范围组织实施。

2 月 25 日 苏尼特右旗双喜蒙古包制造厂生产的“双喜”牌蒙古包被锡林郭勒盟公署命名为全盟第二批地方名牌产品。

3 月 29 至 4 月 1 日 全国人大《中华人民共和国残疾人保障法》执法调查组、在全国人大内务司法委员会委员杨英昌、中国残疾人联合会发展部主任相自成带领下，一行 11 人到苏尼特右旗就贯彻执行《中华人民共和国残疾人保障法》情况进行调研。

4 月 6 日 苏尼特右旗境内由西向东出现强沙尘暴天气，风速 20~26 米/秒，风力 7~10 级，局部 11 级。此次强沙尘暴持续时间长、范围广、强度大，为 40 年来所罕见。

4 月 苏尼特右旗人民武装部组织民兵预备役人员开展西部大开发“浑善达克沙漠源头治理大会战”，完成自建“3000 亩示范基地”围封工作，参加城镇生态绿化植树 260 棵。

5 月 16 日 苏尼特右旗委办公室、政府办公室印发《赛汉塔拉镇星级文明城镇创建方案》。

5 月 31 日至 6 月 2 日 国务院西部开发办公室副主任王志宝一行 16 人对苏尼特右旗生态治理情况进行实地调研。

5 月 苏尼特右旗被内蒙古自治区国土资源厅列为“2001 年度土地执法模范试点县”。

6 月 18—21 日 中国台湾佛教慈济基金会、中华慈善总会一行 62 人组成工作团，为苏尼特右旗遭受特大旱灾的牧民捐赠救灾物资。其中，捐赠面粉 982 吨、食用油 98 吨、药盒 3000 余个，解决苏尼特右旗北部 9 个苏木 1 万余名灾区群众的半年口粮。全旗旱灾涉及 14 个苏木、62 个嘎查、5500 户牧户 2.4 万人和牲畜 152 万头（只），造成经济损失 42 万元。

8 月 22 日 中国工程院西部水资源考察团对全旗水资源、生态环境建设、土地沙漠化、农牧业可持续发展等情况进行考察。

9 月 4—8 日 内蒙古自治区主席乌云其木格一行到苏尼特右旗检查指导抗灾救灾和生态建设、企业运营、城镇建设等各项工作。

9 月 16 日 苏尼特右旗被国家确定为“重点扶贫旗县”。

9 月 20 日 赛汉塔拉养路工区路政中队更名为赛汉塔拉公路路政管理大队。

9 月 28 日 苏尼特右旗乌兰牧骑应邀到河北省保定市满城县“汉墓景点”参加国庆、中秋双庆文化艺术节交流活动。

是日 苏尼特右旗首家个体医药连锁公司内蒙古华药堂连锁有限责任公司成立。

10月6—8日 内蒙古自治区党委书记储波到苏尼特右旗实地察看“围封转移”建设情况。

10月17—19日 内蒙古自治区党委副书记、自治区副主席岳福洪到苏尼特右旗调研工作。

10月 苏尼特右旗客运公司开通赛汉塔拉—化德班车线路，途经镶黄旗新宝拉格镇，营运里程193公里。

11月26日 苏尼特右旗保安服务公司成立，隶属公安局领导。

12月 苏尼特右旗进行苏木乡镇机构改革。由17个苏木、乡镇合并为14个苏木镇。

是月 国道208线赛汉塔拉—白音查干交界新建二级公路提前竣工投入使用，完成投资119945万元。

是月 苏尼特右旗长途汽车客运站建成正式运营。该项目建筑面积3631.3平方米，总投资1200万元。

是年 苏尼特碱业有限公司隶属内蒙古自治区博源集团。公司注册商标“马兰”牌系列产品是内蒙古自治区名优产品，年生产各类化工产品50余万吨。苏尼特碱业有限公司公司通过ISO 9002国际质量体系认证和内蒙古自治区科技品牌企业认证。

是年 苏尼特右旗碱矿水源地齐哈日格图35千伏工程和朱日和—巴彦朱日和2项35千伏工程竣工投产。

是年 苏尼特右旗宏达绒毛有限责任公司成为全旗第一家绒毛加工私营企业。

是年 乌日根塔拉镇巴彦敖包嘎查和新民镇哈达村被确定全区实施“千村扶贫工程”试点嘎查村。

2002年

1月9—11日 内蒙古自治区党委副书记杨利民到苏尼特右旗慰问部分遭受雪灾的牧户、贫困牧户、城镇特困职工和低保户。

1月20日 苏尼特右旗残疾人联合会申报执行“长江新里程计划——贫困地区残疾人综合服务项目”。

3月3—7日 内蒙古自治区党委副书记陈光林到苏尼特右旗围封转移示范区调研畜牧业生产生活情况。

3月5日 内蒙古自治区党委、政府在呼和浩特市召开自治区直属机关、单位帮扶锡林郭勒盟实施围封转移战略动员大会。会议决定，从2002年开始，用3年时间，由区直机关、单位定点帮扶锡林郭勒盟苏尼特右旗、苏尼特左旗、阿巴嘎旗、正镶白旗等旗县实施围封转移战略。

4月3日 全国人民代表大会常务委员会副委员长布赫为全国第一支乌兰牧骑——苏尼特右旗乌兰牧骑成立45周年题词：传承传统，开拓创新。

5月29—31日 苏尼特右旗举行纪念毛泽东《在延安文艺座谈会上的讲话》发表60周年暨乌兰牧骑建立45周年大会。

6月19日 苏尼特右旗党政机关进行机构改革。改革后，旗委部门7个，政府部门23个，议事协调办事机构2个。全旗内设机构69个，核定机关编制168名。

6月20日 苏尼特右旗红十字会成为独立社会救助团体，挂“苏尼特右旗红十字会”牌匾，启用“苏尼特右旗红十字会公章”。

6月21日 苏尼特右旗在齐哈日格图成立移民点党支部，按照属地管理原则，由中共格日勒敖图都苏木党委领导。同时，成立中共齐哈日格图管理委员会。

6月21—24日 全国政协副主席周铁农一行35名政协委员、专家学者到苏尼特右旗考察指导基础教育工作。其间，周铁农还向旗蒙古族小学转赠全国政协常委赵展岳捐助的30万元。

6月 苏尼特右旗国土资源局成立，列入政府职能部门序列；住房公积金管理中心成立，副科级事业单位，隶属土地房产管理局。

是月 苏尼特右旗文化体育局与广播电视局合并为苏尼特右旗文化广播电视局。

是月 苏尼特右旗民族宗教事务局更名为苏尼特右旗民族事务局，并挂苏尼特右旗宗教事务局牌子。

7月 经中共苏尼特右旗委员会批准，苏尼特右旗成立人事劳动和社会保障局党委。

8月28日 内蒙古自治区、锡林郭勒盟以及所属旗县关心下一代委员会会议在苏尼特右旗赛汉塔拉镇召开。

8月 苏尼特右旗机构编制委员会办公室与人事劳动和社会保障局分设，实行党委、政府双重管理，列党委序列。

9月26日至10月8日 苏尼特右旗乌兰牧骑应邀参加在重庆举办的“中国合川西部沙雕文化艺术节”。

11月18日 苏尼特右旗四海铁合金有限责任公司4000千伏安矿热炉正式投产，成为全盟铁合金生产第一炉。

11月30日 苏尼特右旗发现砷中毒病例5例，疑似病例12例。

12月28日 内蒙古自治区党委、内蒙古自治区人民政府、内蒙古军区授予苏尼特右旗“全区双拥模范城”。

12月 苏尼特右旗成立事业单位登记局，隶属机构编制委员会办公室二级事业单位。

是年 苏尼特右旗制酒工业有限责任公司生产的“赛汉”白酒和双喜蒙古包厂生产的“双喜”牌蒙古包获“自治区著名商标企业”称号。

2003年

1月 内蒙古苏尼特肉业有限公司“苏尼特”牛羊肉分割系列产品获“中国食品安全放心品牌”称号。

2月17日 经内蒙古自治区人民政府批准，苏尼特右旗毕鲁图庙为自治区级重点文物保护单位。

4月21日 苏尼特右旗委召开党政联席会议。会议议定，苏尼特右旗牧场名称不变，隶属赛汉塔拉镇管理，由赛汉塔拉镇负责管理牧场经济和社会发展各项事务。

4月25日 苏尼特右旗发现全盟首例疑似“非典型肺炎”患者。

5月6日 中共锡林郭勒盟盟委决定，成立苏尼特右旗防治“非典型肺炎”领导协调小组。

5月7日 中共苏尼特右旗委常委、副旗长额尔敦陶格陶，连续到11个苏木镇现场办公，在齐哈日格图园区部署牧区抗击“非典型肺炎”和春季牧业生产任务时突发脑出血病逝，年仅51岁。额尔敦陶格陶被人事部追授“人民满意的公务员”称号。

5月14—15日 由江苏省苏州第四人民医院呼吸科副主任医师陈燕明，江苏省苏州大学附属第一医院呼吸内科副主任医师朱晔涵组成的江苏支援内蒙古抗击“非典型肺炎”专家组，指导全旗“非典型肺炎”防治工作。

5月29—30日 内蒙古自治区党委书记储波一行到苏尼特右旗检查工作，详细了解牧区“非典型肺炎”防治工作和实施“围封转移”战略情况。储波指出：必须把草牧场承包政策真正落实到每一户牧户，调动他们保护草原、建设草原的积极性。

6—7 月 苏尼特右旗境内爆发历史罕见的大面积高密度蝗虫灾害。受灾面积 91.7 万亩，成灾面积 41.13 万亩。

7 月 22 日 乌日根塔拉镇成立呼布尔嘎查治沙协会，主要经营种草种树治沙、保护生态环境，会员有 30 户 36 人。

7 月 中国、意大利政府间科技合作项目“中意太阳村”示范项目在苏尼特右旗 84 户分散牧户、67 户集中村落的散户中实施。其中，光伏发电供电系统设备由内蒙古自治区科技厅进行安装。

是月 中国人民保险公司苏尼特右旗支公司经过资产重组完成股份制改革，更名为中国人民财产保险股份有限公司苏尼特右旗支公司。

8 月 1 日 二连浩特市与苏尼特右旗举行行政区划调整交接仪式。原属苏尼特右旗格日勒图敖都苏木苏吉嘎查、陶力嘎查、额尔登高毕嘎查和额仁淖尔苏木呼格吉勒图雅嘎查，划归二连浩特市。

8 月 苏尼特右旗乌兰牧骑参加电视剧《父亲的草原》拍摄工作。

10 月 内蒙古白雁湖化工股份有限公司、海源化工有限责任公司、北疆电石有限责任公司电石生产项目在苏尼特右旗朱日和高载能工业园区破土动工。

11 月 19 日 内蒙古自治区党委副书记、政府常务副主席岳福洪到朱日和工业园区考察高载能工业建设、生产及产业优惠政策落实等情况。

11 月 赛汉塔拉镇至商都县班车线路开通，途经乌兰察布市土牧尔台。

12 月 9 日 根据《关于旗文化体育广播电视局制定“金界壕”保护范围的批复》，对朱日和镇南部地区“金界壕”（古长城长 6000 米、宽 10 米、高 2 米）进行保护，保护范围为两侧各 6 米，总面积 132000 平方米。

12 月 22 日 根据内蒙古自治区发改委《关于锡盟苏尼特右旗乌兰敖包水库可行性研究报告的批复》，在朱日和镇东 20 公里赛音呼都格郭勒中游兴建乌兰敖包水库。工程总投资 3420 万元，水库总库容 2035 万立方米，控制流域面积 1394 公顷。

12 月 苏尼特右旗档案史志局被内蒙古自治区人民政府评为“全区修志工作先进集体标兵”。

是年 苏尼特右旗检察院反贪局增设职务犯罪预防科。

是年 内蒙古草原万开蒙郭勒肉业有限责任公司在苏尼特右旗赛汉塔拉镇成立。

2004 年

1 月 6 日 中共苏尼特右旗第十二届人民代表大会第一次会议和中国人民政治协商会议苏尼特右旗第九届委员会第一次会议在赛汉塔拉镇召开。

1 月 苏尼特右旗成立朱日和高载能工业园区管委会。

3 月 苏尼特右旗公安局成立经济犯罪侦查大队。

4 月 22 日 根据《关于开展第一次全旗经济普查的通知》，全旗普查标准时间是 2004 年 12 月 31 日。

5 月 8 日 中共苏尼特右旗委办公室印发《苏尼特右旗人口和计划生育村规民约》。

5 月 12 日 苏尼特右旗召开白云敖包、卡巴、二道井铁矿采区矿权挂牌出让现场会。此为内蒙古自治区首例旗县级矿产资源采矿权公开挂牌出让。

7 月 18—22 日 中共苏尼特右旗旗委、苏尼特右旗人民政府举办全旗首届乌兰牧骑艺术节，首次打响“乌兰牧骑故乡”文化品牌。同时，此次艺术节还举办传统那达慕、乌兰牧骑研讨会、乌兰牧骑图片展等活动。

7月21日 国务院反假币督察组一行5人在苏尼特右旗检查指导工作。

9月8日 苏尼特右旗进行政府机构改革。发展计划局改组为发展和改革局，组建商务局（保留粮食局牌子），畜牧业局与农业局、乡镇企业局合并为农牧业局（挂推进农牧业产业化办公室牌子），组建林业水利局。经济贸易局改组为经济局，成立安全生产监督管理局，计划生育局更名为人口和计划生育局。文化体育广播电视局中文化体育与广播电视分开，与招商旅游局组建文化体育旅游局，成立广播电视局。

9月9日21时20分 苏尼特右旗境内208国道217公里200米处发生1起重特大交通事故，1辆重型大货车与小客车侧面相撞，造成7人死亡，2人受伤。

10月11日 苏尼特右旗卫生防疫部门对12个布鲁氏菌病疫点及周边15公里范围内进行布鲁氏菌病血检工作，免疫密度100%。

11月5日 苏尼特右旗发生1起人间腺鼠疫继发肺鼠疫疫情。这次疫情继1970年苏尼特左旗发生1例人间腺鼠疫后，在全盟地区再次发生人间鼠疫疫情。

11月10日 根据国家发改委和内蒙古自治区发改委等五部门文件精神，赛汉塔拉国家粮食储备库上收划转为中国储备粮管理总公司直属库，更名为中央储备粮锡林郭勒直属库。

12月 苏尼特右旗社会保险管理局档案工作目标管理晋升自治区特级档案工作目标管理。

是年 苏尼特右旗被锡林郭勒盟委、行署评为全盟“卫生标兵城镇”。

是年 苏尼特右旗安顺运输公司开通碱矿至集宁班车线路，营运里程330公里。

是年 苏尼特右旗公安系统开展人口信息录入和换发第二代居民身份证入户调查工作，录入常住人口信息67907人。

2005年

2月6日 苏尼特右旗委召开“保持共产党员先进性教育”动员大会。

2月10日 境内省道101线赛汉塔拉至二连浩特公路交叉口处发生1起特大交通事故，造成5人死亡，3人受伤。

3月1日 安全监督管理局与公安局签订协议，正式移交烟花爆竹安全监管权。

3月4日 中共锡林郭勒盟委员会、盟委组织部决定马峰任中共苏尼特右旗委员会委员、常委、书记；武国栋不再担任中共苏尼特右旗委员会委员、常委、书记职务。

3月 苏尼特右旗公安局成立办证中心和禁毒大队。

4月18日 内蒙古自治区党委副书记杨利民到苏尼特右旗对帮扶实施“围封转移”战略情况进行调研指导。

4月 苏尼特右旗赛汉塔拉镇乌兰社区获“全国百佳学习型社区”称号。

是月 苏尼特右旗成立爱国卫生运动委员会办公室。

5月 中央教育科学研究所学校教育研究部确定苏尼特右旗教育局和全旗13所中小学为全国首批家庭教育实验研究基地。

6月7日 苏尼特右旗金曦黄金矿业有限责任公司谷那乌素探矿区9号探矿点发生炮烟中毒伤亡事故，死亡2人，受伤2人。

6月11日 中共苏尼特右旗委组织部制定印发《全旗农村牧区基层组织建设工作联席会议制度》。

6月 苏尼特右旗成立行政审批服务中心。

7月20日 电视连续剧《沙场点兵》在苏尼特右旗朱日和军事训练基地开机投拍，全剧32集。

8月18—20日 内蒙古自治区第三届农牧业科技成果博览会暨锡林郭勒首届农牧业科技成果交易会在赛汉塔拉镇会展中心举行。北京、上海、黑龙江等9个省区及自治区10个盟市组团参展。该届交易会签订技术、产品交易合同金额2.11亿元。其中，现场交易额166.06万元。

9月2日 由集宁开往赛汉塔拉20037编组货运列车行至集宁至二连浩特131公里处，与正在铁路道边施工的装载机发生碰撞，致使18节车厢脱轨，造成特大火车货车脱轨事故。其中，2节油罐槽车的104吨柴油爆炸、泄露、燃烧。

9月5日 中国石油2005中国汽车越野锦标赛第一赛段比赛在正镶白旗和苏尼特右旗境内浑善达克沙地举行。赛事由国家体育总局汽车摩托车运动管理中心和内蒙古自治区体育局联合主办，来自全国各地48辆车参赛，第一赛段全长124公里。

9月27日 在朱日和战术训练基地举行军事演习，美国、俄罗斯、英国、法国、德国等24个国家和40余名军事观察员观摩演习。

9月28日 苏尼特右旗申报内蒙古自治区和全国双拥模范旗。

9月 苏尼特右旗委、政府在全国第四次民族团结进步表彰大会上获“全国民族团结进步模范集体”称号。

是月 苏尼特右旗人民检察院渎职侵权检察科更名为反渎职侵权局。

11月 苏尼特右旗被科技部农村与社会发展司正式列入“全国科技进步先进旗”。

是月 苏尼特右旗成立住房公积金管理中心，科级事业单位，隶属苏尼特右旗人民政府住房公积金管理委员会管理。

12月9日 经内蒙古自治区党委、政府批准，苏尼特右旗将13个苏木乡镇调整为6个苏木镇。分别是赛汉塔拉镇、朱日和镇、乌日根塔拉镇、赛罕乌力吉苏木、桑宝拉格苏木、额仁淖尔苏木。

2006年

2月14日 根据《关于苏右旗调整职能部门的批复》。文化体育旅游局与广播电视局合并，组建文化体育广播电视旅游局，对外挂旅游局牌子。建设与环境保护局中的环境保护职能划出，分别单设建设局和环境保护局。

2月28日 赛汉塔拉镇旅游娱乐园被国家旅游局命名为“全国农业旅游示范区”。

3月10日 苏尼特右旗人民政府在全旗范围继续实行草场禁牧和休牧。境内禁牧草场233.43万亩。

3月 苏尼特右旗成立交通战备办公室，办公室设在交通运输局。

4月27日 苏尼特右旗人民政府组织相关部门，对全旗12个苏木镇802眼水源井进行抽检，抽检率19.67%。结果显示，有1600人生活在高砷地区，其中28眼水源井砷含量严重超标，涉及牧户87户293人。

5月12日 苏尼特右旗举行省道208线朱日和镇—镶黄旗新宝拉格镇段公路奠基开工仪式。该段公路全长103公里，按国家二级公路标准建设。

5月16日 内蒙古自治区党委副书记、自治区副主席岳福洪到苏尼特右旗调研农牧业发展和草原生态建设等情况。

6月6日 苏尼特右旗再次实施撤乡并镇工作。撤并后，全旗辖赛汉塔拉镇、朱日和镇、乌日根塔拉镇、桑宝拉格苏木、额仁淖尔苏木、赛罕乌力吉苏木6个苏木镇，75个嘎查、村、社区。

7月17—19日 苏尼特右旗普降中到大雨，局部地区降暴雨，并引发灾害。其中，赛汉塔拉镇降水量为102.5毫米。全旗有6个苏木镇、36个嘎查村、12个居委会和1个林场、1个农场受灾，受灾群众701户2025人，直接经济损失684.51万元。

7月30日 苏尼特右旗人民武装部协调朱日和驻训部队，组织50名医务人员，成立“为民服务队”，建立临时“野战医疗所”，为赛汉塔拉镇都呼木嘎查1800名牧民进行义诊，发放1万余元药品。

7月 苏尼特右旗被确定为全盟紧急启动生态恢复禁牧区试点地区。

8月 苏尼特骆驼文化协会在额仁淖尔苏木成立。

9月15日 苏尼特右旗人大常委会制定《苏尼特右旗苏木镇人民代表大会换届选举工作方案》。

9月21日 苏尼特右旗成立安全生产监察大队，隶属安全监督管理局。

9月 苏尼特右旗与乌兰察布市四子王旗通过二连浩特市口岸首次联合向蒙古国出口83头荷斯坦奶牛。

12月15日 苏尼特右旗开通锡林郭勒人民广播电台蒙古语、汉语自办节目。

是年 苏尼特右旗遭受特大旱灾，受灾草场面积3242万亩，受灾人口7082户2.5万人，死亡牲畜2.75万头（只），造成经济损失850万元。

是年 苏尼特右旗与中国科学院技术生物与农业工程研究所、植物研究所合作的“甜高粱生物量全利用新技术示范推广及产业化”项目被列入科技部星火计划项目。

是年 文化体育广播电视局成立文化市场稽查大队。

是年 苏尼特右旗成立出租车公司，隶属交通局管理。

是年 苏尼特右旗被评为全区首批规范教育收费示范旗以及“全国中小学生思想道德建设实践创新活动先进单位”。

2007年

1月1日 苏尼特右旗气象局升级为国家一级气象观测站。

1月9日 中共苏尼特右旗委、人民政府在额仁淖尔苏木赛音锡力嘎查举办首届“骆驼文化节”。

1月19日 苏尼特右旗被内蒙古自治区农牧业厅认定为全区无公害畜产品基地。

1月 苏尼特右旗乌兰牧骑到北京参加“心连心”——华夏金龙矿业迎新春晚会。

是月 根据《关于锡林郭勒盟住房公积金管理机构调整》，苏尼特右旗住房公积金管理中心上划到锡林郭勒盟住房公积金管理中心，组建锡林郭勒盟住房公积金管理中心苏尼特右旗管理部。

4月18日 苏尼特右旗农村信用合作联社成立并揭牌，历时3年产权制度改革完成。同时，召开全旗农村信用合作联社第一次社员代表大会第一次会议。

4月 苏尼特右旗人民政府启动抢救性保护修缮苏尼特王府工作。

5月19日 郭尔本敖包—苏尼特左旗白音乌拉矿区铁路开工。该铁路全长144公里，改造既有线路47公里，计划总投资9.3亿元，计划2008年底建成通车。

5月31日 苏尼特右旗被内蒙古自治区党委、政府、内蒙古军区命名为全区双拥模范城。

5月 苏尼特右旗兽医管理体制改革工作完成，成立兽医局。

6月15日 “杭根呼鲁克”马文化协会在额仁淖尔苏木赛音锡力嘎查成立。

6月20日 苏尼特右旗文化体育广播电视旅游局举办全旗民族服饰、手工艺品大赛。

6月 中共苏尼特右旗委宣传部、妇女联合会、文化体育广播电视旅游局举办全旗首届妇女健身操大赛。

7月 苏尼特右旗文学艺术界联合会与旗蒙古族中学联合举办全旗首届“乌雅琴”中小学生诗歌朗诵比赛。

8月14日 苏尼特右旗富山鸿矿业开发有限责任公司发生1起主采空区冒顶重大事故，造成3名作业工人死亡。

8月23—30日 中共苏尼特右旗委、苏尼特右旗人民政府承办苏尼特右旗乌兰牧骑建立50周年庆典、第四届内蒙古乌兰牧骑艺术节暨苏尼特右旗第十二次那达慕大会。中共中央宣传部、文化部、全国人大常委会原副委员长布赫、全国人大常委会副委员长乌云其木格等为大会发来题词或贺电。

8月24日 苏尼特右旗境内省道208线朱日和—镶黄旗新宝拉格段二级公路正式通车。

9月27日 苏尼特右旗边防大队、司法局、草原监督管理局在额仁淖尔苏木政府首次召开“三所联调”联席会议，标志着全区首个“三所联调”矛盾调解机制成立。

9月 经中国保监会内蒙古监管局核准，设立中国财产保险股份有限公司苏尼特右旗支公司朱日和镇营销服务部、乌日根塔拉镇营销服务部。

12月7日 苏尼特右旗红十字会第一次会员代表大会在赛汉塔拉镇召开。

12月 “苏尼特”羊肉正式被国家质检总局列为国家地理标志保护产品（国家质检总局第218号公告），这是内蒙古自治区首个、全国同类产品中首个地理标志产品。

是年 苏尼特右旗被列为国家第三轮“兴边富民行动”重点旗县。

是年 赛汗塔拉火车站分别被铁道部授予“全国先进女工班组”“全国文明货场”和“铁道部先进中间站”称号。

是年 二连浩特—赛汉塔拉一级公路建成通车，公路里程120公里。

是年 苏尼特右旗被内蒙古自治区人民政府评为“自治区七星级文明镇”和“自治区级卫生镇”。

2008年

1月21日 苏尼特右旗乌兰牧骑到中央民族大学和清华大学进行为期1周的演出交流活动。

3月10日 苏尼特右旗开展第一次污染源普查工作。普查范围涉及赛汉塔拉镇、朱日和镇、乌日根塔拉镇等污染源清查对象506户，确定普查对象232户。

是日 苏尼特右旗启动“草原姐妹创业就业行动”及“和谐家庭创建年”活动。

3月 苏尼特右旗信用联社发行金牛卡，标志着全旗电子银行业务起步。

4月21日 经内蒙古自治区发展改革委员会核准，中广核风电开发有限公司内蒙古分公司一期49.5兆瓦风电项目第一台风机基座开工浇筑。

4月 苏尼特右旗开展非物质文化遗产普查登记，初步建立非物质文化遗产档案。

5月1日 苏尼特右旗各族各界群众参加“迎奥运倒计时100天万人长跑”活动。

5月12日 苏尼特右旗红十字会向四川省汶川县特大地震灾区捐助善款111万元。

是日 苏尼特右旗就业局举办下岗失业人员、农牧区进城务工人员、大中专院校毕业生及各类求职者企业专场招聘会。来自北京、乌兰察布市和全旗17家企业到会招聘，参加招聘求职者407人，达成求职意向120人，求职成功78人。

5月 中国农业科学院草原研究所在苏尼特右旗成立荒漠草原试验示范基地。

是月 由北京国际电力新能源有限公司投资的朱日和495兆赫风电项目开工。

6月4日 苏尼特右旗环境保护局按照土壤污染类型，完成24个普查点，8个背景点的定点采样工作，标志着全旗土壤环境污染状况调查结束。

6月10日 苏尼特右旗人民政府召开夏季牧业普查动员大会。

6月 苏尼特右旗首次开展残疾人“三基”（基本情况、基本需求、为残疾人提供服务基本可利用自愿）调查工作。

8月9—11日 苏尼特右旗普降大雨引发灾害。降雨导致农牧民倒塌房屋21间，形成危房80余间，倒塌棚圈13间，200余人受灾，直接经济损失184万元。

8月24—27日 锡林郭勒盟“两个文明”建设经验交流会在苏尼特右旗和镶黄旗举行。

10月15日 中国网通苏尼特右旗网通分公司与中国联通苏尼特右旗联通分公司合并，成立中国电信苏尼特右旗电信分公司。

10月 苏尼特右旗农区最低生活保障金标准从625元调整到700元；牧区最低生活保障标准从825元调整到1000元。

11月13日 山西潞安集团在苏尼特右旗举行内蒙古潞蒙能源有限责任公司挂牌、内蒙古潞蒙能源有限责任公司赛罕高毕500万吨原煤生产开工奠基和山西潞安集团锡盟大型煤化工项目启动仪式。

12月 北方龙源朱日和风电场清洁能源项目在苏尼特右旗成功注册。这是全旗第一个注册清洁发展项目企业。

是年 中共苏尼特右旗旗委宣传部出版《乌兰牧骑的故乡——苏尼特右旗》宣传画册和《和谐风来满目新》多媒体专题片。

是年 苏尼特右旗赛汉塔拉镇哈登胡舒嘎查新农村新牧区示范点成功申报为自治区级新农村、新牧区科技示范嘎查。

2009年

1月4日 苏尼特右旗京能赛汉风电场13台750千万风机成功并网发电。

1月5日 锡林郭勒盟重点项目苏尼特右旗温都尔220千伏变电站扩建2号主变工程建成投产。

2月9日 由山东省临沂市三特科技开发公司独资建设，利用苏尼特右旗芒硝资源，加工生产水泥添加剂——元明粉和氯碱化工产品。

4月20日 苏尼特右旗对嘎查村财务实行“乡财县管”。

4月23日 苏尼特右旗人民政府颁布《苏尼特右旗农村牧区养老保险暂行办法》，标志着全旗农村牧区养老保险正式启动。

5月13日 锡林郭勒盟第一所嘎查村红十字博爱卫生站在苏尼特右旗桑宝拉格苏木巴彦车勒嘎查成立。

6月15日 苏尼特右旗发现约商朝时期大型古村聚落遗址，该遗址坐落额仁淖尔苏木吉呼郎图敖包北1500米处，面积约1952.67平方米，由70余座大小不等圆形小聚落遗址组成。

6月28日 国道208线赛汉塔拉—白音查干高速公路开工。该线全长165公里，总投资46.47亿元。

7月 苏尼特右旗遭受严重旱灾，受灾面积2477万亩，占全旗草场总面积的73.92%。

8月13—15日 全区非煤矿山安全标准化工作现场会在苏尼特右旗召开。

8月27日 赛汉塔拉镇自来水除氟改造工程竣工投入使用，该工程总投资390万元。

9月20日至10月15日　苏尼特右旗环境保护局启动环保“北京护城河”工程。

12月24日　苏尼特右旗发生沙尘暴灾情。受灾人口660人、牲畜80万头（只），死亡牲畜7800头（只），刮走牧草1000万公斤，造成直接经济损失1390万元。

12月　苏尼特右旗成立老年体育协会。

是年　苏尼特右旗科学技术局恢复学术交流科普杂志《西苏科技》，出版2009第1期（总第6期）。

是年　苏尼特右旗蒙古族雅图嘎艺术被列入全区非物质文化遗产项目。

2010年

1月8日　由内蒙古自治区骆驼保护学会与苏尼特右旗政府共同承办的苏尼特驼产业与驼文化发展国际研讨会在赛汉塔拉镇举行。

1月11日　北京新能源朱日和风电场二期4.95万千瓦风电项目24台风机完成调试工作，实现并网发电。

2月　苏尼特羊通过国家畜禽遗传资源委员会审定，正式列入全国优良畜种名录。

3月5日　苏尼特右旗人民医院新建项目通过自治区发改委批准立项。该项目建筑面积1.2万平方米，总投资3600万元。

3月10日　苏尼特右旗人民政府组织开展“春风送岗位、妇女得实惠”活动，旗内外58家企业征集就业岗位4000个。其中，妇女征集就业岗位1888个。

3月20日　苏尼特右旗召开第六次人口普查会议。普查标准时间为2010年1月1日零时。

3月28日　苏尼特右旗第十三届人民代表大会第三次会议在赛汉塔拉镇召开。

3月　苏尼特右旗第三次全国文物普查实地调查阶段工作结束，普查面积27980平方公里，普查文物点60处。

4月10日　朱日和镇巴彦敖日格勒嘎查京津沙源治理项目黑尹敖包小流域水土保持综合治理工程开工。工程治理面积2.25万亩，总投资320万元。

4月15日　国电中商朱日和风电项目由国电中商苏尼特右旗风电有限公司投资建设。装机容量4.95万千瓦，总投资4.5亿元。

4月16日　苏尼特右旗蒙古族中学被国家体育总局授予2009年度“全国群众体育先进单位”称号。

4月26日　苏尼特右旗成立创业协会，2家大型企业和90名创业人员被吸收为会员。

4月28日　公安局侦破朱日和镇凌礼义金店特大抢劫案，抓获3名犯罪嫌疑人。

4月30日　苏尼特右旗被中国科学技术协会列为全国科普示范县创建单位。

5月3日　蒙古国总统查·额勒贝格道尔吉携夫人哈·宝勒尔玛访问中国，返程回国途经苏尼特右旗，参观苏尼特右旗文化中心。

5月18日　锡林郭勒盟首家专业科普活动室在苏尼特右旗青少年活动中心挂牌成立。

5月31日　曹仲植基金会为苏尼特右旗50名肢体残疾患者无偿提供代步工具轮椅。

5月　苏尼特右旗成立公安局网络安全保卫大队。

6月14日　文体广播电视局举办全旗首届射箭短期培训班，聘请自治区体委射箭队专业教练进行授课。

6月21日　苏尼特右旗图书馆图书电子阅览室投入使用。

7月9日 朱日和镇哈达乌苏村委会和榆树村委会遭遇罕见冰雹大雨袭击，造成严重洪涝灾害。全镇2个村委会11个自然村1580亩农作物受灾，受灾户183户540人，经济损失50.2万元。

7月23日 苏尼特右旗举办全旗第十二届“金杯”搏克赛暨首届射箭比赛。

8月3日 由国家民族事务委员会牵头，国家发展与改革委员会、住房和城乡建设部、交通运输部、农业部、水利部、国家能源局等有关部委，组成国务院牧区生活调研组到苏尼特右旗重点对牧民基础设施情况进行专题调研。

8月8—9日 苏尼特右旗委、人民政府承办八省区首届“敖登高娃”杯吉鲁根祝赞词大赛。来自新疆、青海、甘肃、辽宁、内蒙古五省区的21名选手进入决赛。

8月10日 蒙古国畜牧采访团在苏尼特右旗考察高效生态避灾型畜牧业发展情况。

9月10日 全区首届“敖登高娃”杯塔木其之声歌手大赛在苏尼特右旗举办，蒙古国、甘肃省和锡林郭勒盟各旗县的81名选手报名参加本次大赛。

9月28日 内蒙古自治区党委书记胡春华到苏尼特右旗检查工作。

9月15日 中国红十字公益书库领导及艺术家在苏尼特右旗举行题为“尊师重教，博爱助学”图书捐赠仪式。

9月29日 苏尼特右旗启动第六次全国人口普查宣传月活动。

10月21日 赛汉塔拉镇自来水除氟改造工程竣工并投入使用，镇内4万余名居民告别长期饮用氟超标自来水历史。

10月 公安局法制办更名为法制大队。

是月 经苏尼特右旗民政部门批准，成立全旗首家苏尼特观赏石协会。

11月15日 苏尼特右旗成立矿山救护队，隶属安全监督管理局内设机构。

11月19日 苏尼特右旗乌兰牧骑到鄂尔多斯市参加庆祝乌兰夫动员内蒙古人民收养孤儿50周年纪念活动。

12月16日 民政部、卫生部、全国残疾人联合会联合命名苏尼特右旗为“全国残疾人社区康复示范旗”。

是年 苏尼特右旗境内发生草原鼠害，涉及面积约80万亩，严重危害面积15万亩，主要分布在赛汉塔拉镇、朱日和镇、额仁淖尔苏木。

是年 苏尼特右旗成立翻译中心，隶属民族宗教事务局。

2011年

1月4日 乌日根塔拉镇安全饮水工程水处理设施安装调试完成。该工程总投资351万元，解决1675户6700人安全饮水问题。

1月7日 苏尼特右旗人民政府组织召开全旗转移农牧民创业经验交流座谈会。全旗各涉农涉牧部门和30名转移进城创业农牧民参加座谈会。

1月9日 苏尼特右旗委、人民政府在额仁淖尔苏木阿尔善图嘎查举办“亚太·丽景”第五届骆驼文化节暨首届苏尼特奇石展。文化节上还开展民族服饰、手工艺品展示等比赛活动，参赛参展的有木雕、骨雕、民族服饰、民族工艺品。

3月28日 苏尼特右旗委党校、边防大队、额仁淖尔苏木党委联合创办全区首个“边防党校”。

4月15日 苏尼特右旗召开《基层公共卫生事业单位奖励性绩效工资考核分配指导意见》讨论会。

4月 苏尼特右旗通过内蒙古自治区科普示范县检查验收。

是月 苏尼特右旗发生沙葱萤叶甲病虫害，受灾面积5万亩，平均密度每平方米300头，最高密度每平方米500头。主要分布在朱日和镇巴彦敖日格勒嘎查、乌兰哈达嘎查、宝拉格嘎查。

5月13日 赛汉塔拉镇哈登胡舒嘎查举办全旗首届“牧人之家”草原珍珠节。珍珠节上还进行苏尼特种公羊评优、搏克、赛马比赛等活动。

5月13—14日 中国青少年发展基金会秘书长涂猛、宋庆龄基金会事业中心主任陈蕾一行在苏尼特右旗调研考察共青团工作。

5月 苏尼特右旗正式被中国科学技术协会命名为“2011—2015年度全国科普示范县”。

6月14日 苏尼特右旗发生沙葱萤叶甲灾害，受灾面积5万亩，平均密度300头/平方米，最高密度为500头/平方米，主要分布在朱日和镇。

6月 中央军委决定，将朱日和训练基地建成全军唯一陆军联合作战实验场。

是月 全区首家旗县级“药品监督管理与药店销售管理系统软件”在苏尼特右旗试运行。同时，举办全旗药品经营企业网络化管理平台操作等相关知识培训。

7月6日 苏尼特右旗人民政府在赛汉塔拉镇二洼项目基地举行“中国农业科学院草原研究所温带荒漠草原监测站”项目奠基仪式。

是日 苏尼特右旗被确定为全区药品安全示范县创建试点单位，这也是全盟唯一一家自治区级药品安全示范县创建试点。

7月25日 苏尼特右旗在赛汉塔拉镇举办第五届良种畜评比活动。全旗6个苏木镇的93户牧户240头（只）牲畜参加评比活动。

7月28日至8月7日 赛汉塔拉镇温都尔阿尔善疗养中心举办全旗物资文化交流会。同时，还举办那达慕，开展射箭、搏克、赛马等传统项目比赛。

7月 苏尼特右旗红十字会与河北省保定市红十字会缔结友好单位，双方就开展应急救护技能、爱国主义、德育教育等活动进行交流合作。

是月 苏尼特右旗人民政府决定，撤销赛汉塔拉镇种畜场，建立脑敏塔拉嘎查。

8月12日 北京军区战友文工团在苏尼特右旗为牧民群众和驻地部队官兵进行慰问演出。

8月27日 内蒙古自治区副主席布小林一行到苏尼特右旗进行调研。

8月31日 苏尼特右旗人民政府在全旗推行“公务卡”制度改革。

8月 政府出台《关于进一步加强农牧业标准化及苏尼特羊肉地理标志保护地理标志保护工作的意见》。

9月6日 苏尼特右旗成立职业卫生监督管理所，隶属安全监督管理局。

9月15日 苏尼特右旗与呼和浩特市托克托县建立友好合作关系。签约仪式在赛汉塔拉镇举行。

9月23日 锡林郭勒盟草原里程最长乡村（苏木）、嘎查（村）柏油路赛汉塔拉—额仁淖尔公路竣工通车，总里程126公里。

9月25日 北京兴启源节能科技有限公司苏尼特右旗分公司首次采用成本低、无污染、效率高，节能50%左右的电采暖弃风供热方式在苏尼特右旗风电场2000平方米综合楼进行弃风供暖项目试验。

9月 苏尼特右旗选手乌尼日乐图、额尔登朝克图在全国第九届少数民族运动会分别获得中国式摔跤87公斤级别和74公斤级别冠军。

10月8日 根据内蒙古自治区文物局《内蒙古自治区文物局关于对锡林郭勒盟三家博物馆登记注册的批复》，苏尼特王府博物馆注册登记。

11月28日 内蒙古自治区人民政府将苏尼特右旗列为“一卡通”第一批试点旗县。全旗草原奖补资金通过“一卡通”开始发放，涉及总面积3351万亩，奖补资金14805.6万元，牧户2879户

11135 人。

是日 赛汉塔拉镇污水处理厂投入使用。

12 月 8 日 苏尼特右旗矿产卫片通过国土资源部复核验收。

是年 国道 208 线赛汉塔拉—白音察干高速公路建成通车。全长 168 公里，苏尼特右旗境内 106 公里。

是年 苏尼特右旗完成京津风沙源治理工程总任务 19.15 万亩，总投资 1940 万元。其中，飞播造林 12 万亩，封沙育林 7.15 万亩，并通过国家验收。

2012 年

1 月 5 日 “开发二连浩特延边开放式建设实验区研讨会”在苏尼特右旗召开。会议由锡林郭勒盟委、行署牵头，西部二连浩特市、苏尼特右旗、苏尼特左旗、镶黄旗党政主要负责人出席会议。

1 月 8 日 内蒙古自治区摄影家协会“定点合作社”在苏尼特右旗印象合作社挂牌成立，苏尼特右旗并命名为“内蒙古骆驼文化摄影基地”。

是日 苏尼特右旗“温泉开发利用研讨会”在赛汉塔拉镇召开。北京汉化设计院长杨明，株式会社 IAO 竹田设计首席代表王继华、部长稻泽良一，内蒙古自治区地质调查院等国内外专家参加研讨会。

1 月 10 日 内蒙古蒙古族传统祝颂文化传承与发展研究会命名苏尼特右旗为“蒙古族传统祝颂文化传承之乡”。

2 月 9 日 苏尼特右旗青少年活动中心被评为全国“示范性校外活动场所”。

2 月 10—23 日 苏尼特右旗乌兰牧骑到美国洛杉矶、圣地亚哥、拉斯维加斯、蒙特里等地进行巡回演出。

2 月 18 日 苏尼特右旗 43 家规模以上工业、建筑业及房地产开发经营企业，按照国家统一布置的电子企业一套表，通过互联网向国家数据中心直报 2011 年报一套表数据，取得实施企业一套表制度改革阶段性成果。

2 月 20 日 苏尼特右旗被中共锡林郭勒盟委、行署命名为全盟“文明旗县城”。

2 月 28 日 苏尼特右旗工商业联合会和劳动就业局联合主办全旗首届奇石收集、鉴定培训班。

3 月 12 日 中国钢铁矿业开发有限公司与苏尼特右旗签署矿产资源开发战略合作协议。

4 月 13 日 苏尼特右旗与唐山东海钢铁公司花岗岩资源开发举行合作签约仪式。

4 月 23 日 国家知识产权局受理苏尼特右旗实用新型“防报停变压器自送电装置”的设计工作。

4 月 30 日 苏尼特右旗朱日和军事训练基地牧民搬迁工作正式启动。

5 月 4 日 锡林郭勒盟中学生排球、毽球比赛在苏尼特右旗蒙古族小学体育馆开赛。

5 月 26 日 锡林郭勒盟第六届“新风杯”乒乓球锦标赛在苏尼特右旗举行。

5 月 苏尼特右旗与北京天宝力矿业投资有限公司签订资源整合及铁矿石采、选、冶一体化项目合作框架协议，旗委、政府主要领导出席签约仪式。

6 月 12 日 苏尼特右旗乌兰牧骑成立的内蒙古自治区第一支木偶剧组在阔别舞台 30 年后在赛汉塔拉镇正式与观众见面。

6 月 21 日 公安局交警大队在额仁淖尔苏木设立全旗首个道路交通事故法律援助站。

6 月 23 日 苏尼特右旗召开朱日和军事训练基地牧民搬迁工作会议。搬迁涉及 2 个镇、6 个嘎查，335 户 1140 人。

7月3日 科技部广播电视中心、内蒙古自治区科技厅高新技术及科技合作中心、意大利埃尼公司及内蒙古工业大学组成的“中意太阳村”项目专家组对苏尼特右旗2004—2006年度实施的中国和意大利国际科技合作计划“中意太阳村”项目进行回访。

7月9日 赛汉塔拉—白音察干高速公路项目全线通车。全长164.9公里，其中，苏尼特右旗境内路线长98.5公里。

7月10日 内蒙古自治区科技厅“荒漠草原区围封草地利用模式研究”科技计划项目在苏尼特右旗正式实施。

7月20日 锡林郭勒盟非物质文化遗产保护成果展暨苏尼特右旗第六届乌兰牧骑艺术节在赛汉塔拉镇召开。

7月22日 由各苏木镇34名演员组成的苏尼特右旗业余乌兰牧骑参加全盟首届业余乌兰牧骑会演。

7月27—28日 苏尼特右旗普降大雨引发灾害。其中，阿其图乌拉苏木降暴雨，朱日和镇降大暴雨。全旗受灾人数2207人，经济损失349.3万元。

7月 中共苏尼特右旗委决定成立派驻纪检监察组。

8月2日 苏尼特右旗额仁淖尔苏木被中共中央宣传部、中央文明办、中国人民解放军总政治部联合表彰，获“全国军民共建社会主义精神文明先进单位”称号。

是日 经内蒙古自治区质量技术监督局批准、内蒙古交警总队验收通过的全旗首家机动车安全技术检验机构——苏尼特右旗路源机动车检测有限公司成立。

8月9日 中共中央文献研究室和江苏卫视联合打造6集大型纪录片《小康中国》拍摄组深入苏尼特右旗拍摄乌兰牧骑辉煌成就。

8月24日 根据内蒙古自治区人民政府《内蒙古自治区人民政府关于调整锡林郭勒盟部分苏木乡镇行政区划的批复》（内政字〔2012〕35号），恢复阿其图乌拉苏木。

8月28日 苏尼特右旗与国电电力内蒙古新能源开发有限公司签订光伏项目测光协议，共同合作开发建设光伏项目。

9月2日 广东《风尚周报》边境童话项目慈善行到苏尼特右旗开展捐资助学献爱心活动。

9月3日 中国台湾医疗团诊疗服务组一行7人在苏尼特右旗开展义诊交流活动。

9月5日 《苏尼特右旗现代肉羊产业化实施方案》通过内蒙古自治区2012年财政支持现代农业项目旗县实施方案审查论证会审查，标志着苏尼特右旗正式划入自治区肉羊产业带。

9月13日 苏尼特右旗举办“翰墨丹青、草原情深”爱心书画笔会及书画展。董家良、陈志清、刘献礼等艺术家应邀到场。

9月27日 苏尼特右旗正式启动由全国妇联、卫生部、中国少年儿童基金会共同实施的“消除婴幼儿贫血行动项目”。

10月19日 苏尼特右旗蒙古族小学举办建校30周年庆典活动。

是日 苏尼特右旗首条抗灾保畜穿沙公路竣工通车。该公路位于赛罕乌力吉苏木浑善达克沙地腹地，起点在赛罕乌力吉苏木，终点巴彦哈日阿图嘎查，全线长30公里。

是日 民政局综合福利院建成投入使用。该福利院总投资900万元，占地面积12700平方米，建筑面积4760平方米，设计床位80张，可供全旗孤寡、五保老人入驻。

11月9—11日 苏尼特右旗境内普降大雪，全旗63个嘎查全部受灾。其中，赛罕乌力吉苏木降暴雪，降雪量11.9毫米，因降雪导致320万亩草场和5万余只牲畜无法外出放牧，125处棚圈不同程度受损，巴润宝拉格嘎查部分牧户房屋被雪覆盖，棚圈内积雪深度1.5米。

11月18日 华夏人寿保险苏尼特右旗支公司在赛汉塔拉镇成立。

12 月 4 日 内蒙古自治区党委政法委、自治区人大法工委等单位发起“2012年全区十大法治事件暨十大法治人物”评选结果揭晓，苏尼特右旗边防大队创建、锡林郭勒盟边防支队总结推出的“三所联调”工作机制入选“内蒙古十大法治事件”。组委会授予“三所联调”颁奖词是：“三所联调”是情、理、法的有效融合，是创新社会管理的内蒙古实践。

是年 苏尼特右旗公安局恢复阿其图乌拉公安派出所建制。

2013 年

1 月 1 日 苏尼特右旗人民政府实施惠民殡葬政策，免除城乡“低保”对象等特殊困难群体基本殡葬服务费用。

1 月 7 日 苏尼特右旗第十四届人民代表大会第一次会议举行第二次全体会议，斯琴图当选苏尼特右旗第十四届人大常委会主任，布仁金当选人民政府旗长，博彦、龚有军当选内蒙古自治区第十二届人民代表。

1 月 9 日 内蒙古自治区民间文艺家协会命名苏尼特右旗为“内蒙古第一支乌兰牧骑诞生地”和“内蒙古骆驼文化之乡”。

2 月 27 日 苏尼特右旗柄扁桃被内蒙古自治区林木品种审定委员会认定为林木良种，结束全旗境内无林木良种历史。

3 月 20 日 苏尼特右旗利用弃风储能（固体）供暖项目通过内蒙古自治区发展改革委员会评审。

3 月 28 日 中国和蒙古国两国幼儿园教育教学经验交流会在苏尼特右旗召开，蒙古国乌兰巴托青格尔台区第 124 幼儿园和全盟 8 个蒙古族幼儿园及 2 所小学 100 余名教师参加此次交流会。

4 月 1 日 苏尼特右旗举办首期朱日和训练基地搬迁牧民岗前培训。

4 月 28—30 日 锡林郭勒盟中学生排球赛在苏尼特右旗赛汉塔拉镇开幕。

5 月 27 日 苏尼特右旗成立公安特警大队，隶属公安局。

6 月 13 日 呼和浩特华奇燃气开发有限责任公司天地富恒日供 10 万立方米 L-CNG 加气站项目正式在苏尼特右旗落地。

6 月 19 日 “2013 年内蒙古生态保护开发夏令营”在苏尼特右旗赛汉塔拉镇举行开营仪式。夏令营邀请美国加利福尼亚州各所高中华侨学生及领队 30 人进行为期 6 天夏令营活动。

是日 苏尼特右旗启动羊肉全产业链追溯体系试点工作。苏尼特肉业有限公司为全盟第一批试点地区和试点企业。

6 月 26—28 日 锡林郭勒盟首届老年人乒乓球赛在苏尼特右旗召开。

7 月 2 日 苏尼特右旗陶高图敖包祭祀活动，在中断 55 年后恢复祭祀活动。

7 月 29 日 全区第八届少数民族传统体育运动会赛驼比赛在苏尼特右旗举行。全区 8 个盟市代表队和 66 峰骆驼参赛。苏尼特右旗获金牌 2 枚、铜牌 1 枚及团体奖银牌。

8 月 1 日 苏尼特右旗人民政府组织召开生态文明建设研讨会暨防沙治沙协会换届大会。

8 月 5 日 内蒙古农业大学机电工程学院与苏尼特右旗嘉利节水灌溉有限责任公司签订产学研合作协议，并将该公司设为内蒙古农业大学研究生培养基地。

8 月 6—9 日 苏尼特右旗赛汉塔拉镇、朱日和镇、桑宝拉格苏木发生蝗虫灾害。受灾面积 110 万亩，平均密度 15~25 头/平方米，最高密度 50 头/平方米。

8 月 12—16 日 国务院新闻办与美国 ABTN 历史频道、新加坡 BEACH HOUSE 制作公司联合制作系列片《极致都市》，摄制组在苏尼特右旗额仁淖尔苏木赛音锡力嘎查对苏尼特双峰驼进行外景拍摄。

8月24—25日 中国民间文艺协会采风团对苏尼特右旗原生态民歌进行采访。

8月 苏尼特右旗开展申报创建自治区级和盟级卫生嘎查（村）工作。其中，创建自治区级卫生嘎查（村）4个、盟级卫生嘎查（村）22个。

10月21日 苏尼特右旗国华风电项目二期工程25台风机全部并网发电，成为今年全盟第一个建成投产的风电项目。年发电量1.2亿千瓦时，实现产值6000万元。

10月30日 苏尼特右旗中广核风电场四期49.5兆瓦风电项目33台风机完成调试并网发电。至此，中广核风电场总装机容量20万千瓦，位居全盟风电场第三位。

11月26日 苏尼特右旗供电分局用电检查班成功研制“防报停变压器私自送电装置”成功申请国家专利。

11月 苏尼特右旗通过国家“富民强县”专项计划项目验收。

12月2日 苏尼特右旗“蒙古族传统祝颂文化”入围内蒙古自治区文学艺术联合会确定的第二批“一旗一品”文化品牌，成为全盟唯一入围旗县。

12月3日 苏尼特右旗开通全区首个交警系统政务微信平台。

12月24日 苏尼特右旗在八省区首家编创民族幼儿学前教育动漫教学资源库投入使用。

12月27日 内蒙古自治区重点文物保护单位苏尼特王府修缮工程完工。该工程于2007年10月开始修缮，总投资2698万元，修缮面积5000平方米。

是年 锡林郭勒盟羊羊牧业股份有限公司在苏尼特右旗赛汉塔拉镇成立，注册资本7134万元。

2014年

1月2—1日 内蒙古TNC（大自然保护协会）项目观察组实地查看额仁淖尔自然保护区和都呼木“柄扁桃”自然保护区。

1月14日 农历腊月二十三是蒙古族祭火日，苏尼特右旗人民政府组织在乌兰牧骑广场举办首届集体祭火仪式。

3月29日 内蒙古自治区文物局派古建筑验收组对苏尼特王府二、三期修缮工程进行验收。

4月3日 苏尼特右旗乌兰牧骑代表自治区赴河南省开封市参加由中国民间艺术家协会主办、清明上河园承办的全国首届木偶展演大赛。在全国13个省市30支代表队中，苏尼特右旗乌兰牧骑选送的节目“小黑猫”获大赛银奖。

4月20日 中共苏尼特右旗委员会、苏尼特右旗人民政府联合下发《关于创建国家卫生镇（县城）的决定》。

5月30日至6月3日 应奥地利政府和萨尔茨堡音乐节组委会邀请，苏尼特右旗乌兰牧骑演出团赴欧洲巡演。

5月 苏尼特右旗暴发沙葱萤叶甲灾害，发生面积约53.7万亩，严重危害面积31万亩。虫灾涉及赛汉塔拉镇、朱日和镇、阿其图乌拉苏木等苏木镇9个嘎查。

6月3日 苏尼特右旗开展追溯羔羊电子耳标信息录入上传工作，录入上传信息30643条。

6月10日 苏尼特王府博物馆正式开放。馆内设展厅22个，馆藏文物100余件。

6月 苏尼特右旗成立第六次全国体育场地普查领导小组，完成全旗学校、企事业、机关单位等

54 个体育场地的数据统计、录入工作。

8 月 5 日 苏尼特右旗在赛汉塔拉镇举办“2014 年国际音乐节”，俄罗斯、蒙古、乌干达、古巴等国家的音乐团体、个人及北京金帆交响乐团参加。

是日 苏尼特右旗乌兰牧骑代表队在中国首届宣威（杨柳）山歌展演活动暨云南省第二届杨柳（柯渡）山歌大赛中获金奖。

8 月 19 日 苏尼特右旗射箭代表队在“天佑德杯”中国·青海河湟国际射箭邀请赛中获现代传统弓团体赛冠军。选手宝力嘎获现代传统弓个人第一名。

8 月 24 日 国际多国联合反恐军演在苏尼特右旗朱日和镇举行，中国、俄罗斯、哈萨克斯坦、吉尔吉斯斯坦等上海合作组织成员国参加军演。

8 月 28 日 苏尼特右旗质量技术监督局取消省以下垂直管理体制，名称不变，隶属政府职能部门。

8 月 30—31 日 锡林郭勒盟“青年欢乐节”首届苏尼特右旗羽毛球团体赛在赛汉塔拉镇举行。

9 月 2 日 苏尼特右旗公安局与人民法院联合成立全盟首个“道路交通事故专业法庭”。

9 月 25 日 苏尼特右旗首个光伏发电项目京能赛汉风电场风光一体化 20 兆瓦光伏发电项目正式开工建设。该项目总投资 1.97 亿元。

9 月 苏尼特右旗娜荷芽申请的实用新型“拉线防护器”专利获国家知识产权局授权。

是月 苏尼特右旗民族幼儿园首创蒙古文动漫教学资源库教学法在全国八省区蒙古族幼儿园中推广。

10 月 9 日 蓝天牧业公司成为苏尼特右旗第一家全盟牛羊“可追溯体系”平台试点推进企业。

10 月 苏尼特右旗政府正式与上海宝钢资源有限公司签署战略合作协议。

是月 苏尼特右旗成立射箭协会，协会会员 56 人。苏尼特右旗选手与赤峰市、宁波市 3 名队员组成的中国射箭队在韩国举办的世界传统弓大赛上获男子团体冠军。

是月 苏尼特右旗成立青少年体育俱乐部。举办初级蒙古象棋培训班，蒙古象棋以蒙古语授课，第三小学 10 余名学生参加培训。

11 月 17 日 苏尼特右旗与福建省武夷山市缔结友好城市暨蒙古包捐赠仪式在武夷山市武夷广场举行。

11 月 19 日 苏尼特右旗被内蒙古自治区政府列为全国第一个足球改革试点省区。全旗成立首家足球俱乐部——综高牧狼足球俱乐部。

是日 苏尼特右旗建成全盟首家居家式养老服务中心。该中心占地面积 5000 平方米。

11 月 27—29 日 苏尼特右旗广播电视台获 2014 年度“全国八省区蒙古语广播电视新闻通联工作先进集体”奖，成为全国八省区中首个连续三年获“全国八省区蒙古语广播电视新闻通联工作先进集体”的旗县级电视台。

12 月 13 日 由北京京能新能源有限公司投资建设，苏尼特右旗首个风光一体化 20 兆瓦光伏发电项目完成并网。

12 月 18 日 苏尼特右旗举行水质提升工程运行启动仪式。

12 月 19—20 日 内蒙古自治区党委宣传部、精神文明委员会办公室主办，锡林郭勒盟委宣传部、精神文明委员会办公室承办的全区道德模范故事汇基层巡演活动在苏尼特右旗进行专场演出。

12 月 苏尼特右旗额仁淖尔岩画群被列为内蒙古自治区第五批重点文物保护单位，该岩画群由宝勒嘎岩画、德力哈达岩画、阿门乌苏岩画、希拉哈达岩画等四部分组成。

是年 苏尼特右旗嘉利农牧机械有限责任公司生产的“牧喜”商标被评为内蒙古著名商标。

2015年

1月5日 苏尼特右旗森林公安在额仁淖尔苏木吉呼郎图嘎查距国境线1.5公里处，再次发现蒙古野驴群，野驴群数量约30只。

1月28日 苏尼特右旗旗委宣传部、交通运输局等部门在乌兰牧骑广场举办春运交通安全暨文明交通行动计划“文明交通、从我做起”万人签名活动。

2月7日 苏尼特右旗入选全国第四批社会扶贫创新试点旗县，成为全区首个入选社会扶贫创新帮扶试点旗县。

4月15日 苏尼特右旗举行“12349”居家养老综合服务中心启动仪式。

5月4日 锡林郭勒盟“盟长杯”校园足球联赛在苏尼特右旗举办。

5月7日 内蒙古自治区党委书记王君在苏尼特右旗调研乌兰牧骑的历史沿革、改革发展及服务牧民群众文化生活等情况。

5月11日 中央人民广播电台采访团到苏尼特右旗采访乌兰牧骑半个多世纪发展历程。

5月 苏尼特右旗供电局职工阿拉腾格日勒发明“脚扣防滑器”获国家发明专利授权，由国家知识产权局授予专利权。

6月15日 国家防总办抗旱调研组对全旗农牧民人畜饮水困难情况进行调研。

7月28日 在苏尼特右旗第十三届那达慕大会期间，那达慕会场额仁淖尔苏木阿尔善图嘎查遭遇罕见沙尘暴，2万余人遭受沙尘暴袭击，1人遇难。

8月4日 中国·苏尼特国际绒毛节在苏尼特右旗举行，国内46家企业、旗内25家企业参加绒毛节。

9月10日 苏尼特右旗蒙古族中学举办建校40周年校庆活动。

9月21日 内蒙古自治区民族宗教事务委员会调研组在苏尼特右旗对“兴边富民”项目落实情况进行调研。

9月 全区“策登”杯长调歌手比赛在苏尼特右旗举办。

是月 苏尼特右旗成立赛马协会，会员54人。

10月27日 苏尼特右旗选手宝力嘎在云南省石林举办的全国射箭公开赛中获个人第一名。

11月16日 苏尼特右旗大红山旅游文化开发有限公司工商注册成立。

11月 苏尼特右旗射箭代表队在浙江省杭州市举办的全国射箭比赛中获男子团体冠军和个人第一名。

是年 苏尼特右旗发生春季鼠害，涉及面积约50万亩，严重危害面积11万亩。

是年 苏尼特右旗苏木镇全部通沥青公路，嘎查村通水泥路，全旗苏木镇、嘎查村公路总里程突破1000公里。

是年 苏尼特右旗宏达绒毛有限责任公司年销售收入3311.2万元，公司所产“香泰”牌驼、羊绒被评为自治区名优产品。

是年 苏尼特右旗摔跤选手额尔登朝克图在全国第十届少数民族运动会上，获中国式摔跤74公斤级第一名。

是年 苏尼特右旗射箭队在北京市举办的全国射箭比赛中，获女子团体冠军和女子个人第一名。

专　记

苏尼特羊

苏尼特羊产地位于世界闻名、中国四大草原之一内蒙古自治区锡林郭勒草原西部的苏尼特左旗、苏尼特右旗，并分布于锡林郭勒盟阿巴嘎旗北部、乌兰察布市四子王旗和包头市达尔罕茂明联合旗、巴彦淖尔市乌拉特中旗等地。苏尼特羊生长在这片辽阔而独特的天然草场，既没有葱郁高耸的森林，也没有丰美茂盛的水草，伴随着戈壁、沙丘、高原等地理环境与干旱少雨的气候形成特有的苏尼特草原，经过长期的自然选择和人工培育出特有的地方良种——闻名遐迩的苏尼特羊。

一、 苏尼特羊生长自然环境

苏尼特羊（Sunit ewes），别称戈壁羊，属蒙古绵羊系统中的一类群。苏尼特右旗是苏尼特羊的主产区，在半荒漠草原生态环境下经过长期的自然选择和人工培育形成地方良种——苏尼特羊。苏尼特羊具有耐寒、抗旱、生长发育快、生命力强，在没有任何污染的天然草原生态环境中，享受着天然的牧草和纯净的水源，适应着春季干旱多风、夏季短促炎热、秋季温差大霜冻早、冬季漫长寒冷的气候条件，在荒漠草原和半干旱草原，常年采食沙葱、多根葱、小型针茅草等400余种天然植物，正所谓“吃的是中草药，喝的是矿泉水”，造就了苏尼特羊“肉中人参”的特殊品质。

二、 苏尼特羊品种历史形成

苏尼特羊因在其产地定居的蒙古苏尼特氏族部落而得名。自13世纪末至21世纪初，苏尼特羊随着苏尼特部落一直在戈壁游牧生活了800年之久，经过历史无数代的优胜劣汰，使其种群得到高度优化。苏尼特绵羊肉，曾是元、明、清朝皇宫供品，也是北京“东来顺”涮羊肉馆专用羊肉。

从20世纪80年代，苏尼特右旗与内蒙古农业大学等科研院校联合，开始苏尼特羊品种认定和选育提高工作。1981年，开始对苏尼特羊进行详细调查考证。1982年，苏尼特羊以新品种类群编入《锡林郭勒盟家畜品种志》。1985年，编入《内蒙古家畜家禽品种志》。1986年，被锡林郭勒盟技术监督局批准为地方良种，并编制《苏尼特羊地方标准》。“八五”期间，内蒙古自治区科学技术委员会把苏尼特羊的选育提高列为重点科研项目。1995年，由内蒙古农牧学院家畜育种及发展研究所、锡林郭勒盟苏尼特右旗家畜改良站、苏尼特左旗家畜改

苏尼特羊

良站负责起草，自治区技术监督局颁发《苏尼特羊地方标准》（DB15/211—95），自治区技术监督局1995年7月25日发布，1995年9月1日实施。1997年8月5日，内蒙古自治区人民政府印发《内蒙古自治区人民政府关于命名“苏尼特羊”的决定》（内政发〔1997〕94号），正式命名“苏尼特羊”。2003年1月，内蒙古苏尼特肉业有限公司“苏尼特”牛羊肉分割系列产品获“中国食品安全放心品牌”称号。2003年，开始申报苏尼特羊肉实施地理标志产品保护。2007年，国家质量监督检验检疫总局颁发《关于批准对苏尼特羊肉实施地理标志产品保护的公告》（〔2007〕第218号），苏尼特羊肉成为中国同类产品中首个地理标志保护产品，对苏尼特羊肉地理标志产品的保护范围（苏尼特右旗和苏尼特左旗），质量技术要求（羊源、饲养管理、羊肉加工、质量特色），专用标志的使用都进行详细的规定。2010年2月，苏尼特羊通过国家畜禽遗传资源委员会审定，正式列入《中国畜禽遗传资源志》全国优良畜种名录。2011年8月，政府出台《关于进一步加强农牧业标准化及苏尼特羊肉地理标志保护地理标志保护工作的意见》。年内，在北京召开的地理标志产品保护与发展经验交流会暨第二次全国地理标志调研报告发布会上，公布了全国300个最具综合价值地理标志产品名单，内蒙古的苏尼特羊肉榜上有名。2012年9月5日，《苏尼特右旗现代肉羊产业化实施方案》通过内蒙古自治区财政支持现代农业项目旗县实施方案审查论证会审查，标志着苏尼特右旗正式划入自治区肉羊产业带。2014年2月14日，农业部2601号公告将苏尼特羊列入《国家级畜禽遗传资源保护名录》。

三、苏尼特羊基本特征属性

苏尼特羊体格大而匀称，体质结实，肌肉丰满，产肉性能好，属小脂尾型肉质优良的绵羊品种。公、母均无角，头大小适中，鼻梁隆起，耳大下垂，眼大明亮，颈部粗短。种公羊颈部发达，毛长15~30厘米，背腰平直，体躯宽长，呈长方形，尻高稍高于鬐甲高，后躯发达，大腿肌肉丰满，四肢强壮有力，脂尾小呈纵椭圆形，中部无纵沟，尾端细而尖且向一侧弯曲。被毛为异质毛，毛色洁白，但头颈部、腕关节和飞节以下部、脐带周围为有色毛。苏尼特羊抗旱，耐寒，耐粗饲，抗灾能力强，抗病力强，适宜放牧饲养，特别适应当地干旱寒冷的气候和草场，表现了惊人的适应性。遗传性稳定，生长迅速，发育良好，抓膘能力强，能充分利用青草季节迅速抓膘复壮，具有很高的繁殖成活率和生产性能，经产母羊的产羔率110%。

苏尼特成年公羊平均体重78.83公斤，成年母羊58.92公斤，育成公羊平均体重59.13公斤，育成母羊49.48公斤。苏尼特羊产肉性能好，10月屠宰成年羯羊、18月龄羯羊和8月龄羔羊，胴体重分别为36.08公斤、27.72公斤和20.14公斤，屠宰率分别为55.19%、50.09%和48.2%，瘦肉率为70.6%、70.52%和69.95%。苏尼特羊一年剪2次毛，成年公羊平均剪毛量为1.7±0.3公斤，成年母羊1.35±0.28公斤，周岁公羊1.3±0.1公斤，周岁母羊1.26±0.16公斤。苏尼特羊毛被中无髓毛占52%~61%，两型毛占3%~4%，有髓毛占8%~11%，干死毛占28%~33%。苏尼特羊繁殖能力中等。

四、苏尼特羊质量监测评价

1. 氨基酸检测分析

按照国家乳制品质量监督检验中心、自治区质量计量检测部门和内蒙古农业大学等科研院校调查分析测试，采取抽样屠宰羯羊、羔羊，从每只羊的胴体、羊肋骨排、腰肉、带臀腿等部位各取等量肉，进行捣碎、混匀制作成检测样品，通过直接干燥法、凯氏定氮法、索氏抽提法、原子吸收分光光度计、氨基酸分析法检测苏尼特羊的水分、蛋白质、脂肪、铜、铁、氟、氨基酸等成分。经屠宰试验和实验室分析羊肉的化学成分，氨基酸和脂肪酸种类及含量，人体必需的8种氨基酸的含量明显高于其他同类品种。肌肉的6种主要脂肪酸（即豆蔻酸、软脂酸、硬脂酸、油酸、亚油酸和亚麻酸）累计占肌肉总脂肪酸含量的93.2%~96.93%，其中，油酸和硬脂酸含量最高，分别占总脂肪酸含量的 48.07%和17.04%。结果表明，苏尼特羊肉蛋白质含量平均为19.59%，瘦肉占 70%，粗脂肪含量3.14%，失水率13.79%，碘价 27.96%。羊肉中含有多种矿物质和维生素，尤其是体组织中的矿物质和维生素含量很高。其中，肝脏中的磷和维生素 A，心脏中的钾，肺脏中的钠，肾脏中的钙、钠等含量都很高。正因为这样，苏尼特羊营养成分丰富，肉鲜味浓，味道特别好。

2. 苏尼特羊肉感评定

色泽　鲜羊肉肌肉色泽鲜红或深红，有光泽，脂肪呈乳白色；冻羊肉肌肉有光泽，色鲜艳，脂肪呈乳白色。

弹性（组织状态）　鲜羊肉肌纤维致密、坚实、有弹性，指压后凹陷立即恢复；冻羊肉肉质紧密，具有坚实感，肌纤维韧性强。

黏度　鲜羊肉和冻羊肉外表均微干或有风干膜，不沾手。

气味　鲜羊肉、冻羊肉具有羊肉正常气味，无异味；煮沸后的肉汤，鲜羊肉、冻羊肉透明澄清，脂肪团聚于液面，无膻味，具特有香味。

苏尼特羊肉具有香味浓郁、鲜嫩多汁、无膻味、肥而不腻、色泽鲜美、肉层厚实紧凑等特点。富含人体所需各种氨基酸和脂肪酸，容易消化，尤其适合年老体弱者食用。具有补气滋阴、暖中补虚、开胃健力等功效，是“补元阳、益血气”的温热补品，有“肉中人参”的美称，又是制作“涮羊肉”的最佳原料。

五、 苏尼特羊产品市场营销

中共苏尼特右旗委、旗人民政府为确保苏尼特羊的产品质量，发挥辐射带动作用，建立“企业+合作社+牧户”的苏尼特羊发展模式，确立区域化布局、规模化养殖、集约化经营、专业化分工、标准化生产、社会化服务、产业化发展的发展目标。同时，依托“苏尼特羊”战略品牌效应，加大招商引资力度，引进和扶持肉食品加工企业，鼓励和支持产业升级改造、产品开发，提高技术水平、科技含量和精深加工水平，采取现代化管理模式，构建苏尼特羊产品生产、加工、销售、连锁配送一体化格局、促进苏尼特羊产业向多元、延伸、升级和集群化的发展。

2001—2015 年，苏尼特羊年平均加工销售 50 万只、7500 吨，产品种类 80 余个品种，产值约 3 亿元，产品销售到北京、上海、天津、重庆、广州、深圳、成都、大连、香港、澳门等各大中城市，并远销世界各国。

2012 年，苏尼特右旗投资 14 亿元，建立占地面积 10 万平方米的苏尼特羊肉精深加工工业园区，先后有 35 家企业入驻园区。组建 2000 户集中连片的苏尼特羊养殖基地、50 万只优质苏尼特羊商品羊生产基地、100 万只羊单位肉羊加工销售基地。累计生产苏尼特羊后备种公羊 24264 只，建设苏尼特种公羊种畜繁育户 150 户，苏尼特羊标准化畜群 700 个，建设种公羊集中管理嘎查 51 个。绵羊改良率从 2006 年的 77%提高到 2012 年的 100%。年内，举办“苏尼特种公羊评比暨拍卖会”，成年种公羊最高价竞拍14000元，二岁种公羊竞拍 10200 元，种公羔竞拍 5600 元。

2013 年 6 月 19 日，苏尼特右旗启动羊肉全产业链追溯体系试点工作。苏尼特肉业有限公司为全盟第一批试点地区和试点企业。

2014 年 6 月 3 日，苏尼特右旗开展追溯羔羊电子耳标信息录入上传工作，录入上传信息30643 条。

2015 年，苏尼特右旗有苏尼特肉业、草原今朝、蓝天牧业等肉类加工生产企业 30 余家，主要加工销售苏尼特羊各类肉产品。

苏尼特双峰驼

苏尼特双峰驼分布在内蒙古自治区锡林郭勒盟、乌兰察布市、包头市、赤峰市、通辽市以及呼伦贝尔市等地区，以苏尼特左旗、苏尼特右旗、阿巴嘎旗、四子王旗和达尔罕茂明安联合旗为双峰驼集中产区，占全区双峰驼总数的60%以上。由于双峰驼主产区处于内蒙古中路寒潮必经之路，冬春季节寒潮多、强度大、温度低，植被状况较其他地区的荒漠草场更好，为优质草牧场。因此，在苏尼特右旗等地特定生态环境条件下，经长期自然选择和人工选育，形成苏尼特双峰驼的优良特性。

一、 苏尼特双峰驼主产区自然环境

苏尼特双峰驼主产区苏尼特左旗、苏尼特右旗，苏尼特草原位于北纬41°~45°，东经110°~116°。平均海拔1000~1500米，年降水量平均为140~220毫米，70%集中在7—9月。积雪厚度在10厘米左右，积雪日数为68~83天。年平均蒸气量2200~2500毫米，风力一般在3~5级，最大9~10级，平均风速5.5米/秒，平均日照3231.8小时，全年无霜期110~140天。

苏尼特双峰驼适应苏尼特右旗境内草场植被环境，草场土壤以暗棕钙土和淡棕钙土为主，草原类型属于干旱草原向荒漠草原过渡的半荒漠草原带。浑善达克沙带东西横贯，以固定沙丘为主，流动沙不多。草群低矮稀疏，高度10~15厘米，覆盖度10%~30%。每亩产干草20~40公斤。灌木和半灌木由东向西逐渐增加。牧草多属旱生植物，产草量虽低，但所含干物质较多，特别是粗蛋白质含量较高，牧草粗蛋白质含量平均为14.78%，氮碳比为1：4.4。主要草种有隐子草、多种针茅、冷蒿、小艾菊、芨芨草、锦鸡儿、沙竹、沙葱、珍珠、红砂、白刺等。从自然条件看，苏尼特右旗产区要比阿拉善驼产区纬度高，又是西伯利亚中路寒潮南下必经之地，气温明显要比同纬度的其他地区低，所以冬春寒潮多，强度大，温度低。从草生密度和高度上看，要比阿拉善驼产区所生草类更适于繁育饲养骆驼。

二、 苏尼特双峰驼品种历史形成

苏尼特双峰驼主产区苏尼特右旗在战国前为匈奴生息牧猎之区，汉时为上谷及代郡北境，后来相继为乌桓、鲜卑、突厥、回纥、契丹等民族居住，其牧地均在古尔板乌斯克河范围。境内自古是骆驼的集中产区，养驼历史悠久。

据《蒙古秘史》载，蒙古高原养驼业，到五代十国时期，受历代更替和战争的影响，时盛时衰，直到元初，才得以恢复和发展。清朝崇德三年（1638年），苏尼特地区编为苏尼特左翼旗、苏尼特右翼旗。骆驼经苏尼特周围各旗牧民辛勤饲养管理，长期进行自群繁育，一代一代选择，选优汰劣，数量和质量不断提高。当时，清朝在北方的对外交通贸易路线主要有3条，其中，张库大道是从塞外重镇张家口出发，途经苏尼特右旗，通往蒙古草原腹地城市——乌兰巴托（当时称库伦），并延伸到俄罗斯恰克图的贸易运销线，全长1400余公里，是有着“北方丝绸之路”之称的古商道，被誉为“草原丝绸之路”和“草原茶叶之路”。《清史稿》称：“驼、马唯口外（张家口外）最善，水草肥美，不糜饷而

苏尼特双峰驼

孳生甚多”。苏尼特双峰驼成为长途运输主要的畜力，由于长距离的频繁运输活动，与其他品种骆驼进行血统交流，对双峰驼役用能力的选育提高起着重要作用。同时，对苏尼特驼的优良特性的形成和发展，起到一定的促进作用。

1979 年，全国骆驼育种协作会议把苏尼特双峰驼正式列为地方优良品种，并被列入国家畜禽品种资源名录。1983 年，苏尼特右旗双峰驼数达 20461 峰。1987 年，美国国家动物园从苏尼特右旗购买 2 峰白骆驼。1988 年，国家领导人李先念出访东南亚，从苏尼特右旗选送 2 峰黄色苏尼特双峰驼作为国礼赠送给泰国。

2001—2015 年，苏尼特右旗境内自然灾害频发，草原生态环境逐年恶化，饲养骆驼的短期经济效益受到影响。2003 年，全旗双峰驼数存栏数锐减历史最低 904 峰。针对这一情况，年内，旗委、政府加大苏尼特双峰驼的政策和资金扶持力度，出台了《苏尼特右旗保护和发展苏尼特双峰驼暂行办法》。2006 年 8 月，苏尼特骆驼文化协会在额仁淖尔苏木成立。2007 年，出台《苏尼特双峰驼保护选育工作实施方案》。2010 年 1 月 8 日，由内蒙古自治区骆驼保护学会与苏尼特右旗政府共同承办，苏尼特驼产业与驼文化发展国际研讨会在赛汉塔拉镇举行。2013 年，全旗发放驼羔及种公驼补贴 15. 3 万元。2015 年，旗委、政府将苏尼特双峰驼保护与发展纳入政府工作报告，出台《苏尼特右旗鼓励绒毛产业发展（试行）办法》。年内，全旗骆驼数量 4000 余峰，苏尼特骆驼协会 3 个，拥有 60 万亩骆驼保种集体草场，苏尼特双峰驼得到有效保护和发展。

三、 苏尼特双峰驼基本特征及属性

1. 苏尼特双峰驼外形特点

苏尼特双峰驼具有体格粗壮，体型匀称，头中等大，鼻梁微拱，两峰较大，峰间距离较宽，胸深而宽，背腰宽平，后躯发育中等，四肢肢势正常，筋腱明显，暗大而厚，毛色一般较深，主要以紫红和杏黄颜色为主，其次是棕褐色，白色很少，因此，称苏尼特双峰驼为“沙漠黄驼，戈壁红驼”。苏尼特双峰驼在新疆、阿拉善等双峰驼品种中居首位，与俄罗斯名驼阿斯特拉罕驼相比，亦毫不逊色，是双峰驼中的优质品种。

双峰驼骨骼坚实、骨量较重、肌肉发达、绒层厚密、保护毛多，体质多属粗壮结实型，体高较大（最高 206 厘米），体躯较长（最长 183 厘米），胸深而宽（最大胸围 280 厘米），骨量较重（最大管围 26 厘米），前峰高而后峰宽广。据测定，膘满骟驼前峰高 30~40 厘米，宽 40~50 厘米；后峰高 25~30 厘米，宽 50~60 厘米，峰围 120~150 厘米，给人以粗壮敦实之感。头呈楔形，头位水平，头顶高昂过体，与两峰尖平齐。颈长而粗，颈上缘的鬃毛长 20~30 厘米，前肢直立如柱，关节大而明显；后肢较长，肌肉发育丰满，飞节以下呈刀状肢势。前蹄盘大而圆，着地后蹄盘围为 60~80 厘米；后蹄盘较小，为非正圆形。

苏尼特骟驼与其他品种骟驼的体尺与体尺指数对照表

单位：峰、厘米

品种	测定峰数	体高	体长	胸围	管围	体长指数	胸围指数	管围指数	体躯指数
苏尼特双峰驼	223	180. 4	159. 4	247. 3	22. 6	88. 3	137	12. 5	155
		162~206	134~183	205~280	18~26				
阿拉善双峰驼	224	176. 6	148. 6	208. 5	19. 2	82. 4	118	10. 8	140. 3
		157~159	124~167	182~240	18~23				
新疆双峰驼	26	172. 2	152. 2	219. 5	20. 7	88. 3	127. 5	12. 0	144. 3

苏尼特母驼与阿拉善母驼不同年龄体尺指数对照表

单位：峰、厘米

年龄	驼别	测定峰数	体高	体长	胸围	管围
1岁	苏尼特双峰驼	7	143	112	163.9	16.3
	阿拉善双峰驼	34	139	104.8	146.8	14.7
2岁	苏尼特双峰驼	27	157	130	201.3	18.6
	阿拉善双峰驼	51	145.5	115.4	161.7	15.3
3岁	苏尼特双峰驼	15	164.5	138.7	212.4	19
	阿拉善双峰驼	60	155.5	123.9	180.6	16.9
4岁	苏尼特双峰驼	20	171.6	145.1	223.8	19.7
	阿拉善双峰驼	29	163.6	134.9	195.8	18.1
5岁	苏尼特双峰驼	18	171.7	146.8	227.4	19.5
	阿拉善双峰驼	33	166.4	138.7	195.4	18.2
成年	苏尼特双峰驼	251	172.8	153.3	232.8	20.3
	阿拉善双峰驼	531	168.9	143.3	201.0	18.0

2. 苏尼特双峰驼生物特性

苏尼特双峰驼由于其独特的解剖生理构造，对温度、植被、自然环境等方面有着惊人的适应能力，抗逆性很强。

温度的适应能力　主要体现在双峰驼对高温和低温的适应能力。骆驼在沙漠干旱高温条件下，具备将恒温机制的温度控制在较为宽松范围的适应能力。骆驼在具有充足饮水条件下，其体温36℃～38℃；而在缺水条件下，其体温昼夜波动7℃，即34℃～41℃。骆驼在沙漠极为缺水和高温的自然条件下，通过自然选择，骆驼进化出放宽恒温区的适应对策。因此，骆驼通过提高体温而保住体内水分的适应是自然选择的结果。骆驼生存的沙漠地区吸热性强，夏季中午时气温37℃～42℃，沙面温度65℃～75℃，牛、马、羊等家畜难以适应，骆驼在高温下仍坚持正常劳役，表现正常的生理机能。例如当气温29.5℃、地面温度47℃时，骆驼卧地后，前肢下的温度只有32℃，胸底处的温度为37℃。因此，骆驼需要通过皮肤出汗来增加散热。骆驼对低温的适用能力，主要以两峰和腹腔内贮积有较多的脂肪，随时可补充热能需要。骆驼被毛发达，绒层厚密，皮板厚而致密，保温能力强。通过自我恒温调节，当大风降温时，它总是后躯对着避风处卧下，尾夹于两股之间，四蹄贴腹，以减小散热面积。角质垫也能很好起到防止热传导的作用。

植被的适应能力　苏尼特双峰驼嘴尖齿利，上唇中间有一裂缝，下唇尖而游离，唇薄而灵活，伸缩力较强；颈长，上下左右活动自如，向下能够觅食3～5厘米的短草和低矮的灌木，向上可啃食丛林的枝叶或高2～3米的乔木。采食范围较大，广泛适应荒漠植被。骆驼的口腔构造比较特殊，上下囊唇与口自外缘密生短毛，上齿垫坚硬；两颊有长而呈维状的角质化乳头；臼齿冠高而发达，齿面宽，齿缘突起呈锯齿状；下颌关节灵活，能左右磨动，咀嚼肌发达；唾液多而黏稠，故能利用其他家畜所不能利用或极少利用的各种粗硬带刺的、本质化程度高的草本和木本植物。如锦鸡、白刺、红砂、珍珠猪毛菜、碱蓬、刺沙蓬、霸王、骆驼蓬、盐爪爪等。双峰驼腿长善走，耐渴性强，为适应产草供应不均衡状态，在牧草生长茂盛的夏秋季节，大量采食，以贮备必需的能量，成年骆驼在夏秋两季每天采食量31.2～33.6公斤，在短时间内迅速改善体况，并在驼峰和腹腔内贮存大量脂肪。骆驼的性情比较安静，代谢水平比其他家畜低，在静止状态时，骆驼每小时所消耗的能量仅为马的 62%，在荒漠中驮载 100 公斤，行走 1 公里所消耗的能量仅为马的 1/3。因此，骆驼能够适应植被稀疏的荒漠草场环境。

自然环境适应能力　苏尼特双峰驼有着惊人的自然环境适应能力，能经得起产区特大旱灾和雪灾的考验。经过长期自然选择，形成具有极强的耐渴、耐饥、耐干旱、耐风沙能力。经测定，苏尼特双峰驼不吃不喝可连续使役 11 天，饥渴可生存63天，耐渴可生存 78. 5 天，耐饥可生存 110 天。骆驼不惧怕身体脱水，3～5 天不喝水，照常可以使役，当失水达到体重的 30%～40%时，尚无生命危险。冬季缺水时，每天的耗水量仅占体重的 1%。骆驼的胃能储存大量水分，每次饮水量最多可达 40～60 公斤，能够满足 3 天的新陈代谢需要。双峰驼体内含有简单结构的抗体或免疫球蛋白，抗病力较强，发病较少。如 1966 年特大旱灾，苏尼特右旗家畜下降 47. 3%，骆驼下降 4. 5%。1977 年底特大雪灾，全旗其他家畜又猛降 46%，而骆驼下降 9. 3%。这次下降原因主要是：牛羊大量死亡，缺乏肉食，宰食驼肉现象严重，因长期交通中断而对骆驼使役太重。1980 年，苏尼特右旗夏产区草场受旱，牧草生长不良，所宰杀骟驼平均取得脂肪 68. 6 公斤，说明骆驼的抓膘保膘能力明显较其他家畜强。即使草场严重缺草，骆驼仍能照常啃食那些风吹不走、沙雪埋不住的灌木类植物。

3. 苏尼特驼生产性能

绒毛生产性能　苏尼特右旗对驼毛的收集，仍沿用过去传统习惯，在脱毛季节中随脱随收。这种收毛方法往往收集不全，损失浪费较大，由于群体间差异较大，粗略概算大群大小驼的平均数。例如，桑宝拉格苏木巴彦乌拉嘎查，将 518 峰驼改为 5 月下旬一次剪毛，产毛 3031 公斤，平均单产是 5. 85 公斤。苏尼特驼群中有少量“长眉驼”，其特点是毛色多为红色或褐色，眉毛长 12～17 厘米。被毛厚密、粗毛少、绒毛多，绒层厚度 9. 0 厘米，而一般驼最高仅有 7. 0 厘米，长眉驼比一般驼高出 2 厘米。长眉驼与一般驼的被毛密度都在 2500 余根，长眉驼产毛总量比一般驼高出 380 公斤。一般成年母驼年产毛量 4～5 公斤，长眉驼约 7. 5 公斤。

产肉性能　苏尼特双峰驼在抓好秋膘后，有较高的肉脂生产性能。牧民在冬春肉食中淘汰骟驼或母驼，一般能得净肉 250～350 公斤。秋末膘好的骟驼，屠宰后可产净肉 450～480 公斤，驼峰、驼掌亦列入佳肴珍品。但由于骆驼的繁殖率较低，生长周期长，作为肉用不经济。

苏尼特骟驼与阿拉善骟驼的胴体、肉脂、脂肪抽样指数对照表

类别	峰数（峰）	平均活重（公斤）	胴体		肉脂		脂肪		骨肉比	脂肉比
			重（公斤）	占比（%）	重（公斤）	占比（%）	重（公斤）	占比（%）		
苏尼特驼	4	695. 5 596～762	428 382～479	61. 44	340 306～681	48. 99	68. 6 51～82. 5	9. 9	1∶4	1∶3. 9
阿拉善驼	11	439. 4	249. 1	56. 7	177. 5	40. 4	16. 9	3. 68	1∶2. 6	1∶9. 5

产乳性能　苏尼特双峰驼乳驼产乳除满足驼羔哺育外，日可挤奶 1～2 公斤。8—11 月产奶较多，最多可挤奶 3～4 公斤，挤奶期 14 个月。乳中干物质多（占 14. 68%），乳脂率高（5. 5%），蛋白质、脂肪、矿物质含量高，乳脂肪球小，且乳糖含量低，营养丰富，易于消化吸收。

役用性能　苏尼特双峰驼的役力较强，以“能驮善走”著称。长途运输，每驼可驮重 150～250 公斤。挽驼套胶轮车可拉 1500～2000 公斤。骑乘可日行 70～80 公里。3 岁可用于轻役，5 岁可载重远行，能使役 30 年，必要时能行 24 小时不息，且能继行一周，并能耐渴，有着“沙漠之舟”美誉。

四、 苏尼特双峰驼产品研究价值

1. 苏尼特双峰驼奶营养价值

苏尼特双峰驼奶有着很高的营养价值。经检测，驼奶酸度为20°T ~21°T（吉尔里耳度），鲜牛奶酸度为16°T~18°T，马奶酸度为6°T。驼奶中含有82%~86%水分，奶的其他成分即溶解于水中。其中，蛋白质价值最高，98%的蛋白质可被机体吸收。驼奶中含有丰富的酪蛋白、白蛋白、球蛋白，酪蛋白以磷酸钙酪蛋白络合物的形式存在，在凝乳酶和弱酸的作用下，酪蛋白沉降为沉淀物，搅拌时形成絮状的碎片。球蛋白、白蛋白溶于奶中，它们属于乳清蛋白，作为免疫原的载体，具有重要的生理意义，可通过母乳将免疫原传递给新生仔驼。双峰驼奶中，蛋白总含量4.45%，其中，酪蛋白3.22%、白蛋白0.71%、球蛋白0.46%。驼奶比牛奶容易消化，属于白蛋白类型乳。驼奶中含有4.5%~5.0%的乳糖，具有抑制肠道腐败菌的作用，可促进有益微生物区系的发育，驼奶中富含维生素A、B_1、B_2、C、E。此外，驼奶中还含有各种微量元素，其中，铜1.0毫克/升、锌3.0毫克/升、银0.2毫克/升、铝16.5毫克/升、铁25.2毫克/升（牛奶中仅为1.5毫克/升）、硅5.4毫克/升、镁840毫克/升（牛奶中为140毫克/升），钙1150毫克/升（牛奶中为980毫克/升）。驼乳中富含优质蛋白、B族维生素和维生素C，维生素B有助于平衡中枢神经系统，维生素B_6可以帮助大脑制造血素，可以使紧张、易怒、抑郁的不良情绪得到改善。长期坚持饮用驼乳，人的精神状态及情绪就会得到一定的改善。

2. 苏尼特双峰驼药用价值

苏尼特双峰驼有着极高的药用价值，经常使用驼乳可以治疗炎症、肝炎、肺结核、肠胃炎、肾病、糖尿病等病症。骆驼奶可以协助糖尿病患减少对胰岛素的依赖和需求，因为不含过敏原，对新生儿、消化性溃疡病患和高血压患者有益。发酵驼乳可用于治疗腹泻等消化道和肾脏疾病的治疗，以及肺结核等疾病的辅助治疗。经检测，骆驼奶的蛋白质含量与钙含量均高于牛奶，乳铁蛋白含量220毫克/升，是牛乳铁蛋白含量（140毫克/升）的1.6倍；维生素C含量是牛乳的4~6倍，脂肪含量则低于牛奶。骆驼奶富含牛奶中缺少的乳铁传递蛋白和溶解酵素，铁元素含量是牛乳的10倍，这两种有杀菌作用的物质可强化人体的免疫系统。因此，骆驼奶是有助于治疗癌症或艾滋病等免疫缺陷疾病的理想饮品。

2001—2015年，苏尼特右旗以挖掘、传承、保护苏尼特传统文化，繁荣民族文化事业为目标，加大苏尼特双峰驼文化旅游宣传力度，对特色驼肉干、驼峰药膳、驼掌佳肴、保健驼奶等系列产品的开发利用进行宣传，助推纯天然、绿色、有机为重点的驼产品生产加工基础建设，通过举办骆驼文化节、那达慕、产品展销会、良种评比等系列活动将苏尼特右旗骆驼养殖基地进行养殖、加工、观光等一体化开发，带动全旗文化旅游事业提档升级。2007—2015年，全旗连续举办九届骆驼文化节，通过赛驼、驼球、种公驼评选、骆驼选美、组装鞍具、搓组绳、制鼻棍、缝毡垫以及与之相配套的赛马、博克、射箭、蒙古象棋、民族服装展、蒙古包评比和草原奇石、书画展等活动，吸引了越来越多的国内外游客，成功打造苏尼特双峰驼旅游文化品牌，有效保护这一地方良种，最大程度地激发骆驼文化的内涵。2013年，苏尼特右旗被自治区民间艺术家协会命名为“内蒙古骆驼文化之乡”。2015年，被中国民间艺术家协会正式命名为“中国骆驼文化之乡”。

苏尼特“双喜” 蒙古包

苏尼特右旗生产的“双喜”牌蒙古包是全区、全国知名品牌。60余年来，她在广袤无垠的苏尼特草原孕育、诞生、发展，她从草原走出全区、走向全国，迈出国门，跨越千山万水，走向世界各地。

一、蒙古包历史由来

1. 蒙古包的使用历史

远在13世纪蒙古统一之前，蒙古包就为北方各游牧民族遮风御寒。《史记》中有“匈奴父子乃同穹庐而卧”的记载。“穹庐”即上部隆起的圆形毡帐，后因蒙古族使用而得名。蒙古包伴随着蒙古族牧民走过漫长的历史，在当前的生活条件下仍有一定的使用价值。因为它使用便利，和其他种类的帐篷不同。蒙古包呈圆形，结构牢固稳定，不必用绳索斜拉固定，承重能力大，能够减轻对风的阻力。一般平整草地上的蒙古包，在七八级大风中能坚固不拔，这在风雪弥漫的草原上很可贵。蒙古包的圆形结构与其他类型帐篷比较，使用面积更大些。它也不怕地震威胁，即使倒塌也不至于伤人毁物。覆盖蒙古包的毛毡也有一定防水能力，雨水淋不透。蒙古包的整个木制骨架可以分成几个部分折叠起来，搬运十分方便。蒙古包的这些独具匠心的科学设计使它从有“穹庐”的记载到如今，经久不衰。

2. 蒙古包的制作和取材

蒙古包的制作可就地取材，用直径3厘米左右的沙柳做成可以伸缩的网格状围子骨架，蒙古语称“哈那”。再用直径4厘米左右的桦子或沙柳杆做成射线状的顶子骨架，蒙古语称“乌尼”，即椽子。构成顶子骨频的那些椽子两头都钻有眼，一头与天窗用较细的马尾绳连接，另一头系有马尾绳做成搭扣。搭盖蒙古包时，选好地形把围子骨架伸长扎成大小适当的圆形，把顶子骨架托起，用椽子一头系好的搭扣使顶、围骨架结合起来，然后上面覆盖特制的毛毡，用鬃绳勒紧即成。

蒙古包正面留有门，顶部有天窗，设计得非常巧妙。而且，在整个蒙古包的结构中可以不用任何金属部件。蒙古包内可以砌炉灶取暖或烧茶煮饭，烟筒从天窗通向外面，避免了烟气熏人。有的蒙古包内还砌有暖炕，拉有帷幔。严冬，蒙古包上面还可以覆盖一至二层毡子用来保温。酷暑炎热时，把毡围子向上卷起些，就好像一把张开的伞或水上凉亭，微风从底部吹来，十分凉爽。

二、“双喜” 牌蒙古包的诞生与发展

1957—2015年，“双喜”牌蒙古包从建立到发展，经过了诞生、改革发展、转型升级3个时期。

1. “双喜”牌蒙古包的诞生

1957年7月，在苏尼特右旗赛罕乌力吉苏木所在地陶高图成立锡林郭勒盟第一家以生产蒙古包为主的民族用品厂，也称为赛罕乌力吉民族用品厂。民族用品厂距赛汉塔拉镇125公里，集体所有制企业，隶属苏尼特右旗二轻局，由3个手工业生产合作社12名木工、毡匠组成。主要为牧民生产生活所需要的接羔包、料槽子、水槽子、提奶桶、酸奶桶、水箱、套马杆、大镰杆、轻便车、防寒毛毡、裘皮制品、破雪工具等产品，重点出售蒙古包和牲畜和绒毛季节需

苏尼特百年传统蒙古包

要的各种家具。

民族用品厂在组建初期，职工大多为20世纪50年代河北、山西一带到草原上揽生意、做活计的手艺匠人。这些人春来冬归，被称为“走草原的人”。民族用品厂的老职工，大都有过这样的经历。时任党支部书记、厂长郭瑞（木匠）与副厂长班志亮（毡匠）率先带头，发挥支部战斗堡垒作用，与牧民朝夕相处，结下了深厚友情，牧民们说：“民族用品厂就是牧民自己的厂子。”截至1981年，民族用品厂实现利润19.5万余元，缴纳税金18.8万余元，上缴管理费等费用8万余元（摘自1981年7月15日《锡林郭勒日报》头版头条《他们是怎样发挥党支部的战斗堡垒作用——记西苏旗民族用品厂党支部》）。

1978年10月，苏尼特右旗民族用品厂向德国出口一套蒙古包。1979年，民族用品厂恢复生产名牌传统产品——蒙古包哈那。当时是乌兰察布盟生产民族用品的重点厂，产品由国家下达的18种发展到50余种（摘自1980年3月4日《内蒙古日报》头版）。随后，时任书记郭瑞和厂长班志亮召集全厂职工讨论给生产的蒙古包品牌命名的问题，于是，“双喜”牌蒙古包正式诞生，并沿用至今。1980年5月8日，苏尼特右旗划归锡林郭勒盟。年内，民族用品厂生产的“双喜”牌蒙古包被锡林郭勒盟评为优质产品，踏上创建民族知名品牌的道路。企业始终把全心全意为牧民服务放在首位，提出“牧民需要我们做什么，我们就做什么”的口号。年内，企业正式职工有80余人，根据行业和工种，分设木工、毡业、白铁、服装等12个生产车间，固定资产50余万元，手工制作是“双喜”牌蒙古包传统技艺（分别摘自1982年3月3日《人民日报》二版《苏尼特右旗民族用品厂热情为牧民服务》和1983年11月24日《人民日报》二版《难以割舍的鱼水情——及苏尼特右旗民族用品厂全心全意为牧民服务》）。

2. “双喜”牌蒙古包改革与发展

1980年，“双喜”牌蒙古包正式绘制民族传统图案，开始了探索改革之路。1981年，经国家工商总局核准批准，正式注册“双喜”牌蒙古包。

1982年7月16日，“双喜”牌客厅式蒙古包研制成功。客厅式蒙古包从结构上进行了改革，由原来半圆双面葫芦式套瑙改为圆形一体结构，用柳条穿孔、网式轮钻接卯而成，并增加了雕花工艺。原房门、乌尼杆和哈那也都和过去不同，进行工艺改革，特别是在彩绘工艺上进行新旧结合，四条顶柱和鼓型柱基采用金龙盘玉柱图案及传统的立粉彩漆工艺，使蒙古包内富丽堂皇。9月1日至10月15日，“双喜”牌蒙古包首次在北京举办的全国少数民族用品展销会上展出。年内，自治区标准局、二轻局召开蒙古包审定会议，经审定，“双喜”牌蒙古包为全区蒙古包标准产品。全旗二轻工业系统创历史最高水平，完成工业总产值311.08万元，较上年提高25.48%，较历史产值最高的1977年增长34.17%。

1983年9月，苏尼特右旗民族用品厂被自治区党委、政府评为“民族团结先进集体”，“双喜”牌蒙古包被评为自治区优质产品；10月，全国民族用品轻工优质产品评选会上，“双喜”牌蒙古包与全国41种产品获轻工业部、国家民族事务委员会授予的“全国少数民族用品优质产品”称号（摘自1983年11月2日《经济参考》第50期头版）。产品行销于北京、广东、云南、河北、黑龙江等16个省、市、自治区和香港、台湾地区，远销朝鲜、韩国、日本、法国等国家。1984年4月，“双喜”牌蒙古包随中国旅游文化展览代表团在联邦德国、英国、法国、日本等国展出；5月，在全国旅游产品内销工艺品展销会上获优秀奖，受到中央领导和国内外宾客好评。1986年7月，“双喜”牌全套蒙古包前往加拿大、澳大利亚、葡萄牙和新西兰等国家进行巡回展出，受到国外宾客一致好评。

1987年，民族用品厂自行设计、研制出有机硅防水线蒙古包帆布外置新产品，具有防水、防火、防风等性能。2月26日，经二连浩特口岸，全套“双喜”牌蒙古包远渡重洋到日本；4月，在赛汉塔拉镇首次召开中日蒙古包业务洽谈会。年内，全旗民族用品厂的“双喜”牌蒙古包、“三鸽”牌山羊绒皮衣与皮毛厂的“松鹿”皮夹克、“白云”牌山羊绒皮衣，靴鞋厂的“双人”牌马靴，服务社生产的“西苏”牌马鞍等6种轻工产品在国家工商总局注册。1988年，苏尼特右旗民族用品厂产值

61.4 万元，利税 4.7 万元。

1990 年 4 月 1 日，苏尼特右旗民族用品厂为日本客商设计生产出特大豪华型蒙古包，属国内首创，是当时国内最大的蒙古包。蒙古包由 12 片哈那组成，包内直径 9 米，高 3.1 米，使用面积 64 平方米。由套瑙、哈那、乌尼杆、房门、龙柱、全地板、套瑙托架、围毡、地毡、有机矿罩、布云等组合而成。蒙古包在普通、客厅型蒙古包的基础上进行改革，加大了规格，增加了彩绘龙盘柱，套瑙八角托架，八条巨龙，并雕刻彩绘了具有传统的“追钱念玉”“西游记”“将出头”等民族图案。蒙古包设计先进、用料考究、制作精细、结构严谨、造型美观、装饰豪华。“双喜”牌系列蒙古包在国内外均有很高信誉。如北京亚运村、北京成吉思汗酒家、北京康西草原村、南京梅花山宾馆、深圳民俗村、鄂尔多斯市成吉思汗陵园旅游景点以及全区各盟市历次召开的那达慕，均使用的是“双喜”牌蒙古包（包括蒙古包的家具陈设）（摘自 1990 年 8 月 25 日《内蒙古日报》头版刊载的《玛乃维得博日赛——访苏尼特右旗民族用品厂》）。

1991—1996 年，民族用品厂累计完成工业总产值 745 万元，销售收入 824 万元，利税 75 万元。苏尼特右旗民族用品厂主要生产蒙古包、民族木制品、毛毡制品、服装等产品，产品由 13 种发展到 8 个类别、50 余个品种、144 个花色，每年生产民族用品 20000 余件，仅蒙古包就生产 500 套以上。

三、“双喜” 牌蒙古包转型升级

1998 年 5 月 5 日，经苏尼特右旗工商行政管理局注册成立苏尼特右旗“双喜”蒙古包制造厂，民族用品厂由集体经营转为个体经营。2001 年 2 月 25 日，苏尼特右旗双喜蒙古包制造厂生产的“双喜”牌蒙古包被锡林郭勒盟公署命名为全盟第二批地方名牌产品。

2012 年 10 月 11 日，苏尼特右旗赛汉塔拉镇工业园区成立苏尼特右旗双利民族手工艺品制作有限公司。标志着“双喜”牌蒙古包开始转型升级。双利民族手工艺品制作有限公司董事长班凤斌（非物质文化遗产蒙古包制作技艺代表人物）继承郭瑞、班志亮、白荣甫、卢文发等几代厂领导和老职工的优良传统，坚持“挖掘和保护传统游牧文化，传承蒙古包制作技艺”思想理念，继承和发展“双喜”牌蒙古包事业。2015 年，随着“吉祥草原”“双吉祥”“喜双喜”等系列蒙古包商标的注册，为“双喜”牌蒙古包注入新鲜血液和青春活力。“双喜”牌蒙古包产品由原来 13 种发展到 12 个部类、120 个品种、150 余个花色，包括普通型、客厅型、豪华型、超豪华型和鸳鸯型等产品。

60 余年来，“双喜”牌蒙古包的成长与发展就是苏尼特草原各族人民艰苦磨砺的奋斗史，创新进步的发展史，攀登奋进的光荣史。“双喜”牌蒙古包为了民族地区的民族团结、文化振兴、经济发展等做出了贡献。先后被授予“全国民族用品生产先进企业”“全国民族团结进步先进集体”“内蒙古自治区先进企业标兵”“内蒙古自治区民族用品生产先进企业”“内蒙古自治区民族团结先进集体”“内蒙古自治区民族用品生产十大明星企业”“内蒙古自治区重合同守信用单位”“内蒙古自治区先进企业”“锡盟旅游商品定点单位”等荣誉。“双喜”牌蒙古包分别被编入中国新闻出版社出版的《中国企业登记年鉴》内蒙古分册，对外经济贸易大学出版社出版的《群星谱》，内蒙古人民出版社出版的《内蒙古轻纺工业》《内蒙古大辞典》以及文化艺术出版社出版的《中国精美产品大全·内蒙古卷》等图书。

苏尼特“双喜” 牌蒙古包

2014 年 1 月 26—28 日，习近平总书记在锡林郭勒盟考察时，站在蒙古包前，按照蒙古族传统的“五畜祈福”习俗，祝福来年风调雨顺、五畜兴旺，人民幸福安康，并在蒙古包内与牧民亲切交流座谈。当时所用蒙古包就是苏尼特右旗双利民族手工艺品制作有限公司生产的“双喜”蒙古包。如今，一座座“双喜”牌蒙古包让苏尼特传统的民族文化注入更多符合新时代发展的文化元素，为全国各族人民和世界各国送去了友谊、送去了团结、送去了和谐。

第一编

政　区

第一章　建置　区划

第一节　建置沿革

苏尼特右旗位于内蒙古自治区中部，锡林郭勒盟西部，地理坐标为北纬 41°55′50.07″～43°39′51.70″，东经 111°08′26.59″～114°15′47.57″。东邻锡林郭勒盟苏尼特左旗、镶黄旗，南接乌兰察布市察哈尔右翼后旗、商都县，西临乌兰察布市四子王旗，北与二连浩特市接壤，与蒙古国交界。国境线长 18.15 公里，总面积 2.23 万平方公里，总人口 6.83 万人，由蒙古族、汉族、回族、满族等民族构成。下辖 3 个镇、4 个苏木，政府所在地赛汉塔拉镇，是全旗政治、经济、文化、交通中心。

苏尼特右旗源于蒙古族氏族部落名称，《蒙古秘史》中记为“雪你惕”。新石器时期，境内就有人类在此繁衍生息。先后又有澹褴（又称澹林）、匈奴、鲜卑、拓跋、柔然、突厥、蒙古等北方游牧民族在该地居住。北元时期，雪你惕所部始号“苏尼特”。元朝初期，始创立行省制度，属中书行省兴和路，建行省区划。明成化十六年（1480 年），巴图孟克达延汗统一漠南、漠北蒙古诸部，分封诸子设六万户。苏尼特部属永谢万户，达延汗驻帐察哈尔，统领蒙古各部。清崇德七年（1642 年），正式设旗建置，成为苏尼特右翼旗，设札萨克。

1914 年，民国政府设察哈尔特别区。1937 年，内蒙古中西部沦陷。1945 年，抗日战争胜利后，苏尼特右旗仍实行“札萨克”制。1946 年，中国共产党领导下的新民主主义政权取代世袭右翼苏尼特封建政权。1948 年 2 月，苏尼特右旗在道日希博图成立牧民会。8 月，苏尼特右旗在阿拉腾高勒成立临时人民政府后，迁至温都尔庙，成立苏尼特右旗人民政府，下辖 9 个联合苏木、1 个农业区，隶属锡林郭勒盟。

1958 年，撤销察哈尔盟建置，其行政区划并入锡林郭勒盟，政府迁至赛汉塔拉镇。将 8 个苏木、区合并为赛汉塔拉镇、桑宝拉格苏木、赛罕乌力吉苏木、巴彦朱日和苏木、新民区 5 个人民公社。1969 年 11 月，划归乌兰察布盟管辖。1980 年 5 月，重新划归锡林郭勒盟管辖，下辖 14 个苏木、1 个乡、2 个镇、61 个生产大队。

1984 年，苏尼特右旗进行机构改革，人民公社、生产大队改称为苏木乡、嘎查村。全旗辖 14 个苏木（即巴彦朱日和苏木、都仁乌力吉苏木、布图木吉苏木、赛罕乌力吉苏木、脑干诺如苏木、阿其图乌拉苏木、桑宝拉格苏木、呼格吉勒图苏木、乌日根塔拉苏木、额仁淖尔苏木、格日勒图敖都苏木、吉呼郎图苏木、阿尔善图苏木、都呼木苏木）、1 乡（新民乡）、1 镇（赛汉塔拉镇）、1 个地区（朱日和地区）和 76 个嘎查、村委会、居委会。1985 年，呼格吉勒图苏木改称锡林诺尔苏木，朱日和地区办事处设为朱日和镇。苏尼特右旗下辖 14 个苏木、2 个镇、1 个乡和 78 个嘎查、村委会、居委会。

2001 年 12 月，苏尼特右旗实施撤乡并镇改革。

2003 年 8 月 1 日，苏尼特右旗与二连浩特市进行行政区划调整。

2006年6月6日，苏尼特右旗再次实施撤乡并镇工作，下辖3个苏木、3个镇。

2012年，根据内蒙古自治区人民政府（内政字〔2012〕35号）文件批复，恢复阿其图乌拉苏木。全旗下辖4个苏木、3个镇、76个嘎查居委会。

2015年，苏尼特右旗辖4个苏木、3个镇。2013年，赛汉塔拉镇增加巴彦居委会。全旗下辖4个苏木、3个镇、77个嘎查居委会。

第二节 行政区划

2001年12月，苏尼特右旗实施撤乡并镇改革，下辖10个苏木（都仁乌力吉苏木、布图木吉苏木、赛罕乌力吉苏木、阿其图乌拉苏木、桑宝拉格苏木、乌日根塔拉苏木、额仁淖尔苏木、格日勒图敖都苏木、吉呼郎图苏木、都呼木苏木），4个镇（即赛汉塔拉镇、朱日和镇、新民镇、巴彦舒图镇）和76个嘎查、村委会、居委会。撤销巴彦朱日和苏木，并入朱日和镇；撤销脑干诺如苏木，并入赛罕乌力吉苏木；撤销锡林诺尔苏木，并入乌日根塔拉苏木；撤销阿尔善图苏木，并入吉呼郎图苏木；撤销新民乡，设新民镇；在查干诺儿碱矿设巴彦舒图镇。

2003年8月1日，苏尼特右旗与二连浩特市进行行政区划调整，将格日勒图敖都苏木、额仁淖尔苏木呼格吉勒图雅嘎查划归二连浩特市。苏尼特右旗下辖9个苏木、4个镇和76个嘎查、村委会、居委会。

2006年6月6日，苏尼特右旗再次实施撤乡并镇工作。下辖3个苏木（即桑宝拉格苏木、额仁淖尔苏木、赛罕乌力吉苏木），3个镇（即赛汉塔拉镇、朱日和镇、乌日根塔拉镇）和75个嘎查、村委会、居委会。撤销都仁乌力吉苏木、新民镇，并入朱日和镇；撤销阿其图乌拉苏木、巴彦舒图镇、乌日根塔拉苏木，设乌日根塔拉镇；撤销吉呼郎图苏木，并入额仁淖尔苏木。

2012年8月24日，根据内蒙古自治区人民政府《内蒙古自治区人民政府关于调整锡林郭勒盟部分苏木乡镇行政区划的批复》（内政字〔2012〕35号），恢复阿其图乌拉苏木。

2015年，苏尼特右旗下辖4个苏木（桑宝拉格苏木、额仁淖尔苏木、赛罕乌力吉苏木、阿其图乌拉苏木）、3个镇（赛汉塔拉镇、朱日和镇、乌日根塔拉镇）、77个嘎查、村委会、居委会。

2015年苏尼特右旗行政区划表

表1-1-1　　单位：个

地区名称	嘎查、村民委员会、居民委员会			
	合计	嘎查	村民委员会	居民委员会
总　计	77	58	5	14
赛汉塔拉镇	17	8	—	9
朱日和镇	18	10	5	3
乌日根塔拉镇	11	9	—	2
桑宝拉格苏木	9	9	—	—
额仁淖尔苏木	8	8	—	—
赛罕乌力吉苏木	8	8	—	—
阿其图乌拉苏木	6	6	—	—

2015年苏尼特右旗苏木、镇下辖嘎查、村（居）委会名称一览表

表1-1-2

地区名称	嘎查、村（居）委会名称
赛汉塔拉镇	阿尔善居委会、乌兰居委会、玛拉沁居委会、宝拉格居委会、铁路居委会、赛北城居委会、杭盖路居委会、电力居委会、巴彦居委会，都呼木嘎查、哈登胡舒嘎查、查干胡舒嘎查、阿拉坦宝拉格嘎查、巴润宝拉格嘎查、巴彦杭盖嘎查、巴彦高毕嘎查、脑敏塔拉嘎查
朱日和镇	哈日淖尔居委会、巴彦哈尔居委会、新民居委会，额很乌苏村委会、哈敦乌苏村委会、榆树村委会、乌兰村委会、洪浩尔敖包村委会，巴彦高勒嘎查、敦达乌苏嘎查、巴彦德勒格尔嘎查、巴彦敖日格勒嘎查、洪格尔嘎查、巴彦宝拉格嘎查、乌兰哈达嘎查、查干乌拉嘎查、巴彦塔拉嘎查、巴彦洪格尔嘎查
乌日根塔拉镇	查干居委会、乌日根居委会，昌图锡力嘎查、巴彦敖包嘎查、那仁宝拉格嘎查、额尔敦敖包嘎查、萨如拉塔拉嘎查、巴彦楚鲁嘎查、巴彦额勒图嘎查、额尔敦都呼木嘎查、贡宝拉格嘎查
桑宝拉格苏木	巴彦乌拉嘎查、吉日嘎郎图嘎查、包日温都尔嘎查、额尔敦塔拉嘎查、查干楚鲁图嘎查、新宝拉格嘎查、巴彦淖尔嘎查、巴彦车勒嘎查、查干乌苏嘎查
额仁淖尔苏木	赛音锡力嘎查、吉呼郎图嘎查、图门嘎查、查干哈达嘎查、阿门乌苏嘎查、阿尔善图嘎查、毛日图嘎查、乌日希勒图嘎查
赛罕乌力吉苏木	都日木嘎查、巴彦哈日阿图嘎查、脑干塔拉嘎查、赛罕布仁嘎查、额很乌苏嘎查、敖伦淖尔嘎查、脑干车勒嘎查、脑干锡力嘎查
阿其图乌拉苏木	都希乌拉嘎查、额尔敦宝拉格嘎查、呼布尔嘎查、布日都嘎查、乌日根高勒嘎查、赛罕锡力嘎查

第二章　苏木　镇

第一节　赛汉塔拉镇

赛汉塔拉系蒙古语，汉语为“美丽的原野”的意思。赛汉塔拉镇位于苏尼特右旗中部，地处北纬42°12′09.47″~42°50′59.36″，东经112°14′45.78″~113°10′56.55″。东临桑宝拉格苏木，南接朱日和镇，西邻乌兰察布市四子王旗，北与额仁淖尔苏木、乌日根塔拉镇接壤。东距锡林浩特市370公里，南距乌兰察布市210公里，西南距呼和浩特市260公里，北距二连浩特市120公里。辖区土地总面积3307.4平方公里，其中，草场总面积3294平方公里。

2015年，赛汉塔拉镇总户数13444户33936人。其中，男性16893人、女性17043人，非农业人口30761人。该镇由汉族、蒙古族、满族、回族、朝鲜族、鄂温克族、达斡尔族等民族组成。其中，汉族25697人，蒙古族7593人，其他少数民族646人。赛汉塔拉镇是苏尼特右旗政治、经济、文化中心。

一、建置沿革

2001年，赛汉塔拉镇下辖12个社区。

2006年3月，撤销都呼木苏木、布图木吉苏木（巴润宝拉格嘎查、巴彦杭盖嘎查、巴彦高毕嘎查），并入赛汉塔拉镇。2011年，赛汉塔拉镇对居委会进行合并，种畜场改称为脑敏塔拉嘎查，将12个居委会合并为8个居委会。

2013年，赛汉塔拉镇成立巴彦社区居委会。

2015年，赛汉塔拉镇下辖9个社区居委会、8个嘎查和1个生态移民区。

二、机构设置

2015年，赛汉塔拉镇机关设党政综合 、经济发展、社会事务、城镇管理4个行政机构，民政所、财政所、司法所、草原监理所4个，文化广播服务站、统计工作站、农牧业服务站、水利服务站、计划生育服务站、兽医站6个，便民服务大厅1个。人员编制99名，其中，行政编制50名、事业编49名。年内，实有干部职工人数137人，其中，行政编制44名，事业编制93名（含6名专业技术人员）。

三、基础建设

2003年，赛汉塔拉镇基础设施建设完成投资980万元。

2004年，赛汉塔拉镇重新规划编制《赛汉塔拉镇城市总体规划》。年内，完成基础设施投资3147万元。

2007 年，赛汉塔拉镇城市基础设施建设完成投资 3158 万元。

2008 年，按照《赛汉塔拉镇城市总体规划》，投资40万元编制完成赛汉塔拉镇 101 省道东侧 2 平方公里修建性详细规划及地形图测绘。城市基础设施建设完成投资 1. 1 亿元。

2009 年，赛汉塔拉镇城市基础设施建设完成投资 6416. 3 万元。兴建赛汉塔拉镇南出口立交桥引道工程，建成日处理生活垃圾 60 吨的垃圾处理厂和防渗工程。

2010 年，赛汉塔拉镇城市基础设施建设完成投资 14058. 5 万元。

2012 年，苏尼特右旗人民政府投资 43 万元，对赛汉塔拉镇新区控制性详细规划和修建性详细规划进行编制，规划面积 44. 68 公顷。年内，完成基础建设投资 7104 万元。

2015 年，苏尼特右旗人民政府投入资金 5420 万元，开工建设赛汉塔拉镇中水回用工程、新区沙坑改造工程、道东生态治理工程等城镇建设项目，加大老城区改造步伐，实施 550 户棚户区改造工程。

四、 农牧业

2015 年，赛汉塔拉镇年末牲畜头数 170563 头（只），其中，大畜 6312 头，小畜 164251 只。年内，赛汉塔拉镇实施退牧还草工程，退牧草场 464. 66 平方公里，都呼木嘎查实行全面禁牧。赛汉塔拉镇农作物播种面积 589 公顷，蔬菜播种面积 110 公顷，其他农作物面积 479 公顷，建饲草料基地 479 公顷。

2001—2015 年赛汉塔拉镇牲畜数一览表

表 1-2-1

项目 年份	牧业年度牲畜数（头只）			年末牲畜数（头只）		
	合计（头只）	大畜（头）	小畜（只）	合计（头只）	大畜（头）	小畜（只）
2001	22222	574	21648	1624	165	1459
2002	6377	284	6093	5573	310	5263
2003	11033	344	10689	8701	352	8349
2004	16447	470	15977	10780	461	10319
2005	18328	455	17873	8928	422	8506
2006	122541	2365	120176	72059	1862	70197
2007	133719	1518	132201	97611	1322	96289
2008	163834	1924	161910	74961	1340	73621
2009	167035	2175	164860	155021	2443	152578
2010	215176	2984	212192	113698	2646	111052
2011	243366	3787	239579	104797	2494	102303
2012	190506	2954	187552	128167	2875	125292
2013	234624	4117	230507	135128	4541	130587
2014	240068	4049	236019	140873	4665	136208
2015	243922	5953	237969	170563	6312	164251

五、 旅游业

赛汉塔拉镇主要有乌兰牧骑文化广场、赛汉塔拉旅游园、温都尔阿尔善温泉疗养中心等旅游景点。

赛汉塔拉旅游园　位于赛汉塔拉镇东南6公里，逐步形成以自然生态风光为主、以人造设施为辅的景观园区。园区南北长3公里，东西长3.5公里，总占地面积10.5平方公里。建筑面积56932平方米。栽种各种树木18万株，人工草牧场1300亩，绿化面积占总面积90%。主要有人工湖、恐龙博物馆、野生动物园、餐饮住宿中心、蒙古三项（骑马、摔跤、射箭）竞技场、蒙古茶吧、金顶大帐、家庭牧场等景区景点。

温都尔阿尔善温泉疗养中心　位于赛汗塔拉镇西南15公里处，距208国道10公里，距省道呼和浩特—锡林浩特公路3公里。2011年，温都尔阿尔善温泉疗养中心初步建成并投入使用，温泉水来自地下900米深处，出水温度63摄氏度。2013年11月，经国土资源部地下水矿泉水及环境监测中心检测，检测报告表明，温泉水矿化度15540.8毫克/升（盐水），pH值7.50，水化学类型为Cl-Na型水。属于中性碱水，氟、锶、碘、钡、偏硼酸含量均达到命名矿水浓度，溴、锂、偏硅酸含量均达到医疗价值浓度和矿水浓度。温泉疗养中心由苏尼特右旗建安公司进行开发建设，在前期推广宣传基础上，临建蒙古包式建筑24座，彩板房230平方米，开发温泉养生、健康疗养、会议培训、民族特色餐饮等旅游服务项目。

六、社会事业

2015年，赛汉塔拉镇低保对象2024户2796人。其中，城镇最低生活保障户数1739户2390人；牧区最低生活保障户数285户406人。年内，累计发放低保金及各类生活补贴1637.05万元。牧民参加养老保险988人，参保率78%，新型合作医疗参合率100%。国家抚恤、补助各类优抚对象6人，享受补助人员131人。

2015年，赛汉塔拉镇有9所学校，包括5所小学、2所初中、2所高中，另有3所公办幼儿园。建成青少年活动中心、苏尼特文化活动中心、老年活动中心、乌兰牧骑文化广场、铁路广场、新区广场以及文化馆、图书馆、新华书店、电影公司等文化活动场所。公共卫生医疗得到进一步发展，有人民医院、蒙医医院、铁路职工医院、妇幼保健站、疾病预防控制中心以及8个嘎查（村）级卫生服务站。赛汉塔拉镇有苏尼特羔羊、蒙古马养殖等专业合作社58个。

赛汉塔拉镇地区优势明显，交通便利，是锡林郭勒盟西部重要的交通枢纽。境内有北京通往乌兰巴托、莫斯科的国际联运线，集宁—二连浩特铁路纵贯全境，郭尔奔—查干诺尔铁路支线47公里。国道二连浩特—广州线G208高速公路，省道有呼和浩特—乌兰浩特线S101线和赛汉塔拉—张家口线S208线。开通赛汉塔拉镇通往朱日和镇、赛罕乌力吉苏木、阿其图乌拉苏木、都仁乌力吉苏木、乌日根塔拉镇、额仁淖尔苏木等苏木镇乡村公路，公路里程313.1公里。铺设哈登呼舒嘎查、查干呼舒嘎查、巴润宝拉格嘎查3条穿沙土公路。

第二节　朱日和镇

朱日和系蒙古语，汉语为“心脏”的意思。朱日和镇位于苏尼特右旗南部，地处北纬41°55′30″~43°47′00″，东经111°03′30″~114°16′00″。东临锡林郭勒盟镶黄旗、乌兰察布市商都县，南接乌兰察布市察哈尔右翼后旗，西邻乌兰察布市四子王旗。朱日和镇是苏尼特右旗新兴工业重镇和唯一集工业、牧业、农业于一体的综合镇，辖区设10个嘎查、5个村委会和3个社区居委会。辖区面积2735平方公里，其中，牧区面积2440平方公里，农区面积280平方公里，城镇面积15平方公里。农牧区草场面积376万亩，其中，可利用草场面积335.56万亩，天然打草场面积2万亩，农区耕地面积2.5万亩，高产饲料基地面积0.94万亩。

2015 年，朱日和镇总户数 7243 户 15814 人。其中，男性 8039 人、女性 7775 人，非农业人口 2339 人。该镇由汉族、蒙古族、回族、满族、达斡尔族等民族构成。其中，汉族 12420 人，蒙古族 3314 人，其他少数民族 80 人；汉族占总人口的 78.54%，蒙古族占 20.96%，其他少数民族占 0.51%。

一、 建置沿革

2001—2002 年，朱日和镇与巴彦朱日和苏木合并，更名为朱日和镇。下辖敦达乌素嘎查、巴彦塔拉嘎查、巴彦红格尔嘎查、巴彦高勒嘎查 4 个嘎查和哈日淖尔居民委员会、巴彦敖包居民委员会 2 个居民委员会。

2003—2005 年，巴彦哈尔苏木并入朱日和镇。下辖敦达乌素嘎查、巴彦塔拉嘎查、巴彦红格尔嘎查、巴彦高勒嘎查 4 个嘎查和哈日淖尔居民委员会、巴彦敖包居民委员会、巴彦哈尔居民委员会 3 个居民委员会。

2006 年 6 月，朱日和镇与新民镇、都仁乌力吉苏木 3 个苏木镇合并，更名为朱日和镇。下辖敦达乌素嘎查、巴彦塔拉嘎查、巴彦洪格尔嘎查、巴彦高勒嘎查、乌兰哈达嘎查、洪格尔嘎查、巴彦宝拉格嘎查、巴彦敖日格勒嘎查、巴彦德力格尔嘎查、查干乌拉嘎查 10 个嘎查，榆树村委会、哈敦乌苏村委会、洪浩尔敖包村委会、额很乌苏村委会、乌兰村委会 5 个村委会，哈日淖尔社区、巴彦敖包社区、巴彦哈尔社区、振新社区、建新社区 5 个社区。

2011 年 4 月，朱日和镇 5 个居委会合并为 3 个社区。

2015 年，朱日和镇下辖巴彦高勒嘎查、敦达乌素嘎查、巴彦洪格尔嘎查、巴彦塔拉嘎查、乌兰哈达嘎查、洪格尔嘎查、巴彦宝拉格嘎查、巴彦敖日格勒嘎查、巴彦德力格尔嘎查、查干乌拉嘎查 10 个嘎查，榆树村委会、哈敦乌苏村委会、洪浩尔敖包村委会、额很乌苏村委会、乌兰村委会 5 个村委会，哈日淖尔社区、巴彦哈尔社区、新民社区 3 个社区。

二、 机构设置

2006 年，根据中共苏尼特右旗委、人民政府《关于对朱日和镇机构改革方案的批复》（苏右党发〔2006〕19 号），朱日和镇核定行政编制 30 名，工勤编制 2 名，领导职数 7 名，事业编制 28 名。

2015 年，朱日和镇设党政综合办公室（挂社会治安综合治理办公室牌子）、经济发展办公室、社会事务办公室（挂人口与计划生育办公室牌子）、城镇管理办公室 4 个行政机构。设文体广电服务站、人口与计划生育服务所、农牧业服务中心 3 个。年内，核定行政编制 40 名，事业编制 33 名。

三、 基础建设

2009 年，朱日和镇硬化街道 7000 平方米，镇区内国道两侧及两条主要街道安装路灯 69 盏。

2011 年，朱日和镇投入资金对镇内路灯进行维修，新建公厕 3 处，渗水井 8 处。

2012 年，朱日和镇改造自来水管网，对全镇管网进行对接，解决居民饮水困难问题。

2014 年，完成村村通水泥混凝土路里程 246.5 公里，通高压电网 483 户。完成标准化棚圈 594 处、洗羊药浴池 198 处、青贮窖 173 处、中深井 41 眼、筒井 724 眼、小型拖拉机 534 台、打草机 274 台、青贮粉碎机 73 台。

2015 年，朱日和镇完成危房改造 278 户，街巷硬化 2 处，新建储水窖 52 处，打机井 12 眼，改水设施 12 个。新建标准化卫生室 6 处、活动室 5 处，修缮活动室 7 处，配套建设便民连锁超市 2 处。接通网电 106 公里，新增户户通用户 349 户，城镇、嘎查村网电用户通高压电网 1269 户，城镇农牧民用电覆盖率 100%。镇内设有邮电支局、移动、联通、电信和网通营业所。

2015年，朱日和镇有长途汽车站、火车站，交通发达，境内有集宁—二连浩特线铁路、国道二连浩特—广州线G208高速公路，省道赛汉塔拉—张家口线S208线，208省道沿镇北向东连接镶黄旗。村村通水泥混凝土路里程313.5公里。

四、农牧业

1. 农业

2010年，朱日和镇新民地区种植粮食作物563公顷、油菜籽124公顷、青饲料313公顷、其他农作物67公顷。2013年，全镇农业生产总值1.56亿元，农民人均纯收入分别为6805元和7156元。2014年，全镇改建乌兰哈达嘎查6.6公顷高产饲料基地，新建洪浩尔敖包村33公顷饲料基地。年内，新民区种植青饲料612公顷、油菜籽488公顷，其他粮食作物豆类、谷物、薯类574公顷。2015年，全镇农作物播种面积1675公顷，粮食播种面积633公顷，油料播种面积254公顷，其他农作物面积788公顷，建饲草料基地479公顷。

2. 牧业

2015年，朱日和镇牧业年末牲畜总头数275830头（只），其中，大畜4163头，小畜271667只。年内，实施退耕还林还草面积2.4万亩，2个嘎查5个村委会实施全年性禁牧，8个嘎查落实草畜平衡制度。

2001—2015年朱日和镇牲畜数情况表

表1-2-2

项目 年份	牧业年度牲畜数（头只）			年末牲畜数（头只）		
	合计（头只）	大畜（头）	小畜（只）	合计（头只）	大畜（头）	小畜（只）
2001	215514	537	214977	78348	184	78164
2002	148549	372	148177	86199	283	85916
2003	152716	1046	151670	201653	1813	199840
2004	333847	2168	331679	198164	1941	196223
2005	332028	2671	329357	149653	1840	147813
2006	322462	2333	320129	258224	1830	256394
2007	369593	3071	366522	182760	2404	180356
2008	407092	3428	403664	165670	3386	162284
2009	428803	4456	424347	275830	4163	271667
2010	211581	583	210998	135339	373	134966
2011	332028	2671	329357	149653	1840	147813
2012	322462	2333	320129	169584	1830	167754
2013	369593	3071	366522	182760	2404	180356
2014	407072	3428	403644	165670	3386	162284
2015	428803	4456	424347	275830	4163	271667

五、工业

2013年，苏尼特右旗新蒙新材料有限公司在朱日和镇工业园区投资办厂，总投资约12亿元。

2015年，朱日和镇境内的朱日和工业园区，有内蒙古北方龙源风力发电有限责任公司朱日和风电场、朱日和铜业公司、金曦黄金矿业公司、海源化工、蒙达钛业、宝德矿业、温都尔化工、四海铁合金、同和铁合金、峰雷矿业、宏宇钛业、一品弘植物油开发有限公司、新蒙新材料有限公司等企业在朱日和镇落户。规模最大企业是苏尼特金曦黄金矿业有限责任公司。

六、 社会事业

2015 年，朱日和镇享受农牧区最低生活保障 1578 户 1757 人，享受城镇最低生活保障 196 户 266 人，五保户 42 户 42 人；农牧区享受养老保险人数 1945 人，享受高龄津贴人数 443 人；养老保险新增 314 人，已参加养老保险 6184 人，已参加合作医疗 5771 人。朱日和镇有普通小学 1 所，公办幼儿园 1 所；学校占地面积 22400 平方米，建筑面积 2562. 8 平方米。设文体站 1 所，成立业余文艺演出队，建成 15 个草原书屋，建立农牧民体育协会。嘎查村、社区通讯、广播电视覆盖率 100%。设朱日和镇中心、新民区、都仁乌力吉 3 所卫生院，设榆树村、敦达乌素嘎查、查干乌拉嘎查 3 个嘎查村卫生室。镇内主要街道为奇石一条街，有 70 余家商铺位于街两侧，沿国道两侧还有汽配修理、饭店、副食店、超市等商铺 80 余家，镇内商铺 150 余家。全镇有苏尼特羊、养鸡、羔羊育肥、养猪等 25 家专业合作社及协会。

第三节 乌日根塔拉镇

乌日根塔拉系蒙古语，汉语为“广阔原野”的意思。乌日根塔拉镇位于苏尼特右旗东北部，地处北纬 42°58′56. 77″~43°39′51. 70″，东经 112°21′09. 50″~113°56′17. 73″。东临锡林郭勒盟苏尼特左旗，南接阿其图乌拉苏木，西邻赛汉塔拉镇、额仁淖尔苏木，北与二连浩特市接壤。辖区设 2 个社区 9 个嘎查。土地面积 3729. 9 平方公里，可利用草场面积 752. 2 万亩。

2015 年，乌日根塔拉镇总户数 2545 户 5530 人。其中，男性 2917 人、女性 2613 人，非农业人口 2822 人。由汉族、蒙古族、满族、回族等民族构成。其中，汉族 2865 人，蒙古族 2597 人，其他少数民族 68 人。镇政府所在地巴彦舒图镇，距苏尼特右旗赛汉塔拉镇西南 75 公里。

一、 建置沿革

2001—2005 年，乌日根塔拉镇实施撤乡并镇改革，撤销锡林诺尔苏木，并入乌日根塔拉苏木。下辖巴彦楚鲁嘎查、巴彦敖包嘎查、呼格吉勒图嘎查、昌图希力嘎查、额尔登敖包嘎查、萨如拉塔拉嘎查、那仁宝拉格嘎查 7 个嘎查。

2006 年至 2012 年 6 月，苏尼特右旗再次实施撤乡并镇改革，乌日根塔拉苏木、巴彦舒图镇、阿其图乌拉苏木 3 个苏木镇合并，更名为乌日根塔拉镇。下辖巴彦楚鲁嘎查、巴彦敖包嘎查、呼格吉勒图嘎查、昌图希力嘎查、额尔登敖包嘎查、萨如拉塔拉嘎查、那仁宝拉格嘎查、都希乌拉嘎查、额尔敦宝拉格嘎查、呼布尔嘎查、布日都嘎嘎查、乌日根高勒嘎查、赛罕锡力嘎查 13 个嘎查和乌日根社区、查干社区 2 个社区。

2012 年 7 月，根据内蒙古自治区人民政府《内蒙古自治区人民政府关于调整锡林郭勒盟部分苏木乡镇行政区划的批复》（内政字〔2012〕35 号），将阿其图苏木从乌日根塔拉镇划出，恢复阿其图乌拉苏木建制。年内，呼格吉勒图嘎查分成贡宝拉格嘎查、巴音额勒图嘎查、额尔敦都呼木嘎查 3 个嘎查。

2015 年，乌日根塔拉镇下辖巴彦楚鲁嘎查、巴彦敖包嘎查、巴音额勒图嘎查、昌图希力嘎查、额尔登敖包嘎查、额尔敦都呼木嘎查、萨如拉塔拉嘎查、那仁宝拉格嘎查、贡宝拉格嘎查 9 个嘎查和乌日根社区、查干社区 2 个社区。

二、 机构设置

2015 年，乌日根塔拉镇设有党政办公室、社会事务办公室、经济发展办公室、财经办公室 4 个行政机构。人员编制 54 名，其中，行政编制 22 名，事业编制 32 名，另有工勤 5 名。

三、 农牧业

2015 年，乌日根塔拉镇年末牲畜总头数 171382 头（只），其中大畜 7429 头，小畜 163953 只。年内，牧业基础设施有机井 115 眼，饲草料种植面积 3950 亩，项目标准棚圈 469 处，项目青贮窖 404 处。

2001—2015 年乌日根塔拉镇牲畜数情况表

表 1-2-3

项目 年份	牧业年度牲畜数（头只）			年末牲畜数（头只）		
	合计（头只）	大畜（头）	小畜（只）	合计（头只）	大畜（头）	小畜（只）
2001	120231	3882	116349	48934	969	47965
2002	40641	1122	39519	73643	1427	72216
2003	103918	1820	102098	78647	1717	76930
2004	159291	2450	156841	99064	1778	97286
2005	167259	2745	164514	67933	1709	66224
2006	120967	3389	117578	83636	2529	81107
2007	144783	3215	141568	99293	2770	96523
2008	170616	3945	166671	103577	2843	100734
2009	176494	4742	171752	229880	7255	222625
2010	268743	8475	260268	175368	6859	168509
2011	251630	9208	242422	152388	7212	145176
2012	252510	8936	243574	96344	3564	92780
2013	211448	5548	205900	115815	5011	110804
2014	234495	5900	228595	146542	5220	141322
2015	267737	8252	259485	171382	7429	163953

四、 工业

乌日根塔拉镇境内有石灰石、萤石、煤炭、铁矿石、芒硝等资源。查干淖尔碱矿是国家重要天然碱生产和加工基地。

2001 年，苏尼特碱业有限公司成为伊化集团支柱企业，成为集天然碱开采、加工于一体的综合性化工企业，主要产品有小苏打、烧碱、纯碱等。

2011 年，苏尼特碱业有限公司由于规模开采有 30 余年，矿区天然碱剩余可采储量 1200 万吨，资源面临枯竭。

2015 年，乌日根塔拉镇加强天然碱资源综合利用，进行产业结构调整。利用当地煤炭资源，开发煤化工产业，建设 15 万吨/年乙二醇装置，副产尾气可年产 20 万吨小苏打，实现循环利用；调整天然碱产品产能，纯碱装置可年产 20 万吨小苏打，与新建 15 万吨/年乙二醇项目相匹配，实现产能、产值最大化。同时，苏尼特右旗海盛建材有限责任公司投资建厂，利用工业废渣粉煤灰、白灰等资源，生产环保型标砖、砌块砖、空心砖、路面砖、各种彩瓦等环保型建材。

五、 社会事业

2015 年，乌日根塔拉镇享受牧区最低生活保障牧户 262 户 387 人，城镇低保 80 户 113 人。镇内有普通小学 1 所，公办幼儿园 1 所，建筑面积 1568 平方米，120 名幼儿就学。建有卫生院 1 所，商业网点 190 余家。全镇有乌日根塔拉镇乳业合作社、苏尼特羊养殖专业合作社和“转移进城牧民务工协会”等。

第四节　桑宝拉格苏木

桑宝拉格系蒙古语，汉语为“涌流的泉水”的意思。桑宝拉格苏木位于苏尼特右旗中部，地处北纬 42°24′37.62″~43°10′17.67″，东经 112°31′19.84″~113°39′05.42″。东与赛罕乌力吉苏木相连，南与朱日和镇交界，西与赛汉塔拉镇接壤，北与乌日根塔拉镇和阿其图乌拉苏木相邻。辖区设 9 个嘎查。辖区面积 3452.5 平方公里，其中可利用草场面积 402 万亩。

2015 年，桑宝拉格苏木总户数 1634 户 3898 人。其中，男性 1947 人、女性 1951 人，非农业人口 371 人。该苏木由汉族、蒙古族、回族、满族、土族等民族构成。其中，蒙古族 2884 人，汉族 1007 人，其他少数民族 7 人。苏木驻地其呼日图距赛汉塔拉镇以东 35 公里处。

一、 建置沿革

2006 年 6 月 6 日，桑宝拉格苏木、布图木吉苏木合并组建桑宝拉格苏木，苏木驻地其呼日图。

2015 年，桑宝拉格苏木下辖新宝力格嘎查、额尔敦塔拉嘎查、查干楚鲁图嘎查、巴音乌拉嘎查、宝日温都尔嘎查、吉日嘎郎图嘎查、巴彦淖尔嘎查、巴彦车勒嘎查、查干乌苏嘎查 9 个嘎查。

二、 机构设置

2015 年，桑宝拉格苏木设党政综合办公室、财政所、文体广电服务站、人口与计划生育所、农牧业服务中心。驻地单位有桑宝拉格派出所、司法所、草原监督管理所、动物卫生监督所、卫生院。人员编制 56 名，其中，行政编制 30 名，事业和工勤编制 26 名，实有在岗人员 67 人。

三、 基础建设

2015 年，桑宝拉格苏木完成苏木驻地和 5 个嘎查的街巷硬化工程，累计 4.29 公里。架设新宝拉格、额尔敦塔拉和查干乌苏 3 个嘎查 66 公里 90 户牧民农网项目，新能源风光互补升级工程 65 户。苏木通网电和已列入网电项目牧户 528 户，新能源发电牧户 549 户。年内，苏木境内道路有 S101 省道，赛汉塔拉镇—赛罕乌力吉苏木乡村公路，G208 国道布图木吉—镶黄旗公路。

四、 农牧业

2015 年，桑宝拉格苏木年末牲畜数194227头（只），其中，大畜10099头，小畜184128只。畜牧业基础设施较为完善，围栏草场 463.6 万亩，其中，划区轮牧草场 87 万亩，天然打草场 16 万亩。各类水源井 510 眼，其中，深机井 49 眼、中深井 52 眼、筒井 409 眼，储水窖 248 眼。高产饲草料基地开垦面积 6004 亩，砖木结构畜棚有 1032 处83310平方米，储草棚 150 处 7978 平方米，青贮窖 71 处

2005 立方米。牲畜口蹄疫、布鲁氏菌病、炭疽、羊痘病等紧急疫病免疫密度 100%。

2001—2015 年桑宝拉格苏木牲畜数情况表

表 1-2-4

项目 年份	牧业年度牲畜数（头只）			年末牲畜数（头只）		
	合计（头只）	大畜（头）	小畜（只）	合计（头只）	大畜（头）	小畜（只）
2001	150110	2342	147768	49154	308	48846
2002	34941	734	34207	54194	1173	53021
2003	83498	1442	82056	51149	1166	49983
2004	120855	1871	118984	64586	994	63592
2005	119418	2270	117148	41303	974	40329
2006	116977	2023	114954	66077	1136	64941
2007	136947	1751	135196	85121	1429	83692
2008	147727	2246	145481	92135	2113	90022
2009	151642	2985	148657	96749	3616	93133
2010	225561	5547	220014	139340	4180	135160
2011	250790	5753	245037	130979	4274	126705
2012	254193	5374	248819	145790	4957	140833
2013	287433	7665	279768	155681	6067	149614
2014	310831	9409	301422	133948	6579	127369
2015	292024	10653	281371	194227	10099	184128

五、 社会事业

2015 年，桑宝拉格苏木完成参保任务 588 人，参保率为 100%。参加合作医疗参保人数 1189 户 3326 人，参合率为 100%。苏木低保对象 393 户 506 人，其中，牧区低保户 366 户 477 人，城镇低保户 27 户 29 人。苏木文化活动室 140 平方米，新建宝日温都尔嘎查文化活动室，修建吉日嘎郎图嘎查文化活动室，完善各嘎查桌椅、图书、电脑、音响、电子琴、马头琴、电子阅览室、电脑、电视、LED 屏幕和电暖等各类设备。广播电视户户通实现全覆盖，接收全盟、全旗电视台节目 761 户，收听电台节目 631 户。完成户户通工程 163 套，新建地面数字基站 1 座。改造苏木驻地便民连锁超市 1 个。年内，苏木工商部门注册牧民专业合作社 23 家，参加合作社牧户 765 户。合作社主要以草场、牲畜、劳动力入股经营。

第五节　额仁淖尔苏木

额仁淖尔系蒙古语，汉语为“斑斓的湖泊”的意思。额仁淖尔苏木位于苏尼特右旗西北部，地处北纬 42°28′53. 14″~43°26′5. 50″，东经 111°08′26. 59″~112°39′4. 02″。东与二连浩特市格日勒敖都苏木为界，南与赛汉塔拉镇连接，西与乌兰察布市四子王旗相邻，北与蒙古国接壤。国境线长 18. 15 公里，土地面积 4512. 7 平方公里。民族由汉族、蒙古族、回族、满族、鄂伦春族等民族构成。

2015 年，额仁淖尔苏木总户数 1223 户 2729 人。其中，男性 1320 人，女性 1409 人，非农业人口 293 人。苏木驻地浩雅尔海拉图距赛汉塔拉镇 150 公里，是全旗唯一边境苏木。

一、 建置沿革

2001 年，额仁淖尔苏木下辖赛音锡力嘎查、呼格吉勒图雅嘎查、吉呼郎图嘎查 3 个嘎查。

2003 年，额仁淖尔苏木呼格吉勒图雅嘎查移交二连浩特市。下辖赛音锡力嘎查、吉呼郎图嘎查 2 个嘎查。

2004 年，苏木下辖赛音锡力嘎查、吉呼郎图嘎查、图门嘎查 3 个嘎查。

2006 年，额仁淖尔苏木、吉呼郎图苏木和阿尔善图苏木 3 个苏木合并，更名为额仁淖尔苏木。下辖赛音锡力嘎查、吉呼郎图嘎查、图门嘎查、查干哈达嘎查、阿门乌苏嘎查、阿尔善图嘎查 6 个嘎查。

2012—2015 年，额仁淖尔苏木下辖赛音锡力嘎查、吉呼郎图嘎查、图门嘎查、查干哈达嘎查、阿门乌苏嘎查、阿尔善图嘎查、毛日图嘎查、乌日希勒图嘎查 8 个嘎查。

二、 机构设置

额仁淖尔苏木设党政综合办公室、经济发展办公室、社会事务办公室 3 个行政机构。设农牧业服务中心、人口和计划生育服务站、水利服务站、文体和广电服务站。苏木驻地其他机构有财政所、司法所、草原监理派出所、兽医站、土地矿产管理所、林业公安派出所、公安边防派出所（现役）。

2015 年，额仁淖尔苏木人员编制 51 名，实有编制 64 名，实有在岗人员 71 人，其中占编、超编 85 名。

三、 基础建设

2015 年，额仁淖尔苏木境内有集宁—二连浩特线铁路、G208 国道途经辖区，自治区边防公路总里程 50 公里（二连浩特市赛音乌苏镇—额仁淖尔苏沐恩格尔毛都）。赛汉塔拉镇—吉呼郎图嘎查柏油路 120 公里，途经阿尔善图嘎查、图门嘎查、赛音锡力嘎查。

四、 农牧业

2015 年，额仁淖尔苏木年末牲畜总头数 186047 头（只）。其中，大畜 9697 头、小畜176350只。牧业基础设施有机井 101 眼，饲草料种植面积 3980 亩，项目标准棚圈 208 处，项目青贮窖 96 处。

2001—2015 年额仁淖尔苏木牲畜数情况表

表 1-2-5

项目 / 年份	牧业年度牲畜数（头只）			年末牲畜数（头只）		
	合计（头只）	大畜（头）	小畜（只）	合计（头只）	大畜（头）	小畜（只）
2001	55058	1897	53161	31940	564	31376
2002	18894	1034	17860	15428	754	14674
2003	15750	614	15136	8833	413	8420
2004	50283	1541	48742	37367	991	36376
2005	53313	1437	51876	31990	1247	30743
2006	99896	2458	97438	63580	2086	61494
2007	112348	2921	109427	69596	2466	67130
2008	121728	3414	118314	76818	3247	73571
2009	125471	3857	121614	109592	4171	105421

续表1-2-5

年份＼项目	牧业年度牲畜数（头只）			年末牲畜数（头只）		
	合计（头只）	大畜（头）	小畜（只）	合计（头只）	大畜（头）	小畜（只）
2010	211251	5182	206069	72794	3967	68827
2011	169356	4889	164467	81474	3492	77982
2012	192293	5816	186477	101588	4841	96747
2013	225045	6959	218086	102462	5926	96536
2014	233791	7725	226066	118231	7601	110630
2015	268042	9597	258445	186047	9697	176350

五、旅游业

额仁淖尔苏木境内有吉呼郎图嘎查千年古榆、吉呼郎图嘎查山泉和岩画、吉呼郎图嘎查商朝古村聚落遗址、赛音锡力嘎查脑木更敖包、图门嘎查金元时期古城遗址等遗址和自然景观。

六、社会事业

2014 年，额仁淖尔苏木投资 257 万元修建公办幼儿园 1 所，占地面积 2700 平方米，2015 年 9 月，建成投入使用。全苏木有技术职称者 7 人，其中，中级职称 2 人，初级职称 5 人。新建额仁淖尔苏木卫生院，占地面积 500 平方米，设临床科室 4 个，病床 6 张，技术人员 11 人。商业网点 3 个。

2015 年，额仁淖尔苏木牧区低保户 284 户 443 人，牧区低保户发放低保金 62.04 万元，城镇低保户 34 户 64 人。有文化站 1 个，建筑面积 110 平方米；公共图书室 1 个，建筑面积 110 平方米，藏书 1340 册。文化行业从业人数 4 人，占苏木从业人数的 8%。苏木地面数字接收基站 2 处，村村通 680 户、户户通 512 户，接收全旗广播节目 340 户，接收全盟电视节目 140 户。广播覆盖率为 95%，电视覆盖率 100%。

2015 年，额仁淖尔苏木新能源风光互补升级改造 89 户，通网电 19 户。苏木有邮政网点 1 个，投递路线单程总长度 150 公里，投递点 1 个，牧区通邮率为 100%。电信企业服务网点 1 个，固定电信用户 20 户，移动电信用户 964 户。移动电话覆盖信号 463 户，移动电话覆盖 127 户，固定电话覆盖 140 户。年内，苏木成立苏尼特骆驼、马文化、苏尼特种畜、苏尼特羊、西门塔尔肉牛繁育、金牛养殖种植、青贮种植、蔬菜种植、农业机械、牧民之家旅游、扶贫互助社、都林资金等 15 个专业合作社。

第六节　赛罕乌力吉苏木

赛罕乌力吉系蒙古语，汉语为“吉祥美好”的意思。赛罕乌力吉苏木位于苏尼特右旗东南部，地处北纬 42°26′09.96″~43°05′44.53″，东经 113°28′42.45″~114°15′47.57″。东与锡林郭勒盟苏尼特左旗相连，南与正白旗交界，西与桑宝拉格苏木接壤，北与阿其图乌拉苏木相邻。辖区设 8 个嘎查，辖区面积2663.6平方公里，其中，可利用草场面积 2299 平方公里，占总面积的 87%。草场围栏面积占 90%，草场沙区面积占 80%以上。

2015 年，赛罕乌力吉苏木总户数 1456 户 3709 人。其中，男性 1828 人、女性 1881 人，非农业人口 360 人。该苏木由汉族、蒙古族、满族等民族构成，其中，蒙古族 3065 人，汉族 641 人，其他少数民族 3 人。苏木政府驻地陶高图苏莫，距赛汉塔拉镇 110 公里。

一、 建置沿革

2001 年，撤销脑干诺如苏木，并入赛罕乌力吉苏木。下辖赛罕布仁嘎查、脑干塔拉嘎查、巴彦哈日阿图嘎查、敖伦淖尔嘎查、都日木嘎查、额很乌苏嘎查 6 个嘎查。

2012 年，脑干诺如从赛罕乌力吉苏木行政区划出。

2015 年，赛罕乌力吉苏木下辖赛罕布仁嘎查、脑干塔拉嘎查、巴彦哈日阿图嘎查、敖伦淖尔嘎查、都日木嘎查、额很乌苏嘎查、脑干车勒嘎查、脑干锡力嘎查 8 个嘎查。

二、 机构设置

2015 年，赛罕乌力吉苏木设党政综合办公室、经济发展办公室、劳动保障办公室 3 个行政机构，民政、财政 2 个所，文化站、农牧业综合服务站、计划生育服务站 3 个站，1 个便民服务大厅。全苏木行政编制 30 名，事业编制 25 名。年内，核定编制数 55 名。有干部职工 50 人，其中，党政领导 9 人、公务员 15 人、事业编制 23 名、大学生村官 1 人。

三、 基础设施

2009 年，赛罕乌力吉苏木驻地接入移动宽带网。

2010 年，赛罕乌力吉苏木引进风光互补或太阳能取电项目，解决偏远地区的照明问题。苏木有邮政网点 1 个，投递路线单程总长度 113 公里，投递点 1 个，通邮率为 100%。电信企业服务网点 1 个，固定电话 30 户，移动电话 1171 户。新建移动信号发射塔 2 处，解决 230 户无手机信号困难，实现境内无信号盲区。

2015 年，苏木所在地 2.7 公里道路硬化工程。

四、 农牧业

2015 年，赛罕乌力吉苏木年末牲畜存栏 107690 头（只）。其中，大畜 11630 头，小畜 96060 只。5 个嘎查（即敖伦淖尔嘎查、脑干车勒嘎查、巴彦哈日拉图嘎查、都日木嘎查、脑干塔拉嘎查）实施全年性禁牧。

2001—2015 年赛罕乌力吉苏木牲畜头数情况表

表 1-2-6

项目 年份	牧业年度牲畜头数（头只）			年末牲畜头数（头只）		
	合计（头只）	大畜（头）	小畜（只）	合计（头只）	大畜（头）	小畜（只）
2001	128767	6838	121929	80261	4382	75879
2002	134602	5091	129511	92603	4522	88081
2003	167787	6987	160800	97507	4788	92719
2004	177744	7091	170653	94576	5944	88632
2005	182768	8202	174566	56406	2998	53408
2006	82241	3567	78674	49019	2024	46995
2007	108354	3031	105323	56947	2188	54759
2008	118841	4250	114591	58558	2502	56056
2009	122039	5738	116301	69478	4997	64481
2010	153650	7062	146588	86521	4860	81661

续表1-2-6

项目 年份	牧业年度牲畜头数（头只）			年末牲畜头数（头只）		
	合计（头只）	大畜（头）	小畜（只）	合计（头只）	大畜（头）	小畜（只）
2011	155279	6580	148699	74569	3917	70652
2012	142751	5856	136895	80587	5111	75476
2013	177467	10639	166828	79026	6292	72734
2014	199325	12610	186715	84665	8495	76170
2015	196240	13836	182404	107690	11630	96060

五、社会事业

2013 年，赛罕乌力吉幼儿园建成并投入使用，学校占地面积 1520 平方米，建筑面积 268 平方米。

2015 年，赛罕乌力吉苏木有业余艺术表演团体 1 个，文化活动室 1 个，建筑面积 110 平方米；公共图书室 1 个，建筑面积 80 平方米。电视差转台 1 处。苏木广播电视综合覆盖率 98.2%。自办电视广播节目覆盖率 94%以上，移动电话信号覆盖率 83.4%。卫生院 1 处，嘎查级卫生服务站 8 个，商业网点 25 个。年内，赛罕乌力吉苏木牧区最低保障户 395 户 559 人。城镇最低保障户 28 户 32 人。参加合作医疗 3142 人，合作医疗参保率 100%。苏木有农牧民专业合作社 23 个。

第七节　阿其图乌拉苏木

阿其图乌拉系蒙古语，汉语为“马鞍形的双峰尖山”的意思。阿其图乌拉苏木位于苏尼特右旗东部，地处北纬 43°16′53.00″~43°05′42.00″，东经 113°23′44.00″~113°56′18.00″。东与锡林郭勒盟苏尼特左旗相连，东北部与锡林淖尔苏木接壤，南与赛罕乌力吉苏木交接，西与桑宝拉格苏木比邻，北与乌日根塔拉苏木相望。辖区面积 1934 平方公里，下辖 6 个嘎查。

2015 年，阿其图乌拉苏木总户数 1029 户 2721 人。其中，男性 1325 人、女性 1396 人，非农业人口 136 人。由汉族、蒙古族、满族等民族构成。其中，蒙古族 2276 人，汉族 441 人，其他少数民族 4 人。苏木政府驻地赛音呼都嘎距离苏尼特右旗赛汗塔拉镇 115 公里。

一、建置沿革

2001—2005 年，阿其图乌拉苏木下辖都希乌拉嘎查、乌日根高勒嘎查、赛罕锡力嘎查、额尔敦宝拉格嘎查、呼布尔嘎查、布日都嘎查 6 个嘎查。

2006 年 3 月，阿其图乌拉苏木并入乌日根塔拉镇。

2012 年 8 月，阿其图乌拉苏木从乌日根塔拉镇划出，恢复苏木建置。

2015 年，阿其图乌拉苏木下辖都希乌拉嘎查、乌日根高勒嘎查、赛罕锡力嘎查、额尔敦宝拉格嘎查、呼布尔嘎查、布日都嘎查 6 个嘎查。

二、机构设置

2015 年，阿其图乌拉苏木有职工 55 人。其中，公务员 9 人，事业编制 18 名，合同工 9 人，调管单位人员 17 人，大学生村官 1 人、临时工 1 人。

三、农牧业

2015 年，阿其图乌拉苏木年末牲畜109673头（只）。其中，大畜 9473 头，小畜100200只。苏木建有筒井353眼，机井23眼、中深井75眼、标准化畜棚圈243处，项目棚圈140处，储草棚108处、药浴池60处。

2001—2015年部分年份阿其图乌拉苏木牲畜头数情况表

表1-2-7

项目 年份	牧业年度牲畜头数（头只）			年末牲畜头数（头只）		
	合计（头只）	大畜（头）	小畜（只）	合计（头只）	大畜（头）	小畜（只）
2001	94221	2728	91493	39564	1059	38505
2002	50195	1316	48879	43811	1465	42346
2003	85260	2228	83032	55334	1757	53577
2004	97231	2508	94723	66983	2340	64643
2005	106128	3098	103030	36147	1380	34767
2012	—	—	—	83443	3972	79471
2013	133743	7493	126250	83187	4886	78301
2014	159784	8653	151131	90182	7008	83174
2015	177347	10155	167192	109673	9473	100200

说明：2006—2011年因阿其图乌拉苏木并入乌日根塔拉镇，因此无数据

四、 基础设施

2014年，苏木设邮政营业所1处。移动手机覆盖率52%。

2015年，阿其图乌拉苏木农网改造工程55公里（10千伏线路45公里、0.4千伏线路10公里）安装37台变压器，总投资576万元。农网改造工程涉及呼布尔嘎查42户、额日登宝拉格嘎查20户。架设50公里高压电线路，苏木实现通电全覆盖。进行新能源升级，申请新能源风光互补设备升级改造设备101套（额尔登宝拉格嘎查14户、都希乌拉嘎查13户、呼布尔嘎查10户、乌日根高勒嘎查19户、赛汉锡力嘎查26户、布日都嘎查19户）。苏尼特右旗移动分公司在都希乌拉嘎查新建移动通信发射架1座。网通公司在苏木驻地进行3G网络联通发射架升级。

五、 社会事业

2014年，阿其图乌拉苏木新建公办幼儿园1处，房屋建设面积605平方米，总占地面积2400平方米，投资257万元；新建都希乌拉嘎查、赛罕锡力嘎查、乌日根高勒嘎查标准化卫生室3处，拥有商业网点5处。硬化呼布尔嘎查街巷2.9公里，硬化额尔登宝拉格嘎查0.2公里。11月，发放风光互补升级改造设备507套。

2015年，阿其图乌拉苏木新增146人，参加养老保险人员1115人，参保率92%，享受养老金人员180人，参加合作医疗人员2402人，参保率98%，78岁以上享受高龄补贴老人39人。苏木应参保人数1209人。年内，扩建布日都嘎查、赛罕锡力嘎查活动室2处。广播电视全覆盖，有广播牧户650户，接收旗县广播122户，接收盟市广播209户，覆盖率30%，电视覆盖率40%。发放户户通设备253套，苏木户户通设备790套，卫星电视覆盖率100% 。接收全盟、全旗自办节目96%。苏木牧户接收广播电台占全旗牧户的97%。年内，新建苏木卫生院1处，占地1000平方米，建筑面积300平方米。新建呼布尔嘎查、额尔登宝拉格嘎查标准化卫生室2处。投入改造资金1.45万元，改造都希乌拉嘎查和苏木驻地便民超市2个。苏木有农牧民专业合作社12个。

第二编

环境·资源

第一章　自然环境

第一节　地　质

一、 地层

苏尼特右旗地层主要为新生界、中生界、上古生界、中上元古界，缺失下古生界、下元古界及太古界。

出露地层由老到新为：

中元古界，温都尔庙群桑根达来呼都格组、哈尔哈达组。

中上元古界，白云鄂博群呼吉尔图组。

上元古界，白乃庙组，艾勒格庙组。

上古生界，泥盆系下统敖包亭浑迪组，中统西山组、那清组；石炭系下统哈拉图庙群，中统本巴图组、海拉斯阿木组，上统阿木山组；二叠系下统哲斯组、宝力格组、呼特格组、三面井组、德言其庙组、上统额里图组。

中生界（缺失三叠系），侏罗系中下统（未建组），上统查干诺尔组、张家口组、大青山组、三道沟组、多伦组，白垩系下统巴彦花组、查干里门诺尔组，上统二连达布苏组。

新生界，第三系古新统脑木更组，始新统伊尔丁曼哈组、阿力乌苏组、阿山头组、巴彦乌兰组，渐新统呼尔井组、上脑岗代组、下脑岗代组、额尔登敖包组，中新统统古尔组，第四系更新统、全新统。

二、 侵入岩

境内岩浆活动频繁，分布广泛。以晚古生代以后为主，最早为华力西中期，最晚为喜马拉雅（喜山）期。

各种时代的侵入岩种类如下。

喜山期：安山玄武岩。

燕山早晚期：似斑状花岗岩、花岗斑岩、钾长花岗岩、黑云二长花岗岩、花岗闪长斑岩、石英闪长岩和晚期的文象花岗岩、黑云母花岗岩、闪长玢岩等。

印支期：二云母花岗岩、斜长花岗岩、角山黑云花岗闪长岩等。

华力西中晚期：斜长花岗岩、角闪二长花岗岩、闪长岩和晚期的花岗岩、黑云母花岗斑岩、石英闪长玢岩、角闪正长岩、辉绿岩、超基性岩等。

形成的岩脉主要有石英脉、花岗岩脉、花岗斑岩脉、花岗伟晶岩脉、黑云斜长岩脉、闪长玢岩脉、角闪玢岩脉、辉绿斑岩脉、煌斑岩脉和超基性岩脉等20余种。

三、构造

苏尼特右旗地质构造位置为天山—内蒙古槽褶皱系的华力西晚期褶皱带。主要为两大地质构造单元。

一级大地构造单元，由北向南跨两个一级构造单元，中北部属天山—内蒙古中部兴安地槽褶皱区；南部边缘靠乌兰察布市地区有一狭长地带属中国地台区的亚一级构造—华北地台。

二级大地构造单元，自北向南，属槽区的为艾里格庙—锡林浩特中间地块，苏尼特右旗华力西地槽褶皱带；温都尔—翁牛特旗加里东地槽台区的褶皱带；属台区的为狼山—白云鄂博台缘凹陷。槽台界线从苏尼特右旗南部通过。

境内地质构造中东西方向构造特别发育，其次为北东方向构造。储油系构造为二连浩特盆地，占苏尼特右旗总面积的一半以上。

第二节　地　貌

一、特征

苏尼特右旗属古湖盆地上升而形成的剥蚀高原，境内平均海拔1000~1400米，最高处红花敖包山，海拔1671.8米；最低处浩来音呼都嘎，海拔993米。地形南高北低，中北部为坦荡的高平原和丘陵，南部多山，东部为浑善达克沙地延伸部分。

二、类型

境内地貌类型受地质构造、岩性、气候、古地理等因素的长期综合影响，地貌由南向北逐渐倾斜，分为构造剥蚀地形、剥蚀地形和堆积地形。南部属阴山山脉北麓余脉，丘陵山地起伏，河谷侵蚀剧烈，基岩由花岗岩与变质岩组成。中北部地势平坦，分布大小不等的古湖盆地及古河道，基岩以第三纪中生代红色砂岩组成，浑善达克沙漠带横贯中间，整个地形四周丘陵环绕及低洼地带，形成一个较大盆地。

第三节　气　候

一、气温

苏尼特右旗年平均气温6.0℃。2010年，境内出现有史以来极端气温中的最高值和最低值，分别是极端最高气温40.2℃，极端最低气温在-35.4℃。

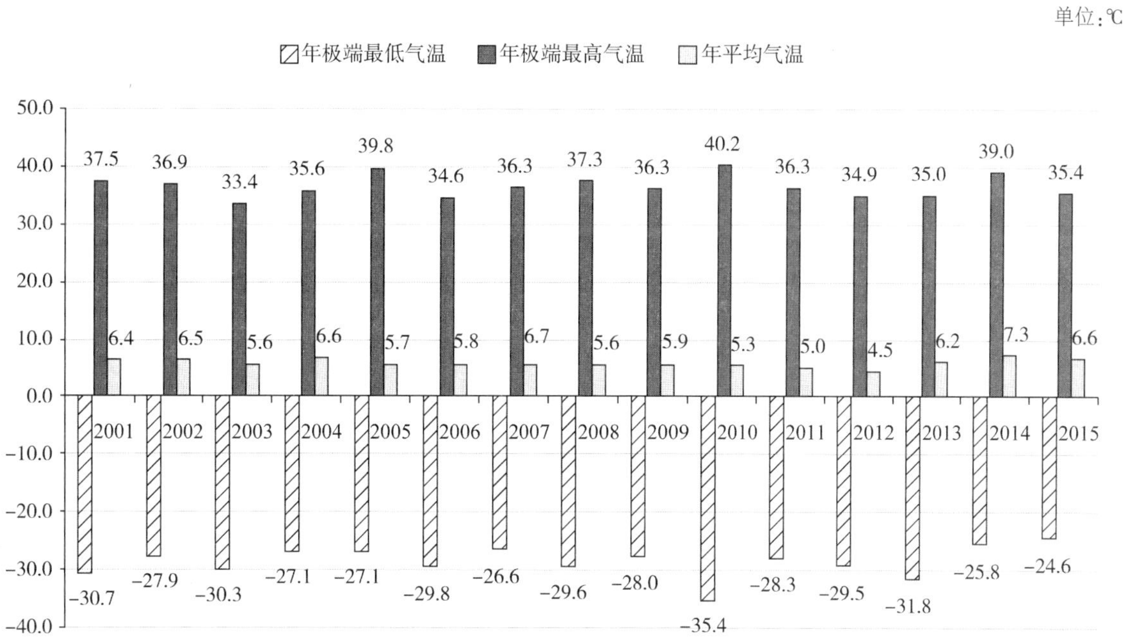

2001—2015 年苏尼特右旗年平均气温、年极端最高最低气温示意图

2001—2015 年苏尼特右旗月平均气温情况表

表 2-1-1　　　　单位:℃

气温＼月份 年度	1	2	3	4	5	6	7	8	9	10	11	12
2001	-15.2	-9.1	-2.2	8.4	16.3	22.7	24.9	22.4	16.8	8.1	-3.5	-14.2
2002	-9.0	-5.0	0.5	7.2	16.0	21.9	24.4	23.1	14.9	2.4	-6.3	-13.2
2003	-15.6	-10.1	-1.9	7.7	15.7	18.8	22.5	21.2	16.3	5.9	-4.0	-10.6
2004	-12.8	-6.9	-2.1	10.7	14.9	22.0	23.5	19.7	15.7	7.6	-2.7	-10.3
2005	-13.4	-15.9	-2.8	8.3	15.0	22.4	24.6	23.2	16.3	8.1	-2.1	-16.0
2006	-12.8	-11.2	-2.0	5.9	15.3	20.1	23.0	22.3	15.3	9.6	-3.8	-12.8
2007	-14.5	-4.9	-3.2	6.8	15.7	23.1	24.2	22.8	17.2	5.9	-3.4	-10.3
2008	-17.2	-12.8	0.6	9.7	13.4	20.0	24.5	20.4	15.4	6.8	-2.7	-11.7
2009	-14.5	-8.0	-2.0	9.7	17.2	20.1	23.9	22.3	15.2	6.0	-7.0	-12.8
2010	-17.8	-11.9	-4.2	2.4	14.8	23.0	27.0	21.3	15.4	6.6	-2.4	-12.2
2011	-20.0	-8.6	-3.9	6.4	13.3	22.0	23.1	23.9	13.2	7.5	-3.2	-14.9
2012	-17.2	-13.3	-3.9	8.7	17.0	19.9	22.6	22.4	14.6	6.4	-7.2	-16.4
2013	-14.1	-11.4	-0.2	5.1	18.2	21.3	24.4	22.3	15.7	6.7	-3.5	-10.8
2014	-9.3	-9.7	1.2	11.1	14.7	20.6	25.2	21.5	15.5	9.1	-2.0	-11.8
2015	-9.1	-7.9	-1.2	7.5	14.9	18.7	23.7	22.0	15.7	7.2	-4.3	-9.9

二、 无霜期

2001—2015 年，苏尼特右旗无霜期较长，最早 3 月出现，最晚 9 月末结束，年平均无霜期为 217 天左右。其中，无霜期最长的是 2005 年，累计 231 天；无霜期最短的是 2014 年，累计 162 天。

三、日照

2001—2015年，苏尼特右旗日照充足，年平均日照时数3153.8小时，日照率73%，冬季日照约占全年总日照时数的20%。

四、湿度

2001—2015年，苏尼特右旗空气相对湿度年平均45%。年平均最高值53%，出现在2003年；年平均最低值39%，出现在2011年。

五、气压

2001—2015年，苏尼特右旗年平均气压比较稳定，年平均气压890.0百帕。年气压极端最高值为2004年的916.8百帕，极端最低值为2010年的867.0百帕。

2001—2015年苏尼特右旗平均气压、年极端最高最低气压情况表

表2-1-2　　单位：百帕

年度	年极端最高气压	年极端最低气压	年平均气压
2001	909.1	870.9	890.2
2002	908.5	867.4	890.2
2003	907.7	872.6	890.4
2004	916.8	869.0	890.2
2005	908.6	869.4	890.3
2006	911.3	869.1	890.3
2007	908.0	872.3	890.3
2008	910.9	870.0	889.9
2009	914.0	871.4	889.3
2010	909.7	867.0	889.3
2011	908.8	867.3	890.7
2012	905.9	870.7	889.2
2013	909.8	868.6	889.0
2014	909.1	875.6	890.1
2015	908.3	870.2	890.4

六、风

苏尼特右旗地处中纬度西风带，地形南高北低，寒潮冷空气南下，常年盛行偏西风。

2001—2015年，年平均风速3.9米/秒，年平均风速大于3.9米/秒的天数为90～215天，8级（≥17米/秒）大风天数38～66天。沙暴日数历年平均7天，最多出现在2001年，为28天；最少是2003年，为0天。

2001—2015 年苏尼特右旗平均风速及沙暴日数情况表

表 2-1-3

数值 月份 / 年度	1	2	3	4	5	6	7	8	9	10	11	12	年平均风速（米/秒）	年沙暴天数（天）
2001	3. 2	3. 1	4. 0	4. 2	4. 2	2. 9	3. 4	2. 5	2. 6	2. 8	3. 2	3. 0	3. 3	28
2002	3. 2	2. 7	4. 1	4. 2	3. 2	3. 6	2. 5	2. 7	2. 6	3. 5	3. 5	2. 8	3. 2	13
2003	3. 4	3. 0	2. 9	3. 9	3. 7	2. 6	2. 9	2. 9	3. 2	3. 1	3. 7	3. 7	3. 2	0
2004	3. 0	3. 7	3. 6	3. 9	3. 8	2. 9	2. 2	2. 2	2. 9	2. 8	3. 0	3. 0	3. 1	3
2005	2. 9	2. 4	3. 6	4. 4	3. 7	3. 4	2. 9	2. 6	2. 8	3. 6	3. 7	3. 1	3. 3	4
2006	4. 3	5. 6	6. 2	6. 8	5. 5	4. 7	3. 8	3. 2	3. 4	4. 4	4. 8	4. 8	4. 8	16
2007	4. 0	5. 1	5. 0	4. 5	5. 8	3. 9	3. 6	3. 3	2. 9	4. 1	3. 8	4. 5	4. 2	7
2008	4. 0	4. 5	4. 3	5. 1	6. 0	4. 0	3. 7	3. 9	3. 6	4. 8	5. 3	6. 5	4. 6	6
2009	4. 8	5. 0	5. 1	3. 9	5. 2	4. 5	3. 3	3. 5	4. 0	4. 7	5. 3	5. 3	4. 5	3
2010	5. 5	4. 3	5. 7	5. 6	5. 7	3. 4	3. 5	3. 7	3. 1	3. 9	5. 9	6. 9	4. 8	9
2011	4. 5	3. 8	5. 3	4. 5	6. 2	3. 9	3. 8	2. 8	3. 4	3. 4	3. 3	3. 5	4. 0	4
2012	3. 5	4. 0	4. 5	5. 8	5. 2	4. 3	2. 9	3. 6	3. 0	4. 4	4. 9	4. 4	4. 2	4
2013	4. 2	4. 2	4. 6	4. 7	5. 6	4. 6	3. 7	4. 1	4. 3	4. 3	4. 8	4. 3	4. 5	1
2014	4. 7	3. 2	4. 0	4. 0	5. 7	3. 3	3. 5	2. 8	3. 4	4. 0	5. 3	5. 5	4. 1	2
2015	3. 7	3. 3	3. 2	3. 9	5. 7	3. 7	3. 1	3. 1	3. 3	4. 7	3. 7	4. 5	3. 8	5

七、 降水

2001—2005 年，苏尼特右旗年平均降水量 165. 7 毫米。2005 年，出现极端最低年降水量 76. 7 毫米；2006 年，出现极端最高年降水量 232. 5 毫米。年度雨水分布不均匀，一般为北部降水量少于南部。1 次连续降水量最多为 5 天 65. 3 毫米，连续无降水日最长时间为 2014 年 48 天。年平均降水量稀少，降水量主要集中在 6—9 月，占全年总降水量的 72. 2%左右。

2001—2015 年苏尼特右旗降水情况表

表 2-1-4

年度	1—12 月降水量（厘米）												全年降水量（厘米）	最长连续降水量及出现日期（毫米/天）	最长连续无降水天（日）	日最大降水量（日）
	1	2	3	4	5	6	7	8	9	10	11	12				
2001	2. 9	0. 5	1. 5	0. 5	7. 6	24. 2	11. 2	42. 7	21. 9	6. 4	1. 3	0. 2	120. 9	20. 3/2	44	32. 9
2002	1. 0	0. 3	5. 0	8. 6	14. 2	40. 6	11. 7	16. 6	16. 6	6. 1	0. 6	8. 5	129. 8	9. 9/5	34	21. 3
2003	5. 0	1. 4	13. 5	15. 9	38. 9	61. 4	50. 3	39. 4	21. 2	9. 3	4. 8	0. 6	261. 7	27. 8/4	16	28. 5
2004	0. 4	0. 6	2. 0	11. 3	18. 3	16. 5	37. 1	86. 6	4. 1	0. 0	2. 3	2. 0	181. 2	65. 3/5	34	50. 0
2005	0. 2	5. 3	1. 0	1. 1	19. 9	2. 5	21. 0	11. 8	7. 5	0. 5	2. 4	3. 5	76. 7	1. 8/4	30	10. 1
2006	0. 9	2. 4	1. 2	2. 5	17. 8	13. 7	118. 1	37. 8	28. 1	3. 3	4. 1	2. 6	232. 5	3. 3/3	29	100. 6
2007	2. 2	2. 9	9. 6	1. 2	21. 1	17. 3	24. 8	9. 4	10. 7	14. 6	0. 9	2. 1	116. 8	17. 1/5	37	13. 1
2008	1. 9	0. 5	10. 8	14. 1	3. 8	17. 6	47. 9	84. 2	16. 0	14. 9	5. 7	2. 1	219. 5	66. 0/4	19	23. 4

续表2-1-4

年度	1—12 月降水量（厘米）												全年降水量（厘米）	最长连续降水量及出现日期（毫米/天）	最长连续无降水天（日）	日最大降水量（日）
	1	2	3	4	5	6	7	8	9	10	11	12				
2009	0.1	0.8	4.0	16.6	7.2	40.8	14.9	27.6	7.4	0.7	3.5	1.4	125.0	10.3/4	34	26.1
2010	7.6	0.7	4.2	10.3	37.4	25.0	9.4	14.9	94.7	21.3	1.4	1.7	228.6	45.7/4	21	33.5
2011	1.3	2.6	0.0	13.6	10.8	12.1	12.9	21.8	23.9	14.1	5.7	3.2	122.0	6.6/4	17	10.6
2012	0.1	0.5	7.1	5.9	19.7	61.3	51.6	6.7	16.4	4.3	16.8	3.9	194.3	2.9/4	34	24.5
2013	0.4	0.5	0.9	6.3	1.7	56.3	22.8	47.1	29.0	0.1	1.7	1.0	167.8	29.4/4	40	20.8
2014	0.0	3.3	0.0	6.8	19.9	19.3	35.6	13.8	12.4	14.1	0.4	0.4	126.0	23.6/3	48	20.9
2015	0.9	1.4	0.0	4.2	1.8	32.5	19.8	9.9	63.5	1.1	4.7	1.6	141.4	13.8/4	35	17.5

2001—2015 年苏尼特右旗“气象之最”情况表

表 2-1-5

项目	最大（高、多、早）值		最小（低、少、晚）值	
	数值	出现时间	数值	出现时间
年平均气温（℃）	7.3	2014 年	4.5	2012 年
年极端气温（℃）	40.2	2010 年 7 月 28 日	-35.4	2010 年 1 月 7 日
月平均气温（℃）	27.0	2010 年 7 月	-20.0	2011 年 1 月
地面极端温度（℃）	68.4	2014 年 7 月 18 日	-38.8	2010 年 2 月 1 日
年降水量（毫米）	261.7	2003 年	76.7	2005 年
月降水量（毫米）	118.1	2006 年 7 月	0	3 年出现 3 个月
季降水量（毫米）	169.6	2006 年夏季	3.0	2004 年冬季
年降水日数（天）	138	2003 年	72	2002 年
日降水量（毫米）	100.6	2006 年 7 月 17 日	0	—
1 小时降水量（毫米）	28.5	2001 年 8 月 13 日	0	—
年日照（小时）	3277.1	2013 年	2925.7	2015 年
年大风日数（天）	111	2006 年	24	2003 年
年极大风速（米/秒）	28.8	2014 年 7 月 31 日	—	—
年风向（西南风）	偏西风	—	偏东南风	—
初霜日	最早	2003 年 9 月 19 日	最晚	2006 年 10 月 29 日
终霜日	最早	2005 年 3 月 11 日	最晚	2014 年 5 月 2 日
无霜期（天）	231	2005 年 3 月 12 日至 10 月 28 日	162	2014 年 5 月 3 日至 10 月 11 日
初雪日	最早	2007 年 9 月 7 日	最晚	2005 年 11 月 4 日
终雪日	最早	2004 年 3 月 22 日	最晚	2011 年 5 月,12 日
年降雪日（天）	52	2003 年	17	2014 年
积雪深度（厘米）	11	2002 年	无积雪	—
年雷暴日（天）	26	2008 年	13	2011 年

第四节 水 文

一、 地表水

苏尼特右旗地表水贫乏，主要依靠降水。由于境内地势、气候条件不同，降水量及空间分布不均衡，东南部降水量高于中部，西北部低于中部，降水量由东南向西北逐渐减少。年平均降水量分配受季风规律影响。1—5月，降水量逐月递增；6—9月，为雨季，其中，7—9月降水最为集中，9月以后逐月递减，年内分配不均匀。

境内无天然河流，只有季节性河流。大小湖泊300余处，常年积水湖泊为数不多。出水泉54处，出水量大都少于1升/秒，属于内蒙古自治区内径流深小于5毫克的不产流区。浑善达克沙地为不产流区，南部丘陵地区沟谷发育，降水偏高，有一定的地表水资源量。境内地面坡度大于1/50的丘陵地区视为产流区，产流面积3447.16平方公里，地表径流以洪水形式，经湖泊和洼地调节，通过季节河流汇入湖泊洼地之中，最终补给平原区地下水。

二、 地下水

1. 类型

境内地下水形式、埋藏以及分布规律，受地质、地貌、气候和水文等自然因素影响。地质构造和岩性影响地下水的空间分布，大气降水是地下水补给的主要来源，南部区有境外地下径流流入境内。地貌和水文影响着地下水的循环和排泄，东部及腾格里沙漠地带的地下水排泄于查干里门淖尔一带。赛汉塔拉—齐哈日格图古河道排泄到苏尼特左旗地区。根据地下水贮存条件，境内地下水文地质属于苏尼特层状高院水文地质单元，分为第四系松散岩类孔隙水、第三系白垩系碎屑岩类裂隙孔隙水和基岩裂隙水三大类。

2. 储量

苏尼特右旗地下水资源总储量4.74亿立方米。储量主要分布，赛汉塔拉高平原区每平方公里1.57万立方米，塔木沁塔拉平原区每平方公里1.78万立方米，呼吉尔淖尔洼地区每平方公里2.17立方米，呼力庚素木丘陵区每平方公里0.98万立方米，赛音锡力沙地地区每平方公里3.02万立方米。

3. 分布及水质

基岩裂隙水 主要分布在境内东北部及中国与蒙古国接壤的额仁淖尔苏木边境一带，埋深较浅约在1~4米。单井涌水量0.18~6.3立方米/小时，矿化度小于1毫克/升。基岩裂隙水水质较好，地下水矿化度多小于2克/升，局部由母岩岩性决定，水中钠、钙、镁离子含量较高。

第三系碎屑岩类裂隙孔隙水 境内分布广泛，在古河道水质一般较好，在高平原的盆地中心水质较差。又可分为：

古新统连续分布层间水，主要分布在赛汉塔拉—齐哈日格图铁路沿线以西一带。含水层埋深40~70米，单井出水量10~30立方米/小时，矿化度1~3毫克/升。

始新统带状分布河道层间水及连续分布层间水，主要分布在赛汉塔拉、郭尔奔、齐哈日格图、其格蒙和杨森庙一带，含水层埋深3~25米，单井出水量10~60立方米/小时，矿化度0.7~1.9毫克/升。

渐新统古河道层间水，分布在朝鲁好来、240区，齐哈日格图、布和陶勒盖、五华井等处。含水层埋深20~25米，单井出水量10~60立方米/小时，矿化度1毫克/升。

中古新统孔隙裂隙层间水，主要分布在桑宝拉格、多希乌拉等地区，含水层埋深13~80米，单井出水量10~60立方米/小时，矿化度0.82~1.6毫克/升。

中新统层间承底自流水，主要分布在温多尔庙、松孔浑迪、沃尔衮、南草点、东达乌素等地区，单井出水量1~5立方米/小时，矿化度1~6毫克/升。

第四系松散岩类孔隙水　主要分布在温都尔庙、松孔浑迪、沃尔衮、南草点、东达乌素等地区，水位埋深3~5米，单井涌水量0.27~13.7立方米/小时。矿化度每升1毫克。其中，浑善达克沙地边缘波状高平原和湖盆洼地，水质较差，水位埋深在2.5~17米。含水层岩性以中细、泥沙互层为主，含水层厚度在20~30米，最大43米，单井涌水量在3~50立方米/小时。

沙漠浅水　主要分布在东部浑善达克沙地和原格日勒图敖都苏木毛希里沙地，水位埋深1~2米，单井涌水量0.1~30立方米/小时，矿化度1~3毫克/升。

第五节　土　壤

一、类型

苏尼特右旗境内土壤类型分为土类、亚类、土属3个类型，分别是栗钙土、棕钙土、灰色草甸土、沼泽土、盐土、碱土、风沙土、潮土等8个地类17个亚类和31个土属。

1. 土类

土壤分类的高级分类单元，它是在一定的生物、气候和水文地质条件下，或人为作用的影响下，产生独特的成土过程，并产生相应的可供区分鉴别的土群层和属性群体。土类就是依据成土因素、成土过程和由此发生土壤属性来划分。

2. 亚类

土类之间的过渡类型，标志着某一土类发育的不同分段或主要形成过程和附加形成过程的综合，同一土类的亚类，成土过程的主导方向一致，同时表现有部分质的差异。但在剖面形态特征及理化性质，利用方式与改良建设方面基本相同。

3. 土属

亚类部分，又是土种归纳，主要根据成土母质成因类型及母质的岩性、质地来划分的。

二、分布

境内地势南高北低，南部为起伏低山丘陵，北部为高平原。南部气温偏低，降水较北部多，北部气温偏高，降水少而蒸发量大，影响土壤的形成过程，导致土壤分布上的地带性规律。

1. 地带性土壤

苏尼特右旗主要有栗钙土、棕钙土、风沙土类，成地带性分布规律特别明显，自西向南从赛汉塔拉镇的查干敖包起，向东北经温都尔庙至赛罕乌力吉苏木画一条线，这条线以南地区为起伏低山丘陵，年降水量在200毫米以上，草场类型为干草场，主要植被以克氏针茅、碱草为主，这一地区土壤以栗钙为主，栗钙土腐殖质层厚度一般为25~45厘米，为细粒状团粒状结构，通常分农业、牧业两类。另一条线以北是棕钙土，地形为高平原，由草原向荒漠过渡年降水量低于200毫米，最北部地区低于100毫米，草场类型为荒漠，主要植被以戈壁针茅、苔草等小灌木为主。风沙土集中分布于浑善达克沙地，分布区地形由浑圆状、链状沙丘等组成。植被以沙生植物为主，由褐沙蒿、沙蓬、锦鸡儿、冰草、木岩黄芪等组成。

2. 隐域性土壤

境内隐域性土壤主要有草甸土、碱化草甸土、沼泽土、盐碱土。草甸土分布区的地形多为地下水汇集而水位较高，地表径流弱而排水不畅的河谷平原地带。沼泽土的成土母质为湖相沉积物，植被以水生或湿生的芦苇、莎草等植物为主。盐碱土包括盐化土、盐土、碱化土和碱土，盐碱土主要生长红砂、碱蓬、芨芨草等的植物。

三、 改良利用

土壤改良利用分区，是在综合分析土壤的特性、特征、理化性状、肥力水平、地形、地下水位各项因素的基础上，以合理开发利用土壤资源为目的，分区划片，找出限制农牧业生产发展的主要矛盾和障碍因素，因地制宜地提出土壤改良利用的方向和措施，使农牧业生产顺应客观规律，以改善全旗生态环境，加快草原畜牧业发展速度。

1. 中、东部风沙土、草甸土防风固沙区主要位于境内中、东部，横贯锡林郭勒草原中部的浑善达克沙地的最西端，包括乌日根塔拉镇、阿其图乌拉苏木、桑宝拉格苏木、赛罕乌力吉苏木。

2. 中北部丘陵淡栗钙土改良利用区主要位于境内中北部，包括赛汉塔拉镇、乌日根塔拉镇、桑宝拉格苏木、赛罕乌力吉苏木。

3. 东北部丘陵淡栗钙土改良利用区主要位于境内东北部阿其图乌拉苏木北部额仁钦乌拉地区。

苏尼特右旗土壤类型比例表

表 2-1-6　　单位：平方公里、%

类　型	面积	占总面积比重	土壤质地
棕钙土	11408.80	51.07	砂壤—中壤土
栗钙土	5163.50	23.11	砂壤—中壤土
灰色草甸土	1200.04	5.37	砂壤—中壤土
沼泽土	20.78	0.09	砂壤—中壤土
盐　土	10.02	0.05	重壤—轻壤土
碱　土	62.17	0.28	重壤—轻壤土
风沙土	3026.01	13.55	重壤—轻壤土
潮　土	1448.32	6.48	—
合　计	22339.64	100.00	—

第六节　植　被

一、 类型

苏尼特右旗属于欧亚草原植物区，蒙古高原草原植被。境内具有典型干草原向荒漠草原过渡的地带性植被特征。其中，受地形和洪善达克沙地影响，产生非地带性残丘石生植被、沙生植被和盐化草甸植被。按照蒙古草原荒漠化干草原植被的地理、地形等特点，主要植被类型有干草原植被、荒漠化草原植被、草原化荒漠植被、盐化草甸植被和沙地植被。

二、分布

1. 干草原植被

主要分布在境内南部和东南部。朱日和镇以南，北界基本与1200米等高线相似，优势植物和建群植物主要有克氏针茅、糙隐子草、冷蒿、羊草、冰草，灌木有小叶锦鸡儿，草群高度10~25厘米，盖度15%~25%。阿其图乌拉苏木东北部有小片干草原。

2. 荒漠化草原植被

主要分布在境内中部。朱日和镇以北到赛乌苏地区以南一带，该类草场占全旗总面积40%，是全旗主要植被类型。优势植物和建群植物主要有戈壁针茅、红花针茅、女蒿、无芝隐子草、冷蒿，灌木有中间锦鸡儿，草群高度10~15厘米，盖度10%~20%。

3. 草原化荒漠植被

主要分布在境内西部和北部。赛罕乌苏以西和北部，草场植被由超旱生、旱生小灌木和丛生小禾草及1年生植物组成。优势植物和建群植物主要有红砂、松针猪毛菜、霸王、戈壁针茅、多根葱，草群高度5~30厘米，盖度10%~25%。

4. 盐化草甸植被

主要分布在境内河泛地、湖盆低地。盐生草甸草场是全旗最好的草场，是非地带性分布。草群高度10~50厘米，盖度20%~30%，草场植被以芨芨草为主，有苔草、红砂、盐爪爪、白刺等。沙地植被草场也是非地带性分布，草群高度15~45厘米，盖度15%~20%，优势植物有沙蒿、沙竹、沙生冰草、小叶锦鸡儿等。

5. 沙地植被

主要分布在浑善达克（腾格里）沙地。草原植被以沙生冰草、沙蒿、糙隐子草等。

第七节　动　物

2015年，苏尼特右旗境内生存的野生动物约300余种（不包括昆虫类）。

一、哺乳类

主要有布氏田鼠、长爪沙鼠、大沙鼠、柽柳沙鼠、赤颊黄鼠、草原黄鼠、蒙古羽尾跳鼠、五趾心颅跳鼠、三趾心颅跳鼠、蒙古兔、草原鼠兔、蒙古鼠兔、达乌里鼠兔、西藏鼠兔、大耳猬、东亚蝙蝠、兔狲、赤狐、沙狐、黄鼬、虎鼬、草原野猫、獾子、蒙古野驴、双峰野骆驼、狼、黄羊、羚羊、盘羊等80余种哺乳类动物。

二、鸟类

主要有鸿雁、灰雁、天鹅、赤麻鸭、翘鼻麻鸭、绿头鸭、鸢、雀鹰、大鵟、草原雕、秃鹫、胡兀鹫、白尾鹞、猎隼、红脚隼、斑翅山鹑、鹌鹑、灰鹤、蓑羽鹤、白枕鹤、小田鸡、骨顶鸡、大鸨、凤头麦鸡、灰头麦鸡、金鸻、针尾沙锥、毛腿沙鸡、岩鸽、灰斑鸠、长耳鸮、戴胜、蚁䴕、大斑啄木鸟、蒙古百灵、短趾沙百灵、小沙百灵、凤头百灵、角百灵、云雀、家燕、黄鹡鸰、灰鹡鸰、白鹡鸰、田鹨、太平鸟、红尾伯劳、灰椋鸟、喜鹊、秃鼻乌鸦、寒鸦、红点颏、蓝点颏、北红尾鸲、山鹛、棕眉柳莺、凤头雀莺、黑喉石䳭、沙䳭、白背矶鸫、赤颈鸫、斑鸫、白眉鸫、虎斑地鸫、黑喉鸫、红尾鸫、芦莺、褐柳莺、黄眉柳莺、红喉姬鹟、乌鹟、北灰鹟、大山雀、褐头山雀、家麻雀、黑顶麻雀、树麻雀、黄嘴朱顶雀、金翅雀、黄雀、红眉朱雀、普通朱雀、北朱雀、红交嘴雀、锡嘴雀、文须雀、银喉长尾雀、红腹灰雀、灰腹灰雀、白头鹀、黄胸鹀、三道眉草鹀、田鹀、小鹀、芦鹀、铁爪鹀等100余种鸟类。

三、两栖类

主要有中华大蟾蜍、花背蟾蜍等两栖类动物。

四、爬行类

主要有草原沙蜥、荒漠沙蜥、变色沙蜥、丽斑麻蜥、荒漠麻蜥、白条锦蛇、黄脊游蛇、蝮蛇等爬行类动物。

第二章　自然资源

第一节　土地资源

一、类型

苏尼特右旗土地分草地、沙地、林地、耕地、园地、城镇、工矿、交通运输和水利设施等用地。其中，耕地面积 1854. 12 公顷，园地面积 4. 74 公顷，林地面积5915. 60公顷，草地面积2178451. 15公顷，沙地面积30286. 72公顷，城镇村及工矿用地面积 5004. 98 公顷，交通运输用地面积 6192. 31 公顷，水域及水利设施用地面积 8811. 57 公顷，其他土地面积 39312. 39 公顷。

二、分布

1. 草地、沙地、林地

主要以草地和沙地为主。草地分布在全旗苏木镇大部分地区，草地面积最多的是额仁淖尔苏木，452185. 11 公顷。沙地分别分布在额仁淖尔苏木、乌日根塔拉镇、阿其图乌拉苏木和赛罕乌力吉苏木，沙漠地带由西向东南方向蔓延，浑善达克沙漠穿越境内腹地，沙地面积分布最广的是赛罕乌力吉苏木，9509. 20 公顷。林地主要集中在赛汉塔拉镇、朱日和镇和额仁淖尔苏木，林地占地面积最多的是朱日和镇，2422. 50 公顷。

2015 年苏尼特右旗草地、沙地、林地面积情况表

表 2-2-1　　　　单位：公顷

行政区域	草　地	林　地	沙　地
赛汉塔拉镇	281891. 62	972. 72	—
朱日和镇	256399. 74	2422. 50	—
乌日根塔拉镇	361152. 48	140. 97	9079. 77
桑宝拉格苏木	336686. 16	278. 24	3192. 93
额仁淖尔苏木	452185. 11	223. 01	—
赛罕乌力吉苏木	251306. 82	1716. 65	9509. 20
阿其图乌拉苏木	185063. 60	110. 95	8504. 82

2. 耕地、园地

耕地包括旱地和水浇地 2 种，旱地居多，主要分布在朱日和镇，耕地面积2300. 50公顷。园地主要有塑料大棚菜地、露天菜地，分布在朱日和镇，园地面积 4. 74 公顷。

3. 城镇村及工矿用地

城镇村及工矿用地主要涉及苏木镇居民居住用地、企事业单位用地、国防和古迹基础设施用地及独立工矿用地。其中，采矿用地主要分布在赛汉塔拉镇、朱日和镇、乌日根塔拉镇、桑宝拉格苏木、额仁淖尔苏木，乌日根塔拉镇面积最大，922.13 公顷。风景名胜分布在赛汉塔拉镇、额仁淖尔苏木、朱日和镇。

2015 年苏尼特右旗城镇村及工矿用地面积情况表

表 2-2-2　　单位：公顷

行政区域	总　计	采矿用地	村庄占地	风景名胜用地	建制镇
赛汉塔拉镇	1840.65	130.03	299.44	54.70	1356.48
朱日和镇	938.83	67.66	624.81	0.74	245.63
乌日根塔拉镇	1204.74	922.13	163.78	—	118.83
桑宝拉格苏木	338.44	27.79	293.47	—	17.18
额仁淖尔苏木	301.54	35.88	241.80	12.44	11.42
赛罕乌力吉苏木	229.74	—	204.54	—	25.20
阿其图乌拉苏木	55.17	—	44.17	—	11.00

4. 交通运输用地

交通运输用地实现苏木镇全覆盖。主要有国道、省道和苏木镇道路以及铁路占地。其中，赛汉塔拉镇公路占地最多，485.05公顷；乡村道路占地最多是额仁淖尔苏木，720.27公顷；铁路占地最多是乌日根塔拉镇，709.44 公顷。

2015 年苏尼特右旗交通运输用地面积情况表

表 2-2-3　　单位：公顷

行政区域	总面积	公路用地	农村道路	铁路用地
赛汉塔拉镇	1464.28	485.05	520.31	458.92
朱日和镇	1504.17	469.90	400.82	633.45
乌日根塔拉镇	1222.29	119.29	393.55	709.44
桑宝拉格苏木	562.00	78.05	483.95	—
额仁淖尔苏木	1136.57	137.46	720.27	278.84
赛罕乌力吉苏木	397.71	—	397.71	—
阿其图乌拉苏木	169.95	—	169.95	—

5. 水利设施用地

水利设施用地主要以坑塘水塘和内地滩涂为主，全旗均有分布。其中坑塘面积最大的是额仁淖尔苏木，754.02 公顷，内陆滩涂面积最大的是乌日根塔拉苏木，2204.01 公顷。

2015 年苏尼特右旗水利设施用地面积情况表

表 2-2-4　　单位：公顷

行政区域	总面积	坑塘水塘	内陆滩涂
赛汉塔拉镇	593.64	135.11	458.53
朱日和镇	545.50	70.26	475.24

续表2-2-4

行政区域	总面积	坑塘水塘	内陆滩涂
乌日根塔拉镇	1645.42	752.20	893.22
桑宝拉格苏木	2064.19	733.28	1330.92
额仁淖尔苏木	319.52	178.08	141.44
赛罕乌力吉苏木	2958.03	754.02	2204.01
阿其图乌拉苏木	684.93	160.99	523.94

第二节　水资源

苏尼特右旗境内水利资源分布不均匀，水矿化度较高，利用价值较低。地表水资源南部比较丰富，由南向北递减；地下水资源北部比较丰富，由北向南递减。

一、地表水资源利用

境内地下水资源总储量4.74亿立方米。储量主要分布：赛汉塔拉高平原区每平方公里1.57万立方米，塔木沁塔拉平原区每平方公里1.78万立方米，呼吉尔淖尔洼地区每平方公里2.17万立方米，呼力庚素木丘陵区每平方公里0.98万立方米，赛罕锡力沙地地区每平方公里3.02万立方米。

二、地下水资源利用

苏尼特右旗工业、农牧业用水均以开采地下水资源为主。境内地下水可开采量1.44亿立方米，日开采量7.64万立方米。境内水资源可利用条件主要分布在赛汉塔拉高平原综合供水区、塔木沁塔拉机井供水区、呼吉尔洼地供水困难区、呼力更索木丘陵地综合供水区和赛罕西里沙地供水区5个区域范围。南部丘陵区单井涌水量每日约1~5吨，中北部高平原区单井涌水量每日约300~1000吨，东部赛音锡力沙地地区单井涌水量每日约5~70吨。

2015年，境内有小型水库5座，分别是乌日图郭勒、桑宝拉格、火烧区、德斯格、阿贵图水库。截至2015年，全旗为农牧区解决人畜饮水和饲草料基地节水灌溉，新建水源基本井1128眼。

第三节　矿产资源

一、矿种

苏尼特右旗探明地下矿藏有9类34种、矿产地132处、矿点57处。其中，查明一定储量的矿产有煤炭、石油、铁、铜、铅、锌、金、银、天然碱、芒硝、蛇纹岩、石灰岩等20种。开发利用的矿产有石油、铁、铬、铜、金、石灰岩、石英岩、天然碱、萤石、建筑石材、砖瓦黏土、蛇纹岩、建筑用砂等14种。

二、储量

1. 能源矿产

境内探明煤矿储量34.70亿吨，石油储量2671万吨。

2. 金属矿产

境内探明黑色金属矿产铁矿储量 20733 万吨，铬矿储量 6.9 万吨；有色金属矿产铜矿储量 1340.15 万吨，铅矿储量 5930.23 吨，锌矿储量 17401.51 吨；银矿储量 42.5 吨。

3. 非金属矿产

境内探明化工原料矿产天然碱储量 961.80 万吨，芒硝储量 405.65 万吨，蛇纹岩储量 3.09 万吨；冶金辅助原料萤石矿储量 906.85 万吨；建筑材料矿产石灰岩矿储量 5000 万吨，石膏矿储量 8.25 万吨，花岗岩矿储量 3500 万立方米。

三、分布

境内煤矿床主要产地分布赛汉塔拉煤田、赛罕高毕小型煤田，储存于白垩系地层中。石油系二连油田的组成部分，原油质为低硫高蜡陆相原油，主要分布在赛汉塔拉镇。铁矿均属于温都尔庙式铁矿，赋存于温都尔庙群绿片岩中。铬矿储量规模不大，赋存于朱日和镇图林凯铬矿和武艺台铬矿。铜矿主要分布在朱日和镇谷那乌苏、别鲁乌图、香林香达等铜硫矿区，多赋存于绿片岩中，为火山沉积变质，伴生有益组分金、银、钼、硫等。铅、锌矿主要在朱日和镇别鲁乌图和谷那乌苏铜矿中伴生。钼、镍矿，钼在谷那乌苏铜矿伴生；镍在图林凯蛇纹岩矿中伴生。金矿成因类型有蚀变岩型、石英脉型和伴生金，主要有毕力赫金矿、谷那乌苏金矿、查干敖包金矿、毛拉格尔金矿、温都尔金矿、干觉岭金矿等；银矿在别鲁乌图铜硫矿石中伴生产出。天然碱和芒硝矿均属第四系内陆湖相化学沉积矿床，天然碱主要是分布乌日根塔拉镇查干淖尔碱矿，芒硝矿分布阿其图乌拉苏木、乌日根塔拉镇和赛罕乌力吉苏木。蛇纹岩位于朱日和境内，系超基性岩体蚀变而成，图林凯岩体。萤石矿位于乌日根塔拉镇和朱日和镇，成因类型均为热液脉型。石灰岩矿位于乌日根塔拉镇；结晶石灰岩矿位于乌日根塔拉镇和阿其图乌拉苏木交界处；石膏矿位于白音敖包。花岗岩矿，为花岗斑岩体，深砖红色，位于乌兰诺尔。砖瓦黏土矿，质量尚好的黏土层，可供陶瓷工业用，位于赛汉塔拉镇。

第四节 气候资源

一、气候成因

苏尼特右旗属于中温带亚干旱大陆性季风气候。地处中纬度西风带，受西风换流控制，冬季风影响时间较长，夏季风影响时间较短，常年干旱、多风少雨，冷空气活动频繁。因太阳辐射、大气环流、下垫面和人类活动影响，形成显著大陆性气候。

二、气候特征

苏尼特右旗地处内蒙古高原，四季气候基本特征是日照充足、空气干燥、多风少雨、湿度不均、温差较大、无霜期短、四季分明。

三、资源利用

苏尼特右旗地处西风带，风能和太阳能是天然资源。太阳能资源在国内仅次于西藏高原。风力资源较为丰富，具有稳定度高、连续性好、无破坏性风速的品质。风能总蕴藏量 5 亿千瓦以上，其中可以开发利用风能超过 5000 万千瓦，是全国风力资源最丰富的地区之一。太阳能主要用于太阳能光伏发电项目、太阳能通信基站、太阳能家用供电系统、太阳能蓄电池等。

2015年，苏尼特右旗风电项目累计完成投资61.75亿元，发电45.57亿千瓦时，实现风电产值23.24亿元，节约标煤约173万余吨，减少二氧化碳排放量450余万吨碳当量。规模以上风力发电企业完成工业总产值43429.30万元，较上年同比增加1546.50万元，增长3.69%。风力发电量94683.03万千瓦时，较上年同比增加1772.87万千瓦时，增长1.91%。

第五节　生物资源

一、国家重点保护野生动物

2015年，苏尼特右旗境内发现国家部分重点保护野生动物有20余种。其中，国家一级保护动物有金雕、蒙古野马、蒙古野驴、白鹤、大鸨等6种；国家二级保护动物盘羊、黄羊、秃鹫、鹅喉羚、草原斑猫、荒漠猫、兔狲、猞猁、雪兔、灰鹤、蓑羽鹤、隼类、小鸮、草原雕、天鹅等15种。

1. 蒙古野驴

国家一级保护动物，别名亚洲野驴、骞驴、野骡子，蒙古名胡楞。哺乳纲、奇蹄目、马科，大型有蹄类动物。蒙古野驴体长约250厘米，肩高约120厘米，尾长约80厘米，体重约250千克。全身被毛棕黄色，吻端、耳尖、尾毛近黑色，背部中央有一条黑色脊线，颈下方、胸部、腹部四肢内侧被毛淡黄色，与体侧棕黄色毛无明显分界。分布在境内额仁淖尔苏木吉呼郎图嘎查与蒙古国接壤的沙漠、戈壁和山地等区域。分别于2005年、2007年、2009年、2014年，在额仁淖尔苏木边境保护区发现数量不多的蒙古野驴。

2. 金雕

国家一级保护动物，属鹰科，别名鹫雕、金鹫、红头雕、黑翅雕，蒙古名布日古德。成鸟羽翼展平均超过2米，体长约1米，其腿爪上全部都有羽毛覆盖。羽毛以栗褐色、棕褐色为主，后头、后颈处羽毛呈金黄色。分布在境内额仁淖尔苏木、乌日根塔拉镇和朱日和镇等区域。

3. 盘羊

国家二级保护动物，别名盘角羊、大角羊、大头羊，蒙古名阿尔嘎力，哺乳纲、偶蹄目、牛科大型野羊类。盘羊身体强壮，体长150~170厘米，肩高50~68厘米，体重约100千克。雌雄均有角，雄性犄角十分粗大，呈螺旋状盘转一周或一周半，长度约90厘米左右，角上环状棱脊明显，雌羊的角较小，长度约13~15厘米，稍弯曲。主要栖息在额仁淖尔苏木吉呼郎图嘎查的山地裸岩、草原、灌丛等地带，朱日和镇曾经也有少量盘羊活动。2001年，额仁淖尔苏木吉呼郎图嘎查最多时盘羊有80余只；2003年，额仁淖尔苏木赛音锡力嘎查在脑木根山发现并抢救1只雌性盘羊；2004年以后，由于全旗连续几年自然灾害，额仁淖尔苏木境内盘羊数量减至4~7只。

4. 黄羊

国家二级保护动物，别名黄羚、蒙古瞪羚、蒙古原羚等，蒙古名泽额仁。哺乳纲、偶蹄目、牛科。黄羊体长100~150厘米，肩高大约76厘米，体重30~35公斤，雄性有角。主要栖息于额仁淖尔苏木与蒙古国接壤的边境地区和乌日根塔拉镇北部半沙漠地区的草原地带。

5. 兔狲

国家二级保护动物，别名洋猞猁、乌伦、玛瑙，蒙古名玛瑙勒。哺乳纲、食肉目、猫科。体形大小似家猫，体长50~65厘米，体重2~3千克，主要栖息在全旗境内沙漠、荒漠、草原或戈壁地区。

二、 植物资源

1. 草地资源类型

苏尼特右旗草场分低山丘陵干草原草场、高平原干草原草场、丘陵地荒漠草原草场、高平原荒漠草原草场、残丘坡地草原化荒漠草场、高平原草原化荒漠草场、盐生草甸草场、沙丘植被草场 8 个草场类，25 个草场组，91 个草场型。其中，天然牧草地面积 2129891.41 公顷，人工牧草地面积 4350.15 公顷，其他牧草地面积 44209.59 公顷。

境内低山丘陵干草原草场面积 3199.36 公顷。分布在赛汉塔拉镇、朱日和镇、阿其图乌拉苏木。草场地形起伏较大、沟壑纵横、切割明显，海拔高度在 1200 米以上。植被种有克氏针茅、糙隐子草、冷蒿、冰草、羊草、小叶锦鸡儿、多根葱、寸苔草、细叶葱、达乌里芯芭、兔唇花、戈壁天门冬、画眉草、猪毛菜、骆驼蓬等 30 余种。草场草群高度平均 10~25 厘米，每公顷产干草 40.06 公斤，容纳牲畜 16.59 万个绵羊单位。

高平原干草原草场面积 3277.13 公顷。分布在赛汉塔拉镇、朱日和镇、赛罕乌力吉苏木。地势起伏平缓，处于梯状高平原第二阶梯浑善达克沙地东南部，海拔高度在 1000~1200 米。植被种有克氏针茅、糙隐子草、木地肤、阿尔泰狗娃花、小叶锦鸡儿、狭叶锦鸡儿、优若藜、狗尾草、冠芒草、画眉草等 24 余种。草场草群高度平均 10~25 厘米，每公顷产干草 41.82 公斤，可容纳牲畜 18.73 万个绵羊单位。

丘陵地荒漠草原草场面积 2079.50 公顷。分布在赛汉塔拉镇、朱日和镇、赛罕乌力吉苏木。草场地形起伏较大，海拔高度 1000~1200 米。植被种有戈壁针茅、短花针茅、女蒿、无芒隐子草、冷蒿、多根葱、中间锦鸡儿、沙生冰草、兔唇花、戈壁天门冬、燥原荠、蒙古葱、骆驼蓬等 30 余种。草场草群高度平均 10~25 厘米，每公顷产干草 31.77 公斤，容纳牲畜 8.39 万个绵羊单位。

高平原荒漠草原草场面积 8503.55 公顷。高平原荒漠草原草场是境内主体草场，主要分布在额仁淖尔苏木、赛汉塔拉镇、乌日根塔拉镇等苏木镇。草场地势平坦开阔，海拔高度 1000~1100 米。植被种有戈壁针茅、女蒿、无芒隐子草、冷蒿、多根葱、中间锦鸡儿、沙生冰草、短花针茅、阿尔泰狗娃花、草芸香、戈壁冬门天、糙叶黄芪、寸苔草、细叶葱、麻黄、木地肤、优若藜、冠芒草、锋芒草、麻花头、知母、砂蓝刺头、沙前胡等 24 种。草场草群高度平均 5~25 厘米，每公顷产干草 27.52 公斤，容纳牲畜 30.29 万个绵羊单位。

高平原荒漠草原草场面积 377.56 公顷。分布在额仁淖尔苏木。地表长期受风蚀，岩石裸露，草场植被种类稀疏。植被种有松叶猪毛菜、霸王、中间锦鸡儿、戈壁针茅、女蒿、无芒隐子草、冷蒿、狭叶锦鸡儿、山蒿、刺叶柄棘豆、优若藜、冠芒草等 14 种。草场草群高度平均 7~35 厘米，每公顷产干草 16.25 公斤，容纳牲畜 0.79 万个绵羊单位。

高平原草原化荒漠草场面积 1891.56 公顷。分布在额仁淖尔苏木。地表长期受风蚀，岩石裸露，草场土层薄、盐分大、植被种类稀疏。植被种有红沙、白刺、雀猪毛菜、中间锦鸡儿、霸王、优若藜、短穗红柳、戈壁针茅、无芒隐子草、冷蒿等 17 种。草场草群高度平均 5~30 厘米，每公顷产干草 35.39 公斤，容纳牲畜 9.15 万个绵羊单位。

盐生地草甸草场面积 3526.61 公顷。主要分布在丘间低地、干河道和湖盆洼地。植被种有羊草、盐爪爪、寸苔草、沙柳、白刺、戈壁针茅、糙隐子草、多根葱、二裂叶委陵菜、优若藜、凤毛菊、砂引草、冠芒草等 30 余种。草场草群高度平均 10~50 厘米，每公顷产干草 35.10 公斤，容纳牲畜 15.35 万个绵羊单位。

沙丘植被草场面积 3792.22 公顷。分布在额仁淖尔苏木。草场土质疏松，保水性能较好，水分条件优于其他草场。植被种有小叶锦鸡儿、中间锦鸡儿、沙蒿、沙竹、沙生冰草、岩黄芪、沙珍棘豆、沙柳、沙米、猪毛菜、三芒草、虫实、沙木蓼、冷蒿、草芸香、沙前胡、优若藜等15种。草场草群高度平均15~45厘米，每公顷产干草55.79公斤，容纳牲畜24.34万个绵羊单位。

2. 野生植物资源

2015年，苏尼特右旗有野生植物400余种。包括乔木科、菊科、豆科、藜科、禾本科等野生植物。

野生建群优势植物有克氏针茅、糙隐子草、冰草、羊草、冷蒿、蒙古葱、阿尔泰狗娃草等。荒漠化干草原植物有戈壁针茅、草芸香、兔唇花、优若藜等。豆科类植物有小叶锦鸡儿、中间锦鸡儿、狭叶锦鸡儿等。沙丘草场植物有沙生冰草、沙鞭、沙柳等。非地带性草场植物有芦苇、芨芨草、寸苔草、白刺、红砂、柠条、盐爪爪等。

2015年，境内发现并被国家列入重点保护珍稀濒临野生植物有国家一级保护植物发菜、绵刺等；国家二级保护植物有梭梭、沙冬青、肉苁蓉、蒙古扁桃、麻黄、甘草等植物。具有开发前景的植物有蒙古黄芪、麻黄草、甘草、知母、天门冬等。食用菌及食物植物有发菜、蘑菇等。年内，野生植物草场面积35561.43亩，平均每亩产干草36.25公斤，年产干草13亿公斤左右。

第三章　自然灾害

第一节　气象灾害

一、旱灾

2001年，苏尼特右旗遭受历史罕见特大旱灾。地区累计零星降雨不足40毫米，有些返青的草场，因缺雨而枯死；没有返青草场面积3210万亩，占总面积80%以上，旱灾涉及14个苏木、62个嘎查、5500户牧户、2.4万人口和152万头（只）牲畜，直接经济损失42万元。

2005年，全旗遭受特大旱灾。全年降水量62毫米，地下水位平均下降2米。受灾面积2645万亩，90万头（只）牲畜饮水困难，131万头（只）牲畜受灾，直接经济损失500余万元。

2001—2005年，境内连续4年遭受旱灾。受灾人口总数7.54万人，饮水困难人口总数3.18万人，受灾面积总数6790万亩，绝收面积791万亩，因旱灾死亡大牲畜170余头（只），直接经济损失3357.5万元，农业经济损失306万元。

2006年，全旗遭受旱灾草场面积3242万亩，受灾人口7082户2.5万人，饮水困难人口20.1万人，72万头（只）牲畜饮水困难，2.75万头（只）牲畜死亡，840户2850人走场，走场牲畜25万头（只），直接经济损失850余万元。

2007—2009年，全旗遭受旱灾人口7.33万人，受灾牲畜106万头（只），直接经济损失1169.10万元，其中，农业经济损失36.65万元。

2008年，境内自然灾害发生较为频繁。6月中旬以来，持续高温（最高温度36.2℃），严重影响牧草生长。全旗6个苏木镇57个嘎查的1.1万亩农作物基本绝产，约2万亩青贮玉米和3242万亩草场均不同程度受到旱情影响。成灾面积3000余万亩，受灾农牧户5800余户，受灾人口2.1万人，受灾牲畜50余万头（只）。

2009年7月，全旗遭受严重旱灾，受灾面积2477万亩，占草场总面积的73.92%。

2010年8月，境内持续高温，出现严重旱情。草场受灾面积1.7万平方公里，200余口机电井因旱出水量不足，有2.42万人、18.50万头（只）牲畜饮水困难。

2014年，全旗普遍遭受旱灾，受灾草场面积3040万亩，占草场总面积的90%。受灾农牧户8578户24443人，占农牧户和人口总数的90%。受灾大小牲畜157.50万头（只）。部分嘎查村水位下降严重，造成1252户3941人和65万头（只）牲畜饮水困难，478户牧民20.10万头（只）牲畜走场，直接经济损失约1230万元。全年整体降雨偏少，6月降水量19.30毫米，较历年偏少11.50毫米，偏少37%；7月上旬降水量7.40毫米，较历年偏少6.10毫米，偏少45%。

2015年，苏尼特右旗做好春季防灾减灾应急抗灾工作，准备抗旱应急储备草95083捆、3500.82

吨，每吨补贴450元，累计补贴157.50万元。

二、水灾

2003年，全旗境内遭受大雨引发灾害。受灾人口0.26万人，倒塌房屋12间，房屋损坏30间，因灾大牲畜死亡17头，直接经济损失45万元。

2004年，境内遭受大雨造成灾害。受灾人口0.15万人，损坏499间房屋，倒塌房屋62间，其中，倒塌居民住房12间。因灾大牲畜死亡350头，直接经济损失200万元，农业直接经济损失85万元。

2006年7月17日，境内连续5个小时普降大雨和暴雨，涉及6个苏木镇、36个嘎查村、12个居委会和1个林场、1个农场。受灾群众701户2025人。其中，倒塌房屋涉及172户551人，倒塌房屋218间，损坏房屋涉及593户1898人，损坏房屋336间，牧区棚圈倒塌涉及112户359人，棚圈倒塌140间，死亡大小牲畜2858头（只），丢失小畜369只，淹没大口水井6眼，机井1眼，淹没青贮窖22处660平方米，淹没客货车1辆，损坏蒙古包1顶，淹没农田450亩，淹没塑料大棚8座。灾害造成直接经济损失684.51万元。赛汉塔拉镇降水量102.51毫米，个别地段积水超过1米，超出2005年降水量25.80毫米。其余苏木镇降水量均为20~62毫米。

2008年6月29日，朱日和镇境内因乌兰察布市四子王旗急降暴雨引发洪水，洪水冲击朱日和镇巴彦塔拉嘎查，淹没180余亩青贮玉米地，造成3户牧户近15万元的经济损失。8月9—11日，全旗连续3天暴雨，造成倒塌房屋21间，形成危房80余间，倒塌棚圈13间，受灾人口200余人，经济损失184万余元。

2010年7月9日12时30分，朱日和镇哈达乌苏村委会和榆树村委会遭遇罕见大雨冰雹袭击，造成较严重灾害。2个村委会11个自然村的183户540人受灾，农作物受灾面积1580亩，冲毁沙石公路3公里，经济损失50.2万元。

2012年6月27—28日，全旗境内出现1次强降雨，并引发灾害。其中，额仁淖尔苏木、桑宝拉格苏木、都呼木嘎查降55~75.50毫米暴雨；赛汉塔拉镇、乌日根塔拉镇、新宝拉格嘎查、阿其图乌拉苏木降34~47.90毫米大雨；赛罕乌力吉苏木、朱日和镇降11~24.70毫米中雨，其余地区降0.20~9.80毫米小雨。赛汉塔拉镇、乌日根塔拉镇、额仁淖尔苏木倒塌房屋10间，棚圈8间，死亡75只羊，造成经济损失150万元。7月27—28日，全旗普降中到大雨，部分苏木镇受灾。其中，阿其图乌拉苏木降暴雨，朱日和镇降大暴雨。累计倒塌房屋74户、倒塌棚圈136间、危房373户、被淹口井62眼、死亡62只羊、冲毁70亩玉米地，受灾总人数2207人，经济损失349.30万元。

2015年6月9—13日，全旗境内普降大雨，各苏木镇普遍遭受灾害，造成5个苏木镇1222头（只）牲畜死亡，4口井被淹，5座棚圈倒塌。

三、风灾（沙尘暴）

2001年，全年境内持续出现7级以上大风天气43次。其中，强沙尘暴25次，强度较往年明显加大。8月中旬，出现1次强沙尘暴，为历史上罕见。多次强烈的大风和沙尘暴将表层土和牧草浅层根系刮走，较深的根系裸露在外，草场植被遭到严重破坏，北部2800万亩草场全部风蚀沙化。重度风蚀地区母岩暴露或形成沙砾化、沙包、沙丘，几乎寸草不生。

2005年1—4月，全旗降水量为7毫米，大风日数多，沙尘暴天气频繁出现，造成全旗8222户2.96万农牧民和93万头（只）牲畜受灾。其中，死亡牲畜2.72万头（只），40余眼水井和1200余吨青贮玉米窖被沙土掩埋，120处网围栏不同程度损坏，造成经济损失约850万元。全旗返贫人口成倍增长，困难群众5382户14040人，特困户增至2817户7374人。

2009年12月24日上午11时，苏尼特右旗遭受大风沙尘天气袭击，引发灾害，并持续到次日凌晨4点。全旗累计出动85台车，参与救灾250余人次。抢救因大风沙尘天气走失牧民28人，其中，3名受轻伤，帮助牧民找回丢失牲畜13000余头（只）。这次灾害中，死亡牲畜1400头（只），涉及5个苏木镇、14个嘎查、1个村、1个旗牧场。

2015年7月28日17时，额仁淖尔苏木阿尔善图嘎查遭沙尘暴袭击，正值举办全旗第十三届那达慕大会开幕式，2万余名群众遭受袭击，1人遇难。

2001—2015年苏尼特右旗大风沙尘暴平均日数情况表

表2-3-1 单位：次

数值 季度 / 年度	第一季度		第二季度		第三季度		第四季度		年平均值	
	大风	沙尘暴	大风	沙尘暴	大风	沙尘暴	大风	沙尘暴	大风	沙尘暴
2001	13	7	21	16	4	3	5	2	3.6	2.3
2002	13	7	20	4	3	0	11	2	3.9	1.1
2003	3	0	14	0	4	0	3	0	2.0	0
2004	10	3	20	0	10	0	6	0	3.8	0.3
2005	7	0	18	3	3	0	8	1	3.0	0.3
2006	36	5	45	11	9	0	21	0	9.3	1.3
2007	19	2	31	4	7	0	18	1	6.3	0.6
2008	16	1	30	5	12	0	31	0	7.4	0.5
2009	24	1	25	0	14	0	21	3	7.0	0.3
2010	29	4	27	6	7	0	19	0	6.8	0.8
2011	9	1	28	3	5	0	5	0	3.9	0.3
2012	7	1	24	5	8	0	10	0	4.1	0.5
2013	14	0	22	1	18	0	12	0	5.5	0.1
2014	10	0	22	1	6	0	13	1	4.3	0.2
2015	15	1	27	2	7	1	6	1	4.6	0.4

四、雪灾（暴风雪）

苏尼特右旗常年受西伯利亚冷空气影响，容易造成气温急剧下降，并伴有大风、降雪。雪灾一般会出现在每年的12月份至翌年的一、二月。

2002年12月19—23日，新民乡境内连续5天普降大雪，降雪平均厚度15厘米，最厚20厘米，仅次于1997年的雪灾。600余户农牧民缺口粮、缺燃料，草场受到降雪全埋没，牲畜不能放牧，比正常年景需提前饲喂2个月，饲草料严重短缺。

2012年11月9—11日苏尼特右旗境内普降大雪，气温下降8℃左右。其中，赛罕乌力吉苏木降暴雪，降雪量11.90毫米。各苏木镇63个嘎查全部受灾，有125处棚圈不同程度受损，因降雪5万余头（只）牲畜无法外出放牧，受灾面积320万亩。巴润宝拉格嘎查部分牧户房屋后墙被雪覆盖，羊圈内积雪深度1.5米。同月27日下午4点，208国道苏尼特右旗—镶黄旗（旧路）砂石路遭受暴风雪，路段积雪1米多，6辆车被困。旗委、政府立即启动应急预案，出动装载机和抢险救助人员赶赴雪阻路段进行疏通道路，次日凌晨2点，清理雪阻路段2公里，成功解救被困车辆6辆、人员10人。

第二节 生物灾害

一、 农林牧病虫害

1. 沙葱萤叶甲

2011 年 4 月，苏尼特右旗发生沙葱萤叶甲病虫害，受灾面积 5 万亩，平均密度每平方米 300 头，最高密度每平方米 500 头。主要分布在朱日和镇巴彦敖日格勒嘎查、乌兰哈达嘎查、宝拉格嘎查。

2012 年 5 月，朱日和镇暴发沙葱萤叶甲幼虫灾害。发生面积 32 万亩，平均密度每平方米 300 头，最高每平方米 1000 头 。严重危害面积 12 万亩，涉及 4 个嘎查 50 余户牧民。

2013 年 5 月，朱日和镇境内发生沙葱萤叶甲幼虫灾害，平均密度每平方米 400 头，最高每平方米 800 头。受灾面积 11 万亩，涉及乌兰哈达嘎查 8 万亩和巴彦敖日格勒嘎查 3 万亩。

2014 年 5 月，全旗暴发沙葱萤叶甲幼虫灾害，发生面积约 53.7 万亩，涉及赛汉塔拉镇、朱日和镇、阿其图乌拉苏木、额仁淖尔苏木、赛罕乌力吉苏木 5 个苏木镇 11 个嘎查（洪格尔嘎查、乌兰哈达嘎查、巴彦宝拉格嘎查、巴彦敖日格勒嘎查、巴彦塔拉嘎查、哈登胡舒嘎查、查干胡舒嘎查、额尔敦宝拉格嘎查、都希乌拉嘎查、脑干车勒嘎查、阿门乌苏嘎查），严重危害面积 31 万亩，平均密度每平方米 300~400 头，最高每平方米 800 头。

2015 年 4 月，境内暴发沙葱萤叶甲幼虫灾害。受灾面积约 25 万亩，涉及 8 个嘎查 48 户牧民，严重危害面积 12 万亩，平均密度每平方米 300 头，最高每平方米 800 头。

2. 蝗虫

2001—2002 年，苏尼特右旗连续 2 年暴发蝗虫灾害，虫口密度每平方米 50~300 头，受灾面积 1375 万亩，重灾区面积 280 万亩。

2003 年 6—7 月，境内暴发历史罕见的大面积高密度蝗虫灾害，受灾面积 91.7 万亩，成灾面积 41.13 万亩。

2013 年，境内发生秋季草原蝗虫（蚁蝗）灾害，发生面积约 110 万亩，其中，赛汉塔拉镇 80 万亩、朱日和镇 5 万亩、桑宝拉格苏木 25 万亩，平均密度每平方米 15~25 头，最高密度每平方米 50 头。严重发生面积 22 万亩，主要分布在桑宝拉格苏木巴彦车勒嘎查、巴彦淖尔嘎查，朱日和镇洪格尔嘎查，赛汉塔拉镇查干胡舒嘎查、巴润宝拉格嘎查、宝拉格嘎查低洼下湿地苔草型草场。

2014 年，境内发生蝗虫（亚洲小车蝗、蚁蝗）灾害，受灾面积约 120 万亩，严重危害面积 30 万亩。主要分布在桑宝拉格苏木巴彦车勒嘎查、巴彦淖尔嘎查，赛汉塔拉镇巴润宝拉格嘎查、哈登胡舒嘎查、查干胡舒嘎查、都呼木嘎查等区域，朱日和镇洪格尔嘎查平均密度每平方米 7 头，最高每平方米 16 头。

2015 年 3—4 月，全旗发生春季草原蝗虫（亚洲小车蝗）灾害。受灾面积约 90 万亩，涉及 3 个苏木镇 7 个嘎查，严重危害面积 20 万亩。

二、 鼠害鼠疫

1. 鼠害

2010 年，苏尼特右旗境内发生草原鼠害，发生面积 80 余万亩，严重危害面积为 15 万亩。鼠害主要种类是长爪沙鼠、草原黄鼠，分布在赛汉塔拉镇、朱日和镇、额仁淖尔苏木。

2014 年，境内发生草原鼠害，发生区主要分布朱日和镇巴彦塔拉嘎查、巴彦高勒嘎查和额仁淖尔苏木查干哈达嘎查一带，平均有效洞口数每亩 18 个，最高每亩 26 个。长爪沙鼠发生区主要分布在赛汉塔拉镇查干胡舒嘎查，平均有效洞口数每亩 27 个，最高每亩 65 个。

2015 年，境内发生春季鼠害，发生面积大约 50 万亩，严重危害面积 11 万亩。鼠害主要种类长爪沙鼠、草原黄鼠，分布在赛汉塔拉镇查干胡舒嘎查、哈登胡舒嘎查、都呼木嘎查、朱日和镇巴彦塔拉嘎查、巴彦高勒嘎查等区域。截至 2015 年 11 月，苏尼特右旗成立 70 年来，全旗认定鼠间鼠疫 435 起。

2. 鼠疫

2004 年 11 月 5 日，苏尼特右旗境内发生 1 例人间腺鼠疫继发肺鼠疫疫情。这次疫情是继 1970 年苏尼特左旗发生 1 例人间腺鼠疫后，再次在全盟地区发生人间鼠疫疫情。疫情历经 37 天防控，患者经过治疗病愈出院。12 月 8 日，解除疫情。

第三编

人　口

第一章　人口总量

第一节　人口分布

一、 人口分布

2001 年，苏尼特右旗户籍人口总数68022人。其中，汉族人口43624人、蒙古族人口23511人，其他少数民族人口 887 人。全旗非农牧业人口35365人，农牧业人口32657人。

2015 年，全旗人口增至 68337 人。其中，汉族人口 43590 人，蒙古族人口 23925 人，其他少数民族人口 822 人。全旗非农牧业人口 37045 人，农牧业人口 31292 人。

2015 年，全旗人口整体分布不均衡。其中，朱日和镇农业村人口比较集中，牧区人口分散，非农业人口占全旗总人口的 3.42%；赛汉塔拉镇占全旗总人口的 49.66%；朱日和镇占全旗总人口的 23.14%；乌日根塔拉镇占全旗总人口的 8.09%；桑宝拉格苏木占全旗总人口的 5.70%；赛罕乌力吉苏木占全旗总人口的 5.43%；额仁淖尔苏木占全旗总人口的 3.99%；阿其图乌拉苏木占全旗总人口的 3.98%。

2001—2015 年苏尼特右旗户籍人口统计表

表 3-1-1　　　　单位：人

年 份	总人口	民 族 人 口			非农牧业人口	农牧业人口
		汉　族	蒙古族	其他少数民族		
2001	68022	43624	23511	887	35365	32657
2002	68850	44375	23589	886	36473	32377
2003	67907	44720	22297	890	37596	30311
2004	68438	44947	22595	896	38392	30046
2005	68402	44982	22534	886	38562	29840
2006	68773	45179	22720	874	38808	29965
2007	69163	45366	22914	883	39026	30137
2008	69287	45380	23025	882	39091	30196
2009	69198	45221	23099	878	38908	30290
2010	68943	44786	23285	872	38359	30584
2011	69132	44788	23485	859	38128	31004
2012	69233	44704	23662	867	38195	31038

续表3-1-1

年 份	总人口	民族人口			非农牧业人口	农牧业人口
		汉 族	蒙古族	其他少数民族		
2013	69435	43961	24617	857	38210	31225
2014	69006	44265	23891	850	37541	31465
2015	68337	43590	23925	822	37045	31292

二、 人口密度

2001 年，苏尼特右旗人口密度每平方公里 3.04 人；2015 年，每平方公里 3.06 人。人口密度最大的地区是赛汉塔拉镇，每平方公里 10.26 人；人口密度最小额仁淖尔苏木，每平方公里 0.60 人。

2015 年苏尼特右旗人口密度情况表

表 3-1-2

地区名称	总人口数（人）	面积（平方公里）	人口密度（人/平方公里）
合　计	68337	22340.0	3.06
赛汉塔拉镇	33936	3307.1	10.26
朱日和镇	15814	2740.7	5.77
乌日根塔拉镇	5530	3729.9	1.48
桑宝拉格苏木	3898	3452.5	1.13
额仁淖尔苏木	2729	4512.7	0.60
赛罕乌力吉苏木	3709	2663.6	1.39
阿其图乌拉苏木	2721	1933.5	1.41

第二节　人口变动

一、 人口出生与死亡

全旗人口大体保持一个低水平稳定增长的发展态势。2001 年，全旗人口出生率 13.48‰，死亡率 3.31‰，自然增长率 10.17‰。2015 年，全旗人口出生率 6.86‰，死亡率 7.34‰，自然增长率 -0.48‰。2005 年、2010 年和 2015 年，由于死亡人数大于出生人数，人口自然增长率分别为 -0.02‰、-1.52‰和-0.48‰。

2001—2015 年苏尼特右旗人口出生和死亡变动表

表 3-1-3　　单位：人、‰

年　度	出　生		死　亡		自然增长率
	人数	出生率	人数	死亡率	
2001	916	13.48	225	3.31	10.17
2002	781	11.41	209	3.05	8.36
2003	437	6.39	238	3.48	2.91
2004	494	7.25	340	4.99	2.26
2005	736	10.75	737	10.77	-0.02

续表3-1-3

年 度	出 生		死 亡		自然增长率
	人数	出生率	人数	死亡率	
2006	623	9.08	204	2.97	6.11
2007	653	9.47	195	2.83	6.64
2008	693	10.01	394	5.69	4.32
2009	491	7.09	230	3.32	3.77
2010	841	12.18	946	13.70	-1.52
2011	477	6.90	214	3.10	3.80
2012	520	7.50	303	4.40	3.10
2013	570	8.22	277	3.99	4.23
2014	644	9.30	438	6.33	2.97
2015	471	6.86	504	7.34	-0.48

1. 人口出生

2001—2010年，苏尼特右旗出生人口6665人，年平均出生人口666.5人。由于人口变动等原因，人口基数逐年略有增加，人口出生稳定下降，有时略有回升。2010年，人口基数68943人，比2001年增加921人，增长1.35%。

2011—2015年，苏尼特右旗出生人口2682人，年平均出生人口536.4人。2015年比2010年减少606人，减少0.88%。2015年比2001年少出生445人，2001年出生率13.48‰，2015年降至6.86%，实现全盟“十二五”人口发展规划中“年均人口出生率控制在12‰左右的要求，全旗自然增长率控制在6‰以内”的目标，分别降低5.14‰和6.48‰，平稳度过2010年20~29岁妇女生育旺盛峰值期。

2. 人口死亡

2001—2015年，全旗死亡人口5454人，年均死亡人口363.6人。2001年死亡率为3.31‰，2015年死亡率为7.34‰。

2011—2015年，全旗死亡人口1736人，年均死亡347.2人。

二、 人口流动

2012年，苏尼特右旗进行机构改革。根据各苏木镇具体变动情况，重点对2011—2015年间的人口流动情况进行分析表述。

2011—2015年，苏尼特右旗总迁移量5026人，年均迁移1005.2人，5年迁出2831人，平均每年净迁出566.2人。

2011—2015年苏尼特右旗人口迁移情况表

表3-1-4

年 份	年平均人口数（人）	迁入数（人）	迁出数（人）	净迁移（人）
2011	69038	680	619	61
2012	69183	637	690	-53
2013	69334	301	392	-91
2014	69221	301	575	-274
2015	68672	276	555	-279

第二章　人口构成

第一节　性别构成

2011 年，苏尼特右旗出生人口 477 人。其中，男性 244 人，女性 233 人，性别比例 104.72。

2015 年，全旗总人口68337人，其中，男性占总人口50.15%，女性占总人口 49.85%。性别构成与 2001 年比较，男性总人口的比重下降 1.07 个百分点，女性总人口的比重增加 1.07 个百分点；性别比 2001 年为 105.00，2015 年为 100.59，女性人口占比有所上升。

2001 年、2010 年、2015 年苏尼特右旗人口性别构成与性别比例表

表 3-2-1

年　份	总人口（人）	其　中		性别构成		性别比例（女=100）
		男（人）	女（人）	男（%）	女（%）	
2001	68022	34841	33181	51.22	48.78	105.00
2010	68943	34656	34287	50.27	49.73	101.08
2015	68337	34269	34068	50.15	49.85	100.59

2015 年，全旗出生人口 471 人，其中，男性 255 人，女性 216 人，性别比 118.06。

2010 年度苏尼特右旗各年龄组人口性别构成、性别比例表

表 3-2-2　　　　单位：人

年龄组	2010 年人口数		
	男	女	性别比
0~4 岁	1286	1284	100.16
5~9 岁	1577	1556	101.35
10~14 岁	1965	1955	101.51
15~19 岁	1862	1844	100.98
20~24 岁	2368	2015	117.52
25~29 岁	2613	2573	101.55
30~34 岁	3192	2957	107.95
35~39 岁	4331	3870	111.91
40~44 岁	4638	3854	120.34
45~49 岁	3827	3313	115.51

续表3-2-2

年龄组	2010 年人口数		
	男	女	性别比
50~54 岁	2940	2580	113.95
55~59 岁	2120	2018	105.05
60~64 岁	1311	1533	85.52
65~69 岁	1014	1048	96.76
70~74 岁	866	953	90.87
75~79 岁	572	563	101.60
80~84 岁	235	226	103.98
85~89 岁	73	90	81.11
90~94 岁	13	21	61.90
95~99 岁	4	2	200
100 岁以上	1	1	100

2015 年苏尼特右旗各镇（苏木）人口性别构成、性别比例表

表 3-2-3

地区名称	总 计（人）	其 中		性别构成（%）		性别比（女=100）
		男（人）	女（人）	男（%）	女（%）	
总 计	68337	34269	34068	50.15	49.85	100.59
赛汉塔拉镇	33936	16893	17043	49.78	50.22	99.12
朱日和镇	15814	8039	7775	50.83	49.17	103.40
乌日根塔拉镇	5530	2917	2613	52.75	47.25	111.63
桑宝拉格苏木	3898	1947	1951	49.95	50.05	99.79
额仁淖尔苏木	2729	1320	1409	48.37	51.63	93.68
赛罕乌力吉苏木	3709	1828	1881	49.29	50.71	97.18
阿其图乌拉苏木	2721	1325	1396	48.70	51.30	94.91

第二节 年龄构成

2010 年，苏尼特右旗第六次人口普查显示，常住人口总数71063人。其中，男性人口36808人，女性人口34255人。

2010 年苏尼特右旗各年龄组占总人口比重变化表

表 3-2-4　　单位:%

年龄组	2010 年占总人口		
	比重	男	女
0~4 岁	3.62	1.81	1.81
5~9 岁	4.41	2.22	2.19
10~14 岁	5.52	2.77	2.75
15~19 岁	5.22	2.62	2.59

续表3-2-4

年龄组	2010 年占总人口		
	比重	男	女
20~24 岁	6.17	3.33	2.84
25~29 岁	7.24	3.62	3.62
30~34 岁	8.65	4.49	4.16
35~39 岁	11.54	6.09	5.45
40~44 岁	11.95	6.53	5.42
45~49 岁	10.05	5.39	4.66
50~54 岁	7.77	4.14	3.63
55~59 岁	5.82	2.98	2.84
60~64 岁	4.00	1.84	2.16
65~69 岁	2.90	1.43	1.47
70~74 岁	2.56	1.22	1.34
75~79 岁	1.60	0.80	0.80
80~84 岁	0.65	0.33	0.32
85~89 岁	0.23	0.10	0.13
90~94 岁	0.10	0.04	0.06
95~99 岁	0.01	0.01	0.003
100 岁以上	0.001	0.001	—

2015 年，0~17 岁组占总人口的 13.86%；18~34 岁组占总人口的 23.36%；35~59 岁组占总人口的 44.69%；60 岁及以上组占总人口的 18.09%。

第三节　民族构成

2001—2015 年，苏尼特右旗各民族分布在 2.23 万平方公里的土地上，少数民族人口比重逐年上升。

2010 年、2015 年各民族人口及其占总人口的比重变化表

表 3-2-5

年　份	合　计		蒙古族	汉族	回族	满族	朝鲜族	达斡尔族	鄂温克族	其他少数民族
2010 年	人口（人）	68943	23285	44786	303	428	11	81	12	37
	占比（%）	100	33.77	64.96	0.44	0.62	0.02	0.12	0.02	0.05
2015 年	人口（人）	68337	23925	43590	281	415	6	76	9	35
	占比（%）	100	35.01	63.79	0.41	0.61	0.01	0.11	0.01	0.05

2010 年，第六次人口普查中，全旗由汉族、蒙古族、回族、满族、朝鲜族、藏族、哈尼族、土家族、侗族、布依族、壮族、彝族、鄂温克族、达斡尔族、土族、水族、黎族、佤族、傣族、苗族等民族构成。

2010 年苏尼特右旗民族人口普查数统计表

表 3-2-6 单位：人

民 族	总 计	其 中	
		男	女
总 计	71063	36808	34255
汉 族	48675	25699	22976
蒙古族	21636	10696	10940
回 族	272	156	116
藏 族	1	1	0
布依族	3	3	0
朝鲜族	13	8	5
满 族	367	194	173
土家族	2	1	1
达斡尔族	56	29	27
土 族	5	5	0
鄂温克族	11	6	5
壮 族	6	4	2
彝 族	3	1	2
苗 族	2	2	0
水 族	1	0	1
傣 族	1	1	0
黎 族	1	0	1
佤 族	2	0	2
侗 族	1	0	1
哈尼族	3	1	2
畲 族	2	1	1

2015 年，苏尼特右旗总人口数 68337 人，其中，汉族人口 43590 人，各少数民族人口 24747 人，比 2001 年增加 349 人，少数民族人口比重由 2001 年的 35.88%上升到 2015 年的 36.21%。全旗蒙古族人口 23925 人，比 2001 年增加 414 人，增长 1.76%，占总人口比重由 2001 年的 34.56%上升到 35.01%。全旗满族总人口数 415 人，比 2001 年减少 45 人，下降 9.78%，占总人口比重由 2001 年的 0.68%下降到 2015 年的 0.61%。全旗回族总人口数 281 人，比 2001 年减少 15 人，减少 5.07%，占总人口比重由 2001 年的 0.44%下降到 0.41%。

2015 年苏尼特右旗民族人口及其占总人口的比重变化表

表 3-2-7

地区名称	总人口（人）	其 中									
		汉族（人）	占本地区人口（%）	蒙古族（人）	占本地区人口（%）	回族（人）	占本地区人口（%）	满族（人）	占本地区人口（%）	其他少数民族（人）	占本地区人口（%）
赛汉塔拉镇	33936	25697	75.72	7593	22.37	245	0.72	309	0.91	92	0.27
朱日和镇	15814	12420	78.54	3314	20.96	2	0.01	55	0.35	23	0.15

续表3-2-7

地区名称	总人口（人）	其中									
		汉族（人）	占本地区人口（%）	蒙古族（人）	占本地区人口（%）	回族（人）	占本地区人口（%）	满族（人）	占本地区人口（%）	其他少数民族（人）	占本地区人口（%）
乌日根塔拉镇	5530	2862	51.75	2604	47.09	29	0.52	32	0.58	3	0.05
桑宝拉格苏木	3898	1007	25.83	2884	73.99	4	0.10	1	0.03	2	0.05
额仁淖尔苏木	2729	522	19.13	2189	80.21	1	0.04	17	0.62	0	0
赛罕乌力吉苏木	3709	641	17.28	3065	82.64	—	0	—	0	3	0.08
阿其图乌拉苏木	2721	441	16.21	2276	83.65	—	0	1	0.04	3	0.11

第四节　文化构成

2010 年，苏尼特右旗进行全国第六次人口普查，全旗小学以上文化程度人口 63970 人，其中，大学以上（包括研究生以上）1837 人，高中以上（包括大中专）16892 人，初中 26025 人，小学 19216 人，文盲或半文盲 3882 人。

第五节　家庭构成

2010 年，苏尼特右旗户籍总户数 26921 户，其中，家庭户 26103 户，集体户 818 户。1 人户为 3541 户，其中，14 岁以下为 42 户，15~39 岁为 957 户，40~79 岁为 2382 户，80 岁以上为 160 户；2 人户为 9113 户，3 人户为 9580 户，4 人户为 2841 户，5 人户为 772 户，6 人户为 191 户，7 人户为 44 户，8 人户为 14 户，9 人户为 6 户，10 人及以上户为 1 户。家庭户中，单一民族的户数为 24309 户，占家庭户数的 93.13%；有两种民族组成的家庭有 1785 户，占家庭总数的 6.84%；由三种民族组成的家庭有 9 户，占家庭总数的 0.03%。按家庭户类别分，一代户为 11336 户，二代户为 13267 户，三代户为 1472 户，四代户为 28 户，五代户为 0 户。

2010 年苏尼特右旗苏木镇家庭户规模构成变化表

表 3-2-8　　单位：户

地区名称	总　计	1 人户	2 人户	3 人户	4 人户	5 人户	6 人户	7 人户	8 人户	9 人户	10 人户以上
总　　计	26103	3541	9113	9580	2841	772	191	44	14	6	1
赛汉塔拉镇	16883	2056	5723	6620	1799	494	141	35	11	3	1
朱日和镇	3551	579	1588	967	314	78	21	2	2	—	—
乌日根塔拉镇	3166	533	1181	1031	326	86	7	1	1	—	—
桑宝拉格苏木	1001	168	258	397	132	41	3	2	—	—	—
额仁淖尔苏木	609	73	168	222	99	33	11	1	—	2	—
赛罕乌力吉苏木	893	132	195	343	171	40	8	3	—	1	—

第六节　城乡构成

2001 年，苏尼特右旗城镇人口35365人。2015 年，增至37045人，占总人口的 54. 21%，比 2001 年增加 1680 人，增长 4. 75%。农牧区人口 31292 人，占总人口的 45. 79%。

2015 年，苏尼特右旗城乡人口分布中，苏木镇占人口总数比重分别是：赛汉塔拉镇 49. 66%，朱日和镇 23. 14%，乌日根塔拉镇 8. 09%，桑宝拉格苏木 5. 70%，额仁淖尔苏木 3. 99%，赛罕乌力吉苏木 5. 43%，阿其图乌拉苏木 3. 98%。

2001—2015 年苏尼特右旗城乡人口分布一览表

表 3-2-9　　单位：人

年　份	城镇人口	农牧区人口
2001	35365	32657
2002	36473	32377
2003	37596	30311
2004	38392	30046
2005	38562	29840
2006	38808	29965
2007	39026	30137
2008	39091	30196
2009	38908	30290
2010	38359	30584
2011	38128	31004
2012	38195	31038
2013	38210	31225
2014	37541	31465
2015	37045	31292

第三章　人口普查

第一节　普查内容

根据《全国人口普查条例》和国务院2009年5月6日《国务院关于开展第六次全国人口普查的通知》规定，全国以2010年11月1日零时为标准时间进行第六次全国人口普查。

2010年，苏尼特右旗进行人口普查，按照国家统一规定时间、统一方法、统一项目、统一调查表和统一标准时点，对全旗人口普遍地、逐户逐人地进行一次性调查登记。人口普查工作包括对人口普查资料的搜集、数据汇总、资料评价、分析研究、编辑出版等全部过程。主要内容包括人的基本情况、迁移流动状况、人口素质情况，就业和社会保障状况以及婚姻生育状况等内容。逐户逐人填报项目，包括户的基本情况和住房情况等20项以及8项死亡填报项目。

第二节　普查结果

一、常住人口

2010年，苏尼特右旗第六次全国人口普查结果显示：全旗常住人口数71063人，其中，非农业人口34416人，农牧业人口36311人，分别占全旗总人口的48.43%和51.10%。较第五次全国人口普查2000年11月1日零时的常住人口数76880人，10年减少5817人。

二、家庭户人口

2010年，苏尼特右旗第六次全国人口普查结果显示：全旗常住人口中家庭户26103户，集体户818户。家庭户人口数67362人，平均每个家庭人口2.58人，较第五次全国人口普查的3.07人减少0.49人。

三、性别构成

2010年，苏尼特右旗第六次全国人口普查结果显示：全旗常住人口中，男性人口数36808人，占总人口的51.80%；女性人口数34255人，占总人口的48.20%。常住人口性别比（以女性为100）为107.45，第五次全国人口普查时性别比为106.5。

四、年龄构成

全旗常住人口中，0~14岁人口数9623人，占总人口的13.54%。15~64岁人口数51759人，占总人口的 78.46%。65 岁以上人口数 5681 人，占总人口的 8.0%。和第五次全国人口普查相比，0~14 岁人口的比重下降 7.9 个百分点，15~64 岁人口的比重上升 4.66 个百分点，65 岁以上人口的比重上升 3.14 个百分点。

五、 民族构成

全旗常住人口中，汉族人口数 48675 人，占总人口的 68.50%；蒙古族人口数 21636 人，占总人口的 30.45%；其他少数民族人口数 752 人，占总人口的 1.05%。和第五次全国人口普查情况，汉族人口减少 3547 人，下降 6.79%；蒙古族人口减少 2160 人，下降 9.08%；其他少数民族人口增加 110 人，增长 12.76%。

六、 文化构成

全旗常住人口中，具有大学（指大专以上）程度的人口数 6918 人；具有高中（含中专）程度的人口数 11811 人；具有初中程度的人口数 26025 人；具有小学程度的人口数 19216 人（以上各种受教育程度的人包括各类学校的毕业生、肄业生和在校生）。较第五次全国人口普查相比，具有大学（指大专以上）程度的人口增加 4783 人；具有高中（含中专）程度的人口减少 798 人；具有初中程度的人口增加 207 人；具有小学程度的人口减少 4518 人。

全旗常住人口中，文盲人口（15 岁及以上不识字的人）数 3559 人，与第五次全国人口普查相比，文盲人口减少 2499 人，文盲人口数由第五次全国人口普查时的 10.03%下降至 5.79%，下降 4.24 个百分点。

人口受教育程度。全旗 6 岁及以上人口数 67852 人，其中，未上过学人口 3882 人，占 6 岁及以上人口的 5.7%；小学学历人口 19216 人，占 6 岁及以上人口的 28.3%；初中学历人口 26025 人，占 6 岁及以上人口的 38.36%；高中学历人口 11811 人，占 6 岁及以上人口的 17.4%；大学专科学历人口 5081 人，占 6 岁及以上人口的 7.5%；大学本科学历人口 1807 人，占 6 岁及以上人口的 2.7%；研究生学历人口 30 人，占 6 岁及以上人口的 0.04%。

赛汉塔拉镇 6 岁及以上人口数 43726 人，其中，未上过学人口数 2572 人，占 6 岁及以上人口的 5.9%；小学学历人口数 10361 人，占 6 岁及以上人口的 23.7%；初中学历人口数 16097 人，占 6 岁及以上人口的 36.8%；高中学历人口数 8974 人，占 6 岁及以上人口的 20.5%；大学专科学历人口数 4116 人，占 6 岁及以上人口的 9.4%；大学本科学历人口数 1581 人，占 6 岁及以上人口的 3.6%；研究生学历人口数 25 人，占 6 岁及以上人口的 0.06%。

朱日和镇 6 岁及以上人口数 9740 人，其中，未上过学人口数 631 人，占 6 岁及以上人口的 6.5%；小学学历人口数 2967 人，占 6 岁及以上人口的 30.5%；初中学历人口数4429人，占 6 岁及以上人口的 45.5%；高中学历人口数1209人，占 6 岁及以上人口的 12.4%；大学专科学历人口数395人，占 6 岁及以上人口的4.1%；大学本科学历人口数105人，占 6 岁及以上人口的 1.1%；研究生学历人口数 4 人，占 6 岁及以上人口的 0.04%。

乌日根塔拉镇 6 岁及以上人口数 7605 人，其中，未上过学人口数 417 人，占 6 岁及以上人口的 5.5%；小学学历人口数 2752 人，占 6 岁及以上人口的 36.2%；初中学历人口数 2830 人，占 6 岁及以上人口的 37.2%；高中学历的 1124 人，占 6 岁及以上人口的 14.8%；大学专科学历人口数 402 人，占 6 岁及以上人口的 5.3%；大学本科学历人口数 80 人，占 6 岁及以上人口的 1.1%。

桑宝拉格苏木 6 岁及以上人口数 2704 人，其中，未上过学人口数 80 人，占 6 岁及以上人口的 3.0%；小学学历人口数 1366 人，占 6 岁及以上人口的 50.5%；初中学历人口数 1003 人，占 6 岁及以上人口的 37.1%；高中学历人口数 179 人，占 6 岁及以上人口的 6.6%；大学专科学历人口数 62 人，占6岁及以上人口的2.3%；大学本科学历人口数13人，占6岁及以上人口的0.5%；研究生学历人口数1人，占6岁及以上人口的0.04%。

额仁淖尔苏木6岁及以上人口数1682人，其中，未上过学人口数70人，占6岁及以上人口的4.2%；小学学历人口数710人，占6岁及以上人口的42.2%；初中学历人口数703人，占6岁及以上人口的41.8%；高中学历人口数142人，占6岁及以上人口的8.4%；大学专科学历人口数45人，占6岁及以上人口的2.7%；大学本科学历人口数12人，占6岁及以上人口的0.7%。

赛罕乌力吉苏木6岁及以上人口数2395人，其中，未上过学人口数112人，占6岁及以上人口的4.7%；小学学历人口数1060人，占6岁及以上人口的44.3%；初中学历人口数963人，占6岁及以上人口的40.2%；高中学历人口数183人，占6岁及以上人口的7.6%；大学专科学历人口数61人，占6岁及以上人口的2.5%；大学本科学历人口数16人，占6岁及以上人口的0.7%。

第四章　计划生育

第一节　政策实施

一、计划生育政策

2001—2015 年，苏尼特右旗委、苏尼特右旗人民政府分别制定“十五”“十一五”“十二五”人口和计划生育事业发展规划，将全旗人口和计划生育事业纳入全旗经济社会发展总体规划，坚持党政“一把手”亲自抓、总负责，层层签订目标管理责任书，落实执行计划生育“一票否决”制度。

旗委、政府先后制定印发《关于苏尼特右旗人口和计划生育村规民约的通知》《关于苏尼特右旗独生子女户、双女结扎户、计生三结合户，优惠政策实施方案的通知》《关于苏尼特右旗人口和计划生育综合改革机制建设工作实施方案的通知》《关于苏尼特右旗计划生育嘎查村（居）民自治工作方案的通知》《关于进一步明确全旗人口和计划生育领导小组成员单位工作职责和任务的通知》《关于进一步建立健全旗人口和计划生育利益导向体系的实施方案》《苏尼特右旗农牧区“一杯奶”生育关怀行动工作实施方案》《关于实施农牧区孕妇住院分娩补助的通知》《关于苏尼特右旗独生子女意外伤残和死亡一次性扶助金暂行规定的通知》《苏尼特右旗集中整治“两非”专项行动实施方案的通知》《苏尼特右旗免费孕前优生健康检查项目工作实施方案》和《关于在全旗实施“单独两孩”政策工作的通知》等政策。

2005 年，人口与计划生育局出台制定《苏尼特右旗孕产妇死亡、儿童死亡、出生漏报调查方案》《苏尼特右旗妇幼统计报表质量控制实施方案》等政策。

二、计划生育措施

2001—2005 年，全旗卫生系统贯彻落实国家、内蒙古自治区、锡林郭勒盟“计划生育奖励扶助制度”。2005 年，制定印发《农村牧区部分计划生育家庭实行奖励扶助制度试点工作实施方案》。

2007 年，全旗出台农牧区计划生育家庭医疗优惠政策《苏尼特右旗新型农村牧区合作医疗实施方案》，印发《关于奖励优先、优惠、扶持、救助、关怀、保障政策和建立健全计划生育利益导向机制意见的通知》等奖励扶助政策，建立完善政府为主、社会补充的人口与计划生育利益导向政策体系，国家农牧区计划生育家庭“奖励扶助”“少生快富”“特别扶助”三项制度，独生子女父母奖励费，农牧民政策内生育住院分娩补贴，“一杯奶”生育关怀行动及公益全救助、提高“少生快富”补贴等计划生育家庭惠民政策得到全面落实。全面实施计划生育免费技术服务、节育手术保险制度。对符合救助条件的计划生育家庭，给予优先优惠政策，形成共同支撑计划生育基本国策的合力，有效推动全旗计划生育事业的健康发展。

2012年，坚持人口与计划生育依法行政，全旗建立打击“两非”行为长效机制，深入开展“民主计生”“诚信计生”“阳光计生”行动，认真做好“12356”热线和“三评”工作。

2014年，全旗为符合“三项制度”（奖励扶助、少生快富、特别扶助）的11户家庭、124人发放奖励扶持扶助资金26.45万元。为全旗三级计生工作者178人缴纳保险5.4万元，为1767人缴纳新农合个人部分15.9万元，1139户独生子女家庭领到独生子女费14.8万元。

2015年，全旗继续加强新型农村合作医疗政策，出资5.73万元，为农牧区956个独生子女家庭2868人缴纳新型农村合作医疗个人承担部分；制定《苏尼特右旗2015年农村牧区免费健康体检技术方案》，完成体检5164人，占全旗应检人数91.6%；建立和完善计划生育家庭奖励优惠政策，全面启动单独家庭生育二孩等政策，独生子女家庭每年可享受1次免费体检和报销比例上浮10%的优惠政策。年内，全旗符合政策生育率95.25%，完成“十二五”时期，把人口出生率、自然增长率分别控制在12‰、6‰以内目标，实现人口长期均衡发展目标。

三、流动人口生育管理

2015年，苏尼特右旗按照《流动人口计划生育工作条例》有关规定，制定《关于全旗流动人口与计划生育管理实施方案的通知》，积极完善流动人口与计划生育服务管理新模式，围绕“统筹管理、服务均等、信息共享、区域协作、双向考核”二十字方针，制定严格流动人口和计划生育信息通报制度，加强流动人口建卡、办证等基础工作，逐步实现流动人口与计划生育服务管理“一盘棋”的工作格局，推进流动人口均等化服务，拉近流入地与流出地之间距离。

第二节　政策宣传

2001—2015年，全旗创新宣传教育形式，发挥人口学校宣传人口政策、人口理论的作用，以宣传教育+技术服务为模式集中开展“百日义诊”“世界人口日”“协会纪念日”等宣传教育活动。通过广播电视专栏、网络、微信、电子屏幕、发文、面对面咨询指导等形式，及时准确传递政策信息。利用人口计划生育阵地、板报、宣传标语等在主街道制作人口计生宣传牌等，进行对外与媒体宣传。累计发放蒙古语、汉语宣传资料5.3万余册，全旗受教育群众12.8万余人次。

2003年3月，全旗以“母亲健康快车”项目为依托，由苏尼特右旗人民医院、蒙医医院、人口与计划生育局等单位组成专业医疗组，到额仁淖尔苏木开展“送医、送药、送健康”活动，发放《婚育新风进万家》活动手册和计划生育宣传材料1500册，发放53种600余盒（袋）价值3000元药品。

2004年5月，全旗卫生系统组成“卫生三下乡”工作组开展对口支援和帮扶工作。同时，进行生殖健康、优生优育、计生政策等健康教育宣传活动，发放健教宣传材料560余份。

2008年3月，人口与计划生育局联合人民医院、蒙医医院、妇幼保健所等单位到桑宝拉格苏木开展“送医、送药、送健康”活动，免费为育龄妇女发放50多种价值2000多元的药品，宣传材料1000余份。

2010年，通过宣传栏、广播电视、发放宣传单等形式对全旗妇女儿童开展健康教育宣传工作。发放《母乳喂养、终生教育》《婴幼儿科学喂养知识》《妇幼卫生常识》等宣传单1000余份，向年轻育龄家庭发放母乳喂养宣传单50余人次。在苏木镇、赛汉塔拉镇各社区发放调查问卷100份，对目标人群健康知识普及率进行抽样调查，健康知识知晓率75.30%，健康教育活动率51.67%。

2011年，利用广播电视台蒙古语、汉语节目中播出《0~12个月婴幼儿科学喂养与疾病防治育婴指南》《中国减少出生缺陷、残疾行动》和健康教育电视短片《忘不了的爱》《孕育健康新生命》等内容。

2012年，全旗卫生系统联合妇联开展“情系妇女、关爱儿童”主题活动，免费为乌日根塔拉镇223名妇女提供检查，免费发放2000余元的药品和妇女健康常识宣传单200余份，为妇女提供医疗保健知识的相关咨询、解答服务。

2015年，人口与计划生育局在全旗苏木镇设立生殖健康、优生优育、二胎审批、计生政策、早教知识、青春期健康、流动人口、药具咨询等咨询台，开展争创“家佳示范户”宣传活动，由各苏木镇选出代表家庭发放宣传材料，以亲身经历宣传计划生育知识，向群众发放《关于旧村改造中涉及计划生育问题的指导意见》《出生缺陷的干预和预防》《青春期健康》《育儿常识》等宣传材料，全面系统地做好人口和计划生育宣传教育工作。

第三节　优生优育

一、 婚前医学检查

2001年，苏尼特右旗进行婚前医学检查800余人次，婚检疾病检出率5.25%。

2002年，全旗组织开展婚前医学检查851人次，婚检疾病检出率3.41%。

2003年，开展婚前医学检查438人次。其中，城镇202人、农区29人、牧区166人、外地41人。

2005年，全旗孕产妇产前检查率81.95%，住院分娩率95.54%，高危住院分娩率100%。全年收入院孕产妇164人。开展婚前医学检查7人，婚检率1.77%。

2006年，全旗婚前医学检查10人次，婚检疾病检出率0.62%。

2007年，全旗孕妇产前检查率85.51%，其中，城镇86.68%，农牧区81.58%。住院分娩率93.76%，其中，城镇94.52%，农牧区91.23%。城镇、农牧区高危孕产妇住院分娩率100%，城镇、农牧区新法接生率100%。全旗住院分娩产妇466人，其中，人民医院372人、保健所76人、外院18人。全旗孕产妇死亡1例，孕产妇系统管理率85.11%（城镇86.16%、农牧区81.58%），全旗婚前医学检查率0.92%。

2008年，开展婚前医学检查170人次，其中，城镇90人，农牧区70人、驻地部队官兵10人，婚前医学检查率17.26%。

2010年，全旗累计参加婚前医学检查606人，其中，城镇304人，农牧区283人，当地驻军19人，婚前医学检查90.45%。

2011年，民政部门初婚登记结婚922人，参加婚前医学检查831人，其中，城镇457人，农牧区363人，当地驻军11人。检查出各类疾病有107人，早孕68人；早孕率16.55%，婚前医学检查90.13%。

2012年，民政部门结婚登记1196人，其中，再婚人数246人，未参加婚前医学检查。婚前应进行医学检查950人，实际婚前医学检查876人，其中，城镇445人，农牧区431人，婚前医学检查92.21%。

2013年，全旗应参加婚前医学检查918人，实际婚前医学检查798人，婚前医学检查86.93%。婚前医学检查各种疾病198人。

2014年，累计登记结婚1218人，其中，中老年再婚247人，均参加婚前医学检查。应参加婚前医学检查971人，实际参加婚前医学检查866人，其中，城镇326人、农牧区517人、其他驻地人员23人，婚前医学检查率89.18%。

2015年，民政部门登记结婚940人，参加婚前医学检查846人，婚前医学检查率90%。

二、 计划生育服务

2001—2015年，全旗新（扩）建综合服务站和苏木镇服务所，为各苏木镇两级计划生育统计人员配备笔记本电脑、激光打印机、移动硬盘、必要的网络安全软件等配套设备。财政逐年增加计划生育事业费投入，年人均计划生育事业费从2010年的16元提高到2015年的25元，国家“三项制度”、自治区“吉祥草原惠民计生行动”、独生子女费、农牧民政策内生育住院分娩补贴、“一杯奶”生育关怀行动及全旗制定的新农合补贴、公益金救助、提高少生快富补贴、计划生育家庭惠民等政策得到全面落实。

2004年5月，组织开展“卫生三下乡”活动。对全旗企业女职工生育支出进行调研。先后在阿其图乌拉苏木、朱日和镇开展孕产妇和儿童保健工作，携带B超、心电图机、化验设备，为230名妇女儿童进行健康体检，免费发放各类药品。

2005—2010年，实施中国妇基会“母亲健康快车”项目。累计接送危重妇女病和其他病人转诊到呼和浩特、集宁等地60余次，平均每年行驶1.8万公里。先后为6个苏木镇、57个嘎查村义诊12次，开展妇科病及其他疾病检查（B超、心电图、孕检及儿童体检）3000余人次，免费发放4万余元的药品，宣传单2万余份（册）。

2006年，卫生计划生育局制定出台《独生子女户、双女结扎户、计生“三结合”户优惠政策实施方案》，全旗224个“三结合”户全部落实资金、项目。年内，做好贫困农牧区优生优育健康服务，累计接诊556人次，免费发放药品，价值5980元，组织开展孕期检查、量血压、B超、心电图等。

2008年3月，人口与计划生育局联合人民医院、蒙医医院、妇幼保健所等单位为全旗各族育龄妇女免费提供“三查一治”技术服务。

2010年3—5月，全旗开展育龄妇女“三查一治”百日义诊活动。年内，苏尼特右旗人民政府在全旗实施为农村牧区政策内怀孕的妇女，在孕期内每人每天免费补贴“一杯奶”（250克）生育关怀行动，并将此项工作列入2010年为民办好的十件实事之一。此活动投入资金13万元，惠及200名农村牧区政策内生育妇女。

2011年，开展孕产妇系统保健管理和妇女病普查普治工作，对孕妇进行定期保健管理，上门随访服务。对高危孕妇进行专案管理。妇女病普查普治2000余人次。

2012—2015年，全旗实施“消除婴幼儿贫血行动”，对适龄儿童进行摸底调查并建档立卡，为全旗6~24月龄的婴幼儿发放营养包，累计发放爱心营养包15326盒。

2014年，全旗有566位政策内孕期妇女获得34.3万元“一杯奶”生育关怀活动金，为198人发放农牧民住院分娩补贴8.25万元。

2015年，组织发放计划生育惠民资金108万元，惠及2426人。为各苏木镇、嘎查村发放“健康小药箱”2400个。

三、 疾病检查筛查

2001年，苏尼特右旗孕产妇系统保健管理率71.98%，住院分娩率88.08%。

2003年，卫生部门累计进行孕产妇各类门诊手术364例。全旗孕产妇早检率70.74%，建卡率72.02%，孕产妇系统管理率69.82%，新法接生率98.16%，住院分娩率84.56%，产后访视率

70.51%，高危住院分娩率100%，无孕产妇死亡。年内，苏尼特右旗妇幼保健所对赛汉塔拉镇两个幼儿园儿童进行健康体检；开展孕产妇系统保健工作和妇女病普查普治工作。

2005年，制定《苏尼特右旗孕产妇死亡、儿童死亡、出生漏报调查方案》《苏尼特右旗妇幼统计报表质量控制实施方案》。全旗孕产妇建卡率82.26%，产前检查率81.95%，产后访视率80.32%，孕产妇系统管理率80.32%，住院分娩率95.54%，高危住院分娩率100%。全年收入院孕产妇164人。

2009年12月，根据《内蒙古自治区农村牧区妇女“两癌”检查项目实施方案》要求，启动全旗农村牧区35~59岁妇女“两癌”（宫颈癌和乳腺癌）的筛查工作。同时，做好孕妇的“两癌”筛查工作，提高农村牧区孕妇健康水平和自我保健意识。

2012—2013年，苏尼特右旗被国家确定为免费孕前优生健康检查项目试点旗县，连续3年参检人数1017人。实现全员人口信息系统智能在线，确保人口数据精准报送。

2015年，全旗完成农牧区8307例已婚妇女宫颈癌筛查，疾病检出3953例，宫颈患病率47.59%；完成农牧区7494例已婚妇女乳腺癌筛查，疾病检出1038例，乳腺疾病患病率13.85%。通过对妇科疾病和乳腺疾病检出率的分析，宫颈糜烂、子宫肌瘤、乳腺增生症等疾病在全旗的发病率相对较高。

第四节　学术成果

苏尼特右旗人口和计划生育部分区级以上出版专著、刊发论文统计表

表3-4-1

刊发时间	作品名称	出版单位、刊物	作　者
2001.4	民族地区学龄前儿童缺铁性贫血调查分析	北京科技出版社《中华综合医学理论与临床》	龚建英 王同庆 任淑珍
2001.6	经皮闭式穿针治疗股骨颈及股骨粗隆间骨折18例	汕头大学出版社《中华临床疾病诊断与预防》	康建军
2001.9	宫内合并宫外妊娠一例诊断分析一例	《中华实用医学理论与实践》第八卷	付俊玲 郝国梅
2002.9	策马扬鞭草原国策路上竞风流——苏尼特右旗人口和计划生育工作纪实	人民日报出版社《新时期人口与计划生育工作研究与实践》一书	孙智广
2003.4	健全利益导向机制把计划生育“三结合”工作推向深入	中国人口出版社《心系国策——中国人口和计划生育工作巡礼》一书	孙智广
2006.12	2006年度赛汉塔拉镇726名集体儿童体检分析	《中华中西医结合临床医学》	刘丽珍
2008.2	卡孕栓预防产后出血80例临床观察	《中国医药导报》第五期	洪雪峰
2008.2	无痛性人工流产术408例	《中国医药导报》第六期	洪雪峰
2008.3	苏尼特右旗民族幼儿园2001—2007年5027名蒙古族儿童龋齿患病情况调查分析	《中国医药与临床研究》杂志	康建军 王玉林
2008.6	药物流产136例临床分析	《中国医药与临床研究》杂志2008年6月第14卷第6期	塔　娜 薛　君

续表3-4-1

刊发时间	作品名称	出版单位、刊物	作　者
2008.7	米非司酮联合甲氨蝶呤治疗输卵管妊娠100例分析	《中国医药与临床研究》杂志 2008年7月第14卷第7期	塔　娜
2009.9	2299名蒙古族学龄前儿童贫血调查	《检验医学与临床》杂志 2009年9月第6卷第18期	龚建英
2010	1148名龄前儿童龋齿患病情况调查比较	《中国保健》杂志2010年第18卷第2期	龚建英
2013	产后出血量的测量方法和正确测量	《中国保健》杂志2013年第21卷第12期	于少珍
2014	残角子宫5例诊治分析	《人民军医》杂志2014年第57卷第2期	萨如拉
2015.4	苏尼特右旗农牧区妇女宫颈癌、乳腺癌筛查结果分析	《中外妇女健康研究》杂志 2015年4月第4期	康建军
2015.6	双歧杆菌乳杆菌片三联活菌片联合蒙脱石散治疗小儿腹泻的临床疗效及用药安全性分析	《中国卫生标准管理》杂志 2015年第21期	康建军 王　勇
2015	普米克气雾剂联合孟鲁司特治疗小儿哮喘的临床效果体会	《中国保健营养》杂志 2015年第6期第21卷	康建军

第四编

城乡建设·环境保护

第一章　城乡规划建设

第一节　规划编制

一、 规划设计

2001年，按照县级市级城市规划标准，苏尼特右旗以赛汉塔拉镇为规划中心，初步完成新一轮城镇总体规划修编工作。

2004年，苏尼特右旗聘请内蒙古自治区城市规划院重新编制《赛汉塔拉镇城市总体规划》。

2008年，全旗完成《赛汉塔拉镇城市总体规划（2008—2020年）》编制工作。

2010年，苏尼特右旗完成旗域村镇体系规划，获内蒙古自治区小城镇规划成果组织奖。

2014年，苏尼特右旗委托内蒙古规划院完成修编《苏尼特右旗赛汉塔拉镇城市总体规划》评估报告，并通过专家评审。年内，全旗做好控制性详细规划编制前期资料筹备工作。

2015年，《苏尼特右旗赛汉塔拉镇城市总体规划》修编获内蒙古自治区人民政府同意，前期工作已经开始。

二、 苏木镇规划编制

2012年，全旗开展境域苏木、镇系统规划和编制工作。

2015年，乌日根塔拉镇、朱日和镇总体规划进入评审阶段。完成桑宝拉格苏木、阿其图乌拉苏木、额仁淖尔苏木、嘎查村庄规划编制资料收集工作。

三、 专项规划编制

2002年，赛汉塔拉镇重点对杭盖路、锡林路、车站广场、街心公园进行修建性详细规划。

2008年，按照《赛汉塔拉镇城市总体规划》，编制完成赛汉塔拉镇101省道东侧2平方公里修建性详细规划及地形图测绘。城市基础设施建设完成投资1.1亿元。投资25万元对镇内地下管线进行测量，建成地下管线资料查询系统，实现动态管理，成为全区首先使用镇内地下管线系统数字化查询旗县，填补全旗地下管线档案集中统一管理和查询服务工作空白。

2009年11月26日，苏尼特右旗完成朱日和工业园区规划编制。

2009—2012年，按照“整体性、科学性、前瞻性和特色性”原则，投资43万元，对赛汉塔拉镇新区控制性详细规划和修建性详细规划进行编制。

2012年，赛汉塔拉镇新区规划面积44.68万平方米，审查通过旗域村镇体系规划业。完成基础建设投资7104万元。

2013 年，赛汉塔拉镇城镇规划建设突出草原生态城市特色，采用现代高级微机成图技术对全镇绿地系统规划和编制。

2015 年，苏尼特右旗绒毛纺织产业循环经济园区发展规划通过内蒙古自治区专家评审。该规划由中国纺织建设规划院编制。

第二节 市政建设

一、道路街巷

2002—2003 年，赛汉塔拉镇基础设施投资 1553 万元，完成锡林路改扩建工程，其中，道路 2500 延长米，机动车道 16 米，杭盖路改造工程 6000 延长米，硬化赛汉塔拉大街和都仁路人行道 1 万平方米。

2004 年，按照重新规划的《赛汉塔拉镇城市总体规划》要求，基础设施投资 3147 万元，投入 785 万元，新修 11 条街巷道路 134000 延长米，新增道路面积 4. 9 万平方米。

2005 年，赛汉塔拉镇完成自来水北街扩建工程，新增道路面积 0. 8 万平方米，原路罩面 6000 平方米，硬化人行道 3. 5 万平方米。

2006—2007 年，苏尼特右旗城镇完成投资 2044 万元，进行道路改扩建 6626 延长米、9. 53 万平方米。完成人行道、呼格吉勒图小区硬化 8. 35 万平方米。更换赛汉塔拉大街、杭盖路等街道花岗岩路牙石 52000 延长米，主要街道安装道路指示牌 70 块。

2008 年，全旗城镇完成投资 3568 万元，对额仁淖尔街和北立交桥引路等道路 14 个项目，进行新建、改扩建 34000 延长米、27 万平方米；完成镇内所有主次干道两侧及巷道进行硬化 12 万平方米，更换赛汉塔拉大街、都仁路、杭盖路、锡林路、额仁淖尔街花岗岩路牙石 72000 延长米。

2010—2011 年，全旗城镇完成投资 8241 万元，累计修建 12 条城镇道路 35200 延长米。其中，新建行政区环路 4100 延长米、宝力嘎街 714 延长米、瑙干街 1722 延长米、都呼木大街 5512 延长米、额仁淖尔街延伸 863 延长米、医院新址西路 586 延长米、规划路 603 延长米、杭盖路 3258 米，道路罩面面积 6 万平方米。

2012 年，全旗城镇完成投资 6545. 61 万元。其中，杭盖路延伸 722 米，朱日和街、锡林路、巴彦路、乌兰牧骑路道路延伸 2451 米，街巷硬化维修面积 1. 8 万平方米。

2013 年，全旗城镇完成都呼木大街道路工程建设，对主要干道、支道道路硬化和黑色路面维修，维修面积 0. 12 万平方米。

2015 年，全旗城镇完成投资 330 万元，对赛汉塔拉镇道路和街道两侧破损人行道及街巷进行硬化改造，其中，完成蒙古族小学南侧、瑙干街北侧红砖硬化 6 万余平方米，赛汉塔拉大街花岗岩硬化 0. 1 万平方米。年内，赛汉塔拉镇新区道路系统呈“四横两纵”格局。对本区域起外部连接作用的道路有规划区北侧额仁淖尔街、南侧的脑穆根街、西侧规划路以及东侧 101 省道；对本区起内部联系作用的道路有赛汗大街和规划路，总体形成方形、开放式交通网络。

二、供水排水

2001—2015 年，赛汉塔拉镇城区供水全部采用地下水，水源供水基本井 1617 眼。

2002 年，修建玛拉沁市场及宝力嘎街生活污水收水口 13 个，自来水管网改造 2000 米。

2003 年，苏尼特右旗总投资 980 余万元，开工改造杭盖路，配套建设排污管道 4000 米，自来水主管道改造 6000 米。

2004 年，全旗完成投资 365 万元，配套更新自来水 4670 米，铺设朱日和街、综合高中东路、杭盖路北部及自来水北街排污主管道 2300 余米，预埋过路管道 42 条。

2006—2007 年，全旗完成投资 786 万元，修建 13 条街道 8935 米排水管道。新建泵站 1 座、新建收水口 5 座，修建工业园区等排污管道 5463 米、给水管道 2720 米。

2008 年，全旗完成投资 1210 万元，延伸给水管道 1000 米、排水管道 13000 米，增设收水口 141 个，改造锡林路给水管道 1500 米。

2009 年 8 月 21 日，全旗自来水除氟改造工程竣工，完成投资 390 万元，建筑面积 2600 平方米，日处理水 3500 立方米。年内，计划投资 3326 万元，建设污水处理厂 1 座及相应附属工程及配套设施，日处理污水 10000 立方米，管网 24. 6 公里，采用 CWSBR 反应器工艺；投资 400 万元，自来水管网改造 14000 米，新建水源井 1 眼及其附属设施。

2010—2013 年，赛汉塔拉镇污水处理厂项目建设总投资 3326 万元，完成投资 3476 万元。完成投资 3400 万元，新建供水管 40000 米，新建朱日和街、锡林路、巴彦路、乌兰牧骑路、瑙干街、杭盖路延伸段给排水管道 13840 米，新建水源井 6 眼，输配水管网 16200 米，完成日供水能力 2 万吨供水厂厂房主体工程。

2014 年，全旗实施水质提升工程，总投资 1420 万元，完成投资 1390 万元。采用反渗透法工艺新建水厂，安装日处理 1 万吨净水设备。完成投资 300 万元，新建日供水能力 2 万吨供水厂原水池 1 座、清水池 2 座以及办公楼、门房、车库等附属设施，铺设供水管网 12200 米。建设污水提升泵站改扩建工程，项目总投资 350 万元。

2015 年，赛汉塔拉镇实施中水回用工程及给排水管网、设施改造项目，计划总投资 2474 万元。完成投资 1100 万元，新建中水回用厂及配套管道 23360 米，更换赛汉塔拉大街主管道 270 米，改造支管网 1400 米，增加收水口 45 个，更换消防水鹤 8 个。

三、 热力供应

2004 年，根据锡林郭勒盟工商管理局《关于苏尼特右旗赛汉塔拉镇供热价格的批复》（锡价管字〔2004〕101 号），居民生活采暖3. 30元/平方米·月；非居民采暖4. 5元/平方米·月。采暖面积按房产部门核发的房屋所有权证书所列建筑面积计算。年内，富华热力公司投资 1200 万元建设北部集中供热工程，完成供热面积 12 万平方米，解决城区北部供热问题。

2005 年，富华热力公司开工建设集中供热二期工程，新增供热面积 4 万平方米。

2006 年，赛汉塔拉镇集中供热三期工程安装主管道及部分支管道 5000 米，新增 20 吨供热锅炉 2 台，完成投资 1500 万元，新增供热面积 15 万平方米。

2007 年，苏尼特右旗成立盛利热力公司，解决城南供热问题。集中供热工程安装主管道及部分支管道 6500 米，完成投资 1500 万元，新增供热面积 15 万平方米。

2009 年，苏尼特右旗成立供热办公室，对盛利热力公司和富华热力公司运行情况进行监督管理。年内，全旗完成安装主管道 15890 米，增加和更新部分供热设施，完成投资 1030 万元。

2010 年，苏尼特右旗新增供热面积 23 万平方米，新增供热管网 5700 米，完成投资 804. 5 万元。

2012 年，富华热力公司投资 500 万元，新建供热管道 2000 米。

2013 年，根据《关于印发苏尼特右旗集中供热管理办法的通知》（苏右政办发〔2013〕69 号），全旗供热期为当年 10 月 15 日至次年 4 月 15 日。居民室内温度应当达到 18 摄氏度以上。年内，苏尼特右旗引进宝同燃气有限责任公司。宝同燃气有限责任公司新建燃气管道 7000 米，建气站 1 座，完成投资 1000 万元。

2014年，富华热力公司完成续建锅炉及脱硫设备建设，新建换热站及配套设施2个，改造换热站1个，完成投资2100万元。盛利热力公司完成新锅炉和脱硫沉淀池的建设，封闭式煤仓和灰棚建设主体完成，完成投资1770万元。实施赛汉塔拉镇燃气工程项目，新建管道7000米和加气站1座。投资250万元，完成减压站建设。

2015年，全旗供热企业4家。其中，赛汉塔拉镇2家，乌日根塔拉镇、朱日和镇各1家。赛汉塔拉镇供热主要由富华热力有限责任公司、盛利热力有限责任公司经营热力生产和供应。全旗供热总面积181万平方米。赛汉塔拉镇供热管网总长54.5公里，供热面积96万余平方米，是2010年的1.3倍。其中，富华热力公司负责3700余户居民家供热，盛利热力公司负责3100余户居民家供热。年内，富华热力公司新建管网2000米，铺设管网2000米。盛利热力公司新建管网3000米，铺设管网1800米，完成投资470万元。实施赛汉塔拉镇燃气工程项目，新建加气站1座，铺设管道14000公里。计划总投资2400万元，完成投资1250万元。

四、 城区照明

2002—2007年，全旗亮化工程起步较晚。分别在赛汉塔拉大街、杭盖路路口，安装路灯145盏，安装景观灯2盏。

2008年，按照“亮化城市环境，打造明星城镇”的思路，赛汉塔拉镇针对一街一景特色，统一制定临街亮化工作方案。年内，完成投资1600万元，维护镇内所有路灯，安装路灯490盏，亮化乌兰牧骑广场，安装LED显示屏。

2012年，赛汉塔拉镇宝力嘎街的路灯全部更换LED灯，安装路灯442盏。

2013年，赛汉塔拉镇安装路灯街道21条，路灯1361根。

2014年，赛汉塔拉镇新区安装LED灯433根（包括101省道），工业园区安装路灯86根。

2015年，全旗实施老城区亮化改造工程，计划总投资1000万元，年内完成投资500余万元。改造赛汉塔拉旧城区路灯LED节能灯，更换路灯454盏，工业园区更换路灯132盏。截至2015年，全旗各街道有路灯1444根，宝力嘎街新增彩灯50条，赛汉塔拉大街新增彩灯40条。

五、 市容卫生

2005年，赛汉塔拉镇建成全旗首座标准水冲式公厕。

2009年，全旗环境卫生管理职工28人，有各种车8辆。年内，赛汉塔拉镇总投资1190.3万元，完成投资550万元，建成日处理生活垃圾60吨的垃圾处理厂，垃圾中转站4座。投资100万元，修缮、新建旱厕51座，水冲厕所1座。

2010—2012年，全旗完成投资1406.5万元，新建垃圾转运站4座，建成水冲式公厕1座，旱厕2座；新增压缩式垃圾车1辆，新增人力环卫车200个、垃圾桶200个。

2012年，赛汉塔拉镇完成生活垃圾无害化处理场及垃圾中转站基础建设。

2013年3月，赛汉塔拉镇生活垃圾无害化处理场投入试运行。年内，投资600余万元，购置各种设施设备11台。

2014年，全旗实施城镇公共厕所改造项目，计划投资490万元，拟建设“旱改水冲式公厕”14座。年内，开工4座，完工2座，主体完工2座。

2015年，全旗环境卫生管理职工25人，有各种环卫车辆19台，建成旱厕66座、水冲式公厕13座。年内，新增购置封闭式三轮清运车200辆，封闭式垃圾桶200个。

2015 年苏尼特右旗城镇环境卫生综合表

表 4-1-1

项目	道路清扫保洁面积（万立方米）	机械化（万立方米）	生活垃圾								
			清运量（万吨）	密闭车（箱）清运量（万吨）	生活垃圾处理量（万吨）	无害化处理厂（场）数（座）	卫生填埋（座）	无害化处理能力（吨／日）	卫生填埋（吨/日）	无害化处理量（万吨）	卫生填埋（万吨）
数量	168	35	1.52	1.52	1.36	1	1	60	60	1.36	1.36

项目	生活垃圾处理场（厂）本年运行费用（万元）	餐厨垃圾			粪便		生活垃圾转运站座数（座）	公共厕所（座）	三类以上（座）	市容环卫专用车辆设备总数（辆）	其他
		清运量（万吨）	处理能力（吨/日）	处理量（万吨）	清运量（万吨）	处理量（万吨）					
数量	49	—	—	—	0.38	—	7	82	0	30	—

六、 园林绿化

2002 年，赛汉塔拉大街种植草坪 0.96 万平方米。

2004 年，全旗城镇绿化投资 47 万元。其中，新建花卉、树苗暖棚 2 座。赛汉塔拉镇各街道栽植树木、花卉 7.25 万余株。

2005 年，赛汉塔拉镇完成人民医院街心绿地建设。

2006 年，全旗完成投资 508 万元。种植云杉、樟子松 1117 棵，花卉 20 万株，铺设草坪 1.56 万平方米，移植树木 371 棵。

2007 年，全旗培育花卉幼苗 30 万株，铺设草坪 2 万平方米。

2008 年，全旗完成投资 1378 万元。种植花卉 30 万株，绿化面积 7.3 万平方米。建设 101 省道镇内段绿化景观大道，种植樟子松、杨树 11000 棵，绿化面积 22 万平方米。

2009 年，全旗绿化总投资 670 万元，完成投资 30 万元。实施南北出口绿化工程，栽种樟子松、杨树 7702 株，新增绿地面积 0.6 公顷，种植花卉 30 万株。

2010 年，全旗绿化总投资 3240.6 万元，完成投资 2378 万元。年内，完成乌兰牧骑广场绿化面积 15.48 万平方米，其中，新增绿地面积 10.76 万平方米。

2011 年，全旗完成投资 2879.9 万元，完成乌兰牧骑西广场、赛汉塔拉镇铁道东生态公园绿化工程，新增绿地面积 23.26 公顷。

2012 年，全旗绿化面积 925441 平方米。年内，新增绿地 3.9 公顷，投资 1500 万元，完成道东砖厂绿化工程。其他道路两侧投资 191.24 万元，植树 4067 株。

2013 年，全旗完成 101 省道西侧景观绿化 6.3 万平方米，道东生态公园二期绿化建设 4 万平方米。

2014 年，赛汉塔拉镇实施生态公园二期续建项目，计划总投资 3300 万元，完成投资 2000 万元，绿化面积 17 万平方米。完成投资 962 万元，绿化面积 12 万平方米。完成赛汉塔拉镇内街道绿化项目，计划总投资 330 万元，完成绿化 2 万平方米。完成赛汉塔拉镇工业园区绿化项目，计划总投资 850 万元，完成投资 800 万元，绿化面积 8.9 万平方米。

2015 年，全旗绿化面积 14.56 万平方米，通过本地资源调查，制定招标文件，发布招标公告程序，将城区内公园绿地、广场绿地、景观带、行道树等约 801000 平方米的绿化养护管理作为第一批试点推向市场，构建起“政府管理、社会监督、市场化作业”的城镇园林绿化管理体系。实施道东生态公园三期项目，绿地建设20万平方米，计划总投资2400万元，完成投资1540万元，人工湖土石方基本完成。新区洼地改造公园一期项目，计划总投资2200万元，完成投资1700万元，对新区脑穆根街南部洼地进行绿化建设，改造面积10万平方米，人工湖土石方完成，驳岸工程完成86%。完成投资350万元，重点加强乌兰牧骑广场、101省道东侧、208国道两侧以及工业园区的绿化管护工作。

2015年苏尼特右旗城镇公用设施水平一览表

表4-1-2

人口密度（人/平方公里）	人均日生活用水量（升）	用水普及率（%）	燃气普及率（%）	建成区供水管道密度（公里/平方公里）	人均城市道路面积（平方米）	建成区排水管道密度（公里/平方公里）	污水处理率（%）	污水处理厂集中处理率（%）
1600	124.32	100	50	7.47	34.31	4.28	87.50	87.50
人均公园绿地面积（平方米）	建成区绿化覆盖率（%）	建成区绿地率（%）	生活垃圾处理率（%）	生活垃圾无害化处理率（%）	用水普及率（%）	燃气普及率（%）	人均城道路面积（平方米）	人均公园绿地面积（平方米）
11.5	10.5	9.92	89.53	89.53	116.62	58.31	40.01	13.41

七、城区交通

2003年，苏尼特右旗运管所正式进驻客运汽车站，成立驻站办公室。年内，全旗有道路客运经营企业1家，安顺客运六公司属锡林郭勒盟安顺运输有限公司下属公司，是二级客运汽车站。

2006年，赛汉塔拉镇成立出租车公司，隶属交通局管理。

2009年5月，全旗成立远通物流有限责任公司。该公司拥有货运车辆155辆，挖掘机6台，装载机7台。年内，全旗苏木、镇乡村沥青公路全部通车，公路里程313.1公里。

2010年，全旗营运货车有242辆，吨位1266吨，货运量192万吨，货运周转量66849万吨。

2013—2015年，全旗对8吨以上货运车辆开始安装GPS定位系统。其中，8吨以上货运车辆48台，完成安装GPS车辆18台。全旗客运班线基本饱和，每日客流量300~400人。出租车公司隶属交通局，全旗出租车320台车辆，行运标准价格5元，日纯收入80~90元，全部享受国家燃油补贴政策，每辆车平均享受1.64万元。

2015年，全旗客运、货物运输业均由锡林郭勒盟运输管理处主管，苏尼特右旗运输管理所行使运输管理职能。全旗开通省际、盟市际、旗县际以及苏木镇等交通线路。其中，省际线路1条，盟市际线路6条，旗县际线路11条，苏木镇线路8条。年内，全旗有鑫盛、路源、盛达驾校3所。

第三节 旧城改造

一、房屋拆迁、棚户区

2006—2007年，全旗实施“城市建设年”“城市改造年”工程，赛汉塔拉镇加大旧城改造力度。累计拆迁面积4.7万平方米，拆迁619户。

2008—2009年，赛汉塔拉镇累计拆迁441户，拆迁面积35460平方米。

2010年，全旗城市棚户区总投资5324.8万元，改造416户，规划改造面积3.3万平方米。其中，乌日根小区棚户区改造 115 户，宝力嘎住宅小区棚户区改造 149 户，朱日和街锡林路棚户区改造 68 户，城建小区棚户区改造 27 户，宝力嘎街杭盖路棚户区改造 23 户，原电杆厂棚户区改造 28 户，嘉旺住宅小区棚户区改造 6 户。

2011 年，赛汉塔拉镇实施宝力嘎街图门路和谐小区城市棚户区改造项目，总投资 2080 万元，拆迁改造房屋 200 户，规划改造面积 1.6 万平方米。

2012 年，全旗城镇棚户区总投资 2560 万元，改造 200 户，规划改造面积 1.6 万平方米。其中，茂源金典小区棚户区改造 73 户，春明园住宅小区改造 75 户，宸祥佳园小区改造 52 户。

2013 年，全旗城镇棚户区总投资 2560 万元，改造 200 户，改造面积 1.6 万平方米。其中，尚景园小区棚户区改造 80 户，赛汉家园住宅小区改造 100 户，金佑花园住宅小区改造 20 户。

2014 年，全旗城镇棚户区总投资 1600 万元，完成投资 1440 万元，改造 100 户，改造面积 1 万平方米，主要以赛汉塔拉镇蒙古族幼儿园北侧原一中家属区地段嘉欣园西区。

2015 年，全旗城镇完成投资 1770 万元，改造 550 户，主要以嘉泰苑小区 D 区和宝力嘎街都仁路玛拉沁市场南地段为主。其中，嘉泰苑小区 D 区涉及居民 47 户，建设面积 0.47 万平方米；宝力嘎街都仁路玛拉沁市场南地段涉及居民 503 户，建设面积 5.03 万平方米；玛拉沁市场南段城市棚户区改造项目正处于基础建设阶段。

二、 商业区开发

玛拉沁市场改造工程　2006 年，通过招商引资方式引进第一个商业区开发项目。申请用地面积 5.8 万平方米，建筑面积 4.1 万平方米，总投资 3440 万元。

玛拉沁市场一期工程　位于赛汉塔拉镇原第二小学所在地及第二小学北侧、西侧临街。该工程由锡林浩特市神苑房地产开发公司建设，吉林省建筑工程有限责任公司承建，内蒙古超胜工程监理有限责任公司负责监理。2006 年 5 月 25 日，正式开工建设；11 月 5 日，一期工程 1~5 号楼 1.55 万平方米房屋竣工验收。2007 年初，市场业主开始入住使用。

玛拉沁市场二期工程　位于一期工程东侧，原菜市场周边地区，建设、设计、监理单位与一期工程相同，施工单位为锡林浩特宏瑞建筑安装有限公司，勘察单位为内蒙古宏盛岩土工程有限公司。2007 年 5 月 5 日，正式开工建设；2008 年初，交付业主使用。

三、 宜居工程建设

2008—2010 年，赛汉塔拉镇宝力嘎小区 A、B 区建设廉租住房 300 套 1.35 万平方米，购买小户型现房 34 套 0.16 万平方米。全部分配入住。

2011 年，全旗建设保障性住房 500 套 2.47 万平方米。其中，和谐小区 11 号楼至 13 号楼 300 套，广源小区 9 号、13 号楼 100 套，宝力嘎小区 8 号楼 100 套，购买和谐小区小面积现房 47 套 0.23 万平方米。全部分配入住。

2012 年，全旗建设保障性住房 602 套 21799 平方米。其中，广源小区 1 号、2 号楼 100 套，马兰小区 1 号楼至 4 号楼 200 套，建安小区 1 号、2 号楼 170 套，和谐小区 10 号楼 132 套。建成分配入住。

2013 年，全旗建设保障性住房 200 套 0.99 万平方米。其中，建安小区 3 号楼 100 套，马兰小区 5 号、6 号楼 100 套。建安小区 3 号分配 32 套，马兰小区全部分配入住。

2015 年，全旗公共租赁住房由于原计划建设地点不适合开工建设，后经申请，改为政府购买的方式来满足住房困难户需要。年内，政府购买 100 套公共租赁住房。

第四节 新区建设

一、规划设计

2009 年，全旗投资 43 万元对新区控制性详细规划和修建性详细规划进行编制。

苏尼特右旗新区位于赛汗塔拉镇内，南北走向，北起额仁淖尔街，南至脑穆根街，东邻 101 省道，西邻规划路，整块地形呈长方形，用地面积 68 公顷。整体规划形成“三点四片”布局，即 3 个节点（指北部商业办公绿化节点、中部党政办公楼节点和南部休闲广场标志性节点），4 个片区（指北部商业办公混合片区、中部行政办公片区、南部绿化休闲片区和外围城市绿化片区）。

二、建设进程

2009 年，赛汉塔拉镇新区道路建设、给排水工程总投资 1836 万元。其中，给水工程铺设 3240 米，完成投资 161 万元；排水工程完成 96%，铺设 7776 米，完成投资 671 万元。道路铺设 3240 米，完成投资 929 万元；预埋管道完成投资 75 万元。

赛汉塔拉镇新区办公楼建设项目包括旗委、政府综合办公楼（建筑面积 19174 平方米，投资 2869 万元），人民法院审判庭（建筑面积 5550 平方米，投资 975 万元），商会大厦（建筑面积 8732. 94 平方米，投资 1030 万元），苏尼特右旗信用合作社培训营业楼（建筑面积 5180 平方米，投资 766 万元），社会保障服务中心劳动就业厅（建筑面积 5242 平方米，投资 675 万元）。

2010 年，新建行政区环路 4100 米，新区给排水工程投资 1668. 93 万元，其中，给水工程投资 424 万元，管道长 7643 米；排水工程投资 1244. 93 万元，管道长 11564 米。完成投资 1668. 93 万元。完成综合办公楼门前广场面积 24700 平方米，总投资 640 万元，硬化面积 1. 24 万平方米，完成投资 32 万元。

赛汉塔拉镇新区办公楼建设项目包括财政办公楼（建筑面积 6486. 98 平方米，投资 973 万元），教育环境保护办公楼（建筑面积 6799. 4 平方米，投资 934 万元），供电营业楼（建筑面积 5285. 3 平方米，投资 877 万元），林水办公楼（建筑面积 8611 平方米，投资 8604 万元），人民医院（建筑面积 15275. 4 平方米，投资 3100 万元），化德亚太丽景佳园小区（用地面积 100063 平方米，一期工程建筑面积 54785 平方米，建设 13 栋楼），赛汉塔拉长途客运站（建筑面积 2644 平方米，投资 330 万元），民政局服务中心（建筑面积 4864 平方米，投资 675 万元）。

2011 年，完成综合办公楼门前广场面积 24700 平方米，总投资 639. 2 万元，完成投资 556 万元。

赛汉塔拉镇新区办公楼建设项目包括土地矿产资源开发服务中心（建筑面积 6400 平方米，总投资 1200 万元），住房建设管理服务中心（建筑面积 5751 平方米，总投资 1098. 61 万元）。

2012 年，赛汉塔拉镇完成新区行政片区绿化、亮化、硬化工程总投资 1230 万元。年内，完成投资 577 万元。

赛汉塔拉镇新区办公楼建设项目包括发展改革局、安全生产管理局培训中心（建筑面积 6100 平方米，总投资 1400 万元），紫荆花园小区（占地面积 5 万平方米，建筑面积 5 万平方米，其中住宅 4. 5 万平方米，商业 5000 平方米）。

2013 年，赛汉塔拉镇完成新区行政片区绿化、亮化、硬化工程，完成投资 50 万元。

2014 年，赛汉塔拉镇完成新区行政片区绿化、亮化、硬化工程，计划投资 2050 万元，完成绿化 4 万平方米，中心广场完成 90%。

2015 年，赛汉塔拉镇完成新区 9 栋行政办公楼亮化工程，完成投资 400 余万元。

第五节　乡村建设

2004 年，朱日和工业区开工建设道路 3 条，总长度 3.13 公里，面积 3.5 万平方米。

2007 年，乌日根塔拉镇修通都日木嘎查至赛罕乌力吉苏木砂石路。

2009 年，朱日和镇硬化街道 7000 平方米，辖区内国道两侧及两条主要街道安装路灯 69 盏。乌日根塔拉苏木驻地接入移动宽带网，实现苏木政府电子政务和信息化办公。

2010 年，乌日根塔拉镇引进风光互补或太阳能取电项目，解决照明问题。全镇建设投递路线单程总长 113 千米，投递点 1 个，通邮率 100%。电信企业服务网点 1 个，固定电话 30 户，移动电话 1171 户。新建移动信号发射塔 2 处，解决 230 户手机无信号困难，实现境内无信号盲区。

2011 年，朱日和镇投入资金对路灯进行维修，新建公厕 3 处，渗水井 8 处。

2012 年，朱日和镇完成自来水管网改造，对管网全部进行对接，解决居民饮水困难的问题。年内，完成乌日根塔拉给排水工程。

2014 年，额仁淖尔苏木完成苏木供水工程，总投资 400 万元，新建输水管网 10.7 公里，日供水能力为 800 吨。新建苏木卫生院，占地面积 500 平方米，设临床科室 4 个，病床 6 张，技术人员 11 人。实施危旧公厕改造项目，现已完成 5 座，完成投资 23 万元。年内，完成朱日和全镇水泥混凝土路 246.5 公里，通高压电网 483 户。阿其图乌拉苏木完成呼布尔嘎查、额尔登宝拉格嘎查街巷硬化 3.1 公里，发放风光互补升级改造设备 507 套，新建都希乌拉嘎查、赛罕锡力嘎查、乌日根高勒嘎查标准化卫生室 3 处，修建邮政营业所 1 处，移动手机覆盖率 52%。

2015 年，全旗各苏木、镇完成政府所在驻地道路街巷硬化，修建和完善水、电、广播、电视、通信等基础设施。

阿其图乌拉苏木政府分别投入改造资金 6000 元、8500 元，改造都希乌拉嘎查便民超市和苏木驻地便民连锁超市。全苏木拥有广播牧户 650 户，接收旗县广播 122 户，接收盟市广播 209 户，覆盖率 30%，电视覆盖率 40%，户户通设备 790 套，卫星电视覆盖率 100%，接收盟、旗自办节目 96%，收旗县广播电台 97%。新建苏木卫生院 1 处，占地 1000 平方米，建筑面积 300 平方米。新建呼布尔、额尔登宝拉格嘎查标准化卫生室 2 处。新建赛汉塔拉镇至阿其图乌拉苏木 115 公里，新建水泥路总里程 43 公里。全苏木实现电网全覆盖，下设 50 公里高压电线路，农网改造工程 55 公里（10 千伏线路 45 公里、0.4 千伏线路 10 公里），安装 37 台变压器，总投资 576 万元。进行新能源升级，申请新能源风光互补设备升级改造设备 101 套。新建移动通信发射架 1 座，网通公司进行 3G 网络联通发射架升级。

桑宝拉格苏木完成苏木所在驻地和 5 个嘎查街巷 4.29 公里硬化工程，通网电和已列入网电项目牧户 528 户，新能源发电牧户 549 户，架设新宝拉格、额尔敦塔拉和查干乌苏嘎查 66 公里 90 户牧民的农网项目，安排新能源风光互补升级工程 65 户。

额仁淖尔苏木所在驻地街巷道路硬化工程。新能源风光互补升级改造 89 户，通网电 19 户。修建邮政网点 1 个，投递路线单程总长度 150 千米，投递点 1 个，农业牧区通邮率 100%。电信企业服务网点 1 个，固定电信用户 20 户，移动电信用户 964 户。移动电话覆盖信号 463 户，移动电话没覆盖 127 户，固定电话有覆盖 140 户。

第二章　建筑与房地产

第一节　城市建筑

一、建筑企业

1. 苏尼特右旗建筑安装有限责任公司

该公司是全旗首家总承包三级建筑施工资质的建筑施工企业。1998年5月13日，在苏尼特右旗工商行政管理局注册成立，注册资本金871万元。公司建筑机械先进、施工机构齐全，主要经营工业与民用建筑安装、装饰、装潢，砼楼板及砼预制构件，钢木制品加工，砼电杆及砼排污管道，采砂等。年产值平均3000万元以上。2002年，获内蒙古工商行政管理局“重合同、守信用”企业称号。2015年，拥有固定资产和流动资产2000余万元，在册职工410人，其中，中级工程技术人员50人，各大工种持证上岗率80%。

2. 苏尼特右旗永宏建筑安装有限责任公司

该公司于2003年10月成立，注册资本金600万元，资产总额1173万元，固定资产659.4万元，流动资产996万元，建筑业总产值1522万元。2008年，公司获北京安卓国际信誉评估中心AAA级信用企业称号，获内蒙古自治区颁发重合同、守信用企业证书。2015年，拥有各种机械设备68台件，机械设备总功率383.5千瓦。企业年生产能力3万平方米，资质等级三级。二级注册建造师8人，工程技术人员20人，其中，具有中级职称的13人，年从业人员367人。

2015年，全旗有资质的建筑企业2家，入驻有资质施工企业6家，监理企业3家（包含外进企业）。全旗建筑业增加值37000万元，比上年增长2.9%。年平均从业人数130人，完成总产值1550万元，实现税金67万元，完成房屋竣工面积10000平方米。

二、建筑设计

2010年，全旗设计改造面积20000平方米，投资151.26万元。结合居住节能改造项目，先后对国税局住宅小区、财政局住宅小区、建安公司住宅楼进行城镇建筑物外观设计。

2011—2014年，全旗发放规划设计条件通知书34份，设计改造总面积15.48万平方米，总投资1549.02万元。完成18个小区及家属楼建筑物外观设计改造。

2015年，全旗设计改造面积6.39万平方米，投资540.40万元。完成全旗主干道两侧建筑立面规划设计、主要街道两侧楼体、广告牌、道路照明亮化设计，楼体、广告牌亮化率95%，道路照明亮化率90%，基本实现城镇道路无盲区。完成碱矿、公路段、联社、气象、网通小区、蒙幼小区、技术监督局、住宅楼和商业楼、赛居苑等9个小区及住宅楼建筑物外观设计改造。

三、 建筑施工

2005—2006 年，全旗报建工程项目（包括 2005 年结转）27 项，在建工程报建率 85%，总建筑面积 12.45 万平方米，本年完成工作量 7865.79 万元，公开招标率 100%。

2007 年，全旗完成建筑安装项目 20 项，总建筑面积 8.6 万平方米，本年完成工作量 9300 万元，进行公开招投标交易工程 19 项，公开招标率 95%。

2008 年，全旗审核发放施工许可证 12 份。其中，建筑工程 7 项，建筑面积 14.75 万平方米，投资额 1393.09 万元。市政工程 5 项，投资额 6243.91 万元。实行招投标工程 12 项，公开招标 7 项，邀请招标 5 项，招标率 100%。开发工程 18 项（包括新建、续建工程），审核发放施工许可证 4 份，实行招投标工程 4 项，建筑面积 15.40 万平方米，投资额 14058 万元，招投标率 22%。

2009 年，全旗审核发放施工许可证 4 份。其中，在建项目 29 项（包括 2008 年续建工程），建筑面积 15.36 万平方米，投资额 15405.23 万元。实行招投标工程 21 项，招标率 72%。

2010 年，全旗新建工程实行招标工程 31 项。其中，实行公开招标工程 20 项，实行邀请招标 11 项。

2011 年，全旗办理建设用地规划许可证、建设工程规划许可证 65 份，在建工程项目 54 项，总建筑面积 450.43 万平方米，工程造价 55622.88 万元。其中，新建完成招投标项目 20 项，开工建筑面积 147.04 万平方米，工程造价 20388.64 万元；结转 2010 年工程 34 项，建筑面积303.39万平方米，工程造价35234.24万元。全年在建工程发包个数 17 个，实行招标工程 17 项，其中，实行公开招标工程 14 项，实行邀请招标工程 3 项。

2012 年，全旗办理建设用地规划许可证、建设工程规划许可证 134 份。其中，商业和住宅小区项目 75 件、棚户区改造及廉租房 6 件，公建市政工程项目及其他 53 件。已报建工程项目 24 项，实施招投标 24 项，其中，公开招标工程 13 项，邀请招标工程 11 项。

2013 年，全旗办理建设用地规划许可证、建设工程规划许可证 76 份。其中，商业和住宅小区项目 22 件、廉租住房项目 2 件，公建市政工程项目及其他 52 件。已报建工程项目 22 项，实施招投标 22 项，其中，公开招标工程 14 项，邀请招标工程 8 项。

2014 年，全旗召开规划委员会 3 次，提交项目 33 个，审议通过 21 项。办理建设用地规划许可证、建设工程规划许可证 102 份，其中，商业和住宅小区项目 62 件、公建市政工程项目及其他 40 件。已报建工程项目 26 项，实施招投标 26 项，其中，公开招标工程 16 项，邀请招标工程 10 项。

2015 年，全旗新建工程项目 20 项，总投资25365.03万元，总建筑面积1501.33万平方米，完成建筑业产值15219.05万元。结转2014年项目 5 个。年内，完成投资8457.83万元。全年，公开招标房屋建筑工程和市政基础设施工程 15 项，公开招标率 100%。

四、 质量监督

2007 年，全旗受监工程项目 26 个，建筑面积 15.5 万平方米，受监覆盖率 100%。签发工程质量（安全）整改通知书 103 份，下发停工通知书 3 份。

2008 年，全旗受监工程 33 个，总建筑面积 20.70 万平方米，签发工程质量（安全）整改通知书 109 份，下发停工通知书 10 份。

2009 年，全旗接受监督工程 31 个，其中，续建 3 个，新建 28 个。建筑面积 16.43 万平方米，受监覆盖率 100%。完成竣工备案工程 11 个，完成外墙保温 2.5 万平方米。签发工程质量（安全）整改通知书 126 份，下发停工通知书 8 份。

2011 年，全旗开展在建项目进行联合大检查 4 次，下发《责令整改建设违法行为通知书》27 份，发放《建筑安全隐患通知书》150份，《建筑安全停工整改书》37份。

2012年，全年发出《安全隐患整改通知》《质量隐患整改通知书》156份，《安全隐患停工通知书》《质量隐患停工通知书》35份，排查各类质量、安全隐患936条。下发《责令整改建设违法行为通知书》22份，停工整改。

2013年，全年发出《安全隐患整改通知》《质量隐患整改通知书》90份，《安全隐患停工通知书》《质量隐患停工通知书》50份，查处监理不良行为记录9例，排查各类质量、安全隐患200条。下发《责令整改建设违法行为通知书》41份，停工整改。

2014年，全年发出《安全隐患整改通知》40份、《质量隐患整改通知书》8份，《安全隐患停工通知书》8份，《质量隐患停工通知书》50份，查处监理不良行为记录5例，排查各类质量、安全隐患200条。下发《责令整改建设违法行为通知书》21份，停工整改。

2015年，配合上级主管部门进行行政处罚，查处违规单位4家，处罚金额31.93万元。收缴建设工程社会保障费330.82万元，农民工工资保证金173.32万元。

第二节　房地产开发

一、开发与投资

2001年，苏尼特右旗人民政府、民政局、蒙古族幼儿园、自来水公司、城建局职工住宅楼以及土地局开发住宅楼相继开工。总投资1123万元，总面积1.72万平方米，总户数157户。

2004—2007年，全旗新增楼房总面积50余万平方米，建成富华小区、天骄雅园等住宅小区。

2006年，全旗商品房开发项目12项，面积10万平方米，总投资1亿元。

2007年，全旗商品房开发项目14项，面积26万平方米，总投资2.9亿元。

2008年，全旗商品房开发项目14项，面积12万平方米，总投资1.44亿元。

2009年，全旗商品房开发项目6项，面积7.1万平方米，总投资6539万元。新开工项目建筑面积7.1万平方米，总投资6539万元。其中，清泉小区3号楼4号楼，建筑面积0.4万平方米，投资360万元；嘉欣园住宅小区，建筑面积9.24万平方米，投资830万元；兽医站后住宅小区，建筑面积0.31万平方米，投资279万元；南桥口商住楼，建筑面积13.03万平方米，投资1172万元；南市场商住楼，建筑面积1.23万平方米，投资1111万元；景泰苑商住小区建筑面积2万平方米，投资2000万元。

2010年，全旗新开工项目23项，建筑面积28.36万平方米，商业面积7.1万平方米。完成投资27721万元。其中，新建嘉旺小区、亚太丽景家园小区、嘉欣园小区、景园小区等住宅小区。

2011年，全旗房地产开发项目20项，建筑面积34.20万平方米，完成投资51791万元，开发面积21.51万平方米，竣工面积21.51万平方米。其中，新建春明园、白音、和谐等小区。

2012年，全旗新建工程19项，建筑面积1586万平方米。接转上年工程37项，建筑面积81.50万平方米。房地产开发面积23.40万平方米，竣工面积8.41万平方米。

2013年，全旗新建工程17项，建筑面积13.71万平方米，本年完成投资1.46亿元。接转上年工程50项，建筑面积86.46万平方米，本年度完成投资3.11亿元。重点房地产开发项目13项，完成投资4.80亿元。其中，续建项目11项，完成投资4.26亿元。新建项目2项，为紫荆花园建设项目和宏发小区建设项目，完成投资6000万元。房地产开发14.53万平方米，竣工33.41万平方米。

2014年，全旗房地产开发项目13项，新建5项，续建8项。总建筑面积23.05万平方米，工程总造价 2.86 亿元。其中，新建房地产总建筑面积 12.98 万平方米，工程总造价 1.28 亿元。

2015 年，全旗新建工程项目 20 项，总投资25365.03万元，总建筑面积 1501.33 万平方米，完成建筑业产值15219.05万元。结转 2014 年项目 5 个，完成投资 8457.83 万元，总计完成住宅与房地产开发投资 2.37 亿元。

二、保障性住房

2008 年，全旗实施住房保障户数 528 户，其中，发放租赁住房补贴 434 户、实物配租 94 户。

2008—2010 年，全旗建设廉租住房 300 套，总建筑面积 1.35 万平方米，收购 34 套廉租住房，建筑面积 0.16 万平方米。

2009 年，全旗实施住房保障户数 290 户，均为发放租赁住房补贴户。

2010 年，全旗实施住房保障户数 737 户，其中，发放租赁住房补贴 511 户 73.58 万元，实物配租 226 户。

2011 年，全旗建设廉租住房 500 套，建筑面积 2.47 万平方米，建设总投资 3411 万元。购买 47 套，建筑面积 2.33 万平方米，金额 391.56 万元。发放租赁补贴 481 户 101.43 万元。

2012 年，全旗建设廉租住房 600 套，建筑面积 2.97 万平方米，计划总投资 4696 万元，完成投资 2940 万元。发放租赁住房补贴 525 户 110.25 万元。

2013 年，全旗建设廉租房 200 套，总建筑面积 9.91 万平方米，总投资 1506 万元。发放租赁住房补贴 111.25 万元。

2014 年，全旗发放租赁补贴 610 人次，发放租赁住房补贴 91.77 万元。

2015 年，全旗发放廉租住房补贴 1283 人次，发放金额 67.36 万元。

三、房地产开发企业

2015 年苏尼特右旗房地产开发企业情况表

表 4-2-1

房地产开发企业	级 别	许可证件编号
苏尼特右旗赛汉房地产开发有限责任公司	四级	内建房资证字〔2005〕H026
苏尼特右旗永丰房地产开发有限责任公司	四级	内建房资证字〔2006〕H049
苏尼特右旗友谊房地产开发有限责任公司	四级	内建房资证字〔2005〕H029
苏尼特右旗富华房地产开发有限责任公司	三级	内建房资证字〔2009〕H00073
苏尼特右旗吉安泰房地产开发有限责任公司	四级	内建房资证字〔2007〕H056
苏尼特右旗兰德房地产开发有限责任公司	四级	内建房资证字〔2009〕H00083
苏尼特右旗鹏宏房地产开发有限公司	四级	内建房资证〔2011〕H00153
苏尼特右旗景元房地产开发有限责任公司	四级	内建房资证字〔2011〕H00161
苏尼特右旗巨弘房地产开发有限公司	四级	内建房资证字〔2013〕H00225

四、物业企业

2015 年，严格按照《苏尼特右旗加强住宅小区物业管理办法》，规范和加强全旗物业管理工作。全旗有三级资质物业企业 2 家，分别是创富物业服务有限公司（锡建房物证〔2014〕H—127）、乐家园物业有限公司（内建房物证字〔2011〕H071），物业服务从业人员100余人，物业企业2家，承接管理小区19个。

第三节 住房公积金

一、住房产权登记

2003—2007年，全旗住房初始登记39.67万平方米、转移登记12.60万平方米、变更登记10.71万平方米、他项权利登记71.28万平方米、注销登记47.20万平方米，登记总件数8383件、登记总面积181.46万平方米（包括朱日和镇、巴彦舒图镇）。

2008年，贯彻执行《中华人民共和国城市房地产管理法》和《城市房屋权属登记管理办法》，结合全旗房产管理情况，组织落实房地产交易秩序的清理整顿工作，积极做好产权登记、发证和产籍管理工作。年内，全旗完成住房初始登记13.51万平方米、转移登记2.39万平方米、变更登记1.26万平方米、他项权利登记29.85万平方米、注销登记32.51万平方米，登记总件数2487件、登记总面积79.52万平方米（包括朱日和镇、巴彦舒图镇）。

2009年，全旗完成住房初始登记11.88万平方米、转移登记2.67万平方米、变更登记2.86万平方米、其他权利登记30.39万平方米、注销登记24.85万平方米，登记总件数2883件、登记总面积72.65万平方米（包括朱日和镇、巴彦舒图镇）。

2010年，全旗办理自建房屋登记21件，发证面积1.7万平方米；变更登记发证29件，面积1.6万平方米。换证登记发证3件，面积262平方米。房屋交易登记101件，面积1.1万平方米，成交价格1058万元。新建商品房登记发证820件，面积9万平方米，成交价格13260万元。抵押登记发证1038件，面积32万平方米，抵押价值55058万元。

2013年，全旗重点房地产开发项目13项。年内，完成投资4.8亿元。

2014年，全旗办理自建房屋登记33件，发证面积4.90万平方米；房屋变更登记39件，发证面积3.80万平方米；房屋转移登记发证180件，面积36.58万平方米、交易金额6368.5万元。新建商品房登记1306件、发证面积11.05万平方米、交易金额22853.56万元。廉租房登记180件、发证面积8.85万平方米、交易金额626.40万元。总发证1738件，总面积24.40万平方米。

2015年，举办全旗首届房展会。在此期间，售出商品房39套，成交面积0.44万平方米，成交金额883.44万元。办理各类房屋产登记1085件，登记面积13.54万平方米。受理房屋产权抵押779件，抵押面积44.44万平方米，产权抵押价值84717.73万元。加强住宅维修资金管理，缴存户4601户，归集资金1147.25万元。

二、住房公积金贷款

2004年7月1日，全面实施机关、团体、事业单位在职职工参缴住房公积金。

2005年，苏尼特右旗公积金管理中心发放第一笔委托贷款。

2005—2015年，公积金管理中心累计发放委托贷款2626户，贷款金额30744.5万元，利息收入3015.8万元。

2006年，公积金管理中心办理公积金支取307人，支取总额94.5万元。

2015年，全旗住房公积金参缴单位167个，参缴职工6693人。支取公积金总额10861人。

2005—2015 年苏尼特右旗收缴住房公积金情况表

表 4-2-2

年度	参加单位（个）	参缴人数（人）	归集余额（万元）
2005	148	3789	928.95
2006	165	4109	744.50
2007	169	4154	1182.40
2008	175	4245	1640.00
2009	177	5283	2592.00
2010	163	5369	4009.30
2011	145	6596	5260.00
2012	148	5752	6467.90
2013	151	6716	8037.80
2014	159	6816	8523.90
2015	167	6693	8905.50

2003—2015 年苏尼特右旗住房公积金贷款情况表

表 4-2-3　　单位：户、万元

年度	户数	贷款金额	利息金额
2003	1	4.00	0.13
2004	255	1176.50	22.40
2005	234	1505.00	65.40
2006	269	2171.50	143.10
2007	230	2151.00	161.90
2008	207	1869.50	217.30
2009	1	4.00	0.13
2010	255	1176.50	22.40
2011	124	1326.00	256.10
2012	276	3954.50	344.50
2013	540	7748.50	449.50
2014	312	5147.50	669.20
2015	178	3690.50	686.40

第三章　环境保护

第一节　环境执法

一、环境宣传

2001年，苏尼特右旗人民政府根据《中华人民共和国环境保护法》有关规定，制定《苏尼特右旗实施排污许可证管理办法》，做好宣传推广工作。

2003年6月，根据《全盟环保系统“四五”普法实施方案》，制定全旗环境普法工作计划和实施方案，重点学习新颁布《中华人民共和国环境影响评价法》《中华人民共和国清洁生产促进法》《排污费征收管理条例》等内容。

2005年，苏尼特右旗人民政府与各苏木镇、旗直相关部门和部分重点35家企业签订《环境目标保护责任书》。在全旗重点地段设立环保咨询台，接受居民投诉，现场解答居民关心的环保热点问题。全旗中、高考期间，印发《加强中、高考期间噪声污染监管通知》，组织人员加强各考点值班巡查工作，做好环保宣传工作。

2007年，环境保护局组织开展“树行业新风、让人民满意”主题活动。重点学习和宣传基本法及《中华人民共和国环境保护法》《中华人民共和国大气污染防治法》《中华人民共和国固体废物污染环境防治法》等法律、法规。

2008年6月5日，按照环境保护部确定的“绿色奥运和环境友好型社会”主题活动，环境保护局组织开展“隐患治理、防范事故”主题安全生产宣传活动。在全旗公共场所悬挂横幅2条，制作宣传挂图10个，散发宣传单1200余份，出动宣传车2辆。并在朱日和镇、乌日根塔拉镇等苏木镇、嘎查开展为期3天流动宣传。

2009年，结合世界环境日宣传活动，开展以“减少污染——动起来”主题宣传活动，通过发放宣传画、悬挂横幅标语、电视广播、网站发布等形式向群众广泛宣传环境保护法律、法规和生态文明常识以及节能减排相关政策和措施。累计发放宣传画17张、悬挂条幅2幅、发放宣传单1300份。

2010年5月28日，举办全旗低碳减排绿色生活和节能环保培训班，参加培训人员120余人。组织开展以“从我做起，低碳减排绿色生活”主题宣传活动，发放宣传画17张、悬挂条幅3幅、发放宣传单2000余份。年内，争取上级环境保护宣传配备资金设备15万元。全年编发信息65篇。

2012年6月1日，针对企业举办以推进节能减排为重点的环保法律法规培训班。全旗40余家规模以上企业80余人参加培训。年内，争取环境保护宣传配备资金设备15万元。

2013年6月7日，举办全旗第三届环保法律法规培训班，参加培训人员60余人。先后发放宣传画17张，悬挂条幅3幅，发放宣传册、宣传单3000余份。

2015年4月20日，全旗启动“创建国家卫生镇（县城）和自治区文明县城——环境卫生综合整治行动”。

二、执法检查

2006年，按照环境保护部在全国范围内开展“打击违法排污企业保障群众健康环保专项行动”要求，环境保护局加大环境执法力度，严厉打击违法排污行为，开展环境综合整治。年内，累计取缔关闭违法排污企业4家，关停小锅炉17家。

2008年，按照《锡林郭勒盟环境保护局转发内蒙古自治区环境保护局关于进一步加强全区尾矿库环境监管的通知》《畜禽养殖污染防治管理办法》和《畜禽养殖业污染物排放标准》，对辖区10家尾矿库进行执法检查，开展畜禽养殖场专项检查工作。年内，落实信访投诉责任制，逐步改善信访工作环境，做到接待、登记、反馈一站式服务，先后收到对“百依百顺服装店”“化油七号站”等环境污染投诉电话7起，处理7起，完成率100%。

2009年，集中开展矿山企业环评审批手续办理情况、环保“三同时”制度执行情况、污染治理设施运行情况、排污许可证办理及污染物排放情况、生态植被的恢复情况等执法专项整治。对全旗23家矿山采选企业尾矿库运行状况、管理情况、环保措施落实情况、环保事故应急预案的制定情况进行执法检查，对5家存在环境安全隐患的企业责令落实各项整改措施。其间，出动检查人员520人次，检查企业、个体工商户175家。下达限期整改通知书78份，完成整改72份。年内，开展全旗环境信访大排查，截至11月9日，接到环保热线投诉案件11起，其中，受理11起，办结11起，办结率100%。

2010年，全旗出动环境执法检查人员483人次，检查企业160次，其中，责令限期整改企业48家，完成整改企业41家。年内，对全旗151家企业进行环评验收，自治区环评验收企业3家，盟级环评验收企业9家。

2012年，全旗环保投诉案件5起。其中，受理5起，办结5起，办结率100%。

2013年，旗委、政府组成环境执法摸底调查工作组，对全旗辖区30家铁矿、18家铜矿、6家萤石矿、5家石灰石硅石矿、17家基材石矿、8家重金属项目等84家企业进行全面摸底调查。6月，开展全旗工业污染源执法监督管理工作，出动24人次，对11家企业发放《企业环保违法违规情况自查表》，接到群众投诉环境案件4起，办结4起，办结率100%。年内，全旗7个建设项目进行竣工环境保护验收。

2015年，通过“日常监察+突击监察+节日监察+驻厂监察”方式，开展环境监察执法行动，对全旗重点区域、重点行业、涉重金属企业的执行环境保护法律法规情况、落实大气污染防治和饮用水源地保护情况开展执法检查。年内，环境监察大队出动人员640人次，检查重点企业23家，其中，涉重金属企业3家，化学品企业1家，供热企业2家，高耗能企业5家，污水处理厂1家，绒毛洗梳企业2家、黄金采选企业1家，基建石矿8家。对8家存在环保问题的企业建立三级台账，内容包括企业基本信息、处罚情况、现场检查情况、现场影音资料、进展情况等，2家企业完成整改。开展环境违规建设清理整顿工作，查处不正常运行污染处理设施、超标排污等违法违规行为，查处环境违规建设等案件2起。

第二节　环境监测

2001—2003年，苏尼特右旗环境科研监测以服务“一控双达标”为主要内容，开展地表水、污染源、生态、大气、噪声等环境监测。对全旗建设项目开展环境保护“三同时”（同时设计、同时施工、同时投产）执行情况进行清查和整顿。

2001—2013年，全年由锡林郭勒盟环境保护局审批建设项目100个。其中，通过竣工环境保护验收项目22个，具备验收条件项目18个，完工需限期整改项目15个，停产停建项目11个，在建项目6个，未开工项目13个，取消项目15个。

2004年，完成全旗排污企业和单位的排污申报登记工作，按照排污费征收工作程序，依法向排污单位下达排污量核定表和排污收费通知书。重点对朱日和排污企业和高载能工业园区“环评”“三同时”制度执行情况及污染防治设施运转情况进行专项检查，对未办理“环境影响评价”手续擅自开工建设的违法排污企业予以现场纠正，并根据有关规定下达《限期补办环境影响评价手续通知书》。

2007—2012年，全旗累计接到环保投诉案件52起，受理52起，办结52起，办结率100%。

2008年4月，环境保护局对朱日和镇高载能企业环保设施运行情况和铜业、峰雷等家采矿业尾矿库进行督查。年内，完成对辖区白雁湖等6家重点污染源的远程在线监控工作。

2009年，苏尼特右旗环境监测站贯彻落实《环境监测质量管理三年行动计划（2009—2011）》，制订工作制度，完成监测技术人员的培训计划。切实减少污染物排放量，限期取代燃煤锅炉5家，削减燃煤351吨。监测站、监察大队分别申请设备资金110万元、43万元，为三级标准化建设提供资金和设备支持。帮助高耗能企业建设污水和脱硫除尘设施，争取扶持资金100余万元。年内，从源头上控制新的污染源产生，严把环境准入关。每月不少于1次对重点污染源现场监察，每季度不少于1次对一般污染源现场监察，对未办理环评手续，违法建设、生产、排污等问题采取停电、停止生产和责令限期治理，填写环境影响登记表13份，并对环境保护技术服务中心成立以来所做的环评进行验收。

2012年，环境监测站做好饮用水源保护区沿线的工业污染防治和生态环境综合整治，完成农村水源地保护区的划分以及赛汉塔拉镇饮用水源地水源的水质监测工作，经过对水样化验分析，饮用水水源符合国家饮用水标准。重点对朱日和铜业有限公司周围的牧民人畜饮用水井进行采样分析，符合国家饮用水标准。

2013年，根据环境监察人员先拿证后执法的原则，派出环境监察人员进行业务学习培训，协助上级环境监测站完成相关企业的常规监测和例行监测，委托锡林郭勒盟环境监测站对全旗集中式饮用水源地水质监测和全旗空气质量进行全年监测。年内，环境监测、监察执法综合办公楼项目主体工程完工。

2014年8月12日，环境监测部门对神华国华风电二期工程进行竣工环境保护验收，检查锡林郭勒盟环境保护局审批未验收项目13个。年内，对自治区审批全旗33个项目履行建设项目竣工环境保护验收工作进行摸底排查。其中，已通过竣工环境保护验收项目13个，未通过竣工环境保护验收项目20个。对锡林郭勒盟环境保护局审批的105个项目履行建设项目竣工环境保护验收工作进行摸底排查。

2015年4月12日，按照内蒙古自治区重点监控企业污染源自动监测数据有效性审核办法，对赛汉塔拉镇污水处理厂自动监测设备运行自检报告、比对监测报告、现场审核评分表（85分）和现场综合评价表进行评审，均符合要求。年内，通过对苏尼特碱业有限公司CEMS设备比对，监测数据表明，在线监测结果中6号井、7号井机组出口的颗粒物、二氧化硫、氮氧化物、流速、烟温和含氧量可以满足《固定污染源烟气连续排放监测技术规范》（HJ/T 75-2007）中关于参比数据和在线监测数据比对要求。

第三节　污染治理

一、 第一次污染源普查工作

2008 年 3 月 10 日，根据《国务院关于开展第一次污染源普查的通知》和自治区人民政府办公厅《转发国务院关于开展第一次全国污染源普查的通知》。按照《锡林郭勒盟第一次全国污染源普查工作 2008 年上半年工作计划》和《苏尼特右旗污染源普查实施方案》要求，环境保护局抽调 2 名指导人员、6 名普查人员对全旗污染源进行入户调查、普查表填报以及数据录入工作。全旗第一次污染源普查工作范围包括赛汉塔拉镇、朱日和镇、乌日根塔拉镇，污染源清查涉及对象 506 户，确定普查对象 232 户。4 月底，完成普查对象填报。5 月底，完成普查对象数据录入及上报工作。

2009 年，按照《污染源普查专项档案归档整理方法》为指导，以规范、整齐、方便为归档原则，建立和规范污染源普查档案，做好全旗第一次污染源普查各项收尾工作。

二、 污染防治治理

2007—2015 年，环境保护部门坚持以改善城市饮用水源水质为目标，以强化城市饮用水源地环境安全监管为重点，加大对水源保护区的环境监管力度，有效确保饮用水源不受污染。完成全旗饮用水源保护区沿线的工业污染防治和生态环境综合整治工作。开展城市区域环境噪声综合整治，先后多次对商业促销噪声、歌舞厅娱乐噪声等开展专项整治行动，重点整治娱乐、商业、建筑施工噪声扰民，整治恶臭气体和建筑扬尘等环境污染。开展每年 1 次的中、高考禁噪工作，组织执法人员对歌舞厅、建筑施工工地、商场超市等专卖店进行噪声清理检查，发放《禁噪通告》，禁噪取得明显成效。

2008 年，配合锡林郭勒盟环境保护局、环境监测中心站做好土壤污染状况调查工作，成立全旗土壤污染状况调查小组。根据给定的坐标点，按照《锡林郭勒盟土壤污染状况调查实施方案》，根据不同的土地利用类型和土壤类型，从 5 月开始，调查小组对全旗 32 个点开始野外查找工作，分别以朱日和镇、赛罕乌力吉苏木、乌日根塔拉镇、查干哈达嘎查、格日勒敖都苏木为中心区域进行。5 月，完成全部点位的第一期实地查找。6 月，查明重点地区土壤污染类型，程度和原因，评估土壤污染风险，确定土壤环境安全等级，筛选并试点示范污染土壤修复技术，提升土壤环境监管能力。6 月 4 日，会同锡林郭勒盟环境监测站完成对 24 个普查点、8 个背景点的定点采样工作，完成全旗土壤环境污染状况调查。

2009 年，根据锡林郭勒盟环境监察支队《关于转发内蒙古自治区开展环保专项行动领导小组关于开展全区饮用水水源保护区专项检查的通知》，为确保群众饮水安全，切实加强辖区饮用水水源安全保障工作。监察大队对赛汉塔拉镇 6 个水源井、朱日和镇 6 个水源井和乌日根塔拉镇 16 个水源井的水源保护区饮用水水源安全风险隐患进行逐一排查。检查中，赛汉塔拉镇 6 个水源井现都在居民区范围内。建议政府搬迁饮用水源井，以确保水源不被污染。朱日和镇和乌日根塔拉镇水源保护区内没有违法排污企业。水源保护区及上游地区油类的运载、装卸、储存设施和防护设施严格按照要求做好油罐防腐、防泄漏等安全措施。

2010 年，按照《中华人民共和国放射性污染防治法》要求，对辖区 7 家核技术利用单位和电磁辐射污染源单位进行申报登记，报送锡林郭勒盟环境保护局辐射科进行审批，办理辐射安全许可证。

2015 年 10 月，全旗总投资 3326 万元，建设日处理污水 1 万吨的赛汉塔拉镇污水处理厂，包括新建污水处理厂 1 座，铺设污水管网 24.6 公里。

2010年苏尼特右旗主要污染物排放量情况表

表4-3-1

单位：吨

序号	企业名称	二氧化硫排放量	氮氧化物排放量	化学需氧量排放量	氨氮排放量
1	巍森硅钙电化有限责任公司	0.99	—	—	—
2	四海铁合金有限责任公司	0.99	—	—	—
3	海源化工有限责任公司	8.70	—	—	—
4	蒙达冶炼有限责任公司	18.39	—	—	—
5	温都尔化工有限责任公司	18.00	—	—	—
6	峰雷矿业有限责任公司	—	—	7.10	—
7	白雁湖化工有限责任公司	123.38	115.43	—	—
8	金曦矿业有限责任公司	5.18	3.24	6.07	—
9	朱日和铜业有限责任公司	8.64	5.40	91.62	—
10	苏尼特碱业有限公司	1226.40	787.50	—	—
11	苏尼特右旗宏达绒毛有限责任公司	1.54	0.48	44.65	0.53
12	苏尼特右旗盛利热力有限责任公司	96.00	112.50	—	—
13	苏尼特右旗富华热力有限责任公司	134.40	157.50	—	—
14	内蒙古苏尼特肉业有限责任公司	0.10	0.06	11.98	0.49
21	重点调查工业污染排放情况	1642.69	1182.11	161.31	1.02
22	非重点调查工业污染排放情况	17.04	80.00	27.52	0.18
23	工业污染排放总量	1659.73	1262.11	188.83	1.20
24	农业源	—	—	—	—
25	生活源	582.00	650.00	1051.20	122.64
26	医院污染物	—	—	0.55	0.04
总量		5544.17	4356.33	1590.83	126.10

2012年，完成全旗三级监测站标准化建设和环境应急监测相应系统。建成环境噪声日报系统，做好重点生态功能区生态监测站和环境质量状况监测信息网络系统。

2014年，苏尼特右旗人民政府印发《关于印发空气重污染应急预案的通知》（苏右政办发〔2014〕58号）。年内，对人民医院97种需要销毁的化学品进行备案并上报锡林郭勒盟环境保护局辐射科，并在通辽蒙东固体废弃物处置有限公司进行处理。对核工业某大队探测铀矿用于测井的1枚放射源进行转入备案。对全旗中小学科学、生化实验室过期、闲置药品试剂进行检查备案登记。全旗存在危险废物的企业有任氏汽修公司，存在医疗废物的单位有人民医院。

2015年，全旗有一般工业固体废物企业8家。9月1日，旗委办公室、政府办公室印发《苏尼特右旗党政领导干部生态环境损害责任追究办法（试行）》的通知。年内，完成“十二五”节能减排目标。

三、排污征收稽查

2007—2012年，依法对辖区内排污企业进行排污申报和审核，累计征收排污费11656.65万元。

2008年，组织开展排污费征收稽查工作，贯彻执行《排污费征收工作稽查办法》，保障依法、全面、足额征收排污费，纠正排污费征收过程中的违法、违规行为。严格执行排污收费标准，坚持“依法、全面、足额、按时”的征收原则，做好排污申报登记。4月24日，接受自治区环境监察总队督察组对全旗排污费征收督察工作。截至 11 月，全旗收缴排污费 70 万元。

2009 年，依据《排污费征收使用管理条例》和《排污费征收标准管理办法》，依法对辖区内排污企业进行排污申报和审核。年内，全旗排污费预算征收 115. 65 万元。

2010 年 10 月，环境保护局环境监察大队对全旗排污企业进行排污费核定征收工作。截至 12 月 17 日，完成征收排污费 170 万元。年内，对白雁湖化工、同和铁合金、秀武矿业等未缴纳排污费企业，依据《排污费征收使用管理条例》下达限期缴纳通知书，逾期未缴纳将依据相关法律进行行政处罚。

2012 年，全旗实施节能减排重点工程，按照“十二五”规划搞好重点企业节能减排。争取国家专项资金扶持企业进行清洁生产技术改造，盛利热力自筹资金 1000 万元完成 2 台循环流化床锅炉和新增 1 套脱硫除尘设施，使烟尘脱硫排放。朱日和铜业公司投资 150 万元修建长 130 米的地下塑性连续混凝土墙加帷幕灌浆防渗体。峰雷矿业投资 355 万元在原坝基础上，对坝体进行加高、加固处理，坝底重新铺设防渗材料，修建集水池防渗截流，将废水全部回用，有效削减重金属污染物排放。全年，完成 5 个项目申报，总投资 4600 万元，项目涵盖全旗农牧区生态环境建设、环境保护治理、水资源保护、资源节约综合利用及发展循环经济等领域。申请环境监测专项 103 万元，帮助企业申请节能减排资金 240 万元，其中，碱矿 130 万元、朱日和铜业 42 万元、峰雷 68 万元。年内，可征收排污费 508 万元，较上年多征收 248 万元。

2013 年，通过提取数据、更新数据库文件，将排污费征收管理系统数据检查工具升级至最新版本。3 月，监察大队出动 55 人次，对全旗所有排污企业进行现场勘查，完成排污申报户数 11 户，排污申报核定 11 户，核定排污费 131. 53 万元。4 月 15 日，完成排污费征收管理系统数据的录入申报，并上报上级环境监察支队。年内，依法对辖区内排污企业进行排污申报和审核，完成征收排污费 500 万元。

四、 专项行动

2007—2012 年，开展环境专项整治，打击不法排污企业。按照全旗环境保护专项行动实施方案所明确的整治重点和具体要求，集中时间、统一步骤，阶段性地抓好各项工作落实。专项行动期间，累计出动检查人员 2000 余人次，检查企业 800 余次。其中，责令限期整改企业 300 余家，完成整改企业 270 家。

2009 年，环境保护局重点对矿山企业的环评审批手续办理情况、环保“三同时”制度执行情况、污染治理设施运行情况、排污许可证办理及污染物排放情况、生态植被的恢复情况进行清理整治。对全旗 23 家矿山采选企业尾矿库运行状况、管理情况、环保措施落实情况、环保事故应急预案的制定情况等进行全面检查，对 5 家存在有一定环境安全隐患的企业责令落实各项整改措施，累计出动检查人员 520 人次，检查企业、个体工商户 175 家。下达限期整改通知书 78 份，完成整改 72 份。

2012 年，开展整治违法排污企业保障群众健康环保专项行动。出动检查人员 218 人次，检查污染企业 20 家，其中，下达限期整改通知书 48 次，完成整改 45 次，整改完成率 93%以上。完成整改企业 78 家。

2013 年，开展“百日大检查”及风险隐患排查专项整治工作，对辖区内各企业进行环境风险隐患排查。其中，涉重金属企业 3 家，化学品企业 2 家，非金属矿采选业 1 家，油气贮存库站 2 家，污水处理厂 1 家，垃圾处理厂 1 家。6 月，开展环保专项检查，出动 64 人次，对辖区 11 家企业进行现场检查。经检查未发现企业利用渗坑、渗井、裂隙和溶洞排放废水或倾倒含有毒有害污染物等违法行为。年内，按照《锡林郭勒盟 2013 年整治违法排污企业保障群众健康环保专项行动工作方案》，出动人员 69 人次，对全旗 13 家重金属排放企业进行排查，重点排查 4 家重金属排放企业。

2014 年，根据锡林郭勒盟环境保护局关于转发内蒙古自治区环境保护厅《关于开展铁矿采选建设项目环境违法情况排查工作的通知》，对全旗 17 个铁矿采选项目进行专项排查。其中，每年 30 万吨以上规模 4 个，每年 10 万~30 万吨规模 8 个，每年 10 万吨以下规模 5 个。办理环境影响评价手续 9 个，其中，自治区环境保护厅审批项目 6 个，锡林郭勒盟环境保护局审批项目 3 个，全部未办理竣工环境保护验收。8 个未办理环境影响评价手续，苏尼特右旗宏鑫矿业有限责任公司以宏鑫字〔2014〕6 号文件，放弃二道井矿区年开采 9 万吨铁矿石项目和年产 50 万吨铁精粉采选项目。

2015 年，按照《全盟环境保护大检查工作方案》（锡署办发〔2015〕50 号），全旗开展环境保护大检查工作。加强重点区域、重点行业、重点污染源的环境监管和环境治理。

第五编

交通运输

第一章　公路交通

第一节　公　路

一、国道

苏尼特右旗境内主要国道有二连浩特—广东公路（简称二广线），编号 G208，起点二连浩特市中蒙边界线，终点广州，是一条南北走向的国家级干线公路。国道二广线在赛汉塔拉镇与省道呼和浩特—乌兰浩特线、省道赛汉塔拉—张家口线相交。境内路段起自乌兰察布市（原乌兰察布盟）与锡林郭勒盟交界处全胜村，途经乌兰花（新民乡）、朱日和镇、赛汉塔拉镇、郭尔奔、齐哈日格图、赛乌素，沿集宁—二连浩特线铁路（简称集二线）两侧布线。

2001 年，国道 208 线赛汉塔拉—乌兰花段建成通车。按照国家二级公路施工，线路长度 106 公里。

2004 年 8 月，国道 208 线二连浩特—赛汉塔拉段一期工程开始建设。

2005 年 9 月，国道 208 线二连浩特—赛汉塔拉段二期工程开工建设。12 月，一期工程建成通车。

2007 年，国道 208 线二连浩特—赛汉塔拉段全线建成通车。路线主要采用平微区一级公路技术标准修建，项目总投资 10.1 亿元，该工程为双向四车道，沥青混凝土高级路面，计算行车时速 100 公里/小时，分二期修建，一期修建右侧一幅，路线全长 121.32 公里；二期修建左侧一幅，路线全长 91.51 公里。路基宽 13 米，路面宽 11 米。设计行车速度每小时 100 公里。

2009 年，国道 208 线赛汉塔拉—白音查干段开工建设。

2011 年，国道 208 线赛汉塔拉—白音查干段建成通车。公路全长 168 公里，境内 106 公里。全线采用双向四车道高速公路标准建设，设计时速 100 公里，路基宽 26 米。全线在赛汉塔拉北、赛汉塔拉南、朱日和、土牧尔台、乌兰哈达、白音察干等 6 处设置互通式立交，预留新民 1 处互通式立交。该项目总投资约 45.30 亿元。

2015 年，全旗公路总里程 1572.30 公里。其中，高速公路里程 98.46 公里，国道 208 公路里程 152.96 公里，国道 209 公路里程 146.28 公里。

二、省道

2015 年，全旗省道 208 公路里程 61.5 公里，省道 313 公路里程 30 公里。

1. 省道 101 公路

呼和浩特—锡林浩特省道 101 线公路，经苏尼特右旗段线路总长 150 公里。2005 年，按平原微丘区二级公路设计标准进行改建，路基宽度 12 米，路面宽度 9 米，土路肩 2×1. 5 米，在查干淖尔设收费站和卸载点。

2. 省道 208 公路

朱日和—新宝拉镇南段省道 208 线公路，线路全长 103. 50 公里，经苏尼特右旗境内长度 62. 80 公里。线路按二级公路技术标准修建，设计行车速度 80 公里/小时，路基宽度 12 米，路面宽度 9 米。2006 年 5 月开工，2007 年 8 月主体工程建成通车。

三、县道

明安图—红格尔林场县道 509 线公路，起点位于正镶白旗明安图镇，途经镶黄旗巴彦塔拉镇、新宝拉格镇，终点苏尼特右旗红格尔林场，全长 183 公里。

2004 年，明安图—红格尔林场县道 509 线公路 111 公里改建次高级路面，72 公里为低级四级路面。其中，经苏尼特右旗境内 30. 40 公里。

2015 年，全旗县道公路里程 56. 30 公里。

四、乡道

2007 年，修通赛罕乌力吉苏木—都日木嘎查沙石路。

2008 年，赛罕乌力吉苏木修通赛罕布仁嘎查 30 公里砂石路，桑宝拉格苏木完成赛汉塔拉镇—赛罕乌力吉乡村公路。

2009 年，完成赛罕乌力吉苏木—桑宝拉格苏木柏油路建设。赛汉塔拉镇—赛罕乌力吉苏木通柏油路，村村通水泥混凝土路里程 90 公里。桑宝拉格苏木修建苏木驻地—查干楚鲁图嘎查柏油路。

2012 年，赛罕乌力吉苏木修建巴彦哈拉图嘎查道路，铺设敖伦淖尔嘎查水泥路 30 公里。乌日根塔拉镇铺通昌图希力嘎查—乌日根塔拉苏木公路。桑宝拉格苏木修建查干楚鲁图嘎查—S101 省道水泥路。

2013 年，赛罕乌力吉苏木修通脑干车勒嘎查、脑干塔拉嘎查道路。

2014 年 8 月，修通赛罕乌力吉苏木—额很乌苏嘎查道路，全程 11. 2 公里。完成桑宝拉格苏木—阿其图乌拉苏木呼布尔嘎查水泥路。10 月，朱日和镇新建水泥路和沙石路 88. 5 公里，分别是查干乌拉—朱日和镇沙石公路、都仁乌力吉阿达嘎—巴彦敖日格勒嘎查水泥路、巴彦高勒嘎查—巴彦塔拉嘎查水泥路、巴彦塔拉嘎查—金曦公司沙石公路。

2015 年，新建阿其图乌拉苏木—赛罕乌力吉苏木乡村水泥路 43 公里，呼布尔嘎查都呼木沙石路 4. 6 公里，赛罕锡力嘎查—乌尼图沙石路 7 公里，乌日根高勒嘎查沙石路 8 公里，累计铺筑沙石路 19. 6 公里。完成铺设赛汉塔拉镇—阿其图乌拉苏木 115 公里沙石公路，途经布日都嘎查和都希乌拉嘎查。铺设赛汉塔拉镇—阿其图乌拉苏木赛罕锡力嘎查乌尼业图沙石路 12 公里；桑宝拉格苏木—阿其图乌拉苏木水泥路 12 公里。赛汉塔拉镇—赛罕乌力吉苏木乡村公路，国道 208 线布图木吉—镶黄旗公路。赛罕乌力吉苏木修建完成都日木嘎沙石路 6 公里、赛罕乌力吉—阿其图乌拉水泥路 24 公里路段、额很乌苏嘎查—金矿水泥路 12 公里路段、脑干车勒嘎查水泥路 8. 8 公里。10 月，完成阿其图乌拉—赛罕乌力吉线路全旗首个穿沙公路，公路里程 73. 6 公里。年内，全旗苏木镇全部通公路，路面为沥青路，公路里程 324. 30 公里。全旗 63 个嘎查村通沥青水泥路 47 个，通畅率 74. 6%，公路里程 681. 10 公里（其中，边防公路 27 公里）。年内，完成嘎查村沥青水泥路工程总建设任务 179. 1 公里，完成投资 8407 万元，标志着全旗通苏木镇及嘎查村水泥路突破 1000 公里。

2015 年苏尼特右旗乡村公路建设情况表

表 5-1-1

名　称	路面宽度（米）	道路等级	道路里程（公里）	二级公路（公里）	三级公路（公里）	四级公路（公里）
赛汉塔拉—镶黄旗界	4.5	乡道	110.40	—	—	110.40
阿其图乌拉—省道 101 线 k330+120 米处	4.5	乡道	41.30	—	—	41.30
赛汉塔拉—都仁乌力吉	4.5	乡道	61.80	—	—	61.80
赛汉塔拉—额仁淖尔	4.5	乡道	94.80	—	—	94.80
省道 101 线 k328+127 米处至乌日根塔拉查干淖尔碱矿区	9	乡道	10.28	10.28	—	—
桑宝力嘎—阿其图乌拉	4.5	乡道	68.80	—	—	68.80
阿其图乌拉—罕汉乌力吉	4.5	乡道	73.60	—	—	73.60

五、专用公路

2004 年，苏尼特右旗修建朱日和—开发区专用公路，起始点于朱日和镇所在地，终点朱日和开发区。该段线路基宽度 12 米，路面宽度 9 米，全长 3.5 公里，二级公路，次高级路面。

2015 年，全旗专用公路 21.4 公里。

2002—2015 年苏尼特右旗公路建设情况表

表 5-1-2

年 份	投资总额（万元）	通苏木（镇）总里程（公里）	通嘎查（村）总里程（公里）	全旗通车里程（公里）	备　注
2002	143.0	—	40.0	—	—
2003	—	—	—	—	—
2004	279.5	135.0	30.0	—	修建专用公路
2005	—	—	—	—	—
2006	—	—	—	1493.0	—
2007	—	62.4	50.8	1798.7	—
2008	—	—	—	1798.7	—
2009	—	—	—	1151.0	—
2010	6683.6	12.7	383.0	1311.0	—
2011	—	—	—	1813.5	—
2012	10800.0	324.3	162.4	1884.6	—
2013	7000.0	103.6	43.0	1884.6	—
2014	—	—	—	1884.6	—
2015	—	—	—	1884.6	全旗首个穿沙公路

第二节　桥　涵

一、大桥

1. 阿木斯大桥

阿木斯大桥位于赛汉塔拉—白音察干段高速线（简称赛白线），桩号 k042+680.0，桥长 125.6 米，桥高 6.9 米，孔径 6×20.0 米。

2. 朱日和大桥

朱日和大桥位于赛白线，桩号 k051+820.0，桥长 125.6 米，桥高 6.8 米，孔径 6×20.0 米。

3. 拜兴图大桥

拜兴图大桥位于赛白线，桩号 k069+100.0，桥长 145.6 米，桥高 6.7 米，孔径 7×20.0 米。

4. 赛白呼都路大桥

赛白线呼都路大桥位于省道 208 线，桩号 k65+537，桥长 107 米，桥高 4.46 米。

二、中桥

1. 赛汉塔拉公路立交中桥

赛汉塔拉公路立交中桥位于国道 208 线，桩号 k119+322，跨越集二线铁路。该桥为钢筋混凝土空心板桥，跨径 20 米/1 孔，桥长 40.84 延米，桥高 6.8 米，桥面净宽 11 米，桥面铺张类型沥青混凝土，设计荷载汽车—超 20 级，设计地震烈度 7 度。

2001 年，赛汉塔拉公路立交中桥建成使用，由内蒙古交通设计研究院设计，呼和浩特铁局工程第三工程段承建。

2. 淮河木斯中桥

淮河木斯中桥位于国道 208 线，桩号 k161+210，跨越淮河木斯河。该桥为钢筋混凝土空心板桥，跨径 16 米/4 孔，桥长 68.94 延米，桥高 5.8 米，桥面净宽 11 米，桥面铺装类型沥青混凝土，设计荷载汽车—超 20 级，设计地震烈度 7 度。

2001 年，淮河木斯中桥建成使用，由内蒙古交通设计研究院设计，内蒙古公路工程局承建。

3. 朱日和中桥

朱日和中桥位于国道 208 线，桩号 k166+165。该桥为钢筋混凝土空心板桥，跨径 16 米/4 孔，桥长 68.94 延米，桥高 6 米，桥面净宽 11 米，桥面铺装类型沥青混凝土，设计荷载汽车—超 20 级，设计地震烈度 7 度。

2001 年，朱日和中桥建成使用，由内蒙古交通设计研究院设计，内蒙古公路工程局承建。

4. 白音哈尔中桥

白音哈尔中桥位于国道 208 线，桩号 k207+350。该桥为钢筋混凝土空心板桥，跨径 16 米/3 孔，桥长 52.94 延米，桥高 3.13 米，桥面净宽 11 米，桥面铺装类型沥青混凝土，设计荷载汽车—超 20 级，设计地震烈度 7 度。

2001 年，白音哈尔中桥建成使用，由内蒙古交通设计研究院设计，锡林郭勒盟公路工程处承建。

5. 新民立交中桥

新民立交中桥位于国道 208 线，桩号 k219+218，跨越集二线铁路。该桥为钢筋混凝土空心板桥，跨径 20 米/1 孔，桥长 39.24 延米，桥高 6.8 米，桥面净宽 11 米，桥面铺装类型沥青混凝土，设计荷载汽车—超 20 级，设计地震烈度 7 度。

2001 年，新民立交中桥建成使用，由内蒙古交通设计研究院设计，呼和浩特铁路局工程处第三工程段承建。

6. 陶思图中桥

陶思图中桥位于赛白线，桩号 k021+400. 0，桥长 85. 6 米，桥高 6. 1 米，孔径 4×20. 0 米。

7. 阿尔善 1 号中桥

阿尔善 1 号中桥位于赛白线，桩号 k062+711. 0，桥长 44. 04 米，桥高 4. 3 米，孔径 3×13. 0 米。

8. 阿尔善 2 号中桥

阿尔善 2 号中桥位于赛白线，桩号 k063+779. 0，桥长 44. 04 米，桥高 9. 4 米，孔径 3×13. 0 米。

9. 大井中桥

大井中桥位于赛白高速线，桩号 k074+000. 0，桥长 44. 04 米，桥高 5. 1 米，孔径 3×13. 0 米。

10. 草甸中桥

草甸中桥位于赛白线，桩号 k080+075. 0，桥长 85. 6 米，桥高 6. 4 米，孔径 4×20. 0 米。

11. 红格尔中桥

红格尔中桥位于赛白线，桩号 k088+313. 0，桥长 44. 04 米，桥高 3. 4 米，孔径 3×13. 0 米。

12. 乌兰尔格中桥

乌兰尔格中桥位于赛白线，桩号 k089+245. 0，桥长 44. 04 米，桥高 6. 6 米，孔径 3×13. 0 米。

13. 塔莱花中桥

塔莱花中桥位于赛白线，桩号 k098+450. 0，桥长 44. 04 米，桥高 7. 7 米，孔径 3×13. 0 米。

2001—2015 年，全旗境内国、省干线公路桥梁总数 1210. 14 延米/17 座。其中，大桥 503. 8 延米/4 座，中桥 706. 34 延米/13 座。

全旗境内涵洞 410 道，其中，国道 154 道，省道 131 道，县道 12 道，乡道 41 道，专用公路 7 道，边防公路 9 道。

第二章　公路养护

第一节　日常养护

一、 路面养护

2001—2015 年，苏尼特右旗境内赛汉塔拉—白音察干高速公路和国道 208 养护由内蒙古高路公司乌兰察布分公司负责，省道 101 和省道 208 线养护由赛汉塔拉养路工区负责，境内所有乡道、村道养护由地方道路管理段负责。每年春季开始对所管养路段进行养护，雨雪季节及时清理路阻，维护道路畅通。日常养护主要对路面进行养护，包括路肩上料、沥青灌缝、补坑槽、清理边沟、清理积沙、清理涵洞、刷新护栏，刷新里程碑等项目。

1. 柏油路路面养护

全旗柏油路路面养护主要以人工和机械清扫路面杂物，排除障碍，防止柏油路路面腐蚀和机械性破坏。全旗公路优良率达 61.1%。春季沥青灌缝 64.60 公里，密封胶灌缝 80.70 公里，修补柏油路坑槽 945 平方米。

2. 水泥路面养护

主要清除泥土和污物，对接缝处进行重点保养，及时填充或铲除多余填缝料。对 50 公里路面病害实施改性乳化沥青微表处预防性养护。

3. 公路日常养护

2015 年，完成全旗公路线路日常养护，整修边坡土方 0.55 万立方米、边坡 30 万平方米、路肩 30 万平方米，清理积沙 2.22 万立方米、边沟 0.42 立方米，铲草 153.6 万平方米。垫水冲沟 625 立方米，清理急流槽 0.21 万立方米，巡路 967 公里，路面划线 1.89 万平方米，处理坍塌方 2.72 万立方米，机械清扫路面 8486.40 万平方米。

二、 桥涵养护

2015 年，苏尼特右旗路段桥梁涵洞养护由赛汉塔拉养路工区所管养，涉及桥梁养护清理涵洞 128 道。

1. 桥梁养护

国道 208 复线养护。主要有 k53+000 至 k121+000 段内有小桥 6 座，在 k65+240、k86+540、k104+180 处，左、右幅各 1 座，均为钢筋混凝土板桥，属永久性桥梁，锥坡围墙，1 孔—12 米，设计荷载汽车—20 级，挂车—100，全长 15.6 米/座，桥面宽度 13 米。

省道 101 线路养护。主要有 k302+436、k361+042 处有小桥 2 座，属永久性桥梁，设计荷载汽车—20 级，挂车—100。桥面铺装类型为沥青混凝土，伸缩缝类型为钢板伸缩缝，支座类型为蜡油毛毡支座。全长 19.5 米/座，桥面宽度 12 米，二型梁。

2. 涵洞养护

国道 208 复线 k53+000 至 k121+001 段内有涵洞 84 道，均为钢筋混凝土矩形板涵。省道 101 线在 k213 至 k362 段内有涵洞 87 道。省道 208 线在 k47 至 k87 段内有圆管涵 14 道。

第二节 养护建设

一、 道班建设

赛汉塔拉养路工区设赛汉塔拉、齐哈日格图、白音朝鲁 3 个道班，养护里程 218.80 公里。国道 208 线管养里程 68 公里，里程桩号 k53 至 k121；省道 101 线管养里程 150.80 公里，里程桩号 k223+500 至 k374+300。

2013 年，省道 208 线养护里程及下设都仁乌力吉道班划归新宝力格养路工区管养，管养里程 40 公里，里程桩号 k47 至 k87。

赛汉塔拉道班位于赛汉塔拉镇，养护里程 80.5 公里，职工 13 人。齐哈日格图道班位于国道 208 线公里 63 处，养护里程 68 公里，职工 11 人。白音朝鲁道班位于省道 101 线 k330 处，养护里程 70.3 公里，职工 10 人。

2015 年，道班开展“道德讲堂”活动，设立“便民服务点”，对干部职工进行爱党敬业、服务社会的思想教育，为过往司乘人员和周边农牧民提供帮助。开展以评选“最美养路工”为载体的精神文明创建活动，在“博爱一日捐”活动中，全体职工捐款 7800 元。年内，100 余人次参加工人技术等级、公路桥梁养护管理、财务、安全生产、专业技术人员继续教育等各类培训。

二、 养路机械设备

2015 年，全旗养路事业不断发展，机械化作业明显增多，养路工作逐渐由人工作业转向机械化养护方式，养路机械逐年增加。现工区养护机械有 28 台。

2002—2014 年赛汉塔拉养路工区机械设备情况表

表 5-2-1 单位：台、万元

年份	名　称	购入形式	数量	价格
2002	压路机	拨入	1	5.10
2003	装载机	拨入	1	31.60
	轮　推	拨入	1	—
2005	装载机	拨入	1	28.70
	综合养护车	拨入	1	38.70
	广州本田轿车	自购	1	27.57
	压路机	拨入	1	31.90
	洒水车	拨入	1	13.80
2007	普通小客车	自购	1	3.86

续表5-2-1

年份	名 称	购入形式	数量	价格
2008	依维柯	拨入	1	22.90
	压路机	拨入	1	23.50
	沥青拌和机	拨入	1	28.20
2009	北奔半挂	拨入	1	44.50
	灌缝机	拨入	1	24.70
2010	本田越野	自购	1	32.98
	自卸汽车	拨入	2	10.18
	沥青洒布车	拨入	1台	83.94
	铣刨机	拨入	1台	68.00
2011	自行式扫路机	拨入	1台	13.80
	抛雪机	拨入	1台	26.50
2012	装载机	拨入	1台	50.00
	挖掘机	拨入	1台	44.00
	沥青混凝土拌和机	拨入	1台	26.80
	平地机	拨入	1台	54.70
2013	除雪车	拨入	1台	90.00
2014	灌缝机	拨入	1台	50.00

三、 公路绿化

2004年，赛汉塔拉养路工区在省道101线k260～k262段公路两侧种植910棵杨树。

2007年，白音朝鲁道班院内种植丁香树60棵，在武装部训练基地种树260株。

2008年，国道208线k110～k120中间隔离带种植宿根植物，在赛汉塔拉镇出口省道101线k255～k257、k265～k268段公路两侧修建118个花池。

2009年，赛汉塔拉镇出口省道101线k254～k256+600、k265～k270公路两侧156个花池种花。

2010年，国道208线k117～k120段种植花卉。在省道101线k265～k270公路两边砌花坛，单侧隔100米1个。

2011年，国道208线k118～k121段中央分隔带内播种草籽6000平方米。省道101线k254～k257和k265～k270段公路两边砌花坛，单侧100米1个。省道101线k262～k264段种乔木940株。

2013年，省道101线k265～k275段花池内种植花卉，种植面积2000平方米。在白音朝鲁道班种植丁香40株，种植花草面积172平方米。齐哈日格图道班绿化面积50平方米，都仁乌力吉道班种植花草30平方米。国省干线交界处花池内种植花卉100平方米。在省道101线公里323处种植柠条、杨柴500平方米。

2014年，省道101线k277～k282段花池内种植花卉面积1200平方米，白音朝鲁道班和齐哈日格图道班种植丁香和榆叶梅50株，面积200平方米。省道101线k335处种植柠条、杨柴面积500平方米。

2015年，省道101线k277～k282段花池内栽植金叶榆200株，在白音朝鲁道班栽植金叶榆20

株，花草100平方米。年内，在路域环境整治活动中，出动人工3000人次，机械480台班，清理垃圾5650吨，清理石块3000立方米，平整场地10万平方米，修复挡雪墙16处，为赛汉塔拉检测站院内清理、平整场地4.50万平方米。

四、 应急保障

2010年，工区制定《公路自然灾害防治应急预案》，实行抢险救灾24小时值班制度，成立3个抢险应急分队。年内，清理积雪路段4.28万立方米，在各道班储备融雪剂，陡坡路段放置防滑料。

2011年，省道呼和浩特—乌兰花线（简称呼乌线）除雪0.30万立方米，撒融雪剂42吨。

2012年11月至2013年3月，因二广线和呼乌线连降暴雪，交通严重受阻。出动轮推1台、装载机3台、抛雪机1台、运输车2辆、巡查车3辆，清理积雪路段7.46万立方米。

2015年，春季对积沙路段及时清理。冬季储备防滑料30立方米、融雪剂30吨，在城镇出口处设置LED预警显示屏，对雪阻路段及时进行疏通。

五、 标准化建设

2015年，开展"三创两树一优"主题"公路养护质量年"活动，创建生态景观路、平安放心路、畅通舒适路，树立窗口形象、树立文明形象，打造优质养护工程。年内，增设警示标志10个、安装减速带27米、修复标志牌56块、购置防撞墙50个、安全锥300个、标志服200件。更换百米桩260根、安装标志牌112块、更换里程碑42块、护栏112根，刷新护栏6350根。

2015年赛汉塔拉养路工区管养路段内公路桥梁一览表

表5-2-2

桥梁名称	桥梁中心桩号	所属路线情况		桥长		桥宽	主梁上部结构形式	墩台防撞设施类型	设计荷载等级	建设情况	
		路线编号	技术等级	桥梁全长（米）	跨径组合（孔/米）	桥梁全宽				建设单位	建成通车时间
乌哈山达桥	k302+436	S101	二级	19.5	2/12	12	板梁	扩大基础	汽车—20挂车—100	锡盟交通局	2005年8月
苏立山丹桥	k361+042	S101	二级	19.5	2/9	12	板梁	扩大基础	汽车—20挂车—100	锡盟交通局	2005年8月
65K小桥	k65+240	G208	一级	15.6	1/12	13	板梁	扩大基础	汽车—20挂车—100	锡盟交通局	2006年10月
86K小桥	k86+540	G208	一级	15.6	1/12	13	板梁	扩大基础	汽车—20挂车—100	锡盟交通局	2006年10月
104K小桥	k104+180	G208	一级	15.6	1/12	13	板梁	扩大基础	汽车—20挂车—100	锡盟交通局	2006年10月
65K小桥	k65+240	H208	一级	15.6	1/12	13	板梁	扩大基础	汽车—20挂车—100	锡盟交通局	2006年10月
86K小桥	k86+540	H208	一级	15.6	1/12	13	板梁	扩大基础	汽车—20挂车—100	锡盟交通局	2006年10月
104K小桥	k104+180	H208	一级	15.6	1/12	13	板梁	扩大基础	汽车—20挂车—100	锡盟交通局	2006年10月

第三章　公路运输

第一节　交通线路

一、 省际线路

赛汉塔拉—北京省际线路，该线路途经新宝拉格、化德、张家口。投放车辆 2 辆，每日对发 1 班。

二、 盟市际线路

1. 赛汉塔拉—乌兰察布市盟市际线路。2001 年 8 月，由锡林浩特运输公司开通，途经土牧尔台、白音察干，营运里程 242 公里，投放车辆 1 辆，每隔日发 1 班车。

2. 赛汉塔拉—化德盟市际线路。2001 年 10 月，由锡林浩特运输公司开通，途经新宝拉格，营运里程 193 公里，投放车辆 1 辆，每隔 1 日发 1 班车。

3. 赛汉塔拉—商都盟市际线路。2003 年 11 月，开通赛汉塔拉—商都线，途经土牧尔台。

4. 赛汉塔拉—呼和浩特盟市际线路。2007 年 9 月，开通赛汉塔拉—呼和浩特线，途经白音华、乌兰花，营运里程 270 公里，投放车辆 1 辆，每隔一日发 1 班。

5. 碱矿—乌兰察布市盟市际线路。2004 年，由锡林郭勒盟安顺运输公司开通，途经赛汉塔拉、察哈尔右翼后旗，营运里程 330 公里，投放车辆 1 辆，每日发 1 班。

三、 旗县际线路

2001 年 3 月，开通赛汉塔拉—化德线，9 条线 11 台车。

2003 年 2 月，开通碱矿—乌兰察布线，赛汉塔拉—正蓝旗线，11 月，开通赛汉塔拉—商都线，12 月，开通赛汉塔拉—二连浩特线，线路增加至 13 条，车 15 台。

2005 年 10 月，开通赛汉塔拉—满都拉图线，赛汉塔拉—商都线停运。

2006 年 5 月，新增呼和浩特当日往返线，线路 14 条，车 16 台。

2008 年 6 月，新增赛汉塔拉—集宁当日往返线，线路 11 条，车 13 台。赛汉塔拉发往满都拉图、化德、二连浩特客运因客流量减少，社会车辆增加而停运。8 月，碱矿—商都线下线。

2010 年 5 月，开通赛汉塔拉—宣化线。6 月，开通赛汉塔拉—包头线。线路 13 条，车 15 台。

2012 年，赛汉塔拉—镶黄旗线停运，线路 12 条，车 14 台。

2013 年 5 月，赛汉塔拉—碱矿线停运，线路 11 条，车 13 台。

2014—2015 年，锡林郭勒盟安顺运输有限公司发放 1 台 51 座的机动运力客车，路线 11 条，车

14 台。

锡林浩特—赛汉塔拉旗县际线路。2007 年 5 月，开通锡林浩特—赛汉塔拉线，途经别力古台，满都拉图，营运里程 374 公里，投放车辆 1 辆，每日发 1 班。

赛汉塔拉—碱矿旗县际线路。该线路途经新宝日格，投放车辆 1 辆，每日发 1 班，营运方式普快。

赛汉塔拉—新宝拉格旗县际线路。该线路途经赛罕乌力吉、脑干诺如，投放车辆 1 辆，每日发 1 班，营运方式普快。

四、苏木、镇线路

赛汉塔拉—阿其图乌拉线路。2005 年 6 月，开通赛汉塔拉—阿其图乌拉线，途经新宝拉格、白音朝鲁，投放车辆 2 辆，每隔 1 日发 1 班，营运方式为普快。

赛汉塔拉—都仁乌力吉线路。2005 年 6 月，开通赛汉塔拉—都仁乌力吉线，途经巴彦宝拉格，投放车辆 1 辆，日发 1 班，营运方式为普快。

赛汉塔拉—巴彦哈日哈图线路。2005 年 6 月，开通赛汉塔拉—巴彦哈日哈图线，途经巴彦杭盖，赛罕布仁牧场，投放车辆 1 辆，每隔 1 日发 1 班，营运方式为普快。

赛汉塔拉—脑干诺如线路。2005 年 6 月，开通赛汉塔拉—脑干诺如线，途经白音高毕、查干乌苏，投放车辆 2 辆，每隔 1 日发 1 班，营运方式为普快。

赛汉塔拉—赛罕乌力吉线路。2005 年 6 月，开通赛汉塔拉—赛罕乌力吉线，途经白音高毕、查干乌苏，投放车辆 1 辆，每隔 1 日发 1 班，营运方式为普快。

赛汉塔拉—敖伦淖尔嘎查。2006 年 6 月，开通赛汉塔拉—敖伦淖尔嘎查线，投放车辆 1 辆，日发 1 班，营运方式为普快。

第二节 客 运

一、长途、城乡客运

2001—2015 年，全旗道路客运经营企业 1 家，属锡林郭勒盟安顺运输有限公司下属公司，是二级客运汽车站，每日客流量 300~400 人。全旗长途客运线路只有北京 1 条线，属于热门线路，每日载客率 85%以上。其余线路全部呈冷线状态，载客率不足 30%。

2003 年，苏尼特右旗运管所正式进驻客运汽车站，成立驻站办，对客运汽车站日常营运工作进行行业监管。

2004 年，全旗客运量完成 97. 20 万人次，社会旅客周转量完成 1250 万人公里。

2006—2011 年，全旗公路客运周转量 18809. 2 万人公里。

2012 年，全旗营业性公路客运量32. 07万人次，营业性公路客运周转量 5884. 7 万人公里。

2013 年，全旗客运线路 14 条。其中，苏木乡线路 4 条，跨旗线路 9 条，跨省线路 1 条。营业性公路客运量 27. 40 万人次，营业性公路客运周转量 5055. 7 万人公里。

2014 年，全旗公路客运量 29. 70 万人次，公路客运周转量 5618. 7 万人公里。

2015 年，全旗公路客运量 29. 70 万人次，公路客运周转量 5621 万人公里。10 月，全旗长、短途客运班车 16 辆，其中，苏木乡线路班车 4 辆，跨旗线路班车 11 辆，跨省线路班车 1 辆。苏木乡线路 4 条，分别为赛汉塔拉—赛罕乌力吉、赛汉塔拉—阿其图乌拉、赛汉塔拉—巴彦哈日哈图、赛汉塔拉—碱矿（此条为运输公司拥有）。上座率除赛汉塔拉—碱矿班线在60%以上外，其余3条苏木乡班线均为40%以下。

二、出租车

2006年，苏尼特右旗首家个体出租车公司成立，具体负责出租车的各项业务，管理主体由交警队移交到交通局。客运出租行业现行运价标准5元，日纯收入80~90元。改气车辆260辆，占总车辆的80%。

2015年，全旗有出租车数量320台，全部享受国家燃油补贴政策。出租车驾驶员320人，其中，男性占95%，女性占5%。驾驶员平均年龄40岁，35岁以下占50%，35~50岁占45%，50岁以上占5%。出租车驾驶员从事出租车行业前为企业转岗职工占50%，农牧民占30%，外来务工人员占9%，转业军人占1%，其他人员占10%。

第三节 货　运

一、货物运输

2001年，苏尼特右旗个体运输户发展迅速，一般一户一车，主要停靠于车站、市场等人流密集处，经营中短途货物运输，多数为3吨位以下货车。

2004年，全旗货运量完成58.1万吨，货运周转量6278.6万吨公里。全年运管费征收46.22万元，解款率100%，完成年计划100%。征收养路费277.50万元。检测营运车辆245台，完成年计划的111%。其中，货车总台数252台，年审244台，年审率96.8%，苏木乡客运班车9台和出租车总车数173台。

2005年，全旗完成货运车辆驾驶员培训上岗证发放工作。

2006年，全旗公路货运周转量6282万吨公里。

2007年，全旗公路货运周转量18201万吨公里。运管费征收74.77万元，解款率100%，超额完成年计划的35.4%，检测营运车辆387台，检测率100%，年审率96.8%。

2008年，全旗公路货运周转量94914万吨公里。根据国家统一规定，取消运管费征收。

2009年，全旗公路货运周转量48604.41万吨公里。

2010年，全旗营运货车有242辆，吨位1266吨，货运量192万吨，货运周转量66849.74万吨公里。

2011年，全旗公路货运周转量70339.94万吨公里。

2012年，全旗公路货运量206.3万吨，货运周转量68852.3万吨公里。

2013年，全旗营运货车有195辆，吨位1089吨，货运量202.5万吨，货运周转量73722万吨公里。本旗内8吨以上48台货运车辆开始安装GPS。

2014年，全旗公路货运量204.40万吨，公路货运周转量71721万吨公里。

2015年，全旗公路货运量204.50万吨，公路货运周转量79535万吨公里。

二、机动车维修

2005年，运管所对汽车、摩托车维修的从业人员实施技术培训，并下发从业资格证书，累计培训维修从业人员82人次。

2006 年，运管所为全旗 36 家维修企业核发经营许可证。其中，二类维修企业 6 家、三类维修企业 30 家。

2015 年，苏尼特右旗有 36 家维修企业，持证上岗率 100%。

三、 驾驶员培训

2006 年，苏尼特右旗开办第 1 所三类驾校，鑫盛驾校成立并开展培训。

2012—2015 年，苏尼特右旗先后有路源驾校、盛达驾校申请成立。截至 2015 年，全旗驾校 3 所。

四、 物流业务

2009 年 5 月，苏尼特右旗远通物流有限责任公司开工建设，总占地面积 11. 58 万平方米。一期工程建成 600 余平方米二层办公楼 1 座，服务区 1430 平方米，仓储、修理库区 1320 平方米，园区道路全部硬化，安装夜间照明设施 22 套。10 月 22 日，公司注册资金 100 万元，正式挂牌营业。

2010 年，远通物流有限责任公司二期工程完成投资 1200 万元，全年完成税收 1000 万元。

2013 年，远通物流有限责任公司有货运翻斗车 52 辆 、挖掘机 6 台、装载机 5 台。

2015 年，远通物流有限责任公司固定资产 4500 万元，总建筑面积 3690 平方米，货运车辆 155 辆，挖掘机 6 台，装载机 7 台。招聘下岗工人和进城务工的农牧民 260 余人，司机每人每月工资 4500 余元。

苏尼特右旗双赢物流公司，是在苏尼特右旗落户的第二家物流公司。该公司总投资 718 万元，年交易额 136 万余元，实现税收 80 万元，吞吐货物 2 万余吨。

第四章　铁路运输

第一节　运输线路

2004 年，呼和浩特铁路局赛汉塔拉车务段机关设 6 个股室，管辖集宁—二连浩特国际干线和郭尔奔—查干淖尔支线。管辖区内有 25 个中间站，其中，三等站 3 个，四等站 14 个，五等站 8 个，含郭查支线运输经营公司。管辖区内为单线半自动闭塞行车，专用线 9 条，全段运营里程 358 公里。11 月 23 日，赛汉塔拉车务段被正式撤销，原赛汉塔拉段内各车站及职工分流到二连浩特站、集宁站和集宁车务段，夏拉哈马以北至西里等 5 个车站划归二连浩特站管辖。郭尔本敖包以南至芦家村等 15 个车站，一级郭查运输经营公司、多经、集经和段机关划归集宁车务段管辖，贲红以南至七苏木等 4 个车站划归集宁站管辖。

2015 年，赛汉塔拉火车站位于赛汉塔拉镇，是集宁—二连浩特线三等区段站，站中心里程位于集二线 215 公里 277 米处，主要承担华北石油、旅客、货物运输业务，站内有到发线 5 条、正线 1 条、调车线 3 条、段管线 2 条、专用线 4 条、货物线 1 条、牵出线 1 条，日均接发列车 20 对左右。车站分客运、运转两大班组。

第二节　运输业务

2001 年，赛汉塔拉车务段货物发送年计划 153 万吨，实际完成 159. 58 万吨，完成计划的 104. 3%，净载重年计划 53. 9 吨/车，实际完成 54. 30 吨/车，完成计划的 100. 7%。发送旅客年计划 96 万人次，实际完成 74. 72 万人次，完成计划的 77. 8%，停时年计划 33. 2 小时/车，实际完成 34. 9 小时/车，比年计划增大 17 小时/车；中时年计划 6. 8 小时/车，实际完成 6. 3 小时/车，比年计划压缩 0. 5 小时/车。货运计划 4150 万元，实际完成 4359. 3 万元，完成计划的 105% 。客运考核指标 800 万元，实际完成 589 万元，完成计划的 73. 6% 。郭查公司运输收入年计划 1850 万元，实际完成 2169. 2 万元，完成计划的 117. 3%。

2002 年，全年货物发送计划 145 万吨，实际完成 157. 5 万吨，完成计划的 108. 6%。净载重年计划 54. 3 吨/车，实际完成 53. 8 吨/车，完成计划的 99. 1%。发送旅客年计划 77. 5 万人次，实际完成 50. 4 万人次，完成计划的 65%，停时年计划 35. 5 小时/车，实际完成 31. 1 小时/车，比年计划压缩 4. 4 小时/车。中时年计划 6. 0 小时/车，实际完成 6. 1 小时/车，比年计划增加 0. 1 小时/车。货运调整计划 3850 万元，实际完成 3867 万元，完成计划的 100. 4%。郭查公司运输收入年计划 2180 万元，实际完成 2235 万元，完成计划的 102. 5%。

2003 年，全年完成进出口运输量 467 万吨，累计接运进口货物 421. 5 万吨，较上年同比增长 14%；完成装车 79706 车，为年计划的 100. 6%；卸车完成18890车，较上年同比增长 40%。发送货物 423 万吨，为年计划的 100. 7%。发送旅客151158人次。接送宽轨重车 1528 列77158辆，日均4. 18列 211. 4辆，较上年同期日均多接 0. 37 列 21. 4 辆。年内，累计多接7948辆，增加 11. 5%。运输收入完成32377. 98万元，完成年计划的100. 3%,较上年同期增收 4433. 74 万元，增长 15. 9%。外国车辆停留时间 3. 29 天，较上年压缩 0. 71 天。

2007 年，全年完成货物装车 15880 车、发送货物 868. 07 万吨、卸车 1633 车。年内，发送旅客 87270人次、客运收入 97 万元，货运收入 3474 万元，全站完成运输收入 3572 万元。

2010 年，全年完成货物装车18531车、发送货物 1142. 72 万吨、卸车 2129 车。年内，发送旅客 83491人次、客运收入 118 万元，货运收入 7845 万元，全站完成运输收入 7963 万元。

2012 年，全年完成货物装车20618车，发送货物 1257. 77 万吨，卸车 2135 车。年内，发送旅客 93640人次，收入 266 万元。货运收入 9256 万元，全站完成运输收入 9282 万元。

2013 年，全年运输任务完成装车27017车。发送货物1645706吨，到达货物62236吨，卸货 1272 车；接发列车24960列，调车钩数17536钩，调动车辆174762辆。旅客发送75602人次，客运收入 221. 86 万元。货运收入 9224. 76 万元。乌日根塔拉站发送原煤19611车 1333 万吨，运输收入 6319. 48 万元。全年完成运输收入 9446. 62 万元。

2015 年赛汉塔拉站客运杂费收费项目及收费标准一览表

表 5-4-1

序号	收费项目	计费条件	收费标准	备　注
1	站台费	—	1 元/张	—
2	手续费	—	2 元/人次	同时发生时按最高标准核收一次性手续费
3	退票费	按每张车票票额计算	开车时间前 48 小时以上的按票价的 5%计，24 小时以上、不足 48 小时的按票价 10%计，不足 20 小时，按票价的 20%	—
4	送票费	送到集中取票点	3 元/人次	—
5	送票费	送到旅客所在地	5 元/人次	—
6	标签费	货签使用服务费	0. 25 元/个	—
7	标签费	安全标志使用服务费	0. 2 元/个	—
8	行李、包裹变更手续费	装运前	5 元/票次	—
9	行李、包裹变更手续费	装运后	10 元/票次	—
10	行李、包裹查询费	行李、包裹交付后，旅客或收货人还要求查询时	5 元/票次	—
11	行李、包裹装卸费	从行李房收货地点至装上行李车或从行李车卸下至交付地点，各位一次装卸作业	2 元/件次	超过每件规定重量的按其超重倍数增收
12	行李、包裹保管费	超过免费保管期限，每日核收	3 元/件	

第六编

邮政·通信

第一章　邮　政

第一节　邮政线路

一、 干线邮路

二连浩特—呼和浩特火车邮政线路。苏尼特右旗—朱日和—巴彦哈尔—土牧尔台—白音查干—集宁—卓资山—呼和浩特往返对开。

二连浩特—包头火车邮路线路。苏尼特右旗—朱日和—集宁—卓资山—呼和浩特—包头往返对开。

锡林浩特—呼和浩特汽车邮路。锡林浩特市—阿巴嘎旗—苏尼特左旗—苏尼特右旗—四子王旗—武川县—呼和浩特市对开往返，途经苏尼特右旗，全程655公里，属于全盟二级干线自办汽车邮路。

二、 旗内邮路

2001年，开通赛汉塔拉镇—都仁乌力吉苏木邮路、赛汉塔拉镇—吉呼朗图苏木邮路委办邮路。

2001—2015年，全旗各苏木镇、嘎查全部通邮路。其中，自办邮路4条，汽车邮路3条（赛汉塔拉镇—朱日和镇、赛汉塔拉镇—北京军区训练基地、赛汉塔拉镇—额仁淖尔苏木），委托办理邮路3条（赛汉塔拉镇—乌日根塔拉镇、赛汉塔拉镇—赛罕乌力吉苏木、赛汉塔拉镇—桑宝拉格苏木）。

2015年，全旗邮路单程总长480公里，苏木、乡、镇、嘎查村全部通邮。

第二节　邮政业务

一、 函件

2001年1月，邮政局开通赛汉塔拉镇—北京军区驻朱日和训练基地流动邮局，解决部队官兵看报难、收信难和办理邮政业务等问题。年内，义务兵免费信件3.69万件。

2006年1月，邮政局对所属函件、包裹、汇票、机要通信、党报党刊收入国家免征营业税；11月15日，函件业务资费由0.80元调整到1.20元平信资费。

二、 包裹

2001—2015年，包裹邮件分国内、国际，其规格尺寸、重量包装及资费均按国家统一规定执行。

邮政局包裹邮件涉及收寄国内包件、日常生活日用品、土特产、用具和零星小包裹等业务。随着邮政事业和行政区划的发展与调整，邮政包裹业务逐渐向整体运输、网络运输调整，通过增加商品经营者运输渠道和浮动包裹资费，商品包裹业务量逐步恢复上升。

2004 年，邮政局总包邮件进口 4.35 万元，出口 3.98 万元。

三、 汇兑

2002 年，邮政局开办电子汇兑业务，实现电子汇兑系统联网，进行全国范围通存通兑，人工汇兑业务停止。

2003 年，邮政局开通并实现国际电子汇兑业务。

2006 年，全旗开通网汇通业务，为广大客户提供快捷方便的网上汇款服务等业务。

2001 年苏尼特右旗邮政汇兑资费标准一览表

表 6-1-1　　单位：元

资费种类		计算标准	资费	资费说明
汇　费		每汇 1 元及零散	0.01	不足 1 元按 1 元计算，10 元以下收 1 角
		每次汇款最低汇费	2.00	
电汇	电报费	每件	2.00	收汇费外再收电报费
	附言电报费	每件	0.13	限 20 字内，不收译电费
航空费		每件	2.00	—
撤回汇款手续费		每件	2.00	撤回汇款手续费，退还相应资费、航空费，已贴邮票盖戳者不退还
查询费		每件	2.00	汇款人查询汇款事宜
退汇政汇费		每件	2.00	汇款人申请退还汇款或改汇款
电报办理有关汇兑事项申请的电报费		每件	—	申请电报查询、退汇、改汇、加收电报费，需对方电报答复再加收电报费

四、 报刊发行

2001 年，全旗受广播电视、网络新媒体等快速发展的影响和冲击，报刊发行工作发展不均衡，报刊流转金额 82.58 万元。邮政局采取党委督办、破季收订、上门服务、赠送个人信箱、快速投递到户等业务措施，提高报刊发行业务量。

2002 年，邮政局全年报刊流转金额 80.84 万元。

2003 年，邮政局全年报刊流转金额 85.60 万元。

2004 年，邮政局全年报刊流转金额 80.05 万元。

2005 年，邮政局全年报刊流转金额 81.80 万元。

2006 年，邮政局全年报刊流转金额 90.56 万元。

2007 年，邮政局全年报刊流转金额 101.04 万元，首次突破百万大关。

2008 年，邮政局全年报刊流转金额 106.98 万元。

2009 年，邮政局全年报刊流转金额 120 万元。

2010 年，邮政局全年报刊流转金额 140 万元。

2011 年，邮政局全年报刊流转金额 32 万元。

2012 年，邮政局全年报刊流转金额 37.84 万元。

2013 年，邮政局全年报刊流转金额 43.16 万元。

2014 年，邮政局全年报刊流转金额 57.71 万元。

2015 年，邮政局全年报刊流转金额 238 万元。

五、 特快专递

2001 年，邮政局业务收入 250.3 万元。年内，开办法院诉讼文书邮政特快专递业务；开通全区经济特快邮件业务，速递金额 7.1 万元。

2002 年，邮政业务收入 188 万元。邮政局先后开办居民身份证、交警罚单、中秋月饼、代购代售火车票、会议资料等特快专递业务。开展“邮政效益年”活动，开办赛汉塔拉至碱矿、流动支局特快专递业务，全旗苏木、镇特快专递覆盖率 100%，速递金额 8.9 万元。

2003 年，邮政业务收入 207.05 万元。

2004 年，邮政业务收入 209 万元，实现代收网费通话费业务。

2005 年，邮政业务收入 224.16 万元。修缮碱矿邮政支局。

2006 年，邮政业务收入 240 万元，发放绿卡 2768 张。

2007 年，邮政业务收入 260 万元。

2008 年，邮政业务收入 304 万元，首次突破 300 万元。朱日和支局、乌日根塔拉支局进行改造。邮政局投资 12 万元进行楼前硬化。为四川地震灾区捐款 6070 元，党员交纳特殊党费 1050 元。为四川邮政员工捐款 1800 元。

2009 年，邮政业务收入 306 万元。

2010 年，开通邮政速递物流业务。主要经营国内速递、国际速递、合同物流、快货等业务。同时，开办 3 种特快专递收件人集中付费业务、特快专递第三方付费业务、特快专递收件人付费业务。年内，邮政业务收入 402 万元。

2011 年，邮政业务收入 504 万元。

2012 年，邮政业务收入 565.56 万元。

2013 年，邮政业务收入 642.97 万元。

2014 年，邮政业务收入 530.71 万元。

2015 年，举办商演儿童剧 4 场，推进 ERP 系统上线运营。邮政业务收入 610.10 万元。

第三节　邮政储蓄

2001 年，邮政储蓄余额 4230 万元，占全旗城乡居民储蓄存款的 12%。

2002 年，邮政储蓄余额 3945 万元，占全旗城乡居民储蓄存款的 9.81%。年内，邮政局全面推行发展邮政储蓄“代”字业务，代发工资 1900 户。

2003 年，邮政储蓄余额 4744 万元，占全旗城乡居民储蓄存款的 9.8%。代售卡 17983 张。

2004 年，邮政储蓄余额 5954 万元，占全旗城乡居民储蓄存款的 10.1%。年内，邮政局设立储汇营业部，实现代收网费、通话费业务。代发工资 2230 户，代办保险业务 65 万元，财险业务 2.8 万元。全年未发现任何通信和安全事故。

2005 年，邮政储蓄余额 6493 万元，市场占有率 11.2%。年内，发布户外灯箱广告 59 块，代办保险业务65万元，财险业务2.8万元。

2006年，邮储储蓄余额6442万元，市场占有率11%。报刊销售额90.56万元。

2007年，邮政储蓄余额7221万元，市场占有率10.96%。年内，邮政局完成储蓄联网核查，中间业务系统、小额质押系统完成金融监控，完善营业场所宽带视频。

2008年3月26日，按照内蒙古邮政储蓄体制改革工作的要求，对邮政储蓄银行人员进行剥离，按照“人随业务走、人随岗位走、人随网点走”原则，将相关人员划转到储蓄银行机构。年内，中国邮政储蓄银行锡林郭勒盟分行苏尼特右旗支行成立。邮政储蓄余额8805万元，市场占有率10.96%。

2009年，邮政储蓄余额9260万元，市场占有率10%。

2010年，全旗安装使用邮政储蓄ATM机。邮政储蓄余额9910万元，市场占有率11%。

2011年，邮储储蓄余额1.56亿元，首次突破亿元。

2012年，邮储储蓄余额1.65亿元。

2013年，邮储储蓄余额1.67亿元。

2014年，邮储储蓄余额1.65亿元。

2015年，邮储余额、理财保险总资产1.98亿元，代发工资7000余万元。年内，全旗邮政拥有车辆6辆，ATM自动取款机1台，CRS存取款一体机2台，累计布放POS机172台，强化时限管控，实行PDA封车解车作业。

第二章　通　信

第一节　中国电信

一、网络建设

2003 年 5 月，苏尼特右旗正式开始建设小灵通基站建设工程。

2006 年 1 月，苏尼特右旗长途线务局人员和固定资产并入划归苏尼特右旗通信分公司。

2008 年 10 月 15 日，中国电信苏尼特右旗分公司成立，设营业厅 2 个，员工 16 人。

2010 年 5 月，中国电信苏尼特右旗分公司第一个 FTTB 光纤小区交付使用，第一个宽带用户业务开通，标志着中国电信苏尼特右旗分公司宽带业务正式开通。

2011 年，建成赛汉塔拉镇新城区、都仁路入户光纤穿线及管道，搬迁天骄雅苑小区干线机房。

2012 年 8 月，中国电信朱日和训练基地营业厅成立。10 月，新建杭盖路入户光纤穿线及管道竣工。

2013 年 10 月，新建的赛汉塔拉镇第三小学基站正式投入使用。

2014 年 4 月，撤销碱矿营业点。6 月，企业全面实行营改增政策，新建赛汉塔拉镇内锡林路营业二厅。年内，业务收入突破 500 万元。

2015 年 4 月，启动赛汉塔拉镇倒三角支撑工作。年内，建设农牧区无线宽带基站 4 座；开通赛汉塔拉镇内 4G 基站。

二、电信业务

2008 年，中国电信苏尼特右旗分公司为全旗用户提供绿色环保 CDMA 无线通信网络（133、153、177、180、181、189 号段）、FTTH、FTTB+LAN 小区宽带接入、C 网环保无线座机、商业专线光纤（区际、省际、国际）电路接入、商业 POS 机刷卡、3G 无线宽带业务、118114 号码百事通、企事业单位门禁系统和平安校园网络平台等业务。

2009 年，中国电信苏尼特右旗分公司发放第三代移动通信 3G 拍照，进入全新业务经营和 3G 发展新时期。

2015 年 3 月，实行业务平台化，改革经营机制。7 月，中国电信实名认证工作正式启动。

第二节　中国移动

一、网络建设

2001 年，中国移动苏尼特右旗分公司增加移动网络扩容工程，提高网络质量，全旗苏木镇和交通要道移动网络覆盖 80%以上。

2001—2009 年，中国移动苏尼特右旗分公司建设基站全部为 2G 基站。

2002 年，按照锡林郭勒盟移动公司统一要求，完成第一批固定资产投资，投资启动 G 网、BOSS 工程、城域网部分工程建设等网络建设。5 月，正式推出 GPRS 业务；11 月，GPRS 国际漫游业务正式开通。

2010 年，中国移动苏尼特右旗分公司开始筹备建设 3G 基站。

2013 年，中国移动苏尼特右旗分公司以“网络质量是通信企业生命线”为核心理念，从质量、转型、创新 3 个方面入手，优化资源配置，保障网络能力，提升工作效能，推进四网协同，有效支撑市场业务发展。

2014 年，中国移动苏尼特右旗分公司做好 4G 专业知识和专业人才储备工作。正式开启 4G 体验和 4G 终端销售工作。年内，全旗范围内建成 2G、3G、4G 基站 109 个，满足全旗近 90%嘎查、村落的通信需求，主要交通干线实现连续覆盖，旅游景点覆盖率 100%。

2015 年，中国移动苏尼特右旗分公司网络维护人员与代维公司人员一同开展移动基站移交铁塔公司工作。全旗物理基站总数 116 座，为全旗客户提供着畅通、优质移动通信网络。

二、企业管理

2001 年，中国移动苏尼特右旗分公司制定《经营绩效考核办法》《2001 年业务发展考核办法》和《员工健康休养管理办法》等。

2002 年，中国移动苏尼特右旗分公司制定《财务管理办法》《值班经理制度》《安全生产考核办法》。

2003 年，中国移动苏尼特右旗分公司制定《锡林郭勒盟移动通信苏尼特右旗分公司会议制度》。

2005 年，中国移动苏尼特右旗分公司制定《苏尼特右旗分公司例会制度》《苏尼特右旗分公司 2005 年财务管理办法》。

2006 年，中国移动苏尼特右旗分公司制定《苏尼特右旗移动通信分公司党风廉政建设责任制检查办法（试行）》。

2007 年，中国移动苏尼特右旗分公司制定《苏尼特右旗移动通信分公司 2007 年度工会会费、经费管理办法》和《苏尼特右旗移动通信分公司大病互助基金管理办法（试行）》。

2009 年，中国移动苏尼特右旗分公司制定《苏尼特右旗分公司“软环境改善提升”方案》《专项治理领导干部违反规定收送礼金问题工作方案》，从源头上治理违规行为发生。

2010 年，中国移动苏尼特右旗分公司印发《苏尼特右旗分公司 2010 年全员岗位竞聘实施细则》。

2012—2015 年，完善人力资源管理体系，加强干部管理和员工队伍建设。制定《苏尼特右旗分公司员工奖励积分管理办法》《苏尼特右旗分公司贯彻落实“三重一大”决策制度实施办法》《苏尼特右旗分公司“三重一大”决策事项目录》，规范“三重一大”决策行为。

三、移动业务

2001 年，中国移动苏尼特右旗分公司主要经营 IP 电话业务，通过大客户服务中心、1860 客服中心和营业厅3个方面，提高移动电话持有者消费水平。年内，推出“神州行”点对点短消息业务、“全球呼”业务、固定IP电话业务、信息点播、信息定制、移动梦网、移动IP充值卡、记账卡、全球通缴费卡、神州行亲情号码等新业务。

2003年，通过自办营业厅推行“免填单”服务，实现跨地区异地交费、补卡、查询服务。负责全旗境内“134、135、136、137、138、139”及“150、151、152、158、159”国家公众移动电话网的经营服务和销售维护。拥有“全球通”“神州行”“动感地带”服务品牌。

2004年，中国移动苏尼特右旗分公司制定忙闲时资费模型，在BOSS系统中实现可单独赠送闲时通话时长的功能，增加资费设计维度。

2005年，开展“全球通”“动感地带”客户积分回馈活动，客户识别系统得到初步建立。

2007—2009年，推出自助缴费、空中充值等业务，电子渠道业务量稳步提升。手机上网、无线音乐俱乐部、飞信、无线音乐、手机报等增值业务逐渐被客户认知。针对教育、公安、农业大力推广“校信通”“警务通”“农信通”业务，有效增强行业客户黏性。利用全盟统一搭建的新年数据业务营销平台，集飞信、彩信、无线音乐、139邮箱、号簿管家、手机电视、手机报、12580、手机地图、手机视频、手机证券、手机游戏、新华快讯、手机福彩、彩铃等数据业务，将业务与客户需求相结合，提升新业务客户活跃度。

2011年，苏尼特右旗移动分公司“无线城市”客运查询、旅游应用模块正式上线，搭建承载“无线政务、无线产业、无线生活”三大内容的无线城市应用平台，实现百姓足不出户即可查询车辆违章、驾驶证年检、住房公积金、医疗社保、水电费、加油站位置等详细信息，推动城市信息化进程。

2012年，苏尼特右旗移动分公司通过短信、营业厅内宣传等方式，开展手机支付业务促销活动。针对沿街商铺、批发、零售、餐饮、住宿、租赁服务、居民服务、运输代理与快递、娱乐业、计算机服务业开展商户管家营销活动，有效拓展市场，拉动公司信息化收入增长。与呼和浩特市国通视讯公司、旗委宣传部联合打造《苏尼特右旗手机报》，分为“关注西苏”“时事快讯”“图文天下”“生活百科”“休闲一刻”和“天气预报”6个栏目，包括全旗政治、经济、文化方面的重要新闻、社会热点、百姓生活方面的报道，以及饮食、健康、体育、读书等方面的知识。标志着苏尼特右旗继报纸、广播、电视、网络之后，新闻宣传工作又有新的媒体，在加速新闻信息传播、推进政务信息化进程、宣传党的方针政策、服务经济社会生活等方面具有重要意义。

2013年9月1日，全面开展电话用户真实身份信息登记工作。面向农牧民用户推出1000台安装蒙古文软件的“蒙古语、汉语3G智能手机”，填补蒙古语言文字在现代通信领域的空白，给牧区蒙古族用户提供更加快捷、方便的服务，促进牧区信息化建设。

2014年，苏尼特右旗移动分公司落实实名制管理工作，实施公司客户资料实名制的各项管理办法。开展4G换卡工作，普及4G业务，进一步推进家庭宽带、农村宽带业务营销工作。

2015年，苏尼特右旗移动分公司与公安局完成签订平安城市链路项目合同，覆盖数据专线55条，协助公安局通过建设城市社会治安监控系统来打造良好社会治安环境，创建和谐社会。全旗14个住宅小区建设家庭有线宽带，在农村牧区推广农村无线宽带业务。向农村未接入无线宽带且有4G覆盖的区域，城镇无有线宽带覆盖区域重点推广4G CPE，弥补宽带覆盖不足的局面。

四、 移动用户

2014年，全旗移动用户5.3万户，运营收入4400万元，为当地创税收近214万元，2家运营商市场份额比重占85.09%。

2015年，全旗移动用户6万余户，3家运营商市场份额占81.06%。

第三节 中国联通

一、网络建设

2001 年，中国联合网络通信集团有限公司苏尼特右旗分公司、苏尼特右旗电信局先后开通齐哈日格图、阿其图乌拉、朱日和 ETS 无线接入基站。开通赛汉塔拉—朱日和农话光缆（12 芯）42.7 公里光传输，碱矿—阿其图乌拉苏木光传输。年内，全旗建成 ETS 无线基站 5 个、有线接入网点 7 个，扩建微波站点 6 个。

2003 年 5 月，开通小灵通业务，小灵通基站建设工程开工。IC 公用电话遍布赛汉塔拉镇主要街道和公共场所。

2004 年，全旗苏木镇全部接入光缆。开通固定电话预付费系统，小灵通用户 3000 余户。

2009 年 1 月，开通 WCDMA 制式的 3G 牌照，拥有“沃 3G/沃 4G”“沃派”“沃家庭”等客户品牌。

2015 年，全旗联通营业合作厅 5 个，苏木镇设立代办点，网络接入实现全覆盖。

二、联通业务

2002 年 10 月 18 日，成立内蒙古自治区通信公司苏尼特右旗分公司、中国网通集团新天地通信有限责任公司苏尼特右旗分公司，承担全旗党、政、军、社会团体和人民群众电信通信服务。

2007 年 1 月 12 日，正式启用中国网通（集团）有限公司苏尼特右旗分公司。开展固定电话网增值电信业务、因特网增值电信业务、其他数据传送网络增值电信业务、国内国际各类固定电话网络与设施（含本地无线环路）、电信网络电话语音、图像及多媒体通信与信息服务；技术开发、技术服务、信息咨询，与通信及信息业务相关的系统集成；通信设备（不含专项审批项目）销售，线路代维，广告制作、代理、发布以及房屋租赁、黄页等业务。

2008 年 11 月，中国网通苏尼特右旗分公司和中国联通苏尼特右旗分公司合并，成立中国联合网络通信集团有限公司苏尼特右旗分公司。设市场销售部、建设维护部、综合部 3 个职能部和营业班、光缆及基站维护班、综合机房 3 个生产班组。下设苏木自办点 2 个，苏木代办点 6 个。联通 2 名正式员工、6 名外包员工编入中国联通苏尼特右旗分公司。联通办公楼第一层划归苏尼特右旗电信分公司，第二层划归苏尼特右旗联通分公司。

2009 年，分公司推出全新的全业务品牌“沃”，为个人客户、家庭客户、集团客户提供支持。

2010 年 3 月 10 日，根据《中国联通锡林郭勒盟分公司组织机构调整方案》和《关于印发锡林郭勒盟联通旗县分公司组织机构调整方案的通知》，苏尼特右旗分公司设市场销售部、综合部、建设维护部等职能部门，下设商居客户第一服务中心、商居客户第二服务中心、商居客户第三服务中心、集团客户服务中心、维系及渠道营销中心、农牧社区、营业班、综合机务班、客户响应班、维护班等生产经营单元。

2014—2015 年，公司通过实施“两大区域（城镇、农牧区）、三项业务（4G/3G、宽带、2G）、六支队伍（自营厅、社会渠道、中小网格、集团、电子渠道、乡镇网格）”的信息战策略，把公司产品亮点、业务优势以多种方式、多角度、全方位、及时、快速传递给客户。

第七编

农牧林水

第一章　畜牧业

第一节　草牧场

一、 草牧场类型

苏尼特右旗土地面积3351.03万亩，草原面积3187.13万亩，其他地类面积163.90万亩。

2008年，全旗完成基本草原划定工作。基本草原类型包括重要放牧场、割草地和人工草地。其中，重要放牧场面积3161.56万亩，割草地面积22.44万亩，人工草地面积3.13万亩。

二、 草牧场建设

1. 围栏草牧场

2001年，苏尼特右旗结合国家京津风沙源工程草地治理项目、牧区开发项目、畜牧业防灾基地建设项目和农业综合开发项目，集中开展人工种草、飞播牧草、退牧退耕种草和草库伦等草原基本建设，草原环境建设逐年得到改善，牧区围栏草牧场等草原建设得到加强。

2010—2015年，全旗累计投入资金6379万元开展草原基础建设。有效解决农牧民棚圈建设、人畜饮水、草场改良、畜种引进、农牧业机械配套、良种推广等基础设施，生态环境保护和草原建设成效明显。全旗草原植被盖度、牧草高度和单位面积产量均明显提高，草场资源得到合理循环利用。

2015年，全旗围栏草牧场从2001年的560.4万亩发展到2820万亩，增加2259.6万亩。围栏草牧场占全旗草场可利用面积率87%。高产饲草料基地面积年产稳定在3万亩左右，单位面积产量平均稳定在3500公斤以上，全旗饲草储备量每年均稳定在1亿公斤左右。

2001—2015年全旗围栏草场及配套草库伦面积统计表

表7-1-1　　单位：处、万亩

年度	围栏草场面积				配套草库伦面积			
	累计数		年度新增数		累计数		年度新增数	
	围栏	面积	围栏	面积	草库伦	面积	草库伦	面积
2001	3120	560.4	167	161	658	15.5	0	0.16
2002	3260	1360.4	140	800	679	15.66	0	0.66
2003	3350	1618.4	90	258	684	16.32	0	0.11
2004	3420	1853.4	70	235	696	16.43	0	0.27
2005	3560	1883.23	140	29.83	946	16.7	0	5

续表7-1-1

年度	围栏草场面积				配套草库伦面积			
	累计数		年度新增数		累计数		年度新增数	
	围栏	面积	围栏	面积	草库伦	面积	草库伦	面积
2006	3610	2033. 23	50	150	1132	21. 7	0	4. 02
2007	3720	2183. 23	110	150	882	17. 68	0	0
2008	3830	2263. 23	110	80	882	14. 14	0	0
2009	3940	2284. 73	110	21. 5	882	14. 14	0	0
2010	4120	2310. 23	80	22. 5	882	14. 14	0	0
2011	4360	2460	240	149. 7	882	14. 14	0	0
2012	4580	2580	220	120	882	14. 14	0	0
2013	4760	2650	180	70	882	14. 14	0	0
2014	4920	2743	160	93	882	14. 14	0	0
2015	5035	2820	115	77	882	14. 14	0	0

2. 棚圈建设

2001 年，结合国家和内蒙古自治区生态项目、农牧业开发项目等，全旗集中投入资金加强农牧区棚圈基础设施建设。

2015 年，全旗畜棚面积 52 万平方米，较 2005 年增加 27 万余平方米。畜圈面积 156 万平方米，较 2005 年增加 56 万平方米。

2001—2015 年苏尼特右旗畜棚、畜圈情况表

表 7-1-2　　单位：间、万平方米

年度	畜棚数量	畜棚面积	畜圈数量	畜圈面积
2001	9487	26. 37	6058	13. 55
2002	9640	27. 60	6300	13. 70
2003	9900	29. 08	6500	13. 68
2004	10200	30. 56	6700	13. 82
2005	10500	32. 37	6900	14. 08
2006	10800	34. 93	7100	14. 34
2007	12600	38. 95	8300	14. 93
2008	12700	40. 01	8400	15. 07
2009	12900	44. 43	8600	15. 25
2010	12976	45. 04	8780	15. 36
2011	11600	41. 52	7800	15. 28
2012	11600	41. 80	7800	15. 36
2013	12900	44. 94	8700	15. 35
2014	14300	49. 46	9000	15. 48
2015	15000	52. 00	10000	15. 60

三、 草牧场保护

1. 禁牧舍饲（春季休牧）

2001 年，根据《内蒙古自治区草原保护费征收管理办法》，苏尼特右旗委、政府坚持“以草定畜、增草增畜”原则，对全旗草畜平衡进行严格管理，开展舍饲基础建设，完善和规范基本草原基础设施建设。

2002 年，全旗申请禁牧舍饲项目 150 万亩，涉及 4 个苏木、13 个嘎查、808 户牧民、887.6 万亩草场实施春季休牧。

2002—2004 年，开始实施禁牧舍饲项目，累计发放饲料粮补贴资金（或饲料折合现金）12251.25 万元。全旗禁牧、休牧牧户户均享受饲料粮补贴资金 2.9 万元。

2002—2008 年，全旗实施禁牧舍饲工程 495 万亩。

2003 年，全旗申请项目禁牧舍饲 135 万亩，涉及 7 个苏木镇、15 个嘎查、1101 户牧民、798.9 万亩草场实施春季休牧。

2004 年，全旗申请项目禁牧舍饲 210 万亩，涉及 7 个苏木镇、16 个嘎查、257 户农牧民、38.15 万亩草场连续 5 年实施全年禁牧；5 个苏木、20 个嘎查、2051 户牧民 1017.19 万亩草场连续 5 年实施春季休牧。其中，60 天春季休牧补贴标准 0.82 元/亩，45 天春季休牧补贴标准 0.62 元/亩。禁牧区域每年 4.95 元/亩饲料粮补贴。

2010 年，全旗阶段禁牧面积 567 万亩，涉及 4 个苏木镇、18 个嘎查 1118 户 4077 人。禁牧前牲畜 27.78 万头（只），禁牧后牲畜 2.75 万头（只），实施阶段禁牧后压减牲畜 25 万头（只），占全旗牧业年度存栏牲畜总量 18%。主要包括额仁淖尔苏木赛音锡力嘎查、图门嘎查、阿门乌苏嘎查、查干哈达嘎查 4 个嘎查，乌日根塔拉镇赛罕锡力嘎查和巴彦敖包嘎查 2 个嘎查，朱日和军事训练基地禁牧区和 101 绿色通道工程禁牧区。

根据《自治区阶段禁牧、划区轮牧补偿实施办法》规定，按照以嘎查为实施单元，成片整体推进的原则，分五片推进。第一片西北部荒漠草原极度退化无水草场区，涉及额仁淖尔苏木 4 个嘎查，补贴标准 5000 元/人 · 年；第二片东部沙地草场区乌日根塔拉镇的赛罕锡力嘎查，该区域与沙源飞播项目及浑善达克沙地西缘防护林建设项目结合实施，补贴标准 5000 元/人 · 年；第三片原整体移民搬迁禁牧区，涉及乌日根塔拉镇巴彦敖包嘎查，该区域为进一步巩固原整体移民搬迁禁牧区成果，有效恢复植被，补贴标准 5000 元/人 · 年；第四片朱日和训练基地禁牧区，补贴标准 5 元/亩 · 年；第五片 101 绿色通道工程禁牧区，该区域是为进一步巩固通道工程禁牧区成果，有效恢复植被，补贴标准 5 元/亩 · 年。

2011 年，全旗草原全部列入国家草原生态保护补奖范围。其中，禁牧面积 1367.3 万亩，占草原总面积 40.8%，涉及全旗 5 个苏木镇 18 个嘎查和朱日和训练基地、101 省道、208 国道及铁路沿线、王府保护区2879户牧民，人口11135人。草畜平衡面积1983.7万亩，占草原总面积 59.2%，涉及全旗 34 个整体嘎查，户数 3647 户，人口10118人。

全旗禁牧补助标准分三类进行补助，北部额仁尔淖尔苏木图门嘎查、赛音锡力嘎查、吉呼郎图嘎查 3 个嘎查人均草场面积大，采取封顶标准补助。封顶标准按照自治区规定的本盟市上年农牧民人均纯收入 2 倍，即每人每年 12306 元。朱日和训练基地、101 省道、208 国道及铁路沿线两侧、王府保护区等按实际占用草场面积补助，补助标准 6 元/亩，其余每人 6658 元。

2007—2012 年，全旗完成沙源治理面积 76 万亩，完成国家生态公益林补偿面积 49.4 万亩，生态移民 4400 余人，发放禁牧和草畜平衡补奖资金 2.2 亿元，人均受益 1 万元。全旗生态环境实现“整体遏制、局部明显好转”的转变。

2015 年，实施以草原生态保护补助奖励政策为重点的生态保护工程，及时发放草原生态奖补资金。累计发放草原生态奖补资金 5956 万元，为年度奖补资金的 50%，其中，发放禁牧补助资金 4404 万元，涉及全旗 1367.27 万亩禁牧草场，2879 户禁牧牧户 11135 人；发放草畜平衡奖励资金 1552 万元，涉及全旗 1983.73 万亩草畜平衡草场，3647 户草畜平衡牧户 10118 人。

2. 划区轮牧

2002 年，赛汉塔拉镇、朱日和镇等部分嘎查有条件牧户实施标准化划区轮牧，实施面积 30 余万亩。

2008 年，赛汉塔拉镇哈登胡舒嘎查、朱日和镇巴彦宝力嘎嘎查、乌日根塔拉镇萨如拉塔拉嘎查整合草场资源，实行大区分季轮牧，实施面积 40 余万亩。

2010 年，集中在乌日根塔拉镇萨如拉塔拉嘎查建设划区轮牧 10 万亩。

2013 年，全旗农业综合开发草原建设项目总任务 15.03 万亩，其中，划区轮牧 15 万亩。确定桑宝拉格苏木为项目区，建设划区轮牧 15 万亩，其中，封育打草场 5 万亩。

2010—2015 年，全旗累计完成划区轮牧项目 59 万亩、草场改良项目 1.5 万亩。

3. 鼠害、虫害防治

鼠害　全旗严重区主要分布在赛汉塔拉镇查干呼舒嘎查、哈登胡舒嘎查、都呼木嘎查，朱日和镇巴彦塔拉嘎查、巴彦高勒嘎查一带，害鼠的主要种类长爪沙鼠、草原黄鼠。

2001—2015 年，全旗草原鼠害主要以防治长爪沙鼠和草原黄鼠为主，境内苏木、镇相应建立 10 个基层鼠虫害防治联络点，初步建立草原灾害数字化监测预测预警体系，重点开展草原鼠虫害预测预报工作，集中推广草原鼠虫害综合防治技术，及时准确地预防、监测和反馈鼠虫害发生发展情况。

2014 年 9 月 23—27 日，苏尼特右旗境内发生草原鼠害。发生区主要分布在朱日和镇巴彦塔拉嘎查、巴彦高勒嘎查和额仁淖尔苏木查干哈达嘎查一带，平均有效洞口数每亩 18 个，最高每亩 26 个。长爪沙鼠发生区主要分布在赛汉塔拉镇查干胡舒嘎查，平均有效洞口数每亩 27 个，最高每亩 65 个。农牧业局草原工作站组织 8 名技术人员，出动车辆 2 台，利用 5 天时间进行鼠虫害野外路线调查，重点调查路线设置涉及赛汉塔拉镇、朱日和镇、桑宝拉格苏木、额仁淖尔苏木 4 个苏木镇 16 个嘎查，调查样地 55 个，设置样方 165 个。

2015 年，全旗境内发生春季鼠害，发生面积大约 50 万亩，严重危害面积 11 万亩。分布在赛汉塔拉镇查干胡舒嘎查、哈登胡舒嘎查、都呼木嘎查、朱日和镇巴彦塔拉嘎查、巴彦高勒嘎查等区域。截至 2015 年 11 月，苏尼特右旗成立 70 年来，全旗累计判定鼠间鼠疫 435 起。

蝗虫害　蝗虫严重发生区主要分布在赛汉塔拉镇查干胡舒嘎查、巴润宝拉格嘎查、都呼木嘎查、阿拉坦宝拉格嘎查区域，桑宝拉格苏木巴彦淖尔嘎查和巴彦车勒嘎查区域，朱日和镇洪格尔嘎查区域一带，蝗虫种类主要是亚洲小车蝗。

2001—2002 年，全旗连续 2 年暴发蝗虫灾害，虫口密度每平方米 50～300 头，受灾面积 1375 万亩，重灾区面积 280 万亩。

2003 年 6—7 月，全旗暴发历史罕见的大面积高密度蝗虫灾害。受灾面积 91.7 万亩，成灾面积 41.13 万亩。旗委、政府多次召开专门会议，研究防治对策，成立由畜牧、财政、计划、气象、卫生、金融等有关部门组成的防蝗指挥部，制定《苏尼特右旗 2003 年草原蝗虫综合防蝗实施方案》。同时，在内蒙古自治区、锡林郭勒盟两级政府和上级业务部门支持下，先后采用机械作业、飞机作业及牧鸡灭蝗等方法，安排防蝗药品 67 吨，实际用药 66.2 吨，出动人员 2017 人次，车辆 458 辆次，防治作业面积约 1134 万亩。其中，完成飞机作业面积 70 万亩，机械作业面积 42 万亩，牧鸡灭蝗作业面积 0.16 万亩 。

2013 年，全旗发生秋季草原蝗虫灾害。发生面积约 110 万亩，其中，赛汉塔拉镇 80 万亩、朱日和镇5万亩、桑宝拉格苏木25万亩，平均密度每平方米15~25头，最高密度每平方米50头。严重发生面积22万亩，主要分布在桑宝拉格苏木巴彦车勒嘎查、巴彦淖尔嘎查，朱日和镇洪格尔嘎查，赛汉塔拉镇查干胡舒嘎查、巴润宝拉格嘎查、宝拉格嘎查低洼下湿地苔草型草场。害虫主要种类是蚁蝗，体型较小，采食量小，发生盛期多在7月中旬，防治指标单位密度每平方米25头。

2014年，全旗发生蝗虫灾害，受灾面积约120万亩，严重危害面积30万亩。蝗虫发生区主要分布在桑宝拉格苏木巴彦车勒嘎查、巴彦淖尔嘎查，赛汉塔拉镇巴润宝拉格嘎查、哈登胡舒嘎查、查干胡舒嘎查、都呼木嘎查等区域，朱日和镇洪格尔嘎查平均密度每平方米7头，最高每平方米16头，主要种类有亚洲小车蝗、蚁蝗。

2015年3—4月，全旗发生春季草原蝗虫灾害。受灾面积约90万亩，涉及3个苏木镇7个嘎查，严重危害面积20万亩，蝗虫种类主要是亚洲小车蝗。农牧业局草原工作站组织技术人员5人，出动车辆1台，利用5天时间在全旗进行蝗虫受灾取样调查。

沙葱萤叶甲虫害 沙葱萤叶甲情况主要分布在朱日和镇乌兰哈达嘎查及周边地区，平均密度500头/平方米，最高密度上千头，主要啃食葱属植物。

2011年4月，苏尼特右旗境内发生沙葱萤叶甲病虫害，受灾面积5万亩，平均密度每平方米300头，最高密度每平方米500头。主要分布在朱日和镇巴彦敖日格勒嘎查、乌兰哈达嘎查、宝拉格嘎查。6月8日，沙葱萤叶甲病虫害得到控制。

2012年5月，朱日和镇暴发沙葱萤叶甲幼虫灾害。发生面积32万亩，平均密度每平方米300头，最高每平方米1000头 。严重危害面积12万亩，涉及4个嘎查50余户牧户。

2013年5月，朱日和镇境内爆发沙葱萤叶甲幼虫，平均密度每平方米400头，最高每平方米800头。受灾面积11万亩，涉及乌兰哈达嘎查8万亩和巴彦敖日格勒嘎查3万亩。

2014年5月，全旗暴发沙葱萤叶甲幼虫灾害，发生面积约53.7万亩，涉及赛汉塔拉镇、朱日和镇、阿其图乌拉苏木、额仁淖尔苏木、赛罕乌力吉苏木5个苏木镇11个嘎查（洪格尔嘎查、乌兰哈达嘎查、巴彦宝拉格嘎查、巴彦敖日格勒嘎查、巴彦塔拉嘎查、哈登胡舒嘎查、查干胡舒嘎查、额尔敦宝拉格嘎查、都希乌拉嘎查、脑干车勒嘎查、阿门乌苏嘎查），严重危害面积31万亩，平均密度每平方米300~400头，最高每平方米800头。旗委、政府启动防治沙葱萤叶甲灾害应急预案，农牧业局制定出台《苏尼特右旗2014年沙葱萤叶甲灾害监测及综合防治实施方案》，灾情得到有效控制。

2015年4月，全旗暴发沙葱萤叶甲幼虫灾害。受灾面积约25万亩，涉及8个嘎查48户牧民，严重危害面积12万亩，平均密度每平方米300头，最高每平方米800头。年内，政府紧急拨付防治启动资金10万元，将境内防治面积扩大到40万亩。沙葱萤叶甲发生区幼虫危害面积预测将突破63万亩。

2001—2015年全旗鼠害、虫害发生面积及防治面积统计表

表7-1-3 单位：万亩

年度	鼠害			虫害		
	发生面积	危害面积	防治面积	发生面积	防治面积	害虫种类
2001	15	12	10	266	41.8	蝗虫
2002	15	11	8	300	61.3	蝗虫
2003	10	7	5	1375	170.1	蝗虫
2004	15	5	5	1043.5	365.3	蝗虫
2005	30	3.5	3.5	115	120	蝗虫
2006	40	20	2	30	30	蝗虫

续表7-1-3

年度	鼠　害			虫　害		
	发生面积	危害面积	防治面积	发生面积	防治面积	害虫种类
2007	23	10	8	30	26	蝗虫
2008	50	35	1	530	9	草地螟
2009	45	25	2	530	12	草地螟
2010	100	50	20	20	5.6	沙葱蝇叶甲
2011	15	15	15	30	25	沙葱蝇叶甲
2012	18	12	6	9	4.5	沙葱蝇叶甲
2013	35	20	16	18	8	沙葱蝇叶甲
2014	50	45	30	45	23	沙葱蝇叶甲
2015	10	8	4.5	30	17.6	沙葱蝇叶甲

四、草牧场监测

2008年，苏尼特右旗与中国农科院草原研究所进行合作，完成野外台站挂牌落成，填补国内荒漠草原野外台站建设空白，重点开展境内草牧场监测项目合作。包括引种优质牧草品种进行风蚀退化严重草牧场植被表土恢复再造试验，对全旗不同类型天然草牧场进行生产力测定、收集草地生态及气象因子动态监测实验数据、共同深入牧户进行社会经济情况调查，对牧民生活生产现状，生活环境等方面材料进行收集，为草牧场可持续发展研究提供基础数据，为国家对农牧民建立生态补偿机制提供基础信息。

五、草牧场普查

2009—2010年，全旗完成草原亚类及“三化”草原资源普查工作任务。主要采用3S技术与地面调查相结合方法，完成野外调查和类型图的勾绘工作，野外调查历时11天，调查样地111个。其中，主样地16个，辅助样地91个，观察路线样地3个。

第二节　畜种结构

一、畜种群构成

苏尼特右旗贯彻落实草畜平衡制度和草场“双权一制”（草牧场所有权、使用权和草牧场有偿使用家庭联产承包责任制）。

2001年，全旗在遭受严重的风灾、雪灾情况下，畜牧业保持比较稳定的发展情况，牧业年度牲畜总数为22054万头（只），其中，大畜672头（匹、峰），小畜21382万只。

2006年，经过连续遭受几年灾害后，全旗畜牧业逐渐恢复，饲养牲畜种群首次突破100万大关，牧业年度牲畜总数122541万头（只），其中，大畜2365头（匹、峰），小畜120176万只。

2011年，全旗饲养牲畜创历史最高纪录，牧业年度牲畜总数243366万头（只），其中，大畜3787头（匹、峰），小畜239579万只。

2015年，全旗牧业年度饲养牲畜总数170563万头（只），其中，大畜6312头（匹、峰），小畜164251万只。

二、 改良种构成

1. 苏尼特羊改良

2001 年，全旗进一步调整优化畜牧业结构，大力发展地方良种苏尼特羊。

2005—2014 年，全旗财政每年安排专项经费开展苏尼特羊选育提高工作。累计完成种公羊年检鉴定 112304 只次，选留后备公羔 27483 只，建设和规范标准化畜群 550 群，建立和规范种公羊生产专业户 75 户，种公羊集中管理嘎查 51 个，集中管理站点 66 个，集中管理种公羊数量 20572 只。

2007—2015 年，全旗连续 9 年举办苏尼特羊良种畜评比活动。

2010 年，苏尼特羊通过国家专家验收组验收，并列入国家优良畜种名录。

2015 年，全旗存栏苏尼特羊 164. 78 万只，苏尼特羊占全旗存栏大小牲畜数量的 87. 91%，苏尼特羊种畜繁育户 350 户，标准化畜群 1000 群。

2. 苏尼特黄牛改良

2005 年，开始实施苏尼特黄牛改良专项推进工作。选择境内东部沙地 5 个嘎查为冷配区，进行黄牛冷配改良，其余嘎查为本交区，进行本交改良。全旗每年制定专门工作方案，上级配套拨付 15 万元专项经费；配套财政 15 万~20 万元经费，用于每年实施冷配 2000 头左右，本交改良 3000 头以上。冷配区确定赛罕乌力吉苏木巴彦哈日阿图嘎查和敖伦淖尔嘎查，桑宝拉格苏木巴彦乌拉嘎查和包日温都尔嘎查，乌日根塔拉镇乌日根高勒嘎查 5 个嘎查。其中，巴彦哈日阿图嘎查和乌日根高勒嘎查作为重点进行专项推进。冷配区母牛全部实行冷冻精液配种，其余地区全部进行本交改良配种，并鼓励开展冷冻精液配种。

2015 年，全旗存栏改良肉牛38700余头，苏尼特黄牛改良比重67. 02%，较 2004 年6. 9%提高 60. 12 个百分点，年均提高 6 个百分点，牧民养殖良种肉牛的积极性明显提高。

第三节　繁殖与出栏

一、 繁殖

2001—2015 年，通过完善和加强草原建设、棚圈建设和牲畜疫病防治等基础性工作，科学规范种畜集中管理、母畜饲养管理、黄牛冷配和本交改良、苏尼特羊选育提高、骆驼保种、接冬羔、羔羊补贴等具体措施，全旗牲畜繁殖除个别年份偏低外，均保持在正常水平，大小畜仔畜繁殖率、成活率稳步提高。截至 2015 年，全旗有苏尼特羊标准化畜群 1000 群，苏尼特羊种畜繁育户 350 户。

二、 出栏

2001—2015 年，全旗在畜牧业实践中不断转变畜牧业生产经营方式，完善和加强饲养管理，积极开展接冬羔、放牧加补饲、育肥提前出栏。针对牧民接冬春羔积极性比较高，每年 90%的羔羊为冬春羔。但羔羊提前出栏不多，每年大部分集中在 8—10 月份出栏，对草场压力比较大，特别是实施暖季草畜平衡后，夏秋季牧户超载严重。

2008 年，旗委、政府通过补贴、发放育肥饲料等措施鼓励牧民开展接冬羔提前出栏加工，加快畜群周转，促进牧民增收，缓减夏秋季草牧场压力，并使部分劳动力在夏季羔羊提前出栏后从事季节性务工，实现“育肥羔羊增收、提前出栏牲畜保护草场和剩余劳动力务工就业增收”三赢目标。

三、畜产品产量与产值

2001—2015 年，全旗优化畜牧业产业结构，重点发展高效、现代畜牧业，促使畜牧业由数量型向质量、效率与生态并重型方向转变。牧业年度存栏牲畜总体呈现逐年减少趋势，年度畜产品总增数基本稳定在 40 万头（只）左右，年度纯增基本为负值。2005 年，全旗年度畜产品总增最多，总增数 57 万余头（只）。

2005—2010 年苏尼特右旗牲畜总增数、纯增数及总增率、纯增率统计表

表 7-1-4

年度	总增数（头只）			纯增数（头只）		
	合计	大畜	小畜	合计	大畜	小畜
2005	570583	7122	563461	-252491	-5099	-247392
2006	255508	2231	253277	-47028	-1822	-45206
2007	377652	3042	374610	17206	349	16857
2008	395399	4840	390559	5332	1969	3363
2009	449632	6336	443296	370125	11967	358158
2010	615133	8867	606266	-76488	158	-76646

第四节　疫病防控

一、疫病防治

2001 年，全旗范围实施畜间常见疫病防治工作，重点对布鲁氏菌病进行强制免疫工作。

2006 年，全旗正式聘用 58 名嘎查村动物防疫员，进一步健全全旗动物疫病防控体系建设。

2008 年，全旗完成牲畜口蹄疫免疫注射 45 万头（只），完成任务率的 90%，禽流感免疫注射 25000羽，完成任务率 100%。羊痘病、猪蓝耳病、猪瘟等各类免疫注射工作同步进行。

2013 年，农牧业局组织开展法律法规和动物疫病防控知识宣传活动。动检执法人员深入朱日和镇新民居委会、哈敦乌苏村等地农户家中，向群众讲解动物疫病对畜禽养殖业和人身健康危害性，传授疫病预防知识，指导群众合理使用兽药。利用专用消毒车对住房外围、畜禽圈舍、饲喂用具等实施环境消毒，并发放消毒药品。

2015 年，全旗做好重大动物疫病防控工作。完成 7.33 万头（只）牲畜的流行病学调查，新老疫点集中消毒灭源 25.36 万平方米，疫情监测牲畜 3.1 万头（只），减少和消除畜间布鲁氏菌病对畜牧业发展危害。

二、动物卫生检疫

1. 定点屠宰检疫

根据全旗屠宰检疫工作方案，依法向屠宰场派驻官方兽医实施检疫。对辖区内所有动物屠宰加工企业实行登记备案。规定进入屠宰场动物货主应当向派驻屠宰场官方兽医申报检疫，做好检疫记录。经检疫不合格的动物、动物产品，出具检疫处理通知单，并监督屠宰场或货主进行无害化处理。

2001—2015 年，全旗完成屠宰检疫牛羊 495.32 万头（只）。

2. 运输检疫

全旗建立运输检疫各项规章制度，加强检疫环节的监督管理工作，规范检疫行为，做到检疫员全部持证上岗、文明执法，出具检疫证明做到填写规范，杜绝乱收费、乱罚款现象。

2001—2015 年，全旗运输检疫、消毒动物及动物产品主要有：肉类 12700.5 吨、皮张354450张、羊绒 271 吨、毛渣子 162 吨、活羊 14.51 万只。

第五节 农牧业机械化建设

一、 机械化建设

2015 年，苏尼特右旗农牧业机械总动力52858千瓦。其中，柴油发动机动力49331千瓦，汽油发动机动力 40 千瓦，电动机动力 1269 千瓦，其他 2218 千瓦。年度总动力数较上年度持平。苏尼特右旗大中小型拖拉机拥有量 2466 台。其中，大中型拖拉机 1553 台，农牧业机械总动力21999千瓦；小型拖拉机 913 台，农牧业机械总动力10450千瓦。苏尼特右旗畜牧业机械 3881 台，较上年度持平。畜牧养殖饲草料加工机械 806 台套，畜产品采集加工机械 85 台套。

2015 年，苏尼特右旗农田基本建设机械及其他各类机械拥有量 3890 台套。其中，播种机械 373 台套，排灌机械 1249 台套，收获机械 1832 台套。农牧业有效灌溉面积 0.93 公顷，排灌动力 4442 千瓦，较上年度持平。全旗有运输机械农用运输车、农用三轮车 926 台套，农用挂车 1155 台套。

二、 机械化作业

2001—2015 年，苏尼特右旗加强高产饲料基地建设，实用增产技术推广，进行农牧民机械化技术培训，草地围栏，饲草料监测，推广荒漠草原边境牧区青贮养畜技术，确保青贮饲料高产稳产，有效解决农牧区饲草料短缺问题，缓解因各类灾害引发的农牧业基础矛盾，为促进现代化农牧业发展奠定扎实基础。

全旗境内农业机械化作业情况机耕面积 4.5 万亩，机播面积 3.6 万亩，机电灌溉面积 2.5 万亩，机收面积 3.1 万亩。农作物有青贮玉米 2.6 万亩、马铃薯 0.5 万亩、其他作物 0.3 万亩，这些主要作物机械化作业程度平均约 90%。

农机社会化服务体系结构主要由农机合作社、农机户、农机大户等新型农机社会化服务组织构成，为促进农机化又好又快发展和农牧民增收发挥积极作用。工商部门正式注册的农机专业合作社 1 个，社员 19 人。各类农机服务组织拥有大中型拖拉机17599台，联合收割机 14191 台，其他配套机具 37587 台。

第六节 农业综合开发

一、 项目投资

2001—2005 年，全旗农业综合开发草原建设项目总投资 2013 万元，其中，财政资金 1405 万元，自筹 608 万元。

2006—2010 年，全旗农业综合开发草原建设项目总投资 1971 万元，其中，财政资金 1575 万元，自筹 396 万元。

2011—2015 年，全旗农业综合开发草原建设项目总投资 5540 万元，其中，财政资金 5092 万元，自筹 448 万元。

二、项目建设

2001—2005 年，全旗农业综合开发草原建设项目范围有 10 个苏木镇（额仁淖尔苏木、布图木吉苏木、巴彦朱日和镇、布图木吉苏木、阿其图乌拉苏木、格日勒图敖都苏木、吉呼郎图苏木、乌日根塔拉苏木、桑宝拉格苏木、赛汉塔拉镇）。建设任务包括划区轮牧 38.5 万亩，饲料基地 0.7 万亩，草场改良 13.3 万亩，人工草地 0.2 万亩；新打水源井 41 眼，新建青贮窖 1960 立方米，棚圈 9350 平方米，药浴池 312 立方米，农牧业机械 7 台套。

2006—2010 年，全旗农业综合开发草原建设项目范围有 4 个苏木（乌日根塔拉苏木、赛罕乌力吉苏木、赛汉塔拉镇、朱日和镇）。建设任务包括划区轮牧 38 万亩，饲料基地 0.1 万亩，草场改良 1 万亩，人工草地 0.18 万亩。新打水源井 50 眼，新建青贮窖 4065 立方米，棚圈 9040 平方米，储草棚 6790 平方米，药浴池 5168.50 立方米，农牧业机械 40 台套。

2011—2015 年，全旗农业综合开发草原建设项目范围有 7 个苏木镇（桑宝拉格苏木、赛汉塔拉镇、赛罕乌力吉苏木、乌日根塔拉镇、阿其图乌拉苏木、朱日和镇、额仁淖尔苏木）。建设任务包括划区轮牧 59 万亩，草场改良 1.5 万亩。新打水源井 98 眼，新建青贮窖 4490 立方米，棚圈26800平方米，储草棚 7900 平方米，药浴池 2748 立方米，农牧业机械 87 台套，风光互补设备 37 台套，水窖 77 座，剪毛机 250 台。

三、经济效益

2001—2005 年，全旗实施农业综合开发项目，增加产草量 577 万公斤、青贮饲料 2500 万公斤；解决缺水草场人畜饮水困难户 200 余户、牲畜 8 万头（只）。提高防灾抗灾能力，减少牧民生产性投资，农牧业基础设施得到加强，机械化程度有所提高。提高牧民青饲料供给能力，减少青干草储存所造成的损失。暖棚建设保证繁育母畜冬季保膘性能，仔畜繁殖成活率提高 5%以上，每年多接仔畜 1200 余只。机械化程度提高，减少劳动用工和劳动强度，新增动力 0.01 万千瓦。项目区内牧民生产性投入相对减少，项目区年直接增收 218 万元。

2006—2010 年，全旗实施农业综合开发项目，增加产草量 570 万公斤、青贮饲料 400 万公斤。解决缺水草场人畜饮水困难户 490 余户、牲畜 20 万头（只）。提高防灾抗灾能力，减少牧民生产性投资，农牧业基础设施得到加强，机械化程度有所提高。暖棚建设保证繁育母畜冬季保膘性能，仔畜繁殖成活率提高 5%以上，每年多接仔畜 1100 余只。机械化程度提高，新增动力 0.06 万千瓦。项目区内牧民生产性投入相对减少，项目区年直接增收 247 万元。

2011—2015 年，全旗实施农业综合开发项目，增加产草量 885 万公斤。解决缺水草场人畜饮水困难户 490 余户、牲畜 20 万头（只）的饮水问题。畜牧业基础设施得到加强，机械化程度有所提高。暖棚建设保证繁育母畜冬季保膘性能，仔畜繁殖成活率提高 5%以上，每年多接仔畜 3350 余只。机械化程度提高，减少劳动用工和劳动强度，新增动力 0.131 万千瓦。项目区内牧民生产性投入相对减少，项目区年直接增收 644 万元。

第二章　林　业

第一节　林种与分布

一、林种

2009年，根据内蒙古自治区林业勘测设计院完成森林资源二类调查结果，全旗林种为防护林。

1. 天然林种

2015年，苏尼特右旗天然乔木林树种主要有榆树和杨树。灌木林树种有柄扁桃、蒙古扁桃、柠条、沙柳、柽柳、小叶锦鸡、锦鸡儿、红砂、杨柴等。

2. 公益林种

公益林主要有杨树、榆树、沙枣树、苹果树、枸杞、柠条、柽柳、沙柳等林种。

2001年，苏尼特右旗进行公益林界定普查工作。

2004年，内蒙古自治区林业勘察设计院完成野外作业界定工作。

2013—2015年，苏尼特右旗中央财政森林生态效益补偿的国家级公益林面积154.82万亩。

二、分布

2015年，苏尼特右旗林地总面积154.82万亩，其中，赛汉塔拉镇林地面积10.75万亩，朱日和镇林地面积15.3万亩，乌日根塔拉镇林地面积8.49万亩；桑宝拉格苏木林地面积26.61万亩，赛罕乌力吉苏木林地面积44.16万亩。额仁淖尔苏木16.75万亩，阿其图乌拉苏木林地面积31.38万亩；国有林场林地面积1.37万亩，国有苗圃林地面积0.01万亩。

1. 天然林分布

全旗天然林林地面积70%以上，主要分布在赛汉塔拉镇、朱日和镇、赛罕乌力吉苏木、阿其图乌拉苏木、额仁淖尔苏木等地。其中，柄扁桃主要分布在赛汉塔拉镇都呼木嘎查残丘坡地上，柠条分布在低山丘陵的阴坡地和波状高平原洼地，沙柳分布在浑善达克沙地西缘丘间洼地，柽柳分布在湖盆低地。天然榆树林主要分布在额仁淖尔苏木、都仁乌力吉苏木、朱日和镇等地山沟和季节性河道两侧，形成散生疏林。境内散生榆树疏林，树龄最长在百年以上，最大胸径143厘米。这些榆树是经过自然气候选择和社会变革遗留下来的宝贵财产。

2. 公益林分布

全旗公益林主要有人工林和生态林，占林地面积的30%，主要分布在赛汉塔拉镇西南国有林场及白音哈尔分场、朱日和镇国有苗圃等一些苏木镇林草基地及草库伦周围。草牧场防护林地主要以杨树、榆树为主，呈带状或块状分布在各苏木镇水土条件较好的饲草料基地和草库伦内。农田防护林主要以杨树、榆树等树种为主，呈带状或块状分布在朱日和镇宽阔平坦农耕地内。防风固沙林地主要以沙枣树、柠条、沙柳等树种为主，分布在全旗沙化草场和沙地。城镇防护林主要以杨树、榆树、松树等树种为主，分布在赛汉塔拉镇周围。护路林地主要以杨树、榆树、松树为主，分布在集宁至二连浩特铁路沿线、208 国道、101 省道等交通要道两侧。经济林主要以苹果树、枸杞、山杏等树种为主，分布在赛汉塔拉镇、旅游景点和朱日和镇灌溉条件好的菜园和缓丘坡地等处。

第二节　育苗与栽植

一、育苗

2001 年，苏尼特右旗设国有林场规划建设种苗基地 1 处。主要进行播种育苗、营养繁殖育苗和移植育苗，育苗初期建设主要以杨树、榆树树种为主。

2005 年，通过国有苗圃规划建设工程项目实施，种苗基地基础设施得到加强，种苗科技含量明显提高。使用和推广一批先进适用技术，包括容器育苗、ABT 生根粉、节水灌溉、保护地育苗、育苗机械等使用。育苗生产和经营方式逐步由粗放型向集约型转变，育苗生产能力、产品质量实现质的飞跃。

2015 年，国有林场和国有苗圃累计出圃各类苗木 3680. 5 万株。其中，国有林场出圃苗木 453 万株，国有苗圃出圃苗木 3227. 5 万株，确保全旗重点项目工程及城镇绿化用苗。

二、栽植

苏尼特右旗境内森林资源匮乏，林木种类有 46 种。其中，乡土树木林种主要有榆树、蒙古扁桃、黄柳、山杏、锦鸡儿、柽柳、沙柳、白刺 8 种。引进林种品种主要有榆树类（山东、河南、河北白榆）、杨树类（青杨、北京杨、小美旱、小叶杨）、针叶类（云杉、樟子松、油松、杜松）、其他树种（沙枣、旱柳、沙棘、垂榆、白柠条、紫穗槐、紫丁香、白丁香、黄刺梅、珍珠梅、火炬树、榆叶梅、果树、葡萄树、文冠果）30 余种，大部分分布在赛汉塔拉镇，其他苏木镇也有少量栽种。

1. 乡土树种栽培

白榆　榆科榆属落叶乔木植物通称。适生条件喜光耐旱。对气候适应性强，在寒温带、温带及亚热带地区均能生长。对土壤要求不严，但以深厚肥沃、湿润、排水良好的砂壤土、轻壤土生长最好。深根性，生长迅速，抗风能力强，是当地主要乡土树种。主要采用播种繁殖，也可用嫁接、分蘖、扦插法繁殖。播种宜随采随播，千粒重 7. 7 克，发芽率 65%～85%。扦插繁殖成活率 85%左右，扦插苗生长快。白榆栽植分春秋两季，春季在苗木发芽前，秋季在苗木落叶后。城镇绿化采用 2 至 3 年树苗，植树穴为 50 厘米见方，深 50 厘米，剪去苗木过长主根，分层填土、分层踩实。

锦鸡儿　落叶灌木植物，高 1～2 米，树皮深褐色，小枝有棱，无毛。生于山坡和灌丛。喜光，常生于山坡向阳处。根系发达，具根瘤，抗旱耐瘠，适生于干燥山坡、丘陵坡地、沙地山石缝中生存。锦鸡儿可行播种、扦插、分株、压条等法繁殖。播种最好随采随播，如经干藏，次春播种前应行浸种催芽；扦插可于 2—3 月进行硬枝扦插，也可于梅雨季节行嫩枝扦插，插条截成 8～12 厘米，插深 1/2，插后搭棚遮阴，适量浇水，生根后拆去遮阴棚，充分接受光照，健壮生长，成活率较高；分株繁殖于春季 2—3 月进行。

柽柳　柽柳科柽柳属落叶灌木或小乔木植物的通称。又称垂丝柳，西河柳，西湖柳、红柳、阴柳；萝藦科、柽柳落叶小乔木。柽柳的嫩枝叶是中药材，可用于治疗痘疹透发不畅或疹毒内陷、感冒、咳嗽、风湿骨痛等疾病。柽柳栽植通常用扦插繁殖。老枝、嫩枝均可，春插或秋插都行。春插在2—3月进行，选用1年生以上健壮枝条，长15~20厘米，直插于苗床，插穗露出土面3~5厘米，4—5月可生根生长，成活率95%以上。平时稍加管理，适当浇水施肥，1年生苗木可高1米以上。秋插于9—10月进行，以当年生枝条为插穗，方法同春插，成活率也很高。此外，还可用播种、压条、分根法繁殖。

沙柳　属灌木或小乔木植物。沙柳抗逆性强，较耐旱，喜水湿，抗风沙，耐盐碱，耐严寒和酷热，喜适度沙压，越压越旺，但不耐风蚀。繁殖容易，萌蘖力强，根系非常发达，最远能够延伸100余米，1株沙柳就可将周围流动沙漠牢牢固住。栽植时，将80厘米的沙柳苗全部埋入1米深的栽植穴，冬天防冻，春天大风一过，刚好露出小苗，略施水，秋天就会长出1米以上秆茎，第二年长成一簇火炬样沙柳，第三年，开始继续繁殖生育。

柄扁桃　蔷薇科落叶灌木植物，又称土豆子、山樱桃，是蒙古高原特有树种，是干旱、半干旱地区山地和沙地很好的水土保持树种。柄扁桃栽植以直播较好。播种期，可于秋季土壤封冻前寄籽播种或雨季、春季播种，在春季播种，必须进行催芽处理，播后第一、二年，要进行中耕锄草，并要防止牲畜啃食，3年后可放牧利用。

2. 引进树种栽培

杨树　是北方地区最常见乡土种树，具有树干高直，生长速度快，适应性强等优点。杨树栽植应选择生长健壮、无病虫害、苗干通直圆满、木质化程度高的1年生或2年生优质壮苗。在条件许可情况下，先对造林地进行全面整地，再挖栽植穴。植树穴为50厘米见方，深50厘米，回填时，将地表土填埋在根系周围。

柠条　属豆科锦鸡儿属灌木植物。又称毛条、白柠条，根系极为发达，主根入土深，株高为40~70厘米，最高2米左右。适宜生长于海拔900~1300米阳坡、半阳坡。耐旱、耐寒、耐高温，是干旱草原、荒漠草原地带旱生灌丛。柠条寿命长，一般可生长几十年，有的百年以上。柠条栽植主要有直播造林和植苗造林两种，降水较好地区多采用直播造林，过于干旱地区采用植苗造林。

松树　松科松属植物统称，常绿针叶乔木，雌雄同株。育苗地应选择土壤疏松、土层深厚的沙壤土，以地势平坦、排水良好、有灌溉条件地块为好。栽植造林技术因苗木种类而异，容器苗带土坨，栽植过程中根系不易受损伤，因而成活率较高。造林技术也较简单。裸根苗在起苗栽苗过程中，细小活动根多半受损伤，其成活决定于根系的再生能力和环境条件，同时也要受苗木质量、年龄、栽植季节和栽植方法诸因素影响。移植苗由于根系发达、根茎比大，成活率一般高于原生苗。造林苗龄主要取决于树种，一般以3~4年生苗为宜。

第三节　植树造林

一、 人工造林

2015年，苏尼特右旗完成造林150亩，成活率在85%以上中幼林抚育260亩。完成育苗榆叶梅3000株，丁香3500株，榆树6000株，柠条育苗40万株。

二、 飞播造林

2001年，全旗开始实施京津风沙源治理工程，累计投入1.2亿元，完成沙源治理工程林业建设任务119.15万亩，利用飞机将所选植物撒播在规划的赛汉塔拉镇、阿其图乌拉苏木、赛罕乌力吉苏木等重点区域，依靠天然降水，经封禁管护成林，增加植被，起到固定流沙作用，有效遏制沙化土地扩展和蔓延，改善境内草原生态状况。

2001—2015 年，全旗飞播造林面积 67 万亩，主要树种有杨柴、小叶锦鸡儿、花棒、沙蒿、沙米等，各树种混播。

三、封沙育林

2001—2015 年，全旗封沙育林 59. 85 万亩。封禁天然林区分布在疏林、散生母树、稀疏灌丛和荒山、荒沙、荒滩等林地，借助天然下种更新或根蘖更新能力、辅以人工育林手段（补播、平茬、断根等），培育成为林地或灌草植被。封沙育林主要分布在额仁淖尔苏木、乌日根塔拉镇、阿其图乌拉苏木和赛罕乌力吉苏木等地。

2001—2015 年苏尼特右旗京津风沙治理工程任务表

表 7-2-1 单位：万亩

年度	总计	人工造林	飞播造林	封沙育林	其他
2001	2. 5	0. 5	—	2	—
2002	2. 8	0. 1	—	2. 7	—
2003	3. 2	0. 2	—	3	—
2004	5. 1	0. 1	2	3	—
2005	6. 2	0. 2	2	4	—
2006	4. 6	0. 1	1. 5	3	—
2007	4	—	—	4	—
2008	5	—	5	—	—
2009	9	—	7	2	—
2010	12	—	10	2	—
2011	19. 15	—	12	7. 15	—
2012	17	—	6	11	—
2013	23	—	8	15	—
2014	2. 3	—	1	1	0. 3
2015	4. 5	—	4	—	0. 5

第四节 防治与检疫

一、病虫害防治

2001—2015 年，全旗累计防治和监测病虫鼠害面积包括：虫害监测防治面积 30. 44 万亩，病害监测防治面积 0. 25 万亩，鼠害监测防治面积 31. 10 万亩。

苏尼特右旗林木病虫害名录

表 7-2-2

名　称	纲　目	寄　主	危害程度
杨树腐烂病	半知菌类球壳孢目	杨树等树种	重
杨叶锈病	担子菌纲锈菌目	各种杨树	较重
杨灰斑病	半知菌类球壳孢目	各种杨树	较重
榆干腐病	半知菌类球壳孢目	榆树	重
杨溃疡病	予束菌纲球壳菌目	杨树千皮	比较重
杨双尾舟蛾	鳞翅目舟娥科	柳科阔叶树	较轻
翡翠吉丁虫	鞘翅目吉丁虫科	杨树、榆树	较重
榆跳象	鞘翅目象甲科	榆树、树种	严重
杨枯叶蛾	鳞翅目枯叶蛾科	杨树、榆树	轻
蒙古木蠹蛾	鳞翅目木蠹蛾科	杨树、柳树、榆树等树种	重
云纹天蛾	鳞翅目天蛾科	榆树	轻
杨十斑吉丁虫	鞘翅目吉丁虫科	杨树、柳树种	较重
榆小蠹虫	鞘翅目小蠹虫科	榆树	较重
杨毒蛾	鳞翅目毒蛾科	杨树	轻
杨圆蚧	同翅目介壳虫科	杨树、柳树	较重
白眉天蛾	鳞翅目天蛾科	沙枣树	轻

二、 检验检疫

2001—2015 年，全旗累计检验检疫各类苗木 4001. 67 万株、林木种子 34350 公斤、木材 3028 立方米。

林业部门加强境内沙源工程林业项目区、退耕还林、公益林等林地进行有效监测，严密监测有害生物危害程度，发现疫情及早防治，组织检疫人员对产苗单位进行种苗产地检疫，杜绝带疫苗、伤病苗出圃造林，有效防治病虫害的传播、蔓延。

2015 年，全旗出圃苗木 500. 1 万株。其中，杨柴 100 万株，柠条 400 万株，丁香 0. 04 万丛，杨树 0. 06 万株，产地检疫率 100%。

第五节　林木保护

一、 采伐

苏尼特右旗自然条件恶劣，林木资源缺乏，林木生长量小。额仁淖尔苏木境内生长部分散生过熟林，胸径较大，但不能作为用材林使用，只能观赏。白音红格尔林场（国营林场）生长营造于 20 世纪六七十年代人工林，多为榆树，实际利用价值不大，只能作为防风固沙林加以保护。

2009 年，林业站采用平茬抚壮方式，在赛罕乌力吉苏木沙区采伐黄柳近 2000 亩，用以沙源治理播条，分发到牧户，扩大黄柳栽植面积。

2012 年，国营苗圃采用平茬间伐方法采伐黄柳近 500 亩，用以全旗沙地治理。

二、保护

苏尼特右旗属于荒漠草原生态系统典型地区，境内天然林主要是荒漠化草原植被和草原化荒漠植被2种典型优势植被和建群植被。以柄扁桃、蒙古扁桃、锦鸡儿、红砂、霸王等为主要保护类群。其中，柄扁桃属于阔叶灌木林，是全国保存下来最为典型、完整和原始的生态系统，柄扁桃属珍稀濒危植物中旱生植物，具有较强抗旱能力和耐寒耐风蚀特点，对保护草场、防风固沙、维护生态环境起着重要作用。

2003年，苏尼特右旗正式建立都呼木柄扁桃自然保护区。该保护区位于苏尼特右旗赛汉塔拉镇都呼木嘎查境内，距赛汉塔拉镇西南约20公里，保护区域东西最大长度25.7公里，南北最大宽度19.5公里，划定保护区总面积29829.9公顷。都呼木天然柄扁桃是全盟唯一面积集中连片的天然灌木林。

第三章　水　利

第一节　普查与规划

一、 水利普查

2011 年 3 月，按照全国第一次水利普查工作要求，全旗水利普查工作正式启动。苏尼特右旗委、政府高度重视普查工作，成立全旗第一次全国水利普查工作领导小组，制定“苏尼特右旗第一次全国水利普查实施方案”“第一次全国水利普查涉密信息保密管理办法”等相关规章制度，部署全旗第一次全国水利普查工作。

2012 年，苏尼特右旗水利普查空间数据录入上报工作全部完成，录入率 100%。累计填表完成各专项普查表 1474 张，其中，水土保持措施普查表 1 张，河湖治理普查表 30 张，社会用水普查表 250 张，地下水取水井普查表 950 张，行业能力普查表 10 张，水利工程普查表 158 张，灌区普查表 75 张。

二、 检测规划

1. 地下水动态检测

苏尼特右旗涉及地下水动态检测网点 6 处，主要分布在赛汉塔拉镇集中供水水源地、朱日和镇集中供水水源地、朱日和工业园区、金曦黄金有限责任公司及苏尼特碱业有限责任公司。朱日和镇集中供水水源地、朱日和工业园区、金曦黄金有限责任公司所在区域同属一个水文地质单元，故合并集成一个系统进行监测，苏尼特碱业有限责任公司所在区域作为单独系统进行监测。

2014 年，苏尼特右旗新打监测井 21 眼，建井房 21 间，砼井台 21 处，井口固定点标志 21 个，标志牌 21 个。监测井布设在赛汉塔拉镇 10 眼、朱日和镇 6 眼、苏尼特碱业有限公司 5 眼。

2. 供水保障规划

2013 年 4 月，根据上级业务部门安排部署，依照内蒙古自治区水利水电勘测设计院《内蒙古自治区旗县（市）所在镇供水保障规划任务书》技术要求，旗水利部门组织技术力量完成赛汉塔拉镇供水保障规划，重点摸清赛汉塔拉镇现状供水水源、供水水源地、供水工程和洪水潜力以及存在的问题，对现状供水保障程度进行评价；分析计算评价水资源量、可利用量和可供水量；规划水平年的供、需水预测及供需平衡分析；提出拟建供水工程规划及保障措施规划。

第二节　人畜饮水

一、筒井

苏尼特右旗境内石砌筒井多分布在低山丘陵，地下水位3~10米。混凝土预制管筒井以石子、水泥、细沙为原料，做成内夹钢筋的圆筒壁管，中浅筒井井壁管直径1米、1.5米、2米，高0.5米，厚0.1米，一般井深10米左右；深井井壁管直径0.5米，厚0.1米，高0.8米，井深一般15~30米。

2001年，筒井建设主要由水利、生态、农业综合开发办、扶贫办建设项目与农牧民个体联合建设。筒井井深一般为3~7米，出水量3~10立方米/时，能够满足1~2个浩特的人畜饮水要求。

2001—2015年，农牧区建设筒井878眼，历年建设累计3241眼，解决24190人和79.2万头（只）牲畜饮水困难，供水草场面积13233平方公里。

苏尼特右旗筒井建设运用情况统计表

表7-3-1

地区名称	筒井数（眼）	供水面积（平方公里）	供水人口（人）	混合牲畜头数（万只）
合　计	3241	13233	24190	79.20
赛汉塔拉镇	264	1570	1950	6.00
朱日和镇	948	1900	12500	19.50
乌日根塔拉镇	239	1820	1300	6.50
桑宝拉格苏木	432	2150	2080	12.70
额仁淖尔苏木	177	2260	1120	8.50
赛罕乌力吉苏木	803	2333	4030	20.40
阿其图乌拉苏木	378	1200	1210	5.60

二、基本井

2001年，供水井主要以深机井、中深井为主，水利工程建设有人畜饮水工程、饮水安全工程、农牧区饲草料地节水灌溉工程等项目。境内水利部门有水利工程施工钻井队、水利工程服务站钻井队和4个打井队，担负着农牧区水源井建设任务。

2001—2015年，重点实施解决农牧区人畜饮水困难工程、解决农牧区饮水安全工程、农牧区饲草料基地节水灌溉工程，新建全旗水源供水基本井1128眼。截至2015年，累计建设供水基本井1617眼，报废6眼。

2001—2015年苏尼特右旗筒井建设运用情况统计表

表7-3-2　　单位：眼

年　份	筒　井	年　份	筒　井
2001	426	2004	641
2002	506	2005	702
2003	566	2006	745

续表7-3-2

年份	筒井	年份	筒井
2007	785	2012	1093
2008	848	2013	1137
2009	909	2014	1407
2010	992	2015	1617
2011	1049	总计	13423

苏尼特右旗水源基本井效益统计表

表7-3-3

地区名称	基本井（眼）	供水草场面积（平方公里）	饮畜（万只）	综合效益
合计	1617	9105	49.7	—
赛汉塔拉镇	452	1737	11.5	饲草料灌溉
朱日和镇	214	840	6.7	饲草料灌溉
乌日根塔拉镇	320	2289	6.9	饲草料灌溉
桑宝拉格苏木	194	1303	9.0	饲草料灌溉
额仁淖尔苏木	250	2252	6.0	饲草料灌溉
赛罕乌力吉苏木	110	330	3.5	—
阿其图乌拉苏木	77	354	6.1	—

三、 集中供水

2001—2015年，根据全旗农牧区群众饮用水氟、砷和矿物质含量严重超出《生活饮用水卫生标准》情况，全旗重点加强饮水安全工程建设，解决农牧区3.89万人饮水安全问题，修建集中供水自来水工程36处，分散供水工程新建水源井419眼，配套小型家庭净化水设备1340套。

1. 额仁淖尔苏木阿尔善图供水工程

2002年，额仁淖尔苏木阿尔善图供水工程由苏尼特右旗水利部门勘测设计，2003年7月开工，10月竣工。该工程位于额仁淖尔苏木所在地，地区水质含氟量为1.1~2.0毫克/升，属于含氟量超标地区。新建深机井1眼，水质含氟量符合人饮用水标准，新建机房、压力罐室，建筑面积60平方米，铺设主管道2400米，支管道3210米，解决400人和0.8万头（只）人畜供水。

2. 格日勒图敖都苏木齐哈移民区供水扩建工程

2002年，内蒙古自治区水事监理服务中心对格日勒图敖都苏木齐哈移民区供水扩建工程（现归属二连浩特市）进行扩建改造设计，2003年8月开始施工，10月竣工。该工程位于格日勒图敖都苏木齐哈移民区，随着移民区内移民数量不断增多，原供水设施已不能满足供水需求。原供水水质含氟量1.6毫克/升，超出饮水安全标准1.0毫克/升，工程对原水质进行净化处理，安装水净化设备，使水质达到国家《生活饮用水卫生标准》。改扩建机房、压力罐室，建筑面积60平方米，铺设主管道2100米，支管道2600米，解决800余人和大小畜3000余头（只）人畜供水。

3. 朱日和镇自来水二期供水扩建工程

2003年，内蒙古自治区水事监理服务中心对朱日和镇供水工程进行扩建改造勘测设计，2004年

6月开始施工，10月竣工。原供水水质含氟量1.5毫克/升，不符合饮用水标准，扩建工程对原水质进行净化处理，安装水净化设备，建立水净化厂，水质达到国家《生活饮用水标准》。该工程总投资84万元，新建供水机井4眼，建机房4处，压力罐室1处，建筑面积100平方米。铺设主管道12350米，支管道9326米，解决2200人和1.2万头（只）人畜供水以及驻地工业发展饮用水。

4. 赛汉塔拉镇都呼木移民区供水工程

2003年，苏尼特右旗水利勘测设计队对赛汉塔拉镇都呼木移民区供水工程进行勘测设计，2004年5月开始施工，7月竣工。该工程位于赛汉塔拉镇西南2公里处，工程新建水源深机井1眼，井深120米，静水位55米，动水位85米，出水量为每小时40立方米，新建机房、压力罐室，建筑面积60平方米，铺设主管道1500米，支管道2400米，解决300人和150头奶牛人畜供水。

5. 朱日和镇乌兰花自来水供水扩建工程

2004年，苏尼特右旗水利勘测设计队对朱日和镇乌兰花自来水供水工程进行维修勘测设计，2005年7月施工，10月竣工。该供水工程始建于80年代初，经20多年运行，水源截伏流井泥沙沉积、输水管道破裂，不能正常供水。主要修缮水源截伏流井，更换主支管道、压力罐，重建压力罐室，新建工程管理房1处，建筑面积80平方米。同时铺设输水主支管道9092米，并为乌兰花北新建的移民区铺设供水管网。铺设主管道2000米，支管道1700米，解决300人和400头（只）人畜供水。

6. 额仁淖尔苏木阿尔善图生态移民区自来水扩建工程

2005年，苏尼特右旗水利部门对额仁淖尔苏木阿尔善图生态移民区自来水扩建工程进行勘测设计，2006年8月开始施工，10月竣工。该生态移民区建在赛汉塔拉镇西北10公里处额仁淖尔苏木所在地。对原苏木所在地自来水工程进行扩建，更换原机井水泵，建设管理房，扩建安装输水主管道1800米，支管道2800米，解决生态移民区402人和160头奶牛人畜供水。

7. 赛汉塔拉镇都呼木生态移民区自来水扩建工程

2007年3月，苏尼特右旗水利部门对都呼木生态移民区自来水扩建工程进行勘测设计，2007年9月开始施工，11月竣工。该工程新建供水水源深机井1眼，水质符合生活饮水标准，新建机房、压力罐室，建筑面积60平方米，扩建铺设输水主管道1300米，支管道1500米，解决600人和200头奶牛人畜供水。

8. 赛汉塔拉镇国有林场、苗圃、蔬菜农场自来水工程

2009年4月，苏尼特右旗水利部门对赛汉塔拉镇林场、苗圃、蔬菜农场进行自来水工程建设，工程9月底竣工。该工程建设水源井、管理房，设置压力罐，安装输水主管道5500米，支管道7850米，解决710人和1000余头（只）人畜供水。

9. 朱日和镇（原新民乡）饮水安全自来水工程

2008年，苏尼特右旗水利部门对朱日和镇（原新民乡）饮水安全自来水工程进行水质取样化验调查，并对部分自然村防氟改水自来水工程进行勘测设计，2008年5月开始施工，2015年底建成25处防氟改水自来水工程。该工程新建水源井25眼，配置压力罐25处，安装输水主管道36000米、支管道42500米，解决7046人和15000余头（只）人畜供水。

10. 乌日根塔拉镇饮水安全自来水供水工程

2010年，苏尼特右旗水利部门对乌日根塔拉镇饮水安全自来水供水工程进行重建，2011年7月竣工。该工程新建水净化设备厂、工程管理房等供水设施，安装输水管道3200米，支管道4300米，解决2700人的饮水安全问题。

第三节　节水灌溉

一、 灌溉筒井

灌溉筒井，通常井深 3~10 米，提水工具主要采用水车、小型水泵。每眼井灌溉饲草料地 5~10 亩。

2001 年，苏尼特右旗由于连年干旱少雨，地下水位逐渐下降，筒井水量仅够人畜饮水，饲草料地灌溉面积逐年下降。

2015 年 12 月，全旗 200 余眼筒井仅可灌溉 1000 亩饲草料地。

二、 灌溉机电井

灌溉机电井，每眼控制灌溉面积 50~100 亩，采用节水灌溉措施喷灌、管灌、时针式喷灌，每眼井可控制灌溉面积 100~200 亩。

2001—2015 年，全旗农牧区饲草料地节水灌溉面积 5.02 万亩。

2001 年，乌日根塔拉镇萨如塔拉嘎查新建水源机井 8 眼，发展节水灌溉面积 960 亩；额仁淖尔苏木阿尔善图嘎查新建水源机井 3 眼，发展节水灌溉饲草料基地面积 400 亩。

2004 年，赛汉塔拉镇都呼木嘎查新建水源机井 11 眼，发展饲草料地节水灌溉面积 1070 亩。

2005 年，赛汉塔拉镇哈达胡舒嘎查新建水源机井 10 眼，发展饲草料地节水灌溉面积 1020 亩。

2006 年，赛汉塔拉镇旗牧场新建水源机井 5 眼，发展饲草料地节水灌溉面积 490 亩。

2008 年，赛汉塔拉镇巴彦高毕嘎查新建水源机井 8 眼，发展饲草料地节水灌溉面积 1100 亩。

2010 年，额仁淖尔苏木阿尔善图嘎查新建水源机井 6 眼，发展饲草料地节水灌溉面积 1260 亩。全旗利用原有水源井 48 眼安装时针式喷灌机，实施节水改造面积 4250 亩。

2011 年，全旗利用原有 29 眼机井安装时针式喷灌机，改造节水灌溉面积 5600 亩。

2012 年，全旗新建水源井 12 眼，安装时针式喷灌机，改造节水灌溉面积 3000 亩。

2013 年，全旗新建水源井 19 眼，安装时针式喷灌机，改造节水灌溉面积 3500 亩。

2014 年，全旗新建水源井 13 眼，更新水源井 9 眼，发展节水灌溉面积 6500 亩，其中，新建 4700 亩，改造 1800 亩。

2015 年，朱日和镇哈达村委会新建水源井 28 眼，安装时针式喷灌机，发展节水灌溉面积 3500 亩。

2015 年苏尼特右旗农牧区饲草料基地节水灌溉情况表

表 7-3-4　　　　单位：亩

地区名称	节水灌溉面积			
	小计	低压灌溉	时针喷灌	其他灌溉
赛汉塔拉镇	21304	2828	10550	7926
朱日和镇	6373	4673	1700	—
乌日根塔拉镇	7692	3192	4500	—
赛罕乌力吉苏木	560	360	200	—
阿其图乌拉苏木	385	385	—	—

续表7-3-4

地区名称	节水灌溉面积			
	小计	低压灌溉	时针喷灌	其他灌溉
桑宝拉格苏木	5654	2054	3600	—
额仁淖尔苏木	8258	2582	2300	3376
总　计	50226	16074	22850	11302

第四节　蓄水防洪

一、蓄水工程

全旗有乌日图郭勒、桑宝拉格、火烧区、德斯格、阿贵图、毛登、乌兰敖包等小型水库。

2012—2014年，开始对乌日图郭勒、桑宝拉格、火烧区、德斯格、阿贵图5座水库实施加固维修。

2012—2015年，建成毛登水库、乌兰敖包水库。

1. 毛登水库

毛登水库位于苏尼特右旗额仁淖尔苏木吉呼郎图嘎查，2012年7月29日开工，9月15日竣工。该水库坝体全长110米，最大坝高10米，坝底最宽处60米，顶宽5米，溢洪道全长70米，其中进口段、陡坡段、消力池为混凝土浇筑，防冲槽及出口段为浆砌石和干砌石砌筑。工程总计完成土方开挖回填工程量60200立方米，坝体、护坡、溢洪道砌筑石方1650立方米，溢洪道砌筑石方120立方米，砼75立方米。

2. 乌兰敖包水库

乌兰敖包水库位于苏尼特右旗朱日和镇东20公里，赛音呼都格郭勒中游，坝地距离赛汉塔拉镇60公里，2014年5月启动，2015年竣工。赛音呼都格郭勒属翁滚淖尔洼地水系的季节性河流，发源于商都县，流域面积3532平方公里，全河长176.0公里，河道比降3.51%。该水库以饲草料基地灌溉为主，兼顾生态、旅游等，水库控制流域面积1705平方公里，工程设计预算动态总投资9923.59万元。

二、防洪防汛

2001—2015年，根据《中华人民共和国水法》《中华人民共和国防洪法》《中华人民共和国防汛条例》等有关法律法规，全旗采取有效措施，加强蓄水防洪工程建设，落实各项防洪防汛准备工作，避免和减少洪涝带来的灾害损失。境内降水和汛期主要集中在7—9月。

2014年，完成包尔罕挺郭勒朱日和镇段防洪工程。该工程总投资909万元，两岸新建堤防总长度6.40公里（其中，左岸新建堤防长度3.76公里，右岸新建堤防长度2.64公里），疏浚河道两段长度2.6公里。

第五节 水力机具设备

2010年，按照中央1号《中共中央国务院关于加快水利改革发展的决定》文件精神，加大全旗水利建设投入，专门下拨专款增加对水利专业单位水力机具设备的购置，水利专业机构配置的水力机具设备齐全。

苏尼特右旗水利系统水力机具设备一览表

表7-3-5

单位名称	机具设备	单 位	数 量
苏尼特右旗水利局	公务车	辆	1
水政监察大队	执法专用车	辆	1
水利勘测设计队	皮卡车	辆	1
	华测×90静态GPS	台	1
	南方NTS-362全站仪	台	1
	水准仪	台	1
	华善绘图仪	台	1
水利工程管理站	皮卡车	辆	1
防汛抗旱站	吊车	辆	1
	汽车	辆	3
	小型挖掘机	台	1
	货车	辆	2
	防汛电台	部	1
草原打井队	钻机	台	3
	汽车	辆	6
	吊车	梁	2
	电焊机	台	4
	住宿车	台	6
	皮卡车	辆	2
	发电机组	套	3
	空压机	台	1
	水罐	个	3
朱日和镇供水公司	小货车	辆	1
乌日根塔拉镇供水公司	皮卡车	辆	1

第六节　水土保持

一、水土流失

苏尼特右旗位于内蒙古自治区中部，锡林郭勒盟西部，干旱少雨，属典型的干旱荒漠草原。全旗总面积22340平方公里，境内水土流失十分严重，草场植被覆盖度日趋减少，水土流失面积达22291.4平方公里，占总面积的99.8%。其中，中度流失面积1345平方公里，强度流失面积824平方公里，极强度流失面积853平方公里。截至2015年，全旗水土流失治理面积645.2平方公里，占总面积的2.9%。

二、水土治理

2015年，全旗审批各类开发建设水土保持方案22份，水土保持方案申报率100%，其中，内蒙古自治区审批项目9个（验收1个，其余8个处于建设阶段或申请验收阶段），锡林郭勒盟审批方案13个（验收2个，4个处于建设阶段或申请验收阶段，7个建设项目处于停产或未开工）。

2001—2015年，全旗累计新增小流域治理面积73.47平方公里。其中，人工造林28.77平方公里、人工种草14.68平方公里、封禁治理30.02平方公里。小型蓄排工程截水沟11.05平方公里、谷坊717座、沟头防护2.96平方公里。

2001—2015年苏尼特右旗小流域治理面积统计表

表7-3-6　　单位：平方公里

年份	建设地点	小流域治理面积			
		合计	造林	种草	封禁溉
2001	新民镇红花脑包	1.80	0.64	0.81	0.35
2002	新民镇全胜	5.00	2.20	1.80	1.00
2003	新民镇全胜、都仁红格尔	4.00	0.40	2.00	1.60
2004	都仁乌力吉苏木红格尔	1.34	0.39	0.41	0.54
2005	朱日和镇巴彦高勒	6.00	2.48	1.77	1.75
2006	朱日和镇巴彦高勒	8.33	0.94	4.39	3.00
2007	桑宝力嘎苏木巴彦淖尔	3.00	0.87	0.93	1.20
2009	桑宝力嘎苏木巴彦淖尔	8.00	2.33	0.07	5.6
2010	朱日和镇巴彦敖日格勒	13.00	7.00	—	6.00
2013	朱日和镇亦可乌苏	6.00	4.67	0.13	1.20
2014	朱日和镇巴彦敖日格勒	8.00	4.40	—	3.60
2015	朱日和镇巴彦敖日格勒	9.00	2.45	2.37	4.18

第八编

工　业

第一章　工业行业

第一节　电力工业

一、风力发电

2001年，北方龙源朱日和风电场完成西班牙美德公司生产风机10台，每台容量330千瓦，新增并网装机容量3300千瓦。

2003—2004年，北方龙源朱日和风电场拆除美国公司生产的美风风机5台，拆除德国HSM公司生产的风机1台，减少并网装机容量750千瓦，累计装机风机数量26台，容量6150千瓦。

2007年，内蒙古北方联合电力公司在苏尼特右旗投资建设北方电力赛汉风电场开工，安装1500千瓦机组33台，并网容量4.95万千瓦，线路送出接入赛汉塔拉110千伏变电站，并网容量4.95万千瓦，成为全旗第一大风力电场。年内，北方龙源朱日和风电场累计装机风机数量31台，容量13650千瓦。

2008年，京能赛汉风力电场1期工程，项目装机容量4.95万千瓦，安装750千瓦风机30台，1500千瓦风机18台；中广核苏尼特右旗朱日和风电场一期工程，项目装机容量5万千瓦，安装2000千瓦风机25台，北京兴启源节能科技有限公司苏尼特右旗分公司一期工程总装机4.95万千瓦风电项目。以上项目均获自治区发改委核准。

2009年，京能赛汉风电场二期49.5兆瓦风电工程与中广核风力发电有限公司朱日和风电场二期工程中，48台风机并网发电，中广核朱日和风力发电有限公司三期工程开工建设，安装维斯塔斯52~850千瓦机组58台，25台风机并网发电。

2010年4月10日，北京兴启源节能科技有限公司苏尼特右旗分公司一期工程开工，安装北京金风科创设备有限公司77/1500风力发电机组33台。6月25日，国电中商苏尼特左旗风电有限公司一期4.95万千瓦风电项目开工，安装1500千瓦风力发电机组33台，经220千伏送出线路接入温都尔变电站。12月3日，宝恒风电一期4.95万千瓦项目开工，安装装机容量2000千瓦风机25台。

2011年3月28日，北京兴启源节能科技有限公司苏尼特右旗分公司33台机组并网发电。9月25日，首次采用成本低、无污染、效率高、节能50%左右的电采暖弃风供热方式，在苏尼特右旗风电场2000平方米综合楼进行弃风供暖项目试验。

2012年1月，完成森林公安局3000平方米办公区域弃风供暖工程改造。7月10日，京能赛汉风电场三期49.5兆瓦风电工程开工，新建33台1500千瓦风力发电机组，机组采用北京金风科创设备有限公司吉瓦77/1500风力发电机组。

2014年9月25日，京能赛汉风电场四期工程光伏项目开工。10月15日，国电中商苏尼特右旗风电有限公司建设的赛汉塔拉镇广源小区1万平方米弃风供暖工程投入运行。12月13日，全旗首个光伏项目京能赛汉风电场项目建成，实现并网发电。

2015 年，苏尼特右旗风电和光伏核准（备案）容量 100 万兆瓦，风电、光伏并网装机容量 63 万兆瓦，全年累计发电量 61.6 亿千瓦时。年内，北方龙源朱日和风电场风机数量 26 台，装机容量 6150 千瓦；北京兴启源节能科技有限公司苏尼特右旗分公司项目开工，安装 1500 千瓦风力发电机组 33 台；国华杭盖风电场 1 期项目获自治区发展改革委员会核准，建设规模 4.95 万兆瓦，安装 25 台风电机组。

苏尼特右旗风电项目装机容量基本情况表

表 8-1-1

序号	企业名称	核准装机容量（兆伏安）	并网发电容量（兆瓦）	理论装机容量（兆瓦）	安装风机数量（台）	功率（千瓦）	吊装数量（台）	备注
1	内蒙古北方龙源风力发电有限责任公司	6.43	1.48	0.40	2	2000	17	2006 年以前
				0.33	10	330		
				0.75	5	1500		
			4.95	1.95	13	1500	33	一期
				3.00	20	1500		
2	北方国际新能源有限公司	19.80	14.70	2.70	18	1500	105	一期
				2.25	30	750		
				4.80	24	2000		二期
				4.95	33	1500		三期
3	中广核风力发电有限公司内蒙古分公司	19.80	19.88	5.00	25	2000	141	一期
				5.00	25	2000		二期
				4.93	58	850		三期
				4.95	33	1500		四期
4	国电中商苏尼特右旗风电有限公司	4.95	4.95	4.95	33	1500	33	一期
		4.95	—	—	—	—	—	二期
5	北京兴启源节能科技有限公司	4.95	4.95	4.95	33	1500	33	一期
		4.95	—	—	33	1500	2	二期
6	国华能源投资有限公司	9.90	5.00	5.00	25	2000	25	一期
			4.95	5.00	25	2000	25	二期
7	内蒙古鄂尔多斯宝恒煤焦电有限公司	4.95	—	3.60	25	2000	25	一期
合计		80.68	60.86	64.51	470	29430	439	—

二、 电网建设与改造

2001 年，赛汉塔拉 110 千伏变电站扩建 2 号主变投入运行，容量 16 兆伏安。

2002 年，全旗进行二期第一批农网改造工程，批复改造 10 千伏线路 256.40 千米，改造 0.4 千伏线路 371.60 千米。二期第二批农网改造工程，批复新建 10 千伏线路 72.40 千米，新建 0.4 千伏线路 11 千米，新建 0.2 千伏线路 13.50 千米，新建变压器 35 台容量 1895 千伏安。二期第三批农网改造工程，批复新建 10 千伏线路 92.23 千米，新建 0.4 千伏线路 10.58 千米，新建变压器 58 台容量 3510 千伏安。

2003 年，朱日和 110 千伏变电站扩建 2 号主变投入运行，容量 16 兆伏安。

2004年，朱日和110千伏变电站原8兆伏安主变退出运行，投入运行1台新主变，容量40兆伏安。12月13日，温都尔220千伏变电站正式运行。

2005年，苏尼特右旗电网第一批工程，批复改造35千伏变压器2台容量，620千伏安。批复新建10千伏线路77.69千米，新建0.4千伏线路3.8千米，安装变压器28台，容量1450千伏安。完成10千伏线路40.72公里，新建0.4千伏线路5.65公里，安装变压器12台，容量650千伏安。

2006年，查干淖尔110千伏变电站扩建2号主变投入运行，容量25兆伏安。全旗新建10千伏线路1.7千米，新增配电变压器1台50千伏安。

2007年，开展无电嘎查通电工程，批复新建10千伏线路120千米，新建0.4千伏线路35千米，新建变压器54台，容量745千伏安。完成10千伏线路120千米，新建0.4千伏线路41.17千米，安装变压器54台，容量745千伏安。

2008年，全旗农网新建10千伏线路0.5千米，0.4千伏线路0.5千米，新增配电变压器7台，容量1490千伏安，新建无功补偿640无功千伏安。完成无电地区电力建设工程，批复新建10千伏线路73千米，新建0.4千伏线路38千米，新建变压器47台，容量6250千伏安。

2009年，第三批扩大内需中央投资农网完善10千伏电力建设工程，批复新建10千伏线路19千米，新建0.4千伏线路17.7千米，新建变压器15台，容量1600千伏安。完成第三批扩大内需中央投资无电地区通电工程，批复新建10千伏线路60千米，新建0.4千伏线路31千米，新建变压器24台容量，650千伏安，风光互补48套。

2011年，全旗农网改造升级工程，新建白音哈尔和赛罕乌力吉2项35千伏输变电工程，批复新建10千伏线路156千米，新建0.4千伏线路44千米，新建变压器34台，容量1500千伏安，新建无功补偿180无功千伏安，风光互补2041套。12月，赛汉塔拉110千伏变电站原8兆伏安主变退出运行，投入1台新主变，容量40兆伏安，运行主变总容量56兆伏安。

2012年，全旗农网改造升级工程，新建桑宝拉格、阿其图乌拉、吉呼郎图三项35千伏输变电工程，批复新建10千伏线路101千米，新建0.4千伏线路43千米，新建变压器41台，容量830千伏安，风光互补991套。

2013年，全旗农网改造升级工程，批复新建10千伏线路331千米，新建0.4千伏线路68千米，新建变压器99台，容量2730千伏安，新建无功补偿120无功千伏安。完成无电地区通电工程，批复新建10千伏线路290千米，新建0.4千伏线路115千米，新建变压器136台，容量2890千伏安。10月，朱日和110千伏变电站原16兆伏安主变退出运行，投入另1台新主变，容量40兆伏安，运行主变总容量80兆伏安。

2014年，全旗农网改造升级工程，批复新建10千伏线路305千米，新建0.4千伏线路54千米，新建变压器51台，容量600千伏安，新建光纤通信194千米，风光互补升级4154套。

2015年，全旗农网改造升级工程，新建部队训练基地、白音车勒2项输变电工程，批复新建10千伏线路20千米，新建0.4千伏线路9.79千米，新建变压器6台，容量1200千伏安，新建无功补偿480无功千伏安，风光互补1074套。形成220千伏为主网架、110千伏和35千伏为辅网架的供电网络，通过农网改造升级和新能源分散供电方式，全旗实现“村村通电”“户户通电”用电目标。年内，苏尼特右旗管辖范围内220千伏变电站1座，容量30万千伏安。110千伏变电站3座，容量17.1万千伏安，110千伏线路长度657.36公里。35千伏变电站7座，容量5.39万千伏安，35千伏线路长度201.23公里。10千伏线路57条，其中，公线27条，长2050公里，接带变压器1277台，容量11.56万千伏安。运行维护0.4千伏线路639条，长937.44公里。全旗用电分类主要有：居民客户31621户、工业用户70家、商业用户4439家、非居民照明408家、非普工业1136家、农业用户427家。

三、 供电服务

苏尼特右供电局下设1个B级客户服务大厅、3个C级客户服务大厅，其中，苏尼特营业大厅为B级客服大厅。杭盖路客户服务中心、朱日和供电所客户服务大厅、乌日根塔拉供电所客户服务大厅为C级客服大厅。管理电力用户38351户，其中，居民31793户，一般工商业6488家，重点工业70家。

第二节　石油工业

2006年，陕西省延长油矿管理局委托陕西维光科技有限责任公司开始在苏尼特右旗境内3个区块内进行油气勘探。3个凹陷完成连续测线长1222.6公里，控制面积3136万平方千米。

2008年，全旗探区内钻井25口。其中，12口井获得工业油流。“赛探2井”8月生产，日产油2.4吨，平均日产油3.6吨。

2011年3月21日，苏尼特右旗维光科技有限公司成立，公司注册资本金6500万元，经营业务有能源项目、基础项目投资、投资咨询以及矿产品销售。主要负责现场油田勘探生产，组织钻井工程施工，平均日稳产3吨以上油井有6口。

2012年，陕西省延长油田在国土资源部登记注册，签订《内蒙古自治区苏尼特右旗赛汉乌力吉凹陷区域石油资源风险勘探合作协议书》，独家全权拥有合同约定范围赛汉乌力吉凹陷主要区域的200平方公里石油资源勘探开发权利。经过评价，先后钻探哈1、哈2、哈3、力1、力2等5口井，其中4口井钻探开采成功，日产油2.0~20.4吨。

2015年，中国石油天然气股份有限公司华北油田分公司，在赛汉塔拉凹陷油气勘查，投资935万元。8月3日，华夏鼎兴与享有勘探、开采权的北京胜利顺天技术股份有限公司达成项目协议，共同出资在苏尼特右旗、苏尼特左旗和正镶白旗境内994平方公里区块内开展石油勘探与开采方面的合作。

第三节　金属矿业

2001年，朱日和铜业、垦博磊鑫矿业、峰雷矿业等企业投资进行铜矿石采选。

2003年，宏鑫矿业有限责任公司、康丽矿业有限责任公司、利源矿业有限责任公司、宝德矿业有限责任公司、金鑫矿业有限责任公司、金山集团首创公司等区内外企业在朱日和镇白云敖包、哈尔哈达等矿区建设选场，生产铁精粉。年内，朱日和铜业有限责任公司成立，经营范围为铜、铅、锌、银矿的探、采、选、冶。公司年处理50万吨选矿厂1座，由铜—硫系列、铜—铅—锌—硫系列2个生产系统组成。拥有别鲁乌图铜矿采矿权，西矿带及霍布尔铜等金属探矿权。其中，别鲁乌图矿区面积12.49平方公里，探明储量铜矿石1489.87万吨，金属量10.06万吨，品位0.67%；硫矿石量1371.43万吨，品位22.67%；铅矿石59.97万吨，金属量0.91万吨，品位1.51%；锌矿石82.72万吨，金属量21.57万吨，品位2.61%，伴生金2.86吨，伴生银100.22吨。

2006年，北京华夏鑫润公司通过招标、拍卖、挂牌的形式以1000万元价款取得探矿权。

2008年3月，北京华夏鑫润公司与广东锦峰集团公司合作成立内蒙古垦博磊鑫矿业发展有限公司。5月9日，取得该矿区探矿许可证，面积约39.84平方公里。矿山采用地下开采，竖井开拓，主体采矿方法选用浅孔留矿法，选矿工艺为单一浮选流程。开采损失率8%，贫化率8%，选矿回收率铜90%，钼88%。平均出矿品位铜1.45%，钼0.11%。年采矿石量15万吨，年工作300天，服务年限17年，产品为铜精矿和钼精矿。

2015年，苏尼特金曦黄金矿业有限责任公司员工594人，资产总额11.98亿元，是集采、选、冶于一体的自动化程度较高的大型黄金生产企业。实现利润2.01亿元，上缴地方各种税费1.46亿元。

第四节 冶金工业

2002年，苏尼特右旗正式发展冶金工业。5月，包钢勘察测绘研究院投资20%，自然人马君瑞等人投资80%，注册成立苏尼特右旗四海铁合金有限责任公司，总投资380万元收购原朱日和水泥厂厂地，新建4300千伏安电热炉，生产硅铁合金。日产硅铁11吨，当年完成产值1200万元，实现利税36.47万元。

2003年，旗委、政府决定建设朱日和高载能工业园区，发展全旗冶金工业。通过招商引资，白雁湖化工、北强电石、海源化工、同和硅铁、巍森硅钙、金桥硅钙等合金冶炼企业先后在朱日和高载能工业园区投资建设。白雁湖化工有限责任公司总投资2700万元，占地面积100亩，建2台2万千伏安电热炉，年产电石8万吨，年用电量2.5亿千瓦时，提供就业岗位300人，年实现产值超亿元；巍森硅钙电化有限责任公司建1250千伏安矿热炉2台，生产硅钙；北强电石有限责任公司建1.25万千伏安矿热炉2台，年产电石5万吨；同和铁合金有限责任公司建1.25万千伏安矿热炉1台，设计产能为年产硅铁1万吨；金桥硅钙电化有限责任公司建1250千伏安矿热炉5台，生产硅钙。

2004年，巍森硅钙电化有限责任公司新建1250千伏安矿热炉4台。矿热炉总数6台。

2006年，北强电石有限责任公司公司更名为苏尼特右旗温都尔化工有限责任公司；金桥硅钙电化有限责任公司由蒙达冶炼有限责任公司收购，转产高钛渣。

2013年，新蒙新材料有限责任公司进驻苏尼特右旗，先后收购白雁湖化工和温都尔化工，经过三期工程改造，实现年产不锈钢基料60万吨，产值60亿元，上缴税金2.2亿元，提供就业岗位500个；巍森硅钙电化有限责任公司由苏尼特右旗宏宇钛业有限责任公司收购，转产高钛渣。

2014年，北强电石有限责任公司由内蒙古新蒙新材料有限责任公司收购，转产硅锰合金。

2015年，经锡林郭勒盟经济和信息化工作委员会批准，北强电石有限责任公司转产镍铁，设计产能1.8万吨/年。

第五节 化工工业

2001年，苏尼特碱业有限公司隶属内蒙古自治区博源集团。年生产各类化工产品50多万吨。其中，纯碱25万吨（低盐重质纯碱5万吨）、小苏打13万吨（高档次的小苏打3万吨）、苛化法工艺生产烧碱3万吨、元明粉10万吨（洗涤剂行业专用原料）。公司注册商标“马兰”牌系列产品是内蒙古自治区名优产品，产品除畅销全国各地外，还以其优质优价打入国际市场，并在日本、阿联酋等7个国家和地区注册商标。年内，苏尼特碱业有限公司公司通过ISO 9002国际质量体系认证和内蒙古自治区科技品牌企业认证。

2002年，苏尼特碱业有限公司被内蒙古自治区评为高新技术企业及科技创新示范企业。

2006年，苏尼特碱业有限公司被列为全国第1008家重点用能企业。

2001—2015 年苏尼特右旗矿产、冶金、化工产品产量情况表

表 8-1-2 单位：吨

年度	纯碱	小苏打	铁矿石	萤石	其他
2001	184713	112853	58000	—	230.17
2002	260277	130500	111865	—	235.56
2003	222573	129753	47688	—	229.51
2004	271742	104648	1420435	—	229.32
2005	292613	137428	646677	—	262.99
2006	313288	128066	351171	—	238.97
2007	323197	119195	460248	—	229.51
2008	297107	121560	392219	—	211.50
2009	302530	126496	1066213	—	261.28
2010	302272	103177	984234	—	2022.66
2011	256779	89898	610362	—	3002.15
2012	212542	119487	—	—	3368.24
2013	180947	151307	—	—	3361.31
2014	196790	141236	—	40850	3401.46
2015	194041	152073	—	—	2034.18

第六节 畜产品加工

一、肉产品加工

2001 年，苏尼特右旗有苏尼特肉业公司、草原今朝公司、羊羊牧业公司、蓝天牧业公司等肉食加工知名企业 20 余家。草原今朝食业有限责任公司主要生产产品为牛肉干，同时生产软罐头、牛肉松、牛羊肉粒、风干肉、卤汁系列、烤牛（羊）排、有机牛肉、有机冷鲜羊肉等九大类 100 余个品种。产品销往北京、上海等全国 50 余个大中城市。年内，鲜冻畜肉产量 0.094 万吨。

2001—2015 年，苏尼特右旗鲜冻畜肉产量 12.17 万吨。

2002 年，内蒙古自治区级农牧业龙头企业 MBB 集团收购苏尼特右旗食品公司，成立苏尼特肉业有限责任公司，经过整体技术改造，公司日屠宰能力 3000 只羊单位，年加工肉羊 50 万只，冷冻能力 1500 吨，速冻能力 150 吨，肉制品加工能力 0.50 万吨，生产能力进一步提高，现发展成为集养殖、屠宰、加工、销售于一体的现代化大型肉食品综合加工企业。年内，鲜冻畜肉产量 0.089 万吨。

2003—2006 年，苏尼特右旗鲜冻畜肉产量 1.99 万吨。

2007 年，草原今朝公司入驻赛汉塔拉工业园区，占地面积 2.3 万平方米，总资产 5800 万元，年销售收入 8000 余万元，成为自治区农牧业产业化重点龙头企业。年内，全旗鲜冻畜肉产量 0.55 万吨。

2008—2012 年，苏尼特右旗鲜冻畜肉产量 4.46 万吨。

2013 年，锡林郭勒盟羊羊牧业有限责任公司成立，注册资金 3000 万元，是一家集饲草料种植、优良种畜繁育、有机肉羊养殖、屠宰加工、物流配送、冷鲜肉及相关副产品开发、实体线下销售与电子商

务线上销售紧密结合于一体的现代化全产业链清真肉食品企业。年内，全旗鲜冻畜肉产量1.52万吨。

2015年，苏尼特右旗肉食品加工企业16家，其中，规模以上企业6家，总库容量1.75万吨，年加工能力68万只羊单位，年实现产值47600万元。年内，全旗鲜冻畜肉产量1.89万吨。

二、 绒毛加工

2001年，苏尼特右旗经过整顿、技术改造和扩建工程，苏尼特右旗宏达绒毛有限责任公司成为全旗第一家绒毛加工私营企业。随着羊绒服饰业发展，原先从事绒毛收购的个体经营户开始注册成立绒毛加工企业，对原绒毛进行梳纺加工，提高产品附加值，形成规模的有宏达绒毛公司、三环绒毛公司、腾达绒毛公司等绒毛加工企业。

2005年，苏尼特右旗人民政府出台《关于鼓励绒毛收购加工企业发展优惠政策》，规定在全旗境内从事绒毛收购加工的企业所缴纳的增值税、企业所得税地方留成部分，经核实后，再拨付该企业用于扩大再生产。对于投资从事绒毛纺织企业，给予购机补贴和电费补贴，每购1台梳绒机并投入生产，政府补贴5000元，加工1吨山羊绒（绵羊绒）补贴电费500元，投资额在1亿元以上的绒毛纺织企业，政府在用地、厂房建设上给予特殊扶持。

2006年，全旗绒毛加工企业、个体工商户发展到25家，独立核算的绒毛加工企业10家，其中，规模以上企业6家，占全旗规模以上工业企业数量27.3%，梳绒机数量246台。年内，实现工业产值18911万元，较上年增长79.82%，实现工业增加值7604万元，占全旗规模以上工业企业实现增加值的10.52%，较上年增长80.76%，上缴税金231万元，较上年增长12.31%，安置城乡就业人员531人，较上年增长30%，无毛绒产量281吨，累计兑现优惠政策资金95.2万元。

2007年，苏尼特右旗出台《苏尼特右旗加快推进绒毛加工业发展的暂行规定》，在实行电费补贴、购机补贴等优惠政策的基础上，进一步加大对绒毛加工企业的资金支持力度，对年缴纳增值税100万元以上企业，政府将企业纳税额5%奖励企业，并在此基础上，每超额50万元，奖励幅度增加1%，鼓励企业做大做强，通过政策引导，全旗绒毛加工业得到进一步发展。年内，宏达绒毛有限责任公司搬迁至赛汉塔拉工业园区，占地面积25000平方米，厂房建筑面积1.3万平方米，包括绒毛洗净、分梳、絮片、针刺、纺织、绗缝6条生产线。可生产6个系列、30余个品种的产品。

2008年，因全球金融危机对全旗绒毛产业的冲击，企业资金回笼、销售受到影响，部分外地企业迁走，行业发展面临困难。

2013年，旗委、政府立足资源优势和产业基础，确定绒毛加工业作为全旗主导产业重点推进，以赛汉塔拉工业园区为载体，全力打造自治区级羊绒产业加工园区。

2014年，草原牧都服饰有限责任公司新建绒毛收购、分梳、纺纱、织衫一体化项目和山羊绒毛项目在赛汉塔拉工业园区开工。草原牧都项目占地面积6.3万平方米，总投资1.5亿元，年产羊绒服饰200万件，产值10亿元，计划新建大型联合梳绒线6条，同时建设纺纱线1条，织衫机200台。8月19日，全盟绒毛产业现场观摩会在赛汉塔拉工业园区召开。

2015年4月1日，苏尼特右旗人民政府印发《关于印发鼓励绒毛产业发展（试行）办法的通知》。该办法29条，包括目标与定位、政策与措施、奖励与补贴、服务与保障等5个方面。年内，全旗绒毛加工企业32家，拥有梳绒机485台、电脑横机210台、洗毛生产厂2家，年加工无毛绒近1000吨、洗毛1.2万吨。规模以上绒毛加工企业18家，产值超亿元的有5家，从业人员4600余人。年加工羊绒羊毛服饰600万件，羊绒、毛被13万件，产品种类70余种。宏达绒毛有限责任公司年销售收入3311.2万元，是1998年公司成立时的4.9倍，公司所产“香泰”牌驼、羊绒被评为自治区名优产品。

第七节　制砖加工业

2001—2015 年，苏尼特右旗制砖企业由 1 家增至 5 家，其中，赛汉塔拉镇 4 家，乌日根塔拉镇 1 家。

一、顺达制砖厂

顺达制砖厂于 2007 年成立，注册资金 30 万元，主要设备有制砖机 1 台，装载机 1 台。2015 年，制砖 500 万块，产值 150 万元，就业人数 30 人。

二、联谊制砖厂

联谊制砖厂于 2007 年成立，注册资金 30 万元，主要设备有制砖机 1 台，粉碎机 1 台，搅拌机 2 台。2015 年，制砖 1000 万块，产值 300 万元，就业人数 35 人。

三、永泰制砖厂

永泰制砖厂于 2008 年成立，注册资金 30 万元，主要设备有制砖机 1 台，装载机 2 台。2015 年，制砖 2000 万块，产值 600 万元，就业人数 66 人。

四、赛汉塔拉制砖厂

赛汉塔拉制砖厂于 2008 年由股份制企业转售给个人，转型为私营企业。

2015 年，赛汉塔拉制砖厂搬迁至额仁淖尔苏木阿尔善图嘎查。注册资金 300 万元，主要设备有制砖生产线 1 条，轮窑（42 门）1 座，装载机 2 台。年内，制砖 800 万块，产值 240 万元，就业人数 62 人，产品销往当地及周边旗县。

五、强靖制砖厂

2015 年，强靖制砖厂在乌日根塔拉镇成立，注册资金 30 万元，主要设备有制砖机 1 台，装载机 1 台。年内，制砖 300 万块，产值 90 万元，就业人数 25 人。

第二章　工业发展

第一节　调整结构

2001—2015 年，苏尼特右旗委、政府围绕处理好政府与企业、企业与市场的关系，坚持推进企业改革，以规范经营决策、资产保值增值、公平参与竞争、提高企业效率、增强企业活力、承担社会责任为重点，采取多项政策措施，先后制定出台《关于贯彻〈国务院鼓励支持和引导个体私营等非公有制经济发展意见〉的实施意见》《关于促进工业中小企业发展的意见》《关于印发加快发展第三产业若干政策规定的通知》等相关政策，完善产权清晰、权责明确、政企分开、管理科学的现代企业制度，使企业真正成为依法自主经营、自负盈亏、自担风险、自我约束、自我发展的独立市场主体。全旗国有工商业企业陆续以破产、重组、拍卖等方式，退出国有工商业序列，为非公有制经济发展营造良好环境。

2001 年，全旗有各类性质的工业企业 29 家，企业职工总人数 4176 人。其中，国有企业 3 家，职工 171 人，占企业职工总数的 4. 1%；集体企业 3 家，职工 162 人，占企业职工总数的 3. 9%；股份制企业和私营企业 23 个，职工 3843 人，占企业职工总数的 92%。

2002 年，全旗工业企业实施新一轮改制。自来水公司、金曦黄金矿业有限责任公司实施法人目标管理责任制，推行全员聘用制。8 月，谊华木制品有限责任公司由于经营不力、销售滞后、资金严重短缺，连年亏损，按有关规定和程序，经政府批准，自行解散；医药公司由锡林郭勒盟医药公司直管，整体移交时，资产负债率 208. 61%，实施破产；原苏尼特肉食品公司和芒硝厂整体出售，重组苏尼特肉业公司和荣宇化工公司；砖瓦厂和民族用品厂在原国营和集体经济基础上，转为股份合作制企业。

2003 年，经锡林郭勒盟行政公署（锡署字〔2003〕113 号文件）批复，设立赛汉塔拉工业园区，重点扶持和发展轻纺、肉食品加工、煤炭、电力、化工、建材、机械等支柱产业和重点企业，形成多行业协调发展的工业产业新格局。

2015 年，全旗有工业企业 138 家，规模以上工业企业 42 家，比 2014 年增加 3 家。企业职工 5944 人。其中，国有企业 8 家，职工 855 人，占企业职工总数的 14. 38%。其余 130 家工业集体所有制企业全部转制为私营企业。

第二节 产量与销售

一、产量

2001—2015 年，宏达绒毛公司、三环土畜产公司、蓝天牧业公司、峰雷矿业公司、朱日和铜业公司、嘉利公司、草原今朝公司、国电中商风电厂、北京兴启源风电厂、中广核风电厂相继建成投产。

2015 年，全旗有国有企业 8 家，规模以上工业企业 45 家。全旗工业固定资产投资 18 亿元，当年规模以上工业企业完成工业增加值 31.2 亿元，实现主营业务收入 77.91 亿元，实现利税 1.12 亿元。按经济类型分，国有企业及国有控股 8 家，集体企业 37 家，全旗规模以上企业总资产 87.38 亿元，总负债 51.9 亿元，职工从业人数 3944 人，规模以上工业企业利税过千万企业 3 家，实现利税 0.62 亿元，销售收入过亿元的企业 27 家，实现销售收入 71 亿元。

苏尼特右旗境内探明矿产资源有金、铜、铁、芒硝、萤石、石油、石灰石等 30 余种。其中，探明储量煤田 2 处，分别是赛汉塔拉煤田和赛汉高毕煤田。赛汉塔拉煤田距朱日和工业园区 10 公里，探明储量 19.2 亿吨，赛汉高毕煤田距朱日和工业园区 120 公里，储量 6.7 亿吨。煤质均为褐煤，发热量为 3500~4000 大卡，适用于电厂用煤。

2015 年，金曦黄金公司生产黄金 2034.18 千克，较上年同比下降 40.2%；苏尼特碱业有限公司生产小苏打 15.21 万吨，较上年同比增长 7.6%，纯碱 19.40 万吨，较上年同比下降 1.4%。供电局完成售电量74100.95万千瓦时，较上年同比增长 16.87%。6 家规模以上风力发电企业累计风力发电量123239.66万千瓦时，较上年同比增长 23.27%。朱日和铜业、峰雷矿业累计生产铜金属量 0.62 万吨，较上年同比增长 6.75%。镍铁产量 1.70 万吨，较上年同比增长 3.5%。硅铁产量 1.89 万吨，高钛渣产量 2 万吨，较上年同比下降 0.14%。硅锰合金 9.78 万吨，较上年同比增长 137.46%。供热面积 631 万平方米，较上年同比增长 0.16%。13 户绒毛加工企业累计生产无毛绒 0.45 万吨，较上年同比增长 38.37%；毛纱 0.02 万吨。6 家屠宰加工企业加工鲜冻肉 1.89 万吨，较上年同比增长 20%，牛肉干产量累计 0.10 万吨，较上年同比下降 22.68%。

二、销售

2001—2015 年，苏尼特右旗坚持企业改制不动摇，以股份制为主体，形成各种所有制经济共同发展的新格局。主要以绒毛、肉食品、农牧机具、冶炼、风电为支柱产业。其中，绒毛产品主要销往内蒙古、河北、浙江、江苏、上海、深圳、广东等地，鲜冻肉主要销往内蒙古、河北、北京、浙江、上海、广州等地，铜金属、钛合金及铁矿粉等产品原材料主要销往周边地区和天津，皮革加工主要销往河北、深圳。

2015 年，全旗绒毛企业 13 家，产量 4516.02 吨，绒毛单价 72 万元。全国及自治区著名商标有“都市牧歌”“香泰”“赛普”“暖倍思”等，产品远销欧洲、大洋洲及美洲等地。肉食品企业 6 家，产量 1.89 万吨，肉食产品单价 4 万元，主要销往上海、广州、浙江等地；铜金属加工企业 2 家，产量 0.62 万吨，铜金属单价 3.2 万元，主要销往周边地区。铁合金加工企业 4 家，产量 13.37 万吨，主要销往天津；皮革加工企业 1 家，产量 120 万件，皮革制品单价 100 元/件，主要销往河北，该皮革加工厂的下游产品销往深圳。

第三章　工业园区

第一节　工业园区规划

一、规划编制

2003年9月，内蒙古自治区党委政府《关于发挥优势突出重点推动工业经济快速发展的意见》(内党发〔2003〕21号)，将朱日和高载能工业园区列入全区重点培育发展的20个工业园区之一。

2003年12月15日，锡林郭勒盟机构编制委员会办公室（锡机编办发〔2003〕42号）批复建立朱日和高载能工业园区管委会。朱日和高载能工业区管委会正科级建制，编制6名。

2014年5月12日，朱日和高载能工业园区管委会更名为苏尼特右旗朱日和工业区管理委员会，管理范围包含苏尼特右旗绒毛纺织产业循环经济园区和朱日和冶金产业园。重点以风电和太阳能发电、有色金属和铁等矿产品采选业、石材加工业为主导产业。

二、企业入驻情况

朱日和工业园区始建于2003年，属于盟级工业园区，园区位于苏尼特右旗朱日和镇，规划面积3.34平方公里，已建成面积1.3平方公里，累计完成基础设施投资0.55亿元。

2003年10月，内蒙古北强电石有限责任公司、苏尼特右旗海源化工有限责任公司、苏尼特右旗白雁湖有限责任公司入驻工业园区，开工奠基。

2004年3月26日，巍森硅钙厂正式投产。5月19日，环宇化工有限责任公司正式点火。7月6日，四海铁合金二期6300千伏安硅铁炉正式投产。8月4日，金水矿业有限责任公司锰矿选厂开始试生产。11月27日，朱日和铜业公司冶炼厂正式投产。12月26日，白雁湖化工有限责任公司正式投产。

2006年5月18日，北强电石公司2号炉生产。9月17日，苏尼特右旗润丰矿业有限责任公司试生产。

2008年3月31日，苏尼特右旗耀骏矿业有限责任公司、华泰矿业有限责任公司成立。

2009年5月12日，苏尼特右旗宏源矿业有限责任公司入驻朱日和工业园区。7月10日，园区企业吉崎矿业公司、福盛建材公司、同和铁合金有限责任公司相继开工生产。8月10日，新新矿业公司铁精粉选厂正式投产。

2010年8月27日，顺意建材公司、绿元建材公司和山水保温建材公司建成投产。9月3日，白雁湖、温都尔和海源3家化工公司转产生产镍铁。

2015年，朱日和园区主导产业为冶金产业。入驻冶金企业35家，其中，生产加工铁矿石和铁金粉企业15家、硅锰合金生产企业1家、铜金粉生产企业2家、高钛渣生产企业2家、镍铁生产企业3家、面包铁生产企业5家、萤石矿生产企业3家、耐磨球生产企业2家、石材生产企业2家，安置就业近2000余人。

二、经济指标及运行

2015年，朱日和工业园区完成工业总产值55.9亿元，实现工业增加值22.36亿元，主营业务收入55.61亿元，实现利润4亿元，上缴税金1.37亿元。年内，从业人员4050人。

三、基础设施建设

2001—2014年，绒毛纺织产业循环经济园区基础设施建设项目累计投资2.5亿元，修建完善产业区水、电、路、通信、硬化、绿化、排污、垃圾处理、污水处理等基础设施。产业园道路总长8000米，日供水能力2000吨，日污水处理能力1万吨，日垃圾处理能力60吨，供电、网络全部进入园区，主要服务功能基本完善。

2015年，绒毛纺织产业循环经济园区由太平洋建设集团公司采取“PPP模式”对供水、排污、道路和管网改造进行升级，计划总投资6000万元，主要工程为园区主干道中央路、畜产街、食品街、轻工街、绒纺街和产业路，总里程6.4公里，另有3条道路改扩建工程，总里程1.5公里。

四、招商引资

2015年，工业园区新入驻绒毛企业12家，企业改造2家，基本实现特色产业集聚效应。园区内浩祥、广圆、润泽、腾飞、鑫海5家在建企业和腾飞纺纱、丰华、九牧、冰雪4家新建企业，已基本建设完成，10月底，全部正式投产。宏达、腾达2家企业进行提升扩容改造建设，丽莎、山东永正、山东金誉3家拟建企业完成企业注册和相关建设手续。

第二节　工业园区建设

2003—2015年，根据全旗资源配置和工业产业规划需求，旗委、政府建立朱日和高载能工业园区管委会。从宏观上，对全旗工业园区进行规划设计，为业主提供生产、研发、物流、展示及融资等内容的一体化综合解决方案，为企业构建多元化发展平台。从工业园区策划到规划，充分考虑全区、全盟经济区域发展布局和国内国际经济发展态势，实现全旗工业园区产业发展准确定位、产业体系科学链接链、产业结构合理布局、工业经济稳步发展。同时，结合工业产业门类、产业特点，因地制宜打造特色工业园区、工业产业和工业产品，经过统筹协调和科学规划布局，初步形成赛汉塔拉工业园区、绒毛纺织产业循环经济园区、都呼木工业园区、乌日根塔拉工业园区规划建设思路。

一、赛汉塔拉工业园区

2003年，经锡林郭勒盟行政公署（锡署字〔2003〕113号）批复，设立赛汉塔拉工业园区，重点扶持和发展轻纺、肉食品加工、煤炭、电力、化工、建材、机械等支柱产业和重点企业，形成多行业协调发展的新格局。

2008年8月25日，锡林郭勒盟两个文明建设经验交流会与会人员参观赛汉塔拉工业园区。

二、苏尼特右旗绒毛纺织产业循环经济园区

苏尼特右旗绒毛纺织产业循环经济园区始建于2005年，规划面积3.5平方公里，累计投资4.8

亿元，园内建成6横3纵道路，总长度15公里，绿化面积50万平方米，绿化覆盖率11%，硬化面积11万平方米。

2007年8月16日，宏达绒毛有限责任公司在赛汉塔拉工业园区新厂区建成。

2008年7月8日，腾达绒毛有限责任公司在工业园区建成。

2009年6月15日，苏尼特右旗利蜂乳制品有限责任公司在赛汉塔拉工业园区建厂。

2010年5月25日，工业区管委会在赛汉塔拉工业园区为嘉利农机公司提供1万平方米建设用地。11月17日，工业区管委会制定《苏尼特右旗畜产品加工企业搬迁实施方案》。

2015年，园区内入驻企业57家，其中，绒毛加工企业32家（规模以上12家），肉食品加工企业13家，羊粪有机肥、乳制品、皮制品加工企业4家，其他企业8家，安置就业2000余人。现有梳绒机485台、电脑横机210台、洗毛生产厂2家，年加工无毛绒1000余吨、洗毛1.2万吨。全旗绒毛加工企业加工羊绒羊毛服饰600万件，羊绒、毛被13万件，产品种类70余种，产品销往全国各地，并远销欧洲、大洋洲及美洲等，初步形成以草原牧都服饰公司、宏达绒毛公司、腾达绒毛公司、三环土畜产公司等骨干企业为主的产业集群，培育“都市牧歌”全国驰名商标和“香泰”“赛普”“暖倍思”等自治区著名商标。

三、 都呼木工业园区

2010年12月20日，工业区管委会计划开发建设都呼木循环经济园区。重点以风电、太阳能发电及相关的零部件制造业和装备制造业、物流、仓储业为主导产业。

四、 乌日根塔拉工业园区

重点以碱化工、石油化工及煤化工等为主导产业。

第九编

商贸・旅游

第一章　商贸服务业

第一节　批发零售业

2001 年，苏尼特右旗社会消费品零售总额19460万元。年内，全旗批发零售 1341 家，从业人员 2295 人，注册资金 8357 万元。

2002 年，全旗社会消费品零售总额21559万元。城镇居民家庭平均每百户拥有摩托车 64 辆、自行车 150 辆、洗衣机 90 台、电冰箱（柜）46 台、彩电 100 台、录放像机 6 台、照相机 12 架。

2003 年，全旗社会消费品零售总额 22836 万元。

2004 年，全旗社会消费品零售总额 33184 万元。

2005 年 2 月，苏尼特右旗启动“万村千乡市场工程”，通过安排财政资金，以补助或贴息方式，引导城市连锁店和超市等流通企业向农村、牧区延伸，发展“农户、牧户店”。年内，全旗社会消费品零售总额36288万元。

2006 年，全旗社会消费品零售总额42350万元，较上年增长 16. 7%，其中，城镇零售额30954万元，农牧区零售额11396万元。

2007 年，全旗社会消费品零售总额 50650 万元，较上年增长 19. 6%，其中，城镇零售额40711万元，农牧区零售额 9939 万元。

2008 年，全旗社会消费品零售总额 63509 万元，较上年增长 25. 4%，其中，城镇零售额 54583 万元，农牧区零售额 8926 万元。

2009 年，全旗社会消费品零售总额 75934 万元，较上年增长 19. 6%，其中，城镇零售额 67682 万元，农牧区零售额 8252 万元。年内，开展“家电下乡”“摩托车下乡”政策活动，“家电下乡”产品包括彩电、冰箱（含冰柜）、手机、洗衣机、电脑、空调、热水器（含储水式电热器、燃气热水器、太阳能热水器）、微波炉、电磁炉、汽车、摩托车。全年销售指定产品 0. 2 万台，销售金额 947 万元，兑付补贴资金 100 余万元。

2010 年，全旗社会消费品零售总额 85179 万元，较上年增长 19. 0%，其中，城镇零售额 58793 万元，农牧区零售额 26386 万元。开展“家电下乡”“摩托车下乡”政策活动，销售指定产品 0. 99 万台，销售金额 3049 万元，兑付补贴资金 471 万元。

2011 年，全旗社会消费品零售总额 101194 万元，较上年增长 18. 8%，其中，城镇零售额 69318 万元，农牧区零售额31876万元。开展“家电下乡”“汽车、摩托车下乡”政策活动，销售指定产品 5935 件，销售金额 1256 万元，兑付补贴资金 163 万元。

2012 年，全旗社会消费品零售总额 117100 万元，较上年增长 15. 7%，其中，城镇零售额 79952 万元，农牧区零售额37148万元。年内，销售“家电下乡”“汽车、摩托车下乡”指定产品 3. 24 万件，销售金额 6811 万元，兑付补贴资金 805 万元。

2013 年，全旗社会消费品零售总额 130687 万元，较上年增长 11.6%，其中，批零贸易业零售总额 114587 万元，较上年增长 11.3%，住宿餐饮业零售总额 16100 万元，较上年增长 13.9%。城镇零售额 93926 万元，农牧区零售额36761万元。

2014 年，全旗社会消费品零售总额 147462 万元。其中，批发零售贸易业零售额 126962 万元，住宿和餐饮业零售额 18500 万元。城镇消费品零售总额和农牧区消费品零售总额分别为 105062 万元和 40400 万元。

2015 年，全旗社会消费品零售总额 158290 万元，较上年度增长 8.8%，其中，批发零售贸易业零售额 140248 万元，住宿和餐饮业零售额 18042 万元。城镇消费品零售总额和农牧区消费品零售总额分别为 113186 万元和 45104 万元。年内，全旗批发零售 1673 家，从业人员 3436 人，注册资金 14889 万元。

第二节　粮油供销

一、粮油购销

2002 年 6 月，苏尼特右旗对农牧区产业结构进行调整，开展退耕还林、退牧还草政策。年内，完成锡林郭勒盟粮食局和锡林郭勒盟农业发展银行下达的第一批休牧禁牧补助饲料粮发放任务。

2004 年 5 月，按照《关于印发全旗粮食补贴方式改革实施方案的通知》（苏右政发〔2004〕41 号），采取农作物计税面积补贴，以每个农户该项数据前 3 个年度平均数乘以补贴标准计算出应得补贴，对新民乡镇种植粮食农民进行补贴。对企事业单位、个体户以经营为目的从事粮食生产和已撂荒计税耕地不享受补贴。11 月 10 日，占地面积 10 万平方米，有效仓容 6000 万公斤，年轮换量 2000 万公斤的内蒙古赛汉塔拉国家粮食储备库正式被上划，更名为中央储备粮锡林郭勒盟直属库，并在锡林浩特市举行移交仪式。

2004—2005 年，国家放开粮食购销市场，对重点粮食品种实行收购最低价保护政策，全旗粮油贸易转为市场运作。

2005 年，苏尼特右旗完成国有粮食企业转制工作。

2006 年 6 月，组建成立赛丰粮食购销有限责任公司，实行国有控股。主要负责全旗粮食的购、销、存和政策性等粮食业务。

2010 年，全旗粮食企业原职工全部纳入社会保障体系。

2015 年，苏尼特右旗各苏木、镇，个体粮食销售站点 74 家，年销售成品粮油 1000 万公斤，销售饲料 1500 万公斤左右。年平均库存量 400 万公斤以上。3 月，商务局粮食职能股室和赛丰粮食购销有限责任公司并入发展和改革局，设置经济动员与粮食流通管理股。

二、供销合作

2001—2015 年，苏尼特右旗供销合作社累计争取“新网工程”扶持资金 492 万元、“促进服务业发展”扶持资金 50 万元、“一事一议”扶持资金 216 万元，“草原生态保护”奖补资金 100 万元，国家农业综合开发扶持资金 140 万元，争取各类扶持资金 998 万元，为企业经营提供充足的资金保障。

2008 年 6 月，供销社出资创办民贸土畜产农资公司，注册资本 300 万元，属全资控股企业。企业主要经营饲草、饲料等牧业生产资料和活畜交易业务。

2010 年 9 月，供销社在赛汉塔拉镇筹建全旗饲草业经营市场。

2011 年，供销合作成立社饲草业市场，占地面积60000平方米，完成基础设施建设投入使用。同时，政府划拨土地15000平方米，建设活畜交易市场。

2012 年，国务院正式批准全国供销合作总社实施“新网工程”，随后又扶持供销合作社申报实施农业综合开发新型合作示范项目和农牧民专业合作社公益性服务项目。中央及自治区“新网工程”——苏尼特右旗供销社饲草业市场建设项目完工并投入使用。饲草业市场占地 6.5 万平方米，总投资 768 万元，年储草能力10000吨。

2014 年，供销社通过政府扶持，招商引资 2500 万元，建设苏尼特右旗农牧业产业化园，建成占地15000平方米畜产品交易市场 1 个，60000平方米饲草交易市场 1 个。市场仓储设施面积 12000 平方米，其中，建成 300 平方米经营摊位 10 个；2700 平方米储草棚 8 座；250 平方米垛草台 8 座；4000 平方米储草库 1 座。新建生活区 3000 平方米、办公楼 740 平方米、院墙 2000 延长米。建成育肥棚舍 49215 平方米的 6 处、引进小尾寒羊母体 700 只、当年接羔 500 只，引进杜波种公羊 3 只。6 月，供销社按照“开放办社”方针，重点扶持、典型引路、整体推进的工作思路，引进社会能人和资本等多种方式，以合资形式重新注册成立赛罕乌力吉苏木基层供销合作社，该供销社占地 5600 平方米，建成小型冷库、活畜交易市场和其他附属设施。

2015 年，供销合作社土畜产农资公司资产总额 2814 万元，实现利润总额 20 万元，市场年交易额 6000 万元。

第三节　专营专卖

一、 烟草专营

1. 法规宣传

2001—2015 年，苏尼特右旗烟草专卖局（卷烟营销部）在每年的“3·15”消费者权益日、“5·13”世界无烟日、“6·26”禁毒日、“6·29”烟草专卖法颁布日、“12·4”全国法制宣传日等节日中，出动宣传车辆，悬挂横幅、设立假冒卷烟展示台、发放宣传单，向社会各界尤其是向广大市民和零售客户宣传《中华人民共和国烟草专卖法》《〈中华人民共和国烟草专卖法〉实施条例》《烟草专卖零售许可证管理办法》等法律法规，要求广大卷烟零售户协助专卖检查人员共同打击假冒卷烟的贩运者和经营假冒卷烟的不法商贩，有力维护全旗卷烟市场。

2015 年，苏尼特右旗烟草专卖局（卷烟营销部）通过媒体、板报等多种形式，宣传假冒卷烟的危害，宣传卷烟营销及市场监管政策，向消费者介绍伪劣卷烟的识别方法。

2. 专卖管理和市场稽查

2001 年，苏尼特右旗烟草专卖局对省产名优烟实行统一的最低零售价，凡违反名优烟最低零售价规定的经营户，一经查实，停止供应卷烟或取消经营卷烟资格。

2002 年，苏尼特右旗卷烟零售开始统一实行“一价制”。

2009—2015 年，按照《锡林郭勒盟烟草专卖局、锡林郭勒盟公安局关于开展“飓风一号”清理整顿卷烟市场专项行动的通知》要求，对全旗卷烟市场开展全面清理整顿，开展“飓风”清理整顿卷烟市场专项行动 6 次。

2014—2015 年，按照《内蒙古自治区锡林郭勒盟烟草专卖局关于开展“利剑一、二号”清理整顿卷烟市场专项行动的通知》要求，开展“利剑一、二号”清理整顿卷烟市场专项行动。

2015年，苏尼特右旗烟草专卖局（公司），隶属锡林郭勒盟烟草专卖局（公司）管辖，属国有政企合一单位。年内，出动市场检查人员36人次，出动执法车辆4台次，检查零售户285家，其中，烟草专卖零售许可证零售户263家，检查无证户22家，依法取缔无证经营户4家。查处案件13起、结案13起。同时，严格按照《烟草专卖许可证管理办法》规定程序办理暂停、新办、注销、延续、电话变更等业务，办理180个行政许可案卷，新办证45家，停业11家，复业15家，歇业48家，延续61家。

3. 卷烟销售

2001年，全旗卷烟销售实行联责联利联销售，零售实行户籍化管理，卷烟经营逐步规范化、制度化。

2005年3月，苏尼特右旗烟草专卖局上划，取消独立结算，实行全盟统一送货、统一结算，旗县二次送货到零售户模式，提升服务质量，扭转烟草经营被动局面，使销售及利润增长速度进一步加快。

2015年苏尼特右旗烟草专卖局（营销部）卷烟销售情况表

表9-1-1

类　别	总计	上年销售	比上年减少	比上年增加	下降幅度（%）	增长幅度（%）
销售卷烟（箱）	3095.02	3264.32	169.30	—	5.18	—
销售金额（万元）	8429.41	6822.02	—	1607.39	—	23.56
单箱售价（元/箱）	27235.4	20898.7	—	6336.7	—	30.32

2015年苏尼特右旗烟草专卖局（营销部）类别卷烟销售情况表

表9-1-2

类　别	销售（箱）	上年销售（箱）	减少（箱）	增加（箱）	下降（%）	增长（%）
一类卷烟	477.36	426.50	—	50.86	—	11.92
二类卷烟	548.54	110.95	—	437.59	—	394.40
三类卷烟	1097.14	1189.30	92.16	—	7.75	—
四类卷烟	751.87	977.62	225.75	—	23.09	—
五类卷烟	136.43	220.58	84.15	—	38.15	—

二、盐业专营

1. 盐业经营

2001年，苏尼特右旗统一使用防伪“碘盐标志”。

2004年，盐业公司启动全旗食盐配送业务，实行全额有偿配送。

2015年，苏尼特右旗盐务局与盐业公司实行合署办公，归属锡林郭勒盟盐务管理局和盐业公司，内设财务科、盐政科、业务科、办公室4个科室。全旗食盐实行统一计划、统一调配、保障供给。盐业公司主营食用盐（高端盐）、工业用盐、畜牧用盐、多品种强化营养盐及美容保健用盐。盐务局对全旗苏木、镇的食盐、牧业盐零售网点、食品工业盐、小工业盐用户进行拉网式检查和重点地区抽查。检查食盐零售网点240个（次）、集贸市场、饭店、宾馆26家，学校、幼儿园、医院食堂5家，朱日和部队生活园区3家，饲料加工企业3家，皮革生产企业8家。

2. 盐业购进

2015 年，苏尼特右旗累计购进各类盐 974. 02 吨。其中，400 克绿色天然湖盐 48 吨、800 克大青盐湖水晶盐 50 吨、320 克大青盐 60. 02 吨、5 千克新纸箱矿物质饲料舔块 10 吨、25 千克矿物质盐粉 40 吨、远通营养调控舔块（羊）20 吨、腌制皮革用盐 480 吨，大青盐水处理盐 106 吨等。较 2014 年同期少购进 210 吨。平均年销售 450 吨。

3. 盐品销售

2015 年，苏尼特右旗累计销售各类盐 1018. 94 吨，较上年同期少销 241 吨，完成年计划 990 吨的 102. 8%。小包装盐销售 198. 41 吨，完成年计划 299 吨的 66%。其中，一类小包装盐销售 111. 10 吨，完成年计划 157 吨的 70. 8%。二类以上高端盐销售 87. 31 吨，完成年计划 142. 4 吨的 61. 3%。畜牧用盐销售 100. 52 吨，工业盐销售 718. 95 吨，完成年计划 681 吨的 105. 6%。

4. 盐业库存

2015 年，苏尼特右旗库存各类盐 265. 80 吨。其中，一类 400 克绿色天然湖盐 21. 52 吨，二类高端盐 800 克湖水晶盐 27. 84 吨，320 克大青盐 21. 91 吨，350 克晶纯盐 7. 27 吨，400 克腌制盐 1. 06 吨，其他盐 4. 77 吨，工业盐 143. 30 吨，牧业盐 38. 14 吨，较 2014 年同期减少库存 17. 86 吨。

三、 石油与液化气

1. 石油销售

2001 年，中国石油天然气股份有限公司内蒙古锡林郭勒盟赛汉塔拉销售分公司负责在全旗销售汽油、柴油、煤油、润滑油、润滑油油脂等石油产品。中国石油赛汉塔拉经营部经过改制变为股份制单位，财务上收，变为报账单位。

2001—2003 年，全旗汽油机具多于柴油机具，汽油销售量高于柴油销售量。

2004 年，全旗柴油价格下降，柴油销售数量较大，超过汽油销售量，润滑油销售量比较稳定。

2005—2010 年，赛汉塔拉销售分公司按照中国石油内蒙古销售公司的总体部署，面对市场变化与格局划分，转变营销观念，做好全旗 90 号汽油以上零售、销售市场。

2014 年 9 月，中国石油天然气股份有限公司内蒙古锡林郭勒盟分公司帮扶苏尼特右旗桑宝拉格苏木建设橇装加油站，建成投入运营，职工 2 人。

2015 年，中国石油天然气股份有限公司内蒙古锡林郭勒盟赛汉塔拉销售分公司设综合办公室、财务部门、业务 3 个部门。机关管理人员 7 人，公司职工 84 人，其中，合同化 28 人，社会化用工 56 人。下属加油站 11 座，网点加油站 3 座，年吞吐总量 40 余万吨。其中，星级加油站 6 座，达标加油站 1 座。

第一加油站　全年销售量 4000 吨，职工 16 人，占地面积 3000 平方米，储量 150 立方米，电脑加油机 5 台。

第二加油站　全年销售量 2600 吨，职工 12 人，占地面积 3000 平方米，储量 150 立方米，电脑加油机 5 台。

第三加油站　全年销售量 2600 吨，职工 13 人，占地面积 3100 平方米，储量 200 立方米，电脑加油机 4 台。

第四加油站　位于朱日和镇，全年销售量 2000 吨，职工 7 人，占地面积 1085 平方米，储量 130 立方米，电脑加油机 6 台。

第五加油站　位于巴彦舒图镇，全年销售量 500 吨，职工 2 人，占地面积 3000 平方米，储量 130 立方米，电脑加油机 3 台。

第八加油站　全年销售量 2300 吨，职工 12 人，占地面积 2100 平方米，储量 200 立方米，电脑加油机 6 台。

第九加油站　全年销售量 2300 吨，职工 15 人，占地面积 2400 平方米，储量 250 立方米，电脑加油机 8 台。

第十加油站　全年销售量 3300 吨，职工 16 人，占地面积 3000 平方米，储量 125 立方米，电脑加油机 6 台。

第十三加油站　全年销量 800 吨，职工 3 人，占地面积 3000 平方米，储量 180 立方米，电脑加油机 4 台。

乌兰花加油站　全年销售量 900 吨，职工 4 人，占地面积 1750 平方米，电脑加油机 4 台。

2001—2015 年中国石油赛汉塔拉销售分公司销售情况表

表 9-1-3　　单位：吨

年度	合　计	汽　油	柴　油	润滑油
2001	28563	12120	16333	110
2002	8274	4149	4079	46
2003	8288	4187	4049	52
2004	18253	5190	13003	60
2005	15672	5216	10393	63
2006	18669	5593	13003	73
2007	16262	5974	10256	32
2008	18174	6666	11488	20
2009	23707	7330	16327	50
2010	24876	8083	16712	81
2011	36983	9584	27275	124
2012	26300	10511	15620	169
2013	25502	11224	14230	48
2014	24518	11916	12572	30
2015	21901	12706	9177	18
总计	315942	120449	194517	976

2. 液化气经营企业

苏尼特右旗液化石油气公司　覆盖全旗液化石油气生产厂家、厂家直销店、专营店、销售部。包括全旗液化石油气代理、液化石油气批发、液化石油气经销销售等，并提供液化石油气行业的趋势分析、技术成果、液化石油气专利、液化石油气质量标准、液化石油气安全标准等资讯。

苏尼特右旗金川燃气有限责任公司　位于赛汉塔拉镇脑木根街，主营项目为生活用燃料。公司坚持深化改革，改变单一经济，实行多业并举，渐渐步入健康发展的轨道。

苏尼特右旗光华液化气站　主要经营液化石油气、液化气、炉具、钢瓶炉具、零配件。

苏尼特右旗平霞液化气经销站　位于锡林郭勒盟苏尼特右旗赛汉塔拉镇宝拉格，主营项目为生活用燃料。

第四节 居民服务业

一、 餐饮

1. 餐饮服务

2001 年，苏尼特右旗餐饮业 366 家，从业人员 1182 人，注册资金 1534 万元。

2001—2015 年，全旗以打造民族餐饮业为重点，促使民族餐饮打基础、上规模、提档次，以苏尼特羊肉为代表的涮烤羊肉、手把肉、奶食品、早茶蒙餐系列，形成特色餐饮品牌，也使全旗餐饮业发展的质量和内涵发生重大变化。

2015 年，全旗餐饮业 470 家，从业人员 1378 人，注册资金 2876 万元。

2. 特色餐饮

涮羊肉 原材料采用苏尼特羊肉。全旗经营涮羊肉饭店有正大酒店、苏尼特火锅城、怡和涮、天元烤涮王、老三传统涮、鑫隆火锅、草原优牧火锅城、蒙源涮府等。

手把肉 原材料采用苏尼特羊肉，就是挑选膘肥肉嫩的羊，就地宰杀，扒皮入锅，放入葱、盐，进行蒸煮，火候恰如其分，血水消失不久，肉熟而不硬，吃起来又鲜又嫩，十分可口。全旗经营手把肉餐馆有奇严蒙餐、香来手把肉、塔尼勒蒙餐、猛牛手把肉、蒙古王饭店、草原红手把肉、苏力德蒙餐、蓝天蒙餐等手把肉民族特色餐馆。

3. 重点企业

苏尼特右旗正大商务酒店有限公司 位于内蒙古苏尼特右旗阿尔善街西林路敖都巷，建筑面积 2200 平方米，餐饮部容纳 300 余人就餐，客房部配有豪华舒适、环境优雅的客房 20 余间。主要以苏尼特羊和苏尼特黄牛为原材料，产品销往全国各地。正大肉业取得“苏尼特羊”地域标志，年屠宰苏尼特羊 3 万只。2015 年，公司与牧户达成协议，建立 21000 余亩自然养养基地，形成“企业+牧户”经营模式，免去中间环节，为牧户销售环节提供便利，直接将草原生态散养的苏尼特羊送到餐桌让顾客品尝到美味、健康、放心的天然羊肉。

二、 住宿

1. 住宿服务

2001—2015 年，旅店业作为全旗提供住宿条件为主的公共服务经营业，主要以个体经营宾馆、旅店、招待所为主，规模、条件、环境逐年增加和改善。

全旗有苏尼特宾馆、塔木沁宾馆、醉居宾馆、电力宾馆、161 假日宾馆、希悦宾馆、金鹏宾馆、赛汉塔拉大酒店、温泉度假村大酒店、绿洲商务酒店等，设备完善，服务项目较多，除住宿和用餐外，还提供洗衣、理发、医疗、娱乐、出租车辆、代办邮电，代购车票、飞机票，经销一些日用商品和旅游纪念品。

2001 年，全旗有旅店、宾馆 53 家，从业人员 189 人，注册资金 1069 万元。

2015 年，全旗有旅店、宾馆 96 家，从业人员 296 人，注册资金 4446. 3 万元。

2. 重点企业

苏尼特宾馆 位于赛汉大街中心地段，是一家集住宿、餐饮、休闲、会议于一体的酒店，拥有客房 60 间（套）。

赛汉塔拉大酒店 是一家按照国家星级标准兴建的大型综合性商务酒店，集住宿、餐饮、休闲、

会议于一体。酒店位于101国道与额仁淖尔街交汇处，邻近汽车站。酒店于2011年12月开业，楼高9层，客房总数78间（套）。

绿洲商务酒店　位于赛汉大街中心地段，建成于2007年，酒店拥有42间客房。紧邻景区苏尼特王府45公里，距离恐龙之乡二连浩特市120公里；距离火车站500米，距离汽车站2公里，距离机场约70公里，酒店设施齐全，交通方便。

重庆酒店　位于赛汉塔拉镇，2003年建成使用，餐饮、住宿设施齐全。

温都尔阿尔善温泉假日酒店　是一家集温泉、餐饮、住宿、会议、娱乐于一体的假日酒店，位于赛汉塔拉镇西南15公里，距省道呼和浩特至锡林浩特公路3公里。毗邻中国与蒙古国国界，恐龙之乡二连浩特，交通非常便利。假日酒店按照国内四星级酒店标准建造，打造国内第一“黄金泉”“魔幻水上乐园”，经营项目有特色沐浴、健身娱乐、多元化民族餐饮、茶道等，同时拥有可容纳300人的大型婚宴、生日宴、会议及各种大型活动的多功能厅、“黄金泉入户”及多种类型客房，可开展蒙古包特色体验、户外骑马、射箭、卡丁车及“篝火”烧烤等民族特色活动。

二、休闲娱乐

2001年，全旗娱乐行业28家，从业人员111人，注册资金81万元。

2001—2015年，全旗娱乐行业包括酒吧、舞厅、歌厅、游戏厅、台球厅等娱乐场所。主要有万绎国际电影城、钻石人间会馆、辉煌台球俱乐部等娱乐行业。

2015年，全旗娱乐行业40家，从业人员205人，注册资金496万元。

三、服装裁剪

2001年4月23日，经工商行政管理局注册，苏尼特右旗连顺百货批零商店成立，经营服装裁剪。

2003年，全旗注册经营服装裁剪的个体工商户有蓝月亮服饰店、金云时装店、金鑫服装店、赛汉服装批发部等13家。

2010年，全旗注册经营服装裁剪个体工商户有97家。

2015年，全旗注册经营服装裁剪个体工商户有60家，累计注册844家。

四、中介服务

苏尼特右旗整体中介服务发展比较缓慢。由于中介服务机构主要靠向服务对象提供各类服务获取经营利润，通过从事与群众生产生活密切相关的房屋出售及租赁推介、婚姻介绍、生活咨询、心理咨询、职业介绍、留学中介、招商引资等业务，直接让大多数百姓从中受益，极大地方便群众的生产和生活。

2015年，苏尼特右旗中介服务中心2家，从业人员4人，注册资金13万元。

五、快递业

2014年3月20日，苏尼特右旗中通速递经工商行政管理部门正式注册。

2015年12月23日，锡林郭勒盟烨燃快递有限责任公司苏尼特右旗分公司经工商行政管理部门正式注册。年内，累计注册内蒙古顺丰速运有限公司锡盟苏尼特右旗第一营业部、锡林浩特市申通快递有限责任公司苏尼特右旗分公司、锡林郭勒盟华顺快递有限公司苏尼特右旗分公司等6家快递行业。

第二章　旅游业

第一节　旅游景观

一、 自然景观

1. 乌日图淖尔生态旅游景区

“乌日图淖尔”（系蒙古语，意为长存的湖泊）位于苏尼特右旗赛罕乌力吉苏木瑙干塔拉嘎查。

2003 年实施京津风沙源治理工程时，被列为封沙育林项目区。

2009 年，瑙干塔拉嘎查牧民额尔登巴特尔在该项目区内利用蓝天、碧水、草地、沙漠，开发生态旅游点，体验赛罕乌力吉沙漠的神奇与神秘，感受大自然赋予苏尼特草原的自然生态。

2. 浑善达克沙地旅游景区

“浑善达克”，系蒙古语，正确读音是“温泌达克”，意为孤驹，相传成吉思汗西征经此沙地时，乘马为其最心爱的孤驹，因此而得名浑善达克。沙地东西长约 450 公里，面积约 5. 2 万平方公里，是内蒙古中部和东部四大沙地之一，源头位于苏尼特右旗额仁淖尔苏木境内。浑善达克沙地是中国著名的有水沙漠，分布大小湖泊、沙泉，沙地自然景观奇特，观赏国家级保护的原生态灌木林、珍奇植物药材、野生动物栖息地。探究沙地古城遗址、穿越沙地探险、体验游牧民族风土人情。

3. 盘羊自然保护区

该保护区位于额仁淖尔苏木吉呼郎图嘎查，北与蒙古国接壤。主要以保护国家二级保护动物盘羊为主。盘羊，俗称大角羊、盘角羊。盘羊雌雄都具角，雄性的角特别粗大，且弯曲成 36 度，呈螺旋状，属濒临灭绝珍稀保护动物，国际上已被列入禁运动物名单。

2001—2003 年，据林业部门统计盘羊最多数量有 80 余只。

2005 年，经过连续几年的自然灾害，盘羊种群遭遇毁灭性打击，部分迁移蒙古国境内，境内最少时仅存 4 只。

2015 年，保护区内存活盘羊 6~8 只。同时，生活在保护区内还有金雕、猎隼、秃鹫、蒙古野驴、黄羊等珍稀动物，境内地貌以山地为主，包括部分沙地、丘陵、天然泉和古树以及季节性淖尔。

4. 脑木更国家地质公园

“脑木更”，系蒙古语，意为弓箭，位于额仁淖尔苏木赛音锡力嘎查与乌兰察布市四子王旗闹木根苏木交接处。因土质发红，在平坦草原上突兀出高百米台地，所以又被人们称为大红山。大红山呈东北—西南走向，南北长约 15 公里，东西宽约 10 公里。近山而观，其形似一张绷紧弦的弓。西南空地上，有一圆锥形红黏土山，形似烽火台，高约百余丈。遥望如箭，拔地而起。这就是牧民们世代作为神物供奉的脑木更敖包。

2014年1月，脑木更被批准为国家地质公园。脑木更第三系标准地层剖面自然保护区，对研究第三纪埋藏学及古地理、古环境、古岩相具有非常重要意义。

5. 散生榆树林保护区

该保护区位于额仁淖尔苏木，距离赛汉塔拉镇150余公里。境内散生榆树疏林，最大胸径143厘米，覆盖500平方米，树龄平均在百年以上，部分树龄最长在千年以上，故称千年古榆。这些古榆树可在零上45℃、零下40℃环境存活，经过自然气候的选择和社会变革遗留下来的宝贵财产，又被称为“活着的植物化石”，被政府列为保护植物进行管理。

6. 迪彦其山石窟自然景区

该景区位于苏尼特右旗朱日和镇查干乌拉嘎查东北5公里处的迪彦其山中，天然石窟口高2米，深3米，洞内宽2米，洞口直径约1米通气孔。洞内曾经出土13件泥胶制成的直径3厘米、高3厘米的圆锥状泥塑法器，据考察该石窟是清朝时期喇嘛避世修炼场所。

7. 苏尼特右旗都呼木柄扁桃自然保护区

都呼木柄扁桃自然保护区位于苏尼特右旗都呼木嘎查境内，距赛汉塔拉镇西南约20公里处。保护区始建于2003年，东西最大长度25.7公里，南北最大宽度19.5公里，其地理坐标为北纬42°28′50″~42°38′57″，东经112°18′44″~112°36′57″，总面积30594.33公顷。保护区内野生动物是荒漠草原动物群中稳定成员，都是适应干旱环境的物种。保护区内有原雕、金雕、兔狲、蓑羽鹤、大天鹅、白鹤、灰鹤等国家一、二级重点保护鸟类和兽类。还有一级啮齿类及两栖爬行类动物。都呼木柄扁桃自然保护区是一个以天然柄扁桃为主要保护对象，并以保护荒漠化植被及野生动物为对象的自然保护区。

二、 人文景观

1. 乌兰牧骑广场

乌兰牧骑广场是苏尼特右旗标志性建筑之一，位于赛汉塔拉大街西侧。该广场占地面积6.4万平方米，总投资2200万元。

2005年4月，乌兰牧骑广场开工。

2006年9月，完成乌兰牧骑广场主体工程。

乌兰牧骑系蒙古语，意为红色的嫩芽，后被称之为“红色文化工作队”或“红色文化轻骑兵”，1957年6月17日，全国第一支乌兰牧骑在苏尼特右旗诞生。乌兰牧骑广场具有独特的文化内涵，广场中第一批9名乌兰牧骑演员铜铸雕塑，充分体现了苏尼特草原简洁、厚重、粗犷、原生态蒙古族文化元素；雕塑作品《拉马头琴的老牧人》采用铸铜工艺，高7米，重11吨，头戴千户帽、身穿羊皮袄、脚蹬蒙古靴，须髯飘逸、神态自如、岁月沧桑，彰显蒙古牧人粗放、彪悍、质朴、豪迈以及不屈不挠、刚毅坚韧的性格，他们深情地拉动着琴弦，弹奏着苏尼特草原美好的未来。乌兰牧骑广场是集休闲、娱乐、文化、体育于一体的文化气息浓郁的大型文化广场。

2. 温都尔阿尔善温泉疗养度假村

赛汉塔拉温泉度假村地处内蒙古高原，位于苏尼特右旗政府所在地赛汉塔拉镇15公里，距208国道10公里，距101省道3公里。海拔在1200米左右，温泉水属构造裂隙水，井口出水温度67℃。国标规定地热水中对人体有益的矿物质元素12种，一般地热水中所含有益矿物质元素4~5种，“赛汉塔拉温泉”经国土资源部地下水矿泉水及环境监测中心抽样分析，温泉水中含有锶、锂、铁、溴、碘、氟、钡等具有医疗价值的矿物质，属于复合型医疗热矿水，对人体具有综合调节，经常浸泡有润肤、养身、保健、治疗等功效。由于所含微量元素丰富，水呈金黄色，故为珍贵的天然“黄金泉”。

2011年，温泉度假村开工建设。

2014年，温泉度假村进行全面升级改造。

2015年，按照国内四星级酒店标准建造温尔阿尔善温泉假日酒店。企业打造“黄金泉”“魔幻水上乐园”，经营多种特色沐浴、健身娱乐、多元化民族餐饮以及户外骑马、射箭、卡丁车、“篝火”烧烤等特色休闲娱乐项目。温泉旅游成为苏尼特右旗旅游休闲品牌之一。

3. 赛汉塔拉旅游乐园

位于赛汉塔拉东南3.5公里，208国道在园区前面穿过，向南延伸至北京约600公里，北到二连浩特市120公里，省道呼和浩特至锡林浩特公路，可通往首府呼和浩特市和锡林浩特市，交通十分便利。

旅游娱乐园景区分为人工湖景区、恐龙博物馆景区、野生动物园景区、民族竞赛场景区、金顶大帐景区、蒙餐和蒙古茶吧文化区，现已形成以草原生态风光和民族风情为主、人造景点为辅的景观园区。整个园区南北长3公里，东西长3.5公里，总占地面积约10平方公里，建筑面积5.7万平方米，园区栽种树木18万余株，树苗圃2000平方米，标准化羊饲舍1800平方米，饲养鸵鸟的场地0.8万平方米，蔬菜大棚1.44万平方米，人工草场1300亩。大小蒙古包90顶，套间客房20套，欧式接待大厅1座，供展览珍品的木屋1座，博物馆1座，成吉思汗金顶大帐1座，并塑有九龙壁和八骏马雕塑各1座，固定资产700余万元。整个园区建设已初具规模，建成集吃、住、行、娱、购、游于一体的草原生态旅游景区。

4. 花原游牧文化旅游

位于赛汉塔拉镇巴彦杭盖嘎查，占地面积约32万平方米，建筑面积5万平方米。距208国道0.5公里，距苏尼特王府和朱日和工业园区27公里，距朱日和军事训练基地40公里，距二连浩特市130公里，距呼和浩特市270公里，距锡林浩特市360公里，距北京500余公里。

花原游牧文化旅游区域由生产生活、游客接待、休闲娱乐、餐饮住宿四个区域组成，形成集休闲旅游、牧民生活体验、草原文化于一体，以蒙古族游牧文化为特点，体现蒙古族游牧人观念、信仰、风俗、习惯等具有蒙古族特色的旅游区。

三、 历史遗址

1. 金界壕

金界壕又称金长城、兀术长城，在《金史》中，对金长城这项工程记载有界壕、壕堑、濠堑、壕垒、垣垒、垒堑、壕障、濠墙、界墙、边堡等10余种称谓。苏尼特右旗境内金界壕始建于金朝1115—1234年，分金界壕南、北线，其中，南线位于朱日和镇红花脑包村南100米处，该景观遗址西起苏尼特右旗四宝山村，东至全胜村，全长5500米。有4个烽火台和1处观察所；北线位于赛汉塔拉镇巴彦杭盖嘎查哈日敖包北1.5公里处，该景观遗址西起四子王旗东部，横穿赛汉塔拉镇南部向东延伸至苏尼特左旗西部。全长150余公里，每隔10公里有1座边关，有8座边关遗址，南北线遗址构造一致。区内外游客可以沿着150公里的路线，领略苏尼特历史风情和现代草原人文景色。2001年，金界壕被批准为国家级重点文物保护单位。

2. 苏尼特岩画群

主要分布在额仁淖尔苏木，有德勒哈达岩画、宝勒嘎岩画、阿门乌苏岩画、希拉哈达岩画。苏尼特岩画群与沿路的历史景观、草原风景构成独特旅游风景区域。

德勒哈达岩画 位于额仁淖尔苏木吉呼郎图嘎查恩格尔毛敦庙以北2公里处的大坡岩石上。现保存有鹿、马、狗等6副凹形动物图案，整体岩画造型技法各不相同，有凿刻、摹刻和线刻，古朴粗犷，像儿童笔下形象，可以从壁画中的日月和星宿、家畜和动物、狩猎和搏斗等场面中，欣赏苏尼特原始、质朴的绘画作品。

宝勒嘎岩画 位于额仁淖尔苏木阿木乌苏嘎查宝勒嘎敖包西100米处的一座石山西坡的长方形棕色岩石上。整个岩画由7个大小不一的马图案组成，属于新石器晚期作品。

阿门乌苏岩画 位于额仁淖尔苏木阿门乌苏嘎查南 2 公里处。从该岩画雕刻的藏文和动物图案（狼），可断定岩画大约为青铜器时代以后的作品。

希拉哈达岩画 位于额仁淖尔苏木宝拉格嘎查一座小石山（希拉哈达），景观较为独特，半山腰一块醒目的方形岩石上刻有文字、月亮、马、鹿等图案，属于旧石器时代作品。

3. 新旧石器生产地遗址

主要分布在桑宝拉格苏木的苏玲新旧石器生产地遗址和乌日根塔拉镇那仁宝拉格新旧石器生产地遗址。区内外各地游客可以通过遗址了解到苏尼特草原新旧石器时代生产的痕迹，如垃圾堆、石叶、石舀、磨盘、磨棒、石斧等残片以及墓群。

4. 吉呼郎图商代聚落遗址

位于额仁淖尔苏木吉呼郎图嘎查吉呼郎图敖包北 1500 米处，是一座保存较为完好的商朝时期聚落遗址。该历史遗址分布符合北方古代少数民族典型的居住方式，从现场发现许多灰色、质地较粗糙的陶片和质地细腻的灰黑色石斧、石棒等石器、瓷片，可以追溯苏尼特历史文化渊源。

5. 宝力嘎古城遗址

位于桑宝拉格苏木额尔登塔拉嘎查水库东北 1200 米处。该历史遗址景观面积较大，约 45000 平方米，初步认定为元朝时期古城遗址。

6. 苏尼特王府

苏尼特王府始建于清朝同治二年（1863 年），位于朱日和镇巴彦高勒嘎查以东 5 公里乌苏图敖包东南 500 米处，占地 16100 平方米，建筑面积 5000 平方米，保护面积 11. 863 平方公里。该历史景观被确定为全旗重点旅游参观景点之一。属于晚清时代古建筑，具有独特地区特点和民族风格，沿袭黄教（藏传佛教主要派别之一）传统建筑风格，具有藏传佛教传统建筑和汉族宫廷建筑的共同特点，造型宏伟，结构独特坚实，雕刻绘画精细美观。王府曾是锡林郭勒草原乃至内蒙古西部的政治、经济、军事、文化、教育、医疗、工业、商业、交通中心，近代苏尼特草原发生的重大历史事件都与苏尼特王府有关。

1945 年 9 月，乌兰夫来到苏尼特王府，向参加“内蒙古人民共和国临时政府”的各方面人士和青年中学生宣传共产党的民族政策，分析中国和世界形势及前途等。10 月，经过重新选举，将“内蒙古人民共和国临时政府”改组为内蒙古自治政府，乌兰夫为临时政府主席兼军事部部长。

7. 毕鲁图庙

苏尼特右旗境内先后修建佛教寺庙 30 余座，其中，不少有清朝皇帝御赐的寺名或匾额。现保存完整的毕鲁图庙是苏尼特右旗最早修建的一座寺庙。毕鲁图庙成为全旗佛教活动中心，佛事活动主要有诵经会（即法会）、跳查玛、迈达尔出巡、送八令、千盏灯会等。

8. 恐龙地质景观

恐龙地质遗址查干淖尔碱湖，距赛汉塔拉镇 30 余公里，挖掘出土亚洲古生物最大的恐龙——查干淖尔龙化石。这具恐龙身高 6 米，体长 26 米，原角龙体长 2~3 米，体重 300 公斤左右，生活在 6500 万~7200 万年前的白垩纪晚期。

第二节　旅游经营

一、 旅游规划

2007 年，苏尼特右旗对承办首届全旗骆驼文化节、乌兰牧骑艺术节，乌兰牧骑建立 50 周年庆典、第四届内蒙古乌兰牧骑艺术节暨苏尼特右旗第十二次那达慕等盛会进行旅游规划。

2011 年，苏尼特右旗首次提出“四大旅游文化品牌”（金色草原珍珠节、绿色巴彦敖包祭祀暨苏尼特王府那达慕、红色乌兰牧骑艺术节和银色骆驼文化节）规划，同时，对第五届骆驼文化节、首届苏尼特奇石展、首届草原珍珠节进行旅游规划。

2012 年，苏尼特右旗花原牧人之家、蒙古部落牧人之家、浑善达克牧人之家、温都尔乐牧人之家、新宝力嘎牧人之家等 5 家列入“创建星级牧人之家计划”，打造四星和三星级牧人之家。年内，“苏尼特王府”边境民族原生态旅游区建设项目、温都尔阿尔善疗养休闲度假村旅游项目及乌日根塔拉镇赛罕锡力嘎查乳业合作社旅游开发项目相继运营，全旗重大旅游建设规划项目顺利建设实施。

2013 年，苏尼特右旗在呼和浩特举办首届旅游推介会，重点推出四大旅游文化节庆品牌，对此后全旗旅游科学规划布局起到积极推动作用。

2014 年，温都尔阿尔善温泉度假村建设项目申报 2015 年自治区旅游发展资金 2000 万元贴息贷款补贴申请，同时将该项目列入苏尼特右旗发展和改革局制定的“社会扶贫创新帮扶试点旗规划”中旅游重点项目建设，申请 5000 万元的项目建设资金缺口补助。

2015 年，苏尼特右旗以苏尼特王府、温都尔阿尔善温泉为核心，结合“牧人之家”餐饮旅游和古树、岩画等自然景观，深入挖掘旅游文化内涵，高起点做好旅游产业发展规划，精心设计苏尼特王府旅游、赛罕乌力吉苏木沙漠自驾游以及德勒哈达岩画边境特色游 3 条精品旅游路线。把繁荣发展牧区家庭式旅游业作为主攻方向，在 208 国道和 101 省道沿线，重点发展特色“牧人之家”旅游点。年内，承办首届中国苏尼特国际绒毛节，为全旗旅游注入活力。

二、 旅游线路

苏尼特草原是锡林郭勒草原的组成部分，它地处著名的浑善达克沙地西部，以出土查干淖尔龙恐龙化石，出产天然碱、石油和苏尼特牛羊肉著称于世，是“马背民族”时代休养生息土地，物产丰富、水草丰美，蒙古族风情浓郁。围绕打造以“金色草原珍珠节、绿色巴彦敖包祭祀暨苏尼特王府那达慕、红色乌兰牧骑艺术节、银色骆驼文化节”为主的四大文化旅游品牌，以赛汉塔拉为中心，开设 4 条旅游线路。

1. 名胜古迹旅游线路

赛汉塔拉镇温都尔阿尔善温泉度假村—花原游牧文化—苏尼特王府—巴彦敖包—毕鲁图庙。

沿该旅游线路，可以感受苏尼特王府的宏伟建筑，了解苏尼特王府的历史以及建筑特点，可以充分感受苏尼特蒙古族游牧文化，亲身体验地方民族特色活动。从赛汉塔拉出发，先上东外环 208 国道，再往南行驶 45 公里，40 分钟后到达苏尼特王府，参观完王府后，距离王府 5 公里处就能到坡上祭拜巴彦敖包，随后沿路往东南 11 公里处可以走进毕鲁图庙，此庙建于康熙四十七年（1708 年），可以观看朝克秦殿、道格西德殿、刚珠日殿、丹珠日殿、伊苏殿等 13 个殿仓。在参观名胜古迹建筑后，可以前往“哈登胡舒牧人之家”旅游点，品尝香醇奶酒、手抓肉、酥油茶。（注：一天行程后返赛汉塔拉镇住宿）

2. 自然生态旅游线路

赛汉塔拉镇温都尔阿尔善温泉度假村—宝力嘎水库—赛罕乌力吉沙漠—乌日图淖尔。

该旅游线路，适合自驾旅游。从赛汉塔拉出发向东行驶 35 公里处，一路有沙石路，沿路行驶 40~50 分钟即到达，在宝力嘎水库戏水、抓鱼，随后需要 2 个小时行驶 150 公里方可亲临赛罕乌力吉沙漠，“零距离”接触沙漠“奇峰、鸣沙、湖泊”三绝全景，亲身体验赛罕乌力吉沙漠的神奇与神秘，感受世界最美沙漠带来的震撼与冲击，还可以感受大自然赋予的自然生态，在无边无际的草原上释放工作与生活的压力。

3. 边境特色旅游线路

赛汉塔拉镇温都尔阿尔善温泉度假村—安达驿站—脑木更国家地质公园——苏尼特驼养殖基地—德勒哈达岩画—千年古树—巴彦宝勒嘎泉水。

赛汉塔拉至额仁淖尔边境总长150公里，属于边境特色旅游线路。在这里可以饮驼奶，赏“千驼奇观”。一年一度的骆驼文化节吸引许多外地游客前来观看。观古岩画，游千年古树林，树木擎天，需几个人合抱，冠如巨伞，蔽日半里，树龄在千年以上。

4. 温泉度假旅游线路

呼和浩特市—格根塔拉旅游点—赛汉塔拉温都尔阿尔善旅游度假村—二连浩特市。

该旅游线路是新增区域旅游线路，从格根塔拉旅游点到温都尔阿尔善旅游度假村能够亲近草原，享受美妙健康的天然温水浴，体验草原游牧民族的生活习俗。

三、 旅游接待

1. 旅游企业

苏尼特旅行社　2003年5月，经苏尼特右旗工商行政管理局登记，由旅游局批准设立苏尼特旅行社。办公地点在苏尼特绿洲商务酒店，可承接会议接待、展览展示、商务考察、票务，年接待能力2400余人。

“牧人之家”旅游　苏尼特右旗“牧人之家”旅游点31家。其中，四星级牧人之家1家、三星级牧人之家4家、二星级牧人之家5家。民族服饰店40家、手工艺品店20余家、奇石店110多家、奶食店50余家。

2. 旅游收入

2007—2011年，苏尼特右旗累计接待游客77.6万人次，实现旅游收入3940万元，年均增长10%。

2012年，苏尼特右旗接待游客12.8万人次，旅游收入900万元。接待人次较上年同比增长3%，接待收入较上年同比增长4%。

2013年，苏尼特右旗接待游客17.2万人次，实现旅游收入2580万元。旅游人次和收入较2012年同比分别增长34.4%和186.7%。

2014年，苏尼特右旗接待游客18万人次，实现旅游收入2700万元。旅游人次和收入较2013年同比分别增长4.7%和4.7%。

2015年，苏尼特右旗接待游客19.8万人次，实现收入5030万元。

3. 宾馆酒店

苏尼特右旗有各类景区9处，宾馆、酒店、旅社200余家。重点宾馆21家，每年宾馆住宿接待77.3万人次，重点宾馆有1074张床位。

4. 交通通信

苏尼特右旗交通非常便利，从北京通往乌兰巴托、莫斯科的国际铁路，乌兰察布市—二连浩特市的铁路途经该旗，208国道和101省道贯穿赛汉塔拉镇，二连浩特国际机场距离苏尼特右旗70公里。通信率覆盖面90%，城镇电话普及率32.24部/百人，农牧区电话普及率6.46部/百人，移动电话普及率进一步提高，用户6000户，基本实现通信手段现代化。从赛汉塔拉出发前沿101省道有2个加油站点，沿208国道有2个加油站点，旗内镇区桑宝拉格街有1个加油站点。

四、 旅游产品

2015年，苏尼特名优特产品展销厅建成并投入使用。展厅分两层，集中展示全旗名优特产品16

大类 80 余个品种。其中，一楼展区展销羊绒制品、绒毛制品、皮革制品、肉食品、民族手工艺品、蒙古服饰等；二楼展区有木质蒙古包、家具及风力发电、太阳能光伏发电、农机滴管喷灌、滴管沙盘模型、矿产标本陈列。

1. 民族工艺

“双喜”牌蒙古包　苏尼特右旗民族用品厂生产，是国家工商总局注册商标。该系列蒙古包品种多、质量好、款式新、适应性强，为苏尼特右旗名牌产品。多次被轻工业部、国家民委、国家旅游局和内蒙古自治区评为“优质产品”“优秀产品”“民族用品优秀产品”。

“双利”民族手工艺品　苏尼特右旗“双利”民族手工艺品制作有限公司成立于 2012 年 10 月，以生产传统木制蒙古包及蒙古族日常生活用品为主。产品有 8 大类、120 余个品种，仅蒙古包就有普通型、客厅型、豪华型、超豪华型和鸳鸯型等 6 个系列，产品继承传统风格，融入时代元素。2013 年 5 月，在参加“首届中国·达茂游牧文化节”，送展蒙古包获传统蒙古包制作大赛一等奖，获全盟蒙古包制作展销三等奖。

苏尼特骨雕　蒙古骨雕技艺在苏尼特右旗有着悠久历史。骨雕工艺以牛骨、驼骨为原料，经选料、开料、制坯、设计、贴样、雕、磨、漂白、光亮、组装等十几道复杂工序组成，骨雕工艺品洁白光亮，纹饰精美，其工艺效果可与象牙制品媲美，是旅游选购和纪念收藏的佳品。2011 年，成立“苏尼特骨雕工艺专业合作社”。

2. 特色饮食

苏尼特羊肉　号称“肉中人参”，具有“鲜嫩多汁，无膻味，肉层厚实紧凑，高蛋白，低脂肪，瘦肉率高，肌间脂肪分布均匀，富有人体所需各种氨基酸和脂肪酸，容易消化”等很多优点，适于制作涮羊肉，曾是元、明、清朝皇宫供品，也是北京“东来顺”涮羊肉馆专用羊肉。苏尼特羊肉可以做成烤全羊、手把肉、炖羊排、涮羊肉、烤羊肉串等系列美食。

苏尼特双峰驼奶　驼奶对于许多国人来说较为陌生，但在许多国家它已被视为一种不可替代的营养品。骆驼奶高钙，饱和脂肪酸低，甚至还具有医疗价值。驼奶可以协助糖尿病人减少对胰岛素的需求，对新生儿有益，因为它不含过敏原，对消化性溃疡病人有益，对高血压也有帮助。骆驼奶的蛋白质含量与钙含量均高于牛奶，脂肪含量则低于牛奶。特别是骆驼奶富含牛奶中缺少的乳铁传递蛋白和溶解酵素，可强化人体免疫系统。因此，科学家认为骆驼奶是有助于治疗癌症或艾滋病等免疫缺陷疾病的理想饮品。

奶食品　蒙古语称“查干德勒”，意为白色食品。蒙古民族以白色为尊，视乳为高贵吉祥之物。奶食品中含有大量的氨基酸、蛋白质、油脂、微量元素，能增强免疫力，有强身保健之功效。全旗奶食品主要有奶豆腐、奶皮子、奶酪、黄油、酸油等。

五、旅游商品

2001—2015 年，全旗特色旅游商品有蒙古刀、银碗、马头琴、弓箭、手工饰品、马靴、马鞍、蒙古服饰、手工刺绣、沙画、皮毛制品、骨雕工艺品、奇石等。当地的土特产有苏尼特羊肉、奶酒、风干牛肉、沙葱、骆驼奶、沙漠萝卜、苁蓉等。

1. 宏达“香泰”羊（驼）绒产品

该产品由苏尼特右旗宏达绒毛有限责任公司生产，沿用原绒毛梳纺厂“香泰”牌注册商标，经国家商标局注册认定，为内蒙古著名商标。企业通过 ISO 19001-2008 最新标准质量管理体系认证。年生产、经营、加工绒毛 5000 余吨，年销售收入 6000 余万元。主要产品有驼毛、羊毛、山羊绒，无毛绒、洗净毛，驼、羊绒絮片，驼、羊绒被，驼、羊绒毯，驼、羊绒裤等 30 余个不同品种规格产品。

2. 草原今朝系列食品

苏尼特今朝食业有限责任公司是一家以肉食品精深加工、养殖、屠宰、连锁经营、进出口贸易为主的生产企业。主要产品有软罐头、牛肉干、牛肉松、牛羊肉粒、风干肉、卤汁系列 、烤牛（羊）排、有机牛肉、有机冷鲜羊肉等九大类100余个品种。草原今朝牛肉干选用草原自然放养的牛羊肉为原料，生产优质安全的绿色产品。产品上市销售10余年来，深受广大消费者喜爱，产品已销往北京、上海、广州、大连、呼市、包头等50余个大中城市。

3. 苏尼特奇石

苏尼特右旗奇石主要有玛瑙石、化石、彩玉、石器、奇石宴、戈壁石、苏尼特肉石等类型。

2011年1月9日 苏尼特右旗在赛汉塔拉镇青少年活动中心举办首届苏尼特奇石展。

2010年12月，苏尼特右旗成立观赏石协会，全旗有34家奇石馆（店）加入协会，会员50余人。

2015年，被内蒙古观赏石宝玉石协会授予“内蒙古观赏石宝玉石基地”及“钱币石之乡”称号，全旗奇石商家110家，年交易额1200余万元，其中，70家进驻旗创业孵化园，发展出手链、吊坠、项链、耳坠、戒指、佛珠、勒子、鼻烟壶、绒面等奇石产品，基本形成苏尼特奇石专业市场。

第三节 旅游活动

一、 巴彦敖包祭祀暨王府那达慕

巴彦敖包祭祀暨王府那达慕是全旗传统民俗喜庆活动，又被称为“绿色王府那达慕”。每年农历五月十三日，牧民相聚祭祀巴彦敖包，祈求苏尼特草原风调雨顺、各族群众幸福安康、各项事业兴旺发达。主办方式由全旗7个苏木、镇轮流承办，牧民们带着全羊、羊背子、奶食品、白酒，向敖包祭献，祝愿风调雨顺、人畜两旺、生活幸福。祭祀仪式结束后，举办为期1天的“王府那达慕”，开展摔跤、赛马、射箭、蒙古象棋比赛等蒙古族传统竞技项目。

二、 苏尼特草原珍珠节

2011年5月13日，苏尼特右旗赛汉塔拉镇哈登胡舒嘎查举办首届“牧人之家”草原珍珠节。为争创苏尼特右旗文化旅游知名品牌，吸引众多区内外游客，全力打造“苏尼特羊”品牌效应，实现民族文化与经济效益双赢。把每年农历四月十一日定为“苏尼特草原珍珠节”，又称为金色草原珍珠节。珍珠节期间，举行博克、赛马、射箭、蒙古象棋、苏尼特羊评比以及手工艺品、旅游商品展示等丰富多彩的活动。截至2015年，全旗连续举办五届苏尼特草原珍珠节。

三、 苏尼特骆驼节

苏尼特骆驼节又称“银色骆驼文化节”。政府在每年1月9日举办苏尼特骆驼节活动，宣传苏尼特右旗独特的自然风光和民俗习惯，鼓励牧民大力发展养驼产业，实现草原生态保护与牧民增收双赢，促进当地旅游产业的快速发展。骆驼节期间，通过举办赛驼、骆驼选美、驼球表演、搏克、赛马以及骆驼文化与产业开发国际研讨会、骆驼文化摄影展、苏尼特奇石展等活动，吸引中外游客，塑造苏尼特双峰驼旅游品牌。2007年1月9日，苏尼特右旗在额仁淖尔苏木赛音锡力嘎查举办首届“骆驼文化节”。截至2015年，全旗连续举办九届苏尼特骆驼文化节。

四、苏尼特右旗乌兰牧骑艺术节

苏尼特右旗乌兰牧骑艺术节又被称为“红色乌兰牧骑艺术节”，由苏尼特右旗政府主办、文体广电旅游局承办。通过举办乌兰牧骑艺术节，集中呈现全旗各族人民群众的精神文化生活，传承和弘扬优秀民族传统文化和独具特色的苏尼特草原文化，提升乌兰牧骑的品牌知名度和对外影响力。艺术节期间，还举办蒙古族服饰展示、摄影展、奇石展等丰富多彩的文艺活动。

2004 年 7 月 18—22 日，苏尼特右旗举办首届“乌兰牧骑艺术节”。鄂托克旗、西乌珠穆沁旗、乌兰察布盟歌舞团及蒙古国艺术团、蒙古国胡日德摇滚乐队参加。同时，举行传统那达慕、乌兰牧骑研讨会、乌兰牧骑图片展等活动，这是苏尼特右旗首次打响“乌兰牧骑故乡”文化品牌。截至 2015 年，全旗先后举办九届乌兰牧骑艺术节。

五、中国·苏尼特国际绒毛节

2015 年 8 月 4 日，苏尼特右旗举办首届中国苏尼特国际绒毛节。由中国毛纺织行业协会、内蒙古自治区经济和信息化委员会、锡林郭勒盟行政公署主办，盟经济和信息化委员会、盟商务局、苏尼特右旗人民政府承办。参加首届绒毛节有国内外 78 家企业代表、专家学者 200 余人。绒毛节期间，举行中国和蒙古国绒毛产业合作发展研讨会、重点绒毛项目对接会、绒毛产业发展研讨会、苏尼特右旗与南宫市绒毛产业战略合作洽谈会等活动。为苏尼特右旗与全国各地乃至与蒙古等国交流合作搭建经济发展平台，更好地响应国家“一带一路”倡议，打造“国家承接纺织产业转移试点园区”“中国绒毛纺织产业创新发展试点地区”“全区绒毛纺织服装产业示范基地”，成为带动牧民致富、拉动企业发展、推进旅游事业发展，促进地方就业的基础产业、支柱产业和富民产业。

第十编

金　融

第一章　银行业

第一节　存款业务

2001—2015 年，苏尼特右旗金融机构办理工商企事业单位存款、财政性存款、机关团体及部队存款、城镇居民储蓄存款、农村牧区集体和个体储蓄存款等业务。存款主要涉及对公存款和储蓄存款。随着全旗经济发展和城乡农牧民收入提高，存款余额呈快速增长趋势。

2005—2015 年，中国工商银行苏尼特右旗支行实施金融创新工程，建设第四代应用系统，按照“两地三中心”模式建设生产中心的同城备份中心，提升关键系统和核心业务的连续运作能力。

2006 年 4 月 16 日，苏尼特右旗金融系统开展城镇社区与农牧区反假货币宣传网络建设。

2008 年，全旗存款余额突破 10 亿元大关。

2012 年，全旗存款突破 20 亿元，存款余额 234635 万元。

2013 年 5 月 14 日，召开全旗银行企业对接会。对接会由政府主办，人民银行、金融办、经信局联合承办，锡林郭勒盟人民银行、工商银行、农业银行、建设银行、交通银行、包商银行，二连浩特市农业发展银行、呼和浩特市华夏银行以及全旗 10 余家金融机构，辖区 70 余家企业负责人 120 余人参加会议。呼和浩特市华夏银行等 4 家盟市级商业银行和辖内 3 家金融机构以及全旗 59 家企业达成融资意向，融资签约总额 7.3 亿元。

2014 年 4 月，苏尼特右旗召开银行与企业对接会，融资签约总额 2.4 亿元。

2015 年，全旗存款创历史新高，金融机构各项存款余额 288239 万元。

2001—2015 年苏尼特右旗金融状况一览表

表 10-1-1　　单位：万元

年份	存款	贷款	现金投放量	年 份	存款	贷款	现金投放量
2001	43356	31684	15971	2009	138739	75649	55550
2002	45130	34567	24295	2010	171425	104802	64054.97
2003	49206	36900	18435	2011	184133	3926	66717.5
2004	58918	27723	21176	2012	234635	5717	73487.8
2005	72533	27551	30868	2013	259686	6391	67209.7
2006	78929	27036	36109	2014	274575	162256	74302.5
2007	86117	32494	39288	2015	288239	212175	55547.6
2008	109844	72365	51727	总 计	2095465	861236	694739.07

一、 中国工商银行苏尼特右旗支行存款业务

2015年，中国工商银行苏尼特右旗支行按照“增加存款、注重效益、拓展业务、优化服务、防控案件、推进集约化经营”的指导思想，实行“定人、定户、定任务、定奖惩”目标管理。年内，中国工商银行苏尼特右旗支行各项存款83062万元，其中，对公存款余额39525万元，储蓄存款余额43537万元。

2001—2015年中国工商银行苏尼特右旗支行存款情况表

表10-1-2

年份	存款余额（万元）			年增长额（万元）	年增长率（%）
	总　计	对公存款	储蓄存款		
2001	12315	2872	9443	322	2.68
2002	13052	3150	9902	737	5.98
2003	14625	4306	10319	1573	12.05
2004	16416	4933	11483	1791	12.25
2005	17281	7103	10178	865	5.27
2006	22179	10454	11725	4898	28.34
2007	22040	8851	13189	-139	-0.63
2008	34439	17018	17421	12399	56.26
2009	45996	23977	22019	11557	33.56
2010	60562	36430	24132	14566	31.67
2011	74235	46850	27385	13673	22.58
2012	79762	44591	35171	5527	7.45
2013	84960	46413	38547	5198	6.52
2014	83071	41449	41622	-1889	-2.22
2015	83062	39525	43537	-9	-0.01

二、 中国农业银行苏尼特右旗支行存款业务

2001—2015年，地方财政、企业、居民储蓄是中国农业苏尼特右旗支行最主要的资金来源，支行牢固树立“存款就是效益、存款就是经营”的指导思想，加强全旗储蓄网点基础建设，设立个人业务部、公司客户部，专门对个人和公司客户提供金融服务，体现以客户为中心、市场为导向的经营理念。

2001—2015年中国农业银行苏尼特右旗支行存款情况统计表

表10-1-3　　单位：万元

年份	存款余额		
	总　计	对公存款	储蓄存款
2001	8393	—	—
2002	9595	—	7963
2003	11757	—	9315

续表10-1-3

年份	存款余额		
	总 计	对公存款	储蓄存款
2004	14295	—	11365
2005	17879	—	13582
2006	18654	—	14804
2007	24836	—	16917
2008	26673	—	19534
2009	36218	—	21305
2010	41305	—	23037
2011	30846	—	23981
2012	42195	—	29913
2013	49406	33296	—
2014	54196	36146	—
2015	52824	37975	—

三、 农村信用合作联社存款业务

2001—2015年，苏尼特右旗农村信用合作联社围绕全旗经济建设，有效投放支农再贷款，引导农村信用社扩大农牧业贷款，提高金融业对全旗农牧业产业结构调整的支持力度，增加农牧民收入，加大金融对沙源治理、围封转移、生态移民禁牧舍饲、退耕还草等生态建设力度，解决农牧民在购买饲草料、基础建设、奶牛饲养、畜产品加工业等的资金需求。农村信用合作联社主要资金来源有存款、基金、股金、公积金、借入等项目。

2001年，农村信用合作联社存款总额2994.50万元，其中，存款余额1497.25万元，对公存款101.43万元，储蓄存款1395.82万元。

2015年，农村信用合作联社各项存款创历史新高，存款总额254352万元。

2001—2015年苏尼特右旗农村信用合作联社存款情况表

表10-1-4　　单位：万元

年 份	总 计	存款余额	对公存款	储蓄存款
2001	2994.50	1497.25	101.43	1395.82
2002	3331.48	1665.74	124.44	1541.30
2003	19590.22	9795.11	1189.51	8605.60
2004	26066.30	13033.15	1275.21	11757.94
2005	38868.14	19434.07	1810.44	17623.63
2006	50377.06	25188.53	4947.76	20240.77
2007	64219.74	32109.87	3565.43	28544.44
2008	76733.92	38366.96	4416.21	33950.75
2009	88490.30	44245.15	7158.91	37086.24
2010	105040.26	52520.13	7400.03	45120.10
2011	133074.42	66537.21	7220.92	59316.29

续表10-1-4

年份	总计	存款余额	对公存款	储蓄存款
2012	180959.76	90479.88	9646.18	80833.70
2013	206401.14	103200.57	14424.13	88776.44
2014	227732.56	113866.28	9948.24	103918.04
2015	254352.00	127176.00	14007.00	113169.00

2001—2015 年，苏尼特右旗金融银行业务主要涉及存款、贷款、货币投放回收、账户结算、代理服务等业务。其中，2001 年，全旗存款余额 43356 万元，贷款金额 31684 万元。2015 年，存款余额 288239 万元，贷款金额 212175 万元。

第二节　贷款业务

2001—2015 年，苏尼特右旗金融信贷业务主要涉及工业、商业、农牧业、扶贫、个人小额、固定资产、流动资金和科技技术改造等贷款及票据贴现、银行承兑、外地拆借资金业务。随着全旗经济发展和城乡农牧民收入的提高，存款余额呈快速增长趋势。

2007 年，中国人民银行苏尼特右旗支行贯彻执行国家扶持下岗失业人员就业和再就业的金融政策，开展下岗失业人员小额担保贷款发放工作。

2008 年，全旗贷款金额突破 7 亿元。

2010 年，全旗突破 10 亿元，贷款金额 104802 万元。

2015 年，全旗突破20亿元，贷款余额212175万元。

2001—2015 年苏尼特右旗金融机构贷款情况统计表

表 10-1-5　　单位：万元

年份	贷款金额	其中				
		农牧业贷款	农副产品贷款	流动资金贷款	私人企业个体贷款	个人短期消费贷款
2001	31684	3158	5329	5565	—	—
2002	34567	3992	5250	7285	—	—
2003	36900	5136	7004	—	—	—
2004	27723	7859	—	—	1207	102
2005	27551	10716	—	4028	1147	44
2006	27036	12635	—	2802	44	21
2007	32494	19420	—	1809	745	13
2008	72365	24172	—	20884	214	22
2009	75649	28051	—	38039	1487	31
2010	104802	—	—	54802	—	2026
2011	3926	116011	61180	225	54830	3786
2012	5717	134250	80303	610	55947	4604
2013	6391	137848	84783	423	52484	5261
2014	162256	—	—	—	48774	6774
2015	212175	—	—	—	—	5725

一、 中国工商银行苏尼特右旗支行贷款业务

2001 年，中国工商银行苏尼特右旗支行贷款金额 13301 万元。2015 年，中国工商银行苏尼特右旗支行贷款金额位居全旗各行首位，贷款金额 85571 万元。

2001—2015 年中国工商银行苏尼特右旗支行贷款情况统计表

表 10-1-6

年份	贷款余额（万元）			年增长额（万元）
	贷款余额	公司贷款	个人贷款	
2001	13301	12049	1252	-356
2002	13741	11877	1864	440
2003	13672	11307	2365	-69
2004	15374	12476	2898	1702
2005	13142	10875	2267	-2232
2006	11158	9716	1442	-1984
2007	10043	9259	784	-1115
2008	47389	46924	465	37346
2009	45386	44160	1226	-2003
2010	53360	51107	2253	7974
2011	56621	53026	3595	3261
2012	62707	59116	3591	6086
2013	49900	46470	3430	-12807
2014	47218	43760	3458	-2682
2015	85571	82526	3045	38353

二、 中国农业银行苏尼特右旗支行贷款业务

2001 年，中国农业银行苏尼特右旗支行贷款金额 1495 万元。

2015 年，中国农业银行苏尼特右旗支行贷款金额 27250 万元。

三、 农村信用合作联社贷款业务

2001—2015 年，苏尼特右旗农村信用合作联社始终坚持“立足县域、服务三农、支持中小企业”的市场定位，合理调整信贷结构，优化信贷投向，主要开展小额农户信用贷款、抵押贷款、中小微企业贷款、民生贷款、汽车消费贷款和专项贷款等业务。

1. 小额农户信用贷款

坚持“保三农、保民生、支持中小微企业、压缩非农贷款”信贷投放原则，优先保证农牧民生产、生活资金需求，对农牧民接羔保育、棚圈围栏建设、子女就学、草料储备等生产生活资金需求给予支持。2014 年，全旗小额农户信用贷款余额 25713 万元，较 2001 年余额增长 67 倍。

2. 抵押贷款

联社结合自身市场定位和经营特点，支持个体工商户及农牧户发展。采取门店抵押、房产抵押等抵押贷款方式，对信誉好的个体工商户及农牧户加大信贷扶持力度。2014 年，抵押贷款余额59122万元，较 2001 年余额增长166倍。

3. 中小微企业贷款

支持中小微企业发展，制定完善服务流程和授信评级体系，对全旗优质中小微企业进行调查建档和信用评级。对从事绒毛收购公司、肉食品、奶食品加工及羔羊育肥、收购、加工等中、小微企业进行支持，解决小微企业融资难题，有效带动地方经济发展。2014 年，中小微企业贷款余额 14103 万元，较 2001 年余额增长 100 倍。

4. 民生贷款

民生事业作为农村信用社一项重点工作，加大民生信贷投入力度，帮助全旗广大妇女青年、下岗人员解决创业就业问题。2014 年，累计投放贷款 7907 万元，其中，向下岗再就业人员发放贷款 4140 万元，向妇女、青年投放创业贷款 3767 万元。

5. 汽车消费贷款

2013 年，推行汽车消费按揭贷款业务。贷款发放采用“经销商担保+保证金保证+汽车抵押”信贷模式。2014 年，发放汽车贷款 29 笔 282 万元。

6. 专项贷款

2013 年，联社重点实施“双百工程”，即在全旗范围以每个嘎查 2 户为基准，重点支持 100 户基础设施完善、草场面积达到政府草畜平衡标准的农牧户，购置 100 只纯种苏尼特母羊，实施优化母畜和冬羔育肥，为每户农牧民投放贷款 10 万元，贷款期限 3 年，帮助农牧民进行母畜优化，发展地方良种苏尼特羊。累计项目投放 1038.4 万元，支持农牧民 104 户，实现农牧民和农信社“双赢”。

第三节　货币流通

一、 币种

2001—2015 年，苏尼特右旗市场流通货币为中国人民银行发行的第四、第五套人民币。纸币分别为 100 元、50 元、20 元、10 元、5 元、1 元、5 角和 1 角 8 种面额；硬币有 1 元、5 角、1 角 3 种。

2005 年 8 月 31 日，苏尼特右旗统一发行第五套人民币，面额 100 元、50 元、20 元、10 元、5 元、1 元。

二、 货币流通

苏尼特右旗货币发行以保证地方经济发展现金需求量，确保旺季现金需求，做好货币发行调控工作，确保现金及时供应为目标，按照“适当集中、合理摆布、灵活调度”原则，对全旗货币发行进行全面分析和预测，开展货币流通专项治理，畅通回笼渠道，解决群众兑现残币难等问题。全旗货币流通一般规律为农牧区流向城镇，旗内流向旗外，牧区投放大，城镇略有回笼，投放大于回笼，表现为净投放。

第四节　结算业务

2001—2015 年，金融企业先后办理国内结算和支付结算代理业务，办理人民币资金和票据融资业务，办理银行卡业务，代理国外信用卡付款业务。代理收付款业务、保管箱业务、企（事）业信息服务业务，代理保险业务、开放式基金代销业务、记账式债券的柜面买卖业务、代理证券业务以及资金存管业务，办理贵金属业务、电子银行业务、个人理财业务，包括理财顾问和综合理财业务，办理浮动幅度内人民币贷款利率上浮。

2015 年，中国工商银行苏尼特右旗支行设有 ATM 现金存、取自助业务点 7 处，POS 机终端自助机 78 处。新发展牡丹灵通卡客户 9801 个，新发展商友卡客户 114 个，牡丹信用卡新增 1217 张。发展特约商户 20 个，信用卡客户新增 745 个，私人银行持有产品客户数 5 个，四星以上客户新增 1193 个，发展个人网上银行客户（证书版）1201 个，发展对公网银证书客户 10 个，发展个人手机银行客户 1464 个，网银代发工资完成 4 户，工银 e 支付客户数 1497 个，手机银行动户数 2167 个，B2C 电商平台注册客户净增 605 个，融 e 联客户端下载量 285 个。个人理财产品日均余额 1762 万元，营销财产保险 6 万元，营销寿险 351 万元，三方存管新增 13 个，销售国债 17 万元，对公结算账户新增 177 个。

2015 年，苏尼特右旗农村信用合作联社布设 ATM 机 8 台，日均累计发生存取款、转账等各类业务 2181 笔、金额 283 万元。POS 机具 378 台，累计发生消费业务 106814 笔 9930 万元。助农服务终端机 67 台。手机银行 989 个，发生各类交易 23229 笔 35812 万元。网上银行 610 个，发生各类交易 8210 笔 59397 万元。金牛卡 11.3 万张，其中，金牛普卡 6.2 万张，惠农一卡通 2.3 万张，金牛 IC 卡 0.3 万张，社会保障卡 1.5 万张，吸附金额 42815 万元。开立短信银行 10085 个，其中，个人客户 10050 个、企业客户 35 家。

第二章　保险业

第一节　保险险种

一、 中国人民财产保险公司苏尼特右旗支公司

2001—2015 年，中国人民财产保险公司苏尼特右旗支公司开办财产保险类、意外保险类、家庭财产保险类、责任保险类、机动车辆保险类、农业保险类、货运保险类等险种。苏尼特右旗支公司分为财产险和农牧业险两大类近 20 余种。包括企业财产险、汽车险、家庭财产险、电脑设备险、货物运输险、人身意外险、钞票（货币）险、校园责任险、雇主责任险、工程险、养殖险等险种。

二、 中国人寿公司苏尼特右旗支公司

2001—2015 年，中国人寿苏尼特右旗支公司开办人寿保险类、意外伤害保险类、健康保险类等险种类型。

2003 年，苏尼特右旗支公司被评为全区“先进基层公司”。

2005 年，苏尼特右旗支公司获全盟“诚信服务、规范经营”主题实践活动一等奖。

2006 年，苏尼特右旗支公司获全区系统业务管理优秀奖。

2007 年，苏尼特右旗支公司获全盟系统先进集体一等奖。

2008 年，苏尼特右旗支公司获全区系统“争当星级柜员、争创星级柜面”技能大赛三等奖。

2010 年，苏尼特右旗支公司获“五一”国际劳动节全旗干部职工健身操大赛优秀表演奖。

2011 年，苏尼特右旗支公司获全盟系统业务管理进步奖第二名，被评为年度全盟系统先进集体。

2013 年，苏尼特右旗支公司获全盟系统客户服务中心技能大赛三等奖。

2014 年，苏尼特右旗支公司被评为全盟系统团险先进销售渠道和全盟系统银保先进销售渠道。

第二节 承保与理赔

一、 中国人保财险公司苏尼特右旗支公司

2001—2015 年财产保险苏尼特右旗支公司保费收入理赔统计表

表 10-2-1 单位：万元

年度	保费收入	险种						理赔支出
		机动车险	企业财险	家财险	货运险	责任险	其他	
2001	368.48	208.71	140.15	4.72	1.5	13.4	—	175
2002	352.31	174.68	132.04	30.27	4.96	10.36	—	180
2003	389.11	242.87	126.35	13.78	1.05	5.06	—	195.97
2004	810.55	724.57	49.66	9.98	—	5.96	20.38	354.49
2005	705	608	62	15	—	14	6	380
2006	775.7	630	90	18	—	8.7	29	430
2007	650	516.2	85	16	—	9	23.8	310
2008	610	478.5	85	15	—	12	19.5	290
2009	680	550	70	16	—	19	25	330
2010	836	732	61	11.8	4	18	9.2	431
2011	570.7	439	73	15.5	5.1	19	19.1	274.97
2012	670.4	479	86	38	9.4	13	45	438.37
2013	834.4	504	68	74	9	8.4	171	332.02
2014	1013	740	33	28	10	23	179	323.77
2015	788.3	657	44	13	9.3	65	—	263

二、 中国人寿公司苏尼特右旗支公司险种

2001 年，苏尼特右旗支公司理赔金额 68 万元，其中，健康险 30 万元，意外险 38 万元。

2002 年，苏尼特右旗支公司保费突破千万大关。全旗人保财险理赔金额 100 万元，其中，健康险 40 万元，意外险 60 万元。2005 年，全旗人保财险理赔金额 160 万元，其中，健康险 70 万元，意外险 90 万元。

2010 年，全旗人保财险理赔金额 260 万元，其中，健康险 120 万元，意外险 140 万元。年度理赔金额最多。

2013 年，苏尼特右旗支公司首次开展森林保险业务，保费收入 157 万元。是年，全旗保费 2831.92 万元，其中，新增保费 635.57 万元。

2015 年，全旗人保财险理赔金额 210 万元，其中，健康险 100 万元，意外险 110 万元。累计赔付超过千万元，保费总额及公司规模仅次于锡林浩特市支公司、二连浩特市支公司之后，排名全盟前列。

2001—2015 年中国人寿保险苏尼特支公司承保情况表

表 10-2-2

单位：万元

年份	合计	子女教育	长寿还本	个人养老金	学生险	英才	99 鸿福	其他
2001	680	120	60	80	50	80	70	220
2002	1000	200	90	110	50	120	100	330
2003	1200	240	120	130	50	140	120	400
2004	1400	280	150	150	40	180	130	470
2005	1600	300	180	180	40	200	150	550
2006	1700	330	200	200	40	240	160	530
2007	2000	350	230	240	40	280	180	680
2008	2200	380	260	250	40	300	200	770
2009	2400	400	280	280	40	320	230	850
2010	2600	440	300	290	40	350	260	920
2011	2800	460	320	310	35	365	280	1030
2012	3000	480	350	340	30	380	320	1100
2013	3200	500	370	360	30	400	350	1190
2014	3800	600	460	420	30	440	430	1420
2015	4010	650	500	430	30	460	450	1490

2012 年，苏尼特右旗支公司联合卫生局开展新农合医疗保险业务，当年参保人数 26831 人，保费收入 32.20 万元，理赔支出 112.20 万元。

2012—2014 年中国人保公司苏尼特支公司新农合理赔统计表

表 10-2-3

年 份	参保人数（人）	理赔金额（万元）	理赔数量（件）	赔付基本情况					
				意外伤害		6 万～10 万元疾病		10 万元以上疾病	
				赔付金额	人数	赔付金额	人数	赔付金额	人数
2012	26831	112.20	83	51.78	52	38.18	25	22.24	5
2013	27145	155.90	122	129.22	99	26.68	23	—	—
2014	27145	101.34	294	65.33	89	36.01	26	—	—

三、 中国人寿保险公司苏尼特右旗支公司理赔情况

2001—2015 年苏尼特右旗人寿保险赔付情况表

表 10-2-4

单位：万元

年份	健康险	意外险	合计	年 份	健康险	意外险	合计
2001	30	38	68	2009	120	120	240
2002	40	60	100	2010	120	140	260
2003	50	70	120	2011	100	110	210
2004	60	80	140	2012	120	100	220
2005	70	90	160	2013	100	110	210
2006	80	100	180	2014	90	100	190
2007	90	110	200	2015	100	110	210
2008	100	120	220	总 计	1270	1458	2728

第十一编

经济综述

第一章　经济发展

第一节　计划编制与执行

一、“十五”（2001—2005 年）计划时期

2001—2005 年，全旗围绕抓转变、抓调整、抓开放等任务，开创工业经济快速发展，城镇化稳步推进，经济开始转型新格局；取得战胜各种自然灾害、草原生态保护和建设全面加强、农牧业基础不断巩固、传统生产经营方式逐步转变等好成绩；实现社会各项事业与经济建设协调发展，人民生活水平显著提高。

1. 工业化进程

2001—2005 年，苏尼特右旗通过调整思路和招商引资，确定“高载能工业、矿产品加工业、畜产品加工业、碱化工业和能源工业”五大工业优势产业，逐步扩大产业规模，增强发展后劲，经济总量得到提升。

2005 年，全旗工业各项主要经济指标均超额完成“五年翻一番”目标。地区生产总值 116998 万元，较上年增长 18. 9%。2001—2005 年年均增长 17. 0%。全旗三次产业结构调整到 13. 2 ∶ 58. 3 ∶ 28. 5，全部工业增加值58026万元，较 2004 年增长 21. 2%，2001—2005 年年均增长 32. 7%。工业经济占地区生产总值比重 49. 6%。财政总收入14250万元，较 2004 年增长 72%，2001—2005 年年均增长 31. 6%，其中，地方财政收入 9496 万元，2001—2005 年年均递增 27. 9%。“十五”期间引进盟外资金 14. 30 亿元，比“九五”时期增长 11 倍。

2. 农牧业基础设施

全旗启动和推进围封转移战略，草原生态治理和农牧业基础建设投资不断加大，累计金额 3 亿元，比“九五”时期增长 2 倍。过冬牲畜畜均占有棚圈面积由 2001 年的 0. 57 平方米提高到 2. 3 平方米，各类水源井增加 4200 余眼，青贮窖由 2001 年的 300 余座发展到 2005 年的 2800 余座，打贮草总量由 2001 年的 6000 万余公斤增加到 2005 年的 1 亿余公斤。畜群畜种结构进一步优化，改良畜比重和母畜比重分别提高 66% 和 83%。“十五”期间，农牧民实现“零负担”，为农牧民发放各种补贴 7200 万元。各类农牧区经济合作组织和行业协会发展较快，牧民人均从产业化经营中获得收入占到同期农牧民纯收入的 37%。采取生态移民、扶贫移民、劳务输出和转产转移等途径，加大农牧民转移力度，“十五”期间累计转移农牧民 5160 人。

3. 固定资产投资

2001—2005 年，全旗固定资产投资累计203356万元，是“九五”时期的 3. 6 倍。交通事业投入创历史新高，累计投资 10 亿元，村村通公路占有率 60% 以上。通信条件大为改善，固定电话、移动

电话和 ETS 无线接入系统等现代通信工具广为普及，互联网进入学校、企业和普通家庭。农村牧区广播电视“村村通”工程深入开展，综合覆盖率分别是 95.5%和 92.5%。变电站和供电线路等电力基础设施投资 2 亿元，供电能力显著提高。以赛汉塔拉镇为重点，城镇基础设施和房地产投资累计 2.4 亿元，是“九五”时期的 4 倍多。

2005 年，全旗城镇化率 56.4%，比 2001 年提高 2.5 个百分点。

4. 社会事业

2001—2005 年，苏尼特右旗引进国内外科技项目资金 1300 余万元。教育基础建设累计投资 3000 余万元，是“九五”时期 3 倍多。各类扶贫资金累计投入 7350 万元，是“九五”时期 4.6 倍，脱贫人口累计 1.04 万人。再就业培训和各项扶持政策得到有效落实，城镇登记失业率控制在 4.8%以内。

二、“十一五”（2006—2010 年） 规划时期

2006—2010 年是国民经济和社会发展第十一个五年规划（以下简称“十一五”）时期。苏尼特右旗以深入贯彻落实科学发展观为指导，坚持草原生态保护和建设为基础，以富民强旗为目标，全力推进畜牧业产业化、工业化、城镇化进程，实现经济由畜牧业主导向工业主导转变、全面建设小康社会，积极应对国际金融危机影响，实现经济社会又好又快发展。

1. 经济综合实力

2006 年，苏尼特右旗地区生产总值 139004 万元。2010 年，全旗地区生产总值 360513 万元，2006—2010 年年均增长 25.2%，人均地区生产总值超过 50598 元，经济总量占全盟比重较 2005 年提高 2.8 个百分点。全社会固定资产投资总额 331497 万元，较 2005 年增加 25 亿元，2006—2010 年年均增长 34.9%；地方财政总收入完成 40018 万元，较 2005 年增加 30522 万元，2006—2010 年年均增长 33.3%。其中，财政一般预算收入完成 25773 万元，2006—2010 年年均增长 22.1%。工业增加值完成 23 亿元，较 2005 年增加 17 亿元，占地区生产总值比重由 2005 年的 49.6%提高到 2010 年的 64.1%，2006—2010 年年均增长 31.8%。

2. 特色产业

2006—2010 年，苏尼特右旗依托资源、区位和政策等优势，以工业园区为支撑，初步形成以矿产品采选加工、能源工业、冶金工业、畜产品加工、碱化工业为主导的五大特色产业体系。全旗形成以赛汉塔拉工业园区、朱日和工业园区及乌日根塔拉工业园区为中心的工业行业集中发展态势。

3. 产业结构

2006—2010 年，全旗加大农牧业投入，牧区基础设施建设和生产条件不断改善，特色养殖业规模化发展，产业化经营快速推进，农牧民生活水平有较大提高。工业化进程快速推进，以工业园区为支撑，培育发展特色产业，初步形成符合资源禀赋的特色产业体系。加快服务业发展，运输、餐饮、旅店、商业等传统服务业规模不断扩大，金融保险、旅游、建筑装饰、物流等新兴服务业较快发展。

4. 体制改革

2006—2010 年，苏尼特右旗医药卫生体制改革全面展开，事业单位改革步伐加快，义务教育学校、公共卫生和基层医疗卫生机构实施绩效工资制度。政府依法执政、科学执政的能力和效能建设稳步提高，经济发展软环境不断改善，集聚要素的环境进一步形成。与二连浩特、呼包鄂经济区、京津冀地区及东北地区的区域经济交流合作全面深化，招商引资成效显著。依托区位、资源和政策等优势，在不断加强基础设施建设和发展环境改善的基础上，吸引区内外大企业投资能力不断增强，招商引资取得明显成效。2010 年，利用盟外资金 20 亿元，全社会固定资产投资 3314.97 万元，2006—2010 年年均增长 34.8%以上，经济发展潜力日益显现。

5. 商贸业务

2006—2010 年，全旗打造全盟西部区域物流中心，投资千万元建成远通、双赢 2 个物流园区。旅游业、金融保险、连锁经营等新兴服务业稳步发展。以“巴音敖包祭祀、苏尼特王府那达慕、乌兰牧骑艺术节、苏尼特骆驼文化节”为抓手的民族文化旅游活动正逐步形成。随着城市建设建材装饰产业逐渐在兴起，系列餐饮、购物、住宿服务设施投入运营，城乡消费环境明显改善，宝力嘎街扶持民族特色餐饮示范店奖励全部兑现，民族特色餐饮业档次和水平得到提升。

三、“十二五”（2011—2015 年） 规划时期

2011—2015 年是国民经济和社会发展第十二个五年规划（以下简称“十二五”）时期。苏尼特右旗政府以富民强旗为目标，以转变经济社会发展方式为主线，加快推进新型工业化、特色城镇化和农牧业现代化进程，在优化经济结构、统筹城乡发展、保护生态环境、加强基础设施建设、改善民生、发展社会事业、扩大对外开放等方面取得新突破，完成“十二五”规划各项目标任务，实现全旗经济可持续发展和社会进步。

1. 经济综合实力

2015 年，苏尼特右旗地区生产总值595391万元，2011—2015 年年均增长 10.6%。其中，第一产业增加值51053万元，2011—2015 年年均增长 14.5%，第二产业增加值398523万元，2011—2015 年年均增长 9.5%，第三产业145815万元，2011—2015 年年均增长 12.8%，公共财政预算收入29608万元，固定资产投资306394万元。

2. 经济结构

2011—2015 年，苏尼特右旗牲畜总头数由 2010 年牧业年度的 140 多万头（只）严格控制到 2015 年的 100 万头（只）以内。2015 年，第一产业增加值 3.8 亿元，2011—2015 年年均增长 8.0%。三次产业结构由 2010 年 7：71：22 调整 2015 年 9：67：24。

3. 人均可支配收入

2015 年，全旗城镇居民人均可支配收入规划 30000 元，2011—2015 年年均增长 14.6%，2015 年城镇人均可支配收入29413元；农牧民人均可支配收入规划10000元，2011—2015 年年均增长 14.2%，2015 年农牧民人均可支配收入 8405 元。社会消费品零售额157419万元，人均消费支出 6425 元，人均储蓄存款30336元。保障性住房人均住房面积 38.5 平方米。

4. 体制改革

2011—2015 年，全旗体制改革有序推进，医疗卫生、财税金融、文化体制等改革取得新进展。资源型产品价行政审批事项等重点改革环节取得重大突破，发展动力显著增强。积极参与国家“一带一路”倡议、京津冀协同发展、中（中国）俄（俄罗斯）蒙（蒙古国）经济走廊建设、二连浩特国家重点开发开放实验区建设；与二连浩特市、呼（呼和浩特市）包（包头市）鄂（鄂尔多斯市）经济区、京津冀地区及东北地区区域经济交流合作全面深化，依托区位、资源和政策优势，吸引区内外大企业投资能力不断增强，招商引资取得明显成效。

第二节 所有制结构

2001—2015 年，苏尼特右旗国有经济和集体经济结构实现重大调整，国有经济和集体经济中多数中小企业实行民营、联营、股份制改造、外贸、商业、食品、粮食等中小企业由国有经济、集体经

济向多种所有制经济转变。全旗纺织业、农畜产品加工业、电力生产及供应业、有色金属冶炼业、食品制造业、皮革制品制造业等行业发展突出，经济所有制结构形成多种经济成分共同发展新局面。

一、国有企业

2001年，全旗有工业企业22家，其中，全民所有制企业2家、集体所有制2家、股份制15家、其他3家。规模以上企业有11家。工业部门有职工4176人，其中，国有工业职工171人，占职工总数的4.1%。

2015年，全旗国有工业企业从2001年的2家增加到2015年的8家。工业总产值124.72亿元，增长677倍，增加就业684人。

2015年，全旗有工业企业138家。其中，国有企业8家。年内，工业总产值66.16亿元（按当年执行的不变价计算），国有工业12.47亿元，占工业总产值的18.85%，工业部门有职工5944人，其中，国有工业职工855人，占职工总数的14.38%。

二、集体企业

2001年，全旗集体企业有2家。工业总产值261万元（按当年执行的不变价格计算），工业销售产值430万元，占销售产值的1.17%，就业人数162人，占总就业人数的3.88%，利税总额54万元，占利税总额的0.91%。

2015年，苏尼特右旗工业集体所有制企业全部转制为私营企业。

三、其他企业

2001年，苏尼特右旗股份制企业和私营企业23家。工业总产值40308万元，就业人数3843人，占职工总数的92%。

2015年，全旗企业从2001年的22家增加到2015年的138家，主要包括股份制企业、私营企业等企业。年内，全旗就业人数5944人，较2001年增加1.54倍。工业基金到账74.50万元，对骨干企业实行挂牌保护，协调有关部门为企业解决生产经营中的实际问题，收到良好效果，实现资源和经济优势转化。

第三节　产业结构

2001—2015年，苏尼特右旗经济产业结构呈现以畜牧业经济为基础，以农业、工业为辅，交通、通信、旅游、商业等共同发展的多元化经济结构。三次产业总产值在地区生产总值中的比重由2001年的26∶43∶31调整到2015年的9∶67∶24。

2001年，苏尼特右旗三次产业比重由“九五”规划期初的36∶30∶34调整到29∶40∶31。第一产业因自然灾害，在地区生产总值中的占比由36%下降到29%。二、三产业发展保持稳定，产业结构顺序为二产、三产、一产，实现经济结构由农牧业主导型向工业主导型重大转变。

2005年，苏尼特右旗三次产业比重为13∶58∶29。“十五”规划期间，通过招商引资，在朱日和镇建立朱日和高载能工业区。按照全盟加快发展第三产业的战略部署，制定和出台发展第三产业相关政策和措施，重视扶持第三产业力度。

2010年，苏尼特右旗三次产业比重为7∶71∶22。“十一五”规划期间，农牧业基础设施建设力度加大，生产条件改善，特色养殖业规模化发展，产业化经营推进。工业依托资源、区位和政策等优势，以工业园区为支撑，培育发展优势特色产业，初步形成以工业为主导的特色产业体系。运输、餐饮、旅店、商业等传统服务业规模不断扩大，金融保险、旅游、建筑装饰、物流等新兴服务业较快发展。

2015年，苏尼特右旗三次产业比重为9：67：24。第一、三产业比重略有上升。以畜牧产品加工、矿产品采选加工，能源工业、碱化工、民族手工艺加工为主要特色的产业结构初步形成，以赛汉塔拉镇轻工业园区为主的园区经济初具规模。

第二章　经济指标

第一节　地区生产总值

2001—2015 年，苏尼特右旗地区生产总值由 2001 年的56298万元增加到 2015 年595391万元。其中，第一产业由 2001 年的10699万元增加到 2015 年的51053万元；第二产业由 2001 年的25420万元增加到 2015 年的398523万元；第三产业由 2001 年的20179万元增加到 2015 年的145815万元。按阶段比例，地区生产总值“十五”期间年均增长 18. 9%。“十一五”期间年均增长 25. 2%。其中，第一产业年均增长 11. 3%，第二产业年均增长 30. 1%，第三产业年均增长 19. 2%。“十二五”期间年均增长 10. 6%。其中，第一产业年均增长 14. 2%，第二产业年均增长 9. 4%，第三产业年均增长 12. 7%。

第二节　农牧业总产值

2001 年，苏尼特右旗连续遭受三年自然灾害，农牧业总产值较上年同期减少 4305 万元，下降 22. 1%。

2003 年，全旗农牧业生产总值 15966 万元，其中，农业 1462 万元、林业 325 万元、畜牧业 13829 万元。年内，农牧林渔服务业总产值 350 万元，并划入第一产业。

2004 年，全旗农牧业生产总产值 25844 万元，其中，畜牧业总产值 23845 万元。

2010 年，全旗农牧业生产总产值 46641 万元，其中，畜牧业总产值 42141 万元。渔业从 2005 年的 2 万元增加到 20 万元。

2005—2015 年，全旗农牧业总产值构成中，畜牧业总产值占主要比例。2015 年，农牧林渔业总产值92719万元，其中，农业 17866 万元、林业 2381 万元、畜牧业71384万元、渔业 23 万元、农牧林渔服务业 1065 万元。

2001—2015 年苏尼特右旗农林牧渔业总产值统计表

表 11-2-1　　单位：万元

项目 / 年份	农林牧渔业总产值					
	合　计	农　业（种植业）	林　业	畜牧业	渔　业	农林牧渔服务业
2001	15200	2710	159	12331	—	—
2002	11218	2489	254	8475	—	—

续表11-2-1

年份 \ 项目	农林牧渔业总产值					
	合计	农业（种植业）	林业	畜牧业	渔业	农林牧渔服务业
2003	15966	1462	325	13829	—	350
2004	25844	1108	395	23845	—	496
2005	27114	3257	390	23115	2	350
2006	23123	2577	333	19912	2	299
2007	29259	2149	659	26089	3	359
2008	29522	2183	757	26189	3	390
2009	36397	2628	1009	31918	16	826
2010	46641	1947	1699	42141	20	834
2011	68126	9696	2625	54565	27	1213
2012	73314	10526	1812	60096	14	866
2013	81559	11110	2014	67467	16	952
2014	88042	11749	2305	72952	22	1014
2015	92719	17866	2381	71384	23	1065

第三节 固定资产投资

2001 年，苏尼特右旗社会固定资产投资完成15326万元，较上年同比下降10. 7%。

2001—2005 年，全旗固定资产投资累计投资203356万元。

2010 年，全旗社会固定资产投资 331497 万元，较 2005 年增加259356万元。

2015 年，全旗社会固定资产投资额完成 306394 万元，较上年同比增长 18. 9%。

2001—2015 年苏尼特右旗固定资产投资统计表

表 11-2-2 单位：万元

年度	完成投资额	按注册经济类型分			
		国有经济	集体经济	其他经济	私营经济
2001	15326	12528	—	2798	—
2002	12418	7017	110	5031	260
2003	28734	20477	—	3500	4757
2004	72737	34157	—	37955	625
2005	72141	63652	—	1069	7420
2006	112549	43995	—	42892	25662
2007	110483	43223	—	29450	37810
2008	204790	164324	—	9701	30765
2009	301982	126832	—	141327	33823
2010	331497	124109	—	127038	80350
2011	351004	160670	1100	96600	92634

续表11-2-2

年度	完成投资额	按注册经济类型分			
		国有经济	集体经济	其他经济	私营经济
2012	389130	136700	51910	60840	139680
2013	415964	158404	—	142512	115048
2014	257724	92270	—	33707	131747
2015	306394	170695	—	29439	106260

第四节　物价指数

2001年，苏尼特右旗居民消费价格指数100.9%，商品零售价格指数99.8%，农业生产资料价格指数98.8%。

2005年，全旗居民消费价格指数101.9%，商品零售价格指数102.2%，农业生产资料价格指数103.1%，工业品价格指数119.47%。

2010年，全旗取消旗县统计物价指标，全旗工业品价格指数109.22%。

2001—2010年苏尼特右旗各类价格指数统计表

表11-2-3

年 度	居民消费价格指数	商品零售价格指数	农业生产资料价格指数	工业品价格指数
2001	100.9	99.8	98.8	—
2002	99.9	99.0	109.6	—
2003	100.2	101.1	103.2	—
2004	104.7	104.3	113.0	—
2005	101.9	102.2	103.1	119.47
2006	102.33	101.72	100.0	101.16
2007	105.4	107.1	108.7	105.4
2008	108.0	106.9	114.8	115.98
2009	101.3	101.7	96.7	85.01
2010	—	—	—	109.22

第五节　社会消费品零售

2015年，苏尼特右旗社会消费品零售总额157419万元，较2001年增加137959万元，增长7.09倍。其中，城镇128641万元，较2001年增加114740万元，增长8.25倍；乡村28778万元，较2001年增加23219万元，增长4.18倍。

2001—2015 年苏尼特右旗社会消费品零售总额统计表

表 11-2-4　　　　单位：万元

年 度	社会消费品零售总额	按所在地分		按行业分		
		城 镇	乡 村	批发零售贸易业	住宿餐饮业	其他行业
2001	19460	13901	5559	17438	2003	19
2002	21599	15417	6182	19344	2195	60
2003	22836	15444	7392	19026	2524	1286
2004	33184	23560	9624	28525	3143	1516
2005	36288	26519	9769	27993	6490	1805
2006	42350	34308	8042	33039	7301	2010
2007	50650	43624	7026	39899	8623	2128
2008	63509	54583	8926	49838	11396	2275
2009	71586	49474	22112	64002	7584	—
2010	85179	58793	26386	76101	9078	—
2011	101194	69318	31876	89754	11440	—
2012	117103	86410	30693	103764	13339	—
2013	132386	98178	34208	119183	13203	—
2014	147672	105778	41894	131263	16409	—
2015	157419	128641	28778	140890	16529	—

第三章　城乡居民生活

第一节　城镇居民生活

一、 城镇居民生活收入

2005 年，苏尼特右旗城镇居民人均可支配收入 7117 元，较 2001 年增长 68. 6%。在岗职工人均工资从 2001 年的 9088 元增加到 2005 年的16662元，增长了 83. 3%。

2012 年，全旗启动城乡住户一体化改革工作，统计局实施新口径居民收入数据。

2013 年，全旗完成城乡住户一体化改革工作，实施新的城乡居民收入制度，因此，由原先分别发布城乡居民收支数据，改为统一发布全体居民收支数据和城乡居民收支数据。农村牧区人均纯收入指标改为农村牧区居民人均可支配收入指标。年内，全体居民人均可支配收入为 19314 元。城镇居民人均可支配收入 24713 元。

2015 年，全旗城镇居民人均可支配收入29413元，较上年增长8. 2%。

2001—2015 年苏尼特右旗城镇居民人均可支配收入统计表

表 11-3-1　　单位：元

年 度	城镇居民人均可支配收入	在岗职工年平均工资			
		全部职工	国有单位职 工	集体单位职 工	其他经济单位职工
2001	4220	9088	10140	7731	7548
2002	4604	10936	11528	8091	10291
2003	4995	11091	12059	8315	9821
2004	5852	13154	15438	9239	10391
2005	7117	16662	19873	17380	11440
2006	7865	17887	20795	20117	13099
2007	9910	20669	23337	19911	22267
2008	12062	24682	28153	20809	26640
2009	14094	28145	33306	18805	26382
2010	15219	36245	39695	23438	32745
2011	17548	43255	49358	56327	32226
2012	19877	44606	49883	56306	34383

续表11-3-1

年 度	城镇居民人均可支配收入	在岗职工年平均工资			
		全部职工	国有单位职　工	集体单位职　工	其他经济单位职工
2013	24713	49692	59165	59500	34324
2014	27184	53779	58058	59940	43440
2015	29413	64702	69358	72538	52911

二、 城镇居民生活支出

2001—2015 年，全旗城镇居民人均家庭总支出主要包括消费性支出、购房与建房支出、生产经营费用支出、转移性支出、财产性支出、购置资产全体转移性支出、社会保障支出等七大类。

2015 年，全旗城镇居民人均总支出 27691 元。其中，消费性支出 22421 元，非消费性支出 4886 元，借贷性支出 384 元。较 2001 年城镇居民人均总支出增加 22760 元。年内，耐用消费品每百户拥有家用汽车 12 辆、摩托车 36 辆、助力车 53 台、洗衣机 95 台、电冰箱（柜）95 台、微波炉 20 台、彩色电视机 106 台、移动电话 208 部、热水器 23 台、照相机 14 台。

2001—2015 年苏尼特右旗城镇居民人均支出统计表

表 11-3-2　单位：元

年 度	城镇居民人均总支出			借贷支出
	合　计	消费性支出	非消费性支出	
2001	4931	3774	585	572
2002	5797	4182	978	637
2003	6813	4554	1534	725
2004	6965	5250	970	745
2005	9016	6226	1907	883
2006	10489	7155	1880	1454
2007	11905	8681	1818	1406
2008	15299	10828	2232	2239
2009	18408	12276	3046	3086
2010	19929	12980	2871	4078
2011	20897	13934	2171	4792
2012	23316	15429	2534	5353
2013	21168	17466	3315	387
2014	24260	20626	3328	306
2015	27691	22421	4886	384

2001—2015 年苏尼特右旗城镇常住居民耐用消费品百户拥有量统计表

表 11-3-3

年度	家用汽车（辆）	摩托车（辆）	洗衣机（台）	电冰箱（台）	彩色电视机（台）	家用电脑（台）	移动电话（部）
2001	—	13	42	43	57	—	3
2002	—	50	74	80	82	2	18

续表11-3-3

年度	家用汽车（辆）	摩托车（辆）	洗衣机（台）	电冰箱（台）	彩色电视机（台）	家用电脑（台）	移动电话（部）
2003	—	46	84	100	100	2	46
2004	—	60	92	124	106	2	64
2005	—	80	92	126	102	12	110
2006	—	82	96	128	106	14	126
2007	—	88	98	76	102	12	134
2008	—	88	100	78	—	14	152
2009	4	100	102	90	110	22	184
2010	8	92	104	96	108	24	182
2011	24	62	76	102	104	52	196
2012	24	62	76	102	104	52	194
2013	24	62	76	102	93	37	166
2014	10	28	84	89	93	34	166
2015	12	36	95	95	106	34	208

第二节　农牧区居民生活

一、农牧区居民生活收入

2001年，全旗农牧民人均纯收入855元。其中，农民618元，牧民975元。农民人均全年总收入1261元，其中，家庭经营收入958元，占总收入的76.0%。牧民人均全年总收入8078元，其中，家庭经营收入7866元，占总收入的97.4%。

2013年，全旗完成全国城乡一体化改革工作，实施城乡居民收入改革后新的调查制度，即原来农牧民人均纯收入统一为农牧区常住居民人均可支配收入。农牧区常住居民人均可支配收入6910元。

2015年，全旗农村牧区常住居民人均总收入27720元，其中经营收入22940元，占总收入的82.8%。人均可支配收入8405元，其中，人均牧业经营净收入3831元，占人均可支配收入的45.6%，人均非农非牧收入4574元，占人均可支配收入的54.4%。

2001—2015年苏尼特右旗农牧区居民人均收入统计表

表11-3-4　　单位：元

年度	旧口径							新口径		
	人均纯收入	其中		人均总收入				农牧区常住居民人均可支配收入	人均总收入	其中
		农民	牧民	牧民	家庭经营收入	农民	家庭经营收入			家庭经营收入
2001	855	618	975	8078	7866	1261	958	—	—	—
2002	845	919	807	5118	4500	2297	2054	—	—	—
2003	1119	1102	1128	6996	6590	2580	2009	—	—	—
2004	1580	1522	1611	8224	7837	3150	2595	—	—	—

续表11-3-4

年度	旧口径							新口径		
	人均纯收入	其中		人均总收入				农牧区常住居民人均可支配收入	人均总收入	其中
		农民	牧民	牧民	家庭经营收入	农民	家庭经营收入			家庭经营收入
2005	1864	1745	1928	9935	9069	3269	1840	—	—	—
2006	2345	2252	2365	10612	9095	4067	2136	—	—	—
2007	3222	2905	3288	13706	12109	4786	1887	—	—	—
2008	3788	3525	3874	11093	9492.3	5474	4021	—	—	—
2009	4506	4219	4600	13285	11421	6385	4711.5	—	—	—
2010	5140	4767	5244	15474	13343	7313	5544	—	—	—
2011	5854	5482	5955	17281	14548	8413	6073	—	—	—
2012	6308	6000	6360	—	—	—	—	—	—	—
2013	—	—	—	—	—	—	—	6910	21768	18306
2014	—	—	—	—	—	—	—	7739	24796	20638
2015	—	—	—	—	—	—	—	8405	27720	22940

二、 农牧区居民生活支出

2001—2015 年，全旗农牧区居民家庭支出主要包括家庭经营费用支出、购置生产性固定资产支出、生活消费支出、财产性支出、转移性支出等。

2001 年，全旗牧民家庭人均总支出 10197 元，其中，经营性支出 6634 元，生活消费支出 2797 元。每百户牧民拥有家用汽车 10 辆，小型和手扶拖拉机 90 台，摩托车 100 辆，移动电话 13 部，彩色和黑白电视机 96.67 台，收录机 100 台，电冰箱 3 台，照相机 16.67 架。

2015 年，全旗农村牧区常住居民人均总支出 27998 元，其中，经营费用支出 15730 元，生活消费支出 7036 元。每百户拥有家用汽车 58 辆，摩托车 148 辆，移动电话 287 部，彩色电视机 104 台，电冰箱（柜）85 台，洗衣机 67 台，微波炉 4 台，照相机 12 台。

2001—2015 年苏尼特右旗农牧区居民人均支出统计表

表 11-3-5　　单位：元

年度	老口径						新口径		
	牧民人均支出	其中		农民人均支出	其中		农牧区常住居民人均支出	其中	
		经营性支出	生活消费支出		经营性支出	生活消费支出		经营性支出	生活消费支出
2001	10197	6634	2797	1999	550	1331	—	—	—
2002	6812	3769	2592	3097	1288	1549	—	—	—
2003	8965	5185	2973	2915	1389	1406	—	—	—
2004	10447	6077	3574	3372	1535	1626	—	—	—
2005	12233	7404	3855	3530	1428	1779	—	—	—
2006	12462	7571	3606	3586	1580	1673	—	—	—
2007	16167	9639	4416	4877	1775	2506	—	—	—

续表11-3-5

年度	老口径						新口径		
	牧民人均支出	其中		农民人均支出	其中		农牧区常住居民人均支出	其中	
		经营性支出	生活消费支出		经营性支出	生活消费支出		经营性支出	生活消费支出
2008	10983	6392	3221	5065	1845	2735	—	—	—
2009	12844	7782	3413	4888	2061	2091	—	—	—
2010	15247	9324	4557	4929	2442	2091	—	—	—
2011	16713	10132	5103	5211	2586	2422	—	—	—
2012	18875	11393	5428	6310	3334	2720	—	—	—
2013	19406	12013	5891	—	—	—	—	—	—
2014	—	—	—	—	—	—	25016	13682	6425
2015	—	—	—	—	—	—	27998	15730	7036

2001—2015年苏尼特右旗农牧民常住居民消费品百户拥有量统计表

表11-3-6

年份	家用汽车（辆）		摩托车（辆）		洗衣机（台）		电冰箱（台）		彩色电视机（台）		移动电话（部）	
	牧民	农民	牧民	农民	牧民	农民	牧民	农民	牧民	农民	牧民	农民
2001	10	—	100	30	—	—	3	—	47	30	13	—
2002	3	—	97	20	—	—	3	—	50	50	3	—
2003	13	—	103	10	—	—	3	—	63	50	27	—
2004	7	—	110	20	3	—	3	—	67	50	57	60
2005	7	—	120	100	3	—	3	—	80	70	80	60
2006	17	—	127	100	3	10	3	20	80	100	80	100
2007	17	—	129	100	14	80	14	10	100	100	177	120
2008	17	—	137	100	13	80	37	30	103	100	197	110
2009	17	—	137	100	13	80	40	40	110	100	203	120
2010	13	—	143	100	23	80	47	40	113	100	207	120
2011	37	10	157	100	43	80	67	40	100	100	253	280
2012	37	—	157	100	43	80	70	40	100	100	255	280
2013	38		119		58		81		100		246	
2014	54		144		63		83		101		285	
2015	58		148		67		85		104		287	

第十二编

中国共产党地方组织

第一章　党的代表大会

第一节　党代会代表

2001—2015 年，苏尼特右旗历届党代会代表的产生都是按照《中国共产党章程》《中国共产党地方组织选举工作条例》和《中国共产党基层组织选举工作暂行条例》规定进行的。代表名额和选举办法，由中共苏尼特右旗委决定并上报上一级党委批准后实行。

按照全旗各苏木、镇划分若干个选举单位，各级党组织根据所辖党组织党员数量和工作需要，根据名额、代表类别等条件提出候选人名单，经党内酝酿，集中多数党员意见后确定正式候选人，提交选举单位内党员大会选举出席会议代表。代表候选人差额不少于应选代表名额 20%，由基层党委召开党员代表大会或党员代表会议选举产生。

2001—2015 年中共苏尼特右旗委员会书记、副书记名录

表 12-1-1

届　别	职　务	姓　名	民族	性别	任职时间
第九届委员会	书　记	武国栋	蒙古族	男	2000. 10—2005. 3
		马　峰	汉　族	男	2005. 3—2006. 9
	副书记	敖其尔胡雅嘎	蒙古族	男	1995. 9—2002. 3
		南中玉	汉　族	男	2000. 7—2003. 9
		图门额	蒙古族	男	2000. 11—2003. 1
		巴根那	蒙古族	男	2002. 3—2005. 11
		宝德巴雅尔	蒙古族	男	2002. 11—2004. 2
		额尔敦宝勒	蒙古族	女	2003. 9—2004. 10
		董德福	汉　族	男	2003. 9—2006. 9
		青格勒	蒙古族	男	2003. 9—2006. 8
		朝洛蒙	蒙古族	男	2005. 11—2006. 9

续表12-1-1

届 别	职 务	姓 名	民族	性别	任职时间
第十届委员会	书 记	马 峰	汉 族	男	2006. 9—2009. 1
		巴特尔	蒙古族	男	2009. 1—2011. 9
	副书记	董德福	汉 族	男	2006. 9—2007. 10
		朝洛蒙	蒙古族	男	2006. 9—2007. 10
		佈 仁	蒙古族	男	2007. 10—2011. 9
		张锦明	蒙古族	男	2007. 10—2009. 7
		蒋 涛	汉 族	男	2009. 7—2011. 9
第十一届委员会	书 记	巴特尔	蒙古族	男	2011. 9—2013. 1
		佈 仁	蒙古族	男	2013. 2—
	副书记	佈 仁	蒙古族	男	2011. 9—2013. 2
		布仁金	蒙古族	男	2013. 2—
		蒋 涛	汉 族	男	2011. 9—2013. 9
		阿木古楞	蒙古族	男	2013. 9—2015. 1
		刘长春	汉 族	男	2015. 1—

第二节 历届代表大会

一、苏尼特右旗第九次代表大会

2000 年 12 月 19—20 日，苏尼特右旗第九次代表大会在赛汉塔拉镇召开。出席大会的正式代表 153 人。其中，各级领导干部 94 人，占代表总数的 61. 4%；专业技术人员 28 人，占代表总数的 18. 3%；各条战线的先进模范人物 30 人，占代表总数的 19. 6%（其中，农牧民和居民代表 19 人）；妇女代表 30 人，占代表总数的 19. 6%；解放军、武警部队代表 3 人，占代表总数的 2%；少数民族代表 97 人，占代表总数的 63. 4%；年龄在 45 岁以下（含 45 岁）的代表 80 人，占代表总数的 52. 3%。会议听取和审议中国共产党苏尼特右旗第八届委员会的工作报告；听取和审议中国共产党苏尼特右旗纪律检查委员会的工作报告；按照党章规定，选举产生中国共产党苏尼特右旗第九届委员会和第六届纪律检查委员会。

经无记名投票选举产生中共苏右旗第九届委员会委员 21 人、候补委员 4 人，第六届纪律检查委员会委员 13 人。

书记：武国栋（蒙古族）；副书记：敖其尔胡雅嘎（蒙古族）、南中玉。

二、苏尼特右旗第十次代表大会

2006 年 9 月 18 日，苏尼特右旗第十次代表大会在赛汉塔拉镇召开。出席会议的正式代表 159 人。其中，领导干部代表 94 人，占代表总数的 59. 1%；专业技术人员代表 29 人，占代表总数的 18. 2%；劳模先进代表 30 人，占代表总数的 18. 9%；妇女代表 38 人，占代表总数的 23. 9%；解放军、武警部队代表4人，占代表总数的2.5%；少数民族代表93人，占代表总数的58.5%；年龄在45岁以下（含45岁）代表107人，占代表总数的67.3%。会议听取和审议《中共苏尼特右旗第九届委员会的工作报告》和《中共苏尼特右旗第六届纪律检查委员会工作报告》。按照《中国共产党章程》规定，大会选举产生中共苏尼特右旗第十届委员会和第七届纪律检查委员会，以及出席内蒙古自治区第八次代表大会代表。

9月20日，中共苏尼特右旗第十届委员会举行第一次全体会议，经无记名投票选举产生中共苏尼特右旗第十届委员会委员31人、候补委员6人，第七届纪律检查委员会委员18人。选举产生第十届委员会常委、副书记、书记。

常务委员（按姓氏笔画排列）有：马峰、巴雅吉胡（蒙古族）、巴图巴特尔（蒙古族）、张锦明（蒙古族）、张献文、孟凡靖（女、满族）、朝洛蒙（蒙古族）、斯琴图（蒙古族）、董德福、额宝力道（蒙古族）、樊远东（满族）

书记：马峰；副书记：朝洛蒙（蒙古族）、董德福。

三、苏尼特右旗第十一次代表大会

2011年9月3，苏尼特右旗第十一次代表大会在赛汉塔拉镇召开。出席会议的正式代表179人。其中，领导干部代表94人，占代表总数的52.5%；专业技术人员代表29人，占代表总数的16.2%；劳模先进代表30人，占代表总数的16.8%；妇女代表38人，占代表总数的21.2%；解放军、武警部队代表4人，占代表总数的2.2%；少数民族代表93人，占代表总数的52%；年龄在45岁以下（含45岁）代表107人，占代表总数的60%。会议听取和审议《中国共产党苏尼特右旗第十届委员会的工作报告》和《中国共产党苏尼特右旗纪律检查委员会工作报告》。按照《中国共产党章程》规定，大会选举产生中国共产党苏尼特右旗第十一届委员会和第八届纪律检查委员会，以及出席中国共产党内蒙古自治区第九次代表大会代表。

9月4日，中共苏尼特右旗第十一届委员会举行第一次全体会议，经无记名投票、直接差额选举的办法，选举产生中共苏尼特右旗第十一届委员会委员31人、候补委员6人，纪律检查委员会委员17人。选举产生第十一届委员会常委、副书记、书记。

常务委员（按姓氏笔画排列）有：巴特尔（蒙古族）、佈仁（蒙古族）、蒋涛、达布希拉图（蒙古族）、刘长春、吉日嘎拉、吴长海、萨其仁贵（蒙古族）、李方楼、阿拉腾娜布其（女、蒙古族）、那斯图（蒙古族）、布仁金（蒙古族）、阿木古楞（蒙古族）、王刚、王秀海、宝力德巴特尔（蒙古族）、特木尔（蒙古族）、巴图巴特尔（蒙古族）、王哈斯（蒙古族）、呼日勒敖其尔（蒙古族）、额·宝力道（蒙古族）。

书记：巴特尔（蒙古族）；副书记：佈仁（蒙古族）、蒋涛。

苏尼特右旗第九至第十一次代表大会代表情况表

表12-1-2　　单位：人

届次	正式代表	领导干部代表	专业技术人员代表	劳模先进代表	妇女代表	解放军、武警部队代表	少数民族代表	45岁以下代表
九次	153	94	28	30	30	3	97	80
十次	159	94	29	30	30	4	93	107
十一次	179	105	31	34	38	4	93	104

第二章　中共苏尼特右旗委员会

第一节　机构设置

中共苏尼特右旗委员会工作机构设置有中共苏尼特右旗委办公室、组织部（机关直属党委、老干部局）、宣传部（精神文明办公室）、统战部、政法委员会、纪律检查委员会（监察局）、党校、政策研究室、编制委员会办公室等。

中共苏尼特右旗委员会办公室是全旗党委的综合办事机构，内设政务股、信息督查室、翻译室、行政股和机要局。所属事业单位有接待办公室（参照公务员管理、正科级事业单位）和网络管理中心（准科级事业单位）2个。

2002年6月，机构编制委员会办公室核定旗委办公室行政编制20名，工勤编制7名。接待办事业编制4名，涉密网络管理中心事业编制11名。

2006年，旗委办公室主任进入旗委常委副处级。

2015年，编制委员会办公室在保持全旗编制总量不变情况下，合理调整行政、事业机构。全年，新成立行政机构（含内设机构）5个，事业机构5个。按照“设一撤一”原则撤销事业机构5个，更名行政机构2个、事业机构4个。

2006—2015年中共苏尼特右旗委员会办公室主任名录

表12-2-1

姓　名	性　别	民　族	任职时间	备　　注
萨其仁贵	男	蒙古族	2006.2—2011.6	旗委常委
那斯图	男	蒙古族	2011.9—2014.12	旗委常委
特木尔	男	蒙古族	2014.12—2015.12	旗委常委

第二节　基层党组织

2001年12月，全旗实施撤乡并镇，所辖基层党委16个、党总支12个、党支部105个，有中共党员2968人。

2003年8月，中共格日勒敖都苏木党委、额仁淖尔苏木呼格吉勒图雅嘎查党支部归中共二连浩特市委。

2006 年 6 月，全旗再次进行基层机构改革，辖基层党委 9 个、党总支 10 个、党支部 105 个（机关支部 48 个，事业支部 37 个，非公有制企业支部 10 个，国有企业支部 9 个，社会团体支部 1 个）。中共党员 3479 人。

2012 年 8 月，苏尼特右旗成立阿其图乌拉苏木党委。全旗所辖基层党委 10 个、党总支 10 个、党支部 116 个（机关支部 50 个，事业支部 40 个，非公有制企业支部 16 个，国有企业支部 8 个，社会团体支部 2 个）。中共党员 4441 人。

2015 年 12 月，全旗所辖基层党委 10 个、党总支 10 个、党支部 113 个。中共党员 4856 人。

第三章 党务工作

第一节 组织工作

一、机构设置

2001年，中共苏尼特右旗委组织部内设办公室、干部室、组织室等机构。年内，成立全旗“三个代表”重要思想学教活动领导小组，办公室设在组织部，组建综合、督查、宣传、信息4个工作组。

2002年，苏尼特右旗成立全民素质工程指导中心，副科级建制，隶属组织部。

2005年，苏尼特右旗成立保持共产党员先进性教育活动领导小组，办公室设在组织部。

2009年，苏尼特右旗成立农村牧区党员干部现代远程教育办公室，股级事业单位，隶属组织部，核定事业编制4名。

2010年，旗委组织部内设办公室、干部室、组织室和远程教育办公室4个职能股室，人员编制14名。挂靠设立党代表常任制办公室，核定编制20名，其中行政编制16名，事业编制3名，工勤编制1名。

2011年，旗委组织部调整整合内设机构、职能配置、人员编制。内设办公室、干部室、组织一室、组织二室。核定行政编制10名。

2014年，组织部人员编制16名（不包括兼职副部长），其中，副处级领导1人，正科级4人，副科级5人（副主任科员3人），科员6人。年内，成立全旗党的群众路线教育实践活动领导小组。

2015年，旗委组织部内设办公室、干部一科、干部二科、组织一科、组织二科、非公企业党工委、远程教育办公室等机构。核定人员编制17名，其中，副处级领导1人，正科级领导2人，副科级4人（副主任科员2人）、科员10人。

2001—2015年中共苏尼特右旗委组织部部长一览表

表12-3-1

姓名	性别	民族	任职时间	备注
青格勒	男	蒙古族	1999.3—2004.3	旗委常委
樊远东	男	满族	2004.3—2011.6	旗委常委
刘长春	男	汉族	2011.6—2014.1	旗委常委
王秀海	男	汉族	2014.1—	旗委常委

二、 基层组织建设

2001年，旗委组织部印发《苏尼特右旗2001—2005年农村牧区基层组织建设规划》，落实苏木镇领导班子和领导干部实绩考核内容，布吐木吉、乌日根塔拉、新民镇、额仁淖尔苏木、都呼木苏木分别为基层组织建设示范苏木、税费改革示范苏木、结构调整示范镇、生态环境保护建设示范苏木和政务公开示范苏木。年内，实现“六个好”苏木镇党委5个，达小康苏木镇党委3个，整顿转化苏木镇党委2个；实现“五个好”嘎查村党支部28个，达小康嘎查村党支部18个，整顿转化嘎查村党支部6个。

2002年，苏尼特右旗完成14个苏木镇党政领导班子和部分嘎查村领导班子调整工作。

2003年，旗委组织部指导各苏木镇成立防非典领导小组14个，嘎查村成立防非典领导小组91个，建立联防组织1759个，联防组织人数1947人，联防户24798户。完成全旗嘎查村“两委”换届选举工作。制定《苏尼特右旗2003—2005年街道社区党的建设工作规划》。

2004年，旗委组织部制定《苏尼特右旗嘎查村党支部村民委员会工作规范》和《苏尼特右旗基层组织建设制度》，坚持以“五个好”（领导班子好、党员干部队伍好、工作机制好、小康建设业绩好、农牧民群众反映好）和“三个是否”（是否能推进转型，是否能增加农牧民收入，是否能加快发展）为标准，加强基层党组织建设。年内，调整苏木镇领导干部29人，调整嘎查村党支部书记5人，配备嘎查村党支部副书记9人。涉及一类苏木镇党委3个，二类苏木镇党委17个，三类苏木镇党委3个；涉及一类嘎查村党支部17个，二类嘎查村党支部30个，三类嘎查村党支部9个。年内，全旗建立党委18个、党组8个、党总支10个、党支部221个。其中，党政机关党支部46个，事业单位党支部58个，苏木镇机关党支部13个，嘎查村党支部56个，社区党支部19个，国有企业党支部9个，非公有制经济组织党支部5个，退休老干部党支部15个。

2005年，按照中共锡林郭勒盟委组织部《关于向非公有制经济组织选派党建工作指导员（联络员）的办法》通知，对全旗31家未建立党组织的非公有制经济组织派驻党建工作指导员9人，发放《党建工作指导员聘书》，签订《党建工作指导员目标责任书》。

2006年，制定苏木镇党委会议、政府工作会议、党政班子联席会议等议事决策制度和《嘎查村党支部、村委会议事决策程序规范》等制度。集中整顿“两委”班子换届，选好配强嘎查村班子，新当选嘎查村党支部委员168人，平均年龄40.5岁，比上届下降1.8岁；高中以上文化程度69人，占41%。新当选嘎查村委员会委员257人，平均年龄34.8岁，比上届下降3.8岁；高中以上文化程度80人，占31%。实行党政“一肩挑”3个，交叉任职66人。

2007年，组织开展“旗直机关基层党组织规范化建设年”，选择5个机关、4个不同类型事业单位、3个国有企业、2个非公有制经济组织党支部作为规范化建设试点。制定《苏木镇党委书记抓基层组织建设工作责任目标》和《苏木镇党委副书记抓基层组织建设工作责任目标》。继续实行处级领导干部“两带两抓”（抓理论，带头宣传；抓实践，带头学转促）定点帮扶嘎查村制度，15名党政处级领导干部带30个旗直科级机关和30名科级局长，负责联系指导30个嘎查村。年内，从嘎查村后备干部和优秀党员中选配10名嘎查村党支部副书记；从苏木镇机关中选派28名党员干部担任基层党建指导员。

2008年，围绕全旗中心工作，制定《全旗农村牧区基层组织建设工作要点》《全旗组织工作要点》《苏木镇党委书记、专职副书记基层组织建设责任目标》等文件。年内，新成立党支部1个，改选党总支3个、党支部10个，调整党支部18个，撤销党总支1个、党支部2个。旗委启动党员中心户、重点典型户、党员联系户“三户”建设活动，创建党员中心户120户，确定重点典型户144户，党员联系户56户。11月，完成全旗56个嘎查村、169名嘎查村干部、37名大学生嘎查村官、42名党建指导员考核工作。创办内部读物《苏尼特右旗直属机关党建》。表彰奖励学习型党组织10个、学习型党员 30 人，实绩突出嘎查村 10 个，优秀嘎查村干部 15 人。组织苏木镇党委对 6 个考核实绩一般嘎查村班子和 7 名基本称职嘎查村干部进行诫勉谈话。

2009 年，全旗嘎查村“两委”班子换届选举首次采用“双推双考、差额直选”模式。新一届嘎查村“两委”班子成员 451 人，平均年龄 34.9 岁，大专以上文化程度 99 人，实行嘎查村书记、主任“一肩挑”3 个，12 名大学生嘎查村官通过选举进入嘎查村“两委”班子。差额选举产生社区党支部书记 19 人，新当选社区党支部书记平均年龄 37 岁，大中专以上学历占 64%，比上一届提高 7%。4 名大学生通过“双推双考”进入社区党支部班子。新当选社区党支部书记平均年龄 35.6 岁，大中专以上学历占 77%，比上一届提高 6%。年内，从机关、苏木镇党组织中选派 76 名优秀党务工作者担任党建工作指导员。

2010 年，苏尼特右旗基层党委 11 个（苏木镇党委 6 个，旗直机关党委，水利局党委，公安局党委，社保局党委和金曦公司党委）、党总支 10 个、党支部 218 个（嘎查村党支部 58 个，社区党支部 19 个，机关党支部 63 个，事业单位党支部 53 个，企业党支部 23 个，社会团体党支部 2 个），设党组 10 个。年内，全旗非公有制企业中，建立党组织 14 个。其中，规模以上非公有制企业建立党组织 8 个，新社会组织中，建立党组织 2 个。

2011 年，旗委组织部制定《2011—2015 年苏尼特右旗基层党建工作规划》。编印《机关党务工作实用手册》《苏尼特右旗直属机关党建专刊》，命名建设学习型党组织示范单位 7 个，共产党员先锋示范岗 6 个，规范化建设样板支部 14 个。新建非公有制企业党组织 1 个。7 月 30—31 日，全旗苏木镇召开党代会，选举产生新一届苏木镇党委班子成员 54 人，纪委班子成员 42 人。

2012 年，按照“五个好”标准，采取逐级评定办法，对所属基层党组织进行分类定级。全旗城镇党组织 157 个，其中定级为好的 44 个、较好 93 个、一般 14 个、较差 6 个；行政嘎查村党组织 57 个，定级为好的 26 个、较好 26 个、一般 5 个。年内，新建基层党组织 9 个。其中新建嘎查村党组织 6 个，社区党组织 1 个，非公企业党组织 2 个。

2013 年，开展“三户”评选创建活动，推选“红色堡垒户”40 户、“党员中心户”150 户、“小康示范户”100 户。构建社区党组织网格化管理体系，建立社区一级网格党小组 39 个、二级网格党小组 110 个。年内，撤销旗直机关党支部 2 个，新设党支部 1 个。印发《苏尼特右旗关于全面加强和推进非公有制企业党建工作的意见》，选派 20 名党建指导员，建立处级党员领导和党建工作领导小组成员联系非公企业制度。

2014 年，旗委组织部通过《关于加强基层服务型党组织建设的实施意见》《推广“党员中心户+协会”牧区基层党组织建设模式活动实施意见》《关于深入推进全旗基层党建“双述双评双考”工作机制的实施意见》等规范性文件。制定《“双服务”工作向旗直机关和嘎查村、社区延伸的实施方案》，落实全区“党员中心户+协会”模式，评选出“党员中心户”162 个。

2015 年，苏尼特右旗各苏木镇嘎查村“两委”班子换届结束，制定《苏尼特右旗试行苏木镇党代表年会制实施方案》《关于完善党员干部直接联系群众实施意见》《党员中心户流动活动阵地管理办法（试行）》和《党员中心户“七个一”工作制度（试行）》等文件，完成改革任务 7 项，形成改革成果 28 个。完成全旗嘎查村“两委”换届选举工作。新选举嘎查村“两委”班子成员 426 人，平均年龄 37.9 岁，大学生村官 4 人；新选举党支部书记和主任各 63 人，平均年龄 41.4 岁和 42 岁，实现“两委”班子 3 个 100%目标。其中，额仁淖尔苏木党委被评为全区“嘎查村换届工作优秀组织单位”。新选举社区“两委”班子成员 124 人，平均年龄 43.6 岁，女性 92 人；新选举党支部书记和主任各 14 人，平均年龄 43 岁和 48 岁，14 个社区均配备专职副书记。年内，制定《苏尼特右旗推行“精细化服务工作”创建方案》，实施精细化服务模式，全旗 30 名处级领导分片联系 14 个社区，强化对社区党建工作统筹指导。

三、 党员队伍

2001 年，全旗培养苏木乡镇入党积极分子 121 人，重点培养对象 353 人，农牧民加入中国共产党 65 人。年内，表彰先进基层党组织 34 个、优秀党员 96 人和优秀党务工作者 31 人。

2002 年，按照《中国共产党发展党员工作细则》，率先在旗直机关推行发展党员公示制，先后对 92 名发展党员进行公示。

2003 年，全旗发展党员 85 人，培养入党积极分子 123 人。其中，35 岁以下农牧民入党积极分子 31 人。年内，全旗表彰先进基层党组织 15 个、优秀共产党员 45 人和优秀党务工作者 29 人。

2004 年，组织开展“三向”培养活动（即把致富能手培养成党员，把党员培养成致富能手，把党员致富能手培养成嘎查村干部），与 237 名外出党员（其中包括 77 名不掌握去向党员）取得联系。年内，全旗有党员 3162 名。

2006 年，全旗发展党员 41 人，重点培养对象 23 人，转为正式党员 39 人。发展农牧民预备党员 67 人，重点培养对象 92 人，入党积极分子 156 人。

2007 年，旗委组织部制定《苏尼特右旗社区党员分类管理制度》和《苏尼特右旗关于开展社区党员“设岗定责”活动的实施意见》。年内，旗直机关发展党员 48 人，重点培养对象 20 人，转为正式党员 59 人。发展农牧民党员 52 人，重点培养对象 55 人，入党积极分子 104 人。

2008 年，全旗推行设岗定责活动，建立流动党员底数台账。设立 6 个不同岗位，引导 64 名农村牧区党员认领岗位，150 余名社区党员参加设岗定责活动。年内，发展农牧民党员 64 名。

2009 年，旗直机关发展新党员 45 人，重点培养对象 26 人。吸收 8 名非公企业主入党，重点培养对象 2 人。

2010 年，全旗有党员 3968 人（预备党员 191 人）。年内，全旗非公有制企业新增党员 56 人。其中，规模以上非公有制企业党员 27 人。

2011 年，全旗发展党员 177 人，其中，35 周岁以下党员 143 人；新增非公企业入党 3 人。开展“设岗定责”活动、“党员三户”和社区党员分类管理活动。无职党员认领岗位 499 人，确定党员中心户 120 户、党员典型户 144 户、党员联系户 56 户。

2012 年，全旗培育选树 50 个基层党组织和 50 名共产党员典型，先后表彰创先争优先进基层党组织 67 个、优秀共产党员 110 人和优秀党务工作者 73 人。

2013 年，通过举办旗直机关入党答辩会的形式，转为中共预备党员 22 人。建立社区“三卡一单”（政治生日卡、党员承诺卡、党群联心卡、党组织活动单）党员管理队伍，先后有 386 名社区党员参与社区各类活动，办实事办好事 185 件，联系贫困户 132 户。7 月，召开全旗“北疆基层党建长廊”第三次联席会议，开展“红色堡垒户”评选创建活动。续聘 1 名边防连队和 8 名边防派出所党员官兵担任边境嘎查民兵连长和调委会主任，将 40 户党员牧民建成草原深处的“边防哨所”。

2014 年，旗委组织部制定《发展党员“三次公示、两次考试”制度》《发展党员入党前集中面试制度》等，发展党员 100 人。实施在职党员“一簿三卡”（党员登记簿、党员联系卡、党员参加活动记录卡、党员表现反馈卡）制度，完成 1000 余名在职党员登记工作。

2015 年，旗委组织部制定《发展党员工作指导意见》，成立 9 个工作组对各党（工）委发展党员工作进行指导监督。年内，完成全旗 4763 名党员摸底调查和民主评议。培养发展 95 名党员。建立非公有制企业党组织 15 个。按照“试点先行，整体推进”，树立羊羊牧业、嘉利农机、巨宁商砼、安顺客运六公司等 4 家非公有制企业党建工作示范点，开展“五型党组织创建”“工牧共建双和谐”“升国旗、颂党恩”等实践活动，表彰非公有制经济组织和社会组织优秀共产党员 2 人、优秀党务工作者 1 人、先进企业党支部 1 个。表彰“两优一先”先进基层党组织 25 个、优秀共产党员 15 人、优秀党务工作者 20 人。

2001—2015 年苏尼特右旗中共党员发展情况一览表

表 12-3-2　　单位：人

年度	党员总数	预备党员	性别		民族		
			男	女	汉族	蒙古族	其他少数民族
2001	2968	142	2301	667	1482	1436	50
2002	3083	161	2369	714	1540	1491	52
2003	3128	173	2399	729	1543	1549	36
2004	3342	157	2542	800	1667	1619	56
2005	3488	161	2635	853	1753	1681	54
2006	3479	245	2597	882	1604	1820	55
2007	3514	149	2570	944	1710	1769	35
2008	3625	161	2608	1017	1781	1806	38
2009	3777	166	2703	1074	1868	1869	40
2010	3968	191	2799	1169	1962	1963	43
2011	4200	202	2923	1277	2067	2085	48
2012	4441	240	3053	1388	2162	2227	52
2013	4642	136	3160	1482	2270	2321	51
2014	4763	102	3211	1552	2298	2425	40
2015	4856	101	3260	1596	2366	2429	61

四、 党员培训

2001 年，旗委组织部制定《苏尼特右旗新党员学习规划》，结合“三个代表”重要思想学习教育活动，加强全旗农牧区党员先进性教育。全旗建立嘎查村党员活动阵地 70 个。

2001—2006 年，先后组织开展“双学”（学邓小平理论、学党章活动）、“三讲”（讲学习、讲政治、讲正气）为主要内容的党性党风党纪教育、“三个代表”重要思想学习教育活动以及保持共产党先进性教育活动。全旗举办培训班 23 期，开展反腐败斗争工作宣传 16 次。各苏木乡镇、旗直机关协助办培训班 109 期，培训党员干部 3000 余人次。组织 8 个苏木开展反腐败斗争工作宣传，860 名基层党员干部和 96 名党员参加学习活动。

2002 年，旗委组织部突出党建带团建工作，继续开展“党员电教科技富民工程”活动。

2003 年，实施“双百素质教育升级工程”，83 名苏木镇干部参加内蒙古农业大学或中央党校、内蒙古党校函授学习，72 名嘎查村、居委会干部参加内蒙古农业大学大专专业证书班学习。选派 5 名苏木镇党政领导到中共锡林郭勒盟党校学习培训。

2004 年，苏尼特右旗举办党支部书记和入党积极分子培训班 1 期 109 人；嘎查村党支部书记、主任培训班 1 期 102 人。累计投入资金 20 万元，为全旗 13 个苏木镇和 56 个嘎查村全部配备党员电教学习设备。为各苏木镇、嘎查村配备电教设备管理人员 79 人。

2005 年，苏尼特右旗建立党校、苏木镇业余党校和嘎查村党员电教室三级干部教育培训网络阵地，累计培训基层党员干部及农牧民 4037 人次，其中，党员培训 733 人。年内，发展农牧民党员 43 人。

2007 年，举办旗直机关党务工作者、入党积极分子培训班 1 期 195 人，嘎查村党支部书记培训班 1 期 56 人。

2007—2011 年，坚持以“三会一课”（支部党员大会、支部委员会、党小组会，上党课）为载体，把廉政教育列为苏木镇、嘎查村领导班子学习会、党员大会、民主生活会和党课的重要内容。年内，全旗开设各级廉政党课 162 期，培训各级领导干部 6698 人次；为党政机关、社会团体和企事业单位播放警示教育片 400 余场次。

2008 年，旗委组织部制定《农村牧区党员干部远程教育三年规划》《农村牧区党员干部现代远程教育工作实施方案》，建立“旗委党校、苏木镇党校、嘎查村党员电教室”三级党员培训阵地。年内，举办党员领导干部培训班 3 期 695 人。旗直机关党务工作者、入党积极分子培训班 1 期 166 人，嘎查村党支部书记培训班 1 期 79 人。组织 8 名社区党员干部到苏州市考察学习社会党建工作经验做法。

2009 年，举办旗直机关党委深入学习实践科学发展观专题培训班。年内，举办旗直机关党务工作者、入党积极分子培训班 1 期 195 人，嘎查村党支部书记培训班 1 期 56 人。

2011 年，举办农村牧区党员培训班 2 期，社区党员理论大课堂 6 期，机关党员进党校 2 期，培训党员 3200 余人次。组织 228 名农牧区党员分 2 批到苏尼特左旗、镶黄旗进行学习考察。

2012 年，依托“北疆基层党建长廊”联席会议、军警民共建和边境地区扶持投入等机制。成立“北疆基层党建长廊”建设活动领导小组和边防党校。年内，党校举办农牧民党员培训班 6 期 900 余人次，组织 280 余名农牧民党员到周边旗县，对基层党建及农牧业生产中先进经验做法进行实地学习考察。边防党校培训党员 200 余人次。

2013 年，举办全旗嘎查村“两委”负责人培训班。采用以会代训方式，对新聘 6 名大学生村官进行岗前培训，对 7 名期满大学生村官进行任期考核和续聘合同。年内，举办社区党员理论大课堂 28 期，培训居民党员 500 余人次。边防党校培训边境嘎查“两委”班子成员和农牧民党员 2 期 43 人次。

2014 年，组织实施“三个一”（进一次党校、听一次党课、参加一次社会实践活动）基层党员轮训工程、社区党员理论大讲堂和千名机关党员进党校活动 7 期，培训党务工作者和党员 2560 余人次。举办全旗嘎查村“两委”班子负责人培训班 1 期。

2015 年，制定《2015—2018 年全旗党员教育培训工作规划》，重点推进远程教育“五进蒙古包”工程，开通党员教育微信平台、“苏尼特党建先锋”电视专栏、“党建十分钟”广播专栏，开辟党建专栏。举办 7 期专题讲座，培训党员干部 2164 人次。发布党建信息 100 余条，微信平台关注人数 1000 余人。联合自治区党校开展“北疆党旗飘，马背上党课”送教下基层活动，培训农牧民党员 2000 余人次。年内，43 名处级党员领导干部到江西、自治区等地参加培训，58 名嘎查书记到自治区党校培训。

五、 干部队伍建设

2001 年，旗委组织部制定《关于对科级领导干部实行实绩考核末等离岗学习的意见》《关于建立党政领导干部任用公示制度的意见》和《关于加强干部队伍建设的意见》等制度，加强各级各类干部队伍建设。年内，提拔任用正科级领导干部 7 人，少数民族干部 3 人，妇女干部 1 人；副科级领导干部 7 人，交流副科级以上干部 18 人。对 14 名拟提拔任用的旗直部门和苏木乡镇领导干部进行公示；实行旗委讨论决定任用干部“票决制”，旗委常委会首次对 44 名拟任用的旗直部门、苏木镇领导干部以无记名投票方式进行表决。

2002 年，按照“相对稳定、适当调整、完善结构、提高素质、德才兼备”原则，调整充实领导班子、干部队伍建设。调整后，苏木镇副科以上领导干部平均年龄 37.2 岁，大专以上学历干部占 80.4%，少数民族干部占 81.3%，妇女干部占 13.7%，非党员干部占 21.6%；旗直单位副科以上领导干部平均年龄 41.1 岁，大专以上学历干部占 85.3%，其中，少数民族干部占 58.8%，妇女干部占 16.4%，非中共党员干部占 9.6%。年内，调整处级后备干部 30 人，科级后备干部 150 人；选用 35

名科级后备干部进各级领导班子。

2003 年，苏尼特右旗调整干部 2 次 88 人。其中，提拔干部 42 人，交流干部 41 人，免职干部 3 人，转任非领导职务 2 人。对 42 名拟提拔任用旗直部门和苏木乡镇领导干部进行公示。年内，全旗副科级以上领导干部 286 人。其中，妇女干部 45 人，占 15.7%；非党员干部 42 人，占 14.7%；大学以上文化程度干部 92 人，占 32.2%；年龄在 35 岁以下干部 67 人，占 23.4%。

2004 年，旗委组织部从嘎查村复员军人、初高中毕业返乡青年和乡土人才中选拔嘎查村后备干部 56 人。其中，选送锡林郭勒盟牧业学校培养 41 人，为每个嘎查村培养 3 人。并从苏木下派 2 名干部到嘎查任职。

2005—2006 年，根据政法系统高配、苏木镇机构改革、人大换届等因素，全旗调整干部 3 次 179 人。其中，交流 107 人、转任非领导职务 36 人、提拔 23 人（7 名正职）、提高法律职级待遇 17 人。

2007 年 4 月 5 日，经中共苏尼特右旗第十届委员会第四次常委会议集体讨论，以票决制形式对 50 名干部进行票决。其中，提拔干部 18 人，平调干部 16 人，转任非领导职务 16 人。

2008 年，苏尼特右旗调整干部 133 人。其中，一般干部提拔副科级领导干部 22 人，副科级领导干部提拔为正科级领导干部 21 人。调整职务 52 人。其中，科局主要领导留任 14 人，处级领导免职 5 人，保留副科级待遇 3 人，转任非领导职务 8 人，免职 3 人，任主任科员 2 人，调整工作 3 人。年内，核实上报符合公务员过渡考试人员 5 人。参加公开选拔副厅级领导干部副处级干部 2 人，参加全盟公开选拔处级领导干部科级领导干部 5 人。年内，根据《关于调整补充全盟副处级后备干部的通知》（锡党组发〔2008〕5 号），确定 52 名干部列为考察人选，建议提交旗委常委会议讨论通过16 人。

2009 年，全旗公开选拔城镇公共事业管理局、电视台、旅游局单位的正职和团委副书记。11 月，对政法系统符合条件人员给予法律职级高配，其中，公安局 23 人、检察院 5 人、法院 12 人，司法局 4 人。年内，对部门空缺领导职位进行调整。涉及干部 64 人，其中，提拔干部 17 人，交流干部 37 人，转任非领导职务 10 人。调整后，各苏木镇党政班子中女干部配备率 100%。

2010 年，全旗选拔科级后备干部 129 人，重点培养科级后备干部 40 人，任用 18 人，占 2006 年以来提拔任用副科级领导干部的 27.3%。先后从旗直部门选调 12 名干部充实基层，提拔苏木镇干部 19 人，交流旗直部门 41 人，担任科局主要领导 7 人。同时，对 11 名长期工作在基层，表现优秀的副科级派出所所长、司法所所长给予高配正科级待遇。

2011 年，全旗提拔任用和调整交流科级领导干部 125 人，确定科级后备干部136 人。

2012 年，采取“公推公选一确定”方式，全旗范围选拔重点培养正科级后备干部 10 人、副科级后备干部 20 人；苏木镇公开推荐培养正科级后备干部 12 人，副科级后备干部 14 人；教育系统确定校长后备干部 12 人，副校长后备干部 20 人；卫生系统确定站、所、院长后备干部 3 人，副站长、所长、院长 5 人。

2013 年，全旗完成干部待遇调整工作。任 11 年以上副科干部给予正科级待遇。工龄满 30 年、年龄 50 周岁以上、工作表现优秀的公务员或参照公务员法管理干部，给予副主任科员待遇。任副主任科员 15 年以上给予主任科员待遇。2002 年以后，新成立参公管理单位中，聘任中级、高级职称 15 年以上人员给予相应待遇。年内，实施“一居一名大学生”工程，为社区配备大学毕业生 19 人。面向社会公开招聘幼儿园教师、保育员和中小学音体教师 37 人，苏木镇公开招聘干部 24 人。

2015 年，《苏尼特右旗 2015 年干部教育培训实施方案》中，将培训任务分解为习近平总书记重要讲话、依法治国、民族工作理论、基层组织建设、财务专业知识等 5 个班次。8 月，在朱日和军事训练基地成立“苏尼特右旗公务员特色实践教育基地”。年内，开展领导干部双休日讲座 22 期 2300 余人次。安排 5 名后备干部担任嘎查村第一书记，14 人担任社区联合党委书记，110 名后备干部到“三到村三到户”重点嘎查进行包户，安排 35 名后备干部到“十个全覆盖”重点地区开展为期 3 个月的驻村蹲点工作。

六、干部管理工作

2001年，旗委组织部继续实行《1999—2003年苏尼特右旗党政领导班子后备干部队伍建设规划》，建立全旗后备干部人才库，重新调整和充实处级、科级后备干部，对后备干部实行动态管理。年内，选派处级后备干部13人、科级后备干部66人，下派84个嘎查村和居委会开展工作。选派苏木乡镇优秀后备干部16名到旗直相关部门锻炼。

2002年，全旗分别举办正科级干部读书班、副科培训班、科级干部计算机培训班、科级后备干部等培训班7次353人次。组织29名嘎查村党支部书记参观廷巴特尔家乡萨如拉图雅嘎查。组织旗直机关15名党组织负责人到乌兰察布盟丰镇市，围绕基层组织建设、综合治理及生态畜牧业和党建工作等方面进行学习考察。

2003年，全旗举办各类干部培训班35期2586人。其中，培训各级干部728人，流动党校培训17次1020人次，远程教育收视26次1824人次。选派21名优秀副科级以上领导干部到通辽市、呼和浩特市赛罕区、包头九原区经济发达地区进行挂职锻炼。选派56名科级干部和科级后备干部到56个嘎查村挂职锻炼。

2004年，全旗举办各类理论知识及实用技术培训班27期2331人次，其中，举办正科领导干部培训班1期98人（苏木镇36人）；副科级领导干部培训班1期164人（苏木镇67人）；科级后备干部培训班1期149人（苏木镇61人）。继续实施“双百素质教育升级工程”，累计200余名嘎查村干部取得内蒙古农业大学大专学历。组织基层干部到赤峰市、西乌珠穆沁旗、多伦县和正蓝旗等地参观学习，累计8次277人。

2005年，旗委组织部结合“干部下基层”活动，从全旗178名后备干部中挑选77名到社区任职。完成乡土人才情况摸底调查，核实登记乡土人才83人，核实致富能手287人，引进大学生志愿者17人。年内，人才中心接管各类人才档案206份，对3037名各类人才建档立卡，实行逐级分类管理体制。举办培训班次8期1069人次，其中，正科级177人，副科级105人，科级后备干部154人。公务员法培训班3期560人次。组织外出考察16次305人次。

2006年，全旗苏木镇撤并工作结束后，核定苏木镇科级领导职数44人，较撤并前减少47人，大专以上文化程度干部所占比重比撤并前提高4个百分点，39岁以下干部所占比重比撤并前提高18个百分点。

2007年，旗委组织部培训各级党员领导干部19期2450人。其中，科级领导干部2期253人，科级后备干部1期134人，公务员更新知识培训班2期320人，妇女干部培训班1期150人，嘎查村长助理培训班1期20人，专业技术人员培训班8期1150人，企业经营管理者培训班1期107人，挂职锻炼36人。

2008年，举办全旗公务员更新知识培训班3期683人，团干部培训班4期320人，妇女干部培训班3期214人，嘎查村长助理培训班1期35人，企业经营管理者培训班4期610人。年内，组织35名嘎查村干部到山东省进行新农村建设、村镇建设等参观考察。12月3日，举办全旗科级领导干部学习贯彻科学发展观培训班。年内，苏木镇通过以会代训等方式举办干部培训班20余期500余人次。

2009年，全旗举办干部培训班17期2254人。其中，科级领导干部2期380人，妇女干部培训班1期150人，嘎查村长助理培训班1期，参加培训20人；嘎查村、社区干部学历培训班2期，参加培训298人；专业技术人员培训班8期，参加培训1150人。年内，对215名嘎查村社区“两委”班子干部进行任前培训。开设为期2年的学历教育培训班，对229名嘎查村、社区干部和协会带头人进行学历培训。

2010年，旗委组织部通过外聘教师专题讲座、举办主体班培训和科级领导参加处级班学习等培训领导干部3500人次。

2011年，组织处级领导到北京大学、清华大学、中国人民大学、上海浦东干部学院等地学习19人次，组织科级干部到湖北武汉、湖南长沙等地学习54人次，组织嘎查村干部到江苏华西村等地学习考察40余人次。

2012年，组织实施“科学发展主题培训行动计划”。5月24日，全旗举办科级领导干部及科级后备干部培训班，参加培训中科级领导干部305人、科级后备干部136人。选派56名科级干部和科级重点后备干部到各嘎查挂职锻炼。安排2名党政领导干部到区外挂职锻炼，选派3名科级干部到福建省武夷山市进行1个月挂职锻炼。考察信访局挂职锻炼干部4人，重新选派信访局挂职干部3人。

2014年，旗委组织部制定《苏尼特右旗实施“干部素质提升工程”工作方案》《苏尼特右旗2014年干部培训工作计划》《苏尼特右旗人才发展规划（2014—2020）》。年内，举办各类干部素质提升培训班7期1274人次。依托旗委党校主阵地，择优选派4名年轻干部到信访局挂职，选派52名干部开展“三到村三到户”帮扶工作。

2015年，旗委组织部制定《关于进一步加强全旗科级干部管理暂行办法》《苏尼特右旗党政领导干部兼任社会组织职务审批管理实施办法》。年内，按照干部选拔任用条例，调整干部4批次277人次，累计消化超配干部141人，其中科级领导干部55人，科级非领导干部86人。年内，完成干部人事档案专项审核工作。建立干部档案4849卷，应审3096卷，审核过程发现问题档案228卷。

七、 干部绩效考核

2001年，旗委组织部分解和制定苏木、镇、旗直部门领导班子工作实绩考核目标，建立干部实绩考核监控反馈机制和及时督查考核机制。

2002年，旗委组织部建立干部监督档案，设3名干部监督员。对21个旗直部门进行督查指导和平时监控。年内，印发《关于加强和规范干部学历、学位管理及开展检查清理工作的通知》。历时28天，对2240名在职干部和职工学历、学位情况进行清查，完成384名副科级以上干部和党委系统干部学历、学位情况录入工作。

2003年，全旗完成25名科级领导干部任期和离任经济责任审计。旗委为审计局配备副科级审计员3人。建立干部监督联络员制度，聘任人大代表、政协委员、部分离退干部、农牧民及城镇居民代表等16人为监督联络员，建立干部监督信息及时报告制度。

2005年，旗委组织部先后出台《领导干部试用期制度》《科级领导干部交流回避制度》《党政领导干部谈话制度》《党政领导干部诫勉制度》等干部管理制度。通过优化和调整，全旗苏木镇科级领导干部中，50岁以上干部比例下降1个百分点，大专以上学历干部比例提高4个百分点，非中共党员干部比例提高5个百分点。旗直部门科级领导干部中，妇女干部比例提高1个百分点，35岁以下干部比例提高1个百分点，大专以上学历干部比例提高6个百分点，非中共党员干部比例提高9个百分点。

2006年，全旗范围内公开选拔重点培养科级后备干部。通过笔试、面试、考察、公示等程序，从276名青年干部（包括136名科级后备干部）中确定20名优秀青年干部进行重点培养。

2007年，根据农村牧区发展新要求，制定《苏木镇党政领导班子及成员实绩考核办法》《嘎查村领导班子及成员考核办法》，采用量化打分形式进行评定，考核评定结果作为苏木镇、嘎查村领导班子及成员奖励惩处和年度评先表彰模范的重要参考依据。

2008年，旗委组织部制定《苏尼特右旗科级党政领导班子和领导干部2008年度工作实绩考核实施办法》《苏尼特右旗社区干部管理暂行办法》《苏尼特右旗关于社区“两委”班子及成员目标责任考核办法》。选任15名农村牧区户籍的大中专毕业生担任嘎查村主任助理，完成19个社区领导班子年终考核，83名苏尼特右旗籍人才纳入后备干部队伍储备库。

2009 年，完成全旗行政、事业等 20 家单位主要负责人任中和任期审计。通报表彰“成绩突出”嘎查村 12 个，“优秀”嘎查村干部 15 人。

2010 年，制定《关于干部选拔任用工作中拉票行为的处理办法（试行）》《旗直机关主要领导干部职务变动后重大事项交接办法（试行）》等干部任用监督管理制度。

2011 年，开展科级领导谈心谈话 50 余次，委托审计局，完成 10 家单位主要负责人任中和离任审计。

2012 年，完成各苏木镇、旗直单位领导班子和领导干部年度综合考核评价工作，下发《2011 年度考评通报》和《记三等功奖励决定》。委托审计局，完成 7 名旗直单位主要领导任中经济责任审计。

2014 年，制定《苏尼特右旗超职数配备干部整改消化计划》。清查党政干部在企业和社会组织中兼职问题，开展“吃空饷”专项清理等工作。修订完善苏木镇、旗直单位党政领导班子及领导干部年度实绩考核办法和嘎查村、社区“两委”班子年度实绩考核办法，加强领导干部考核工作。

2015 年，旗委组织部印发《关于 2014 年度全旗科级领导班子及领导干部考核结果的通报》。委托审计局，完成 16 名离任领导干部经济责任审计；联合纪委完成 16 家单位主要领导职务变动和交接工作。首次填报 348 名科级《领导干部个人有关事项报告表》。落实领导干部出入境管理制度，统一管理登记全旗科级干部 264 本出国（境）证件，审批办理科级领导干部出国（境）手续 6 人次。

2001—2015 年各级领导班子、个人绩效考核情况表

表 12-3-3　　单位：个、人

年度	考核单位	考核个人	班子优秀数	个人优秀数
2001	64	344	18	61
2002	61	280	19	44
2003	60	286	19	44
2004	63	301	23	47
2005	63	296	20	46
2006	56	268	17	40
2007	60	270	18	43
2008	60	274	20	44
2009	60	252	19	46
2010	61	269	—	50
2011	61	303	—	54
2012	61	305	—	55
2013	64	348	—	64
2014	63	343	26	47
2015	52	338	27	63

第二节　宣传工作

一、机构设置

2015 年，中共苏尼特右旗委宣传部内设办公室、新闻宣传室、理论文艺室、精神文明建设委员会办公室、对外宣传办公室、互联网信息办公室。人员编制 15 名，其中，副处级部长 1 人，正科级 3

人，副科级 3 人（副主任科员 1 人），科员 8 人。

2001—2015 年中共苏尼特右旗党委宣传部部长名录

表 12-3-4

姓 名	性 别	民 族	任免职时间	备 注
额尔登宝勒	女	蒙古族	1995. 12—2004. 12	旗委常委
巴雅吉胡	男	蒙古族	2005. 11—2011. 6	旗委常委
阿拉腾娜布其	女	蒙古族	2011. 6—	旗委常委

二、 理论学习

1. 中心组学习

2001—2005 年，旗委宣传部组织开展党委中心组学习讨论 55 次。重点贯彻学习“三个代表”重要思想教育、中共十六大精神和内蒙古自治区、锡林郭勒盟两级党委扩大会议精神。依托中央党校远程教育设施开展中心组学习，组织学习“农牧业结构调整大学习、大讨论”为主题的《社会主义市场经济理论》《先进性教育读本》《坚定不移地把工业搞上去》等理论内容学习。

2006—2010 年，组织党委中心组开展学习讨论 76 次。重点贯彻学习中共十七大精神、内蒙古自治区、锡林郭勒盟两级党委扩大会议精神。组织学习领会中共十七届四中、五中全会精神，紧紧围绕“党员干部受教育，科学发展上水平，人民群众得实惠”的目标要求，开展实践科学发展观和进行“社会主义荣辱观”等理论学习。

2011—2015 年，组织党委中心组开展学习讨论 62 次，进一步完善党委中心组学习制度，将学习人员范围扩大到党委委员、纪委班子成员。重点贯彻学习中共十八大，中共十八届三中、四中、五中全会精神，习近平重要讲话精神。特邀内蒙古社会科学院首席研究员、教授潘照东解读中共十八大报告。组织学习“国务院关于进一步促进内蒙古经济社会又好又快发展的若干意见”、中央八项规定、新型城镇化与县域经济发展、《中共中央关于全面深化改革若干重大问题的决定》、中央党的群众路线教育实践活动办公室编印《学习文件选编》等内容。

2015 年，制定党委中心组“五个一”学习机制，即每位中心组成员“读一部理论专著，讲一节理论课，谋划一个课题，搞一次调研，写一篇报告”。邀请自治区党委宣传部部长助理钟君、内蒙古区委党校教授李树林、教授黄伟、内蒙古社会发展研究中心书记蔡长青等知名专家教授分别就“领导干部意识形态能力提升”“协调推进‘四个全面’战略部署，提高领导干部治国理政能力”“防范执法风险，提升依法行政能力”“党的十八届五中全会精神解读”等内容进行专题辅导。

2. 理论下基层

2001 年，旗委宣传部组织开展“农牧业结构调整大学习、大讨论”为主题的社会主义市场经济理论大学习、大讨论活动。

2005 年，苏尼特右旗建立基层流动党校，进行流动党员教学活动；举办各类理论学习班，开展全民读书日和文化、科技、卫生“三下乡”活动，使党的理论、民族政策进社区、进乡村、进牧户。

2010 年，旗委宣传部组建宣讲团，建立“科学发展大讲堂”“基层理论政策大讲堂”等宣讲组，集中开展“社会主义荣辱观”“党的十七大精神”学习宣讲活动，基层受教育干部、职工、群众 5 万余人次。

2015 年，中共苏尼特右旗委与内蒙古区委党校联合开展“北疆党旗飘，马背上党课”送教下基层活动，分别在各苏木镇、社区建立军警民大讲堂、边防流动大讲堂、社区居民大讲堂等一批优秀示范讲堂，集中开展党的理论和民族政策下基层，以及到基层讲党课活动。

三、社会宣传

2004年，苏尼特右旗举办首届“乌兰牧骑艺术节”，开展传统那达慕、乌兰牧骑研讨会、乌兰牧骑图片展等活动，创新推进“乌兰牧骑故乡”文化品牌宣传工作。

2008年，利用锡林郭勒盟两个文明现场会在苏尼特右旗召开之际，通过与内蒙古电视台共同录制、联合演出“闹新春”文艺晚会和特别节目“遥远的旅行”。与乌兰察布市电视台联合完成“天地人和”春节晚会。组织编排“天籁草原”“和谐之韵”“金色童年”等文艺晚会。

2012年，旗委宣传部发挥广播电视等新闻宣传主阵地优势，围绕全旗中心工作，以主题宣传、成果宣传、战役宣传、典型宣传等方式，及时宣传苏尼特右旗经济建设及社会各项事业发展所取得成效。广播电视台在新闻栏目中开设“科学发展、成就辉煌”“下基层、办实事、转作风”百姓得实惠、“以优异成绩迎接党的十八大召开”“全旗动员争创全国卫生文明城镇”等子栏目，起到鼓干劲、树典型、促发展的舆论阵地作用。宣传部与移动公司联合推出“苏尼特右旗手机报”，设置信息快递、关注民生、图片新闻、科技动态等10余个栏目。

2015年，旗委宣传部发挥党管媒体作用，建立新闻策划例会制度，把握宣传报道的热点和重点。采取报纸、广播电视、官方微信、微博、网站协同作战方式，多层次、多角度、全范围地开展主题宣传活动，邀请新华社、央视经济频道、《内蒙古日报》、内蒙古广播电视台、锡林郭勒盟电视台、《锡林郭勒日报》等盟级以上主流媒体编辑、记者300人次，做好对外宣传工作。中央电视台、央广网、内蒙古电台及各盟市电台联合组成的“草原之声”采访团到苏尼特右旗，采访报道乌兰牧骑。锡林郭勒日报社刊载“苏尼特右旗新闻及专题”14期，利用锡林郭勒日报手机APP终端服务平台“锡林郭勒新闻”先后对第十三届那达慕大会、中国苏尼特国际绒毛节、“十个全覆盖”现场督查观摩会进行全程现场直播，点击率分别为2.3万人次、0.8万人次和1.3万人次。完成锡林郭勒盟网络信息办公室布置的各项任务44次，累计报送评论818条，舆情信息84条。

第三节　统战工作

一、机构设置

2015年，中共苏尼特右旗委统一战线工作部内设办公室、民族宗教室、非党干部知识分子室、工商经济室、侨务室（负责全旗侨台海外、联谊工作，与工商联合并办公）。人员编制5名，其中，副处级部长1人，正科级2人，主任科员1人，工勤人员1人。

2001—2015年中共苏尼特右旗委统一战线工作部部长一览表

表12-3-5

姓　名	性　别	民　族	任职时间	备　注
巴图巴特尔	男	蒙古族	2003.11—2007.12	旗委常委，副处级
孟凡靖	女	满　族	2007.12—2010.10	旗委常委，副处级
萨其仁贵	男	蒙古族	2010.10—2011.9	旗委常委，副处级
达布希拉图	男	蒙古族	2011.9—2013.3	旗委常委，副处级
王　刚	男	汉　族	2013.3—	旗委常委，副处级

二、 非公有制经济领域党建工作

2015年，苏尼特右旗非公有制党工委按照“面上覆盖、点上提高、质上提高”的总体思路，加强新常态下的非公有制经济组织和社会组织党建各项工作。围绕“五型”党组织创建，开展“五型党组织创建”“工牧共建双和谐”“双学双带”“两个服务”“联一带三”等主题实践活动在全旗企业生产一线培养党员带头人25人，表彰优秀共产党员、优秀党务工作者和先进党支部企业个体工商户4个，树立“羊羊牧业、嘉利农机、巨宁商砼、安顺客运六公司”等4家非公有制经济领域党建工作示范点。全旗向各级组织推荐非公有制经济界代表42人。其中，锡林郭勒盟工商联（总商会）副会长1人，执行常委4人，苏尼特右旗党代表7人、人大代表11人、政协委员19人。设有非公有制企业467个、社会组织30个，建立党组织17个，实有党员96人。建立15个工会、4个共青团、2个妇联等团体组织。

三、 民族宗教工作

2001—2015年，中共苏尼特右旗统一战线工作部始终做好民族和宗教工作。围绕“推动经济发展、促进社会和谐”主题，创新统战工作方法，按照《中华人民共和国民族区域自治法》，协调和配合有关部门研究处理涉及民族宗教方面的重大问题，并提出政策性建议，联系少数民族和宗教界代表，做好少数民族干部的培养、举荐、培训工作。

2011年，坚持以科学发展观为指导，执行好党的民族政策，做好自治区党委统战部关于加强民族团结、民族政策宣传教育等工作，推进全旗各个领域工作。

2015年，组织学习贯彻习近平在中央统战工作会议上的讲话精神和中共中央印发的《中国共产党统一战线工作条例（试行）》，推进全旗统战工作的开展。全旗有藏传佛教、汉传佛教、伊斯兰教、天主教、基督教、萨满教。依法进行登记的宗教场所有毕鲁图庙（藏传佛教）、吉祥法寺（汉传佛教）、礼拜寺（伊斯兰教）、赛汉塔拉天主教堂（天主教）。

四、 经济统战工作

2001—2015年，按照“发挥优势、推出特色、合理布局、典型突破”的发展思路，旗委统战部注重发挥各民主党派人士资源优势，主动对地方经济社会发展中出现的重点、热点、难点问题开展调查研究、建言献策，依托非公有制产业结构调整，做强优特色主导产业、龙头企业、品牌产品，实现区域化布局、集约化生产、规模化经营，促进全旗经济又快又好发展。其间，旗委统战部在为地方经济建设服务的同时，积极开展扶贫帮困活动。组织企业为四川汶川、青海玉树地震灾区和抗击“非典”等捐款捐物；联合45家企业向红十字会捐款200余万元，牵手24家企业与33名大学生结对开展帮困助学。

第四节　政法工作

一、 机构设置

2002年6月，中共苏尼特右旗委政法委员会内设办公室、执法监督室、社会治安综合治理委员会办公室3个职能科室，行政编制8名（含司法编制2名），其中，书记1人，副书记2人，副主任1

人，工作人员 3 人，工勤编制 1 名。9 月，成立苏尼特右旗维护稳定领导小组，维护稳定领导小组办公室设在政法委。

2012 年 2 月，旗委政法委增设国家安全工作办公室、铁路护路联防工作办公室，级别为股级。

2015 年，旗委政法委内设办公室、执法监督室、社会治安综合治理委员会办公室、维护稳定工作领导小组办公室、国家安全工作办公室、铁路护路联防工作办公室。人员编制 10 名，工勤编制 2 名。实有 15 人。其中，副处级书记 1 人，副书记 3 人、工作人员 11 人。

2001—2015 年中共苏尼特右旗委政法委书记一览表

表 12-3-6

姓　名	性　别	民　族	任职时间	备　注
李小林	男	汉　族	1992. 12—2003. 10	旗委常委
郭　庆	男	达斡尔族	2003. 11—2005. 2	旗委常委
额・宝力道	男	蒙古族	2005. 3—2011. 6	旗委常委
萨其仁贵	男	蒙古族	2011. 7—2014. 12	旗委常委
那斯图	男	蒙古族	2014. 12—	旗委常委

二、 队伍建设

2001 年，旗委政法委制定《苏尼特右旗政法队伍建设实施意见》，在全旗政法系统开展“三讲”教育、“争创人民满意干警（单位）”等活动。

2005 年，组织全旗政法系统开展“规范执法行为，促进执法公正”专项整改活动、“社会主义荣辱观及法治理念教育活动”等活动。

2010 年，苏尼特右旗政法系统制定《关于加强全旗政法干警教育培训工作的实施意见》，组织开展“公正廉洁执法教育活动”“案件自查和评查工作”“发扬传统、坚定信念、执法为民”主题教育实践活动。

2015 年，苏尼特右旗政法系统认真贯彻中共十八大精神，学习落实习近平对政法工作的重要指示精神，坚持以政法队伍建设为根本，大力推进全旗政法干警正规化、专业化、职业化建设，深入开展“增强党性、严守纪律、廉洁从政”和“三严三实”专题教育活动，坚持从严治警，严守党的政治纪律和组织纪律，选好配强政法机关领导班子，不断提高政法队伍思想政治素质和履职能力，培养造就一支忠于党、忠于国家、忠于人民、忠于法律的政法队伍，维护全旗社会大局稳定、促进社会公平正义、保障人民安居乐业。

三、 社会治安综合治理

2001 年，旗委组织部与社会治安综合治理办公室联合下发《关于在基层党建中加强社会治安综合治理基层组织建设工作的意见》，建立旗级、苏木镇、嘎查村三级社会治安综合治理防范体系，在全旗推广“5 户～10 户”治安联防工程，加强全旗社会治安综合治理基层基础工作。

2002—2003 年，社会治安综合治理委员会下发《关于交纳社会治安防范经济担保金和群防群治看护费的通知》，成立苏尼特右旗保安大队。成为全区及全国率先探索公益性保安巡逻任务的重点示范地区之一。

2004—2008 年，制定《苏尼特右旗社会治安防控体系巩固完善年实施方案》，全面启动“草原

110”社会治安防控体系模式，规范“草原110”防范网络建设，将社区警务纳入社会治安防范重点，实现社区警务“人防、物防、技防”正规化、专业化和规范化建设水平。同时，建立全旗“草原110”网络互动系统，防范打击各种敌对势力、敌对分子的渗透破坏活动。完善社会预警体系和应急救援、社会动员机制，公共安全和处置突发事件的能力得到提高和保障。

2010—2015年，旗委政法委推进依法治旗和“平安西苏”创建，完成“六五”普法工作。加强社会治安综合治理，加大管边控边力度，依法打击各类违法犯罪活动。

2012年，旗委政法委印发《关于进一步加强全旗社会治安视频监控系统建设的通知》，建立覆盖全旗范围内重点部位、重点场所、主要道路、行政企业事业单位和居民小区的社会治安动态视频监控网络，实现对公共场所和治安防控区域全天候监控。

2015年，强化和完善全旗社会综合治理防控体系建设，推进“平安西苏”数字化工程建设。坚持打、防、管、控“四位一体”，加大对社会治安重点领域和突出问题的专项整治，消除各类不稳定因素。组织各部门开展扫黑除恶、打击“两抢一盗”（抢劫、抢夺、盗窃）、黄赌毒、整治交通秩序等专项行动，增强群众安全感和满意度。

四、 维护社会稳定

2002年9月，旗委政法委成立维护稳定领导小组办公室。

2007年9月，苏尼特右旗首次在额仁淖尔苏木召开“三所联调”矛盾调解机制联席会议，标志着全区首个“三所联调”机构正式成立。“三所联调”机制是由额仁淖尔苏木党委、政府统一领导，边防派出所、草原监理所和司法所针对边境辖区的各种矛盾纠纷，第一时间、第一现场调解矛盾，体现高效、快速、便捷的联合执法工作效能，形成多部门齐抓共管、共同调处治理的联勤工作新模式。

2008年3月，“三所联调”工作机制在全盟司法部门进行推广。5月，为确保国家安全和奥运会成功举办，苏尼特右旗成立反恐怖工作协调领导小组。

2009年4月，锡林郭勒盟综合治理委员会印发《2009年全盟社会治安综合治理重点工作安排》，加强“草原110”人民调解工作方面，要以苏尼特右旗边防辖区“三所联调”工作机制为典型模式进行借鉴推广。同年，“三所联调”调处矛盾纠纷机制在全旗基层政法系统中推广，并受到内蒙古自治区党委政法委的表彰。

2010年6月，旗委、政府下发《关于印发〈建立全旗重大事项社会稳定风险评估制度的实施意见（试行）〉的通知》，要求在全旗经济社会发展过程中，对事关群众切身利益的，可能在较大范围内对群众生产、生活造成影响的改革举措以及全旗规划的重点工程和项目建设的实施等问题，都要开展社会稳定风险评估工作，并将社会稳定风险评估工作纳入苏木镇和各部门综治维稳责任目标考核。

2011年，旗委、政府制定《苏尼特右旗突发社会安全事件应急预案》。落实四级矛盾纠纷排查调处机制和“三所联调”联合调处矛盾纠纷模式。加强和改进信访工作，进一步畅通信访渠道、规范信访秩序，严格执行“1328”信访工作日、突出信访问题领导包案和党政领导信访接待日等制度，健全依法维权和化解纠纷机制，重点解决信访事件和调处各类矛盾纠纷。

2012年12月4日，“三所联调”矛盾调处工作机制经过公众评选和专家评审，入选“内蒙古十大法治事件”。组委会授予“三所联调”的颁奖词是：“三所联调”是情、理、法的有效融合，是创新社会管理的内蒙古实践。

2015年，全旗扎实推进维护和谐稳定各项工作。加强“平安西苏、法治西苏”建设。认真落实“1328”信访工作日和处级领导接访日制度，开展社会矛盾排查化解，化解信访积案。

五、 严打整治专项斗争

2001 年，成立“全旗严打整治斗争工作指挥部”，旗委书记任总指挥。年内，召开公判大会 2 次，对 2 名故意杀人犯进行公开宣判，2 名网上在逃人员主动到公安机关投案自首。

2002 年，全旗集中开展“反偷渡”专项整治行动，成功堵截 13 名企图偷渡人员，其中，外籍人员 12 人。

2005 年，全旗开展“命案必破”、打击“两抢一盗”等专项斗争。年内，立刑事案件 97 起，破 73 起，破案绝对数上升 28 起。

2008 年，全旗政法机关以“平安奥运”为中心，开展“命案必破”、扫黑除恶、打击“两抢一盗”以及“打盗抢抓逃犯”“保奥运抓逃犯”“迎奥运治安整治百日行动”、打击盗窃破坏“三电”（电力、电信、广电）设施违法犯罪等专项行动。年内，立刑事案件 218 起，破 117 起，抓获犯罪嫌疑人 55 人，其中，抓获网上逃犯 9 人，侦破“2・12”特大入室抢劫案、系列撬盗车内物品案等重大要案件。

2010 年，全旗开展为期 9 个月的社会治安重点地区排查整治专项活动，排查社会治安重点场所 701 处，调解各类社会矛盾 122 起，开展社会治安“冬季行动”“2010 严打整治行动”“高危重点人员排查稳控”等行动，破获“1・3”绑架案、“4・13”特大抢劫案、摩托车系列盗窃案等重大案件。

2013 年，全旗重点开展扫黑除恶、打击“两抢一盗”、打击经济领域犯罪、整治治安乱点、消防安全、道路交通安全和缉枪治爆等专项行动。

2015 年，全旗集中开展“两会”安保、“春雷行动”“亮剑行动”“百城禁毒会战”“震慑二号”等专项行动，保持对“两抢一盗”和“黄、赌、毒”等各类违法犯罪的严打高压态势。同时，细化专项整治斗争的具体措施和方法，坚持做到“六打击八整治”（即：“六打击”主要是严厉打击黑恶势力犯罪、打击严重暴力犯罪、打击“盗抢骗”犯罪、打击涉毒违法犯罪、打击经济违法犯罪、打击民生领域违法犯罪；“八整治”重点是做好高危重点人员和重点行业摸排整治、治安复杂场所集中整治、枪爆物品专项整治、网络安全整治、道路交通秩序专项整治、消防安全整治、公共安全整治、社会面治安整治）。

第五节　党校建设

一、 机构设置

2001 年，中共苏尼特右旗委党校内设办公室、蒙古文教研室、汉文教研室。核定编制 18 名，其中，常务副校长 1 人、副校长 3 人，教师 5 人，行政后勤 9 人。

2002—2010 年，党校内设机构增设函授办公室、图书档案室、电教室。核定编制 18 名，其中，常务副校长 1 人，教师 7 人，行政后勤 8 人。

2011—2015 年，党校内设机构 11 个，其中，办公室、财务室、政工室等行政机构 3 个，流动党校、中央党校远程教育 C 级站、继续教育培训中心、教务处、蒙古文教研室、汉文教研室、图书室、电教室等事业机构 8 个。核定编制 21 名，其中，行政编制 9 名，事业编制 12 名。常务副校长 1 人，副校长 1 人，教师 7 人，行政后勤 8 人。

二、 干部教育培训

旗委党校结合全旗党员干部队伍建设实际，重点办好本地课堂，发挥党校思想理论阵地的作用，做好党员干部教育培训工作。通过对全旗党员干部有计划地进行培训、教育，切实提高党员干部运用马克思主义立场、观点、方法观察和处理问题的能力；不断增强党员干部党性修养、政治思想观念和科学文化水平。

根据新时期党员干部思想状况的新变化和全旗整体工作目标任务，党校在培训的形式、内容、范围和教学方法等各方面进行探索。通过联合宣传部、组织部等职能部门共同搭建教育培训平台；借助“远程教育”“公务员在线学习”及“领导干部双休日讲座”三大平台，将网络培训工作纳入干部教育培训计划；开发实践课堂，采取挂职锻炼、跟班学习、参与重要项目实施等方式，从机关选派干部到嘎查村、社区、信访等地锻炼，让干部在推动中心工作中提升综合素质；创新流动课堂，以“流动党校下基层”“党员中心户领学”等活动为载体，到嘎查村、牧户家中进行授课，以党员中心户领学的方式，组织牧民党员群众进行集中学习，推动培训教育工作重心下移。使党校干部培训工作更贴近实际、服务全局，构建具有全旗干部教育、培训、提高的新格局。

2015年，旗委党校培训轮训旗直机关、苏木镇科级领导干部5204人次，机关、苏木镇科级后备干部培训590人次，苏木镇、嘎查、社区领导干部2749人次，各级党员、预备党员、重点培养对象培训6192人次，举办公务员更新知识培训5437人次，专业技术人员继续教育培训1445人次，举办企业负责人、民政助理、纪检、监察、法律知识等培训2226人次。

2001—2015年，旗委党校举办496期培训班，培训23290人次。

2001—2015年中共苏尼特右旗党校培训教育情况表

表12-3-7

年度	培训班名称	培训期次（期）	参训人数（人）
2001	全旗下派干部（副科后备干部）培训班	1	96
	配合其他机关部门举办各类培训班	45	1730
	流动党校下基层培训	66	1589
2002	旗直机关、苏木镇科级领导干部培训班	4	232
	全旗机关、苏木镇科级后备干部培训班	1	123
	苏木镇、嘎查（村）社区领导干部培训班	1	45
	流动党校下基层培训	4	307
2003	旗直机关、苏木镇科级领导干部培训班	2	200
	全旗机关、苏木镇科级后备干部培训班	1	117
	苏木镇、嘎查（村）社区领导干部培训班	5	1053
	各级党员、预备党员、重点培养对象培训班	1	162
	旗党政、企事业单位干部职工培训班	1	75
	专业技术人员继续教育培训班	1	58
	配合其他机关部门举办各类培训班	1	33
	流动党校下基层培训	17	1020
2004	各级党员、预备党员、重点培养对象培训班	5	622
	公务员更新知识培训班	5	472
	配合其他机关部门举办各类培训班	4	920
	流动党校下基层培训	10	317

续表12-3-7

年度	培训班名称	培训期次（期）	参训人数（人）
2005	旗直机关、苏木镇科级领导干部培训班	2	207
	全旗机关、苏木镇科级后备干部培训班	1	170
	各级党员、预备党员、重点培养对象培训班	1	168
	配合其他机关部门举办各类培训班	1	178
	流动党校下基层培训	9	812
2006	旗直机关、苏木镇科级领导干部培训班	2	178
	各级党员、预备党员、重点培养对象培训班	1	130
	配合其他机关部门举办各类培训班	1	156
	流动党校下基层培训	28	3150
2007	旗直机关、苏木镇科级领导干部培训班	2	226
	全旗机关、苏木镇科级后备干部培训班	1	118
	苏木镇、嘎查（村）社区领导干部培训班	1	53
	各级党员、预备党员、重点培养对象培训班	1	120
	公务员更新知识培训班	1	150
	配合其他机关部门举办各类培训班	3	278
	流动党校下基层培训	9	870
2008	旗直机关、苏木镇科级领导干部培训班	1	136
	苏木镇、嘎查（村）社区领导干部培训班	1	92
	各级党员、预备党员、重点培养对象培训班	1	130
	公务员更新知识培训班	3	689
	配合其他机关部门举办各类培训班	1	79
	流动党校下基层培训	20	400
2009	旗直机关、苏木镇科级领导干部培训班	1	368
	苏木镇、嘎查（村）社区领导干部培训班	1	283
	各级党员、预备党员、重点培养对象培训班	2	512
	配合其他机关部门举办各类培训班	3	318
	流动党校下基层培训	24	480
2010	旗直机关、苏木镇科级领导干部培训班	1	320
	苏木镇、嘎查（村）社区领导干部培训班	1	238
	各级党员、预备党员、重点培养对象培训班	10	2228
	公务员更新知识培训班	3	1400
	配合其他机关部门举办各类培训班	21	1400
	流动党校下基层培训	5	200

续表12-3-7

年度	培训班名称	培训期次（期）	参训人数（人）
2011	旗直机关、苏木镇科级领导干部培训班	1	400
	各级党员、预备党员、重点培养对象培训班	6	1660
	公务员更新知识培训班	5	900
	配合其他机关部门举办各类培训班	17	1127
	流动党校下基层培训	3	65
2012	旗直机关、苏木镇科级领导干部培训班	1	441
	苏木镇、嘎查（村）社区领导干部培训班	2	136
	各级党员、预备党员、重点培养对象培训班	1	340
	公务员更新知识培训班	5	913
	配合其他机关部门举办各类培训班	10	901
	流动党校下基层培训	12	1023
2013	旗直机关、苏木镇科级领导干部培训班	2	640
	苏木镇、嘎查（村）社区领导干部培训班	2	454
	各级党员、预备党员、重点培养对象培训班	1	120
	公务员更新知识培训班	6	913
	专业技术人员继续教育培训班	5	1387
	配合其他机关部门举办各类培训班	17	1456
	流动党校下基层培训	91	7190
2014	旗直机关、苏木镇科级领导干部培训班	1	128
	苏木镇、嘎查（村）社区领导干部培训班	1	237
	配合其他机关部门举办各类培训班	26	3170
	流动党校下基层培训	3	120
2015	旗直机关、苏木镇科级领导干部培训班	4	1320
	苏木镇、嘎查（村）社区领导干部培训班	1	54
	配合其他机关部门举办各类培训班	4	472
	流动党校下基层培训	16	2420

三、 函授教育

2001—2010年，苏尼特右旗成立中央党校函授学院内蒙古分院苏尼特右旗委党校辅导站期间，课程按照内蒙古党校规定学习科目设置。其中，专科班23门课程，学制3年；本科班22门课程，学制2年，考试合格，颁发中央党校专科毕业证书和内蒙古党校专、本科毕业证书。

2009—2010年，旗委党校与内蒙古自治区经贸学校联合举办嘎查村、社区干部学历教育培训班，全旗培训238人次。

2014年，旗委党校与锡林郭勒盟广播电视大学联合举办国家项目“一村一名大学生”学历班，开设农村行政管理专科班，招收学生50人。

2003—2015 年中共苏尼特右旗党校学历培训毕业统计表

表 12-3-8

年度	培训班名称	专业	毕业人数（人）	毕业时间
2000 级	内蒙古党校大专（蒙古语）	政法	42	2003 年
	内蒙古党校大专（汉语）	法律	26	
		经济管理	13	
	内蒙古党校后期本科	法律	165	
2001 级	内蒙古党校后期本科	经济管理	113	
2002 级	内蒙古党校后期本科（蒙古语）	政法	43	2004 年
	内蒙古党校后期本科（汉语）	政法	86	
	内蒙古党校大专	经济管理	52	2005 年
2003 级	内蒙古党校大专（汉语）	经济管理	41	2006 年
	内蒙古党校后期本科	经济管理	84	
2004 级	内蒙古党校后期本科	经济管理	105	2006 年
	内蒙古党校后期本科	法律	22	
	呼和浩特市职业学院	经济管理、计算机	33	
2005 级	内蒙古党校后期本科（蒙古语）	经济管理	40	2007 年
	内蒙古党校后期本科（汉语）	法律	27	
	呼和浩特市职业学院	经济管理、计算机	58	
2006 级	内蒙古党校	法律	42	2008 年
2007 级	内蒙古党校	法律	16	2009 年
2008 级	内蒙古党校	法律	12	2010 年
2010 级	内蒙古经贸学校中专	村镇社区管理	238	2012 年
2013 级	锡林郭勒盟广播电视大学	农村行政管理	50	2015 年
2014 级	锡林郭勒盟广播电视大学	农村行政管理	50	

四、师资培训与教学研究

1. 师资培训

2002 年，旗委党校选派 2 名教师分别参加内蒙古党校《WTO 法律知识》培训和包头市党委党校远程教学技术培训。年内，1 名教师参加内蒙古自治区组织部举办的流动党校电教教师培训班。

2007 年，旗委党校选派 2 名领导干部分别参加内蒙古党校和自治区人事厅举办的业务培训班，1 名教师参加全盟学习中共十七大精神理论培训班。

2009 年，旗委党校选派 2 名教师参加锡林郭勒盟委组织部组织的到上海考察学习。

2012—2013 年，旗委党校选派 1 名教师参加内蒙古党校举办的师资教育培训班。选派 3 名教师参加锡林郭勒盟委党校举办的“大力发展县域经济和民营经济”主题理论研讨会暨第十二届科研成果表彰会。组织教师参加锡林郭勒盟委第六、七次读书会。

2014 年，旗委党校选派 1 名教师参加内蒙古党校举办的教学法研讨培训班。同期，选派 1 名教师参加北京大学举办的贯彻中共十八届四中全会精神理论骨干培训班。

2015 年，选派 2 名教师参加全盟党校系统开展“科研月”活动。同期，选派 2 名教师参加中国人民大学举办的“学习贯彻中共十八届五中全会精神理论骨干培训班”。

2. 教学研究

2001 年，论文《论邓小平科技思想》发表于《内蒙古科技与经济》、论文《试论领导干部廉洁自律》发表于《现代管理》，在全盟党校系统第四届科技成果评比大会上分别获二、三等奖。

2002 年 3 月，论文《加强基层党校教师队伍的建设》发表于《春华秋实》；论文《加强机关档案工作的重要性》《按照“三个代表”的要求加强党的建设》发表于《内蒙古区委党校理论文萃》。

2004—2005 年，旗委党校公开出版著作 3 部，分别是《民族知识读本》（2004 年 12 月内蒙古人民出版社出版）、《公务员法蒙汉释义》（2005 年 9 月远方出版社出版）、《党性教育》（2005 年 12 月内蒙古人民出版社出版）。其中，《民族知识读本》获全盟党校系统第十一届科研一等奖。

2005 年，1 名教师在全盟党校系统教学能手比赛评比活动中，获二等奖。

2006 年，论文《保持党员的先进性是保持党的先进性的基础》在《实践》杂志上发表，并在内蒙古自治区党校系统优秀科研成果比赛中获三等奖。

2010 年 6 月，论文《论新农村建设重在“以人为本”》在《科教学术研究》上发表。

2013 年，论文《立足本地优势，加快非公有制经济健康发展》刊登在《内蒙古统战理论研究》。

2014 年，论文《抓住机遇，大力发展苏尼特右旗非公有制经济》发表在《内蒙古统战理论研究》；论文《草原文化与城市旅游业》发表在《锡林郭勒论坛》。

2015 年，论文《抓住机遇，大力发展苏尼特右旗非公有制经济》在蓝旗举办的锡林郭勒盟党校系统“学习习近平总书记系列讲话精神”主题理论研讨会暨第十三届科研成果表彰会获二等奖，论文《草原文化与城市旅游业》获优秀奖。

第六节　老干部工作

一、机构设置

2001 年，旗委老干部局为正科级行政单位，行政编制 3 个。下设老年活动中心，事业编制 1 个。

2006 年，旗委老干部局行政编制 3 个，事业编制 2 个。

2011 年，旗委老干部局行政编制 3 个，事业编制 1 个。

2015 年，旗委老干部局行政编制 3 个，事业编制 1 个，公益性岗位 4 个。

二、政治待遇

2002 年，旗委老干部局成立离休干部党总支部，将居住在苏尼特右旗所在地的党员离休干部吸纳到党支部中，建立规章制度，制定“党员目标管理方案”，每月集体学习 1~2 次，每年召开座谈会通报全旗的经济和社会发展情况，组织出外参观考察，落实“从优照顾”政策。

2004 年，旗委老干部局建立健全离休干部党组织的规章制度，制定“党员目标管理方案”，每月 1~2 次集体学习，召开通报会，组织参观考察。年内，全盟老干部工作暨“双先”表彰会中，2 名离休干部受到表彰。

2008 年，制定《关于开展“讲党性、重品行、作表率”活动具体实施方案》，召开离休干部座谈会，传达全盟老干部工作会议精神，向老干部通报工作情况和今后工作打算，征求老干部意见和建议。

2010 年，旗委老干部局为每位离休干部订《老年世界》杂志，给行动不便的离退休人员送党报党刊到家，集中学习中共十七届四中、五中全会精神和中共十七届纪律检查委员第五次全体会议精神。

2011 年，庆祝建党 90 周年活动之际，旗委老干部局走访慰问全旗离休干部，为他们赠送专门定制的纪念币和中央组织部致广大老干部、老党员的慰问信。组织了部分离退休干部到外地参观考察。年内，老干部党支部被评为“全旗先进基层党支部”。

2012 年，组织离退休党员学习中共十七届六中全会精神，内蒙古自治区党代会、锡林郭勒盟委扩大会议和苏尼特右旗委扩大会议精神以及全盟离退休干部工作会议精神。

2013 年，组织离退休干部学习贯彻中共十八大、中共十八届三中全会和习近平系列讲话精神，持续推进老干部思想政治建设。

2014 年，贯彻落实中共十八届三中全会精神，推进离退休干部工作转型发展。

2015 年，通过领导干部带头讲党课，聘请党校老师授课等形式组织离退休干部深入学习中共十八大、中共十八届三、四、五中全会和习近平系列讲话精神，加强老干部的思想政治工作。以纪念抗日战争胜利 70 周年为契机，开展关心帮助困难党员活动和牢记历史、勿忘国耻、珍爱和平教育活动。截至 2015 年底，有离休干部 110 人。

三、 生活待遇

2003 年，全旗建立离休干部的离休费、医疗费保障机制和财政支持机制，落实老干部的生活待遇，工资 100%兑现，并发放交通费（厅级每月 400 元，处级每月 200 元，一般 100 元）。

2014 年，全旗增加离休干部护理费（抗战老干部每月 1200 元、解放战争的老干部每月 1000 元，有伤残证的每月再增加 300 元）80 岁以上每月发 100 元高龄津贴，90 岁以上每月发 200 元高龄津贴。

2015 年，旗委、旗政府为解决看病先垫付医疗费问题，决定每人每月随工资发放 300 元医疗费，看病超出部分实报实销、节约归己，如遇急重病可预先支用医疗保险金，解决看大病垫支的问题。每 2 年为离休干部做一次体格全面检查。

四、 文体活动

2001 年，为丰富全旗老干部的文化娱乐体育生活，旗委老干部局增加文化体育活动室。

2002 年，旗委老干部局建成 16 间办公室、活动室和 2 个门球场。

2008 年，新建老年干部办公活动综合楼，建筑面积 1100 平方米，院内有 2 个门球场。每年举行 2 次室内棋牌娱乐比赛，举行 2 次门球比赛，有重要节庆活动时，另外增加比赛项目，平均每年活动人数约 1 万人次。

2014 年，新建老年干部办公活动综合楼和功能设施齐全的老年活动中心，建筑面积 5500 平方米。成立老年大学，设门球、排球、书画、诗词、歌曲、舞蹈等多门课程。

2015 年，全旗先后举办老年人门球赛、乒乓球赛，承办第三届“锡林郭勒北疆杯”老年人门球邀请赛，组织老干部参加“全盟离退休干部第十三届门球比赛”“全盟第四届离退休干部台球赛”、全盟第二十二届“长寿杯”门球赛、全盟第三届“新广杯”门球赛。

第四章　纪检监察

第一节　机构设置

2001 年，中共苏尼特右旗第六届纪律检查委员会更名为中共苏尼特右旗第九届纪律检查委员会。

2006 年 9 月 18—20 日，中共苏尼特右旗第十次代表大会选举产生中共苏尼特右旗第十届纪律检查委员会。

2011 年 9 月 2—4 日，中共苏尼特右旗第十一次代表大会选举产生中共苏尼特右旗第十一届纪律检查委员会。

2012 年 7 月 30 日，经中共苏尼特右旗第十一届委员会第六次党委会研究，全旗首次成立 4 个纪检巡视组，抽调工作人员 12 人。

2015 年，中共苏尼特右旗纪律检查委员会内设办公室、组织宣传室、党风政风监督室、信访办公室、第一纪检监察室、第二纪检监察室、第三纪检监察室、案件审理室、案件监督管理室。人员编制 24 名，其中，行政编制 22 名，工勤编制 2 名。实有人数 24 人，其中，副处级书记 1 人，副书记 2 人、工作人员 21 人。年内，全旗调整派驻纪检组织机构，设派驻纪检组 5 个。

2001—2015 年中共苏尼特右旗纪律检查委员会书记名录

表 12-4-1

姓　名	性　别	民　族	任免职时间	备　注
宝德巴雅尔	男	蒙古族	1999. 3—2003. 9	旗委常委
额尔敦宝勒	女	蒙古族	2003. 9—2004. 10	旗委常委
斯钦图	男	蒙古族	2004. 10—2011. 9	旗委常委
吉日嘎拉	男	蒙古族	2011. 9—2015. 8	旗委常委
蒙根飒	男	蒙古族	2015. 11—	旗委常委

第二节　党纪教育

2001—2006 年，中共苏尼特右旗纪律检查委员会通过党校举办培训班 23 期，到苏木、乡、镇、旗直属机关协助举办培训班 109 期，培训党员干部 3000 余人次。利用广播、电视、电台开展反腐败斗争工作宣传 16 次，8 个苏木 860 名基层党员干部和 96 名党员领导干部参加学习活动。

2007—2011 年，中共苏尼特右旗纪律检查委员会以“三会一课”（学习会、党员大会、民主生活会和党课）为载体，把廉政教育列为苏木镇、嘎查村领导班子的重要学习内容。在旗直属机关开展党性党风党纪教育，举办以廉政党课内容为重点的各级各类培训班 162 期，培训各级领导干部 6698 人次；在各级党政机关、社会团体和企事业单位播放警示教育片 400 场。

2012—2015 年，中共苏尼特右旗纪律检查委员会先后在检察院、看守所 2 个单位建立廉政教育基地，在林业水利局、食品药品和工商质量技术监督管理局 2 个单位开展创建机关廉政文化示范单位。组织全旗各级领导干部、嘎查村“两委”班子开展警示教育 50 批次 1800 余人次。邀请资深教师讲授廉政教育报告 4 场，副科级以上领导干部接受教育 1200 余人次。以乌兰牧骑演出、广场播放廉政教育片等形式开展廉政教育宣传活动。

2015 年 11 月，苏尼特右旗人民检察院廉政教育基地被命名为自治区级廉政教育基地。中共苏尼特右旗纪律检查委员会注重探索途径、创新载体、丰富内容，依托电视新闻媒体和广场影视广告展播平台，面向社会、面向党政机关、面向党员干部，宣传廉政论述、廉政格言、廉政标语、廉政漫画等廉政文化主题产品。

第三节 党风廉政建设

2001—2006 年，旗委、政府制定《落实党风廉政建设责任制工作任务分解方案》，分别把党政各领导作为责任人，把具体工作落实到各部门，明确各职能部门的责任，解决职责不清的问题。将领导班子和领导干部执行党风廉政建设责任制情况纳入全旗年度实绩考核，并把考核结果作为对领导班子评定档次和领导干部实绩评定事实依据。在全旗开展党员“亮身份”和争当“人民满意公仆”，保持共产党员先进性主题实践活动，严格清理违纪住房，禁止公款吃喝和铺张浪费。实行副科级以上领导干部举办家庭庆典申报审批制度，推进全旗党政机关纪律作风整顿、民主评议政风行风等建设活动；纪委利用重大典型案件对党员干部进行警示宣讲、播放警示教育片和参观廉政教育基地，实地开展警示教育等活动，增强全旗党员领导干部廉洁自律的自觉性和主动性。

纪委先后在 49 个部门和行业开展以“树优良行风，创良好发展环境”为主题的民主评议政风行风活动，聘请政风行风评议员 63 人、特邀监察员 29 人、政风监督员 12 人，加强评议工作，以评议促整改，切实加强行业作风建设。对群众反映强烈、影响经济发展和社会稳定的突出问题进行集中整治，先后对中小学校收费政策执行情况、医药购销及医疗服务行为、减轻农牧民负担政策落实情况等进行专项监督检查，查处学校乱收费问题，并责成有关学校及责任人进行退还。开展清理整顿医疗市场工作，严厉打击非法行医。对全旗涉企收费项目进行清理整顿，减轻企业负担。建立拖欠农牧民工工资投诉案件管理制度，受理拖欠农牧民工工资案件 50 起，涉及农牧民工 1228 人，追回拖欠农牧民工工资款 188.69 万元。组织开展“大力解放思想，优化开放环境”活动，出台党风廉政建设和改善服务环境考评办法。认真征求旗个体私营企业、朱日和工业园区对优化全旗企业发展环境的意见和建议，开展整改活动，杜绝影响经济发展“三乱”行为，维护企业的合法权益不受侵害，保障企业的正常运行。

2006—2011 年，贯彻落实中央、自治区厉行节约、反对铺张浪费的有关规定，实行公务庆典活动申报制度，庆典规模得到有效控制。严厉禁止大操大办升学、生日、乔迁庆典活动借机敛财的不正之风。对 26 起违规举办庆典活动的个人进行批评教育，并责令停办。开展非牧民占用牧区草场问题专项治理行动，清理非牧户 36 户，清退草场 13.97 万亩。继续纠正拖欠和克扣农牧民工工资问题。2006—2011 年，累计受理拖欠农牧民工工资案件 150 起，涉及农牧民工 2799 人次，追回拖欠农牧民工工资款 599.91 万元。针对机关干部职工将小灵通与单位固定电话串联，话费由单位“捆绑报销”现象进行专项治理，清理小灵通 173 部。

2012—2015 年，纪委通过监督检查、约谈问责、倒查追究、通报曝光等方式倒逼“两个责任”落实，进一步推动党风廉政建设工作。各基层党委（党组织）认真落实党风廉政建设主体责任，加强对党员干部的教育、管理和监督，积极支持纪检监察工作，党风廉政建设取得新成效。各基层纪委（派驻纪检组）切实履行监督责任，主责主业意识明显增强，推动党风廉政建设成效显著。督促部门、行业履职尽责，开展纠风专项治理，有效遏制损害群众利益的不正之风。对公路“三乱”、草牧场流转、涉农涉牧补贴资金发放、乱摊派乱收费等问题进行专项治理。对医药购销和医疗服务领域不正之风进行治理，监督检查全旗医疗机构收费服务情况。开展政风行风评议活动，扩大群众参与范围，注重政风行风评议结果运用。加大对农村牧区“两委”班子履职情况的监督检查，以规范农村牧区基层权力运行和廉洁履职为核心，对全旗 63 个嘎查村开展财务监察审计工作，对 49 个嘎查财务监管方面的问题进行督促整改，修订完善嘎查村级财务监督管理共同责任机制和制度链条，扎紧制度“笼子”，从源头上杜绝违纪违规问题和侵害农牧民利益现象的发生。重点查处惠农惠牧政策落实、集体资金资产处置、扶贫开发等领域发生的腐败问题。

第四节　党内监督

2001 年，纪委贯彻落实“三个代表”重要思想，坚持从严治党的方针，加强和改进党内监督管理。认真组织全旗党员领导干部学习《中国共产党章程》《中国共产党党和国家机关基层组织工作条例》以及《中国共产党党员领导干部廉洁从政若干准则（试行）》。

2005 年，纪委坚持以邓小平理论和“三个代表”重要思想为指导，把握全旗经济社会发展的阶段性特征，解放思想，与时俱进，全面贯彻落实科学发展观，在党内监督方面采取一系列新方法、新举措。在全旗党员干部中，组织学习《中国共产党党员权利保障条例》《建立健全教育、制度、监督并重的惩治和预防腐败体系实施纲要》等，加强对干部选拔任用、资金管理使用、重大工程项目建设和大宗物资采购等重点环节和重点部位的党内监督工作。

2001—2012 年，苏尼特右旗委、政府印发禁止公款吃喝和铺张浪费有关的通知通告，重点对党员干部存在的一些倾向性、苗头性问题，加大党内监督力度，定期进行通报批评。

2012 年，中央“八项规定”（改进调研，轻车简从，不安排宴请；改进会风，未获批准不允许出席剪彩奠基活动；改进文风，可发不可发的文件、简报一律不发；规范出访，一律不安排留学生迎送；改进警卫工作，一般情况下不得封路；改进报道，是否报道要看新闻价值；文稿发表，除安排外不得题词出书；厉行勤俭节约，严格执行住房、车辆配备等规定）和“六项禁令”（严禁用公款搞相互走访、送礼、宴请等拜年活动；严禁向上级部门赠送土特产；严禁违反规定收送礼品、礼金、有价证券、支付凭证和商业预付卡；严禁滥发钱物，讲排场、比阔气，搞铺张浪费；严禁超标准接待；严禁组织和参与赌博活动）出台后，全旗认真组织学习相关内容，并重点加大对党员干部公款吃喝和铺张浪费问题的监督检查力度，严厉禁止公款吃喝和铺张浪费等现象。

2014 年，中共苏尼特右旗纪律检查委员会印发《苏尼特右旗派驻纪检监察工作职责》《苏尼特右旗派驻纪检监察组织机构管理办法》，进一步加强党内监督工作。

2015 年，纪委修订完善党风廉政建设各项制度，将“严明党的纪律特别是政治纪律和政治规矩”“执行干部选拔任用工作规定”等情况作为党内监督的重要内容，严肃查处违反党章党规党纪的行为。印发《关于实行领导干部三项报告制度的实施办法》《关于新提任副科级以上领导干部廉政谈话暂行规定》《关于实行党政领导干部问责的暂行规定》等党内监督制度。逐步制定和完善党员领导干部考察、评价、离任审计、任期责任审计、谈心谈话、党政领导班子正职年度考核、领导干部年度实绩考核等工作机制和制度。严格履行和执行民主推荐、民主测评、民主评议、票决等党内制度，继续推行公开选拔、竞争上岗、任前公示等制度。

第五节　信访举报与案件查处

一、信访举报

2001—2006 年，苏尼特右旗委、政府探索办理信访监督的新途径。其间，累计受理群众来信来访 134 件次。

2007—2011 年，纪委在建立和完善信访各项工作制度的同时，抓好基层信访制度建设。完善和制定《信访领导小组工作职责》《信访工作责任制》《处理群众信访基本程序和方法》《接待群众来访制度》《信访排查制度》等规章制度，明确开展信访业务工作原则、工作程序、工作方法、工作纪律和信访工作人员的任务。通过抓制度、抓建设、抓监督，建立旗、苏木镇、嘎查村三级信访机制，增强各级信访工作人员工作责任感，提高信访业务水平。其间，累计受理群众来信来访、信访举报 65 件次。

2012—2015 年，信访工作坚持“分级负责、归口办理、属地管理”和“谁主管、谁负责、谁分管、谁协调”的原则，建立和形成领导高度重视、信访部门具体负责，主管部门、职能部门各尽其能，各方密切配合的有效机制。制定《领导接待日制度》《信访案件工作责任追究制度》等制度，规范《来访人员群众须知》《信访工人员职责》等措施，把信访工作目标落到实处，使全旗信访工作基本做到有规可依，推动信访工作有序开展。同时，针对基层群众普遍关心的热点、难点问题，采取逐级派驻督查组进行检查摸底、提前介入、超前处理等工作方式，将减少集体访与重复访作为信访工作的重点来抓，对全旗重复上访案件进行全面排查摸底，有效缓解各种矛盾，把重复上访的群众稳定在当地，稳定在基层，把问题解决在当地，解决在基层。其间，累计受理群众来信来访、信访举报 176 件次。

二、案件查处

2001—2006 年，苏尼特右旗信访部门立案查处违纪违法案件 8 件。其中，党纪处分 4 人，政纪处分 4 人，通报批评 2 人。受处分的人员中，有 5 人为副科级以上领导干部。

2007—2011 年，信访部门立案查处违纪违法案件 13 件。其中，党纪、政纪处分 16 人。

2012—2015 年，信访部门立案查处违纪违法立案 18 件。其中，党纪、政纪处分 27 人。实行问责 4 人。

第五章　机构编制

第一节　机构设置

2001 年，中共苏尼特右旗旗委机构编制委员会办公室核定行政编制 3 名。

2001—2005 年，机构编制委员会办公室，实行党委、政府双重管理，列党委序列，是全旗行政事业单位机构设置和人员编制管理机构。

2004 年，机构编制委员会办公室增加工勤编制 1 名。

2005 年，机构编制委员会办公室行政编制 5 名，工勤编制 1 名，其中，主任 1 人，副主任 1 人，工作人员 3 人。

2005—2015 年，苏尼特右旗党政机构改革，机构编制委员会办公室隶属旗委管理，为正科级行政机关，内设办公室、事业单位管理局、机动车辆管理办公室。

2007 年 9 月，苏尼特右旗成立事业单位登记管理局，隶属机构编制委员会办公室二级部门，准科级事业单位，与机构编制委员会办公室合署办公。核定事业编制 4 名。局长 1 人，副科级。

2009 年，机构编制委员会办公室核定事业编制 8 名。

2014 年，车辆编制管理职能移交旗人民政府办公室后勤服务中心管理。

2015 年，机构编制委员会办公室核定事业单位登记管理局事业编制 6 名。

第二节　机构改革

一、党政机构改革

2001 年 12 月，经锡林郭勒盟委、行署批复，制定《苏尼特右旗党政机构改革方案》。配套出台《苏尼特右旗党政机关人员定岗实施办法》《苏尼特右旗党政机关、苏木（镇）机关、事业单位人员分流实施办法》，全旗党政机关机构改革开始。根据上级有关文件要求，同时进行人大常委会、政协机关、群团机关、人民法院、人民检察院机构改革。

中共苏尼特右旗委设办公室（机要局与其合署办公）、组织部、宣传部、统战部、政法委员会。同时设纪律检查委员会（监察局与其合署办公）。机构编制委员会办公室隶属旗委机构序列，领导班子和领导干部实绩考核领导小组办公室并入组织部。

苏尼特右旗人民政府机构设办公室、计划局、经济局、民族事务局（挂宗教事务局、蒙古语文工作委员会办公室牌子）、民政局、财政局（挂农牧业综合开发办公室牌子）、人事劳动和社会保障局、教育局、科技局（挂知识产权局牌子）、文化体育局、卫生局（挂爱国卫生运动委员会办公室牌子）、计划生育局、城建局、交通局、林业水利局、畜牧业局、乡镇企业局、审计局、统计局、粮食局、监察局（不占机构限额）、扶贫开发办、招商局、土地房产管理局、地质矿产局。

人民团体设总工会、共青团委员会、妇女联合会、红十字会、残疾人联合会。

政法系统设公安局、检察院、法院、司法局。

2004 年，根据锡林郭勒盟委《关于印发苏尼特右旗人民政府机构改革方案的通知》和中共苏尼特右旗委办公室、人民政府办公室《关于印发苏尼特右旗人民政府机构改革方案的通知》要求、进行政府机构改革，对部分政府机构重新调整和重组。

2005 年，中共苏尼特右旗委工作机构设纪律检查委员会（监察局与其合署办公）、办公室（机要局与其合署办公）、组织部（机关党委、老干部局为其部门管理机构）、宣传部（挂精神文明建设委员会办公室牌子）、统战部、政法委员会（社会治安综合治理委员会办公室与其合署办公）、机构编制委员会办公室（挂事业单位登记管理局牌子）。隶属机构序列还设旗委党校、档案史志事业局、老干部局。

苏尼特右旗人民政府机构设办公室、发展和改革局、经济局、教育局、科学技术局、民族事务局、监察局（不占机构数）、民政局、财政局、人事劳动和社会保障局、交通局、国土资源管理局、建设与环境保护局、林业水利局、农牧业局、文化体育广播电视局、卫生局、计划生育局、审计局、统计局、商务局、旅游局、安全生产监督管理局。

议事协调机构办事机构有扶贫开发领导小组办公室和信访工作领导小组办公室。

2015 年，中共苏尼特右旗委工作机构、人民团体、政法系统机构未作调整。政府机构调整，将原食品药品监督管理局、工商技术监督局、质量技术监督管理局三合一，组建食品药品和工商质量技术监督管理局。将教育局和科学技术局二合一，组建教育和科技局。将卫生局和计划生育局二合一，组建卫生和计划生育局。成立生态保护局，将经济和信息化局的粮食职能划转到发展和改革局，将文化体育广播电影电视局更名为文化体育广电旅游局，将住房和城乡建设局更名为住房和城乡规划建设局。

二、苏木镇机构改革

2001 年 5 月，根据《苏尼特右旗苏木镇机构改革方案》，将 17 个苏木乡镇撤并 14 个。分别是赛汉塔拉镇、朱日和镇、新民镇、巴音舒图镇，都仁乌力吉苏木、布图木吉苏木、赛罕乌力吉苏木、阿其图乌拉苏木、桑宝拉格苏木、乌日根塔拉苏木、额仁淖尔苏木、格日勒图敖都苏木、吉呼郎图苏木、都呼木苏木。

2003 年 8 月，苏尼特右旗格日勒图敖都苏木划归二连浩特市管理，全旗所辖苏木乡镇 13 个。

2006 年 6 月，根据锡林郭勒盟委办公室、行署办公室《关于印发〈锡林郭勒盟苏木乡镇机构改革方案〉》和《〈锡林郭勒盟苏木乡镇机构改革实施意见〉的通知》，对苏木镇党政机构、事业单位进行改革。将 13 个苏木乡镇撤并为 6 个苏木镇，分别是赛汉塔拉镇、朱日和镇、乌日根塔拉镇、桑宝拉格苏木、额仁淖尔苏木、赛罕乌力吉苏木。

2012 年，根据内蒙古自治区人民政府（内政字〔2012〕35 号）文件批复，恢复阿其图乌拉苏木。

2015 年，苏尼特右旗设 3 个镇、4 个苏木。分别是赛汉塔拉镇、朱日和镇、乌日根塔拉镇、桑宝拉格苏木、额仁淖尔苏木、赛罕乌力吉苏木、阿其图乌拉苏木。

第三节 编制管理

一、编制设置

2002—2003 年，苏尼特右旗进行机构改革，行政编制 886 名。其中，旗直部门行政机关核定编制 370 名，政法编制 206 名，苏木镇编制 310 名。全旗事业编制 2237 名。

2004 年，苏尼特右旗行政编制 860 名。其中，旗直部门行政机关核定编制 370 名，政法编制 206 名，苏木镇编制 284 名。全旗事业编制 2237 名。

2005—2006 年，苏尼特右旗行政编制 862 名。其中，旗直部门行政机关核定编制 370 名，政法编制 208 名，苏木镇编制 284 名。全旗事业编制 2237 名。

2007—2008 年，苏尼特右旗行政编制 837 名。其中，旗直部门行政机关核定编制 392 名，政法编制 235 名，苏木镇编制 210 名。全旗事业编制 2212 名。

2009 年，苏尼特右旗行政编制 875 名。其中，旗直部门行政机关核定编制 392 名，政法编制 273 名，苏木镇编制 210 名。全旗事业编制 2309 名。

2010 年，苏尼特右旗行政编制 903 名。其中，旗直部门行政机关核定编制 413 名，政法编制 280 名，苏木镇编制 210 名。全旗事业编制 1913 名。

2011 年，苏尼特右旗行政编制 896 名。其中，旗直部门行政机关核定编制 413 名，政法编制 273 名，苏木镇编制 210 名。全旗事业编制 2432 名。

2012—2014 年，苏尼特右旗行政编制 939 名。其中，旗直部门行政机关核定编制 413 名，政法编制 286 名，苏木镇编制 240 名。全旗事业编制分别为 2444 名、2743 名和 2438 名。

2015 年，苏尼特右旗行政编制 994 名。其中，旗直部门行政机关核定编制 467 名，政法编制 287 名，苏木镇编制 240 名。全旗事业编制 2510 名。

二、核定编制和实有人员

1. 核定编制情况

2015 年，苏尼特右旗行政编制 993 名；事业编制 2510 名，其中，全额拨款 2245 名（使用群团事业编制 21 名），差额拨款 264 名，自收自支 1 名；工勤编制 113 名，待分配行政编制 1 名，政法专项编制 1 名，事业编制 3 名。

2. 实有人员情况

2015 年，苏尼特右旗实有行政编制人员 921 名，其中，旗直部门行政机关编制人员 459 名，苏木镇编制 188 名，政法专项编制人员 274 名；实有事业编制人员 2767 名，其中，全额拨款 2202 名，差额拨款 387 名，自收自支 157 名，使用群团事业编制 21 名；实有工勤编制人员 115 名。

三、领导职数核定和实际配备

2015 年，苏尼特右旗行政机构核定正科级领导职数 67 名，实际配备 84 名；核定副科级领导职数 164 名，实际配备 181 名。事业机构核定正科级领导职数 15 名，实际配备 6 名；核定副科级领导职数 52 名，实际配备 33 名。核定非领导职数 137 名，实际配备 176 名。

四、编外人员

2015 年，全旗编外人员合计 535 名。

第十三编

地方人民代表大会

第一章　人民代表大会代表

第一节　代表选举

苏尼特右旗人民代表大会代表名额和选举办法，是按照《中华人民共和国地方各级人民代表和地方各级人民政府组织法》（以下简称组织法）和《中华人民共和国全国人民代表大会和地方各级人民代表大会选举法》（以下简称选举法）依法进行的。

苏尼特右旗人民代表大会常务委员会和苏木镇人民代表大会常务委员会依法成立换届选举工作委员会，建立全旗苏木镇选举工作领导机构，制定换届选举工作实施方案，召开全旗人大换届选举工作会议，进行动员部署，培训选举骨干，分配各选区代表名额，划分选区，制定选举宣传提纲。

2001—2015 年，苏尼特右旗各苏木镇成立换届选举领导小组。人大常委会向各苏木镇下派选举工作组，旗直各选区设立工作小组，划分选区，分配代表名额，登记选民，选民名单在选举日 20 日以前张榜公布后发放选民证。选举委员会确定人大换届选举日期，提出候选人名单，在选举日前 5 日公布提名推荐代表候选人名单和正式代表候选人名单。投票选举工作由各选区工作小组主持，从选举日 5 日内为选举时间，旗、苏木镇召开人大换届选举大会，设立投票箱或流动票箱，每个投票点要有 2 名以上选举工作人员负责。正式代表候选人不得在本选区主持投票或担任工作人员。各选区选民持选民证参加所在选区投票选举，通过无记名投票方式直接差额选举人大代表，选举时要保证 85%以上的选民参加投票，代表候选人获得半数以上，得票数多的当选，但得票数不能少于选票的三分之一，苏木镇选举领导小组验票确认后宣布选举为有效选举，颁发代表证。

第二节　资格审查

一、 第十二届人民代表大会代表资格审查

苏尼特右旗第十一届人民代表大会代表换届选举工作从 2003 年 9 月 22 日开始，2003 年 11 月 19 日结束。全旗划分 72 个选区，根据个别苏木实际情况调整为 75 个选区，其中，13 个苏木镇划分为 52 个选区，旗直机关、驻旗单位和驻军划分为 23 个选区，分配代表名额 141 人。

全旗确定投票选举时间是 2003 年 11 月 15 日，从选举日起 5 日内为投票选举时间。各选区采取流动票箱，召开选举大会等形式，组织选民投票。截至 11 月 19 日上午，全旗 75 个选区选举人民代表大会代表工作全部结束。参加投票选举选民 34111 人，占应参加投票选举选民的 96. 1%。

苏尼特右旗第十二届人民代表大会代表应选代表名额 141 人，依法选举产生全旗人大代表 141

人。其中，中共党员 96 人，占代表总数的 68.09%；群众 45 人，占代表总数的 31.9%；男性 104 人，占代表总数的 73.76%；妇女 37 人，占代表总数的 26.24%；蒙古族 78 人，占代表总数的 55.32%；汉族 58 人，占代表总数的 41.13%；其他少数民族 5 人，占代表总数的 3.55%；农牧民（居民）68 人，占代表总数的 48.23%；干部 49 人，占代表总数的 34.75%；知识分子 11 人，占代表总数的 7.8%；工人 10 人，占代表总数的 7.09%；解放军、武警 3 人，占代表总数的 2.13%；大专以上文化程度 81 人，占代表总数的 57.45%，代表文化程度较上届有明显提高（上届大专以上文化程度 31 人）。上届连任代表 31 人，占代表总数的 21.99%。

经第十一届人大常委会代表资格审查委员会对各选区选举程序和代表资格进行认真审查后，认为第十二届人大代表选举符合法律规定，确认 141 名第十二届人大代表资格有效。

二、第十三届人民代表大会代表资格审查

第十三届人民代表大会代表选举工作，从 2007 年 9 月开始，2007 年 11 月底全部结束。自治区人大常委会依法确定全旗人民代表大会代表名额 141 人，选举委员会将全旗划分为 95 个选区。其中，6 个苏木镇划分为 71 个选区，旗直机关、驻旗单位和驻军划分为 24 个选区，分配代表名额 141 人。全旗 95 个选区 36095 名选民无记名投票，选出第十三届人民代表大会代表 141 人。其中，中共党员 97 名，占代表总数的 68.8%；非中共人士 44 人，占代表总数的 31.2%；妇女 37 人，占代表总数的 26.2%；蒙古族 81 人，占代表总数的 57.4%；汉族 54 人，占代表总数的 38.3%；其他少数民族 6 人，占代表总数的 4.3%（主要包括回族、满族、鄂温克族、布依族等）；农牧民 51 人，占代表总数的 36.2%；居民 18 人，占代表总数的 12.8%；干部 39 人，占代表总数的 27.7%；知识分子 20 人，占代表总数的 14.2%；工人 10 人，占代表总数的 7.1%；解放军、武警 3 人，占代表总数的 2.1%；大专以上文化程度 85 人，占代表总数的 60.3%。

经第十二届人大常委会代表资格审查委员会对各选区的选举程序和代表资格进行认真审查后，认为第十三届人大代表选举符合法律规定，确认选出 141 名第十三届人大代表资格有效。

三、第十四届人民代表大会代表资格审查

第十四届人民代表大会代表的选举工作，从 2012 年 10 月开始，2012 年 12 月上旬结束。自治区人大常委会依法确定人民代表大会代表名额 141 人，选举委员会将全旗划分为 107 个选区。其中，7 个苏木镇划分为 83 个选区，旗直机关、驻旗单位和驻军划分为 24 个选区，分配 141 名代表名额。全旗 107 个选区 42524 名选民无记名投票，选出第十四届人民代表大会代表 141 人。其中，中共党员 94 人，占代表总数的 66.67%；群众 47 人，占代表总数的 33.33%；男性 100 人，占代表总数的 70.92%；妇女 41 人，占代表总数的 29.08%；蒙古族 97 人，占代表总数的 68.79%；汉族 40 人，占代表总数的 28.37%；其他少数民族 4 人（满族、回族、鄂温克族），占代表总数的 2.84%；农牧民（居民）76 人，占 53.9%；干部 38 人，占代表总数的 26.95%；知识分子 13 人，占代表总数的 9.22%；工人 12 人，占代表总数的 8.51%；解放军、武警 2 人，占代表总数的 1.42%；上届留任代表 44 人，占代表总数的 31.21%。代表结构中，工农业生产一线代表和妇女代表比例明显上升。其中，农牧民代表比例比上届上升 17.7%，工人代表比例比上届上升 1.41%，妇女代表比例比上届上升 2.88%。干部代表比例比上届下降 0.75%。

经第十三届人大常委会代表资格审查委员会对各选区选举程序和代表资格进行认真审查后，认为第十四届人大代表选举符合法律规定，确认选出 141 名第十四届人大代表资格有效。

第二章　人民代表大会

第一节　代表大会

一、 第十一届人民代表大会

2001 年 3 月 16—17 日，第十一届人民代表大会第三次会议在赛汉塔拉镇召开。大会听取和审议《苏尼特右旗人民政府工作报告》《苏尼特右旗人民代表大会常务委员会工作报告》和人民法院、人民检察院工作报告，听取和审议人民政府《苏尼特右旗国民经济和社会发展第十个五年规划纲要（草案）》《关于 2000 年国民经济和社会发展计划执行情况与 2001 年国民经济和社会发展计划（草案）的报告》《关于 2000 年财政预算执行情况和 2001 年财政预算（草案）的报告》，听取和审议人民政府《关于贯彻实施〈中华人民共和国草原法〉情况报告》，并通过上述报告的决议。

2002 年 4 月 17—19 日，第十一届人民代表大会第四次会议在赛汉塔拉镇召开。大会听取和审议《苏尼特右旗人民政府工作报告》《苏尼特右旗人民代表大会常务委员会工作报告》和人民法院、人民检察院工作报告，听取和审议人民政府《关于 2001 年国民经济和社会发展计划执行情况与 2002 年国民经济和社会发展计划（草案）的报告》《关于 2001 年财政预算执行情况和 2002 年财政预算（草案）的报告》，并对上述报告作出审议通过的决议。大会审议通过人民政府《关于生态建设、围封转移若干暂行规定》，补选巴根那为人民政府旗长。收到议案、批评、意见和建议 64 件。

2002 年 12 月 13 日，第十一届人民代表大会第五次会议在赛汉塔拉镇召开。伏来旺（下派）、巴根那当选内蒙古自治区第十届人民代表大会代表。

2003 年 4 月 16—18 日，第十一届人民代表大会第六次会议在赛汉塔拉镇召开。大会听取和审议《苏尼特右旗人民政府工作报告》《苏尼特右旗人民代表大会常务委员会工作报告》和人民法院、人民检察院工作报告，听取和审议人民政府《关于 2002 年国民经济和社会发展计划执行情况与 2003 年国民经济和社会发展计划（草案）的报告》《关于 2002 年财政预算执行情况和 2003 年财政预算（草案）的报告》，并作出审议通过上述报告的决议。大会补选塔娜为人民检察院检察长，补选郑明明为人民法院院长时落选。收到议案、批评、意见和建议 53 件。

二、 第十二届人民代表大会

2004 年 1 月 3—6 日，第十二届人民代表大会第一次会议在赛汉塔拉镇召开。大会听取和审议《苏尼特右旗人民政府工作报告》《苏尼特右旗人民代表大会常务委员会工作报告》和人民法院、人民检察院工作报告，听取和审议人民政府《2003 年国民经济和社会发展计划执行情况与 2004 年国民经济和社会发展计划（草案）的报告》《2003 年财政预算执行情况和 2004 年财政预算（草案）的报告》，并作出审议通过上述报告的决议。收到议案、批评、意见和建议 60 件。

2005 年 4 月 29—30 日，第十二届人民代表大会第二次会议在赛汉塔拉镇召开。大会听取和审议《苏尼特右旗人民政府工作报告》《苏尼特右旗人民代表大会常务委员会工作报告》和人民法院、人民检察院工作报告，听取和审议人民政府《关于 2004 年国民经济和社会发展计划执行情况与 2005 年国民经济和社会发展计划（草案）的报告》《关于 2004 年财政预算执行情况和 2005 年财政预算（草案）的报告》，并作出审议通过上述报告的决议。大会补选樊远东为第十二届人大常委会委员。收到议案、批评、意见和建议 64 件。

2006 年 3 月 19—20 日，第十二届人民代表大会第三次会议在赛汉塔拉镇召开。大会听取和审议《苏尼特右旗人民政府工作报告》《苏尼特右旗人民代表大会常务委员会工作报告》和人民法院、人民检察院工作报告，听取和审议人民政府《苏尼特右旗国民经济和社会发展第十一个五年规划纲要（草案）》《关于 2005 年国民经济和社会发展计划执行情况与 2006 年国民经济和社会发展计划（草案）的报告》《关于 2005 年财政预算执行情况和 2006 年财政预算（草案）的报告》，并作出审议通过上述报告的决议。大会补选朝洛蒙为人民政府旗长。收到议案、批评、意见和建议 61 件。

2007 年 3 月 22—23 日，第十二届人民代表大会第四次会议在赛汉塔拉镇召开。大会听取和审议《苏尼特右旗人民政府工作报告》《苏尼特右旗人民代表大会常务委员会工作报告》和人民法院、人民检察院工作报告，听取和审议人民政府《关于 2006 年国民经济和社会发展计划执行情况与 2007 年国民经济和社会发展计划（草案）的报告》《关于 2006 年财政预算执行情况和 2007 年财政预算（草案）的报告》，并作出审议通过上述报告的决议。收到议案、批评、意见和建议 61 件。

三、 第十三届人民代表大会

2007 年 12 月 4—6 日，第十三届人民代表大会第一次会议在赛汉塔拉镇召开。大会听取和审议《苏尼特右旗人民政府工作报告》《苏尼特右旗人民代表大会常务委员会工作报告》和人民法院、人民检察院工作报告，听取和审议人民政府《关于 2007 年国民经济和社会发展计划执行情况与 2008 年国民经济和社会发展计划（草案）的报告》《关于 2007 年财政预算执行情况和 2008 年财政预算（草案）的报告》，并作出审议通过上述报告的决议。邢宝玉（下派）、阿迪雅（下派）、吴利军当选内蒙古自治区第十一届人民代表大会代表。收到议案、批评、意见和建议 86 件。

2009 年 3 月 5—7 日，第十三届人民代表大会第二次会议在赛汉塔拉镇召开。大会听取和审议《苏尼特右旗人民政府工作报告》《苏尼特右旗人民代表大会常务委员会工作报告》和人民法院、人民检察院工作报告，听取和审议人民政府《关于 2008 年国民经济和社会发展计划执行情况与 2009 年国民经济和社会发展计划（草案）的报告》《关于 2008 年财政预算执行情况和 2009 年财政预算（草案）的报告》，并作出审议通过上述报告决议。收到议案、批评、意见和建议 75 件。

2010 年 3 月 27—29 日，第十三届人民代表大会第三次会议在赛汉塔拉镇召开。大会听取和审议《苏尼特右旗人民政府工作报告》《苏尼特右旗人民代表大会常务委员会工作报告》和人民法院、人民检察院工作报告，听取和审议人民政府《关于 2009 年国民经济和社会发展计划执行情况与 2010 年国民经济和社会发展计划（草案）的报告》《关于 2009 年财政预算执行情况和 2010 年财政预算（草案）的报告》，并作出审议通过上述报告决议。收到议案、批评、意见和建议 76 件。

2011 年 3 月 5—7 日，第十三届人民代表大会第四次会议在赛汉塔拉镇召开。大会听取和审议《苏尼特右旗人民政府工作报告》《苏尼特右旗人民代表大会常务委员会工作报告》和人民法院、人民检察院工作报告，听取和审议人民政府《苏右旗国民经济和社会发展第十二个五年规划纲要（草案）》《2010 年国民经济和社会发展计划执行情况与 2011 年国民经济和社会发展计划（草案）的报告》《2010 年财政预算执行情况和 2011 年财政预算（草案）的报告》，并作出审议通过上述报告的决议。大会补选吉日木图为第十三届人大常委会委员。收到议案、批评、意见和建议 54 件。

2012 年 3 月 15—17 日，第十三届人民代表大会第五次会议在赛汉塔拉镇召开。大会听取和审议《苏尼特右旗人民政府工作报告》《苏尼特右旗人民代表大会常务委员会工作报告》和人民法院、人民检察院工作报告，听取和审议人民政府《2011 年国民经济和社会发展计划执行情况与 2012 年国民经济和社会发展计划（草案）的报告》《2011 年财政预算执行情况和 2012 年财政预算（草案）的报告》，并作出审议通过上述报告的决议。大会补选刘长春为第十三届人大常委会委员。

四、第十四届人民代表大会

2013 年 1 月 4—7 日，第十四届人民代表大会第一次会议在赛汉塔拉镇召开。大会听取和审议《苏尼特右旗人民政府工作报告》《苏尼特右旗人民代表大会常务委员会工作报告》和人民法院、人民检察院工作报告，听取和审议人民政府《关于 2012 年国民经济和社会发展计划执行情况与 2013 年国民经济和社会发展计划（草案）的报告》《关于 2012 年财政预算执行情况和 2013 年财政预算（草案）的报告》，并作出审议通过上述报告的决议。博彦（下派）、龚有军当选内蒙古自治区第十二届人民代表大会代表。

2014 年 2 月 28 日至 3 月 2 日，第十四届人民代表大会第二次会议在赛汉塔拉镇召开。大会听取和审议《苏尼特右旗人民政府工作报告》《苏尼特右旗人民代表大会常务委员会工作报告》和人民法院、人民检察院工作报告，听取和审议人民政府《关于 2013 年国民经济和社会发展计划执行情况与 2014 年国民经济和社会发展计划（草案）的报告》《关于 2013 年财政预算执行情况和 2014 年财政预算（草案）的报告》，并作出审议通过上述报告的决议。大会补选布仁金为人民政府旗长、补选王秀海为第十四届人民代表大会常务委员会委员。

2015 年 1 月 31 日至 2 月 2 日，第十四届人民代表大会第三次会议在赛汉塔拉镇召开。大会听取和审议《苏尼特右旗人民政府工作报告》《苏尼特右旗人民代表大会常务委员会工作报告》和人民法院、人民检察院工作报告，听取和审议人民政府《2014 年国民经济和社会发展计划执行情况与 2015 年国民经济和社会发展计划草案的报告》《2014 年财政预算执行情况和 2015 年财政预算草案的报告》《2015 年国民经济和社会发展计划、旗人民政府 2015 年本级财政预算》，并作出审议通过上述报告的决议。大会补选朝克吉勒图、布和巴特尔、斯庆花为第十四届人民代表大会常务委员会委员。

第二节　常设机构

一、人民代表大会常务委员会

2001—2015 年，苏尼特右旗人民代表大会常务委员会经历 4 届任期。其中，第十一届人民代表大会常务委员会组成人员 16 人；第十二届人民代表大会常务委员会组成人员 18 人；第十三届人民代表大会常务委员会组成人员 22 人；第十四届人民代表大会常务委员会组成人员 22 人。常委会会议由主任主持，常委会形成决议，由常委会全体组成人员过半数通过，每届常委会任期 5 年。

2001—2015 年苏尼特右旗人民代表大会常务委员会领导名录

表 13-2-1

届 次	职 务	姓 名	性 别	民 族	任职时间
十一届	主 任	锡 拉	男	蒙古族	2001—2004
	副主任	照日格图	男	蒙古族	2001—2004
		乌·图雅	女	蒙古族	2001—2004
		赵 友	男	汉 族	2001—2004
		郎 图	男	蒙古族	2001—2004
十二届	主 任	锡 拉	男	蒙古族	2004—2007
	副主任	照日格图	男	蒙古族	2004—2007
		王和胜	男	汉 族	2004—2007
		苏耀乐图	男	蒙古族	2004—2007
		春 光	女	蒙古族	2004—2007
十三届	主 任	巴图巴特尔	男	蒙古族	2007—2013
	副主任	布和巴特尔	男	蒙古族	2007—2013
		王和胜	男	汉 族	2007—2013
		乌 兰	女	蒙古族	2007—2013
		财 全	男	蒙古族	2007—2013
十四届	主 任	斯琴图	男	蒙古族	2003—2015
	副主任	财 全	男	蒙古族	2003—
		乌恩其	女	蒙古族	2003—
		那顺乌力吉	男	蒙古族	2003—
		王 东	男	汉 族	2003—

二、内设机构

2015 年，苏尼特右旗人大常委会内设办公室、内务司法工作委员会、财经工作委员会、教科文卫民侨工作委员会、人事代表选举工作委员会、农牧业工作委员会等机构。核定公务员编制 19 名，工勤编制 3 名。

第三节 苏木镇人大

2001 年，苏尼特右旗有苏木、乡、镇人民代表大会 14 个。设赛汉塔拉镇、都呼木苏木、朱日和镇、新民乡、都仁乌力吉苏木、乌日根塔拉苏木、巴彦舒图镇、阿其图乌拉苏木、额仁淖尔苏木、吉呼郎图苏木、桑宝拉格苏木、布图木吉苏木、赛罕乌力吉苏木、脑干诺如苏木人大组织。4 月 14 日，桑宝拉格苏木第十二届人民代表大会第二次会议；7 月 9—10 日，召开赛汉塔拉镇第十二届人民代表大会第二次会议。

2002 年，苏尼特右旗有苏木、镇人民代表大会 13 个。设赛汉塔拉镇、都呼木苏木、朱日和镇、新民镇、都仁乌力吉苏木、乌日根塔拉苏木、巴彦舒图镇、阿其图乌拉苏木、额仁淖尔苏木、吉呼郎图苏木、桑宝拉格苏木、布图木吉苏木、赛罕乌力吉苏木人大组织。11 月 24—28 日，召开各苏木镇第十三届人民代表大会第一次会议。

2003—2004 年，苏尼特右旗有苏木、镇人民代表大会 11 个。设赛汉塔拉镇、朱日和镇、都仁乌力吉苏木、乌日根塔拉苏木、巴彦舒图镇、阿其图乌拉苏木、额仁淖尔苏木、吉呼郎图苏木、桑宝拉格苏木、布图木吉苏木、赛罕乌力吉苏木人大组织。

2005—2006 年，苏尼特右旗有苏木、镇人民代表大会 7 个。设赛汉塔拉镇、朱日和镇、乌日根塔拉苏木、桑宝拉格苏木、额仁淖尔苏木、布图木吉苏木、赛罕乌力吉苏木人大组织。

2006 年 11 月 20 日，苏尼特右旗各苏木镇召开第十四届人民代表大会第一次会议。

2007—2011 年，苏尼特右旗有苏木、镇人民代表大会 6 个。设赛汉塔拉镇、朱日和镇、乌日根塔拉镇、桑宝拉格苏木、额仁淖尔苏木、赛罕乌力吉苏木人大组织。

2011 年 10 月 13—14 日，苏尼特右旗各苏木镇召开第十五届人民代表大会第一次会议。

2012—2015 年，苏尼特右旗设苏木镇人民代表大会 7 个。恢复阿其图乌拉苏木人大组织机构。

第三章　重要会议

第一节　常务委员会

一、 第十一届人民代表大会常务委员会

第十一届人民代表大会召开常务委员会 26 次，其中，2001 年 1 月至 2003 年 12 月召开常务委员会 16 次。

1. 第十一次会议于 2001 年 1 月 5 日召开。常委会主任锡拉主持会议，常委会各位副主任和委员出席会议。会议听取和审议人民法院 2000 年审判工作情况报告，听取和审议人民检察院 2000 年司法监督工作情况报告；听取和审议人民政府 2000 年社会治安治理工作情况报告。会议就社会治安综合治理、依法治旗、解决执行难、政务公开、加强公检法机关队伍素质教育等问题提出改进工作的建议。

2. 第十二次会议于 2001 年 3 月 15 日召开。邀请旗委书记武国栋、组织部部长青格勒参加会议。人大常委会党组副书记孙福、法院院长宝音、检察院检察长赵建中以及赛罕乌力吉苏木、脑干诺如苏木、巴彦朱日和苏木部分牧民代表列席会议。会议审议通过关于召开旗第十一届人民代表大会第三次会议有关事项；审议决定人事任免事项。会议决定任命孙学武为人民政府副旗长。

3. 第十三次会议于 2001 年 6 月 7 日召开。会议传达锡林郭勒盟人大工委第十九次会议精神；审议通过苏尼特右旗人大常委会关于贯彻落实代表工作“两项要求”“一项工程”活动工作方案；通过关于在全旗开展个案监督主题年活动方案；审议决定检察院检察员人事任免事项。

4. 第十四次会议于 2001 年 9 月 21 日召开。法院院长宝音、检察院检察长赵建中列席会议。会议听取和审议关于对《中华人民共和国职业教育法》实施情况进行执法检查的报告；听取和审议关于对《中华人民共和国乡镇企业法》实施情况进行执法检查的报告；听取和审议关于对《中华人民共和国水土保持法》实施情况进行执法检查的报告；听取和审议关于对《中华人民共和国村民委员会组织法》实施情况进行执法检查的报告；听取和审议人民政府关于 2001 年上半年财政预算执行情况的报告；听取和审议人民法院 2001 年上半年工作报告；听取和审议人民检察院 2001 年上半年工作报告。

5. 第十五次会议于 2001 年 11 月 14 日召开。邀请旗委书记武国栋、组织部部长青格勒参加会议。法院院长宝音、检察院检察长赵建中列席会议。会议审议决定人事任免事项。

6. 第十六次会议于 2002 年 1 月 1 日召开。会议听取和审议人民政府 2001 年民政、教育、卫生、审计、畜牧业、社会治安工作报告；听取和审议人民法院 2001 年工作报告；听取和审议人民检察院 2001 年工作报告。

7. 第十七次会议于2002年4月16日召开。会议审议通过旗第十一届人民代表大会第四次会议有关事项；审议决定人事任免事项。会议决定任命巴根那为人民政府副旗长、代理旗长，邓义为人民政府副旗长，塔娜为人民检察院代理检察长。免去巴特尔人民政府副旗长职务。

8. 第十八次会议于2002年6月12日召开。会议听取和审议常委会联系代表工作的有关事项；拟定关于在苏尼特右旗境内开展草原植被开垦情况调查工作的方案；传达学习盟人大工委第二十一次会议精神；审议决定人事任免事项。会议决定免去诺日布人民政府副旗长职务。

9. 第十九次会议于2002年8月14日召开。会议听取和审议人民政府2002年上半年财政预算执行情况报告；听取和审议人民法院2002年上半年工作报告；听取和审议人民检察院2002年上半年工作报告；听取和审议苏尼特右旗第十一届人民代表大会第四次会议期间代表议案、建议处理意见报告；审议通过《苏尼特右旗人民代表大会常务委员会关于司法机关依法向人大常委会报告重大事项实施办法》。

10. 第二十次会议于2002年10月30日召开。会议听取和审议苏木（乡）镇人大换届选举工作方案；审议通过《苏尼特右旗拥军优属工作暂行规定（草案）》。

11. 第二十一次会议于2003年1月6日召开。会议听取和审议人民政府2002年财政预算执行情况报告；听取和审议人民政府2002年城镇经济运行情况报告；听取和审议人民政府2002年围封转移工作情况报告；听取和审议人民政府2002年畜牧业工作情况报告；听取和审议人民法院2002年审判工作情况报告，听取和审议人民检察院2002年执法监督工作情况报告；审议决定人事任免事项。会议决定任命额尔敦陶克陶为人民政府副旗长，郑明明为人民法院副院长、代理院长。接受宝音辞去人民法院院长职务。

12. 第二十二次会议于2003年4月15日召开。会议审议通过关于召开苏尼特右旗第十一届人民代表大会第六次会议有关事项。

13. 第二十三次会议于2003年6月30日召开。会议听取和审议人民政府关于非典型肺炎防治工作情况报告；听取和审议人大常委会对贯彻落实《中华人民共和国促进科技成果转化法》及《内蒙古自治区促进科技成果转化条例》《内蒙古自治区科学技术协会条例》情况进行执法检查的报告；听取和审议《苏尼特右旗殡葬管理办法（草案）》；审议决定人事任免事项。会议决定任命王哈斯为人民政府副旗长。

14. 第二十四次会议于2003年8月17日召开。会议听取和审议人民政府2003年上半年财政预算执行情况报告，听取和审议人民法院2003年上半年审判工作情况报告，听取和审议人民检察院2003年上半年执法监督工作情况报告；听取和审议人大常委会关于对《中华人民共和国工会法》实施情况进行执法检查的报告；所取和审议人大常委会关于对《中华人民共和国药品管理法》实施情况进行执法检查的报告；听取和审议人大常委会关于对《中华人民共和国农村土地承包法》实施情况进行执法检查的报告；审议通过人大常委会《关于司法机关向人大常委会报告重大事项的办法（修改稿）》；审议决定人事任免事项。会议决定任命殷建设为人民政府副旗长。

15. 第二十五次会议于2003年10月9日召开。会议听取和审议人民政府关于“四五”普法工作开展情况的报告；听取和审议人民政府关于国土资源工作开展情况的报告；听取和审议人民政府关于赛汉塔拉镇城镇规划及建设工作情况的报告；听取和审议人民政府关于社会保险事业管理工作情况的报告；审议决定人事任免事项。会议决定任命孟凡靖为人民政府副旗长。

16. 第二十六次会议于2003年12月31日召开。会议审议通过苏尼特右旗第十一届人大常委会工作报告，审议通过关于召开苏尼特右旗第十二届人民代表大会第一次会议有关事项；审议决定人事任免事项。会议决定任命魏江生为人民政府副旗长。免去乌图雅的人大常委会副主任职务、巴图巴特尔的人民政府副旗长职务。

二、 第十二届人民代表大会常务委员会

第十二届人民代表大会期间，2004 年 3 月 3 日至 2007 年 11 月 9 日，召开常务委员会 20 次。

1. 第一次会议于 2004 年 3 月 3 日召开。会议审议通过第十二届人大常委会 2004 年工作要点；审议通过关于加强第十二届人大常委会领导班子建设的意见；审议决定人事任免事项。会议决定任命殷建设为人民政府副旗长。

2. 第二次会议于 2004 年 6 月 18 日召开。会议听取和审议人民政府关于开发和建设朱日和工业园区工作情况的报告；听取和审议人民政府关于将购牛贷款利息纳入财政预算的报告；审议通过关于确定吉呼朗图苏木、额仁淖尔苏木人大代表名额的决议；审议决定人事任免事项。

3. 第三次会议于 2004 年 8 月 3 日召开。会议听取和审议人民政府关于 2004 年上半年财政预算执行情况报告；听取和审议人民法院 2004 年上半年审判工作情况报告；听取和审议人民检察院 2004 年上半年执法监督工作情况报告；审议决定人事任免事项。会议决定任命韩晓光为人民政府副旗长；免去殷建设的人民政府副旗长职务。

4. 第四次会议于 2004 年 10 月 10 日召开。会议传达中共十六届四中全会精神；学习胡锦涛在首都各界纪念全国人民代表大会成立 50 周年大会上的讲话；听取和审议城镇基础建设贷款有关事项；听取和审议人民政府关于第十二届人民代表大会第一次会议期间的议案、建议、意见的处理情况汇报；听取和审议人民政府关于土地资源管理工作开展情况的报告；审议决定人事任免事项。

5. 第五次会议于 2005 年 1 月 11 日召开。会议听取和审议人民政府关于 2004 年财政预算执行情况报告；听取人民政府关于部分苏木集体畜和流动畜管理及存在问题的汇报；听取和审议人民政府“关于保护苏尼特骆驼议案”办理情况的汇报；听取和审议旗人民政府关于卫生局、公安局、工商行政管理局、教育局等工作情况汇报，听取和审议人民法院 2004 年审判工作情况的报告；听取和审议人民检察院 2004 年执法监督工作情况的报告，听取评议公安局、工商行政管理局、教育局工作组所作的调查报告，对公安局、工商行政管理局、教育局工作进行测评。

6. 第六次会议于 2005 年 4 月 28 日召开。会议审议通过第十二届人民代表大会第二次会议有关事项；听取和审议人民政府关于第十二届人民代表大会第一次会议代表议案、建议、批评、意见处理情况的报告；审议决定人事任免事项。会议决定任命莎丽娜为人民政府副旗长；免去邢文峰人民政府副旗长职务。

7. 第七次会议于 2005 年 7 月 29 日召开。会议听取和审议人民政府关于“四五”普法工作开展情况的报告；听取和审议关于第十二届人民代表大会第二次会议代表议案、建议、批评、意见处理情况的报告；听取和审议人民政府 2005 年上半年财政预算执行情况的报告；听取和审议人民法院 2005 年审判工作情况的报告；听取和审议人民检察院 2005 年执法监督工作情况的报告；审议通过《苏尼特右旗人大常委会联系代表及人民群众办法》。

8. 第八次会议于 2005 年 10 月 28 日召开。会议听取和审议人民政府关于城镇建设工作情况的报告，听取和审议人民政府关于土地资源管理工作情况的报告，听取和审议人民政府关于审计工作情况的报告；听取和审议人民政府关于农牧业工作情况的报告听取和审议人民政府关于林业水利工作情况的报告，听取和审议关于对《中华人民共和国工会法》执法检查情况的报告，审议决定人事任免事项。会议决定任命朝洛蒙为人民政府副旗长、代理旗长，张锦明为人民政府副旗长；决定接受巴根那辞去人民政府旗长职务。

9. 第九次会议于 2006 年 1 月 13 日召开。会议听取和审议人民政府关于第十二届人民代表大会第二次会议代表意见、议案办理情况的报告；听取和审议人民政府关于 2005 年财政预算执行情况的报告，听取和审议人民法院 2005 年审判工作情况的报告；听取和审议人民检察院 2005 年执法监督工作

情况的报告，听取和审议关于对人民法院、人民检察院、司法局工作的调研报告。

10. 第十次会议于2006年2月28日召开。会议审议决定人事任免事项。会议决定任命李贵忠为人民政府副旗长。

11. 第十一次会议于2006年3月18日召开。会议听取和审议通过人大常委会工作报告，审议通过第十一届人民代表大会第三次会议有关事项。

12. 第十二次会议于2006年5月19日召开。会议听取和审议关于对《中华人民共和国行政许可法》实施情况进行执法检查的报告；听取和审议关于对《内蒙古自治区蒙医中医条例》实施情况进行执法检查的报告；听取和审议人民政府关于2006年城镇建设工作计划安排情况的报告。

13. 第十三次会议于2006年7月6日召开。会议审议《苏尼特右旗人大常委会经济工作监督办法》(讨论稿)；听取和审议人民政府提交的关于《苏尼特右旗殡葬管理办法》的报告。

14. 第十四次会议于2006年8月4日召开。会议听取和审议人民政府关于在第十二届人民代表大会第三次会议上所承诺“为民办十件实事”的落实情况报告；听取和审议人民政府2006年上半年财政预算执行情况报告；听取和审议人民法院2006年上半年审判工作情况的报告；听取和审议人民检察院2006年上半年执法监督工作情况的报告。

15. 第十五次会议于2006年9月29日召开。会议听取和审议关于《苏尼特右旗人大常委会经济工作监督办法》(讨论稿)的报告；通过《苏尼特右旗苏木镇人民代表大会换届选举工作方案》；学习《中华人民共和国各级人民代表大会常务委员会监督法》。

16. 第十六次会议于2006年11月30日召开。会议听取和审议人民政府关于在全旗各族公民开展法律宣传教育第五个五年规划的报告；听取和审议人民政府关于《苏尼特右旗殡葬管理办法》的报告；听取和审议人民政府关于2005年审计工作开展情况的报告。

17. 第十七次会议于2007年1月12日召开。会议听取和审议人民政府关于2006年财政预算执行情况的报告；听取和审议人民政府关于征缴使用行政机关养老保险费及退还计划的报告；听取和审议人民法院2006年审判工作情况的报告；听取和审议人民检察院2006年执法监督工作情况的报告。

18. 第十八次会议于2007年3月21日召开。会议审议通过人大常委会工作报告；审议通过第十二届人民代表大会第四次会议的有关事项。

19. 第十九次会议于2007年4月17日召开。会议传达学习锡林郭勒盟人大工委第二十八次会议精神；审议决定人事任免事项。

20. 第二十次会议于2007年11月9日召开。会议审议决定人事任免事项。会议决定任命佈仁为人民政府副旗长、代理旗长，胡其图为人民法院副院长、代理院长；接受朝洛蒙辞去人民政府旗长职务，郑明明辞去人民法院院长职务。

三、第十三届人民代表大会常务委员会

第十三届人民代表大会期间，2008年2月1日至2011年11月4日，召开常务委员会28次。

1. 第一次会议于2008年2月1日召开。主任巴图巴特尔主持会议，副主任布和巴特尔、王和胜、乌兰、财全及常委会委员等出席会议。邀请旗委领导参加会议。人民政府旗长、人民法院院长、人民检察院检察长、人大常委会调研员和各工作委员会主任列席会议。会议学习《中华人民共和国各级人民代表大会常务委员会监督法》、常委会议事制度等法律法规，审议决定人事任免事项。

2. 第二次会议于2008年4月21日召开。会议传达锡林郭勒盟人大工委会议精神；学习《内蒙古自治区各级人民代表大会常务委员会信访工作条例》；审议苏尼特右旗人大常委会2008年度工作要点；反馈第十三届人民代表大会第一次会议代表议案办理情况；审议决定人事任免事项。

3. 第三次会议于2008年6月6日召开。会议听取和审议人民政府关于城镇环境污染治理工作情

况的报告；听取和审议清理非牧户占用草场情况及巴彦敖包嘎查围封禁牧区草场管理保护情况的报告；审议《苏尼特右旗人大常委会关于国家机关在职人员法律知识考试办法（草案）》。

4. 第四次会议于2008年7月23日召开。会议听取和审议人民政府关于2007年财政预算执行情况的审计报告；听取和审议人民政府关于2008年上半年财政预算执行情况及下半年财政预算安排情况的报告，审议人大常委会工作制度（草案）；讨论关于召开第十三届人民代表大会第二次会议有关事项。

5. 第五次会议于2008年9月9日召开。会议听取和审议人民政府关于收缴、管理和使用各种社会保障资金情况报告；听取和审议人民政府关于解决赛汉塔拉镇集中供热问题情况的报告。

6. 第六次会议于2008年12月9日召开。会议听取和审议人民政府关于在旗第十三届人民代表大会第一次会议上所承诺“为民办十件实事”的落实情况及常委会第三次、第四次、第五次会议上所提出建议的落实情况报告；听取和审议人民法院2008年审判工作情况的报告；听取和审议人民检察院2008年执法监督工作情况的报告。

7. 第七次会议于2009年2月27日召开。会议审议人大常委会工作报告；审议第十三届人民代表大会第二次会议议程。

8. 第八次会议于2009年4月10日召开。会议审议人民检察院《关于对1名第十三届人大代表依法刑事拘留的报告》。

9. 第九次会议于2009年4月29日召开。会议学习《十一届全国人民代表大会二次会议、全国政协十一届二次会议精神提纲》；听取和审议人民政府关于文化市场管理情况的报告；听取和审议人民政府关于调整预算方案的说明；听取和审议对第十三届人民代表大会第二次会议期间代表议案和建议、批评、意见的办理情况报告。

10. 第十次会议于2009年6月17日召开。会议听取部分旗直科局领导述职报告。

11. 第十一次会议于2009年8月22日召开。会议听取和审议人民政府2008年财政预算执行情况的审计报告；听取和审议人民政府2009年上半年财政预算执行情况和下半年预算安排情况的报告；听取审计局对劳动就业局2008年度培训经费使用情况的审计报告。

12. 第十二次会议于2009年10月23日召开。会议学习自治区党委书记储波在自治区人大常委会设立30周年纪念大会上的讲话；学习贯彻中共十七届四中全会讲话精神；研究讨论全旗经济社会发展中的突出问题等。

13. 第十三次会议于2009年12月22日召开。会议学习自治区第十一届人大代表、锡林郭勒盟人大工委主任阿迪雅作代表述职报告；会上讨论阿迪雅的述职报告。阿迪雅建议向自治区人民代表大会提出增加种公畜的补贴、地方优良品种的补贴等方面的议案；听取和审议人民政府关于“六件实事”的落实情况及集中供热问题的报告；听取和审议人民法院2009年工作报告；听取和审议人民检察院2009年工作报告。

14. 第十四次会议于2010年3月19日召开。会议听取和审议人大常委会工作报告；常委会副主任王和胜作代表资格审查说明；审议第十三届人民代表大会第三次会议的相关事项；审议决定人事任免事项。

15. 第十五次、第十六次会议分别于2010年4月2日、4月13日召开。会议主要听取和审议关于《苏尼特右旗公安局对1名人大代表行政拘留的请示》；会议决定许可行使行政拘留，采取刑事拘留措施，暂停其执行代表职务。

16. 第十七次会议于2010年5月21日召开。会议听取和审议人民政府关于2009年财政预算执行情况的审计报告；听取和审议人民政府关于2008年度和2009年度城镇建设资金投入与使用情况的报告。

17. 第十八次会议于2010年6月4日召开。会议审议决定人事任免事项。会议决定任命吉日嘎拉为人民政府副旗长。免去孟凡靖人民政府副旗长职务。

18. 第十九次会议于2010年8月20日召开。会议听取和审议人民政府关于2010年上半年财政预算执行情况和下半年财政预算安排情况的报告；审议决定人事任免事项。会议决定任命娜日娜为人民政府副旗长。

19. 第二十次会议于2010年11月4日召开。会议听取和审议人民政府关于在旗第十三届人民代表大会第三次会议上所承诺“为民办十件实事”的落实情况和有关议案、建议的办理情况报告；听取和审议人民法院2010年审判工作情况的报告；听取和审议人民检察院2010年执法监督工作情况的报告；审议人民政府关于2010年财政预算调整方案的报告；审议决定人事任免事项。

20. 第二十一次会议于2011年1月22日召开。会议审议讨论第十三届人民代表大会第四次会议常委会工作报告（草案）；审议决定人事任免事项。会议决定免去张怡的人民政府副旗长职务。

21. 第二十二次、第二十三次会议分别于2011年3月1日、3月25日召开。会议主要审议决定人事任免事项。

22. 第二十四次会议于2011年5月20日召开。会议学习新修订的《选举法》；听取和审议全旗工业经济发展运行情况的报告和工业园区建设及入驻企业投产运行状况的报告。

23. 第二十五次会议于2011年7月19日召开。会议听取和审议人民政府关于2010年度财政预算执行情况的审计报告；听取和审议人民政府关于2011年度上半年财政预算执行情况及下半年预算安排情况的报告；听取和审议第十三届人民代表大会第四次会议期间代表议案、建议、批评和意见的办理情况报告；审议决定人事任免事项。

24. 第二十六次会议于2011年8月4日召开。会议审议决定人事任免事项。会议决定任命锡林为人民政府副旗长。免去吉日嘎拉人民政府副旗长职务。

25. 第二十七次会议于2011年9月22日召开。会议听取和审议人民法院2011年上半年审判工作开展情况的报告；听取和审议人民检察院2011年上半年法律监督工作开展情况的报告；听取和审议人民政府关于城镇环境卫生管理情况的报告；任命各苏木镇人民代表大会换届选举委员会成员；审议决定人事任免事项。

26. 第二十八次会议于2011年11月4日召开。会议主要内容，审议决定人事任免事项。

27. 第二十九次会议于2012年1月12日召开。会议听取和审议国土资源管理局关于2011开展矿产开发治理整顿工作及矿产资源费征收情况报告；听取和审议水利局2011年关于解决人畜饮水问题及水资源费征收管理情况的报告；听取和审议财政局关于农业综合开发和政府采购工作情况报告；听取人民政府各组成部门主要负责人述职报告。

28. 第三十次会议于2012年3月5日召开。会议听取和审议旗人民政府关于宣传法律法规推进苏尼特右旗法制建设第六个五年规划（2011—2015年）专题汇报；听取和审议人大常委会工作报告；讨论第十三届人民代表大会第五次会议有关事项；审议决定人事任免事项。

29. 第三十一次会议于2012年5月15日召开。会议听取和审议人民政府关于加强牧区牲畜疫病防治工作情况的报告；听取和审议人民政府关于苏尼特肉业现代化养殖科技示范园区和草原肉业现代化养殖基地的建设及投产运行情况的报告。

30. 第三十二次会议于2012年5月15日召开。会议听取和审议人民政府关于2011年度财政预算执行情况的审计报告；听取和审议人民政府关于2012年上半年财政预算执行情况和下半年财政预算安排情况的报告；听取和审议人民政府关于旗第十三届人大五次会议代表议案、建议的办理情况报告；审议决定人事任免事项。

31. 第三十三次会议于2012年8月30日召开。会议审议决定人事任免事项。

32. 第三十四次会议于2012年10月17日召开。会议主要审议通过《苏尼特右旗人民代表大会2012年换届选举工作实施方案》；任命人大换届选举委员会组成人员。

33. 第三十五次会议于2012年12月13日召开。会议审议通过第十三届人大常委会工作报告；讨论决定关于召开第十四届人民代表大会第一次会议有关事项；听取第十四届人民代表大会代表资格审查报告；审议决定人事任免事项。会议决定任命吴长海为人民政府副旗长，锡林为人民政府副旗长；任命孙岩为人民检察院检察委员会委员、检察员、人民检察院副检察长、代检察长。接受塔娜辞去人民检察院检察长职务。

四、 第十四届人民代表大会常务委员会

第十四届人民代表大会期间，2013年2月5日至2015年12月28日，召开常务委员会22次。

1. 第一次会议于2013年2月5日召开。主任斯琴图主持会议。常委会副主任和委员出席会议。会议审议决定人事任免事项。会议通过佈仁辞去人民政府旗长职务。任命布仁金为人民政府代旗长职务。

2. 第二次会议于2013年3月8日召开。会议审议通过第十四届人大常委会代表资格审查委员会成员；审议决定人事任免事项。

3. 第三次会议于2013年5月23日召开。会议听取和审议人民政府关于民族教育发展及提升教育教学质量情况专项工作报告；听取和审议旗人民政府关于扶贫开发工作情况的报告；审议通过《苏尼特右旗人大常委会议事规则》等工作制度。

4. 第四次会议于2013年7月22日召开。会议听取和审议人民政府关于2012年度财政预算执行情况的审计报告；听取和审议人民政府关于2013年上半年财政预算执行情况和下半年财政预算安排情况的报告；审议决定人事任免事项。会议决定任命格日勒图为人民政府副旗长。

5. 第五次会议于2013年11月5日召开。会议听取和审议人民政府关于2013年“为民办十件实事”落实情况的报告；听取和审议人民法院关于2013年上半年审判工作开展情况的报告；听取和审议人民检察院关于2013年上半年法律监督工作开展情况的报告；审议决定人事任免事项。

6. 第六次会议于2013年12月31日召开。会议听取和审议人民政府关于全旗城乡居民最低生活保障工作开展情况的报告；听取和审议人民政府关于廉租房建设使用及农村牧区危房改造情况的报告；审议批准《关于2013年追加支出预算报告》的决议；审议决定人事任免事项；会议决定任命屈利剑为人民政府副旗长、公安局局长；免去刘丽媛人民政府副旗长职务、公安局局长职务。

7. 第七次会议于2014年1月24日召开。会议审议决定人事任免事项。会议决定，接受刘长春辞去苏尼特右旗第十四届人民代表大会常务委员会委员职务。决定任命刘长春为人民政府副旗长，蒙根飒为人民政府副旗长；免去达布希拉图人民政府副旗长职务、王刚人民政府副旗长职务。

8. 第八次会议于2014年2月20日召开。会议审议人大常委会工作报告；讨论决定关于召开第十四届人民代表大会第二次会议有关事项；听取第十四届人民代表大会代表变动情况及补选代表资格审查报告。

9. 第九次会议于2014年4月29日召开。会议听取和审议人民政府关于工业经济发展和园区建设情况的报告；听取和审议人民政府关于食品药品安全监督管理工作情况的报告；审议决定人事任免事项。

10. 第十次会议于2014年7月4日召开。会议审议决定人事任免事项。会议决定任命金占海为人民政府副旗长。

11. 第十一次会议于2014年8月12日召开。会议听取和审议苏尼特右旗国民经济和社会发展“十二五”规划实施情况的中期评估报告；听取和审议人民政府2014年上半年国民经济和社会发展

计划执行情况和下半年工作安排情况的报告；听取和审议人民政府2013年财政决算报告草案；听取和审议人民政府2014年上半年财政预算执行情况和下半年财政重点工作安排情况的报告；听取和审议人民政府关于2013年苏尼特右旗本级预算执行情况和其他财政收支的审计工作报告；审议通过人大常委会财政经济工作委员会关于苏尼特右旗“十二五”规划中期评估报告和2014年上半年全旗国民经济和社会发展计划执行情况的审查报告；审议通过人大常委会财政经济工作委员会关于2013年苏尼特右旗本级财政决算和2014年上半年财政预算执行情况的审查报告；审议通过人大常委会财政经济工作委员会关于2013年苏尼特右旗本级预算执行情况和其他财政收支审计工作报告的审查报告；审议人民法院关于提请旗人大常委会确定人民陪审员名额的报告；审议决定人民法院人民陪审员名额。

12. 第十二次会议于2014年10月29日召开。会议听取和审议人民政府关于环境保护工作报告；听取和审议人民政府关于安全生产工作报告；审议决定人事任免事项。

13. 第十三次会议于2014年12月25日召开。会议听取和审议人民政府关于在旗十四届人大二次会议上提出的十项民生工程的落实情况的报告；听取和审议人民政府关于民族文化体育事业发展情况的报告；听取和审议人民法院2014年度工作总结；审议通过人民政府关于有关财政预算调整的决定；审议决定人事任免事项。会议决定任命李建强为人民政府副旗长。

14. 第十四次会议于2015年1月30日召开。会议审议人大常委会工作报告；讨论决定关于召开第十四届人民代表大会第三次会议有关事项；听取第十四届人民代表大会代表变动情况及补选代表资格审查报告；审议决定人事任免事项。

15. 第十五次会议于2015年2月4日召开。会议审议决定人事任免事项。

16. 第十六次会议于2015年4月28日召开。会议听取和审议人民政府关于2014年度水利工作开展情况的报告；听取和审议人民政府关于2014年度社会保险基金管理使用情况的报告；审议决定人事任免事项。

17. 第十七次会议于2015年6月19日召开。会议审议通过巴特尔辞去第十四届人大代表职务。

18. 第十八次会议2015年7月14日召开。会议审议通过暂停斯日古楞巴特尔代表职务。

19. 第十九次会议于2015年8月25日召开。会议听取和审议关于2015年上半年国民经济和社会发展计划执行情况报告；听取和审议关于2014年本级财政决算和2015年上半年预算执行情况报告；听取关于2015年预算调整方案的报告；听取和审议关于2014年本级财政预算执行和其他财政收支的审计工作报告；审议通过人大常委会财经工作委员会关于2015年上半年国民经济和社会发展计划执行情况的审查报告；审议通过人大常委会财经工作委员会关于2014年本级财政决算和2015年上半年预算执行情况的审查报告；审议通过人大常委会财经工作委员会关于2014年本级财政预算执行和其他财政收支的审计工作报告的审查报告；表决通过关于2015年预算调整方案。

20. 第二十次会议于2015年8月31日召开。会议审议决定人事任免事项。会议决定任命兴安为人民政府副旗长；免去刘长春的人民政府副旗长职务。

21. 第二十一次会议于2015年12月8日召开。会议审议决定人事任免事项。

22. 第二十二次会议于2015年12月28日召开。会议听取和审议人民政府关于在第十四届人大三次会议上所承诺“为民办十件实事”的落实情况报告；听取和审议人民政府关于2015年度全旗公安工作开展情况的报告；听取和审议人民政府关于“六五”普法规划完成情况的报告；审议通过《苏尼特右旗人民代表大会常务委员会关于公民旁听人民代表大会常务委员会会议制度》；审议通过《苏尼特右旗人民代表大会常务委员会关于政府组成部门向本级人大常委会专门工作委员会报告年度工作情况办法》；审议通过《苏尼特右旗人民代表大会常务委员会关于决议、决定及审议意见督促办理办法（试行）》；审议通过《苏尼特右旗人民代表大会常务委员会关于审计查出问题向人大常委会报告整改情况办法》；审议通过《苏尼特右旗人民代表大会常务委员会关于加强全口径预算决算审查监督工作办法》；审议决定人事任免事项。会议决定任命南丁为人民政府副旗长；免去蒙根飒人民政府副旗长职务。

第二节 主任办公会

2015 年，苏尼特右旗人大常委会先后召开主任办公会议 12 次。

第二十四次主任会议 2015 年 1 月 5 日，会议讨论召开第十四届人大第三次会议有关事项和传达上级文件精神。

第二十五次主任会议 2015 年 1 月 21 日，会议讨论召开第十四届三次会议有关事项，会议召开时间初步定于 1 月 30 日左右，开完预备会后研究代表培训等事宜。

第二十六次主任会议 2015 年 1 月 30 日，会议讨论召开第十四届三次会议有关事项；讨论召开第十四届第十四次常委会有关事项；讨论人大工作报告，讨论人代会召开有关事项，代表资格审查报告和人事任免等事项。

第二十七次主任会议 2015 年 2 月 4 日，会议传达组织部《关于朝克吉勒图等同志任免职的通知》（〔2015〕15 号）文件。

第二十八次主任会议 2015 年 3 月 11 日，会议听取各工作委员会 2015 年工作要点。

第二十九次主任会议 2015 年 4 月 14 日，会议讨论召开常委会第十六次会议有关事项；听取水利工作报告，听取社会保险基金工作报告，人事任免等事项。

第三十次主任会议 2015 年 6 月 18 日，会议讨论召开常委会第十八次会议有关事项，会议时间 6 月 25 日。

第三十一次主任会议 2015 年 6 月 19 日，会议讨论代表外出考察事项，组织牧民代表到呼伦贝尔考察。

第三十二次主任会议 2015 年 8 月 20 日，会议讨论召开常委会第十九次会议有关事项；听取 2015 年国民经济与社会发展情况的报告，听取财政预算执行情况的报告，听取审计工作报告，听取预算调整报告，会议时间 8 月 25 日。

第三十三次主任会议 2015 年 11 月 6 日，会议讨论关于召开全旗苏木镇人大工作座谈会暨人大代表之家现场会有关事项。会议召开地额仁淖尔苏木，时间 11 月 16 日或 17 日。

第三十四次主任会议 2015 年 12 月 28 日，会议讨论召开第二十二次常委会有关事项。

第三十五次主任会议 2015 年 12 月 31 日，会议讨论《苏尼特右旗人大常委会向旗委报告工作制度》《苏尼特右旗人大常委会党组 2015 年工作汇报》。

第四章　常委会工作

第一节　议案办理

2001—2003 年，第十一届人民代表大会召开 6 次会议，会议期间各代表团和人大代表提出议案、建议、批评和意见 251 件。经议案审查委员会认真审查，将赛汉塔拉镇 17 名代表提出的“关于赛汉塔拉镇镇容管理的议案”、第四代表团“关于公文用蒙古文字下发的建议”、第二代表团“解决草场纠纷问题的议案”、阿其图乌拉苏木代表团“关于解决人畜饮水与开发水资源的议案”、新民镇代表团“关于新民镇舍饲禁牧问题的议案”确定为本届会议议案进行答复处理。

2004—2007 年，第十二届人民代表大会召开会议 4 次，会议期间各代表团和人大代表提出议案、建议、批评和意见 241 件次。将第二代表团提出的“关于保护苏尼特骆驼的建议”，赛汉塔拉镇代表团“关于进一步明确赛汉塔拉镇周边土地草场使用管理权的问题的议案”，第一、第三代表团“关于解决苏木之间边界问题的议案”，第二代表团“关于对饲养‘苏尼特羊’专业户的补贴问题的议案”确定为本届会议议案进行答复处理。

2007—2012 年，第十三届人民代表大会召开会议 5 次，会议期间各代表团和人大代表提出议案、建议、批评和意见 291 件次。将第二代表团提出的“关于赛汉塔拉镇集中供热管理的议案”、第四代表团“关于嘎查村居委会工作人员待遇问题的议案”“关于朱日和镇巴彦高勒嘎查毕鲁图地区矿产企业尾矿污染问题的议案”“关于朱日和镇社区居民危房改造问题的议案”确定为本届会议议案进行答复处理。

2013—2015 年，第十四届人民代表大会召开会议 3 次，会议期间各代表团和人大代表提出议案、建议、批评和意见 191 件次。将第四代表团提出的“关于解决赛汉塔拉镇集中供热中存在的问题的议案”和第一代表团提出的“关于解决进城务工农牧民就业及高校毕业生子女的就业问题的议案”“关于加强卫生系统人才队伍建设的议案”、第五代表团提出的“关于农村牧区人畜饮水问题的议案”、第三代表团提出的“关于城镇环境卫生的议案”确定为本届会议议案进行答复处理。

第二节　干部任免

2001—2015 年，通过全旗各届人民代表大会选举产生人大常委会主任 4 人次，副主任 16 人次，委员 58 人次；各届人大常委会依法行使人事任免权，任命人大常委会工作委员会主任、办公室主任、副主任 32 人次；任命人民政府代旗长 4 人次，政府副旗长 28 人次，人民政府组成人员 167 人次；任命人民法院代院长 2 人次，副院长 3 人次，审判委员会委员、庭长、副庭长、审判员 62 人次；任命人民检察院代检察长 3 人次，副检察长 5 人次，检察委员会委员、检察员 35 人次。

2001 年 4 月至 2004 年 3 月，第十一届人民代表大会常务委员会任免干部 12 次，其中，任职 29 人次，免职 21 人，接受辞职 1 人。

2004 年 3 月至 2008 年 2 月，第十二届人民代表大会常务委员会任免干部 9 次，其中，任职 54 人次，免职 21 人，接受辞职 2 人。

2008 年 2 月至 2013 年 2 月，第十三届人民代表大会常务委员会任免干部 13 次，其中，任职 70 人次，免职 44 人，接受辞职 1 人。

2013 年，开展廉政谈话 140 余人次，诫勉谈话 10 余人次，对 4 名科级领导约谈，3 名工作人员通报批评，对存在问题单位和部门在全旗廉政工作会议上进行通报。

2013 年 2 月至 2015 年 12 月，第十四届人民代表大会常务委员会任免干部 11 次，其中，任职 98 人次，免职 39 人，接受辞职 1 人。

第三节　调研考察

2001 年 3 月 30 日，全国人大内务司法委员会委员杨英昌带领的全国人大《中华人民共和国残疾人保障法》执法调查组一行 11 人到锡林诺如苏木开展调研。其间，听取全旗人大关于《中华人民共和国残疾人保障法》颁布 10 周年贯彻执行情况的报告，调研组在锡林诺如苏木 2 名残疾人牧户家中进行实地查看。

2002 年，组织人大代表对围封转移生态建设示范区齐哈日格图、阿尔善图等地进行视察，对全旗生态建设、围封转移工作提出加强和完善管理意见。年内，组织第十一届人大常委会 15 位委员到深圳市、珠海市等地考察学习。

2003 年 8 月 15—24 日，组织人大代表到锡林郭勒盟东乌珠穆沁旗、西乌珠穆沁旗、正蓝旗、多伦县等地考察学习。

2004 年，苏尼特右旗人大常委会对配合自治区人大常委会、锡林郭勒盟人大工委开展《内蒙古自治区科学技术协会条例》实施情况执法调研活动。

2005 年，配合锡林郭勒盟人大工委对《内蒙古自治区各级人民代表大会常务委员会信访工作条例》实施情况进行执法调研。

2006 年 8—10 月，组织人大代表到银川市、鄂尔多斯市等地考察学习；分别到东乌珠穆沁旗和西乌珠穆沁旗调研学习工业化和城镇化进程。

2007 年 6 月 30 日至 7 月 6 日，苏尼特右旗人大常委会委员及部分人大代表到蒙古国考察。年内，组织开展农牧民增收与农牧民转移工作、农牧民向能源化工领域有序转移培训和就业情况的专项调研，扶贫开发工作情况的调研。

2008 年，协助内蒙古自治区党委统战部和自治区人大常委会联合调研组开展对《中华人民共和国归侨侨眷权益保护法》实施情况的执法调研。协助全国人大调研组开展对《中华人民共和国科学技术普及法》实施情况执法调研。年内，人大常委会对全旗非牧户占用草场和禁收区草场管护情况、转移进城牧户就业生活状况、赛汉塔拉镇周边地区环境污染治理情况、奶牛养殖业发展状况等进行专题调研。

2009 年，组织开展全旗教育工作专题调研、就业资金管理使用和就业培训情况调研。配合上级人大开展农村牧区土地草牧场承包流转情况专题调研、城市住房保障制度建设和执行情况调研、农村牧区最低生活保障制度建立和完善情况调研以及农村牧区《中华人民共和国农村土地承包法》立法等调研。

2010 年，组织对全旗苏木镇文化建设情况、惠农惠牧政策落实情况及“一卡通”制度实施情况、赛汉塔拉镇居民集中供热取暖情况、全旗食品卫生监督工作开展情况、国有土地出让金的收取和管理情况等方面进行专题调研。配合上级人大开展建设工程质量法律法规执行情况、城乡各类群体收入情况、林业生态保护建设情况、新型农村牧区合作医疗工作、人大代表工作、计划预算执行情况等专题调研。

2010—2015 年，旗人大常委会加大集中视察和专题调研力度，围绕全旗民生国计、牧业经济、城镇建设、矿产土地、财政金融、文化教育、医疗卫生、拥军优属等诸多法律法规进行执法调研，先后形成《对全旗农牧民劳动力转移，促进农牧民增收调研报告》《苏尼特右旗生态建设、围封转移工程、扶贫开发工作情况的调研》《苏尼特右旗阶段性禁牧和生态保护奖励资金管理使用情况调研》《加强建设林业生态环境保护的措施》《关于惠农惠牧政策落实情况及“一卡通”制度实施情况调研报告》《新型农村牧区合作医疗工作专题调研思考》《规范国有土地使用权出让金管理具体实施意见》《整顿和规范全旗矿产资源开发秩序工作的几点意见》《建设工程质量法律法规执行情况》《赛汉塔拉镇 12 个居民区的住宅楼和办公楼的供热取暖情况调查》《全旗苏木（镇）文化建设现状调查》《全旗食品卫生监督工作开展情况》《计划预算执行情况的专题调研》《全旗低保户及民政救助资金管理使用情况、城乡各类群体收入调查报告》《全旗拥军优属双拥活动建设情况的调研》等调研报告。

第四节 信访接待

苏尼特右旗人大常委会高度重视信访工作，设专职信访工作人员，按照信访工作制度，接待、受理、转办信访案件。人大常委会在接待来访的同时，从收到的人民群众来信来访中，选出一些群众普遍反映强烈的问题，通过议案或建议、批评、意见的形式提交人民代表大会，通过法律程序得到解决。针对专业性、政策性强的信访案件，召开信访听证会，约请人大代表参与信访调研，使信访案件的处理更加公开化。

2001—2003 年，苏尼特右旗人大常委会接待来信来访 130 余人次。

2004—2007 年，苏尼特右旗人大常委会接待来信来访 120 余人次。

2005 年，锡林郭勒盟人大工委对全旗实施《内蒙古自治区各级人民代表大会常务委员会信访工作条例》情况进行调研。

2007—2012 年，苏尼特右旗人大常委会坚持“主任信访接待日”制度，落实信访办理工作责任制，加强人民群众来信来访受理和督办工作。累计受理人民群众来信来访 112 人次，办理上级人大转办来信 4 件，督促解决一些有影响的信访案件。

2008 年 8 月，第十三届人大常委会决定实行《常委会主任信访接待日》制度，实行常委会主任、副主任接待来访制度。

2008—2011 年，苏尼特右旗人大常委会接待来信来访 104 人次。设专职信访工作人员，严格按照信访工作制度，接待、受理、转办信访案件。

2012—2015 年，苏尼特右旗人大常委会接待来信来访 49 人次。

第五节 法律监督

2001 年，苏尼特右旗人大常委会开展“个案监督主题年”活动，对 4 件司法个案进行重点督促检查办理，使其中错案和久拖不决案件得到纠正或处理。年内，先后对《中华人民共和国水土保持法》《内蒙古自治区实施〈中华人民共和国水土保持法〉办法》《中华人民共和国乡镇企业法》《内蒙古自治区乡镇企业条例》《中华人民共和国村民委员会组织法》《内蒙古自治区实施〈中华人民共和国村民委员会组织法〉办法》《中华人民共和国职业教育法》《中华人民共和国工会法》等法律法规实施情况进行执法检查。

2001—2015年，苏尼特右旗人民代表大会常务委员会建立健全法律监督机制，改进和完善监督办法，强化“一府两院”法律监督工作，每年都组织开展执法检查、代表视察和走访调查活动。对《中华人民共和国宪法》《中华人民共和国土地管理法》《中华人民共和国环境保护法》《内蒙古自治区蒙医中医条例》《内蒙古自治区蒙古语言文字工作条例》等60余部国家法律和内蒙古自治区制定有关条例在全旗贯彻执行情况进行执法检查和视察活动。配合上级人大对《中华人民共和国消费者权益保护法》《中华人民共和国产品质量法》《中华人民共和国水法》《中华人民共和国科学技术普及法》等20余部法律法规开展执法调研活动。

2003年，苏尼特右旗人大常委会对《中华人民共和国文物保护法》《中华人民共和国药品管理法》贯彻实施情况开展执法检查。配合上级人大对《中华人民共和国农村土地承包法》《中华人民共和国工会法》《内蒙古自治区实施〈中华人民共和国工会法〉办法》贯彻实施情况进行执法监督检查。

2004年，苏尼特右旗人大常委会对《中华人民共和国土地管理法》《内蒙古自治区实施〈中华人民共和国土地管理法〉办法》《中华人民共和国红十字会法》《内蒙古自治区实施〈中华人民共和国全国人民代表大会和地方各级人民代表大会代表法〉办法》《内蒙古自治区蒙医中医条例》《中华人民共和国气象法》等法律法规实施情况进行执法监督检查。

2004年11月至2005年1月，依照《内蒙古自治区各级人民代表大会代表评议工作条例》人大常委会组织人大代表，对公安局、工商行政管理局、教育局、法院、检察院、司法局等部门进行执法监督评议。

2005年，组织人大代表对《中华人民共和国档案法》《中华人民共和国工会法》《中华人民共和国动物防疫法》《内蒙古自治区动物防疫条例》等法律法规实施情况进行执法检查。

2006年，组织开展对《中华人民共和国行政许可法》《中华人民共和国农村土地承包法》《中华人民共和国民族区域自治法》《内蒙古自治区蒙医中医条例》《中华人民共和国工会法》等法律法规实施情况进行执法监督检查。

2007—2012年，第十三届人大常委会坚持“围绕中心、突出重点、讲求实效”监督思路，先后就《中华人民共和国城市房地产管理法》《中华人民共和国各级人民代表大会常务委员会监督法》《中华人民共和国工会法》《中华人民共和国预算法》《内蒙古自治区蒙古语言文字工作条例》《中华人民共和国残疾人保障法》《中华人民共和国义务教育法》《中华人民共和国科学技术进步法》《中华人民共和国农民专业合作社法》《中华人民共和国水法》《中华人民共和国防沙治沙法》等13部法律法规贯彻实施情况，累计组织开展执法检查调研11次。

2008年，苏尼特右旗人大常委会对《中华人民共和国城市房地产管理法》《中华人民共和国各级人民代表大会常务委员会监督法》等法律实施情况进行执法监督检查。

2009年，组织对《中华人民共和国工会法》《内蒙古自治区蒙古语言文字工作条例》《中华人民共和国预算法》《中华人民共和国土地管理法》《中华人民共和国食品安全法》《内蒙古自治区实施〈中华人民共和国土地管理法〉办法》《内蒙古自治区文化市场管理条例》等法律法规实施情况进行执法监督检查。

2010年1月13—15日，组织19名人大代表，走访218户，对赛汉塔拉镇12个居民区住宅楼和办公楼的供热取暖情况进行调查，并针对存在的问题，向政府提出整改意见，进行跟踪督查督办。年内，针对食品安全问题，组成联合执法监督工作组，到全旗食品蔬菜销售摊点、生产作坊、农畜产品加工厂、屠宰场所进行监督检查，落实食品安全第一责任和监管措施，严厉打击食品安全领域违法犯罪行为。

2011 年，组织开展全旗低保户及民政救助资金管理使用情况、2010 年阶段性禁牧和生态保护奖励资金管理使用情况进行调研督查，在全旗开展整顿和规范矿产资源开发秩序工作专项监督检查。对《中华人民共和国水法》《中华人民共和国科学技术普及法》《中华人民共和国防沙治沙法》等法律实施情况进行执法监督检查。

2015 年，苏尼特右旗人民代表大会对全旗医疗卫生人才队伍建设情况、农牧民专业合作社发展情况、苏木镇司法所工作及“六五”普法工作情况、金融扶贫工程实施等情况开展调研活动。对全旗金融扶贫富民工程实施情况、动物防疫监督工作情况进行调研。开展《中华人民共和国老年人权益保障法》执法检查、法律援助和社区矫正工作等专题调研。

第十四编

地方人民政府

第一章　历届政府组成

第一节　政府领导机构

一、苏尼特右旗第十一届人民代表大会政府领导构成

苏尼特右旗第十一届人民代表大会于 1999 年 1 月 3 日在赛汉塔拉镇召开。选举产生人民政府旗长 1 人，人民政府副旗长 2 人，人大常委会决定任命 4 人。苏尼特右旗人民政府领导构成 7 人。

二、苏尼特右旗第十二届人民代表大会政府领导构成

苏尼特右旗第十二届人民代表大会于 2004 年 1 月 3 日在赛汉塔拉镇召开。选举产生人民政府旗长 1 人，人民政府副旗长 4 人，人大常委会决定任命 3 人；届内更迭人民政府旗长 1 人，挂职人民政府副旗长 5 人。苏尼特右旗人民政府领导构成 14 人。

三、苏尼特右旗第十三届人民代表大会政府领导构成

苏尼特右旗第十三届人民代表大会于 2007 年 12 月 3 日在赛汉塔拉镇召开。选举产生人民政府旗长 1 人，人民政府副旗长 6 人，人大常委会决定任命 2 人；届内挂职人民政府副旗长 1 人。苏尼特右旗人民政府领导构成 10 人。

四、苏尼特右旗第十四届人民代表大会政府领导构成

苏尼特右旗第十四届人民代表大会于 2013 年 1 月 5 日在赛汉塔拉镇召开。选举产生人民政府旗长 1 人，人民政府副旗长 2 人，人大常委会决定任命 8 人；届内更迭人民政府旗长 1 人、人民政府副旗长 1 人，挂职人民政府副旗长 3 人。苏尼特右旗人民政府领导构成 14 人。

苏尼特右旗第十一届至第十四届人民政府旗长、副旗长名录

表 14-1-1

届 别	职 务	姓 名	民 族	任职时间	备 注
第十一届	旗 长	敖其尔胡雅嘎	蒙古族	1999. 1—2002. 1	选举任命
	副旗长	诺日布	蒙古族	1999. 1—2004. 1	选举任命
	副旗长	张龙云	汉 族	1999. 1—2004. 1	选举任命
	副旗长	邢文峰	蒙古族	1999. 1—2004. 1	选举任命
	副旗长	巴图巴特尔	蒙古族	1999. 1—2002. 4	选举任命
	副旗长	包・苏雅拉图	蒙古族	1999. 1—2004. 1	选举任命
	副旗长	敖特根	蒙古族	1999. 1—2004. 1	选举任命
第十二届	旗 长	巴根那	蒙古族	2002. 3—2005. 11	选举任命
	旗 长	朝洛蒙	蒙古族	2005. 11—2006. 3	代 理
	旗 长	朝洛蒙	蒙古族	2006. 3—2007. 12	选举任命
	副旗长	邢文峰	蒙古族	2004. 1—2005. 3	选举任命
	副旗长	张龙云	汉 族	2004. 1—2007. 12	选举任命
	副旗长	邓 义	汉 族	2002. 3—2007. 12	选举任命
	副旗长	王哈斯	蒙古族	2003. 7—2007. 12	选举任命
	副旗长	孟凡靖	满 族	2004. 1—2007. 12	选举任命
	副旗长	布和巴特尔	蒙古族	2004. 1—2007. 12	选举任命
	副旗长	张锦明	蒙古族	2005. 11—2007. 11	选举任命
	副旗长	殷建设	蒙古族	2003. 6—2004. 7	挂 职
	副旗长	魏江生	汉 族	2003. 12—2004. 12	挂 职
	副旗长	韩晓光	汉 族	2004. 7—2006. 10	挂 职
	副旗长	萨丽娜	蒙古族	2005. 3—2006. 3	挂 职
	副旗长	李贵忠	汉 族	2006. 2—2007. 1	挂 职
第十三届	旗 长	佈 仁	蒙古族	2007. 12—2013. 2	选举任命
	副旗长	张 怡	汉 族	2007. 12—2011. 1	选举任命
	副旗长	孟凡靖	满 族	2007. 12—2010. 5	选举任命
	副旗长	达布希拉图	蒙古族	2007. 12—2013. 1	选举任命
	副旗长	吴长海	汉 族	2007. 12—2013. 1	选举任命
	副旗长	宝力德巴特尔	蒙古族	2007. 12—2013. 1	选举任命
	副旗长	张学军	汉 族	2007. 12—2013. 1	选举任命
	副旗长	娜日娜	蒙古族	2010. 7—2013. 1	选举任命
	副旗长	锡 林	蒙古族	2011. 7—2013. 1	选举任命
	副旗长	阿尔斯楞	蒙古族	2007. 4—2009. 3	挂 职
第十四届	旗 长	布仁金	蒙古族	2013. 2—2013. 12	代 理
	旗 长	布仁金	蒙古族	2014. 1—	选举任命
	副旗长	达布希拉图	蒙古族	2007. 12—2014. 1	选举任命
	副旗长	王 刚	汉 族	2012. 12—2014. 1	选举任命
	副旗长	刘长春	汉 族	2014. 1—	选举任命
	副旗长	宝力德巴特尔	蒙古族	2007. 12—	选举任命
	副旗长	张学军	汉 族	2007. 12—	选举任命
	副旗长	刘丽媛	蒙古族	2013. 1—2013. 12	选举任命
	副旗长	屈利剑	汉 族	2014. 1—	选举任命
	副旗长	蒙根飒	蒙古族	2013. 11—2013. 12	挂 职
	副旗长	蒙根飒	蒙古族	2014. 1—	选举任命
	副旗长	娜日娜	蒙古族	2010. 7—	选举任命
	副旗长	苏义拉巴图	蒙古族	2013. 1—	选举任命
	副旗长	格日勒图	蒙古族	2013. 7—2014. 6	挂 职
	副旗长	金占海	汉 族	2014. 5—	挂 职
	副旗长	李建强	汉 族	2014. 12—	挂 职

第二节　政府机构设置

2001 年 12 月 18 日，经中共锡林郭勒盟委员会、行署批复，苏尼特右旗制定《苏尼特右旗党政机构改革方案》。配套出台《苏尼特右旗党政机关人员定岗实施办法》《苏尼特右旗党政机关、苏木（镇）机关、事业单位人员分流实施办法》，全旗党政机关机构改革开始。同时进行人大常委会、政协机关、群团机关、人民法院、人民检察院机构改革。改革后，保留人民政府办公室 、计划局 、经济贸易局、民族事务局（挂宗教事务局、蒙古语文工作委员会办公室牌子）、民政局、财政局（挂农牧业综合开发办公室牌子）、人事劳动和社会保障局、教育局、科技局（挂知识产权局牌子）、文化体育局、卫生局（挂爱国卫生运动委员会办公室牌子）、计划生育局、城建局、交通局、林业水利局、畜牧业局、乡镇企业管理局、审计局、统计局、粮食局、监察局（不占机构限额）、扶贫开发办、招商局、土地房产管理局、地质矿产局等 25 个部门。

2002 年，全旗设置信访工作领导小组办公室，为信访工作领导小组常设办事机构；设置扶贫开发领导小组办公室，为全旗扶贫开发领导小组常设办事机构。

2004 年 2 月至 10 月，根据中共锡林郭勒盟委员会《关于印发苏尼特右旗人民政府机构改革方案的通知》和苏尼特右旗委办公室、政府办公室《关于印发苏尼特右旗人民政府机构改革方案的通知》，进行政府机构改革，对部分政府机构重新调整和重组。改革后，商务局与粮食局合署办公；撤销乡镇企业管理局，并入经济局，经济贸易局更名为经济局；畜牧业局更名为农牧业局；人民防空办公室，挂靠人民政府办公室。

2005 年 5 月，经济局不再保留安全生产委员会办公室牌子，单设安全生产监督管理局，隶属政府组成部门。

2011 年，按照中共锡林郭勒盟编制委员会办公室批准的机构改革方案调整优化政府机构设置，落实“政府机构限额不得突破”要求，更名经济和信息化局、民族宗教事务局、人力资源和社会保障局、住房和城乡建设局、扶贫开发办公室、文化体育广播电影电视局、交通运输局、信访局等 8 个单位；撤销商务（粮食）局，机构整合形成旅游局、商务（粮食）局、蒙古语文工作委员会、信访局、人民防空办公室等 5 个挂牌部门。改革后，调整工作机构 15 个，清理行政管理机构 1 个，政府工作部门设置 25 个（不含监察局）。

统计局原各项普查的专业技术性工作由事业单位承担；食品药品监督管理局保健食品、化妆品、消费环节食品检验检测等工作由事业单位承担。5 个挂牌机构调整为内设机构，即政府办公室不再挂外事办公室、侨务办公室牌子，调整为政府办公室内设机构；科学技术局不再挂知识产权局牌子，调整为科学技术局内设机构；农牧业局不再挂农牧业产业化办公室牌子，调整为农牧业局内设机构；政府办公室原内设机构金融工作办公室划转财政局。机构改革后，各有关部门按照“三定”要求，理顺部门间的职责关系，划入 11 项、取消 8 项、增加 16 项、强化 22 项职责。调整食品药品监管体制，将工商行政管理分局的价格管理、收费管理、价格监督检查、价格监测、价格成本调查与成本监审、价格认证等职能划转到发展和改革局承担，将物价职能的内设机构及所属物价检查所、价格认证中心建制划归发展和改革局管理。

2015 年，根据锡林郭勒盟委、行署机构改革要求，苏尼特右旗食品药品监督管理局、工商技术监督局、质量技术监督管理局合并，组建食品药品和工商质量技术监督管理局；教育局与科学技术局合并，组建教育和科技局；卫生局和计划生育局合并，组建卫生和计划生育局。成立生态保护局。将经济和信息化局的粮食职能划转到发展和改革局；将文化体育广播电影电视局更名为文化体育广电旅游局；将住房和城乡建设局更名为住房和城乡规划建设局。

第三节 基层机构设置

2001 年 5 月，根据锡林郭勒盟行政公署《转发自治区民政厅关于同意锡林郭勒盟撤并部分苏木乡镇的批复通知》和《苏尼特右旗苏木镇机构改革方案》，将 17 个苏木乡镇撤并为 14 个苏木乡镇。

2003 年 8 月，将苏尼特右旗格日勒敖都苏木划归二连浩特市管理。全旗由 14 个苏木乡镇变更为 13 个苏木乡镇。

2006 年 6 月，根据中共锡林郭勒盟委办公室、行署办公室《关于印发〈锡林郭勒盟苏木乡镇机构改革方案〉和〈锡林郭勒盟苏木乡镇机构改革实施意见〉的通知》，对全旗苏木乡镇党政机构、事业单位进行改革。将 13 个苏木乡镇撤并为 6 个苏木镇。经苏尼特右旗机构编制委员会办公室审定确定，赛汉塔拉镇内设党政综合办公室（加挂社会治安综合治理办公室牌子）、经济发展办公室、社会事务办公室（挂人口与计划生育办公室牌子）、城镇管理办公室 4 个行政机构；朱日和镇、乌日根塔拉镇、赛罕乌力吉苏木、桑宝拉格苏木、额仁淖尔苏木内设党政综合办公室（加挂社会治安综合治理办公室牌子）、经济发展办公室、社会事务办公室（挂人口与计划生育办公室牌子）3 个行政机构。

苏尼特右旗各苏木镇事业单位改革中，事业单位承担的行政职能交给苏木镇人民政府。调整苏木镇中小学校布局。合并苏木镇事业机构和人员，如文化站、卫生院等。

2012 年，根据内蒙古自治区人民政府《关于调整锡林郭勒盟部分苏木乡镇行政区划的批复》（内政字〔2012〕35 号），恢复阿其图乌拉苏木。

2015 年，全旗辖 3 个镇 4 个苏木（赛汉塔拉镇、朱日和镇、乌日根塔拉镇、桑宝拉格苏木、额仁淖尔苏木、赛罕乌力吉苏木、阿其图乌拉苏木）。

第二章　综合经济管理

第一节　发展与改革

一、 管理机构

2001 年 12 月 18 日，苏尼特右旗进行机构改革，设计划局 。

2002 年 6 月，计划局更名为发展计划局。撤销招商局，招商局业务并入发展计划局。

2004 年 9 月，发展计划局更名为发展和改革局。

2010 年，工商行政管理局的物价机构和物价管理及监督职能划入发展和改革局；生态办的生态项目建设、项目审核、审批职能划入发展和改革局。年内，发展和改革局内设办公室、国民经济综合规划股、固定资产投资股、能源股、农村牧区经济股、社会发展和就业股、产业协调股、经济技术协作股（招商引资）、综合物价管理股、价格监督检查所、西部开发办公室、稽查办公室等 12 个职能股室，核定编制 29 名。

2015 年，根据《关于印发〈苏尼特右旗人民政府职能转变和机构改革实施方案〉的通知》（苏右党发〔2015〕3 号），将人口发展战略、规划及人口改革职责和粮食局职责划入发展和改革局，设经济动员与粮食流通管理股，职能股室增至 13 个，编制人数 30 名。实有人数 33 人，其中，公务员编制 20 名，工勤编制 3 名（实有 5 人），事业编制 7 名，借调人员 1 人。

二、 编制管理

2001 年，计划局完成编制《苏尼特右旗国民经济和社会发展第十个五年计划》。编制《2001 年苏尼特右旗“光明工程”规划》。

2002 年，发展计划局完成编制《2001—2010 年以工代赈十年规划》。对全旗重点项目和国债项目进行稽查，规范资金使用和管理。

2006 年，发展和改革局完成编制《苏尼特右旗国民经济和社会发展第十一个五年计划》。

2011 年，发展和改革局完成编制《苏尼特右旗国民经济和社会发展第十二个五年计划》。

2015 年，发展和改革局上报编制《苏尼特右旗国民经济和社会发展第十三个五年计划（草案）》。

第二节 财 政

一、 管理机构

1. 行政管理机构

2002 年，苏尼特右旗财政局经内部调整，将行财股拆分为行政政法股和教科文股（合并办公）。将企财股改为经济建设股，其中，经济建设一股、二股、涉外股合署办公。综合股改设综合办公室，成立会计股，取消人秘股、行政事业资产管理股、企业资产管理股，股室缩减至 11 个。下设政府采购中心、会计核算中心。

2003 年，财政局设 11 个股室 2 个中心。

2005 年，财政局新增综合股。下设政府采购中心、会计核算中心。

2006 年，经财政局内部调整新增人秘股，内设机构增至 13 个股室。

2007 年，财政局内设 13 个股室 2 个中心（政府采购中心、国库收付中心）。10 月，核算中心转型为国库集中支付中心，工资部改为工资股。

2010 年 11 月，财政局内设综合办公室（含人教）、预算股（含国库）、行政政法股、教科文股、经济建设股（含工业交通、税政）、经济贸易股（含涉外、地方金融）、农牧业股、社会保障股、会计股、监督检查股、综合股、农村牧区综合改革办公室、国有资产管理办公室、金融工作办公室、农业综合开发领导小组办公室 15 个职能股室。下设政府采购中心、国库收付中心。

2014 年 9 月，财政局增设政府采购管理股。

2015 年，财政局内设 16 个职能股室，下设 2 个准科级事业单位（财政国库收付中心、农村牧区综合改革领导小组办公室），1 个股级事业单位（预算评审中心）。

2. 事业机构

2001 年 11 月 15 日，根据（锡机编办发〔2001〕49 号）文件批复，增设政府采购中心，副科级建制。

2002 年 6 月 9 日，根据（锡机编办发〔2001〕46 号）文件批复，增设会计核算中心，副科级建制。

2010 年 12 月，苏尼特右旗成立投资评审管理中心，股级建制，全额拨款事业单位，隶属财政局。

2011 年 10 月，苏尼特右旗成立农村牧区综合改革领导小组办公室，副科级事业单位，领导职数 1 人。办公室设在财政局。

2014 年 7 月，撤销政府采购中心，职能划入公共资源交易中心。

2015 年，财政局设财政国库收付中心、农村牧区综合改革领导小组办公室 2 个准科级事业单位，预算评审中心 1 个股级事业单位。

3. 苏木乡镇机构

2002 年，苏木乡镇财政所缩减至 14 个。撤并脑干诺如苏木、锡林诺如苏木、阿尔善图苏木、巴彦朱日和苏木 4 个财政所，增加巴彦舒图镇财政所。

2003 年，格日勒敖都苏木财政所划归二连浩特市，全旗下设财政所 13 个。

2005 年，苏尼特右旗各苏木乡镇设财政所 13 个，隶属财政局。

2006 年，撤乡并镇后保留赛汉塔拉镇、乌日根塔拉镇、朱日和镇、赛罕乌力吉苏木、额仁淖尔苏木、桑宝拉格苏木 6 个财政所。

2007 年，苏尼特右旗苏木镇财政所 6 个，隶属财政局。

2014—2015 年，确定苏木镇财政所 7 个，岗位设置工作人员 36 人。

二、 财政体制

2001 年，财政收入范围不再按照企业隶属关系划分，根据属地收入，按税种划分，分共享税和固定税。

2003 年，基层苏木镇财政实行“核定收支、总额包干、定额补助或上解，超收部分旗级与苏木级 3∶7 比例分成，旗级与镇级 4∶6 比例分成，超支不补、一年一定”财政管理体制。

2004 年，财政局出台《关于对苏木镇财政实行目标化管理的通知》，对苏木镇收入、支出、消化赤字等事项进行考核，并对当年考核结果进行奖励。

2006 年，根据《内蒙古自治区人民政府关于进一步完善区与盟市财政管理体制的通知》，改变以前按企业隶属关系划分收入的方法，按税种和比例划分盟市和旗县收入，实行税收属地管理，对部分税收实施增量分成，分享比例分年逐步到位。实行“核定收支、总额包干、定额补助或上解，超收部分旗级与苏木镇级 5∶5 比例分成；超支不补、一年一定”财政管理体制。对嘎查村实行“村财民理旗代管”管理方式，嘎查村资金由畜牧经管站管理。

2007 年 9 月，苏尼特右旗推行国库集中支付制度改革，会计核算中心变更为财政国库收付中心，将所有财政性资金纳入国库单一账户体系管理。取消苏木镇金库，税收缴入旗级国库，苏木镇不再体现财政收入，实行“乡财县管”“总额包干、定额补助、超支不补、一年一定”财政管理体制。

2008 年 4 月，制定《苏尼特右旗行政事业单位国有资产管理暂行办法》，在全旗开展行政事业单位国有资产产权登记工作。11 月，启动政府非税收入收缴管理制度，首次将非税收入纳入国库集中收付管理。年内，组织开展惠农惠牧补贴资金“一卡通”支付方式改革工作，“乡财县管”财政管理方式稳步运行。

2009 年，根据国库集中支付改革具体要求，拟定预算单位财政资金直接支付比例占年度公用经费总额 70%以上。截至 12 月底，国库集中支付直接支付金额 10288. 92 万元。年内，推进“家电下乡”“汽车摩托车下乡”工作补贴家电下乡兑付补贴资金 41. 68 万元，居全盟第二名；补贴汽车摩托车下乡兑付补贴资金 58. 64 万元。

2010 年，制定《苏尼特右旗财税库银税收收入电子缴库横向联网管理暂行办法》《苏尼特右旗财税库银税收收入电子缴库横向联网实施方案》。

2011 年，根据全盟财政工作会议确定苏尼特右旗为公务卡结算制度改革试点地区要求，制定《苏尼特右旗本级试点单位推行公务卡制度实施方案》，出台《苏尼特右旗本级预算单位公务卡管理暂行办法》等相关政策文件。

2012 年，完成预算执行一体化大平台建设，实现区、盟、旗三级财政资金支出数据共享。年内，全旗公务卡系统正式上线运行。

2013 年，编印《苏尼特右旗财政管理制度改革文件选编》，选录 2006—2013 年全旗财政管理制度改革文件。出台《项目工程财务管理的补充规定》，对工程项目结算实行收付实现制。按照营改增试点工作调查方案，成立试点调研工作领导小组，确保全旗营业税改征增值税试点工作有序进行。

2014 年，实施农村牧区重点工程建设，推进全旗现代农业生产发展项目，开展农业综合开发工作。公开招录考试新选拔财政所工作人员，统一规划苏木镇公共服务中心，搭建财政内网和相关配套投入，安装“一卡通”触摸查询机和 LCD 大屏幕等设备。

2015 年，根据新的《中华人民共和国预算法》《中华人民共和国政府信息公开条例》文件，将信息公开纳入年度重点工作之一。在政府政务门户网站中设立“预决算公开”栏目，汇总集中公开政府预决算、部门预决算及“三公”经费预决算等内容，将公开透明贯穿整个预算改革和管理的全过程。

三、财政收入

1. 收入状况

2001 年，全旗农牧业税全部减免情况下，财政总收入 2552 万元，完成年度调整预算的 89%。其中，地方财政收入 1663 万元，完成年度调整预算的 83%；上划中央“两税”收入 889 万元，完成年度预算的 102%。

2002 年，全旗财政总收入 4156 万元，完成年度调整预算的 112%。其中，地方财政收入 1748 万元，完成年度调整预算的 136%，较上年同比增长 85 万元，增长 5%；社会保险基金收入 1435 万元，完成年度预算的 112%；上划中央“两税”收入 725 万元，完成年度预算的 81%，同比减收 164 万元，下降 18.4%；上划中央所得税 248 万元，完成年度预算的 101%。

2003 年，全旗财政总收入 5326 万元，完成年度预算的 120%。其中，一般预算收入 2103 万元，完成年度预算的 111%，较上年同比增收 363 万元，增长 21%；社会保险基金收入 1902 万元，完成年度预算的 130%，同比增收 467 万元，增长 32.5%。上划中央“两税”收入 1015 万元，上划中央所得税 342 万元。

2005 年，全旗财政总收入 14250 万元，完成年度预算的 106.3%，较上年同比增收 5954 万元，增长 71.8%。

2006 年，全旗财政总收入 24095 万元，完成年度预算的 100.4%，较上年同期增收 9845 万元，增长 69.1%。

2007 年，全旗财政总收入 27199 万元，完成年度预算的 100%，较上年实际增加 3104 万元，增长 13%。

2008 年，地方财政总收入 29052 万元，完成年度预算的 100%，较上年增加 4260 万元，增长 17%。

2009 年，地方财政总收入 30033 万元，完成年度预算的 100%，较上年同比增收 981 万元，增长 3.4%。其中，一般预算收入 18171 万元，完成年度预算的 130%，较上年同比增收 4604 万元，增长 34%。

2010 年，地方财政总收入 40018 万元，较上年同比增收 9985 万元，增长 33%。其中，一般预算收入完成 25773 万元，较上年同比增收 7602 万元，增长 42%。

2011 年，地方财政总收入 41159 万元，较上年同比增收 1141 万元，增长 3%。其中，公共财政预算收入完成 20647 万元。

2012 年，地方财政总收入 42890 万元，完成年度预算的 102%，较上年同比增收 1731 万元，增长 4.2%。其中，公共财政预算收入 17936 万元，完成年度预算的 104%，较上年同比减收 2711 万元，下降 13.1%。

2013 年，地方财政总收入 48537 万元，完成年度预算的 99%，较上年同比增收 5647 万元，增长 13.2%。其中，公共财政预算收入 25363 万元，完成年度预算的 118%，较上年同比增收 7427 万元，增长 41.4%。

2014 年，地方财政总收入 50493 万元，完成年度预算的 97%，较上年同比增收 1956 万元，增长 4.0%。其中，公共财政预算收入 27206 万元，完成年度预算的 100%，较上年同比增收 1843 万元，增长 7.3%。

2015 年，地方财政总收入 49607 万元。其中，公共预算收入 29608 万元，上划中央税收收入

16202万元，上划自治区税收收入3797万元。

2001—2015年苏尼特右旗财政总收入统计表

表14-2-1　　单位：万元

年份	财政总收入	地方财政收入	上划中央"两税"收入	上划自治区税收收入	一般性预算收入	公共财政预算收入
2001	2552	1663	889	—	—	—
2002	2473	1748	725	—	—	—
2003	3504	2147	1357	—	—	—
2004	8296	5876	2420	—	—	—
2005	14250	9496	4754	—	—	—
2006	24095	14363	8736	996	—	—
2007	27199	24792	12773	1753	10266	—
2008	32763	29052	13614	1871	13567	—
2009	—	30033	10042	1820	18171	—
2010	—	40018	11961	2284	25773	—
2011	—	41159	17337	3175	—	20647
2012	—	42890	21041	3913	—	17936
2013	—	48537	19190	3984	—	25363
2014	—	50493	19110	4168	—	27206
2015	—	49607	16202	3797	—	29608

说明：2009年取消财政总收入口径，口径调整为地方财政总收入；2015年开始上级财政部门不再将总收入作为考核指标

2. 收入构成

2001—2004年，苏尼特右旗财政收入以一般预算收入为主。2003年，增加非税收入国有资产经营收益。2004年，增加资源税收。

2007年，苏尼特右旗地方财政一般预算收入9158万元，其中，税收收入7649万元，非税收入1509万元。

2015年，苏尼特右旗地方财政一般预算收入22546万元，其中，税收收入14968万元，非税收入7578万元。

2001—2015年苏尼特右旗财政收入构成情况表

表14-2-2　　单位：万元

年度	一般预算收入											
	税收收入								非税收入			
	增值税	营业税	企业所得税	个人所得税	资源税	房产税	城镇土地使用税	城市维护建设税	专项收入	行政性收费	罚没收入	国有资产经营收益
2001	251	219	272	202	—	123	51	97	130	65	48	—
2002	205	458	140	107	—	220	85	85	116	114	52	—
2003	320	353	148	81	—	193	48	142	140	377	45	9
2004	687	872	149	84	23	373	78	212	191	663	50	1978
2005	1463	961	154	88	21	314	139	449	2341	905	113	607

续表14-2-2

年度	一般预算收入											
	税收收入								非税收入			
	增值税	营业税	企业所得税	个人所得税	资源税	房产税	城镇土地使用税	城市维护建设税	专项收入	行政性收费	罚没收入	国有资产经营收益
2006	2169	1179	127	193	315	383	162	704	2660	617	168	689
2007	2990	2538	494	252	319	323	111	622	558	582	276	93
2008	2813	1860	1022	431	508	367	659	705	1009	400	389	529
2009	2050	2449	438	617	539	370	441	505	5398	184	349	1321
2010	1669	2226	2258	463	616	431	508	583	1154	1184	369	1924
2011	1786	1947	4583	512	695	495	605	600	3623	357	434	1579
2012	1735	2428	6483	319	341	504	642	567	1486	442	360	574
2013	1521	4722	6068	422	360	725	663	755	1668	1339	343	3302
2014	2345	4918	5049	452	499	797	914	744	3321	1048	395	780
2015	2100	5479	3924	567	498	792	839	769	1857	1203	618	3900
总计	24104	32609	31309	4790	4734	6410	5945	7539	25652	9480	4009	17285

四、财政支出

2001 年，全旗财政总支出 8216 万元，完成预算收支平衡，实现“十五”计划的良好开局。

2002 年，全旗财政总支出 11449 万元，完成年度调整预算的 123%，较上年同比增加 3233 万元，增长 39%。

2003 年，全旗财政总支出 13542 万元，较上年同比增支 2093 万元，增长 18%。其中，一般预算支出 11737 万元，较上年同比增长 1736 万元，增长 17%；社保基金支出 1806 万元，较上年同比增支 358 万元，增长 25%。

2004—2005 年，全旗财政总支出 43875 万元。

2006 年，全旗财政总支出 32809 万元，是年度调整预算的 92.5%，较上年同期增支 8509 万元，增长 35%。

2007 年，全旗财政总支出 34621 万元，是年度调整预算的 100%，较上年实际增加 1812 万元，增长 5.5%。

2008 年，全旗财政总支出 44791 万元，是年度调整预算的 99%，较上年增支 10170 万元，增长 29%。

2009 年，全旗财政总支出 66407 万元，是年度调整预算的 100%，较上年同比增支21616万元，增长 48%。增加专项资金支出 12605 万元。

2010 年，地方财政总支出 72382 万元，是年度调整预算的 100%，较上年同比增支 5975 万元，增长 9%。

2011 年，地方财政总支出 92437 万元，完成年度调整预算的 94%，较上年同比增支 20055 万元，增长 28%，其中，上级下达各类转移支付资金 68303 万元，财政部代理发行债券收入 1583 万元，一般预算收入 20647 万元，上年结余 1904 万元。

2012 年，全旗公共财政预算支出 126853 万元，完成年度调整预算的 100%，较上年同比增支 34416 万元，增长 37.2%。

2013 年，全旗公共财政预算支出 110534 万元，完成年度调整预算的 93%，较上年同比减支

16319 万元，下降 12.9%。

2014 年，全旗公共财政预算支出 139325 万元，完成年度调整预算的 100%，较上年同比增支 28791 万元，增长 26%。

2015 年，全旗公共财政预算支出 138337 万元，较上年同比减支 1088 万元，下降 0.7%。其中，涉及保障和改善民生领域支出94300万元，占公共财政预算支出的 68.2%。

2015 年苏尼特右旗财政分类支出情况一览表

表 14-2-3

项目	财政支出（万元）	增支（万元）	增长（%）	减支（万元）	降低（%）	结算支出（万元）	
一般公共服务	18247	5578	44	—	—	财政结余	-37048
国　防	93	33	55	—	—	上解支出	6278
公共安全	5942	97	1.7	—	—	债券还本	6374
教　育	15710	2213	16.4	—	—	调节资金	508
科学技术	183	—	—	254	58.1	—	—
文化体育与传媒	2489	516	26.2	—	—	—	—
社会保障与就业	22336	1930	9.5	—	—	—	—
医疗卫生计划生育	10684	2627	32.6	—	—	—	—
节能环保	1655	—	—	4452	72.9	—	—
城乡社区事务	8875	—	—	2725	23.5	—	—
农林水事务	32145	—	—	6979	17.8	—	—
交通运输	6597	3069	87	—	—	—	—
资源勘探电力信息等事务	1998	1018	103.9	—	—	—	—
粮油物资筹备支出	—	—	—	—	—	—	—
国债还本付息支出	—	—	—	—	—	—	—
商业服务业等事务支出	2935	—	—	11	0.4	—	—
国土资源气象等事务支出	1440	—	—	1252	46.5	—	—
住房保障支出	5946	—	—	2331	28.2	—	—
金融支出	48	25	108.7	—	—	—	—
其他支出	1014	—	—	—	—	—	—
合　计	138337	—	—	—	—	合　计	13160
总　计	151397	—	—	—	—	—	—

五、 财务管理

2001 年，根据全盟深化农村牧区税费改革及乡财政体制改革指导工作方案要求，全旗开始农村牧区税费改革，成立全旗农村牧区改革领导小组，组建农村牧区税费改革和乡财政体制改革指导办公室，制定农村牧区税费改革实施方案。

2002 年 6 月，财政局成立会计核算中心，撤销 72 个单位会计机构，实行全旗工资统发制度，各业务股室分别编制工资表，由银行统一代发。

2003 年 10 月，财政核算中心成立工资部，采用新中大财务软件“银行代发工资系统”，统一编制 72 个单位 2150 人的工资表，实行银行统一代发工资。

2006 年 5 月，制定《苏尼特右旗苏木镇财政管理方式实行“乡财县管”实施方案》《苏木镇财政“乡财县管”实施细则》，实行苏木镇财政“乡财县管”和“村财民理旗代管”方式，苏木镇按照“预算共编、账户统设、集中支付、采购统办、票据统管”要求开展工作。

2007 年 2 月，全旗将苏木乡镇 12 个单位 391 人纳入工资统发。9 月 29 日，财政国库集中支付系统上线运行，纳入国库集中支付改革的预算单位 70 个，占全旗预算单位的 70%。10 月，统一编制各单位 2541 人的工资表，制定全旗财政国库集中支付工资业务流程图，实行工资统发制度，工资进行直接支付（直接支付到个人银行账户）。先后出台《关于印发财政性资金国库集中支付管理办法的通知》《关于拟订苏尼特右旗本级财政资金直接支付目录的通知》《关于印发苏尼特右旗国库集中支付业务规范和业务流程的通知》《关于印发苏尼特右旗财政国库管理制度改革会计核算暂行办法通知》等 14 份改革文件。年内，财政实施政府收支分类改革。改革后分设类、款、项、目四级，分别逐级细化 17 类、170 余款、800 余项。按照简便、实用的原则，支出经济分类科目设类、款两级，分 12 类、90 余款。

2008 年 4 月 25 日，根据《国务院办公厅关于化解乡村债务工作的意见》和《内蒙古自治区化解农村牧区义务教育债务实施方案》文件，将 2005 年 12 月 31 日前全旗形成的 2148.11 万元义务教育债务全部剥离并化解。解决全旗中小学因“两基”达标所形成的债务，维护义务教育阶段各中小学正常教学秩序，推动农村牧区综合改革进程。

2009 年，推进财政补贴农牧民资金管理和支付方式改革工作（“一卡通”管理和支付方式改革）。完成年度全旗会计从业资格报考工作，参加考试 98 人。协助全盟珠算协会开展珠算等级鉴定考试，参加鉴定考试人员 44 人，申请换证 14 人。举办行政事业单位财务人员培训班，参加培训 214 人。

2010 年，组织会计从业资格网上报名和考试工作，完成 2009—2010 年会计人员证书申报工作。年内，举办农村牧区财会人员财政支农支牧政策培训，对全旗行政事业单位《会计法》《会计条例》执行情况进行检查。

2011—2014 年，苏尼特右旗连续举办 4 届“海峡两岸珠心算通信赛”和农村牧区财会人员财政支农支牧政策培训、行政事业单位财务人员继续教育暨国有资产软件培训，选派人员参加全区会计管理人员素质提升培训学习。先后完成会计人员采集信息工作，年度会计专业技术资格报名工作（更换新版会计从业资格证书）以及对全旗行政事业单位《会计法》《会计条例》执行情况检查工作。

2015 年，制定年度会计人员继续教育培训计划，完成年度会计从业资格、会计专业技术职称考试报名工作。调整新一届会计珠算学（协）会理事及会员，成功举办“第二十四届海峡两岸珠心算通信赛”，212 名选手参赛，30 名选手胜出。

六、预决算管理

2001—2004 年，全旗继续实行分税制改革，扩大增值税征收范围，增值税收入 75%归中央，25%留地方，年递增率按本地区增值税和消费税的平均增长率 1∶0.15 系数确定，即上述两税全国平均每增长 1%，自治区财政对地方税收返还增加 0.15%。每年决算编制前，召开预决算编制会议，统一安排专人负责审核决算编制工作。

2001 年，由于连续几年特大自然灾害，全旗基础产业畜牧业遭受重大损失。根据上级“无灾不减、重灾多减、特重全免”原则，经上级部门批准免征农牧业税，农牧业税实际减免 1016 万元。

2002—2003 年，苏尼特右旗财政赤字 179 万元。

2002—2004 年，苏尼特右旗分别入库 2001 年以前尾欠的农牧业税 5.58 万元、5.28 万元、19.12 万元。

2002—2007 年，全旗机动财力主要用于行政事业单位及离退人员增资、提高单位公用经费支出标准、公费医疗增长、公积金财政补贴部分以及新增商务局、经济局、朱日和工业区管委会、安全监督管理局、青少年活动中心等机构和人员所需开支，兑现历年欠发的教师工资。

2003 年，实行“刚性预算、超支不补、结余留用”，预算执行中一律不追加经费的预算包干办法，公用经费核定标准为教育局及公安局、检察院、法院按年人均 600 元，行政单位及科级事业单位按年人均 500 元，土地局、文化体育广播电视局二级单位按人均 300 元核定，农牧业局二级单位按年人均 400 元核定，其他有收入的事业单位不予核定经费。

2004—2005，全旗年均财政赤字 51 万元。

2005 年，全旗财政总收入突破 1 亿元大关。

2006 年，全旗财政总收入突破 2 亿元。年内，实行“核定包干、超支不补、结余留用”，执行中不再追加经费的预算包干办法。公用经费核定标准为行政单位按年人均 2000 元、事业单位年人均 1500 元；公安、交警、林业公安办公办案经费年人均 2 万元，保障核准下浮 20%，核定保障核准数额 15%统筹管理。医疗、农牧业部门有收入的事业单位不予核定经费。年内，全旗废止农牧业税。

2007 年，全旗财政总收入 27199 万元。兑现 2006 年公务员工资改革、事业单位工作人员收入分配制度改革、离退休计发离退休费改革的人员工资大幅度增长部分，经统计，3 项工资改革年均增加财政支出 220 万元。兑现公务员津补贴，经统计，年均增加财政支出 397 万元。年内，增加全旗城镇化建设支出，新农村、新牧区建设、科教文化、财源建设等方面重点支出较大幅度增长。苏尼特碱业公司税收下划，按照要求结算体制调整上解支出 1775 万元。全旗财政做到收支平衡，略有结余。

2008 年，按照部门预算编制要求，改革预算编制方法，由财政部门统一代编部门预算，改为各部门、各单位分别编制部门预算，对本级预算单位实行部门预算。同时，强化政府采购预算编制和采购资金支付管理。预算执行中优先安排全旗干部职工工资和机关单位办公经费，确保及时足额发放和正常运转。年内，全旗一般公共服务支出 6883 万元，比上年增加 1979 万元，增长 40%；拨付资金 1690 万元，兑现全旗行政事业单位工作人员、离退休人员津补贴增资。

2009 年，由于受金融危机影响，全旗内所属企业产品价格下跌，重点税源企业苏尼特碱业公司入库增值税 3700 万元，较上年同比减收 2783 万元。供电局入库增值税 763 万元，较上年同比减收 103 万元。白雁湖、温都尔、海源等高耗能企业入库增值税 1040 万元，较上年同比减收 1112 万元。绒毛企业累计入库增值税 539 万元，较上年同比减收 194 万元。优化支出结构，重点安排教育支出 2446 万元，用于教育布局调整还本付息以及兑现农牧民子女各项义教补贴，拨付资金 697 万元，兑现全旗义务教育工作者绩效工资，教师年人均收入增加 9000 余元。支持农牧业产业化升级，加大对苏尼特肉羊规模化养殖专业户等经营主体支持力度。通过“一卡通”方式累计发放惠农惠牧资金 2446 万元，包括粮食直补、农资综合直补等 15 大类 22 小项补贴，惠及 5 个苏木、53 个嘎查村和 14160 户农牧民。

2010 年，全旗国库集中支付直接支付金额 21677 万元，直接支付比例由上年的 76.5%，提高到 80.9%。

2015 年，根据新《预算法》《政府信息公开条例》及上级财政部门有关预决算公开要求，在政务门户网站中设立“预决算公开”栏目，集中公开政府预决算、部门预决算及“三公”经费预决算等内容，接受人民群众和社会舆论的监督。年内，落实新《预算法》“量入为出、收支平衡”预算编制原则，消化年度赤字 410 万元。

七、 非税收入管理

2001 年，落实国务院办公厅转发的《财政部关于深化收支两条线改革进一步加强财政管理的意见》，从收入审定、专户储存管理、资金拨付及资金使用效益和监察等方面把关，避免国家财政资金分散和流失。年内，对全旗凡是有行政事业性收费项目单位近 5 年领取的行政事业性收费收据进行清理。

2002—2003 年，财政局加大预算外资金收缴力度，落实“收支两条线”政策。完善行政事业性收费管理制度和预算外资金收入收缴制度。对各预算单位财务收支采取“集中管理、统一开户、分户核算”办法，取消过渡性账户，设立新的收入收缴体系，规范预算外资金收入收缴程序。财政部门采取统一票据监督，从源头上遏制票据混开及非合法票据入账问题，实现以票管费、票款同行。

2004 年，全旗开展非税票据管理情况专项检查，规范执收执罚单位收费行为，防止挪用、坐支、小金库等现象发生。完善各类收费票据的领用、核销等管理制度，对收费票据领用、核销全部实行领购票据归档制度。清查 2003 年以前年度行政事业性收费收据、罚没收据；销毁 2000 年以前年度符合销毁条件的 2650 本收据。预算外专户账务采用财务软件制度，年初全部脱离手工记账，进入计算机会计信息收集、整理、反馈等方面的自动化处理程序。

2005—2007 年，根据《锡林郭勒盟非税票据管理办法》要求，在票据管理上，实行收费票据的领用、核销，凭领购证领购、验旧购新制度和票据归档制度，及时纠正有关单位执行政府非税收入管理过程中的违规行为。年内，根据《内蒙古自治区财政票据存根销毁管理办法》，配合盟财政局对工商局申报《票据存根销毁申请》和财政局申报《1998 年以前年度领取的未使用行政性收费票据销毁的申请》进行逐本审验、登记造册，销毁工商局 2001 年以前年度票据存根 315 本，财政局 1998 年以前领取未使用的行政性票据 1095 本。配合行政审批中心制定《集中审批单位行政事业性收费管理办法》。

2008 年，按照自治区财政厅对非税收入收缴管理制度改革总体部署方案的要求，非税收入收缴系统于 11 月 10 日上线，组织开展人员培训、基础数据录入和试用运行。12 月 1 日，正式启用“电子化”管理的非税收入收缴系统。全旗纳入非税收入收缴管理体系的单位 56 个，除公安局、兽医站、民政局集中汇缴外，其他执收单位全部采用直接缴库。年内，全旗非税收入完成 4455 万元，完成预算 178%，较上年同比增加 2807 万元，增长 1.7 倍。

2009 年，苏尼特右旗非税收入入库 8335 万元，完成预算的 183%，较上年同比增收 3880 万元，增长 87%，占地方财政收入的 28%。

2010 年，苏尼特右旗非税收入入库 11321 万元，较上年同比增收 2986 万元，增长 36%，占地方财政收入的 28%。其中，专项收入入库 1154 万元，较上年同比减收 2444 万元，下降 68%。行政性收费收入入库 1184 万元，较上年同比增收 1000 万元，增长 5.4 倍，主要是国土部门首次征缴二连华油公司土地复垦费 100 万元，交通部门首次上缴公路补偿费 800 万元。罚没收入入库 369 万元，较上年同比增收 20 万元，增长 6%。国有资本经营收入入库 1924 万元，较上年同比增收 603 万元，增长 46%。国有资源（资产）有偿使用收入入库 6681 万元，较上年同比增收 4227 万元，增长 1.7 倍。其他收入入库 9 万元，较上年同比减收 420 万元，下降 98%。

2011 年，全旗非税收入入库 7388 万元，完成预算的 114%，较上年同比减收 3933 万元，下降 35%，占地方财政收入的 18%。

2012 年，全旗开展非税收入征管情况摸底调查，落实非税收入征缴管理机制。年内，非税收入入库 3352 万元，完成预算的 139%，较上年同比减收 4036 万元，下降 54.6%，占地方财政收入的 8%。

2013 年，全旗非税收入入库 7769 万元，完成预算的 176%，较上年同比增收 4417 万元，增长 131.8%，占地方财政收入的 16%。

2014 年，全旗非税收入入库 7482 万元，完成预算的 108%，较上年同比减收 287 万元，下降 3.7%，占地方财政收入的 15%。

2015 年，全旗非税收入入库 9149 万元，完成预算的 104%，较上年同比增收 1667 万元，增长

22.3%，占公共财政预算收入的31%。其中，行政事业性收费收入入库1204万元，完成预算的100%，较上年同比增收156万元，增长14.9%。主要是土地复垦费较上年同比增收139万元，建设行政事业性收费较上年同比增收61万元。罚没收入入库617万元，完成预算的137%，较上年同比增收222万元，增长56.2%。其中，公安局、人民检察院、国土资源局等部门征收罚没款较上年增收222万元。

八、国有资产管理

2001年，加强全旗国有资产管理，对被撤并苏木乡镇的国有资产进行全面、彻底清查。冻结被撤并苏木乡镇的各种账户、账目、账册，停止一切财务收支活动，将账目、账册、会计凭证、支票印章（印鉴）等各种有效涉财文件档案、会计信息资料一并封存，对撤并苏木乡镇国有资产全部冻结。对土地、固定资产、流动资产、无形资产、低值易耗品等，不论固定资产在苏木乡镇内外、账内账外还是个人手中，所有权归苏木乡镇的一切财产、物品均列为清查范围。

2004年，根据自治区国资委《关于开展企业国有资产产权登记检查工作通知》要求，对自来水公司、军粮供应站、赛丰粮食购销公司3家国有企业进行产权登记，由财政局国资办统一发放产权登记证，国有资产总额1287万元。

2007年，根据自治区财政厅关于《内蒙古自治区行政事业单位资产核实暂行办法》，对全旗42个行政单位、72个事业单位，进行资产清查、损益、鉴证工作。全旗资产损失1475.06万元，资产盘盈1735.78万元，负债盘盈211.04万元，全旗资产有损益单位68个，无损益单位46个，清查核实国有资产价值总量1.9亿元，其中，行政单位国有资产总量1亿元，事业单位国有资产总量0.9亿元。

2008年，制定《苏尼特右旗行政事业单位国有资产管理暂行办法》。4月，全旗范围内开展行政事业单位国有资产产权登记工作，规范和加强行政事业单位国有资产管理。

2011年，开办全旗行政事业单位财务人员继续教育暨国有资产软件培训班，做好全旗行政事业单位国有资产产权登记证换证工作，开展党政机关公务用车问题专项治理等工作。年内，国有资源（资产）有偿使用收入入库1295万元，完成预算的86%，较上年同比减收5386万元，下降81%。主要是石油、煤炭勘探费入库35万元，较上年同比减收3799万元。行政、事业单位国有资产处置收入较上年同期减收1586万元。

2012年，国有资源（资产）有偿使用收入入库470万元，完成预算的470%，较上年同比减收825万元，下降63.7%。主要是行政、事业单位国有资产处置收入较上年同比减收784万元，其他国有资源（资产）有偿使用收入较上年同比减收34万元。

2013年，国有资源（资产）有偿使用收入入库902万元，完成预算的451%，较上年同比增收432万元，增长91.9%。主要是出售廉租住房收入较上年增收54万元；行政事业单位处置国有资产较上年同比增收46万元；其他国有资源（资产）有偿使用同比增收203万元；财政专户存款利息收入较上年同比增收128万元。

2014年，国有资源（资产）有偿使用收入入库1816万元，完成预算的209%，较上年同比增收914万元，增长101.3%。主要是出售廉租房收入较上年同比增收973万元。

2015年，国有资源（资产）有偿使用收入入库494万元，完成预算的55%，较上年同比减收1322万元，下降72.8%。主要是行政事业单位处置国有资产较上年同比减收1335万元。

九、政府采购

2001—2002年，苏尼特右旗人民政府开始试行政府采购。对旗直8所学校冬季取暖用煤采取公开招标的方式采购，以每吨213元的价格采购1500吨，节约资金43500元，节支率12%。

2003—2005年，政府采购中心隶属于财政局，为本级政府采购执行机构，采管1家，兼施采购办公室职能。

2006年，政府采购金额首次突破千万元。

2007年，完成政府采购1350万元，节支率6.6%。其中，主要采购项目有交通工具12辆207万元，缴纳车辆保险费45万元，计算机等现代办公用品73台件42万元，办公桌椅等27万元，教学仪器及教学电脑设备250万元，配合金财工程，完成网络工程采购67万元，民政救灾面粉采购44万元。

2008年，完成政府采购1446万元，节支率5.9%。

2009年，完成政府采购1638.77万元，节支率6.5%。较上年增支192.79万元，增长13.33%。其中，货物类采购完成983.6万元，占采购资金总额的60%，服务类采购完成655.17万元，占采购资金总额的40%。

2010年，全年完成政府采购1716.78万元，较上年增长4.8%，节支率8.45%（不含单一来源采购）。

2011年，完成政府采购1340万元，节支率6.9%，其中，货物类采购1216万元，占采购资金总额的91%；服务类采购124万元，占采购资金总额的9%，节约财政资金100万元。

2012年，全年完成政府采购1862万元，比上年增支522万元，增长39%，节约财政资金135万元，节支率6.76%，其中，货物类采购1657万元，占采购资金总额的89%；服务类采购205万元，占采购资金总额的11%。

2013年，全年完成政府采购1412万元，节约财政资金84万元，节支率5.1%，其中，联合盟政府采购中心开展采购全旗环保重金属监测设备项目102.5万元。

2014年，政府采取“采购程序、采购方法、采购效率”等措施，年内，完成政府采购2223万元，节约财政资金256万元，节支率10%。

2015年，政府采购中心对所有政府采购项目均实现公共资源交易平台进场开标，完成政府采购项目103宗，采购金额4321万元，节约财政资金508万元，节支率10.52%。

十、财政监督

2002年，财政部门组成2个检查组对全旗20家行政事业单位的《中华人民共和国会计法》执行情况进行检查。其中，教育10家、文化4家、畜牧3家、广播1家、行政2家。

2003年初，财政部门抽调25名工作人员组成8个小组，对全旗90个行政事业单位的国有资产管理进行清产核资，登记入账，设卡，账物相符，并对各单位资金往来进行检查。

2007年3月12日，全旗成立8个工作组（含审计人员），重点对6个苏木镇专项资金进行检查。年内，组织全盟各旗县互查专项资金检查。

2008年，对全旗苏木镇、旗直各相关单位的“收支两条线”、国有资产管理、政府采购、财务制度执行、会计工作规范化等开展情况进行检查。

2009年，苏尼特右旗成立“扩大内需促进经济增长政策落实和资金监管工作”领导小组，对中央、自治区及盟、旗投资项目实施全程跟踪监督。通过各单位自查、财政部门重点检查，查处违规资金2.70万元。

2010年，财政部门组织有关职能股室，对全旗范围内行政事业单位《中华人民共和国会计法》

《中华人民共和国会计条例》执行情况进行专项检查，督促各单位认真抓好财务管理工作。

2011 年，财政部门加强对专项资金的监督检查，特别是对中央扩大内需投资、“三农三牧”、社会保障等重点专项资金的监督检查，确保资金专款专用，稳步推行“小金库”专项治理工作。根据全区财政系统“权职梳理、流程规范、风险监控”工作会议及上级有关文件要求，年内完成权职梳理工作。

2012 年，组织开展党政机关公务用车问题专项治理工作和政府采购执行情况专项检查。

2013 年，完善国库集中支付改革，调整财政授权支付额度，加强对民生工程、涉农涉牧补贴、科技创新等财政专项资金管理使用情况的检查。

2014 年，按照中央八项规定、自治区 28 项配套措施和盟委、旗委关于作风建设的实施细则有关要求，出台专项治理工作方案。对民生工程、涉农涉牧补贴、科技创新等财政专项资金管理使用情况进行检查，重点对医药行业、公共交通行业以及其他重点行业有序开展年度会计监督检查工作，并与“小金库”治理常态化紧密结合，提高会计监督综合成效。

2015 年，贯彻落实中央八项规定，反对铺张浪费，控制三公经费，治理“小金库”，提高会计监督综合成效。按照上级财政部门统一要求，结合“营改增”试点，对广播影视服务行业进行检查。

第三节　税　务

一、 机构设置

1. 国家税务机构

2003 年 2 月，苏尼特右旗撤销国家税务局查干淖尔矿区征收局。

2005 年 1 月，国家税务局与交通征费稽查局举行税费改革人员接收工作。

2009 年，苏尼特右旗成立国家税务局稽查局。

2015 年 12 月，国家税务局内设办公室、人事教育股、监察室、政策法规股、收入核算股、办税服务厅、征收管理股、税源管理股等 8 个职能股室。下设直属机构稽查局、事业单位信息中心、派出机构中心税务所。年内，实有职工 58 人，其中，公务员 44 人、工勤人员 3 人、协税员 11 人。稽查局不内设机构，设综合选案、检查、案件审理、案件执行等岗位，岗位工作人员 7 人，设局长 1 人。信息中心为股级事业单位，岗位工作人员 2 人，隶属国家税务局领导。

2. 地方税务机构

2001 年，苏尼特右旗地方税务局隶属于锡林郭勒盟地方税务局垂直管理，是主管全旗地方各种税收的行政管理部门。内设机构有综合股、人事教育股、计会征收股、管理股、农税股、稽查局 6 个股室。下设基层税务所 19 个。年内，人员编制 57 名，其中，协税员 17 人。

2002 年，地方税务局内设办公室、管理股、计会征收股、社保股、农税局、人事教育股、稽查局等 7 个职能股室（局）。人员编制 61 名，其中，协税员 12 人。年内，增设社会保险费征收管理股（临时机构）。

2002 年，全旗进行撤乡并镇改革，地方税务局撤销 16 个基层税务所。设立朱日和镇中心税务所、巴彦舒图镇中心税务所及赛汉塔拉镇第一、二税务所和新民乡税务所 3 个基层税务所。

2003 年，苏尼特右旗撤销地方税务局稽查局。

2004 年，地方税务局撤销赛汉塔拉镇第一、二税务所和新民乡税务所。同年，设立朱日和镇、巴彦舒图镇两个中心税务所和赛汉塔拉镇基层税务所。

2004—2006 年，地方税务局内设办公室、人事监审股、管理股、计会征收股 4 个股室。

2005 年，苏尼特右旗撤销地方税务局农税局。

2006 年，巴彦舒图镇中心税务所更名为乌日根塔拉镇中心税务所。

2006—2015 年，地方税务局外派机构 3 个、中心税务所 2 个、基层税务所 1 个。

2007—2010 年，地方税务局内设办公室、人事教育股、监审股、计会征收股、管理股、检查股等 6 个职能股室。2010 年，人员编制 38 名，其中，协税员 10 人。

2011 年，按照锡林郭勒盟地方税务局关于印发《苏尼特右旗地方税务局主要职能内设机构和人员编制规定的通知》，苏尼特右旗地方税务局内设办公室、人事教育股、监察审计股、税收管理与科技发展股、纳税服务股、税政管理股、政府规费和基金征收管理股、计划会计统计征收股 8 个职能股室。外设社会保险费征收管理分局（副科级）、稽查分局两个机构。年内，人员编制 52 名，其中，协税员 11 人。

2015 年，地方税务局内设办公室、人事教育股、政策法规股、税政管理股、征管和科技发展股、纳税服务股、收入规划核算股、财务装备股、监察内审股、监察室、规费基金股、机关党委、信息中心、稽查分局、社保分局 15 个职能股室。年内，人员编制 52 名，其中，公务员 42 人，协税员 10 人。

二、 税种税率

1. 国家税种、税率

2015 年，苏尼特右旗国家税务局征收税种有增值税、消费税、企业所得税、车辆购置税。征收税率有增值税税率、消费税税率、企业所得税税率和车辆购置税税率。其中，增值税税率所占比例分别是 1. 17%、2. 13%、3. 11%、4. 6%；企业所得税税率所占比例分别是 25%、20%、45%，其中，优惠税率中非居民企业、高新技术企业、小型微利企业分别占 20%、15%、20%；车辆购置税执行统一比例税率，按 10%的税率征收车辆购置税。

2015 年，国家税务局组织税收入库 13909 万元，较上年同比增收 1589 万元，增长 12. 9%，达历史新高。其中，增值税入库 10078 万元，较上年同比减收 1241 万元，减少 10. 96%。消费税入库 2 万元，较上年同比持平。企业所得税入库 3299 万元，较上年同比增收 2480 万元，增长 302. 81%。车辆购置税 530 万元，较上年同比增收 350 万元，增长 194. 44%。

2. 地方税种、税率

2001 年 1 月 1 日，苏尼特右旗地方税务局代征基本养老保险费、基本医疗保险费和失业保险费。

2001—2015 年，苏尼特右旗地税征收税种有营业税、资源税、企业所得税、个人所得税、房产税、城镇土地使用税、土地增值税、固定资产投资方向调节税、车船使用税、印花税、筵席税、屠宰税、农业税、耕地占用税、牧业税、农业特产税、契税、教育附加费、文化事业建设等税费。

2001—2015 年，地方税务局使用税率分为比例税率、累计税率、定额税率 3 个类别。营业税税率有 9 个税目，包括 7 个应税劳务以及转让无形资产和销售不动产。营业税采用比例税率，基本税率 3%、5%和 5%~20%的幅度比例税率。

2002 年 7 月 1 日，地方税务局停征屠宰税和筵席税。

2007 年 1 月 1 日，地方税务局停征农业税、牧业税。

2015 年苏尼特右旗营业税税目税率情况表

表 14-2-4　　单位：%

税目	税率	注意问题
交通运输业	3	包括陆路运输、水路运输、航空运输、管道运输、装卸搬运等与运营业务有关的各项劳务活动，自 2005 年 6 月 1 日起，对公路经营企业收取的高速公路车辆通行费收入统一减按 3% 的税率征收营业税（属于服务业）
建筑业	3	包括建筑、安装、修缮、装饰、其他工程作业，注意营业税修缮（不动产、构筑物）与增值税修理的划分自建自用、自建出租、自建投资的建筑物，其自建行为不是建筑业劳务征税范围
金融保险业	5	金融包括贷款、融资租赁、金融商品转让、金融经纪业和其他金融业务，境内外资金融机构从事的离岸银行业务，应在我国缴纳营业税
邮电通信业	3	注意邮政业务中报刊发行、邮务物品销售与增值税征税范围的区别，注意电信业务里电信物品销售与增值税征税范围的划分
文化体育业	3	文化业包括表演、播映、经营游览场所（动、植物园）、展览、培训、举办文学艺术、科技讲座、讲演报告会、图书资料借阅等业务，出租场地举办文化活动属于“服务业—租赁业”范围
娱乐业	5~20	自 2009 年 1 月 1 日起，娱乐业适用税率在 5%~20% 幅度内由省级政府确定。注意三个问题：幅度税率、项目辨析、相关业务处理
服务业	5	包括代理业、旅店业、饮食业、旅游业、仓储业、租赁业、广告业、其他服务业，远洋运输业和航空运输业的业务属于此税目，旅游景点经营索道取得收入按照“服务业—旅游业”征税。交通部门有偿转让高速公路收费权行为，应按“服务业—租赁业”项目征收营业税，无船承运业务按照“服务业—代理业”税目征税。对港口设施经营人收取的港口设施保安费，应按照“服务业”税目全额征收营业税。单位和个人受托种植植物、饲养动物的行为，应按照“服务业”税目征税
转让无形资产	5	指转让无形资产所有权或使用权的行为。包括转让土地使用权、转让商标权、转让专利权、转让非专利技术、出租电影拷贝、转让著作权、转让商誉以无形资产投资入股，参与接受投资方的利润分配、共同承担投资风险的行为，不征收营业税。投资后转让该项股权，也不征收营业税
销售不动产	5	指有偿转让不动产所有权的行为。包括销售建筑物或构筑物、销售其他土地附着物以不动产投资入股，参与接受投资方的利润分配、共同承担投资风险的行为，不征收营业税。投资后转让该项股权，也不征收营业税

说明：1. 纳税人提供的矿山爆破、穿孔、表面附着物（包括岩层、土层、沙层等）剥离和清理劳务，以及矿井、巷道构筑劳务，属于营业税应税劳务，应当缴纳营业税

2. 纳税人提供的矿产资源开采、挖掘、切割、破碎、分拣、洗选等劳务，属于增值税应税劳务，应当缴纳增值税

3. 自 2012 年 1 月 1 日起，旅店业和饮食业纳税人销售非现场消费的食品应当缴纳增值税，不缴纳营业税

个人所得税税率包括工资、薪金所得税税率和个体工商户所得税和企事业单位经营所得税税率以及劳务报酬所得税税率。

2015 年苏尼特右旗工资、薪金所得税税率情况表

表 14-2-5

单位：%、元

级 数	月应纳税所得额	月应纳税所得额（不含税级距）	税率	扣除数
1	不超过 1500 元	不超过 1455 元	3	0
2	超过 1500 至 4500 元	超过 1455 至 4155 元	10	105
3	超过 4500 至 9000 元	超过 4155 至 7755 元	20	555
4	超过 9000 至 35000 元	超过 7755 至 27255 元	25	1005
5	超过 35000 至 55000 元	超过 27255 至 41255 元	30	2755
6	超过 55000 至 80000 元	超过 41255 至 57505 元	35	5505
7	超过 80000 元	超过 57505 元	45	13505

2015 年苏尼特右旗个体工商户所得税和企事业单位经营所得税税率情况表

表 14-2-6

单位：%、元

级 数	含税级距	不含税级距	税率	扣除数
1	不超过 5000 元	不超过 4750 元	5	0
2	超过 5000 至 10000 元	超过 4750 至 9250 元	10	250
3	超过 10000 至 30000 元	超过 9250 至 25250 元	20	1250
4	超过 30000 至 50000 元	超过 25250 至 39250 元	30	4250
5	超过 50000 元	超过 39250 元	35	6750

2015 年苏尼特右旗劳务报酬所得税税率情况表

表 14-2-7

单位：%、元

级数	月应纳税所得额		税率	扣除数
	含税级距	不含税级距		
1	不超过 1500 元	不超过 1455 元	3	0
2	超过 1500 至 4500 元	超过 1455 至 4155 元	10	105
3	超过 4500 至 9000 元	超过 4155 至 7755 元	20	555
4	超过 9000 至 35000 元	超过 7755 至 27255 元	25	1005
5	超过 35000 至 55000 元	超过 27255 至 41255 元	30	2755
6	超过 55000 至 80000 元	超过 41255 至 57505 元	35	5505
7	超过 80000 元	超过 57505 元	45	13505

说明：1. 本表所列含税级距与不含税级距，均为按照税法规定减除有关费用后的所得

2. 含税级距适用于由纳税人负担税款的工资、薪金所得；不含税级距适用于由他人（单位）代付税款的工资、薪金所得

2015 年，全旗企业所得税税率是 33%，全年应纳税所得额 3 万 ~ 10 万元，税率 27%；应纳税所得额 3 万元以下，税率 18%。特区和高新技术开发区的高新技术企业税率 15%。外资企业所得税税率 30%，另有 3%地方所得税。新所得税法规定法定税率 25%，内资企业和外资企业一致，国家需要重点扶持的高新技术企业 15%，小型微利企业 20%，非居民企业 20%。按 2008 年 18%税率、2009 年 20%税率、2010 年 22%税率、2011 年 24%税率，直至 2012 年按 25%税率执行。

2015 年，全旗土地增值税实行四级超率累计税率。增值额未超过扣除项目金额 50%的部分，税

率 30%；超过 50%未超过 100%的部分，税率 40%；超过 100%未超过 200%的部分，税率 50%；超过 200%的部分，税率 60%。

2001—2015 年，地方税务局使用税率还包括契税、车船使用税、资源税税率、房产税、城镇土地使用税、教育费附加、地方教育附加费、文化事业建设费等。

三、 税务管理

1. 国税征收管理

全旗征收管理主要对纳税人基本情况及生产经营项目进行登记，认定纳税人纳税行为。主要有转账缴税、自核自缴、预储账户缴纳、现金、信用卡缴税、委托代征等。

2001—2015 年苏尼特右旗国税税收情况表

表 14-2-8　　单位：万元

年 份	合计	增值税	消费税	企业所得税	车辆购置税
2001	2908	2752	136	20	—
2002	5014	4877	111	26	—
2003	4491	4391	89	11	—
2004	7001	6946	10	45	—
2005	11769	11727	2	40	—
2006	110888	10847	1	40	—
2007	15291	15144	—	75	—
2008	15048	14424	1	623	—
2009	10782	10468	1	313	—
2010	9027	8784	1	242	—
2011	10529	9527	1	1001	—
2012	11021	9915	2	1104	—
2013	9373	8361	2	1010	—
2014	12320	11319	2	819	180
2015	13909	10078	2	3299	530

2. 地税征收管理

2001—2015 年，苏尼特右旗地方税务局对税务登记、账簿凭证、发票、纳税申报、税款征收、税务检查等方面进行征收管理。截至 2015 年，全旗累计各项税费收入入库 295514 万元。

税务登记　地方税务局对纳税人开业登记、变更登记、停复业登记、注销登记、报验登记进行严格管理。税务登记证按照定期换证制度、年检制度、部门配合制度、遗证补办制度进行管理。

账簿凭证管理　地方税务局按照税收法律、行政法规和财务会计制度规定，对纳税人的会计账簿、凭证等实行管理和监督。对于纳税人未按规定设置、保管账簿或者保管记账凭证和有关资料，未按规定将财务、会计制度或办法和会计核算软件报送税务机关备查，未按规定安装使用税控装置，非法印制完税凭证的，责令限期改正，并视情节给予相应罚款等行政处罚。

票证管理　2004 年 12 月，根据锡林郭勒盟地方税务局对税收票证管理工作部署，苏尼特右旗组成检查组，对 2 个基层所的税收票证进行专项检查。2005 年 1 月，全旗完成税收票证微机开票工作。

纳税申报　2001—2015年，地方税务局采取上门申报、邮寄申报、电子申报、银行网点申报、简易申报等5种纳税申报方式。

税款征收　2001年，地方税务局坚持农牧业税收征收法制化、规范化、制度化、科学化管理，提高征管水平和降低税收成本，确保税款及时足额均衡入库，在中心所“涉牧三税”（牧业税、特产税、屠宰税）实行申报纳税、限期定点征收征管办法。

税收检查　2001年，对辖区内管户开展排查清理工作，会同工商、国税等部门沟通、核对，摸清管户底数。在此基础上，整理和完善征管资料，保证纳税户档案保管和资料的连续完整。2005年，地方税务局开展数据大集中工作，对纳税人基础数据资料进行采集、整理、审核、录入。

信息化建设　2014年，地方税务局以“金税三期”为契机推进地税信息化建设。2015年，做好历史数据发票代开工作，按照要求将数据大集中系统中领用的空白发票进行造册缴销。

2001—2015年苏尼特右旗地税税收收入情况表

表14-2-9　　单位：万元

税种＼年度	2001	2002	2003	2004	2005	2006	2007	2008	2009	2010	2011	2012	2013	2014	2015
营业税	232	471	387	913	993	1474	3213	2385	3181	2929	2596	2698	5245	5465	6087
企业所得税	272	281	318	372	370	358	1489	2653	1109	7188	14276	20505	19214	16015	9788
个人所得税	202	214	200	210	219	448	628	1272	1963	1513	1703	1062	1406	1506	1891
资源税	14	25	21	23	21	394	404	651	701	810	927	973	1029	1424	1422
固投税	15	19	—	—	—	—	—	—	—	—	—	—	—	—	—
城建税	98	86	140	214	451	704	622	705	504	583	600	567	755	744	769
房产税	123	220	151	373	314	383	322	367	370	431	495	504	725	797	792
印花税	16	23	25	31	46	73	113	126	163	144	186	216	246	256	316
土地税	51	85	48	79	139	161	112	659	441	508	605	642	664	914	839
土地增值税	—	—	—	—	—	270	390	184	841	59	393	32	85	76	232
车船税	6	19	29	15	8	7	4	130	82	115	117	186	205	255	327
屠宰税	39	—	—	—	—	—	—	—	—	—	—	—	—	—	—
筵席税	1	—	—	—	—	—	—	—	—	—	—	—	—	—	—
农业五税	4	26	23	43	14	427	—	—	—	—	—	—	—	—	—
契　税	—	—	—	—	—	—	461	305	857	218	623	159	514	449	741
耕地占用税	—	—	—	—	—	—	—	1	484	5160	716	972	1307	2971	3875

第四节　金融管理

一、金融机构

2001年，中国人民银行苏尼特右旗支行内设综合办公室、综合监管股、合作监管股、营业室、货币金银股、保卫股等6个股室。

2002—2003年，中国农业银行股份有限公司苏尼特右旗支行内设综合办公室、计划财务部、信贷管理部、客户部、风险资产管理部（与客户部合署办公）5 个部门，下设 3 个储蓄所。

2004 年 5 月，中国人民银行苏尼特右旗支行进行机构改革，成立中国银行业监督管理委员苏尼特右旗办事处，划转编制 4 名。

2005 年，中国工商银行苏尼特右旗支行变更为中国工商银行股份有限公司苏尼特右旗支行。

2005—2007 年，中国工商银行苏尼特右旗支行、苏尼特右旗农村信用联社进行股份制改革。撤并朱日和、查干诺尔办事处和赛汉塔拉镇 3 个储蓄所，撤销中国建设银行苏尼特右旗支行。

2006 年，农村信用合作联合社及辖内 9 家独立法人信用社均召开社员代表大会，讨论通过成立统一法人社——苏尼特右旗农村信用合作联社。同时，苏尼特右旗成立农村信用合作联社筹备工作领导小组。

2009 年 8 月 11 日，苏尼特右旗成立金融监管部门反洗钱工作协调领导小组。中国农业银行股份有限公司苏尼特右旗支行撤销风险资产管理部，业务并入客户部，内设机构综合办公室、计划财务部、信贷部、客户部 4 个部门。下辖赛汉塔拉分理处 1 个。

2015 年，中国人民银行苏尼特右旗支行内设办公室、纪检监察审计室、国库会计股、货币发行股、货币信贷与调查统计股、保卫股等股室。中国工商银行苏尼特右旗支行撤并朱日和、查干诺尔 2 个办事处、赛汉塔拉镇 3 个储蓄所，内设营业部、业务部、办公室，下设 1 个朱日和支行。中国农业银行股份有限公司苏尼特右旗支行内设综合管理部、客户部，下辖 1 个分理处。苏尼特右旗农村信用合作联社内设人力资源部、综合管理部、党工事务部、计划财务部、业务发展部、电子银行科技信息部、稽核监察部、风险合规部、安全保卫部等 9 个职能部门，辖 12 个营业网点（含营业部）。

中国人民财产保险股份有限公司苏尼特右旗支公司内设财务科、运工险科、财产险科等职能部门。中国人寿苏尼特右旗支公司在职员工 60 人。

二、 金融监督

2003 年，中国人民银行对银行业的主要监管职能被分离，转换金融监管方式，对全旗法人金融机构（城乡信用社）存款准备金的缴存情况进行监督，使法人金融机构的存款准备金达到规定比例。4 月，苏尼特右旗金融监管主要涉及公布存款准备金率、存款准备金缴存、信贷及征信、人民币银行结算账户开户和使用、银行执行支付结算、清算规则情况以及金融机构财政存款等事项。

2005—2007 年，苏尼特右旗银行业监督管理办公室先后对中国工商银行苏尼特右旗支行、苏尼特右旗农村信用社联合社、中国建设银行苏尼特右旗支行 3 家金融机构及其分支机构的设立、变更、终止进行登记审核。

2015 年，苏尼特右旗银行业监督管理办公室对全旗 4 家金融机构、18 家营业网点及其分支机构的设立、变更、终止进行登记审核，核发年检证，统计、收集有关金融数据和信息 47 期、周报 48 期。按照《中国人民银行法》规定，对全旗信贷征信机构进行监督管理，监督落实金融机构反洗钱工作执行情况；在全旗企事业单位、机关、团体、部队、学校开展现金收支监督检查活动。

三、 金融监管

1. 利率监管

2001—2015 年，针对全旗金融机构储蓄所、营业网点不断增多，个别金融机构存在高息违规揽储、不良存贷款等现象，召开全旗银行紧急会议和利息管理联席会议，对各银行进行清理、整顿，撤并营业网点，查处违规高息存款行为。

2. 监察稽核

2001—2015 年，根据《银行主要风险环节及防范措施》要求，苏尼特右旗各金融机构把信贷业务和财会业务等方面的风险环节作为切入点，采取抽查方式进行常规稽核和内控综合评价，对金融机构主要负责人进行离任稽核。

中国人民银行苏尼特右旗支行成立执法检查小组，每年进行两次执法检查和季度序时稽核。配合稽核部门对工商银行、中国银行信贷规模、资金投向、信贷资产质量情况、结算纪律进行检查，对金融监管和合作金融监管股落实金融监管责任制情况进行执法监察。同时，对支行国库会计股内控管理、支付结算、会计财务、反洗钱开展情况进行执法监察。

2004 年，中国人民银行苏尼特右旗支行对工商银行、农业银行、建设银行、农村信用合作联社、邮政储蓄大额现金支付备案情况进行检查。检查支付大额现金 2594 笔，金额 47716.8 万元，对支付大额现金没有登记备案的金融机构进行通报批评。

2006 年 1 月，全旗成立由旗委组织部、宣传部、公安局、检察院、法院、中国人民银行、苏尼特右旗银行业监督管理办公室、各商业银行、农村信用合作联社等 12 家单位主要负责人组成苏尼特右旗清收农村信用社不良贷款依法打击逃废债工作领导小组，负责全旗农村信用社不良贷款清收工作。3 月 30 日，根据《中华人民共和国人民币管理条例》《锡盟地区残缺亏损人民币管理办法》规定，对中国建设银行苏尼特右旗市场储蓄所营业员对外支付残币一事进行处理，处以 2000 元罚款，并在辖区金融机构进行通报批评。

2009 年 8 月 11 日，苏尼特右旗金融监管部门在全旗金融机构协调开展反洗钱工作。

2015 年，中国人民银行苏尼特右旗支行通过现场检查和非现场监督等手段，对 4 家银行和 4 家营业网点经营活动进行监管。

四、 会计管理

2001 年，中国农业银行苏尼特右旗分行推广新一代综合应用系统，实行柜员制，分行会计数据全部上收入网运行，账务集中处理。

2007 年 10 月 24 日，苏尼特右旗信用联社下辖 12 个网点实现数据大集中，解决农村信用社的结算瓶颈问题。随后，逐步接入银行卡系统、信贷管理系统、ATM 自助系统、POS 收单系统、网上银行管理系统等 40 个业务、管理、培训系统。

五、 信贷管理

2006 年 1 月 5 日，依据《内蒙古党委办公厅、政府办公厅关于成立自治区清收农村信用社不良贷款依法打击逃废债工作领导小组的通知》和《内蒙古自治区清收农村信用社不良贷款依法打击逃废债专项行动实施方案》通知，成立苏尼特右旗清收农村信用社不良贷款依法打击逃废债工作领导小组。

2014 年，开展“保民生，保就业”工程，优先扶持下岗失业及农牧民创就业人员，为 539 户下岗人员发放 3147 万元专项贷款。

六、 账户管理

2004 年，制定《苏尼特右旗金融机构现金管理联席会议制度》，对各商业银行、邮储银行、农村信用社大额现金支付管理情况进行现场检查及非现场监管。要求各网点建立大额资金走账登记本，委派会计对可疑走账进行业务提前核对，对支付大额现金没有登记备案的金融机构提出批评，要求按规定整改。

2005 年 6 月，全旗人民币银行结算账户管理系统投入运行，为规范银行结算账户的开立和使用提供重要支持，也为开展旗内外范围的银行结算账户清理核实创造条件。2001 年，中国人民银行苏尼特右旗支行会同有关部门发布账户系列管理制度，建成账户管理系统和联网核查系统。开展账户管理年检工作，对在各专业银行设立各类账户的644户行政企事业单位、社会团体及个体户进行检查，账户检查率100%。

2006年9月，苏尼特右旗支行对辖区金融机构银行结算账户管理工作进行现场检查。

2007年6月，中国人民银行苏尼特右旗支行会同公安局完成“银行账户实名制”联网工作，检查公民身份信息系统在全旗推广应用情况。保证开户单位正常的现金需要，控制不合理的大额现金支付，防范和打击利用现金交易进行诈骗、洗钱、逃税等经济犯罪活动。

2008—2015年，全旗金融部门以“拓宽支付清算渠道，加强银行账户、银行卡管理、打击洗钱犯罪、维护金融稳定”为主题，在账户制度、账户管理系统、联网核查系统三个部分发布相关文件31份。

七、征信管理

2006年，征信部门将个人住房公积金信息基础数据库的采集纳入地方信用体系建设规划。

2008年6月12日，联合辖内其他金融机构在全旗开展反洗钱、征信知识、反假人民币知识宣传活动。

2015年，做好全旗企业、个人信用报告查询工作，累计为企业查询信用报告40余次，为个人查询信用报告2000余人次。完成企业评级1家。

八、保险管理

2012年12月28日，苏尼特右旗金融系统批准华夏人寿保险公司加入全旗金融管理与服务体系。

2015年，全旗保险业实现保费收入8069万元，较上年同比增长16.5%。

第五节　统　计

一、管理机构

2002年6月18日，根据苏尼特右旗政府办公室《关于印发苏尼特右旗统计局职能配置、内设机构和人员编制规定的通知》（苏右政办发〔2002〕45号），统计局内设办公室、综合核算股、专业股等职能股室3个。核定行政编制8名。其中，科局级领导3人，工勤人员1人。

2005年1月，根据苏尼特右旗机构编制委员会办公室《关于苏尼特右旗统计局重新核定编制的通知》（苏右机编办发〔2005〕5号），增加事业编制2名，成立统计普查中心。11月，根据机构编制委员会办公室《关于统计局经济调查大队更名及增加编制的批复》（苏右机编办字〔2005〕30号），经济调查大队更名为城乡经济调查队，编制增加至10名。

2010年，统计局城乡经济调查队列入参照公务员法管理事业单位。11月，根据《关于印发苏尼特右旗统计局主要职责内设机构和人员编制规定的通知》（苏右政办发〔2010〕126号），统计局内设办公室，国民经济综合统计股，农村牧区经济统计股，工业、投资和能源统计股4个职能股室，核定行政编制8名。

2011年5月16日，锡林郭勒盟编制委员会办公室（锡机编发〔2011〕41号）批准城乡经济调查队为准副科级事业单位，核定副科级领导职数1人。

2015年，统计局内设职能股室4个，核定行政编制9名。下设城乡经济调查队（副科级，核定编制 9 名）和普查中心（正股级，核定编制 1 名）两个二级事业单位。

二、 核算年报

2001 年，统计部门主要涉及苏尼特右旗地区生产总值（GDP）核算、基本单位、农牧业、工业、批发零售贸易、餐饮业、固定资产投资、房地产开发、建筑业、能源统计等专业统计。

2002 年 6 月，根据自治区人民政府的《关于试行新的工业发展速度计算方法的通知》（内政办字〔2002〕49 号）、自治区统计局的《内蒙古自治区统计局关于下发试行新工业发展速度计算方法的通知》（内统字〔2002〕10 号），全旗采用价格指数缩减法计算工业发展速度。

2003 年，核算年报名称《地区生产总值统计报表》。全旗各专业统一使用新《国民经济行业分类》国家标准（GB/T4754—2002）。包括 20 个门类、95 个大类、396 个中类、913 个小类。新行业增加信息传输计算机服务和软件业、住宿餐饮业、租赁商务服务业、水利环境和公共设施管理业、教育和国际组织 6 大类。取消地质勘察业、水利管理业和其他行业门类。

2004 年，实现 GDP 核算专业联动，规范季度 GDP 核算制度。完成 2004 年以前年度 GDP 历史数据修订。

2008—2010 年，分别对全旗 2005—2008 年第三产业增加值总量和 2001—2010 年常住人口进行修订。并对 2001—2010 年公布的人均生产总值及增速进行重新修订。

2010 年，核算年报为 8 套表。较上年度相比，《按行业划分的资本形成总额》（Q306）表号调整为 I701，固定资本形成总额的分项由按产业、行业划分调整为住宅、非住宅建筑物、机器和设备、土地改良支出、矿藏勘探费、计算机软件和其他 7 个分项；《最终消费表》（Q307）表号调整为 I702，表式不变。

2015 年，完成全旗国民经济核算年报，发布《2014 年全旗冬季牧业普查公报》《2014 年国民经济与社会发展统计公报》《苏尼特右旗国民经济统计提要 2014》《苏尼特右旗 2015 年农牧业夏季普查资料》《苏尼特右旗 2015 统计年鉴》，整理编印《内蒙古锡林郭勒盟苏尼特右旗 2010 年人口普查资料》等统计资料。年内，报送统计分析信息287篇（条）。

三、 统计调查

1. 工业统计

2003 年，按照国家经贸委、国家发改委、财政部、国家统计局联合下发的《关于印发中小企业标准暂行规定的通知》（国经贸中小企〔2003〕143 号）文种标准开展统计工作，全旗国有及年产品销售收入 500 万元及以上的非国有工业企业有 11 家，其中，大中型企业 1 家，小型企业 10 家。

2004 年，根据《国家统计局关于布置 2004 年统计年报和 2005 年定期统计报表制度的通知》（国统字〔2004〕9 号）和内蒙古自治区统计局《关于布置 2004 年统计年报和 2005 年定期统计报表制度的通知》（内统字〔2004〕42 号），统计局实行工业发展速度计算方法，采用通过行业价格缩减法计算工业发展速度。月度报表“工业产销总值及主要产品产量”（B201 表）中取消工业总产值（不变价）。

2007 年，根据《国家统计局关于布置 2007 年统计年报和 2008 年定期统计报表制度的通知》（国统字〔2007〕118 号）和内蒙古自治区统计局《关于印发 2007 年统计年报和 2008 年定期统计报表制度的通知》（内统字〔2007〕52 号），年内，统计规模以上工业企业 35 家。

2011—2014 年，统一填报全国规模以上工业企业统计报表，实行全国统计联网直报系统。统计规模以上联网直报工业企业户数分别是 33 家、35 家和 39 家。

2015 年，完成全旗企业一套表联网直报工作。企业一套表联网直报企业 56 家。其中，规模以上工业企业 47 家、限额以上批零餐饮企业 3 家，有资质建筑企业 1 家，重点服务业企业 1 家，房地产开发经营企业 4 家。

2. 农牧业统计

2001 年，苏尼特右旗农牧业统计增设《农业产值综合统计报表制度》，将“农产品价格调查”“农产品价格指数的编制”“主要农产品中间消耗调查”纳入统计制度，修订农产品目录。《农林牧渔业统计报表制度》中新增《建制镇基本情况》报表；《蔬菜及特种作物生产情况》调查表，按季、年报。取消《特色经济作物产量及效益表（试行）》《特色经济作物面积表（试行）》。

2004 年，全旗农林牧渔业总产值总量和可比价速度由内蒙古自治区认定反馈。年内，新增《农畜产品加工企业情况汇总表》《农畜产品加工企业情况调查表》《牲畜月度出栏情况》《农户牲畜月度出栏调查登记账》《非农户牲畜月度出栏调查登记账》等农牧区统计调查表。

2005 年，全旗范围内定期报表开始实施用价格指数缩减法计算农业发展速度，不变价格取消。

2006 年，全旗统计数据处理采取由各苏木乡镇（场）对入户调查表进行机器录入汇总。同时对牲畜存栏数进行嘎查村、苏木乡、旗县三级手工汇总。

2008 年，《农林牧渔业统计报表制度》中《耕地面积情况》表免报，由国土资源局上报。

2009 年，苏尼特右旗成立牧业普查领导小组，组织普查工作人员 698 人，分成 180 个小组开展全旗夏季牧业普查。

2015 年 6 月 16 日，全旗开展夏季牧业普查。出动人员 607 人，车辆 171 辆，划分为 63 个普查小区 181 个普查小组，逐群清点牲畜，入户调查登记。12 月 17 日，印发《关于开展 2015 年冬季牧业普查工作的通知》（苏右政办发〔2015〕78 号），制定《苏尼特右旗 2015 年冬季牧业普查实施方案》。出动普查人员743人，普查用车辆 203 辆，划分 63 个普查小区、203 个普查小组，开展冬季牧业普查。年内，全旗牧业年度牲畜存栏数1874115头（只），较上年同比增长 5.0%。其中，大畜62902头，增长 21.5%；羊1811213只，增长 4.5%。

3. 能源统计

2003 年，全旗涉及的能源统计调查有《工业企业能源购进、消费及库存》《主要能源按工业行业分组消费量》，涉及的能源指标有原煤、洗精煤、其他洗煤、焦炭、其他焦化产品、煤气、其他煤气、天然气、原油、汽油、柴油、液化石油气、热力、电力等，续表包括工业取水总量，指标包括地下水及地表水、自来水、其他水和重复用水量。

2004 年，第一次经济普查将《工业企业能源购进、消费及库存》表号改为 B606 表，《重点工业企业能源购进、消费与库存》改为《规模以上工业企业能源购进、消费与库存附表》。

2005 年，新增能源统计季度报表。年度统计表式中添加参考折标系数指标，新增补充资料内容，将同期以及本期消耗总量、工业总产值计入年报中。

2006 年，统计部门取消《工业企业主要能源消费与库存》补充资料部分，取消《工业企业能源购进、消费及库存》《主要能源按行业分组消费量》《工业企业主要能源消费与库存》，新增《工业企业水消费》单位 GDP、工业增加值以及《主要能源调入、调出量表》，新增《重点耗能工业企业单位产品能源消耗情况》，增加补充资料包括节能降耗计划总投资、节能降耗累计完成投资、节能降耗累计新增固定资产。基层年报中增加《地区能源平衡表（实物量）》《地区能源平衡表（标准量）》。

2007 年，取消《工业企业主要能源消费与库存》能源统计。《工业企业能源购进、消费与库存》表号改为“P201 表”，《工业企业能源购进、消费与库存附表》表号改为“P201-1 表”。《工业企业能源购进、消费与库存（P201 表）》补充资料增加“上年同期”中“非工业生产能源消费合计”“电力消费合计”“工业生产的电力消费”“电力产出”四项指标。《工业企业能源购进、消费与库存附表（P201-1）》增加“回收利用”指标。《单位 GDP、工业增加值》表号改为“P406 表”，取消按2000年可比价计算的5项指标和宾栏的“上年同期”。《重点耗能工业企业单位产品能源消耗情况》表号改为“P207表”。

2008年，增加规模以上且年综合能源消费量在1万吨标准煤及以上工业企业的月度报表。新增《季度地区能源消费总量核算表》，按季度开展测算地区能源消费总量、单位GDP能耗及其降低率工作。

2009年，根据上级业务部门要求将《季度地区能源消费总量核算表》改为《地区能源消费与单位GDP能耗》。

2010年，全旗《工业企业用水情况》表中，取消管道供应未经达标处理的水、中水、重复用水。新增补充资料，涉及指标有重复用水量、废水排放量等，其中，包括废水处理达标水排放量及废水未处理或未达标排放量。

2014年，全旗规模以上工业综合能源消费量27.44万吨标准煤，单位产值能耗0.41吨标准煤。按工业行业门类分，采矿业综合能源消费量0.46万吨标准煤，制造业综合能源消费量26.11万吨标准煤，电力、热力、燃气及水的生产和供应业综合能源消费量0.87万吨标准煤。全旗社会能源消耗总量37万吨标煤，较上年同比下降1.07%。单位GDP能耗0.69吨标煤/万元，低于控制指标0.72吨标煤/万元，节能率下降8.74%，超额3.74个百分点。

2015年，全旗综合能源消费总量29.58万吨标煤，较上年增长7.8%。规模以上工业总产值786155万元，较上年增长18.8%。产值单耗0.38吨标煤/万元，节能率下降9.3%；原煤消费量32.54万吨标煤，较上年度增长82.5%。

4. 劳动工资统计

2001年，完成《单位从业人员和劳动报酬情况》季报。年内，全旗职工人数8192人，发放在岗职工工资总额7427万元，年人均工资9088元。

2003年，执行2002年国家统计局制定的新的国民经济行业分类标准。年内，全旗职工人数7332人，发放在岗职工工资总额8442万元，年人均工资11091元。

2005年，增加《单位从业人员变动情况》季报。年内，全旗职工人数7097人，发放在岗职工工资总额12337万元，年人均工资16662元。

2008年，全旗职工人数7549人，发放在岗职工工资总额20715万元，年人均工资24682元。

2009—2010年，劳动工资统计定报中取消《单位从业人员变动情况》季报。

2010年，全旗职工人数8375人，发放在岗职工工资总额30754万元，年人均工资36245元。

2011—2015年，对规模以上工业企业、限额以上批零贸易餐饮企业、资质内建筑企业及房地产经营开发企业劳动工资实施企业一套表制度。

2015年，全旗职工人数7385人，发放在岗职工工资总额45155万元，年人均工资64702元。

5. 固定资产投资统计

2001—2002年，定期统计报表中将《城镇以下限额以上固定资产投资项目统计》纳入《固定资产投资统计基层标准表》年报和《固定资产投资完成情况》月报中。2002年，完成固定资产投资额12418万元。

2003年，全旗实行新的国民经济行业分类标准，对投资月报综合表的行业分类进行修订。年内，完成固定资产投资额28734万元。

2005年，将全旗农村非农户投资纳入《固定资产投资统计报表制度》；房地产开发统计内容从《固定资产投资统计报表制度》中分离出来，单独建立《房地产开发统计报表制度》。年内，完成固定资产投资额74141万元。

2007—2008年，增加《亿元以上新开工项目报告制度》。2008年，完成固定资产投资额204790

万元。

2009 年，增加保障性住房建设情况相关指标。年内，完成固定资产投资额 301982 万元。

2010 年，增加保障性住房本年投资统计。年内，完成固定资产投资额331497万元。

2011—2012 年，苏尼特右旗有 1 家建筑企业实施企业统计报表。2012 年，完成固定资产投资额 392130 万元，其中，查干诺尔碱矿投资额 49510 万元。

2015 年，旗委组织部建筑业增加值 37000 万元，比上年增长 2. 9%。具备资质建筑业企业 1 家，年平均从业人数 130 人，完成总产值 1550 万元，实现税金 67 万元，完成房屋竣工面积 1 万平方米。全旗固定资产投资统计实行双轨制，试行联网直报模式。完成固定资产投资 306394 万元，比上年度增长 16. 6%。

四、 普查

1. 第一次经济普查

2004 年 4 月 22 日，政府下发《关于开展第一次全旗经济普查的通知》（苏右政办字〔2004〕26 号），统计局负责全旗第一次经济普查的组织实施。此次普查抽调普查员 110 人。年末，全旗从事第二、三产业法人单位 339 个。其中，企业法人 119 个，机关、事业单位法人 131 个，社会团体单位法人 12 个，其他单位法人 77 个。产业活动单位 414 个，其中，多产业所属的产业活动单位 105 个。个体经营户 3086 家（有证照 2808 家），从业人员 5851 人。

2. 第二次农业普查

2006 年 12 月 31 日 24 时，开展第二次农业普查。普查时期为 2006 年 1 月 1 日至 12 月 31 日（经国务院第二次全国农业普查领导小组批复，全盟普查时间点提前至 2006 年 12 月 1 日）。苏尼特右旗被确定为第二次农业普查全国 8 个省、市、自治区 10 个试点旗县之一，也是唯一的民族地区牧区试点，试点工作于 2006 年 1 月 16 日至 2 月 28 日，在赛汉塔拉镇阿拉坦宝拉格嘎查和都呼木嘎查进行。12 月 1 日，全旗 300 余名普查指导员、普查员对 6 个苏木镇、56 个嘎查村的农村牧区住户以及各类农牧场、农牧业生产经营单位逐户逐单位进行调查登记。年末，全旗农牧业生产经营户 6125 家，农牧业从业人员 16499 人。

3. 第二次经济普查

2008 年 12 月 31 日 24 时，开展第二次经济普查。普查对象是全旗从事第二、三产业的全部法人单位、产业活动单位和个体户。普查时期为 2008 年 1 月 1 日至 12 月 31 日。普查抽调 274 名普查员和普查指导员。普查结果为：全旗从事第二、三产业法人单位 424 个，产业活动单位 543 个；个体经营户 3560 家（有证照 2731 家），从业人员 5773 人。

4. 全国第六次人口普查

2009 年 8 月，成立全旗第六次人口普查领导小组。普查标准时点 2010 年 11 月 1 日零时。全旗划分普查区 75 个，普查小区 262 个，普查指导员和普查员 630 余人。普查结果，全旗总户数 26103 户，总人口 71063 人。民族构成中汉族 48675 人，蒙古族 21636 人，其他少数民族 752 人。年龄构成中 0~14 岁 9623 人，15~64 岁 55759 人，65 岁及以上 5681 人。

5. 第三次经济普查

2013 年 4 月 15 日，成立全旗第三次全国经济普查领导小组。全旗选调 257 名普查员和普查指导员。普查标准时间 2013 年 12 月 31 日，普查时期为 2013 年 1 月 1 日至 12 月 31 日。普查登记和数据采集工作从 2014 年 1 月 1 日至 3 月 31 日。10 月，完成普查区划分与绘图工作，划分 78 个普查区（包括 1 个虚拟社区朱日和工业园区）。普查结果，全旗从事第二、三产业活动法人单位 559 家，比第二次全国经济普查时增加 135 家，增长 31. 8%；产业活动单位 721 家，增加 178 家，增长 32. 7%；有证照个体经营户 3254 家，增加 523 家，增长 19.2%。

6. 基本单位普查

2001 年 7 月 29 日，苏尼特右旗成立第二次基本单位普查领导小组。抽调普查员 106 人。普查结果，全旗基本单位及从业人员数中法人单位 366 个，从业人员 10385 人。其中，企业法人 86 个，从业人员 5975 人；事业法人 116 个，从业人员 2790 人；机关法人 70 个，从业人员 1274 人；社团法人 8 个，从业人员 35 人；其他法人 86 个（居委会 16 个，嘎查村委会 70 个），从业人员 311 个。产业活动单位有 482 个（多产业所属的产业活动单位 153 个）。个体经营户数 3815 家（有执照 1629 家），从业人员 5717 人（有执照从业人员 2918 人）。

2002 年 11 月 30 日，根据《关于布置 2002 年统计年报和 2003 年定期统计报表制度的通知》（内统字〔2002〕39 号），开展基本单位调查，重点对年内发生变动单位进行调查，基本单位年报表式及数据处理程序沿用第二次基本单位普查的表式及地县级处理程序。

2005 年 11 月 29 日，根据转发国家统计局、自治区统计局《关于建立全国基本单位名录更新制度的通知》（锡统字〔2005〕60 号），基本单位由每年维护 1 次，增加到每半年维护 1 次。由基本单位向专业提供字典库，转变为专业向基本单位提供单位数，专业年报完成后，基本单位在库中作增减变动维护。

2006 年，基本单位统计报表制度增加基层表，填报范围为所有在机构编制、民政、税务和工商等部门进行变更或注销登记的，或通过各项统计调查查到的变动或消亡的法人单位和产业活动单位。

2009 年，根据国统字〔2009〕78 号文件，统计局对基本单位名录更新制度重新修订。

2010 年 9 月 30 日，根据《全国统计系统基本单位名录库建设维护与使用管理暂行办法》（国统字〔2010〕52 号）和《全国统计系统基本单位名录库建设与使用管理暂行办法》、锡林郭勒盟统计局印发的《关于认真做好基本单位名录库核查工作的通知》（锡统字〔2010〕44 号），全旗成立基本单位核查领导小组，布置基本单位名录库核查工作。

2014—2015 年，经全旗基本单位普查，基本法人单位从 653 个增至 936 个，就业人员 20452 人。

五、 抽样调查

1. 人口抽样调查

2005 年 8 月，根据锡林郭勒盟行署办公厅下发的《关于开展 2005 年全国 1%人口抽样调查的通知》（锡署办发〔2005〕32 号），成立 1%人口抽样调查领导小组及办公室。10 月 14—17 日，全旗召开 1%人口抽样调查培训工作会议，11 月 1 日，正式开展入户登记工作。全旗抽中调查小区 3 个，涉及人口 600 余人。

2015 年，苏尼特右旗成立 1%人口抽样调查工作领导小组及办公室。5 月，抽调调查人员 28 人，开始 1%人口抽样调查抽样框基本情况表填报，被抽中嘎查社区边界图、调查小区分布图、调查小区图绘制等前期工作。完成调查小区 8 个，其中，赛汉塔拉镇 4 个社区和 1 个嘎查，朱日和镇 1 个社区，乌日根塔拉镇 1 个嘎查以及赛罕乌力吉苏木 1 个嘎查，涉及 1000 余户。10 月 16 日，开展全旗 1%人口抽样调查业务培训。10 月 30 日，完成全部摸底工作，摸底调查 1085 户。11 月 12 日，完成 8 个调查小区的登记数据采集以及上报工作，调查登记 1092 户。其中，出生 23 人，死亡 11 人，上报率 100%。

2. 规模以下工业抽样调查

2001 年，按照内蒙古自治区人民政府办公厅《关于组织开展规模以下工业抽样调查工作的通知》（内政办〔2001〕58 号），开展全旗规模以下工业抽样调查工作。清查范围包括上年度在册全部年销售收入 500 万元以下的非国有工业企业、城乡个体经营工业单位和新建年销售收入 500 万元以下的非国有工业企业和城乡个体经营工业单位。调查周期分季报和年报，建立旗县总体规模以下工业样本框，样本单位41个。

2003—2010年，以旗县总体规模以下工业抽样调查工业总产值推算结果分别是0.98亿元、1.41亿元、1.28亿元、1.44亿元、1.74亿元、3.17亿元、4.2亿元和8.2亿元。

2011年，规模以上工业企业划分标准，由年主营业务收入500万元及以上提高到2000万元及以上。

2011—2015年，规模以下工业（年主营业务收入2000万元及以下）总产值分别是8.5亿元、14亿元、12.2亿元、12.5亿元和12.45亿元。

3. 限额以下贸易业抽样调查

2001年，对限额以上的批发零售贸易业、餐饮业采取全面调查，对限额以下的单位（包括个体经营单位）采取抽样调查。

2002年，增加《连锁企业基本情况》《限额以下批发零售贸易业样本单位主要经济指标》《限额以下餐饮企业样本单位主要经济指标》等三类报表。

2003—2009年，实行定期报表，使用新的标准《国民经济行业分类》（GB/T 4754—2002）。批发零售贸易、餐饮业在统计分组、统计方法和指标设置上均按照国家统计局批发零售贸易、餐饮业统计制度的变化进行调整。

2011—2015年，限额以上批零贸易餐饮企业统计报表正式实施企业一套表制度。

六、统计服务

2003年，苏尼特右旗首次编辑发行《苏尼特右旗统计年鉴》，统计资料逐步形成以《苏尼特右旗统计年鉴》为主，专业统计资料为补充的模式。

2004年，统计局创办《苏尼特右旗综合统计分析》（季刊），并按月提供统计报告。

2008年，编印《“十五”时期国民经济统计资料》《2003—2007年全旗国民经济主要指标完成情况》，并附有全盟各旗县市区主要经济指标位次表。年内，建立苏尼特右旗统计信息网站。

2009年，苏尼特右旗统计局发布《2005—2008年度单位GDP能耗等指标公报》。

2009—2012年，统计局编印4期《西苏统计调研》内部刊物。收录全盟各旗县市主要经济指标对比资料，为各级党政及相关部门研究县域经济提供咨询服务。

2012年12月，编印出版《苏尼特右旗2010年人口普查资料》。城乡经济调查队完成全旗1个苏木、3个镇中11个嘎查社区1290户城乡居民的摸底调查和115户居民开户及试记账工作。

2013年1月，编印出版《苏尼特右旗辉煌62年》。主要记载1949年中华人民共和国以来，特别是改革开放以来，全旗国民经济和社会发展变化和成就。

2013—2015年，全旗实施住户调查一体化改革，调查户数城镇住户63户，牧区住户52户。举办全旗统计工作培训会议，由统计局、住房建设局、水利局等相关部门工作人员和7个苏木镇业务人员组织填写《建立嘎查村档案和牧户档案》工作内容以及报表填报。完成“妇女儿童发展状况统计监测”“苏木镇工程进度统计”和企业创新调查等各类专项调查。

2015年，全旗编纂《苏尼特右旗统计年鉴》，编辑发行《苏尼特右旗综合统计分析》（季刊）总47期。11月3日，城乡经济调查队完成全旗3个苏木镇5个嘎查52户逐户统计调查任务。12月，发布苏尼特右旗第三次全国经济普查主要数据公报。

第六节　审　计

一、管理机构

2001 年，苏尼特右旗审计局设办公室、审理股、财政金融股、农牧审计股、行政事业审计股等股室 5 个。核定编制 16 名，其中，行政编制 15 名，工勤编制 1 名。实有职工 22 人。下设审计所（属于自收自支事业单位），核定事业编制 5 名，实有职工 4 人。

2002 年，审计局增设经济责任审计股。

2007 年 12 月，审计局增设社会保障审计股。

2011 年 4 月，审计局增设内部审计管理中心、固定资产投资审计股 2 个股室。9 月，经政府批准，给予审计所 4 名职工工资 70%的财政差额补贴，审计所属性由自收自支事业单位转为财政差额补贴事业单位。

2015 年，审计局设办公室、审理股、财政金融股、农牧审计股、行政事业审计股、经济责任股、社会保障审计股、内部审计管理中心、固定资产投资审计股等 9 个股室。核定编制 17 名，其中，行政编制 15 名，工勤编制 2 名，实有职工 19 人。

二、审计业务

1. 行政事业审计

2001—2015 年，审计局对工商行政管理局、质量技术监督局、赛汉塔拉养路工区、红十字会等 29 个部门财务收支进行审计，完成审计项目 48 个。查出应缴未缴预算款、截留坐支应缴财政专户款、乱收费、超标准收费、挤占挪用事业费、固定资产未入账等问题，涉及问题金额 468. 90 万元，上缴财政金额 187. 08 万元。审计 2001 年度全旗中小学危房改造工程专项资金的拨付、管理、使用情况和 2009—2013 年中小学校舍安全工程资金，未发现问题。

2003 年，根据锡林郭勒盟审计局《关于转发〈关于开展防治非典专项资金和社会捐赠款物专项审计的通知〉的通知》（锡审行字〔2003〕58 号），对全旗防治非典型肺炎财政专项资金和社会捐赠款物的收支及结余情况进行审计，并延伸审计人民医院、防疫站、经贸局、公安局、教育局等 11 个使用资金、物资的单位，审计金额 460 万元。

2015 年，完成行政事业单位财务收支审计项目 14 个，红十字会专项资金审计项目 1 个，查出违规金额 43. 92 万元，提出审计建议 17 条。接受邀请审计项目 2 个，分别对老干局 2013—2014 年财务收支和给排水公司 2014 年财务收支进行审计。按照旗委办公室、政府办公室《关于开展嘎查村财务清理和任期审计工作的通知》和《关于开展社区“两委”班子换届任期审计工作的通知》，分别对全旗 64 个嘎查和 14 个社区“两委”成员进行任期审计。清理和审计嘎查村财务资金总额 1403 万元，查出违规资金 67. 80 万元，对 49 个嘎查村存在的问题提出具体整改要求。对 14 个社区“两委”成员审计，从财务管理模式和财务核算制度等方面提出建议。年内，完成全旗沙源治理二期工程、乌兰牧骑捐赠资金、红十字会外借资金、草业公司、那达慕大会财务收支专项审计。

2. 财税金融审计

2001 年，完成邮政局上年度财务收支审计，并对各部门、各单位拖欠报刊款情况，人民银行下调利率给邮政储蓄造成损失等情况进行审计调查。

2001—2008 年，完成 11 个苏木镇财政决算审计，审计项目 23 个。

2001—2015 年，完成全旗财政预算执行情况审计。延伸审计一级预算单位 26 个，完成审计项目 55 个，查出违规金额 104294.61 万元，上缴财政金额 9554 万元。并对财政部门外债资金管理和使用情况进行审计。

2002 年，根据内蒙古自治区审计厅授权，对烟草公司上年度财务收支进行审计。该公司 2001 年实现利润 30 万元，完成计划的 200%，未发现违纪违规问题。对保险公司上年度资产、负债、损益情况进行审计，查出损益不实 12.50 万元，作出调账处理审计决定，促进增收节支 12.50 万元。

2007 年，审计局对国家开发银行贷款锡林郭勒盟教育布局调整苏尼特右旗项目资金进行审计。

2010 年，完成 2009 年全旗财政收入质量和政府性债务审计调查。对全旗非国有企业 2007—2009 年财政性资金管理、使用及效益情况进行审计调查。

2011 年，完成 2010 年全旗财政收入质量审计调查。对 2008—2011 年的企业使用科技资金情况进行专项审计调查。其中，使用科技资金企业 3 家，涉及项目 4 个。

2015 年，完成上年度本级预算执行和其他财政收支情况审计，延伸审计一级预算单位 2 个，查出违规金额 38433 万元。其中，虚列支出 35033 万元，未纳入财政预算管理 3400 万元。年内，对全旗稳增长促改革调结构惠民生防风险政策措施落实情况进行跟踪审计。完成棚户区改造、保障性安居工程建设、水利项目建设、精准扶贫、简政放权、污水垃圾处理设施建设等财政存量资金统筹使用落实情况审计，问题涉及住房和城乡规划建设局未履行工程基本建设程序，给排水公司超预算投资 1263.72 万元，财政局滞留专项资金 1766.77 万元。

3. 固定资产投资审计

2001—2015 年，审计所完成基本建设投资竣工决算审计项目 400 个，核减金额 2412.75 万元。

2012—2014 年，审计所与新广厦项目管理有限公司签署合作协议。审计该公司项目 17 个，核减金额 7616.28 万元。

2015 年，完成蒙力欣公司基本建设投资竣工决算审计项目 84 个，审计金额 3669.07 万元，核减金额 289.72 万元。新广厦项目管理有限公司审计项目 30 个，送审金额39851.91万元，审定金额 29404.71万元，核减金额10447.20万元，核减率 26%。

4. 经济责任审计

2001—2014 年，完成党校、苏尼特宾馆、生态办公室、律师事务所、公安局等 228 个单位的领导干部任期经济责任审计。查出应缴未缴预算收入、固定资产未入账、未进行竣工决算审计、超标准收费、挤占挪用专项资金、白条列支、隐瞒、截留收入、少计利息收入、收入抵顶支出、收入支出未纳入财务统一核算等问题，涉及问题资金 2539.09 万元，上缴财政 48.07 万元。

2007 年，经内蒙古自治区审计厅授权，对食品药品监督管理分局 2004—2006 年度领导任期经济责任进行审计。

2009 年，受锡林郭勒盟审计局委托，对公安局2006—2008年度经济责任进行审计。存在将应记入暂付款科目核算工程款 22 万元，列入经费支出科目，造成支出不实问题。

2015 年，完成全旗离任经济责任审计项目 19 个。查出违规金额 3626.26 万元，提出审计建议 9 条。

5. 社保、内部审计

2001 年，完成上年度救灾资金审计，查出挪用救灾资金 34.20 万元，用于支付工程款，依据有关规定进行处理。

2003 年，完成住房公积金归集、使用和管理情况审计；对上年度城市居民最低生活保障资金的拨付、管理、使用情况进行审计，查出违规金额 4.6 万元。

2004 年，完成上年度全旗国有企业下岗职工基本生活保障资金及失业保障基金审计，发现存在挪用失业保障基金等问题，审计决定归还原资金渠道 50 万元。

2007—2008 年，完成 2006—2007 年度全旗基本养老保险、城镇职工医疗保险、失业保险、工伤保险、生育保险等基金专项审计，审计发现社会保险基金相互挤占和调剂使用资金 263 万元，银行未按规定计息 2.88 万元，隐瞒收入 9467 元。完成 2006 年度农村牧区最低生活保障资金收支、管理和使用等情况审计。

2009—2014 年，对全旗城镇保障性安居工程进行跟踪审计，查出违规资金 33 万元。

2010 年，完成 2009 年度农村牧区最低生活保障资金收支、管理和使用等情况审计。

2011 年，完成新型农村牧区合作医疗基金审计。6 月，对全旗养老保险基金管理使用情况进行专项审计调查。

2013 年，完成 2009—2012 年度基本公共卫生经费审计。住房和城乡建设局对所属二级单位城管局 2011—2012 年经济责任审计。

2015 年，完成全旗城镇保障性安居工程跟踪审计项目 1 个。

6. 农业资金审计

2001—2015 年，先后完成围封转移、扶贫专项、农业综合开发、沙源治理工程、水利建设等资金审计。其中，完成 2002 年度围封转移专项资金审计，发现个别资金使用单位违反《现金管理暂行条例实施细则》，现金支付风沙源治理资金累计 19.8 万元。违反《内蒙古自治区京津风沙源治理工程管理办法》，风沙源资金水源工程支出 116 万元及节水灌溉工程 363 万元，资质部门的验收手续不健全；购买机器设备（粉碎机、收割机等）、材料（网围栏、铁丝等）、草籽（草木樨、柠条等）、药品等出入库手续不健全等问题，决定处以罚款 1.98 万元，按规定补办有关手续。分别完成 2001—2002 年、2004 年、2008—2009 年、2011—2013 年扶贫专项资金审计，查出挪用专项资金、虚列扶贫资金支出、改变资金和贷款投向、白条列支、滞留专项资金等问题，涉及问题资金 799.45 万元，决定归还原渠道资金 3 万元，上缴财政 6.6 万元，促进资金到位 482.4 万元。完成 2004—2005 年、2007—2010 年农业综合开发资金审计，查出资金拨付不及时、未按规定安排一定比例的农业综合开发事业费和设立事业费专户等问题。先后对 2002—2003 年沙源治理工程专项资金和 2004 年、2007—2010 年、2012—2013 年生态环境建设资金进行审计，查出工程资金结算不及时等问题。完成 2006—2007 年度排污费及其他环境保护专项资金审计，查出未按规定及时足额上缴应上缴的排污费 62 万元。完成 2002—2003 年、2011—2012 年水利建设资金和 2008—2009 年度农村牧区饮水安全工程资金审计，查出滞留水利专项资金 168.50 万元。

2015 年，完成全旗扶贫专项资金拨付、管理和使用情况和农业综合开发资金等审计工作。年内，完成全旗重点工程审计，审计主管部门 12 个，审计项目涉及苏木镇 7 个，嘎查村 64 个，走访农牧户 65 户，调查建设项目 11 个，审计资金 17526.54 万元，查出配套资金不到位 209.80 万元。

三、审计监督

2011 年，苏尼特右旗 18 个旗直有关部门和 6 个苏木镇设立独立内部审计机构，配备与本地区、本部门业务相适应的内部审计人员，并对其内审机构依法进行审计监督。

2012，审计部门会同组织部、纪检、监察部门成立全旗审计专项督查工作组。年内，对 5 个经济责任审计项目进行回访督查，其中，整改到位项目 5 个，上缴排污费 30 万元，挽回国有资产流失 23.70 万元。

第七节　食品药品和工商质量技术监督管理

一、 管理机构

2001 年，锡林郭勒盟苏尼特右旗工商行政管理局、锡林郭勒盟物价技术监督局苏尼特右旗分局实行省级以下垂直管理。苏尼特右旗工商行政管理局行政编制 29 名、工勤编制 2 名、基层行政编制 49 名。9 月，工商行政管理局成立市场管办脱钩工作领导小组，原来几个市场实行脱离转制和归由经济贸易委员会管理。

2002 年 1 月，锡林郭勒盟药品监督管理局苏尼特右旗分局挂牌成立，实行省以下垂直管理，履行全旗药品安全监管及药品经营企业初审等工作职责。设办公室、综合业务室。行政编制 8 名。7 月，工商行政管理局进行机构改革，内设办公室、人事教育股、法制股、财务装备股、市场规范管理股、企业注册管理股、公平交易和消费者权益保护股、商标广告监督管理股、物价综合管理股、赛汉塔拉工商所、乌日根塔拉工商所、朱日和工商所等 13 个机构。另设物价检查所派出机构，信息中心为事业单位。消费者协会、个体劳动者和私营企业管理协会归地方编制、挂靠工商行政管理局开展业务工作。

2003 年 6 月，苏尼特右旗工商行政管理局与物价局合署办公，一个机构两块牌子。

2004 年 9 月，苏尼特右旗药品监督管理分局正式更名为苏尼特右旗食品药品监督管理分局，核定编制及股室情况未发生变化。组建苏尼特右旗食品安全委员会，是隶属政府的常设食品安全议事决策机构。

2006 年，质量技术监督局食品理化实验室成立。

2009 年 10 月，质量技术监督局食品理化实验室扩容改建，通过 CMA 国家计量认证和 CAL 质量监督检验机构认证。

2010 年 7 月，物价部门剥离工商行政管理局，归属发展和改革局管理物价工作，结束合并历史，名称不变。8 月，根据机构改革相关文件，食品药品监督管理局苏尼特右旗分局更名为苏尼特右旗食品药品监督管理局，隶属政府职能部门。11 月，印发苏右政办发〔2010〕122 号文件，明确食品药品监督管理局的主要职能、作用，将综合协调食品安全、组织查处食品安全重大事故职能划归卫生局。内设办公室、保健食品化妆品监管股、餐饮服务监管股、药品医疗器械监管股，核定行政编制 8 名，其中，科级领导职数 3 人。

2012 年，工商行政管理局内设办公室、人事股、财会股、法制股、公平交易消保股、市场股、商标广告股、食品股、基层股、企业股 10 个股室。下设赛汉塔拉工商所、朱日和工商所、乌日根塔拉工商所 3 个派出机构。信息中心为事业编制。消费者协会、个体劳动者和私营企业管理协会归地方编制，挂靠工商行政管理局。2 月，印发《关于卫生监督职能划归及人员编制调整的通知》（苏右机编办发〔2012〕5 号），将卫生监督所 5 名事业编制人员调入食品药品监督管理局二级单位，食品药品监督管理局正式接管餐饮服务环节食品安全监管以及保健食品监督管理等职能。工商行政管理局在职人员 46 人。

2013 年 8 月，苏尼特右旗成立食品药品稽查大队，隶属于食品药品监督管理局，为股级建制财政全额拨款事业单位，编制 5 名。

2014 年 4 月，食品药品监督管理局增加食品药品稽查大队编制 6 名。8 月 28 日，质量技术监督局取消省以下垂直管理，名称沿用苏尼特右旗质量技术监督局，隶属政府职能部门。内设办公室、综合业务股、执法稽查队，正科级，人员编制18名。直属事业机构产品质量计量检测所内设食品理化检验室、计量室、质量室、定量包装室4个机构，人员7人。12月，工商行政管理局开展市场准入注册登记、行政管理体制调整、流通领域食品监管职能划转等工商管理体制改革工作。

2015年1月，工商行政管理局划归地方政府管理职能部门，结束15年省及以下垂直管理模式。2月13日，工商行政管理、质量技术监督、食品药品监督局合并，组建食品药品和工商质量技术监督管理局，挂食品安全委员会办公室牌子，成为政府工作组成部门。内设综合办公室、法制股、食品综合协调股、药品医疗器械监督管理股、市场规范管理股、企业注册管理股、商标广告监督管理股、公平交易消费者权益保护股、企业监督管理股、食品生产流通监督管理股、餐饮食品监督管理股、保健食品化妆品监督管理股、产品质量监督管理股、标准化计量股、特种设备安全监察股等22个股室。下设稽查大队、产品质量计量检测所、信息中心3个直属机构和赛汉塔拉镇所、朱日和镇所、乌日根塔拉镇所和额仁淖尔苏木所4个派出机构。年内，核定行政编制62名，在职人员84人，科级领导职数7人，事业编制16名。

二、 食品药品监督管理

1. 食品监督管理

2004—2010年，锡林郭勒盟食品药品监督管理局苏尼特右旗分局履行食品安全综合协调职能。建立健全《苏尼特右旗食品安全重大事故应急处置预案》《苏尼特右旗食品安全重大事故应急处理办法》《苏尼特右旗食品安全委员会工作规则》《苏尼特右旗食品安全监管部门工作职责》《苏尼特右旗食品安全事故责任追究制度》等食品安全各项制度措施。

2004年9月，苏尼特右旗食品药品监督管理分局会同工商行政管理局、卫生局、质量技术监督局等部门，组织开展全旗食品市场安全大检查。查获假冒伪劣食品34种，价值人民币6493元。

2005年2月，开展全旗节日市场联合执法检查，现场检查各类食品生产、经营门店300余家，查获并没收过期变质、假冒伪劣及“三无”（无生产日期、无质量合格证、无生产厂家）食品40余种，约800公斤，价值1万余元，责令停业处罚无证经营户4家。5—6月，部署全旗食品安全专项整治工作，出动执法人员255人次，车辆86辆次，现场检查食品经营单位1300余家，查获各类假冒、过期变质、“三无”食品9类780种1277件，无生产日期炒米200公斤，价值108万元。

2006年7月，食品安全委员会组织食品药品监督管理分局、工商行政管理局、卫生局、质量技术监督局等部门开展“关爱生命，情系健康——送食品安全到千万家庭”主题食品安全宣传活动，印发《食品安全知识宣传手册》200余册，发放各类宣传资料900余份。12月，开展全旗“食品安全示范店”命名授匾会议，11家企业、超市和酒店获“食品安全示范店”称号。

2007年6月，食品安全委员会集中开展内蒙古自治区成立六十周年、乌兰牧骑建立五十周年、第四届乌兰牧骑艺术节暨苏尼特右旗第十二届那达慕大会期间食品安全专项整治活动，先后出动执法人员1400余人次，取缔食品无证生产经营户7家，没收各类过期食品价值1.7万元。

2008年，食品安全委员会先后召开食品安全工作会议6次，开展联合检查3次，食品专项检查5次。出动执法人员1300余人次，车辆140余辆次，责令整改18家，吊销豆腐坊卫生许可证1家，取缔糕点作坊1家，查获各类过期、不合格食品600余公斤，货值3000余元。3月，组织工作人员到15家肉类加工企业，开展《苏尼特羊肉实施地理标志产品保护规定》宣传活动。

2009年，开展打击违法添加非食用物质和滥用食品添加剂专项整治工作、乳制品及其他类食品质量安全大检查、食糖生产和加工专项执法检查、打击私屠滥宰和病死畜禽病害畜禽肉非法交易专项整治活动，出动执法人员1300余人次，检查相关单位589家，先后责令9家整改，对21家未取得定点牲畜屠杀证的屠宰企业下发停止屠宰告知书。4月，举办全旗食品药品监督管理工作会议暨全旗学习宣传《食品安全法》知识竞赛。

2010年4月，苏尼特右旗开展历时1个月的不合格一次性筷子、“地沟油”流入餐饮服务环节专项检查工作。食药部门联系工商、卫生、质量技术监督等部门开展乳制品专项执法检查，出动执法人员1437人次，车辆409辆次，对辖区16家糕点生产企业、8家奶制品生产企业、238家餐饮企业、435家奶制品经营企业、2家奶站及奶户和饲料加工场所开展巡回检查。

2011年，开展打击非法添加、滥用食品添加剂和废弃食用油脂专项整治，联合教育行政部门开展学校及周边食品安全专项整治工作，组织兽医局、商务局、工商行政管理局、卫生局等部门开展羊肉市场排查行动。

2012年，全旗登记备案餐饮单位436家，保健食品单位70家，开展从业人员学习培训1400余人次，发放健康证1400份。4月，开展餐饮企业量化分级和餐具监测工作，采集样品780份，经检测合格377份，合格率48%。年内，先后对学校、企业工地食堂、旅游景点等处进行检查，开展餐饮环节非法添加、夜市烧烤摊点食品安全、打击假冒伪劣保健食品等专项整治活动。

2013年，全旗餐饮服务单位515家，餐饮从业人员1400余人。聘任7个苏木、镇的食品药品安全联络员和63个嘎查（村、社区）协管员、信息员，实现旗、苏木镇、嘎查村三级食品安全监管体系，覆盖率100%。

2014年，全旗完成年检餐饮企业521家，体检餐饮从业人员1621人。开展量化评级工作，评定510家，其中A级1家、B级23家、C级481家。年内，组织开展学校食堂、肉及肉制品、旅游景点及厂矿食堂、公路食堂、食用明胶、食品添加剂等专项治理整治行动，出动执法人员3419人次，车辆614辆次，查处案件10起，罚款5.89万元，取缔无证经营户6家，下发责令整改通知书253份。

2015年，全旗食品流通经营企业及个体商户723家、食品生产企业及个体工商户106家、餐饮服务单位506家、保健食品和化妆品经营单位90家。整合质量技术监督食品实验室和食品药品餐饮安全快检室，食品项目自检率33%。两家苏尼特羊肉加工企业进行产品质量全程可追溯，实现全旗羊肉全产业链质量追溯体系建设“零”突破。年内，食品药品安全监管经费69万元全部列入旗财政预算，实现辖区内常住人口每人10元的标准。食品生产企业及食品加工小作坊生产全部实现有效监管，产品抽检合格率100%。全旗学校食堂量化分级实施率100%，赛汉塔拉镇餐饮业量化分级实施率98.8%，农牧区量化分级管理实施率85%，分别比2014年提升16.6%、27.5%、30%。全旗餐饮单位中A级25家，占总数的5.19%；B级餐饮经营单位145家，占总数的30.1%；C级餐饮经营单位306家，占总数的63.5%，农村牧区50人以上的集体聚餐备案登记率100%。

2. 药品监督管理

2002年9月，药品监督管理部门开展药品监督宣传活动，设立“药品监督咨询台”，发放“药品监督联系卡”，向社会各界群众展示没收假劣药品10余种，向消费者介绍识别假劣药品基本常识。年内，对14家医疗单位和药品经营企业行政处罚8400元，查获过期、变质药品30余万元。各医疗机构抽取药品17批次送检。

2003年4—6月，集中开展防治“非典”联合执法检查工作，向全旗防治“非典”指挥部捐赠医用防护服、眼镜、口罩、手套等30套。年内，销毁各类不合格药品1091种21475批次，价值2.51万元。

2004年4月，举办全旗药品经营企业从业人员业务培训班和医疗机构药品从业人员培训班2期，各药品经营企业负责人、质量管理员、营业员和各医疗机构负责人或药房负责人、个体门诊负责人等74名人员参加培训。

2005年1月，药品监督管理部门取缔无证经营药品1家，查获假劣药品18种，价值449元。3月，全旗开展药品市场大检查活动，针对盐酸萘替芬乳膏等66种药品转换为非处方药品开展检查。4

月，针对药品和医疗器械市场进行专项整治。立案查处7起，当场行政处罚8起，涉案金额5万余元；监督医疗机构集中销毁过期、失效药品177种，价值19万元。

2007年，药品监督管理部门完成抽送药品55批次，检查出不合格药品11批次，均及时进行处罚，集中对6家乡镇卫生院“规范药房”进行现场专项指导。7月，全旗举办药品从业人员业务培训。11月，开展精神药品、蒙药制剂、国家和自治区公布的不合格药品等专项检查10余次。

2008年，药品监督管理部门完成抽送药品61批次，对不合格的12批次进行处罚。5月，开展药品零售企业兴奋剂专项治理工作。9月，全旗9家药品零售企业通过锡林郭勒盟GSP认证检查组现场认证检查。

2009年，全旗完成19家药品零售企业换证、认证和现场检查等工作。

2011年6月，按照“全区药品安全示范县”试点旗县建设要求，在“药品经营质量管理规范系统”软件基础上，筹备搭建药品监管信息公共服务平台，面向全旗46家药品经营企业，开展专网专线的网络化管理，完善基本药物生产品种监管档案和经营企业数据库，实现药品监管电子化管理。年内，开展盐酸克伦特罗、假冒今雄牌苍穹胶囊、恒源牌茯苓山药胶囊、小儿暖脐膏、力源补肾丸等各类专项检查整治，出动监督检查人员630余人次，检查车210辆次，检查监督单位260家（次）。

2012年，药品监督管理部门检查药品、医疗器械经营使用单位234家次，及时暂停存在问题的药品销售。投入45万元，搭建全旗药品经营质量信息平台。

2013年，通过综合评定，5家药品经营企业获得安全信用等级三星，44家获得安全信用等级二星。年内，完成抽检药品41批次（中药饮片10批次），抽验合格率100%。上报医疗器械不良事件4例，药品不良反应3例。“3·15”消费者权益日活动期间，组织销毁辖区内医疗机构、药品零售企业过期失效药品241个品种（其中，西药192种、中药49种）、卫生材料26种、医疗器械12种，麻醉性药品回收的空安瓿瓶2万余瓶，货值11.18万元。

2014年，全旗开展整顿医疗秩序打击非法行医专项行动、中药材中药饮片专项整治、查处假劣药品专项检查等活动。年内，出动执法人员600余人次，出动车辆120余辆次，检查药品零售经营企业、医疗机构、个体门诊等71家。为药品经营零售企业办理健康证134个，责令整改32家，其中，罚款6家，罚款金额6.36万元，焚烧过期药品和医疗器械货值2万余元。上报药品不良反应34个，医疗器械不良事件8件。

2015年，全旗有药品器械零售经营单位及医疗卫生服务单位81家。药品零售经营企业电子监管率81%，较上年增长34%。诚信药品零售经营企业43家，较去年增加38.7%；失信药品零售经营企业4家，较上年下降42%。

3. 医疗器械管理

2002年，药品监督管理部门对全旗32家医疗单位和药品经营企业进行检查。联合计划生育和卫生部门开展避孕药具市场专项检查，没收违法经营医疗器械标值2000余元。

2003年，防治“非典”期间，开展整顿基层医疗卫生机构药品、医疗器械使用情况，没收各类物品价值4.5万余元。

2004年，全旗销毁医疗器械117种，标值34.52万元。

2005年，开展药品和医疗器械市场专项整治。出动执法人员80余人次，车辆13辆次，对涉药单位证照、人员资质，药品购进、销售、使用、储存，医疗器械购进、用后销毁等进行系统检查，检查涉药单位25家，立案查处7起，当场行政处罚8起，涉案资金5万余元。

2006—2011年，全旗实行信用分级管理，医疗器械经营及使用企业监管覆盖率和医疗器械经营许可证发放规范化100%。

2012—2013年，开展隐形眼镜市场、无菌和植入类医疗器械等专项检查，实现医疗器械经营和使用单位监督检查覆盖率 100%，处罚违规企业 3 家。

2014 年，开展整治虚假注册申报、违规生产、非法经营、夸大宣传、使用无证医疗器械产品“五整治”专项行动，报废处理超出使用期限的婴儿培养箱 1 台，对 3 家医疗机构未建立健全采购管理制度进行责令整改。

2015 年 12 月，开展食品药品安全大检查，检查各类经营单位 78 家，对 2 家药品经营企业的隐患问题下达责令整改通知书。年内，检查企业及个体工商户 3486 家（次），规范各类经营户 114 家（次）。

4. 食药案件查处

2002 年，药品监督管理部门没收违法经营医疗器械、假劣药货值 1.3 万余元，罚款 1.1 万元。

2003 年 6 月，“非典”期间，销毁各类非法物品 4.5 万余元。其中，器械 1511 种标值 2.80 万元。

2004 年，全旗销毁药械药品 705 个品种（批次）、医疗器械 117 个品种、中药饮片 624 个品种。标值 34.52 万元。

2005 年，药品监督管理部门查获各类药械 22 件，涉案价值 0.6 万元，罚款 2.98 万元，集中销毁假劣药品货值 30 万元；查获不合格食品 2000 公斤，货值 5 万元。

2006 年，药品监督管理部门罚没假劣药械 24 种，罚没款金额 0.6 万元；查获假冒伪劣食品 27 种 479 公斤，价值 0.9 万元，责令整改 20 余家。

2007 年，药品监督管理部门罚没假劣药械 36 种，罚没款金额 0.4 万元；查获假冒伪劣食品 20 种 300 公斤，价值 0.6 万元，责令整改 15 家。

2008 年，药品监督管理部门罚没假劣药械 24 种，标值 0.3 万元，入库罚没款金额 1.5 万元；查获不合格食品 600 余公斤，取缔蛋糕生产小作坊 1 家。

2009 年，药品监督管理部门罚没款 0.5 万余元；查获不合格食品 800 公斤，货值 2 万余元。

2010 年，药品监督管理部门立案 17 起，结案 15 起；查获过期及不合格食品 500 余公斤，责令整改 20 余家。

2011—2013 年，全旗处罚餐饮、药店经营企业 219 家，其中，警告 68 家，取缔 4 家，罚款、处罚 147 家，罚款 15.63 万余元。

2014 年，药品监督管理部门责令整改 32 家，其中罚款 6 家，罚款金额 6.36 万元，销毁过期药品和医疗器械货值 2 万余元。

2015 年，药品监督管理部门排查食品安全隐患风险 500 余条，下达责令整改通知书 397 份，办结案件 2 件，罚款 1.5 万元。

三、工商行政管理

1. 企业、个体管理

2001—2015 年，全旗登记注册企业 658 家，注册资本508879.85万元。农牧业合作社 220 家，个体工商户 3463 家。

2015 年，全旗新增个体工商户 617 家，较 2014 年增加 21.2%，办理股权出质登记 6 起，融资 3.94 亿元，较 2014 年增加 51.6%。

2. 市场管理

2001 年 3 月，工商行政管理局开展全旗整顿和规范市场经济秩序大检查工作。

2003 年，工商行政管理局在防治“非典”期间，查出各类违法案件 81 起，取缔非法个人门诊 8 家，捣毁 3 家严重违反防治“非典”工作的门诊及游戏厅。查缴各类不规范药品价值 0.5 万元，没收不合格卫生口罩 436 个，橡胶手套 36 副。销毁各类不合格药品 1091 种28475批次，价值 2.51 万元。

2015 年，工商行政管理局办理简易案件 322 件。查处无证经营饮用水生产单位 3 家，没收销毁过期、变质、伪劣食品 361 袋（瓶），查获假冒品牌酒 293 瓶，货值 8 万余元。调解处理消费投诉 12 件，为群众挽回直接经济损失 1. 95 万元。

3. 广告商标管理

2007 年 12 月，苏尼特羊肉正式被国家质检总局列为国家地理标志保护产品（国家质检总局第 218 号公告），这是内蒙古自治区、全国同类产品中首个地理标志产品。

2015 年，通过帮助企业完善质量管理体系，推动企业采用国标、行标，改进生产工艺，提升产品品质，做好名牌产品申报。全旗注册商标 104 件，拥有国家驰名商标、自治区著名商标、知名商标 9 个，较 2014 年增长 125%。年内，新增自治区名牌产品嘉利农机、蓝天牧业两家生产企业。

4. 经济合同管理

2001—2015 年，工商行政管理局累计鉴证合同 30 份，鉴证金额4352. 52万元；办理动产抵押 52 起，抵押物价值100226. 99万元。

5. 商标广告管理

2001 年 6 月 28 日，锡林郭勒苏尼特碱业有限公司注销“马兰”牌商标。

2002 年 1 月 7 日，内蒙古元世祖生态制酒有限责任公司注册“赛汉”牌商标。

2010 年 3 月 21 日，苏尼特右旗今朝有限责任公司注册“今朝”牌商标。

2013 年 2 月 28 日，苏尼特右旗民族用品厂注销“双喜”牌蒙古包商标。3 月 14 日，苏尼特右旗双利民族手工艺术品制作有限公司注册继承“双喜”牌蒙古包传统制作技艺，注册“吉祥草原”牌蒙古包；12 月 6 日，注册“双吉祥”牌蒙古包。

2015 年，苏尼特碱业有限公司重新注册“马兰”牌商标；今朝有限责任公司注册“草原今朝”牌商标；双利民族手工艺品制作有限公司注册“喜双喜”牌蒙古包；羊羊牧业股份有限公司先后注册“吉羊羊”“戈壁羊”“羊羊牧业”牌商标。年内，全旗注册商标 110 件，户外广告经营单位 43 家。

6. 工商监督监察

2001—2015 年，工商部门累计监督查处各类经济违法违章案件 442 件。案件主要涉及无照经营、商标侵权、户外广告、企业未年检、食品安全等事件。

7. 社会服务业

2001 年，全旗餐饮业 366 家，从业人员 1182 人，注册资金 1534 万元。旅店 53 家，从业人员 189 人，注册资金 1069 万元。各类居民服务业 198 家，从业人员 321 人，注册资金 543 万元。批发零售业 1341 家，从业人员 2295 人，注册资金 8357 万元。娱乐业 28 家，从业人员 111 人，注册资金 81 万元。

2015 年，全旗餐饮业 470 家，从业人员 1378 人，注册资金 2876 万元。旅店 96 家，从业人员 296 人，注册资金 4446. 3 万元。各类居民服务业 352 家，从业人员 660 人，注册资金 1936 万元。批发零售贸易业 673 家，从业人员 3436 人，注册资金 14889 万元。娱乐业 40 家，从业人员 205 人，注册资金 496 万元。中介服务 2 家，从业人员 4 人，注册资金 13 万元。

四、 质量技术监督管理

1. 质量计量监督管理

2004 年 4 月，苏尼特右旗产品质量计量检测所计量标准增加 7 项。

2012年苏尼特右旗计量标准一览表

表14-2-10

计量标准装置名称	考核证书编号	授权量传溯源地区	开展的检定校准项目名称	准确度等级
二等公斤组砝码标准装置	〔2012〕锡量标法证字第007号	苏尼特右旗	砝码、天平检定	(0.5~28)毫克
三等公斤组砝码标准装置	〔2012〕锡量标法证字第012号	苏尼特右旗	砝码检定	F_2等
四等砝码标准装置	〔2012〕锡量标法证字第006号	苏尼特右旗	地衡、台秤、天平检定	F_2等
加油机容器检定装置	〔2012〕锡量标法证字第010号	苏尼特右旗	燃油加油机检定	±0.025%
血压计智能标准器	〔2012〕锡量标法证字第009号	苏尼特右旗	血压计、血压表检定	±0.05%
精密压力表标准装置	〔2012〕锡量标法证字第011号	苏尼特右旗	一般压力表检定	0.4级

2006—2013年，质量技术监督局利用国家专项资金，购置电子天平、酸度计、电热恒温培养箱、原子吸收光谱仪、气相色谱仪、超净工作台等检验检测设备，可自行开展包括食品常规理化指标在内的38项检验检测工作。

2008年，质量技术监督局增加面粉、食用油、奶制品、豆制品、建材等产品质量监督抽查。

2001—2014年，产品质量计量检测所检定各类计量器具3.5万余台（件），免费检定维修各类计量器具8000余台（件），保证全旗计量量值传递的准确可靠。年均抽查企业产品质量62批，合格率由最初的不到50%上升至2014年的91%。

2007—2014年，质量技术监督局对全旗产品质量、特种设备、计量器具、产品标示标注等领域开展执法检查，查处违法案件287（件），其中，立案88（件），当场处罚199（件），查处假冒伪劣商品标值4.45万元。

2008—2012年，质量技术监督局连续5年对全旗576家商户经销的洗涤化妆品类、饮料类、奶制品类、调味品类、粮油类、保健品类等11大类商品进行商品净含量监督检验，总合格率由2008年的66.4%上升到2012年的91.3%。

2015年，质量技术监督局对全旗涉及贸易结算、医疗卫生、安全防护等2130台在用计量器具进行定期检定。开展“计量惠民”活动，免费为社区百姓、个体商户、医疗机构、厂矿企业检定修理血压计、台案秤、天平等312台件。

2. 标准化管理

2001—2014年，质量技术监督局代码窗口办理企业代码证书431份，企业非法人代码证书113份，个体代码证书303份。截至2014年，全旗登记有效代码证1255家。质量技术监督局综合业务股办理产品标准注册登记152个。全旗21家食品加工企业被国家质检总局核准使用地理标志保护产品专用标志。

2007年7月，质量技术监督局代码业务办理正式入驻行政审批中心。

2011年，苏尼特羊在北京召开的地理标志保护与发展经验交流会暨第二次全国地理标志调研报告发布会上，被列入全国300个最具综合价值地理标志产品名单。8月，政府出台《关于进一步加强农牧业标准化及苏尼特羊地理标志保护工作的意见》。

2015年，通过开展“质量兴旗”、商标战略培育等活动，提升企业质量管理水平，引导鼓励农牧民、涉农企业及有关协会组织注册和使用农畜产品商标和地理标志，推进全旗注册商标快速增长。

3. 特种设备管理

2001—2014 年，特种设备安全监察职能划转到质量技术监督局，具体工作由稽查队负责。其间，协助锡林郭勒盟特检所检验锅炉 241 台、压力容器 600 台，全旗特种设备检验率 100%。对全旗 57 家企事业单位在用的 190 余台锅炉、压力容器、电梯、起重机械等特种设备建立纸质档案和网上数据库，基本实现网上一体化管理。

2015 年，开展重点节日特种设备大检查、气瓶充装站安全专项检查，电梯安全监管大会战、涉氨企业安全隐患大排查等专项行动，下达特种设备安全监察指令书 11 份，发现消除安全隐患 6 处，依法停用未检验天然气槽车 2 辆、报废液氨制冷设备 1 套。年内，全旗液化石油气钢瓶、电梯、液氨制冷设备等特种设备均进行定期检验，与 23 家电梯使用单位签订维保协议，配备电梯安全员。

第八节　安全生产监督管理

一、管理机构

2004 年 9 月，苏尼特右旗单独设置安全生产监督管理局，隶属政府职能部门。内设办公室、安全监管一室、安全监管二室、应急救援室（救援队）、职业卫生监督管理所、监察大队、矿山救护队等 7 个机构。核定编制 19 名，其中，行政编制 4 名、事业编制 9 名、工勤编制 6 名。12 月 6 日，成立中共苏尼特右旗安全生产监督管理局支部委员会。

2006 年 9 月 21 日，苏尼特右旗成立安全生产监察大队，隶属安全生产监督管理局管理，为全额拨款事业单位，核定事业编制 7 名。

2010 年 9 月 2 日，经锡林郭勒盟安全生产管理局批准，成立矿山救护队。11 月 15 日，机构编制办公室印发《关于苏尼特右旗安全生产监督管理局增加内设股室的批复》（苏右机编发〔2010〕5 号），成立矿山救护队，隶属安全生产监督管理局内设机构，核定工勤编制 5 名。

2011 年 1 月 6 日，安全生产监督委员会建立安全生产联络员制度，各苏木镇、安全委员会成员单位确定 1 名科级领导干部担任安全生产联络员。9 月 6 日，机构编办印发《关于成立苏尼特右旗职业卫生监督管理所的批复》，将卫生局承担作业场所职业卫生监督检查职责划到安全生产监督管理局，成立职业卫生监督管理所，隶属安全生产监督管理局，股室建制，核定编制 2 名。

2012 年 2 月 17 日，根据编制委员会办公室《关于卫生监督职能划归及人员编制调整的通知》要求，调整安全生产监督管理局、卫生局、食品药品监督管理局等部门职能分工。

2014 年，安全生产监督管理局核定编制 18 名。其中，行政编制 4 名、事业编制 8 名、工勤编制 6 名。领导职数 3 人，职工数 26 人。

2015 年，安全生产监督管理局内设办公室、安监一室、安监二室、应急救援室（救援队）、矿山应急救援队等室所队机构。下设安全生产监察大队和职业卫生监督管理所。核定编制数 22 名，其中，行政编制 6 名、事业编制 8 名、工勤编制 8 名。领导职数 3 人，职工数 26 人。

二、安全生产综合管理

1. 安全教育培训

2004 年 12 月 24 日，举办全旗安全管理、特种作业人员持证上岗培训班。

2005 年 6 月 12 日，全旗开展“安全生产月咨询日”活动。8 月 29 日，举办全旗厂长经理、安全管理、特种作业人员持证上岗培训，邀请锡林郭勒盟民族技工学校专业教师进行授课。

2006 年，举办全旗安全管理，特种作业人员持证上岗，加油站职工、非煤矿山企业从业人员安全培训，培训人员 505 人。

2007 年 10 月 19—25 日，全旗非煤矿山、危险化学品安全生产经营培训工作在朱日和开班。参加培训、复训人员 330 余人。

2008 年，开展以“治理隐患，防范事故”为主题的安全生产月宣传活动。年内，对全旗非煤矿山、危险化学品生产经营单位进行培训，培训人员 277 人。

2009 年 5 月 9—12 日，举办全旗安全生产培训班，培训人员 200 余人。

2010 年 6 月 22 日，举办全旗安全生产培训班，参加培训和复训 400 余人。12 月 17 日，举办烟花爆竹安全培训，对 11 家零售烟花爆竹企业安全管理人员进行安全培训。

2011 年 3 月 9 日，组织全旗各苏木镇进行安全生产培训。

2012 年，根据自治区安全生产监督管理局《关于授予锡盟顺安安全培训有限公司等 2 家三级安全培训机构资质的通知》（内安监综合字〔2012〕337 号），批准成立锡林郭勒盟苏尼特右旗顺安培训公司。

2014 年 8 月 16 日，全旗 17 名安监站负责人和工作人员获全区安全生产执法证。

2015 年，开办新的《中华人民共和国安全生产法》学习培训班，对 800 余名企业从业人员进行安全培训，累计培训从业人员 4000 人。

2. 安全检查

2005 年，完成全旗非煤矿山企业春季复工验收工作，对全旗重点监控的非煤矿山、地下矿山、露天铁矿、危险化学品企业进行节日的安全生产专项检查。

2006 年，全旗开展危险化学品企业、非煤矿山专项安全检查，对全旗建筑施工市场进行为期 5 天安全生产专项检查。

2007 年 1 月 20—23 日，对全旗地下开采矿山进行“春季”“两会”期间安全生产大检查。

2008 年，开展非煤矿山、危化企业安全生产专项检查，奥运会安全检查和执法安全专项行动，对 32 家非煤矿山企业进行安全会诊，完成非煤矿山复工、验收工作。

2009 年，全旗开展矿山、危化等重点行业企业专项检查 6 次，完成春季复工检查指导工作。

2010 年，对全旗危险化学品生产经营企业、金属非金属矿山、在建项目施工工地、涉氨企业、供热安全等进行安全生产专项检查和“打非”专项行动 12 次。

2011 年，开展安全生产专项整治、安全执法检查活动 10 次。对全旗 9 所学校、2 所幼儿园开展校车专项检查活动。年内，开展整顿和规范矿业资源开发秩序专项行动，检查企业 8 家，存在安全生产隐患的 6 家，对 2 家非法采石采砂企业下达强制措施决定书，责令停产。

2012 年 8 月 3 日，开展全旗规模以上企业安全生产承诺制度试点创建工作。年内，开展安全生产专项整治、安全执法检查活动 11 次。重点对朱日和铜业、白雁湖化工、金曦矿业、中石油、建筑公司等 28 家企业开展专项检查。

2013 年 6 月 17 日，对全旗监管范围内的采矿山企业进行采空区专项治理大检查。年内，开展安全生产专项检查活动 7 次。

2014 年 5 月 13 日，根据《温馨平安锡盟创建活动生产安全“百日”大检查实施方案》的通知（锡安委会发〔2014〕24 号），对全旗工矿商贸生产经营企业进行安全生产大检查。年内，对全旗非煤矿山、危险化学品、冶金、烟花爆竹等 22 家企业进行安全生产大检查，对 9 家涉氨企业进行专项检查，开展各类安全检查活动 16 次。

2015 年，全旗开展重点行业领域安全生产大检查，组织核查提出复工核查申请的企业 8 家，准予复工备案8家，检查生产经营单位205家（次），排查整改各类安全隐患945项，下发强制措施处理决定书18份，依法关闭违法生产经营单位7家。年内，重点针对天津港瑞海公司危险品仓库发生的特别重大火灾爆炸事故，开展安全生产隐患排查专项整治百日行动。

3. 督查监察管理

2004年9月，苏尼特右旗成立安全生产综合监督管理部门。

2005年3月1日，安全生产监督管理局与公安局签订协议，正式移交烟花爆竹安全监督管理权。

2006年，安全生产监察大队对辖区重点非煤矿山企业和危险化学品企业实施环境、执法监控监督。

2008年6月27日，安全生产监督管理局部署“安全生产百日督查”专项行动，成立非煤矿山和危化督查组两个，制定《安全生产百日督查专项行动实施方案》。年内，推行安全生产风险抵押金制度，制定《关于高危行业企业安全生产费用财务管理暂行办法的通知》。

2009年2月28日至3月20日，采取企业自查、各行业主管部门督查、政府抽查相结合的方式，开展春季安全生产督查专项行动。

2010年，组织开展全国“两会”、春季复工、“打非”专项行动、在建铁路公路、非煤矿山、供热等督查监察活动16次。其中，自治区级督查2次，盟级督查6次。

2011年8月8日，巴彦淖尔市安全监督管理局执法监察支队对朱日和铜业公司进行执法互检活动。年内，全旗开展督查活动9次，督查非煤矿山、危化、建筑、烟花爆竹、学校等企事业单位56家（次）。其中，区级督查1次，盟级督查3次。

2012年8月22—23日，内蒙古自治区金矿开采粉尘危害治理督查组对金曦矿业公司粉尘危害治理工作进行督查。9月7日，正镶白旗安全生产监督管理局对香林香达铜矿、温都尔化工有限责任公司和白雁湖化工有限责任公司3家非煤矿山、危险化学品企业进行执法监察互查。年内，全旗开展督查活动15次，督查企业16家。其中，区级督查3次，盟级督查4次。

2013年5月15日，全盟部分旗县互检组实地对蒙达冶炼有限责任公司、朱日和铜业有限责任公司、中石油内蒙古锡盟销售有限责任公司赛汉塔拉油库等企业进行交互督查。7月20日，购置现场监督检测设备、危险品与烟花爆竹监督检测设备、职业危害监督检测设备、非煤矿山部分监督检测设备等安全监管执法专业装备。年内，对全旗非煤矿山、危化、冶炼、烟花爆竹、风电等企业开展百日行动和执法、职业卫生等监督活动13次。其中，区级督查2次，盟级督查4次。

2014年，开展群众路线教育实践活动，召开专题民主生活会、组织生活会，听取人大常委会对全旗安全生产工作评议。年内，开展全国“两节”“温馨平安创建百日生产安全”等专项督查9次。其中，区级督察2次，盟级督查4次。

2015年，根据《国务院办公厅关于加强安全生产监管执法的通知》（国办发〔2015〕20号），对安全生产监管执法的责任权、使用权、责任清单等进行梳理，综合梳理45条，明确重点监管对象、检查内容和执法措施等监管制度。同时，成立基层安全监督生产管理站7个，专兼职人员17人。年内，完成矿山春季复工验收核查、绒毛粉尘专项治理、危险化学品、校园安全等专项督查26次，下达督查整改文书104份。全旗直接监管非煤矿山和危险化学品、烟花爆竹等重点行业生产经营企业64家，非煤矿山企业43家，持有安全生产许可证23家（地下开采7家，露天开采16家），尾矿库3座（包含在地下矿山企业数内），在建矿山企业20家，危险化学品生产经营企业12家，冶金企业5家，烟花爆竹批发企业4家。

三、 安全生产事故

2005年6月7日凌晨6时许，金曦矿业有限责任公司发生生产经营性安全生产炮烟中毒事故1

起，死亡2人，受伤2人。年内，全旗各类安全事故造成人员死亡17人。8月16日，根据《关于苏尼特右旗金曦黄金矿业有限责任公司谷那乌素探矿区9号探矿点“6·7”炮烟中毒死亡事故结案申请的批复》（锡安监发〔2005〕73号），对相关事故责任单位及责任人进行处罚。

2007年5月10日19时34分，苏尼特右旗富山鸿矿业开发有限责任公司（不具备生产经营资格）主采空区非法生产发生冒顶重大事故，死亡3人。年内，全旗各类安全事故造成人员死亡15人。发生生产经营性安全事故2起，死亡5人。

2010年9月19日18时40分，赛汉塔拉镇人民法院建筑工地发生一起模板坍塌事故，造成2人死亡。年内，全旗各类安全事故造成人员死亡13人。发生生产经营性安全事故2起，死亡4人。

2015年，发生各类生产经营性安全生产事故2起，未发生人员伤亡，与2014年同期相比事故起数上升200%，死亡人员持平。其中，发生非生产经营性道路交通事故634起，死亡7人，伤4人，直接经济损失19.77万元，未发生生产经营性道路交通事故，道路交通领域较上年同比事故起数上升27%，死亡人数较上年同比持平，财产损失较上年同比上升41%。发生消防火灾事故7起，其中生产经营性消防火灾事故2起，直接经济损失10.4万元，未发生人员伤亡，较上年同比消防火灾事故起数和死亡人数分别下降82.35%和100%。

第九节　国土资源管理

一、管理机构

2002年6月12日，苏尼特右旗土地房产管理局更名为国土资源局。6月18日，根据《关于印发苏尼特右旗国土资源局职能配置内设机构和人员编制规定的通知》（苏右政办发〔2002〕36号），国土资源局内设办公室、规划建设用地与耕地保护股、综合监察大队、地籍测绘股、房产管理所、矿产开发与地质环境管理股、地质勘查与储量股、住房公积金管理中心等9个机构。下设朱日和镇土地所、新民镇土地所、巴彦舒图镇土地所。行政编制11名。国土资源局在岗人员56人。其中，科级4人、干部7人、工勤人员2人。11月1日，调整全旗建设用地审批委员会。

2003年8月11日，根据编制委员会苏右机编字〔2003〕5号批复，印发《关于成立土地储备中心及人员任命的通知》（苏右国土字〔2003〕39号），苏尼特右旗成立土地储备中心，股级事业单位，隶属国土资源局。

2004年4月8日，苏尼特右旗成立国土资源政务公开领导小组。

2007年6月18日，苏尼特右旗国土资源局调整全旗土地审批委员会。

2008年3月7日，苏尼特右旗国土资源局调整全旗土地审批委员会。6月11日，苏尼特右旗成立国土资源局矿业权管理审批委员会。12月18日，印发《关于苏尼特右旗土地储备中心加挂土地交易服务中心的批复》（苏右机编发〔2008〕16号），在土地储备中心加挂土地交易服务中心和矿业权交易服务中心牌子，实行一套人员3个牌子。

2010年11月29日，印发《关于印发苏尼特右旗国土资源局主要职责内设机构和人员编制规定的通知》（苏右政办发〔2010〕115号），国土资源局内设办公室、规划建设用地与耕地保护股、地籍测绘股、矿产开发管理与地质环境股、地质勘查与储量股、执法与基层国土资源所6个股队所。核定机关行政编制11名。

2011年5月10日，印发《关于新建土地矿产资源开发服务中心的批复》（苏右政字〔2011〕32号），批准建设赛汉塔拉镇新区土地矿产资源开发服务中心。该项目规划占地面积10430平方米，建筑面积6400平方米，总投资1200万元，建设资金以自筹为主。

2012年8月24日，根据《内蒙古自治区人民政府关于调整锡林郭勒盟部分苏木乡镇行政区划的批复》（内政字〔2012〕35号），恢复阿其图乌拉苏木。按照《关于增加苏木乡镇编制的批复》（锡机编发〔2012〕15号），批准土地矿产管理所新增编制3名，土地矿产管理事业编制增至19名。

2015年，国土资源局内设办公室、规划建设用地与耕地保护股、地籍股、测绘股、矿产开发管理股、地质勘查与储量股、监察大队、信息中心、评估所、人事宣教股、不动产登记中心（土地储备中心）、地质环境股、基层国土资源所等13个股队所。核定机关行政编制7名。

二、土地资源管理

1. 土地规划管理

2002年11月5日，制定印发《关于苏尼特右旗国土资源局关于执行全盟城镇国有土地基准地价的报告》（苏右国土字〔2002〕48号）。

2003年1月1日，根据《锡林郭勒盟房地产价格管理暂行办法》，参照执行锡林郭勒盟行署办公室《关于确定全盟城镇基准地价的通知》（锡署发〔1999〕108号），国土资源局按照基础上下浮动幅度控制在10%以内，对全旗国有土地基准地价进行评估、修订。

2002—2003年苏尼特右旗赛汉塔拉镇、朱日和镇基准地价情况表

表14-2-11　　单位：元/平方米

单位	级别	商业用地	住宅用地	工业用地
赛汉塔拉镇	一级	150	50	45
	二级	100	40	35
	三级	60	30	20
朱日和镇	一级	80	40	30
	二级	50	30	20

2005年3月14日，根据《关于更新赛汉塔拉镇土地定级与基准地价的批复》（苏右政字〔2004〕9号）和《关于已购公有住房和经济适用住房上市出售中有关土地问题的通知》，关于已购公有住房和经济适用住房上市出售补交土地出让金按基准地价10%计算。其中，一级9.00元/平方米，二级6.00元/平方米，三级3.00元/平方米。私有住房上市出售的楼房按成交价1%缴纳土地出让金，平房按成交价2%缴纳土地出让金。

2006年4月15日，国土资源局完成全旗基本农田划定和三级备案工作，编制基本农田图纸和文字报告。全旗基本农田总面积4787.5公顷，其中，新民村450.20公顷，捷报村880公顷，亦可村1000.60公顷，红花村532.80公顷，乌兰村470.20公顷，榆树村100.50公顷，哈达村788.80公顷，全胜村564.40公顷。

2007年11月2日，印发《关于执行乌日根塔拉镇和朱日和镇土地基准地价的批复》（苏右政字〔2007〕52号）。

2008年1月1日，经苏尼特右旗人民政府批准，乌日根塔拉镇、朱日和镇执行新的土地基准地价。12月28日，印发《关于执行赛汉塔拉镇土地基准地价的批复》（苏右政字〔2008〕90号）。

2008 年苏尼特右旗乌日根塔拉镇、朱日和镇基准地价情况表

表 14-2-12　　单位：元/平方米

单　位	级　别	商业用地	住宅用地	工业用地
乌日根塔拉镇	一级	85	30	60
	二级	50	15	60
朱日和镇	一级	100	50	60
	二级	60	30	60

2009 年 1 月 1 日，经苏尼特右旗人民政府批准，赛汉塔拉镇执行新的土地基准地价。11 月 10 日，完成全旗基础测绘“十二五”规划编制工作。年内，根据《锡林郭勒盟市县乡级土地利用总体规划指导的意见》（锡国土资发〔2009〕191 号），编制《苏尼特右旗土地利用总体规划（2009—2020）》。

2009 年苏尼特右旗赛汉塔拉镇基准地价情况表

表 14-2-13　　单位：元/平方米

单　位	级　别	商业用地	住宅用地	工业用地
赛汉塔拉镇	一级	510	130	100
	二级	320	90	60
	三级	190	60	60

2010 年 10 月 16 日，根据《关于锡林郭勒盟锡林浩特市等 12 个旗县（市）土地利用总体规划大纲（2009—2020 年）的审查意见》，到 2020 年，全旗耕地保有量不低于1912. 65公顷，基本农田不低于 1000 公顷，城乡建设用地规模控制在7464. 47公顷以内。

2011 年 11 月 30 日，开展征地统一年产值标准和征地区片综合地价成果更新工作。征地统一年产值提升 100 元/亩，补偿标准 30 倍。

2012 年 3 月 18 日，召开全旗征地补偿办法征求意见会，对征地补偿工作和分配办法进行更新。新征地补偿标准 3000 元/亩。其中，土地补偿费按照统一年产值 100 元/亩的 6 倍补偿给嘎查集体，安置补助费按照统一年产值 100 元/亩的 24 倍补偿给农牧民。

2013 年 4 月 15 日，根据《锡林郭勒盟行政公署关于苏尼特右旗 5 个苏木镇土地利用总体规划（2009—2020）的批复》（锡署字〔2013〕63 号），同意乌日根塔拉镇、朱日和镇、桑宝拉格苏木、赛罕乌力吉苏木、额仁淖尔苏木土地利用总体规划。

2014 年 6 月 18 日，根据《关于开展全盟第四轮城镇基准地价更新和重新公布工作的通知》（锡盟国土资发〔2013〕128 号），成立基准地价更新工作领导小组。国土资源局组织召开赛汉塔拉镇、朱日和镇土地基准地价更新成果听证会，执行新的用地基准地价。

2014 年苏尼特右旗赛汉塔拉镇、朱日和镇基准地价情况表

表 14-2-14　　单位：元/平方米

单　位	级　别	商业用地	住宅用地	工业用地
赛汉塔拉镇	一级	620	170	130
	二级	410	120	85
	三级	240	80	60
朱日和镇	一级	130	75	60
	二级	80	60	—

2015 年，苏尼特右旗完成第三轮矿产资源总体规划编制和普通建筑材料用砂、石、黏土矿开发

利用专项规划编制的招标工作，确立作业单位，进行资料收集和现场勘查工作。

2. 土地资源利用

2001 年 4 月 21 日，制定《苏尼特右旗农村集体土地承包经营流转管理办法》（苏右政发字〔2001〕25 号）。5 月 30 日，印发《关于成立苏尼特右旗农用地分等定级估价项目领导小组技术组的通知》（苏右土房管字〔2001〕26 号）。9 月 7 日，印发《关于苏尼特右旗土地房产管理局无偿收回华北油田二连公司中子库用地的通知》（苏右土房管字〔2001〕41 号），华北油田二连公司在赛汉塔拉镇以划拨形式取得 6000 平方米土地使用权欲建中子库，因闲置多年，根据《中华人民共和国土地管理法》第 58 条，无偿收回。

2003 年 4 月 22 日，印发《关于无偿收回华北石油二连油区综合服务处用地的通知》（苏右国土字〔2003〕15 号），位于赛汉塔拉镇阿尔善街都仁路勘探一公司办公用地，原以划拨方式取得的土地使用权，占地总面积 27450 平方米，因多年闲置，经土地资源管理局研究决定无偿收回，原用地手续同时作废。6 月 12 日，国土资源局收回 103 地质队土地使用权（内蒙古第四地质矿产勘查开发院，1992—1998 年期间从朱日和镇搬迁至乌兰察布盟集宁市），占地面积 38214. 58 平方米，附着物评估现值 12. 4 万元。

2004 年 4 月 22 日，印发《关于无偿收回华北石油勘探一公司的通知》（苏右国土字〔2004〕22 号）。因多年闲置未用，将原以划拨方式取得使用权的赛汉塔拉镇阿尔善街杭盖路地段勘探一公司（现供应站）无偿收回，占地总面积22499平方米。7 月 13 日，经协商，国土资源局与华北油田管理局二连油区综合服务处正式签订协议，无偿收回位于赛汉塔拉镇阿尔善街杭盖路华北石油勘探一公司原划拨土地使用权。该宗地占地面积 48773 平方米，给予附着物经济补偿 35 万元。

2005 年 9 月 20 日，国土资源局印发《关于对企业转制中土地使用权取得方式有关问题的通知》（苏右国土字〔2005〕43 号）中规定：用地单位及个人在企业转制中，依法取得土地使用权的，材料齐全视为出让手续；依法取得土地使用权，应按土地实际用途使用，改变用途的依法办理相应手续；土地使用期限，以第一次办理审批手续之日算起。

2007 年 10 月 17 日，印发《关于苏右旗苏木、乡撤并有关事宜的说明》（苏右国土字〔2007〕76 号），布图木吉苏木巴彦杭盖嘎查、巴润宝力嘎嘎查、巴音车勒嘎查合并归属赛汉塔拉镇管辖。

2009 年 12 月 1 日，旗委组织部农用地产能核算工作通过内蒙古自治区国土资源厅验收。

2010 年 5 月 12 日，印发《关于收回粮食储备库部分土地的批复》（苏右政字〔2010〕42 号）。经苏尼特右旗人民政府同意，收回原粮食储备库（铁道东侧）土地使用权，占地面积 48647. 08 平方米。

2012 年 8 月 20 日，根据政府旗长办公会议纪要（〔2012〕8 号），研究部署朱日和训练基地搬迁牧民有关后续工作。会议要求国土部门办理搬迁牧民土地证等手续。

2013 年 6 月 5 日，经苏右政字〔2013〕26 号批复，国土资源局印发《关于收回国有土地使用权决定书》（苏右国土资发〔2013〕50 号），依法无偿收回内蒙古天翼房地产开发有限责任公司闲置土地18553. 58平方米国有土地使用权。

2015 年，实施土地项目预审，建立健全建设项目核准、备案台账。初审办理风能和光伏发电项目 4 个，为 3 个单独选址项目办理征地 4. 46 公顷。第一批次建设项目用地 47. 17 公顷、第二批次建设项目用地 0. 05 公顷转用。经锡林郭勒盟行署批复，获国土资源厅备案，按照村镇规划第一批次建设项目用地 3 公顷；第二批次建设项目 9. 08 公顷。年内，农转征项目供地率 80%以上。

3. 建设用地管理

2001 年 1 月 7 日，根据《关于苏尼特右旗易地扶贫搬迁试点工程用地的调整意见》，在齐哈日格图西侧实施易地扶贫工程，占地 628. 48 公顷。该用地属于格日勒敖都苏木草场，按照《土地管理法》

及实施条例规定给予补偿，并按有关程序办理用地手续。

2002 年 5 月 14 日，国土资源局对消防大队院内闲置土地进行“西储—001 号”宗地拍卖，该宗地占地面积 7062.24 平方米，苏尼特右旗工程公司以 45.5 万元竞拍，用途商业。

2003 年 5 月 12 日，印发《关于确定新民镇土地出让金的通知》（苏右国土字〔2003〕17 号），新民镇政府所在地的国有土地按照赛汉塔拉镇土地基准地价二级的 40%确定，原划拨用地根据锡署发办发〔1999〕108 号文件要求执行。

2005 年 7 月 20 日，印发《关于收回教育局大集体用地的通知》（苏右国土字〔2005〕18 号），收回教育局原大集体以划拨用地取得土地使用权，占地总面积 3663.9 平方米。

2012 年 7 月 13 日，土地储备中心委托拍卖土地 3 宗，面积80389.87平方米，成交价款 2044 万元；挂牌出让土地 12 宗，面积407664.34平方米，成交价款 6054.2 万元。

2015 年，苏尼特右旗累计供地 42 宗，完成土地收益 6989.54 万元。其中，协议出让 8 宗地，土地面积14443.7平方米；拍卖出让 29 宗，土地面积 443883.15 平方米；划拨 23 宗地，土地面积 1950570.87平方米。

4. 地籍管理

2001 年 5 月 6 日，根据锡林郭勒盟土地矿产局土地调查队对国道 208 线（锡林郭勒盟苏尼特右旗段）一期工程勘测调查，印发《关于国道 208 线（锡盟段）一期工程补办建设用地手续审查意见》（苏右土房管字 33 号）。需征用新民乡、布图木吉苏木集体土地 61.4 公顷，其中，耕地 22.4 公顷，对国道 208 线勘测边界，权属明确、界址清楚、无权属纠纷，符合土地利用总体规划，并补办农用地转用建设用地手续。6 月 27 日，锡林郭勒盟土地矿产管理局对全旗西部大开发土地资源调查评价内外业成果及变更调查工作进行检查验收。7 月 2 日，根据锡林郭勒盟土地调查队对国道 208 线（苏尼特右旗段）二期公路工程建设用地进行勘测，需征用巴彦朱日和苏木集体土地 65.3 公顷，符合土地利用总体规划，办理农用地转用建设用地手续。

2003 年 6 月 13 日，国土资源局开展建制镇地籍调查工作，完成赛汉塔拉镇、朱日和镇、巴彦舒图镇、新民镇地籍调查，测量总面积 117300 公顷。6 月 30 日，根据内蒙古自治区人民政府《关于调整二连浩特市与苏尼特右旗行政区划的批复》（内政字〔2003〕212 号），2003 年 6 月 18—22 日，苏尼特右旗与二连浩特市联合对行政区域界线进行调查勘查，签订《额仁淖尔苏木人民政府与格日勒图敖都苏木人民政府联合勘定的行政区域界线协议书》，界线勘定后，格日勒图敖都苏木和额仁淖尔苏木的两个嘎查行政区划归二连浩特市。全旗 14 个苏木、2 个镇、1 个乡合并成 3 个镇 3 个苏木，土地总面积22340平方公里。

2006 年 10 月 20 日，国土资源局完成乌日根塔拉镇、朱日和镇、桑宝拉格苏木、赛罕乌力吉苏木、额仁淖尔苏木地籍调查工作。全旗地籍调查总面积 229493.3 平方米，宗地图 435 幅，地籍图 26 幅。全旗测量标志普查工作，测量三角点标志 634 个，其中，保存完好的三角点 3 个，基本完好的 379 个（三脚架已破坏，但地下标石完好），完全破坏的 252 个。

2007 年 3 月 15 日，根据《国务院关于开展第二次全国土地调查的通知》（国发〔2006〕35 号），苏尼特右旗土地第二次调查工作正式启动。4 月 28 日，国土资源局对涉及乌日根塔拉镇那仁宝力嘎嘎查、呼格吉勒图嘎查 19 户牧民进行勘查，现场为牧民补偿 38 眼钻孔的临时占地费 7.6 万元。7 月 5 日，根据《锡林郭勒盟行政公署转发内蒙古自治区人民政府转发国务院关于开展第二次全国土地调查的通知》，苏尼特右旗成立第二次土地地籍调查办公室。

2014 年 3 月 31 日，根据《国土资源部办公厅关于实行电子化备案完善土地估价报告备案制度的通知》要求，国土资源局评估所实行土地估价报告备案制度。4 月 1 日，苏尼特右旗正式启动农村牧区集体土地确权登记发证工作，截至 3 月底，完成全旗 7 个苏木镇、63 个嘎查村、8775 宗宅基地外业测量核查登记工作。

2015 年，完成农村牧区宅基地使用权确权登记发证汇交工作，地籍管理信息系统与锡林郭勒盟信息中心联网。完成国有建设用地登记发证 217 宗地，办理他项权利登记 58 宗地，土地登记费完成 26. 37 万元。第四轮基准地价于 10 月 15 日批复执行。

三、 矿产资源管理

1. 地质勘查

2004 年 7 月，制定《苏尼特右旗整顿和规范矿产资源勘查开发次序实施方案》及《关于普通建筑材料用砂、石、黏土整顿方案》。

2005 年 5 月 8 日，印发《关于作废苏尼特右旗金鑫黄金矿业有限责任公司毕力赫金矿区土地使用证的决定》（苏右国土字〔2005〕16 号），原土地证号（苏右国用〔2003〕字第 003960 号）因在规定期限内不办理土地证书年检手续，决定作废。5 月 18 日，经政府旗长办公会议决定，由土地储备中心和房地产评估所出资组建苏尼特右旗建源矿业有限责任公司（以下简称建源公司），建源公司对全旗各煤区的探矿权进行申请登记。年内，国土资源局对矿山进行动态巡查，没收非法开采矿石 2700 吨，扣押非法采矿车辆机械 11 台，制止非法采矿 12 起，查处 12 起，申请法院强制执行查封矿山 1 处。累计罚款 60 万元，没收炸药 192 公斤、雷管 90 根、导火索 50 米。

2007 年 2 月 2 日，苏尼特右旗金鑫矿业有限责任公司取得锡林郭勒盟国土资源局颁发的哈拉敖包铁矿采矿许可证，这是全旗首例探矿权转为采矿权企业。该项目于 2008 年建设，矿区位于乌日根塔拉镇，矿区面积 221 公顷，地质储量 151. 35 万吨。

2011 年 6 月 24 日，北京炬宏达矿业有限公司实施乌日根塔拉镇都希乌拉嘎查阿其图乌拉白音敖包铜多金属矿详查项目。对矿区面积 17. 46 平方公里打钻孔 3 眼，第一批样品化验分析结果，3 号钻孔氧化镁最高品位 46. 21%，其中，品位高于 40%的样品，累计厚度 142. 8 米，4 号钻孔氧化镁最高品位 44. 32%，累计厚度 58. 92 米。

2015 年，苏尼特右旗地质勘查在期项目 65 个。其中，能源勘查项目 12 个（煤项目 3 个、石油项目 7 个、煤层气项目 2 个）、金属勘查项目 53 个，开工项目 33 个，开工率 62%，已完成钻孔 141 个，钻探进尺 72392. 77 米，槽探 8464. 1 立方米，资金总投入 7014. 2 万元。年内，对全旗 32 个探矿权项目进行初步审查。完成二连浩特盆地乌兰花凹陷北部油气勘查等 6 个项目的核查。乌兰敖包铁矿详查、布吐木吉铁矿详查报告评审备案，新增铁矿资源储量 400 万吨。

2. 矿产资源管理

2004 年 5 月 17 日，受内蒙古自治区国土资源厅委托，全区第一次委托旗县国土局操作的采矿权挂牌出让和全盟第一次以招拍挂形式出让采矿权，国土资源局对朱日和白云敖包、卡巴、二道井 3 个铁矿采矿权进行出让，宏鑫矿业有限责任公司以 6050 万元取得采矿权。11 月 3 日，国土资源局联合公安部门对境内 30 余家矿山企业进行整顿治理，依法取缔乌日根塔拉苏木境内非法采矿点 2 处，对新新矿产公司等 5 家违法采、探矿企业进行行政处罚，罚款 80. 78 万元。

2005 年 5 月 12 日，根据《关于煤田地质勘探井临时用地包干收费的通知》（锡国土资发〔2005〕108 号），国土资源局对全旗煤田地质勘探井临时用地，采取包干办法予以补偿。每口探井按 2000～2500 元收取。80%作为临时用地补偿费和复垦费，20%作为土地管理费，由国土资源管理部门收取。6 月 15 日，国土资源局对白云敖包北矿区和哈尔哈达矿区采矿权进行公开拍卖。金洋矿业有限公司以成交价款 4200 万元竞得。10 月 10 日，哈尔哈达矿区进行第二次拍卖，由上海永创投资公司（现注册为苏尼特右旗华土沃达矿业发展有限责任公司）以 1. 07 亿元竞得。

2006 年 5 月 17 日，国土资源局对阿其图白音敖包铁矿详查探矿权和香林香达铜矿详查探矿权进行公开拍卖。北京德中兴润进出口公司分别以930万元和1000万元价款竞得白音敖包铁矿详查探矿权香林香达铜矿详查探矿权。

2008年9月16日，国土资源局以总成交价1320万元公开出让境内矿区探矿权3处。其中，呼都格塔拉铁矿普查探矿权330万元，红格尔东铜矿普查探矿权110万元，德尔格图铁矿普查探矿权880万元。11月25日，以总成交价69万元公开出让境内矿区探矿权2处。其中，包尔铁矿普查探矿权以31万元由内蒙古华鑫矿业有限责任公司竞得，高出底价15万元；达来南络镍矿地质普查探矿权以38万元由内蒙古矿业开发总公司竞得，高出底价7万元。

2013年5月24日，国土资源局以总成交价59.8万元公开出让采矿权2处。其中，苏尼特右旗世荣基建石料开采有限责任公司取得巴润宝力嘎砂场采矿权，苏尼特右旗中辰工贸有限责任公司取得阿拉腾宝力嘎基建石矿权。

2015年，编制《苏尼特右旗矿产资源整合实施方案》。年内，矿业权数按计划采矿权减少21%，探矿权减少28%。对哈拉敖包多金属矿地质普查项目等22宗过期探矿权申请注销（其中，煤炭探矿权8宗，金属探矿权14宗），完成“内蒙古自治区苏尼特右旗毕力赫金矿2号矿带勘探”项目注销（2015年第02号）。累计征收入库矿产资源补偿费1655.4万元，价款16.6万元。

第三章　综合农业管理

第一节　农牧业管理

一、管理机构

1. 行政机构

2001 年，苏尼特右旗分别设畜牧局和牧机局。

2002 年，畜牧局与牧机局合并成畜牧业局。6 月，牧业机械服务中心并入畜牧局。

2004 年 9 月 8 日，农林水利局农业职能划归畜牧局，畜牧业局、农业局、乡企局合并，组建农牧业局。同时，挂推进农牧业产业化办公室牌子。

2014 年，农牧局设综合办公室、人事股、财务股、农业股、畜牧业股、牧业机械股、农牧业产业化办公室、饲料与科教股、农畜产品质量安全监管股、兽医局等股室局。行政编制 15 名。干部职工 21 人，设局长 1 人，副局长 3 人。下设动物疫病预防控制中心、动物卫生监督所、畜牧工作站、草原工作站、农牧业经营管理站、牧机监理站、牧机推广站、农业技术推广站、农牧业综合行政执法大队等二级单位 9 个。主管草原监督管理局，事业编制 131 名，工勤编制 3 名。全旗农牧业系统有职工 201 人。

2015 年，农牧局设综合办公室、农牧业产业化办公室、人事股、财务股、农业股、畜牧业股、牧业机械股、饲料与科教股、农畜产品质量安全监管股等 9 个股室。行政编制 21 名。

2. 事业单位

农牧局下设兽医局、草原监督管理局、草原工作站、农牧业经营管理站、畜牧工作站、农牧机安全监理站、农牧业机械技术推广站、农业技术推广站、农牧业综合行政执法大队等事业单位。

2001 年，草原监理所隶属畜牧局，在职人员 12 人。

2001—2010 年，国营苗圃代管蔬菜农场，隶属农牧业局。

2002 年 5 月 16 日，根据锡盟行署办公室关于《加强旗县市和重点苏木镇草原监理机构建设指导意见》，经机构编制委员会研究决定，成立草原监督管理局，正科级全额拨款事业单位，隶属畜牧业局，农业水利局协管。内设办公室、草原监测股、草原管理股、草原监察大队等 4 个股所队，在职工作人员 19 人。下设苏木乡镇草原监理派出所 13 个（额仁淖尔苏木、格日勒图敖都苏木、吉呼郎图苏木、乌日根塔拉苏木、桑宝拉格苏木、都呼木苏木、赛罕乌力吉苏木、布图木吉苏木、阿其图乌拉苏木、都仁乌力吉苏木、新民乡、朱日和镇、赛汉塔拉镇），配备人员 36 人。

2003 年 10 月 14 日，经政府党组会议研究决定，草原监督管理局核定人员编制由 27 名增加到 57 名。草原工作站兼挂牧草种子和饲料检测站牌子，在职职工 17 人。农经站和牧经站合并成立农牧业经营管理站。农牧机安全监理站从牧机局划归农牧业局管理。农牧业机械技术推广站从牧机局划归农牧业局管理，加挂农机产品质量投诉站牌子，在职职工 6 人。农业技术推广站从林业水利局划归农牧业局管理。

2005 年 9 月，草原监督管理局（草原防火指挥部）下设办公室、草原管理股、草原监测股、草原防火股、草原监察大队、财务股 6 个科室，草原监理监测人员 21 人。各苏木乡镇实施撤乡并镇，由 13 个苏木乡镇合并为 7 个苏木镇草原监理派出所，配备人员 36 人。

2006 年，全旗建立动物疫病防控体系。11 月，畜牧兽医工作站迁入兽医办公楼。12 月，畜牧兽医工作站更名为苏尼特右旗兽医局，隶属农牧业局。年内，正式聘用嘎查村动物防疫员 58 人。

2007 年 5 月，全旗完成兽医管理体制改革工作，兽医局正式成立。兽医系统各单位实行全额拨款，结束差额工资历史。在畜牧兽医工作站基础上成立动物疫病预防控制中心，畜牧工作站从原畜牧兽医工作站中分离。在动物监督检验所基础上成立动物卫生监督所，内蒙古自治区驻赛汉塔拉动物监督检验站更名为赛汉塔拉动物卫生监督检验站，并归动物卫生监督所管理。畜牧兽医工作站合署办公的改良站单设畜牧工作站，隶属农牧业局管理，在职职工 10 人。全旗 6 个苏木镇设立畜牧兽医工作站（动物卫生监督站）。

2008 年，草原监督管理局和 7 个苏木镇草原监理派出所参照公务员管理。9 月，动物卫生监督所和苏木镇动物卫生监督站列入参照公务员法管理单位。10 月，农牧机安全监理站参照公务员管理，在职职工 9 人。

2009 年，农业技术推广站加挂植物检疫站牌子，在职职工 6 人。畜牧业车队完成企业转制。

2010 年，动物疫病预防与控制中心参照公务员管理。动物疫病预防控制中心和动物卫生监督所在职职工 57 人。草原工作站参照公务员管理，在职职工 12 人。

2011 年，草原监督管理局（草原防火指挥部）下设办公室、草原管理股、监测股、防火股、监察大队、法制股、财务股、信访股等 8 个股室队，在职职工 30 人。各苏木镇草原监督管理所人员 84 人，每个基层草监所配备人员 12 人，每个嘎查确保 1 名监理人员负责。1 月 1 日，结合草原管护要求，招录草原监理员 60 人，分配至各苏木镇草原监督管理所。

2011—2013 年，草原监督管理局为苏木镇基层草原监督管理所实配人员 84 人。其中，每个基层草原监督管理所配备 12 人，每个嘎查确保 1 名监理人员负责。

2012 年，苏尼特右旗成立农牧业综合行政执法大队，在职职工 9 人。

2015 年，草原监督管理局变更为生态保护局，下设草原生态保护综合执法大队，隶属政府职能部门，承担全旗草原行政管理和草原生态环境保护职能。草原监督管理局设立股室队 8 个，各苏木镇设基层草原监督管理所 7 个。草原监督管理局在职工作人员 116 人，其中，机关 32 人，基层草原监督管理所 84 人。年内，建立朱日和镇、额仁淖尔苏木农机化示范园区。全旗有农机生产销售企业 2 家，农机配件经销及服务维修点 4 个。

二、 农牧业经营管理

1. 三资管理

农牧局重点对全旗农村牧区集体资金、资产、资源进行管理（以下简称三资管理）。全旗集体三资管理属于农村牧区集体经济组织全体成员所有，由农村集体经济组织依法进行管理，农村牧区集体经济组织对其所有三资管理依法享有占有、使用、收益和处置的权利。

2. 合作社管理

2001—2008 年，全旗注册的农牧民专业合作社中，从事畜产品养殖业的有 178 家，从事种植业的有 7 家（主要是饲草料种植），从事农业生产资料销售的有 12 家，从事农产品加工的有 8 家，从事技术信息服务的有2家，其他7家。农牧民专业合作社创办形式主要为农牧户自发联合型和少数能人大户带动型。

2009年，全旗开展合作社规范化建设，创建全区示范社3家、盟级示范社1个。

2015年，按照“民办、民管、民受益”的原则，以提供产品和服务为主，以专业大户牵头或以某一农产品为主导，全旗成立农牧民专业合作社组织。联结分散农户，由农牧民组建专业合作经济组织，形成“龙头企业+专业合作组织+农户”的产业化运行模式。全旗登记成立农牧民专业合作社214家，注册资金25704.35万元，从业人员3378人。

3. 家庭牧场管理

按照农村牧区家庭农牧场认定，主要以从事种养业为主。家庭农牧场经营者年满18周岁以上，以家庭成员为主要劳动力，接受过相应的农牧业技能培训，具有完全民事行为能力。同时，以农牧业收入为家庭的主要收入来源，农牧业净收入占家庭农牧场总收益的80%以上。

2013—2014年，全旗培育建立家庭牧场（合作社及育肥户）142户，加强畜牧业基础设施项目建设，继续在全旗范围遴选130户生态家庭牧场（合作社及育肥户），配套基础设施建设，发展舍饲半舍饲养殖。

2015年，根据《锡林郭勒盟草原畜牧业家庭牧场认定办法》和《验收方案》，7—9月，从200户备选牧户中遴选出高标准草原畜牧业家庭牧场30户并进行认定和培训。年内，全旗累计建成家庭牧场350户，其中，高标准家庭牧场30户。

三、 草牧场管理

2001年，草原监督管理所负责全旗范围内的草场保护、防火、防止滥采滥挖。按照《进一步落实和完善草牧场“双权一制”的意见》，划定全旗人口和牲畜基数。

2001—2003年，全旗累计完成3870万亩5000余户牧区“双权一制”（即草牧场所有权、使用权和承包责任制）工作。

2002年4月15日至6月15日，根据锡林郭勒盟行署办公室关于《加强旗县市和重点苏木镇草原监理机构建设指导意见》（锡署办发〔2002〕45号），全旗实行草场禁止放牧。8月，全旗完成草场生产力监测点位39个。

2006年，全旗禁牧草原面积1000万亩，休牧草原面积2700万亩。

2010年6月，按照《关于建立草牧场土地流转管理服务平台的通知》（锡草监字〔2010〕7号），全旗流转草场190万亩，流转涉及嘎查47个，参与流转牧户354户，签订合同流转户150户，合同签订率42.4%。流转给本嘎查牧民260户109万亩，分别占流转户数及流转面积的73.45%和57.33%，流转给本旗范围内牧民72户54万亩，分别占流转户数及流转面积的20.33%和28.2%，流转给外旗县22户27.5万亩，分别占流转户数及流转面积的6.22%和14.47%。年内，按照《关于建立草牧场土地流转管理服务平台的通知》（锡草监字〔2010〕7号），做好流转双方的信息沟通、法规咨询、价格评估、纠纷调解等服务，在草畜平衡前提下核减30%的载畜量。

2013年，做好全旗草牧场流转集中管理和草牧场流转合同签订工作。其中，暖季天然牧场放牧牲畜稳定控制在120万只以内，冷季天然牧场放牧牲畜稳定控制在56万只以内。12月，全旗流转草场42万亩，流转涉及的嘎查47个，参与流转牧户58户，签订合同流转户42户，合同签订率72%。流转方式为租赁，租赁期1~5年，流转范围占全旗牧民的97%，其余占3%。年内，全旗草牧场纠纷案件登记245件，处理118件，未处理127件。

2014年4月3日，依据《苏尼特右旗饲草料种植管理办法》，对全旗范围内非法开垦草原及高产饲料基地种植情况进行摸底调查，全旗高产饲草料基地种植面积5.3万亩，涉及396户，未经批准开垦草原及扩大耕种面积0.15万亩，涉及10户，占开垦总面积的2.8%。6月，对全旗7个苏木镇、35个样地、113个样方采用GPS卫星定位仪记录测定位置坐标，完成草群建群植物、草群高度、草群盖度、草群鲜重、草群干重等监测内容。年内，全旗7个苏木镇备案流转草场28186.2万亩，流转涉及嘎查24个牧户61户，签订率100%。

2015年，继续实施全旗第二轮国家草原生态保护补奖机制，制定《苏尼特右旗监督管理暂行办法（试行）》。年内，第二轮草原生态补助奖励机制总面积3300.17万亩。其中，禁牧面积138.41万亩，占4.2%。草畜平衡区面积3161.76万亩，占95.8%。

第二节　林业水利管理

一、管理机构

2001年11月，林业水利局分别组建额仁淖尔苏木、新民乡、赛罕乌力吉苏木3个森林公安派出所，隶属林业公安分局二级所。木材检查站由森林公安分局统一管理。

2002年6月，根据政府办公室《关于印发苏尼特右旗农牧林水局职能配置机构和人员编制规定的通知》（苏右政办发〔2002〕39号），农业局从农牧业局分离，与林业水利局合并为农林水利局。10月12日，政府下发《关于同意成立苏尼特右旗林草业开发服务站的批复》（苏右政发字〔2002〕78号），成立林草业开发服务站。

2004年9月，农业局从农林业水利局分离，恢复林业水利局。林业水利局设办公室、计财股、综合股、水建股、林业股、项目办等股室，编制人数13名。年内，苏尼特右旗成立朱日和镇供水公司，新建水净化处理厂。

2005年，林业水利局设办公室、计财股、林业股、水利股、项目办等5个股室，机关工作人员12人，局长1人，副局长2人，主任科员及副科级5人。下设林业工作站、森林公安分局两个事业单位和国有林场、国营苗圃两个生产单位。

2007年，苏尼特右旗林业水利局成立林业防火办公室，为内设机构。成立森林病虫防治检疫站、公益林管理站，均隶属林业水利局。9月，林业水利局成立乌兰敖包水库管理所。

2008年，林业水利局成立林水服务中心，编制18名。

2009年，苏尼特右旗成立种苗站，隶属林业水利局。3月，乌兰敖包水库管理所更名为苏尼特右旗水库管理所，核定编制4名，担负全旗5座水库的管护、维修、利用等工作。年内，林业公安分局更名为苏尼特右旗森林公安局，隶属林业水利局；乌日根塔拉镇成立供水公司，新建水净化处理厂；渔政监督检查管理站单独列编成立，编制5名，并参照公务员管理。

2010年，国有林场总场沿101省道北迁，下设都呼木分场和白音红格尔分场，隶属林业水利局。11月，依据锡机编办发〔2010〕23号文件，苏尼特右旗成立都呼木柄扁桃自然保护区森林公安派出所，隶属森林公安局。

2015年，林业水利局涉及林业、水利两个行业，全系统有行政、事业、自收自支、企业单位17个。其中，行政事业单位8个，即林业水利局、森林公安局、水政监察大队、水利勘测设计队、水利工程管理站、林业工作站、森林防火办、水库管理所。自收自支事业性质单位5个，即水利工程施工队、防汛抗旱站、国有林场、国有苗圃、林水服务中心；企业单位4家，即朱日和供水公司、乌日根塔拉供水公司、清泉物业公司、蔬菜农场（代管），全系统有职工449人，其中，行政事业90人，自收自支事业性质单位224人，企业135人（包括代管蔬菜农场70人）。年内，苏尼特右旗成立森林草原防火指挥部办公室，隶属林业水利局。绿化委员会办公室设在林业水利局。林业水利局行政机关1个，专业机构11个。水利系统在职干部职工165人，其中，行政机关10人，二级单位155人；具有专业技术职称77人，其中，高级职称13人，中级职称28人，初级职称36人。

二、林业、林政管理

1. 林权制度改革

2008—2012年，旗委、政府对全旗集体林权制度进行改革。截至2012年，累计完成集体林地581.7万亩，发放林权证5449本。其中，联户承包农牧户林地面积80.6万亩，领取林权证210本；家庭承包方式农牧户林地面积501.1万亩，发放林权证5239本；成林地发证率100%。通过国家二类调查统计，全旗有国有林地单位2个、4.55万亩。其中，国有林场3.91万亩，国营苗圃0.64万亩，依据林地权属发放权证2本，完成林地发证率100%，发放林权证期限均为70年。

2. 林种种植及保护管理

2001年，全旗开展公益林界定普查工作。规划建设国有林场种苗基地1处。

2001—2015年，全旗完成飞播造林面积67万亩、封沙育林59.85万亩；实施京津风沙源治理工程累计投入1.2亿元，完成林业建设任务119.15万亩。

2002年4月21日至5月5日，全旗组织开展“春季林业生态建设大会战”，部署全旗植树造林工作任务。

2003年，苏尼特右旗成立盟级都呼木柄扁桃自然保护区。

2004年，全旗完成公益林界定工作。3月18日，全旗实施飞播造林，年度任务2.00万亩。

2005年12月8日，苏尼特右旗呼木柄扁桃自然保护区晋升为自治区级自然保护区，总面积29829.9公顷，天然柄扁桃天然灌木林分布面积8万亩。

2009年，苏尼特右旗林业站扩大黄柳栽植面积2000亩。

2010年，苏尼特右旗开展林木种质资源调查和湿地调查工作。

2012年，国营苗圃采伐黄柳近500亩，全部用于沙地治理。

2013年，苏尼特右旗国家级公益林面积154.82万亩。

2015年，国有林场和国有苗圃累计出圃各类苗木3680.5万株。年内，完成沙源治理工程4.5万亩，人工造林150亩；公益林管理站与全旗护林员签订管护合同，发放补贴资金2029.11万元。受理查处林业行政案件45起45人。

三、水利、水务管理

1. 水利普查规划

2011年3月至2012年12月，苏尼特右旗完成第一次水利普查工作。

2013年4月，依照内蒙古自治区水利水电勘测设计院《内蒙古自治区旗县（市）所在镇供水保障规划任务书》技术要求，水利部门组织技术力量完成赛汉塔拉镇供水保障规划。

2014年，制定《苏尼特右旗地下水动态监测工作实施方案》。年内，新建监测井21眼，建井房21间，砼井台21处，井口固定点标志21个，标识牌21个等。

2015年，苏尼特右旗办理取水许可证7件。涉及地下水动态检测网点6处。

2. 人畜饮水安全

2001—2015年，针对全旗农牧区群众饮用水水质氟砷以及矿物质含量严重超出《国家生活饮用水标准》，重点加强全旗饮水安全工程建设，解决农牧区3.89万人饮水安全问题，建设集中供水自来水工程36处，分散供水工程新建水源井419眼，配套小型家庭净化水设备1340套。截至2015年，全旗水源供水基本井 1257 眼，报废 6 眼。农牧区建设筒井 3241 眼，解决 24190 人和 79.2 万头牲畜的饮水困难，供水草场面积 13233 平方公里。

2015 年，农村牧区饮水安全工程总投资 1430 万元，解决 1532 人和 11.25 万头牲畜饮水安全问题。牧区饮水困难工程总投资 808 万元，解决 1730 人和 10.37 万头牲畜饮水困难问题。

3. 储蓄水工程

2012 年 9 月 15 日，额仁淖尔苏木吉呼郎图嘎查毛登水库竣工。

2012—2014 年，水利部门先后对乌日图郭勒、桑宝拉格、火烧区、德斯格、阿贵图 5 座水库实施加固维修。

2014 年，水利部门完成包尔罕挺郭勒朱日和镇段防洪工程。

2015 年，朱日和镇赛音呼都格郭勒乌兰敖包水库竣工。年内，水利部门完成毛登水库、乌兰敖包水库蓄水工程，完成储水窖工程任务 500 处，总投资 2390 万元。

第四章　综合工业建设交通管理

第一节　工业管理

一、 管理机构

2001年，苏尼特右旗经济贸易局内设办公室、综合统计、交通能源、企业管理、市场贸易、安全生产等6个股室。全旗筹备打造全盟首个工业园区，重点引进全盟第一家高载能企业四海铁合金有限责任公司。

2002年，经济贸易局设办公室、综合统计、交通能源、企业管理、市场贸易、安全生产、产业办等7个股室。根据苏尼特右旗人民政府办公室《关于印发苏尼特右旗经济贸易局职能配置内设机构和人员编制规定的通知》（苏右政办发〔2002〕27号），乡镇企业局合并到经济贸易局，政府体制改革办公室职能并入经济贸易局，合并后核定编制32名，编制数由12名增加到16名，通过竞争上岗和优惠政策，退休15人，不占编制1名。年内，引进白雁湖化工有限责任公司、魏森硅钙有限责任公司、温都尔化工有限责任公司等高载能企业。

2004年，经济贸易局设办公室、综合统计、交通能源、企业管理、市场贸易、产业办公室等6个股室。朱日和高载能工业园区管委会与安全生产股人员和业务一起并入新成立的安全生产监督管理局。

2005年，经济贸易局更名为经济局。经济局设办公室、综合一股、综合二股等3个股室．根据旗委、政府安排将产业办业务和人员并到畜牧局，将市场贸易业务和人员划归给商务局。

2010年，根据《关于印发苏尼特右旗经济和信息化局主要职责内设机构和人员编制规定的通知》（苏右政办发〔2010〕105号）文件，经济局更名为经济和信息化局。经济和信息化局设办公室、经济运行、投资规划、能源原材料消费品和装备工业、节能与综合利用、信息化推进、中小企业发展调度等7个股室。

二、 工业体制

2002年，经济贸易局深化企业改革，对全旗重点企业进行体制改革。重点对自来水公司、金曦黄金矿业有限责任公司深化改革，制定法人目标管理责任制，推行全员聘用制，实行企业职工工资效益挂钩。将原食品公司和芒硝厂整体出售，盘活闲置资产，实现产值1500万元，利税50万元，增加经济新增长点。8月，谊华木制品有限责任公司由于经营不力，销售滞后，资金严重短缺，连年亏损，按有关规定和程序，经政府批准，自行解散。经济贸易局与国资、物价、审计、药监等部门对医药公司资产、负债情况进行清产核资工作，公司资产负债率208.61%，由盟直企业整体移交地方管理，改为股份合作制企业。将苏尼特肉食品公司和芒硝厂整体出售，重组苏尼特肉业公司和荣宇化工公司。砖瓦厂和民族用品厂在原国营和集体经济基础上，整体转为股份合作制企业。

2003 年，经锡林郭勒盟行署（锡署字〔2003〕113 号文件）批复，设立赛汉塔拉工业园区。

2005—2010 年，按照“简洁、快速、高效”原则，针对政府要求梳理权力清单，经济和信息化局加强普通工业项目及一般性技术改造工业项目审批工作。

2010 年，严格执行《关于公布全区涉企行政事业性收费和政府性基金目录清单的通知》（内财非税〔2010〕74 号），对全旗涉企行政事业性收费进行清理，取消废止本旗制定设立的涉企行政事业性收费。

2015 年，根据政府出台《鼓励绒毛产业发展办法的通知》，经济和信息化局继续深化体制改革，制定园区编制发展规划，完成全旗绒毛经济循环园区建设。

第二节　城乡建设与环境管理

一、 管理机构

1. 城乡建设机构

2003 年，苏尼特右旗住房公积金管理中心整体划入建设与环境保护局管理，人员编制 2 名。

2004 年 3 月 4 日，城乡建设土地管理局更名为建设和环境保护局。

2005 年 11 月，住房公积金管理中心升格科级事业单位，隶属政府管理，实行财政全额拨款，人员编制 5 名，内设业务股和会计核算股 2 个职能股室。12 月，成立住房公积金管理委员会。

2006 年 3 月，苏尼特右旗成立建设局。

2007 年 1 月，组建锡盟住房公积金管理中心苏尼特右旗管理部，住房公积金管理中心上划到盟住房公积金管理中心，科级事业单位，全额拨款，编制 5 名，其中，上划 3 人，当地列编 2 名。

2009 年 8 月，苏尼特右旗成立城镇公共事业管理局，内设办公室、综合股、财务室职能股室 3 个，下设城管监察大队、市政管理所、供热园林广场管理所、环境卫生管理所 4 个二级单位。

2015 年 1 月，住房和城乡建设局更名为住房和城乡规划局，内设办公室、财务股、规划村镇股、建工建材股、档案室 5 个股室，下设城管局、质监站、安监站、装饰装修监审站、房管所、保障性住房建设管理中心、房屋征收服务中心、给排水公司 8 个二级单位。职工人数 219 人。

2. 环境保护机构

2002 年 11 月，经苏尼特右旗机构编制委员会批准，建设与环境保护局成立环境监察执法监察大队。

2006 年 6 月，按照《关于苏尼特右旗调整职能部门的批复》，苏尼特右旗单设环境保护局，内设办公室 、污染控制与辐射管理股、自然生态保护股、宣传教育股等机构。行政编制 10 名。其中，科级领导 2 人，事业编制 5 名。

2007 年 5 月，经机苏尼特右旗构编制委员会研究同意，成立环境监测站，隶属环境保护局，核定事业编制 1 名。

2010 年 11 月，环境保护局内设办公室、规划与宣传教育股、污染控制股、监督管理股、科技与辐射股 5 个机构，行政编制 7 名。

2015 年，环境保护局内设办公室、环境影响评价股、监督管理股、总量控制股、污染控制股、科技与辐射股、宣教中心、在线监控中心 8 个机构，下设环境监察大队及环境监测站 2 个二级单位。

二、 城乡建设管理

1. 城乡编制规划

2004 年，城市基础设施建设完成投资 4000 余万元，重新编制《赛汉塔拉镇城市总体规划》。

2008 年，编制《赛汉塔拉镇城市总体规划（2008—2020）》。赛汉塔拉镇成为全盟首个镇内地下管线系统可进行数字化查询的镇。

2012—2013 年，苏尼特右旗编制旗域村镇体系规划、绿地系统规划。

2015 年，全旗构建宜居宜业精品小城镇，市政基础设施建设计划投入 5400 万元，累计完成 6820 万元。完成苏木镇、嘎查村庄总体规划和资料收集工作。

2. 房地产管理

2003 年 12 月，全旗加强住房公积金管理，年内，归集余额 224 万元。

2003—2015 年，全旗参缴公积金单位由 24 家增至 167 家，参缴人数由 769 人增至 6693 人。

2015 年 12 月，通过举办全旗首届房展会，开展住房公积金归集，重点加强全旗房屋产权登记和物业管理。年内，办理各类房屋产登记 1085 件，登记面积 13.54 万平方米。住房公积金本年归集总额 8905.5 万元。

3. 建筑市场管理

2001—2010 年，全旗成立第一家建筑安装有限责任公司，到 2010 年，全旗有建筑施工企业 6 家，监理企业 3 家（包含外进企业）。

2011 年，全旗建工程项目 54 项。其中，新建完成招投标项目 20 项，结转上年度 34 项。房地产在建项目 20 项，建筑总面积 34.1 万平方米，完成投资 51791 万元。

2015 年，全旗新建工程项目 20 项，总投资 25365.03 万元，建筑面积 1501327.093 平方米，建筑业产值 15219.05 万元。完成住宅与房地产开发投资 2.37 亿元。公开招标的房屋建筑工程和市政基础设施工程 15 项，公开招标率 100%。

三、 环境保护管理

2006 年，全旗禁牧草原面积 1000 万亩，休牧草原面积 2700 万亩，草原植被得到初步恢复。

2006—2014 年，加强对全旗重点污染企业的基本情况的收集、整理和备案。累计取缔关闭违法排污企业 4 家，关停小锅炉 17 家。严格执法规范企业环境行为，杜绝偷排、超标排放等环境违法行为，污染企业基本实现达标排放。

2008 年 3 月 10 日，启动第一次污染源普查工作，普查涉及污染源清查涉及对象 506 家，确定普查对象 232 户。年内，环保局成立土壤污染状况调查小组，根据不同土地利用类型和土壤类型，完成 24 个普查点、8 个背景点的定点采样工作。

2013 年，全旗因环境污染而引发的各类纠纷 11 件。

2015 年，开展污染企业排查与整治工作，苏尼特右旗成立环境违法案件审查委员会。年内，累计取缔关闭违法排污企业 7 家。

第三节 交通通信管理

一、 交通管理机构

2001 年，苏尼特右旗交通运输局内设办公室、道路管理段、财务室、交通战备办公室。所属自收自支事业单位有地方道路管理段。9月，赛汉塔拉养路工区路政中队更名为赛汉塔拉公路路政管理大队，工区为科级建制单位。

2002年，交通运输局撤销专职书记职位，党总支进行改选。

2005年，交通运输局组建成立小额征费所，核定编制4名，办公室设在交通运输局，属自收自支单位。赛汉养路工区成立应急救援中队。

2008年，运输管理所新建办公楼，建筑面积2603.5平方米。内设办公室、财务股、稽查股、业务股、政秘股、维修驾培股、驻站办。

2014年，赛汉塔拉公路路政管理大队下设生产股、工程股、机务股、财会室、综合办公室、档案室、微机室、路政管理大队，工会和招待所。工区在职职工84人，退休职工20人。

2015年，交通运输局行政机关有干部、职工14人。运输管理所有职工20人。

二、 交通运输管理

2015年，做好苏尼特右旗“十三五”综合交通发展规划的编制工作。年内，全旗投入资金400余万元，重点对全旗通乡柏油路路面进行灌缝和路肩培土，部分过水路面进行翻修，做好部分通嘎查村砂石路日常养护工作。4月，全旗启动交通运输系统“行业服务年”活动。8月27日，联合旗委宣传部、交警大队、运管所、质量监督局等部门对全旗320名出租车从业人员进行业务培训。年内，交通运输部门重点打击无证从事客运经营等违法行为，检查车辆400余台次，对辖区危货企业进行12次专项检查。开展机动车驾驶员培训点和教练员队伍整治行动，责令2家驾校退出驾驶员培训市场。对维修企业进行质量信誉考核，二类维修企业合格6家，三类维修企业合格31家。

三、 路政执法管理

2009年9月，路政监察大队负责二连浩特—赛汉塔拉一级公路苏尼特右旗段管理，境内旗、乡、村道路均由地方道路管理段路政大队负责管理，赛汉塔拉—白音察干高速公路管理由内蒙古高速公路乌兰察布分公司路政大队管理。

2015年，全旗增设45块标志标牌。完善路政管理体制，坚持依法行政，全年上路巡查600余人次。6—9月，路政执法队员重点加强对额仁淖尔境内路段执法检查。

四、 交通应急管理

2015年，交通运输局协调公安局、路政大队、收费站及相关苏木镇等单位，完成朱日和军事基地交通战备应急保障任务，累计出动人员128人次，车辆69台次。年内，做好今冬明春境内国省干线及农牧区公路道路应急工作，截至12月，全旗交通运输部门投入机械218台次，投入人员332工日，铺撒融雪剂35吨，铺撒防滑料100立方米，清理严重雪阻地段81处，清除积雪18.6万立方米，累计投入资金249万元。

五、 邮政通信管理

1. 中国邮政集团公司苏尼特右旗分公司

2001年，苏尼特右旗邮政分公司内设办公室、计划财务、人事、党群、市场经营部、投递班、营业中心。经中国人民银行锡盟分行批复同意，将邮电局邮政储蓄网点名称变更为邮政局邮政储蓄网点。

2004年2月25日，苏尼特右旗邮政分公司重新核定机构，内设综合办公室、计划财务部、市场经营部、储汇部等部室。下设营业室、投递班、机要室、封转班等经营部门。10月13日，设立储汇营业部。

2008 年 3 月 26 日，按照内蒙古邮政储蓄体制改革工作要求，对邮政储蓄银行人员进行剥离，按照“人随业务走、人随岗位走、人随网点走”原则，将相关人员划转到储蓄银行机构。锡林郭勒盟分行苏尼特右旗储蓄银行成立，编制 2 名。年内，全旗邮政局从业人员 56 人，本科学历 3 人，专科学历 9 人，中专学历 38 人。

2015 年 4 月，苏尼特右旗邮政局变更为中国邮政集团公司苏尼特右旗分公司，同时，土地房屋资产进行变更登记，营业执照重新更名。苏尼特右旗分公司有员工 55 人，代办网点 4 处，自办网点 5 处，储蓄网点 2 处，全旗邮政代理金融储蓄余额 1.6 亿元。赛汉塔拉镇投递段道 5 条，“邮政便民服务站”35 处（含苏木 5 处），服务单位 150 个、服务人口约 7 万人，服务驻地部队 1 处，开办有信函、包裹、特快、邮票、汇兑、印刷品、报刊、特快专递、分销等业务。全年邮政业务总量 601 万元。

2. 中国移动通信集团苏尼特右旗分公司

2001 年，苏尼特右旗分公司隶属于中国移动通信集团内蒙古有限公司锡林郭勒分公司。年内，制定印发《经营绩效考核办法》《2001 年业务发展考核办法》和《员工健康休养管理办法》等。

2002 年，苏尼特右旗分公司制定印发《财务管理办法》《值班经理制度》《安全生产考核办法》。

2003—2005 年，制定《中国移动苏尼特右旗分公司会议制度》《苏尼特右旗分公司例会制度》《2005 年财务管理办法》等文件，规范企业各项管理制度。

2006—2012 年，分公司制定《党风廉政建设责任制检查办法（试行）》《2007 年度工会会费、经费管理办法》《苏尼特右旗分公司大病互助基金管理办法（试行）》《苏尼特右旗分公司“软环境改善提升”方案》《专项治理领导干部违反规定收送礼金问题工作方案》《2010 年全员岗位竞聘实施细则》等文件，完善企业民主管理制度，控制成本费用的开支标准及范围。

2013 年，苏尼特右旗分公司制定印发《员工奖励积分管理办法》。

2014 年，苏尼特右旗分公司制定《贯彻落实“三重一大”决策制度实施办法》和《苏尼特右旗分公司“三重一大”决策事项目录》。分公司职工 50 人，下设综合部、市场经营部 2 个部室，自办营业厅 3 个，合作厅 20 个。分公司拥有客户 5.3 万户，运营收入 4400 万元，创税收 214 万元，2 家市场份额占比 85.09%。

2015 年，苏尼特右旗分公司生产办公楼、营业厅总面积 2000 平方米，设部室 2 个、自办营业厅 2 个、社会合作 16 个，辖区内物理基站 116 座。公司员工总数 49 人，本科以上学历 22 人，大专以上学历 20 人；男员工 14 人，女员工 35 人。网络客户 6 万余户，在 3 家运营商中市场份额占 81.06%。

3. 中国电信苏尼特右旗分公司

2008 年 10 月 15 日，中国电信集团公司苏尼特右旗分公司成立，分公司设营业厅 3 个，实有职工 17 人。

2010 年 4 月 10 日，苏尼特右旗电信宽带小区建设与前期勘测规划同步进行。5 月 10—12 日，全旗第一个 FTTB 光纤小区和宽带用户交付使用。

2012—2013 年，朱日和营业厅成立。完成基地基站、应急通信站建设。

2014 年 4 月，中国电信苏尼特右旗分公司撤销碱矿营业点。5 月，企业全面实行“营改增”政策。6 月，新建赛汉塔拉镇内锡林路营业二厅。全年业务收入 500 余万元。

2015 年 3—7 月，中国电信苏尼特右旗分公司分别启动业务平台划小承包试点工作、倒三角支撑工作和实名认证工作。9 月 12 日，分公司组织开展智慧校园平台使用培训会。年内，固网语音、固网宽带覆盖全旗各苏木镇、嘎查。全年实现业务收入 1000 余万元。

第五章　综合商贸管理

第一节　商贸体制

一、经营机制

2001年，根据《关于全面深化企业改革，突破性推进民营化若干规定》，商业局对经营百货、副食、五金、商贸的企业开展民营化改革，拍卖企业资产变现安置职工，用有效资产抵偿债务。出台粮食企业职工全员买断实施方案。企业用工制度、干部人事制度、分配制度也随着管理体制和经营体制的改革而发生变化。全旗商贸企业以国有民营、民有民营、混合经营、个体私营等形式在社会主义市场经济中发挥作用。

2001—2005年，全旗供销、粮油、食品所属企业出现严重亏损，资不抵债，陷于停产破产状态，经过一系列改革探索，从经营机制逐步深入管理体制，再到改革产权制度，实行民营化。商贸企业改革核心是产权改革，组建股份制企业或依法破产。

2004年8月8日，旗委、政府进行新一轮机构改革，成立商务局。内设办公室、粮食业务股、国内贸易股、对外贸易股。核定行政编制6名。继续推进商贸流通业、商贸服务业发展、重要商品市场调控和流通管理责任，指导协调全旗进出口贸易业务，举办大型商品交易、展览、展示活动，负责商务系统的安全生产监督管理工作。

2010—2015年，全旗企业体制改革涉及管理体制、产权制度改革，企业实际情况不一，企业改革形式多样，针对全旗商贸流通领域所有制形式实行一企一策，主要以个体工商户和私营企业为主，五金交化等商品可以进行自由流通，不受企业经营范围限制。

二、商贸结构

2001年，全旗商贸流通以个体工商户为主，规模小，主要经营日用百货、纺织品、五金建材、食品饮品、副食蔬菜等。

2004年，苏尼特右旗所有国有商业企业从流通领域完全退出，过渡为非国有企业经营，商贸流通形成以集体、个人工商户为主的多种所有制结构，主要经营日用百货、纺织品、五金建材、食品饮品、副食蔬菜、肉类等，形成大型百货商店、超市、专业店、专卖店、便利店等多种业态，连锁代理等多种经营方式共同发展的新型商业流通格局。电子商务、贸工牧一体化等新型流通组织形式和营销方式在各苏木、镇得到不同程度发展。

2013年，苏尼特右旗出台《关于促进非公有制经济和中小企业发展的意见》，从组织领导、资金扶持、环境优化等方面制定政策和措施，推进非公有制经济发展步伐。非公有制企业339家，上缴税金1.9亿元，占全旗财政总收入的39.2%。吸纳就业人员1.83万人，占全旗从业人员的60%。年内，推进“万村千乡市场工程”建设，完成各苏木镇、嘎查村商店、小卖店新建改建工程，覆盖率100%。

2015年，全旗有区级农牧业产业化重点企业5家，盟级龙头企业4家。新蒙新材料硅锰合金、中广核风电工程、内蒙古草原牧都等一批重大项目落地投产，规模以上工业企业由2010年的35家增加到2015年的47家。赛汉塔拉绒毛纺织产业循环经济园区被国家和自治区评为“国家承接纺织产业转移试点园区”和“全区绒毛纺织服装产业示范基地”。全旗第三产业规模和总量不断扩大，物流、旅游、金融等新型服务业发展迅速。年内，建立苏尼特商会，运用“互联网+”思维模式，打造“互联网+云端苏尼特”网络商贸销售模式。8月，苏尼特右旗中小企业公共服务平台正式上线运营。

第二节　粮油供销

一、粮油供销机构

1. 粮油机构设置

2002年6月，全旗机构改革中将粮食局列入行政编制，人员编制4名。下设粮食购销公司、军供粮站2家国有企业。

2004年4月23日，根据锡林郭勒盟委《关于旗县市政府机构改革的意见》（锡党办发〔2004〕1号），苏尼特右旗粮食局与商务局合署办公，在商务局内设粮食业务股。8月，按照全国粮食企业改革精神和《锡林郭勒盟行署关于进一步深化粮食流通体制改革的意见》，制定《苏尼特右旗国有粮食企业转制方案》，与全旗粮食企业职工签订《解除劳动关系一次性安置协议书》。完成政策性挂账认定工作，保留粮油购销企业1家。隶属粮食局军供粮站同时上划至内蒙古军粮中心管理，与旗县彻底脱钩。12月20日，根据《关于苏尼特右旗商务局职能配置和内设人员编制规定》（苏右政办发〔2004〕91号），粮食局内设办公室、粮食业务股、对内贸易股、对外贸易股4个职能股室。人员编制数6名。

2010年6月，苏尼特右旗人民政府成立粮食市场供应和价格稳定工作领导小组。粮食局从经济和信息化局职能划入发展和改革局。

2015年3月，商务局粮食职能股室和赛丰粮食购销有限责任公司并入发展和改革局，设置经济动员与粮食流通管理股。

2. 供销机构

2001年7月，按照苏尼特右旗《深化苏尼特右旗二轻总公司改革会议纪要》，决定将二轻总公司（含手工业联社）和供销基层社职能、企业财务档案等文件资料全部划属和移交乡镇企业管理局，人事档案移交就业局。

2007年，根据机构编制委员会（苏右机编发〔2007〕9号）文件，批复供销合作社“五定”方案。供销合作社隶属政府直属机构，正科级建制，经费实行财政全额拨款。内设综合业务室、计财室2个职能股室，核定事业编制9名，实有人员7人。

2011年4月，根据供销社下发（苏右供字〔2011〕2号）文件，对领导分工和内设机构重新调整。机关内设综合业务一股、综合业务二股、计划财务股3个股室。7月，供销社成立生产资料经营部。

2014年，根据锡林郭勒盟人力资源和社会保障局《关于做好2014年新列入参照公务员法管理单位人员过渡登记及进一步加强参照公务员法管理工作的通知》（锡人社发〔2014〕48 号），批准苏尼特右旗供销合作社为参照公务员法管理单位，参公人员 9 人。通过政府扶持，招商引资 2500 万元，建设完成苏尼特右旗农牧业产业化园。6 月，组建基层供销社，重新组建赛罕乌力吉基层供销社。年内，全旗供销合作社已发展社属企业 1 个、基层供销社 1 个、专业合作社15个，建成畜产品交易市场 2 个、饲草交易市场1 个。

2015 年，供销社为参公事业单位，设综合业务一股、综合业务二股、计划财务股 3 个股室。下辖民贸土畜产农资公司、农牧业产业化园、赛罕乌力吉基层供销合作社。年内，核定编制 12 名，其中，参公人员 9 人、事业编制 1 名、工勤人员 2 人。全旗有各类合作社 214 家。

二、粮油供销体制

1. 粮油体制

2001 年 5 月，深化全旗粮食流通体制改革，进一步放开粮食销售市场，停止使用“市镇居民粮食供应转移证明”。不再为城镇居民户口在全国范围内迁移，以及农业户口转为非农业户口办理“市镇居民粮食供应转移证明”。废止关于“市镇居民粮食供应转移证明”的文件和规定，不再印制发放“市镇居民粮食供应转移证明”。

2002 年，实施粮食流通体制改革，编制全旗粮食计划，会计决算、汇总粮食财务、统计报表，承担国家禁牧舍饲饲料、退耕还林口粮，抗灾救灾饲料的收购、储存、调拨、发放等工作，组织安排军供、以工代赈、救济等其他政策性粮油供应。

2004 年 5 月 12 日，根据《关于认真落实锡盟行署关于进一步深化粮食流通体制改革的意见》（锡粮发〔2004〕61 号），做好全旗粮食流通体制改革方案的制定和落实。6 月 10 日，上报粮食企业资产清查和评估工作。8 月，按照全国粮食企业改革精神和《锡林郭勒盟行署关于进一步深化粮食流通体制改革的意见》以及《关于预借粮食风险基金用于企业职工身份置换有关情况的通知》（锡粮发〔2004〕99 号），制定《苏尼特右旗国有粮食企业转制方案》，粮食部门对 1998 年转制遗留的企业职工身份进行置换，买断工龄，每名职工基础 5000 元，每年工龄 300 元，与全旗粮食企业职工签订《解除劳动关系一次性安置协议书》，完成政策性挂账认定工作，保留粮油购销企业 1 家。11 月 10 日，内蒙古赛汉塔拉国家粮食储备库正式被上划更名为中央储备粮锡林郭勒盟直属库。

2004—2005 年，国家放开粮食购销市场，对重点粮食品种实行收购最低价保护政策，全旗粮油贸易转为市场运作。截至 2005 年，完成国有粮食企业转制工作。

2010 年，全旗粮食企业职工全部纳入社会保障体系。

2010—2015 年，苏尼特右旗粮油企业体制改革结束后，按照商贸流通领域所有制形式实行一企一策，粮油商品可以进行自由流通。

2. 供销体制

2001 年，结合全旗撤乡并镇规划，调整和完善基层供销合作布局，改造和重组基层供销社工作。

2006 年，供销合作社在全旗组织实施“双百市场工程”，提高农畜产品流通企业的现代化水平，升级改造农畜产品批发市场。

2007 年，供销合作流通体制改革主要提升和规范全旗农村流通网络和商品流通市场。

2010 年，供销社制定全旗“十二五”期间流通服务网络发展规划。

2012 年，苏尼特右旗供销社被全国供销总社列入首批经营服务网络“空白”县扶持名单。供销社重点梳理和解决改制后的遗留问题：职工下岗、办理入社保、查找档案、买断协议书、办理低保、退还股金、协助办理下岗证等事务性工作。

2014 年 6 月，供销社依托自治区供销合作社项目支持，按照“开放办社”的方针，重点扶持基层供销合作社体制建设。

2015 年 4 月，供销社到各苏木镇进行综合服务化调研，确定对 10 家综合服务社进行升级改造，按标准悬挂供销社标识和标牌。

三、 粮油管理

2002 年，完成全旗粮油系统国有企业清产核资，有固定资产 296.25 万元，其中，购销公司 199 万元，军供粮站 97.25 万元。

2003—2005 年，上报全旗粮食基础设施建设投资情况，累计新增仓容 0.25 万吨，总投资 95 万元，其中，地方财政出资 80 万元，企业自筹资金 15 万元。

2004 年 3 月 19 日，根据自治区粮食局办公室《关于报送主要粮食品种库存品质结构情况的函》，粮食局在粮食储存年限和不同地区不同粮储情况和气候条件，进一步分类、分品种，做好粮食的宏观调控工作，确保粮食市场供求关系稳定。年内，按照《关于印发旗粮食补贴方式改革实施方案的通知》，采取农作物计税面积补贴，对新民乡镇种植粮食农民进行补贴。对企事业单位、个体户以经营为目的从事粮食生产和已撂荒计税耕地不享受补贴。

2005 年 12 月 28 日，根据《关于做好 2005 年仓储设施统计工作》（锡粮发〔2005〕133 号），商务（粮食）局对全旗从事粮食仓储业务的各类所有制粮食储存、粮食加工业、粮食购销业做好业务统计、上报、汇总、分析等工作。

2006 年 3 月 2 日，根据自治区办公室《关于检查地方粮食流通立法工作进展情况的通知》，粮食局对全旗粮食流通企业进行自查和排查。

2008 年 2 月 20 日，根据《关于做好跨年度粮食收购资金供应等管理工作的紧急通知》，粮食局与农发行协调，确保全旗粮食购销工作开展。3 月 14 日，按照《粮食库存检查暂行办法》，通过自查、复查、联合检查中央储备粮和地方储备粮库存情况。10 月 17 日，粮食局对全旗粮食流通食品业进行联合检查。12 月 15 日，商务（粮食）局参与全旗打击违法添加非食品物质和滥用食品添加剂专项整顿、整治工作。

2009 年 3 月 27 日，商务（粮食）局开展打击生产经营和使用“瘦肉精”（盐酸克伦特罗）的违法犯罪专项行动。粮食部门及时开展粮食清仓查库工作，对从事粮油质量（监督）检验人员换发资格证并参加粮食新标准培训学习。

2010 年 1 月 6 日，按照《转发内蒙古自治区粮食局办公室关于国家粮食办公室国粮办发〔2009〕254 号文件》要求，完成全旗粮油加工业统计信息网上填报和审核工作。完成粮食行业从业人员及职工教育培训工作，做好夏季粮收购资金供应和管理，以及秋粮收购期间安全生产。同时，加强粮油食品中违法添加非食物资和滥用食品添加剂整顿工作。

2015 年，苏尼特右旗各苏木镇个体粮食销售站点 74 家，年销售成品粮油 1000 万公斤，销售饲料 1500 万公斤。年平均库存量 400 万公斤。

四、 供销管理

2001 年 7 月，供销改革期间，按转制企业有关优惠政策办理房产过户手续。职工人员一次性买断工资，脱离与企业的关系。

2004 年，全旗加快发展农牧产品批发、零售市场和物流中心的建设，搞活畜产品流通，进一步规范全旗农牧区生产资料市场。

2005 年，供销系统组织实施以发展农村现代流通网络为主要内容的“万村千乡市场工程”。

2006 年 5 月，按照商务部《农户店建设与改造规范》方案要求，供销合作社与全旗各银行签订协议，为农村、牧区市场体系建设提供融资便利。

2010 年 9 月，根据全国供销总社“新网工程”建设和供销社薄弱与空白县振兴工作方案安排，依托项目资金带动，开始筹建全旗饲草业市场。年内，为全旗农牧民调入青干草 8500 吨，草颗粒 400 吨。重点建设 300 平方米钢混结构储草棚 5 座和 400 平方米钢混结构储草棚 3 座。200 平方米垛草台 8 座，围建院墙 670 延长米，建观察室 5 间、销售中心 1 间、办公室 5 间、食堂餐厅 3 间、车库 1 间，改善生产投资环境，供销社综合管理能力水平得到提升。

2011 年，供销社通过承包方垫资的方式，投资 60 万元，建成占地面积15000平方米民贸土畜产农资公司，市场内设管理办公室、检疫室、交易室、食堂、住宿、装卸台、地磅、交易圈、隔离圈、消毒池等基础设施。年内，市场交易活畜 5. 8 万只，交易额 330 多万元。经初步测算，进入市场交易的每只大畜可增收 100~130 元，每只小畜可增收 15~20 元，按有畜户平均交易数可增收 2000 元，人均增收 500 元。

2012 年，通过财政“一事一议”项目，饲草业市场又建成 3400 平方米饲草料储备库 1 座，可常年储存饲草料 4000 吨。市场还可为饲草经营户提供就地 600 平方米经营摊位 36 处，全市场可容储饲草料 3 万余吨，可为饲草经营户常年储存饲草料 5000 吨，并为政府储备饲草任务 2 万吨，改变全旗因灾害导致饲草料短缺问题。

2014 年 5 月，通过政府扶持，招商引资建设农牧业产业化园，主要开展活畜交易、育肥、胚胎移植、人工配种等业务。截至 12 月，供销系统资产总额 2456 万元，所有者权益 1679 万元，实现商品购销额 6199 万元，农畜产品交易额 4116 万元。

2015 年，全旗注册各类合作社 214 家。其中，从事畜产品养殖业 178 家，注册资金 25704. 35 万元，从业人员 3378 人。截至 2015 年，供销合作社累计争取各类扶持资金 998 万元，为企业经营提供充足资金保障。

第六章　教科文卫综合管理

第一节　教育科技管理

一、教育科技机构

2001 年，苏尼特右旗教育局内设办公室、人秘股、计财股、教育股、招生办、教研室、电教馆、教育督导室。核定公务员编制 15 名，事业编制 28 名，工勤人员 2 人。

2004 年，撤销科学技术委员会，更名为科学技术局。所属行政编制不变、职能不变、机构不变。苏尼特右旗第二小学迁入原赛汉塔拉镇铁路小学，新建第二小学。

2010 年，教育局内设办公室、人秘股、计财股、教育股、体卫艺股、职业和成人教育股、招生办、教研室、电教馆、教育督导室。

2013 年 12 月，科学技术局内设行政办公室、财会室、科技发展计划室，工农牧业技术发展室，知识产权局等科室。核定编制 9 名。其中，局长 1 人，副局长 1 人。科学技术协会与科学技术局合署办公、设主席 1 人，专职副主席 1 人，事业编制 2 名。下设学会部和普及部，普及部兼管青少年科技工作。地震局编制 3 名。

2014 年，教育局内设办公室、人秘股、计财股、教育股、招生办、教研室、电教馆、教育督导室。核定公务员编制 15 名，科级领导 5 人，事业编制 28 名，工勤人员 2 人。8 月，苏尼特右旗建立第二蒙古族小学。

2015 年，苏尼特右旗进行机构改革，教育局、科学技术局职能整合，组建教育科技局，隶属政府职能部门。地震局划入政府办公室。年内，教育科技局所属单位 20 个，其中，幼儿园 8 所，小学 5 所，初中、高中学校 4 所。全旗苏木、镇建立科技综合服务站，各类科学技术人员 1318 人。

二、管理体制

2001 年，按照《中小学、幼儿园内部管理体制方案》，全旗中小学实行校长负责制、岗位责任制、教职工全员聘任制以及学校工资结构制。年内，组织实施《2001—2005 年全旗基础教育发展规划》《苏尼特右旗基础教育“十五”计划及 2010 年远景规划》，包括全旗基础教育、职业教育、成人教育、民族教育、师资队伍建设等方面。

2001—2005 年，先后完成苏木、镇中小学办学体制改革，实行小学六年、初中四年制度，将农牧区学生全部集中到赛汉塔拉镇就读。

2003 年，锡林郭勒盟教育局认定苏尼特右旗综合高级中学为全盟重点高中，每年招收普通高中生的同时招生职教生，承担普教、职教双重任务。

2009 年，全旗实行绩效工资制，全面启动高中新课程改革。

2010 年，全旗推行素质教育，切实减轻中小学生课业负担，实行九年义务教育，整体规划大中小学德育课程，推进中小学德育内容、方法和机制创新，建设民族团结教育课程体系，探索建立“阳光体育运动”的长效机制

2011—2015 年，教育局制定全旗学前教育三年规划，新建 6 所幼儿园。

2015 年，赛汉塔拉镇基础教育由学前教育、初中教育和高中教育组成。全旗有 12 所学校。小学 5 所（蒙古语授课 2 所、汉语授课 3 所），初中 2 所（蒙古语、汉语授课各 1 所）、高中 2 所（蒙古语、汉语授课各 1 所，汉语授课为综合高中，增设职业班）和 8 所幼儿园。是年，各苏木、镇、嘎查（村）成立科技工作领导小组，形成旗、苏木（镇）、嘎查（村）三级科技服务网络体制。

三、 师资队伍管理

1. 师资结构

2015 年，全旗教育职工人数 1130 人，专任教师 955 人，教师学历合格率 100%。

2. 师资培训

全旗师资培训主要通过在职进修、自学考试和函授学习等途径，进行学历提高、继续教育、专任教师和业务理论等专业、技能和岗位培训。

短训、轮训主要包括校长、园长培训，教导主任、班主任培训，骨干教师、在职教职员工等培训内容。

2008—2015 年苏尼特右旗校长、园长培训一览表

表 14-6-1　　单位：人

年份	培训名称	人数	级别	培训地点
2008	全区学校突发公共卫生事件防空校长级培训	1	自治区级	清华大学
	中小学校长高级研修班	6	—	北京师范大学
	农村寄宿制学校校长国家级专题培训师范班	1	国家级	北京师范大学
	第 1 期全国基础教育改革动态研修班	1	国家级	北京师范大学
	内蒙古自治区幼儿园园长高级研修班	—	自治区级	北京师范大学
2009	2009 年全盟中小学校长高级研修	1	国家级	北京师范大学
	教育部中小学校长 2009 年内蒙古影子培训	1	国家级	教育行政学院
	2009 年全盟中小学校长高级研修	3	国家级	北京师范大学
	2009 年全盟中小学校长高级研修	6	自治区级	呼和浩特市
2010	民族地区学前教育研讨会及幼儿园园长论坛	1	国家级	北京市
2011	全国教育会议和教育规划纲要精神远程培训	2	国家级	远　程
2012	全国小学校长高级研修班	5	国家级	北京师范大学
	教育部中小学校长 2012 年内蒙古影子培训	12	国家级	内蒙古师范大学
	选派锡林郭勒盟中学校长挂职学习	1	盟　级	通辽市四中
	“国培计划（2011）”——全区农村牧区幼儿园园长和幼儿教师培训项目短期集中培训	2	国家级	赤峰学院 内蒙古师范大学

续表14-6-1

年份	培训名称	人数	级别	培训地点
2013	“国培计划”——全区2013年农村牧区中小学骨干教师培训、校长区外高级研修项目	1	自治区级	黑龙江教育学院
	教育部中小学校长2013年内蒙古影子培训	—	国家级	内蒙古师范大学
	全盟中小学校长素养提升高级研修	11	盟　级	锡盟蒙古族中学
2014	“国培计划”——全区2014年农村牧区中小学骨干教师培训、校长区外高级研修项目	2	自治区级	黑龙江教育学院
	全盟幼儿园园长素养提升培训	1	盟　级	北京师范大学
	全区示范幼儿园园长培训	1	自治区级	上海教育会堂
	民族中小学幼儿园评估体系管理及操作人员培训	2	自治区级	呼和浩特市
	中小学校长培训2014年内蒙古影子培训	1	自治区级	内蒙古师范大学
	全盟校长高端培训	6	盟　级	北京师范大学
	全盟中小学安全教育与管理培训	13	盟　级	锡林浩特市
	“国培计划”——2014年内蒙古普惠性幼儿园园长培训项目	1	自治区级	集宁师范学院
2015	全盟中小学教师校长第二次尖端培训	6	盟　级	北京市新城区
	组织教育局局长、中小学校校长赴山东培训	2	盟　级	山东青岛市

2008—2015年苏尼特右旗班主任、教研员培训一览表

表14-6-2　　单位：人

年份	培训名称	人数	级　别	培训地点
2008	全区首期中小学班主任培训	1	自治区级	北京市
	全盟中小学幼儿园班主任培训	6	盟　级	内蒙古师范大学
2011	2011年暑期全盟中小学班主任培训	20	盟　级	锡盟职业学院
2013	2013年暑期全盟中小学班主任培训	22	盟　级	锡盟职业学院
2014	全区蒙古语授课小学班主任培训	2	自治区级	呼和浩特市
	全区蒙古语授课中小学文科专职教研员高级研修	6	自治区级	呼和浩特市
	2014年暑期全盟中小学班主任培训	23	盟　级	锡林浩特市
	全区蒙古语授课中学班主任培训	2	自治区级	呼和浩特市
	全区蒙古语授课小学班主任培训	2	自治区级	呼和浩特市
2015	全盟暑期中小学校班主任培训班	23	盟　级	锡林浩特市

2008—2015年苏尼特右旗骨干教师培训一览表

表14-6-3　　单位：人

年份	培训名称	人数	级　别	培训地点
2008	全区普通高中新课标骨干教师培训	2	自治区级	内蒙古教育厅
	苏尼特右旗百名骨干教师培训	100	旗　级	内蒙古师范大学
	自治区中小学信息技术、中学英语、学前教育骨干教师培训	2	自治区级	内蒙古师范大学
	新一轮自治区级小学语文骨干教师培训	1	自治区级	内蒙古师范大学
2009	教育部援助内蒙古地区中小学骨干教师培训	2	国家级	呼和浩特市民族学院
	“国培计划”——中西部地区中小学骨干教师培训	2	国家级	内蒙古师范大学
	全区蒙古语授课中小学骨干教师培训	3	自治区级	内蒙古师范大学
2011	2011年全盟中小学骨干教师高级培训	16	国家级	中国青年政治学院
	内蒙古农牧区中小学骨干教师培训	15	自治区级	继续教育网
2012	全盟中小学骨干教师高级培训	15	盟　级	北京师范大学
	2012年京蒙对口帮扶农村小学英语骨干教师培训	1	自治区级	首都师范大学
	全区农牧区幼儿园骨干教师短期集中培训	10	自治区级	包头师范学院 呼伦贝尔学院
	全区农牧区幼儿园骨干教师区外高级研究项目	5	自治区级	黑龙江教育学院
	全区农牧区中小学骨干教师短期培训	4	自治区级	内蒙古师范大学
	全区农牧区中小学骨干教师远程培训	251	自治区级	远　程
2013	2013年全盟小学骨干教师高级培训	9	盟　级	北京师范大学
	全区农村牧区中小学骨干教师区外高级研修项目	9	自治区级	内蒙古师范大学、 黑龙江教育学院、 东北师范大学、 苏州大学
	全区农村牧区中小学骨干教师远程培训	20	自治区级	远程
	京蒙对口帮扶农村牧区小学数学骨干教师培训	9	自治区级	首都师范大学
2014	全区蒙古语授课高中物理、化学、生物学科专任教师培训	2	自治区级	赤峰市
	全区蒙古语授课小学科学专任教师培训	3	自治区级	呼和浩特市
	全区蒙古语授课小学数学专任教师培训	1	自治区级	呼和浩特市
	京蒙对口帮扶农村牧区小学语文骨干教师培训	1	自治区级	呼和浩特市
	全盟小学骨干教师高级研修班	1	盟　级	首都师范大学
	中国宋庆龄基金会与澳门基金会联合主办的幼儿园青年教师培训	3	国家级	内蒙古师范大学
	全盟中学骨干教师高级研修班	6	盟　级	北京师范大学
	2015年“国培计划”幼儿园骨干教师提升培训项目	5	自治区级	呼和浩特市
2015	全盟中小学骨干教师研修班	7	盟　级	北京师范大学

2008—2015年苏尼特右旗教师培训一览表

表14-6-4　　单位：人

年份	培训名称	人数	级别	地点
2008	中小学、幼儿园教师研修班（英语）	4	—	内蒙古师范大学
	“英特尔未来教育”项目培训	81	—	锡盟教师进修学校
	2008年暑期高中教师继续教育培训	21	—	锡盟教师进修学校
	全区“第3套全国中小学系列广播体操”和“新版眼保健操”培训	5	自治区级	呼和浩特市教育局
	“清华伟新教育扶贫高中数学教师新课标解读研修班”	2	—	—
	中小学、幼儿园教师研修班（语文）	4	—	内蒙古师范大学
	全盟民族中小学教师暑期研修培训	20	盟级	锡盟职业学院
	中小学、幼儿园教师研修班（数学）	4	—	内蒙古师范大学
	汉授小学教师教研员专业研修班	14	—	内蒙古师范大学
	全盟初中音体美教师培训	9	盟级	锡盟教育学院
	全盟民族中小学教师暑期研修培训	12	盟级	锡盟教师进修学校
	宋庆龄基金会“西部少数民族教师培训”	3	国家级	通辽市委党校
	中小学、幼儿园教师研修班（幼儿教育）	4	—	内蒙古师范大学
2009	全区中小学教师研修班	12	自治区级	内蒙古师范大学
	全区高中新课改蒙古语文（高一年级）蒙古语授课汉语文（高一、高二年级）全员教师培训	3	自治区级	内蒙古教育厅
	全盟中小学新任教师培训	30	盟级	锡盟职业学院
	普通高中新课程教师培训	37	国家级	远程教育
	教育部援助内蒙古中小学骨干教师培训	4	国家级	内蒙古民族大学
	《蒙古族中小学语文课程标准》培训	2	国家级	内蒙古民族大学
	全盟暑期中小学教师教育技术能力培训	70	盟级	锡盟职业大学
	全盟中小学教师师德教育培训	16	盟级	锡盟职业学院
	全盟蒙语授课中小学教师教学课件制作培训	2	盟级	锡盟教师进修学校
	推荐小学体育、中小学艺术教师参加国家级培训	1	国家级	北京教育学院
	关于举办全盟蒙语授课中小学教师教学课件制作培训班的通知	4	盟级	锡盟教师进修学校
	全盟第2期射箭教练员培训班暨二级社会体育指导员培训班	1	旗级	苏尼特右旗
	全盟毽球教练员培训班	2	盟级	苏尼特右旗
	全盟教研员高级研修班	6	盟级	苏尼特右旗
	全旗“学校发展与教师成长”项目第二阶段培训	10	旗级	苏尼特右旗

续表14-6-4

年 份	培训名称	人数	级 别	地 点
2010	2010年寒假中小学教师教育技术能力培训	40	盟 级	锡盟职业学院
	全盟马头琴培训班	2	盟 级	锡盟职业学院
	全区万名幼儿园远程培训	40	自治区级	远 程
	全区农牧区幼儿教师短期培训	2	自治区级	黑龙江省公安警官职业技术学院
	全区暑期中小学英语教师培训	1	自治区级	内蒙古师范大学
	全盟中小学幼儿园舞蹈教师培训	3	盟 级	锡盟职业学院
	爱德基金会暑期英语教师培训	6	盟 级	锡盟职业学院
	全盟中小学教师教育技术能力培训	110	盟 级	锡盟职业学院
	首届新课改高考指导讲座	20	盟 级	锡盟职业学院
	中等职业学校专业课教师参加职业资格培训	7	盟 级	锡盟职业学院
	资助中西部及贫困地区中小学英语培训	6	国家级	北京大学
	国培计划：全区农牧区中小学骨干教师培训	7	自治区级	内蒙古民族大学
2012	国培计划：全区农村牧区幼儿教师转岗远程培训	20	自治区级	远 程
	中西部及贫困地区中小学英语教师全封闭英语口语培训	1	国家级	北京大学
	选派中学英语教师赴加拿大研修学习	2	自治区级	加拿大皇家大学
	国培计划：示范性集中培训项目	3	自治区级	首都体育学院
	国培计划：示范性远程培训项目	58	自治区级	远 程
	暑假教育技术能力培训	464	盟 级	锡林浩特市
	全盟民族幼儿园园长、骨干教师培训	4	盟 级	锡盟职业学院
2013	全盟中小学英语教师参加全封闭英语培训	3	盟 级	北京大学
	国培计划：全区农村牧区幼儿园骨干教师培训	9	自治区级	锡林浩特市
2014	全盟短式网球教练员培训	8	盟 级	锡盟职业学院
	赴美国培训英语教师	2	盟 级	美国加州立大学
	全区蒙古语授课小学数学学科专任教师培训	1	自治区级	呼和浩特市
	国培计划：少数民族双语教师普通话培训	1	自治区级	通辽职业学院
	全盟中小学教师高端培训	3	盟 级	北京师范大学
	全区《民族中小学汉语课程标准（一位教育）》培训	1	自治区级	锡林浩特市
	国培计划：全区农村牧区中小学骨干教师研修培训项目、中小学蒙古语授课教师培训	4	自治区级	内蒙古师范大学
	全国中小学教师继续教育网培训	6	国家级	远程教育
	京蒙对口帮扶全区新课程有效教学第二批实验校学科骨干教师培训	4	自治区级	通辽市
	宋庆龄基金会与澳门基金会联合主办幼儿园青年教师培训	3	国家级	内蒙古师范大学
	全区农牧区新入职公办幼儿园教师培训	4	自治区级	包头师范学院

续表14-6-4

年 份	培训名称	人数	级 别	地 点
2015	组织部分数学、政治、生物教师赴山东培训	5	盟 级	山东淄博泰安
	国培计划：中小学教师信息技术应用能力提升工程培训项目	1	自治区级	内蒙古师范大学
	校园足球教练员培训	7	盟 级	锡盟职业学院

2001—2015 年函授（自考）学历提高情况统计表

表 14-6-5 单位：人

毕业时间	毕业人数	学习途径	本科人数	专科人数
2001	14	函授（其中自考 3 名）	9	5
2002	25	函授（其中自考 6 名）	9	16
2003	41	函授（其中自考 5 名）	23	18
2004	49	函授（其中自考 9 名）	35	14
2005	54	函授（其中自考 1 名）	30	24
2006	45	函授（其中自考 4 名）	20	25
2007	55	函授（其中自考 1 名）	44	11
2008	33	函授（其中自考 3 名）	25	8
2009	21	函 授	17	4
2010	17	函 授	7	10
2011	22	函 授	16	6
2012	17	函 授	9	8
2013	9	函 授	4	5
2014	30	—	—	—
2015	25	—	—	—

3. 教师待遇

2001—2015 年，苏尼特右旗中小学校、幼儿园教师职工工资纳入地方财政预算，兑现岗位职称工资待遇，享受基本补助和基本工资的 10% 待遇。教师职称采取评聘分开原则。教师申报评定职称由教育局统一管理。凡是参加工作年满 1 年定职的任课教师都可申报教师职称。职称评定由锡林郭勒盟教育局职称评审委员会评审认定，中学职称评定分三级，即：初级、中级、高级；小学、幼儿园分四级，即：初级、中级、高级和高高级。由劳动人事局、教育局根据评定职称时间和教学需要制定聘任指标名额。

第二节 文化体育管理

一、行政机构

2002 年 6 月，文化体育局与广播电视局合并成文化体育广播电视旅游局，隶属政府职能部门。

2004 年 9 月，苏尼特右旗撤销招商旅游局，文化体育与广播电视分开，成立文化体育旅游局。

2006 年 6 月，文化体育旅游局与广播电视局合并成文化体育广播电视旅游局。

2009 年 9 月，旅游局单独设立，成为准科级二级单位，隶属文化体育广播电影电视局。

2015 年 3 月，文化体育广播电视局与旅游局合并成文化体育广播电视旅游局。内设办公室、文化股、体育股、市场管理办公室、广播电影电视股、旅游股等 6 个职能股室。下设文化市场综合执法大队、广播电视台、乌兰牧骑、文化馆、图书馆、文物所、电影发行放映管理站 7 个二级单位。机关行政编制 14 名，其中，科级领导职数 3 人，工勤编制 1 名。

二、 事业机构

1. 文化馆

属全额拨款事业单位。2012 年，实有人数 5 人。2015 年，核定编制 9 名，在职人员 9 人。

2. 图书馆

属全额拨款事业单位。2012 年，核定编制 9 名，在职人员 9 人。

3. 文物保护管理所

2015 年，核定人员编制 2 名，工作人员 6 人。

4. 乌兰牧骑

乌兰牧骑作为全旗唯一专业艺术团体，股级事业单位。内设舞蹈组、声乐组、器乐组，核定人员编制 25 名。

2003—2015 年，乌兰牧骑历年招收队员 46 人。

2015 年，乌兰牧骑有队员 47 人，其中，副高职称 7 人，中级职称 22 人，初级职称 9 人，工勤岗 1 人。

5. 文化市场综合执法大队

2011 年，苏尼特右旗挂牌成立准科级参公单位，核定副科职数 1 名，编制人员6 名。

6. 广播电视台

2009 年 8 月，广播电视台从原文化体育广播电视旅游局单设出来，成为准科级事业单位。内设办公室、新闻中心、总编室、技术管理中心、广告中心 5 个股室。核定事业编制 31 名，实有干部职工 28 人。

2010 年 5 月，广播电视台成立党支部。

7. 电影发行放映管理站

属自收自支事业单位。2015 年，职工人数 9 人。

第三节　卫生与计划生育管理

一、 卫生计生机构

2001 年，苏尼特右旗卫生局挂爱国卫生运动委员会办公室牌子，内设办公室、法监办、综合业务股、人事教育股、计财股、财务核算中心、药招办、基本公共卫生办公室。行政编制 7 名，工勤 1 名，编制 8 名，实有 9 人。计划生育局内设办公室、财会室、宣教股、统计股。核定编制 8 名，实有 9 人。

2004 年 9 月，计划生育局更名为人口和计划生育局。

2004—2014 年，人口和计划生育局内设办公室、财会室、宣教股、统计股、流动人口办公室。

机关编制数 9 名，实有人数 9 人。

2015 年，卫生局和计划生育局二合一，组建卫生和计划生育局。内设办公室、人事教育股、规划与信息股（考核评价股）、财务股、法制宣传和综合监督股、政策研究与体制改革股（医改办）、疾病预防控制股（卫生应急办公室）、医政医管股（挂蒙中医药管理局牌子）、计划生育业务股（挂流动人口计划生育服务管理股牌子）、计划生育家庭发展股、药物政策与基本药物制度股 11 个股室。年内，核定行政编制 15 名，核定工勤编制 2 名。

2015 年，苏尼特右旗卫生计生机构 82 个。其中，医院 2 个，农村牧区卫生院 9 个，妇幼保健计划生育服务中心 1 个，疾病预防控制中心 1 个，卫生监督所 1 个，爱卫办 1 个，合作医疗管理办公室 1 个，120 急救中心 1 个，社区卫生服务中心 2 个，嘎查村卫生室 63 所。执业医师、助理医师 86 人，注册护士 96 人，嘎查村医 62 人。

二、 医疗卫生管理

2015 年，卫生局主管全旗卫生工作，隶属政府组成部门。全旗卫生工作人员总数中，卫生技术人员 362 人，管理人员 34 人，工勤人员 29 人。卫生技术人员中，卫生部门职工 344 人，占卫生技术人员的 95. 03%；诊所、卫生所职工 18 人，占卫生技术人员的 4. 97%。

三、 计划生育管理

1. 基层计划生育

2001 年，计划生育服务站隶属旗计划生育局二级单位。内设妇科检治、男科检治、B 超、节育手术、乳腺诊治、咨询、康复等科室；机构编制 10 人，实有 10 人。

2001—2014 年，计划生育局下辖计划生育服务站、新民镇计划生育服务所、社区生殖健康服务中心、桑宝拉格苏木计划生育服务所、赛罕乌力吉苏木计划生育服务所，其他苏木计划生育服务所挂靠苏木卫生院。

2009 年，苏尼特右旗分别在朱日和镇、乌日根塔拉镇设立计划生育服务所。

2014 年，计划生育服务站，内设妇科检治，男科检治、B 超（彩超）、节育手术、生物化验、乳腺诊治、离子治疗，药房、温馨咨询、康复等科室。机构编制 23 名，实有 23 人，其中，专业技术人员 20 人，占全站人数的 86. 96%。其中，副高级职称 1 人，中级职称 6 人，初级职称 13 人，具有执业（助理）医师 9 人，执业护士 6 人，生殖健康咨询师 4 人，执业药师 1 人。

有社区生殖健康服务中心 1 处，以及朱日和镇、乌日根塔拉镇、赛罕乌力吉苏木、桑宝拉格苏木 4 个计划生育服务所，人员均隶属计划生育服务站，均按建设部、国家发改委、国家人口和计划生育委员会《农村计划生育服务机构基础设施建设标准》要求建设。

2015 年 7 月，妇幼保健所与计划生育服务站资源整合后，原妇幼保健所名称改为妇幼保健计划生育服务中心。系全旗妇幼保健和计划生育技术服务工作的业务技术管理和信息指导中心。内设妇女保健科（产前保健、婚前医学检查、计划生育指导、母乳喂养咨询等）、妇科、儿童保健科、儿科、医技科（心电图室、B 超室、化验室、药房等）、办公室（财会室、收费室、总务室等）和健康教育科、信息管理、优生优育、孕前孕育、药具发放等科室。

2. 计生队伍建设

2001 年，苏尼特右旗苏木乡镇有计划生育工作人员 33 人，嘎查村、居民委员会计生工作人员 83 人。

2014 年，撤乡并镇改革后，全旗苏木镇有计划生育工作人员 45 人，其中，男性 15 人，女性 30 人，党员 21 人，大学学历 20 人，大专学历 20 人，中专以下学历 5 人。嘎查村、居民委员会，配备专（兼）职工作人员 88 人，其中，专职计生工作人员有 78 人，工资报酬按同级正职标准予以全部落实。

2015 年，妇幼保健计划生育服务中心有在职职工 38 人，其中，大学本科学历 8 人，大学专科学历 24 人，中专学历 1 人，初高中学历 5 人。卫生专业技术人员 35 人，其中，副主任医师 7 人，主治医师 11 人，医师 16 人，医士 1 人。

第七章　综合政务管理

第一节　人力资源和社会保障

一、 管理机构

1. 行政机构

2002 年 6 月，苏尼特右旗劳动人事局更名为人事和劳动保障局。

2003 年 8 月，人事和劳动保障局更名为人事劳动和社会保障局。

2010 年 9 月，人事劳动和社会保障局更名为人力资源和社会保障局。

2015 年，人力资源和社会保障局内设行政股室 10 个，即办公室、公务员管理股、规划财务股、专业技术人员管理股、工资管理股、社会保障股、劳动关系股、人力资源开发股、档案室、职业能力建设股。行政编制 13 名，领导职数 3 人。

2. 事业机构

2002 年 8 月，苏尼特右旗成立劳动保障监察大队，隶属人事和劳动保障局，准科级事业单位。

2008 年 12 月，新农合工作并入社会保险事业管理局，业务受卫生局指导，编制 4 名。劳动保障监察大队为参照公务员管理事业单位。

2011 年 12 月，新农合作医疗办公室归卫生局管理，为单设机构。

2013 年 7 月 4 日，编制委员会办公室下发《关于劳动就业服务局增加内设科室的批复》（苏右机编办发〔2013〕22 号），同意劳动就业局设立创业指导中心、担保中心，编制从局内部调剂解决，不再新增编制和人员。

2014 年 7 月，苏尼特右旗人事劳动争议仲裁院（内设人事劳动争议仲裁股），隶属人力资源和社会保障局，为股级建制事业单位，参照公务员法管理。

劳动就业服务局隶属人力资源和社会保障局，属全额拨款事业单位，事业编制 28 名，实有人员 38 人。内设办公室、财务股、就业股、信息股、失业保险股、企业股、培训股、担保中心、创业指导中心、职业介绍所 10 个股室，下设劳动和社会保障事务所 7 个，劳动保障工作站 12 个。

2015 年，劳动就业服务局编制 28 名，实有人员 43 人。内设办公室、财务股、就业股、失业保险股、培训股、担保中心、创业指导中心、职业介绍所 8 个股室，下设劳动和社会保障事务所 7 个及劳动保障工作站 9 个。人力资源和社会保障局下设劳动保障监察大队、人事劳动争议仲裁院、劳动就业服务局、社会保险事业管理局 4 个事业单位。

二、人事管理

1. 人事制度改革

2001 年，劳动人事局转发《关于在事业单位试行人员聘用制度的意见》，推行聘用制和岗位管理，通过分类指导，在全旗事业单位建立科学的用人机制。年内，首次组织事业单位各类专业技术人员进行短期培训，严格审查评聘报考条件，及时批、报技术职称。

2002 年 7 月，全旗完成党政机构改革人员定岗和分流工作。

2008 年，全旗实施《人事争议处理规定》。5 月，转发《关于行政机关任命的事业单位工作人员参照执行〈行政机关公务员处分条例〉的通知》，对行政机关任命的事业单位工作人员违法违纪处分参照公务员处分条例执行。

2009 年，根据锡林郭勒盟人事局《关于印发〈锡林郭勒盟事业单位岗位设置管理实施意见〉的通知》，人事劳动和社会保障局成立领导小组，制定《苏尼特右旗事业单位岗位设置管理实施方案》。年内，全旗教育系统正式实行绩效工资制度。

2010 年，按照《关于做好全盟事业单位岗位设置工作的通知》要求，组织开展事业单位岗位设置管理工作，教育、卫生、畜牧、水利、计生系统等 41 家单位完成岗位设置工作，占全旗应进行岗位设置事业单位的 65%。

2011 年，全旗实施《内蒙古自治区事业单位岗位设置管理实施意见》，根据“个人申请、社会评审、单位聘用”评聘分开管理运作机制，开展第一轮事业单位岗位设置及聘任工作。年内，完成 52 家事业单位 1376 名工作人员的岗位设置、聘任工作。

2012 年 5 月，锡林郭勒盟行政公署批复同意《苏尼特右旗事业单位绩效工资实施方案》。7 月，全旗事业单位实施绩效工资。

2015 年，全旗成立干部人事档案审核工作领导小组，配备 5 名专职管档工作人员，重点审核“三龄两历一身份”，补录材料 3000 份，发放新干部任免审批表 1365 份，收回 1291 份，收回率 94.6%；无误确认签字 1291 份，不同意签字 10 份，审定问题档案 20 份，召开专题会议 5 次，对年龄、学历涂改、材料不规范等问题予以纠正，保证干部人事档案的权威性和严肃性。

2. 公务员管理

2002 年，开展“国家公务员行为规范”教育活动。出台《苏尼特右旗国家公务员职位分类工作实施细则》《苏尼特右旗旗直及苏木镇党政机关人员定岗和人员分流实施细则》。

2005 年，苏尼特右旗被列入全区推行公务员登记试点旗县。人事劳动和社会保障局成立公务员模拟登记领导小组，制定工作实施方案。模拟登记工作涉及全旗行政单位 55 个 764 人，梳理出问题 30 个，提出意见建议 20 条。培训人数 906 人。

2006 年 8 月，旗委、政府成立以旗长为组长的公务员法实施领导小组，并制定《苏尼特右旗公务员法实施方案》。

2006—2014 年，人事劳动和社会保障局先后举办公务员培训班 9 期7380人次。主要培训《公务员法》《公共管理核心》《公务员通用能力读本》《公务员处分条例》《公共危机与管理》等内容。培训考试结果与公务员年终考核挂钩，颁发国家公务员培训证书。

2006—2015 年，累计年终实绩考核优秀公务员 610 人，经考核，记三等功公务员60 人。

2006—2015年苏尼特右旗政府系统公务员登记备案人数情况表

表14-7-1　　单位：人

年度	公务员登记备案	参公人数	年度	公务员登记备案	参公人数
2006	494	—	2011	725	206
2007	490	—	2012	731	213
2008	476	—	2013	747	203
2009	698	176	2014	—	—
2010	744	209	2015	855	257

2007年，举办全旗公务员知识更新培训班2期，培训人员627人次，重点培训《公务员公共管理核心内容读本》《公共行政》《公共服务》等内容。

2008年5月，根据《锡林郭勒盟森林公安机构核定政法专项编制后人员过渡（登记）公务员工作实施方案》，开展森林公安过渡（登记）工作。9月，正式实施《新录用公务员任职定级规定》。年内，卫生监督所、经济调查大队、渔政监督管理站、地震办、牧区经营管理站、动物疫病预防控制中心、环境监察执法大队、行政审批服务中心等43家单位申报参照公务员法管理，21家单位通过审批。

2009年，组织开展公务员知识更新培训班，培训人员916人次（含参公人员）。公务员登记232人。

2010年，举办公务员知识更新培训班3期，培训公务员962人次（含参公人员）。卫生监督所、经济调查大队、渔政监督管理站、地震办、牧区经济管理站、动物疫病预防控制中心、环境监察执法大队、行政审批服务中心等8家单位申报参照公务员法管理并获审批。34人参加并通过全区参照公务员法管理事业单位拟过渡人员考试。对列入参照公务员管理范围的11个事业单位进行备案登记，涉及人数176人次。

2011年，人力资源和社会保障局负责对全旗警务人员的档案进行审查，通过审查32份警务人员档案符合工资套改条件。

2011—2014年，举办全旗公务员考试辅导课程培训3期1000余人次。

2013年，组织全旗公务员进行网络在线学习，参学人员440人，参学率99.1%。

2014年，组织235人参加全区参照公务员法管理事业单位拟过渡人员考试，203人通过考试。

2015年，按照内蒙古自治区人力资源和社会保障厅《关于旗县以下机关建立公务员职务与职级并行制度的实施意见》，组织全旗首次职务与职级并行审批工作，277人晋升职级。根据干部教育培训改革纲要和行政机关公务员培训纲要总体要求，8月，在朱日和军事训练基地成立苏尼特右旗公务员特色实践教育基地。年内，全旗直属单位公务员在线学习参学率100%，通过率100%，苏木镇单位参学率超过50%。

3. 专业技术人员管理

2001年，劳动人事局开展职称评聘报考条件审查工作，组织事业单位专业技术人员进行继续教育培训。

2001—2014年，组织全旗专业技术人员继续教育培训14期，累计培训4000余人次。审查职称评聘报考4482人，其中，初级2706人，中级1504人，副高级以上272人。

2005年，全旗事业单位专业技术人员1516人，其中，高级职称46人，中级职称599人，初级职称871人。

2007年，全旗开展经济师等17项资格考试和计算机应用能力，职称外语考试网上报名工作。年内，集中聘任全旗专业技术人员181人，其中，副高级以上37人、中级97人、初级47人。续聘

1099 人，其中，副高级 15 人、中级 331 人、初级 753 人。

2010 年，落实《锡林郭勒盟专业技术人员管理信息系统管理制度》，全旗采集专业技术人员信息 1280 条。

2011 年，结合全旗专业技术队伍建设实际，人力资源和社会保障局推进职称改革工作。

2014 年，根据《关于开展事业单位专业技术职务聘任（续聘）工作的通知》精神，开展全旗第二轮事业单位岗位设置及聘任工作。申报评选初级、中级、高级专业技术职称分别为 55 人、74 人、13 人；申报职业技能人才 54 人。

2015 年，全年新聘专业技术人员 475 人，其中，副高级 58 人，中级 232 人，初级 185 人；续聘专业技术人员 1091 人，其中，副高级 149 人，中级 600 人，初级 342 人。

4. 离退休人员管理

2002 年，全旗调整离休干部特需经费标准，由原来每人每年 150 元调整为每人每年 500 元。

2003 年，根据内蒙古自治区人事劳动和社会保障厅《关于机关事业单位工人退休费待遇问题》《调整企业退休人员基本养老金实施方案》，从 7 月 1 日起，全旗离休人员按照同职务同条件在职人员的增资额增加离休费。每人每月增加数额不足 50 元的按 50 元增加。退休人员处级（副教授及相当职务）80 元，科级（讲师及相当职务，高级技师、技师）50 元，科员及办事员（含助教及以下职务、高级工以下及普工）35 元，退职人员每人每月增加 30 元退职生活费。

2006 年，按照《关于印发内蒙古自治区机关事业单位离退休人员计发离退休费等问题实施细则的通知》（内政字〔2006〕377 号），为全旗 1912 名离退休人员增加退离休费。其中，县处级正职 670 元，县处级副职 490 元，乡科级及以下职务 350 元，教授及相当职务 990 元，副教授及相当职务 540 元，讲师及以下职务 350 元。

2007 年，全旗机关事业单位离休人员按在职同职级人员工资增长额的 60%增加离休费，退休人员按在职同职级人员工资增长额的 50%增加退休费。

2008 年，全旗再次调整机关事业单位生活、工作补贴标准，离休人员按在职同职级人员工资增长额的 60%增加离休费，退休人员按照在职同职级人员工资增长额的 50%增加退休费。

2009 年，调整厅局级以下离休干部交通费标准，处级由每人每月 30 元提高至 200 元；科级及以下由每人每月 7 元提高 100 元。所需经费按原渠道解决。

2010 年，全旗第三次调整机关事业单位生活、工作补贴标准，离退休人员分别按照同职级人员的 90%和 60%增加。按照自治区人社厅、财政厅《关于调整艰苦边远地区津贴标准的通知》（内人社发〔2010〕47 号），为机关事业单位工作人员和离退休人员调整艰苦边远地区津贴，离休人员按在职同职级人员增加，退休人员按在职同职级人员的 85%增加。12 月底，按规定办理退休手续的企业退休人员 4338 人，进行上调养老金工作，调整后企业退休人员养老金 1384 元，较调整前人均月增加 197 元，年增加基金支出 1026 万元。

5. 人才交流

2002 年，根据全旗苏木镇人口、经济和社会发展实际，人事和劳动保障局选择 4 个苏木镇重新组建人才流动服务站，并配备专职服务人员，协助当地政府强化人才的培养、使用、引进和管理。

2003 年 8 月，开展“大力解放思想，优化人才环境”培训教育活动。年内，出台《苏尼特右旗优化人才环境整改方案》。

2006 年，全旗事业单位落实“凡进必考”制度。人事劳动和社会保障局开展企业接收高校毕业生情况调查。8 月，成立“乡土人才实用人才开发工程领导小组”，制定《苏尼特右旗农村牧区乡土人才选拔管理暂行办法》，设立乡土人才办事机构，在苏木、镇建立人才服务站。

2010 年，选定苏尼特右旗人民医院和综合高级中学为全旗“高校毕业生就业见习基地”。

2010—2014 年，全旗安排大中专毕业生见习 120 人。

2011 年，按照内蒙古“511 人才培养工程”制定条件，组织推介 1 名医院临床医学专业技术人员到内蒙古医学院培养进修 1 年。6 月，开通全旗人事人才工作短信服务平台。年内，出台《苏尼特右旗人才储备实施细则》《苏尼特右旗关于引导和鼓励大中专院校毕业生到基层和企业就业的实施方案》。

2013 年，制定《苏尼特右旗加强大中专毕业生实名制管理促进大中专毕业生就业服务工作实施方案》，对 84 名民生协理员进行业务培训，开展高校毕业生实名制登记工作，登记未就业高校毕业生 902 人。

2015 年，全旗实名登记高校毕业生 958 人。截至 2015 年，全旗招录事业单位人员 701 人，招录“三支一扶”人员 102 人，招录社区民生人员 126 人。

2006—2015 年苏尼特右旗事业单位“凡进必考”录用情况表

表 14-7-2　　单位：人

年 度	招录事业单位人员	招录“三支一扶”人员	招录社区民生人员
2006	154	5	—
2007	—	—	—
2008	133	7	—
2009	19	17	8
2010	37	7	15
2011	192	6	17
2012	40	15	19
2013	52	12	24
2014	33	21	21
2015	41	12	22

6. 工资福利

2001 年，苏尼特右旗被列入二类艰苦边远地区，享受二类艰苦边远地区津贴。按照（内政办发〔2001〕21 号）文件，从 1 月 1 日起，机关行政人员基础工资标准由每人每月 180 元提高至230元，级别工资标准由每人每月 85~720元提高至 115~1166元。

2003 年，全旗调整行政机关工作人员职务工资标准，由每人每月 100~850 元提高至 130~1150 元。事业单位工作人员工资构成中的固定部分相应调整。

2006 年，调整艰苦边远地区津贴标准，苏尼特右旗列为四类区，人均每月增加 300 元。对公务员工资制度进行改革，由原执行的职务、级别、工龄、基础四项调整为职务和级别工资两项。公务员的级别由 15 个调整为 27 个。

2007 年，按照内蒙古自治区人事厅、财政厅《关于公务员滚动晋升级别有关事宜的通知》《关于事业单位工作人员按年度考核结果正常增加薪级工资问题的通知》，为全旗 200 余名公务员晋升级别工资，3000 余名事业单位工作人员，每人增加一级薪级工资。8 月，规范机关公务员津贴补贴标准，冲销知识分子补贴、粮油副食品补贴、地区津贴、风沙费等项目，归并为工作津贴和生活补贴。按照政府与呼和浩特铁路局签订协议，对赛汉塔拉铁路中学、小学在职、离退休职工工资进行套改。

2008 年 1 月，根据《调整自治区最低工资标准及非全日制工作小时最低工资标准的通知》，修订全旗劳动力市场工资指导价位。苏尼特右旗属于三类地区，最低工资标准 500 元/月；非全日制工作小时最低工资标准5元/小时。结合全旗财政收入情况，为机关公务员增加工作津贴和生活补贴。其中，处级正职工作津贴620元，生活补贴750元；处级副职工作津贴530元，生活补贴660元；科级正职工作津贴450元，生活补贴580元；科级副职工作津贴380元，生活补贴510元；科员级工作津贴320元，生活补贴450元；办事员及工人工作津贴270元，生活补贴400元。

2009年，按照内蒙古自治区人民政府办公厅《关于义务教育学校绩效工资实施意见的通知》，为全旗义务教育学校913名在职教师和825名离退休教师实行绩效工资。按照公务员工作津贴和补贴生活标准等相应制定义务教师的工作津贴和生活补贴。

2010年，调整全旗用人单位最低工资标准，苏尼特右旗属于三类地区，最低工资标准750元/月；非全日制工作小时最低工资标准6.7元/小时。

2011年，对全旗2010年12月底前办理退休手续的企业退休人员4338人上调养老金，调整后企业退休人员养老金1384元/月，较调整前人均月增加197元，年增加基金支出1026万元。制定《苏尼特右旗事业单位绩效工资实施方案》，全旗调整用人单位最低工资标准，苏尼特右旗属于三类地区，最低工资标准900元/月。

2012年7月，经锡林郭勒盟行署批复同意，全旗事业单位实施绩效工资。绩效工资标准参照公务员人均水平执行。其中，津补贴标准实行正高级职称对应行政副处级，副高级职称对应行政正科级，中级职称对应行政副科级，初级职称及其他管理人员对应行政科员级，工人对应行政工人的标准执行。此项工作涉及单位79个，涉及人员1732人，人均增资442元/月。实施绩效工资后事业单位工作人员工资总额与公务员水平持平，略低于教育系统工作人员。

2013年，调整全旗用人单位最低工资标准，属三类地区，最低工资标准1150元/月。

2014年，调整全旗用人单位最低工资标准，属三类地区，最低工资标准1300元/月。

2015年，根据《内蒙古自治区人民政府办公厅印发自治区人力资源和社会保障厅关于调整机关事业单位工作人员基本工资标准和增加机关事业单位离退休人员离退休费三个实施方案的通知》（内政办发电〔2015〕52号），从2014年10月起，提高机关、事业单位在职人员工资标准，人均月增300元。同时，采取财政代扣方式，公务员开始缴纳养老保险，逐步实现养老保险由双轨制向单轨制转变。全旗苏木镇机关事业单位及政府派驻苏木镇工作满半年以上人员开始享受苏木镇工作补贴，基础标准200元/月，每在苏木镇工作满1年加发25元/月。

三、劳动管理

1. 劳动就业

2001年，全旗实施“围封转移、生态移民”工程，就业工作服务对象除之前的下岗失业人员、城镇失业待业人员外，又增加农牧区富余劳动力和转移劳动力。

2002年9月，劳动就业局开展为下岗失业人员免费介绍工作、免费培训、免费办理“再就业优惠证”等工作。年内，全旗各类求职人员办理求职登记946人，介绍成功541人，劳务输出202人。为56家下岗失业人员发放小额担保贷款80.1万元。安置各类失业人员529人，城镇登记失业率4.1%。

2003年，全旗征集就业岗位1288个，安置城镇各类失业人员1085人。城镇登记失业率4.7%。1月，落实内蒙古自治区劳动和社会保障厅《关于建立街道乡镇劳动社会保障工作机构的通知》（内劳社办字〔2003〕8号），按照“六到位”（机构、人员、经费、场地、制度、工作）要求，赛汉塔拉镇、朱日和镇、巴彦舒图镇分别建立6个劳动保障事务所，其他苏木、镇建立11个劳动保障工作站。年内，劳动就业局举办招聘洽谈会2次，达成协议95人，其中，公益性岗位协议39人，环宇招聘成功30人。帮助421名就业困难人员实现再就业。全旗各类求职人员办理求职登记1830人，介绍成功

841人，劳务输出343人，实现部分失业、下岗人员再就业。

2004年，全旗征集就业岗位1466个，安置城镇各类失业人员1029人。城镇登记失业率5.1%。年内，贯彻执行国家《劳动保障监察条例》。发放“再就业优惠证”1273本，为56名符合条件人员发放小额担保贷款80.1万元。全旗各类求职人员办理求职登记1019人，介绍成功1029人，其中，城镇失业人员449人，下岗失业人员575人，失业职工5人。劳务输出301人，其中，城镇人员14人，农牧区人员287人。

2005年，全旗征集就业岗位2638个，较上年同期增长181%。城镇登记失业率控制在4.8%，较上年同期下降0.3%。实现安置城镇各类人员1183人，其中，再就业基地安置169人，社区就业实体安置25人，托底就业安置20人，公益性岗位安置38人，创业带头安置50人，重点工业项目用工安置261人，自谋职业358人，民营企业安置248人，其他安置14人。年内，通过开展“春风行动”、规范企业用工和职业中介专项行动，对苏木镇社区、嘎查村劳动力资源进行调查，摸清劳动力底数，实现下岗职工基本生活保障制度向失业保险制度并轨，推进城镇新增劳动力就业和下岗失业人员再就业工作，取消对农牧区劳动力进城就业限制性政策和不合理收费。6月28日，公共就业综合办公大楼投入使用，劳动力市场硬件建设得到改善。劳务输出1093人。

2006年，全旗征集就业岗位3302个，安置城镇各类人员1522人，其中，再就业基地安置271人，社区就业实体安置30人，托底就业安置31人，公益性岗位安置49人，创业带头安置57人，重点工业项目用工安置309人，自谋职业311人，民营企业安置316人，其他安置148人。安置农牧区转移人员696人。城镇登记失业率4.9%。全旗社区失业率控制在3.71%以内，社区登记失业人员就业率94.7%以上，下岗失业人员再就业率97.2%，就业困难群体实现就业率95.8%以上。年内，开展创建充分就业社区活动，在生产旺季消除“零就业家庭”。建成赛北城社区、杭盖路社区、呼格吉勒社区3个充分就业社区。

2007年，全旗征集就业岗位5700个，新建社区实体10个，新建再就业基地2处。安置城镇各类人员1430人，其中，再就业基地安置220人，社区实体安置20人，公益性岗位安置27人，重点工业项目安置325人，自谋职业396人，民营企业安置192人，其他安置250人。城镇登记失业率4.1%。农牧民转移就业1625人。年内，发放“再就业优惠证”2199本，发放小额担保贷款550万元。聘请57名嘎查村劳动保障协理员，形成城乡覆盖的就业服务管理网络。全旗输出943人，其中，城镇劳动者262人，农村牧区劳动者681人。为内蒙古自治区人民政府大会堂输出农牧民子女15人，做好全区“两会”服务工作。

2008年，全旗征集就业岗位6563个，新建社区实体11个，新建再就业基地3个。安置城镇各类人员1518人，其中，再就业基地安置438人，社区实体安置40人，公益性岗位安置53人，重点工业项目安置155人，自谋职业180人，民营企业安置386人，劳务输出安置67人，其他安置199人。城镇登记失业率3.77%。农牧民转移就业2001人。年内，劳动就业局扩大小额担保贷款发放范围。为全旗430名集体企业下岗人员发放“再就业优惠证”，为61名个体工商户和5家企业发放小额担保贷款560万元，创建充分就业社区7个。全旗劳务输出983人，其中，城镇劳动者67人，农村牧区劳动者916人。

2009年，劳动就业局对全旗受金融危机影响的企业进行调查，筛选认定苏尼特碱业有限公司为困难企业。9月，经锡林郭勒盟困难企业认定工作联合审查小组审核批准，给予社会保险补贴40万元。同时，按照“保生活、防失业、促就业”三位一体工作要求，做好失业保险的征缴和发放工作。全年发放小额担保贷款1140万元，其中，下岗失业人员133人，发放贷款430万元；农牧民65人，发放贷款170万元；大中专毕业生7人，发放贷款20万元；劳动密集型企业5家，发放贷款520万元。

2010 年，全旗征集就业岗位 7658 个，安置城镇各类人员 1684 人，其中，再就业基地安置 324 人，社区实体安置 4 人，公益性岗位安置 45 人，自谋职业 283 人，其他企业安置 685 人，劳务输出安置 45 人，其他安置 298 人。城镇登记失业率 3.89%。农牧区转移人员就业 2052 人。落实就业再就业优惠政策，支出就业再就业资金 489 万元。4 月，实施《内蒙古自治区劳动保障监察条例》。全旗 17 个社区开展创建充分就业社区活动，10 个创建社区通过验收合格。组织开展农牧民转移就业示范嘎查村创建活动，朱日和镇、巴彦塔拉嘎查、敦达乌素嘎查、巴彦宝力格嘎查、额很乌素村被认定全盟“城乡统筹就业农牧民转移就业示范苏木乡镇、嘎查村”。

2011 年，全旗征集就业岗位 8520 个，安置城镇各类人员 1615 人，其中，再就业基地安置 405 人，公益性岗位安置 54 人，自谋职业自主创业 269 人，其他企业安置 475 人，劳务输出安置 61 人，其他安置 351 人。城镇登记失业率 3.72%。农牧区转移人员就业 1719 人。9 月，劳动就业局将“再就业优惠证”更换为“就业失业登记证”，进行换发登记。11 月 11 日，劳动就业局搬迁至新区劳动保障大楼，设立创业指导中心、担保中心，将赛汉塔拉镇 12 个社区劳动保障平台集体搬迁至新办公大楼，统一办公管理。

2012 年，全旗征集就业岗位 7510 个，求职登记 2751 人，安置城镇各类人员 1605 人，农牧民转移就业 1146 人。年内，发放“就业失业登记证”8658 本，实现实名制信息录入全覆盖。为 172 名农牧民、57 名下岗职工、23 名大中专毕业生和 2 名残疾人发放 1300 万元小额担保贷款，带动 1000 余人实现就业再就业。

2013 年，全旗征集就业岗位 8122 个，安置城镇各类人员 1718 人，登记失业率 3.06%。为 86 名实现灵活就业的国有企业下岗失业人员和就业困难人员发放社保补贴 40.28 万元；为全旗 17 家企业招用 129 名符合享受政策的人员发放社会保险补贴 96.14 万元。为 230 人发放小额担保贷款 1350 万元，创业带动就业 930 人；为 2 家劳动密集型企业发放 300 万元贷款。

2014 年，全旗征集就业岗位 7596 个，求职登记 2746 人，城镇新增就业 1262 人，城镇各类人员累计新就业 1618 人，登记失业率 3%。年内，为符合条件的 143 名灵活就业的下岗失业人员和就业困难人员发放社会保险补贴 76.59 万元；为全旗 17 家企业及 2 个行政事业单位招用的 126 名符合享受政策的人员发放社会保险补贴 109.72 万元，合计发放社会保险补贴 186.31 万元。全年发放贷款 3370 万元。6 月，苏尼特右旗创业孵化园整体占地面积 3.8 万平方米，建筑面积 1.7 万平方米，可吸纳 100 家失业人员自主创业，新增就业岗位300个左右。7 月，全旗有城镇劳动力26376人，其中，女性 12249人，占总劳动力的 46.4%，男性14127人，占总劳动力的 53.6%。全旗 19172 名城镇就业人员中，第一产业就业人数 133 人，占城镇就业人数的 0.7%；第二产业就业人数 5526 人，占城镇就业人数的 28.8%；第三产业就业人数 13513 人，占城镇就业人数的 70.5%。全旗农牧区劳动力 20450 人。其中，女性 9086 人，占总劳动力的 44.4%，男性 11364 人，占总劳动力的 55.6%。全旗 17539 名农牧区就业人员中，第一产业就业人数 12498 人，占就业人数的 71.3%；第二产业就业人数 2482 人，占就业人数的 14.2%；第三产业就业人数 2559 人，占就业人数的 14.6%。年内，签订入驻协议 96 家，涉及 97 人创业，其中，城镇失业人员 26 人，下岗失业人员 15 人，转移农牧民 28 人，大中专毕业生 28 人。

2015 年，全旗征集就业岗位 8016 个，其中，盟内 7396 个，盟外 620 个。城镇新增就业 1216 人，城镇各类人员当年新就业 1630 人，城镇登记失业率 2.78%。年内，劳动就业局印发《苏尼特右旗人民政府办公室关于进一步就业创业工作实施方案的通知》，组织开展岗位需求调查、城乡劳动力资源调查、旗直单位从业人员及其家庭成员就业失业状态调查摸底、就业援助月、民营企业招聘周和民营企业秋季招聘会等活动。全旗劳务输出 320 人。

2. 技术培训

2001 年，全旗实施农牧区劳动力转移培训“阳光工程”，培训重点放在农牧区富余劳动力技能培训和切实提高转移人口职业技能上。

2002 年，全旗培训城镇各类失业人员 435 人次，培训失业职工 8 人，培训围封转移牧民 212 人。对从事专业技术部分工种，如摩托车修理、汽车修理、餐厅服务员、中式烹调培训，实行就业准入制度培训。

2003 年，全旗培训各类人员670人，其中，培训城镇失业人员490人，培训下岗失业人员180人。年内，针对下岗失业人员开展首期创业培训班，培训人员 30 人；新建荣宇化工有限责任公司、宏达有限责任公司、三环土畜产有限责任公司 3 家再就业基地。

2004 年，全旗培训各类人员 731 人，其中，城镇失业人员培训 402 人，下岗失业人员培训 329 人。培训后就业人数 490 人。同时，首次开展农村牧区转移富余人员培训工作，对新民镇农民进行引导性培训，培训人员 1000 人。

2005 年，全旗培训城镇各类人员 1052 人，其中，培训下岗失业人员 600 人，培训城镇失业人员 452 人。培训后就业 856 人。培训农牧区转移人员 745 人。

2006 年，全旗培训城镇各类人员 1056 人，其中，培训下岗失业人员 603 人，培训城镇失业人员 453 人。培训后就业 855 人。培训农牧区转移人员 752 人。

2007 年，全旗培训城镇各类人员 1247 人，其中，培训下岗失业人员 742 人，培训城镇失业人员 505 人。培训农村牧区转移人员 1761 人，其中，技能培训 1012 人，引导性培训 749 人。

2008 年，全旗培训城镇各类人员 1540 人，其中，下岗失业人员 720 人，城镇失业人员 820 人。培训后就业 1370 人，就业率 88.96%。培训农村牧区转移人员 2066 人，其中，技能培训 1306 人，引导性培训 760 人。培训后就业率 86.5%。

2009 年，全旗培训城镇各类人员 1357 人，其中，下岗失业人员 909 人，城镇失业人员 448 人。培训农牧区转移人员 2178 人，其中，创业培训 45 人，技能培训 1527 人，引导性培训 403 人。培训后就业 1823 人，培训后就业率 83.7%。举办创业培训班 5 期，培训 110 人，创业 110 人，带动 120 余人实现就业再就业，实现一人创业、多人就业的倍增效应。5 月 20 日，通过“以师带徒”培训形式举办“民族服饰裁剪与加工”和“民族手工艺加工与制作”技能培训初级班，有 26 名农牧民参加培训。

2010 年，全旗培训城镇各类人员 1350 人，其中，下岗失业人员 950 人，城镇失业人员 400 人。培训农牧区转移人员 2089 人，其中，创业培训 101 人，技能培训 1588 人。培训后就业 1777 人，培训后就业率 85.1%。年内，开展创业培训 11 期，培训 226 人次，其中，下岗职工创业培训班 4 期，农牧民转移人员创业培训班 4 期，大中专毕业生创业培训 3 期。

2011 年，全旗培训城镇各类人员 1141 人，培训农牧区转移人员 1159 人，其中，创业培训 102 人，技能培训 957 人，引导性培训 100 人。培训后就业 1064 人，培训后就业率 92%。年内，开展创业培训 9 期，培训 186 人，创业成功率 100%，带动 748 人实现就业。7 月 20 日，首次在呼和浩特市为 18 名高校毕业生、农牧民、失业下岗人员举办为期 10 天免费创业培训班。

2012 年，举办技能培训城镇各类人员 715 人次，培训后就业 623 人，培训后就业率 87.1%，SYB 创业培训 194 人；农牧民转移培训 959 人，培训后就业率 92.6%。年内，培训朱日和搬迁牧民 307 人。内蒙古工业大学举办 2 期素质提高培训班，培训 56 人。

2013 年，举办城镇各类人员技能培训班 14 期，培训 815 人次，培训后就业 696 人，培训后就业率 85.4%；举办农牧民转移技能培训班 19 期，培训 930 人，培训后就业 815 人，培训后就业率 87.6%；举办创业培训班 12 期，培训 230 人，创业成功率 100%，带动就业 920 人。3 月 29 日，劳动就业局与供销社联合深入赛汉塔拉镇、赛罕乌力吉苏木、桑宝拉格苏木等苏木镇举办舍饲育肥培训班，培训 328 人。

2014 年，举办城镇各类人员技能培训班 18 期，培训 1152 人，培训后就业 1003 人，培训后就业率 87.1%；举办农牧民转移技能培训班 18 期，培训 903 人，培训后就业 816 人，培训后就业率 90.4%；举办创业培训班 10 期，培训 223 人，其中，农牧民 54 人，下岗失业人员 51 人，大中专毕业生 46 人，城镇失业人员 72 人。创业成功率 100%，带动就业 889 人。

2015 年，举办城乡各类人员技能培训班 26 期，培训 1532 人，其中，举办城镇各类人员技能培训班 13 期，培训 820 人（高校毕业生 92 人），培训后就业 1012 人；举办农牧民转移技能培训班 13 期，培训 712 人，培训后就业 606 人，培训后就业率 85.1%。培训企业在岗职工技能提升 246 人。举办创业培训班 10 期，培训 214 人，培训后创业成功 214 人，创业带动就业 642 人。年内，在原有家政服务、物业管理、母婴护理等 10 余个特色培训专业基础上，拓展电子商务、马头琴制作、汽车维修等领域技能培训力度。

3. 劳动合同

2007 年，全旗签订劳动合同 3672 人，其中，城镇职工 2298 人，私营企业职工 639 人，个体工商户职工 148 人，农牧民工职工 587 人。

2008 年，全旗签订劳动合同 5349 人，其中，城镇企业 2754 人，私营企业 764 人，个体工商户 756 人，农民工 1075 人。

2009 年，全旗签订劳动合同 2055 人，其中，民营企业 564 人，个体工商户 385 人，农民工 1106 人。

2010 年，全旗签订劳动合同 4120 人，其中，城镇企业 1460 人，民营企业 764 人，个体工商户 756 人，农民工 1140 人。年内，集中开展《中华人民共和国劳动合同法》及《〈中华人民共和国劳动合同法〉实施条例》宣传活动。

2011 年，全旗签订劳动合同 8656 人，其中，城镇企业 1895 人，事业单位 3567 人，民营企业 1090 人，个体工商户 63 人，农民工 2041 人。

2013 年，全旗签订劳动合同 10236 人，其中，企业劳动合同签订 3826 人，企业集体劳动合同签订 3560 人，工资集体合同签订 2850 人。

2014 年，全旗签订劳动合同 3820 人。

2015 年，全旗有 103 个单位完成劳动用工网上备案工作，单位职工网上备案人数 2807 人。企业劳动合同签订率 98%，企业集体合同签订率 94%。

4. 劳动保护

2007 年，劳动就业局推出“建筑工人维权牌”制度，走访 21 个建筑工地，发放维权公告牌，向劳动者散发《农民工维权手册》500 余册。

2008 年，组织开展“整治非法用工，打击违法犯罪专项行动”“建筑市场专项大检查活动”“失业保险扩面征缴专项监察”等活动。

2009 年，劳动监察大队针对用人单位违法行为，下达限期改正指令书 41 份，90%以上的指令书都给予书面答复。全年收缴工资保障金 114 万元。

2012 年，组织开展“春暖行动”“人力资源市场秩序清理整顿”等专项执法检查行动，加大查处清欠农民工工资工作，维护农民工合法权益。年内，检查用人单位 265 家，涉及农民工 8241 人，接待群众来人来访 500 余人次。

2013 年，组织开展“农牧民工工资支付情况专项检查”“清理整顿人力资源市场秩序”“安全工作专项检查”等专项执法检查，检查企业 159 家，涉及 1.23 万余人。

2014—2015 年，集中开展《工伤保险条例》宣传活动，组织人员到矿山、建筑等非公重点企业指导、督查工伤保险知识竞赛答题情况。

5. 劳动监察与仲裁

2001—2014 年，劳动监察大队结案 328 起，涉及人数 6071 人，涉及金额 2487.55 万元。

2004—2006 年，劳动保障监察大队与旗直各部门协力合作，开展农牧民工拖欠工资清欠专项整治，受理案件 49 起，清欠拖欠工资 186.79 万元，清欠率 100%。

2005 年，全旗开展用人单位遵守劳动保障法律、法规诚信评价工作，建立劳动保障监察案件文书立卷归档制度。

2006 年，劳动保障监察部门建立“劳动保障监察员网格化管理责任制度”，由专兼职监察员配合监察队伍。

2007 年，按照《锡林郭勒盟用人单位重大劳动保障违法行为社会公布暂行规定》，开展对重大劳动保障违法行为社会公布工作。建立全旗企业守法诚信档案，企业守法诚信情况分为 A、B、C 三个等级，做到一企一档。年内，劳动保障监察部门对乌日根塔拉镇与碱业公司有业务关系的 8 个运输车队进行处罚，上缴国库罚金 1.35 万元。受理仲裁案件 1 起，经劳动争议仲裁委员会办公室调解解决，案外调解 25 起。

2008 年，开展劳动保障执法服务活动，受理仲裁立案 8 起，不予立案 13 起，案外调解 18 起。

2009 年，劳动保障监察部门受理仲裁案件 22 起，其中，开庭审理 7 起，案外调解 15 起，结案率 100%。

2011 年，劳动监察大队推行企业工资集体协商制度和“彩虹计划”实施工作。与总工会组织召集工会主席、劳资经理与总工会、财政等部门分管领导，召开推行企业工资集体协商动员大会，确定试点企业 3 个。10 月，开展劳动保障监察“两网化”管理工作。年内，仲裁案外调解 21 起，涉及人数 215 人，涉及金额 65.33 万元，结案率 100%。

2012 年，劳动保障监察部门受理仲裁案件 23 起，案外调解 23 起，结案率 100%，涉及人数 107 人，涉及金额 98.90 万元。

2013 年，劳动保障监察部门受理仲裁案件 6 起，结案 6 起，结案率 100%；涉及人数 6 人，涉及金额 60.10 万元。

2014 年，劳动保障监察部门受理仲裁案件 25 起，结案 24 起，涉及 76 人，直接挽回经济损失 132.58 万元。

2015 年，劳动监察大队和仲裁院结案 25 起，追回拖欠工资 1440.11 万元，涉及工人 625 人。

四、 社会保险管理

1. 社会保险制度

2001 年，全旗由地税部门征收社会保险费，税务机关征收的社会保险费直接进入财政部门“财政专户”。

2004 年，全旗开展“金保工程”，对全旗业务经办、公共服务等项工作进行统一规划建设。

2006 年，按照“金保工程”建设和上级部门要求，集中对全旗所有参保人员的姓名、性别、身份证号码等基础信息和养老、医疗、工伤、失业、生育等各项保险历年来缴费等信息、数据进行全面整理录入。

2015 年，全旗建立由当初单一企业养老保险发展成为养老、医疗、工伤、生育等统一、规范的社会保险体系。

2. 职工养老保险

2004—2014 年，全面落实企业离退休人员养老金待遇调整政策。从 2004 年开始，连续调资 11 年，调整企业退休人员基本养老金，截至 2014 年，企业退休人员人均月养老金 1818 元，比 2004 年增长 140%。

2005 年，根据《关于认真组织 2002 年度再就业援助及基本养老保险关系接续工作的通知》（锡劳社发〔2002〕17 号），全旗组织开展养老保险接续工作，每月养老金收入和支出实现上划和盟局下拨，盟级统筹。年内，出台《农村牧区养老保险暂行办法》《农村牧区养老保险实施细则》。

2007 年，经劳动人事部门和编制委员会办公室核定，为全旗 1446 名公务员退还养老保险金 461. 3 万元。年内，启动转移进城牧民养老保险工作。

2008 年，开展农村牧区社会养老保险调研。对全旗 6 个苏木镇 31569 名农牧民人口开展年龄结构调查，进行养老保险个人缴费、财政补贴、养老金金额等测算调研工作。

2009 年，全旗启动实施农村牧区养老保险。10 月 1 日，贯彻落实内蒙古自治区《企业职工基本养老保险自治区级统筹办法（试行）》。社会保险管理局会同人事劳动和社会保障局对全旗档案丢失或档案不全人员进行登记，涉及全旗原五七社、各社办企业、运输队、二轻、城建、经委、供销、粮食等下属企业无档案人员。

2010 年，旗委、政府将农村牧区养老保险工作列入为民办十件实事之一，与各苏木镇签订责任状，分解任务指标，制订考核内容等。根据《关于停止执行财政拨款事业单位养老保险社会统筹的通知》（苏右人劳发〔2010〕6 号），将 1996 年以来建立个人账户各事业单位工作人员（含机关混岗人员）3 年养老金分 2 次退还给个人。

2011 年，经人力资源和社会保障部批准，苏尼特右旗被列入国家“新农保”试点覆盖范围。年内，启动城镇居民养老保险。

2012 年，根据国家对城乡居民养老保险工作指导意见，制定《苏尼特右旗城镇和农村牧区居民社会养老保险实施办法》，启动城乡居民社会养老保险工作。政府为享受待遇城乡居民每人每月补贴 110 元。全旗事业单位养老金退还工作全部结束。朱日和军事训练基地搬迁牧民全部纳入社会保险范围，最大限度地维护搬迁牧民利益。

2013 年，统计历年底办理“五七工”退休 2100 余人，平均月养老金 1579 元，历史遗留问题逐步得到妥善解决。

2014 年 7 月，为享受待遇的城乡居民每人每月增加基础养老金 5 元，每人每月 65 元，调整后，城乡居民人均月养老金 247. 2 元。

2015 年，全旗参加城镇职工基本医疗保险 15645 人，征缴医疗保险费 5661 万元，发放医疗保险待遇 4827 万元，累计结余 4353 万元。城乡居民社会养老保险参保14998人。征缴保费 653 万元，享受养老保险待遇 4680 人，累计发放养老金 1559 万元，累计结余 3740 万元。提高城乡居民社会养老保险基础养老金，每人每月 85 元。调整后，城乡居民人均月养老金最高 311 元，最低 223. 2 元，平均 267. 1 元。农村牧区养老保险参保14131人，其中，享受养老保险待遇 3445 人，常住人口参保率 90%，累计发放养老金 1187 万元。提高企业退休人员基本养老金，人均月养老金 1986 元，人均月增加 168 元。

2001—2015 年苏尼特右旗企业基本养老参保、收支情况表

表 14-7-3　　单位：人、万元

年　度	企业养老保险		
	参保人数	收入	支出
2001	—	910	1071
2002	8437	1429	1311
2003	8650	1487	1427
2004	8598	1520	1545
2005	9054	2709	2860
2006	9066	3908	3836
2007	6801	5092	5164
2008	7573	6389	6291
2009	7982	7203	7185
2010	8664	6649	12907
2011	9670	6120	7721
2012	9450	4970	10510
2013	9884	9991	11900
2014	10062	6003	13838
2015	10103	8209	16387

3. 职工基本医疗保险

2001 年，全旗医疗保险费由当地地税部门征缴。

2003 年 1 月 1 日，全旗执行《苏尼特右旗大病医疗保险》。

2004 年，制定《苏尼特右旗城镇灵活就业人员基本医疗保险实施细则（试行）》《大病互济保险修改方案》《慢性疾病管理办法》制度。

2006 年，全旗执行《苏尼特右旗原转制破产企业退休职工参加医疗保险实施意见》。

2008 年，制定《苏尼特右旗原转制破产企业退休职工参加医疗保险实施意见补充规定》，将转制破产企业退休人员纳入全旗基本医疗保险范围。

2011 年，全旗使用《锡林郭勒盟城镇职工基本医疗保险实施方案》，提高最高支付额，报销比例倾向当地基层医院。

2012 年，实现全盟范围内社会保障卡通用，全旗参保人员可持卡在全盟范围内的“两定”机构刷卡购药（二连浩特市除外）。

2013 年，苏尼特右旗将城镇职工医院就医床位费提高到每日每床 10 元标准。

2015 年，全旗城镇职工大病保险政策范围自负费用由 2 万元降低至 1.5 万元。

4. 城镇居民医疗保险

2007 年，全旗实行城镇居民医疗保险制度后，覆盖率逐年增加。

2010 年，参照盟级城镇居民医保政策调整情况，对全旗城镇居民医保政策进行调整，最高支付限额与盟级城镇居民医疗保险持平。年内，将城镇居民住院分娩发生的医疗费用纳入城镇居民医疗保险基金支付范围，解决居民生育负担。

2011 年，调高全旗城镇居民医保待遇，个人缴费标准不变，上调参保人员发生的药费。调整后，苏木镇卫生院起付标准由原来 200 元下调至 100 元；城镇居民基本医疗保险基金在一个医疗年度内累

计最高支付限额从 6.5 万元提高至 9.5 万元。成年人药费报销比例比原来平均上调 5%，在校生和学龄前儿童药费报销比例比原来平均上调 10%。成年居民连续缴费年限每满 2 年城镇居民医疗保险基金最高支付限额在原有基础上提高 2000 元，最高不超过10000元；药费报销比例在原有基础上提高 2%，最高不超过 10%。

2013 年，全旗新生儿纳入城镇居民基本医疗保险范围，实现新生儿“落地保险”。

2014 年，实行城镇居民大病医疗保险，参保居民发生高额医疗费用时，基本医疗保险报支后，在政策范围内个人自付超出 1 万元以上由大病保险按 60%的比例进行补偿。城镇居民大病保险基金最高支付限额为 5 万元，筹资标准为每人 20 元/年，每年从城镇居民基本医疗保险基金中划出资金，向商业保险机构买大病保险，个人不缴费。

2015 年，全旗参加城镇居民医疗保险22533人，征缴医疗保险费 1056 万元，为 1662 人报销医疗保险费 985 万元，累计结余 707 万元。城镇居民参保人员进入统筹基金个人自负费用由10000元降低至 8000 元。

2001—2015 年苏尼特右旗城镇职工居民医疗保险参保、收支情况表

表 14-7-4 单位：人、万元

年 度	城镇职工医疗			城镇居民医疗		
	参保人数	收 入	支 出	参保人数	收 入	支 出
2001	10043	383	450	—	—	—
2002	10575	459	444	—	—	—
2003	10577	496	517	—	—	—
2004	10763	657	674	—	—	—
2005	10826	664	721	—	—	—
2006	11236	780	698	—	—	—
2007	12047	1227	945	18902	39	0
2008	12175	1613	1454	16784	164	22
2009	13697	2904	1375	21507	325	87
2010	14695	2223	2404	22400	345	206
2011	14896	2439	2561	22410	361	407
2012	15096	5111	3004	22500	167	489
2013	15399	4262	3805	22400	523	677
2014	15601	4600	4791	22400	720	866
2015	15645	5661	4827	22533	1056	985

5. 新型农村牧区合作医疗保险

2005 年，全旗实行新型农村牧区合作医疗保险。

2006 年，全旗成立新型农村牧区合作医疗管理办公室，在赛罕乌力吉苏木进行试点，当年参合人数 3200 人。截至 2014 年，参合人数 27145 人，参合率 96%。

2010 年，根据布鲁氏菌病病情，全旗在疾病预防控制中心，安装新型农村牧区合作医疗信息系统，设立布鲁氏菌病患者报销“直报点”。

2011 年，开展新型农村牧区合作医疗门诊统筹，由妇幼保健站承办的农牧区孕产妇住院分娩补助项目纳入新型农村牧区合作医疗系统，实行专户管理。

2012 年，全旗实行统一筹资方式、统一补助政策、统一基金管理、统一服务监管、统一经办流

程和统一信息管理，实行新型农村牧区合作医疗证“一证通”，实现盟内“异地参合、异地住院、同等直报”。按照国家、自治区“增加补助、提高筹资标准和补偿比例”要求，每人每年个人缴费70元，中央财政每人每年补助220元，自治区每人每年补助50元，盟级财政每人每年补助25元，旗级财政每人每年补助25元。

2015年，全旗参加新型农村牧区合作医疗的农牧民27179人，参合率96.8%，筹集新农合个人缴费基金244.61万元。政府每人每年补助提高到380元。全旗有1482人次享受新型农村牧区合作医疗补偿，补偿金额691.60万元，住院补偿1241人次，补偿金额651万元（其中，住院分娩补助人数133人次，补偿金额35.50万元）；门诊慢病补偿241人次，补偿金额40.60万元。

6. 工伤保险

2009年，根据内蒙古自治区劳动和社会保障厅《关于转发人力资源和社会保障部做好老工伤人员纳入工伤保险统筹管理工作的通知》（内劳社办字〔2009〕89号），对“老工伤”人员情况摸底，全旗100余名“老工伤”人员纳入工伤保险统筹管理。

2011年1月1日，贯彻新颁布《新工伤条例》，全旗加强工伤保险基金对工伤职工保障功能，以生存需求保障为出发点实现更多工伤保险权利。4月，全旗工伤保险实现盟级统筹，将“老工伤”人员纳入统筹范围。全旗工伤保险缴费标准按工伤风险程度分三类，工伤保险费由用人单位按职工工资总额的0.5%、1.5%、3%缴纳，个人不承担。年内，对2007—2009年度工伤待遇人员进行调整。对全旗29名工伤人员伤残津贴、生活护理费及3名遗属抚恤金进行调整，伤残津贴人均调整至407元，遗属人均调整至79元。

2012年，根据《关于调整2011、2012年度工伤人员伤残津贴、生活护理费和供养亲属抚恤金标准有关问题的通知》（锡人社办字〔2012〕118号），对伤残人员、遗属人员待遇再次进行调整。调整后伤残津贴月人均2121元，护理费月人均754元，遗属生活费月人均749元。

2014年10月，执行《关于锡林郭勒盟行政公署转发〈内蒙古自治区工伤保险条例实施办法〉的通知》（锡署发〔2014〕108号），废止《内蒙古自治区〈工伤保险条例〉实施办法》（内政办字〔2003〕462号）。

2015年，全旗参加工伤保险6709人，完成年目标任务的100%，收缴工伤保险费1057万元，完成年任务数的116%。为105名工伤人员发放各项待遇671万元，结余基金全部上解盟局。对31名伤残人员、11名遗属人员待遇进行调整，伤残津贴月人均2708元，遗属生活费月人均856元。将原来三种行业分类调整成八类，并对不同行业的工伤保险基准费率进行相应调整。

7. 生育保险

2003年1月1日，全旗执行《苏尼特右旗职工生育保险实施办法（试行）》。年内，生育保险人数为2201人。

2009年，苏尼特右旗生育保险缴费比例由原3‰下调至2‰。

2010年，免费为全旗参加生育保险的117个行政事业单位、65个企业女职工进行生殖健康体检。

2014年，全旗生育保险人数由2003年的2201人增至6808人，增长率209%。

2015年，全旗参加生育保险7295人，完成全年目标任务的97%，征缴保费128万元，完成全年任务数的194%，为135人报销生育保险费55万元，结余基金全部上解盟局。年内，全旗生育保险实现盟级统筹，费率从0.3%调整至0.5%，生育住院最高报销由5000元上调至6000元，另加产前产后检查2000元。

2001—2015 年苏尼特右旗工伤、生育保险参保、收支情况表

表 14-7-5　　单位：人、万元

年　度	工伤保险				生育保险			
	参保人数	收入	支出	结余	参保人数	收入	支出	结余
2001	5834	40.9	46.2	2.4	—	—	—	—
2002	6079	42.7	45.9	-0.9	—	—	—	—
2003	5804	49.8	47.6	1.2	2201	5	0	5
2004	3433	42.5	40.7	3.4	5284	12	9	8
2005	5934	69.6	62.8	10.2	5413	24	11	22
2006	6256	95.6	94.5	11.3	5228	20	9	34
2007	6015	107	102	15.2	5284	25	14	45
2008	6210	145	118	43.3	5343	30	21	54
2009	6142	120	13.86	24.7	6410	26	15	66
2010	6300	141.6	192.9	-26.6	6410	38	25	79
2011	5526	585	542	0	6440	50	20	108
2012	6108	665	664	1.29	7085	56	33	132
2013	6108	1225	1224	2.46	7085	72	42	162
2014	6411	418	426	0	6808	80	50	192
2015	6709	386	671	0	7295	7295	128	55

第二节　民政工作

一、管理机构

2001 年，苏尼特右旗民政局设办公室、财务室、社会救济股、优抚安置股、社会事务股、区划地名基层政权建设股。核定编制 11 名。苏尼特右旗拥军优属、拥政爱民工作领导小组办公室（以下简称双拥办），科级，挂靠民政局，主任由民政局领导兼任。

2003 年，收容遣送站更名为救助管理站，隶属民政局，事业单位，核定事业编制工作人员 5 名。10 月 1 日，婚姻登记管理所更名为婚姻登记处，隶属民政局，事业单位，核定编制 5 名，统一管理全旗婚姻登记工作，办理婚姻登记各项业务。11 月，苏尼特右旗成立老龄工作委员会，办公室设在民政局。建立新民敬老院，核定编制 2 名。

2004 年，民政局在朱日和镇建立敬老院，核定编制 2 名。

2005 年，民政局增设财务统计股和医疗救助股。

2006 年，民政局新增副局长 1 人，增设低保股。

2009 年，经旗委、旗政府批准，民政局殡葬管理所更名为殡葬执法大队，核定事业编制 4 名。

2013 年 5 月，苏尼特右旗成立社会救助家庭核对中心，隶属民政局。

2014 年 1 月，民政局增设敬老院财务室。

2015 年，民政局设社会救济股、低保股、优抚安置股、医疗救助股、社会事务股、区划地名基层政权建设股、财务统计股和办公室等 8 个行政股室。下设婚姻登记处、救助管理站、殡葬执法大

队、社会救助家庭核对中心、新民敬老院、朱日和敬老院、中心敬老院及社区居家养老服务中心等8个事业单位。旗委、旗政府在民政局分别设双拥领导小组办公室和老龄工作委员会办公室。各苏木镇下设民政所。4月，苏尼特右旗成立“12349”社区居家养老服务平台。

二、基层组织建设

1. 嘎查（村民）委员会

2003—2006年，苏尼特右旗分别于2003年9月、2006年7月完成第五届、第六届嘎查（村民）委员会换届选举工作。

2009年9月，完成51个嘎查、5个村委会换届选举工作，选举产生主任56人，副主任57人。

2012年9月20日，全旗57个嘎查（村民）委员会由农牧民直接选举产生主任57人，完成换届选举工作。新一届嘎查村班子队伍284人，平均年龄34.8岁，大专以上学历35人，妇女95人。

2015年，嘎查村换届选举工作从5月25日开始到8月底结束。完成58个嘎查、5个村委会换届选举工作，产生嘎查村主任63人（连任34人）、副主任63人、委员189人。新一届嘎查村委员会中，女性103人，较上届增加8人，蒙古族285人、土族1人、汉族29人。高中以上学历155人、大学生10人。

2. 社区居委会

2003—2006年，苏尼特右旗分别于2003年9月、2006年7月完成第五届、第六届社区居委员会换届选举工作。

2009年9月，全旗完成19个社区居委会换届选举工作，选举产生主任19人，副主任32人，委员44人。

2012年8—9月，全旗完成13个社区居委会换届选举工作，选举产生主任13人，副主任22人，委员25人。

2015年7—8月，全旗完成14个社区居委会换届选举工作，选举产生主任14人，副主任28人，委员30人，社区居委会中女性56人。

三、优抚安置

2001—2003年，民政局按时足额发放“三属”（烈属、因公牺牲军人遗属、病故军人遗属）、在乡革命伤残军人和在乡老复员军人抚恤金，并按国家标准，逐年提高抚恤金待遇标准。

2001—2014年，苏尼特右旗接收安置退伍军人，统一安排到机关事业单位。

2003年5月，全旗在乡老复员军人和“三属”全部纳入低保对象范围，享受优抚金基础上，同时享受城镇全额低保。

2015年，全旗调整重点优抚对象定期抚恤补助标准。老复员军人9人，定期抚恤补助每人每月1146元；烈属5人，定期抚恤补助每人每月1745元；因病故军人家属1人，定期抚恤补助每人每月1479元，发放105万元。向年满60周岁农牧区籍退役士兵发放4.7万元补助。对重点优抚对象在实行定期定量抚恤补助的基础上，再纳入城镇最低生活保障，每人每月补助565元。年内，自主就业的退役士兵，按照不低于城镇居民可支配收入标准，一次性发放经济补助金。

2005—2015年苏尼特右旗优抚资金发放情况表

表14-7-6　　单位：元

年份	优抚资金发放项目		
	三属定期定量补助	在乡老复员军人补助	伤残金
2005	38972	175326	246957
2006	40152	196584	270080
2007	41365	204578	318639
2008	45360	227648	346852
2009	49275	301114	360360
2010	67961	467952	372841
2011	98624	489531	387542
2012	115850	518056	402563
2013	121862	536842	423580
2014	136524	554040	452548
2015	122448	123768	543926

四、救灾救济

2001—2003年，针对全旗连续4年遭受各种自然灾害，开展灾害救济工作。

2001—2006年，全旗“三民”补助金和临时救济由各苏木镇发放。

2003年，民政局为缓解特困户过冬难问题，为206户750人发放面粉50吨；为特困群众815户2800人发放燃煤510吨。“非典”期间，为防止疫情流入农村牧区，组织发放春夏荒口粮19.5万公斤。

2004年，春夏荒期间为特困群众910户2030人发放面粉8.25万公斤；冬令期间为843户2033名特困群众发放11250公斤面粉和500吨燃煤。

2005年，春荒期发放面粉10.75万公斤；冬令期间发放面粉8.42万公斤，燃煤800吨。建立捐助工作站和爱心超市。

2006—2007年，全旗发放春荒面粉440吨，冬令燃煤1860吨和冬令面粉280吨。

2008年，全旗发放春荒面粉85吨，冬令燃煤500吨和冬令口粮120吨，下拨救灾资金30万元。

2009年，全旗发放冬春两季发放救灾口粮50吨，燃煤500吨。

2010年，全旗遭受雪灾、旱灾、暴雨等灾害，累计造成直接经济损失2000余万元。接收上级下达救灾资金380万元，地方匹配45万元。发放灾民生活补助金60万元，燃煤1100吨，冬春面粉280吨，发放冬春灾民燃煤补贴543元。全旗成立农牧区低保户危房重建工作领导小组，完成投资500万元，用于解决6个苏木镇100户农牧区低保户危房重建。

2011年，全旗发放冬春口粮140吨和灾民燃煤补贴82万元。投资110万元兴建1处占地面积3万平方米、建筑面积800平方米的救灾储备库。投入60万元，对30户因灾房屋受损灾民房屋进行修缮。

2012年，组织发放冬春灾民燃煤补贴19.7万元，下拨各苏木镇救灾资金45万元，发放140吨救灾口粮和15万元饲草料。投入84万元，对42户灾民房屋进行修缮。

2013年，组织发放冬春灾民燃煤补贴25.61万元，下拨各苏木镇救灾款40万元，购买发放140吨救灾口粮。购买发放18.65万元饲草料，用于救助特困家庭生产生活。年内，投资110万元兴建1处占地面积3万平方米，建筑面积800平方米的救灾储备库。继续实施农牧区危房重建工作，投资

250 万元，与旗城建局对全旗 50 户低保家庭危旧房进行重建。

2014 年，全旗下拨各苏木镇冬春救灾款 45 万元，发放 3.6 万元饲草料，发放救灾口粮 140 吨。5 月,全旗普遍受到旱灾影响，受灾草场面积 3040 万亩，占草场总面积的 90%，受灾农牧民 24443 人，占农牧民总数的 90%，上级下拨旱灾生活补助资金 170 万元，解决受灾群众口粮和饮水等基本生活困难问题。

2015 年，全旗普遍遭受旱灾和雪灾。夏季，干旱受灾草场面积 3040 万亩，受灾农牧户 672 户，受灾农牧民 1823 人，上级下拨旱灾生活补助资金 62 万元，解决受灾群众口粮和饮水等基本生活困难问题。冬季，全旗 1743.99 万亩草场被积雪覆盖，3718 户 10353 人被积雪困住，导致 85 万余头（只）牧畜饲草料短缺，严重影响牧民群众生产生活。通过户报、嘎查村评、苏木镇审等程序，确定灾民救助 3660 户 10923 人，按照受灾群众自救能力分类救助，救助标准定为 500~2000 元，发放救灾资金 233 万元。全旗“三民”人员 298 人，生活补贴标准每人每月 750 元，较上年提高 10%，全年发放生活补贴 265.5 万元。

2007—2015 年苏尼特右旗社会救济发放情况表

表 14-7-7　　单位：人、元

年 份	“三民” 救济		临时救济金
	人数	金额	
2007	—	—	187000
2008	413	664561	132000
2009	386	852796	161000
2010	383	1128891	102000
2011	369	1140137	123000
2012	320	2150400	165200
2013	320	2488560	149700
2014	303	2655000	219000
2015	298	2655000	3715000

五、 社会救助

1. 五保供养

2001—2015 年，根据国务院《农村五保供养条例》，对全旗农村牧区中无依无靠、无生活来源的孤老残幼人员实行“五保”（保吃、保穿、保住、保医、保葬）供养，供养方式为分散和集中供养（敬老院供养）两种形式。

2015 年，全旗五保对象 116 人，供养标准集中供养每人每月 1000 元，比 2014 年提高 11%，分散供养标准每人每月 750 元，比 2014 年提高 15%。年内，发放五保供养金 117.125 万元。

2001—2015 年苏尼特右旗农牧区五保户供养统计表

表 14-7-8

年 份	供养方式（人）		供养金（元/人·年）	
	集中供养	分散供养	集中供养	分散供养
2001	10	76	130	130
2005	41	57	800	800
2009	63	40	1100	1100

续表14-7-8

年份	供养方式（人）		供养金（元/人·年）	
	集中供养	分散供养	集中供养	分散供养
2012	63	40	7200	6000
2014	55	47	10800	7800
2015	50	66	12000	9000

2. 敬老院建设

2003 年，新民敬老院在朱日和镇振新社区建成占地面积 1915 平方米，建筑面积 515 平方米的砖木结构平房。供养五保对象 21 人，床位 26 张。

2004 年，朱日和敬老院在朱日和镇巴彦敖包社区建成建筑面积 535 平方米的砖木结构平房，供养 7 名五保户。

2006 年，苏尼特右旗综合福利院（中心敬老院）在原址扩建成建筑面积 786 平方米，26 张床位平房。

2010 年，赛汉塔拉镇新区建成建筑面积 4760 平方米四层单面楼，挂牌旗综合福利院。该福利院床位 68 张，供养院民 30 人。设办公室 2 间、医务室 1 间、浴室 1 间、大小餐厅各 1 间，活动室 1 间。老人房间宽敞明亮，室内环境整洁卫生，内设卫生间、储藏室和衣柜。

2011 年，苏尼特右旗唯一一所民办养老机构欣荣养老公寓建成。位于赛汉塔拉镇额仁淖尔街，总投资 550 万元，占地面积 9000 平方米，建筑面积 916 平方米，房间 36 间，床位 71 张。

2012 年 10 月，朱日和敬老院在原址新建成 2 层单面楼，建筑面积 900 平方米，床位 34 张，供养五保户 17 人。

2015 年，全旗有敬老院 3 所，集中供养 54 人。其中，中心敬老院供养 21 人，床位 68 张，房间 34 间；朱日和敬老院供养 14 人，床位 34 张，房间 15 间；新民敬老院供养 19 人，床位 26 张，房间 13 间。

3. 民政所建设

2007 年 4 月，经民政局报政府批准，各苏木镇成立民政所。人员由原民政助理组成，编制不变，每个民政所由 1 名所长和 1~2 名工作人员组成。各苏木镇为民政所提供专门办公室和办公设施，民政局为 7 个民政所分别配备电脑、打印机、摄像机、扫描仪和 1 辆民政救灾专用皮卡车。

4. 城镇“三无”人员救助工作

2010 年，历年累计登记城镇“三无”人员 31 人，其中，集中供养 8 人，分散供养 23 人，供养标准每人每年 6000 元。

2014 年，城镇“三无”人员集中供养 8 人，分散供养 26 人，供养经费分别为每人每年 12000 元和 9600 元。

2015 年，全旗城镇“三无”人员 37 人，供养标准集中供养每人每月 1100 元，比 2014 年提高 10%，分散供养标准每人每月 1000 元，比 2014 年提高 11%。年内，发放供养金 44.03 万元。

5. 最低生活保障

2001—2002 年，全旗城镇低保金由各苏木镇居委会发放。

2003 年，全旗城镇低保金由民政局发放。发放城镇低保 1637 户 2152 人，保障金 154.9 万元。

2006 年，开展农村牧区最低生活保障工作。发放农牧区低保 1059 户 1869 人，保障金 80.74 万元。

2006—2015 年，全旗发放城镇低保 20222 户 33552 人，保障金 10707.71 万元；发放农牧区低保 28583 户 40539 人，保障金 6031.78 万元。

2015 年，全旗城乡低保 5587 户 7265 人，累计发放城乡低保资金及各类补贴 3012 万元。其中，城镇低保 2118 户 2890 人，发放 1812 万元（包含取暖补贴 101.15 万元）；农牧区低保 3469 户 4375 人，发放 1200 万元。朱日和镇搬迁牧民 349 户 910 人，发放 617.6 万元。

2003—2015 年苏尼特右旗城乡低保发放情况表

表 14-7-9

年份	城镇低保			农牧区低保		
	户数（户）	人数（人）	保障金（万元）	户数（户）	人数（人）	保障金（万元）
2003	1637	2152	154.90	—	—	—
2004	2134	2952	247.90	—	—	—
2005	1940	3805	365.30	—	—	—
2006	1980	3777	441.40	1059	1869	80.74
2007	1928	3643	576.90	1663	2874	125.80
2008	1955	3606	718.90	2941	4817	350.10
2009	2064	3626	767.16	3164	4635	386.70
2010	1985	3423	1022.90	3159	4321	705.30
2011	2035	3339	1165.60	3218	4499	630.34
2012	2053	3258	1306.20	3221	4408	713.50
2013	2050	3060	1463.60	3257	4310	809.90
2014	2054	2930	1534.20	3426	4431	1029.40
2015	2118	2890	1710.85	3469	4375	1200.00

6. 医疗救助

2005 年，全旗成立农村牧区医疗救助工作领导小组，对全旗特困户看病和医疗费用情况进行认真调查，制定出台《苏尼特右旗农村牧区医疗救助工作实施方案》，并将农村牧区医疗救助资金纳入财政预算。

2008 年，制定出台《苏尼特右旗农村牧区特困户医疗救助实施细则》。同时，为全旗城乡低保对象缴纳农牧区合作医疗费和城镇居民医疗保险。

2015 年，继续与中华保险锡林郭勒中心支公司完成补充医疗保险工作，形成“为城乡低保对象缴纳医疗保险和新农合保费+社会基本医疗保险+商业补充医疗保险+民政医疗救助+爱心救助工作”的五重医疗救助机制。全旗救助困难群众 792 人，发放救助资金 213.515 万元；城乡“爱心救助”救助 18 人，发放资金 40.6 万元。

2005—2015 年苏尼特右旗城乡医疗救助统计表

表 14-7-10

年度	农牧区救助（人次）	农牧区救助资金（万元）	城镇救助（人次）	城镇救助资金（万元）
2005	17	4.20	—	—
2006	59	15.36	—	—
2007	53	38.54	—	—

续表14-7-10

年 度	农牧区救助（人次）	农牧区救助资金（万元）	城镇救助（人次）	城镇救助资金（万元）
2008	109	40. 74	52	15. 54
2009	206	81. 22	110	81. 17
2010	246	123. 70	176	101. 31
2011	308	112. 60	201	108. 46
2012	369	115. 10	288	93. 77
2013	628	115. 10	288	103. 93
2014	705	129	422	102
2015	589	150. 70	366	109. 20

7. 贫困大学生救助

2005 年，组织实施贫困大学生救助工作。年内，救助贫困大学生 49 人，救助资金 5. 3 万元。

2013 年，开展贫困大学生救助工作。年内，救助贫困大学生 36 人，救助资金 11. 2 万元。

2014 年，民政部门根据教育部门提供信息，及时审核确认资助对象低保身份，贫困大学生救助政策停止执行。

2015 年，开展贫困大学生救助工作。救助贫困大学生 93 人，救助资金 331 万元。民政部门负责审核低保户，贫困大学生救助工作由教育系统负责实施。年内，全旗发放各种补助资金 935 万元，惠及学生 5027 人。发放生源地助学贷款资金 215 万元，惠及学生 383 人。

8. 孤儿救助

2010 年，全旗有孤儿 6 人，其中，集中供养 1 人。根据全旗居民消费水平和物价上涨指数，1 月，制定孤儿养育金标准，集中供养孤儿标准每人每月 1300 元，散居孤儿养育标准每人每月 1000 元，并实现孤儿保障全覆盖。

2015 年，调整孤儿养育金标准，分散孤儿标准每人每月 1200 元，集中孤儿标准 1600 元。年内，全旗孤儿 9 人，全部分散供养，供养标准每人每月 1200 元，比 2014 年提高 9%。全年发放供养金 21. 16 万元。

9. 流浪乞讨人员救助

2015 年，全旗救助流浪乞讨人员年均 200 人次，年均发放救助资金 5 万余元。

六、 社会事务管理

1. 婚姻登记

2001—2015 年，全旗建立健全婚姻登记档案，未发生违法登记现象，婚姻登记合格率 100%。

2003 年 10 月 1 日，婚姻登记管理所更名旗婚姻登记处，依据《婚姻登记条例》和《婚姻登记管理办法》依法开展婚姻登记工作。

2015 年，根据《民政部关于进一步规范（无）婚姻登记记录证明相关工作的通知》，启用婚姻登记 CA 证书登录管理系统，确保婚姻登记信息安全。婚姻登记处全面推行信息化建设。完成 1994 年以来婚姻登记历史数据补录工作。全旗办理结婚登记 525 对，离婚登记 215 对，补发结婚证 960 对，无婚姻登记证明 1819 份。

2001—2015 年苏尼特右旗婚姻登记情况表

表 14-7-11

年份	结婚（对）	离婚（对）	补证（份）	无婚姻登记证明（份）
2001	421	47	—	—
2001	534	72	—	—
2003	444	66	—	—
2004	449	80	17	—
2005	483	77	22	—
2006	517	87	36	—
2007	458	121	43	—
2008	546	109	81	—
2009	541	105	127	—
2010	518	142	165	—
2011	562	141	374	—
2012	601	173	536	—
2013	614	211	912	1855
2014	608	186	2149	3584
2015	525	215	960	1819

2. 殡葬管理

2001—2015 年，民政局先后制定和出台《苏尼特右旗殡葬管理实施办法（试行）》《关于禁止居民丧事大操大办的通告》《赛汉塔拉镇居民丧事活动管理办法》。

2007 年，民政局会同公安等有关部门对城镇周边 10 公里内及铁路、公路两侧乱埋、乱葬坟墓进行调查核实，经通告后，集中进行清理与平迁。

2015 年，开展殡葬管理专项整治活动。清明节期间，出动人员 35 人次，宣传车 12 辆次开展宣传活动和殡葬专项治理工作，发放宣传材料 1200 余份（册）。并制作专题宣传片在电视台等新闻媒体进行播出宣传。

七、勘界和地名普查

1. 勘界（联检）工作

2012 年，苏尼特右旗与苏尼特左旗开展行政区域界线联合检查工作，涉及行政区域边界线全长 219 公里，埋设 39 棵界桩。

2013 年，依照《二连浩特市人民政府与苏尼特右旗人民政府联合勘定的行政区域界线协议书》，双方共同到实地进行联检。9 月 12 日，乌兰察布市（四子王旗、察哈尔右翼后旗、商都县）与锡林郭勒盟（苏尼特右旗）行政区域界线联检会议在乌兰察布市化德县召开。

2014 年 10 月 14—15 日，苏尼特右旗与镶黄旗双方对行政区域界线进行联合检查。

2. 地名普查

2011 年 3 月，苏尼特右旗被确定为第二次地名普查试点单位，从 7 月份开始，全旗 200 名普查人员，对行政区域内所有人文地理实体和自然地理实体名称及相关属性信息进行全面调查、补充、更新和完善，基本摸清全旗 30 年地名变化情况，初步建立地名数据库。

2014 年，根据锡林郭勒盟民政局关于出版《地名志》紧急通知，苏尼特右旗民政局成立编写领导小组并出台编写方案，根据全旗第二次地名普查档案资料成果，收集整理相关资料编程工作，按时出版《苏尼特右旗地名志》。4 月，完成全盟行政区划图苏尼特右旗部分内容核对上报工作，编辑出版《苏尼特右旗行政区划图》。

2015 年，根据《关于做好第二次全国地名普查试点地区地名补查工作的通知》（国地名普查组发〔2014〕4 号），试点地区地名情况发生变化。同时，第二次全国地名普查在普查内容、标准规范、成果应用等方面提出更高要求。旗民政在前期试点普查成果基础上开展地名补查和资料更新整理工作。

八、社团登记管理

2004 年，全旗开始进行登记注册社会团体工作，当年登记社团组织 5 个。

2010 年 11 月 28 日，苏尼特赏石协会在赛汉塔拉镇成立。

2015 年，全旗登记注册社会团体 31 个，其中，农牧业专业经济协会 16 个，体育协会 10 个，其他协会 5 个。

第三节　民族宗教事务管理

一、机构设置

2002 年 6 月，根据锡盟党委、行署《关于苏尼特右旗党政机构改革方案的通知》，民族宗教事务局更名为民族事务局，兼挂宗教事务局牌子。核定全额拨款行政编制 5 名、事业编制 1 名。

2009 年 11 月，撤销隶属旗委办公室和政府办公室翻译室，成立少数民族语言文字翻译中心，归属民族宗教事务局，核定事业编制 4 名。

2010 年，根据《中共锡盟委员会办公厅、锡盟行署办公厅关于印发〈苏尼特右旗人民政府机构改革方案〉（锡党办发〔2010〕5 号）》，民族事务局更名民族宗教事务局，挂蒙古语言工作委员会牌子，隶属政府工作部门。

2015 年，民族宗教事务局设综合办公室、蒙古语文办公室（蒙古语文检查大队）、民族经济发展股、宗教股 4 个股室。核定局机关行政编制 8 名，其中，科级领导职数 3 人，工勤人员编制 1 名。翻译中心干部职工 8 人，其中，组织任命主任 1 人（兼任民族宗教事务局副局长），从旗委办公室和政府办公室带编调入公务员 3 人，人事部门安置研究生 1 人，通过考试招录大学毕业生 3 人。全旗翻译职称中，副译审 2 人，翻译 28 人，助理翻译 48 人。

二、民族工作

2005—2015 年，民族宗教事务局做好《内蒙古自治区蒙古语言文字工作条例》宣传教育工作。联系旗直各单位干部职工和各中小学教师生宣传贯彻落实《内蒙古自治区蒙古语言文字工作条例》。

2007 年，苏尼特右旗被列入国家兴边富民项目重点旗。

2009 年，组织全旗干部职工开展学习蒙古语活动。

2012—2013 年，举办党政机关蒙古语文翻译工作者培训班，加强全旗党政机关翻译工作人员业务理论水平。

2015 年，继续开展全区第三十一次民族团结活动月暨全旗民族团结进步活动月。出台《关于民族工作会议实施意见》《民族工作实施意见分工方案》。

三、宗教工作

2015年，全旗有佛教（藏传佛教、汉传佛教）、伊斯兰教、天主教、基督教等宗教。年内，建立健全全旗两级宗教责任制和三级宗教管理网络，重新调整各苏木镇、嘎查（村、居委会）民族、宗教工作领导小组成员，制定《苏尼特右旗涉及宗教事务应急预案》，依法对宗教活动场所进行监督检查，切实加强宗教活动管理。出台《关于宗教工作协作管理制度的意见》，建立涉及跨地区宗教活动的应急处置体系。

第四节　扶贫开发管理

一、管理机构

2002年，苏尼特右旗扶贫开发领导小组办公室被列为行政单位，设综合股、项目管理股、社会扶贫股等职能股室3个。核定行政编制5名，科级领导职数2人，工勤人员编制1名。

2009年，扶贫开发领导小组办公室更名为扶贫开发办公室。

2010年，扶贫开发办公室列入政府直属机构，将原生态环境保护与建设办公室的人口转移职能和生态沙源治理移民工程部分职能划入扶贫开发办公室。设综合股、项目管理股、人口转移和社会扶贫股等职能股室3个。机关行政编制5名，其中，科级领导3人，工勤人员编制1名。

2011年，扶贫开发办公室新增事业编制2名。

2015年，扶贫开发办公室设项目股、综合股、社会扶贫股、人口转移培训股（农牧区人口转移服务中心）等职能股室4个。核定编制8名，行政编制5名，事业编制2名，工勤编制1名。

二、扶贫开发管理

2001年，全旗连续三年遭受特大自然灾害，出现因灾致贫户和返贫户，贫困人口3714户15598人。年内，投入各类扶贫资金957.42万元，其中，上级财政扶贫资金278万元。开发水浇地300亩，大井11眼，覆膜种植1200亩，小草库伦建设2000亩，购买扶贫流动畜850只，新建棚圈55处，种草600亩，种树100亩，农牧民培训900人，劳务输出500人，投入3万元救助贫困学生150名，社会扶贫投入654.2万元。解决温饱人口1821人。乌日根塔拉镇巴彦敖包嘎查和新民镇哈达村被确定实施内蒙古自治区“千村扶贫工程”试点。

2003年，扶贫开发办公室投入各类扶贫资金1229.02万元。其中，财政扶贫资金48万元、农行贷款15万元、信用社及小额贷款49万元、社会帮扶资金966.39万元，农牧民自筹150.63万元。年内，购羊7818只、肉牛44头、奶牛110头，新建水浇地0.38万亩，种植多年生牧草10050亩、青贮玉米2640亩、农区旱作基本田种植4500亩，覆膜种植5000亩，新打机井23眼、打管井32眼，围栏草场63100亩，畜棚建设196处11200平方米。解决人畜饮水2140人24500头（只）。劳务输出2561人，科技培训1125人。解决温饱人口1945人。

2004年，全旗投入各类扶贫资金2106.99万元，其中，定向财政扶贫资金312万元、社会帮扶1631.84万元、农牧民自筹163.15万元。年内，新建水浇地4030亩，购羊12210只、奶牛10头、肉牛

50头，种草28360亩（其中，青贮3860亩），打井28眼，农田种植5050亩，围栏草场45630亩，建棚圈116座14170平方米，解决人畜饮水2277人25830头（只），劳务输出2409人，培训1152人次。

2005年，全旗投入各类扶贫资金1699.97万元。其中，社会帮扶资金1443.97万元，上级财政扶贫资金203万元。年内，购羊4526只、种猪49头，种草2950亩，打井8眼，围栏草场100亩，建棚圈79处9845平方米，修路48公里，拉电35.5公里，建青贮窖47处1240平方米，购自走式多功能喷灌机39台，喷灌带12000米。劳动力转移培训475人。

2006年，锡林郭勒盟28个直属单位在苏尼特右旗开展社会帮扶工作。扶贫开发办公室投入各类资金300.97万元，其中，社会帮扶资金90.37万元，上级财政扶贫资金203万元。年内，购畜3240只，围栏草场4.3万亩，建棚圈13处1630.2平方米，打井2眼，劳动力转移培训400人（其中，就业385人），扶持贫困人口320户1284人。按自治区扶贫开发办公室《关于贫困户建档立卡工作的通知》要求，对全旗农牧户进行摸底调查，确定全旗贫困人口2042户9012人，其中，绝对贫困人口262户1155人，低收入人口1780户7857人。

2006—2010年，全旗投入各类扶贫资金2046.8万元，其中，财政扶贫资金1272万元，打筒井5眼，小草库伦建设9.8万亩，新建棚圈15处。新增扶贫羊1.42万只，牛1248头。劳动力转移培训1091人，其中，“雨露计划”培训完成231人。

2010年，全旗投入各类扶贫资金512.01万元。其中，上级财政扶贫资金290万元。年内，实施整村推进项目2个，购苏尼特基础母羊2814只、种公羊40只，扶持贫困人口113户425人。实施产业化扶贫项目3个，购西蒙塔尔牛174头、苏尼特羊2658只。实施“雨露计划”培训100人。

2011—2014年，全旗投入各类扶贫资金5490万元，脱贫3013人。其中，整村推进项目9个，产业化扶贫项目2个，科技扶贫项目1个，互助资金5个，移民扩镇项目2个，社会扶贫项目2个。年内，行业扶贫总投入604.46万元，危房改造3510平方米，围栏2.4万亩草场，打井18口，建39套贮草棚，32座洗羊池，风光互补发电32套，建嘎查活动室1处。社会帮扶旗直97个帮扶单位扶持63个贫困嘎查村落实帮扶资金40万元。配合自治区经信委，自治区重点企业、旗直部门、旗规模以上企业整合帮扶资金500万元，用于15个嘎查村的扶贫项目。

2015年，通过采取专项扶贫、社会扶贫、行业扶贫等措施，脱贫1835人。其中，建档立卡贫困户530户1362人，贫困人口人均纯收入增幅25%。19个“三到村、三到户”嘎查在2014年和2015年总投资956.66万元，其中，上级财政扶贫专项资金801.58万元、牧民自筹155.08万元。新建暖棚14处1050平方米、棚圈6处1140平方米，购买苏尼特基础母羊6029只、羔羊7966只，惠及588贫困户1473人。危房改造272户、机井102眼、间井39眼，储水窖258处、改水设备276台，街巷硬化111.5公里，电网150户、风光互补供电系统778户、户户通432套，文化活动室10处、卫生室6处。年内，开展“金融扶贫富民工程”。发放1.71亿元，涉及3360个牧户，其中循环贷款10564万元，涉及2113个牧户；新办理贷款6491万元，涉及1247户（其中，300个建档立卡贫困户768人发放贷款1431万元）。全年，劳动力转移培训270人。苏尼特右旗入选全国社会扶贫创新协作试点旗，与西促会社会扶贫工作委员会签订总投资9223万元的医疗卫生和教育信息化项目，其中，医疗卫生援助项目总投资4342万元，教育信息化项目投资4881万元，西促会援助资金3792万元。中国航空航天公司投入500万元扶贫资金，实施桑宝拉格苏木额尔敦塔拉嘎查苏尼特羊集中育肥示范基地建设项目。其中，200万元扶贫资金用于苏尼特羊集中育肥示范基地基础建设项目，新建机电井2眼，育肥棚圈7500平方米，青贮窖2处400立平方米，储草棚2处400平方米，药浴池2处、高产饲料基地500亩，300万元扶贫资金用于产业发展项目。

第五节 法治工作

2001—2015 年，按照《全面推进依法行政实施纲要》以及国务院、自治区和盟行署依法行政工作部署和要求，旗政府法制工作认真推进行政执法体系、行政复议、执法监督和规范性文件制定等工作。

2006—2014 年，政府加强《中华人民共和国行政强制法》的培训和宣传力度。全旗各级、各部门、各单位年均培训 300~500 人。

2010—2014 年，全旗无行政复议案件和行政诉讼案件。

2013 年，邀请锡林郭勒盟行政公署法制办公室人员，对全旗行政执法人员进行《中华人民共和国行政强制法》培训，征订发放《行政强制法解读》等书籍。7—9 月，组织派人员参加全盟行政复议和规范性文件管理工作实务培训班和全区依法行政培训。贯彻新颁布的《内蒙古自治区规范性文件备案监督办法》，重点学习规范性文件报备系统和行政复议、行政应诉案件统计软件的操作。

2014 年，印发《苏尼特右旗人民政府关于公布第二批旗级行政执法部门梳理行政执法依据结果的通知》（苏右政发〔2014〕10 号），确认 25 个行政机关和法律法规授权组织的具体行政行为 1102 项，其中，行政处罚 857 项、行政许可 107 项、行政征收 15 项、行政强制 41 项、行政裁决 2 项、行政确认 22 项，其他行政行为 58 项。年内，对新增的 6 个部门 32 位执法人员办理执法证。

2015 年，政府行政诉讼案件 2 件。完成行政执法机构主体资格清理和确认工作。重新清理出包括垂直管理部门在内的行政执法主体 42 个，其中，法定行政机关 27 个、法律法规授权组织 15 个。开展规范性文件清理工作，纳入清理范围的规范性文件 29 件，其中，宣布失效规范性文件 13 件、继续有效的规范性文件 11 件，拟修改后重新公布的规范性文件 5 件。全旗梳理行政权力 3538 项，其中，行政许可 262 项（旗级行政许可项目 199 项、初审备案项目 24 项、暂缓审批项目 39 项）、行政处罚 2594 项，行政强制措施 115 项、行政强制执行 51 项、行政确认 38 项、行政给付 5 项、行政奖励 46 项、行政征收 64 项、行政监督检查 235 项、其他行政权力 128 项。落实《中华人民共和国宪法》宣誓制度，组织 35 名国家机关工作人员进行任命宣誓。

第六节 行政审批

2004—2005 年，苏尼特右旗人民政府对行政审批事项集中进行清理 2 次，取消旗级行政审批事项 167 项，保留许可、非许可和服务项目 265 项。

2006 年，苏尼特右旗成立行政审批服务中心。设综合业务室、信息网络股 2 个股室，监察局派驻行政效能投诉中心。行政审批服务中心为全额拨款科级事业单位，编制 4 名，实有人员 2 人。

2006—2015 年，苏尼特右旗行政审批服务中心启动实施“三证合一、一照一码”制度，引入模拟审批、初步设计联批、施工图联审、证照联办、竣工联合验收等服务新模式，提高行政审批速度。截至 2015 年，累计组织交易 79 笔，总交易金额 934.4 万元，节约资金 111.1 万元。

2007 年 3 月 5 日，行政审批服务中心正式运行，办事大厅使用面积 340 余平方米，进驻国土、城建等部门 16 个，常驻窗口人员 21 人。

2010 年 9 月，行政审批中心列为参公单位。对旗级部门和其他组织机构实施的行政审批、行政服务项目（包括行政许可项目、非行政许可审批项目、上级的行政许可项目和行政服务项目）进行清理，决定保留旗级行政审批项目 179 项、上报行政审批项目 70 项、取消行政审批项目 102 项、新增行政审批项目 115 项、接受上级委托行政审批项目 48 项。

2014 年 7 月 4 日，行政审批服务中心更名为政务服务中心，成立公共资源交易中心，政府采购中心职能划入公共资源交易中心。政务服务大厅累计办理各类行政审批（许可）和服务项目 41729 件，集中收费金额 20135. 1 万余元。

2015 年，公共资源交易中心设办公室、督查协调室、信息网络室、综合监督管理室、交易室、采购办，为隶属于旗人民政府管理的正科级事业单位。年内，政务服务中心对 8 个规范性文件进行合法性审查并在全旗范围内印发、公布。

第七节　督查与信息

2002 年 6 月 18 日，中共苏尼特右旗委成立党政督查信息室。

2005 年，旗政府办公室上报各级督查专报 40 篇，下发催办通知 5 件，对旗委、政府领导交办事项及批示件督办率 100%，办结率 95%以上。

2006 年，旗政府办公室组织实施全旗电子政务建设工程。通过移动网络建立政府短信发送平台。年内，报送信息 475 条，其中，自治区采用 26 条，盟里采用 92 条；上报督查专报 60 篇，通报 5 期，上报专项督查 25 期。

2007 年，旗政府办公室全年上报督查专报 80 篇，旗委、政府领导交办事项批示件督办率 100%，办结率 95%以上。

2011 年，旗政府办公室全年编发督查专报、督查通报 117 期。

2012 年，旗政府办公室编发信息快报 850 余期，信息通报 13 期；编发督查专报、督查通报 122 期。

2013 年，全旗采集苏木镇、各部门上报信息 3331 条，编发信息快报 147 期，信息通报 16 期；编发督查专报、督查通报 110 期。9 月，邀请盟委、行署办公厅人员，在全旗办公室主任会议上进行信息督查专题培训。

2014 年，旗政府办公室报盟委信息处各类信息 1012 条，盟委采用 65 条，自治区党委信息处采用 6 条。编发信息专递 48 期，信息通报 15 期；编发督查材料 89 份，落实各级批示 9 份。

2015 年，旗政府办公室报盟委信息处各类信息 1035 条，盟委采用 81 条，自治区党委信息处采用 9 条。编发信息简报 32 期，信息专递 48 期，信息通报 16 期；编发督查材料 81 份，落实各级批示 10 份。

第八节　信访工作

一、 管理机构

2001 年，全旗实施“加强基层、强化基础”三年信访工程。建立和完善信访工作网络体系，将原有的旗、苏木镇信访工作网络延伸到嘎查（村），配备专兼职信访工作人员。建立全旗矛盾纠纷排查调处领导小组，统一指挥全旗矛盾排查工作。

2002年，政府设信访工作领导小组办公室，为信访工作领导小组常设办事机构，正科级独立设置单位。制定《党政领导机关群众接待日制度》《信访工作领导责任制》《信访热线电话受理制度》《重大紧急信访问题报送制度》等规章制度，实行党政领导机关群众接待日制度。

2006年，苏尼特右旗成立由旗委组织部、信访办、旗委督查室、政府督查室、纪律信访室人员组成的信访工作督查组，电话督查落实信访案件8起，实地督查落实信访案件6起。修订和完善《苏尼特右旗信访工作联席会议制度》《信访工作领导责任制》《信访信息工作制度》《党政机关领导信访接待日制度》《苏尼特右旗非正常信访隐患排查和领导包案工作制度》《律师参与涉法信访工作制度》《信访听证办法》、信访热线、旗长热线等各项规章制度10项。

2007年3月16日，召开全旗信访工作会议暨矛盾纠纷排查化解工作动员大会，成立以旗委书记为组长的矛盾纠纷排查化解工作小组。4月29日，信访工作领导小组办公室更名为信访局，隶属政府办公室内设机构，人员和财务由旗政府办公室共同管理。信访局设办公室和接待室；人员编制中，干部职工7名，其中领导4名，工作人员2名，工勤人员1名。

2008年，组织开展“大接访”活动，成立活动领导小组，下设“大接访”活动办公室。

2009年，苏尼特右旗成立信访督查指导组3个，分别负责督查21个旗直部门、13个条管单位和6个苏木镇的信访工作。年内，印发《关于集中开展信访积案化解工作及突出信访问题进行领导包案的通知》《关于交办2009年信访积案的通知》《关于全旗开展“迎国庆、保稳定”信访百日攻坚活动方案》等文件。

2010年，印发《深入推进全旗重点社会矛盾化解工作方案》（苏右矛化〔2010〕1号），组成工资待遇、草场矛盾纠纷等专项问题化解推进工作组4个。

2011年，按照“六有”“五有”标准，落实全旗13个社区、56个嘎查村信访接待场所，设立兼职人员和信访联络员、信息员，建立信访储备金制度。年内，信访局有干部5人，苏木镇专（兼）职信访工作人员20人，社区、嘎查村专（兼）职信访工作人员150人。年内，制订印发《关于突出信访问题领导包案的通知》《关于苏尼特右旗信访工作目标管理考评办法的通知》《关于印发苏尼特右旗信访工作“基层基础建设年活动”实施方案的通知》等文件。全年信访储备金额12万元。

2012年，根据锡林郭勒盟《关于印发社会矛盾化解攻坚战总方案及专项行动方案的通知》（锡信联办发〔2012〕35号），成立专项活动领导小组，制定实施方案，建立领导大接访长效机制。并结合全旗《干部“下基层、办实事、转作风”为民服务活动》，开展大走访和带案下访活动。苏尼特右旗成立信访积案化解协调领导小组，制定《关于信访积案化解专项行动工作方案》。

2014年，按照“五包”责任（即包掌握情况、包思想教育、包问题化解、包人员稳控、包息诉罢访）要求，落实领导包案，抓好积案化解、减少信访存量。完善和制定《信访工作责任追究制度》《信访工作的约谈制度》《“1328”信访工作日制度》《信访案件首办责任制》等制度。

2015 年，按照《全旗平安建设专项整治行动实施方案的通知》（苏右党办发〔2015〕6 号），成立专门组织机构，开展社会矛盾纠纷排查化解专项行动。推行“阳光信访”网上信访工作，全旗 7 个苏木镇和 25 个政府部门，开通网上信访信息系统。

二、 来信来访

2001 年，全旗受理群众来信来访 12 件，较上年同比减少 42.8%，来信结案率 66%。其中，重复信 5 件，占总数的 41.7%；联名信 1 件，占总数的 8.3%。来信要求解决生活困难或问题 6 件，占总数的 50%；揭发控告或申诉类 2 件，占总数的 16.7%，其他诉求 4 件，占总数的 33.3%。接待群众来访 464 次，较上年同期增长 277.2%，其中，个人访 6 次，占总数的 1.3%，集体访 24 批 444 人次，占总数的 95.7%；群体访 14 人次，占总数的 3%。来访涉及农村牧区土地、草场纠纷问题和城镇居民劳动社会保障、企业转制等问题的占总数的 65%。年内，交办信访案 3 件，结办率 100%；越级上访 1 批 3 人次。

2002 年，全旗受理群众来信来访 24 件，较上年同期增加 1 倍。其中，重复信 10 件，占总数的 41.7%；联名信 4 件，占总数的 16.7%。来信要求解决生活困难或实际问题 17 件，占总数的 70.8%；反映建议类 3 件，占总数的 12.5%；申诉类 2 件，占总数的 8.3%；揭发控告类 2 件，占总数的 8.3%。接待群众来访 105 批 557 人次，其中，个人访 55 人次，占总数的 9.9%；集体访 29 批 440 人次，占总数的 79%；群体访 21 批 62 人次，占总数的 11.1%。来访涉及解决生活困难、工资待遇等问题占总数的 50%以上。旗党政领导接待群众来访 266 人次，占总数的 47.8%；阅批群众来信 13 件。发现各类矛盾 12 起，调解矛盾 6 起；上级交办信访案件 3 起，结案率 100%；越级集体上访案 3 起 24 人次。

2003 年，全旗受理群众来信来访 29 件，较上年增加 20.8%。其中，联名信 7 件，占总数的 24.1%。来信以要求解决实际困难和揭发基层领导干部违纪违法为主，来信 26 件，占总数的 89.7%。接待群众来访 80 批 1798 人次，其中，个人访 65 人次，集体访 48 批 1648 人次，群体访 32 批 85 人次。重复上访 42 批 1430 人次。来访涉及社会保障、工资待遇、企业遗留等问题占总数的 70%以上。旗党政领导接待群众来访 20 次 315 人，涉及人数 2413 人；解决信访疑难问题或信访老户问题 14 起，办结率 70%；开展信访隐患和矛盾排查 7 次，发现信访隐患和矛盾 12 起。

2004 年，全旗受理群众来信来访 130 批 347 人次，其中，署名信 19 件（重复信 2 件，占总数 7.7%），联名信 3 件，匿名信 4 件。接待群众来访 56 批 347 人次，集体访 23 批 241 人次，重复访 31 批 103 人次。

2005 年，全旗受理来信来访总量 89 批 309 人次，其中，重访 14 批 82 人次，集体访 29 批次 192 人次。党政领导接待群众来访 23 批 96 人次。领导包案 7 件，结案 5 件；盟市、旗县信访部门交办信访事项 12 件，办结 7 件（其中，交办信访突出问题 2 件）。排查调处信访苗头矛盾纠纷 2 个，化解 2 个。报送信访信息 11 件，领导作出批示 2 件。

2006 年，全旗受理群众信访 71 批 239 人次，重复访 15 批 64 人次，集体访 40 批 153 人次。主要反映草场纠纷、草场补偿、房屋拆迁、集体企业职工入社保、经济纠纷等问题。受理初信初访 56 批 157 人次，受理信访热线 6 起，初信初访办结率 78.7%，重访量控制率 7.9%。党政领导接待群众来访 20 批 101 人次，涉及人数 137 人，处理信访问题 16 起，办结率 80%；领导包案 4 起，结案 4 起，办结率 100%；处理自治区、盟信访局交办信访案件 4 起，办结率 100%。

2007 年，全旗受理群众来信来访 70 批 260 人次，其中，来信 3 件 3 人次，来访 67 批次 257 人次。受理重复访 2 批次，集体访 15 批 175 人次。全年立案 26 起，结案 23 起，结案率 88.5%。向有关部门交办案件 7 起，结案 6 起，结案率 85.7%；主动与有关部门协调解决信访问题 45 起，办结率 100%。主要反映土地征用引发的草场补偿、拖欠民工工资、房屋拆迁补偿等问题。信访局排查矛盾纠纷 11 起，化解 9 起，化解率 82%。协助主管部门有效化解草场纠纷案件 9 起、房屋拆迁纠纷案件 4 起，民工经济案件 7 起，讨回民工工资 178.07 万元。

2008 年，全旗受理群众来信来访 135 批件 484 人次，其中，来信 4 件 4 人次；来访 131 批 480 人次。接待群众来访中，个体访 100 批 144 人次，集体访 35 批 340 人次。重访 13 批 64 人次。旗领导接待 27 批 77 人次，办结 20 批，办结率 74.07%。

2009 年，全旗受理群众来信来访 131 批件 293 人次。其中，来信 38 件 55 人次，来访 93 批 238 人次。年内，已办结 88 件，交办 21 件，结案 18 件，转送 51 件，答复 44 件。旗委、政府领导接待 30 批次 96 人次。

2010 年，全旗受理群众来信来访 76 批件 178 人次。其中，来访 67 批 169 人次；来信 9 件 9 人次。年内，办结信访案件 76 件，办结率 100%。

2011 年，全旗受理群众来信来访 63 批件 147 人次，其中来访 56 批 140 人次，来信 7 件 7 人次。领导接待来访群众 47 批 132 人次。其中，旗委书记、旗长接待来访群众 24 批次 46 人次，副处级领导接待 23 批次 86 人次。年内，使用信访特殊疑难专项资金 27.9 万元，化解信访积案 4 件；筛选重点信访案件 18 件，落实领导包案，已办结。

2012 年，全旗受理群众来信来访 68 批 104 人次，其中，个体访 62 批 74 人次，集体访 6 批 30 人次。年内，办结各类信访案件 63 件。办结上级交办积案 5 件，办结率和化解率 100%。旗委、政府领导接待来访群众 65 批 101 人次，其中，旗委书记、旗长接待 28 批 43 人次，其他领导接待 37 批 58 人次。

2013 年，全旗受理群众来信来访 56 批 76 人次，其中，个体访 53 批 61 人次，集体访 3 批 15 人次。年内，办结各类信访案件 53 件。化解拖欠农民工工资、房屋拆迁等矛盾纠纷 169 件。

2014 年，全旗受理群众来信来访 63 批 138 人次，其中，个体访 58 批 113 人次，集体访 5 批 25 人次。年内，办结各类信访案件 59 件。上级统一交办案件 51 件，办结 45 件；移交自治区和盟政法系统 6 件。党政领导接待来访群众 83 件 657 人次（不包括重访接待），其中，旗委书记、旗长接待 21 件 177 人次，办结 62 件。排查出信访矛盾纠纷 51 起，化解 49 起。

2015年，全旗受理群众来信来访322批1880人次，其中，个体访219件372人次，集体访103件1508人次。全年，排查出信访矛盾纠纷14起，化解13起；争取特殊疑难信访问题专项资金13.5万元，解决疑难信访问题3件。党政领导接待群众来访162批818人次（包括重复接访），其中，主要领导接访19批32人次，班子其他成员接访143批786人次，接待案件总数85件，协调解决51件。

第八章　行政监察

第一节　行政执法监察

2001 年，全旗 8 个苏木开展反腐败斗争工作宣传，860 名基层党员干部和 96 名党员领导干部参加学习活动。同时，播放 7 场反腐败内容的录像，观看人数 680 人次。通过广播电台开展全旗反腐败斗争工作宣传 16 次，对 1997 年 10 月至 2000 年 12 月给予党员党纪处分和给予行政监察对象行政处分的执行情况进行督促检查，将处理结果归入个人档案。针对《关于对“行政事业性和罚没收入重点检查工作”中查出违纪事实的处理决定》中，综合高级中学违纪问题开展调查处理，追缴违规收费 2.95 万元。对 41 家医药单位的 10245 批次药品进行检查，没收过时、不合格药品 36 批次，价值 0.33 万元。对 10 户无照经营药品及行医的个体门诊进行立案查处，没收药品 319 种，罚没款 0.25 万元。查处 1 名擅自发布户外广告的个体游医。

2007—2011 年，根据严厉禁止大操大办升学、生日、乔迁庆典活动借机敛财之规定，对 26 起违规举办庆典活动的个人给予批评教育并责令停办。对非牧民占用牧区草场问题进行专项治理行动，累计清理非牧户 36 户，清退草场 13.97 万亩。受理拖欠农牧民工工资案件 150 起，涉及农牧民工 2799 人次，追回拖欠农牧民工工资款 599 万元。针对机关干部职工将小灵通与单位固定电话串联，话费由单位“捆绑报销”的现象进行专项治理，清理与单位电话捆绑小灵通 173 部。开展清理行政审批项目工作，保留 171 项行政审批项目，其中，行政许可项目 151 项，其他审批项目 20 项。行政审批服务大厅实现“一厅式”集中行政服务。各苏木镇设立便民服务大厅，累计办理各类行政服务事项 3511 项，通过“一卡通”发放农牧民补助资金 381 万余元。

2011—2013 年，每年的督查内容涉及住建、发改、经济、农牧业、林水等 42 家单位的工程，根据存在不同情况纠正问题。认真开展农村牧区“三资”清理登记工作，由纪委监察局牵头，成立农牧业局、财政局、林水局、审计局等多部门组成的“三资”清理登记工作领导小组，全面开展清理登记工作，加强对惠农惠牧政策、资金落实情况的监督检查。成立专门检查组，每年重点对农牧民补贴政策、农牧区土地政策、农牧区基础设施建设投入政策、农牧区社会事业支持政策落实情况以及资金管理使用情况进行监督检查。累计走访 33 家非公有制企业，向企业了解旗直有关部门（包括垂直管理部门）在办事效率、公正执法、政策落实、服务态度、服务质量、廉洁自律以及涉及企业收费、摊派和其他损害经济发展环境方面存在的问题，梳理意见和建议 10 条。

2015 年，全旗民主法制和政府自身建设得到加强。积极推进依法治旗和“平安西苏”创建，完成“六五”普法工作。依法打击各类违法犯罪活动，推进依法行政、政务公开和科学民主决策，自觉接受人大依法监督和政协民主监督，5 年来办结人大代表建议、意见和政协委员提案 396 件，办结率 95%。开展全国卫生城镇、自治区文明旗县城和群众性精神文明创建活动，人居环境质量和社会文明程度不断提高。开展党的群众路线教育实践活动和“三严三实”专题教育，正风肃纪、建章立制、狠抓落实，推动政风明显好转。严格落实“约法三章”，按要求完成办公用房清理工作，处置公车55辆，“三公”经费支出明显下降。

第二节　纠正不正之风

2002—2006年，旗委、政府制定落实党风廉政建设责任制工作任务分解方案，分别把党政各领导作为责任人，把具体工作落实到部门，明确各职能部门的责任，解决职责不清的问题。将领导班子和领导干部执行党风廉政建设责任制情况的考核工作，纳入年度实绩考核，并把考核结果作为对领导班子评定档次，对领导干部实绩评定的依据。监察局把协助旗委、政府加强党风廉政建设，纠正行业不正之风，作为自己的重要任务，在49个部门和行业开展以“树优良行风，创良好发展环境”为主题的民主评议政风行风活动，聘请63名政风行风评议员、29名特邀监察员、12名路风监督员，有计划、有步骤开展执法监察，对群众反映强烈，影响经济发展和社会稳定的突出问题进行集中整治，先后对全旗中小学校收费政策执行情况、医药购销及医疗服务行为、减轻农牧民负担政策落实情况等进行专项监督检查，查处学校乱收费问题，责成有关学校及责任人进行退还。开展清理整顿医疗市场工作，严厉打击非法行医，落实药品集中招标采购工作，全旗公立医疗机构全部参加药品集中招标采购。组织对全旗涉企收费项目进行清理整顿，减轻企业负担工作。建立拖欠农牧民工工资投诉案件管理制度，受理拖欠农牧民工工资案件50起，涉及农牧民工1228人，追回拖欠农牧民工工资款188.69万元。清理行政审批事项，保留行政审批项目157项。对全旗商业、经营性土地公开招标拍卖进行全程监督，挂牌拍卖土地面积20804.44平方米，拍卖总价320.41万元，确保公开、公正、公平竞争。“非典”期间，完成各级指挥部交办的10项督查任务，实地督查巡查52次，责成有关部门限期整改督查中发现的58项漏洞及隐患问题；解决处理45件次来信、来访和电话举报。全旗累计出动执法检查人员842人次，检查经营单位657家，查缴各类违规药品、过期变质食品价值2万元；查办各类案件72起，涉及金额近4万元，有效维护市场秩序，确保“非典”防治期间消费者的利益。

2011—2013年，加强对元旦、春节等重点节假日以及关键节点出勤到岗情况进行督查。

2013年，严格落实中央八项规定、自治区28项配套规定和盟委行署关于改进工作作风密切联系群众有关规定，解决“四风”方面的突出问题。4月，开展为期3个月的严肃工作纪律整顿工作作风专项活动。期间，对4名科级领导进行约谈，3名工作人员通报批评，并责令作出深刻检查，清退1名实习生。对存在问题的单位和部门在全旗廉政工作会议上进行通报，并对整改情况进行督查。采取日常监控和集中评议相结合的行风评议机制，对行政综合管理部门、行政执法部门、公用企事业及公共服务部门和基层站所进行客观评议，通报评议结果，对全旗垂直管理部门向其上级作了通报，作为这些部门评先评优的重要依据，从根本上纠正行业不正之风。

2015年，办结审批服务事项1.1万件，办结率100%，财政性资金节支率12%，完成旗级3538项行政权力清单编制工作。严格控制政府性债务，化解置换债务7239万元。开展“三严三实”专题教育，认真整改“不严不实”问题，始终将学习贯彻《中国共产党廉洁自律准则》和《中国共产党纪律处分条例》融入纠正行业、部门不正之风的工作中。

第十五编

人民政协地方组织

第一章　政协苏尼特右旗委员会

第一节　机构设置

一、 内设机构

2002 年 6 月，政协苏尼特右旗第八届委员会期间，政协机关内设办公室、提案委员会、文史资料委员会，核定人员编制 13 名。

2015 年，政协苏尼特右旗委员会内设办公室、提案委员会、文史资料委员会、经济委员会。

二、 行政编制

2015 年，政协行政编制 12 名。正处级主席 1 人，副处级副主席 4 人；正副科级领导职数 4 人，其中，秘书长 1 人，副秘书长 1 人，专委会主任 3 人；工勤编制 3 名。

政协实有在岗干部职工 19 人，其中，主席 1 人，副主席 4 人，秘书长兼办公室主任 1 人，副秘书长兼办公室副主任 1 人，提案委员会主任 1 人，文史资料委员会主任 1 人，经济委员会主任 1 人，正副主任科员 2 人，其他 4 人，工勤人员 3 人。

2001—2015 年政协苏尼特右旗委员会主席、 副主席领导名录

表 15-1-1

届　次	职　务	姓　名	性　别	民　族	任免职时间
第八届	主　席	王斯钦	男	土　族	1999. 1—2004. 1
	副主席	孟克吉日嘎拉	男	蒙古族	1999. 1—2004. 1
		根格宝	女	蒙古族	1999. 1—2004. 1
		张　俊	男	汉　族	1999. 1—2004. 1
		吴天禄	男	回　族	1999. 1—2004. 1
第九届	主　席	宝德巴雅尔	男	蒙古族	2004. 1—2007. 12
	副主席	张　俊	男	汉　族	2004. 1—2007. 12
		金　花	女	汉　族	2004. 1—2007. 12
		达希道尔吉	男	蒙古族	2004. 1—2007. 12

续表15-1-1

届 次	职 务	姓 名	性 别	民 族	任免职时间
第十届	主 席	王哈斯	男	蒙古族	2008. 1—2012. 12
	副主席	张 俊	男	汉 族	2008. 1—2012. 12
		金 花	女	汉 族	2008. 1—2012. 12
		春 光	女	蒙古族	2008. 1—2012. 12
		鲍向东	男	蒙古族	2008. 1—2012. 12
十一届	主 席	吴长海	男	汉 族	2013. 1—2015. 12
	副主席	春 光	女	蒙古族	2013. 1—2015. 12
		鲍向东	男	蒙古族	2013. 1—2015. 12
		宝 德	男	蒙古族	2013. 1—2015. 12
		苏宝音	男	蒙古族	2013. 1—

第二节 委员产生

2001—2015年，政协苏尼特右旗委员会委员由全旗中国共产党、无党派人士、人民团体、各少数民族、社会各界代表，以及特别邀请人士组成。中共党员委员由组织部推荐，非中共党员委员由旗委统战部推荐，委员推荐工作兼顾党内党外、民族、界别、性别、年龄等，注重把无党派知名人士、各人民团体、各阶层、各条战线以及少数民族代表吸收到政协组织中来，确保政协委员的先进性、广泛性、代表性。填写政协委员推荐表报政协主席会议研究，并对推荐人进行考核，经政协换届领导小组审核，产生新一届委员正式候选人名单，由政协常务委员会协商通过。经群众推荐、组织考核、公告公示程序，由政协委员会会议通过的委员，政协办公室分别通知推荐单位和个人，颁发委员证书，并通过新闻媒体向社会公布。增补政协委员的程序，经提名、协商、常务委员会会议通过和公布。

按照《中共中央关于加强人民政协工作的意见》（〔2006〕5号），政协苏尼特右旗委员会加强和组织政协委员开展学习与培训工作，提高政协委员自身素质。要求政协委员遵守政协章程，履行委员职责，密切联系群众，反映他们的愿望和要求，积极参加政协组织的会议和活动。

第三节 委员构成

一、 政协委员会委员构成

1. 政协苏尼特右旗第八届委员会委员

政协苏尼特右旗第八届委员会由85名委员组成。其中，中共党员32人，占委员总数的38%；非中共党员53人，占委员总数的62%；少数民族52人，占委员总数的61%；汉族33人，占委员总数的39%；大专以上（含大专）文化程度32人，占委员总数的38%；中专文化程度14人，占委员总数的16%；高中文化程度10人，占委员总数的12%；初中小学文化程度29人，占委员总数的34%；

妇女委员 24 人，占委员总数的 28%。代表经济、文化、体育、科技、医药、卫生、宗教、文艺、工商联、共青团、工会、妇联、华侨眷属及台属、农牧民、特邀等 15 个界别。

2. 政协苏尼特右旗第九届委员会委员

政协苏尼特右旗第九届委员会由 89 名委员组成。其中，中共党员 35 人，占委员总数的 39. 3%；少数民族 54 人，占委员总数的 60. 7%；汉族 35 人，占委员总数的 39. 3%；大专以上（含大专）文化 62 人，占委员总数的 69. 7%；中专以下（含中专）文化程度 27 人，占委员总数的 30. 3%；妇女委员 29 人，占委员总数的 32. 6%。代表经济、文化、体育、科技、医药、卫生、宗教、文艺、工商联、共青团、工会、妇联、华侨眷属及台属、农牧民、特邀等 15 个界别。

3. 政协苏尼特右旗第十届委员会委员

政协苏尼特右旗第十届委员会由 93 名委员组成。其中，中共党员 34 人，占委员总数的 36. 6%；少数民族 58 人，占委员总数的 62. 4%；汉族 35 人，占委员总数的 37. 6%；大专以上（含大专）文化 62 人，占委员总数的 66. 7%；中专以下（含中专）文化程度 31 人，占委员总数的 33. 3%；妇女委员 36 人，占委员总数的 38. 7%。代表经济、文化、科技、医药、卫生、宗教、工商联、共青团、工会、妇联、华侨侨眷、农牧民、特邀等 13 个界别。

4. 政协苏尼特右旗第十一届委员会委员

政协苏尼特右旗第十届委员会由 109 名委员组成（第十一届二次会议增补 10 人）。其中，中共党员 46 人，占委员总数的 42. 2%；少数民族 61 人，占委员总数的 56%；汉族 48 人，占委员总数的 44%；大专以上（含大专）文化程度 79 人，占委员总数的 72. 5%；中专以下（含中专）文化程度 30 人，占委员总数的 27. 5%；妇女委员 22 人，占委员总数的 20. 2%。代表经济、文化、工会、教育、科技、医药、卫生、宗教、工商联、妇联、华侨侨眷、农牧民、特邀等 13 个界别。

二、 政协委员会常务委员构成

1. 政协苏尼特右旗第八届常务委员

政协苏尼特右旗第八届常务委员会由 21 名委员组成。设主席 1 人，副主席 4 人，常务委员 16 人。其中，中共党员 9 人，非中共人士 12 人，蒙古族 13 人，汉族 5 人，机关干部、工作人员 18 人，专业技术人员 1 人，农牧民 3 人，妇女委员 3 人。

2. 政协苏尼特右旗第九届常务委员

政协苏尼特右旗第九届常务委员会由 19 名委员组成。设主席 1 人，副主席 3 人，常务委员 15 人。其中，中共党员 6 人，非中共人士 13 人，蒙古族 11 人，汉族 6 人，机关干部、工作人员 16 人，专业技术人员 2 人，农牧民 2 人，妇女委员 5 人。

3. 政协苏尼特右旗第十届常务委员

政协苏尼特右旗第十届常务委员会由 19 名委员组成。设主席 1 人，副主席 4 人，常务委员 14 人。其中，中共党员 6 人，非中共人士 13 人，蒙古族 13 人，汉族 6 人，机关干部、工作人员 16 人，专业技术人员 1 人，农牧民 2 人，妇女委员 5 人。

4. 政协苏尼特右旗第十一届常务委员

政协苏尼特右旗第八届常务委员会由 19 名委员组成。设主席 1 人，副主席 4 人，常务委员 14 人。其中，中共党员 9 人，非中共人士 10 人，蒙古族 12 人，汉族 6 人，机关干部、工作人员 16 人，专业技术人员 3 人，妇女委员 3 人。

第二章　政协会议

第一节　全体会议

一、 政协苏尼特右旗第八届委员会全体会议

1. 政协苏尼特右旗第八届第三次会议

2001 年 3 月 15—17 日，政协苏尼特右旗第八届委员会第三次会议在赛汉塔拉镇召开。会议听取和审议政协常务委员会工作报告、提案情况工作报告；委员们列席人民代表大会，听取和讨论政府工作报告等各项报告。会议期间，政协锡林郭勒盟委员会副主席高拉希扎布就政协工作及新时期统战工作理论进行讲解。会议增选吴天禄为政协苏尼特右旗第八届委员会副主席。

2. 政协苏尼特右旗第八届第四次会议

2002 年 4 月 16—18 日，政协苏尼特右旗第八届委员会第四次会议在赛汉塔拉镇召开。会议听取和审议政协常务委员会工作报告、提案情况工作报告；委员们列席人民代表大会，听取和讨论政府工作报告等各项报告。会议审议通过政协苏尼特右旗第八届委员会关于增补委员、常委事项。

3. 政协苏尼特右旗第八届第五次会议

2003 年 4 月 15—17 日，政协苏尼特右旗第八届委员会第五次会议在赛汉塔拉镇召开。会议听取和审议政协常务委员会工作报告、提案情况工作报告；委员们列席人民代表大会，听取和讨论政府工作报告等各项报告。会议审议通过政协苏尼特右旗第八届委员会关于增补委员、常委事项。

二、 政协苏尼特右旗第九届委员会全体会议

1. 政协苏尼特右旗第九届第一次会议

2004 年 1 月 2—5 日，政协苏尼特右旗第九届委员会第一次会议在赛汉塔拉镇召开。锡林郭勒盟换届工作指导小组、盟人大工委、盟政协有关领导及旗委、人大、政府领导出席会议。会议听取和审议政协常务委员会工作报告、提案情况工作报告，政协委员列席第十二届人民代表大会第一次会议，听取和讨论政府工作报告等各项报告。会议选举产生政协苏尼特右旗第九届委员会常务委员会领导班子。

2. 政协苏尼特右旗第九届第二次会议

2005 年 4 月 28—29 日，政协苏尼特右旗第九届委员会第二次会议在赛汉塔拉镇召开。会议听取和审议政协常务委员会工作报告和提案工作报告。会议期间，委员们学习新修订的《中国人民政治协商会议章程》《提案工作条例》；政协委员列席第十二届人民代表大会第二次会议，听取和讨论各

项工作报告，并就《苏尼特右旗政协委员履行职责实绩考评办法》进行讨论，出台试行办法。增补政协第九届委员会常委。

3. 政协苏尼特右旗第九届第三次会议

2006 年 3 月 18—19 日，政协苏尼特右旗第九届委员会第三次会议在赛汉塔拉镇召开，参加这次政协委员会议代表 70 人。会议听取和审议旗政协常务委员会工作报告和提案工作报告。政协委员列席第十二届人民代表大会第三次会议，听取和讨论各项工作报告，通过第九届委员会第三次会议各项决议，并对 8 名优秀委员进行表彰。

4. 政协苏尼特右旗第九届第四次会议

2007 年 3 月 20—22 日，政协苏尼特右旗第九届委员会第四次会议在赛汉塔拉镇召开，参加这次政协委员会议代表 79 人。会议听取和审议旗政协常务委员会工作报告和提案工作报告。政协委员列席第十二届人民代表大会第四次会议，听取和讨论各项工作报告，通过第九届委员会第四次会议各项决议，并对第九届三次会议以来的 4 个承办提案先进单位和 6 件优秀提案及 8 名优秀政协委员予以表彰。

三、 政协苏尼特右旗第十届委员会全体会议

1. 政协苏尼特右旗第十届第一次会议

2007 年 12 月 1—5 日，政协苏尼特右旗第十届委员会第一次会议在赛汉塔拉镇召开，参加政协委员会议代表 93 人。会议听取和审议政协第九届委员会常务委员会工作报告和第九届委员会常务委员会提案工作情况报告。政协委员列席人民代表大会，听取和讨论政府工作报告等各项报告。选举产生政协苏尼特右旗第十届委员会常务委员会领导班子。

2. 政协苏尼特右旗第十届第二次会议

2009 年 3 月 4—6 日，政协苏尼特右旗第十届委员会第二次会议在赛汉塔拉镇召开，参加政协委员会议代表 85 人。会议听取和审议政协常务委员会工作报告和提案工作情况报告。政协委员列席人民代表大会，听取和讨论政府工作报告等各项报告。

3. 政协苏尼特右旗第十届第三次会议

2010 年 3 月 26—28 日，政协苏尼特右旗第十届委员会第三次会议在赛汉塔拉镇召开，参加政协委员会议代表 93 人。会议听取和审议政协常务委员会工作报告和提案工作情况报告。政协委员列席人民代表大会，听取和讨论政府工作报告等各项报告。

4. 政协苏尼特右旗第十届第四次会议

2011 年 3 月 4—6 日，政协苏尼特右旗第十届委员会第四次会议在赛汉塔拉镇召开，参加政协委员会议代表 92 人。会议听取和审议政协常务委员会工作报告和提案工作情况报告。政协委员列席人民代表大会，听取和讨论政府工作报告等各项报告。

5. 政协苏尼特右旗第十届第五次会议

2012 年 3 月 14—16 日，政协苏尼特右旗第十届委员会第五次会议在赛汉塔拉镇召开，参加政协委员会议代表 87 人。会议听取和审议政协第九届常务委员会工作报告和提案工作情况报告。政协委员列席人民代表大会，听取和讨论政府工作报告等各项报告。

四、 政协苏尼特右旗第十一届委员会全体会议

1. 政协苏尼特右旗第十一届第一次会议

2013 年 1 月 3—6 日，政协苏尼特右旗第十一届委员会第一次会议在旗赛汉塔拉镇召开，参加政

协委员会议代表95人。内蒙古自治区换届指导组、锡林郭勒盟换届指导组、盟人大工委、盟委统战部、盟政协、工商联有关领导和旗委、人大、政府领导出席会议。会议听取、审议并通过政协第十届常务委员会工作报告和审议通过常务委员会提案工作情况的报告。政协委员列席人大第十四届一次会议，听取和讨论政府工作报告以及其他报告，选举产生政协苏尼特右旗第十一届委员会常务委员、主席、副主席、秘书长。

2. 政协苏尼特右旗第十一届第二次会议

2014年2月28日至3月1日，政协苏尼特右旗第十一届委员会第二次会议在赛汉塔拉镇开幕。参加政协委员会议代表96人。苏木镇党委、旗直各科局、人民团体、垂直管理部门等的55名主要负责人应邀列席会议。会议听取和审议通过政协第十一届常务委员会工作报告和提案工作情况的报告。政协委员列席人大第十四届二次会议，听取和讨论政府工作报告以及其他报告。

3. 政协苏尼特右旗第十一届第三次会议

2015年1月31日至2月1日，政协苏尼特右旗第十一届委员会第三次会议在赛汉塔拉镇召开。参加政协委员会议代表94人。各苏木镇党委、旗直各科局、人民团体、垂直管理部门等的主要负责人列席会议。会议听取、审议通过政协第十一届常务委员会工作报告和提案工作情况的报告。政协委员列席人大第十四届三次会议，听取和讨论政府工作报告以及其他报告。

第二节　常务委员会会议

一、政协苏尼特右旗第八届委员会常务委员会会议

政协苏尼特右旗第八届二次会议以来，累计召开常务委员会议13次。传达学习邓小平理论、“三个代表”重要思想、中共十六大报告、中共十六届三中全会精神以及新时期统战理论和业务知识。通过开展协商议政的形式，对旗委、政府的工作报告、社会经济发展计划、财政预决算及其重大决策、重要法规等进行集中的、高层次的协商讨论，从宏观角度对事关全局的重大问题提出意见和建议，及时反映人民群众和各族各界人士的呼声和愿望，不断提高参政议政的能力。

二、政协苏尼特右旗第九届委员会常务委员会会议

政协苏尼特右旗第九届委员会期间，召开常务委员会会议15次。围绕旗委、政府中心工作，建真言、献良策。提高建言献策的质量和水平，加大开展专题调研力度，加强调研工作组织协调，密切同各界别委员、各有关部门的协作配合，深入开展调查研究，先后撰写《如何发展民族教育》《关于进一步完善“三牧”制度，实现草原资源可持续发展》《关于苏尼特右旗农牧区剩余劳动力转移问题的思考》《切实做好“两转双赢”工作促进苏尼特右旗经济社会协调发展》《政协委员深入工业园区调研情况的报告》《学习考察东乌旗、西乌旗城镇、工业园区建设调研报告》《提高农牧民素质、增加农牧民收入》等调研报告，受到旗委、政府的高度重视和好评。

三、政协苏尼特右旗第十届委员会常务委员会会议

政协苏尼特右旗第十届委员会期间，召开常务委员会会议26次。通过邀请党政领导和有关部门负责人到会听取意见，面对面交流和沟通，营造民主平等、生动活泼的协商氛围，促进委员提案及意

见、建议成果的有效转化。常委会始终把关注民生问题作为履行职能的重中之重来抓。围绕旗委、政府中心工作和全旗发展大局，按照第十届一次会议以来的工作部署，围绕围封转移、增加农牧民收入、新型农村牧区社会养老保险、进城农牧民创业和就业、供暖、生态移民等与民生息息相关的问题开展各种形式的调研视察。《关于苏尼特右旗城乡居民收入情况的调研及思考》《发展壮大中的苏尼特右旗农牧民合作经济组织》《关于草原生态及苏尼特右旗草牧场基础设施的调研及思考》《投入与规范并举，提高城镇管理水平》《充分发挥资源优势，制定科学发展规划，实现工业经济可持续发展》《关于苏尼特右旗如何实现"两转双赢"的思考》《关于未成年人教育工作的调查报告》《全面提升教育发展水平，办人民满意的教育》《加强苏尼特右旗地质勘探工作，提高资源保障能力》《如何开辟苏尼特右旗旅游业》《创新科技工作机制，服务新农村牧区建设》等调研报告，受到旗委、政府的高度重视和采纳，并在具体工作中得到落实。

四、 政协苏尼特右旗第十一届委员会常务委员会会议

政协苏尼特右旗第十一届一次以来，累计召开常务委员会会议10次。传达学习贯彻中共十八大、十八届三中、四中、五中全会精神。组织学习自治区党委、盟委和旗委（扩大）会议精神、盟政协第十二届二次常委会议、全盟旗县市政协主席座谈会、全盟文史工作会议、中共锡林郭勒盟盟委办公厅批转《关于进一步支持和保障政协委员履职的建议》等内容。研究讨论通过第十一届二次和三次全委会议常务工作报告和提案工作报告，并审议通过会议议程、日程；研究审议通过增设经济社会委员会事宜和增补委员名单；通报政协党组专题民主生活会召开情况；研究讨论通过《政协苏尼特右旗领导班子开展"三严三实"专题教育实施方案》；研究制定政协苏尼特右旗委员会《关于加强人民政协协商民主建设的实施意见》（征求意见稿）。

第三章　政协工作

第一节　参政议政

2001 年，政协苏尼特右旗委员会参与制定《苏尼特右旗围封转移工程项目总体规划（2001—2005）》。

2002 年，政协参与制定《苏尼特右旗人民政府禁牧令》。

2003 年，政协参与制定《苏尼特右旗浑善达克沙地南缘带围封草场牧户优惠条件》。全旗在防控“非典”期间，政协发挥自身优势，积极参加抗击“非典”斗争。政协主要领导到基层各个联系点，从事医药卫生工作的委员，站在抗击“非典”第一线，为防止疫病扩散蔓延到农牧区，一方面到农牧户进行宣传，另一方面想方设法为基层送医、送药、送去各种防护用品。

2004 年 4 月，政协委员参与全旗第一次经济普查活动。经济普查对象是全旗境内从事第二产业和第三产业的全部法人单位，产业活动单位和个体工商户。普查主要内容有单位标志、从业人员、财务收支、资产状况、企业的主要生产、经营活动和生产能力、主要原材料能源消耗及科技开发的投入状况等。

2007 年，按照农牧区“转人、减畜、增收”的总体发展要求，政协协助政府制订“强基础、抓质量、创机制、增收入”的发展思路，因地制宜，科学规划，创新机制，推动“双赢”（注：“转人、减畜、增收”指转移农牧区人口、控制牲畜头数、增加农牧民收入；“双赢”指实现牧民的增收，实现生态的恢复）。

2010 年，政协参与制定《苏尼特右旗国土资源系统“两整治、一改革”专项行动方案》。

2012 年，政协领导与委员参与旗委、政府举办的“温泉开发利用研讨会”。

2015 年，政协协助旗委、政府在开展引进项目、技术、资金和提供信息等方面出实招、献良策、办实事。引进 2 家总投资额超亿元的“巨强家具城”和“金叶超市”安家落户，提供就业岗位 200 余个；恢复修建苏尼特右旗赛罕乌力吉苏木陶高图敖包，使中断 55 年的地域习俗得以重新延续；协助旗委、政府促进温都尔阿尔善温泉开发项目推介工作，使中电（天津）新能源有限责任公司、内蒙古鄂尔多斯商会等 3 家投资商，签订投资总额超 5 亿元的温泉开发协议；引进总投资近 5000 万元的天地富恒加气站项目；为申请中华环保基金，组织专业人士做好制定苏尼特右旗可修复草原生态建设与开发项目可行性报告书等前期工作；与中国西部研究与发展促进会社会扶贫工作委员会签订总投资 9223 万元的医疗卫生和教育信息化项目。政协邀请自治区政协医药卫生界 18 位专家到苏尼特右旗开展扶贫义诊活动；承办以“建设草原宜居城镇，迈向文明美好明天”为主题的城镇建设成果摄影展。

第二节　提案工作

政协苏尼特右旗第八届会议期间，提案委员会收到 88 名委员的 146 件提案，经提案委员会严格审查研究，确定立案办理 127 件，立案数占提案总数的 87%。

政协苏尼特右旗第九届会议期间，提案委员会收到委员提案 302 件，其中立案 230 件，占提案总数的 76.16%；未立案 63 件，占提案总数的 20.86%；转有关部门作为工作中参考和信访处理 9 件，占提案总数的 2.98%。提案中所提意见已经解决或基本解决 82 件，占立案数的 35.65%；正在解决或已列入计划规划逐步解决 126 件，占立案数的 54.78%；因条件所限或其他原因暂时难以解决 22 件，占立案数的 9.57%。

政协苏尼特右旗第十届会议期间，针对全旗经济、社会、文化、教育、卫生、生态、城镇建设等各个领域存在的突出问题和不足，提案委员会收到委员提案 483 件，立案 362 件。其中，解决和基本解决 280 件，占立案数的 77%，列入计划逐步解决 82 件，占立案数的 23%。

2010 年，政协苏尼特右旗第十届三次会议期间，提案委员会收到 92 件提案。经提案委员会审查，报请主席会议确定，立案 70 件，占提案总数的 76%；因缺乏具体建议而未予立案的 22 件，占提案总数的 24%。截至 12 月，70 件提案全部办复。

政协苏尼特右旗第十一届第一、二次会议期间，提案委员会收到委员提案 171 件，经主席会议专题研究讨论，立案 119 件，通过提案交办会议，把提案分解到 17 个部门或单位办理。

2012 年，全年办理政协委员提案 65 件，提案全部办复。

2013 年，政协苏尼特右旗第十一届委员会第一次会议期间，收到委员提案 87 件，其中，联名提案 8 件。经提案审查小组审查分类，收到的 87 件提案中，新农村新牧区建设、“三农三牧”方面提案 17 件，占提案总数的 19.5%；民生方面提案 12 件，占提案总数的 13.8%；民主法制、劳动人事、社会保障、群众生活方面提案 13 件，占提案总数的 15%；科教文卫体方面提案 18 件，占提案总数的 20.7%；城镇化建设、环境卫生方面提案 12 件，占提案总数的 13.8%；民族宗教方面提案 3 件，占提案总数的 3.4%；经济建设方面提案 3 件，占提案总数的 3.4%；工青妇方面提案 2 件，占提案总数的 2.3%；其他方面提案 7 件，占提案总数的 8%。

政协苏尼特右旗第十一届三次全委会议期间，提案委员会收到政协委员提案 79 件，立案 61 件。

2015 年 4 月，政协召开提案交办会，按照提案内容分类，交由 19 个承办单位办理，委员提案答复率 100%。

第三节　调研考察

2001 年，政协苏尼特右旗委员会领导班子成员带领旗直有关部门就撤乡并镇工作到全旗 8 个苏木进行专题调研。4 月，内蒙古自治区政协成立“三牧”工作调研组，在全旗就牧区、牧业、牧民问题深入牧区进行专题调研，形成 2 个建议案，报送自治区政府。

2002 年 4 月 26 日，内蒙古自治区政协副主席周维德一行到全旗就围封转移、生态建设、扶贫和小城镇建设实施情况及存在的问题进行专题调研考察。政协以《围封转移战略中存在的问题及对策》

为题，在锡林郭勒盟政协第九届七次常委会议上作重点发言。

2003 年，政协领导班子成员多次到工业发展园区、各工业企业调查研究，专题走访工业企业界人士，听取专家的分析和论证。通过广泛的交流、探讨和分析，结合全旗实际和工业发展现状，就如何推进工业化进程，加快旗县整体经济的发展，提出有价值、可操作性强的建议，并在政协锡林郭勒盟第九届五次全委会议上作典型发言。

2004—2007 年，政协苏尼特右旗委员会推动建言献策上质量、上水平，加大专题调研力度，密切同各界别委员、各有关部门的协作配合，先后撰写《如何发展民族教育》《关于进一步完善“三牧”（牧区、牧业、牧民）制度，实现草原资源可持续发展》《关于苏尼特右旗农牧区剩余劳动力转移问题的思考》《切实做好“两转双赢”工作促进苏尼特右旗经济社会协调发展》《政协委员深入工业园区调研情况的报告》《学习考察东乌旗、西乌旗城镇、工业园区建设调研报告》《提高农牧民素质、增加农牧民收入》等调研报告。政协每年撰写上报《防灾抗灾工作中存在的问题》《牧区砷中毒问题》《生态保护的问题》《工业园区电价较高的问题》《农牧区教育和农牧民子女就业的问题》《新农村新牧区建设与农牧民培训问题》等调研报告，提交上级政协。

2008—2012 年，政协围绕旗委、政府第十届第一次会议工作部署，就围封转移、增加农牧民收入、新型农村牧区社会养老保险、进城农牧民创业和就业、供暖、生态移民等民生问题开展各种形式的调研视察。针对全旗民族文化遗产保护工作进行调查研究，形成专题调研报告、专委会提案和意见、建议提交政府。政协委员考察宗教场所，看望宗教界代表，引导宗教界人士和信教群众在促进和谐方面发挥积极作用。

2010 年，组织委员到嘎查村调研考察，反复讨论协商，广泛听取各界意见，力求问题准、分析透、建言实。在充分重视调研考察的基础上，撰写《关于我旗城乡居民收入情况的调研及思考》《专心致志做好政协文史资料工作》《切实抓好专委会工作，为“打造活力政协”而努力》和《认真履行职责，努力开创提案工作新局面》等专题调研报告。

2012 年 3 月，政协委员到部分企业厂矿就项目开发情况及当前存在问题进行调研。

2013—2015 年，政协紧扣全旗中心任务，凝心聚力、促和谐、谋发展、建实言，撰写上报《关于内蒙古西部肉苁蓉产业的调研报告》《规范民间资本投资为县域经济发展注入新活力》《以提案工作带动政治协商为全旗经济社会发展做贡献》《赛汉塔拉镇脑敏塔拉嘎查畜牧业发展情况的调研报告》《苏尼特右旗政协关于完善人民政协制度体系建设情况的调研报告》《关于苏尼特右旗城镇建设中存在的问题及对策》《创新科技工作机制，服务新农村牧区建设》《加强基础建设，深化医疗改革，促进医疗卫生事业健康快速发展》《推动二连浩特市口岸经济和苏尼特右旗工业园区互利融合发展的建议》《关于苏尼特右旗农牧业发展的几点建议》《健全创业就业体制机制，大力促进就业和以创业带动就业》《关于赛汉塔拉镇都呼木嘎查牧业发展的几点建议》《探讨解决农牧区贫困户还贷款难和成年男子成家难的调研报告》《关于苏尼特右旗蔬菜农场有序发展的几点建议》等调研报告，被旗委、政府及相关单位和企业采纳。

第四节　民主监督

2001 年 11 月，政协与人大、总工会组成执法检查组，就《中华人民共和国工会法》执行情况深入 36 个企事业单位进行检查。

2007 年，政协组织委员到各苏木镇就落实执行“两转双赢”（转人、减畜、增收、生态恢复）工作情况进行监督检查。

2010 年，通过政协全体会议总体协商，常委会议专题协商、主席会议重点协商、专门会议对口协商工作。年内，召开全体会议 1 次、常委会议 4 次、主席会议 6 次。通过邀请党政领导到会听取意见，面对面交流和沟通，营造民主平等、民主监督的协商氛围。政协协助查找苏尼特右旗国土资源系统制度漏洞和管理中易发腐败问题的薄弱环节，开展“两整治、一改革”专项行动，从思想、管理、改革、整纪、纠风等方面入手，提升机关干部队伍廉洁从政的素质和能力。

2012 年，针对中国环境保护网“内蒙古朱日和镇工业区内数家重工业工厂，正在肆无忌惮地向蓝天白云中吐着黑烟……”的报道，政协派出调研组实地查看，撰写《关于朱日和工业区环保问题的调研报告》，对群众反映强烈的问题进行梳理，制定整改方案，以协商有序、监督有方、参与有度的工作方法，认真听取吸纳各界人士的不同意见、建议和批评。政协委员与商务局、工商行政管理局、食品药品监督局、文化体育局、经济信息化局、安全质量监督局等 9 个部门组成检查组，到乌日根塔拉镇、朱日和镇，对与农牧民群众生产生活相关的重点商品展开监督检查。

2013—2014 年，按照旗委、政府对朱日和基地搬迁牧民安置工作情况督查要求，履行政协督查组长职责，利用政协联系面广、渠道多优势，对白音小区 81 户搬迁牧民进行深入回访，接待来访 20 余次。

2015 年，政协苏尼特右旗委员会围绕“四个全面”战略布局，对各个苏木镇“十三五”时期经济社会发展目标落实情况进行监督检查。政协按照“三严三实”专题教育要求，到部分单位监督检查“不严不实”问题。

第五节　文史工作

政协苏尼特右旗第八届会议期间，组织编写、出版《苏尼特右旗文史资料》蒙古文第五辑，包括政协苏尼特右旗委员会的机构沿革、大事记、人物风采、民俗风情等。

政协苏尼特右旗第九届会议期间，文史资料委员会积极收集、整理各类资料，编辑出版《苏尼特右旗政协志》《苏尼特右旗文史资料》（蒙古文）第 6~8 辑，《苏尼特右旗文史资料》（汉文）第四辑。以及《基层政协工作导读》。

政协苏尼特右旗第十届会议期间，政协及文史资料委员会搜集整理苏尼特右旗近、现代各类史料，编写出版《苏尼特右旗文史资料》蒙古文第 9~13 辑，计 47 万字。汉文第 5~8 辑，计 60 余万字。重新打印 1982—1986 年之间铅印《苏尼特右旗文史资料》蒙古文第 1~4 辑、汉文第 1~3 辑。

政协苏尼特右旗第十一届一次会议期间，出版《苏尼特右旗文史资料》汉文第 9 辑《岁月留痕》；蒙古文第 14 辑《苏尼特民间文学（口传诗体）选录》和蒙古文第 15 辑《乌日根高勒嘎查的六十年》；《内蒙古文史资料》第 73 辑出版《苏尼特右旗文物总集》；出版反映苏尼特右旗籍名人道尔吉帕拉木的传记《牧人之子》，蒙古文、汉文各 20 万字，配彩图 150 余幅；协助完成苏尼特王府博物馆中路复原布展和“苏尼特右旗革命史专题展”，协助完成“骆驼文化之乡”申报材料并获审批，协助完成《苏尼特右旗地名志》的编辑、编审工作；《内蒙古政协》等杂志发表蒙古文、汉文 9 篇 5 万字作品。

政协苏尼特右旗第十一届三次会议期间，出版《苏尼特右旗文史资料》汉文第 10 辑《草原拾零》，蒙古文第16辑《苏尼特右旗名博克、驯马手、名马》，第17辑《苏尼特右旗女子学校教师简录》，30余万字。受锡林郭勒盟革命老区促进会委托完成出版《解放战争时期的苏尼特右旗》（蒙古文），20万字，配彩图100余幅。先后在《锡林郭勒日报》《内蒙古政协》等报刊上发表蒙古文、汉文史类文章6篇。

第六节　友好交往

2002年，政协副主席孟克吉日嘎拉参加自治区东部七盟市政协工作联系会，拓展新开放领域及合作空间，深化地区交流合作。

2003年8月，全国政协调研组到苏尼特右旗考察沙源治理工作，了解风沙源现状及治理、保护、利用情况，分析存在的难点和问题，为国家制定第二期风沙源治理工程规划提供依据。

2005年，接待宁夏回族自治区、内蒙古自治区、包头市、呼伦贝尔市陈巴尔虎旗、鄂尔多斯市鄂托克旗、集宁区、清水河县等区内外政协学习调研考察团61次489人。

2010年，组织委员到外地开展调研考察6次，参加的各界别委员45人次。政协苏尼特右旗委员会注重旗内调研与外出学习相结合，通过对比，找清、找准存在的问题与差距，学习借鉴外地的先进经验和做法，反复讨论协商，广泛听取各界意见，力求问题准、分析透、建言实。年内，区内外考察团组37个500余人次。政协主席、副主席分别到外地和上级党校学习培训、参观考察，进一步提高组织、协调能力和解决问题的能力。以征订《内蒙古政协》杂志、编印《学习参考》专刊等形式，为委员学习提供有效服务。组织20余名委员到华东五市参观学习，拓宽委员视野，提高委员参政议政能力。

2015年，全年接待上级政协和旗县市政协调研考察团10余次，加强与各地政协工作经验交流，宣传苏尼特右旗的人文地理，旅游、矿产资源，民族文化和招商引资政策等。

第十六编

军　事

第一章　人民武装

第一节　机构设置

一、 人民武装部

2001 年，苏尼特右旗人民武装部归中国人民解放军建制，称“中国人民解放军内蒙古自治区中国人民解放军苏尼特右旗人民武装部”。人民武装部是全旗军事领导指挥机关、军事工作部门和政府兵役工作机构，实行军、政首长负责制。主要贯彻执行党中央、中央军委和上级军事领导机关有关军事工作方针、政策、命令；征兵及民兵预备役工作；开展国防教育、拥政爱民和支援地方经济建设等工作和任务。

2015 年，全旗设赛汉塔拉镇、朱日和镇、乌日根塔拉镇、桑宝拉格苏木、额仁淖尔苏木、赛罕乌力吉苏木、阿其图乌拉苏木 7 个基层人民武装部。

二、 驻军部队

2001 年，北京军区朱日和训练场成立。

2003 年 12 月，中国人民解放军首次开放邀请外军到朱日和训练基地观摩军事演习。

2004—2006 年，朱日和合同训练基地先后举行各种军事演习活动。

2007 年 6 月，朱日和战术训练基地，被中央军委总部确定全国陆军唯一重点建设大型训练基地。

2015 年，北京军区朱日和战术训练基地先后组织多军种官兵参加训练演习，60 余名外军观察员观看演习，全球 600 余家媒体报道演习情况。

第二节　军事工作

一、 军事训练

2001—2005 年，按照《内蒙古自治区军事设施区域划定工作的通知》要求，苏尼特右旗人民武装部成立全旗军事设施区域划定领导小组，制定军事设施区域划定计划，组织进行现场勘察和划定。依据《中华人民共和国军事设施保护法》，制定《苏尼特右旗军事设施实施细则》，分别在苏木设立军事设施保护委员会。组织开展室内战术演练、分区演习和边界清理任务，及时制定本级教学分工表，修订完善各类教案 22 种，完成基干民兵训练任务。狠抓武装部本级、专职武部干部和民兵训练，组织武装部参谋、专武干部、民兵尖子选拔、集训并参加军分区“岗位技能比武竞赛暨军事体育运动”。

2006—2010年，按照“全区民兵训练军事训练与考核大纲集训”要求，武装部组织人武、专武干部参加全盟为期5天网上集训。组织参加分区“岗位技能比武暨百名人才评选”活动。围绕“奥运安保”任务，突出应急处突指挥技能和战备演练，组织朱日和民兵执行清场和封控警戒训练。结合“跨区机动使命”保障演习，先后组织医疗救护、车辆维修队，道路保障等分队进行专业训练，完成跳弹区域外围警戒任务和参演、保障任务。

2011—2015年，武装部对各种维稳应急预案进行完善，结合节日战备和当地民情、社情，增加应急处置突发事件科目的训练，坚持按纲施训，严肃训练纪律，提高连、排长基本体能、指挥技能，分阶段、分批次组织民兵应急连进行轻武器射击、徒步行军、宿营、野炊等课目训练，每天下午体能训练1小时，每周训练3天，每月组织1次应急力量拉动演练，在军区组织的民兵应急连考核中取得2个第二、2个第三的成绩。

二、政治工作

2001年，武装部重点学习《中共中央关于加强和改进党的作风建设的决定》《公民道德规范》《军人道德规范》，开展保持共产党员先进性教育和庆祝建党80周年，开展“赞颂党的业绩、强化军魂意识”主题理想信念教育。

2001—2005年，组织开展“三讲”专题教育、“三个代表”重要思想理论学习活动，结合中共十六届三中全会精神、《“三个代表”重要思想学习纲要》等学习活动，开展“掌握新理论，投身新伟业，担当新任务”“三新教育”和“双勤双正”主题党课教育。

2006—2010年，集中开展“社会主义荣辱观”“忠实履行新世纪新阶段我军历史使命”“讲党性、重品行、做表率、树正气”“坚定中国特色社会主义信念，有效履行历史使命”“庆奥运、鼓士气、顾大局、促稳定”“崇尚学习、增强党性”“学习历史、珍惜荣誉，为分区增光添彩”“四学一强”等主题教育和实践活动。

2011—2015年，围绕习近平建设“听党指挥、能打胜仗、作风优良”新形势下强军目标，人民武装部制定“整顿、备战、改革、规划”总体思路，年内，苏尼特右旗人民武装部建设进入内蒙古军区先进行列。

三、后勤保障

2001—2005年，组织对废旧弹药进行彻底清理，对废旧弹药数质量及有关技术参数进行认真核查、登记，分类存放，并在内蒙古军区技术指导下，武装部与公安局完成废旧弹药销毁任务，消除事故隐患。武装部投资购买作战、战备、民兵训练基础设施和物资。并根据全旗议军会议精神，政府投资完善民兵训练基地设施，开展国防教育展室重建等工作。

2003年，武装部做好器材、资料、警卫、监视系统等基础设施建设。

2005年，协调驻地公安、武警、边防等部门，组织民兵做好“神舟六号”飞船搜救保障任务。

2006—2010年，武装部分别与内蒙古医院、锡林郭勒盟医院等地方医院以及部队上级医院组织医疗服务队，前往边防连队和边防派出所进行义务巡诊活动。协调朱日和驻训部队某师野战医疗队、解放军第二五四医院，组织50名医务人员，成立“为民服务队”，建立临时“野战医疗所”，为赛汉塔拉镇都呼木嘎查1800名牧民进行义务巡诊，发放药品价值1万余元。投资8万余元为武装部机关和基层武装部及民兵组织购置微机、电视、洗衣机，安装太阳能热水器，为各部门、科室等处分别挂上图版、安装投影仪。由军分区牵头，地方和部队医疗组织为基层官兵和牧民群众开展“送法、送医、送文化”慰问服务活动，主要为牧民群众进行法律辅导、心理疏导、涉法问题、退役安置、送医送药、文化演出等活动。

2011—2015 年，突出基础保障向“能打仗、打胜仗”聚焦，紧贴实战做准备、抓训练、搞建设。武装部及时修订完善应急预案，申请地方经费，规范物资器材库，配强配齐应急力量；突出抓作战值班重大情况多级同时报告相关规定的学习演练，突出干部基本体能、技能和应急力量训练演练，严明训练纪律，提高训练质量，迎接军分区民兵应急连拉动考核。

2015 年，组织开展 2 次财务大清查，加强固定资产规范化管理，利用分区组织固定资产清理清查时机，对武装部固定资产进行 1 次清查、对消耗进行报废，对漏记进行增加，保证大宗物资有登记、贵重物品有账目、固定资产有人管。同时，协调驻地政府出资对办公楼和干部宿舍进行维修改造。

第三节 民兵组织

一、 组织建设

2001 年，按照“缩小范围、简化层次、精简数量、打好基础、提高质量”原则，武装部对民兵组织进行调整，加强专业技术分队建设，减少普通民兵分队数量。

2003 年，全年完成民兵组织调整。在赛汉塔拉镇组建工兵、通信、军械修理等专业技术分队；组建汽车运输、医疗救护、邮电通信、气象服务、车辆维修等对口专业技术分队。

2004 年，按照编制健全组织，编齐人员，配备干部，落实装备管理。保证民兵组织健全、稳定、加强民兵各分队军事训练，提高民兵快速动员和成建制遂行任务能力。

2005 年，全旗民兵组织主要以基干民兵为主。由应急、专业技术、对口专业技术、步兵和苏木镇应急等分队组成。

2006—2007 年，按照“便于领导、便于活动、便于执行任务”，做好民兵组织编成调整。

2008—2009 年，按照实战要求进行科学分类编组，实现各个专业技术分队结构布局与战时动员需要相适应要求。适当调整重点苏木镇、嘎查、企业等基层民兵组织建设。

2010 年 4 月 2—14 日，召开全旗民兵整组工作会议，完成民兵整组工作，对赛汉塔拉镇民兵应急组织进行集结点验。整组后设基干民兵、普通民兵。

2011 年 4 月，部署全旗民兵整组工作，探索务工民兵组织组建工作，指导赛汉塔拉镇基层武装部开展规范化建设试点工作。

2012 年，根据应急应战需求，分析和研究全旗民兵组织建设情况，先后 4 次联合旗委办局、苏木镇办事处和各大企业等预编单位进行走访调研，形成民兵整组方案，组织召开民兵整组工作会议，明确整组程序、基层正规化建设标准。

2013 年，按照“建在身边、抓在手中、用在关键”要求，武装部加强全旗民兵力量整合。

2015 年，苏尼特右旗人民政府、武装部联合下发《全旗民兵组织整顿实施方案》。集中对基层专武干部进行培训，召集基层专武干部召开会议 3 次，完成民兵整组工作。

二、 政治工作

2001 年，全旗民兵政治教育以“四课”教育为抓手，认真学习邓小平理论、江泽民关于国防后备力量建设有关论述和“三个代表”重要思想，抓好民兵《公民道德规范》教育。

2002 年，组织全旗民兵开展中共十六大精神学习和民兵“四课”教育。

2005 年，组织民兵开展《民兵条例》、中共十六大精神、“三个代表”重要思想、江泽民关于国防论述以及形势任务等教育内容。累计完成授课内容 16 个、专题教育 5 个，累计 60 课时。

2006—2010 年，按照胡锦涛关于“忠诚于党、热爱人民、报效国家、献身使命、崇尚荣誉”当代革命军人核心价值观重要论述，集中开展以“四课”（忠诚于党、性质任务、形势政策、法律法规）为主要内容教育活动。完成授课内容 16 个、专题教育 6 个，累计 72 课时（集中授课 52 课时，分组授课 20 课时）。

2011—2015 年，以全旗“十二五”开局之年为契机，武装部坚持贯彻科学发展观、中共十八大、中共十八届三中、四中全会精神，贯彻落实习近平关于国防和军队建设重大战略思想，结合新形势下民兵政治教育新情况、新问题，采取“多资源聚合、多方法并用、多途径联通、多力量并举”教育模式，突出《民兵政治工作条例》《民兵政治工作规定》《中国人民解放军思想政治教育大纲》和《国防教育要点》等常态化教育，抓好“八荣八耻”“着眼军事斗争准备，培育民兵战斗精神”“弘扬长征精神”“勿忘国耻、强我国防”“听党指挥、服务人民、英勇善战”“坚定信念、铸牢军魂”等主题教育活动。

2015 年，全旗民兵政治工作以贯彻落实全军政治工作会议精神为指导，围绕习近平国防和军队建设重要论述，组织开展“学习践行强军目标，做新一代国防后备军”主题教育活动，培养“有灵魂、有本事、有血性、有品德”民兵预备役人员。年内，结合纪念中国人民抗日战争暨世界反法西斯战争胜利 70 周年，围绕“传承红色基因、当好红色传人”，深化党史国史军史学习教育，开展人民战争思想和民兵光荣传统、职能使命、形势战备等教育。

三、 军事训练

2001 年，重点抓好全旗民兵军事训练和民兵军事比武，并在全盟民兵比武中获 3 个单项第一名。

2001—2005 年，按照年度民兵军事训练要求，组织开展民兵应急分队、专业技术分队、军事对口专业技术分队、民兵干部、专武干部等军事训练。训练总评成绩优秀，年均训练合格率 95%以上。

2002 年，全年训练以民兵应急、专业技术、军事对口专业技术等分队和民兵干部、专武干部作为训练重点，针对不同性质和任务，分期分批进行集中训练。

2003 年，组织专武干部、民兵干部和“四会教练员”参加集训，选拔的 3 名“四会”教练员在分区组织的考核中取得较好成绩。

2004 年，人民武装部 1 名专武干部参加军区民兵“四会教练员”比武，被评为军区百名优秀民兵。

2005 年，组织民兵参加分区“岗位技能比武竞赛暨军事体育运动”，总成绩第三名。年内，组织都呼木苏木民兵完成“神舟六号”飞船搜救保障任务，苏尼特右旗人民武装部被北京军区评为“支持配合载人航天工程先进单位”。

2006—2010 年，突出抓好民兵战备训练，训练总评成绩优秀，年均训练合格率 95%以上。2010 年，结合反恐军事演习，组织朱日和民兵进行执行清场和封控警戒训练；结合“跨区机动使命”保障演习，先后组织医疗救护分队、车辆维修分队、道路保障分队进行专业训练，完成跳弹区域外围警戒任务和参演、保障任务。

2007 年，组织民兵完成全区第四届乌兰牧骑艺术节民兵骑乘方队训练任务。组织民兵枪械训练 50 天，完成在二连浩特市举行军警民联防对抗表演任务。参加分区“岗位技能比武暨百名人才评选”活动，取得军事项目名次 4 个，获奖牌 5 块。

2010 年，完成全旗民兵训练任务，组织民兵应急分队与边防连队联编联训 3 次。

2011 年，抓好民兵军事训练教学责任制为主要内容教学分工，制定《民兵军事训练与考核大纲》，组织民兵开展 8 类专业科目训练。

2011—2015 年，结合节日战备和当地的民情、社情，武装部增加民兵应急处置突发事件科目训练。累计完成应急拉动演练 36 次。取得军区民兵应急连考核 2 个第二名、2 个第三名成绩。

2013 年，采取民兵与边防连队同步训练、联合处置边境突发事件的形式，突出勤务技能和情况处置训练，强化边防政策法规学习，先后完成民兵武器、执勤器材操作使用、战术基础动作等科目训练。

2015 年，组织全旗民兵应急力量和应征入伍对象开展联编联训 10 余次。

四、 装备保障

2002 年，全旗开展废旧弹药清理工作，武装部对废旧弹药数质量及有关技术参数进行认真核查、登记，分类存放，并在内蒙古军区和分区指导下，研究制定废旧弹药销毁方案和各种保障方案，完成废旧弹药销毁任务，消除事故隐患。

2003—2005 年，按照技术和战备要求，武装部建立库室、警卫警报监视系统，规范各种图板、图表、职责和规章制度，物资器材实行分类、分库存放，堆垛稳固、整齐，标卡齐全，账物相符。

2006—2008 年，推进全旗民兵武器装备目标化管理，实施有效质量监控管理体系，形成民兵武器装备库制度化、规范化、法制化。设专职留守人员，实行 24 小时值班制度，严格落实“三铁一器”（铁门、铁窗、铁柜、警报器），设置警报器“三响”（开门响、开窗响、开柜响），落实“五有”（有专库、有专柜、有军械员、有制度、有简易维修工具）、“四无”（无丢失、无损坏、无锈蚀、无霉烂变质）管理制度。

2009 年，抓好民兵武器装备库维护、保养和修建工作，安装电子视频监控系统，区分设置行政生活区和技术区，在醒目位置设置“禁止在室外吸烟”警语牌，完善和修订《入库须知》《民兵武器装备仓库纪律》等制度和有关警语牌，并设置火具暂存箱。

2010 年，建立健全民兵武器装备库值班、交接、登记、检查、保养、联防、双锁联管等制度。完善领导干部查库、人员出入库、温湿度登记等情况的登记；规范武器装备使用擦拭保养、定期检修保养等制度。

2011 年，加强民兵武器装备库管理，协调公安局将武装部部分重点地段和设施纳入全旗监控系统内，实现军地联合监控。

2013 年，按照战备和形势任务变化，武装部修订完善《民兵武器库战备方案》，筹措资金购置应急分队后勤保障，将购置配套物资器材进行“三分四定”，规范器材出入库管理与使用。

2015 年，投入 13 万元调整补充物资器材。确保全旗民兵组织后勤保障工作连续 30 年安全无事故。

五、 遂行任务

2001—2005 年，发挥苏尼特右旗边防委员会的组织、领导和协调作用。组织成员单位，每季度进行边境清理活动，重点加强边境地区两侧管理。累计完成边界清理任务 6 次，出动民兵配合边防部队和边防派出所堵截和抓获偷渡人员 5 起 15 人。

2006—2010 年，组织边防委员会召开会议 11 次，边境清理整顿 13 次，出动民兵，动用车辆 70 余台次，配合边防连队进行联防联治。下发边防政策宣传挂历、传单 1000 余份。遣返讨要人员 17 人，制止非法采矿 2 起，配合边防派出所截获偷渡人员 1 起 3 人。

2011 年，组织民兵做好全旗维护稳定工作任务。累计开展维护稳定活动 20 天，出动民兵 13 次。

2012 年 7 月，协助完成朱日和训练基地牧民搬迁。通过 1 年的调查摸底、宣传动员、协议签订、组织搬迁等工作，朱日和基地牧民搬离训练场区，拆除界内草场附着物，通过走场、出售，使牲畜撤离或处理，为部队战略战役集训提供安全可靠保障。

2015 年，边防委员会组织武装部、边防大队、武警中队与联勤单位执勤 170 余次，组织边境封控行动 180 余次，动用车辆 230 余辆次。累计排查沿边矿点 6 个、沿边牧户 11 户、清理非法作业人员 10 人次，沿途发放边防政策法规宣传册 60 余册，设卡验证车辆 600 余辆次，排查各类人员 1100 余人次。

第二章　武装警察部队

第一节　公安边防大队

一、组织机构

2001年，苏尼特右旗公安边防大队，由公安机关实行分级管理、分级指挥。隶属锡林郭勒盟公安边防支队。对外称人民武装警察部队苏尼特右旗边防大队。

2002年，按照公安部要求，统一称为苏尼特右旗公安边防大队。公安边防部队为第一称谓，武警边防部队为第二称谓。所辖额仁淖尔公安边防派出所、格日勒图敖都公安边防派出所、齐哈日格图公安边防工作站。

2003年，格日勒图敖都公安边防派出所、齐哈日格图公安边防派出所移交二连浩特市公安边防大队；齐哈日格图公安边防工作站搬迁至赛汉塔拉镇，更名为齐哈日格图公安边防机动中队。

2006年3月14日，苏尼特右旗政府同意批准在额仁淖尔苏木政府新搬迁所在地新宝力嘎新建公安边防派出所，原边防派出所改设警务室。3月17日，内蒙古边防总队同意锡盟边防支队《关于搬迁额仁淖尔边防派出所的请示》（锡公边明发〔2006〕000116号），额仁淖尔边防派出所接收原吉呼郎图公安派出所户籍、治安管理权。

2009年，齐哈日格图公安边防机动中队更名为二连浩特机动队二分队，隶属苏尼特右旗边防大队。边防大队所辖额仁淖尔边防派出所、二连浩特机动队二分队。

2013—2015年，苏尼特右旗公安边防大队撤销二连浩特机动队二分队。所辖额仁淖尔公安边防派出所。

2015年，公安边防武警部队由2002年的“分级管理、分级指挥”调整为“统一领导管理与分级指挥相结合”。按照公安部规定统一规范内外称谓。

二、边境管理

2001年，加强全旗边防政策法规宣传，印发蒙古文、汉文宣传材料700份，边境辖区群众受教育率95%以上，与牧民签订《边民包防责任制合同书》41份，签订率98%，《治安包防责任制合同书》《安全责任合同书》签订率100%。年内，开展打击走私偷渡专项行动2次，出动警力370余人次，车辆130余辆次，建立临时堵卡点和设伏点。先后对辖区18名重点人口、违法青少年和两劳释放人员进行重点排查。清查暂住人口116人，其中，登记67人，发证49人。对管区使用炸药的作业点进行重新登记造册，没收自制炸药120公斤，电雷管10枚，引爆器1个。边防派出所与用工单位签订《治安承包责任书》，发放“沿边生产安全许可证”，对无证及证件不符人员进行清理劝返。累计清边3次，清退堵卡人员286人次，堵截劝返非法进入边境管理区人员4300余人次，车辆1327辆次，查获无证和证件过期的非法旅行者2起3人。清理暂住无业人员69人，清查旅店、砖厂、旅游点7家，商业网点15家，华北石油采油队、萤石矿点各1处。5月16日，根据《内蒙古自治区边境管理条例》的规定及边防委员会指示，对辖区萤石矿进行取缔。全年边境辖区发生刑事案件4起，破获2起，发生治安案件1起，查处1起。

2002年，全年边境辖区发生刑事案件2起，破获2起；发生治安案件2起，查处2起；破获2001年结转刑事案件2起。

2003年，防范和打击走私、偷渡、盗抢牲畜等违法犯罪活动，累计检查盘问过往人员4万余人次，检查车辆1.3万余辆次。破获刑事案件3起，抓获作案在逃人员1人；清查特种行业、商店、旅社、饭馆等公共复杂场所26家，检查暂住人口258人，发函调查57人，清理无证人员21人，排查重点人口6人。

2004年，加强边境辖区“草原110”报警服务系统建设，完善“打、防、控”一体化管理模式，维护边境地区的社会稳定和治安稳定。年内，检查过往人员3万余人次，检查车辆7000余辆次，查获企图偷渡人员5起24人。发生刑事案件1起，破获1起，查结率100%，实现连续3年治安案件“零发案”。清查特种行业、公共复杂场所26家，检查暂住、流动人口25人，发函调查15人，清理无证人员18人。全年在额仁淖尔苏木边境辖区建立7个报警点和1个警务室。

2005年1月1日起，根据财政部、发改委《关于公布取消103项行政审批等收费项目的通知》（财综〔2004〕87号），内蒙古自治区公安厅《关于取消边境管理区通行证工本费和边境地区居民出入境通行证工本费的通知》（内公通字〔2004〕94号），取消全旗边境管理区通行证工本费和边境地区出入境通行证工本费。年内，辖区发生刑事案件1起，协助公安局抓获1名网上在逃犯，截获企图偷渡人员2起6人。完成人口信息采集工作，走访牧户362户，核对人口1760余人次，为群众办理户口、四项变动、变更更正事宜56件次，人像采集率90%以上。建立草原110车队1个，安装配备13台超短波基地台、车台和手持台，开通专线电话和三级局域网。组织开展“三访四见”［访贫问苦、访疾问难、访外（外来人员）问弱（弱势群体），“看见、敢见、愿见、想见”］主题活动和“一语三活”（学习蒙古语、争当辖区“活地图”“活档案”“活雷锋”）活动，扎实推进“群防、维稳、爱民、执法”四个战役。确定16户重点弱势群体家庭，建立党员联系户1户，印发警民联系卡200多张，走访552户次2031人次，走访慰问孤寡老人32人次、残疾人16人次、贫困户65户次，上门办证6人次，化解矛盾纠纷4起，资助8名儿童重返校园，为5户牧民联系承包羊群，为6名老人争取低保金和优抚金。

2006年，组织实施“爱民固边”战略。年内，妥善处置群体性突发事件苗头1起，为群众解决实际困难7起，抢救遇难、病重边民2人，为贫困学生捐款3000余元，做好事50余件。办理第二代身份证1100本，发放212本，纠正错误码率登记信息11处。7月28日，旗委政法委举办草原110启动仪式，边境辖区草原110建设经费纳入地方财政。

2007年，边防大队围绕乌兰牧骑成立50周年、自治区60周年大庆和“十七大”安全保卫等重点工作，集中开展反偷渡、边境治安整治、追逃、收缴非法危爆物品等统一专项行动。

2008年，做好北京奥运会期间边境辖区稳定工作。集中开展大清查、大排查、打盗抢抓逃犯、治爆缉枪缴刀和加强外国人等基础和专项工作。年内，与人民武装部、公安局等部门联合清边2次，发放宣传材料1000余份，签订《边民包防责任书》551份，发放外来务工人员服务卡70份；走访551户1668人，走访暂住人口、重点人口、帮教对象、治安耳目107人。

2009年，先后开展“大走访、大清查、大排查”“大走访”宣传月、“利剑·2009”反偷渡、“治爆缉枪追逃保大庆”以及社会治安整治行动等活动，对辖区存在的治安和安全隐患进行清查摸底。年内，召开军警民联席会议3次，联合清边3次，出动警力1520余人次，检查车辆652辆，人员1152人。开展处突演练19次，签订《边民包防责任书》499户，发放警民联系卡200余张，运用“三所联调”工作机制及时调处矛盾纠纷26起。发生治安案件22起，查处20起，办结率98%。

2010年，针对全国“两会”、上海“世博会”、蒙古国总统访问中国途经苏尼特右旗和广州“亚运会”等安保任务，边防大队强化“三个联合”（联合解放军边防部队、联合群众组织和嘎查党组织、联合企事业单位以及兄弟单位），构筑“三个联防”（即点线面联防、区域联防、立体性联防）体系，严厉打击各类违法犯罪活动。年内，走访群众1800余户3900余人次，发放宣传资料1300余份，网上核对登记暂住、流动人口192人，遣返5名“三无”人员，设卡验证9次，查验车辆647辆1234人，重点排查厂矿2家，实行24小时人防、物防、技防严管危爆物品。累计接处警109余起，立刑事案件3起，受理治安案件40余起，查处率100%。

2011年，开展创建模范党组织生活活动，实施“爱民固边”战略等工作，完成“两会”安保、“大走访、大清查、大排查”等专项整治行动。年内，出动警力1110余人次，警车270余辆次，走访辖区群众300余户1524人次，检查暂住人口86人，查处各类隐患9处，检查车辆652辆，排查矿山企业、企事业单位4家，化解因草场纠纷、邻里纠纷引起的矛盾纠纷6起，处置群体性突发事件隐患2起，配合公安局执勤巡逻20余次。签订《边民包防责任书》1045户，发放警民联系卡1877张。边防大队、边防派出所两级领导进公安局和额仁淖尔苏木乡党委班子，大队长任公安局党委委员、副局长，7名民警兼任额仁淖尔苏木嘎查村主任；“爱民固边”战略被纳入全旗“平安建设”与“民族团结”工程，1个创建村被命名为爱民固边模范村。民警计算机配备率、公安网开通率、视频会议开通率等10项指标达到100%，额仁淖尔公安边防派出所被自治区公安厅评定为二级派出所。部队连续10年实现“三无”目标。

2012年，继续开展创建模范党组织活动，组建执法办案队、社区警务队、治安巡防队。投入6万余元，对额仁淖尔边防派出所进行综合指挥室改造。在全区边防派出所法制技能比武竞赛活动中，获1个单项第一名，2个单项第二名，3个单项第三名的成绩。年内，出动警力1120余人次，警车280余辆次，走访辖区群众1930户4860人次，签订《边民包防责任书》1090户，发放警民联系卡970余张。登记、核对暂住人口186人，查找各类隐患17处，检查车辆420辆，安全排查矿山企业、企事业单位12家。年内，接处警110起，报立刑事案件4起，办结治安案件40起，回访案件当事人满意率100%。

2013年，围绕全国“两会”“中共十八届三中全会”以及重要时间节点等重大安保工作，组织开展“三访四见”大走访、“卫疆—2013”专项行动、“缉枪扫毒”“冬季严打”等活动，推广“三所联调”“三所一庭”等社会管理创新机制，联合公安机关、解放军边防连队、辖区群防组织建立互联边境区域防控系统。年内，走访辖区群众5600余户1.85余万人，接处警141起，立治安案件50起，查处47起，刑事案件9起，自侦自破2起，移交公安局7起，发放各类宣传材料6000余份，妥善调处矛盾纠纷53起，救助牧民群众27起，登记、核对暂住人口76人，开展清边和驻训巡逻8次，查找整改各类安全隐患8处，设卡验证检查过往车辆876辆次1500余人。

2014年，完成全国“两会”、南京青奥会、国庆安保、中共十八届四中全会 、“嫦娥五号T1”

返回外围安保任务、APEC 会议、苏尼特右旗骆驼节、国际音乐节等重大安保工作。先后走访辖区群众 7500 余户 1.65 余万人，发放宣传材料 3000 余份。登记比对流动人口 157 人，境外人口登记管理 20 人。检查企事业单位 30 处次，排查整改各类安全隐患 13 次，开展清边活动 4 次。年内，接处警 118 起，刑事案件 2 起，办结治安案件 31 起。通过“三所联调”调处草场、水源纠纷 28 起，家庭、邻里矛盾 12 起，劳资纠纷 3 起。辖区 9 个嘎查村 100%实现民警兼任村主任，旗、苏木、嘎查三级均被“爱民固边模范”命名，“爱民固边”战略被旗委、政府纳入党政工程。

2015 年，苏尼特右旗公安边防大队所辖边境辖区和部队内部实现“双稳定”（边境地区稳定、社会治安稳定）“双提升”（群众安全满意度提升、部队士气正气提升）。完成全国“两会”“庆祝抗日战争暨反法西斯胜利 70 周年阅兵”“苏尼特右旗第十三届那达慕”“苏尼特右旗骆驼节”等重大安保任务。年内，累计开展入户走访 3113 户 7289 人次，发放警民联系卡 300 余张，法律、户籍咨询 370 余次；登记暂住人口 173 人次，检查企事业单位 31 家，查验外籍人员 17 人次，检车车辆 1109 辆次、人员 3015 人次，联合清边、巡边 5 次。接处警 82 起，刑事案件 4 起，治安案件 24 起，调处化解各类矛盾纠纷 33 起。

第二节　公安消防大队

一、 组织机构

2001 年，苏尼特右旗公安消防大队，由公安机关实行分级管理、分级指挥。统一对外称为苏尼特右旗公安消防部队，统一佩带公安制式臂章。消防大队隶属锡林郭勒盟消防支队。所辖执勤消防中队。消防大队担负着全旗防火灭火及抢险救援任务。

2002 年，苏尼特右旗公安消防大队由“分级管理、分级指挥”调整为“统一领导管理与分级指挥相结合”。按照公安部规定统一规范内外称谓。

2010—2015 年，根据《中华人民共和国消防法》和有关规定，对公安机关消防机构建制称谓进行明确。消防大队对外称为“苏尼特右旗公安消防大队”。

二、 消防宣传

2001—2005 年，消防大队每年组织开展消防宣传“六进”［进学校、进家庭、进企业、进农（牧）区、进社区、进机关］活动。累计印制和发放蒙古文、汉文宣传材料 4000 余份。

2009 年，开展新《中华人民共和国消防法》颁布宣传活动。发放蒙古语、汉语宣传材料 3000 余份，宣传画册 200 余册，到社区、学校开展火灾警示宣传活动 9 次，受教育学生、群众 4360 余人次。

2010 年，开展群众性消防宣传教育活动，利用地方媒体，以字幕提示、公益广告、新闻采访、专题报道等形式，宣传消防法律法规和防火灭火知识。同时，督促各单位设置明显消防指示标识和使用灭火方法提示，加强多警种、各单位联合防火防灾预案演练和协同作战效果。

2014 年，组织官兵参观人民检察院警示教育基地。通过图文并茂专栏内容及讲解员以案释法的讲解等形式，增强官兵反腐倡廉意识，预防职务犯罪发生。

2015 年，开展以“找火灾隐患，保家庭平安”为主题的“119”消防宣传日活动，设立法律法规咨询点和消防设施器材演讲台，向过往学生、群众发放全民防火简报及《消防安全知识二十条》《冬季家庭防火常识》《家用燃气的火灾危险与扑救》等宣传资料1580余份（册），讲解灭火基本常识、火场逃生方法和各类消防器材的用途和作用，指导学生和群众试穿消防战斗服、隔热服。8月，公安局与农林水利局、消防大队、森林公安分局、草原监理局等单位联合开展秋季防火宣传和防火预案演练工作，利用广播电视、传单、网络、手机短信、微信等平台大力宣传《中华人民共和国消防法》《中华人民共和国草原法》《中华人民共和国森林法》《草原森林防火条例》等法律法规和草原防火知识。

三、 重大火灾事故

2005年9月2日12时35分，集宁—二连浩特铁路赛汉塔拉段发生1起特大火灾事故。由集宁开往赛汉塔拉的20037编组货运列车行至集二线131公里处，与正在铁路边施工的装载机发生碰撞，造成特大脱轨事故和特大火灾事故。苏尼特右旗公安消防大队、二连浩特市消防大队、华北石油专职消防队、乌兰察布市消防支队出动消防车17辆，70余名官兵参加灭火，14小时后大火被扑灭。大火造成列车18节车厢脱轨，发生颠覆，其中，2节油罐槽车104吨柴油爆炸、泄露、燃烧，死亡1人。

2007年8月，全旗连续发生3起火灾，挽回经济损失30万元。11月18日11时30分许，朱日和镇巴音塔拉嘎查牧民家发生火灾，死亡2人。

2008年8月9日10时，乌日根塔拉镇嘎查1户牧民家因电瓶连电引起火灾，蒙古包被烧毁，造成经济损失约2.8万元，家中现金0.8万元、电视、VCD机、电瓶、家具、被褥等烧毁。民政局解决救济金2000元，乌日根塔拉镇政府解决7000砖块和铺地地板砖。

2009年6月24日12时54分，位于208国道赛汉塔拉镇巴润宝拉格嘎查大面积草场发生火灾，巴润宝拉格消防志愿者服务队组织查干呼舒嘎查和巴彦杭盖嘎查消防服务点志愿者、牧民44名，出动水罐车6辆、携带风力灭火机2台投入灭火。

2011年6月27—29日，消防大队在42小时内连续接警额仁淖尔苏木等处草原火灾10次7起，行程500余公里，车辆14辆次，出动人员70人次，保护3万余亩草场。

2014年4月30日15时52分，赛汉塔拉镇宝力嘎小区廉租楼9单元4楼东户发生火灾，造成2名儿童抢救无效死亡。

2002—2015年苏尼特右旗城镇火灾情况表

表16-2-1

年份	总数（起）	火灾伤亡情况				过火面积（平方米）	直接损失（万元）
		死亡（人）	受伤（人）	受灾人数（人）	受灾户数（户）		
2002	3	—	—	—	1	20	10.50
2003	8	—	—	—	—	15	21.80
2004	7	—	—	—	7	—	27.30
2005	13	—	1	—	11	51	144.30
2006	3	—	—	—	—	—	16.70
2007	10	2	—	—	6	161	101.40
2008	17	—	—	3	1	76.6	350
2009	25	1	—	5	4	1900708	256.40
2010	14	—	—	3	7	409	96.70
2011	31	—	—	78	28	29172	232.51

续表16-2-1

年份	总数（起）	火灾伤亡情况				过火面积（平方米）	直接损失（万元）
		死亡（人）	受伤（人）	受灾人数（人）	受灾户数（户）		
2012	23	—	—	42	14	386	1606.05
2013	19	—	—	—	1	324	125.48
2014	20	—	—	5	5	207	226.43
2015	3	—	—	—	—	305	14

第三节　武警内卫中队

2001年，苏尼特右旗武警内卫中队，隶属武警部队序列，受武装警察部队和地方党政双重领导。

2001—2015年，武警内卫中队主要担负苏尼特右旗武装执勤巡逻、维护社会治安、看守所外围武装警戒、押解逮捕犯人、处置突发事件和参加抢险救灾等各项任务。

2004年，武警内卫中队在武警锡盟边防支队和旗委、政府的关心和支持下，中队营区建成并投入使用。

2010年，武警内卫中队改善官兵的生活环境，扩展营房750平方米。

2011—2015年，根据有关编制法规和公安警卫部队担负任务及部队性质、特点，公安部政治部明确规定各级公安机关警卫机构建制称谓、部队规格、机构设置、编制管理等内容。

第三章 兵 役

第一节 兵员征集

2001—2015 年，全旗征兵工作按照《中华人民共和国兵役法》相关规定执行，每年进行 1 次义务兵征集工作。征集的人数、时间和具体要求，由国务院和中央军委发布命令，全旗征兵工作领导小组根据内蒙古自治区、锡林郭勒盟征兵领导小组命令组织全旗征兵工作。

全旗征兵工作坚持在旗委和上级业务部门正确领导下，由武装部牵头，制定年度征兵工作方案和宣传教育计划，组织征兵工作人员培训，动员宣传报名，开展目测与体检以及审核送兵等项工作。政府成立征兵领导小组办公室，抽调公安局、教育局、卫生局等有关部门人员参加征兵工作，由地方政府分管主要领导担任征兵领导小组，武装部主要领导担任副组长。兵役登记期间，在苏木镇和企业事业单位设立兵役登记站，由苏木镇武装部组织实施，公安局、卫生局等部门选派人员参加。

2003 年，全旗征兵工作开始使用征兵登记软件进行登记。

2010 年，召开年度征兵工作会议，武装部与公安局、教育局、人民医院等单位签订征兵责任状。全旗各单位、苏木镇采取发放宣传单、设立咨询站、悬挂过街横幅、张贴标语、广播电视播放征兵宣传标语和应征青年须知等形式，营造宣传效果和氛围。制定“廉洁征兵”措施，实施“阳光征集”工程，武装部与纪律检查委员会设立举报箱、举报电话和公开栏，及时张榜公布政审、体检合格人员名单。

2013 年，全旗实行夏秋季征兵，征兵时间统一由冬季调整到夏秋季。即夏秋季 8 月 1 日开始征兵，9 月 1 日批准入伍，9 月 30 日征兵结束。年内，群发征兵宣传短信11000条、发放各类宣传单4000 余份，以群发短信、电台宣传、张贴标语、社区走访等形式开展征兵宣传活动。

2015 年，武装部协调政府，先后 4 次召开征兵工作协调会，部署任务，提出要求，层层分解网上报名和体检指标，采取报刊登载、张贴标语、散发传单、微信发送、广场 LED 屏滚动播放等多种形式进行宣传，调动适龄青年参军入伍积极性。年内，完成年度应征青年参军入伍。

第二节 退役安置

2001 年，武装部贯彻落实中共中央、国务院、中央军委颁发的《军队转业干部安置暂行办法》（以下简称《暂行办法》），组织实施“计划分配”与“自主择业”相结合的退役军官安置政策。

《暂行办法》实施以来，先后6次调整自主择业军转干部退役金。

2010—2015年，全旗妥善安置和接收离退休、转业干部和转业士官、退伍士兵。自主择业干部报到率100%。

2015年，按照国务院颁布的《退伍义务兵安置条例》，落实国务院、中央军委转批民政部、总参谋部《关于进一步做好伤病残义务兵退伍和安置工作意见的通知》《中国人民解放军志愿兵退出现役安置暂行办法》等文件精神。苏尼特右旗委、政府高度重视退役士兵安置工作，制定全旗军官干部、志愿兵、义务兵和伤残军人安置优惠政策，制定合理补助标准，补助经费纳入当年财政预算，按时发放补助经费。武装部协调劳动就业局建立退役士兵技能培训和就业服务机制。开展退役士兵技能培训，每年培训率100%，考核合格颁发结业证和上岗证。

第三节　预备役登记

一、预备役登记统计对象

全旗预备役登记统计工作，分为军官预备役登记统计和士兵预备役登记统计。

1. 军官预备役登记。统计对象主要包括转服预备役的转业军官和文职军官。

2. 士兵预备役登记。统计对象包括转服预备役的退伍军人、民兵（基干民兵、普通民兵）、35岁以下的地方与军事专业对口的技术人员、编入预备役部队和预编到现役部队的士兵、经过兵役登记的其他未服现役的公民。

3. 预备役登记条件。年龄条件，预备役士兵为18~28岁。民族地区可放宽到35岁，担任预备役军事、政治、后勤军官平时服预备役的最高年龄为排级40岁、连级45岁、营级50岁，团、师级职务55岁；预备役专业技术军官服预备役最高年龄为初级专业技术50岁、中级专业技术55岁、高级专业技术60岁。政治条件，服预备役人员必须政治上合格，凡触犯法律，被逮捕、判刑、被剥夺政治权利的，不进行登记或注销登记。身体条件，凡身体无残疾，无慢性病，或虽有慢性病，但不影响正常训练、参战的人员，都必须进行预备役登记。

二、预备役登记统计的方法

全旗预备役登记统计工作主要依据预备役登记统计工作的有关政策、登记统计对象的种类和条件，采取灵活方法，做好登记统计。武装部完成预备役“一图”（民兵组织分布图）、“两案”（兵员动员预案、应付突发事件预案）、“三表”（民兵组织实力统计表、兵役登记统计表、民兵活动情况一览表）、“四簿”（民兵活动登记簿、外出民兵请销假登记簿、民兵政治教育簿、会议记录簿）、“五册”（基干民兵花名册、普通民兵花名册、退伍军人花名册、地方与军事专业对口人员花名册、预征对象花名册）等资料登记统计。

1. 按照全军统一规定、确定服预备役或免服预备役，并在《退伍军人登记表》《退伍军人证明书》上填写专业号码和专业名称。退伍军人到地方报到时，由县（市、区）人民武装部会同安置部门进行核实，填写卡片，并在《退伍军人证明书》上加盖“服预备役”或“免服预备役”的专用章。基干民兵训练结束时采取自下而上的方法进行登记。通常由民兵营（连）负责填写《基干民兵登记卡片》。普通民兵主要通过民兵整组，由民兵营（连）负责登记，建立花名册。对未服过现役并未参加民兵组织的地方与军事专业对口技术人员，由所在单位的民兵组织或指定有关部门负责登记，填写《专业技术人员预备役登记卡片》。

2. 武装部对《预备役登记卡片》应按照其种类、类别、军兵种、专业号码、专业名称、年龄、单位等顺序进行分类专柜存放，以便平时查找，保障战时动员需要。

3. 每年对预备役登记统计数字进行全面核对。主要核对需作消除登记人员。如超龄、身体有严重残疾不适应继续服预备役和死亡等不具备重新登记条件的人员应作消除登记；核对注销登记人员。如调出本旗、出国、被逮捕、判刑、剥夺政治权利人员；核对需要补登人员。如漏登，包括各类人员中符合服预备役条件而未登记。外地调入和可恢复服预备役登记人员；核对需要转递“卡片”人员。如在本旗内调动，需要转递“卡片”，应由调出单位在其“预备役登记卡片”上注明调往单位，并将“登记卡片”报武装部转给调往单位；核对改登人员。如退伍军人预备役登记中，技术兵和普通兵、技术兵和专业号码相互错登应逐一改登。；核对需要转类的人员。如一类预备役要转为二类预备役人员，预备役士兵提任预备役军官人员转类。

4. 按照《退伍军人预备役登记统计暂行规定》要求，对凡是填写“预备役登记卡片”的各类预备役人员，都列入全旗“预备役统计表”统计范围进行统计。

三、 预备役登记统计要求

全旗预备役登记统计工作要做到登记无错漏、数据准确、资料完整、分类合理、专柜存放、专人保管、防止泄密。登记统计要做到规范化、制度化，达到准确性、科学性。

第四章　人民防空

第一节　组织机构

2002年，经内蒙古自治区人民政府和自治区军区批准，苏尼特右旗为全区开展人民防空工作重点旗县（市）之一。6月，旗委、政府进行党政机构改革，根据政府办公室职能配置内设机构和人员编制规定，设政府人民防空办公室，对外使用“政府人民防空办公室”名称。办公室设在政府办公室，配备有人防专兼职人员。

2003—2006年，按照内蒙古自治区人民政府、内蒙古军区《关于扩大人民防空工作领域的通知》精神，落实人民防空办公室人员编制，设立专职主任，单独办公。人防经费列入财政预算。

2007年，全旗建立以人民防空领导小组为战备总指挥，以驻军、人民武装部为主体，以民兵为骨干的防空队伍。

2009年，按照“准军事化”建设标准，全旗加强各苏木镇人民防空队伍建设。

2010年，人民防空办公室加挂民防局牌子，武装部干部在人民防空办公室兼任职务。

2012—2013年，人民防空办公室科学设置人防机构，合理编配内设机构和人员；组建以武装部、驻军（警）种为主体、民兵预备役为骨干的全旗防空队伍。

2015年，人民防空办公室与政府办公室合署办公，财务独立。设专职主任1人，武装部副部长兼任副主任，专兼职人员6人。办公室3间、人防指挥通讯室1间、人防应急装备室1间。

第二节　防空宣传

2001—2005年，人民防空办公室贯彻执行中央军委发布的《人民防空条例》，累计5500余名干部、职工、学生参加人民防空知识宣传教育活动，发放《人民防空教材》2000余册，开展“三防”（防核武器、防化学武器、防生物武器）知识教育和基本防护方法。

2006年，全旗发放《人防法律法规文件汇编》，组织开展人民防空宣传周活动，利用广播电视台宣传《中华人民共和国人民防空法》。

2008年，人民防空办公室将法制宣传教育对象集中在领导干部、初一新生和建筑单位职工3个重点。年内，向初一新生851人、领导干部200人下发《人防知识宣传提纲》《人防行政执法手册》。先后向赛汉塔拉镇12个社区、7个嘎查免费发放人民防空教育教材200余册。

2010 年，制定《苏尼特右旗人防办开展中华人民共和国人民防空事业创立 60 周年庆祝活动方案》，结合人民防空宣传周暨试鸣人防警报活动，开展防空防灾教育“六进”（进学校、进社区、进机关、进党校、进网络、进企业）活动。完成对 3 所初级中学，500 名学生的人民防空教育，全旗开展科级领导及后备干部人防知识宣传培训。年内，人民防空办公室在全区、盟市媒体报纸刊发人防宣传稿件 15 篇，在《内蒙古民防》刊登调研文章 1 篇，订阅《内蒙古民防》10 份，并投资 3 万余元建新型蒙古包，作为人防疏散指挥和教育宣传场所。

2011 年，协调政府相关部门开展“全民国防教育日暨‘9・18’防空警报试鸣日”宣传教育活动，强化信息化条件下人民防空训练，突出“原子、化学、生物”实战能力训练和预案演练。制定下发全旗宣传教育“六进”标准，组织各中学人民防空宣传教育，为干部职工举办“国家安全形势”专题讲座。

2012 年，结合全旗人民防空工程规划编制工作，由内蒙古人防规划设计院综合分析全旗基本情况、人防设施和重要经济目标等基础资料，与疏散基地建设发展规划开展衔接工作。年内，投资 13 万元，完善“五通”条件，新增 2 顶大型蒙古包及人民防空防灾宣传教育展板等设施。

2013 年，人民防空办公室组织学习修改后《内蒙古自治区实施〈中华人民共和国人民防空法〉办法》。

2015 年，全旗组织开展纪念中国人民抗日战争暨世界反法西斯战争胜利 70 周年活动，开展全区人民防空宣传月活动。年内，利用广播、电视、手机等发送警报鸣响规定、防空防灾知识宣传短信 20 余条，发放宣传资料 1500 余份。与民政局、教育局、消防大队、安全监督管理局等部门联合开展“5・12”防灾减灾日宣传活动。分别在《内蒙古民防》《锡林郭勒日报》等媒体、网站刊发稿件 52 篇幅。

第三节　防空工程

一、 工程建设

2001 年，全旗完成 1 个镇 2 个村的人民防空基础工程建设，对部分坑道设施进行修复和报废。

2002 年，武装部、人民防空办公室落实《内蒙古自治区军事设施区域划定工作的通知》，完成全旗军事设施区域划定工作，进行现地勘察和划定。修订警戒标志、军标，划定界线标地，动用车辆 30 余台次，行程 2500 余公里。

2002—2005 年，全旗人防工程以赛汉塔拉镇人防基础建设为主，完成人防基础普查，制定《苏尼特右旗人防基础工程初步规划》。

2010 年，全旗完成人民防空工程规划编制方案，按照纲目完成基础资料收集整理，并纳入全旗国民经济和社会发展“十二五”规划编制。人民防空办公室对全旗防空防灾应急人口疏散教育基地进行重点建设。

2012 年，人民防空办公室完成赛汉塔拉镇防空防灾人口疏散教育基地建设。

2014—2015 年，全旗完成赛汉塔拉镇 1 处人防项目，并完善结建工程报备手续。

二、 维护管理

2001 年，制定《苏尼特右旗人民防空工程维护管理和使用办法》，对前建人防工程进行部分改建和维修。

2002—2005年，负责全旗人防工程的维护管理、建设施工。全旗人防基础建设重点防护维护项目有1类1级1处、3类1级1处、4类1级2处、5类3级1处。

2007—2009年，全旗规范人防工程设计、审批、质检、验收等环节，实行新建民用建筑防空报建联审制度，完成全旗结建工程。

2010年，依法加大新建民用建筑普查登记及人防易地建设管理，对符合条件的民用建筑依法落实修建防空地下室，按规定执行人防行政审批事项和流程等工作。同时，按照“资源共享、共建双赢”原则，加强全旗防空防灾应急人口疏散教育基地管理建设。

2012年，邀请内蒙古人防规划设计院对全旗基本情况、人防设施和重要经济目标等基础资料进行综合分析，协调旗直相关单位对疏散基地的水、电、路等基础设施进行维护。

2014年，全旗完成警报器试鸣暨人防宣传周活动，丰富防空防灾宣传教育“六进”活动。加强人民防空基础工程管理维护，在赛汉塔拉镇建立电力社区人民防空工作站。

2015年，新增赛汉塔拉镇1处人民防空工作站，并在社区设立专门示范点。

第四节　通信警报

一、通信联络

2010年，做好全旗人民防空指挥通信系统建设，制定规划城市防空袭预案和保障计划、图表等。年内，配合自治区人民防空办公室做好无线电台组网和培训工作，完善全旗政务信息网，做好盟旗“三网合一”信息系统建设。

2011年，苏尼特右旗新区党政大楼“三网合一”通信指挥系统安装调试投入使用。

2014年，按照标准建立全旗人民防空通信指挥室，配备“三网合一”系统、无线电台、警报统控、传真打印一体机和专用电脑，完成数据库资源整合。每周进行2次“三网合一”系统测试，继续使用每周短波电台通话工作。依托政务门户网站建立人民防空网站。

2015年，实现全旗“三网合一”系统、无线电台、警报统控、传真打印一体机和专用电脑等数据库资源整合。完成每周一、周四的“三网合一”系统测试。

二、警报系统

2007年，按照防空实践需要，在赛汉塔拉镇组织人员转移、疏散、专业队伍相配合的防空演习。

2008年，全旗完成电声警报器和警报器统控设备的安装。年内，同步开展悼念汶川地震遇难者和试鸣日人防警报的鸣响工作，参试率、鸣响率100%，音响覆盖面90%以上。

2010年9月18日，全旗增加1台电动警报器系统，并完成安装调试。

2011年，全旗实现各警报器站点与中央控制短波电台通信，人防警报器参试率、鸣响率100%，音响覆盖面98%以上。

2012年，人民防空办公室在赛汉塔拉镇部分区域内安装人防电声警报器各1台，城区覆盖率100%。

2013年，按照全区人防警报试鸣日和全盟工作安排，人民防空办公室定于该年9月18日上午10

时至10时23分，在赛汉塔拉镇依法开展人防警报试鸣活动。试鸣预先警报时间是10：00—10：03，鸣36秒、停24秒，反复3遍，时长3分钟；试鸣空袭警报时间是10：10—10：13，鸣6秒、停6秒，反复15遍，时长3分钟；试鸣解除警报。时间是10：20—10：23，连续鸣响3分钟。

2014年，全旗人防警报器参试率、鸣响率100%，音响覆盖面95%以上。

2015年，制定《苏尼特右旗2015年开展人防警报试鸣暨人防宣传周活动方案》，参与全区防空警报统一试鸣视频会议，开展“9·18”防空警报试鸣宣传活动，试鸣信号使用国家规定3种防空警报信号，人防警报参试率、鸣响率100%，警报覆盖面98%以上。

三、 预案演练

2002年，锡林郭勒盟人防办批准《苏尼特右旗防空袭预案》。

2004—2007年，赛汉塔拉镇连续4年组织人员进行转移、疏散、专业队伍相配合的防空演习。

2008年，政府、武装部、人民防空办公室联合制定《苏尼特右旗信息化条件下防空袭预案》

2009年，全旗建立预警报警系统，修订和完善防空袭方案。根据人员变动情况，及时调整人防合成专业队整组，将人防专业队纳入民兵组织序列，统一编组、统一训练。年内，完成抢险抢修、运输、消防、治安等专业队人员训练。

2014年，苏尼特右旗党政综合办公楼设置人防应急装备室，配备人防服装、应急包和人防各类应急救生器材。结合社区实际，制定乌兰社区居民疏散掩蔽应急预案，成立人防志愿者队伍。在自来水公司设立人防工作站，制订宣传方案和疏散应急预案。

2015年，人民防空办公室重新修订《苏尼特右旗信息化条件下城市防空袭预案（修订稿）》。新制定预案中重新确定党政综合楼、联通公司、变电站和自来水公司等10余个单位为重要经济目标，并指导重新修订全旗重要经济目标防护预案。

第五章　国防教育与动员

第一节　国防教育

一、组织机构

2001—2015 年，苏尼特右旗国防教育委员会主任由中共苏尼特右旗委副书记兼任，副主任由武装部政治委员、宣传部长、政府副旗长兼任，成员单位由宣传部、总工会、妇女联合会、共青团委员会、民政局、教育科技局、公安局、司法局、武装部以及驻军等部门组成。国防教育委员会下设国防教育办公室，办公室设在武装部政工科。苏木、镇设国防教育领导小组。

二、基础设施

2006 年 8 月，全旗国防教育中心建成，国防教育展厅面积 50 平方米，主要有驻军、民兵、预备役部队等军事单位和个人所获荣誉及物品，包括历史沿革、军事训练、政治教育、拥政爱民等文字图片展板。

2010—2011 年，武装部主动参与全旗双拥模范城争创活动，修建国防展厅展板，更换灯箱、展板图片文字，补充 2007—2011 年期间双拥共建文献资料。

2015 年，教育科技局新建国防教育展厅，朱日和基地成立干部职工国防知识培训基地。

三、国防教育宣传月

2001—2015 年，全旗国防教育委员会连续 15 年组织开展“国防教育宣传月”活动。其间，重点开展国防教育展览、国防知识竞赛等活动 30 余次，全旗党政军领导干部、企事业职工、军人警察、预备役、中小学生和各界群众 21000 余人次参加宣传月活动。

2013 年，武装部集中开展国防宣传 3 次，利用学生军训、民兵整组、新兵征集等时机，采取电视讲座、党校课堂、散发传单、手机短信、鸣响防空警报、参观国防教育基地等形式开展国防教育。协调电视台共同录制《认清形势，主动有为，努力实现强军目标主力军》国防教育专题片，全民国防观念和国防意识得到加强。

2015 年，武装部通过建军节、国庆节等节庆和纪念日，集中开展国防宣传活动4 次。

四、国防知识竞赛

2004 年，武装部组织开展“爱中华、奔小康、强国防”国防知识答题，参加人数 2600 余人。

2007 年，组织开展“国防教育日”国防知识竞赛和国防知识竞赛答题和活动，参加人数 1260 余人次，完成答卷 1000 余份；全旗 4 所中学 2000 余名学生参加庆祝建军 80 周年及“皇城相府杯”国防知识竞赛答题活动。

2011 年，武装部在全旗组织开展“永远跟党走，庆祝建党 90 周年国防知识竞赛”，主要涉及经济、科学、文化、国防 4 大类 100 题，参加人数 600 余人，收到有效答卷 530 余份。

2015 年，全旗以“全民国防教育日”、八一建军节、国庆节、征兵、民兵整组组训、学生军训等活动为契机，累计开展“爱中华、奔小康、强国防”、庆祝建军 80 周年、庆祝建党 90 周年等国防知识竞赛活动 6 次 210 人，完成国防知识竞赛试卷答题 3000 余份。

五、 学校国防教育

2001 年，国防教育中心接受学生 6000 余人次。党校、初高中学校开设国防教育课，开展“少年军校”创建活动。

2001—2005 年，结合纪念抗日战争胜利 60 周年、第五个“全民国防教育日”，组织开展“勿忘国耻、强我中华”主题专题教育活动。

2004 年，全旗各学校开展军训，参训学生 1200 余人，组织 5000 余名学生观看国防教育展板，2000 余名学生参加“爱中华、奔小康、强国防”主题签名活动。

2007 年，武装部协调教育局及各驻军单位，利用 20 天时间对全旗 4 所中学 1675 名学生进行军训和国防教育活动。

2011 年，赛汉塔拉镇第二中学 800 名学生采取走进军营、参观国防教育展厅、唱红色歌曲等方式，开展庆祝建党 90 周年活动。同时，长期聘请武装部职工担任国防教育和军事教官。

2013 年，全旗开展新生入学军训和国防知识教育活动 12 次，课堂教育 30 课时，新生到课率 100%，军训人员 1100 余人。7 月，武装部组织干部在各学校播放《认清形势，主动有为，努力实现强军目标主力军》国防教育宣传片，全旗中小学师生受教育率 90%。

2015 年，全旗先后举办座谈会、演讲会、升旗仪式、国防宣传、播放爱国影片等形式教育活动 21 次，组织学习《国防法》《国防教育法》《军事设施保护法》《兵役法》、中共十八大和习近平关于国防建设重要阐述等内容，为全旗干部、职工和学生播放爱国影片 12 部，国防专题片 9 次，参与人数 3000 余人。年内，全旗各中小学以“强健意志体魄，加强学生国防意识、普及国防知识”为总目标，开展国防教育课堂教育和阵地教育，新生受教育率 95%。

第二节 国防动员

2002 年 8 月 1 日，苏尼特右旗国防动员委员会在武装部挂牌成立。成员单位有苏尼特右旗人民防空办公室、发展改革局、交通局。国防委员会与武装委员会一个机构两块牌子，下设国防动员综合办公室（设在武装部军事科）、国民经济动员办公室（设在发展改革局）、人民防空办公室（设在政府办公室）、交通战备办公室（设在交通局）。第一主任由旗委书记担任，主任由旗长担任，常务副主任由旗委常委、武装部首长担任，副主任由武装部首长和分管副旗长担任。国防动员办公室设在武装部，负责日常工作。

2002—2003 年，国防动员委员会制定年度国防动员规划、计划，开展国防动员理论研究座谈会。

成员单位组织开展贯彻党和国家关于国防动员方针、政策宣传活动。制定国防经济和交通战备动员计划。

2004年，按照《内蒙古自治区国防动员潜力调查实施办法》（试行）要求，国防动员委员会在全旗范围内开展国防动员潜力调查。

2005年，组织召开全旗议军会议，贯彻落实国防动员部署及军事工作等具体问题6个，政府投资3万元，完善国防训练基地设施建设。年内，制定和完善全旗、苏木镇、嘎查村三级国防动员预案演练方案。

2006年，投资6万余元建成国防训练设施靶场工程。其间，武装部干部、民兵和部分群众义务参加劳动，节约资金4000余元。

2007—2009年，国防动员委员会制定全旗国防交通保障计划，拟定战时交通保障计划和应急交通保障方案。开展全旗军地专业技术人员、专业设备和潜力调查以及国防潜力调查统计工作，建立参战力量、国民经济、交通战备、科技信息、城市防空和国防动员指挥等基础数据库。

2010年，开展城镇防空和“三防”（防核武器、防化学武器、防生物武器）宣传教育，进行防空演练拉练。

2011—2015年，国防动员委员会以作战任务为需求，加大国防工程管理和维护力度。依据总参谋部《关于国防工程军民共管质量评定标准》，开展国防动员普查维修工作，新建立档案资料25卷，标绘位置图3份，国防工程完好率98%。

第六章　双拥工作

第一节　双拥共建

一、 拥政爱民

2001—2005 年，全旗驻军、武警官兵和预备役民兵坚持“同呼吸、共命运、心连心”，把北疆草原当作故乡，把牧民群众视为亲人，长期为边疆各族群众排忧解难，解决看病难、吃菜难、吃水难、购物难、出行难等问题。在此期间，各军警种官兵组织所属部队官兵齐心协力、协调配合，投入到全旗抗击“非典”战役。武装部联合各苏木镇驻军、公安边防武警和民兵预备役民兵分别在赛汉塔拉镇、格日勒图敖都苏木、桑宝拉格苏木、乌日根塔拉苏木等苏木镇成立“青年民兵之家”，为当地五保户、军烈属、特困户剪羊毛、围草库伦、打井等义务劳动。公安边防大队在边境辖区开展“三访四见”（访贫问苦、访疾问难、访外来人员问弱势群体，牧民群众对边防民警看见、敢见、愿见、想见）活动。

2002 年，苏尼特右旗首次被命名为内蒙古自治区“双拥模范旗”。

2005 年，全旗确定“以干部为重点、民兵为骨干、学生为基础、群众为主体”的双拥宣传月活教育思路，采取张贴标语、设立宣传牌、出动宣传车、印发宣传单以及在全旗内外报刊和广播电视媒体上开设宣传专栏等形式开展宣传。年内，制定《苏尼特右旗 2005—2007 年双拥工作规划》。投入 40 余万元，开办国防教育展厅 1 处、爱国主义教育基地 4 处、少年军校 2 所，设立双拥固定宣传牌 4 处。截至 2005 年，全旗累计开展宣传月、动员会、经验交流会、知识竞赛等双拥宣传教育活动 20 余场次，参加人数 12000 余人次。旗委、政府先后为部队建设投入 1000 余万元，用于武装部、边防大队、消防大队、内卫中队营房建设和驻边部队通热通水、通电以及“菜篮子”工程等基础设施建设，并在财政非常吃紧的情况下，专门财政出资为驻地武警部队官天每人每天补助 1 元钱伙食费。每逢八一、元旦、春节等重大节日，旗委、政府都要专程慰问驻军部队和优抚对象，先后派出慰问团（组）40 余个，慰问连以上驻军单位 115 次，优抚对象 468 人次，赠送 48 万余元慰问物资。乌兰牧骑、图书馆、文化馆、电影公司、新华书店以及各苏木镇、各社区业余文艺队，坚持经常性地深入部队，开展科技进军营、文艺进军营、文化辅导进军营、图书进军营、电影进军营、育才工程进军（警）营等活动，邮政部门成立专程为部队服务的流动邮局，每周分 3 次风雨无阻地为部队官兵送报刊、包裹，办理邮寄、汇兑、集邮等业务。

2006—2007 年，全旗先后出台实施《苏尼特右旗拥军优属暂行规定》《苏尼特右旗驻军拥政爱民若干规定》《苏尼特右旗优抚对象医疗减免暂行规定》《苏尼特右旗各族各界人民拥军优属公约》《驻军部队拥政爱民公约》，完善优待抚恤、退伍转业军人安置、义务兵优待金统筹等地方优待政策。双拥办公室制定双拥工作制度、例会制度、互访制度、议军制度以及成员单位工作职责等。各个成员单位制定出台警民共建商业一条街制度、军供粮油供应制度、医疗优先制度、驻军后勤草场保障制度、定期投送邮件报刊制度等具体拥军优属工作制度。其间，公安边防大队在全旗边境地区实施“爱民固边”战略。联合武装部、财政局、公安局、教育局等部门，召开“爱民固边”联席会议、关爱辖区无助儿童联席会议，组织开展“三访四见”主题活动，扎实推进“群防、维稳、爱民、执法”四个战役。

2008—2009 年，全旗继续开展双拥共建工作和争创自治区级“双拥模范城”活动。其间，武装部与交通局、交警大队共同打造军民共建一条街，开展争创“全区拥政爱民模范单位”。公安边防大队关爱社会弱势群体，联合卫生局、防疫站、人民医院开展“送医送药进毡房”义诊活动，免费接受体检、咨询群众 1000 余人，为弱势群体赠送价值 1 万余元的药品；资助儿童和困难学生 12 人次，捐款 3 万元。消防大队与乌日根塔拉镇额尔敦敖包嘎查建立帮扶联系点，出动人员 80 余人次、车辆 30 余辆次，开展入户调查 40 余户，捐款、捐物 1 万余元。驻地部队官兵、人武干部、民兵组织和公安、消防、边防民警长期深入驻地敬老院，帮助打扫卫生、拆洗被褥，与他们促膝交谈、共同娱乐，累计为孤寡老人做好事 200 余件次，捐款捐物价值 3.2 万元。

2010 年，全旗驻军部队、警种与地方相关单位、中小学校建立双拥共建单位 16 个，开展共建项目 20 个。建立军民、警民联系点和联系户 30 个 78 户，与特困户和困难学生结成“一助一”帮扶对子 52 人。武装部与科技部门到各苏木镇为农牧民提供信息和技术服务，为基层文化站捐赠图书，先后进行文化辅导 14 次。边防大队协调教育局、民政局将 2 名困难儿童纳入政府救助体系，年内，走访慰问困难儿童家庭 28 次，发放慰问品 80 余件，慰问金 2000 元，为困难儿童定期综合体检 4 次。消防大队组织官兵到客运站、中小学校和重点行业等 15 个共建联系点宣传消防知识，排除消防设施隐患 11 处。消防队员组织开展“大走访”爱民实践活动，走访赛汉塔拉镇杭盖路社区、乌兰社区，看望失业下岗家庭和孤寡老人 22 户，走访朱日和镇低收入生活困难群众 18 户。武警中队联合公安边防、消防开展“三警共建平安西苏”活动。

2011—2012 年，公安边防大队“爱民固边”战略被社会治安综合治理办公室纳入全旗“平安建设”与“民族团结”工程，新宝力嘎移民村、吉呼朗图嘎查、赛音锡力嘎查 3 个爱民固边模范嘎查村通过旗委、政法委验收，并正式发文命名。边防大队、边防派出所两级主要领导进入公安局和苏木党委班子，大队长任公安局党委委员、副局长，派出所所长任苏木党委委员、综治副书记，7 名民警兼任苏木嘎查村主任。扎实开展“大走访”、开门评警和爱民实践等活动，走访群众 2680 余人次，为群众累计做好事、办实事、解难事 66 件次。

2014 年，公安消防大队组织开展“大走访”活动。走访社会重点单位 60 家，征求社会各界意见 65 条，制定便民利民措施 16 项，解决群众关心问题 108 项，抢救被困人员 21 人，疏散被困人员 5 人，抢救财产价值 287.9 万元。

2015 年，驻地各军警部队建立共建单位 28 个，开展双拥共建活动 120 余次，共建项目 17 项。累计为困难学生、孤寡老人、特困户等捐款捐物价值 13 万元。年内，走访辖区群众 3113 户 7290 余人，开展医疗服务下乡活动 4 起，发放药品 3 类 12 种，价值 3 万元。

二、 支援地方建设

2001 年，武装部组织民兵预备役人员参加浑善达克沙漠源头治理大会战，并制定五年自建和参建规划。完成自建 3000 亩示范基地围封工作，参加城镇生态绿化植树 260 棵。年内，公安边防大队为额仁淖尔苏木吉呼郎图嘎查建立 80 亩饲草料基地，协调上级业务部门修建机井 1 口，购进农耕物资和器材，帮助嘎查牧民增加抵御抗击自然灾害能力。

2002 年，武装部支援全旗农田防护林大会战，动用民兵 400 余人次，历时 5 天，种树 3. 1 万棵，4000 余亩；支援青储大会战，协调驻军，动用车辆 41 辆次 421 人，完成上百万吨青储饲草任务。公安边防大队支持全旗“围封转移”战略工程，协助政府完成格日勒图敖都苏木、额仁淖尔苏木 2 个边境苏木 162 户牧民搬迁工作。

2003 年，全旗驻军、公安、武警部队及民兵预备役参加全旗抗击“非典”战役。武装部协调朱日和基地从北京、天津为驻地联系高质量防护口罩 40000 个，防护眼镜 200 个，防护服 200 套，总价值 20 余万元。公安边防大队为边境地区重点牧户购置发放预防性药物、针剂 330 包（盒），购买各类消毒液 170 瓶，防护用具 50 件（套），出动警力 124 名、车辆 26 辆次，设立堵卡点 3 处，检查人员 8200 余人次，车辆 2650 辆次，为抗击“非典”捐款 1 万元。

2004 年，武装部会同边防大队、消防大队、武警内卫中队官兵和预备役，开展春季生态建设大会战，挖树坑 2200 余个，种（补）榆树 15000 余棵，成活率 90%。

2005 年，武装部在生态建设基地补种榆树 1500 棵。7 月，协调旗委、政府分 3 次到朱日和演习地域做好牧民群众工作，确保演习顺利开展。公安边防大队组织官兵为新宝力嘎移民区收割青贮 105 万公斤，帮助牧民装卸饲草料 32 辆 80 余吨。截至 2005 年，驻军部队投入扶贫资金 132. 5 万元，捐款 6. 4 万元、捐赠粮食 600 余吨、燃油 10 余吨。

2007 年，针对辖区沙尘暴、旱灾、雪灾、鼠灾等自然灾害频发情况，公安边防大队以草原 110 为依托，协调建立完善政府、派出所、牧民双向预警网络，协调苏木政府美化村容村貌、丰富群众文娱活动，拓展致富渠道，推行科技兴农政策。其间，举办法律和种养殖等知识讲座 6 次，协调建设“爱民活动室”“爱心超市”“爱民图书室”，带动嘎查党组织寻找建立致富项目 8 个，服务带动周边 30 余户牧户。

2008 年，公安消防大队出动官兵 60 余人次、车辆 20 余辆次，开展植树造林、清理积雪垃圾、给农牧民送科技知识和书籍等工作。

2010 年 8 月，额仁淖尔公安边防派出所与乌兰察布市高速公路分公司赛汉塔拉收费站双方签订共建共约。年内，派出所出动警力 30 余人次，车辆 32 辆次，支援收费站开展基础设施建设，官兵们出资和技术为职工建设家畜饲养棚圈 3 处、43 型温室大棚 1 座。双方不定期开展爱国主义、安全防范等知识教育，为职工进行仪容仪表和军事训练。公安消防大队接处警 18 起，出动车辆 30 台次，官兵 126 人次，抢救被困人员 8 人，疏散 20 人，抢救财产价值 53. 8 万元。

2011 年，公安边防大队协调上级医疗部门，组成爱民义诊医疗服务队，深入额仁淖尔苏木移民村为牧民群众进行肝功、血脂、尿常规、血糖、心电图等项目体格检查，并赠送常用药品。

2015 年，全旗驻军、武警、边防、消防、空军地勤等部队签订《双拥共建公约》28 份，共建项目 18 个，累计开展各类活动 160 余次。围绕新一轮“双拥模范城”验收评比，人民武装部与朱日和小学结成共建单位，组织团以上领导结队资助贫困学生，结对帮扶吉呼郎图嘎查。

第二节　抢险救灾

2001年，全旗驻军、公安、武警、民兵预备役等官兵参与全旗抗灾抢险活动。累计出动官兵、警力、预备役人员490余人次，车辆97辆次。先后迎接沙尘天气挑战9次，连续参加抗击风雪行动，解救遇险群众15人次，危重病人2人，帮助牧民找回牲畜15680余头（只）。为灾区牧民群众送米送面2550公斤，饲料4790公斤，草32380公斤，煤50吨，义务装卸救灾饲料20500公斤。

2001—2004年，全旗先后发生赛汉塔拉镇皮毛厂、林场等处重大火灾18起，公安消防队员抢救财产价值53万元，经济损失5015万元。

2005年9月2日，苏尼特右旗发生1起油罐列车与施工的挖掘机相撞重特大事故。旗委、政府启动应急预案，派公安消防大队、华北石油消防队与二连浩特市和白音查干消防大队官兵经过4个小时奋勇扑救及2昼夜看守将大火扑灭。年内，全旗发生火灾13起，抢救财产价值1017万元，经济损失14430万元。

2006年，武装部组织40名民兵应急分队，边防大队和武警内卫中队分别出动20名官兵参加全旗抗洪抢险。构筑水堤200延长米，抢修120余间居民平房。年内，边防大队出动警力抢救宁夏回族自治区遇险病重群众2人；消防大队火灾抢救3起，挽回经济损失1670万元。

2007年，边防大队为群众解决实际困难23起，为群众找回失散牲畜3210头（只），挽回经济损失150万余元。消防大队分别参加赛汉塔拉镇锡林路、火车站北、蒙古族幼儿园北、畜牧局商住楼工地等10余起火灾抢救，挽回经济损失11140万元。

2008—2010年，全旗驻军、武警和公安民警组织开展“5·12”汶川地震灾区捐款援助活动。边防大队官兵为辖区汶川地震灾区务工人员义务捐款5000余元，救灾抢险20余次，为受灾牧民群众运送草料10万公斤，送去价值2万元的慰问金及生活必需品，救灾草场面积2万余亩，搜救遇险群众55人，找回牧民走失牲畜5000余只，抢卸分发救灾物资300余吨，挽回直接经济损失750余万元。消防大队先后参加赛汉塔拉镇、朱日和镇等处56起火灾救险，挽回经济损失388100万元，过火面积190万平方米。

2010年11月，全旗成立以消防大队为主体，包括公安局、安全监督管理局、民政局、交通运输局、建设局、卫生局、水利局等相关部门专业救援力量的综合应急救援大队。年内，武装部开展扶贫帮困活动，为遭受雪灾的赛罕布仁嘎查运送草料120捆，为第四小学困难学生资助1500元，为朱日和镇巴彦敖包出资3000元维修公厕。先后2次为舟曲特大泥石流、玉树地震灾区捐款5000元，为全旗“博爱一日捐”捐款1800元。

2011年6月27—29日，公安消防大队、边防大队分别在42小时内连续接警草原火灾10次7起，行程500余公里，车辆35辆次，出动人员120余人次，扑灭着火点200余处，保护3万余亩草场。年内，公安边防大队依托“大走访”扎实开展开门评警和爱民实践活动，参加抗雪救灾活动34次。公安消防大队分别参加101省道、赛汉塔拉镇等处31起火灾扑救，挽回经济损失232511万元。

2012—2013年，公安消防大队累计救灾42起，挽回经济损失1731525万元。公安边防大队组织开展爱民实践活动，出动警力112人次，警车78台次，抢救遇险群众2人，参加抢险救灾26次，帮助牧民找回牲畜1380余只，挽回经济损失260余万元。

2014年，全旗先后发生赛汉塔拉镇都仁路建筑工地火灾、新宝力嘎车辆相撞、桑宝拉格苏木牧户火灾等事故、灾情20起，驻地官兵抢救财产价值105000万元，挽回经济损失226425万元。

2015年，公安消防大队参加抢险救援6起，扑救火灾3起，抢救被困人员2人，抢救财产价值206000万元。

第十七编

法　治

第一章　公　安

第一节　组织机构

2001 年 11 月 26 日，苏尼特右旗保安服务公司成立，隶属公安局领导，下设治安巡逻、护路联防和校园守护 3 个中队。

2002 年 6 月，苏尼特右旗人民政府办公室印发《苏尼特右旗公安局职能配置内设机构和人员编制规定的通知》（苏右政办发〔2002〕31 号），旗公安局内设 9 个股、所、队、室，下设 12 个公安派出所和 2 个公安边防派出所。

2004 年 3 月，旗公安局成立经济犯罪侦查大队。6 月，公安局成立科技办公室。

2005 年 3 月，旗公安局成立办证中心和禁毒大队。

2006 年 3 月，全旗撤乡并镇，旗公安局下设赛汉塔拉镇、乌日根塔拉镇、朱日和镇、桑宝拉格苏木、赛罕乌力吉苏木 5 个基层派出所和额仁淖尔苏木 1 个边防派出所。12 月，旗公安局成立指挥中心，加挂科技办公室牌子。

2008 年 6 月，旗公安局成立信访办公室。

2010 年 5 月，旗公安局成立网络安全保卫大队。10 月，公安局法制办公室更名为法制大队。11 月，旗政府办公室印发《苏尼特右旗公安局主要内设机构和人员编制规定的通知》（苏右政办发〔2010〕110 号），旗公安局内设 15 个职能室（队、中心），下辖赛汉塔拉镇、朱日和镇、乌日根塔拉镇、桑宝拉格苏木、赛罕乌力吉苏木、毕力赫金矿公安派出所 6 个，额仁淖尔苏木边防派出所 1 个，苏尼特右旗看守所、行政拘留所各 1 个。

2012 年 3 月，旗公安局成立情报中心。8 月，恢复阿其图乌拉苏木派出所。

2013 年 3 月，旗公安局增设反恐（特警）大队。6 月，增设纪检监察室。7 月，增设科技信通大队（不在“三定”方案内）。9 月，增设出入境管理大队和司法鉴定中心（不在“三定”方案内）；办证中心更名为公安行政服务中心。10 月，情报中心更名为情报大队。

2014 年 7 月，苏尼特右旗成立校园安全保卫大队，隶属公安局。

2015 年 10 月，旗公安局成立重大、疑难案件集体审议委员会。

第二节　刑事侦查

一、打击犯罪

2001—2007 年，公安机关以侦破盗窃牲畜和畜产品等案件为重点，作案成员多为惯犯和流窜犯。

2004 年，全旗公安机关开展“破命案、追逃犯”“打击治理利用手机短信、网络诈骗犯罪”，严打整治“百日会战”“打黑除恶”等刑侦专项行动。年内，在“命案必破”专项行动中，侦破 8 起命案，破案率 100%。

2006 年，公安局刑侦部门破获沈某某团伙系列重大盗窃案。

2006—2008 年，全旗盗窃摩托车、电动车、电动车电瓶案件呈明显上升，犯罪分子多为团伙流窜作案。公安局先后破获系列盗窃电动车、电动车电瓶、入室盗窃案件 100 余起，涉案价值约 20 万元，打掉盗窃团伙 1 个 13 人。

2009 年，公安机关继续保持对严重暴力犯罪、有组织犯罪以及多发性侵财犯罪高压态势，围绕“命案必破、黑恶必除、两抢必打、逃犯必抓”总体要求，建立和完善准确研判、快速反应、攻坚克难等长效机制，治安防范控制和侦破案件能力得到提高。

2010—2012 年，开展“严打整治”“打黑除恶”“夏季攻势”、打击电信诈骗、“暖冬”“破案会战”“两打”百日等专项行动，有效震慑和打击犯罪分子，取得效果。抓获潜逃 9 年和在逃 18 年的 2 名盗窃犯罪嫌疑人。

2011 年 10 月 24 日，公安局协助鄂尔多斯市公安局东胜分局民警在朱日和镇，抓获“8・20”重大抢劫杀人案犯罪嫌疑人 1 人。

2013 年，公安局以侦破命案、打击涉枪涉爆、打击黑恶势力、打击“两抢一盗”等多发性侵财犯罪为重点，严厉打击拐卖儿童妇女、打击电信诈骗、打击整治利用“伪基站”和窃听窃照专用器材从事违法犯罪、打击毒品犯罪、追逃等专项行动。4 月，刑警大队破获系列技术开锁入室盗窃案，抓获犯罪嫌疑人 3 人，连带侦破二连浩特市、乌兰察布市四子王旗 7 起案件，涉案价值 14 万元。

2014 年，全旗公安机关开展“亮剑”1 号、“震慑”系列、“两抢一盗”“卫疆—2014”“边境缉枪扫毒”等专项行动，严厉打击黑恶势力、拐卖儿童妇女、电信诈骗等违法犯罪活动。3 月，协助锡林浩特市公安局侦破 1 起轮奸案，抓获犯罪嫌疑人 4 人。

2015 年，全旗公安机关常态化开展“震慑”系列、“春雷行动”“亮剑行动”“治爆缉枪”以及打击“两抢一盗”等专项行动。破获侵财案件 5 起，其中，盗窃案 2 起、诈骗案 2 起、损坏财物案 1 起，抓获犯罪嫌疑人 8 人，网上逃犯 1 人。3 月，部署“震慑二号”专项行动，对全旗平安建设专项整治百日行动和高考安保工作进行动员部署。

二、禁毒

2005 年 3 月，公安局成立禁毒大队。配备民警 2 人，设大队长职数 1 人。

2008 年 6 月，禁毒大队增加民警 5 人。设大队长、教导员和副大队长职数 4 人。

2009 年 3 月，禁毒大队编制 4 人，设大队长、教导员、副大队长职数 3 人。

2012—2013 年，禁毒大队破获贩卖毒品案 1 起 1 人。查处吸毒案件 2 起 2 人。

2014 年 7 月，禁毒大队破获非法持有毒品案 1 起。年内，排查涉毒人员 30 余人次，查处涉毒案件 4 起，拘留 6 人，查处重大贩毒案件 1 起，拘留 1 人。

2015 年 7 月，公安局禁毒大队开展“利剑—15”踏查铲查行动，与林场、农场职工农户签订《责任状》，进行禁种铲毒知识宣传。年内，破获涉毒刑事案件 1 起，抓获涉毒犯罪嫌疑人 1 人；办理涉毒行政案件 8 起，查处吸毒人员 12 人，其中，新发现吸毒人员 4 人。

2001—2015 年苏尼特右旗刑事案件统计表

表 17-1-1

年度	破获案件总数（件）	其中（件）			捕获犯罪嫌疑人（人）			
		当年案件	隐案积案	外地作案	收容审查	刑事拘留	逮捕	劳动教养
2001	147	287	—	9	—	45	20	3
2002	103	157	—	—	—	53	32	—
2003	77	123	—	—	—	31	26	—
2004	60	112	—	—	—	29	18	—
2005	75	104	—	—	—	37	28	8
2006	113	112	—	—	—	29	26	1
2007	192	215	—	20	—	47	28	7
2008	142	242	—	—	—	32	20	13
2009	118	339	2	—	—	26	16	5
2010	107	383	5	—	—	49	35	11
2011	130	357	6	—	—	45	32	2
2012	278	363	51	2	—	67	44	3
2013	214	319	19	2	—	50	37	—
2014	135	233	—	10	—	32	29	—
2015	129	257	—	9	—	44	32	—

第三节　治安管理

一、 公共秩序管理

2001 年，全旗公安机关推进“四严”（严打黄赌违法犯罪，严治涉黄涉赌网站，严管娱乐服务场所，严抓查禁黄赌）工作责任制，净化社会治安环境。年内，突击检查辖区宾馆、酒店、旅店 90 余家，发现和查处各类隐患 48 起，现场整改 15 起，责令限期整改 23 起，对涉嫌参与赌博依法予以行政处罚，并收缴全部涉赌工具；对组织、容留卖淫嫖娼和卖淫、嫖娼违法人员给予行政拘留处罚。

2001—2005 年，全旗开展社会治安统一清查整治行动 19 次，重点加强学校、企事业单位、公共场所社会治安整治工作。累计检查企事业单位和厂矿 32 家、酒店宾馆 206 家、歌舞厅 15 家、修理行业 239 家，发现和整改违规问题 156 个。

2006—2013 年，公安机关重点对扰乱公共秩序、妨害公共安全、侵犯人身权利、财产权利、妨害社会管理，具有社会危害性，尚不够刑事处罚，按照新颁布的《中华人民共和国治安管理处罚法》进行处理。

2013 年，全旗公安机关累计清查旅店 86 家、网吧 28 家、娱乐场所 16 家、出租房屋 120 家、施工单位 4 家，采集比对流动人口信息 260 余条，下发《治安检查意见书》13 份，提出整改意见 14 条。

2014 年，全旗检查登记各类人员 363 人，其中，精神病人 61 人，两劳释放人员 94 人，社区矫正人员 31 人，吸毒人员 109 人。检查登记流动人口 8869 人。

2015 年 5 月，全旗开展流动人口出租房屋清理排查专项行动。12 月，对辖区内各中小学、幼儿园开展治安安全大检查活动。年内，实施各类专项治安清查整治行动 15 次，“震慑”系列社会治安排查整治行动 4 次，清查学校和企事业单位治安隐患 32 处、矿山矿点 11 次、旅店宾馆 192 家、网吧 41 家、娱乐场所 55 家、出租房屋 237 家，查处整改 112 件次。开展金融系统、苏尼特金曦、毕力赫金矿等矿业公司涉枪涉爆清查整治活动。

2001—2015 年苏尼特右旗治安案件统计表

表 17-1-2

年 度	立案（起）	查处（起）	调解（起）	处罚（人）	拘留（人）
2001	152	152	14	171	95
2002	69	69	—	72	56
2003	80	80	—	55	68
2004	59	59	384	22	57
2005	73	73	—	21	74
2006	90	90	379	43	74
2007	769	769	338	581	229
2008	568	568	261	396	283
2009	708	708	201	587	160
2010	877	877	262	803	119
2011	834	834	221	817	50
2012	1049	1049	268	1020	76
2013	935	935	253	976	75
2014	993	993	758	901	148
2015	1020	1020	888	938	123

二、 特种行业管理

2001—2003 年，集中整顿规范全旗饮食服务、美容美发、保健按摩等服务场所经营活动及治安秩序，开展整顿规范歌舞娱乐场所、清理整顿爆炸物品等专项行动。

2002 年，全旗公安机关对酒店、宾馆、旅店行业建立和安装治安管理信息系统。

2004 年，公安局规范全旗旅馆业、公章刻制业、典当业“特种行业许可证”等的办理工作。年内，取消废旧品收购业、汽车拆旧业等部分特种行业审批手续。

2005 年，公安机关对全旗旅店、废旧品回收站存在无特种行业许可证或特种行业许可证已过期、未年检经营等问题，开展清查整治活动。

2009—2012 年，公安局与特种行业签订《治安责任状》《安全责任状》，联合各部门开展行业专项治理整顿清查活动。治安大队结合社会治安整治行动，严格规范废旧金属收购站点、开锁业的经营行为，对开锁经营者和开锁技术人员建档，统一编号，实行持证上岗。

2014 年，全旗安装旅馆业管理信息系统 102 家，安装率 100%。年内，通过旅店业管理信息系统报警抓获网上逃犯 13 名。

2015 年，公安局对辖区 112 家特种行业实施阵地控制和备案登记管理。年内，开展特种行业专项治理活动 38 次，检查 254 家行业场所，发现安全隐患 5 处，提出整改意见 10 条，查处涉赌治安案件 3 起 8 人，查获并销毁 7 台有赌博性质电子游戏机。

三、 爆炸物品及枪支弹药管理

2001—2015 年，依据《行政许可法》《民用爆炸物品安全管理条例》以及公安部有关规定，公安局实时监控民用爆炸物品流向，发挥民用爆炸物品信息管理系统作用，开具“电子证”，将民用爆炸物品使用单位购买、运输、储存、使用民用爆炸物品的品种、数量和流向信息全部纳入监控范围，掌握民用爆炸物品生产、销售企业底数和安全管理状况。依法审批、受理、审查、核发“民用爆炸物品购买许可证”“民用爆炸物品运输许可证”。

2005 年，公安局正式启用民用爆炸物品信息管理系统，对责任单位和责任人及涉爆行为进行信息录入，共享采集、储存、查询信息，对危爆物品实行物品编号、标识管理，监控民用爆炸物品流向。

2011 年，公安局启用智能化管理系统，认真执行枪支管理有关法律法规，严格落实从严管理、规范使用、保障用枪要求，加强公务用枪日常管理，有效提升公务用枪规范化管理水平。

2012 年，公安局正式启用烟花爆竹流向监管信息系统。

2013—2015 年，全旗公安机关集中开展依法收缴各类枪支、弹药、管制器械专项治理工作，加大危险爆炸物品管制工作。

四、 危险物品管理

2001—2004 年，公安机关在全旗开展清理整顿民爆物品专项活动，制定《苏尼特右旗公安局民用爆炸物品管理办法》，建立民用爆炸物品信息管理系统，将系统建设工作纳入治爆缉枪专项行动；对全旗涉爆单位进行安全大检查，重点加强民爆物品、枪支弹药、管制刀具、剧毒物品等管理工作。

2007 年，全旗开展整治爆炸物品、枪支弹药、管制刀具、剧毒化学品专项行动。

2009 年，公安局启用运行剧毒物品信息管理系统，对购买和通过公路运输剧毒化学品行为实行许可管理制度。

2012 年，根据国务院《关于进一步加强烟花爆竹安全监督管理工作意见的通知》，对全旗经营烟花爆竹建立全国统一流向管理信息系统，对礼花弹运输、销售、燃放、进出口流向实施安全监管。

2015 年，全旗公安机关加强各项重大活动安全保卫任务，严格危爆物品管理，加大重要节点、时期清查整治行动力度。检查民爆物品使用点、储存点 15 家，发现整改隐患 11 处。

第四节 户政管理

一、 户籍管理

2001—2010 年，公安系统实现人口信息化录入、前台办公自动化，全旗人口信息管理工作步入规范化、常态化、信息化管理轨道。

2012 年，全旗公安机关开展实施“五项便民措施”（规范服务、微笑服务、上门服务、预约服务、关怀服务）。

2013—2014 年，开展户口清理整顿、注销删除重复户口等工作。取消新式居民户口簿工本费、办理户口迁移、户口准迁证工本费、公民户籍证明工本费等 3 项行政事业性收费，同时制定《苏尼特右旗办理牧区户口登记暂行规定》，出台 10 项便民利民措施。

2015 年 10 月 1 日，开展全区公安机关居民身份证异地办理工作。12 月 31 日，全旗公安机关对户口登记管理专项清理整顿工作进行再动员、部署。重点解决 8 类无户口人员登记户口问题。

二、 居民身份证

2001—2005 年，全旗使用第一代居民身份证。公安部门认真做好人口信息数据采集工作，与苏木、镇派出所签订责任状，提前超额完成数据采集工作。

2004 年，全旗开展人口信息录入和换发第二代居民身份证入户调查工作，将全旗67907名常住人口信息全部录入微机，核对常住户口21915户66548人，纠正户口错项 6 项 1806 人。

2005 年，全旗做好第二代身份证换发准备工作，落实第二代身份证制证系统经费问题。开展“常住人口信息数据收集会战”，对 16 周岁以上人口进行照片收集、数据采集和信息录入。收集照片 53151 张，采集率 93. 93%，核对户口 21133 户，项目纠错 1253 项，全旗 68064 名常住人口信息全部录入微机，实现计算机管理，为实现百城联网奠定基础。

2006 年 6 月 22 日，全旗正式启动第二代身份证换发工作。截至 12 月 25 日，全旗第二代身份证人像采集数 31520 人。

2013 年 1 月 1 日，全旗停止使用第一代居民身份证。

2014 年，全旗将人口信息采集中指纹采集以编码方式纳入身份证管理。

2015 年 10 月 1 日起，按照自治区公安厅统一规定，实行全区公安机关居民身份证异地办理工作。

三、 出入境管理

2014 年 3 月，公安局成立出入境管理大队，设大队长、教导员和副大队长职务。主要负责出入境证件受理、境外人员管理、出入境控制对象管理、防范打击非法出入境活动、窗口建设与文明服务和信息系统管理及数据采集处理等工作。

2015 年，全旗受理各类出入境证件 2978 人次。其中，护照 1720 人次，港澳通行证 865 人次，单独签注 186 人次，大陆居民往来台湾通行证 207 人次，答复申请人咨询 7300 余人次。

第五节　警卫　保卫

2002 年 6 月 21—24 日，完成全国政协副主席周铁农一行 35 名政协委员、专家学者在苏尼特右旗考察指导基础教育工作期间警卫任务。

2003—2007 年，公安机关加强全旗各单位内部安保工作，开展学校及周边治安秩序集中整治活动，重点在党政机关、学校、金融系统、广播电视台、邮政、移动通信、厂矿企事业等 36 个单位建立健全内部安全保卫机构，与 90 个要害部门签订治安责任书 1126 份，组织金融单位联合开展防盗、防抢、防爆演练，进行实弹射击，提高要害部门守护人员防护技能。

2007 年 8 月，完成内蒙古自治区成立 60 周年大庆和全区乌兰牧骑艺术节安全保卫。

2008 年，全旗公安机关结合奥运会安保工作，集中开展“严打整治”“打盗抢、追逃犯”“大清查、大排查”“治爆缉枪缴刀”等专项行动。全年，检查重点单位、要害部门39次，召开内部安全保卫会议5次，审查登记暂住人口927人，掌控重点工作对象65人，清查涉爆单位36处。

2010年5月3日，全旗公安机关做好“上海世博会”等重大节日安保任务。完成蒙古国总统查·额勒贝格道尔吉携夫人哈·宝勒尔玛途经苏尼特右旗期间警卫任务。

2015年，全旗内保重点单位68家，分为4个等级68家。公安机关每季度或节假日对全旗重点单位进行检查。10月，公安特警大队完成“中国—蒙古国博览会”期间的安全保卫工作。

第六节 道路交通安全管理

一、 队伍管理

2006年，公安局成立道路交通事故预防领导小组，制定《苏尼特右旗道路交通安全秩序整治实施方案》。11月，交警大队车辆管理分所挂牌成立，实现群众就地办理车驾管业务，方便群众办理业务效率。

2012年6月21日，公安机关成公安交警大队立道路交通事故法律援助站。

2014年4月1日，公安交警大队组建成立“敖特尔”（牧区）中队。9月2日，成立道路交通事故专业法庭。

2015年，公安交警大队有民警37人，其中，女民警4人，少数民族警员10人；文职雇员3人，协警31人。

二、 安全教育

2004年，公安机关开展新《中华人民共和国道路交通安全法》宣传教育活动。出动宣传车辆9辆次、人员150余人，散发各类宣传材料1000余份（册），播放警示教育宣传片5次，设立固定宣传点3处，张贴交通法规宣传画50余张。为苏木、镇开展交通法规知识宣传讲座，举办交通法规培训班1期。

2005—2008年，全旗交警部门开展交通安全宣传“五进”（进牧区、进学校、进企业、进社区、进家庭）活动，发放宣传挂图30套，交通法规宣传和警示教育光盘90余张，印发宣传材料8000余份（册），张贴安全宣传横幅10幅，受教育群众3万余人。每年围绕“降事故、保安全、保畅通、迎春运”中心任务，加强车站、交通要道和公共场所等处安全检查和交通法规宣传教育。2008年，公安交警部门在电视台开通交通宣传专栏，开展“迎奥运、保安全、保畅通”交通法规宣传工作。

2010—2014年，贯彻落实公安部、文明办实施的“文明交通行动计划”，宣传与发布交通动态、道路预警信息和重特大交通事故。其间，开展“文明出行、平安回家”“文明你我他、平安靠大家”“醉驾入刑”“牵手平安行”等主题宣传活动15次。交警大队先后6次到警营、军营开展为官兵“送法律、送平安、送知识”活动，进行车辆事故预防主题警示教育6次，播放《珍爱生命、安全出行》宣传片11次，开办交通安全专题讲座2次。

2015年，全旗公安机关以开展“创建文明城镇”“创建卫生城镇”“双创”活动为契机，加强全旗城镇、农牧区道路交通安全教育宣传工作。交警部门在各苏木、镇设立农牧区交通安全管理员，协助交警大队、派出所开展工作。1月，交警大队在额仁淖尔苏木召开苏木政府、边防派出所及嘎查干部群众参加的座谈会，并在额仁淖尔苏木阿尔善图嘎查建立全旗交通安全宣传示范点3个，交通安全宣传员5人，对全苏木8个嘎查、1200户居民和400余辆机动车实行分片式管理，常态化开展交通安全普法教育。9月，交警大队组织民警与赛汉塔拉镇社区开展“平安建设宣传日”暨居民法治大讲堂活动。集中开展整治酒后驾驶违法行为交通法规宣传活动2次，发放宣传材料2680余份（册）。

三、 道路交通秩序管理

2001—2005年，公安局先后开展“平安大道”创建活动、整顿交通安全秩序、治理严重交通违章、整治机动车无牌无证和假牌假证等专项行动12次。连续5年，全旗交通事故稳中有降。完善全旗《恶劣天气道路交通安全保障工作预案》。

2008年，围绕北京奥运道路交通攻坚战，开展“春运”道路交通安全、“打盗抢、抓逃犯”以及机动车涉牌涉证交通违法行为专项整治行动，开展道路安全秩序专项整治活动11次，完善各种警告、警示标志，增设减速桶和减速带，发放“交通安全温馨提示卡”1200余张。8月，联合农机部门开展农用运输车及拖拉机集中治理工作。9月，开展为期3个月的预防特大交通事故百日行动。

2011年，公安局与司法局、保险行业自律工作小组联合组建全旗道路交通事故民事赔偿纠纷人民调解工作指导组，专门负责全旗道路交通事故损害赔偿纠纷人民调解工作的组织、协调、指导和推进。

2011—2015年，全旗成立道路交通事故社会救助基金会，设立专门基金管理领导小组。累计救助交通事故6起，垫付丧葬费7.31万元，一次性困难救助3.5万元，实施救助金额10.81万元。

2012年9月，开展涉牌涉证、客运交通安全检查、严查酒驾等交通秩序专项整治行动。交警大队与镶黄旗交警部门联合开展涉牌涉证异地互查行动，查处各类交通违法行为370余起，其中，机动车涉牌涉证260起，机动车不按规定行驶31起，其他违法行为87起。

2014年，公安交警部门制定《苏尼特右旗恶劣天气交通应急处置演练方案》，出动警力58人次，车辆11辆次，开展冬季恶劣天气条件下发生重特大道路交通事故应急处置演练5次。

2015年，全旗开展“秉公执法、人民公安为人民”主题教育活动。1月，加强农牧区车辆及驾驶员源头管理工作，预防和减少乡村公路交通事故，在额仁淖尔边防派出所建立全旗首个交通安全联络站和道路交通安全示范基地，建立“一户一档”“一车一人一档”源头管理机制，农牧区交通联络站工作模式在全旗推广。9月，交警大队出动警力15人次、警车4辆次，设置检查点3处，设立护学岗4处，检查机动车150余辆次，查纠各类交通违法行为12起。12月，境内连续遭受暴风雪袭击，恶劣天气造成国道、省道部分路段严重受阻，百余辆车辆被堵。交警大队会同驻地官兵和相关部门开展救援疏导行动5次，出动警力100余人次，警车30辆次，疏导车辆350余辆，救助被困车辆180辆，救助群众300余人，未造成1起人员冻伤和交通事故。年内，查处酒驾道路交通违法29起，其中，饮酒驾驶18起，醉酒驾驶11起，法院判决5起。

三、 车辆车牌证件管理

2001—2005年，交警部门依据车辆管理规定，对全旗车辆办理换发车辆牌号、行驶证件工作，对车辆建档建卡和年检年审。配合锡林郭勒盟车辆管理所对全旗车辆进行检审，开展摩托车无牌照整治活动，协调简化摩托车驾驶证办理程序。

2006年，车辆管理分所挂牌成立，全旗提供办理车检、车辆牌号、行驶证件等一次性快捷、便利服务。

2007 年，交警部门对全旗所有营运车辆和危险货物运输车辆全部安装汽车行驶记录仪。

2012 年，全旗开展“五小”轻便摩托车、摩托车、三轮农用机动车、小四轮农用机动车、四轮农用机动车牌照办理工作，采取现场采集和打印车辆照片、排队叫号等办理登记措施，注册时间由原来的 1 个工作日缩短为 2 小时，补、换、领驾驶证业务缩短至 20 分钟内完成。针对农牧民办理“摩托车下乡”“汽车下乡”牌、证、照业务增多等情况，安排专人负责咨询、导办，保证手续符合要求人员在第一时间内一次性办结；对于路途较远、交通不便群众，推行预约下乡、服务下乡、上门办理等便民、利民服务措施。1 月，交警部门驾驶人科目一考场通过验收，开通运行。

2014 年，交警部门针对剧毒化学品运输安全问题，确定专人负责剧毒化学品运输信息平台管理和录入，制定审批制度和工作流程，委托当地车管所或派出检验员对运输车辆和驾驶人、押运员进行审验。“敖特尔”中队重点解决偏远苏木镇牧户业务、证件办理难问题。

2015 年，公安交警部门在全旗苏木镇开展“一人一车一档”信息录入工作。

四、 违章及事故查处

2002 年 7 月 19 日 23 时，101 省道路段发生 1 起重大交通事故。距 101 省道十字交叉路口处，车牌津 A-12853 的解放 142 大货车与蒙 A-20024 北京 213 小客车因抢道发生侧面相撞，造成 2 人死亡。

2004 年 9 月 9 日 21 时 20 分，境内 208 国道 217 公里 200 米处，发生 1 起重特大交通事故。车牌蒙 K-27945 的解放牌重型大货车由南向北行驶中，与车牌蒙 H-29261 的松花江牌小客车侧面相撞，小客车 7 名乘客死亡，2 人受伤。

2005 年 2 月 10 日 17 时，境内 101 省道发生 1 起重大交通事故。1 辆小型货车与 1 辆夏利轿车相撞，造成 5 人死亡，3 人受伤；10 月 28 日 16 时 40 分左右，境内 208 国道与 101 省道交会路口发生 1 起重特大交通事故。北京银建有限责任公司司机南某驾驶载有 42 名乘客的金龙卧铺大客车从二连浩特市驶往北京，在沿 208 国道由西向东行驶至苏尼特右旗境内时，在 208 国道与 101 省道平交路口与 1 辆河北省邯郸籍丰田越野吉普车相撞，造成丰田吉普车上 4 名乘客死亡，客车 2 名乘客死亡，13 人受伤，其中，重伤 3 人。

2010 年 6 月 29 日 9 时 15 分，境内发生 1 起较大道路交通事故，造成 3 人死亡。10 月 16 日 20 时 43 分许，朱日和镇内路口处 1 辆摩托车与 1 辆货车发生碰撞，摩托车乘客 1 人死亡，1 人受重伤，货车逃逸。

2013 年 1 月 26 日 11 时 30 分，境内发生 1 起交通事故，在 101 省道 242 公里处，2 车发生交通事故，车上 5 人受重伤。10 月 6 日，境内 S101 省道上，2 匹马被撞死后，肇事车辆逃逸，交警大队经过 40 小时的核查，破获肇事车辆逃逸案。

2014 年 3 月 10 日 21 时 45 分，交警大队在开展“春雷一号”行动中，查获自 2011 年 5 月 1 日醉驾入刑以来全旗首例醉酒驾驶营运车辆案件。4 月 24 日 21 时许，破获 1 起交通肇事逃逸案，肇事嫌疑人额某在肇事 4 小时后被抓获。7 月 15 日 20 时左右，境内发生 1 起因违反交通法规骑电动车撞人致死，犯罪嫌疑人李某被法院以交通肇事罪判处有期徒刑 2 年，并赔偿各项经济损失 38 万余元。

2015 年 5 月 4 日凌晨 0 时 45 分许，锡林郭勒盟 1 辆小型轿车沿 G208 国道由南向北行驶至苏尼特右旗境内 132 公里 400 米处，追尾碰撞 1 辆重型罐式货车，小型轿车乘客（蒙古国公民）经抢救无效后死亡。

2001—2015 年苏尼特右旗交通事故统计表

表 17-1-3

年　度	交通事故（起）	死亡（人）	受伤（人）	直接经济损失（万元）
2001	116	14	9	2.50
2002	127	20	16	3.60
2003	141	10	6	1.16
2004	141	22	3	4.08
2005	135	16	10	8.48
2006	106	4	49	4.38
2007	107	8	16	3.58
2008	246	7	23	3.70
2009	448	9	12	13.30
2010	325	9	22	10.24
2011	397	2	6	11.95
2012	516	6	4	15.80
2013	496	3	3	14.94
2014	624	9	13	16.16
2015	731	7	4	22.68
合 计	4656	146	196	136.55

第七节　经济侦查管理

2004 年 3 月，公安局组建成立经济犯罪侦查大队。

2005 年，经济犯罪侦查大队围绕服务全旗经济发展大局，坚持警企联系制度，深入企业走访调研、摸排情况，及时通报经济犯罪形势，研究防范打击对策。

2009 年 6 月，经济犯罪侦查大队在打击假币犯罪“09 行动”中破获 1 起持有使用假币案，抓获犯罪嫌疑人 2 人，缴获各类假币 100 余张。年内，破获各类经济犯罪 20 余起，抓获各类犯罪分子 20 余人。

2011 年，公安局开展“清网行动”，破获特大系列合同诈骗案，抓获犯罪嫌疑人 2 人，为群众挽回经济损失 20 余万元。

2012 年，经济犯罪侦查大队破获生产、销售假冒化肥案，抓获犯罪嫌疑人 2 人，涉案金额 200 余万元。12 月，破获 2 起假冒军人订购物品的电信诈骗案件，同时破获周边旗县 4 起案件，涉案金额 11 万余元。

2015 年 8 月 10 日，破获跨省电信诈骗案件 3 起，抓获涉嫌电信诈骗犯罪嫌疑人 1 人，查获涉案手机 20 部、手机 SIM 卡 113 张、涉案银行卡 37 张、身份证复印件 6 份以及赃款 3 万元，核实涉案金额 15 万余元。

第八节 监所管理

2001—2003 年，公安局看守所以开展“三项教育”（全心全意为人民服务的宗旨教育、实事求是的思想路线教育、严格公正文明执法的法制教育）为契机，组织民警“严格执法、热情服务”“内强素质、外树形象”大练兵活动。与武警中队开展“共建、共管、共保安全”活动利用监管自身优势，发挥“信息库”“第二战场”作用。按照公安局“严打整治”“打黑除恶”等专项斗争要求，开展深挖犯罪工作。

2003 年 3 月，看守所值班民警成功制止 1 起在押人员自缢事故。

2004 年，新建公安局看守所，硬件设施基本满足现代化监所要求。看守所实现 9 年安全无事故，被评为自治区级“三级达标看守所”。

2006 年，公安局运用全盟公安局警务信息化综合应用系统，加强看守所信息管理系统录入工作。重点将日常收押处理工作录入系统中，对监所中留所服刑、提审、会见、调号、就医等内容进行录入。同时，看守所立足“缺什么、补什么”要求，开展岗位大练兵活动，从规范执法行为入手，重点学习监所法律法规、信息上报录入工作、档案资料基础台账建设等内容。

2007 年起，落实看守所经费专户专管，看守所在押人员每人每月 230 元。

2008 年，制定看守信息化建设与应用制度、技术骨干重点培养和使用制度、岗位民警绩效考核制度，使监所工作更加科学、合理、公开、透明。12 月 21 日，看守所邀请旗人大代表、政协委员检查监督工作，对被监管人员的羁押环境、生活状况、监管秩序进行现场了解，并聘请 12 名人大代表、政协委员担任执法监督员。

2010 年，按照“固本强基、强化应用、注重实效、以点带面、整体推进”的原则，看守所开展监管民警科技大练兵活动，为每名民警配发电脑，熟练应用看守在押人员管理系统软件。12 月 29 日，中国红十字会公益书库主任王子木、副主任丁照洲，书画家苏振亚、宋德山、郭尤前、胡庆国和旗党政领导出席在公安局举行“以人为本，真情感化”图书捐赠仪式，为看守所捐赠价值 10 万元的图书，为服刑人员送上社会关爱。

2012 年，看守所与锡林郭勒盟公安局指挥中心建立中心连接远程监控，实现单、双向视频会见系统。

2013 年 3 月 20 日，广播电视台为看守所捐赠 100 部爱国主义教育影片，对在押人员进行爱国主义和集体主义教育。

2015 年，公安、司法在看守所建立法律援助工作站，做好在押人员矛盾调解、法律咨询援助工作。

第九节 消防管理

一、 消防队伍建设

2001—2004 年，公安机关加强公安消防队伍自身建设，每年全员参训组织开展业务“大练兵”活动，参加灭火救援岗位资格考试，开展纪律作风整顿 9 次，制定灭火作战预案 5 份，进行各类培训和演练 12 次。

2006 年，针对全旗各行业分布情况，修订防火灭火预案 35 份。加强与各部门协同作战，开展联合防火演练 5 次，提高官兵综合业务技能。

2008 年，开展学习贯彻中共十七大精神，向汶川大地震灾区捐款，做好奥运安全保卫工作和全区两个文明现场会保卫工作以及全员岗位大练兵活动，确保部队高度集中统一和安全稳定。

2009 年 7 月，按照“整合资源、有效兼容、统筹发展、培育民族特色消防品牌”工作目标，组织成立 3 个草原“119”消防志愿者服务站和 17 个草原“119”志愿者服务点。

2009—2011 年，公安消防大队加强执法正规化建设，依法行政，依法推进全旗各级部门及苏木镇落实消防安全责任制，提升社会化火灾防控能力，建成苏木镇服务站 3 个，嘎查服务点 72 个，落实公益岗位 12 人，招募志愿者 75 人，苏木镇消防站和志愿服务队覆盖面分别为 100%和 60%。

2011 年 7 月 8 日，由草原监督局、消防大队、安全监督管理局组建成立全旗草原扑火大队。

2012 年，公安消防大队与公安局、边防大队、石油公司等联防单位在赛汉塔拉镇油库联合开展大型油库灭火救援综合演练，赛汉塔拉油库启动防控反恐应急预案，出动车辆 7 辆次，人员 25 人次，历时 30 分钟将灌区明火扑灭。

2015 年，全旗重点单位义务消防队 34 个。其中，华北石油二连分公司消防支队三中队企业专职消防队，有员工 22 人，大中型消防车辆、指挥车 8 台，总载液量 42 吨，其中载水量 31.5 吨，载泡沫量为 8.5 吨，总载干粉量 2 吨，担负着输油管理处 4~8 号站和赛汉作业区、淖尔作业区消防保卫和抢险救援，并协同公安消防大队扑救外单位火灾。乌日根塔拉镇碱矿企业消防队，现有消防人员 11 人，消防水车 1 辆，主要负责碱业公司防火、灭火工作，义务负责乌日根塔拉镇整体消防、灭火工作。6 月，消防中队与华油三中队企业专职消防队、派出所联合在华北石油二连分公司输油四工区末站开展假想油罐火灾应急救援联合演练。现场参加演练消防队员和救援队 26 人次，出动水罐车 3 辆、泡沫水罐车 1 辆、高喷车 1 台，使用直流手枪 6 支，移动泡沫炮 2 个。年内，全旗公安机关消防管理工作和防火灭火及抢险救援任务由公安消防大队担负。所辖执勤中队 1 个，现有执勤消防车 3 辆，干部、战士和文职人员 13 人。

二、 消防基础设施

2001 年，锡林郭勒盟消防支队配备水罐消防车 1 辆，统一购置价值 20.4 万元通信器材和防护救援器材。

2002 年，公安消防大队投资 91.5 万元，新建营房。购置打印机、电脑、复印机、录像机设备及办公设备。

2003 年，公安消防大队新配备专业泡沫消防车 1 辆。

2006 年，公安消防大队新配备水罐消防车 1 辆。

2009 年，公安消防大队加强“科技强警”战略，完成接入“119”接警调度系统及视频监控系统、视频电话系统，推进消防工作信息化进程，推广应用部队教育管理、重点单位信息、消防监督和灭火救援信息系统等软件，提高消防监督管理和灭火救援信息收集、处理、传输、共享能力，为部队快速反应、协同作战、指挥决策提供技术保障。

2010 年，政府拨出专项经费 20 万元，为公安消防大队购买扩张器、手动泵、撑顶器、剪扩器、照明灯等特勤器材。

2015 年，赛汉塔拉镇有消防水源 20 个，其中，地下消火栓 18 个，消防水鹤 2 个。

三、 消防督查检查

2001—2005 年，加强全旗重点单位、重点部位的防火安全检查。累计开展火灾隐患“大排查、大整改、保安全”活动4次，接警出动182次，出动车辆358辆次，警力560余人次，检查单位1026家，重点部位309个，查处违反消防法规行为49起，发现火灾隐患和漏洞192处，现场整改165次，下发限期整改意见书57份，抢救财产价值230余万元。

2008年，公安消防大队对全旗公众聚集场所易燃可燃装修材料以及高层地下建筑、危险化学品企业、福利院养老院等场所消防安全进行专项督查治理工作，检查单位95家，发现隐患150余处，当场改正138处，下发限期改正意见书11份。年内，接警出动36次，出动车辆48辆次，投入警力190余人次，抢救财产价值50余万元。

2009—2012年，集中对全旗加油站、油库、娱乐场所、商场、饭店、宾馆、集贸市场、医院、学校和易燃易爆场所开展拉网式清查活动6次，重新对重点行业、重点单位普查列管，核查建档93家；对26个建筑项目进行审核，审核建档率100%；检查单位821家，查处火灾隐患219处，整改183处，依法进行消防处罚29起，无复议。

2010年，开展以宾馆饭店、商场市场、公共娱乐场所、学校等人员密集场所，高层地下建筑，石油化工等易燃易爆单位，建设工程工地及施工人员住宿场所，各楼盘售楼部等重点火灾隐患排查整治专项行动11项。累计检查单位62家，发现隐患78处，当场改正69处，下发《责令改正通知书》9份。

2015年，公安消防大队与华北石油二连分公司三中队企业专职消防队联合开展消防督查自查活动，抽查采油区作业点5处、原油储罐区3处，检查运输原油车辆9辆次，发现隐患5处，现场全部整改。

第十节 信息化建设

一、“110” 报警服务

2004年5月，公安局建成新型110综合指挥室，实现“110”“119”“122”三台合一。“110”指挥系统包括GPS网管中心、户外信息查询系统定位系统以及社会上现有的有线、无线通信网、ETS电话网以及公安专线通讯网，通过“110”指挥调度系统进行自动指挥调度。

2006年，全旗公安机关开展“信息化建设应用年”专项工作。12月，公安局投资1200万元新建指挥中心大楼，“110”指挥中心隶属办公室管理，主要发挥科技、通信、情报等职能。“110”指挥中心与警务信息综合应用系统实现对接，集接处警、指挥调度、信息研判、案件分析于一体，全天24小时受理群众电话报警、求助和对正在发生的人民警察违法违纪或失职行为的投诉，通过110指挥系统实现全旗治安防控体系一级接警、一级出警。

2007年，公安局为“110”指挥中心更新接处警设备，配备电脑、无线耳麦，建设互联局域网。年内，完成全旗金融单位自动报警系统建设，实现金融系统与旗公安局“110”指挥中心自动联网报警。

2012年，公安局完成“110”指挥中心机构分设，升级改造“110”指挥中心，建成由18块屏幕组成的无缝高清显示屏，进一步提升社会治安防控能力。

2014—2015年，公安机关进行机构改革，“110”指挥中心改为单设机构。投入9万元对“110”综合指挥系统（三台合一）接处警系统进行全面改造升级。

二、 警务信息化

2001—2005年，公安局与锡林郭勒盟公安局联通公安三级网和电视电话会议系统，实现数据、语音、视频三网融合，基层派出所进行公安四级网建设。

2006 年，公安局以开展“信息化建设应用年”为主线，全面实施科技强警战略，提升科技管理水平。筹集 23 万元购置 74 台电脑，实现民警人手 1 台电脑。投资 30 万元，为民警配备集群手持对讲机和移动警务查询终端，解决基层所队“四无”问题。投资 80 万元新建城市报警与道路监控系统，数码设备部门配备率 100%。完成全旗公安机关四级局域网建设，并开通各部门网页。8 月 17 日、12 月 15 日，锡林郭勒盟公安局、交警支队分别在苏尼特右旗召开全盟公安机关“三基三化”建设现场会和全盟公安交警基层基础建设现场会。

2007 年，公安局完成 350 兆集群通信基站搬迁工作，新增 39 部对讲机，百名民警拥有率 55. 3%。全旗民警数字证书配备率 100%，移动警务通配备率 64%，民警电子邮箱注册率 100%。投资 150 万元安装监控系统前端视频采集、终端控制设备。制定出台《苏尼特右旗公安局推进信息化建设十项措施》，实施定期通报制度，实现信息、数据、资源共享，在数据、语音、视频、图像传输上与锡林郭勒盟公安局进行对接，完成视频指挥系统演练。年内，利用科技手段破获刑事案件 65 起，信息化破案占总案件破案率 29. 9%。

2008 年，公安局采取申请财政投资、中央政法资金补助等多渠道筹集资金用于科技基础设施建设。年内，开展计算机操作技能和警务综合信息系统应用考试、比武。利用警务综合系统破获刑事案件39起，抓获作案成员14人，信息化破案占总破案率 33. 3%。

2009 年，公安局筹集资金用于科技基础设施建设，购置计算机 77 台，实现公安四级网全覆盖，基层民警单警装备配备率 100%。建设集中学习工作区，装备 5 台交换机，建成单警工作小局域网络平台。

2010 年，结合“金盾工程”二期建设，协调聘请锡林郭勒盟公安局专家组织开展警务综合系统应用培训，提高民警掌握警务综合系统应用、网上录入、网上查询、网上办公、网上办案等基本技能。

2011 年，完成采集录入各类信息 70676 条，源头信息采集录入率 95%以上。同时，对全旗视频监控组网系统进行更新改造，对 350 兆集群通信信道进行扩容。

2012 年，公安局投入资金 440 余万元，完成情报中心、网络安全大队等机构分设工作。升级改造公安局指挥中心，新增监控探头 54 个。

2014 年，公安机关投入 9 万元对全旗接处警系统进行改造升级，350 兆无线通信网覆盖率 100%，建设 350 兆无线集群系统基站 1 个。

2015 年，公安局与建设单位密切配合完成全旗金融单位自动报警系统建设，涉及人民银行、农业银行、工商银行、邮政储蓄等 43 个金融单位自动报警网点，安装高清摄像机 143 个，道路卡口系统 3 个，电子警察系统 4 个。

第二章　检　察

第一节　组织机构

2001 年，苏尼特右旗人民检察院内设审查批捕科、审查起诉科、反贪污贿赂局、渎职侦查局、监所检察科、控告申诉检察科、民事行政检查科、政工科、办公室 9 个机构，行政编制 30 名。

2002 年，全院进行机构改革，政工科更名为政治处、贪污贿赂侦查局更名为反贪污贿赂局、批捕科更名为侦查监督科、起诉科更名为公诉科、渎职犯罪侦查局更名为渎职侵权检察科。3 月，核定行政编制 30 名，工勤编制 5 名。

2003 年，人民检察院反贪局增设职务犯罪预防科。内设办公室、政治处、反贪污贿赂局、渎职侵权检察科、侦查监督科、公诉科、控告申诉检察科、民事行政检察科、监所检察科 9 个机构。核定专项编制数 29 名（不包括检察长）。

2005 年 9 月，检察院渎职侵权检察科正式更名为反渎职侵权局，核定行政编制 35 名，工勤编制 5 名。

2006 年 8 月，人民检察院专设法警队。年内，人民检察院专设职务犯罪预防科。

2010 年，人民检察院内设办公室、政治处、反贪污贿赂局、反渎职侵权局、侦查监督科、公诉科、监所检察科、控告申诉检察科、民事行政检察科、职务犯罪预防科、法警队 11 个机构。

2013 年，人民检察院增设巡回检察室。

2014 年，人民检察院增设检察技术室。

2015 年人民检察院增设纪检监察室。内设办公室、反贪污贿赂局、反渎职侵权局、侦查监督科、公诉科、监所检察科、控告申诉检察科、民事行政检察科、职务犯罪预防科、政治处、纪检监察室、检察技术室、巡回检查室、法警队等 14 个机构。

2002—2015 年苏尼特右旗人民检察院检察长名录

表 17-2-1

姓　名	性　别	民　族	任职时间	备　注
塔　娜	女	蒙古族	2002. 4—2012. 12	2002. 4—2003. 4 代理
孙　岩	男	汉　族	2013. 1—2015. 12	

第二节 队伍建设

2001年，人民检察院推行主诉检察官制度、重大案件介入制度，并与19家机关和企事业制定《关于在查办职务犯罪案件中加强协调配合联系制度》。

2002年，以《人民检察院基层建设纲要》为依据，开展争创“先进检察院”活动。全员实行归口管理，结合全旗机构改革和人事管理制度，推行“竞争上岗、双向选择”的人事管理和干部选拔任用制度。

2003年，继续推行主诉检察官制度。建立检察院、公安局、工商行政管理、税务局等9个行政执法部门涉嫌渎职犯罪案件移送制度和联席会议制度。推行竞争上岗、双向选择、岗位轮换、任前公示、公开选拔等制度。实施公诉改革，公诉部门适用普通简化审理方式和简易程序审理方式，建立和规范适时介入侦查，引导侦查取证，强化侦查监督工作机制，完善主诉、主办检察官办案责任制。

2004—2007年，实施“素质兴检、基础固检、科技强检”工程。人民检察院分别获“全区档案利用服务考核优秀单位”“全盟文明单位”“全盟人民满意政法单位”，20余名干警立功受奖，5人记个人二等功、三等功。

2005年，按照《人民检察改革三年规划》要求，重点在全院开展检务公开、检委会改革和主诉检察官制度3项改革。深化主诉检察官办案责任制改革。健全符合诉讼规律的简易公诉工作机制，启动人民监督员制度，选用人民代表和政协委员以及社会团体等为人民监督员。

2006年，根据《中华人民共和国公务员法》，组织符合条件以工代干人员认真复习应试，参加公务员过渡考试，集中解决干警人员身份问题。改革人事制度，实行检察人员分类管理，实行检察官资格考试制度和检察官逐级选任制度。

2007—2012年，苏尼特右旗人民检察官面向全区招录公务员。其间，开通全区三级视频系统打造岗位练兵平台，结合“三优先”（即培训、选拔、从优）模式，提升检察专业人才。累计招录检察干警13人，队伍结构由平均年龄45岁降到38岁。推行《学历再教育和司法考试激励机制》，干警学历层次由大专学历占50%提高到100%均为大专以上学历，本科学历占比由29%提高97%，12名干警通过国家司法考试，报考率80%，取得检察官资格干警24人。

2008年，实施检察业务工作流程化管理，推行“一案三卡”（办案告知卡、廉洁自律卡、回访监督卡）制度和案件回访制度，出台全院《案件质量量化标准》、错案评责和责任追究等制度，逐步实行公诉人临庭考核制度和首办检察官责任追究制度。年内，5名干警通过国家、全区司法考试，98%干警熟练运用计算机。

2009年，严格依照《中华人民共和国检察官法》及其配套规定管理队伍，制定《关于鼓励干警参加学历教育和司法考试若干问题的规定》。年内，公开招录具有司法资格证书的干警1人，7名干警通过国家司法考试，并获得检察官资格。

2010年，人民检察院中，法律专业大专以上文化程度100%，法律专业本科学历比例达到97%，检察官队伍占公务员总数的60%。蒙古文、汉文法律文书制作系统及多媒体示证系统工作被授予“内蒙古自治区检察系统基层院建设单项成效显著奖”。

2011—2015年，贯彻执行《检察机关党风廉政建设责任追究暂行规定》，落实最高人民检察院“十个严禁”、《检察机关执法办案内部监督暂行规定》、“禁酒令”以及“一案三卡”办案监督等规章制度。

2013年，人民检察院在苏木、镇设立赛罕乌力吉苏木检察工作室，成立人民检察工作站4个，聘请苏木、镇检察工作联络员 12 人。

2015 年，制定《苏尼特右旗人民检察院规范司法行为专项整治工作案件质量评查实施办法》《争先创优及先进典型选树工作实施办法》，连续 3 年被评为“全盟先进检察院”；预防职务犯罪警示教育基地分别被命名为“全区廉政教育基地”和“全盟廉政教育基地”。

第三节 刑事检察

2001 年，人民检察院受理公安机关报捕案件 35 件 49 人；受理公安机关和检察院自侦部门移送审查起诉案件 36 件 64 人，经审查提起公诉 29 件 45 人，法定时间内审结、批捕、起诉，准确率 100%。年内，检察院用 7 天时间侦破办结盗窃、侮辱尸体、特大杀人案；依法对犯罪嫌疑人半年连续入室盗窃 34 起、涉案 1 万余元案件提起公诉。

2001—2011 年，人民检察院受理侦查机关提请批准逮捕的各类刑事案件 223 件 329 人。

2003 年，人民检察院受理公安机关各类刑事案件 14 件 24 人。受理公安机关和检察院自侦部门移送审查起诉案件 21 件 31 人。

2004—2007 年，人民检察院受理公安机关各类刑事案件 70 件 104 人。受理公安机关和检察院自侦部门移送审查起诉案件 80 件 121 人。

2005 年，人民检察院受理公安机关各类刑事案件 20 件 28 人，受理各类刑事案件较上年同期增加受案数 11 件，上升 82%，涉案人数 14 人，上升 100%。受理公安机关和检察院自侦部门移送审查起诉案件 28 件 43 人，受理各类刑事案件较上年同期增加受案数 13 件，上升 115%，涉案人数 17 人，上升 153%。

2007—2012 年，人民检察院受理公安机关和本院侦查部门提请批准逮捕和决定逮捕各类刑事案件 104 件 160 人；受理公安机关及人民检察院侦查部门审查移送起诉的各类刑事案件 142 件 233 人。

2008 年，人民检察院受理公安机关各类刑事案件 17 件 23 人；受理公安机关和检察院自侦部门移送审查起诉案件 20 件 34 人。

2009 年，人民检察院受理公安机关各类刑事案件 14 件 20 人。受理公安机关和检察院自侦部门移送审查起诉案件 18 件 24 人（上年结转 2 件 2 人）。年内，建议法院简化程序审理案件 2 件 2 人，普通程序简易化审理案件 3 件 3 人。

2010 年，人民检察院受理公安机关及本院自侦部门提请批准逮捕和决定逮捕各类刑事案件 24 件 37 人，较上年同比上升 71%。受理公安机关及本院自侦部门审查移送起诉各类刑事案件 30 件 59 人，较上年同比上升 60%。年内，依法起诉锡林郭勒盟检察院交办的涉嫌黑恶势力强迫交易、故意伤害、寻衅滋事、开设赌场、容留他人吸毒等 6 项罪名 18 名被告人，法院对上述被告人均给予有罪判决，依法决定不起诉 2 件2 人。

2011 年，人民检察院受理公安机关及本院自侦部门提请批准逮捕和决定逮捕各类刑事案件 25 件 39 人，较上年同比分别上升 9. 1%和 15. 6%。受理公安机关及本院自侦部门审查移送起诉各类刑事案件 47 件 56 人（包括上年结转 5 件 5 人），较上年同比分别上升 56. 7%和下降 5. 4%。年内，建议法院适用简易程序审理案件 12 件 13 人，普通程序简易化审理案件 4 件 5 人。

2013 年，人民检察院受理侦查机关提请批准逮捕各类刑事案件 21 件 35 人，较上年同比下降 31%。受理公安机关及本院自侦部门审查移送起诉各类刑事案件 51 件 69 人（包括上年结转 15 件 21 人），较上年同比下降 22%。

2014 年，人民检察院受理侦查机关提请批准逮捕各类刑事案件 33 件 39 人（较上年同比案件上升 57%，人数上升 11%)。受理公安机关及本院自侦部门移送审查起诉各类刑事案件 72 件 93 人（上年结转 15 件 28 人，案件数同比上升 40%，人数较上年同比上升 20%)，其中，受理危险驾驶及交通肇事案件较上年分别上升 100%、260%，分别占受理案件总数的 17.5%和 31.5%。

2015 年，人民检察院受理侦查机关提请批准逮捕各类刑事案件 31 件 51 人，受理批捕案件与去年持平，人数上升 23%。受理公安机关及本院自侦部门移送审查起诉各类刑事案件 69 件 101 人（上年结转案件 2 件 3 人)。截至 2015 年，历年累计受理公安机关及本院自侦部门提请批准逮捕犯罪嫌疑人 1096 人。受理侦查机关移送起送案件 939 件 1350 人。

第四节　民事检察

2001—2010 年，人民检察院贯彻落实全国、全区民事行政检察工作会议，执行《关于加强全盟民事行政检察工作的意见》(草案)。历年累计受理民事检察立案 6 件，提出检察建议 6 件。

2003 年，人民检察院探索运用检察建议启动再审程序，制定民事检察“零距离”工作制度，委托法院受理民事行政案件时，代向当事人送达《苏尼特右旗人民检察院民事行政检察职能及受理案件范围》告知书。

2004—2007 年，人民检察院累计受理民事申诉案件 9 件，立案审查 6 件，提出检察建议 4 件。

2005 年，人民检察院受理民事申诉案件 2 件，立案审查 1 件。

2007—2012 年，人民检察院累计受理民事申诉案件 3 件，立案审查 2 件，提出检察建议 3 件，同级人民法院作出改判 2 件，督促起诉 1 件。

2009 年，人民检察院把办理再审检察意见作为民事检察工作重点，提高法律监督和说理水平。通过实行与人民法院、律师联系卡等措施，维护当事人和社会弱势群体合法权益。年内，受理民事申诉案件 4 件。

2010 年，民事检察部门坚持“抗诉息诉并举、监督服务双行”原则，提高“两率”（抗诉再审改判率、再审检察建议采纳率)，把办理再审检察建议作为民事行政诉讼监督工作重点。10 月 14 日，向人民法院提出 1 起民事申诉案件再审建议，法院及时采纳检察建议，做出再审裁定，重新审理。

2011—2015 年，民事行政检察部门对以法院审判程序违法、执行活动违法、行政机关不当履行职责 3 项监督为重点，依法监督审判程序违法案件 12 件，监督执行违法案件 14 件，向法院发出检察建议书 26 份，均被采纳；办理 27 件行政机关不当履行职责案件，发出督促履行职责检察建议书 27 份，均被采纳。

2013 年，人民检察院受理民事申诉案件 1 件，执行监督案件 3 件（同比上升 100%)，督促履行职责案件 1 件，经审查，终止审查 1 件，向同级人民法院发出检察建议 3 份，均被采纳。年内，协助工商银行追回不良贷款 300 余万元。

2014 年，人民检察院依法监督执行民事申诉案件 7 件，审判程序违法案件 3 件，向人民法院发出检察建议书 10 份，均被采纳。办理 16 件行政机关不当履行职责案件，发出督促履行职责检察建议书 16 份，均被采纳。

2015 年，针对群众诉求，人民检察院与人民法院签订《办理民事、行政案件申诉权利义务告知书》，制定《案件转办回访》制度。年内，受理民事执行监督案件 4 件、审判程序违法监督案件 7 件、行政机关不当履行职责监督案件 9 件。向被监督机关提出检察建议 13 份，均被采纳。

第五节　职务犯罪

一、 贪污贿赂犯罪

2001 年，针对粮食流通领域出现的管理混乱、财务不清问题，立案侦查粮食局粮管所贪污案；根据线索对敬老院财务涉嫌贪污案进行调查。年内，立案侦查贪污案件 2 件 2 人。

2001—2011 年，人民检察院反贪部门受理各类经济案件线索 35 件，立案 13 件 3 人，经审查后向法院提起公诉 9 件 9 人，免于起诉 1 件 1 人，做出有罪判决 9 件 9 人，为国家挽回经济损失 48.478 万元。

2002 年，通过完善案件线索管理机制和侦查指挥协作机制，推进侦查一体化，整合检察资源，将涉及司法领域，群众反映强烈的违法违纪及滥用职权等行为纳入工作重点。年内，立案侦查贪污案件 1 件 1 人。

2004—2007 年，反贪部门初查贪污贿赂案件线索 18 件 18 人，立案 4 件 4 人，其余 14 件 14 人，经初查不符合立案标准，转其他部门。

2005 年，反贪部门受理贪污贿赂案件线索 5 件 6 人。其中，重复举报 1 件 1 人，经初查，转纪检或相关部门 4 件 5 人，初查 1 件 1 人。

2007—2012 年，人民检察院反贪部门立案查处 5 件 5 人，较历史同期立案数同比上升 66%，为国家挽回经济损失 320 余万元。

2008 年 7 月 26 日，人民检察院反贪干警仅用 18 小时，对赛汉塔拉镇生态园区管委会挪用公款案进行摸排调查立案。

2009 年，人民检察院反贪局立案 1 件 1 人。

2011 年，开展整顿和规范市场经济秩序等专项活动。立案侦查西乌珠穆沁旗农机推广站农机采购过程中的受贿案 1 件 1 人。查办自治区检察院交办涉嫌挪用公款 300 余万元金融领域重大案件 1 件 1 人。

2012 年，人民检察院首次举办新闻发布会暨涉案款发还现场会。人大、政法委、宣传部、农牧业局 6 个苏木镇，12 个嘎查 40 余人参加会议。反贪局公布查办 1 起涉农惠民案件，将追缴 10.9 万元涉案款全部发还涉案 12 个嘎查村。

2013 年，反贪部门立案查办职务犯罪 4 件 4 人，较上年同期上升 300%。

2014 年，反贪污贿赂局查处贪污贿赂案件 2 件 2 人（均为重大案件），均已移送审查起诉。

2015 年，反贪部门重点查处发生在党政机关贪污贿赂案件。年内，立案侦查各类贪污贿赂案件 4 件 5 人，较上年相比案件数上升 100%，人数上升 150%，挽回经济损失 150 余万元。截至 2015 年，人民检察院历年累计受理经济犯罪案件线索 176 件。其中，立案侦查 55 件 65 人，提起公诉 24 件 30 人，法院均做有罪判决；免于起诉 15 件 18 人，不起诉 2 件 2 人，挽回经济损失 486 万元。

二、 渎职侵权检察

2001 年，按照上级总体部署，以“严打”和整顿规范市场经济秩序为契机，重点查办基层行政管理部门及金融、粮食流通领域中发生的渎职犯罪案件。

2001—2011 年，全院受理渎职侵权线索 52 件，立案 9 件，移送起诉 6 件，均为有罪判决。免于起诉 3 件，提出检察建议 10 余次。

2002年，人民检察院以查办渎职侵权犯罪案件与查办贪污贿赂案件为重点，集中开展“奋战一百天集中办案”活动。

2003年，开展“强化法律监督，维护公平正义”教育活动，贯彻落实“一个加大、两个提高”总体要求，克服“非典”期间给办工作带来的不利影响，渎职侵权检察科以事立案查办全旗首例环境监管失职案，依法提出生态有关内容的检察建议1件次。

2004—2007年，开展“规范执法行为，促进执法公正”“集中查办破坏社会主义市场经济秩序渎职犯罪”等专项活动，突出查办危害公正司法、破坏土地资源和环境、群众反映强烈的渎职侵权犯罪案件。历年累计初查渎职侵权案件线索10件13人，立案4件4人，转其他行政执法机关6件9人。

2005年，全院受理各类渎职侵权案件线索3件3人，经初查均不符合立案标准。

2007—2012年，反渎职侵权局在建院以来无查办渎职侵权犯罪记录基础上，反渎职侵权工作连续4年走在全盟基层检察院的前列。截至2012年，累计立案查办各类渎职侵权案件9件9人，为国家挽回经济损失500余万元。

2008年5月17日，按照全区检察机关关于查办危害能源和生态环境专项工作要求，经过7天调查，立案查处1起涉路管理人员渎职犯罪案件，并利用18天时间移交起诉。

2009年，以查办“三机关一部门”工作人员渎职犯罪为重点，推进侦查一体化机制建设。年内，渎职侵权案件立案3件3人。

2010年，全旗开展整顿和规范市场经济秩序等专项活动。年内，立案侦查渎职犯罪案件2件2人。

2011年，重点开展严肃查办危害民生民利渎职侵权犯罪专项工作。年内，反渎职侵权局被自治区记集体二等功。

2013年，反渎职侵权部门以开展“严肃查办发生在群众身边损害群众利益的职务犯罪”专项工作为契机，依法立案查处1起销售伪劣化肥，涉及行政执法部门工作人员玩忽职守职务犯罪案件较上年上升100%。

2014年，反渎职侵权局查办发生在二连浩特至广州广高速公路“6·13”重大交通事故中渎职犯罪案件1件3人。

2015年，反渎职侵权局立案查办渎职侵权职务犯罪案件3人，立案数与上年持平。年内，依法查办自治区人民检察院交办的内蒙古交通运输培训中心原主任（处级）职务犯罪案件；依法查办东乌珠穆沁旗环境保护局原局长等职务犯罪案件，提起公诉。截至2015年，历年受理渎职侵权案件，立案侦查21件，移送审查起诉12件，提起公诉案件法院均做有罪判决；免于起诉案件3件，向发案单位提出堵塞漏洞、消除隐患检察建议20余次。

三、职务犯罪预防

2001年，加强社会治安综合治理工作，有针对性地提出检察建议6件次。针对企业职务犯罪特点和因素，开展专题法制教育；对在押人员开展认罪伏法教育，提高各类职务犯罪预防工作。

2002年，按照《锡林郭勒盟检察机关“预防职务犯罪工作意见”的通知》，成立由32个成员单位组成的全旗预防职务犯罪领导小组。

2003年，组织参加国土资源局举办的国有土地使用权拍卖现场会，防止国有资产流失，预防工程环节职务犯罪。

2004—2007年，人民检察院实施讯问职务犯罪嫌疑人全程同步录音录像制度。累计自侦部门受理各类职务犯罪案件线索28件31人。开展个案预防4件次，对易发生职务犯罪行业开展系统预防16

件次，对重点建设项目进行专项预防 6 件次，提出检察建议书 2 份，发出预警通知书 1 份。

2005 年，开展个案预防 2 件次，在易发生职务犯罪行业开展系统预防案件 5 件次，对重点项目进行专项预防 6 件次，新建警示教育基地 2 个。

2007—2012 年，坚持将“查办案件质量考评体系”纳入对班子成员及部门干警实绩考评，不定期派员督查、协办、主办各类职务犯罪案件。累计开展个案预防 82 件次，在易发生职务犯罪行业开展系统预防 105 件次，对重点建设项目进行专项预防 20 件次，提出检察建议 5 件。

2008 年，人民检察院做好对权力集中、资金密集、发案率高的金融、税务、审计、房产等重点行业、部门、项目的专项预防以及个案预防，从源头上减少和预防职务犯罪发生。年内，立案查处职务犯罪 2 件 2 人，自侦查办涉嫌职务犯罪嫌疑人全程录像录音 6 人次。

2009 年，组织开展查办危害能源资源和生态环境、商业贿赂、重大安全责任事故以及涉农涉牧等职务犯罪专项工作。年内，立案查处各类职务犯罪案件 4 件 4 人。

2010 年，针对易发生职务犯罪的行业和部门，集中开展专项预防和个案预防，增强预防职务犯罪的前瞻性和有效性。年内，参与各类监督和预防职务犯罪活动39 次。

2011 年，全院参与各类监督和预防职务犯罪活动 12 次。

2013 年，人民检察院对行政执法机关和部分嘎查两委班子，在履行职责和财务管理等方面存在的漏洞，向发案单位发出整改建议 3 份，均被采纳。接待旗委中心组和金融、土地等部门开展专项警示教育活动 10 次，接待 300 余人。重点对实施农机购置补贴工作进行全程监督，实施监督活动 135 次，举办 3 次警示教育讲座，开展预防咨询 18 次，向相关部门发出检察建议 8 份，开展案例剖析和专项预防调查各 1 次。年内，查办 5 件职务犯罪案件全部移送人民法院起诉。

2014 年，制定《苏尼特右旗预防职务犯罪工作规定》。开通“内蒙古苏尼特右旗检察”微信公众平台。设立检务宣传、职务犯罪案件精选、政策法规理解与适用 3 个栏目。年内，为全旗公共资源项目和政府采购项目投标企业资质审查提供查询 448 次。开展专项警示教育活动 35 次 1000 余人。

2015 年，利用行贿犯罪档案查询系统，为全旗公共资源项目和政府采购项目投标企业资质审查、重大人事管理事项提供查询 1484 次。对全旗新党员、部分行政机关执法人员和新选任嘎查、村两委班子成员开展警示教育及宣讲 13 次。年内，全旗有 60 余家机关、单位、企业，累计 4000 余人次接受廉政教育。开展专项预防调查 4 次。

第六节 控告申诉

2001 年，人民检察院建立健全举报中心规章制度，每周二、四下午定为检察长接待日，认真做好群众来信来访接待和处理工作。年内，检察长接待来信来访人员 16 人次，均进行答复。受理举报案件线索 10 件，其中，经济犯罪 3 件，控告申诉 7 件。

2001—2011 年，人民检察院累计接听咨询、救助举报电话 36 件次，受理控告、申诉、举报 170 件，检察长接待来访群众 160 人次，自行查办 12 件。对所受理的控告、申诉举报线索按照归口办理原则，均在规定时间内分流办结，分流办结率 100%。

2003 年，人民检察院审查处理申诉及举报线索 11 件。受理申诉案件 4 件次，初查 1 件，做息诉处理 2 件，依法向锡林郭勒盟分院提请抗诉 1 件。

2004—2007 年，人民检察院完善和制定“检务公开”“检察机关十项便民措施”“首办责任制”“案件转办回访制”“期限告知制”“检察长接待制度”等制度措施。年内，累计控告申诉部门接待来信来访案件 46 件次，检察长接待日接待来访 96 件次。

2005 年，人民检察院依法提起抗诉 2 件 2 人，申诉案件 2 件，立案审查 1 件。

2006—2008 年，控告申诉部门开通 24 小时电话举报自动受理系统数字化档案案卷 5000 余卷，机读目录输入 1.2 万余条。

2007—2012 年，控告申诉部门受理来信、来访接待工作 59 件 59 人次，均在第一时间将群众诉求分解到相关部门和具体责任人，结案率 100%。同时，运用纠正意见和量刑建议形式，向审判机关提出量刑建议 100 件 131 人，采纳率 96%。

2008 年，控告申诉文明接待室通过内蒙古自治区人民检察院验收。年内，接待来访案件 3 件次，检察长接待日接待来访 12 件次。

2009 年，控告申诉部门累计接听咨询、救助举报电话 20 余个，受理控告、申诉、举报案件 4 件，接待来访群众 28 人次。对控告申诉举报线索归口办理，均在规定时间内分流办理，办结率 100%。年内，检察长接待日接待来访 16 件次。在全盟率先建立控告申诉自动化受理系统及网上举报 QQ 信箱，健全群众举报“绿色通道”。

2010 年，全面推行控告申诉首办责任制，把问题解决在首办环节。年内，接听咨询、救助举报电话 10 件次，受理控告、申诉、举报 3 件，检察长接待来访群众 12 人次。对所受理控告、申诉举报线索按照归口办理原则，均在规定时间内分流办结，分流办结率 100%。

2011 年，人民检察院控告申诉部门受理来信、来访 16 人次，分流办结率 100%。

2013 年，人民检察院设置集检务公开、法规查询和检察长接待等内容于一体的便民电子显示系统，对外开通 12309 举报电话。年内，受理来信来访 10 件 10 人，检察长及分管检察长接待来访 24 件 24 人，均在法定时限内分流办结，分流办结率 100%。

2014 年，人民检察院受理来信来访 35 件，检察长接待 24 人次，均在法定时限内分流办结。开展举报人奖励、刑事被害人司法救助工作各 1 人次。

2015 年，组织开展举报宣传周、“大接访”“规范执法行为、促进执法公正”等活动，设立法律咨询台和《检务十公开》栏目，专访重点厂矿企业单位，引导群众准确投诉、如实举报，全面推行控告申诉首办责任制。

第七节　监所检察

2001 年，人民检察院加强监管场所监督力度，提出口头检察建议 2 次，组织实施安全防范检察 5 次，消除事故隐患 2 次。

2002—2003 年，人民检察院建立《案件即将到期告知书》《案件到期催办书》《案件超期纠正违法通知书》制度。累计提出检察建议 1 次，安全防范检察 14 次，消除事故隐患 1 次。

2004—2007 年，检察部门累计向公安机关监管场所提出纠正违法建议书 4 件，人民检察院、人民法院、公安局办案环节保持无超期羁押现象。

2007—2012 年，人民检察院累计向公安监管场所提出纠正违法建议 8 件。

2008 年，人民检察院执行自治区指定异地羁押监控活动 3 人次，监控室设有远程监控指挥中心。看守所检察室被内蒙古自治区检察院评为“二级规范化检察室”。

2009 年，开展清理超期羁押等专项行动，进行监所安全检查 14 次，为在押人员上法制课 3 次，受教育人数 60 余人。

2010—2011 年，检察部门累计开展监所安全检查 10 次，为在押人员上法制课 6 次，受教育人数 40 余人；各诉讼环节连续 6 年保持“零”超期羁押。

2013 年，实施社区矫正法律监督工作。建成驻所检察室与看守所监管信息和监控信息联网。联合对监管场所进行安全检查 35 次，对监管活动中存在的安全隐患问题提出书面检察建议书 2 份，提出口头建议 8 次，均被采纳。会同公安机关签订《羁押必要性审查制度》《捕前刑事和解制度》等多项制度。各诉讼环节连续 10 余年保持无超期羁押良好成绩。

2014 年，实现驻所检察室与看守所监管信息和监控信息联网，提升驻所检察工作规范化建设水平。年内，联合对监管场所进行安全检查 30 余次，下达监管问题检察建议书 3 份，纠正违法通知书 2 份，提出口头建议 10 余次，均被采纳。向司法行政机关下达社区矫正管理工作检察建议书 2 份，纠正违法通知书 1 份，提出口头建议 5 次，均被采纳。

2015 年，建立和完善社区矫正立法和社区矫正法律监管入法等相关工作机制。年内，联合进行安全检查 53 次，办理羁押必要性审查案件 3 件 3 人。提出监管口头建议 12 次，下达检察建议书 6 份，向司法局下达检察建议书 2 份。截至 2015 年，驻所检察室与监管机构联合进行安全检察 248 次，发出检察建议 25 份，发出纠正违法通知书 20 份，口头建议纠正 150 余次，均被采纳。针对社区矫正管理中的问题，向司法局发出检察建议书 20 份，书面纠正违法通知书 17 份、口头建议 58 次，均被采纳。

第八节 法纪监督

2001 年，人民检察院加强执法侦查监督工作，向公安机关提出纠正意见 4 件次，公安机关均采纳。

2003 年，人民检察院监督公安机关立案 1 件 1 人，介入公安机关侦查监督 7 件 18 人次，参加公安机关重大案件讨论 4 件 7 人次，参与现场勘查 4 次，提出侦查指导意见 2 次，向公安机关发出《提供法庭证据意见书》10 件 22 人，口头提出纠正违法意见 2 起，追捕漏犯 1 人，不捕 1 人。依法提起抗诉 1 件 1 人（人民法院已判刑），检察长列席审判委员会议、参加人民法院行政座谈会和执行案件现场会各 1 次。

2004 年，人民检察院成立检察委员会办公室、人民监督员办公室。

2004—2007 年，检察机关主动接受社会各界监督，提高司法公正的社会效果。聘请 15 名特邀监督员，制作《人民监督员办案流程图》。截至 2007 年，人民检察院适时介入公安机关侦查监督活动 33 件 43 人次，刑事立案监督 7 件次，纠正违法 9 件次，检察建议 4 件次，提起抗诉 1 件 1 人。

2004—2015 年，人民检察院召开检察委员会 53 次，讨论决定案件 53 件次。召开人民监督员会议 8 次，讨论案件 6 件。开展预防监督 156 次，预防调查 38 次，预防咨询 36 次。召开全旗各部门、各单位联席会议 22 次。

2005 年，依法监督纠正有案不立、有罪不究、以罚代刑等问题，依法纠正滥用刑事手段插手民事经济纠纷、违法立案等问题。侦查监督机关撤销林某某等 7 人偷越国（边）境案件属不应立案，下达纠正违法通知书，公安机关撤销案件。年内，人民检察院适时介入公安机关侦查监督活动 12 件 16 人次，刑事立案监督 1 件次，纠正违法 4 件次，检察建议 1 件次。

2007—2012 年，开展“审查逮捕质量年”和“诉讼监督质量年”专项活动。累计适时介入公安机关侦查监督活动 43 件 55 人，刑事立案监督 6 件 6 人，纠正违法 3 件，下发检察建议 9 件，追捕漏犯 5 件 7 人，发出《提供法庭审判所需证据材料意见书》47 份。

2008 年，人民检察院参加政府集中采购办公室、教育局、民政局等部门的招投标活动。年内，对 2008 年京津风沙治理暖棚工程招投标进行法律监督。适时介入公安机关侦查监督活动 6 件 14 人次，刑事立案监督 1 件 1 人，追捕漏犯 2 人。

2009 年，重点对涉及政府投资领域的扶贫项目、政府采购、生态建设等重点领域的立项、申报、资金发放、物资采购以及使用管理等进行监督。年内，适时介入公安机关侦查监督活动 8 件 10 人次，提出纠正违法建议 2 件 2 人，追捕漏犯 1 人。

2010 年，人民法院加强对刑事、民事、行政审判活动监督。适时介入公安机关监督活动 6 件 11 人，立案监督 1 件 1 人。

2011 年，人民检察院参与侦查机关重特大案件讨论 3 件次，提前介入 8 件 10 人。年内，追捕犯罪嫌疑人 1 人，发出《提供法庭审判所需证据材料意见书》5 件。向审判机关提出量刑建议 31 件 43 人，采纳率 95%。

2013 年，人民检察院提前介入公安机关办理的案件 8 件次，参与重大案件讨论 3 件次，提出补充侦查证据 2 份，《逮捕案件继续侦查提纲》7 份。对不符合立案条件的，监督撤销案件 2 件 2 人。向公安机关口头提出纠正违法 7 次，提出书面纠正意见书 1 份。结合办案对全旗居民住宅区存在的物业管理和监控设施等安全隐患，向住建部门发出检察建议书 1 份。向审判机关提出量刑建议 27 人次，采纳率 100%。

2014 年，人民检察院发出《逮捕案件继续侦查取证意见书》9 份，制作《不批准逮捕理由说明书》6 份，纠正漏捕 3 人，不批准逮捕 4 人，提前介入侦查 4 件次，参与重大案件讨论 4 件。向公安机关发出《纠正违法通知书》6 份，检察建议书 1 份，追诉漏犯 1 人，追诉漏罪 1 件 1 人。年内，开展对公安机关提请批准逮捕案件抽样评估和刑事执法情况专项检查，发现 6 个方面 12 项 159 个问题。对不应当立案而立案的案件专项监督 6 件 6 人，公安机关均已采纳并作出撤案决定。向人民法院提出量刑建议 66 人次，量刑建议采纳率 98%。

第三章 审 判

第一节 组织机构

2001—2002 年，苏尼特右旗人民法院撤销经济审判庭与调解中心，将民事审判庭分为民事审判第一庭和民事审判第二庭。

2005 年，人民法院将执行庭更名为执行局。

2006 年，人民法院对外挂牌成立“维护军人军属合法权益法庭”。

2008 年，人民法院成立案件质量评查小组，对全院每月已结各类案件、上诉案件、上级人民法院发回重审和改判的案件以及群众反映强烈的案件进行评查。

2009 年，乌日根塔拉人民法庭和朱日和人民法庭建成并投入使用。年内，人民法院审判法庭大楼建设项目开工建设。

2012 年，人民法院成立法院审判管理办公室。

2013 年 11 月，人民法院新建审判法庭大楼投入使用。

2014 年，经旗委编制办公室核准，人民法院审判管理办公室单设，研究室与纪检监察室分别挂靠办公室和政治处。8 月，成立全盟首个规范化交通事故专业法庭。12 月，人民法院内设立案庭、民事审判第一庭、民事审判第二庭、刑事审判庭、巡回审判庭（含朱日和人民法庭、乌日根塔拉人民法庭）、行政审判庭、审判监督庭、执行局、政治处（含纪检监察室）、办公室（含研究室）、法警大队、审判管理办公室等 12 个机构。年内，行政编制 45 名。实有 41 人，其中具有法官资格 22 人。

2015 年，人民法院内设办公室（调研室）、政治处（纪检监察室）、立案庭、刑事审判庭、民事审判第一庭、民事审判第二庭、行政审判庭、审判监督庭、执行局、司法警察大队、牧区巡回审判庭、审判管理办公室、乌日根塔拉人民法庭、朱日和人民法庭等机构。核定编制 39 名。

2001—2015 年苏尼特右旗人民法院历任院长名录

表 17-3-1

姓 名	性 别	民 族	任职时间
宝 音	男	蒙古族	—2002. 12
郑明明	男	汉 族	2002. 12—2007. 11
胡其图	男	蒙古族	2007. 11—

第二节 队伍建设

2001年，人民法院开展“一教育三整顿”活动，坚持每周政治、业务学习制度，不断提高全体干警素质。截至12月底，大专以上学历占全院干警95%以上，25名干警参加法律后期本科学习。

2002年，人民法院开展“转变作风年”活动，组织全院干警学习《中华人民共和国法官法》《人民法官行为准则》和《法官职业道德基本准则》，并对照“八个坚持，八个反对”要求，查摆工作作风中存在的问题，针对实际制定整改措施。

2001—2003年，人民法院根据全国《人民法院五年改革纲要》要求，以落实公开审判制度为中心，实行新的民事行政诉讼证据规则。

2004年，人民法院教育培训工作逐步转向培养具有本科以上学历的法官。全院有大专以上学历34人。其中，14人取得本科学历，6人参加“专升本”学历教育，11人参加本科层次专业培训。

2005年，人民法院开展岗位大练兵活动，先后通过庭审观摩、《中华人民共和国公务员法》知识测试、案例分析、论文研讨、计算机速录等活动，进一步加强司法能力建设。同时，选派干警36人次参加上级法院组织开展的业务培训。年内，人民法院被评为全盟“五项文明”活动先进单位，被内蒙古自治区党委、政府评为“内蒙古自治区文明单位”。人民法院法警队在全盟法警比武活动中获第一名，在全区法院法警工作验收中，获全区法院系统第七名。

2006年，人民法院先后组织干警40人次参加上级法院组织的各类培训以及学历教育和司法考试。年内，参加上级法院组织的本科学历专项培训5人，占全体干警11.9%；本科在读9人，占到21.4%。安排干警5人脱产到内蒙古法官学院参加司法考试辅导班，1人通过司法考试。全院干警撰写论文和调研文章43篇、撰写案例分析46篇。开通三级法院政法专网，实现与全区各级法院之间的信息互通共享，实现公文传输网络化。

2007年，人民法院采取环节干部竞争上岗、选聘合同制书记员等措施。继续做好干警学历教育工作，在职干警本科学历占全体干警的81%。

2008年，人民法院组织开展法官助理选拔工作，选拔出5名法官助理，构建“法官—法官助理—书记员”审判人员组合模式。

2010年，开展“人民法官为人民”主题实践活动。落实司法便民利民措施，完善司法救助制度，扩大司法救助范围等6个方面内容。年内，苏尼特右旗人民法院被确定全区第二批量刑规范化试点人民法院。

2011年，开展警示教育年活动和创先争优活动，组织干警观看廉政警示教育片3部、典型案例教育4期，撰写各类心得体会文章30余篇。年内，《人民法院报》对全院巡回办案、牧区办案做法进行采访报道。全盟量刑规范化庭审观摩会在苏尼特右旗人民法院举行。

2012年，开展“千名法官下基层”活动，通过开展审判“五进”（即进机关，进乡村，进学校，进社区、进企业巡回）活动，在各社区和巡回审判点公开审理、执行案件12件次。

2013年，组织干警学习贯彻中央八项规定，通过组织全体干警到看守所警示教育基地接受警示教育学习、组织党员干部签订廉政建设责任状等内容。年内，人民法院刑事庭和1名刑事审判法官被内蒙古自治区高级人民法院授予全区法院“刑事审判工作先进集体”和“先进个人”。

2014年，开展党的群众路线教育实践活动，以“反对‘四风’、服务群众”为重点，解决司法作风中存在的突出问题。先后召开座谈会2次，邀请人大代表、政协委员、机关代表、人民陪审员、律师、牧民、社区代表、服务对象等20余人参加座谈会。年内，组织干警多次到嘎查、社区走访，发放征求意见表600余份。

2013—2014年，组织开展“改进工作作风，密切联系群众”“为民务实清廉”等主题活动，修改完善新建各类规章制度34项。

2015年，按照“三严三实”要求，通过开展集中学习、召开民主生活会等方式方法，规范领导班子从严从实的行为，打牢团结工作基础。年内，组织全院干警参加上级法院组织的各类教育培训27人次。

第三节 刑事审判

2001年，人民法院集中开展“严打”整治斗争。全院受理刑事案件40件67人，审结40件67人。其中，判处有期徒刑10年以上不满15年的3人，判处有期徒刑5年以上不满10年的3人，判处5年以下有期徒刑28人，判处缓刑16人，判处管制3人。

2002年，全年受理刑事案件32件46人，审结32件46人。其中，判处有期徒刑5年以上不满10年的4人，判处有期徒刑3年以上5年以下的6人，判处有期徒刑3年以下的7人，判处缓刑15人，判处拘役2人。

2004年，全院受理刑事案件14件20人，审结14件20人。其中，判处有期徒刑10年以上不满15年的3人，判处有期徒刑5年以上不满10年的2人，判处不满5年有期徒刑的8人，判处缓刑4人。

2005年，人民法院受理刑事案件19件32人，审结19件32人。其中，判处有期徒刑3年以下的3人，判处有期徒刑3年以上5年以下的6人，判处有期徒刑5年以上7年以下的4人，判处有期徒刑7年以上10年以下的2人，判处有期徒刑10年以上的2人，免予刑事处罚2人。

2006年，人民法院坚持“教育、感化、挽救”相结合方针，继续抓好未成年人犯罪案件审理工作。年内，审结未成年人犯罪案件1件1人。

2008年，人民法院对4名犯罪情节较轻、悔罪态度较好的未成年人判处3年以下有期徒刑、缓刑。

2009年，人民法院受理刑事案件17件21人，审结17件21人。其中，公诉机关撤诉3件，判处有期徒刑10年以上的1人，判处有期徒刑3年以上10年以下的3人，判处有期徒刑3年以下的3人，免予刑事处罚1人，缓刑12人。

2014年，制定与检察、公安机关定期召开审判工作联席会议制度，就新下发司法解释及审判工作中遇到的新情况、新问题共同学习探讨，进一步形成以审判为核心的工作机制。

2015年1月，人民法院与人民检察院、公安局联合出台《关于依法从重惩处醉酒驾驶机动车犯罪的意见》。9月，召开全旗“依法从严惩治醉酒驾驶犯罪，维护人民群众生命财产安全”新闻发布会。截至2015年，全旗累计受理刑事案件426件647人。

2001—2015年苏尼特右旗法院刑事案件立案情况表

表17-3-2

年份＼项目	受理案件		伤害案件		抢劫盗窃		强奸案件		交通肇事		其他案件	
	件	人	件	人	件	人	件	人	件	人	件	人
2001	40	67	6	8	18	39	7	7	0	0	9	13
2002	32	46	9	16	12	17	4	4	2	3	5	6
2003	17	25	—	—	—	—	2	—	11	—	4	—
2004	14	20	3	—	2	—	1	—	3	—	5	—
2005	19	32	3	3	7	18	0	0	6	6	3	5
2006	14	22	1	1	9	17	0	0	4	4	0	0
2007	25	40	3	—	7	—	4	—	6	—	5	—
2008	16	28	2	3	6	17	1	1	3	3	4	4
2009	17	21	2	2	4	6	0	0	4	4	7	9
2010	25	51	5	20	5	6	2	6	8	8	5	11
2011	40	78	6	20	1	2	4	12	12	13	17	31
2012	31	52	6	9	7	19	2	2	9	11	9	11
2013	23	28	2	2	0	0	0	0	8	8	13	18
2014	60	69	7	12	1	6	1	1	12	12	38	38
2015	53	68	5	5	0	0	1	1	14	14	33	48

第四节　经济与民事审判

2001—2002年，苏尼特右旗人民法院受理各类经济案件188件。

2002年，苏尼特右旗人民法院撤销经济审判庭。

2005年，组织开展“规范民事审判行为，促进审判公正”专项整治活动，全面推行巡回法庭五项工作制度。年内，人民法院牧区巡回法庭被评为全盟唯一“全区优秀人民法庭”。

2007年，人民法院重点加大民间借贷、离婚、邻里关系等事关民生案件调解力度，实现案结事了的社会效果和法律效果。全面推行当庭举证、质证、辩论、认证等主要内容的诉辩式庭审方式，使庭审工作成为审判活动的中心环节。

2008年，人民法院加大涉农涉牧案件审理力度，妥善处理草牧场权属以及流转承包中产生的各类纠纷，保护农牧民群众合法权益。年内，受理农牧区案件69件，审结67件。

2009—2013年，人民法院在民商事审判中，坚持化解群众矛盾与维护社会稳定相结合，贯彻“调解优先、调判结合”原则，不断加大调解力度，化解各类矛盾纠纷，实现案结事了。

2014年，人民法院在审理涉民生案件中，受理交通肇事及其他人身损害赔偿案件32件，审结28件，结案标的452.1万元；受理婚姻家庭案件91件，审结86件，涉案标的173.7万元；受理劳务合同、劳动争议、追索劳动报酬案件22件，审结21件，涉案标的58万元。年内，受理信用联社不良贷款案件13件，审结11件，涉案金额1469万元。

2015年，根据全旗农牧区地域环境、人员分布等特点，发挥基层巡回法庭作用。办案中，注重提高民事、商事案件审判质量，严格执行审理时限，消化民事积案，缩短办案周期，落实繁简分流审判制度，扩大简易案件审理范围，建立案件报备制度，严防超过审判期限。

2001—2015 年苏尼特右旗法院民商事案件立案情况表

表 17-3-3 单位：件

年 度	新收民商事案件总数	婚姻家庭继承纠纷	合同纠纷	其他纠纷	审结案件（含旧存数）
2001	313	139	124	50	293
2002	277	130	115	32	262
2003	163	—	—	—	195
2004	135	60	73	2	152
2005	158	80	22	56	157
2006	153	95	17	41	141
2007	246	113	17	116	230
2008	217	92	77	48	217
2009	187	71	43	73	155
2010	225	88	72	65	183
2011	194	106	46	42	198
2012	275	105	128	42	256
2013	213	111	67	35	229
2014	246	91	111	44	243
2015	355	80	141	134	306

第五节 行政审判

2002 年，人民法院受理行政案件 3 件。其中，判决原行政机关重新做出具体行政行为 1 件，判决维持行政机关做出的具体行政行为 1 件，依法裁定不予受理 1 件。

2004 年，审理行政诉讼案件 3 件。其中，判决撤销罚款决定，责成行政执法机关重新作出具体行政行为 1 件，维持行政机关具体行政行为 1 件，撤诉 1 件。审查行政非诉执行案件 8 件，准予执行 8 件。

2006 年，人民法院受理 11 件行政非诉房屋拆迁案件，通过协调和疏导，依法促使 11 户被拆迁人在法定较短的期限内主动拆迁。

2008—2012 年，贯彻“保护合法权益、促进依法行政、优化司法环境、化解行政争议”的行政审判要求，解决社会建设中的突出问题，建立行政诉讼协调机制，化解行政机关和行政相对人之间的矛盾，促进公民权利和公共权力的和谐互动。

2011 年，针对政府关于对危房集中地区和棚户区等基础设施落后地段进行改建工作，人民法院受理 3 件由建设部门申请非诉强执案件。

2015 年，贯彻新修订的《中华人民共和国行政诉讼法》，保障当事人合法权益。年内，受理行政诉讼案件 5 件，审结 4 件。受理非诉行政执行案件 81 件。

2001—2015 年苏尼特右旗法院行政案件立案情况表

表 17-3-4　　　　单位：件

年度	新收行政案件总数	审结案件（含旧存）数	年度	新收行政案件总数	审结案件（含旧存）数
2001	4	4	2009	2	2
2002	3	3	2010	1	1
2003	1	1	2011	5	5
2004	3	3	2012	1	1
2005	3	4	2013	1	1
2006	4	2	2014	3	3
2007	1	—	2015	5	4
2008	1	3	总计	38	37

第六节　立案审查

2001—2015 年，人民法院结合审判实践，加强审查立案、登记立案，对民事、行政案件实行审查立案。对国家赔偿、刑事案件实行登记立案。加强涉诉信访工作，一般信访在 3 日内办结，信访工作人员对简单纠纷案件予以调解；对于不能办结的案件应说明理由并提出相应的解决办法，防止案件积压，切实保护公民的合法权益。

2003，按照《锡林郭勒盟中级人民法院案件审判流程管理办法（试行）》要求，人民法院对立案排查、审理程序、审判时限、执行程序、重点案件、质量评查和案件归档等实行流程管理。

2005 年，人民法院推行法院首问责任制，即对到法院办事群众，首先由立案庭负责接待，进行诉讼指导并提供法律咨询服务，对于立案审理的案件，由立案庭负责立案转有关审判业务庭审理，并对案件审理情况进行全程跟踪管理，对超审限案件给予督办和公开警示。

2008—2012 年，人民法院坚持“正确、及时、方便”的立案工作要求，切实解决群众“告状难”问题，执行“院长接待日”制度，确定每周三由院领导轮流值班接待，方便当事人及人民群众反映问题，发现问题。

2013 年，人民法院规范信访窗口建设，设立立案、信访、诉讼服务和纠纷调处功能区，对重大民生工程中发生的矛盾纠纷建立“绿色通道”，确保案件快立、快审、快结、快执，进一步做好诉讼费的减、免、缓工作。年内，办理减、免、缓诉讼费 57.13 万元。

2014 年，人民法院制作《诉讼指南》《诉讼风险告知》等宣传册，开展小额速裁工作，使权利义务关系明确、争议不大、标的小的简易民事案件迅速进入诉讼程序，及时解决当事人纠纷，提高司法效率。

2015 年 5 月 1 日，人民法院实施立案登记制，对符合登记立案范围诉状一律接收，当场登记立案。对起诉材料不齐全，一次性告知补正。同时，设立诉讼服务中心（包含人民法院各部门的诉讼服务内容）、蒙古文、汉文诉讼服务、LED 大屏滚动播放立案信息等便于群众诉讼的服务和设施。5 月 22 日，人民法院召开立案登记制新闻发布会，向社会群众宣传立案登记制改革的相关内容。

2001—2015 年苏尼特右旗法院案件立案情况表

表 17-3-5 单位：件

年 度	新收各类案件总数	刑事案件	民商事案件	其他案件	审执结案件（含旧存） 总数
2001	461	40	313	108	426
2002	393	32	277	84	374
2003	308	17	163	128	276
2004	266	14	135	117	287
2005	255	19	158	78	240
2006	238	14	153	71	229
2007	367	25	246	96	345
2008	338	16	218	104	324
2009	284	17	187	80	253
2010	312	25	225	62	252
2011	281	35	194	52	291
2012	359	29	272	58	352
2013	318	39	212	67	307
2014	367	53	241	73	362
2015	672	62	355	255	572

第七节 案件执行

2001 年，人民法院开展“集中清理积案”“交叉执行会战”等执行行动，全年，受理执行案件 104 件，执结 89 件。

2004 年，人民法院选调有丰富审判经验的法官充实执行队伍，将案件分解到人，限期执结。年内，法院执行执结率位居全盟第二位。

2005 年，通过建立执行专户，执行财产专人管理等系列措施进一步规范。年内，法院执行案件执结率 92.7%，比中院既定执结率目标超出 12.7 个百分点。

2006 年，通过开展“规范执行行为，促进执行公正”和“清理执行积案”活动，进一步规范执行行为。11 月，政府主持召开旗长办公会议，专门研究和解决法院“执行难”问题。

2008 年，人民法院组织开展清理执行积案活动。年内，受理执行案件 95 件，执结 80 件，强制执行 12 件，执结标的 200 余万元。

2009 年，人民法院受理执行案件 74 件，执结 70 件，执结标的 615 万元，执结率 94.6%。

2010 年，人民法院受理各类执行案件 61 件，执结 50 件，执结率 81.97%，执结标的 559.2 万元。

2011 年，人民法院受理各类执行案件 63 件，执结 54 件，执结率 85.71%，执结标的 572.78 万元。

2012 年，人民法院受理各类执行案件 66 件，执结 62 件，执结标的 1278.9 万元。

2013 年，人民法院受理各类执行案件 66 件，执结 54 件，执结标的 455.07 万元。

2014 年 5 月，人民法院为 16 名农民工追讨 40 余万元劳动报酬。

2015 年，人民法院加强执行信用惩戒机制建设，与旗委宣传部等部门联系合作，通过媒体渠道公布8名失信被执行人，并在行政审批、融资信贷、市场准入、资质认定、个人消费等各个方面对被执行人进行限制。年内，受理执行案件196件（含上年旧存30件），较上年同比上升122.73%；结案123件（含旧存），较上年同比上升112.07%，执结标的总金额1668.01万元。

2001—2015年苏尼特右旗法院执行案件情况表

表17-3-6　　单位：件

年度	受理案件	执结案件	年度	受理案件	执结案件
2001	104	89	2009	74	70
2002	78	74	2010	61	50
2003	—	63	2011	63	54
2004	120	118	2012	66	62
2005	55	51	2013	66	54
2006	71	68	2014	88	58
2007	88	73	2015	196	123
2008	95	80	总计	1225	1087

第八节　审判监督

2001年，人民法院贯彻落实立审、审执、审监三分立制度，加强各审判环节上的监督制约机制，建立起相互配合、相互制约、运转高效的审判管理机制。严格执行公开审判制度，对依法应当公开审理的案件全部进行公开审理，审判的公开性和透明度得到较好的体现，审判效率进一步提高。

2002年，全面推行审务公开制度，制作审务公开栏，将审判活动置于公众的监督之下。贯彻执行《违法审判责任追究办法》《违反审判纪律处分办法》《司法人员违法办案责任追究条例》，进一步加强内部监督，实行层次管理，有效地预防和减少腐败现象发生。

2004年，人民法院推进和完善审判流程管理，加大对超审限办案和督办案件的监督力度，推行案件评查制度，成立案件评查小组，每月对审结案件由评查小组全面进行评查。

2005年，人民法院开展“规范司法行为，促进司法公正”专项整改活动，出台《案件承办人与当事人实行双向监督的规定》《加强廉政建设，制止办人情案、关系案、金钱案的规定》《错案责任追究规定》等制度。同时，由立案庭在受理案件时向案件当事人发放“苏尼特右旗人民法院审判人员执法监督卡”，广泛接受人民群众监督。

2006年，开展人民陪审员培训和考核工作，13名人民陪审员接受人大常委会任命。通过系统培训，12名人民陪审员走上审判工作岗位，3名人民陪审员直接参与法院民商事及行政案件审判。

2008年，全面落实审务公开制度，利用审务公开栏和审判监督台，公开各部门职责及每位干警职务和完成工作量情况，设立举报箱和征求意见箱，公布举报和征求意见电话，主动接受外部对法院监督，最大限度地将法院各项工作置于广大群众和社会各界监督之下。

2009年，人民法院为进一步加强信息化、网络化，规范审判流程，提高审判效率，购置液晶电脑台式机7台，审判人员电脑配备率100%，

2010年，实行审限跟踪与监督，法院每月对审判流程进行统计，对即将到审限的案件进行网上督办。

2011年，人民法院对审判工作量、调解率、实际执行率、发改案件情况等审判质效重要指标进

行量化，开展月通报制度，实行年度考核常态化管理，促进审判质效提高。

2013 年，开展“两评查”（即裁判文书评查和庭审评查）活动，累计抽查裁判文书 48 份，对 16 次庭审进行观摩评查。年内，人民法院被评为全区法院“两评查”工作先进单位。

2014 年，经审核，人大常委会重新任命 20 名人民陪审员，覆盖全旗不同地域和部门，选送新任 13 名人民陪审员参加上级人民法院组织的业务知识培训。

2015 年，实现案件全部纳入网上流程管理系统，做到案件底数摸得清、审理情况说得明、各个环节看得见、出了问题管得住。全年，上网生效裁判文书 219 件。

第四章　司法行政

第一节　组织机构

2001年，苏尼特右旗司法局设办公室、宣传教育股、基层工作股、法律援助中心。

2001—2004年，司法局所属事业二级单位2个（苏尼特右旗公证处、内蒙古德华律师事务所）。

2002年，全旗苏木乡镇机构改革，成立苏木乡镇司法所13个。

2006年，基层司法所由13个调整为6个苏木镇司法所。基层司法专（兼）职工作人员12人。

2008年，旗委、政府机构改革，苏尼特右旗公证处、内蒙古德华律师事务所调整为股级事业编制。

2012年，阿其图乌拉苏木成立司法所。全旗基层司法专（兼）职工作人员14人。

2015年，司法局内设办公室、法制宣传教育股、基层工作股、法律援助中心、公证律师股、社区矫正执法大队。核定行政编制31名。下设基层派出机构7个22人。所属事业二级单位2个11人，其中，德华律师事务所工作人员5人（执业律师3人）；公证处工作人员6人（公证员2人）。

第二节　普法教育

一、“四五”普法

2001年3月，全旗召开政法工作会议，总结表彰“三五”普法工作先进集体和个人，制定《关于在全旗开展法制宣传教育第四个五年规划》。12月4日，普法领导小组办公室组织有关部门开展以“增强宣传观念，推进依法治国”为主题的法制宣传教育活动。召开全旗“四五”普法动员大会，启动和部署全旗“四五”普法任务。

2001—2005年，集中开展“四五”（2001—2005年第四个五年普法规划）普法活动。其间，全旗各机关事业单位有4500余人参加普法考试，全旗法律普及率75%以上。苏尼特右旗被评为全盟“四五”普法依法治理先进旗县。

2005年7月，锡林郭勒盟普法依法治理验收组对全旗行政执法单位、企业、苏木镇、嘎查村、社区、学校、普法办等11个单位、部门进行抽查验收。

二、“五五普法”

2006—2010年，集中开展“五五”（2006—2010年第五个五年普法规划）普法活动。其间，利用有利时机开展法制宣传教育工作，下乡举办法制宣传活动，提高农牧民群众法律意识，全旗法律普及率80%以上。

2007年3月22日，司法局在全旗开通普法短信息服务，为干部、群众提供更加优质、高效、便捷的法律服务。

2008年6月，全旗“五五”普法领导小组组成工作组，对全旗范围内开展“五五”普法依法治理工作进行检查验收。

三、“六五”普法

2011—2015年，集中开展“六五”普法活动。其间，全旗以领导干部、公务员、青少年学生、企业经营管理人员、农牧民的法制宣传教育为重点，以基层依法治理为基础，地方依法治理为主题，行业依法治理为支柱的依法治旗“三大工程”得到发展，有组织、有计划、分层次地开展“六五”普法和依法治理工作，全民法律素质和社会化管理水平得到提高，完成普法依法治理各项工作任务，为全旗经济社会发展创造良好的法治环境。全旗普法宣传出动宣传车60次，举办法制图片展12场，展出展板200余块，展出图片1800余片，悬挂标语及广告牌240幅，免费发放蒙古文版法律书籍8万余册，发放宣传材料7万余份，现场接受法律咨询解答390人次，累计受教育干部群众2万人次。

2012年，全旗召开“五五”普法依法治理工作总结表彰暨“六五”普法启动大会，安排部署“六五”普法依法治理工作任务。

2015年，司法局联合文化体育广播电影电视局，在图书馆设置法治图书阅览站，阅览站内法律书籍有500余册，法律期刊5种100余份，并定期更新。联合宣传部、政法委、团委在全旗范围内公开招募160名普法志愿者。坚持法制宣传教育与法治实践相结合，开展争创基层“民主法治示范村（社区）”活动。3月，赛汉塔拉镇杭盖路社区被内蒙古自治区民政厅、自治区司法厅评为“民主法治示范嘎查村（社区）”。年内，按照全盟“六五”普法依法治理规划检查验收实施方案和考评标准，完成各部门、苏木镇“六五”普法规划的实施情况，通过上级“六五”普法考核验收。

第三节　人民调解

2001—2015年，全旗人民调解依靠基层调解委员会，旗委、政府将人民调解工作纳入社会治安综合治理目标管理。全旗历年调处受理民间纠纷3116起。主要以婚姻家庭矛盾、草场纠纷及财产纠纷为主，无“民转刑”案件发生，矛盾纠纷调解成功率97%。

2006年，司法局直管基层司法所，建立人民调解中心、苏木镇调解中心8个。建立旗、苏木镇、嘎查村（社区）三级人民调解委员会，设立调解庭（室）。

2007年，司法局与边防大队、草原监督管理局在额仁淖尔苏木联合召开“三所联调”联席会议，成立全区首个“三所联调”矛盾纠纷调解机制。

2008年，司法局“三所联调”工作在全盟司法工作进行经验交流，并在全盟司法系统推广。

2009年4月，苏尼特右旗“三所联调”机制被锡林郭勒盟综治委纳入《全盟社会治安综合治理重点工作安排》中，在全盟政法系统推广。9月21日，“三所联调”作为调处矛盾纠纷的典型做法在全旗基层政法系统中推广，受到自治区政法委、司法厅表彰。

2015年，全旗苏木镇、嘎查村（社区、企业）有85个调委会392名调解员，实现全覆盖。各类调解组织调处各类民间纠纷244起，调解率100%，成功率96%。

第四节　法律服务

一、律师服务

2001—2015年，苏尼特右旗律师事务所经过改制，更名为德华律师事务所。累计办理各类案件401件。代写法律文书386件，法律援助案件192件，应聘12家担任机关企事业单位常年法律顾问，解答法律咨询1460人次。

二、公证事务

2001—2015年，苏尼特右旗公证处不断拓宽公证事务领域，积极主动介入企业体制改革、行政事业单位人事制度改革、草牧场承包、招商引资、重点工程、农牧业项目建设等提供法律公证服务。累计办理各类公证6167件，服务领域涉及交易、招标、拍卖、贷款、出售、抵押、继承等方面。

三、法律援助

2001—2015年，全旗拥有法律援助中心1个，法律援助工作站15个，法律援助联系点77个。累计办理法律援助案件892件，法律咨询服务1460余人次。

2006年，法律援助中心能独立运作法律援助工作，有专职人员3人，每年2万元援助经费列入财政年度预算。

2008年10月，法律援助中心被内蒙古自治区法律援助中心验收合格，成为法律援助工作“规范化建设达标旗”。

2015年，全旗办理各类法律援助案件103件。其中，民事案件94件，刑事案件9件，为贫困弱势群体挽回经济损失91.32万元。7月，司法局在朱日和军事基地建立法律援助工作站。

四、社会矫正

2015年12月，苏尼特右旗编制办公室下发《关于苏尼特右旗司法局成立社区矫正执法大队的通知》（苏右机编办发〔2015〕42号），司法局增设社区矫正执法大队，人员由内部调整。社区矫正执法大队，主要负责对社区服刑人员的日常监管教育、社区矫正的执法检查和社区服刑人员的奖惩等工作。5月，司法局联合民政局、看守所及劳动就业局等部门建立社区矫正公益劳动基地、社区矫正警示教育基地及社区矫正劳动技能培训基地；创建社区服刑人员吸毒尿检排查制度，与法院、公安局联合对在册社区服刑人员进行吸毒尿液检验。

第十八编

社会团体

第一章　工　会

第一节　组织机构

一、　工会代表大会

2008年4月，苏尼特右旗工会第七届代表大会在赛汉塔拉镇召开。会议审议通过第六届委员会工作报告，选举产生第七届委员会。其中，选举产生委员11人，工会主席1人，副主席3人。会上表彰奖励全旗先进基层工会、模范职工之家、优秀工会干部、工会积极分子、支持工会工作党政领导干部等集体和个人。

二、　组织构成

2001年，苏尼特右旗工会入会职工总数增至8192人，其中，蒙古族2868人，汉族和其他少数民族5324人。

2001—2015年，工会在全旗工人联合会代表大会闭会期间行使代表大会领导职权。工会内设经费审查委员会、女职工委员会。

2002年，印发《苏尼特右旗总工会机关机构改革方案》（苏右党办发〔2002〕11号），核定编制4名、工勤编制1名。

2005年，全旗工会会员7097人，其中，蒙古族2483人，汉族和其他少数民族4614人，女会员占总数的41.2%。

2015年，全旗工会设组织宣传部、财务生产部、经费审查委员会、女职工委员会、劳动安全委员会等职能科室5个。核定人员编制4名、工勤人员1人。实有干部职工11人，其中，公务员9人、工勤人员1人、其他人员1人。11月，苏尼特右旗工会成立职工服务中心。

2001—2015年苏尼特右旗工会会员民族、性别构成情况表

表18-1-1　　单位：人

项目 年份	职工总数			项目 年份	职工总数		
	合计	蒙古族	汉族和其他少数民族		合计	蒙古族	汉族和其他少数民族
2001	8192	2868	5324	2004	7024	2458	4566
2002	7617	2665	4952	2005	7097	2483	4614
2003	7332	2566	4766	2006	7320	2562	4758

续表18-1-1

项目／年份	职工总数			项目／年份	职工总数		
	合计	蒙古族	汉族和其他少数民族		合计	蒙古族	汉族和其他少数民族
2007	7464	2612	4852	2012	8276	2896	5380
2008	7549	2642	4907	2013	8377	2931	5446
2009	8037	2812	5225	2014	7581	2653	4928
2010	8375	2931	5444	2015	8954	3133	5821
2011	8022	2807	5215				

三、基层工会组织

2001 年，全旗国有小企业和集体企业破产、改制，实行重组改革，非公有制企业职工成为入会职工主要组成部分。年内，工会职工总数 10187 人。其中，会员 8192 人，女会员 3121 人，女职工占总数的 38. 1%。

2006 年，组建建筑企业工会组织，吸收农牧民会员 1600 余人。

2011 年 9 月，苏尼特右旗建立全盟第一家民族服饰行业工会。年内，全旗有 18 家民族服饰店加入工会组织，吸收会员 180 余人。

2015 年，全旗行政企事业单位工会组织 215 家，会员 8954 人，其中，女会员 3425 人。基层苏木镇工会组织 9 个，农牧民工会员 1632 人。

2001—2015 年苏尼特右旗基层工会情况表

表 18-1-2

年份	基层工会（个）	专职干部（人）	职工总数（人）	女职工数（人）	会员数（人）	女会员数（人）
2001	152	0	10187	3137	8192	3121
2002	148	0	9986	2999	7617	2975
2003	135	0	9875	2895	7332	2860
2004	130	0	9542	2551	7024	2521
2005	135	0	9768	2924	7097	2801
2006	139	1	9987	3038	7320	3001
2007	141	1	10032	2866	7464	2812
2008	147	2	10102	2955	7549	2847
2009	152	2	12198	3221	8037	3167
2010	176	3	12925	2944	8375	2887
2011	176	22	12901	2976	8022	2903
2012	186	22	13238	3131	8276	3089
2013	176	19	12768	3245	8377	3116
2014	190	20	13925	3546	7581	3439
2015	174	20	11526	3612	8954	3425

第二节　工会工作

一、宣传教育

2001—2015 年，工会利用每年“五一”劳动节等节日，会同电视台开设“劳模专栏”节目，在全旗范围内宣传一线劳动模范先进事迹。同时，利用广播、媒体开展《中华人民共和国工会法》《中国工会章程》《中华人民共和国合同法》《中华人民共和国劳动法》等相关法律法规宣传活动。

2007 年，工会成立困难职工帮扶中心，开展“两节送温暖”“金秋助学”“关爱单亲女职工”等活动。

2015 年，工会成立职工服务中心，为广大困难职工和农牧民工提供“一站式”快捷、方便的服务。年内，组织开展“两节送温暖”“金秋助学”“关爱单亲女职工”等主题实践活动，传递社会正能量。

二、民主管理

2001—2015 年，工会逐步完善以职工代表大会为基本形式的民主管理制度。企业按时召开职工大会，商议重大决策、民主评议领导干部，讨论决定有关职工切身利益问题和职工提出的合理化建议。

2015 年，制定《关于进一步深化厂务公开工作的实施意见》，加强全旗企事业单位建立职代会制度和厂务公开制度，推行嘉利节水灌溉有限责任公司厂务公开试点工作。年内，全旗 141 家企业工会中有 135 家签订集体合同及工资集体协商协议，签订率 90%，9 个基层工会领取法人资格证书。

三、文体活动

2001—2015 年，工会不定期举办职工歌咏比赛、篮球赛、排球赛、足球比赛、羽毛球比赛、自行车比赛、拔河比赛、徒步行活动、摄影赛、书法、绘画等文化体育娱乐活动。

2013 年 5 月，供电局用电检查班组被评为全国“工人先锋号”和自治区级“厂务公开民主管理示范单位”；内蒙古嘉利节水灌溉有限责任公司工会被评为自治区级“示范化企业工会”，该公司工会推出的马铃薯打秧机等 3 个产品获全区职工技术创新成果二等奖；安顺客运公司和邮政局 2 名工人，获全盟“金牌工人”称号。

2007—2015 年，工会连续 8 年举办以“爱岗敬业、奉献青春”为主题的全旗职工歌咏比赛。

四、维护职工权益

2001—2015 年，按《内蒙古自治区工资集体协商条例》要求，在企业中全面推行签订集体劳动合同。对女职工特殊权益加以保护，每年定期组织女职工进行健康培训和体检，为部分企业缴纳“女职工特病保险”（乳腺癌、宫颈癌特病保险）。

2007—2014 年，工会为全旗 1494 名困难职工发放 174. 8 万元帮扶资金，解决他们的生产生活等困难问题。

2015 年 4 月，工会启动关爱环卫职工“爱心驿站”仪式，工人联合会与赛汉塔拉镇各企业商铺合作设立“爱心驿站”15 家。年内，分别为教育系统 142 名女职工和赛汉塔拉镇工业园区绒毛行业 150 名女职工缴纳“女职工特病保险”；为 161 名困难职工、下岗失业人员和进城农牧民工发放救助金 22. 6 万元；为 53 名贫困学生发放助学资金 14. 4 万元，为省级劳动模范发放 4. 08 万元特殊困难劳模补贴；为 213 名困难职工发放 23. 1 万元帮扶资金。

第二章　共产主义青年团

第一节　组织机构

一、共青团代表大会

2001—2015年，共青团苏尼特右旗代表大会和由它产生的委员会是共青团苏尼特右旗领导机构。共青团常务委员会在共青团代表大会闭会期间行使代表大会及委员会职权。

二、共青团苏尼特右旗委员会

2001—2015年，共青团苏尼特右旗设综合部、学校和少年先锋队工作部。

2015年，行政编制4名，实际人数6人。其中，书记、副书记各1人，综合部1人，合同工1人，协理员1人，社区民生部1人。

二、共青团基层组织

2001—2002年，全旗共青团基层组织有团委22个，团总支4个，团支部183个，团员2383人。其中，嘎查村团支部63个，社区团支部12个，机关事业单位团支部18个，学校团支部87个，国有企业团支部3个。

2003—2004年，全旗共青团基层组织有团委19个，团总支4个，团支部184个，团员2071人。增加非公企业团支部1个。

2005年，全旗共青团基层组织有团委19个，团总支4个，团支部173个，团员2071人。其中，学校团支部由87个减至76个。

2006年，全旗共青团基层组织有团委11个，团总支1个，团支部153个，团员2071人。其中，嘎查村团支部由63个减至56个；机关事业单位团支部由18个减至7个。

2007—2008年，全旗共青团基层组织有团委10个，团总支1个，团支部156个，团员2034人。

2009—2010年，全旗共青团基层组织有团委10个，团总支1个，团支部156个，团员2200人。

2011年9—10月，根据组织部、共青团联合下发《关于在全旗开展苏木镇团的组织格局创新工作实施意见》（苏右党组字〔2011〕44号）和《印发〈关于加强新形势下全旗基层党建带团建工作的实施意见〉的通知》，完成苏木、乡、镇共青团委员会换届工作，选举产生基层新一届团委委员。年内，全旗团委11个，团总支1个，团支部156个，团员2378人。

2012年10月9日，制定下发《苏尼特右旗苏木镇实体化“大团委”建设工作实施方案》（苏右党办发〔2012〕17号），成立旗委常委、宣传部部长为组长，团委书记为副组长，各苏木镇团委书记为成员的全旗“大团委”建设工作领导小组。年内，新建团组织113个，覆盖团员624人，吸引凝聚嘎查村、镇区内35岁以下青年1469人，其中，非公有制企业团支部增至15个；新增两新组织团支部23个，直属团支部59个，农村牧区合作社团支部54个。全旗共青团基层组织有团委11个，团总支1个，团支部314个，团员2495人。

2013年，按照《关于做好2013年度非公有制企业团建工作的通知》（锡团办发〔2013〕10号）文件要求，新建12家非公有制企业团支部。年内，全旗共青团基层组织有12个，团总支1个，团支部336个，团员3400人。其中，嘎查村团支部63个，社区团支部14个，事业单位团支部5个，学校团支部91个，国有企业团支部2个，非公有制企业团支部38个、新社会组织团支部10个、乡镇直属团组织数59个、农村专业合作社团支部54个。

2014年，全旗共青团基层组织有团委12个，团总支1个，团支部369个，团员3490人。其中，嘎查村团支部63个，社区团支部14个，事业单位团支部5个，学校团支部91个，国有企业团支部2个，非公有制企业团支部40个、新社会组织团支部10个、乡镇直属团组织77个、农村专业合作社团支部67个。年内，新建直属团组织18个、农村牧区合作社团组织13个，联系覆盖团员96人，35岁以下青年135人。建立2个非公有制企业团组织。

2015年，全旗共青团基层组织有团委12个，团支部362个，团员3432人。其中，嘎查村团支部64个，社区团支部14个，事业单位团支部8个，学校团支部88个，国有企业团支部2个，非公有制企业团支部40个，新社会组织团支部10个，乡镇直属团组织87个，农村专业合作社团支部49个。

第二节　共青团会议

2003年3月13日，召开全旗共青团工作会议。会议传达贯彻全盟共青团工作会议精神和中共苏尼特右旗第九届七次全委（扩大）会议精神，表彰奖励2002年度全旗先进团组织和个人。

2004年5月14日，召开全旗共青团工作会议。会上表彰奖励优秀团干部、优秀青年标兵和优秀青年星火带头人15人，安排部署年度共青团工作。同时，召开全旗少工委工作会议。

2005年5月17日，召开全旗共青团工作会议。会上传达贯彻全区、全盟共青团工作会议和全旗工作会议精神。会上对2004年度8名先进个人和10个先进集体进行表彰，同时，召开全旗少工委工作会议。

2006年5月10日，召开全旗工青妇工作会议。会上传达贯彻全盟工青妇工作会议和苏尼特右旗第九届十二次全委（扩大）会议精神，会上共青团总结和安排部署年度工作，表彰奖励先进个人和先进集体。

2011年4月，召开全旗工青妇工作会议。传达贯彻全盟工青妇工作会议和中共苏尼特右旗全委（扩大）会议精神，会上共青团总结和安排部署年度工作，表彰奖励先进个人和先进集体。

2015年5月4日，共青团苏尼特右旗团委召开全旗纪念五四运动96周年表彰大会，会上表彰2015年度共青团工作先进集体和个人。授予全旗“五四红旗团委”3个，“五四红旗团支部（总支）”11个，“优秀共青团志愿者服务组织基层团委”1个，“2015年度旗级青年文明号集体”1个，“优秀少先队集体”3个，“优秀青年文明号集体”1个。授予全旗“优秀共青团干部”3人，“优秀共青团员”11人，“优秀少先队”7人，“优秀少先队辅导员”4人，“农村牧区创富好青年”1人。

第三节　共青团工作

一、宣传教育培训

2001 年，举办全旗团干部培训班，参加培训人员 55 人，编发印制《苏尼特右旗基层团干部读本》。3 月，团委分别在第二小学和第一中学开展崇尚科学、传播文明，净化校园全体师生签字仪式，1800 余名师生参加活动。

2002 年，全旗各级团干部参加培训人数 110 人次。参加科技培训团员青年 2000 余人次，发放材料 3000 余份。

2003 年，举办共青团十五大精神学习培训班。宣传《中华人民共和国未成年人保护法》，开展向额尔敦陶格陶学习活动。

2005 年，举办贫困地区劳动力转移就业培训班 3 期 240 余人，达成协议 80 余项，印制发放“转移就业、推进三化”蒙古文、汉文宣传材料。9 月，全旗 13 名基层团干部参加全盟农村牧区青年创业行动培训。

2006 年，开展“综合治理宣传月”“转移农牧区人口，保护草原生态，增加农牧民收入”大学习、大讨论和五项文明活动、学习实践“三个代表”重要思想等教育宣传活动。出动宣传车 4 辆 60 余人次，开展法律咨询活动，发放 1000 余份宣传材料。成立宣讲组 3 个，下乡 15 次，受教育群众 1500 人次。举办“百万青年出草原”培训班 2 期 158 人，实现就业 120 人。11 月，举办共青团干部培训班，参加人员 63 人。

2007 年，共青团完成基层团干部、农牧民转移就业和嘎查换届选举等培训工作，举办各类培训班 13 期，培训就业 829 人，引导性培训 485 人，技能性培训 650 人，完成培训任务的 135%，完成转移就业任务的 117%。

2008 年，举办首期今冬明春青年农牧民转移培训班，全旗 56 个嘎查村 112 名基层干部参加培训。年内，举办全旗民族手工艺制品和民族服饰加工技能培训班，培训人数 125 人。

2009 年，开展今冬明春农村牧区青年转移就业宣传培训工作，发放宣传材料 1800 份、培训 420 人次。3 月 9 日，共青团网站正式开通运行。

2010 年，举办首期青年农牧民电脑培训班和农牧民驾驶培训班和嘎查团支部书记暨青年创业示范户培训班，并对青年创业示范户全部授予牌匾。

2012 年，组织开展苏木镇、学校、新建直属团委新人团干部培训工作，举办共青团十七大精神团干部培训班。

2013 年，举办全旗团员青年蒙古语、汉语培训班 2 期 40 人。组织团干部学习培训共青团十七大精神。

2014 年，全旗召开各级团组织、团干部、团员青年党的群众路线教育实践活动征求意见座谈会。在烈士园地举行首个烈士纪念日主题活动。11 月，举办第三届中华经典诗文诵读比赛。赛罕乌力吉苏木团委建立官方微信公众平台，团委创建QQ 群。

2015 年，组织全旗共青团开展学习习近平重要讲话精神、中共十八届五中全会精神、理想信念教育、北疆青年“学习进行时”团员青年大学习大讨论、“团干部如何健康成长”大讨论、“践行核心价值观・携手共筑中国梦”和纪念抗日战争暨反法西斯战争胜利 70 周年升国旗、唱国歌等主题教育活动。举办全旗苏木镇团委书记“百县千乡”基层团建工作述职述评会。举办嘎查村“两委”换届选举新任嘎查村团干部培训 2 期。举办全盟草都易牧牲畜养殖交流培训，桑宝拉格苏木巴彦车勒嘎查和朱日和镇敦达乌苏嘎查 180 名牧区青年参加培训。

二、 青年活动

1. 学雷锋活动

2001 年，团委与输油处团支部在输油处家属区开展“学雷锋”服务活动。

2004 年，组织开展学雷锋、抗击禽流感以及中学生参与植树保护环境等活动。

2005 年，组织 13 个青年文明号单位开展“1+1”送温暖活动，救助贫困户 20 户。

2008 年，组织全旗广大团员青年、团干部、少先队员向四川省汶川等地发生地震灾难区捐款 0.73 万元。为 4 名贫困大学生捐助 3 万元。

2010 年，全旗青少年中发出“为旱灾地区捐助一瓶水”倡议号召，筹集 1.16 万元捐款，捐助西南部特旱地区。

2012 年，举办全旗“弘扬雷锋精神、开展志愿活动”志愿服务活动月启动仪式。团委联合有关单位为旗蒙古族中学身患重病学生筹集善款 8.04 万元。

2013 年，开展“传递青春能量·送票回家过年”活动，为 20 名家庭困难务工青年和大中专学生资助发放 2000 元车票补助金。

2014 年，全旗中小学开展学习雷锋和雷锋式模范人物先进事迹“知雷锋、爱雷锋、找雷锋、做雷锋”主题队日活动。团委到结对帮扶点桑宝拉格苏木巴彦车勒嘎查、电力社区开展走访慰问工作，送去价值 2500 元物品，为帮扶嘎查解决办公电脑 1 台。

2015 年，团委组织在火车站、汽车站开展春运“暖冬行动”。移动团支部开展“一碗汤圆暖人心”关爱环卫工人服务活动。5 月 22 日，联合精神文明办公室发出《苏尼特右旗爱心捐赠倡议书》，为全旗 9 个社区爱心超市捐赠衣物等物品。

2. “五四”纪念活动

2001 年，团委与旗委宣传部、机关党委联合举办庆祝中国共产党成立 80 周年演唱会活动。

2002 年，开展纪念共青团建团 80 周年团史知识竞赛。围绕“永远跟党走”主题，开展共青团 80 周年活动。以“党在我心中”为主题，举行入团宣誓、重温入团誓言团日活动。

2003 年，团委组织各级团组织开展爱国主义教育活动，在学校举行升国旗和 18 岁成人仪式教育活动。

2004 年，团委举办“兴起新高潮，创造新业绩”为主题的“青年兴业杯”知识竞赛。

2005 年，庆祝共青团成立 86 周年，举办“党史党建及团史团建”知识竞赛活动。

2008 年，举办全旗“庆五四、迎奥运”文艺晚会。

2010 年，团委在第二中学举办全旗纪念“五四”运动暨“重温入团誓词、共筑理想丰碑”主题教育活动启动仪式。

2013 年，团委联合赛罕乌力吉苏木团委举办“缘·梦塔木沁草原”青年联谊会；与总工会、妇联、教育局举办全旗中小学中华经典诵读比赛。

2014 年，团委联合旗文化体育广播局在乌兰牧骑广场举办纪念“五四”运动 95 周年暨全旗共青团组织文艺会演，表彰全旗“十佳青年”和“十佳致富带头人”。

2015 年，组织召开全旗纪念五四运动 96 周年表彰大会暨 2015 年新团员入团宣誓仪式。

3. 青年志愿者服务

2001 年 9 月 12 日，联合宣传部、工会、技术监督局开展以“新世纪、新质量、新生活”为主题的全国质量日宣传活动，组织志愿者散发宣传资料 4000 余份，销毁假冒伪劣产品总价值 10 万元左右。

2002 年，组织共青团、志愿者、青少年开展“塑时代品格，做文明新人”“四海一心同谱和平之歌，青年携手共建绿色文明”签名活动，以及保护母亲河青少年生态监护活动和绿色承诺活动。

2003 年，共青团成立防治“非典”工作领导小组，组成 80 余人参加防治“非典”青年志愿者预备服务队，主要进行入户走访调查和辅助医疗工作者提供医疗救助、宣传检查、流动调查、后勤保障等志愿服务，组织广大团员捐款捐物。

2004 年，组织青年志愿者开展“春风行动月”活动。在全旗首届乌兰牧骑艺术节暨草原那达慕期间，组织 62 人的青年志愿者队伍，为大会提供绿色环保服务。

2005 年，全旗组织开展“树立科学发展观，共建和谐社会，科学普及你我共参与”“远离毒品，关爱未来”、全国法制宣传日和中国青年志愿者活动日等宣传活动。

2007 年，团委组织 130 名青年志愿者为全区第四届乌兰牧骑艺术节暨苏尼特右旗第十二届那达慕大会提供会务服务。

2008 年，开展“争做志愿者，喜迎现场会”主题活动，招募 20 名志愿者进行解说员和引领员培训。

2009 年，团委组织成立消防志愿服务大队。下设 3 支分队 47 名志愿者。

2010 年 8 月，团委选送 1 名牧区优秀青年，参加“爱祖国、同发展”内蒙古自治区优秀少数民族青少年首都励志营活动。

2011 年，青年志愿者高伊汗被评为“全国百名优秀志愿者”称号。

2012 年，组织 70 余名青年志愿者为全旗第六届“骆驼文化节”、第二届“草原珍珠节”“第二届天堂草原锡林郭勒那达慕大会”提供会务服务。

2013 年，组织招募 30 名志愿者，设立“志愿者服务岗”，为全区民运会苏尼特右旗分赛区提供会务志愿服务。

2015 年，组织 200 余名志愿者参加“心手相牵 共享阳光”助残主题、全旗第十三届那达慕大会志愿服务活动，与 15 名残障儿童进行唱歌、画图等互动游戏并赠送精美小礼物；成立青年环保志愿者服务队，参与全国卫生城市争创活动；联合内蒙古财经大学在巴彦车勒嘎查“青年服务中心”举办暑期志愿文艺“三下乡”活动。

4. 评比竞赛活动

2001 年，组织开展以“三个代表”重要思想、党史、团史和业务知识为内容的知识竞赛、演讲比赛、座谈会。3 名青年参加锡林郭勒盟团委举办建党 80 周年演讲比赛，获二、三等奖。9 月 30 日，团委与赛汉塔拉镇第九居委会党支部联合举办“党团共建青年知识竞赛暨联谊会”。

2002 年，开展“喜迎十六大机关企事业单位、各中小学冬季环城赛”活动。举行 18 岁成人仪式、青少年文化节、读书节，开展新老团干座谈和征文、知识竞赛等活动。

2005 年，团委与文体局、总工会等单位联合举办全旗机关企事业单位职工篮球赛和冬季越野赛。

2008 年，举办全旗“天堂草原、和谐西苏、喜迎两个文明现场经验交流会”民族服饰业余模特选拔赛。

2009 年 8 月，组织 9 名农牧区模特参加全盟第三届民族服饰业余模特大赛，获全盟优秀组织奖。

2013 年 7 月，举办全旗青年歌手大赛和小学“苏尼特右旗童心向党歌咏比赛”。11 月，组织 3 名青年参加全盟“学习贯彻自治区‘8337’发展思路和马克思主义民族观现场知识竞赛”，获第三名。年内，全旗 26 个文明单位联合举办青年干部“中国梦·苏尼特梦·我的梦”演讲比赛。

2015 年，团委与文联举办“倡导全民阅读争创文明城镇”“青草地杯”演讲比赛。10 月，开展“爱我内蒙古”全旗青年区情知识竞赛，并派选手参加全盟知识竞赛获 3 等奖。开展“践行核心价值观·争做向上向善好青年”活动，按照5个项目类别，加强全旗北疆优秀青年典型库建设，建立旗级向上向善好青年46人，推荐盟级10人。

三、青年文明号创建活动

2002年，开展全旗“十佳青年文明号”评选工作。组织青年文明号单位开展创建“青少年安全放心网吧”“青少年网络文明公约”“社区青少年远离毒品”等活动。

2003年，全旗25个青年文明号单位和创建单位开展税法宣传、居民用电指南、计划生育条例宣传、邮政、土地、矿产知识宣传等益民活动，发放宣传材料5000余份。团委与吉呼郎图苏木阿尔善图嘎查和第二小学为联系点，配合有关部门开展“扫黄”除“六害”斗争。

2004—2010年，组织全旗青年文明号单位联合开展“1+1”（1个青年文明号帮扶1户贫困户）送温暖活动，扶贫帮扶对子20户。

2012年，全旗各级青年文明号单位16个。评选二级信用示范户15户，三级信用示范户23户，青年进城创业典型户6户，见习基地3处（蓝天牧业有限责任公司、伟乐思电脑、新视野电脑工作室）。年内，创建2个盟级“青年文明号”单位和3个旗级“青年文明号”单位。

2013年，全旗各级青年文明号单位16个。青年进城创业典型户83户，见习基地3处。年内，新增非公企业文化建设示范基地5个，安全生产青年示范岗2个，嘎查（村）社区文化建设示范基地2个，机关团建先进单位2个，创建区级“青年文明号”3个，盟级“青年文明号”9个，旗级“青年文明号”5个。

2015年，全旗推进全旗青年文明号“亮号行动”，对各级青年文明号集体进行复核认定走访工作。年内，命名旗级青年文明号集体2个。全旗开展“青年服务中心”“青年之家”创建工作，建立乌兰社区、电力社区、桑宝拉格苏木巴彦车勒嘎查、赛罕乌力吉苏木脑干车勒嘎查等5个青少年服务平台。

四、希望工程

2001年，组织实施“希望工程”工作，为蒙古族中学100名困难学生捐助2万元。为各学校捐款0.8万余元，资助VCD教学光盘、爱国主义影片光盘285盘，继续为4名贫困大学生、69名贫困小学生捐款1.09万元。为品学兼优孤儿报送到“大同希望学校”大专班中医系免费就读。11月16日，中国青基会秘书长一行到苏尼特右旗调研，慰问2户贫困户并捐助两套价值3万元“希望书库”。

2007年，团委向内蒙古青基会为1名特困大学生争取0.4万元“圆梦行动”助学金。资助3名贫困大学生，资助金额1.2万元。

2009年，团委获全盟青年创业贡献奖。为3名贫困大学生争取特困大学生“圆梦行动”助学金1.6万元。

2010年，团委累计争取“希望工程·圆梦行动”“内蒙古希望工程·黄如论爱心基金”大中专学生助学金8.4万元和希望工程国家电网爱心小学项目资金40万元。7月，为11名大学生争取“圆梦行动”助学金名额，收到4.4万元助学金。9月，为50名农牧区和城镇贫困高中生争取内蒙古青基会贫困高中生资助“希望之星”助学金4万元，资助标准为每名学生800元。

2011年，团委为19名考入大学应届高考生申请内蒙古青基会“希望工程·圆梦行动”贫困助学金5.5万元。10月，争取“内蒙古希望工程·黄如论爱心基金”，资助蒙古族中学、综合高级中学50名高中生，每人800元，累计助学金4万元。为第四小学申请国家电网爱心小学项目资金33.7万元。

2012年，向自治区团委、自治区扶贫办联合开展“雨露计划·扬帆工程”推荐3名贫困家庭学生，完成内蒙古“百名应用人才助学行动”入学工作。

2015 年 10 月，在第三小学举办自治区团委、内蒙古青少年发展基金会开展“希望工程——快乐足球公益行动”捐赠仪式，为全旗各中小学捐赠 200 个足球。

五、 扶贫帮困活动

2001 年，实施“围封转移”战略，落实贷款 21 万元，为 4 户青年建棚圈 400 平方米、网围栏 30000 亩，青储玉米 700 亩，育肥羊等。社会保险管理局团支部投资 3 万元，在全旗“围封转移”、保护生态活动中种植 360 亩“青年林”。

2004 年，推进“进城务工青年发展计划”，团委联合劳动局、公安局、司法局举办全旗“进城务工青年就业洽谈会”，洽谈会上有 430 名青年农牧民前来务工，达成协议岗位 92 个。

2005 年，发放“林文光、马究生救助基金”，资助 2 名贫困大学生；争取明德奖学金和自治区团委资助 5 名贫困大学生，资助金额 1.95 万元。推荐农村牧区青年转移就业十大杰出带头人 3 人，百名农村牧区青年转移就业带头人标兵 5 人。

2006 年，团委在乌日根塔拉镇牧区青年中心投资 2 万元，实施“农村青年中心中国移动爱心书屋”项目。举办全旗“春风行动”用工招聘会，为求职进城务工人员提供 200 余个岗位。年内，资助大学生 2 人，资助金额 0.8 万元；联系工业园区管委会，为同和铁合金有限责任公司发放保额 15 万元阳光关爱保险卡。

2010 年，协调信用社、就业局等部门为青年农牧民发放 30 万元小额贷款。

2012 年，举行“神华爱心书屋”图书捐赠暨“青年书屋”和“红领巾书屋”成立仪式，神华集团为全旗 11 所学校配置“神华爱心书屋”，捐赠各类书籍 21848 册、总价值 46.40 万余元。8 月，为 23 名贫困大学新生发放助学金 11.4 万元，继续向 50 名高中生发放助学金 12 万元。9 月，配合广州《风尚周报》工作人员到农民工子女学校开展慈善捐助活动，为蒙古族小学捐赠价值 1.1 万元音乐教室设备。

2013 年 5 月，团委举办青年足球爱好者义演赛，为蒙古族小学困难学生捐资 0.3 万元；亚太地产有限公司总经理李飞林分别资助乌日根塔拉、朱日和小学 10 名贫困学生 1 万元。赛罕乌力吉苏木团委组织 10 名机关团员青年与蒙古族小学的 10 名贫困学生“关爱农民工子女一对一帮扶”活动，捐赠 0.5 万元现金和价值 0.1 万元学习用品。8 月，为 24 名大学生争取国酒茅台助学金 5.4 万元。

2014 年，赛罕乌力吉苏木共青团干部与蒙古族小学开展第三届“手拉手、一帮一”的活动，为 10 名学生捐款 0.3 万元。向乌日根塔拉镇小学、朱日和镇小学、电力社区困难家庭 25 名贫困学生和第三小学特教班资助 1 万元。8 月，为 4 名大学生争取国酒茅台助学金每人 0.5 万元。

2015 年，团委向企业争取到助学金 1 万元，分别资助第三小学、第四小学、乌日根塔拉镇小学和朱日和镇小学 50 名贫困生。

第四节　少年先锋队

一、 少年先锋队组织

2001—2002 年，全旗有少年先锋队组织 13 个，少先队员 5668 人。

2003—2004 年，全旗少年先锋队组织 13 个，少先队员 5236 人。

2005—2006 年，全旗少年先锋队组织 6 个，少先队员 5236 人。

2007—2008 年，全旗少年先锋队组织 8 个，少先队员 5255 人。

2009—2010 年，全旗少年先锋队员 4427 人。

2011 年，全旗建立少年先锋队组织小学 7 所，少先队员 3942 人。

2012—2013 年，全旗少年先锋队员 3380 人。

2014 年，全旗少年先锋队员组织小学 8 所，少先队员 3530 人。

2015 年，全旗少年先锋队组织 8 个，少先队员 3092 人。

二、少年先锋队工作

2001 年，全旗各小学中开展科普宣传教育、法制教育、“雏鹰行动”“手拉手”“红领巾艺术周”、夏令营等活动。14 所学校校章手册城镇使用率 100%，农牧区 90%。组织朱日和学校与第一小学到北京军区朱日和训练基地参观学习，聘请基地 2 名军官为校外辅导员；第二小学与蒙古族小学开展“手拉手”活动，向蒙古族小学受灾牧民孩子捐款 3500 元；蒙古族中学团委、大队部与福利院结成对子，为老人提供义务服务。8 月，举行苏尼特右旗“青少年国防教育基地”“青少年科技教育基地”挂牌仪式。

2002 年，组织各中小学开展少先队员“道德研修”活动。

2003 年，全旗少先队开展抗击“非典型肺炎”红领巾在行动、“中国少年雏鹰行动”“手拉手活动”“手拉手捡回一个希望，还母亲河一片绿色”“生物百项”等主题活动。11 月，团委与教育局、少工委联合举办第三期辅导员培训班。蒙古族小学与福利院结成对子，开展志愿服务。公安局、赛汉塔拉镇派出所与第一小学贫困生结对子。组织全旗住校生观看内蒙古少工委举办的“空中主题队会”，举行新生入队仪式，有 967 名新生加入中国少年先锋队组织。第一小学开展“拒毒品与校门之外”专题讲座。

2004 年 5 月，召开全旗共青团及少工委工作会议。在少年儿童中以“美丽的草原我的家”为主题，开展“民族精神代代传”活动。团委、少工委与教育局联合推荐 6 幅作品参加全盟“青少年”书法、绘画、摄影精品大赛。

2005 年 3 月，组织开展“远离毒品，关爱未来”“少年儿童爱国电影观摩”“为了明天，预防青少年违法犯罪图片展”“我的课余生活”中学生英语征文、“树立科学发展观，共建和谐社会——科学普及你我共参与”科普展览等宣传活动。推荐 20 幅作品参加全盟“挑战杯”首届中学生奇思妙想创意大赛。蒙古族小学 2 名儿童被推荐为全区“花蕾杯”农牧区优秀少年儿童候选人。

2006 年，举办纪念抗日战争和反法西斯战争胜利 61 周年、中国红军长征 71 周年、“民族精神代代传”主题教育少先队、“我是少先队员”“我为少先队添光彩”“荣辱观”等宣传教育活动。蒙古族小学 1 名学生参加中国少年先锋队内蒙古自治区第五次代表大会。7 月，集中举行全旗少年儿童民族歌曲演唱会。10 月，召开全旗加强和改进未成年人思想道德建设会议。

2007 年，开展“荣辱观”“我是少先队员”“我为少先队添光彩”“民族精神代代传”“保护母亲河”等主题内容活动。团委联合妇联、教育局在全旗范围内发出倡议，为 1 名身患白血病学生捐款 2.58 万元。

2008 年，开展“红领巾心向党”“祖国发展我成长”“民族精神代代传”、纪念改革开放 30 周年、“草原少年同体验、争做合格小公民”“美丽的草原我的家”“红领巾迎奥运”“迎接奥运、展示风采、快乐成长”等主题活动。

2009 年，全旗中小学校开展学习实践科学发展观活动各种主题活动。利用青少年入学、入队、入团、入党等时机广泛开展“民族精神代代传”“18 岁成人仪式”等主题教育活动；联合各相关部门组织开展预防青少年违法犯罪宣传活动和禁毒宣传活动。定期到学校加强“12355”青年服务建设，深化“青少年维权岗”创建活动。

2010年，开展“手拉手”“雏鹰争章”“民族精神代代传”“争当‘四好少年’主题日”等主题教育活动。苏尼特右旗蒙古族中学和第一小学申报成为全区少先队工作试点学校。

2011年，组织参与全旗中小学生冬季越野长跑赛、民族服饰大赛、“中华魂”读书月、青少年演讲比赛、暑期夏令营等相关活动。选派32名品学兼优的学生参加到北京市、保定市和天津市的“苏尼特右旗暑期青少年夏令营”活动。

2012年，举办“少先队，我的家”“弘扬雷锋精神、开展志愿活动”“世界读书日”“学雷锋、做好事、读好书”“红领巾心向党”等主题教育活动。第二、三小学对一年级新入学学生进行入队前教育。年内，建立少先队组织小学7所，少先队员3380人。少先队组织建设稳固，适龄儿童入队率为100%，少先队辅导员配备率为100%。

2013年，蒙古族小学举办全旗中小学中华经典诵读比赛，朱日和学校开展“中国梦·七彩梦”主题儿童绘画比赛和观看爱国主义影片；第四小学开展“讲文明、懂礼貌、做合格学生”主题班队会、法律宣传进校园、“环境卫生”等主题活动，第三小学举行新队员入队仪式、“中队主题观摩”活动、欢庆六一文艺会演等活动；乌日根塔拉镇小学开展“网上祭英烈、文明过清明”“共筑中国梦经典诵读”等活动，第一小学开展“感恩母亲”主题队会。年内，建立少先队组织小学8所，少先队员3380人。

2014年，组织“我承诺，践行社会主义核心价值观”签名活动，举办“第三届中华经典诗文诵读比赛”“道德讲堂”队日活动“庆国庆65周年”等活动，少先队代表参加全区第七次少代会。

2015年，全旗开展“倡导全民阅读 争创文明城镇”“青草地杯”演讲比赛、举行青少年校园足球日公益活动暨“旗长杯”校园足球小学联赛启动仪式。“六一”国际儿童节，分别资助第三小学、第四小学、乌日根塔拉镇小学和朱日和镇小学50名贫困学生1万元。10月，自治区团委、内蒙古青少年发展基金会在第三小学举办“希望工程，快乐足球公益行动”捐赠仪式，为各中小学捐赠200个足球。12月，联合教育局、政法委、司法局举办“与法同行·健康成长”全旗中小学校法律知识竞赛，10所中小学校11支代表队参加比赛。

第三章　妇女联合会

第一节　组织机构

一、 妇女代表大会

1. 苏尼特右旗第十一届妇女代表大会

2008 年 10 月 9—10 日，第十一届妇女代表大会在赛汉塔拉镇召开。会议听取审议妇联十届委员会工作报告，选举产生妇联第十一届委员会和常务委员会，选举产生妇联主席 1 人，副主席 2 人。

2. 苏尼特右旗第十二届妇女代表大会

2015 年 6 月 15—16 日，第十二届妇女代表大会在赛汉塔拉镇召开。会议听取审议妇联十一届委员会工作报告，选举产生妇联第十二届委员会和常务委员会，选举产生妇联主席 1 人，副主席 2 人。

2008—2015 年召开苏尼特右旗妇女代表大会情况表

表 18-3-1

届次	时间	代表人数	主要内容	选举结果
第十一届	2008. 10. 9	代表 81 人 出席 78 人	审议妇联第十届委员会所作的《团结带领全旗各族妇女为建设富裕文明和谐苏尼特右旗再立新功》工作报告，选举第十一届委员会	选举产生第十一届委员会委员 21 人，常务委员 9 人
第十二届	2015. 6. 15	代表 115 人 出席 101 人	审议妇联第十一届委员会所作的《立足新起点适应新形势团结带领全旗妇女为建设文明和谐的苏尼特右旗而努力奋斗》工作报告，选举第十二届委员会	选举产生第十二届委员会委员 21 人，常务委员 9 人

二、 苏尼特右旗妇女联合会组织

2001 年，苏尼特右旗妇女联合会（以下简称妇联）中有女干部 927 人，占干部总数的 42. 23%，副处级以上女干部占同级干部总数的 11. 11%，副科级以上女干部占同级干部总数的 12. 4%。党政领导班子中配备女领导 1 人，苏木乡镇领导班子中配有女干部 11 人，苏木镇女领导配备比率为 64. 71%。全旗 70 个嘎查村妇代会主任均进入嘎查村“两委”（支部委员会、嘎查村委员会）。

2002 年，根据《苏尼特右旗旗直党政机关人员定岗实施办法及人员分流安排实施办法和人员竞争上岗实施意见的通知》（苏右党办发〔2002〕18 号），核定妇联内设办公室、妇女儿童发展权益部

2个部门。行政编制4名，其中，主席1人、副主席1人，非领导职务2人。

2006年，第十三届人民代表大会女代表占代表总数的26.2%，第十届政协委员中女委员占政协委员总数的38.7%。

2008年，妇联组织中女干部1209人。其中，副处级以上5人，占同级干部总数的10%；副科级以上女干部40人，占同级干部总数的14.5%。

2009年，苏尼特右旗嘎查村换届选举中，嘎查村妇代会主任进“两委”的人数为54人，女性进“两委”人数为77人。

三、基层妇女代表大会

2001年，苏尼特右旗基层妇代会84个，其中，一类妇代会72个，二类妇代会12个。党政机关、科教文卫妇委会45个。

2006年，苏尼特右旗将13个苏木镇撤并为3个镇、3个苏木，基层苏木镇配置6名专职妇联主席、4名妇联干事及75名嘎查村妇代会主任。行政企事业单位及非公有制经济组织中设立妇女组织99个。

2012年10月，恢复阿其图乌拉苏木。苏尼特右旗有苏木镇7个，嘎查村社区78个，均建立完善的妇联组织。

2015年，完成苏尼特右旗第九次嘎查村换届选举工作，全旗78个嘎查村社区女性进“两委”人数为119人。全旗14个社区选举产生女支部书记13人、女嘎查村主任12人。

第二节　维护妇女儿童权益

一、妇女权益维护

2001年，妇联组织全旗妇女干部及广大群众学习宣传12月27日起施行的《中华人民共和国婚姻法》司法解释。

2001—2008年，各级妇联组织实施妇联系统普法规划，宣传与妇女儿童切身利益相关的法律法规，开展各类法律宣传活动93次，妇女受教育宣传人数3万余人次，接受来信来访案件56件，结案率100%。

2002年3月，自治区、盟两级妇联到苏尼特右旗开展妇女权益保障宣传工作，发放宣传册213件。

2003年，妇联利用电视、广播宣传《婚姻登记条例》。

2004年，妇联在农牧区群众及机关单位宣传《中华人民共和国婚姻法》若干问题的解释。

2005年12月4日，妇联开展新修订《中华人民共和国妇女权益保障法》宣传教育活动；新民镇妇联开展“妇女权益保障法”知识竞赛活动。

2006年7月1日，妇联宣传新颁布实施的《内蒙古自治区预防和制止家庭暴力条例》。年内，组织实施“法制宣传年”活动，落实男女平等基本国策和新修订的《中华人民共和国妇女权益保障法》。

2007年，各级妇联以“三八”维权周、“科学之春”宣传月、“三下乡”等活动为契机，开展普法宣传活动。利用广播、电视、标语、版报以及举办各种培训班，召开座谈会，上街设点等形式，学习宣传《中华人民共和国妇女权益保障法》《中华人民共和国婚姻法》《中华人民共和国母婴保健法》《女职工劳动保护规定》《内蒙古自治区预防和制止家庭暴力条例》等法律法规知识。

2008 年，妇联参与全旗综治宣传月活动，宣传《内蒙古自治区预防和制止家庭暴力条例》《妇女权益保障法》等法律法规知识，发放宣传材料 3000 余份。

2009 年，妇联重点选择 2 个嘎查对《内蒙古自治区预防和制止家庭暴力条例》宣传、贯彻和实施情况进行调研。

2009—2015 年，各级妇联加大维权工作力度，开展“五个一”创建活动（设立妇女儿童法律援助工作站、妇女维权合议庭、妇女维权志愿者服务队、妇女救助站、开通维权热线 12338）。历年累计受理各类来信来访案件 34 起，结案率 100%。开展普法宣传教育活动 35 场次、讲座 7 期，发放有关妇女法律法规宣传材料 1.5 万份。

2010 年，妇联组织开展妇女儿童维权“五个一”创建活动，设立妇女儿童法律援助工作站、妇女维权合议庭、妇女维权志愿者服务队、妇女救助站，开通全旗妇女儿童维权热线 12338。截至 2010 年，全旗接受来信来访 66 起，解决 66 起，结案率 100%。

2011 年，苏尼特右旗基层派出所、社区警务室建立“家庭暴力投诉站”。人民法院建立“维护妇女儿童合法权益合议庭”，司法局建立“妇女法律援助中心”，妇联、基层司法所（妇联）建立“妇女法律援助站”，为妇女提供快捷法律援助服务。年内，先后举办“妇女维权进社区法律知识讲座”7 次。制定下发《苏尼特右旗妇联开展法制宣传教育第六个五年规划（2011—2015 年）》。

2012 年 12 月，苏尼特右旗人民政府制定颁布《苏尼特右旗妇女儿童发展规划（2011—2020 年）》。年内，妇联结合妇女儿童维权、“平安家庭”创建等内容在基层以“妇女之家”为阵地进行宣传。组织苏木镇妇联主席参加全盟承办的全区妇联系统第三期社会管理创新培训班暨妇女维权站建设推进会及培训班。年内，妇联首次建立“主席接待日”制度，加强对社会各界妇女来信来访工作接待力度和结案效率。

2013 年，妇联举办全旗“进城创业妇女法律知识讲座”。选派妇女干部参加自治区、盟级“婚姻家庭咨询师”“心理咨询师”培训和考试，强化维权干部综合素质。

2014 年 3 月，妇联在“三八维权周”活动中，邀请司法部门工作人员开展“妇女维权进社区”法律知识讲座。重点抓好妇女维权站、12338 妇女维权热线规范化建设。同时，以座谈会、问卷、入户等形式开展家庭教育、留守流动妇女儿童维权方面调研。

2015 年，完成《苏尼特右旗妇女儿童发展规划（2011—2020 年）》中期评估报告。成立全旗婚姻家庭纠纷人民调解委员会、婚姻家庭纠纷人民调解员队伍和婚姻家庭纠纷调解室。年内，妇联以“巾帼维权，送法到家”为主题，开展国家提出“男女平等基本国策”20 周年宣传教育活动。赛汉塔拉镇和桑宝拉格苏木分别成立妇女议事会。

二、儿童权益维护

2001 年 8 月 25 日，妇联在蒙古族小学举行“春蕾女童班”项目开班典礼。资助全旗 40 名因灾致贫面临失学、辍学女童，资助 3 年，每人每年 200 元。

2001—2008 年，妇联争取项目资金 90 余万元，其中，实施“母亲水窖”项目资金 40 万元，受益人口 4995 人；“春蕾计划”项目资金 25 万元，建春蕾学校 1 所，春蕾班 2 个，安康教室 1 个，救助春蕾女童 311 人。

2003 年 6 月，中国儿童基金会在苏尼特右旗设关爱疫区少年儿童安康教室，配备电教乐园、安康书架、安康卫生箱、体育健身器材等价值 1 万元物品。

2005 年，妇联在全旗实施“四进”（进学校、进家庭、进社区、进公共场所）行动。年内，第一小学开展“我是五好小公民”宣传活动，朱日和镇妇联开展“家庭教育知识”“争做合格小公民”演讲比赛，赛汉塔拉镇妇联开展《未成年人保护法》等法规宣传活动。

2006 年，全旗加强妇幼保健网络建设，继续做好儿童系统保健管理工作，加强儿童生长发育监测、疾病防治，做好小儿“四病”防治和日常诊疗工作，组织妇幼保健所专业技术人员对赛汉塔拉镇 2 个幼儿园儿童进行健康体检。

2007 年 10 月 20 日，妇联、关工委、文体广播旅游局、教育局等单位联合举办全旗“第二届中小学生教育艺术节”宣传教育活动。

2009 年 9 月，旗委宣传部、精神文明办、关工委、教育局、妇联召开全旗未成年人思想道德建设座谈会。11 月，实施“恒爱行动，寻找爱心父母为孤残儿童编织爱心毛衣”公益活动，20 名爱心妈妈与 20 名孤残儿童结成对子，为孤残儿童编织爱心毛衣 85 件。

2009—2015 年，组织开展“春蕾计划”和“贫困女大学生救助”活动，为 59 名贫困学生提供帮助。

2011 年，妇联与广播电视局、科协联合开办《科普大篷车》栏目，每周播出 2 期，举办 3 台少儿专题晚会，播放少儿歌曲、动画片等儿童题材节目。

2012 年，妇联以“妇女之家”为阵地，采取会议、讲座、宣传栏、文艺表演等形式，宣传未成年人思想道德建设和有关法律法规和政策，向未成年人免费开放“妇女之家”阅览室，并为家长提供免费先进家庭教育理念咨询。12 月，启动实施“消除婴幼儿贫血行动”项目。

2015 年，妇联为 5834 名适龄婴幼儿发放 12257 盒营养包，有效降低全旗适龄婴幼儿贫血患病率。开展“访妇情、送温暖”走访慰问活动，看望慰问孤寡老人、留守流动儿童、困难家庭妇女儿童 200 余人，送去慰问金 5.7 万元。

第三节　教育培训

2001 年 3—7 月，根据中共苏尼特右旗委《关于在全旗深入开展“三个代表”重要思想学习教育活动工作方案》，妇联组织开展“三个代表”重要思想学习教育活动。

2002 年，制定《苏尼特右旗妇联第一个“全民读书日”活动实施方案》，明确读书日活动时间、对象、形式、内容、要求和措施及职责。年内，联系民政局、赛汉塔拉镇，组织社区家庭、城镇居民学习“公民道德建设实施纲要”，通过学习活动提高公民素质。

2001—2010 年，妇女联合会开展宣传教育工作中，上报妇联工作信息 286 期，开展各类法律宣传活动 106 次，受宣传人数 4 万余人次。

2003 年，制定《苏尼特右旗妇联推进全盟素质工程实施方案》，组织各级妇联实施创建学习型组织、学习型家庭、学习小组 42 个。年内，妇联与科技、就业等部门联合开展实用技术培训，培训妇女 1500 人次，农牧民妇女 1 项以上实用技术掌握率达 85%。

2004 年，开展以“执政为民、服务全局、加快发展”为主题教育活动，加强妇联机关建设活动。

2005 年，围绕全旗“三农”“三牧”问题，组织城乡妇女参与服务业为主第三产业建设。全旗 16~45 岁妇女实用技术培训参培率达 90%，85%妇女掌握 1 项以上实用技术。12 月，妇联、扶贫办、劳动就业局联合举办全旗贫困地区劳动力转移骨干培训班，参加培训妇女 60 人，就业率达 80%。

2006 年，全旗妇联组织开展贯彻落实社会主义荣辱观教育活动。4 月 30 日，新宝力嘎移民园区举办“八荣八耻”教育活动。7 月，妇联、团委联合举办以“喜迎七一、情系社区”为主题的第三届社区文化宣传月晚会。

2007 年，全旗各级妇联以迎接自治区成立 60 周年为契机，指导和推进家庭教育与全民素质工程，组织家庭、学校、社会开展“巾帼建功”“学习型家庭创建”“春蕾计划”等宣传教育活动。同时，组织开展“知荣辱、树新风、促和谐”社会主义荣辱观教育活动。

2008 年 3 月，各级妇联组织利用苏木镇召开两级干部会议和人代会时机，以妇女择业观和就业观教育、妇女“四自”教育、家庭教育、维权等内容开展人口转移引导性培训。5 月，对全旗民族服饰店及从业人员进行摸底调查登记，组织参加全盟民族服饰加工制作从业人员培训班。

2009 年 5 月，妇联与民族文化遗产保护协会共同举办民族服饰、手工艺品制作培训班，参加培训的 30 名牧民妇女转移进城，均被推荐到民族服饰加工店就业。8 月，会同民政局、就业局联合举办巾帼家政服务培训班，培训学员 33 人次，实现就业 20 人。6 月，开展“创建低碳家庭·共享时尚生活”主题宣传教育活动，表彰低碳家庭 10 户，发放家庭低碳生活手册 340 册、宣传材料 4000 余份、悬挂横幅 6 条。

2010 年 8 月，妇联与旅游局、苏尼特民族服饰协会等部门协调召开联席座谈会，就苏尼特民族服饰申请商标打造品牌、市场营销、服饰改革、制作工艺等内容进行探讨，对全旗民族服饰加工业发展起到促进作用。

2011 年 6 月，妇联与劳动就业局联合举办手工制作培训班，各嘎查村“妇女之家”选送 45 名妇女参加。

2012 年 2 月，组织部分妇女创业带头人到正蓝旗参观考察桑根达来镇敖力克宝力嘎奶食专业合作社、正蓝旗萨拉沁民族奶食专业合作社和南台村物业公司等地。10 月，联合扶贫办、党校，组织 26 名民族服饰经营者，到内蒙古妇干校进行 5 天的包括蒙古服饰设计、选材、颜色搭配、剪裁、制作等专业技术学习，并到呼和浩特市的几家民族服饰店进行了交流学习。协助扶贫办，组织部分妇女到锡林郭勒盟职业学院进行半个月民族服饰制作、合作社会计等专业培训。

2014 年 7 月 3—4 日，全旗开展牧民妇女巡回培训活动，邀请自治区妇干校教授就婚姻家庭、科学育儿、依法维权等内容进行讲解，110 余名牧民妇女参加培训。年内，妇联在基层服务年活动中开展家庭教育系列讲堂、家庭理财讲堂、健康教育系列讲堂、家庭美德、文明礼仪系列讲堂等活动 40 余次。

第四节 文明家庭

2001 年 3 月，妇联在全旗“三八”国际劳动妇女节表彰大会上，表彰“五好文明”家庭 47 户。

2001—2003 年，全旗开展“五好文明”家庭评选活动，有 57 户被评选为“五好文明”家庭。

2003 年 3 月，额仁淖尔苏木妇联、格日勒图敖都苏木妇联、齐哈日格图移民示范园区妇代会在齐哈日格图示范园区举办庆“三八”联谊会，表彰齐哈日格图示范园区“五好文明”家庭 20 户。

2005 年，妇联在全旗开展“五好文明”家庭（文明型、学习型、平安型、节能型、双合格型）创建活动，5 个家庭被评为盟级以上“五好文明”家庭。

2006 年，全旗各基层妇联组织开展“四自”精神教育、“五好文明家庭”“平安家庭”创建等活动。全旗 70 余家单位参加“和谐家庭”创建活动。赛汉塔拉镇宝力嘎嘎查牧民花拉家庭被评为锡林郭勒盟“草原和谐人家”。

2007 年，开展“五好文明”家庭、“学习型家庭”创建活动，制定全旗“零就业家庭”就业巾帼行动实施方案，做好进城务工人员家庭纠纷调处工作。

2008 年 4 月，按照旗委宣传部、文明办和妇联关于“和谐家庭创建年”实施意见要求，开展以“家和万事兴”为主题的“草原和谐人家”创建活动。年内，妇联表彰“草原和谐人家”20 户。

2009 年，妇联、关工委、教育局在全旗 11 所中小学、2 所幼儿园开展家庭教育工作。开展以

“师爱助你成长”为主题的“留守生”身心健康和社会实践活动。妇联与教育局联合召开全旗家庭教育工作表彰大会，对5所优秀家长学校、15名优秀家庭教育工作者、46名家庭教育指导教师进行表彰。教育局被评为国家级“家庭教育工作先进实验区”，1所中学被评为自治区级“双合格”家长学校，2所学校被评为盟级“优秀家长学校”，5所学校被中央教科所总课题组评为“先进实验校”，有4名家长和4名学生被评为全国百名“优秀家长”“优秀学生”，家庭教育工作指导教师的140余篇论文获得等级证书。

2010年3月，妇联召开庆祝“三八”国际劳动妇女节100周年表彰大会，表彰奖励杨吉玛等6户全旗“五好文明”家庭。年内，妇联对全旗选树“妇女持家算账”示范户活动进行调研。

2010—2012年，按照“妇女持家算账”示范户选树工作三步走部署，先后完成旗级、苏木镇、嘎查村三级“妇女持家算账”示范户选树工作，为全旗妇女家庭提供学习榜样和示范。

2011年，妇联制定实施《苏尼特右旗家庭教育工作“十二五”规划》。

2013年，妇联联合相关单位举办“实现中国梦，青春勇担当”中华经典诗文诵读比赛；加强“家长学校”建设，保证各校每年至少开讲2次，完善学校、家庭、社会“三位一体”教育网络。

2014年，举办以“家庭教育及幼小衔接”为主题的专题讲座和家庭教育工作座谈会。年内，乌日根塔拉镇昌图锡力嘎查牧民额尔登其其格家庭获全国“好爸好妈好家风”称号。

2015年，完成《苏尼特右旗家庭教育工作“十二五”规划》各项指标任务。全旗嘎查村选树培育旗、苏木镇、嘎查三级“妇女持家算账”示范户189户。开展寻找“最美家庭”活动，全旗揭晓“最美家庭”140户。其中，7户家庭被评为国家、自治区、盟级“最美家庭”。完善家长学校建设，举办各类家庭教育知识讲座17场次，受训家长10000余人次。

第五节　创业就业

2001—2010年，妇联协调有关单位开展各类转移就业技能培训、妇女创业就业培训、下岗女职工就业培训等36期，培训人员12651人次。全旗转移进城农牧民妇女中自主创业61人次。

2005年，围绕全旗“三农三牧”问题，妇联组织妇女参与扶贫工作，建立扶持贫困妇女60人，联系户25户；组织城镇妇女参与社区和服务业等第三产业建设，树立再就业典型2人。

2006年6月，妇联与团委、劳动就业局联合举办劳动就业洽谈会。7月，各苏木镇妇联召开就业洽谈会8次，参加者114人次。9月，乌日根塔拉镇布日都嘎查牧民娜布其组织带领32户牧民成立“苏尼特羊”协会；朱日和镇巴音宝力嘎嘎查牧民格日勒其其格划区轮牧，科学养畜，获“小康牧户”“模范牧民”称号；乌日根塔拉镇那仁宝力嘎嘎查牧民苏乙拉其其格被评为实行草畜平衡表率。

2006—2010年，先后开展“草原姐妹创业就业”“零就业家庭”“春风送岗位、妇女得实惠”等就业行动，为全旗妇女提供就业岗位3000余个，劳务输出200余人。

2007年，全旗各级妇联以“两转双赢”为目标，组织开展“百名妇女转移创业”行动和“零就业家庭”就业巾帼行动，推进农牧区剩余劳动力转移就业工作。4月，通过全旗“零就业家庭”调查摸底，发现“零就业家庭”22户，涉及60人。6月，妇联推进“百名妇女转移创业”行动，推荐农牧区劳动力转移就业工作。举办全旗农牧民美容美发技能培训班，培训学员70余人次，介绍岗位40人。10月，举办餐饮客房服务技能培训班，培训学员50人次。举办劳务输出招聘会，达成求职意向就业20人。8月，妇联组织全旗6家民族服饰制作加工店，参加首届“天堂草原·和谐锡林”全盟首届民族文化产品展示大赛暨第二届旅游商品展示大赛。

2008年，妇联组织嘎查村妇代会主任举办推进“两转双赢”工作培训会。3月，围绕全旗“增收富民”“以创业带动就业”，组织实施“草原姐妹创业就业”行动。年内，科技局重点培养科技示范嘎查村 11 个，科技示范户 79 户。

2009 年 3 月，妇联会同劳动就业部门开展“春风送岗位”活动及民营企业招聘周活动，推荐达成就业意向妇女 24 人，实现就业 20 人，劳动力输出 14 人。

2010 年 6 月，妇联主持召开“苏尼特民族服饰协会”联席座谈会。

2012 年，妇联与财政局、农村信用合作联社联合发放妇女创业小额贷款 400 万元，带动 400 余人创业就业。

2013 年，妇联组织开展“春风行动”招聘会，介绍 15 名女性就业，其中，农牧区妇女 9 人。年内，为 226 名妇女发放 1300 万元妇女创业小额担保贷款，辐射带动人数 1000 余人。联合就业、扶贫等部门，为 117 名妇女免费进行职业技能培训，为 7 名有创业意愿妇女进行创业培训。

2014 年，妇联协调有关部门为阿其图乌拉苏木牧民滚动发放一年期妇女创业小额贷款 392 万元。

2015 年，全旗注册巾帼家政服务企业 1 家，从业人员 20 余人，其中，女性从业人员占 80% 以上，年龄 28~45 岁，大部分为转移进城农牧民妇女、个别下岗职工，文化程度初中及以下的占 80%。

第六节 创建活动

一、“三八红旗手”竞赛活动

2001 年 3 月，妇联在全旗纪念“三八”国际劳动妇女节表彰大会上，表彰“三八红旗手”30 人，女能手 8 人。

2004 年，全旗 3 个妇联组织获全盟“三八红旗”集体，3 人获“优秀妇联干部”“三八红旗手”称号。

2005 年，召开“祝福平安”全旗政法系统纪念三八联谊暨表彰大会，表彰奖励 13 名“优秀女干警”和 8 名“模范警嫂”，并授予“三八红旗手”称号。

2010 年，召开庆祝三八国际劳动妇女节 100 周年表彰会议。表彰 10 名“三八红旗手”和 16 名全旗妇女突出贡献奖以及 3 个“三八红旗”集体。

2014 年，全旗选树表彰国家级“三八红旗标兵”提名奖 1 人，自治区级“三八红旗”集体 1 个、“三八红旗手”1 人，盟级“三八红旗”集体 3 个。

2015 年，召开全旗三八妇女节表彰会议，会上表彰“妇女之家”7 户、“最美家庭”13 户。

二、“双学双比”“巾帼建功”创建活动

2001 年 3 月，妇联在全旗纪念“三八”国际劳动妇女节表彰大会上，表彰女状元 17 人、“巾帼建功”标兵 31 人。全盟表彰“双学双比”女状元 4 人，“巾帼建功”标兵 1 人，“双学双比”标兵、“巾帼建功”先进工作者各 1 人。年内，制定《苏尼特右旗“双学双比”竞赛活动第三个五年规划》。

2005 年，围绕“三农三牧”问题，妇联深化“双学双比”“巾帼建功”竞赛活动，开展舍饲圈养、节水灌溉、饲草料种植、疫病监测和防治、蔬菜种植、奶（肉）牛养殖、小尾寒羊养殖等农牧业科技新实用技术培训，全旗 16~45 岁妇女中，90% 的妇女参加 1 次以上实用技术培训，85% 的妇女掌握 1 门以上实用技术。

2006 年，全旗各级妇联完善“双学双比”活动协调组织，为全旗妇女发展提供政策、物资、科技、信息等方面支持。

2011 年，妇联组织建立巾帼志愿者队伍9支，选树全区社区巾帼志愿服务示范点 1 个。年内，开展志愿服务活动13次，参加志愿活动的志愿者 66 人，受服务群众5000余人。

2012 年，妇联在全旗妇女干部职工中开展以“服务创一流、巾帼展风采”为主题的创先争优活动。年内，全旗建立 9 支巾帼志愿者队伍，组织开展巾帼志愿服务活动 20 余次。

2012—2014 年，全旗选树表彰国家级“巾帼文明岗”1 个、“农村妇女职业技能培训基地”1 个；自治区级“双学双比”女能手 2 人、“巾帼文明岗”1 个、自治区级先进个人 7 人；盟级“巾帼文明岗”4 个、先进个人 22 人。

2013 年，全旗在开展“巾帼文明岗”创建和“岗位建功”活动中，先后有 4 个先进集体和 5 名先进个人获全盟表彰。

2015 年，妇联在全旗农牧区探索和推广“党员中心户+妇女之家+妇女小组+女性协会”模式。年内，全旗各级妇联组织开展“十全美丽庭院”行动，开展评选示范嘎查、示范浩特及示范户等活动。

第四章　科学技术协会

第一节　组织机构

一、 苏尼特右旗科学技术协会代表大会

2009 年 12 月 24 日，苏尼特右旗第三届科学技术协会代表大会在赛汉塔拉镇召开。会议听取审议科学技术协会第二届委员会工作报告，选举产生第三届委员会。选举产生科学技术协会主席 1 人，副主席 4 人（兼任）。

二、 苏尼特右旗科学技术协会

2001 年，科学技术协会隶属科学技术委员会。

2003 年，科学技术协会成为独立建制，设科技普及部和学会工作部，科学普及部兼管青少年科技工作。设主席 1 人、专职副主席 1 人、事业编制 2 名、在岗 8 人。

2011 年 5 月，苏尼特右旗被中国科技协会命名为 2011—2015 年度全国科普示范县。

2013—2015 年，科学技术协会与科学技术局合署办公，设主席 1 人、专职副主席 1 人，事业编制 2 名。下设学会部和普及部，普及部兼管青少年科技工作。

2015 年，全旗有各类科学技术人员 1318 人。

三、 基层科学技术协会组织

2001—2015 年，全旗建立各类学会协会组织 35 个，其中，医学会、广播电视学会、苏尼特骆驼协会、青少年科技辅导协会、养鸡协会、珠算协会、统计协会等。合作社成员总户数 1949 户，协会会员 2404 人。

2001—2002 年，加强苏木镇专业技术推广科技工作者队伍（包括农牧民技术员队伍建设）和工业企业科技管理者队伍建设。2012 年，制定《苏尼特右旗关于进一步深化涉农科技事业单位体制改革的意见》。

2003 年，完成苏木镇、基层科技综合服务站改革，将苏木镇科技综合服务站从职能上划分为科技综合服务、兽医科技服务和草原监理 3 个专业站，经人事、畜牧、科技等部门统一安排，对基层站 128 名人员进行考试，其中，考核上岗专业技术人员 105 人。年内，出台《苏尼特右旗农牧业技术承包工作方案及考核奖励办法》。

2007 年 7 月 15 日，依据《全民科学素质行动计划纲要》、中国科协《关于进一步加强农村科普工作的意见》和国家民委中国科协联合印发的《关于加强少数民族地区科普工作的意见》文件，经

旗委机构编制委员会（苏右机编字〔2007〕5号）文件，成立苏尼特右旗少数民族科普工作队，核定事业编制5名。

2015年，全旗苏木镇、嘎查村相继成立科技工作领导小组，配备专（兼）职科技副职，建立苏木镇科技综合服务站，做到基层科技工作有领导、有办公室，有科技设备和机具，嘎查村有科技带头人，科技服务小组和农牧民协会。形成全旗三级科技服务网络机构，并将科技工作纳入各级政府实绩目标进行考核。年内，工商部门注册登记各类科技专业合作社219个，其中，畜牧养殖业合作社176个、饲草业合作社15个、加工业合作社9个、活畜交易合作社5个、旅游业合作社4个、服务业合作社2个、农机合作社3个、其他合作社5个。

第二节　科技合作

2001—2015年，苏尼特右旗科学技术协会发挥畜牧草原学会的作用，重点开展与中国科学院植物研究所、中国农业科学院草原研究所、内蒙古农业大学、内蒙古工业大学、内蒙古畜牧科学院等大学和科研院所的科技合作和学术交流工作。

2002年，重点与内蒙古农业大学合作实施国家科技跨越计划项目——“干旱区冰草产业化生产试验示范”项目。实施面积4200亩，其中，草籽繁育基地1000亩，旱作人工草地1500亩，草地改良1700亩。引进资金25万元，选育苏尼特羔羊196只，投资4万元。12月19日，与内蒙古大学和内蒙古农业大学合作实施的“天然草地化区轮牧技术推广”项目通过专家论证评审会和鉴定验收。由国家自然科学基金会引进的国际科技交流项目（意大利援助项目）——“新能源技术试验示范”（即太阳能供电系统）准备实施。

2002—2005年，旗科学技术协会与内蒙古农业大学合作实施干旱区冰草产业化生产技术示范项目（该项目获得自治区科技进步一等奖）、绵羊补偿生长机理在草原畜牧业生产体系中的应用项目、优良禾本科牧草的选育与繁育推广项目、内蒙古天然草地划区轮牧技术系统研究项目。

2003年，旗科学技术协会与内蒙古农业大学合作实施干旱区冰草产业化生产实验示范项目，引资52万元，实施冰草种植面积1000亩。旗科学技术协会与内蒙古畜牧科学院合作实施胚胎移植技术示范项目，接羔33只，受胎率89%、繁成率81%。从国外引进的中国意大利太阳能供电项目被自治区立项。10月，赛汉塔拉镇都呼木生态移民奶牛基地引进与内蒙古农业大学科技合作实验项目——和林格尔奶牛饲料项目。

2004年，争取中意太阳村项目1000万元设备投资，为偏远地区农牧民解决用电难问题，完成20千瓦村落集中供电系统、8千瓦光伏泵水系统、4千瓦光伏泵水系统安装，同时，为151户农牧民安装使用350瓦和500瓦户用光伏系统。干旱区冰草产业化生产实验示范项目，示范冰草种子生产种植基地面积1200亩，示范干旱区冰草旱作种植2000亩，规划旱作种植冰草1400亩。经测定，种子田平均亩产种子35千克、亩产草266千克；旱作人工草地平均亩产草186千克，较天然草地增加产草量272%。合作实施天然草地划区轮牧系统研究项目4800亩，测定划区轮牧与自然放牧相比增加牧草产量22.5%，增加草群覆盖度10%，增加植物群落高度20%。7—8月，项目分别通过中国科学院和内蒙古农业大学专家组检查验收；12月，通过国家科技跨越计划项目验收组验收。

2008年，旗科学技术协会与中国农业科学院草原研究所建立荒漠草原试验示范基地，野外台站挂牌落成。

2009年，旗科学技术协会与中国科学院植物研究所和中国农业科学院草原研究所、内蒙古农业大学生态环境学院和动物科学研究院、内蒙古工业大学等开展科技合作，共同申报和合作实施项目。

2010年，继续与内蒙古农业大学生态环境学院合作开展生牧草种植试验示范推广项目；与内蒙古农业大学林学院开展城镇绿化项目；与中国农业科学院草原研究所联合开展荒漠草原试验示范基地建设，实施退化生态系统恢复重建关键技术集成示范项目；与内蒙古农业大学动物科学研究院和内蒙古家畜改良工作站专家合作开展苏尼特羊种质资源开发与产业化生产技术集成示范项目。

2012—2015年，参与实施内蒙古科技计划项目“荒漠草原区围封草地利用模式研究”。其间，委托内蒙古农业大学代培基层干部大专班，结业学员117人；聘请内蒙古农业大学教授、博士，对全旗“围封转移”工程科技培训和技术指导，委托内蒙古农业大学编制全旗各类规划及项目可行性研究；合作完成苏尼特羊地方良种选育鉴定和开展聚能风能发电试验示范项目。

第三节　学术研究

2001—2015年，苏尼特右旗科学技术协会围绕全旗经济社会发展中心工作，面向基层牧区、城镇社区、厂矿企业、中小学校，开展形式多样、内容丰富，切合实际的科普宣传和技术服务。先后编辑出版《西苏科技》6期，刊登科技论文稿件129篇。累计发表科技论文121篇。其中，国家级科技学术期刊发表71篇，省级科技学术期刊发表41篇。旗医学学会在国家级期刊发表论文56篇，在省级科技期刊发表26篇，畜牧草原科技协会发表论文28篇。

一、　医学学会研究

2003年，人民医院主任医师包万英在《中华临床实用医学》杂志、《中华现代医学》杂志发表《浅谈酒精中毒至神经精神症状及防治》《糖尿病合并无症状性脑梗塞16例分析》等论文5篇。蒙医院主任医师石巴特尔在《民族医药》杂志发表《蒙医结合综合治疗慢性胆囊炎150例临床体会》等论文6篇。

2004年，人民医院主任医师肖景山在《全科医学》杂志发表《传染性非典型性肺炎诊断及治疗分析》等论文4篇。

2006年，疾控中心副主任医师李桂村在《地方病通报》（2006年2期）发表《2004年内蒙古苏尼特右旗人间鼠疫调查报告》。主任医师格日乐图在《民族医药》杂志发表《蒙医药蒸熏法治疗病毒性角膜炎》论文3篇。

2008年，妇幼保健所副主任医师康建军在《中国医药与临床研究》发表《苏尼特右旗民族幼儿园2001—2007年5027名蒙古族儿童龋齿患病情况调查分析》。

2009年4月，疾控中心副主任医师李桂村在《中国地方病防治》杂志发表《新时期基层鼠疫防治工作之浅谈》。

2010年，主任医师龚有军在《中国当代医药》发表《老年人急性心肌梗死48例临床分析》。

2013年，副主任医师王秀梅在《北方医学》发表《蒙西医结合治疗慢性胃炎临床疗效评价》。

2015年，妇幼保健所副主任医师康建军在《中外女性健康研究》发表《苏尼特右旗农牧区宫颈癌、乳腺癌筛查结果分析》。

截至2015年，苏尼特右旗医学学会在国家级期刊发表论文56篇，省级科技期刊发表26篇。

二、　畜牧草原研究

2002年，组织专业技术人员编写《苏尼特羊全年舍饲管理技术》《绒山羊全年舍饲管理技术》《小尾寒羊舍饲管理技术》《奶牛饲养技术操作规程》《胚胎移植技术》等十几篇论文，并编写《肉牛育肥模式》《羔羊育肥模式》《舍饲条件下的畜群疫病防治》《饲草料基地节水灌溉规程》《划区轮牧规程》《牧民联合体经营模式》等资料，为全旗围封转移战略实施，以及草原畜牧业生产经营方式的转变提供技术支撑。年内，编制《苏尼特右旗畜牧业可持续发展规划》。

2005 年 12 月，草原站乌兰发表的《内蒙古不同类型天然放牧地合理利用研究与应用推广项目》，获自治区农牧业丰收一等奖；王利琴发表的《荒漠草原边境牧区青贮养畜技术推广项目》，获自治区农牧业丰收二等奖。

2006 年，草原站乌兰发表《草原蝗虫防治综合防治技术推广项目》，获自治区农牧业丰收二等奖。参与研究的《双峰家驼与野骆驼基因和序列遗传多样性及系统地位研究》发表在知名学术刊物；并参与编写《双峰驼现状与未来》（内蒙古人民出版社出版）。

2009 年，科学技术协会出版发行第 6 期《西苏科技》，发表论文 43 篇。其中有张河《千亩维蒙特圆形喷灌种植园区经营状况及初步分析》，李海龙《再论防止牛肉毒梭菌病》，牛富宝《创新科技工作机制服务新农村牧区建设》，孙万明《对我旗农牧民科技培训问题的探讨》等论文。

2010 年 11 月，畜牧工作站额尔德木图发表《双峰驼自然发酵乳对慢性热应激小鼠的影响》，收入《双峰驼现状与未来》一书。

2012 年，乌兰在《中国农学通报》发表《羊草叶片 SPAD 值与叶绿素含量的相关分析》。

2013 年，王利琴发表《内蒙古草原生态本底检测及业务化应用》，获年度全国农牧渔业丰收奖二等奖。

2014 年，畜牧工作站额尔德木图参与编写《骆驼产品与生物技术》（中国轻工业出版社出版），并与图门巴雅尔等合作编译《蒙古骆驼》（蒙古国孟和乌苏格出版社出版）。贾利娟在《中国草地学报》发表论文《放牧强度季节调控对荒漠草原主要植物种群和土壤碳、氮的影响》。

2005—2014 年，畜牧草科技协会累计发表论文 28 篇。

第五章　工商业联合会

第一节　组织机构

一、 工商业联合会代表大会

2006 年 12 月，苏尼特右旗工商业联合会召开换届代表大会。会议选举产生新一届执行委员会。选举产生工商业联合会会长、副会长各 1 人。

2011 年 12 月，工商业联合会召开换届代表大会。会议选举产生新一届委员会委员 39 人。选举产生工商业联合会会长 1 人，副会长 2 人。

二、 苏尼特右旗工商业联合会

2001—2015 年，工商业联合会在全旗工商业联合会代表大会闭会期间行使工商联代表大会领导职权。

2002 年，工商业联合会正式独立办公，行政编制 1 名，其中，副科级领导职数 1 名。

2004 年，工商业联合会新增加行政编制 1 名。

2015 年，工商业联合会工作人员 6 人，编制内 3 名。

第二节　主要工作及活动

一、 参政议政

2001—2015 年，工商业联合会向人大常委会、政协及其上级组织推荐非公有制经济界代表，其中，锡林郭勒盟工商联（总商会）副会长 1 人，执行常务委员 4 人；苏尼特右旗党代表 7 人，人大代表 11 人，政协委员 19 人。

二、 典型评优

2002 年，内蒙古苏尼特肉业有限公司生产的“苏尼特”牛、羊肉分割系列产品，获得“中国食品安全放心品牌”称号。

2003 年，苏尼特右旗宏达绒毛有限责任公司在内蒙古自治区工商联召开的全区工作会议暨非公有制经济人士表彰大会上被评为“就业先进企业”。

2005 年，工商业联合会联被授予内蒙古自治区“工商业联合会系统先进集体”称号。会员企业“苏尼特肉业有限责任公司”被评为自治区 50 强企业之一。

2013 年，工商联会员企业嘉利农机有限责任公司和正大火锅城总经理刘荣芳在全区非公有制经济表彰大会上，分别获全区先进企业和优秀个体工商户称号。

2014 年，工商业联合会在全区县级工商联基层组织建设经验交流会上，被评为全区“五好”县级工商联建设示范点。

2015 年，配合妇联做好第十二届妇代会女企业家代表推荐工作，推荐 2 名企业女性代表。

三、 对外联络

2004 年，工商业联合会邀请北京、天津、河北、唐山、山西等地部分民营企业到境内开展实地考察、经济洽谈和投资等活动。

2005 年，工商业联合会外出招商 13 次，接待到苏尼特右旗考察的客商 11 家，签订项目协议 4 个。

2007 年，工商业联合会外出招商、接待客商 10 余次、30 余人，与外地同级 3 家商会签订友好商会协议。

2011 年，先后组织相关企业赴北京、浙江、山东、河北等十几个地区开展招商引资，并参加在山西、呼和浩特市等地举办的商贸洽谈会和“广交会”。

2015 年，组织全旗企业高管参加自治区人社厅举办的“111 企业经营管理人才选拔培养工程”；全盟非公有制党建学习培训、全区党建培训及能力提升等内容的教育培训工作 5 期，培训人数 20 余人次。年内，建立“苏尼特右旗工商联”微信公众平台。

四、 扶贫帮困

2001—2015 年，工商业联合会动员会员企业捐款捐物价值 400 万元。动员企业为东乌珠穆沁旗地震灾区捐款捐物 0.59 万元，为全旗首届乌兰牧骑艺术节和草原那达慕捐款 3 万元，元宵节欢庆等活动中捐款 2 万元；为抗击“非典型性肺炎”，救助四川汶川特大地震、青海玉树地震受灾群众捐款捐物，动员全旗 45 家企业向红十字会捐款 200 余万元，联系 24 家企业与 33 名大学生结对开展帮困助学。

2015 年，工商业联合会申报专项资金扶持项目，嘉利公司、维信肉业、腾达绒毛等 9 家企业获盟级相关奖励扶持资金 33.5 万元。

第六章　文学艺术界联合会

第一节　组织机构

一、 文学艺术界联合会代表大会

1. 苏尼特右旗文学艺术界联合会第二届代表大会

2003 年 4 月 21 日，苏尼特右旗文学艺术界联合会第二届代表大会在赛汉塔拉镇召开。选举产生主席 1 人，副主席 2 人。

2. 苏尼特右旗文学艺术界联合会第三届代表大会

2008 年 3 月 20 日，苏尼特右旗文学艺术界联合会第二届代表大会在赛汉塔拉镇召开。选举产生主席 1 人，副主席 3 人。

3. 苏尼特右旗文学艺术界联合会第四届代表大会

2014 年 12 月 8 日，苏尼特右旗文学艺术界联合会第四届代表大会在赛汉塔拉镇召开。选举产生主席 1 人，副主席 2 人。

二、 苏尼特右旗文学艺术界联合会

2001—2015 年，苏尼特右旗文学艺术界联合会在全旗文联代表大会闭会期间行使文联代表大会领导职权。

2001—2007 年，文学艺术界联合会设文学艺术协会、美术歌舞协会、广播电视摄影协会 3 个协会，隶属宣传部。

2008 年，文学艺术界联合会由过去的 3 个协会增加到 9 个协会，包括作家协会、民间艺术协会、苏尼特蒙古长调协会等。

2009 年，旗委、旗政府决定文学艺术界联合会的活动经费纳入旗财政预算，核定领导职数 2 名、事业编制 2 名，隶属于宣传部。

2015 年，文学艺术界联合会设作家协会、电视电影摄影协会、音乐歌舞协会、曲艺协会、民族服装服饰协会、书法美术协会、手工艺协会、民歌协会、民俗协会、祝颂词协会、翻译协会、评论家协会 12 个协会。

第二节　主要工作及活动

一、文学创作

2001—2015年，文学艺术界联合会做好全旗各协会的联络、协调、指导、服务工作，先后召开文学艺术界代表大会3届。开展全旗文艺创作、文艺评论、学术交流、人才培训、文学笔会、文艺评奖、文化调研等工作。其间，举办首届祝颂词培训班、摄影培训班、书法培训班、民间文学收集工作培训班、“锡林郭勒之夏”苏尼特右旗笔会、第二届“魅力苏尼特”全国摄影大赛等活动。继续主办《苏尼特》（蒙古文版）杂志。

二、文学培训

2001—2015年，文学艺术界联合会多次邀请《世界文学》《鸿嘎鲁》《花的原野》《锡林郭勒》等杂志编辑，为全旗文学爱好者进行培训。选派优秀文艺人员参加全盟文联、自治区文研班、鲁迅文学院等学习培训活动。注重全旗非物质文化遗产保护力度，加强非物质文化遗产申遗项目和申遗培训。其间，苏尼特谚语、民间骨雕、蒙古包营造技艺等被确立为全盟非物质文化遗产项目；苏尼特祝颂词、雅托噶（蒙古筝）音乐、苏尼特服饰、苏尼特长调民歌等被确立为自治区级非物质文化遗产。

三、文化活动

2001—2015年，文学艺术界联合会联合各部门、协会多次协助和举办全旗“幸福的太阳”个人演唱会、“骑士的蓝天”蒙古语诗歌朗诵比赛、中小学生“腾格尔塔木其”歌曲大赛、雕刻美术艺术个人作品展、《银色的宝格达山》《九道岭》《朱日恒珍珠》首发式、《广袤的塔木钦》研讨会、“魅力苏尼特”摄影比赛暨图片展、全旗乌兰牧骑艺术节、全区“敖登高娃”杯塔木其之声歌手大赛、八省区“吉鲁根杯”祝赞词大赛和全国“金骆驼杯”摄影书法大赛等文化活动。

第七章　残疾人联合会

第一节　组织机构

一、残疾人联合会代表大会

1. 苏尼特右旗残疾人联合会第四届代表大会

2003 年 4 月 22 日，苏尼特右旗残疾人联合会第四届代表大会在赛汉塔拉镇召开。旗委常委、副旗长额尔敦陶格陶出席会议。会议听取审议残疾人联合会第三届主席团工作报告，选举产生第四届主席团及候选人。选举产生残疾人联合会执行理事长 1 人，副理事长 2 人。

2. 苏尼特右旗残疾人联合会第五届代表大会

2008 年 3 月 14 日，残疾人联合会第五届代表大会在赛汉塔拉镇召开。旗委常委、副书记张锦明出席会议。会议听取审议残疾人联合会第四届主席团工作报告，选举产生第五届主席团及候选人。选举产生残疾人联合会执行理事长 1 人，副理事长 2 人。

2003 年、2008 年苏尼特右旗残疾人联合会第四、第五届代表大会情况表

表 18-7-1

届次	时间	代表人数	主要内容	选举结果
第四届	2003. 4. 22	出席代表 35 人，其中，残疾代表 22 人，残疾代表占总数的 62. 9%	审议残疾人联合会第三届主席团所作的《积极开拓、与时俱进、全面推动苏尼特右旗残疾人事业健康发展》工作报告，选举第四届主席团	选举产生第四届主席团主席 1 人，副主席 2 人，主席团成员候选人 13 人
第五届	2008. 3. 14	出席代表 36 人，其中，残疾代表 24 人，残疾代表占总数的 66. 7%	审议残疾人联合会第四届主席团所作的《积极开拓，与时俱进，努力推进全旗残疾人事业健康发展》工作报告，选举第五届主席团	选举产生第四届主席团主席 1 人，副主席 4 人，主席团成员候选人 13 人

二、苏尼特右旗残疾人联合会

2001—2015 年，残疾人联合会在全旗残疾人联合会代表大会闭会期间行使领导职权。内设办公室、康复教育部、群众宣传部。

2008 年，按照中国残疾人联合会第五次全国代表大会，修改完善《中国残疾人联合会章程》，苏尼特右旗残疾人联合会工作人员参照公务员法管理。

2015 年，残疾人联合会人员参照公务员法管理。设办公室、群众宣传部、康复服务指导站、用品用具供应站、聋儿语训部。

三、 基层残联组织

2001 年，基层残疾人联合会组织进行调整，由原来 17 个苏木、乡、镇残联组织撤并成 13 个苏木、镇基层残疾人联合会。

2006 年，全旗进行机构改革，基层残联组织再次调整，由 13 个苏木镇残联撤并成 3 个苏木、3 个镇残联，配备专（兼）职理事长 6 人，专职委员 71 人。同时各嘎查村社区也成立残疾人组织。

2015 年，全旗持有二代残疾证 3392 人。其中，重度残疾 1013 人，多重残疾 171 人，精神、智力残疾 433 人；农民 1815 人，非农业人口 1577 人。

第二节　主要工作及活动

一、 助残活动

2001—2015 年，残疾人联合会利用广播电视、宣传手册、宣传车、标语等多种形式宣传《中华人民共和国残疾人保障法》，结合实际，开展“全国助残日”“青年志愿者助残活动”“红领巾助残日”等助残活动 2 万余人次。

2015 年，组织开展残疾人自强活动，联合公安局、赛汉塔拉镇派出所、内卫中队青年志愿者，开展帮扶赛汉塔拉镇 2 户贫困残疾人家庭以及敬老院孤寡老人们活动。第三小学红领巾少先队利用节假日和“助残日”，走街串巷到残疾居民家中，为他们打扫卫生，表演歌舞，以多种形式宣传《中华人民共和国残疾人保障法》。旗人民医院对残疾人患者就医挂号实行优先对待，为残疾人义务就诊咨询 780 余人次。

二、 医疗康复

2001 年，全旗设立白内障复明筛查工作点 8 个，筛查小组 2 个，经过 21 天筛查，筛查白内障手术适应症患者 65 人。其中，50 例患者经过手术重见光明。

2010 年，人民医院康复科配备康复器材，残疾人联合会组织全旗残疾人开展康复训练工作。

2015 年，残疾人联合会先后为人民医院、康复医疗中心、4 个社区、配备康复训练器材，训练残疾人 600 余人次。

三、 就业培训

2001—2015 年，全旗根据按比例安排残疾人就业等规定，成立残疾人劳动服务所，发挥残疾人服务总社和残疾人职业培训中心的作用，全旗残疾人的生活状况和就业得到改善。

2015 年，全旗建立残疾人扶贫就业基地 2 个，直接安置残疾人就业，带动辐射残疾人家庭 30 户。城镇原未就业的 108 名残疾人中，已就业 29 人。全旗通过各种扶贫方式和渠道扶持贫困残疾人 404 人。年内，第四小学新成立残疾儿童特教班。

第八章　红十字会

第一节　组织机构

一、红十字会代表大会

2007 年 12 月 7 日，苏尼特右旗红十字会召开第一届代表大会。出席会议代表 150 人，选举产生红十字会第一届理事会理事 29 人。

红十字会第一届第一次理事会议选举产生常务理事 17 人、会长 1 人、常务副会长 1 人、副会长 6 人。选举产生旗委常委、政府副旗长孟凡靖任会长。

二、苏尼特右旗红十字会

2001—2015 年，红十字会在全旗红十字会代表大会闭会期间行使代表大会领导职权。设办公室、业务室。

2002 年 6 月，红十字会单设独立社会救助团体，编制、经费计划单列，设办公室、业务室。年内，首次挂“苏尼特右旗红十字会”牌匾，启用“苏尼特右旗红十字会公章”。选举产生政府副旗长巴图巴特尔任会长。

2006 年，根据中共锡林郭勒委组织部、锡林郭勒盟人事局《关于工会、共青团、妇联等人民团体和群众团体机关参照〈中华人民共和国公务员法〉管理实施方案》（〔2006〕89 号文件），红十字会工作人员参照公务员管理。会长由人民政府主要负责人兼任，常务副会长兼秘书长 1 人，办公室主任 1 人，科员 2 人。

2007 年 12 月，根据《中华人民共和国红十字会法》《中国红十字会章程》，依法建立红十字会。年内，召开全旗红十字会第一次会员代表大会，理顺体制机制和工作关系。

2015 年，红十字会设综合办公室、业务股。核定编制人员 10 名，其中，参照公务员管理 5 名。政府副旗长娜日娜兼任会长。

三、红十字会基层组织

2001—2015 年，红十字会以开展“五进”（进机关、进学校、进社区、进农牧区、进企业）活动为契机，全面加强基层组织建设。

2015 年，全旗建立红十字会基层组织 66 个。其中，建立苏木镇级红十字会 5 个，建会率 72%；嘎查村级红十字会 61 个，建会率 78%；社区红十字会 61 个，建会率 78%；学校红十字会 11 个，建会率100%；团体会员单位64个，成人会员3078人，青少年会员2965人，志愿者80人。年内，收缴会费45.85万元。

第二节　主要工作及活动

2001—2015年，红十字会组织开展救灾、救助、救护、社会募捐、预防艾滋病卫生宣传、无偿献血和造血干细胞宣传等活动，都有红十字志愿者参与，志愿者有公安干警、医务人员、新闻记者、人民教师、企业员工及青年学生等。截至2015年，红十字志愿服务工作队5个，志愿服务工作者发展到218人。

一、宣传培训

2001—2015年，每年利用“5·8”红十字博爱周、“无偿献血日”“世界急救日”“世界艾滋病日”等节日开展宣传活动，弘扬“人道、博爱、奉献”的红十字精神。通过建立网站、举办知识讲座，宣传红十字会产生、发展历程，红十字会章程及有关法规等内容。组织志愿者深入主要街道和苏木镇发放各类宣传单、宣传册累计10.3万余份，发布各类新闻、信息857余期。先后为14所学校、教育局、看守所、青少年活动中心、老年活动中心捐赠价值425万元的图书。投入55.5万元，在综合高中建立一所“百家爱心书屋”。举办急救知识培训班32期，参加培训人员1.5万余人。

2015年，红十字会在机关事业单位、学校、社区、高危行业等开展卫生救护培训工作7次，受训人员600余人次。

二、筹资募捐

2001—2015年，红十字会依据《中华人民共和国红十字会法》赋予的权利，组织开展“博爱一日捐”等募捐活动。通过领导带头、宣传倡导、新闻报道、开通捐赠热线等多种形式，引导广大干部职工和社会各界奉献爱心，为灾后援建、博爱送万家、贫困大学生救助、免费白内障扶贫手术、贫困家庭重大疾病医疗救助等进行人道救助活动，募捐善款逐年增加，累计筹集募捐748万元。

2006年，红十字会启动“博爱一日捐”活动。

2009年，根据旗委、旗政府《建立“博爱一日捐、爱心双助”募捐活动长效机制实施方案》，在全旗建起管理规范、运转高效的筹资募捐工作长效机制。

2014—2015年，红十字会将每年“博爱一日捐、爱心双助”捐赠额的30%用于备灾储备金，进行备灾资金和物资采购储备。年内，红十字会在民政局备灾库中设立150平方米备灾库1个，储备备灾资金21.7万元、物资62.2万元。

三、扶贫帮困

2003—2015年，组织开展“红十字博爱送万家”活动，累计投入64.75万元，受益人数12705人。实施“博爱助学”活动，投入62.18万元，对257名贫困大学生集中进行捐资救助，帮助18名贫困大学生与捐赠者结成帮扶对子。开展“博爱家园项目”援建，选出58户贫困牧民进行防灾减灾基础设施建设和人畜饮水困难帮扶，帮扶资金按1∶1的形式，红十字会从项目收益支出与政府草场补贴中出资，补贴资金投入39.1万元。

2015年，红十字会在蒙古族中学、第一中学建立“博爱超市”，为贫困学生办理爱心卡，每人每学期可凭卡领取价值 50 元物品，累计救助贫困学生 200 余人。联合红十字会集宁朝聚眼科医院开展中小学生免费视力检查及老人白内障复明工程活动，投入 14. 32 万元，为全旗 170 名贫困农牧民实施免费手术，帮助困难家庭白内障患者重见光明。组织全旗 14 所学校 8000 余名学生进行免费视力检查，建立学生视觉档案，每年检查 1 次。组织实施大病救助项目，投入 118. 66 万元，受益人数 130 人，其中，为 1 名尿毒症患者捐赠善款 24. 2 万元，为敬老院送医送药，救助全旗类风湿、风湿性关节炎慢性病医疗，投入金额 33. 9 万元。

第九章　关心下一代工作委员会

第一节　组织机构

2001 年，调整关心下一代工作委员会组织，有 7 名退休干部任常务副主任，12 名“五老”（老党员、老干部、老军人、老模范、老教师）人员任委员。全旗关心下一代工作委员会组织 35 个，家长学校 8 所。

2002 年 8 月 28 日，内蒙古自治区、锡林郭勒盟以及旗县三级关心下一代委员会会议在赛汉塔拉镇召开。

2003 年，有关心下一代工作委员会组织 45 个，“五老”人员 153 人。

2005 年，关心下一代工作委员会成立家庭教育指导中心。全旗有关心下一代工作委员会组织 78 个，“五老”人员 301 人。

2006 年，调整关心下一代工作委员会组织机构，7 名老干部任常务副主任，10 名“五老”人员任委员。

2007 年，有关心下一代工作委员会组织 100 个，“五老”人员 312 人，家长学校 12 所，教师 14 人。

2008 年，有关心下一代工作委员会组织 105 个，“五老”人员 418 人，校外活动教育基地 6 个。

2009 年，有关心下一代工作委员会组织 115 个，“五老”人员 483 人。

2011 年，有关心下一代工作委员会组织 118 个，“五老”人员 455 人，家长学校 11 所。

2015 年，有关心下一代工作委员会组织 118 个，建立家长学校 11 所，热心关心下一代工作委员会工作的“五老”人员 455 人。

第二节　主要工作及活动

2002 年，协助有关单位开展道德建设宣传教育活动，发出《遵守全民道德规范、共筑道德教育网》倡议书。全旗有 12 所家长学校，选聘 10 名老教师参加活动，中小学新生家长培训学习率 100%。

2003 年，关心下一代工作委员会成立“三团一组”（政治教育报告团、法制教育辅导团、科技教育服务团、家长教育指导组），建立示范组织 10 个。

2004 年，实施留守儿童“五个一”（每月至少给孩子打一个电话，每季度给孩子写一封信，每月和孩子班主任取得一次联系，每学期和孩子科任教师取得一次联系，每学期至少回家一次）关爱教育活动三年规划。

2005 年，开展以学校为主渠道，努力构建学校、家庭、社会三结合的未成年人思想道德教育体系，给各个学校定购《激励永远》书刊，进行爱国主义、革命传统教育。

2006 年，完善和加强组织网络建设。确立每年 9 月为“中小学弘扬和培育民族精神月”，购进《与法同行》青少年法制教育光碟，组织各学校巡回观看。编写《重视家庭教育、加强未成年人思想道德建设》电视宣传材料，在有线电视台以蒙古语、汉语作专题连续宣传。

2007 年，关心下一代工作委员会为全旗中小学定购《知荣明耻、从我做起》“中华魂”课本，参加读书活动总人数 1.1 万人。

2008 年，开辟 6 个校外活动教育基地。主办《苏尼特关工》报刊，并登录政府门户网站对外宣传。

2009 年，为全旗 14 所中小学幼儿园发放《与法同行》光盘，并在电视台滚动播出。年内，集中开展校园周边环境及校内安全、食品卫生、校外住宿安全检查整治活动 2 次，有 5 名关工委老干部被文化市场管理部门聘请为网吧义务监督员。

2010 年，关心下一代工作委员会举办“青少年、老年人书画展”活动。

2011 年，协助学校强化德育教育，办好家长学校，参与净化社会文化环境工作。

2012 年，选树盟级“五好”基层关工委 8 个，为 24 个旗级“五好”基层关心下一代工作委员会挂牌。

2013 年，举办“学习十八大报告和党章知识竞赛”。蒙古族小学和青少年活动中心被评为自治区“五好”关工委。

2014 年，组织各中小学成立法治宣传教育领导小组，开展“与法同行”征文比赛。

2015 年，关心下一代工作委员会在全旗广大青少年中开展“阳光体育、快乐足球”活动比赛。

2001—2015 年苏尼特右旗关心下一代机构情况表

表 18-9-1

年份	关工委组织（个）	“五老”人员（人）	家长学校（所）	备　注
2001	35	10	—	
2002	35	10	12	—
2003	45	153	—	—
2004	45	—	—	—
2005	78	301	—	成立家庭教育指导中心
2006	78	—	—	—
2007	100	312	12	教师 14 人
2008	105	418	—	6 个校外活动基地
2009	115	483	—	—
2010	115	—	—	—
2011	118	455	11	—
2012	118	455	11	—
2013	118	455	11	—
2014	118	455	11	—
2015	118	455	11	—

第十章　其他社会团体

第一节　消费者协会

苏尼特右旗消费者协会是依法对商品与服务进行社会监督、保护消费者合法权益的社会组织。地方编制，挂靠旗工商局开展业务。

2001—2015 年，协会依据《中华人民共和国消费者权益保护法》规定，累计调解处理消费者投诉 477 件，挽回经济损失 177.2 万元，调解率 100%。

第二节　个私劳动者协会

苏尼特右旗个体经营户、私营企业劳动者协会，隶属工商局开展业务工作。

2001—2005 年，组织全旗个体经营户、私营企业（简称个私）及其从业人员学习党和国家路线、方针、政策和各项法律法规，加强个体私营企业从业人员的思想政治教育、法制教育、职业道德教育、公民道德教育，引导会员依法经营、优质服务，促进个私经济健康发展。

2006—2010 年，协助旗委、政府及有关部门做好个体经营户、私营企业党、团、工会组织的建设和个私经济党建调研工作；协调有关部门和有关单位，加强舆论和社会监督，为私营个体经济的培育、发展提供服务。

2011—2015 年，集中开展调查研究工作，向政府和有关部门反映私营个体经济发展的情况，提出扶持个私经济发展的政策建议；组织个体经营者、私营企业进行自我管理、自我教育、自我服务，协助政府和有关部门做好对个体经营者和私营企业的服务、管理、监督工作。

第三节　苏尼特赏石协会

一、 组织机构

内蒙古苏尼特赏石协会，经苏尼特右旗人民政府批准，业务主管单位为文体广播电视旅游局，登记管理机关为民政局。是由全旗采集、收藏、经营苏尼特奇石的赏石爱好者自愿组成的非营利社会团体。

2010 年 11 月 28 日，苏尼特赏石协会第一次会员代表大会在赛汉塔拉镇召开。会议审议通过

《内蒙古苏尼特赏石协会章程》，举办全旗第一届奇石展，选举产生苏尼特赏石协会第一届理事会 12 人，选举会长 1 人，副会长 2 人。

二、 主要工作

2010 年 11 月 15 日，经政府、民政局、文体广播电视旅游局批准，开始申请苏尼特赏石协会筹备工作。28 日，苏尼特右旗赏石协会正式成立，全旗赏石协会会员 22 人，从事收藏和经销奇石 6 家。全旗奇石品种有七彩玛瑙、钱币石、冰玉髓、树化石、芙蓉石、戈壁石等类型。钱币石有手链、佛珠、鼻烟壶等，芙蓉石有吊坠、手链、项链、耳坠等产品。

2011 年 1 月 8—10 日，举办全旗首届奇石展。旗委书记巴特尔、旗长佈仁、副书记蒋涛、宣传部长巴雅吉胡等主要领导出席启动仪式，社会各界群众参观石展。政府为此次石展提供展厅、展柜、装饰框等物品。年内，全旗赏石协会会员 50 人，从事收藏和经销奇石的个体业主有 34 家。

2015 年，举办苏尼特右旗第六届奇石展。全旗奇石经营户 102 家，年总销售额 1200 余万元。其中，70 家进驻旗创业孵化园，加工制作手链、吊坠、项链、耳坠、戒指、佛珠、鼻烟壶等奇石产品，基本形成奇石专业市场。年内，苏尼特右旗被内蒙古观赏石宝玉石协会评为“内蒙古观赏石宝玉石基地”和“钱币石之乡”。

第十九编

教育·科技

第一章　教　育

第一节　学前教育

2001 年，苏尼特右旗有幼儿园 2 所，分别是赛汉塔拉镇幼儿园和民族幼儿园。

2004 年，苏尼特右旗民族幼儿园被中央教育科学研究所批准为家庭教育实验研究基地。

2007 年，新建赛汉塔拉镇第一幼儿园综合楼，建筑楼面积 2800 平方米；幼儿园教职工 44 人、幼儿教师 30 人、班级 9 个、幼儿 384 人。

2011 年，民族幼儿园在原址上新建幼儿园综合楼，建筑面积 2078 平方米，总面积10770平方米；教职工 60 人、幼儿教师 49 人、班级 14 个、幼儿 498 人。

2011—2015 年，教育局制定全旗学前教育三年规划。全旗完成新建 6 所幼儿园。

2012 年，新建乌日根塔拉镇幼儿园、朱日和镇幼儿园、赛汉塔拉镇第二幼儿园和赛罕乌力吉苏木幼儿园。

2013 年，赛汉塔拉镇第二幼儿园建成使用，占地面积约 7547 平方米，楼房建筑面积 4246 平方米，活动场地面积 4629 平方米，绿化面积约 1278. 2 平方米。园内设活动室、午睡室、盥洗室、舞蹈教室、图书室、科学实验室、多功能活动室以及餐厅。户外场地设有多样的大型玩具、沙水池、690 平方米塑胶跑道。10 月，赛罕乌力吉苏木幼儿园建成投入使用，建筑面积 2864 平方米，由民族幼儿园托管。12 月，完成乌日根塔拉镇幼儿园教学楼建设，建筑面积 1618 平方米。周转楼竣工，建筑面积 1415 平方米。幼儿园教职工 15 人、幼儿教师 10 人、班级 4 个、幼儿 142 人。

2014 年 7 月，朱日和镇幼儿园教学楼建成使用，建筑面积 1562 平方米。周转楼竣工，建筑面积 711 平方米。幼儿园教职工 16 人、幼儿教师 10 人、班级 4 个、幼儿 108 人。赛汉塔拉镇第二幼儿园教学楼，建筑面积 4200 平方米。幼儿园教职工 37 人、幼儿教师 35 人、幼儿 283 人。10 月，阿其图乌拉苏木幼儿园建成投入使用，建筑面积 2800 平方米。

2015 年 5 月，额仁淖尔苏木幼儿园建成投入使用。由民族幼儿园托管。年内，赛汉塔拉镇第二幼儿园设有 10 个教学班，幼儿 295 人。按幼儿年龄分为大、中、小班。教职工 39 人，专任教师 29 人。年内，全旗有 8 所幼儿园。

第二节　义务教育

一、 小学教育

1. 撤销、合并学校

2001 年 8 月，撤销锡林诺如、吉呼郎图和脑干诺如 3 所苏木小学，均并入苏尼特右旗蒙古族小学。

2002 年 2 月，查干淖尔化工总厂委托教育局代管查干淖尔化工总厂子弟学校。撤销巴彦朱日和、额仁淖尔和格日勒敖都 3 所苏木小学，均并入第四小学。7 月，在赛汉塔拉镇技工学校旧址上新建第四小学。

2003 年 8 月，撤销乌日根塔拉苏木小学并入第四小学，撤销桑宝拉格苏木小学并入蒙古族小学。

2004 年 1 月，锡林郭勒盟行政公署决定，将查干淖尔化工总厂子弟学校移交苏尼特右旗教育部门管理。8 月，新民乡所有教学点撤销，路途较远的学生集中到新民乡小学住校。教育局接管呼和浩特铁路局赛汉塔拉铁路小学，合并到第二小学。撤销布图木吉和都仁乌力吉 2 所苏木小学并入蒙古族小学。9 月，第四小学蒙古文班合并到蒙古族小学。

2005 年 1 月，第二小学搬迁到第二中学校址。8 月，再次搬迁至铁路小学校址；撤销阿其图和赛罕乌力吉 2 所苏木小学并入第三小学。

2008 年 7 月，第三小学迁址到第二中学。8 月，撤销新民乡小学。

2014 年 8 月，第三小学汉文授课班撤并到第四小学，建立苏尼特右旗第二蒙古族小学。

2015 年 8 月，全旗汉语授课小学 5 所，蒙古语授课小学 2 所。

2. 苏尼特右旗蒙古族小学

2004 年 8 月，蒙古族小学教学楼竣工，建筑面积 3591 平方米。

2010 年 8 月，蒙古族小学建成学校综合楼，建筑面积 3106 平方米。

2012 年 8 月，蒙古族小学建成标准化运动场，占地面积 10218 平方米。

2015 年，全校教职工 98 人，专任教师 85 人，班级 24 个，学生总数 746 人。

3. 苏尼特右旗第一小学

2006 年 8 月，第一小学教学楼竣工，建筑面积 5554 平方米。

2010 年 9 月，第一小学新建学校风雨操场，建筑面积 1275 平方米。

2011 年，第一小学承担“探究情景体会在小学作文中的实践”实验课题。

2013 年 9 月，第一小学建成标准化运动场，占地面积 7201 平方米。

2015 年，全校教职工 70 人，专任教师 63 人，班级 21 个，学生总数 763 人。

4. 苏尼特右旗第二小学

2001—2004 年，第二小学进行“数学尝试法”“小学语文、数学整体改革”实验。

2004 年，第二小学迁入原赛汉塔拉镇铁路小学。

2005 年 8 月，第二小学教学楼竣工投入使用。

2010 年 9 月，第二小学新建综合楼，建筑面积 1672 平方米。

2011 年 8 月，全校建成标准化运动场，占地面积 6209 平方米。

2015 年，全校教职工 65 人，专任教师 60 人，班级 21 个，学生总数 696 人。

5. 苏尼特右旗第三小学

2007 年 9 月，第三小学新教学楼竣工，建筑面积 5800 平方米。

2008 年，全校进行蒙古语授课全国教育科学“十一五”规划课题实验。年内，进行“义务教育阶段传承发展民歌”课题实验。

2010 年，第三小学进行蒙古语语文授课教学改革实验，开展“激发提问教育学生创造力”课题实验。8 月，建成风雨操场，建筑面积 1307 平方米。

2012 年 9 月，第三小学建成标准化运动场，占地面积 10459 平方米。

2014 年 8 月，第三小学汉语授课班撤并到第四小学。

2015 年，全校教职工 61 人，专任教师 52 人，班级 13 个，学生总数 320 人。

6. 苏尼特右旗第四小学

2002 年 7 月，新建苏尼特右旗第四小学。占地面积 73814 平方米。蒙古族、汉族学生合校。

2004 年 9 月，第四小学蒙古语授课班合并到蒙古族小学，第四小学成为完全汉语授课学校。

2005 年 8 月，第四小学学校教学楼竣工，建筑面积 2785 平方米。

2010 年 9 月，第四小学建成风雨操场，建筑面积 1386 平方米。

2015 年，全校教职工 82 人，专任教师 72 人，班级 20 个，学生总数 586 人。

7. 朱日和小学

2006 年 8 月，朱日和镇学校教学楼竣工，建筑面积 1017 平方米。

2014 年 8 月，朱日和镇学校周转楼竣工入住，建筑面积 740 平方米。10 月，学校通过盟级精细化管理达标验收。

2015 年 7 月，朱日和镇学校通过义务教育均衡发展自治区级验收及自治区级标准化学校验收。8 月，学校风雨操场竣工并投入使用，建筑面积 720 平方米。10 月，朱日和镇学校通过义务教育均衡发展国家级验收；中央精神文明办乡村学校少年宫项目落户朱日和镇学校。年内，全校教职工 26 人，专任教师 21 人，班级 6 个，学生总数 97 人。

8. 乌日根塔拉小学

2001 年，乌日根塔拉小学原名查干淖尔碱矿学校，更名为巴彦舒图镇学校。

2005 年，巴彦舒图镇学校更名为乌日根塔拉小学。

2015 年，全校教职工 33 人，专任教师 30 人，班级 6 个，学生总数 42 人。

二、 初中教育

2001 年，全旗中学 4 所（含蒙古族中学 1 所），在校初中学生 2489 人，高中学生 1632 人。

2002 年 8 月，第三中学（原新民中学）撤并到第一中学。

2003 年，锡林郭勒盟教育局认定综合高级中学为全盟重点高中。8 月，铁路中学撤并师生分流到第一中学、第二中学。

2004 年 8 月，查干淖尔碱矿中学整体撤并到第一中学。

2006 年 8 月，综合高级中学蒙古语授课学生合并到蒙古族中学。

2015 年，全旗初级中学 2 所，完全中学 1 所（蒙古族中学），综合高级中学 1 所。

1. 苏尼特右旗蒙古族中学

2001 年 8 月，蒙古族中学教学楼竣工，建筑面积 3218.8 平方米。

2004 年 8 月，蒙古族中学学生宿舍楼竣工，建筑面积 259.64 平方米。

2006 年 8 月，综合高级中学蒙古语授课班迁回蒙古族中学，开始附设高中班。

2011 年 5 月，蒙古族中学建成文体综合楼，建筑面积 2884 平方米。

2013 年 9 月，蒙古族中学建成标准化运动场，占地面积 21780 平方米。

2015 年，全校有教职工 154 人，专任教师 131 人，班级 15 个，学生总数 480 人。

2. 苏尼特右旗第一中学

2005 年 8 月，第一中学教学楼竣工，建筑面积 3719.8 平方米。

2006 年 8 月，第一中学学生宿舍楼竣工，建筑面积 2100 平方米。

2007 年，第一中学被锡林郭勒盟环境保护局认定为绿色学校。

2009 年，第一中学被全国精神文明建设领导小组认定为“全国青少年文明礼仪教育示范基地”。

2010 年 10 月，第一中学建成风雨操场，建筑面积 13976.6 平方米。

2013 年 9 月，第一中学建成标准化运动场，占地面积 16754 平方米。

2015 年，全校教职工 98 人，专任教师 83 人，班级 18 个，学生总数 600 人。

3. 苏尼特右旗第二中学

2002 年，第二中学被中央教育科研中心评为整体构建学校德育体系深化研究与推广实验先进学校。

2004 年，第二中学搬迁至赛汉塔拉镇铁路中学。占地面积 62952 平方米。

2007 年，第二中学被全国青少年文明礼仪活动办公室认定为“全国青少年文明礼仪教育示范基地”。

2010 年 8 月，第二中学综合楼竣工，建筑面积 3297 平方米。

2013 年 9 月，第二中学建成标准化运动场，占地面积 18849 平方米。

2015 年，全校教职工 88 人，专任教师 73 人，班级 18 个，学生总数 677 人。

三、学制、课程设置

2001 年，课程设置执行内蒙古自治区教育厅下发《关于实施义务教育新教材课程设置和学时安排的通知》。包括思想品德、蒙古语文、汉语文、数学、社会、自然、音乐、体育、美术、劳动。年内，学时安排 52 周（教学 34 周，建校宣传活动 1 周，社会活动 11 周，期末复习考试 2 周，假期 13 周）。

2002 年，每年秋季 8 月 20 日开学，次年 1 月 10 日放假。实际授课课时 17 周，期中、期末复习考试 2 周，机动 1 周。

2004 年 4 月，锡林郭勒盟教育局明确蒙古语授课，小学、初中实行“六三”学制（小学六年、初中三年）。

2004—2007 年，全旗所有中学按照新课程标准进行教学，使用新教材，每年递增一个年级，到 2007 年第一轮结束。

2006 年 9 月，全旗小学由五年制改为六年制，从此义务教育阶段实行“六三”学制。小学每周 30 节课，不得随意提前结束课程和提前学习下一学期课程，不得挤占体育、音乐、美术、品德、信息技术、综合实践活动（研究性学习、劳动技术、社区服务、社会实践）及课外活动时间，用于其他学科教学。

2007 年，全旗学生全部使用人民教育出版社出版的新课程标准实验教科书。

2010 年 5 月，内蒙古自治区教育厅执行义务教育课程计划。一、二年级体育课每周调整为 4 节，八、九年级体育课每周调整为 3 节。蒙古语授课的中小学“第二语言”为汉语，二年级起每周 3 课时。

第三节　高中教育

一、基本情况

2001 年，苏尼特右旗有高中 1 所——苏尼特右旗综合高级中学，蒙古族与汉族学生合校。9 月，综合高级中学建成标准化运动场，占地面积 20474 平方米。

2003 年，综合高级中学被盟教育局评为“盟级重点高中”。

2006 年 7 月，全旗蒙古语授课的 5 个班，由综合高级中学迁回到蒙古族中学，包括高一 2 个班，高二 2 个班，高三 1 个班。8 月，综合高级中学蒙古语授课生迁至蒙古族中学。

2007 年 6 月，综合高级中学综合楼竣工，建筑面积 400 平方米。

2009 年 12 月，综合高级中学被全国青少年文明普及活动组委会认定为内蒙古青少年文明礼仪教育示范基地。

2011 年 9 月，综合高级中学实验楼建成，建筑面积 4928 平方米。

2015 年，综合高级中学占地面积 58000 平方米，校舍建筑面积 17000 余平方米。年内，全校教职工 115 人，专任教师 99 人，班级 15 个，学生总数 541 人。

二、学制、课程设置

综合高级中学每学年 52 周，其中，教学时间 40 周，社会实践 1 周，假期（包括寒暑假、节假日和农忙假）11 周。每学期分两段安排课程，每段 10 周，其中，授课 9 周，复习考试 1 周。每个模块通常 36 学时，一般按周 4 学时安排，1 个学段内完成，学生学习 1 个模块并通过考核，可获 2 学分（其中，体育与健康、艺术、音乐、美术每个模块原则上为 18 学时，相当于 1 学分），学分由学校认定，技术课的 8 个必修学分中，信息技术和通用技术均为 4 学分。

研究性学习活动是每个学生必修课程，3 年 15 学分。学生每学年必须参加 1 周社会实践，获 2 学分。3 年中，学生必须参加社区服务不得少于 10 个工作日，获 2 学分。学生毕业学分要求学生每学年在每个学习领域都必须得一定学分，三年中得 116 个必修学分（包括研究性学习活动 15 学分，社区服务 2 学分，社会实践 6 学分），在选修课中至少得 6 学分方可毕业。

2015 年苏尼特右旗普通高中课程设置方案一览表

表 19-1-1

学习领域	科　目	必修学分	选修学分Ⅰ	选修学分Ⅱ
语言与文学	语　文	10	根据社会对人才多样化的需求，适应学生不同潜能和发展的需要，在共同必修的基础上，各科课程标准分类别、分层次设置若干选修模块，供学生选择	学校根据当地社会、经济、科技、文化发展的需要和学生的兴趣，开设若干选修模块，供学生选择
	外　语	10		
数　学	数　学	10		
人文与社会	思想政治	8		
	历　史	6		
	地　理	6		
科　学	物　理	6		
	化　学	6		
	生　物	6		
技　术	技术（含信息技术和通用技术）	8		
艺　术	艺术或音乐、美术	6		
体育与健康	体育与健康	11		
综合实践活动	研究性学习活动	15		
	社区服务	2		
	社会实践	6		

第四节　民族教育

2001—2005 年，全旗对民族学校进行撤并调整。

2005 年，全旗学校撤并调整工作结束。全旗有民族学校 2 所、蒙古族与汉族学生合校 2 所，其中，完全蒙古族小学 1 所、蒙古族与汉族学生合校 2 所（第三小学、第四小学）、完全蒙古族中学 1 所。

2014 年 8 月，蒙古族与汉族合校，第三小学汉文授课班撤并到第四小学。全旗有蒙古族小学 2 所，完全中学 1 所。有小学教职工 159 人，专任教师 134 人，学生 1034 人，班级 36 个；中学教职工 140 人，专任教师 117 人；学生 941 人，班级 27 个。

2015 年，蒙古族中学教职工 154 人，专任教师 131 人，班级 15 个，学生 480 人。

2001—2005 年苏尼特右旗民族学校布局调整实施进度表

表 19-1-2

年　度	撤销学校	并入学校	备　注
2001 年	吉呼郎图苏木小学	苏尼特右旗蒙古族小学	—
	脑干诺如苏木小学	苏尼特右旗蒙古族小学	—
	锡林诺如苏木小学	苏尼特右旗蒙古族小学	—
2002 年	额仁淖尔苏木小学	苏尼特右旗第四小学	2002 年新建
	格日勒图敖都苏木小学	苏尼特右旗第四小学	—
	巴彦朱日和苏木小学	苏尼特右旗第四小学	—
2003 年	桑宝拉格苏木小学	苏尼特右旗蒙古族小学	—
	乌日根塔拉苏木小学	苏尼特右旗第四小学	—
2004 年	布图木吉苏木小学	苏尼特右旗蒙古族小学	—
	都仁乌力吉苏木小学	苏尼特右旗蒙古族小学	—
2005 年	赛罕乌力吉苏木小学	苏尼特右旗第三小学	—
	阿其图乌拉苏木小学	苏尼特右旗第三小学	—
	巴彦舒图镇中学部分	苏尼特右旗第一中学	—

2001—2005 年苏尼特右旗民族学校布局调整撤并规模状况表

表 19-1-3

年度	撤并学校	教职工（人）	在校生（人）	班级（个）	住校生（人）	建筑面积（平方米）	教学设备总值（万元）
2001	吉呼郎图苏木小学	12	72	5	61	1057	3
	脑干诺如苏木小学	19	91	5	78	977	4
	锡林诺如苏木小学	11	64	5	49	833	3
2002	额仁淖尔苏木小学	19	78	5	58	1591	4
	格日勒图敖都苏木小学	17	84	5	68	1435	3
	巴彦朱日和苏木小学	26	84	5	76	2112	3

续表19-1-3

年度	撤并学校	教职工（人）	在校生（人）	班级（个）	住校生（人）	建筑面积（平方米）	教学设备总值（万元）
2003	桑宝拉格苏木小学	19	77	5	57	1763	3
	乌日根塔拉苏木小学	20	84	5	68	1798	4
2004	布图木吉苏木小学	30	78	5	49	2270	3
	都仁乌力吉苏木小学	19	76	5	55	1469	5
2005	赛罕乌力吉苏木小学	31	84	5	41	1720	5
	阿其图乌拉苏木小学	22	70	5	59	1678	3
	巴彦舒图镇中学部分	14	158	3	—	—	—

第五节 职业教育

一、职业教育

2001年，全旗职业教育与成人教育由教育局教育股分管。

2007年，教育局投入24万元改善职业班的技术装备和办学条件，与山东烟台经济开发区高等职业学校采取“2+1”（两年文化课，一年专业课）联合办学的方式发展职业教育。年内，选送4名学生进行焊工短期培训，37名机电专业学生接受专业技术教育。

2008年，教育局下设职业成人股，专管职业教育和成人教育工作。年内，教育局与天津市职业学校实行“1+2”联合办学。选送50名机械专业学生和50名电子技术专业学生接受专业技术教育。

2011年，教育局为学校职业班级采购30架电子钢琴，建立钢琴教室。

2013年，教育局为学校职业班级投入70万元，购置了焊接工具，建立电子电工钳工实训室。

1. 综合高级中学（职业班）

2006年，综合高级中学开设职业班4个，主要开设畜牧兽医、美术装潢、电工电器、机械加工、计算机应用等专业课。8月，综合高中附设职业高中班，开设美术装潢、畜牧兽医、电工电器、机械加工、计算机应用等专业课。

2015年，综合高级中学开设职业班9个，专任教师31人，学生254人。

2006—2015年全旗普通高中开设职业班情况表

表19-1-4

年度	班级（个）	学生（人）	专任教师（人）	开设专业
2006	4	98	22	畜牧兽医、美术装潢、计算机应用等
2007	4	131	25	机械加工、电工电器、计算机应用等
2008	2	80	22	电工电器、机械加工等
2009	4	142	27	电工电器、电子信息等
2010	3	46	17	电工电器等
2011	3	59	18	计算机应用、电工电器、机械加工等
2012	3	64	18	电子信息、畜牧兽医、美术装潢等
2013	4	55	8	幼儿教育、电子信息等
2014	5	166	14	幼儿教育、机械加工、电子信息等
2015	9	254	31	畜牧兽医、美术装潢、机械加工等

2. 蒙古族中学（职业班）

2010年，蒙古族中学开设蒙古族职业高中班，主要开设畜牧兽医专业授课内容，学生35人，专任教师7人。

2015年，蒙古族中学设职业高中班级3个，学生71人，专任教师4人。

2010—2015年全旗蒙古族中学职业高中情况表

表19-1-5　　单位：个、人

年度	班级	学生	专任教师	开设专业
2010	1	35	7	畜牧兽医类
2013	1	25	10	畜牧兽医类
2014	1	25	10	畜牧兽医类
2015	3	71	4	畜牧兽医类

二、成人教育

2001年，锡林郭勒盟在格日勒图敖都苏木建成“燎原计划”示范苏木，并建立牧民文化技术学校1所。设有办公室、图书室，配有6名兼职教师，配置电视机、放像机、卫星地面接收器。

2002年，全旗培训农牧民3157人，城镇职工培训700人次，发放绿色证书1400本；巩固提高305人，新教导扫盲学员26人。

2003年，全旗苏木、乡、镇举办各种实用培训班108期，参加培训人数9158人，颁发绿色证书1320本。

2004年，全旗苏木、镇举办各种实用技术培训班121期，参加培训人数10001人。

2005年，全旗农牧民实用技术培训人数1500人，城镇职工培训人数700人次，巩固扫除青壮年文盲105人。

2006年，全旗为185名青壮年文盲半文盲进行扫盲学习，对982名农牧民进行实用技术培训。

2007年，全旗举办农牧民实用技术培训，农牧民参加培训2100人。

2009年，全旗举办农牧民实用技术培训，农牧民参加培训823人。

2010年，全旗举办农牧民实用技术培训，农牧民参加培训985人。

2001—2014年全旗青壮年人口文化结构状况统计表

表19-1-6

年度	青壮年（15~50周岁）												
	青壮年总数（人）	非文盲人数（人）	非文盲率（%）	半文盲（人）	失去学习能力（人）	不足小学文化（人）	年脱贫人数（人）	脱盲巩固率（%）	小学毕业（人）	初中毕业（人）	高中毕业（人）	中专毕业（人）	大专以上学历（人）
2001	42310	41944	99.1	366	232	2013	28	100	7488	21306	7583	2620	906
2002	43217	42879	99.2	338	232	2022	26	100	7546	21943	7729	2666	947
2003	41668	41398	99.4	270	183	1793	—	100	6386	21723	7869	2617	1010
2004	42290	42049	99.4	241	181	1661	—	100	6585	22163	7985	2595	1060
2005	42290	42049	99.4	241	181	1661	—	100	6585	22163	7985	2595	1060
2006	42733	42548	99.6	185	159	1406	—	100	5947	22678	8704	2621	1192

续表19-1-6

年度	青壮年（15~50周岁）												
	青壮年总数（人）	非文盲人数（人）	非文盲率（%）	半文盲（人）	失去学习能力（人）	不足小学文化（人）	年脱贫人数（人）	脱盲巩固率（%）	小学毕业（人）	初中毕业（人）	高中毕业（人）	中专毕业（人）	大专以上学历（人）
2007	43888	43732	99.6	156	141	1299	—	100	6440	22159	9397	3070	1367
2008	43830	43702	99.7	128	125	1152	—	100	6286	21942	9769	3073	1480
2009	43524	43419	99.7	105	131	1018	—	100	5836	21945	9962	2960	1698
2010	43789	43706	99.8	83	133	919	—	100	5644	22248	10293	2926	1676
2011	43162	43098	99.9	64	124	809	—	100	5483	21996	10264	2881	1665
2012	43314	43253	99.9	61	104	716	—	100	6277	21832	8748	2716	2964
2013	—	—	100	—	—	—	—	100	—	—	—	—	1665
2014	—	—	100	—	—	—	—	100	—	—	—	—	1665

第六节　教学研究

一、教研课题及成果

2002年7月，苏尼特右旗教育局申报国家重点课题——德育科研课题，开展“整体构建边远民族地区学校德育工作评价体系实验研究”。年内，蒙古族中学教师包金山的论文《力的合成，一节示范课的分析与点评》，获内蒙古自治区教育厅教学研究室三等奖。《培养小学生自主学习能力的实验与研究》《微笑面对每一个学生》《教学生学会文明礼仪成为有教养的人》均获全国德育课题研究成果一等奖；《让孩子成为有教养的人》在全国第九届教育论文大奖赛中获一等奖。

2005年，蒙古族小学教师阿拉腾其其格论文《怎样抓好学生德育》获全国德育研究二等奖。

2007年，教育系统推荐的论文《怎样辅导差生》获全区教育教学二等奖。

2012年5月，第一中学教师张凯国《熔化和凝固》《眼睛和眼镜》2部课件，被中央电化教育馆录用。年内，全旗汉语授课学校开展“小学语文主题阅读”。

二、电化教学

2001年，全旗教育系统在有线教育频道，播放“小学教师继续教育篇”21集、“微机办公自动化电视讲座”63集。播放“小学教师继续教育篇”58小时、新闻专题7小时。

2003年，根据教育部《关于教育部、李嘉诚基金会西部中小学现代远程教育项目二期教学示范点建设的通知》，旗电教馆组织完成全旗12个项目学校的骨干教师培训、设备安装和调试、辅助设施建设、配套软件采购及前期评估工作，并实施模式一电化教学（16所中小学配备电视机、DVD播放器）。

2004年，全旗为第一中学、第一小学、第三小学、蒙古族小学配置语音室；为第一中学、蒙古族中学、第一小学、第四小学配置计算机192台；为蒙古族中学、第二中学、蒙古族小学、第一小学、第三小学完善“语音室、微机室、多媒体室”配置。

2005年，实施模式二电化教学（7所中小学配备接收天线一套），对4所学校实施模式三电化教学（建立无盘工作站，配备计算机40台）。

2007 年，1 所学校实施模式三电化教学。

三、 远程教育

2006 年，全旗进行远程教育资源接收使用管理自评工作。录制完成锡林郭勒盟级电教优质课 8 节，内蒙古自治区级电教优质课 1 节，撰写电教论文 9 篇，制作多媒体软件 5 件。

2007 年，教育局投入 337.7 万元，为全旗 14 所学校和青少年活动中心购置多媒体设备 64 套、台式计算机 118 台、整体实验室 8 套、教学仪器设备 17792 件、学生课桌椅 3080 套、多媒体教室排椅 1235 座，改善办学条件。

2009 年，全旗教育系统推进“班班通”工程，以“教育信息化、教育现代化”为中心，投入 55 万元建成教育城域网。

2010 年，推进全旗教育城域网建设，各中小学校园网络基本贯通，教学资源共享。义务教育阶段为各学校配备“蒙古语、汉语教学资源网”服务器，并用于教学中。

2011—2013 年，全旗各中小学全部安装“班班通”，实现学校网络一体化。

2014 年，教育局投入 80 万元，为全旗中小学配备照相机、摄像机，并安装网络服务器。

2015 年，教育科技局投入 30 万元，为蒙古族小学、第四小学、朱日和小学配备“同频互动”课堂设备。

第七节　经费与设施

一、 教育经费

2002 年，向自治区“青少年校外工作联席会议”申请专项资金 120 万元，苏尼特右旗财政投入 60 万元，新建青少年活动中心。

2004 年 11 月，教育局为全旗 15 所中小学下发秋季“两免一补”专项资金，为 7 所学校和 2 个镇下发扫盲经费 2 万元。

2005 年 3 月，锡林郭勒盟财政局、教育局下发困难家庭学生“两免一补”专项资金 46 万元，寄宿生住宿费 11 万元。

2006 年 9 月，锡林郭勒盟财政局、教育局下达秋季牧区户籍家庭子女高中阶段教育补助资金 37.1 万元，全旗财政配套资金 41 万元。农村牧区义务教育阶段寄宿生生活费补助专项资金 11 万元，地方财政配套投入 17 万元。

2007 年 4 月，锡林郭勒盟财政局、教育局下达春季负担寄宿生生活费补助专项资金 12.4 万元，地方财政配套投入 18.7 万元。下达牧区户籍家庭子女高中阶段教育补助资金 39.4 万元，地方财政投入 43.78 万元。

2008 年 6 月，锡林郭勒盟财政局、教育局、劳动和社保局下拨春季中等职业学校国家助学金及高中阶段教育助学金 73.37 万元，全旗财政配套投入 62.21 万元。7 月，内蒙古自治区财政厅下达中西部农村中改造国债专项资金支出预算。10 月，锡林郭勒盟财政局、教育局分别下发秋季农村牧区义务教育阶段家庭经济困难寄宿生生活费补助 545.61 万元和 451.87 万元，地方财政配套拨发补助 50.72 万元。全旗地方财政投资 90 万元，对农村、牧区和城镇低保户家庭学龄前儿童三年公办幼儿园进行资助，免收保育费、书本费。

2009 年 10 月，锡林郭勒盟财政局下拨 180 万元作为蒙古族小学校舍维修改造专项资金。下拨中等职业学校高中阶段教育助学金 74.48 万元，全旗财政配套投入 50.72 万元。

2010 年，锡林郭勒盟财政局下拨春季学期农村牧区义务教育阶段中小学公用经费 175 万元，春季高中阶段助学金 21.61 万元，全旗财政配套投入 26.05 万元。盟财政局下拨春季蒙古语授课学前教育补助资金 23.22 万元，全旗财政补助 11.61 万元。发放春季中等职业学校国家助学金 54.89 万元（上级补助 52.50 万元）；下拨春季中等职业学校学生助学金 4.60 万元，全旗财政配套投入 4.73 万元。旗财政预拨家庭经济困难大学生资助资金 2.4 万元，秋季义务教育阶段蒙古语授课寄宿生生活费补助资金 92.97 万元，普通高中阶段教育助学金 64.34 万元，农村牧区义务教育阶段中小学公用经费转移支付资金 260 万元。12 月，下拨全旗中小学校舍安全工程财政专项资金 300 万元，秋季农村牧区义务教育阶段家庭经济困难寄宿生生活补助费 273.250 元，农村牧区义务教育阶段中小学公用经费转移支付资金 93 万元，秋季中等职业学校国家助学金 41.03 万元，家庭经济困难学生及涉农涉牧专业学生免学费补助资金 49.23 万元。

2011 年，锡林郭勒盟财政局、教育局下达春季学期蒙古语授课学前教育免费资金 26.58 万元，全旗财政配套投入学前教育免费资金 15.95 万元。盟财政下拨春季学期农村牧区义务教育阶段中小学公用经费转移支付资金 187 万元（中央 105 万元，自治区 82 万元）。春季学期农村牧区义务教育阶段家庭经济困难寄宿生生活补助资金 273.25 万元，旗财政补助资金 27.86 万元，上级下拨秋季农村牧区义务教育阶段中小学公用经费 338 万元、秋季义务教育阶段助学金 23 万元，旗财政发放助学金 13.6 万元。

2012 年，锡林郭勒盟财政局、教育局下达学前教育基础设施专项资金 100 万元，基础教育标准化建设奖补资金 300 万元和基础教育标准建设资金 424 万元。上级下拨 2012—2013 年农村牧区义务教育改造计划资金 5062 万元，旗财政配套投入资金 419 万元。旗投入师生宿舍建设资金 381 万元，其中，乌日根塔拉镇学校 252 万元，朱日和镇学校 129 万元。

2013 年，内蒙古自治区下拨民族教育专项资金 50 万元、农村牧区中小学校舍维修改造专项资金 150 万元、中等职业教育专业建设专项资金 40 万元、基础教育标准化建设奖励资金 500 万元、自治区学前教育专项资金 200 万元（公办幼儿园园舍建设及设备购置）、农村牧区义务教育薄弱学校改造配套专项资金 9 万元、进城务工农民工随迁子女接受义务教育中央补助资金 33 万元、农村牧区小学校舍维修改造专项补助资金 138 万元、基础教育学校设备购置专项补助资金 35 万元、农村初中学校改造工程 460 万元（新建蒙古族中学项目）。

2014 年，中央财政下拨职业教育“以奖代补”专项资金 62 万元、民族教育专项资金 50 万元、民族地区教育发展资金 20 万元、苏木镇校舍建设及安全改造工程专项资金 128 万元、农村牧区义务教育中小学校舍维修改造专项资金 285 万元、学前教育基础设施专项资金 100 万元、基础教育学校标准化建设专项资金 2100 万元、中等职业教育专业建设补助资金 80 万元、农村牧区教育薄弱学校改造专项资金 640 万元和学期教育发展中央专项资金 32 万元，中央拨发中西部农村初中学校改造工程建设资金 810 万元。

2015 年，上级单位下拨农牧村义务教育阶段中小学校舍维修改造资金 366 万元、苏木镇校舍建设及安全改造工程专项资金 129 万元、全盟校舍建设及安全改造工程本级奖补资金 51.4 万元、职业教育“以奖代补”专项资金 9 万元、学前教育专项资金 100 万元、民族教育专项资金 100 万元、中等职业教育基础建设专项资金 150 万元、农民工子女义务教育补助资金 76 万元、中等职业教育补助资金 75 万元、学前教育发展专项资金 189.8 万元、教育质量提升专项资金 70 万元、基础教育质量专项资金 90 万元、足球特色学校足球馆建设专项补助资金 200 万元、蒙古族中学实验楼建设资金及设备购置资金 1200 万元、基础教育学校标准化建设奖补资金 150 万元。

二、勤工俭学

2001—2010 年，教育局制定勤工俭学管理办法，在全旗中小学开展勤工俭学活动。

2010 年，全旗中小学停止勤工俭学活动。

2001—2010 年全旗教育系统勤工俭学创收统计表

表 19-1-7　　单位：万元

年　度	创收金额	年　度	创收金额
2001 年	122.8	2007 年	47.6
2002 年	113.3	2008 年	27.7
2003 年	74.4	2009 年	16.8
2004 年	62.8	2010 年	12.6
2005 年	165.3	总　计	832.9
2006 年	189.6		

三、集资助教

2002 年，全旗教育事业获得香港“爱德基金会”“爱心基金会”、天狮集团、全国政协常委赵展岳等社会团体、企业与个人捐款 89.7 万元，主要用于新建新民镇学区小学食堂、餐厅、学生宿舍 313 平方米，修建第四小学，资助蒙古族小学、第一小学贫困生 60 人。

2003 年，旗教育局申请扶困助学专项资金 48.6 万元，社会各界捐赠助学资金 10 万元和价值 6 万元救济粮。政府为 1770 名贫困学生发放助学金 33.75 万元。

2004 年，内蒙古自治区教育厅出台“两免一补”政策，对家庭经济困难的学生免费提供教科书、免交学杂费，为住宿生补助住宿费。发放“两免一补”资金 50.76 万元。

2005 年，全旗所有农牧民子女享受“两免一补”政策。全旗享受“两免”学生 4656 名，享受“一补”学生 3919 人，旗财政共发放 55.21 万元。

2006 年，全旗拨付“两免一补”资金 503 万元。为牧区困难学生发放补助金 137 万元，对考入大学的 41 名学生提供资助，资助资金 13.4 万元。

2007 年，全年投入 1980 万元改善办学条件，新建、改建、扩建校舍11372平方米，硬化校园面积 8000 平方米。全旗接受国家和自治区补助资金 232 万元，其中，为 8404 名中小学生免费提供价值 78 万元的教科书，为 638 名民族学生发放助学金 40 万元。旗财政补助寄宿生生活费 175.9 万元、校舍维修经费 94 万元，资助考入大学的学生助学款 19.4 万元。政府补助 1033 名牧区户籍学生、79 名农村户籍学生、113 名城镇低保家庭学生高中阶段教育助学金 283 万元。

2008 年，全旗投资 52 万元为中小学配备田径器材和幼儿园活动器材。地方财政投资 90 万元，对农村牧区和城镇低保户学龄前儿童免收书本费、保育费和管理费，全年受助学龄前儿童 1527 人。对全旗 151 名考入大学的学生累计资助 30.2 万元。资助考入专科院校毕业生 59 人、11.8 万元。

2009 年，天狮集团为第一小学捐资 10.6 万元。

2010 年，全旗高中阶段教育补助 847 名学生，资助资金 101.13 万元；向 830 名学生提供蒙古语授课学前教育补助，资助 49.8 万元；为 1462 名农村和牧区户籍、城镇低保户家庭学生提供学前教育补助 73.1 万元；对全旗 292 名考上本科的农牧民学生资助 59.6 万元；向考上专科的学生 47 人资助 9.4 万元。

2005—2015 年苏尼特右旗学生资助统计表

表 19-1-8

年度	学前教育		义务教育		普通高中		中等职业		本科在校补助		大专毕业补助		禁牧区大学生补助		低保大学新生补助	
	人数（人）	金额（万元）	人数（人）	金额（万元）	人数（人）	金额（万元）	人数（人）	金额（万元）	人数（人）	金额（万元）	人数（人）	金额（万元）	人数（人）	金额（万元）	人数（人）	金额（万元）
2005	—	—	—	—	681	95	—	—	32	6.4	—	—	—	—	—	—
2006	—	—	3125	56	746	137	—	—	74	14.8	—	—	—	—	—	—
2007	—	—	2951	117.2	1225	283	—	—	103	20.6	—	—	—	—	—	—
2008	685	96.09	2848	284	926	187.42	459	68.93	151	30.2	58	11.6	—	—	—	—
2009	1180	125.79	2902	268	615	118.18	637	151.37	213	42.6	43	8.6	—	—	—	—
2010	1146	122.9	2326	283	423	101.14	644	248.04	292	59.6	47	9.4	—	—	—	—
2011	1319	142.08	6811	270	800	275.43	378	151.04	359	72.4	60	12	314	94.2	—	—
2012	1522	210.04	6519	354.7	1082	311.58	153	58.72	240	50	68	13.6	616	184.2	—	—
2013	1610	245.6	6001	396.3	1184	330.38	79	29.11	268	53.6	45	9	613	183.9	—	—
2014	1587	252.2	5664	40.9	1135	305.99	103	38.00	262	52.4	51	10.2	311	184.5	82	293
2015	1458	233	5772	40.8	969	279.3	270	97.20	—	—	—	—	301	180.3	92	328

四、 基础设施

2001—2015 年，苏尼特右旗落实民族地区教育政策，完成中小学综合教学楼、电教室、微机室、多媒体教室、学生宿舍楼、风雨操场和标准化操场等基础设施。全旗投入 1599.7 万余元，为中小学购置音体美仪器、教学仪器、电教设备、班班通设备、桌椅等基础设施。投入 502 万元，为全旗幼儿园购置基础教学设施。

2015 年，全旗投资 77.5 万元中小学建立地理实验室，投资 180 余万元购置教学仪器、办公设施、图书等。

2005—2015 年全旗中小学校基础设施建设统计表

表 19-1-9

学校名称	建筑名称	建筑面积（平方米）	竣工使用时间
第一小学	综合楼	5554	2006.8
	风雨操场	1275.1	2010.9
	运动场地	7201.56	2013.9
第二小学	综合楼	1672	2010.9
	运动场地	6209.51	2011.9
第三小学	教学楼	1672	2007.9
	风雨操场	1306.5	2010.9
	运动场地	10458.87	2012.9
第四小学	教学楼	2785	2005.9
	风雨操场	1386.4	2010.9
	餐厅、宿舍	1408.86	2010.9

续表19-1-9

学校名称	建筑名称	建筑面积（平方米）	竣工使用时间
蒙古族小学	运动场地	10217.97	2012.8
	综合楼（明德）	3106	2010.8
蒙古族中学	教学楼	3218.8	2004.9
	文体综合楼	2884.3	2011.5
	运动场地	21780	2014.8
第一中学	教学楼	3719.8	2005.8
	风雨操场	1397.6	2010.10
	运动场地	16754.4	2013.9
第二中学	综合楼	3297	2010.9
	运动场地	18848.93	2013.9
综合高中	实验楼	4928	2011.9
	运动场地	20474.13	2011.9
	风雨操场	2671.6	2015.9
民族幼儿园	综合楼	3461	2010.6
第二幼儿园	教学楼	4133	2013.8
朱日和幼儿园	教学楼	1562.3	2013.8
	周转楼	710.6	2014.7
朱日和镇小学	风雨操场	764.4	2015.9
乌日根塔拉幼儿园	幼儿园	1618	2013.8
	周转楼	1414.5	2013.12
阿其图乌拉幼儿园	教学场地	605	2014.10
额仁淖尔幼儿园	教学场地	450	2015.9

第八节 “两基”达标

一、普及九年义务教育

2001—2015年，全旗适龄儿童总人数逐年下降。2015年比2001年减少517人，本地学生所占比重逐年减少，外地学生所占比重逐年加大，流失到外地就读的学生也逐年增长。适龄儿童入学率为100%。

2001—2015年，全旗初中教育阶段基本情况适龄总人数逐年下降。2015年比2001年减少1552人，本地学生所占比重逐年减少，外地学生所占比重变化不大，流失到外地就学的学生相对减少，入学率为99.5%。

二、扫除青壮年文盲

2001年，第五次人口普查时，全旗小学以上文化程度人口64296人。年内，制定《苏尼特右旗基本普及九年义务教育、基本扫除青壮年文盲工作实施方案》。培训农牧民13467人，发放绿色证书

2020本。

2001—2010年，全旗苏木、镇在开展基本普及九年义务教育、基本扫除青壮年文盲工作中，举办各种实用技术培训班230余期，培训31106人，发放绿色证书2720本。脱盲巩固提高763人，巩固率达100%。

2010年第六次人口普查时，全旗小学以上文化程度人口63970人，其中，大学以上1837人，高中以上16892人，初中26025人，小学19216人；文盲或半文盲3882人。

2010—2012年，全旗青壮年文盲率降至0.19%。

2013年，全旗实现青壮年脱盲。

三、达标验收

2001年，内蒙古自治区、锡林郭勒盟两级普及初等教育、扫盲验收工作组对全旗普及初等教育、扫盲工作进行验收。全旗初等教育入学率达98.4%，巩固率为99.4%，毕业率为96.5%，普及率为96.8%，达到内蒙古自治区规定的三类地区验收标准；农牧民非文盲率为94.5%。苏尼特右旗被评为普及初等教育和无文盲旗县。

2004年3月，调整全旗“两基”工作领导小组。苏尼特右旗通过内蒙古自治区政府“两基”巩固提高复查评估验收。

2004—2011年，全旗成立“两基”（基本普及九年义务教育，基本扫除青壮年文盲）复查工作委员会。

2007年6月，苏尼特右旗旗委、政府召开全旗动员大会，做好迎接国家“两基”验收工作。是月，锡林郭勒盟行政公署教育督导组对全旗“两基”巩固提高工作进行检查验收，被评为全盟“两基达标合格旗县”。

2009年10月，苏尼特右旗被内蒙古自治区评为“两基巩固提高先进旗”。

2010年，全旗进行“两级”达标评估及“双高普九”自查工作。

2011年9月，全旗召开教育局系统“两基”档案管理人员培训会议。

第二章 科 技

第一节 科普宣传培训

一、 科普宣传

2001年，苏尼特右旗科学技术局与电影公司联合开展“科普之春”巡回放映宣传活动。巡回放映科教片12部154场次。

2003年，科学技术局开展预防“非典型肺炎”宣传活动，发放预防“非典”的医药物品、预防知识挂图、宣传折页和材料101800余份（册）。

2004年，科学技术局、电视台联合与中国科学技术协会签订开播“科普大篷车”电视栏目协议。

2005年9月17—25日，举办“大自然的警示与启示”科普展品巡展及“树立科学发展观，共建和谐社会——科学普及，你我共参与”主题宣传画展活动，各中小学9300余名师生参与观展。年内，全旗累计开展科普宣传活动8次，制作社区科普灯箱5个、科普书柜6个，并为社区配备科普宣传挂图和科技图书。

2007年，全旗开展科技“三下乡”、科普宣传活动周、“节约能源资源，保护生态环境，保护安全健康”等科普宣传活动9次，制作社区科普灯箱6个，科普书柜8个，并为社区配备科普宣传挂图和科技图书2000余份，累计参与观展人数3000余人，发放科普材料1500余份、调查问卷400余份。

2009年，举办学习实践科学发展观科技展览活动。在青少年活动中心展出以生态环境保护、水土保持与资源节约、甲型H1N1流感病毒防治、防震减灾等与群众生产生活密切相关展板200余块，参与观展人数4500余人次。

2013年，旗委宣传部、科学技术局与教育局在第一小学、第四小学及社区共同举办“科技创新美好生活”主题宣传活动。同时，联合锡林郭勒盟、二连浩特市科学技术协会15名工作人员及3辆科普大篷车与科普工作人员一同进校园、社区举办声光电科普展示活动，亲手体验，科普展板展示；在朱日和小学开展“科普下乡、温暖基层”科普活动。

2014年，旗委宣传部、科学技术局、科学技术协会联合举办科普大讲堂暨健康生活专题讲座，邀请呼和浩特市社区科普大学讲师王泽强授课，参与听课群众200余人次。5月17日，全盟第十届科普活动周启动仪式在苏尼特右旗青少年活动中心广场举行。6月8日，举办全旗首届“科技创新未来、科技实现梦想”主题青少年科技作品大赛。

2015年，利用电视科普大篷车栏目到社区、校园，开展地震和知识产权专题科普宣传活动2次；利用科普宣传栏，印发各种科普资料，开展科普讲座活动，宣传《科学技术普及法》《全民科学素质行动计划纲要（2006—2010—2020年）》等法律法规及有关科普知识。年内，聘请中国科学院专家讲授“食品安全”“转基因作物”等专题讲座。年内，组织科技人员开展科普下乡205人次。

二、 科技培训

2001年，苏尼特右旗科技培训工作坚持“多方协作、多方集资、分层培训”原则，以“实际、使用、实效”为根本，以推广先进适用技术和促进科技成果转化为主要内容，开展科技培训活动，全旗农牧民每户至少有1人掌握2~3项科技实用技术。

2002年，全旗实施“1315”工程。重点对全旗176名从事农牧业生产骨干进行13项科技实用技术培训，组织编写《围封转移》《牲畜改良》《青贮玉米栽培》《脱毒马铃薯高产栽培》《高产饲草料基地林网配套》《退耕还林还草》等科普材料。年内，先后举办培训班33期，培训各级干部及农牧民6543人次，发放材料10011份（册）。

2003年，全旗举办培训班52期，培训农牧民12699人次；各级干部技术人员301人次，累计培训3000人次，发放各类明白卡39000份册，实用技术光盘50套。

2004年，全旗开展科技示范园区、示范户等培训72次。年内，培训农牧民14400人次，培训领导干部197人次，企业管理者及技术骨干314人次，旗和苏木镇科技骨干70人，发放蒙古文、汉文各类资料39358份（册），实用技术光盘385张，制作明白卡4850份，翻译刻录蒙古语实用技术光盘145张。

2005年，全旗举办各类培训班50余期，培训农牧民和科技骨干9086次。

2006年，全旗举办各类培训班30余期，培训科技人员、农牧民、企业科技管理人员10024人次，发放蒙古文、汉文实用技术培训材料18600余份（册）、培训光盘350余张，基层近万名农牧区党员、干部掌握1~2项实用技术。年内，围绕“围封转移”战略实施重点，开展13项适用技术培训；继续办好“科普大篷车”电视节目，创建科普文明示范社区，组织实施科普乌兰牧骑项目。建成牧区科普书屋及社区科普图书室16间，科普画廊6处。

2007年，全旗举办各类培训班15期，培训科技人员、农牧民、企业科技人员4300余人次。积极推广“96048”农牧业科技咨询。编写《划区轮牧放牧技术推广手册》《肉牛养殖繁育技术推广手册》《青贮窖制作技术推广手册》。

2008年，科学技术局、科学技术协会协调相关部门先后到赛汉塔拉镇、朱日和镇、桑宝拉格苏木和赛罕乌力吉苏木开展农牧业适用技术培训，累计培训600人次，入户指导54户，发放明白卡1000余册。年内，科学技术局与劳动就业局、扶贫办协调开展拖拉机、商品营销、家畜规模化养殖等9期技能性培训班，培训1100余人次。举办黄牛改良、青贮玉米产业化、苏尼特羊选育等29期培训班，培训5100余人次。开展动物防疫人员、养殖人员、屠宰人员培训班1期，培训180人次。全年培训农牧民71000余人次，举办培训班40期，为基层订阅《内蒙古科技报》《身边科学》等蒙古文、汉文科普报刊50余份。

2009年，全旗开展“科技培训年”活动，聘请国家和自治区科研院所的专家教授举办全旗农牧业科技人才培训班。各苏木镇领导及农牧业相关科技服务骨干193人参加培训，发放书籍193册，光盘193张。抽调改良站、草原站、兽医站、林业站、农业站等技术人员，先后到各苏木镇进行黄牛改良、牛羊育肥、苏尼特羊选育、疫病防治等方面的培训，发放科技资料5.2万余份，培训农牧民7000余人次。

2010年，组织全旗各涉农部门科技人员分别到各苏木镇开展科技培训，发放蒙古文、汉文《农牧业实用技术手册》和《突发自然灾害预防知识手册》以及“苏尼特羊选育”“西门塔尔牛与黄牛改良”肉牛育肥，以及“12396”和“96048”宣传手册7000余份，培训农牧民6000余人次。

2011年，组织各涉农部门科技人员到苏木镇开展羔羊饲养育肥技术、苏尼特羊选育、布鲁氏菌病防治、节水灌溉、牲畜改良与疫病防治等方面的培训。发放蒙古文、汉文科技资料、技术手册5000余份，培训农牧民2000余人次。

2013年，由科技局、科协与农牧业局、兽医局等单位联合举办畜牧业技术讲座培训。聘请内蒙古农业大学生命科学院专家就现代畜牧业知识、牛羊家畜繁育技术、胚胎移植及饲养管理技术进行授课。参加培训科技人员和示范户110余人。年内，组织全旗科技特派员到基层开展项目培训和技术指导，培训农牧民1500余人次，发放资料3000余份。

2014年，组织聘请自治区、盟、旗三级农牧业科技专家开展科技下乡活动，培训农牧民1500余人次，发放科技实用技术宣传手册3000余份。年内，实施“农牧民科技培训服务平台建设”项目，为基层苏木镇配备电脑设备7套，为嘎查村配备科技用书15000册，开办科技骨干培训班2期，组织科技特派员下乡科技服务培训17次。

2015年，聘请锡林郭勒盟动物疫病预防控制中心专家，对全旗67名兽医人员、100名防疫员及65名防护员进行动物疫病防控专业知识培训。

2001—2015年苏尼特右旗科技培训统计表

表19-2-1

年份	培训内容	培训人数（人次）
2001	黄牛改良、风光互补设备维护、家畜补饲、布鲁氏菌病防治	960
2002	实施“1315”工程培训	6543
2003	实用技术培训	16000
2004	春季休牧、青贮饲草料种植、草场改良、划区轮牧、畜种改良、疫病防治、节水灌溉、大棚蔬菜种植等培训	14981
2005	师资骨干培训、农牧民和基层党员干部实用技术培训	9086
2006	围绕“围封转移”战略实施重点，开展13项适用技术培训	10024
2007	划区轮牧放牧技术、肉牛养殖繁育技术、青贮窖制作技术等培训	4300
2008	拖拉机、商品营销、家畜规模化养殖、黄牛改良、青贮玉米产业化、苏尼特羊选育等技能性培训	71000
2009	农牧业产业化、草原生态建设技术、羔羊饲养管理育肥、动物遗传改良技术、草原生态保护、生态工程评价、黄牛改良、牛羊育肥、苏尼特羊选育、疫病防治等培训	7193
2010	农牧业实用技术、突发自然灾害预防知识、苏尼特羊选育、西门塔尔牛、黄牛改良肉牛育肥等培训	6000
2011	羔羊饲养育肥技术、苏尼特羊选育、布鲁氏菌病防治、节水灌溉、牲畜改良与疫病防治等培训	2000
2012	疫病防治、划区轮牧、羔羊育肥、种公羊选育	1350
2013	现代畜牧业知识、牛羊家畜繁育技术、胚胎移植及饲养管理技术	1670
2014	畜牧养殖、种植技术等培训	1500
2015	青贮玉米技术、肉牛饲养管理、羔羊育肥、水土保持	510

第二节 科技成果推广

一、技术推广

2001年，苏尼特右旗人民政府与内蒙古农业大学签订为期10年的科技合作协议，开始长期产学研科技合作，推动区域经济发展。

2002年，全旗实施“干旱区冰草产业化生产及节水灌溉技术模式化示范项目”“牧区专用系列颗粒饲料研制及推广项目”，重点技术推广羊胚胎移植100只，羔羊舍饲育肥163只，牛冷配620头，绵羊人工授精383只，覆膜玉米种植0.6万亩，林网配套0.1万亩，青贮玉米种植4.5万亩，围栏封育草场2.7万亩。建立草籽基地1000亩，依托内蒙古农业大学提供的技术，生产牛羊专用颗粒饲料200吨，新民乡镇进行脱毒马铃薯种植，桑宝拉格示范园区牧民联合体，高产青贮玉米模式化种植亩产6000公斤，承担胚胎移植羊的饲养任务。

2003年8月，由内蒙古自治区科委立项，自治区畜牧科学院草原勘测设计院、农业大学生态环境学院草原系、苏尼特右旗畜牧局联合研究的内蒙古天然草划区轮牧技术系统项目通过评估验收，实施草地总面积70093亩，5个草地类型。年内，全旗建设初具规模的农牧业示范园区和基地10余个。牧区示范嘎查5个，示范户43个。其中，重点建设示范园区有吉呼郎图、都呼木等生态移民奶牛舍饲饲养示范区，冰草产业化生产和千亩蒙特灌溉的种植示范区，水利种养加示范基地、桑宝拉格苏木牧民联合体科技示范园区，蓝天公司种养加销示范园区、新民万亩人工草地建设示范园区。

2004年，全旗推广20项新技术，其中包括植物增产菌ABT粉（提高苗木成活率）等12项新技术。

2005年，全旗组织实施绵羊胚胎移植改良家畜项目。建成良种繁育中心1处，棚圈、草场、围栏等基础设施基本配备。实施干旱区冰草产业化生产技术推广，在新民镇示范建立人工草地1500亩。在二洼浑地和社保基地推广繁育蒙农杂交冰草种子，新建蒙古冰草和新麦草混播人工草地300亩。

2006年，全旗重点推广与中科院工程研究所、中科院植物研究所合作的“甜高粱生物量全利用新技术示范推广及产业化”项目。新建科技示范苏木镇3个，示范嘎查5个，示范户45户。

2007年，全旗开展科技推广示范体系建设。全旗创建科技示范苏木镇3个，示范嘎查5个、示范户50户。建立农牧民专业技术协会及经济合作组织14个，建成科技示范园区和基地15个，其中，盟级命名的2个。

2008年，从中国科学院植物研究所引进3个品种甜高粱种子，推广实验点播种甜高粱500亩。引进内蒙古农业大学生态环境学院专家教授开展人工草场牧草新品种，引进种植示范和指导苏尼特右旗划区轮牧项目实施，累计引进种植牧草新品种22个。组织科技特派员下基层开展划区轮牧技术推广、苏尼特羊选育提纯复壮、蒙古扁桃种植技术推广、黄牛改良、飞播造林技术推广、小流域综合治理、安全饮水技术推广、动物防疫员培训、青贮饲草产业化生产示范、人工草地饲养新品种引进推广等12个项目。22名科技人员开展科技承包。集成推广现代化饲草生产高新技术模式化种植，推广种植优质青贮饲草2000亩，为牧民养殖业节本增收百万元。

2009年，引进内蒙古农业大学人工草地建设技术，在二洼浑地混播种植多年生牧草和高产饲草400亩，恢复草原生态技术研究项目。选派7名畜牧科技人员开展万只苏尼特羊育肥提早出栏提供技术服务。在额很乌苏嘎查、巴彦宝力嘎嘎查、哈登胡呼嘎查等地分片深入牧户，开展羔羊育肥提前出栏技术的服务工作。出栏牲畜11494只，选派10名草业科技人员开展人工草地建设项目，推广免耕补播技术。选派20名科技特派员，结合农林水利项目建设，推广实施青贮种植，飞播牧草安全饮水，沼气池建设等项技术。

2010年，继续与内蒙古农业大学、中国农科院草原所，内蒙古工业大学等高等院校、科研院所开展多层次科技合作。与内蒙古农业大学生态环境学院合作开展多年生物系种植试验示范推广项目；与内蒙古林学院开展了城镇绿化项目；与中国农业科学院草原研究所联合开展荒漠草原试验示范基地建设，实施退化生态系统恢复重建、关键技术集成示范项目；与内蒙古农业科学院和内蒙古家畜改良专家合作开展苏尼特羊种质资源开发与产业化生产技术集成示范项目。

2013年，科技部门为首届内蒙古、广东科技合作活动周提供前期技术和项目对接服务，通过锡林郭勒盟科学技术局向活动周提供技术经济合作项目20余项。嘉利农机节水灌溉项目邀请内蒙古农业大学机电工程学院参观考察并举办企业和专家座谈会，签订科技合作协议，组织实施产学研合作，建立内蒙古农业大学研究生培养基地。

2014年，组织业务部门和企业参加2014年在赤峰举办的中国北方农业科技成果博览会暨全国农畜创新丝绸之路创新品牌展览会。嘉利农机公司和苏尼特肉业公司将企业新品种、新技术进行集中展示和交流。年内，组织企业参加中国新丝绸之路锡林郭勒草原畜牧业创新品牌展示交易会。嘉利农村公司、苏尼特肉业公司、蓝天牧业公司等8家企业在锡林浩特市参展。组织境内企业参加内蒙古科学技术厅科技计划项目申报会暨2014年中小企业自主创新计划项目申报会。

2015年，全旗组织实施“荒漠草原区草地围封利用模式研究”“干旱地区优良牧草新品种配套种植技术推广”“蒙农1号蒙古冰草新品种良种繁殖”项目。年内，全旗科技成果转化率40%以上，农牧业实用技术覆盖面90%以上，农作物优良品种覆盖率95%以上，良种畜比重80%以上。

二、 科技成果

2001年，旗浅层多方位横向取水技术被评为内蒙古自治区科技成果，苏尼特右旗通过项目验收并获科技成果登记。

2004年，旗科学技术局“中意太阳能”项目通过意大利专家技术人员检验验收。

2007年，旗科学技术局“社会主义新农村牧区建设示范项目”和“苏尼特羊精深加工项目”被立为内蒙古自治区科技项目。

2011年5月，苏尼特右旗被中国科协命名为“2011—2015年度全国科普示范县”。

第三节 科学技术研究

一、 科技项目

2003年，科学技术局实施“道赛特羊胚胎移植”“桑宝拉格科技示范园区建设”“冰草产业化生产技术示范”“青少年科技活动”和“围封转移‘1315’工程”等科技项目。

2006年，全旗“甜高粱生物量全利用”项目通过验收，被列为科技部星火计划项目。

2008年，全旗申报内蒙古自治区科技项目3个，申请国家爱德基金项目1个，累计争取上级科技发展经费45万元。与中国科学院植物所、中国农业科学院植物所、内蒙古农业大学生态学院、内蒙古工业大学等开展科技合作，会同申报和合作实施项目。

2009年，争取内蒙古自治区科学技术厅计划项目5个，项目经费160万元。

2010年，全旗争取内蒙古自治区科学技术厅计划项目4个，自治区科技富民强县专项行动项目1

个，锡林郭勒盟科技计划项目1个。组织申报“十二五”国家科技计划农村领域预备项目1个。3月，科技部门实施农村牧区新能源开发户用风光互补供电项目，计划投资4600万元，在全旗示范安装独立户用风力发电700瓦系统1000套，进行试验示范。

2010年4月13—23日，按照中国科协、财政部《关于组织实施“科普惠农兴村计划”的通知》，成立由科协、财政局组成的项目工作小组，负责推荐苏尼特羊协会申报农村专业技术协会评选申报工作。

2010—2015年，全旗重点完成国家农业成果转化资金项目“苏尼特羊产业关键技术示范”“半干微贮菌体蛋白饲草料中试”。完成自治区、盟级下达专利转化和研发资金“弃风风能热电联供系统”“荒漠草原区围封草地利用模式研究”“不同类型草原区围封草地利用模式研究”“肉羊舍饲圈养模式化生产技术集成与示范”等项目。

2011年，全旗首次获科学技术部“国家科技富民强县”专项行动项目1个，申报内蒙古自治区科技计划项目2个、锡林郭勒盟科技项目1个。

2012年，全旗申报内蒙古自治区科技计划项目3个，国家级科技型中小企业科技创新基金项目1个。

2013年，全旗进行弃风风能热电联供系统项目，该项目采用“弃风风能热电联供系统”专利技术，安装面积15000平方米供热设备，总投资400余万元，建立示范点3个。

2014年，全旗申报国家实用型新型专项2项，协助企业申报内蒙古自治区科学技术厅专利资助项目1项，为企业和个人申报科技进步奖励项目2项。

2015年，按照自治区科学技术厅《关于征集自治区科技计划储备项目的通知》，先后申报苏尼特右旗绿禾农贸有限责任公司的“大蒜霉菌生物有机肥生产及温室应用与示范项目”和苏尼特荣宇现代生态畜牧业有限责任公司的“现代绿色生态畜牧业产业园项目”，申报项目资金110万元。重点实施自治区“十百千万”项目，做好基层农业科技协会、科普示范基地、科普益民社区、科普带头人培育工作。继续完成国家“科普惠农兴村计划”朱日和养鸡协会和额仁淖尔双峰驼养殖协会科普示范项目。申报国家“科普示范基地”“科普带头人”“科普示范协会”项目及申报自治区科普示范社区项目。

二、信息与网络

2006年，全旗重点加强科技信息网络建设，从科技经费中抽调15万元为5个苏木配置电脑、电视以及网络视频设备，建立自治区级、盟级、旗级、苏木镇四级科技网络互联。年内，继续推广“96048”农牧区科技服务咨询、短信咨询等科技服务。

2007年，科学技术局在因特网和“96048”农牧业科技服务网基础上，与移动通信公司合作，开通面向农牧民和社会公众的农牧业科技信息服务和公众科普信息服务业务。

2015年，实施教育信息化三通两平台全覆盖项目，建立全旗知识产权信息服务平台。

第四节　知识产权保护

2005年，全旗提出个人专利申请3人，其中，注册专利1项。

2006—2007年，开展规范技术市场管理工作，把农牧业技术承包纳入市场规范化管理，组织开展技术承包合同认定，落实技术市场管理相关优惠政策，签订技术承包合同登记认定17份。

2008年，针剂瓶切割器和切丝切片机等2项发明获国家实用新型专利许可。

2013 年，全旗协助个人申报国家实用新型专利 2 项，协助企业申报内蒙古自治区科技专利资助项目 1 次，推广国家弃风供热专利技术。年内，苏尼特右旗供电分局用电检查班集体研制的“防报停变压器私自送电装置”被内蒙古电力集团评为成果二等奖。

2014 年，全旗建立知识产权信息网络平台，协助个人申报国家实用型新型专项 2 项，协助企业申报自治区科学技术厅专利资助项目 1 项，为企业和个人申报科技进步奖励项目 2 项。其中，“拉线防护器”（专利号 ZL201420193200. 9）主要用于草原牧区线路、网围栏、风力发电机杆等方面。累计，全旗有 7 项专利获国家知识产权局授权。

2015 年，嘉利节水灌溉有限公司和内蒙古农业大学共同研制“卷盘供水式可拖平移喷灌机”，经国家知识产权局审查，授予实用新型专利并颁发证书。供电局职工阿拉腾格日勒发明“脚扣防滑器”首次取得国家发明专利授权，由国家知识产权局授予专利权。

2001—2015 年，苏尼特右旗科技知识产权部门贯彻落实《中华人民共和国专利法》，开展流通领域假冒和冒充专利行为市场执法检查活动，设立企事业单位专利试点、专利申报补助金，增加专利申请量，促进专利技术产业化。

第三章　气象测报

第一节　气象观测

一、 地面气象观测

2001—2006 年，旗气象局分别在 8 时、14 时、20 时对全旗地面气象进行 3 次观测，夜间不守班，为一般站。每年 12 月 4 日，增加积雪深度加密观测。

2007—2008 年，旗气象局升级为一级站，全旗分别在 2 时、5 时、8 时、11 时、14 时、17 时、20 时、23 时开展 8 次地面气象观测。5 月 31 日，增发重要天气预报。

2010 年 1 月 1 日，旗气象局在全旗开始实施自动气象站观测。

2015 年，全旗气象观测项目有云、能见度、天气现象、气温、湿度、降水量、地面温度及地面最高温度、地面最低温度、雪深、雪压、冻土、风向、风速，气压、雨量、日照、蒸发（小型）、曲管地温（5 厘米、10 厘米、15 厘米、20 厘米）、直管地温（40 厘米、80 厘米）观测，使用遥测雨量计观测雨量。

二、 生态与农业气象观测

2004 年，旗气象局开展全旗生态监测业务，主要实施天然草场牧草长势及地上生物量监测、土壤水分监测、生态项目建设区监测、雨（雪）情监测、草场风蚀度、气象灾害监测、草原蝗害和鼠害、病虫害监测、草原生态保护等项目。

2005 年，旗气象局将土壤水分及土壤特性监测数据用电子表格的上报方式，同时用 AB 报形式编报上传。

2006 年，旗气象局启用“盟市级生态与农业气象监测评估服务系统”软件上传各类生态监测资料。

2013 年，旗气象局应用农业气象测报业务系统发送土壤水分监测数据，取消 AB 报形式编报上传。

2015 年，旗气象局安装 DNZ3 自动土壤水分观测仪。

第二节　气象服务

一、 天气预报服务

2001—2015 年，苏尼特右旗气象局每天向广播局电话报送 24 小时、48 小时天气预报，通过电视、广播、电子显示屏、微信等形式发布。定期向旗委、政府及相关单位报送中期预报、短期气候预测。

2002 年 6 月 24 日，气象局安装气象卫星云图处理应用系统。

2015 年，气象局及时准确发送大风、沙尘暴、寒潮、道路结冰等预警信息 43 期。在春节、骆驼节、清明节、草原珍珠节、端午节、高考等节日或重大社会活动发布专题天气预报 10 期，发布重要天气报告 10 期，短期气候预测 12 期、中期预报 36 期、降水情报 22 期（短信发布 76 次），天气提示 27 期。

2001—2015 年，苏尼特右旗气象局向全旗党政部门提供及时准确的气象服务，提高公众服务效率，提高专业气象服务水平。通过以广播、电视、手机短信、行业手机报及电子显示屏等多种形式及时发布气象灾害预警信息，实现气象预警信息全覆盖。

二、 公众气象服务

2001—2015 年，气象局每天通过电台、电视台发布 24 小时、48 小时天气预报。公众气象服务主要报送广电局，通过电视、书面文字材料、微信及手机短信等方式向社会提供天气预报服务。

三、 决策气象服务

2001—2015 年，为全旗提供降水情报、短期气候预测、中期预报、牧草和土壤水分监测信息及各类气候分析报告。决策气象服务主要以书面文字发送为主。产品主要有气象专题预报、气候分析、气象灾害预警。灾害性天气预警信息通过电视、网络、手机短信、电子显示屏、微信等形式将信息方便快捷地传递给各级领导及广大群众。

四、 专业与专项气象服务

全旗专业和专项气象服主要包括防汛、抗旱、防火等服务。服务内容以提供雨量监测与中雨以上重要天气预报、预警、沙尘天气预警、人工增雨为主。同时，还适时提供生态环境建设、改善城市环境、气象灾害防御、农（牧）业生产建议、开展气象服务效益、气象灾害损失评估等。根据科研、企事业单位，种（养）植业大户需求提供专业气象服务。

五、 防雷防静电

2007 年，防雷防静电设施检测行政许可项目进入行政审批大厅。主要负责全旗易燃易爆场所、高大建筑物和构筑物及人口密集地区的防雷防静电设施检测。

六、 气象宣传

2001—2015 年，利用世界气象日、法制宣传日、平安建设月、安全生产月等活动，加大对雷电知识、气象灾害预防知识、气象法律法规进行宣传。

2015 年，气象局与地震局、红十字会和民政局等部门开展“气候知识服务气候行动”“科学减灾，依法应对”等主题气象宣传活动。组织在校学生和干部职工观看沙尘暴、雪暴等相关气象灾害视频，讲解防灾减灾知识；深入各苏木镇、社区和金曦公司开展气象科普宣传活动，普及气象防灾减灾知识，向机关干部职工、广大牧民和中小学生发放防灾减灾及世界气象日主题宣传材料 1600 余份。

第二十编

乌兰牧骑

第一章　机　构

第一节　机构沿革

1957年5月，内蒙古自治区文化局遵照全国少数民族文化工作会议精神和自治区党委、政府的要求，做出了在牧区和半农半牧区进行基层文化的作战点的决定，在群众文化工作比较活跃的锡林郭勒盟苏尼特右旗和昭乌达盟翁牛特旗进行乌兰牧骑试点工作。自治区文化局党组拟定《乌兰牧骑试点计划》《乌兰牧骑工作条例》。明确规定乌兰牧骑编制为12名。6月17日，内蒙古自治区第一支乌兰牧骑——苏尼特右旗乌兰牧骑在温都尔庙成立，隶属苏尼特右旗人民政府文教科领导，同时，接受上级文化主管部门业务指导。核定编制12名，设队长1人，队员来自全旗文化干部和部分牧民群众。

1961年7月，全旗精简机构，乌兰牧骑停止工作，队伍解散。9月，乌兰牧骑恢复工作，人员编制不全。

1966—1968年，受“文化大革命”影响，苏尼特右旗乌兰牧骑编制不全、队伍流失，无法正常工作。

1969年11月，苏尼特右旗划归乌兰察布盟管辖。乌兰牧骑整体移交。

1970年，苏尼特右旗设立文化教育局，乌兰牧骑隶属于文化教育局。

1971年11月，苏尼特右旗乌兰牧骑再次组建。招收一批新队员。乌兰牧骑是隶属于文化教育局的二级单位。

1980年5月，苏尼特右旗划归锡林郭勒盟管辖。

1985年，苏尼特旗乌兰牧骑核定编制25名。设队长、副队长、编导各1人，实行队长负责制和岗位责任制。队员最初选自牧区文化馆站和农牧区文艺骨干，后来由艺校分配或在当地农村牧区及全旗各学校选拔确有专长者，经德、智、体等方面考核后择优录取。

1991年，苏尼特右旗文化局与体育工作委员会合并为文化体育局，乌兰牧骑是隶属于文化体育局的二级事业单位。

1997年，旗委印发《关于印发苏尼特右旗乌兰牧骑“五定”方案》（苏右机编〔1997〕26号），乌兰牧骑是全旗唯一的专业艺术团体，隶属于文化体育局，股级事业单位。内设舞蹈组、声乐组、器乐组，核定事业编制25名。

2002年，文化体育局与广播电视局合并为文化体育广播电视局，乌兰牧骑是隶属于文化体育广播电视局的二级事业单位。

2004年9月，文化体育与广播电视从文化体育广播电视局分设，与旅游局组建文化体育旅游局。乌兰牧骑是隶属于文化体育旅游局的二级事业单位。

2006年，文化体育旅游与广播电视合并为文化体育广播电视旅游局。乌兰牧骑是隶属于文化体育广播电视旅游局的二级事业单位。

2011 年，苏尼特右旗机构编制委员会印发《关于印发旗直事业单位“五定”方案》（苏右机编〔2011〕17 号），乌兰牧骑隶属于文化体育广播电影电视局，为股级事业单位。内设舞蹈组、声乐组、器乐组、创编组、工勤组，核定事业编制 25 名。

2015 年，乌兰牧骑隶属于文化广播电视局，是准科级事业单位。内设舞蹈组、声乐组、器乐组、创编组、工勤组，核定事业编制 25 名。实有队员 47 人，设队长、副队长、指导员各 1 人。

第二节　体制改革

1957 年 6 月 17 日，全区乌兰牧骑试点工作在苏尼特右旗开展。

1961—1969 年，因全旗精简机构和“文化大革命”中“肃清阶级队伍”等历史原因，乌兰牧骑无法正常开展工作，基本陷于瘫痪状态，队伍流失问题严重，先后经过 2 次解散重组。

1971 年 11 月，苏尼特右旗招收一批新队员，再次组建旗乌兰牧骑。

1982 年 2 月，内蒙古自治区文化局批复人民政府《关于试办蒙语木偶剧组的报告》，同意乌兰牧骑内设蒙古语木偶剧组。

1984 年，根据锡林郭勒盟文化体育处制定的《锡林郭勒盟文艺体制改革实施方案》，调整乌兰牧骑演员队伍，制定岗位责任制等规章制度。

1985 年，自治区人民政府正式颁布《内蒙古自治区乌兰牧骑工作条例》，对乌兰牧骑的性质、方针、任务、体制、队员、经费等再次作出明确规定。

1986 年，苏尼特右旗委宣传部、文化局出台《乌兰牧骑工作方案》，确定乌兰牧骑为全旗唯一的专业艺术团体。

1989—2003 年，乌兰牧骑按照上级改革总体方案，开展有偿服务和经营性活动，通过宣传动员、公布岗位、资格审查、竞聘上岗等程序推进各项改革。

1998 年 4 月，政府印发《关于苏尼特右旗保证乌兰牧骑建设与发展的配套政策的通知》。

2005 年，乌兰牧骑实行队长负责制，建立健全各项规章制度。面向全区首次实行新闻媒体公开招聘，300 余人报名，经选拔，16 名演职人员被招聘录用。

2006 年，乌兰牧骑取消 85%的差额工资制度，执行财政全额拨款工资制度。

2010 年，根据《内蒙古自治区党委宣传部、文化厅、财政厅、人社厅、编办关于加强新时期乌兰牧骑工作的意见》的通知，乌兰牧骑突出民族风格、地区特色、时代精神，坚持公益服务、服务基层的原则，文化惠民和综合服务的能力和水平得到提高。改革人事制度，各项经费保障工作由地方财政负责，逐步退出商业性演出活动。

2011—2015 年，乌兰牧骑对部分演员实行招聘合同制，经费由财政直接全额拨款。

第三节　业余乌兰牧骑

1949 年，苏尼特右旗牧民群众自发组织民间文艺活动，在全旗各苏木开展。10 月，人民政府在温都尔庙成立文化室，组建牧民业余文艺宣传队，对基层文艺爱好者进行指导。

1955—1957 年，乌兰牧骑正式成立之前，业余乌兰牧骑初期就已经活跃在全旗各个公社大队，被称为“业余文化宣传队”“文化宣传服务队”。旗长朝克巴达拉胡率先组织几名擅长吹、拉、弹、唱的机关文艺爱好者成立“业余文化宣传队”，精选一些进步歌曲和编排舞蹈节目，走进公社、走进牧民浩特，用文艺演出的形式宣传党的方针、政策和时代精神面貌。随后，公安局、民政局率先在旗直单位成立业余文化宣传队，编排《沙家浜》《抓特务》等节目进行民族政策、婚姻、法律等宣传工作。赛罕乌力吉公社职工牧民李佩玉（二胡、笛子、弹琴）、阿拉腾扎格斯（歌唱）、田斗（弹琴）、赵志武（歌唱）等人组成全旗基层业余文化宣传服务工作队，自编自导“二人台”“走西口”等传统文化节目。各个公社、浩特相继自发组建业余文化宣传服务队。

1958年，乌兰牧骑分成数个小组带领业余乌兰牧骑宣传队，骑马到各个互助组巡回演出。

1991年，苏尼特右旗先后在巴彦哈尔苏木、赛罕乌力吉苏木、都仁乌力吉苏木、阿尔善图苏木、吉呼郎图苏木等5个苏木乡建立文化站，由苏木干部、嘎查牧民群众组建基层业余乌兰牧骑演出队，丰富牧民群众的业余文化生活。

2009年9月，苏尼特右旗文化体育广播电视旅游局印发《关于成立苏木镇业余乌兰牧骑的通知》（苏右文体广电旅游联合字〔2009〕3号）。全旗6个苏木镇业余乌兰牧骑正式成立，每个苏木镇有1名领导分管业余乌兰牧骑，文化站负责人担任队长。业余乌兰牧骑设队长1人，副队长2人，队员不少于20人，制定业余乌兰牧骑工作职责和各项制度，配备相应设备，活动经费纳入苏木镇年度预算。

2012年7月22日，由全旗6个苏木镇34名演员组成的业余乌兰牧骑赴锡林浩特市参加全盟首届业余乌兰牧骑会演。8月，成立阿其图乌拉苏木业余乌兰牧骑。

2015年，全旗有业余乌兰牧骑队伍7支，业余演员228人。全年开展演出活动38场次，观看演出的观众13200余人次。

第二章　乌兰牧骑建设

第一节　试点创建

1956年，内蒙古自治区文化局派出社会文化处在苏尼特右旗、正镶白旗等地对牧区、半农半牧地区的文化工作开展情况进行调研。调研期间，根据20世纪50年代初期的锡林郭勒盟宣传队和察哈尔盟宣传队的组织与活动方式，在农牧区建立规模小、流动快、综合服能力强的文化工作队，初步制定《乌兰牧骑工作方案》，并报自治区文化局党组。

1957年5月28日至8月11日，内蒙古自治区文化局党委批准出台“乌兰牧骑试点计划”和《乌兰牧骑工作条例（试行草案）》。《乌兰牧骑工作条例》对于乌兰牧骑的性质、任务、功能、作用，均作出明确规定。6月，自治区文化局组成乌兰牧骑试点工作组，确定全区乌兰牧骑试点工作首先在群众文化工作比较活跃的锡林郭勒盟苏尼特右旗和昭乌达盟翁牛特旗进行。自治区文化局组成试点工作组，参加和指导苏尼特右旗乌兰牧骑试点工作。试点工作得到苏尼特右旗委、政府配合与支持，旗长朝克巴达拉胡和宣传部长明干参加试点工作组。

苏尼特右旗乌兰牧骑试点成立初期，主要有胶轮车、马匹、幕布、帐篷、煤油灯、民族服装、三弦、四胡、笛子、马头琴、手风琴、留声机、收音机等装备设备。

确定试点第一批演出节目有短剧《两朵红花》《为了孩子们》，器乐合奏《阿萨尔》《八音曲》，好来宝《党的关怀》《宏伟的计划》《幸福之路》，舞蹈《挤奶姑娘》以及蒙古语相声和民歌等节目。

1957年6月17日，试点工作领导小组在苏尼特右旗文化馆内，为正式诞生的乌兰牧骑举行简朴而庄重的建队典礼活动。试点汇报演出结束后，经过试点工作组精心挑选，选拔出原文化馆乌力吉陶克套、文工团员小学教师额尔和木巴图、民间艺人文教干部乌尼格日勒、团委干事伊兰、商业局干部荷花、牧民桑杰道尔吉、牧民额尔登达来、牧民娜仁托雅、文化馆干部苏和、文教科副科长乌云毕力格和车夫刘殿如等组成试点队队员，乌兰牧骑第一代队员正式踏上全旗试点队演出服务活动征程。

1957年8月11日，乌兰牧骑试点队结束演出服务活动。历时54天，行程1000余里，演出30余场。8月15日至9月20日，乌兰牧骑首次进行独立巡回演出。

1986年，内蒙古自治区党委宣传部、自治区文化厅联合组织各级宣传部门，对全区乌兰牧骑进行普遍调研，决定选择苏尼特右旗、鄂托克旗、巴林右旗3个有代表性的乌兰牧骑进行加强乌兰牧骑自身建设试点工作。试点工作从1986年10月开始至1988年6月结束。

1988年，全盟乌兰牧骑改革试点工作在苏尼特右旗乌兰牧骑开展。

第二节　队伍管理

1957 年 6 月，全区第一支乌兰牧骑在苏尼特右旗组建成立，设队长 1 人，队员 12 人。由队长乌力吉陶克套、队员额尔和木巴图、乌尼格日勒、伊兰、荷花、桑杰道尔吉、额尔登达来、娜仁托雅、苏和、乌云毕力格和车夫刘殿如 11 人组成试点队队员。乌兰牧骑队长乌力吉陶克套与自治区文化馆张敏（音译）设计制作乌兰牧旗队旗。

1961 年 7 月，乌兰牧骑队长乌力吉陶克套受“左”的路线毒害，在苏尼特右旗吉呼郎图公社“接受人民群众再教育”。年内，乌兰牧骑解散。

1962 年，重新组建乌兰牧骑。分别从内蒙古电影制片厂招收胡木吉勒图、额布、宝音达来、莫得格、李泉龙、道布登僧格、丁兆南、袁平等人；从内蒙古艺校分配马淑贞、赛吉拉胡、孟根格日勒等演员。

1963 年，乌兰牧骑队员伊兰代表锡林郭勒盟文艺界出席全国文教群英会，受到毛泽东、刘少奇、周恩来、朱德等党和国家领导人亲切接见。

1966—1971 年，苏尼特右旗乌兰牧骑机构和工作处于瘫痪状况。1969 年，部分队员在查干淖尔碱矿接受劳动改造，队伍建设受到严重影响。

1971 年 11 月 17 日，自治区文化局和旗委分管科教的孔祥瑞派斯琴巴特尔（二连浩特乌兰牧骑原队长）和扎木苏（内蒙古广播艺术团首席小提琴手）负责再次组建乌兰牧骑，招收新队员。恢复后第一批招收的队员有斯琴高娃、杨凤鸣、费宝金、沙丽、高金梅、陈晓莉、邵华等 7 人。

1976 年，苏尼特右旗加强乌兰牧骑建设，从学校和社会招录部分新队员。

1983 年，乌兰牧骑根据演员个人意愿，把原来 17 名中的 9 名队员调出，新招演员 11 人。

2003—2005 年，乌兰牧骑公开向社会招考队员，通过笔试、面试、复试等形式，先后录取队员 22 人。

2009 年，乌兰牧骑拥有专业演员 44 人。其中，舞蹈演员 23 人、声乐演员 8 人、器乐演员 12 人；取得国家二级演员职称 3 人，三级演员 13 人，四、五级演员 30 人。

2014 年，乌兰牧骑招聘合同制演员 6 人。

2015 年，乌兰牧骑实有队员 47 人，其中，合同制演员 11 人，男演员 25 人、女演员 22 人，蒙古族演员 38 人，大专以上学历 38 人。

第三节　教育培训

2004 年，苏尼特右旗乌兰牧骑分别参加全盟举办的作曲、舞蹈基本功灯光音响培训班。

2005 年 5—6 月，苏尼特右旗邀请蒙古国舞蹈，音乐制作老师为乌兰牧骑新聘用的 6 名演职人员进行基本功培训。

2005—2006 年，乌兰牧骑选派队员分别参加全盟为期 15 天的舞蹈编导培训班和为期 1 个月的声乐、舞蹈基本功培训班。

2007 年 3—4 月，乌兰牧骑选派队员参加锡林郭勒盟文化体育局举办的全盟乌兰牧骑队员集训。内蒙古艺术学院教授吕宏久，国家一级作曲家、一级指挥关长德，内蒙古歌舞剧院一级演员额尔登木图，内蒙古呼麦协会会长巴伊斯古楞分别传授乐理视唱、器乐合奏、声乐专业、呼麦演唱等技艺。

2008—2009 年，乌兰牧骑分别参加全盟举办的呼麦、古典舞、现代舞、舞蹈编导培训班和首届长调及“潮尔”培训班。派 1 名队员到北京系统学习 MID 制作、录音技术。

2010 年 5 月，对全旗业余乌兰牧骑队员进行为期 2 天的培训指导。11 月，参加全盟古筝培训班和“察哈尔长调暨阿斯尔”培训班，培训时间 15 天。年内，乌兰牧骑先后 2 次参加全盟乌兰牧骑业务培训班。

2011 年 4 月，乌兰牧骑派队员参加锡林浩特市举办的全盟蒙古语歌曲音乐创作培训班。5 月 6 日，参加在锡林浩特市举办的全区乌兰牧骑舞蹈编导培训班。11 月，参加全区乌兰牧骑队长培训班和在赤峰市举办的全区乌兰牧骑作曲培训班。年内，参加锡林郭勒盟文化体育局、盟民族歌舞团、职业学院举办的呼麦、蒙古古筝、作曲、蒙古语歌曲创作、舞蹈编导、第五届齐・宝力高马头琴等培训班。

2012 年 3—4 月，全盟乌兰牧骑集训在苏尼特右旗举办。苏尼特右旗、苏尼特左旗、镶黄旗、正镶白旗、二连浩特市乌兰牧骑队员参加集训，主要进行舞蹈基本功、声乐基础、器乐演奏、视唱乐理等内容培训。年内，乌兰牧骑派队员分别参加全盟举办的呼麦培训班、第二届蒙古语创作培训班、全盟首届蒙古语小戏小品创作培训班和内蒙古自治区文化厅在巴彦淖尔市举办的全区小戏小品创作培训班。

2013 年，乌兰牧骑选派队员分别参加全盟举办的民族乐器“陶布秀尔”培训班、合唱指挥培训班、第三届蒙古语歌曲创作培训班、第二届长调传承人传授班、作曲、小戏小品、呼麦演唱技巧等培训班。

2014 年，乌兰牧骑选派队员分别参加全盟举办的合唱指挥培训班、民族乐器“陶布秀尔”、首届“非物质文化遗产传承”、蒙古语歌曲创作、第三届小戏小品、长调传承人等培训班和全区乌兰牧骑作曲研修班。9 月 2 日，全盟民族舞蹈推进会在苏尼特右旗召开，内蒙古军区文工团、国家一级编导何艳敏，内蒙古艺术研究所研究员、国际一级艺术评论王景志，内蒙古舞蹈协会秘书长、编审南飞雁等进行授课。

2015 年 3 月，乌兰牧骑选派队员参加在东乌珠穆沁旗举办的全盟首届“潮尔”培训班。3 月 25 日至 5 月 25 日，分别参加在锡林浩特市举办的全区中国蒙古族呼麦高传承班和全盟舞蹈编导、第五届蒙古语歌曲创作培训班。5 月 19—28 日，参加在呼伦贝尔市举办的全区乌兰牧骑编导人员培训班。蒙古国艺术家巴亚尔泰、云登道尔吉，北京舞蹈学院教授高度，国家一级编导、原二炮政治部文工团副团长余大鸣，内蒙古大学艺术学院舞蹈系、内蒙古舞蹈家协会主席赵林平进行授课。11 月，参加由内蒙古自治区文化厅主办，锡林郭勒盟职业学院蒙古语言文化与艺术学院承办的全区基层乌兰牧骑表演人才培训班。

第四节　基础设施

一、 基础建设

2007 年 6 月，在苏尼特右旗乌兰牧骑建队 50 周年之际，旗委、政府在乌兰牧骑原址上新建综合性宣传文化大楼，总投资 1000 余万元，占地面积 5500 余平方米，乌兰牧骑使用面积近 2600 平方米。其中，舞蹈排练厅使用面积 450 平方米，器乐排练厅使用面积 250 平方米，录音棚使用面积 100 平方米。设琴房 15 间，办公室、创编室、档案室、财务室、乐器服装库、会议室等 10 间；建设全区唯一乌兰牧骑建队 50 周年成果展厅，使用面积 400 余平方米。

2009—2015 年，全旗各苏木镇设文化站 6 个，负责 6 支业余乌兰牧骑各项工作，每支队伍均有固定文化活动室和排练场所，配置电子琴、摄像机、照相机、音响、器乐等基础设备和设施。

2011—2015 年乌兰牧骑固定资产、流动舞台车演出情况表

表 20-2-1

年份	资产合计（万元）	固定资产原值（万元）	实际使用房屋建筑面积（平方米）	排练练功用房（平方米）	流动舞台车演出情况		公益演出场次（场次）
					流动舞台车数量（辆）	演出场次（场次）	
2011	1196	1089	2000	700	1	55	46
2012	1500	1443	2000	700	1	87	35
2013	1709	1709	2600	700	1	57	7
2014	1979	1979	2600	700	1	50	30
2015	2658	2101	2600	700	1	87	16

二、交通设施

2005 年，乌兰牧骑自购二手大巴车 1 辆。

2007 年，内蒙古自治区文化厅在乌兰牧骑成立 50 周年暨全区第四届乌兰牧骑艺术节上，财政部、文化部赠送舞台演出车 1 辆。

2012 年，自治区财政厅为乌兰牧骑购置 35 座大巴车 1 辆。

第五节　档案建设

2003 年，乌兰牧骑指定兼职档案管理员。参加全旗档案局举办的档案人员业务培训班，并在档案局业务人员的指导下，按照新的档案管理规定，用时 3 个月，对乌兰牧骑全部资料，进行整理、分类、归档，添置防磁柜等设施，完成文书档案以及业务方面的曲谱、舞台剧照、音响带、创作以及历史资料进行编号、分类保管。乌兰牧骑还出台制定本单位《档案管理规章制度》。

2007 年，乌兰牧骑新建档案室，使用面积 80 平方米。全部归档资料有永久档案 39 卷、长期档案 34 卷、短期档案 34 卷、艺术类档案 42 卷，影集 9 册、磁带 44 盒、光盘 87 盘。文化体育广播电视局成立收集乌兰牧骑历史资料领导小组，完成乌兰牧骑 50 周年展厅布展工作，为《半个世纪的足迹》一书出版发行，提供大量图片、文字等资料。

2015 年，续写《乌兰牧骑大事记（2007—2015 年）》。

第六节　一专多能

乌兰牧骑演员的“一专多能”是由队伍建设的性质决定的。成立之初的乌兰牧骑承担着演出宣传的任务，主要是服务于基层农牧民群众。特别是地广人稀、交通不便的偏远农牧区，由于受交通条件的限制，不可能进行大规模演出。因此，乌兰牧骑发挥队伍精干、机动灵活的便利服务特点，队员们打破专业限制，每个人都能做到能歌善舞、吹拉弹唱样样精通，每个演员都能熟练掌握 2 种以上的

表演技能。随着乌兰牧骑队伍不断发展壮大，对于队员“一专多能”要求更加严格。苏尼特右旗乌兰牧骑在全盟第十三届至第十八届乌兰牧骑会演中，获“一专多能”团体奖3次，获“一专多能”个人奖15人。

2010年，全区第五届乌兰牧骑艺术节上举行首届全区乌兰牧骑队员“一专多能”比赛，将乌兰牧骑“一专多能”的要求和标准提升到新的高度。

2015年，苏尼特右旗乌兰牧骑“一专多能”型演员均在90%以上。

第七节　参评评估

内蒙古自治区文化厅制定《内蒙古自治区旗县乌兰牧骑评估实施细则》，对全区旗县市乌兰牧骑进行评估。

2000—2015年，苏尼特右旗乌兰牧骑先后参加6次评估（每3年1次）。

2015年苏尼特右旗乌兰牧骑评估情况表

表20-2-2

评估时段	评估时间	评估结果
1997—1999	2000. 12	二类乌兰牧骑
2000—2002	2004. 3	一类乌兰牧骑
2003—2005	2006. 7	一类乌兰牧骑
2006—2008	2009. 12	一类乌兰牧骑
2009—2011	2013. 7	一类乌兰牧骑
2012—2014	2015. 7	一类乌兰牧骑

第三章　功能作用

第一节　演　出

一、基层演出

苏尼特右旗乌兰牧骑每年坚持到全旗基层苏木镇、嘎查（村）和社区，进行上百场演出活动。哪里最需要，哪里最偏僻，就到哪里送歌献舞。他们以坚定的决心和顽强的毅力，走草原、穿戈壁、越沙漠，不畏严寒酷暑，不管风霜雨雪，走遍全旗农牧区作业点、偏远边境一线、矿山学校、田间地头，为基层广大农牧民、边防官兵、工人学生送去党和政府的关怀温暖，密切农牧民血肉联系，不断满足全旗各族人民群众的精神文化需求，丰富基层群众文化生活，对全旗社会进步和经济发展起到独特而深远的影响。

2007 年，乌兰牧骑开展庆祝成立 50 周年活动。50 年来，累计行程 25 万余公里，为基层进行演出服务 7300 余场次，观众 142 万人次。

二、巡回演出

苏尼特右旗乌兰牧骑巡回演出主要涉及全盟各旗县市巡回演出、全区各盟市巡回演出、进京巡回演出和全国巡回演出等。巡回演出节目多数是乌兰牧骑自创作品，通常以蒙古语、汉语进行表演，突出民族地域特色和苏尼特草原乡土韵味。

2002 年 1—3 月，乌兰牧骑队员苏日巴特尔、巴音德力格尔、孟克吉日嘎拉、敖登参加全区巡回演出艺术团，赴全国巡回演出。

2005 年 8 月，苏尼特右旗乌兰牧骑在全盟开展为期 20 天的巡回演出。

2006 年 7 月 2—9 日，乌兰牧骑参加全盟优秀乌兰牧骑巡回演出，演出历时 7 天，行程 4000 余公里，演出 26 场。

2011 年 7 月，全盟第十六届乌兰牧骑会演结束后，苏尼特右旗乌兰牧骑在全盟各旗县市区进行巡回演出。

三、交流、访问演出

乌兰牧骑加强和参与国内外交流、访问等演出活动，通过乌兰牧骑传播着世代生息在草原地区部落、民族共同创造与草原生态相适应的民族文化，并以文艺形式宣传中国和内蒙古自治区改革发展建设成就。

1. 进京高校交流演出

2008 年 11 月 21—27 日，乌兰牧骑前往北京中央民族大学、清华大学进行为期 7 天的“我从草原来”主题交流演出活动。交流演出演员 39 人，其中，男演员 19 人，女演员 20 人。乌兰牧骑队员与大学师生进行文学艺术交流，观看民族舞蹈、现代舞、芭蕾舞等基本功和技能技巧训练，学习藏族、维吾尔族、朝鲜族等其他少数民族舞蹈精髓，中央民族大学舞蹈学院的专家教授与乌兰牧骑队员进行技术研讨。

2. 欧美交流访问演出

2012 年 2 月 10—23 日，乌兰牧骑应邀赴美国洛杉矶等城市进行交流访问演出。首场演出在洛杉矶蒙特利市圣盖博剧院，主要有原生态的蒙古族歌舞、长调、呼麦等节目，展示中国蒙古民族文化艺术，让世界人民更好地了解中国草原文化。随后，乌兰牧旗又在拉斯维加斯、圣地亚哥、美国蒙特利等城市进行为期 13 天文化交流演出。

2014 年 5 月 30 日至 6 月 5 日，乌兰牧骑应欧洲时报社邀请，赴奥地利进行交流访问演出。首场演出在维也纳鲁道夫剧场，蒙古风情音乐诗《牧野浪漫》拉开演出序幕，先后表演乐器演奏、歌曲演唱、呼麦、长调等节目。乌兰牧骑还代表中国参加一年一度萨尔茨堡国际管乐节，进行 4 场演出。

3. 国内文化艺术交流

2001 年 9 月 28 日，乌兰牧骑应邀赴河北省保定市满城县“汉墓景点”参加“国庆、中秋双庆文化艺术节交流活动”。

2002 年 9 月 26 日至 10 月 8 日，乌兰牧骑应邀参加重庆举办的“中国合川西部沙雕文化艺术节”，进行文化艺术交流演出。

2014 年 4 月 3 日，乌兰牧骑代表内蒙古自治区赴河南省开封市参加由中国民间协会主办、清明上河园承办的全国首届木偶展演。

四、 慰问接待演出

乌兰牧骑每年利用春节、八一建军节、十一国庆等节假日对全旗公安、武警、边防部队以及驻军部队官兵和福利院、敬老院、社区的孤寡老人、残疾人等弱势群体以及学校、厂矿企业的教师、学生、工人进行慰问演出。

2000 年，乌兰牧骑为中蒙边防部队代表团进行慰问演出。

2001 年 1 月 31 日，乌兰牧骑为内蒙古自治区政府慰问团进行演出。6 月 20 日，为中华慈善总会慰问扶贫代表团进行演出。

2005 年 8 月，全国人大常委会副委员长布赫到三连浩特市考察期间，观看苏尼特右旗乌兰牧旗队员的演出。

2007 年 8 月 1 日，庆祝乌兰牧旗成立 50 周年活动。乌兰牧骑第一代老队员为额仁淖尔边防派出所官兵们进行慰问演出。

2009 年 10 月 9—17 日，应北京电视台邀请，乌兰牧骑演员到浙江省嵊泗县花鸟岛为军营战士进行慰问演出。

2010 年 9 月 9 日，乌兰牧骑为赴哈萨克斯坦参加联合军演的中国官兵们进行慰问演出。

2011 年 10 月 21—23 日，乌兰牧骑演职人员到北京为武警北京五支队、北京圣洁防水材料有限公司、中国渔政局进行慰问演出。此次赴京 3 场演出观众达 1000 人次。

2012 年 2 月 24—25 日，乌兰牧骑在北京武警总队表演大厅和天安门国旗护卫队，为官兵们进行慰问演出。3 月 5 日，乌兰牧骑在敬老院为老人们进行慰问演出。6 月，乌兰牧骑走进首都为庆祝“欧美同学会”成立 100 周年开展慰问演出。

五、 大型演出活动

乌兰牧骑的表演艺术创作水平稳步提高，开始筹备策划“乌兰牧骑艺术节”等大型文艺演出和创编大型歌舞文艺晚会。

2004 年，乌兰牧骑与内蒙古电视台合办“您好，苏尼特右旗”大型春节晚会。

2007 年 1 月 20 日，乌兰牧骑赴北京参加“情系建龙，拥抱梦想”北京华夏建龙矿业春节联欢晚会。

2008 年，乌兰牧骑与乌兰察布市电视台共同录制“天地人和”春节晚会。

2010 年，乌兰牧骑录制完成“金曦黄金”全旗春节联欢晚会。

2011—2015 年，乌兰牧骑录制完成“美丽富饶的苏尼特右旗”春节联欢晚会。

2014 年，乌兰牧骑参加在赛汉塔拉镇举办的“2014 年国际音乐节”，与来自俄罗斯、蒙古国、乌干达、古巴及欧美等国的文艺团体、个人及北京金帆交响乐团等共同表演。

截至 2015 年，乌兰牧骑已连续 15 年举办全旗春节联欢晚会。

第二节 宣 传

一、 宣传党的路线方针政策

乌兰牧骑通过多种艺术表演形式，将党在不同时期的中心工作作为演出宣传的重点，宣传党的路线方针政策，宣传中国特色社会主义道路、理论和制度，宣传社会主义核心价值观，营造向上、向善、向美的社会氛围，传播先进文化，弘扬社会正气。

乌兰牧骑改编创作出《阳光下的苏尼特》《安巴的红驼》《和谐之韵》等作品，宣传不同时期党的路线方针政策和少数民族政策。

二、 宣传身边典型人和事迹

乌兰牧骑积极创新宣传形式和手段，以全旗先进个人和典型事迹为素材，通过以歌曲、戏曲创作、相声小品、好来宝等文艺表演形式为广大群众送上文化大餐，以文化人、寓教于乐，生动再现典型的先进事迹和崇高精神，不断增强先进典型宣传的效果。其中，以典型事迹为素材的作品有《卫士之魂》《军人情怀》《牧人情》等代表作品。

三、 宣传科技文化等知识

乌兰牧骑坚持在旗党委、政府和宣传部等各部门正确领导下，到各苏木镇、嘎查、社区，将种养殖业、草原管理、健康知识、法制教育、移风易俗、科普知识等内容，编创演出作品进行文化宣传演出，为广大农牧民群众宣传和普及科普文化知识。宣传科普知识为重点的作品有《科技的力量》《我们的新牧场》《牧人的喜悦》。

四、 宣传家乡苏尼特草原

乌兰牧骑是社会主义文艺战线上的一面旗帜，苏尼特右旗是全国第一支乌兰牧骑的诞生地。通过乌兰牧骑各种艺术表演形式，宣传苏尼特右旗，赞美家乡，这些作品饱含深情，形式多样，赞美家乡悠久的历史、美丽的风光、热情的民族、勤劳的人民，乌兰牧骑队员的足迹踏遍区内外、国内外，在宣传苏尼特文化、建设苏尼特右旗等方面发挥重要的作用。宣传苏尼特右旗的主要作品有《草原明珠——赛汉塔拉》《苏尼特女性》《苏尼特驼颂》等。

2006年，苏尼特右旗乌兰牧骑被自治区命名为全区“科普乌兰牧骑”。

第三节　辅导服务

一、辅导

苏尼特右旗乌兰牧骑采取“辅导为主、服务为辅”的方法，对全旗农牧民群众和基层业余文化组织的文化活动进行辅导，利用农牧民休闲时间举办训练班，辅导培养业余骨干，辅导并与业余演员共同演出歌舞、戏剧等节目，队员们还分散到生产队或蒙古包教唱歌曲。乌兰牧骑既是演出队，又是宣传队，又是辅导队，把社会主义新文化送到农村牧区，增强党和政府与人民群众的联系，在推动群众文化活动中起到重要作用。

2003年，全旗在抗击“非典型肺炎”期间，乌兰牧骑创编健身体操，亲自在社区、学校、机关等开展辅导活动，增加全民健身意识。

2006年3月，乌兰牧骑队员巴音德力格举办“少儿舞蹈培训班”和巴图巴特尔创建“马头琴培训中心”，辅导培训当地爱好文艺的青少年。

2010年，全旗举办各苏木镇文化站站长、业余乌兰牧骑队长以及队员参加的声乐、器乐、曲艺等业务培训班，乌兰牧骑派专业演员进行授课辅导。

2015年，乌兰牧骑根据全旗中心工作，由过去单一的政治内容拓展到经济、政治、社会、科技、文化、法制等全旗各个领域。组织基层开展自娱自乐型为主的群众文化生活作为辅导重要内容，加强对7个苏木镇的基层文化站（室）进行建设指导，选派专人对文化站器乐使用、舞蹈编排、节目创作等进行专业辅导。年内，举办全旗苏木镇文化站工作人员及业余乌兰牧骑雅托嘎专业培训班，乌兰牧骑派队员进行辅导。

二、服务

随着社会主义市场经济的发展，乌兰牧骑为基层农牧民提供生产生活服务的内容和方式也发生变化。苏尼特右旗乌兰牧骑队员们继承和保持“四同”（同吃、同住、同劳动、同演出）的优良传统，曾被广大农牧民群众誉为“八大员”（演员、宣传员、卫生员、理发员、邮递员、交通员、售货员、修理员），他们在继续从事为困难农牧民群众剪羊毛、扨羊绒、铲羊砖、打畜草、拉水饮牲畜等传统农牧区生产经营服务的同时，逐步将服务重点转移到推动经济建设、提供科技信息和致富门路、招商引资、开拓旅游资源、商贸洽谈等多元化服务领域。

第四章　艺术创作

第一节　音乐　舞蹈

一、音乐作品

随着形势的不断发展，乌兰牧骑音乐创作呈现繁荣发展的局面，涌现出瓦·刚宝力道、伊德新、斯琴高娃、赛西雅拉图、孟克吉日嘎拉等音乐作品创作者，他们的作品不仅在全区、全国演出获奖，有些音乐作品还登上了国际舞台。主要有《相聚在苏尼特草原》《阿斯尔新编》《奥运那一天》《戈壁红驼》《温馨的家园》等优秀作品。

二、舞蹈作品

乌兰牧骑以草原传统舞蹈文化为基础，以苏尼特原创舞蹈节目为品牌，追求节目质量和艺术风格，以独特的艺术个性、独创的艺术构思，自编自导创作出一批富有时代性、艺术性、思想性、娱乐性的原创舞蹈。原创舞蹈主要以独舞、双人舞、三人舞、群舞等为主。主要有《跃马雄风》《父亲的草原》《塔木沁牧歌》《牧业浪漫》《牧羊姑娘》等优秀作品。

2002—2015 年苏尼特右旗乌兰牧骑音乐、舞蹈获奖作品一览表

表 20-4-1

时　间	类　别	作　品	作者、表演者	获奖情况
2002	舞　蹈	跃马雄风	达林太、斯琴高娃	盟级创作金奖
	笛子二重奏	相聚在苏尼特草原	赛西雅拉图 其达拉图	盟级创作三等奖
2004	舞　蹈	苏尼特女性	达林太	盟级创作二等奖
2005	三人舞	牧人情	孟克吉日嘎拉	盟级表演一等奖
	马头琴独奏	传奇故土情	宝日巴特尔	盟级创作二等奖
2007	苏尼特 宫廷音乐	阿斯尔新编	斯琴高娃 赛西雅拉图	自治区一等奖
	三人舞	父亲的草原	孟克吉日嘎拉 朝格吉乐图	自治区一等奖
2008	歌　曲	奥运那一天	孟克吉日嘎拉	盟级创作一等奖
	群　舞	额　吉	乌宁、王蕾等	盟级创作一等奖

续表20-4-1

时 间	类 别	作 品	作者、表演者	获奖情况
2009	民乐合奏	三 峰	赛西雅拉图 陶古斯等	盟级表演二等奖
	四胡独奏	腾飞草原	诺明	盟级表演二等奖
2010	男女声二重唱	旷 野	—	自治区二等奖
2011	民乐合奏	金 秋	乌力吉图、陶古斯、 赛西雅拉图	盟级创作一等奖 盟级表演二等奖
	歌 曲	祖国安详	阿斯布日、赛娜	盟级创作二等奖 盟级表演三等奖
2012	歌 曲	星光大道节目	胡斯楞	中央电视台节目周冠军
2013	群 舞	雄魂苏力德	孟克吉日嘎拉、 巴音德力格、瓦齐尔	盟级表演一等奖 盟级创作二等奖
	民 歌	思念故乡	敖特根其其格	盟级表演一等奖
2014	独 唱	温馨的家园	娜仁图亚	盟级创作二等奖 自治区好歌奖
2015	民乐合奏	四峰之乡	赛西雅拉图	盟级创作一等奖 盟级表演一等奖
	独 唱	琴声悠扬的故乡	孟克吉日嘎拉	盟级创作二等奖
	女群舞	牧羊姑娘	哈斯塔娜等	盟级表演二等奖

第二节 曲艺 戏曲

一、曲艺创作

曲艺作品在旗乌兰牧骑各类演出中占有很重要的比例。乌兰牧骑的曲艺作品由民族特点和民间意味的表演艺术形式集成，曲艺表演以自拉、自唱、自演为主，主要有好来宝、乌力格尔、小品、快板、笑嗑亚热（蒙古语相声）等。曲艺作品在乌兰牧骑各类演出中占很大的比重，是乌兰牧骑主要创作内容之一。主要有《新年的喜悦》《在大自然的怀抱》《遥远的呼唤》《好来宝之赞》等优秀作品。

二、戏剧作品

乌兰牧骑戏剧作品表现形式以话剧、音乐剧、舞剧、木偶戏等为主。戏剧代表作主要有独幕话剧《寻水先锋队》、歌舞剧《礼物》、木偶戏《小黑猫》和《不讲卫生的猪八戒》等作品。

1981年，苏尼特右旗乌兰牧骑创建内蒙古第一支蒙古语木偶戏剧组。1982年，开始在全旗牧区和各学校进行演出。1985年，乌兰牧骑同中国木偶艺术团联合排演7集木偶电视剧《马头琴的传说》。2012年，乌兰牧骑编排《不讲卫生的猪八戒》《毛毛小淘气》等木偶剧，时隔30年后，木偶戏重返舞台。木偶戏是全区乌兰牧骑中最具特色的剧种，从苏尼特右旗乌兰牧骑成立以来多次获国家、自治区奖励。

2001—2015年苏尼特右旗乌兰牧骑曲艺、戏剧部分获奖作品一览表

表20-4-2

时 间	类 别	作 品	作者、表演者	获奖情况
2001	好来宝	草原明珠赛汉塔拉	瓦·钢宝力道	自治区优秀作品奖
	小 品	诊病	巴图德力格	—
	小 品	醒悟	瓦·钢宝力道、乌力吉图	—
2003	小 品	母亲的姑娘	巴图德力格	—
2004	好来宝	在大自然的怀抱	瓦·钢宝力道	自治区一等奖
2005	好来宝	苏尼特英雄格力贡	诺日布、瓦·钢宝力道、乌力吉图	盟级二等奖
2007	达勒拉嘎	遥远的呼唤	瓦·钢宝力道、诺日布、乌日嘎希拉图	自治区区级二等奖
2008	群好来宝	和谐之韵	瓦·钢宝力道、孟克吉日嘎拉	—
2009	好来宝	衷心的祝福	瓦·钢宝力道、孟克吉日嘎拉	盟级创作表演三等奖
2011	好来宝	奈日	瓦·钢宝力道、诺日布、乌力吉图	盟级创作二等奖
	好来宝	好来宝之赞	孟克吉日嘎拉	盟级创作三等奖
2015	群好来宝	安巴的红驼	乌力吉图、瓦·钢宝力道	盟级创作二等奖

第三节 文艺理论

苏尼特右旗乌兰牧骑早期文艺理论作品不多，随着创作演出经验的增加，演职人员不断探索、思考，逐渐形成文艺理论文章，并发表获奖。主要文艺理论作品有《半个世纪的足迹》《扎都格尔作品》《草原明珠赛汉塔拉》《苏尼特民歌》《塔木沁之韵》等代表作。

2007年7月，乌兰牧骑成立50周年之际，苏尼特右旗组成编辑委员会，由潮洛蒙任主任，宝德巴雅尔、巴雅吉胡任副主任，编辑记述苏尼特右旗乌兰牧骑成长历程的作品——《半个世纪的足迹》正式刊发。该书由全国人大常委会副委员长布赫等领导题词，文前置彩图35幅。内容分为："大事记"，收录1957年建队至2007年乌兰牧骑大事要事；"工作指导"，收录时任内蒙古自治区党委宣传部部长刘云山等各级领导讲话；"理论平台""创业之歌"，收录《人民日报》《光明日报》《内蒙古日报》等省级以上报刊登载的有关苏尼特右旗乌兰牧骑的文章；"珍贵记忆"，收录乌兰牧骑老队员及其子女的回忆文章；"附录"，收入重要文件。书中正文有插图22幅，全书34万字，蒙古文、汉文并用。

第五章　艺术活动

第一节　乌兰牧骑艺术节

一、 内蒙古自治区乌兰牧骑艺术节

1992年8月，创办全区首届乌兰牧骑艺术节。艺术节上组织专家评审，评出名次，设最佳创作奖、最佳演员奖等。乌兰牧骑艺术节通常与内蒙古旅游节、那达慕等文化活动同时举办，增添节日气氛，是全区各族人民群众喜爱的节日之一。艺术节主要活动有开幕式大型文艺演出、乌兰牧骑文艺会演、乌兰牧骑巡回演出、广场文艺节目展演、乌兰牧骑成果展示、闭幕式文艺晚会等内容。

2007年8月，庆祝乌兰牧骑建立50周年暨全区第四届乌兰牧骑艺术节在乌兰牧骑诞生地苏尼特右旗举行。本届艺术节由内蒙古自治区党委宣传部，自治区文化厅、民委、广播电视局和锡林郭勒盟盟委、行署联合主办，由锡林郭勒盟盟委宣传部、盟文体局、民委、广播电视局和苏尼特右旗旗委政府承办。旗乌兰牧骑获团体金奖和“一专多能”团体奖，并授予全区“十佳乌兰牧骑”和“一类乌兰牧骑”称号。

2014年，举办第六届全区乌兰牧骑艺术节。

2007年全区第四届乌兰牧骑艺术节苏尼特右旗乌兰牧骑获奖情况一览表

表20-5-1

奖励项目	获奖作品	获奖单位（个人）	奖励类别
全区“十佳乌兰牧骑”	—	苏尼特右旗	—
全区“一类乌兰牧骑”	—	苏尼特右旗	—
乌兰牧骑事业奉献大奖	—	乌力吉陶克套（已故）、伊　兰	—
从事乌兰牧骑30年以上优秀队员	—	瓦·刚宝力道、乌力吉图、伊德新、其达拉图、斯琴高娃	—
文艺汇演团体奖	—	苏尼特右旗	团体金奖
一专多能	—	苏尼特右旗	团体奖
	—	胡斯楞	演员奖

续表20-5-1

奖励项目	获奖作品	获奖单位（个人）	奖励类别
节目创作奖	父亲的草原	孟克吉日嘎拉	舞蹈创作一等奖
	梦醒草原	集 体	舞蹈表演二等奖
	阿尔斯新编	斯琴高娃 赛西雅拉图	器乐创作二等奖 器乐表演三等奖
节目创作奖	遥远的呼唤	瓦刚宝力道、诺日布 乌日嘎希拉图	曲艺创作二等奖
节目表演奖	马背勇士	集 体	舞蹈表演二等奖
	塔木沁牧歌	集 体	舞蹈表演三等奖

二、 苏尼特右旗乌兰牧骑艺术节

2004—2015 年，旗委、政府主办连续举办 9 届苏尼特右旗乌兰牧骑艺术节。乌兰牧骑艺术节主要以巩固民族文化先进旗建设成果，弘扬社会主义先进文化，挖掘苏尼特民族文化与生态文化、旅游文化、人文文化、社会文化相融合，形成民族特色浓郁、文化精品纷呈、优秀艺术人才辈出的文化氛围。艺术节期间，主要开展乌兰牧骑专场演出、“苏尼特之声”业余群众晚会、少儿专场晚会和蒙古族服饰展示、摄影展、奇石展等丰富多彩的文艺活动。

第二节 乌兰牧骑会演（调演）

一、 乌兰牧骑会演

苏尼特右旗乌兰牧骑连续 7 次参加全盟乌兰牧骑会演、全区乌兰牧骑会演和国内国际等会演调演。通过参加会演、调演检验旗乌兰牧骑的艺术成果，加强与全区各地乌兰牧骑之间的交流、学习与合作，不仅多次荣获参赛各类奖项，也为提高旗乌兰牧骑团队和队员的艺术创作、业务素质奠定基础、创造平台。

2002 年，毛泽东《在延安文艺座谈会上的讲话》发表 60 周年暨乌兰牧骑建队 45 周年之际，由锡林郭勒盟委宣传部、文体局和苏尼特右旗委、政府在赛汉塔拉镇联合举办全盟“苏尼特杯”乌兰牧骑会演。

2015 年，乌兰牧骑参加全盟第二届“吉祥草原·锡林郭勒”文化艺术节暨第十八届全盟乌兰牧骑会演。乌兰牧骑获全盟团体铜奖和“一专多能”团体奖，3 人获“一专多能”个人奖，《四峰之乡》《爱你》《牧羊姑娘》《安巴的红驼》《祈》《家乡的夏天》等 14 部作品分别获创作、表演一、二、三等奖。

二、 业余乌兰牧骑会演

全旗业余乌兰牧骑主要会演形式以举办“苏尼特之声”业余乌兰牧骑会演为主，会演对象为民间团体、民间艺人、牧民群众以及各苏木镇业余乌兰牧骑队伍，会演设团体奖一、二、三等奖和声乐、器乐、舞蹈、曲艺类一、二、三等奖以及优秀奖。

2015 年，举办苏尼特右旗第十八届“苏尼特之声”业余乌兰牧骑会演。

第二十一编

文化·体育

第一章 群众文化

第一节 文化活动

一、 文化艺术演出

2004 年，苏尼特右旗举办全旗首届“乌兰牧骑艺术节”，打造“乌兰牧骑故乡”文化品牌。年内，旗委宣传部与内蒙古电视台合办“您好，苏尼特右旗”春节联欢晚会。

2007 年，旗委、政府主办，苏尼特骆驼文化协会承办首届“骆驼文化节”在额仁淖尔苏木赛音锡力嘎查举行。通过举办赛驼、骆驼选美、驼球表演、搏克、赛马以及骆驼文化与产业开发国际研讨会、骆驼文化摄影展等活动，丰富群众文化娱乐生活，宣传爱护骆驼、保护骆驼意识。

2015 年，全旗通过举办第十届“巴彦敖包祭祀暨王府那达慕”、第十八届“苏尼特之声”业余乌兰牧骑会演、第九届“乌兰牧骑艺术节”和第九届“苏尼特骆驼文化节”以及传统的民族文化活动，丰富群众文化活动，提升文化旅游等品牌。年内，在全盟率先推出苏尼特右旗“蒙古族传统祝颂文化”文化品牌，打造“骆驼文化之乡”等文化产业链。

二、 社会文化活动

2001—2002 年，苏尼特右旗举办郝元春个人书画展，乌兰牧骑队员布仁巴雅尔举办“幸福的太阳”个人作品演唱会，巴图查干举办个人雕塑作品展。

2005 年，全旗举办“骑士的蓝天”蒙古语诗歌朗诵比赛，选出参加全区“纳·赛音朝克图蒙古文诗歌大赛”选手。

2006 年，全旗启动全民健身活动，开展全旗各中小学教职工排球赛，举办各社区小型体育比赛活动。年内，承办全盟第十四届“长寿杯”老年门球赛。

2007 年 5 月 9 日，乌日根塔拉镇举办首届“乌日根塔木沁”歌咏比赛。6 月 20 日，文体广电旅游局举办全旗民族服饰、手工艺品大赛。年内，举办全旗首届妇女健身操大赛。

2008 年，全旗举办“改革开放 30 周年成果图片展”，设 18 个栏目，展出 300 余张照片，用图片形式、对比手法展现全旗改革开放 30 周年来巨大变化。

2009 年，全旗举办第二届“吉鲁根杯”祝赞词大赛。4 月 27 日，摄影爱好者白音吉日嘎拉启动“魅力苏尼特”草原风光摄影作品展及草原文化万里行活动。7 月 11—13 日，乌日根塔拉镇呼格吉勒图嘎查牧民道日娜图雅在呼和浩特市参加第六届中国蒙古族服装服饰艺术节暨蒙古民族服装服饰大赛，获民族服饰团体二等奖。

2015 年，举办全旗第三届“策登”杯苏尼特长调大赛、第二届青年歌手大赛等 20 余场群众文化活动。

第二节 非物质文化遗产

一、登记申报

2001—2004年，全旗做好苏尼特长调、苏尼特谚语、苏尼特民族服饰、苏尼特祝赞词、雅托噶艺术、赛骆驼等非物质文化遗产申报工作。截至2004年，苏尼特右旗文化馆对全旗非物质文化遗产进行挖掘、普查和登记工作。

2008年，苏尼特右旗收集整理非物质文化遗产档案30册，苏尼特祝颂礼赞登记入档手抄稿300余份，登记民间艺人6人。年内，全旗申报盟级“苏尼特长调”“苏尼特祝赞词”“苏尼特谚语”非物质文化遗产名录文本和录像光盘。

2009年，“苏尼特长调”“苏尼特谚语”“苏尼特祝赞词”3项被确立首批盟级非物质文化遗产。年内，“苏尼特长调”“苏尼特祝赞词”被批准确立为自治区级非物质文化遗产。

2010年，苏尼特右旗成立非物质文化遗产领导小组和苏尼特民间文化遗产协会。

2011年6月，苏尼特右旗雅托噶艺术、赛骆驼2项非物质文化进入自治区级非物质文化遗产名录。10月，全旗举办“塔木沁之韵”首届非物质文化遗产成果汇报晚会，集中展示近年来苏尼特右旗在挖掘、整理、保护民间文化遗产方面所取得的成就。其中，包括“雅托噶”“祝赞词”“乌兰牧骑”“长调”4个部分13个节目。

2012年，苏尼特右旗雅托噶艺术、赛骆驼2个项目被列入自治区级非物质文化遗产名录。

2013年，苏尼特右旗被内蒙古自治区民间文艺家协会命名为“内蒙古第一支乌兰牧骑诞生地”和“内蒙古骆驼文化之乡”。11月，自治区文学联合会确定全区14个文化品牌为内蒙古自治区第二批“一旗一品”文化品牌，苏尼特右旗“蒙古族传统祝颂文化”品牌名列其中，成为全盟唯一入围旗县。苏尼特右旗蒙古包“营造技艺”和“骨雕技艺”列为盟级非物质文化遗产项目，并收集整理相关资料，申报第四批自治区级非物质文化遗产项目。完成“赛骆驼”申报国家级非物质文化遗产项目工作及盟级第三批非遗项目传承人申报工作。

2014年，苏尼特右旗蒙古族民间骨雕项目、蒙古包营造技艺项目被确立为全盟第三批非物质文化遗产项目，满都呼、班凤斌被确定为盟级蒙古族民间骨雕、蒙古包营造技艺代表性传承人。

2015年，苏尼特右旗被命名为“蒙古族传统祝颂文化传承之乡”“中国骆驼文化之乡”“内蒙古观赏石宝玉石基地”及“钱币石之乡”称号。苏尼特服饰被确定为自治区级非物质文化遗产。

2001—2015年，全旗拥有苏尼特长调、苏尼特谚语、苏尼特民族服饰、苏尼特祝赞词、雅托噶艺术、赛骆驼等自治区级非物质文化遗产6项，自治区级非物质文化遗产传承人5人，盟级非物质文化遗产9项，旗级非物质文化遗产传承人13人。收集整理民间故事2000余个，各种录音材料10盒，编辑出版关于民间文学、“非物质文化遗产”方面的书籍20余册，编辑完成《苏尼特传统生产文化》《苏尼特敖包文化》等丛书。

二、传统项目

1. 苏尼特长调民歌

苏尼特长调是蒙古语“乌日汀哆”音译。“乌日汀”为“长久”“永恒”之意，“哆”为“歌”之意。根据蒙古族音乐文化历史渊源和音乐形态的现状，长调可界定为由北方草原游牧民族在畜牧业生产劳动中创造的，在野外放牧和传统节庆时演唱的一种民歌。长调是蒙古族全部节日庆典、婚礼宴会、亲朋相聚、“那达慕”等活动中必唱的歌曲，长调旋律悠长舒缓、意境开阔，旋律极富装饰性

（如前倚音、后倚音、滑音、回音等），尤以“诺古拉”（蒙古语音译，波折音或装饰音）演唱方式最具特色。

苏尼特右旗长调民歌无论节奏还是技巧，都与别的长调歌曲不同，尤其是舌根抒情浪漫式达希拉嘎（蒙古语，颤音），这是一种将气息阻截后以快速清澈的音色连续发出的达希拉嘎。演唱苏尼特长调民歌时，很喜欢用柴力拉呼，用头腔共鸣来制造强烈而激越的特殊意境。代表作品有《幻棕马》《金纽扣》《小马驹》等。

2011 年，全旗成功申报自治区级非物质文化遗产。央金策玛、呼日勒巴特尔被自治区确定为苏尼特长调传承人。

2. 苏尼特服饰

苏尼特服饰属于蒙古族服装中独特体系，至今仍保留蒙古族服装古朴自然风格。主要包括袍子、腰带、靴子、配饰 4 个部分。苏尼特袍 4 道窄条沿边儿和四四成排的扣袢儿装饰和苏尼特靴的红色靴帮、靴筒刺有花纹图案的翘尖皮靴为其显著特点。苏尼特袍两袖长而宽大，下端左右不分叉，领子较高，大襟右钉扣。领口、袖口、衣边常用花边镶饰。男袍多为蓝色、棕色，女袍多为红色、绿色、紫色，儿童多用花色。男袍比较肥大，显示英武雄壮，女袍则比较紧身，以显示女子身材的苗条和健美。苏尼特人称坎肩为“奥吉”，分长短两种。根据男女婚否状况，配以长、短奥吉。平时在家穿短“奥吉”，参加庆典、节日大型活动穿长“奥吉”。

儿童服饰特点，苏尼特人用襁褓包新生幼儿，三天后，举行洗礼宴，襁褓上缀铜钱或挂青铜箭镞等，用香牛皮或毡块剪一只狐狸挂其中。孩子能穿衣服时，将缝衣时剪下的衣领布块钉在衣领后边。

苏尼特人冬季戴云登帽，用狐狸或沙狐皮制作，绸缎绸面，后边绣吉祥图案。中年人也有扎头巾的，妇女节日里戴白、粉色绸围巾，围巾的两端用绸线绣花边；苏尼特男子扎黄色腰带颇多，女子多扎粉红色的，忌讳扎白色腰带；苏尼特靴子分为布靴、皮靴和毡靴三种。其样式分为靴尖上卷，平卷和平底不卷的三种；男子佩饰有戒指、银碗、褡裢、烟袋、鼻烟壶、蒙古刀、鞭子；妇女佩饰有垂饰（穗和）、额箍（塔图尔）、发夹子（哈布查尔）、罕达尔嘎、发坠、耳环、发链、手镯、戒指等。

苏尼特人在袍领、袍边、荷包、褡裢、摔跤套裤、毡袜鞡上，均要刺绣精美的图案装饰，图案种类有犄角纹、鸟兽、花卉、卷草纹、卍形、蝴蝶、龙凤、如意、佛手、葫芦、云纹及各种几何形纹样，极为丰富。

2006 年，苏尼特服饰被确定为自治区非物质文化遗产，阿荣苏乙拉被确定为苏尼特民族服饰传承人。

3. 苏尼特谚语

苏尼特谚语是苏尼特广大劳动人民在生产、生活和社会实践中总结产生的具有哲理性、趣味性、科学性的语言精华。内容有反映生产劳动和科学知识，有反映宗教习俗，有说明事理，有启迪教诲、讽喻劝诫和揭露警示等，形式多样、表意透辟、深刻，而且生动形象，言简意赅，韵律优美。深受蒙古族人民所喜爱，并广为流传。苏尼特谚语历史悠久，早在元忽必烈时，谚语就十分盛行，据《蒙古秘史》记载，蒙古族谚语最早出现在成吉思汗祭奠大典上。苏尼特部落首领吉鲁根巴特尔，是蒙古汗国大臣、猛将，大文学家和诗人，《蒙古秘史》称他在成吉思汗驾崩护送灵柩回故土的途中为成吉思汗吟诵赞颂诗，并在祭奠时任司祭人，他的赞颂诗、祭奠诗以及谚语等流传后世。20 世纪 60 年代始，苏尼特谚语得到普及。

2005 年，苏尼特右旗成立收集民间文学领导小组，组织专人收集整理苏尼特民间文学，苏尼特谚语在文学创作中得到集中体现。

2014—2015 年，编辑出版《苏尼特谚语》，被确定为全盟首批非物质文化遗产和自治区非物质文化遗产。

4. 雅托噶艺术

雅托噶，蒙古族弹拨弦鸣乐器，又称蒙古筝，流行于内蒙古自治区以及辽宁省、吉林省蒙古族聚居区。蒙古筝结构、音阶排列、演奏风格等和汉族筝不同，是中国筝的一个流派。

苏尼特右旗雅托噶艺术主要传承自蒙古筝技艺和苏尼特文化。历来为苏尼特右旗蒙古族民歌伴奏或自弹自唱。苏尼特右旗雅托噶琴身以红、黄、蓝、绿、白色绘制成具有蒙古族风格特点图案。演奏时，多采用坐姿，奏者席地盘腿而坐，将琴体平置于奏者前腿，或将琴首置于奏者右腿上部，琴尾触地，也可将琴平置于木架或高台上。右手拇指、食指、中指弹拨琴弦，左手以食指、中指为主、辅，拇指、无名指按弦取音。右手有托、劈、勾、挑、抹、扣、轮、连托、连抹、双剔、双扣等指法；左手按法有虚、实、空、滑、揉、颤、抹、点等技巧。左手食指也可戴骨制指甲拨子与右手交替弹奏，民间多不戴骨制指甲拨子弹奏。有自己独特的定弦法，虽然也属于五声音阶定弦范畴（fa、si 两个音在 mi、la 上按出），但是码子是由长短不同的两行排列而成。雅托噶有四种调：查干调（D 调），哈格斯调（G 调），黑勒调（C 调），递格力木调（F 调）。

2013 年，苏尼特右旗蒙古族雅托噶（蒙古筝）音乐被列入第三批自治区级非物质文化遗产名录项目。哈斯被确定位雅托噶艺术传承人。

5. 苏尼特祝颂礼赞

苏尼特祝赞词是蒙古族民间文学中宝贵文化遗产，是蒙古族民俗文化最为丰富的口头遗产之一。祝赞词无论从语言还是演讲技巧方面，都有着独特之处，是不可缺少的民间文学教材，是乌力格尔和好来宝等口颂艺术的前身，是了解蒙古族风土人情的重要参考依据。在历史学、文学、语言学、音韵学和音乐学研究等方面具有重要的价值。苏尼特右旗祝赞词是蒙古民族苏尼特部落原始文化的组成部分，也是全旗集体智慧以祝赞词特有的方式，成为传承发展蒙古语祝福诗歌中的重要部分。

苏尼特祝赞词主要分为祝词和赞词两部分。苏尼特祝赞词有其独特表达方式，祝赞者语言自然、流畅，内容囊括苏尼特蒙古族社会生活的各个方面，从狩猎、畜牧、农业到婚礼、那达慕、祭祀礼仪等。其特点是音乐高亢辽阔、节奏自由、旋律婉转，以口头形式在苏尼特右旗、苏尼特左旗一带广为流传。苏尼特草原是畜牧业的重要产地，关于畜牧业的祝颂词和赞词较多，主要有《绵羊祭词》《马驹祭词》《牛犊祭词》，与生产、生活相关的祝赞词，如牲骨崇拜祝赞词《肩胛祝词》《沙嘎赞》，还有《毡子祝词》《蒙古象棋祝词》《十二属相赞》《马鞍祝词》《马奶祝词》等。策·那日玛被确定苏尼特祝颂词传承人。

2005 年，全旗开展祝赞词的收集、整理、编辑、出版、比赛和研讨等活动。

2010 年 9 月 19 日，苏尼特右旗文学联合会、桑宝拉格苏木党委政府联合举办牧民作家关布苏荣编辑的《苏尼特祝赞词》首发仪式。

2010—2012 年，苏尼特右旗连续 3 年举办全国八省区“吉鲁根”祝赞词大赛和蒙古族传统祝颂文化研讨会。

2012 年，苏尼特右旗被内蒙古蒙古族传统祝颂文化传承发展研究会命名为“蒙古族传统祝颂文化传承之乡”。出版祝赞词集《苏尼特祝赞词》《蒙古祝赞词》。

2013 年，苏尼特右旗“蒙古族传统祝颂文化”品牌被内蒙古自治区文联确定全区第二批“一旗一品”文化品牌，成为全盟唯一入围的旗县。

2015 年，苏尼特祝赞词评为自治区级非物质文化遗产名录项目，《蒙古族传统祝颂文化论文集》正在编辑出版之中。

6. 赛骆驼

苏尼特右旗是国家二级保护动物苏尼特双峰驼的主要产地，享有“中国骆驼文化之乡”美誉，赛骆驼被列入自治区级非物质文化遗产。每年 1 月 9 日都会举办“苏尼特骆驼文化节”，主要开展赛驼大会和骆驼文化节，举办赛骆驼、骆驼文化展、骆驼产业发展研讨会等内容。

苏尼特骆驼赛主要包括成年骆驼耐力赛、速度赛、接力赛、驼球比赛、骆驼选美、种公驼评比等竞技活动。

第二章　文学艺术

第一节　文学创作

一、 文学创作

2001—2015 年，苏尼特右旗文学艺术创作进入新的发展时期，创作队伍逐渐壮大形成，特别是体现苏尼特民族、地域及民风民俗特点的小说、散文、诗歌、报告文学、书法、摄影、音乐、曲艺及民间艺术等文学艺术形式多样、内容丰富、人才辈出，展示新时代文学艺术创作的精神内涵，一些作品在全区及国内外产生一定影响。制作《苏尼特右旗宣传画册》，出版纪念“人民满意的公务员”额尔敦陶格陶事迹的丛书《永远的怀念》，出版《苏尼特杂志》等。

1. 小说

全旗小说创作经历体裁由单一向多元、篇幅由短篇向中长篇、作品由分散发表向结集出版的发展过程。形成以乌·苏米雅、嘎林达尔、贡·巴达拉夫、季淑云、策·那日玛、郝彪、高永厚、斯·特木尔等文学专业工作者、业余爱好者为代表的小说创作队伍。部分代表作品有《哈拉图戈壁之音》《银色的宝格达山》《红尘》《巴音胡那拉胡》《夜袭国境线》《祭祀之后》等中、长篇小说。

2002 年，贡·巴达拉夫的长篇小说《广袤的塔木钦》（蒙古文）获自治区文学索龙嘎奖。

2003 年 4 月，苏尼特右旗文学艺术联合会举办贡·巴达拉夫《广袤的塔木钦》研讨会。

2007 年，苏尼特右旗文学联合会出版发行《苏尼特右旗小说集》。

2009 年，策·那日玛的长篇小说《巴音呼拉呼》（蒙古文）由内蒙古出版社出版发行。

2013 年，斯·特木尔的小说《喜鹊藏针》获第二届全国蒙古语网络文学大赛三等奖。

2014 年 5 月 10 日，由锡林郭勒盟文学联合会、中共苏尼特右旗旗委宣传部主办，锡林郭勒盟作家协会、苏尼特右旗文学联合会承办，牧民作者斯·特木尔小说集《男人的气魄》首发仪式暨作品研讨会在赛汗塔拉镇举行。

2. 诗词

2001—2015 年，全旗诗词创作进入活跃时期，以苏尼特为体裁的词创作在民间得到广泛发展，诗词文学社会影响力得到提高。形成以赵珍、王永乐、博·陶克陶木吉、胡日勒巴特尔、王志勇、斯琴、刘翠梅等为代表的诗词创作队伍。代表作品有《金色土地》《绿色的旅程》《沙日善达石记》《岁月留痕》等诗词作品。

2008 年，宝德巴雅尔发表诗歌集《沙日善达之石》。

2009 年 1 月 17 日，苏尼特右旗文学联合会举办拉·扎米杨苏荣诗集《九道岭》首发仪式。

3. 散文

2001—2015 年，全旗先后有宝德巴雅尔、郝彪、贺·达布希拉图、吴燕等散文作品在全国、自治区等媒体报刊发表。代表作《那仁宝拉嘎在泉涌》《阿妈的香奶茶》《祝福》等在全国、自治区获奖。

2007 年，文学联合会印刷出版《苏尼特右旗散文集》。

2012 年 5 月，郝彪的散文集《回眸赛汉塔拉》由内蒙古出版集团远方出版社出版发行。

4. 新闻通讯、报告文学

2001—2015 年，全旗新闻报道工作引起旗委宣传部等单位的高度重视，涌现出李祥如、田永平、照斯琴巴特尔、银春霞、孙智广、张艳敏等特约记者和优秀通讯员。

二、杂志刊物

1.《苏尼特》杂志

《苏尼特》杂志是全旗唯一以蒙古文出版的综合性杂志。1985 年 1 月创刊，每年出版 1 期，1988 年停刊；2000 年复刊，2014 年改为每年出版 2 期，2015 年总刊 21 期。

2.《西苏科技》杂志

《西苏科技》杂志由旗科学技术局和科学技术学会联合创办的内部交流刊物，主要包括研究报告、科学窗、品种介绍、讨论与交流、技术改进、树种介绍、科技政策、论文、临床医学、信息动态等栏目。

第二节　艺术创作

一、书法、篆刻创作

2001—2015 年，全旗形成以赵珍、贺禄、那·白音吉日嘎拉、王永乐、宝山、布仁德格希、赛青嘎、王青山等为代表的书法、篆刻创作队伍。

2004 年 9 月，那·白音吉日嘎拉篆刻作品《万马奔腾》入选《内蒙古篆刻集》，并由内蒙古大学出版社出版。

2005 年，郝元春书法作品获纪念中国人民抗日战争胜利 60 周年全国诗书画作品大展金奖。

2012 年，苏尼特右旗委宣传部、锡林郭勒盟书法家协会、苏尼特右旗文学联合会、教育局举办“杨新波个人书法艺术作品展”。

二、美术、雕刻创作

2001—2015 年，全旗形成以郝元春、那·白音吉日嘎拉、金巴扎木苏、巴图查干、满都呼等为代表的美术、工艺创作队伍。

2002 年，巴图查干举办个人雕塑作品展，展出几十件木雕、骨雕、根雕等作品。

2011—2015 年，满都呼组织成立苏尼特右旗骨雕专业合作社。其间，被评为全盟非物质文化代表性传承人。满都呼被蒙古族中学聘请为特邀教师，在学校开设骨雕兴趣班。

三、摄影创作

2001—2015 年，通过举办文化节庆和民俗文体活动，吸引国内外摄影爱好者，用手中的镜头拍摄苏尼特的自然风情、人文环境等，主要有吴长海、李勇、那·白音吉日嘎拉、额尔登巴拉、贾亮、牛晓峰等摄影爱好者。

2007 年，文学联合会与文体广电旅游局联合举办“魅力苏尼特”摄影比赛暨图片展；出版《神奇的苏尼特》《苏尼特右旗畜牧业》《苏尼特右旗招商引资》等 4 册摄影画册。

2008 年 1 月，那·白音吉日嘎拉摄影作品《祭火》获内蒙古自治区第十一届摄影艺术创作“百花”奖；5 月，在内蒙古呼和浩特市举办个人迎奥运“魅力苏尼特”摄影书法艺术作品展览。

2010 年 1 月，那·白音吉日嘎拉在蒙古国首都乌兰巴托举办以苏尼特骆驼为主题的“戈壁魂”摄影书法展，获蒙古国“有型艺术最佳展”称号。年内，获内蒙古“摄影艺术特殊贡献”奖。

2011 年 8 月，那·白音吉日嘎拉在俄罗斯联邦南部联邦管区卡尔梅克共和国举办“骆驼之乡”摄影作品展，受到卡尔梅克共和国总理亲切接见。

2014 年 7 月，联合国教科文组织和中国民俗摄影家协会联合主办的第八届国际民俗摄影“人类贡献奖”年赛中，苏尼特右旗摄影爱好者额尔登巴拉和贾亮获“优秀摄影记录”奖。

2015 年 2 月，那·白音吉日嘎拉摄影作品《骆驼之乡》入选美国佛罗里达州迈尔斯堡市“亚洲文化节”展览。12 月，牛晓峰创作摄影作品《四季·赛汉塔拉》。

四、音乐、曲艺创作

2001—2015 年，全旗曲艺作品主要以歌舞剧、好来宝、苏尼特原唱歌曲、民歌等为主，拥有以瓦·钢宝力道、孟克吉日嘎拉、王文武等为代表的音乐、曲艺创作队伍，创作出《洁白的心》《阿其图山》《吉鲁根巴特尔》《美好的心灵》等原创歌曲。

2002 年，乌兰牧骑原队员布仁巴雅尔举办“幸福的太阳”个人作品演唱会。

2005 年，王文武创作的歌曲《朱日和——我可爱的家乡》获第二届全区“群星之光”歌词、歌曲三等奖。

2007 年，呼日勒巴特尔、赛西雅拉图、敖·斯日古楞、阿·斯钦巴特尔联合编著的《苏尼特民歌》（蒙古文），获自治区民间文学阿尔丁奖。

2015 年，博·陶格陶木吉创作的苏尼特原创歌曲、苏尼特民歌专辑获自治区文学索龙嘎奖。

2001—2015 年苏尼特右旗部分文学艺术作品一览表

表 21-2-1

作品名称	编著者	体 裁	刊发时间	备 注
塔木沁珍珠——赛汉塔拉	瓦·钢宝力道	好来宝	2001	全区西部大开发 文学作品大赛二等奖
广袤的塔木钦	贡·巴达拉夫	长篇小说	2002	获自治区文学索龙嘎奖
银色的宝格达山	桑杰道尔吉	长篇小说	2002	—
心灵幽趣	博·陶格陶木吉	诗 集	—	—
美好的心灵	王文武	歌 曲	2003	内蒙古群文论坛 2003 年 4 期（总 50 期）
阿妈的香奶茶	宝德巴雅尔	散 文	2004	内蒙古日报社庆祝 中华人民共和国成立 55 周年 征文一等奖
希望之星从这里升起	高永厚	文学作品集	2004	中国文联出版社
塔木其快骥	嘎林达尔	—	2005	全区民间文学阿尔丁优秀奖

续表21-2-1

作品名称	编著者	体 裁	刊发时间	备 注
红 尘	策・那日玛	长篇小说	2005	—
扎・都格尔作品选	苏尼特右旗文联	—	2005	获全盟优秀文艺作品奖
赛汉塔拉——我漂泊的湖	高金鹰	散 文	2006	收入《锡林郭勒散文集》
红马岭	贡・巴达拉夫	长篇小说	2007	锡林郭勒日报
苏尼特民歌	呼日勒巴特尔 赛西雅拉图 敖・斯日古楞 阿・斯钦巴特尔	民 歌	2007	全区民间文学阿尔丁奖
阿妈的香奶茶	宝德巴雅尔	散文集	2007	—
中国民间故事汇・苏尼特右旗篇	策・那日玛 关布苏荣 呼日勒巴特尔 阿・斯钦巴特尔	民间故事	2007	全区民间文学阿尔丁奖
魂系草原	博・陶格陶木吉 孟克吉日嘎拉	歌 曲	2007	—
沙日善达之石	宝德巴雅尔	诗歌集	2008	—
巴音呼拉呼	策・那日玛	长篇小说	2009	内蒙古人民出版社
九道岭	拉・扎米杨苏荣	诗 集	2009	—
朱日恒珍珠	乌・苏米亚 萨仁格日勒	—	2009	—
内蒙古史诗集成・苏尼特右旗卷	策・那日玛	—	2010	获“萨日纳”民间文学奖
回眸赛汉塔拉	郝 彪	散文集	2012	远方出版社
夜袭国境线	赵 鑫	长篇小说	2012	《中国边防警察》杂志等 全盟公安边防部队首部微电影
失 望	斯・特木尔	小 说	2013	第十届全国农牧民文学大赛三等奖
苏尼特民间传统文学（口传诗体）选录	呼日勒巴特尔主编	—	2013	呼和浩特市巴音印刷有限公司
喜鹊藏针	斯・特木尔	小 说	2013	第二届全国蒙古语网络文学大赛三等奖
古原西风	高金鹰	诗 集	2014	南方出版社
苏尼特原创歌曲 苏尼特民歌专辑	博・陶格陶木吉	民 歌	2015	获自治区文学创作索龙嘎奖
巴山爷爷的少儿时代	季淑云	中篇小说	2015	—
幸福覆盖着塔木沁	王文武	歌 曲	2015	锡林郭勒日报“锡林河”

第三章　图书　电影

第一节　图　书

一、 馆藏图书

2001—2015 年，全旗图书馆藏书有 32806 册，藏书 40% 为文学类。其中，政治、历史、经济、农牧、医学、军事等 22 大类，收集地方文献 83 种 324 册，光盘 32 盘，以及 2008 年以后的各类报纸杂志合订本。

2008 年，苏尼特右旗图书馆正式成为全国文化资源信息共享工程县级支中心之一，设电子阅览室占地面积 138 平方米，配有电脑 25 台。

2013 年，图书馆投入 10 余万元更新书架、阅览桌椅、目录柜、期刊柜等设备，为儿童阅览室购进桌椅 20 套。

2015 年，全旗有草原书屋 56 个，数字加油站 1 个。数字书屋覆盖全旗 14 个社区、26 个嘎查。年内，全旗有教育园丁书店、天骄文化城、小博士文化书城、希望读书社、小状元图书城、苏尼特右旗文具城和博览书屋 7 家。

二、 图书阅览

苏尼特右旗图书馆的期刊阅览室、儿童阅览室、图书室、电子阅览室、资料室和地方文献等场馆常年免费对外开放。

2015 年，图书馆接待读者突破 1.2 万余人次，借阅人次 8000 余人次，借阅图书 6000 余册。

三、 流动书屋

2014—2015 年，图书馆与全旗苏木镇、消防大队、武警中队、第一小学、蒙古族小学、高级中学等单位签订合作协议，建立流动图书室合作服务点 12 个，不定期提供各种期刊、图书及业务辅导。

四、 音像制品

2015 年，全旗音像制品销售店 8 家，分别是雄鹰音像店、爱心音像店、星宇影视城、碟碟新影碟城、青草地文化传媒、利源影碟城、大友碟城和星空影视城。

第二节　电　影

一、放映单位

2015 年，全旗有 2 家影剧院（城），有 31 个电影队。

1. 苏尼特右旗影剧院

影剧院占地面积 4200 平方米，建筑面积 2600 平方米，内设 693 个座位，舞台面积 300 余平方米。

2. 天绎国际电影城

天绎国际电影城占地面积 2000 平方米，建筑面积 1000 平方米，设独立放映厅 3 个，内设 201 个座位，属于全国同步上映影片的影院。

二、电影设备

2001—2003 年，电影公司收到中国电影科研所和自治区奖励资助放映机 5 套、发电机 2 台、电影拷贝 20 部、电影流动放映车 1 辆。

2004 年，苏尼特右旗人民政府投资 180 余万元，对影剧院内部进行装修，先后对放映机、光源、银幕、底幕、电路、舞台灯管、音响、座椅等设备更新改造。

2007 年，通过招商引资的方式，投入 100 余万元，对影剧院外墙进行装修。

2015 年，政府投资 200 万元对影剧院进行升级改造维修工程。8 月，天绎国际电影城引进社会资金 300 余万元，建成数字影院，并正式投入使用。售票大厅处采用 LED 电子显示器，放映厅采用高清数字放映装置和 2K 高清数字放映机系统，使用 NEC 数字放映机。年内，天绎国际电影城放映 472 场，观影人数 4745 人次。

三、电影放映

2001 年，“科普之春”电影汇映在全旗巡回放映科教片 12 部 154 场次。

2002 年，电影公司资助乌日根塔拉苏木、赛罕乌力吉苏木、新民镇 16 毫米放映机各 1 台，并在苏木镇组建电影放映队。1 月 31 日在“围封转移”试点区齐哈日格图为牧民放映科教片《暖棚养畜》《小尾寒羊》。

2003 年 4 月 11—13 日，电影公司举办全旗农牧区电影“2131 工程”放映业务技术培训班，参加培训人数 17 人次。

2005 年，电影公司在全国农村电影工作中，认真实施“2131 工程”，被评为全国先进集体。

2010 年，政府投入 30 余万元，彻底解决电影公司改制问题，实施电影放映“2131”工程，全年下乡放映 56 场，广场放映 264 场，剧院放映 40 场电影，放映爱国主义影片和反腐倡廉影片 16 场，协助相关单位在影剧院举办各类活动 12 次。

2011 年，全旗放映电影 360 余场，下乡流动放映电影 348 场，观众 1 万余人。

2012 年，电影公司开展下乡流动放映电影 352 场。

2013 年，全旗放映电影 280 余场，观众人数 2 万余人次，影剧院承办全旗各项大型活动 30 多场，配合各单位开展宣传活动 20 余次。

2014 年，全旗放映电影 960 余场，观众人数 5000 余人次。

2015 年，认真实施农村牧区电影放映“2131”工程，下乡放映 628 场，商业放映 9 场。全年，播放电影 966 场，观众人数 5600 余人次。

第四章　广播　电视

第一节　广　播

一、设施设备

2002年，苏尼特右旗广播电台停播。

2009年8月，投入资金55万元，重新建立调频广播电台，广播电台正式恢复广播。广播电台拥有1套播出工作站、2套录制工作站及调音台等外围设备，具备开展直播节目的能力。

2015年，新建朱日和镇巴彦宝拉格嘎查、桑宝拉格苏木、赛罕布仁嘎查、额仁淖尔苏木图门嘎查4个广播发射基站。

二、节目制作

广播电台围绕国家改革开放的路线、方针、政策和党的各项工作任务，创新节目内容，提高节目质量。开设自办蒙古语广播节目，自办蒙古语广播除正常时段播出《苏尼特右旗新闻》《天气预报》之外，增设《希望之苗》少儿节目、《塔木琪之声》《文化长廊》《健康之秘》《乌音嘎之约》《奈日嘎》等16个形式不同、内容丰富的节目。

2015年，转播调频广播锡林郭勒广播电台汉语广播和蒙古语广播节目。

三、广播节目

2010年5月28日开始，蒙古语广播节目每周一、三、五、日，按16小时15分的时长正规开播。成为全盟各旗县中第一个自办节目超过8个小时的广播电台。

2013年6月，蒙古语广播节目改为每周一、三、五、日，每日按14小时的时长正规播出（6：45—20：45）。

四、广播节目覆盖工程

2012年6月，广播电视台申请“兴边富民”行动项目资金100万元，实施自办广播节目覆盖工程，经过三期工程建设，2013年4月竣工。全旗自办广播节目在农牧区覆盖率达98%，解决大部分农牧民收听自办广播节目的需求。

第二节　电　视

一、 设施设备

2006—2008 年，全旗实施 3 千瓦电视无线覆盖工程，经试运行阶段和盟广播电视局验收，进入正式运行转播阶段。设备运行良好，覆盖半径 30 公里，覆盖人口 5 万余人。

2007 年，新建文化体育广播电视大楼，并在楼顶建立总高度 70 米的直立广播电视发射塔。

2010 年 6 月，全旗完成 20 千伏安 UPS 自备电源安装、电力线路改造任务、数字化播出改造、朱日和镇有线电视数字化改造，购置安装新闻提字器、监播系统，装修演播室，开通乌日根塔拉镇华油七号站发射基站。

二、 节目制作

2009 年，广播电视台自办电视频道通过有线电视网和数字微波电视，每周一、三、五播出汉语新闻，二、四、六播出蒙古语新闻，周日播出蒙古语、汉语《一周要闻》。每天播出近 15 个小时，全年累计播出节目 5400 余小时。

2010 年，广播电视台对蒙古语、汉语新闻进行改版，将每周日《一周要闻》节目，改版为汉语新闻。自办电视汉语栏目《周末视点》改版为《链接民生》。每周播出汉语新闻 4 期、蒙古语新闻 3 期。

2015 年，广播电视台承担着中央电视台一套的转播任务，全年转播中央电视台一套电视节目 8760 小时。

三、 电视节目覆盖工程

2013 年，全旗实施自办电视节目覆盖工程，完成赛汉塔拉镇 731 电台和朱日和镇基站建设，盟级、旗级自办电视节目农牧区覆盖率 36%。

2015 年，新建桑宝拉格苏木、赛罕布仁嘎查、额仁淖尔苏木图门嘎查、额仁淖尔苏木吉呼郎图嘎查、朱日和镇乌兰哈达嘎查 5 个电视发射基站，全旗电视节目覆盖率 98%。

四、 广播电视“村村通”“户户通” 工程

1. 实施广播电视“村村通”工程

2009 年，全旗开始实施广播电视“村村通”工程，当年安装完成建设任务 2266 套。

2010 年，广播电视“村村通”工程列入全旗“十件实事”之一。年内，安装“村村通”1800 套。

2012 年，全旗完成广播电视“村村通”工程建设任务 2102 套。

2014 年，广播电视台为 63 个嘎查村安装 63 套“村村通”终端设备。

2015 年，全旗完成广播电视“村村通”设备 6168 套。

2. 广播电视“户户通”工程

2012 年，开展广播电视“户户通”工程，完成 2000 套，广播电视“户户通”设备全部采用双模机顶盒模式。

2013 年，全旗完成 3500 套设备的发放开通工作。

2014 年，全旗发放安装开通 1400 套“户户通”设备。

2015 年，全旗发放安装广播电视“户户通”设备 6200 套。

第三节 微 波

一、 基础建设

2001 年，赛汉塔拉广播电视转播台自筹 10 余万元资金改善全台办公、生活环境。

2002 年，通过融资和自筹资金在院内建造 6 座日光温室大棚，解决干部职工冬季“吃菜难”问题。

2003—2006 年，先后修建 680 延长米、宽 3.5 米柏油路，安装铁艺围墙，硬化楼房两侧地面、中波机房和招待所门前等全部地面。完成 731 台土地重新测量划界，办理土地证，占地面积 567180.06 平方米。

2007—2009 年，赛汉塔拉广播电视转播台在原二层办公楼的基础上加盖第三层，对办公楼进行维修改造。核查登记固定资产，对已经报废的机器设备、车辆、不存在的房屋进行销账清理，对新增机器设备、房产进行登记造册，规范固定资产的管理工作。新建 1 座 150 米自立塔（是当时全区第二高度铁塔），进行铁塔亮化工程，亮化工程采用具有直射距离远、使用寿命长的 LED 射灯，夜色下呈现出不同色彩层次的亮化铁塔，成为赛汗塔拉镇的一大亮点。

2013 年，赛汉塔拉广播电视转播台在院内果树园、绿化带旁铺设新马路牙子，铺设观景人行道，路旁装了路灯，广播电视台环境风貌进一步改观。

2014 年 6 月，赛汉塔拉广播电视转播台维修 680 延长米柏油路面，将原路面加宽至 4.5 米，并在柏油路两侧安装路灯及监控设施。

二、 维护检修

2001—2015 年，赛汉塔拉广播电视转播台根据天气变化和机器设备的运行规律，按照周、月、季、年，制定检修计划，每月进行 2~3 次的例行指标测试。每年 4—6 月开展为期 2 个月的附属设备安全隐患拉网式排查。设备科对全台的广播电视系统、天馈线系统、紧固铁塔、供配电系统、网络系统等进行日常检修。

2004—2006 年，赛汉塔拉广播电视转播台对中波机房进行维修改造，采用新型材料，对中波机房屋顶进行防水处理。

2011 年，赛汉塔拉广播电视转播台加大社会管理综合治理投入力度，在广播电视重点部位安装视频监控装置。制定奖励性绩效工资激励机制，实行两班倒轮班制度，每天至少保证 3 名技术带班人员在台值班，有效增加安全播出技术保障力量。春节、“两会”等重要节点，实行台长 24 小时带班制，带班干部不间断巡视，机务员、行政人员 24 小时双人双岗值班。

2012 年，赛汉塔拉广播电视转播台将原有视频摄像头由 16 路升级为 24 路，镜头焦距扩增至 48 倍，监控范围和监控清晰度大幅提高，实现广播、电视机房、天馈线场地全方位 24 小时实时监控，广播电视设施保护水平进一步提高。9 月，200 千瓦柴油发电机组正式投入使用。针对外电断电对安全播出的影响和制约问题，每季度至少组织 1 次供电演练，特别是在冬季备足柴油、防冻液等消耗品。

第四节　广播电视工程

一、 西新工程

1. 基础设施更新改造

2001年10月25日，赛汉塔拉广播电视转播台“西新工程”建设项目4部10千瓦数字调幅发射机开始试运行，原发射机作为备机继续留用，结束23年单机工作的历史。

2002年5月，“西新工程”实施后，赛汉塔拉广播电视转播台信号源主用卫星信号，微波信号作为备份。为增加备份信号源，购买KU波段卫星接收机4套，给中波4套广播节目各增加1路备用信号。

2003年，“西新工程”实施第三阶段第一期电视发射机项目改造，新增北京吉兆电子有限公司生产的GME10BC1千瓦全固态电视发射机1部，鞍山通用广播电视设备有限公司生产的AGBE-TBV/10千瓦米波全固态发射机1部。配套的设备有，更换152米拉线塔拉线，架设鞍山广播设备厂生产的1副2层、1副4层的偶极子天线，更换SDY-50-80-3馈管1根、SDY50-37-3馈管1根，安装两套卫星接收系统，安装315千伏安箱式变压器1台、控制桌1台、假负载1台、无线开关1只、避雷设备1套、扫频仪1台、综合测试仪1套，SJD-WB-100千伏安微电脑无触点补偿式电力稳压器1台。同时，还为微波站配备柴油发电机、组蓄电池、逆变器各2台。

2004年7月，赛汉塔拉广播电视转播台从哈尔滨正泰广播设备有限公司，订购ZHT 1千瓦中波发射机4部，ZHT-10/1千瓦天线转换开关4部；从北京吉兆电子有限公司订购GME 1千瓦1部、GME300瓦电视发射机1部。10月，订购设备调试完毕，投入使用。至此，赛汉塔拉广播电视转播台中波发射机、电视发射机备机全部采用固态发射机，彻底告别电子管发射机。

2006年，为避免受到非法组织攻击卫星，赛汉塔拉广播电视转播台加强安全播出工作，从地方网络公司引入光缆线路，为中波4套广播节目、内蒙古2套电视节目各增加1路备份信号，并接入有线电视信号。

2007年12月，赛汉塔拉广播电视转播台利用光缆开通全旗公务网。

2. 建立监测采集点

2002年6月，国家广电总局与赛汉塔拉广播电视转播台签订中波信号采集点设备维护协议。采集点通过现代化、高科技的监测手段对各中波发射台播出质量和播出效果实时监测。

3. 西新工程验收

2003年11月2日，根据内蒙古自治区广电局《关于对我区“西新工程”第三阶段第1期工程建设项目进行全面验收的通知》（内广字〔2003〕224号），自治区“西新工程”验收委员会对赛汉塔拉广播电视转播台“西新工程”建设项目进行整体验收，听取赛汉塔拉广播电视转播台《西新工程竣工总结报告》，查阅技术设备的图纸资料，检查工程质量和发射机及配套设备的运行情况，赛汉塔拉广播电视转播台西新工程通过自治区验收。

二、 无线覆盖工程

1. 中央无线覆盖工程

2007—2008年，赛汉塔拉广播电视转播台与自治区广电局签订《加强农村中央广播电视节目无线覆盖工程建设任务责任书》，完成中央人民广播电台第1套调频广播节目及中央第7套电视节目的覆盖任务。完成亚太6号，亚洲3S、鑫诺1号、亚太2号、中卫1号、亚洲4号等6颗星152套电视节目、155套广播节目转到中星6B和鑫诺3号转星工作任务。

2. 内蒙古无线覆盖工程

2009年，赛汉塔拉广播电视转播台新增2部1千瓦调频发射机，分别播出内蒙古人民广播电台蒙古语（87.7兆赫）、汉语（102.9兆赫）广播节目。发射机是由成都凯腾四方数字广播电视设备公司生产的FM 1千瓦 TRANSMITTER 调频发射机，附属设备有中国电子科技集团公司第23研究所生SDY/37馈管2根、鞍山中天数字广播设备有限公司生产垂直调频天线2副及其配件、深圳市华达玻璃钢通信制品有限公司生产卫星接收设备2套。

2010年，赛汉塔拉广播电视转播台新上TEX1000LIGT型1千瓦调频发射机1部，转播内蒙古人民广播电台交通之声节目（105.6兆赫）。

2013年，赛汉塔拉广播电视转播台新增DM10数字调幅中波广播发射机1部，转播内蒙古人民广播电台绿野之声节目（666兆赫）。

三、 微波数字化改造工程

2013年11—12月，完成微波干线台属明干敖包微波站、中继站等数字化改造任务，微波数字化改造工程全部完成。

四、 地面数字电视覆盖工程

2014年，赛汉塔拉广播电视转播台新增GT—5900UHF数字1000瓦发射机1部，播出内蒙古电视台汉语卫视、蒙古语卫视节目。

五、 广播电视高山无线发射台站基础工程

2014—2015年，根据内蒙古“十二五”广播电视高山台无线发射台站基础设施建设项目安排，完成500平方米机房、技术用房和3000米围墙建设任务的选址、地质勘测、设计、招投标等工作。

第五章　文　物

第一节　文物分布

一、 古生物化石

苏尼特右旗地下蕴藏着极其丰富的古生物化石。位于额仁淖尔苏木赛音锡力嘎查与四子王旗脑木根苏木接壤的脑木根（又称大红山）地质遗迹以古近纪哺乳动物化石群标准剖面和古近系红色地层侵蚀地貌景观为特点，脑木根古近系标准剖面及哺乳动物化石地质遗迹是全国第一个系统完整、面积最大的古近系标准剖面及哺乳动物化石自然保护区，是亚洲乃至世界重要的、具有代表性的古近系标准剖面及哺乳动物化石产地，古近系地层剖面中，发现6目11科12属的哺乳动物化石。

苏尼特右旗境内查干淖尔碱矿出土犀牛角类恐龙化石，属早白垩纪。挖掘出土当时国内乃至亚洲最大、最完整的“查干淖尔恐龙”蜥脚类恐龙化石。

二、 古遗址（洞穴遗址）

全旗境内古遗址有30处，以新旧石器、商、金、元、清等年代为主。其中，寺庙遗址25处，分布在各苏木镇。金界壕南北线遗址主要分布在朱日和镇、赛汉塔拉镇。吉尔嘎郎图新石器时代、苏玲和那仁宝力格新旧石器生产地遗址分布在桑宝拉格苏木和乌日根塔拉镇。吉呼郎图商代聚落部遗址、元代宝勒嘎古城遗址和阿拉腾高勒泉聚居地分布在额仁淖尔苏木、桑宝拉格苏木和赛罕乌力吉苏木。此外，还有朱日和镇查干乌拉嘎查洞穴遗址（清代）和赛罕乌力吉苏木都日木嘎查古遗址（汉代）。境内，新石器时代遗存出土一些磨光钻孔石斧和小件刮削器。磨光钻孔石斧制作精细，通体磨光，采用双面对钻技术，刃部齐整锐利，石磨盘多为砂岩所制，形状多为长方形或鞋底形。出土的玉器有金刀鞘、金饰等。

三、 古墓葬

苏尼特右旗境内古墓葬8处，主要以突厥、匈奴、宋、元、明、清等年代为主。其中，哈达恩格尔墓群、乌兰陶勒盖墓群、格日勒乌兰墓分布在桑宝拉格苏木；苏尼特右旗和硕杜陵亲王德穆楚克栋鲁普家族墓地、阿拉腾沟百座匈奴墓群、脑木图乌苏墓群分布在朱日和镇；那达木图墓葬、格日朝鲁墓分布在额仁淖尔苏木。

四、 古建筑

苏尼特右旗境内古建筑4处，主要以清代为主。苏尼特右旗德王府、毕鲁图庙、阿拉腾敖包、白塔遗址主要分布在朱日和镇。

五、 石窟寺及石刻

全旗境内古建筑 6 处，主要以新旧石器时期、商、南北朝、清代为主。德力哈达岩画、宝勒嘎岩画、阿门乌苏岩画、希拉哈达岩画分布在额仁淖尔苏木。迪彦其山石窟、责红马蹄形石刻分布在朱日和镇。

六、 近代代表性建筑

苏尼特右旗近现代重要史迹及代表性建筑 12 处。陶高图日军行军路标志碑分布在乌日根塔拉镇。扎都盖图军事基地遗址、新宝力嘎日本学校遗址、都仁乌力吉山军事山洞、苏尼特右旗和硕杜陵亲王德穆楚克栋鲁普及伪蒙疆政府兴建的飞机场遗址、供销社遗址、蒙医院遗址、善邻协会遗址、民族用品加工厂遗址、德王东营盘遗址、兴蒙学校遗址等分布在朱日和镇。

第二节 文物普查

一、 全国第三次文物普查

2007—2011 年，根据国务院《关于开展第三次全国文物普查的通知》精神，结合全旗实际，研究制定《苏尼特右旗第三次全国文物普查工作实施方案》，成立苏尼特右旗不可移动文物普查工作领导小组，与各苏木镇签订第三次全国文物普查（简称“三普”）工作责任书，组成文物普查工作队，在全旗范围开展第三次全国文物普查工作。

2008 年，文物普查工作列入全旗财政预算。文化行政部门加强协调，文物部门发挥主导作用，各苏木镇密切配合，民政局、公安局、交通局、商务局、农牧局、林业局、宗教局、驻军等部门支持，财政局、发改局、统计局、测绘局、国土局、建设规划局等部门提供资料、数据和做好保障工作。全年，下乡调查文物 20 余次，搜集苏尼特民间文物资料，图片近 100 件。新发现吉呼朗图敖包古村落遗址、五虎台古墓遗址、额仁淖尔苏木宝勒嘎岩画等 20 余处文物点。

2009 年 3 月，选派普查队员参加全盟第三次全国文物普查软件升级培训班，及时对“三普”系统升级，系统学习文物普查标准要求、野外文物实地调查、设备使用管理及信息录入等方面内容。全年，普查文物点 67 处，其中，新发现史迹及建筑 61 处，复查 6 处，普查面积27632平方公里，普查覆盖率 100%。

2010 年，协助锡林郭勒盟文物站调查组，完成对全胜村段金界壕的全球定位、打点、测量工作。徒步走完约 4 公里土质长城，测量 11 个马面，2 个边堡。协助锡林郭勒盟长城资源调查队调查境内北线金界壕 170 余公里，对北线长城进行全球定位、打点、测量、拍照，并收集相关材料和文字资料。年内，苏尼特右旗“三普”工作通过全盟和全区两级“三普”专家组验收。

2011 年，苏尼特右旗全国第三次文物普查工作结束。此次普查面积 29980 平方公里，涉及全旗 7 个苏木镇，63 个嘎查村，普查率 100%。“三普”调查登记有效文物点 60 处，新发现文物点 56 处，复查 5 处，消失文物点 1 处。新发现文物点比例 92%。新发现不可移动文物有古遗址 30 处、古建筑 4 处、近现代重要史迹及代表性建筑 12 处、石窟寺及石刻 6 处、古墓葬 8 处。

苏尼特右旗第三次文物普查新发现不可移动文物名录

表 21-5-1

名　称	时　代	分　类
扎都盖图军事基地遗址	20 世纪 50 年代	近现代重要史迹及代表性建筑
德王府白塔遗址	20 世纪 30 年代	古建筑
德力哈达岩画	商朝时期	石窟寺及石刻
金界壕北线苏尼特右旗段	金朝	古遗址
汗布庙遗址	清朝	古遗址
哈日朝鲁庙遗址	清朝	古遗址
那达木图墓葬	南北朝时期	古墓葬
格日朝鲁墓葬	待定	古墓葬
吉呼郎图遗址	商朝时期	古遗址
朝尔吉庙遗址	清朝	古遗址
崇格日格庙遗址	清朝	古遗址
希格德日公庙遗址	清晚期	古遗址
德羊齐山石窟	清朝末期	石窟寺及石刻
查干敖包庙遗址	清朝（1708 年）	古遗址
宝勒嘎岩画	新石器时期	石窟寺及石刻
阿门乌苏岩画	约南北朝时期	石窟寺及石刻
乌日图高勒庙遗址	清朝	古遗址
苏尼特右旗德王府	清朝（1863 年）	古建筑
温都尔庙遗址	清朝（1884 年）	古遗址
毕鲁图庙	清朝（1708 年）	古建筑
西拉哈达岩画	待考证	石窟寺及石刻
乌兰陶乐盖墓群	元朝	古墓葬
新宝力嘎日本学校遗址	20 世纪 30 年代	近现代重要史迹及代表性建筑
浩勒图庙遗址	晚清	古遗址
敖尼图庙遗址	清晚期	古遗址
乌兰岗吉古勒庙遗址	清晚期	古遗址
都仁乌力吉山军事山洞	20 世纪 50—60 年代	近现代重要史迹及代表性建筑
苏木乌化庙遗址	清晚期	古遗址
宝力嘎遗址	元朝	古遗址
德王飞机场遗址	20 世纪 30 年代	近现代重要史迹及代表性建筑
德王府水井	清末	其他
德王生产生活合作社遗址	20 世纪 30 年代	近现代重要史迹及代表性建筑

续表21-5-1

名　称	时　代	分　类
德王府蒙医院遗址	20 世纪 30 年代	近现代重要史迹及代表性建筑
善邻协会遗址	中华民国	近现代重要史迹及代表性建筑
德王府民族用品加工厂遗址	20 世纪 30 年代	近现代重要史迹及代表性建筑
德王东营盘遗址	20 世纪 30 年代	近现代重要史迹及代表性建筑
德王兴蒙学校遗址	20 世纪 30 年代	近现代重要史迹及代表性建筑
哈达恩格尔墓群	宋辽金	古墓葬
那木海日金巴庙遗址	清朝	古遗址
达来巧尔吉庙遗址	清朝（1855 年）	古遗址
阿拉腾高勒泉	不详	古遗址
朝鲁图庙遗址	清朝	古遗址
达日布贵庙遗址	清朝	古遗址
呼日庙遗址	清朝	古遗址
陶高图日军行军路标志碑	20 世纪 30—40 年代	近现代重要史迹及代表性建筑
塔拉会庙遗址	清朝	古遗址
合德日根庙遗址	清朝	古遗址
查干朝鲁图庙遗址	清朝	古遗址
金界壕南线苏尼特右旗段	金朝	古遗址
浩日高庙遗址	清朝	古遗址
乌拉苏木庙遗址	清朝	古遗址
德羊齐庙遗址	清朝（1700 年）	古遗址
格日勒乌兰墓	明朝	古墓葬
德王家族墓地	清朝末年	古墓葬
脑穆图乌苏墓群	突厥时期	古墓葬
奔红马蹄形石刻	不详	石窟寺及石刻
泰恩古希庙遗址	清朝	古遗址
阿拉腾沟墓群	匈奴时期	古墓葬
阿拉腾敖包	清晚期	古建筑
陶高图庙遗址	清朝（1710 年）	古遗址

二、第一次全国可移动文物普查

第一次全国可移动文物普查的标准时点是从 2013 年 12 月 31 日开始至 2016 年 12 月 31 日结束。

2013 年 9 月，全旗成立“第一次全国可移动文物普查领导小组”，对全旗范围内进行可移动文物普查。普查范围包括国家机关、事业单位、国有企业及国有控股企业、人民解放军及武警部队 4 类国有单位，涉及 19 个行业和系统。普查对象为具有重要历史、艺术、科学价值的珍贵艺术品、工艺美术品，重要古籍、文献资料、手稿，反映各民族社会制度、社会生产、社会生活有关的代表性实物及具有科学价值的古生动物化石和古人类化石。普查主要登录内容是文物名称、类别、级别、年代、质地、外形尺寸、质量、完残程度、保存状态、包含数量、来源方式、入藏时间、藏品编号、收藏单位名称等14项基本指标项，11类附录信息以及照片影像资料，收藏单位基本情况。

2015年，重点对金界壕进行全面巡查，与周边牧民签订责任状，完善金界壕保护监管机制。对额仁淖尔古城遗址、吉胡郎图古聚落遗址进行勘察工作。年内，先后开展金界壕巡逻、田野考古、文物挖掘50余次。其间，第一次全国可移动文物普查，累计登记170余个国有单位，登记录入233件可移动文物，拍摄完成100余件（套）文物，录入成功率100%。

第三节 文物保护

一、全国重点文物保护单位

全旗境内有全国重点文物保护单位金界壕南、北线2处。旗文物保护管理所从开始上报金界壕相关资料与重点文物保护单位的申报工作。

2001年6月25日，苏尼特右旗金界壕南、北线成功申报为第六批全国重点文物保护单位。

1. 金界壕南线

金界壕南线遗址位于朱日和镇红花脑包村南100米处，遗址西起苏尼特右旗四宝山村，东至全胜村，全长5500米。有4个烽火台和1处观察所。该金界壕始建于金国时期。该长城西起包头市土默特右旗地夹山（大青山），大致从阴山以北延伸到今嫩江右岸的尼尔基镇，长约3000公里。

苏尼特右旗文物所与内蒙古考古研究所和锡林郭勒盟文物站联合对红花脑包村金界壕进行全面考古、挖掘、勘测。金界壕基本上以就地取土“打板墙”的形式建成，为土质“长城”，经历数百年风吹雨蚀，其真实高度已无法考究，现高度约1米，宽度约6米。

2. 金界壕北线

金界壕北线遗址位于赛汉塔拉镇巴彦杭盖嘎查哈日敖包北1.5公里处，始建于金国时期，该遗址西起四子王旗东部，横穿赛汉塔拉镇南部向东延伸至苏尼特左旗西部。全长150余公里，每隔10公里有1座边关，有8座边关遗址。北线遗址构造与南线一致。

二、自治区级重点文物保护单位

全旗自治区级重点文物保护单位有苏尼特右旗王府、毕鲁图庙和额仁淖尔岩画群等3处。

1. 苏尼特右旗王府

苏尼特右旗王府被列为第三批自治区重点文物保护单位。位于朱日和镇巴彦高勒嘎查以东5公里乌苏图敖包东南500米处，占地16100平方米，建筑面积5000平方米，保护面积11.863平方公里。始建于清朝同治二年（1863），是由那木吉勒旺其格承袭锡林郭勒楚古兰达（楚古兰达系蒙古语，意为盟长）官职时建造。

自2007年9月起，苏尼特右旗人民政府投入3000万元对苏尼特王府东西两院建筑以及正殿全部建筑进行恢复。王府旧址大体呈东西稍长、南北略窄的长方形，由东宫、中宫、西宫和白宫4部分组成，房屋179间。2012年，成功注册“苏尼特王府博物馆”。

2. 毕鲁图庙

2006年，毕鲁图庙被列为第四批自治区级重点文物保护单位，位于朱日和镇巴彦郭勒嘎查毕鲁图敖包后山（原称包日敖包）南麓400米处。清康熙四十七年（1708），由哈日毛日图等3名藏僧所建。建筑风格为藏式平顶，由朝格秦殿、道格希德殿、珠日殿、丹朱日殿、伊苏殿和12个馆组成。民国20年（1931），九世班禅驾临毕鲁图庙，赐予毕鲁图庙12世格根“莫日根干布”称号。1989年，政府拨款修建毕鲁图庙。

3. 额仁淖尔岩画群

2014年，额仁淖尔岩画群被列为第五批自治区级重点文物保护单位，位于苏尼特右旗额仁淖尔苏木，由宝勒嘎岩画、德力哈达岩画、阿门乌苏岩画、希拉哈达岩画等四部分组成。其中，宝勒嘎岩画位于额仁淖尔苏木阿门乌苏嘎查宝拉嘎敖包西100米处，属新石器晚期到青铜器时代初期的作品；德力哈达岩画位于吉呼郎图嘎查西北8000米处，属于青铜器时期作品；阿门乌苏岩画位于阿门乌苏岩嘎查南4000米处，属南北朝时期作品。这些岩画成为古代北方游牧民族记录以日月为图腾、崇拜自然等民间信仰、民俗的“历史纪念牌”，同时也是反映古代北方游牧民族的民俗文化、生活习惯及人类文化渊源的珍贵资料。

第六章　群众体育

第一节　传统体育

2001—2015 年，苏尼特右旗境内的蒙古人有代表性的传统体育竞赛项目有射箭、摔跤、赛马、套马、赛骆驼、沙塔拉棋（蒙古象棋）等。

一、那达慕

那达慕（蒙古语意为娱乐）是蒙古族群众的娱乐集会，是集文化娱乐、体育竞技于一体的运动会。每年全旗举办的各类那达慕活动有 20 余次，主要有蒙古象棋、摔跤、赛马等传统体育项目。

2003 年 8 月 10 日，苏尼特右旗举办第十一届那达慕大会，先后有长途、圈马等 120 余匹赛马，摔跤 260 人参加比赛，观众人数约 5 万余人。

2004 年 8 月 23 日，苏尼特右旗举办首届乌兰牧骑艺术节及草原那达慕大会。

2007 年 8 月 23 日，苏尼特右旗举办第十二届那达慕大会。

2015 年 7 月 28 日，苏尼特右旗举办第十三届那达慕大会。

二、竞赛项目

2001—2015 年，苏尼特右旗围绕蒙古族传统的群众体育活动，举办民族传统的赛马、摔跤、射箭、赛骆驼、蒙古象棋等竞赛运动会，参加和承办全盟、全区各类竞赛项目赛事活动。

1. 赛马

2015 年 9 月，苏尼特右旗赛马协会成立。协会选举会长、副会长、秘书长各 1 人。常务理事 7 人，会员 54 人。

2015 年，苏尼特右旗选手格格日勒图先后获西乌珠穆沁旗全国草原长途赛马比赛第一名、乌拉盖管理区国际旅游节赛马比赛第一名。

2. 摔跤

2009 年 5 月，苏尼特右旗成立摔跤协会。摔跤协会选举名誉主席、会长、副会长、秘书长各 1 人。各苏木镇担任理事单位。乌日尼勒图、额尔登朝克图、赛音扎那等摔跤选手获“中国式摔跤运动健将”称号，并在区内外摔跤比赛和那达慕中取得优异成绩。9 月 苏尼特右旗选手在全国第九届少数民族运动会上，乌尼日乐图获中国式摔跤 87 公斤级别冠军、额尔登朝克图获 74 公斤级别冠军。

2011 年 3 月，苏尼特右旗受蒙古国邀请，选派 16 名选手赴扎门乌德参加搏克邀请赛。

2012 年，全区青少年自由式、古典式摔跤锦标赛中，呼斯乐图获古典式摔跤男子甲组 66 公斤级第三名。全区青少年古典式摔跤冠军赛中，呼斯乐图获 60 公斤级第三名。河南省南阳市举行的全国农民运动会上，额日登朝克图获 82 公斤级第一名、额尔登宝力嘎获 52 公斤级第二名、乌尼日乐图获 90 公斤级第三名。

2013 年 1 月，苏尼特右旗摔跤选手在锡林郭勒盟第五届青少年国际式摔跤锦标赛中，选手耐日斯格获自由式摔跤 76 公斤以上级别第一名。8 月，在锡林浩特市举行全区第八届少数民族运动会中国式摔跤比赛中，选手额尔登宝力嘎、额尔登朝格图、乌尼日乐图分别获 52 公斤、74 公斤、90 公斤级别比赛金牌。年内，苏尼特右旗举办第十五届“金杯”搏克赛。

2014 年，苏尼特右旗选手额日登宝力嘎在山东省举办的全国第九届少数民族传统体育运动会民族式摔跤项目中，获男子组 52 公斤级冠军。8 月，额日登朝克图在全盟搏克排位赛中进入 16 强，获“哈日其盖”称号。10 月，额日登朝克图获山西省忻州市举行的全国中国式摔跤比赛 82 公斤级冠军。11 月，在陕西省第六届少数民族运动会中国式摔跤比赛中，额日登宝力嘎获 52 公斤级别冠军，额日登朝克图获 87 公斤级别冠军。

2015 年 3 月，苏尼特右旗召开第二届摔跤协会选举会议，选举会长 1 人，副会长 1 人，会员 51 人。4 月，摔跤协会组织为期 1 个月的博克集训活动，为摔跤队员提供训练场地，发放 50 万元摔跤器械，30 名摔跤队员参加集训，选拔 16 名参加全盟博克排位赛。9 月，在鄂尔多斯举行的全国第十届少数民族传统体育运动会上，苏尼特右旗摔跤运选手获 3 枚金牌，2 枚银牌。其中，乌日尼乐图获 87 公斤级冠军，额日登朝克图获 74 公斤级冠军，额日登宝力嘎获 52 公斤级冠军。年内，在全国第十届少数民族运动会上，选手额尔登朝克图获中国式摔跤 74 公斤级第一名。苏尼特右旗搏克俱乐部成立，举办“浩毕斯哈拉图杯”搏克比赛。

3. 射箭

2010 年 6 月 14 日，举办全旗首届射箭短期培训班，聘请内蒙古体委三队射箭专业教练进行授课。7 月 23 日，举办全旗第十二届“金杯”博克赛暨首届射箭比赛。

2013 年，苏尼特右旗举办第四届射箭比赛。

2014 年 8 月 19 日 苏尼特右旗射箭代表队在“天佑德杯”中国·青海河湟国际射箭邀请赛中获现代传统弓团体赛冠军。选手宝力嘎获现代传统弓个人第一名。10 月，苏尼特右旗射箭协会成立。射箭协会选举会长 1 人，副会长 2 人，秘书长 1 人，会员 56 人。苏尼特右旗的宝力嘎与来自赤峰市、宁波市 3 名选手组成中国射箭代表队，参加韩国举办的世界传统弓大赛，获男子团体冠军。

2015 年，苏尼特右旗女子射箭队在北京市举办的全国射箭比赛中获女子团体冠军，孟克娜仁在获女子个人第一名。青格勒在巴盟乌拉特后旗那达慕大会射箭比赛中获第一名。

4. 蒙古象棋

2009 年，苏尼特右旗举办首届蒙古象棋赛暨全盟第二届蒙古象棋选拔赛。

2011 年 5 月，选派选手参加蒙古国乌兰巴托举办国际蒙古象棋邀请赛，选手斯琴德力格尔获个人第三名。

5. 其他赛事

2012 年，苏尼特右旗组织代表队参加全区青少年柔道锦标赛，运动员都希格获男子丙组 50 公斤级冠军。在全区青少年柔道冠军赛中，南丁获亚军。

2013 年 7 月 29 日 全区第八届少数民族传统体育运动会赛驼比赛在苏尼特右旗举行。来自全区 8 个盟市代表队和 61 峰骆驼参赛。苏尼特右旗获 2 枚金牌、1 枚铜牌及团体奖银牌。

2014 年 2 月 12 日，苏尼特右旗代表队 6 名选手参加由二连浩特市文体局举办的首届中国、蒙古沙嘎邀请赛，获团体第三名。

第二节 职工体育

2002 年，团委举办“喜迎十六大赛汉塔拉地区机关企事业单位、各中小学冬季环城赛”等系列职工体育活动。

2003 年，全旗实行“非典”体育健身锻炼计划，参加体育锻炼人数在万人以上。8 月 30 日，团委与文化体育广播电视局、总工会、通信分公司联合举办全旗职工篮球赛。

2004 年 6 月，苏尼特右旗开展国民体质监测活动，完成国民体质监测任务。

2005 年 9 月 2 日，文化体育广播电视局、总工会等单位联合举办机关企事业单位职工篮球赛。11 月 26 日，举办全旗冬季越野赛。

2006 年 4 月 25 日，团委、总工会、文体广电旅游局与移动分公司联合举办全旗“移动杯”职工乒乓球赛。6 月 9 日，启动全民健身活动仪式。

2007—2009 年，妇联连续三年举办全旗妇女健身操大赛，推动全民健身活动。

2008 年 1 月 18 日，苏尼特右旗举办首届“交通杯”乒乓球赛，14 个单位、19 支代表队参加比赛。6 月，举办迎奥运“商务杯”乒乓球邀请赛，来自乌兰察布市和全盟邻近 6 个旗县市 16 支代表队参加比赛。

2009 年，举办全旗绅雅杯台球精英挑战赛、健身气功培训班，由盟局选派国家一级社会体育指导员其其格授课，组织居民群众 200 人次参加培训。承办全盟首届“百盛杯”轮滑邀请赛。文化体育广播电视局与总工会、团委、朱日和铜业公司共同举办“铜业杯”职工篮球赛，与中国移动苏尼特右旗分公司联合举办“移动杯”职工排球赛。年内，参加全盟“乒协杯”乒乓球赛，获男子团体第二名、双打第二名。

2010 年 5 月，苏尼特右旗承办锡林郭勒盟第二届“苏尼特碱业乒协杯”乒乓球大奖赛。

2012 年 7 月 18 日，苏尼特右旗沙滩排球男子代表队在全盟锡林郭勒青年欢乐节“锡林河杯”青年沙滩排球比赛中，获男子组第三名。年内，先后举办“安监”杯职工工间操比赛、职工篮球比赛、“温都尔乐”杯足球赛、“胜亚”杯羽毛球赛、“新能”杯乒乓球赛。承办锡林郭勒盟第六届“新风”杯乒乓球赛，来自全盟 55 支代表队 500 余人参加比赛。

2013 年，苏尼特右旗举办“金曦矿业”杯乒乓球赛、“铜业”杯全民健身羽毛球赛、“巨宁商砼杯”乒乓球邀请赛、冬季越野赛等赛事。

2014 年 8 月，苏尼特右旗在赛汉塔拉镇承办锡林郭勒盟青年欢乐节“羽动青春 · 放飞梦想”羽毛球团体比赛。先后举办全旗乒乓球积分赛、庆祝“五一”职工乒乓球比赛、职工群众“绿色环保低碳出行”自行车比赛、“羽协杯”羽毛球比赛、讲文明树新风“移动杯”乒乓球比赛及“北疆长廊杯”篮球邀请赛等赛事。

2015 年，苏尼特右旗举办“嘉利杯”“绿色环保、低碳出行”职工群众自行车赛、乒乓球积分赛、“兴禾杯”台球赛和首届“哈尼蒙古食品杯”5 人制足球赛和“职工杯”11 人制足球赛。承办中国象棋个人赛、首届“博智爱”杯全盟武术、散打、跆拳道友谊邀请赛、全区“LP · 力欧杯”中式台球联赛锡林郭勒盟赛区“英豪第一杆”分站赛等赛事。

第三节　老年体育

2001 年，老年活动中心正式开放。该中心建立破产企业退休党支部 5 个，组建门球队、善功队、剑术队、秧歌队，组织离退休人员参加全盟各项离退休人员比赛活动。

2002 年 5 月，旗委老干部局有办公活动室 16 间，重新绿化美化装修老干部活动中心，修建室外门球场 2 处。

2006 年 6 月，组织参加全民健身活动、全盟博克排位赛，承办全盟第十四届“长寿杯”老年门球赛，人力资源和社会保障局举办“社保杯”老年门球比赛，举办各社区小型体育比赛，民政局举办“老龄杯”门球赛等赛事。选派选手在全盟首届健身气功比赛中获易筋经第三名，赛康乐健美活动中心代表全盟参赛代表队获全区健美操比赛优秀奖。派选手参加全盟“长寿杯”老年门球赛，获第二名。

2007—2009 年，赛汉塔拉镇被授予自治区农牧民“123”老年工作达标单位，桑宝力嘎苏木通过“123”老年工作验收。赛北城社区被评为全盟优秀气功站点，乌兰社区被评为全国第六批先进社区。

2008 年，老干部局新建 1100 平方米老干部活动中心及机关办公综合楼，总造价 120 万元。财政投资 10 万元改善活动中心办公设施条件。年内，成立全旗老年大学，聘请 3 名老干部担任老年大学教师，开设书法、美术班。举办全旗“迎奥运”老年门球赛和老干部参加万人长跑活动。

2009 年，苏尼特右旗成立第一届老年体协，政府调研员、政协原主席宝德巴雅尔担任主席。年内，组织参加全盟首届老年台球赛，获男子单打冠亚军。组队赴正蓝旗参加全盟第十七届“长寿杯”老年门球赛。

2010 年 9 月，全旗老年选手在全盟首届老年人健身操单双球比赛中获第一名。

2011 年 9 月，苏尼特右旗承办全盟第二十三届“政协杯”门球赛。

2012 年，全旗举办老年门球赛、台球赛等体育活动赛事。

2013 年 6 月 25 日，苏尼特右旗承办迎接建党 92 周年老干部暨老年人门球赛，全旗 10 支老年门球队 60 余人参赛。承办全盟首届老年人运动会乒乓球比赛和全盟“政协杯”乒乓球锦标赛。

2015 年，全旗 1100 余名老人办理老年活动中心“准入证”，场馆日均接待 400 余人次，老年体育项目 10 余项，参加活动人数占老年总人数的 80%以上。7 月，老年大学举办“全旗老年人健身筷子舞”培训班，邀请乌兰牧骑专业舞蹈老师任教指导。10 月，由旗委老干部局、文体广电旅游局联合举办苏尼特右旗中国象棋个人赛。年内，先后组织离退休干部参加全盟“北疆杯”门球赛、离退休干部门球赛、台球等比赛。

第四节　体育设施

2004 年，全旗加强群众体育设施基础建设，赛汉塔拉镇新建青少年活动中心 1 处。

2009 年，为解决基层基本体育活动设施，从自治区争取到篮球架 16 套，乒乓球案 32 张，发放至各苏木镇、嘎查。

2013 年，全旗群众体育基础设施建设进一步完善。年内，建成并投入使用赛汉塔拉镇建老年活动中心 1 处、健身广场 2 处。在乌兰牧骑广场、青少年活动中心、铁路广场、铁路小区、财政小区、供电小区、宏达小区等 7 处安装健身器材和户外健身路径，人均体育场地面积 1. 8 平方米。

2014年，乌日根塔拉镇、朱日和镇先后建起小型体育健身中心，16个嘎查村实施农牧民健身工程。

2015年，苏尼特右旗创建搏克、射箭、蒙古象棋、乒乓球、羽毛球、篮球、足球、围棋、自行车、信鸽等协会，会员1000余人。成立老年门球队15个、秧歌队8个和太极拳剑队、腰鼓队、健身操队、健身气功队各1个。全旗公益社会体育指导员126人，其中，国家级社会体育指导员4人，一级社会体育指导员20人，二级社会体育指导员25人，三级社会体育指导员77人。年内，苏尼特右旗成立苏尼特搏克俱乐部，配套建设训练场地，购置价值近50万元的摔跤训练器械，组织开展春季、冬季集训，提高运动员专业水平，备战各类那达慕和专业比赛。旗直机关、企事业单位和部分厂矿企业建有室外篮球、羽毛球场地，室内兼有乒乓球、棋牌活动室。各个苏木镇均建有室外群众健身活动场所。

第七章　学校体育

第一节　体育教学

2001—2015 年，苏尼特右旗各学校体育教学依据《国家体育与健康》和《国家中长期教育改革和发展规划纲要（2010—2020 年）》的要求，抓好体育课教学的过程管理，坚持 40 分钟课堂教学与课外课间操、眼保健操、晨操活动相衔接。因班制宜制订体育教学计划。一、二年级每周 4 节体育课，三、四、五、六、七、八、九年级每周 3 节体育课，高一、高二、高三每周 2 节体育课。面向全体学生，开展普及性体育活动，有序开展课余训练和运动竞赛，培养体育后备人才，营造校园体育文化，提高学生体育素养。

2003 年，苏尼特右旗各学校先后输送 18 名体育人才。其中，内蒙古体育职业学院 6 人、乌兰察布盟师专体校 12 人。

2007—2009 年，苏尼特右旗连续 3 年被锡林郭勒盟行署评为全盟文化体育先进地区，从事体育工作人员赵金梅先后多次被评为自治区和全盟评为优秀工作者。蒙古族中学被授予“盟民族体育传统项目”和“自治区传统体育项目”及“全国群众体育先进单位”称号。

2010 年，蒙古族中学被评为自治区第二批体育（篮球）传统项目学校。5 月，根据自治区教育厅执行义务教育课程计划补充通知，将一、二年级体育课每周调整为四节，八、九年级体育课每周调整为 3 节。

2014 年 6 月，全旗完成第六次全国体育场地普查工作。苏尼特右旗成立第六次全国体育场地普查领导小组，选派专人参加上级普查工作业务培训。在初步摸底调查的基础上，走访 38 个学校、企事业、机关单位，测量全旗 54 个体育场地，按时完成数据统计、录入工作。

2015 年，苏尼特右旗制定《校园足球改革发展三年行动实施方案（2015—2017 年）》，从 2015 年起，在小学、初中、高中三个层面分别创建 1～2 所盟级以上足球特色学校，开设足球课程，四年级以上开始组建男女校园足球队，到 2017 年全旗中小学足球活动普及率 100%。2 月，为全旗各苏木镇、摔跤协会和拳击俱乐部发放价值 50 万元体育器材和体育用品。青少年活动中心获“全区青少年科技教育示范基地”称号，该示范基地是一所集青少年教育培训、体育活动、户外健身等于一体的多功能公益性活动场所。年内，全旗建立足球协会 1 个，业余足球队 10 余支，年均盟内外比赛 10 余场次。建设 11 人制室外标准化足球场 5 个，7 人制室外足球场 5 个，5 人制足球场 1 个。

第二节　竞赛体育

2002年，教育局、文化体育广播电视局联合举办第十一届中小学生田径运动会。

2006年，苏尼特右旗举办全旗中小学教职工排球赛。

2007年11月，教育局、文化体育广播电视局联合举办赛汉塔拉地区中小学生冬季越野赛。

2009年6月，举办小学教职工"绿洲商务酒店杯"乒乓球赛。苏尼特右旗代表队在多伦县承办的全盟教育系统乒乓球比赛中，获小学生组女子团体冠军。

2011年1月，苏尼特右旗派队参加西乌珠穆沁旗举行的第十四届全盟中学生田径运动会。5月，教育局举办全旗小学生足球赛。9月，教育局、文化体育广播电视局联合举办第十八届中小学田径运动会。11月，举办赛汉塔拉地区中小学生冬季越野赛。

2012年5月，苏尼特右旗承办锡林郭勒盟中学生排球、毽球大赛。9月，派队员参加全盟中学生搏克比赛。12月，教育局、文体广播电视局、团委联合举办中小学生冬季越野赛。

2013年4月，苏尼特右旗承办锡林郭勒盟中学生排球赛，苏尼特右旗女子代表队获女子组冠军。年内，举办全旗教职工排球赛和第十九届中小学生运动会。

2014年，全旗举办首届教育系统乒乓球比赛。5月23日，承办全盟教育系统职工学生羽毛球大赛。组织参加二连浩特市承办的全盟中学生排球比赛，获学生组女子团体冠军。8月，组织参加正蓝旗承办的全盟教育系统乒乓球比赛，获学生组女子团体冠军。

2015年，全旗承办锡林郭勒盟"盟长杯"校园足球联赛小学组比赛，13个旗县市区26支队伍、397名队员参赛。苏尼特右旗女子足球队获女子组冠军。第三小学"飞翔"女子足球队获内蒙古电力杯"一带一路"国际青年足球夏利营U13组总决赛季军。蒙古族中学女子代表队分别获全盟"盟长杯"高中阶段季军和初中阶段亚军。年内，举办"校长杯""旗长杯"校园足球联赛、教育科技系统教职工排球赛和第二十届中小学生田径运动会。

第三节　体育设施

2001年9月，全旗首个综合性高中标准化运动场建成并投入使用，占地面积20474平方米，配置室外体育基础设施。

2010年，第三、第四小学和第一中学风雨操场建成并投入使用，总占地面积4090.6平方米。

2011年，蒙古族中学文体综合楼建成并投入使用，建筑面积2884平方米。第二小学标准化运动场建成并投入使用，占地面积6209平方米。

2012年，蒙古族小学、第三小学标准化运动场建成并投入使用，总占地面积20677平方米。

2013年，第一小学、第一中学、第二中学和蒙古族中学标准化运动场建成并投入使用，总占地面积64584平方米。

2015年，全旗中小学体育馆7处、体育场9处，完成标准化运动场地建设总面积111944平方米，学校体育设施逐步完善，基本配齐各中小学体育教学所需的设备器材。

第二十二编

医疗·卫生

第一章　医疗技术诊治

第一节　医疗技术

苏尼特右旗医疗技术主要包括中西医治疗技术、蒙医治疗技术和妇女儿童保健治疗技术等，由苏尼特右旗人民医院、苏尼特右旗蒙医医院、苏尼特右旗妇幼保健所等医疗机构实施。

苏尼特右旗人民医院开设科室36个。其中，临床科室13个（内科、外科、妇科、保健科、儿科、ICU、传染科、口腔科、眼科、耳鼻喉科、中医科、麻醉室、急诊科）；医技科室12个（影像室、窥镜室、病理科、理疗室、注射科、检验科、输血科、心电图室、B超室、药械科、药剂科、供应室）；职能科室11个（医院办公室、控感科、医务科、护理部、财务科、总务科、配膳室、病案室、网络维护及信息统计科、维修班、治安科）。

2001—2015年，苏尼特右旗人民医院内科引进静脉溶栓治疗及血液激光治疗新技术，心脑血管疾病的诊断率、抢救成功率逐年提高。首先在内科病区内开展整体护理，各专业配备专业人才及技术骨干。人民医院内科组建心脑血管疾病重点专业组，外科开展开颅血肿清除术、开胸肺叶修补术。实施膈肌修补术、甲状腺次全切术、先天性幽门狭窄成形术、乳腺癌简易根治术、胆囊切除术、胆总管探查引流术、胆总管十二指肠吻合术、肝管端端吻合术、胃癌根治术、小肠部分切除术、结肠部分切除一期吻合术、各类骨折复位内固定、先天性髋关节脱位复位成形术、关节融合术、椎管狭窄减压术、肌皮瓣转移成形术以及锥形切除术、输卵管通液术等。五官科开展抗青光眼内引流术、白内障切除术及人工晶体移植术、眼球摘除术、泪囊摘除术、斜视矫正术、扁桃体切除术、鼻息肉切除术、鼻中隔矫正术、唇裂修复术、颌面部骨折复位及固定术。病理科开展病理检查及诊断。放射科开展各类造影技术。化验室开展各类生化检验、微生物学检验、免疫血清检验及血液细胞、体液细胞检查等。

苏尼特右旗蒙医医院主要科室有蒙医内科、蒙医外科、五疗科、针灸科、蒙药制剂科、医技科等。专病专科包括肝胆专科、肛肠专科、五疗骨伤专科、心脑血管专科。2013年，五疗针灸科、肝胆专科被评为自治区级重点专病专科。

2015年，苏尼特右旗妇幼保健所从妇女保健、孕产妇系统保健管理、生殖保健、婚前保健、产前保健、住院分娩、妇女常见病、多发病的诊断与治疗到儿童保健、7岁以下儿童系统保健管理，托幼机构的卫生保健，儿童常见病、多发病的诊断与治疗，形成全旗较为完整的妇幼保健网。

第二节 医疗培训

苏尼特右旗卫生医疗机构加强对全旗苏木镇、嘎查村分级指导工作模式。派出旗级医院业务技术骨干到苏木镇卫生院定期轮换坐诊，苏木镇卫生院派技术骨干到嘎查村级卫生室开展业务指导，传授先进医疗技术和科学的管理方法。在服务模式上变“坐堂待诊”为“进村巡诊”。选送学科骨干和高年资优秀医生外出进修深造，对有培养前途的优秀人才进行规范化培养与管理，提供充分发挥能力的机会。

2001—2015 年，采取在职培训一批卫生技术人员，建立终身教育制度。通过有计划、多形式地对现有苏木镇工作人员进行定期培训，强化农牧区卫生技术人员学历教育，提高执业医师和执业助理医师从业比例，提高苏木镇卫生人员的专业知识和技能。返聘一批离退休卫生技术人员。

2001—2015 年，采取对乡村医生进行定期考核办法，每年至少对嘎查村卫生室从业人员开展一次培训，结合基本公共卫生服务项目，将乡村医生每月集中在苏木镇卫生院进行为期 10 天的培训学习并参加日常诊疗工作。同时，整理输入本嘎查（村）健康电子档案。培训内容包括常见病、多发病的诊治，儿童预防接种基本知识，肺结核、布鲁氏菌病的预防与治疗，妇科、儿科常见病的诊断与治疗，蒙医常见病诊治，流感、手足口病防控基本知识及慢性病管理等，规范乡村医生从业行为，提高乡村医生执业水平，召开乡村医生例会，每季度培训一次相关医学防病知识，定期学习卫生法律、法规和政策、制度。

第三节 医疗诊治

一、“非典”诊治

2003 年 4 月 22 日，苏尼特右旗遭遇“非典”疫情，人民医院成为诊治“非典”患者指定医院，在缺乏有关医疗知识和毫无准备情况下，在短短一周中收治传染性非典型肺炎临床诊断病例 6 例、疑似病例 1 例、留观人员 28 人次。通过科学严谨治疗，6 名确诊和 1 名疑似非典患者均痊愈出院，创造诊断无误、治疗正确，周期短、费用低，救治患者无一例死亡、医务人员无一例感染的成绩，得到国务院 SARS 防治专家组、自治区及锡林郭勒盟专家组的首肯。同时，认为苏尼特右旗人民医院在治疗传染性非典型肺炎工作中取得的成功经验有推广和借鉴价值。

二、鼠疫诊治

2004 年 11 月 5 日，阻断 33 年的“人间鼠疫”重大疫情在苏尼特右旗突发，在收治患者的同时，及时启动《突发公共卫生事件防治预案》，阻断传染源，在紧张、有序、周密部署下，全旗卫生系统职工发扬 2003 年抗击“非典”时无所畏惧、无私奉献的精神，历经 37 天治疗，1 名患者痊愈出院。

三、传染病诊治

2009 年 11 月 6 日，全旗 5 名学生被诊断为甲型 H1N1 流感确诊病例，卫生局及时启动应急预案进行治疗，使流感患者在第一时间得到有效医治并完全康复。

四、门诊诊治

2009 年，苏尼特右旗人民搬迁医院新址，年住院人次由 60 人次提高到 420 余人次。

2013 年，苏尼特右旗蒙医医院扩大规模和业务范围，五疗针灸科、肝胆专科被评为自治区级重点专病专科。

2015 年，苏尼特右旗人民医院年平均门诊量 4 万人次，年平均住院病人 1500 人次，年平均手术量 500 例次。

第四节　医疗设备

2009 年 7 月，苏尼特右旗人民医院通过美国援助贷款项目购进德国西门子 6 排 CT 机、美国强生全自动生化仪、日本宾得电子胃镜、岛津 X 光机等大型先进设备。拥有西门子—Emotion6 全身螺旋 CT 机、新东方 1000 医用数字化 X 射线摄影系统（DR）、日本岛津 500 毫安配闭路电视系统 X 光机、日本岛津 S—DU400 胸腹两用 B 超机、日本欧林巴斯胃镜和支气管镜、层流手术间 3 间配麻醉工作站、日产床边监护仪、日产三导电脑自动分析心电图机、眼科裂隙灯、日产牙科综合治疗台、日产呼吸机、除颤机、保温箱、血球计数仪、尿自动分析仪、五分类血常规、自动血流变测试仪、全自动生化分析仪、全自动化学发光免疫分析仪、鼻窦内窥镜图文显示系统、鼻窦电动手术刀、眼科 A B 超仪、非接触式眼压仪、24 小时动态血压仪等 60 余台（件）大中型国际国内先进设备。

2015 年，蒙医医院拥有万元以上医疗设备 11 台，各种化验设备及西门子彩色多普勒 B 超和上海三叶 500 毫安 X 光机等先进设备。

2015 年，妇幼保健所拥有彩色 B 超机、心电图机、双目显微镜、高危监测仪、新生儿保温箱、新生儿蓝光治疗仪、新生儿抢救台、新生儿访视包、200 毫安 X 光机、半自动生化分析仪、KS-10A 光热治疗仪、血球计数仪、微量元素检测仪、儿童听力筛查仪、心电监护仪、电子血压仪、优利特尿分析仪、阴道镜、多普勒等常规医疗设备。

第五节　蒙医　蒙药

苏尼特右旗蒙医医院是一家集医疗、科研和预防保健于一体的蒙医医院。行政隶属卫生和计划生育局，是二级乙等医院。蒙医院蒙医业务科室有蒙医内科、蒙医儿科、蒙医妇科、蒙医五疗科、肝胆科、放射科、检验科、药房。医技科室有心电、化验、放射、超声。有彩色 B 超、X 光机、全自动尿液分析仪等大型设备。医院建筑面积 3640 平方米。其中，门诊 2450 平方米、住院 1190 平方米，编制病床 100 张，实际病床 30 张。

一、蒙医

2001—2015 年，苏尼特右旗蒙医医院始终坚持突出蒙医药特色，大力开展放血疗法、蒙医疗灸、火针疗法、蒙医针刺、蒙医按摩、蒙医药浴及温泉疗法等独特疗法，并在实践中取得显著成效。充分发挥蒙医药独特的“简、便、验、廉”作用。

蒙医医院在温都尔阿尔善基地增设蒙医五疗科分科“蒙医温泉疗术中心”，建筑面积 1260 平方米，病床 21 张，主要开展的蒙医诊疗项目有天然温泉浴疗法、五味甘露药浴疗法、蒙药敷药疗法和蒙医传统五疗疗法及蒙医传统饮食疗法（酸驼奶疗法、酸马奶疗法）等。

1. 传统饮食疗法

苏尼特右旗蒙医医院通过合理调配膳食，增强病人体质，将苏尼特浓厚的民族特色和地方特色融入传统蒙医饮食疗法。例如，牧民春季患“巴木”病（坏血病）时，饮食疗法方面，宜食用草原上采摘“哈拉海”（荨麻）嫩枝叶或胡木里（沙葱），夏季则宜饮用酸马奶。

2. 酸马奶疗法

酸马奶疗法又称“策格”疗法，为蒙医传统饮食疗法之一。夏季是实施马奶疗法的特定季节，蒙医医院开设专门病床收治患者。应用酸马奶疗法主治胃肠道疾病、消化功能减退、月经不调、肝病、水肿、坏血病、心脏病、高血压、神经衰弱、肺结核等疾病。现代科学试验确认，酸马奶中含有糖、蛋白质、脂肪、维生素类（特别是维生素 C 含量较多）、酶、微量元素等多种对人体健康有益成分。

3. 五味甘露药浴疗法

五味甘露药浴疗法又称五花药浴，蒙药用照白杜鹃、侧柏叶各 1 份，水柏枝、麻黄各 2 份、艾蒿 3 份（每份量在 0.5 公斤以上）加清水煎煮 3 次，将药汁加入浴水中混合即可洗浴。具有除黄水、清热解毒、活血化瘀、益胃壮腰等功效。也可用来治疗四肢僵直、脾血不足、痔疮及皮肤疾病等。

二、 蒙药

蒙药用药种类很多，历史文字记载约 2200 余种。经调查考证的蒙药材有 13 类 1340 余种，其中，常用蒙药 500 余种。

1. 蒙药炮制

主要有水银炮制、寒水石炮制、赤铜炮制等蒙药炮制方法。

2. 蒙药剂量

蒙药传统剂型以散剂为主。蒙医用羊皮或鹿皮缝制成小药口袋，32 个小药袋为 1 卷，随药包带有金、银、铜制药匙。药匙分大、中、小三号，大号药匙相当于 4 克，中号相当于 2 克，小号相当于 1 克。根据病情及药物性能，按处方规定剂量要求，分别用大、中、小匙取药，以保证药量准确无误。随着蒙药制剂投入使用，蒙药剂型由原先散、丸、汤单一剂型向颗粒剂、胶囊剂、口服液等新剂型应用临床。

3. 蒙药资源

全旗有天然野生植物蒙药材 200 余种。其中，具有采集和应用价值的蒙药材 140 余种。蒙医和中医通用药材以及蒙医专用植物药材有草麻黄、紫参、银柴胡、白屈菜、甘草、苦参、白鲜、锦葵、柴胡（红柴胡）、防风、冬葵、秦艽、菟丝子、黄芩、车前子、益母草、桔梗、蒲公英、艾蒿、苍耳、藜芦、马蔺、马勃、贯仲、刺柏、臭柏、蒙古栎、华北大黄、马齿苋、黄花铁线莲、瓣蕊唐松草、独行菜、沙芥、瓦松、梅花草、草杜仲、刺玫果、大叶蔷薇、大花棘豆、硬花棘豆、牻牛儿苗、白刺、地锦、狼毒、沙棘、北点地梅、达乌里龙胆、中国扁蓿、花锚、肋柱花、当药、地稍瓜、齿缘草、香春兰、并头黄芩、达乌里芯芭、柳穿鱼、红斑马先蒿、齿叶草、萹蓄、列当、窄叶蓝盆花、华北蓝盆花、铁杆蒿、齿叶草、小白菊、蓝刺头、叉枝鸦葱、细黄鹌菜、山苦菜、风毛菊、华北鸦葱、猬菊、细叶百合、石花、卷柏等。

第二章　卫生防疫保健

第一节　疾病监测

2001 年，按照全旗疾病监测方案，先后对巴彦朱日和苏木、乌日根塔拉苏木、阿尔善图苏木、都呼木苏木，进行甲、乙、丙传染病和新生、死亡监测。其中，无甲类传染病发生，乙类传染病发病率 320.06/10 万，丙类发病率 179.23/10 万。监测点内，2 年出生 114 人，出生率 14.6%，死亡 60 人，死亡率 7.7%。对布鲁氏菌病高危人群进行重点监测，采血样 850 人（份），未发现阳性病例。

2002 年，重点监测加工出厂碘盐 108 份，全部合格，居民户监测 288 份，全部合格。对高危人群进行普查 207 份血检任务，未发现阳性结果。11 月 29 日，经内蒙古医学院附属医院确诊，出现砷中毒病人。11 月 30 日至 12 月 5 日，自治区疾病控制中心、锡林郭勒盟卫生局、卫生防疫站和苏尼特右旗卫生局、卫生防疫站，联合对 8 个苏木镇 13 个嘎查 37 个浩特 45 户牧民进行调查，采集重点人群 75 人，其中，采集水样 44 份，确定为砷中毒病区。

2003 年，全年监测加工厂 108 份，全部合格。居民户 188 份，全部合格。对布鲁氏菌病高危人群进行普查，血检 200 份，全部为阴性。检测水井 673 眼、合格 86 份，合格率 12.80%，水氟超标 587 眼水井，超标率 87.2%，氟超标水源中，72.20%水氟浓度在每升 2 毫克、4 毫克以上，中重型超标较多。年内，对桑宝拉格苏木查干朝鲁图嘎查、嘎夏图浩特等 8 个苏木镇的 712 眼水井进行水中砷含量检测。

2004 年，按照卫生部碘盐监测方案，监测出厂碘盐 108 份，合格率 100%，居民碘盐监测 293 份，其中，不合格 8 份，合格 285 份，合格率 97.27%。按照《锡林郭勒盟 2003—2005 年布鲁氏菌病防治实施方案》开展检菌查源工作，对高危人群进行普查，按时完成 200 份血检任务，阴性 60 人。年内，报告新发病例 24 例分布在 11 个苏木（镇），无死亡病例。

苏尼特右旗境内高氟含量高，对全旗 85 眼水井进行监测，65 眼水井水氟超标。为防止氟砷中毒，为 7 个苏木镇 13 个嘎查 87 户家庭安装改水设备。

2005 年，全年监测出厂碘盐 108 份，合格率 100%，居民碘盐监测 288 份，不合格 3 份，合格 285 份，合格率 98.96%。对布鲁氏菌病高危人群血检 645 人，阳性 187 人，阳性率 28.99%。布鲁氏菌病占全年传染病总发病率 44.31%，主要分布在 13 个苏木镇，无死亡病例。年内，对 5 个苏木 9 个嘎查 23 眼水井进行水质氟化物监测，全部超标。对水中砷含量进行检测，检测范围每升 0~1.6 毫克，超标井 13 眼。

2006 年，全年监测出厂碘盐 108 份，合格率 100%，居民碘盐监测 288 份，合格 281 份，不合格 7 份，合格率 97.57%。布鲁氏菌病血检 307 人，阳性 87 人，阳性率 28.34%。5 月 19 日至 9 月 10 日，日本亚洲砷协会（AAN）到苏尼特右旗桑宝拉格苏木查干楚鲁图嘎查、额尔登塔拉嘎查进行砷超标水质地质实地调查，对30眼水井进行实地砷、氟检测，检验和取样，调查砷中毒病人15人，并详细了解病情。9月，全国第三次死因回顾抽样调查，对全旗2004—2006年死亡人员进行入户调查，年内，对学生常见病监测9073人。

2007年，按照卫生部碘盐监测方案，居民碘盐监测5个苏木镇，20个居委会，总样本300份，每个样本量15份。其中，合格293份，不合格7份，合格率97.67%。年内，布鲁氏菌病血检人数570人，阳性77例，阳性率13.51%。水氟测定293户，合格17户。尿氟测定800人。与日本亚洲砷协会合作监测高砷水31次。9月15日至11月15日，中国慢性病及其危险因素监测320份。

2008年，全旗完成碘盐质量监测6批180份，合格100%。居民碘盐监测6个苏木、20个居委会，总样本300份，每个样点15份，合格率100%。布鲁氏菌病血检人数795人，阳性180例，阳性率22.64%。水氟测定20户，尿氟测定48人。调查饮水型氟中毒病区59个嘎查（行政村），4个轻病区，25个中病区，21个重病区。调查氟斑牙69人，病人52人。

2009年，全旗完成碘盐检测108份，合格率100%。居民碘盐检测300份，合格率100%。年内，布鲁氏菌病血检人数1521人，阳性648例，阳性率42.60%，水氟测定115份。

2010年，按照碘盐生产、加工、分装及批发层次质量检测6批108份，合格率100%。居民碘盐抽检样本300份，合格率100%。全旗范围开展布鲁氏菌病普查工作，历时6个月，血检人数11125人，阳性1559人，阳性率14%。其中，学生2222人，阳性142人，阳性率6.39%。

2011年，根据全国开展慢性病调查，全旗完成600人跟踪调查，以问卷和测量血压等主要内容进行监测。碘盐监测108份，合格率100%，居民盐样300份，全部合格。布鲁氏菌病调查200人，阳性64人，阳性率32%。年内，卫生系统举办培训班3期，培训人数96人，发放消毒用品2691瓶，防护用品3440个。

2012年，全旗完成碘盐检测108份。合格率100%。抽查居民盐样300份，全部合格。布鲁氏菌病血检人数1250人，阳性40人，阳性率3.2%。

2013年，全旗完成布鲁氏菌病血检人数960人，阳性率151人，阳性率15.73%。碘盐检测108份，居民碘盐300份，全部合格。

2014年，全旗完成碘盐质量检测108份，全部合格。居民碘盐300份，全部合格。布鲁氏菌病调查200人，阳性12人，阳性率6%。年内，对桑宝拉格苏木9个嘎查18户牧民家采集水样。10月，全国乙肝1~29岁人群采集血样154人，送中国疾控中心进行监测。年内，开展农村牧区环境监测，对额仁淖尔苏木、桑宝拉格苏木、阿其图乌拉苏木、乌日根塔拉镇、朱日和镇5个苏木镇20个嘎查村100户农牧民家庭进行环境和土壤监测，完成全区环境卫生土壤蛔虫卵监测20份，其中，土壤检出蛔虫卵7份。

2015年，全旗进行布鲁氏菌病血检1123人，阳性80人，阳性率7.12%。碘盐检测108份，居民碘盐300份，全部合格。9—11月，完成中国成人慢性病与营养监测642人份，对4个嘎查进行土壤取样，为114名牧民进行血检。

第二节　疾病控制

一、传染病防治

2001年，苏尼特右旗传染病发病率168.77/10万~174.68/10万。

2002年，全旗乙类传染病4种，计128例，无死亡病例，总发病率185.51/10万。

2003 年，全旗乙类传染病 5 种计 117 例，无死亡病例，总发病率 168.69/10 万。

2004 年，全旗发生传染病 461 例，无死亡病例，发病率 661.41/10 万。其中，鼠疫 1 例、甲肝 17 例、乙肝 249 例、细菌性痢疾 7 例、布鲁氏菌病 74 例、肺结核 107 例、猩红热 1 例，其他传染病 5 例。

2005 年，全旗发生传染病 517 例，无死亡病例，发病率 755.43/10 万。其中，本地报告病例 422 例，分别为布鲁氏菌病 187 例、甲肝 6 例、乙肝 122 例、肺结核 69 例、猩红热 30 例、细菌性痢疾 4 例、流行性腮腺炎 2 例，其他传染病 2 例。外地报至本地 95 例，其中，布鲁氏菌病 64 例、乙肝 19 例、丙肝 1 例、未分型肝炎 1 例、肺结核 3 例、麻疹 2 例、风疹 1 例，其他传染病 4 例。

2006 年，全旗发生传染病 378 例，无死亡病例，发病率 552.62/10 万。其中，肺结核 60 例、布鲁氏菌病 131 例，乙肝 128 例、丙肝 1 例、猩红热 1 例、流行性腮腺炎 32 例，其他传染病 25 例。

2007 年，全旗发生传染病 347 例，无死亡病例，发病率 507.10/10 万。其中，肺结核 66 例、布鲁氏菌病 77 例，乙肝 174 例、甲肝 3 例、猩红热 5 例、细菌性痢疾 1 例、风疹 1 例，其他传染病 20 例。

2008 年，全旗发生传染病 194 例，无死亡病例，发病率 280.50/10 万。其中，肺结核 49 例、布鲁氏菌病 113 例，甲肝 3 例、猩红热 10 例，其他传染病 19 例。

2009 年，全旗发生传染病 739 例，无死亡病例，发病率 1066.58/10 万。其中，肺结核 62 例、布鲁氏菌病 393 例，肝炎 79 例、甲型 H1N1 流感 5 例、包虫病 1 例、流行性感冒 7 例、流行性腮腺炎 15 例、风疹 3 例、麻疹 4 例，感冒性腹泻病 1 例、手足口病 134 例，其他传染病 35 例。年内，通过对服务行业、娱乐场所进行监测，对建筑工地民工以及高危人群暗娼人员进行艾滋病防治宣传，提高对艾滋病防治意识。

2010 年，全旗发生传染病 506 例，无死亡病例。其中，肝炎 38 例、肺结核 41 例、布鲁氏菌病 389 例、手足口病 6 例，其他传染病 32 例。针对风疹、手足口疫情，深入各学校，托幼机构督导传染病防治工作，发放宣传单，手足口病采样 13 人份，经锡林郭勒盟疾控中心实验室检测确诊 6 例。完成苏尼特右旗报告疑似手足口病病例流行病学调查。

2011 年，全旗发生传染病 381 例，无死亡病例。其中，肝炎 63 例、肺结核 47 例、布鲁氏菌病 232 例、手足口病 8 例、流行性腮腺炎 1 例、结核性胸膜炎 2 例，其他传染病 28 例。年内，加强各苏木镇卫生院传染病报告与管理督导工作，为各苏木镇卫生院建立健全传染病管理档案。

2012 年，全旗发生传染病 276 例，无死亡病例。其中，肺结核 32 例、布鲁氏菌病 96 例，肝炎 82 例、流行性感冒 2 例、流行性腮腺炎 3 例，感冒性腹泻病 3 例、手足口病 6 例，其他传染病 52 例。

2013 年，全旗发生传染病 109 例，无死亡病例。其中，肺结核 10 例、布鲁氏菌病 30 例，肝炎 14 例、流行性腮腺炎 2 例、手足口病 26 例，其他传染病 27 例。

2014 年，全旗发生传染病 263 例，无死亡病例。其中，肺结核 30 例、布鲁氏菌病 44 例，肝炎 105 例、流行性腮腺炎 1 例、手足口病 10 例、麻疹 7 例、猩红热 10 例、流行性感冒 2 例，其他传染病 54 例。

2015 年，全旗发生传染病 250 例，无死亡病例。其中，肺结核 35 例、布鲁氏菌病 23 例，肝炎 97 例、流行性腮腺炎 2 例、手足口病 32 例、麻疹 1 例，其他传染病 60 例。

二、　地方病防治

2001 年，全旗固定监测点监测面积 200 平方公里，调查样方 100 公顷。鼠病原学检验 385 只，判定疫鼠 1 只。蚤病原学检验 39 组 115 只，血凝试验 128 份，未发现阳性。疫区处理 8 天，处理面积 4 平方公里，出动人员 128 人次，用灭鼠药 60 公斤，灭鼠 1.2 万只。

2002 年，全旗固定监测点监测面积 200 平方公里，调查样方 100 公顷。鼠病原学检验 188 只，蚤病原学检验 37 组 139 只，血凝试验 20 份，未发现阳性。

2003 年，全旗固定监测点监测面积 200 平方公里，调查样方 100 公顷。鼠病原学检验 520 只，判定疫鼠 1 只。蚤病原学检验 103 组 311 只，判定疫蚤 2 组 2 只。血凝试验 150 份，未发现阳性。疫区处理 11 天，处理面积 6 平方公里，出动人员 85 人次，用灭鼠药 42 公斤，灭鼠炮 3.28 万枚。

2004 年 11 月 8 日，判定人间腺型鼠疫 1 起，由于在旗委、政府直接领导下，做到早发现、早报告、早隔离、早治疗，人间鼠疫疫区处理及时，没有造成疫情扩散，病人痊愈出院。年内，全旗固定监测点监测面积 200 平方公里，调查样方 100 公顷。鼠病原学检验 634 只。蚤病原学检验 66 组 169 只，判定疫蚤 2 组 4 只。血凝试验 210 份，未发现阳性。

2005 年，全旗固定监测点监测面积 200 平方公里，调查样方 100 公顷。鼠病原学检验 605 只，判定疫鼠 6 只。蚤病原学检验 107 组 372 只，判定疫蚤 16 组 24 只。血凝试验 208 份，未发现阳性。

2006 年，全旗开展固定监测点 2 次，监测面积 200 平方公里，调查样方 100 公顷。流动监测点监测面积 200 平方公里，调查样方 100 公顷。鼠病原学检验 999 只，判定疫鼠 1 只。蚤病原学检验 424 组 1474 只，判定疫蚤 2 组 2 只。血凝试验 374 份，未发现阳性。疫区处理 8 天，处理面积 12 平方公里，出动人员 280 人次，灭鼠炮 2.08 万枚。

2007 年，全旗开展固定监测点 2 次，监测面积 200 平方公里，调查样方 100 公顷。流动监测点监测面积 200 平方公里，调查样方 100 公顷。鼠病原学检验 1040 只，判定疫鼠 1 只。蚤病原学检验 248 组 28 只，判定疫蚤 2 组 2 只。血凝试验 303 份，阳性血凝 1 份。疫区处理 8 天，处理面积 9 平方公里，出动人员 224 人次，灭鼠炮 2.70 万枚。

2008 年，全旗开展固定监测点 2 次，监测面积 200 平方公里，调查样方 100 公顷。流动监测点监测面积 200 平方公里，调查样方 100 公顷。鼠病原学检验 995 只，判定疫鼠 1 只。蚤病原学检验 377 组 984 只，判定疫蚤 1 组 4 只。血凝试验 326 份，未发现阳性。疫区处理 4 天，处理面积 4 平方公里，出动人员 71 人次，灭鼠炮 1.052 万枚。

2009 年，全旗开展固定监测点 2 次，监测面积 200 平方公里，调查样方 100 公顷。流动监测点监测面积 200 平方公里，调查样方 100 公顷。鼠病原学检验 1118 只，判定疫鼠 2 只。蚤病原学检验 198 组 400 只，血凝试验 319 份，未发现阳性。疫区处理 10 天，处理面积 6 平方公里，出动人员 125 人次，灭鼠炮 2.26 万枚。

2010 年，全旗开展固定监测点 2 次，监测面积 200 平方公里，调查样方 100 公顷。流动监测点监测面积 200 平方公里，调查样方 100 公顷。鼠病原学检验 1045 只，判定疫鼠 2 只。蚤病原学检验 275 组 699 只，判定疫蚤 5 组 14 只。血凝试验 292 份，未发现阳性。疫区处理 5 天，处理面积 4 平方公里，出动人员 50 人次，灭鼠炮 0.65 万枚。

2011 年 4 月 11 日至 11 月 12 日，对全旗 1 个固定监测点 4 个流动监测点进行监测。监测面积 400 平方公里。扩大面积 101 平方公里，总监测面积 501 平方公里。捕鼠 1030 只，其中，长爪沙鼠 950 只，获蚤 159 组 386 只。挖鼠巢 45 个，做血凝 295 份，均为阴性。

2012 年 4 月 12 日至 11 月 16 日，对全旗 1 个固定监测点 4 个流动监测点进行监测。总监测面积 500 平方公里。捕鼠 1082 只，其中长爪沙鼠 950 只，获蚤 149 组 359 只。挖鼠巢 44 个，做血凝 350 份，均为阴性。

2013 年 4 月 12 日至 11 月 16 日，对全旗 1 个固定监测点 4 个流动监测点进行监测，总监测面积 501 平方公里。捕鼠 1015 只，其中，长爪沙鼠 928 只，获蚤 219 组 478 只。血凝试验 199 份，均为阴性。

2014 年 3 月 27 日至 10 月 30 日，对全旗 1 个固定监测点 4 个流动监测点进行监测，总监测面积

501 平方公里。捕鼠 1033 只，其中，长爪沙鼠 935 只，获蚤 285 组 753 只。血凝试验 256 份，均为阴性。

2015 年 1 月 6—7 日，根据《内蒙古自治区鼠疫监测方案》要求及中心工作安排，对朱日和镇所在地以东 20~40 公里公路两侧 51 平方公里范围进行踏查和鼠密度调查。4 月 14 日至 10 月 26 日，按照《全国鼠疫监测方案及实施细则》，对全旗 2 个阶段 1 个固定监测点，2 个流动监测点进行监测。监测面积 200 平方公里，捕鼠 930 只，其中，长爪沙鼠 869 只，获蚤 180 组 343 只，血凝试验 269 份，均为阴性。截至 2015 年 11 月，全旗判定鼠间鼠疫 435 起，人间鼠疫 1 起。

三、 突发性疾病防治

1. 非典型肺炎防治

2003 年，旗委、政府部署全旗非典型肺炎防控工作。成立以旗长为总指挥的防非典指挥部。下设办公室和 10 个工作领导小组。卫生部门相继成立流行病学调查组、流行病学排查组、流行病学终末消毒组、流行病学保障组、流行病学信息宣传组、流行病学后勤保障组。4 月 15 日，实施各项预防性措施，对外通过电视媒体发布“致司机师傅和广大返乡人员的一封信”，严防外来疫情输入；在全旗各中小学校、车站、饭店和人口聚集场所和重点部位，实施大面积预防性消毒。

4 月 22—29 日，全旗连续出现 7 例非典诊断和疑似病例，其中，输入病例 4 人。防非典指挥部紧急启动 50 余人参加流调队伍，相继排查出与 4 个输入病例密切接触者 78 人，一般接触者和间接接触者 1383 人，分别采取医院、定点和居家隔离观察措施。全旗连续 32 天无新增疑似病例。5 月 22 日，被隔离的 1458 名密切和一般接触人员陆续解除隔离。流调人员出动 2863 人次，累计调查 1465 人，出动车辆 732 辆次。5 月 26 日，6 名确诊患者和 1 名疑似患者全部康复出院。

2. 人间鼠疫防治

2004 年 11 月，苏尼特右旗都呼木苏木发生 1 例人间腺型鼠疫继发肺鼠疫疫情。卫生部门紧急启动流调、消杀、隔离救治（患者）、隔离医学观察（密切接触者）等突发公共卫生事件工作预案，旗委及时召开会议紧急研究部署鼠疫防治工作，成立全旗鼠疫防治指挥部、指挥部下设 4 个工作组，并成立治疗组、人间鼠疫流调组、动物鼠疫流调组、检验组、消杀组、后勤保障组 6 个专业组，对患者隔离治疗，对 24 名密切接触者进行就地隔离、医学观察。在此期间，开展保护性灭鼠灭蚤工作，出动人员 1634 人次，机动车辆 200 辆，在 62 平方公里范围投放烟炮 1. 90 万枚，投药鼠洞 1. 284 万个。镇内入户 5397 户，住房 8766 间，仓库 5313 间，单位办公室 137 间、单位仓库 403 间，投放灭鼠药 2383 公斤，喷洒消毒剂 2315 毫升，发放宣传单 1. 8 万份。疫情历时 37 天，病人和密切接触者经临床体征和实验室痰及咽分泌物培养、结果均为阴性，治愈出院，解除隔离。

第三节 计划免疫

2001 年，全旗计划免疫“五苗”（卡介苗、脊髓灰炎疫苗、百白破疫苗、麻疹疫苗、乙肝疫苗）接种率均在 95%以上。

2002 年，全旗 0~7 岁儿童建证 100%，卡介苗接种率 97. 64%。糖丸投服率 95. 47%，百白破接种率 91. 85%，麻疹接种 96. 21%，百白破 1. 5~2 岁加强接种率 93. 91%，4 岁加强糖丸投服率 97. 94%，7 岁麻疹加强接种率 95. 74%，基础免疫乙肝接种率 96. 75%，五苗覆盖率 92. 00%。年内，强化免疫第一轮全旗 0~4 岁儿童 2398 人，实投服 2286 人，投服率 95. 33%，流动儿童投服 207 人。第二轮 0~4 岁儿童 2430 人，实际投服 2314 人，投服率 95. 23%。“0 剂次”投服率 100%，流动人口第二轮投服

219 人。

2003 年，全旗 0~7 岁儿童 4641 人，卡介苗接种率 98.33%，糖丸投服率 100%，百白破三联疫苗接种率 91.63%，麻疹疫苗接种率 95.42%，乙肝疫苗接种率 89.00%，4 岁糖丸投服率 100%，7 岁麻疹疫苗加强接种率 98.25%，五苗覆盖率 92.92%。

2004 年，全旗 0~7 岁儿童 4196 人，卡介苗接种率 95.33%，糖丸投服率 100%，百白破接种率 89.34%，麻疹接种率 90.15%，乙肝接种率 90.10%，4 岁糖丸加强投服率 100%，7 岁麻疹加强接种率 99.20%，五苗覆盖率 89.34%。

2005 年，全旗 0~7 岁儿童4020人，卡介苗接种率 97.32%，糖丸投服率 92%，百白破接种率 92.31%，麻疹接种率 95.43%，乙肝接种率 90.12%，4 岁糖丸加强投服率 100%，7 岁麻疹加强接种率 98.80%，五苗覆盖率 91.43%。

2006 年，全旗 0~7 岁儿童 4931 人，卡介苗接种率 98.42%，糖丸投服率 100%，百白破接种率 96.53%，麻疹接种率 97.48%，乙肝接种率 95.90%，4 岁糖丸加强投服率 100%，五苗覆盖率 93.28%，成人乙肝接种 155 人份。全国人群乙肝有关血清学调查 317 人。

2007 年，全旗 0~7 岁儿童 4919 人，其中，新出生儿童数 379 人，卡介苗接种率 98.34%，糖丸投服率 100%，百白破接种率 95.49%，麻疹接种率 97.60%，乙肝接种率 95.85%，4 岁糖丸加强投服率 100%，五苗覆盖率为 93.50%，成人乙肝接种 71 人份。

2008 年，全旗 0~7 岁儿童 3391 人，其中，新出生儿童数 418 人，卡介苗接种率 98.30%，糖丸投服率 98.50%，百白破接种率 93.40%，麻疹接种率 96.70%，乙肝接种率 92.40%，4 岁糖丸加强投服率 100%，五苗覆盖率 92.10%，成人乙肝接种 47 人份。

2009 年，全旗 0~7 岁儿童 3385 人，其中，新出生儿童数 422 人，卡介苗接种率 97.39%，糖丸投服率 100%，百白破接种率 96.01%，麻疹接种率 94.98%，乙肝接种率 96.92%，4 岁糖丸加强投服率 100%，五苗覆盖率 95.48%，成人乙肝接种 145 人份。年内，对人民医院、蒙医医院、妇幼保健所三所哨点医院进行监测管理，提高监测系统灵敏度和准确性，全年监测 APP、麻疹、新生儿破伤风、旬报 36 次，月报 12 次，报告率 100%。

2010 年，全旗新出生儿童数 412 人．卡介苗接种率 96%，乙肝疫苗接种率 96%，糖丸投服率 100%，百白破疫苗接种率 96%，麻疹疫苗接种率 97%，4 岁糖丸加强投服率 100%，成人乙肝接种 31 人份。并在全旗进行麻疹强化免疫活动，培训专业人员 70 人，发放宣传品 5000 余份，电视滚动播出 10 天，设接种点 9 个，短信群发 4 万余条。全旗摸底适龄儿童 2091 人，实际接种 2009 人，接种率 96.10%。

2011 年，全旗新出生儿童数 361 人．卡介苗接种率 98%，乙肝疫苗接种率 98%，糖丸投服率 100%，百白破疫苗接种率 96%，麻疹疫苗接种率 98%，4 岁糖丸加强投服率 100%，成人乙肝接种 10 人份。麻疹强化免疫接种 76 人，糖丸强化免疫接种 36 人，乙肝强化免疫接种 756 人，全旗培训专业人员 56 人，发放宣传品 6000 余份，电视滚动播出 7 天，设接种点 3 个，短信群发 4 万余条。

2012 年，全旗新出生儿童数 465 人，卡介苗接种率 98.7%，乙肝疫苗接种率 98.5%，糖丸投服率 100%，百白破疫苗接种率 96.7%，麻疹疫苗接种率 98.2%，4 岁糖丸加强投服率 100%。麻疹强化免疫接种 434 人，糖丸强化免疫接种 1615 人，全旗培训专业人员 28 人，发放宣传品 6000 余份，电视滚动播出 7 天，设接种点 7 个，短信群发 4 万余条。

2013 年，全旗新出生儿童数 409 人．卡介苗接种率 99%，乙肝疫苗接种率 99%，糖丸投服率 100%，百白破疫苗接种率 98%，麻疹疫苗接种率 98%，4 岁糖丸加强投服率 96%。麻疹强化免疫接种 432 人，糖丸强化免疫接种 102 人，全旗培训专业人员 22 人，发放宣传品 5300 余份，电视滚动播出 7 天，设接种点 7 个，短信群发 2 万余条。

2014年，全旗新出生儿童数469人．卡介苗接种率98%，乙肝疫苗接种率98%，糖丸投服率99%，百白破疫苗接种率98%，麻疹疫苗接种率98%，4岁糖丸加强投服率95%。乙脑疫苗接种率93%，甲肝疫苗接种率93%。5月10—15日，麻疹强化免疫接种123人，实际接种119人，接种率98%，糖丸强化免疫2轮接种常住儿童80人，流动儿童32人，零剂次儿童11人。

2015年，全旗新出生儿童数340人．卡介苗接种率98%，乙肝疫苗接种率98%，糖丸投服率99%，百白破疫苗接种率98%，麻疹疫苗接种率98%，4岁糖丸加强投服率95%。乙脑疫苗接种率95%，甲肝疫苗接种率95%。5月10—15日，麻疹强化免疫接种1267人，实际接种1211人，接种率96%，糖丸强化免疫2轮接种常住儿童172人，流动儿童24人，零剂次儿童16人。

第四节　卫生保健

一、 妇幼保健

2001年，全旗无孕产妇死亡，孕产妇系统保健管理率71.98%，住院分娩率88.08%。全年诊治病人5085人次，收治住院病人84人次，婚前医学检查800人次，婚检疾病检出率5.25%。协助朱日和镇卫生院、都仁乌力吉苏木卫生院、桑宝拉格苏木卫生院创建“爱婴医院”，通过评审验收。

2002年，全旗孕产妇死亡1例。孕产妇系统保健管理率58.68%。住院分娩率88.19%。全年诊治病人6139人次，收治住院病人138人次，婚前医学检查851人次，婚检疾病检出率3.41%。

2003年，全旗妇保门诊诊治患者4300人次，开展各类门诊手术364例，收入院131人次。全旗孕产妇早检率70.74%，建卡率72.02%，全旗孕产妇系统管理率69.82%，新法接生率98.16%，住院分娩率84.56%，产后访视率70.51%，高危住院分娩率100%，无孕产妇死亡。

2004年，全旗收入院孕妇179人，住院分娩率85.81%。农牧区孕产妇住院分娩率85.50%，高危住院分娩率100%，孕产妇系统管理率83.98%，婚前医学检查率1.01%，无孕产妇死亡。

2005年，全旗进行婚前医学检查7人，婚检率1.77%。全旗孕产妇建卡率82.26%，产前检查率81.95%，产后访视率80.32%，孕产妇系统管理率80.32%，住院分娩率95.54%，高危住院分娩率100%，无孕产妇死亡。全年，收入院孕产妇164人。

2006年，全旗孕产妇建卡率79.32%，产后访视率65.60%，孕产妇系统管理率65.60%，住院分娩率87.00%，高危住院分娩率100%。妇女病普查普治90人次。婚检10人次，婚检率0.62%。收入院患者（孕产妇）146人，孕产妇死亡1例。

2007年，全旗产前检查率85.51%，其中，城镇86.68%、农牧区81.58%。住院分娩率93.76%，其中，城镇94.52%、农牧区91.23%。城镇、农牧区高危孕产妇住院分娩率100%，城镇、农牧区新法接生率100%。全旗住院分娩产妇466人，其中，人民医院372人、保健所76人、外院18人。全旗孕产妇死亡1例，孕产妇系统管理率85.11%，城镇86.16%、农牧区81.58%，全旗婚前医学检查率0.92%。

2008年，全旗孕产妇产前检查率83.52%，建卡率83.73%，孕产妇系统管理率80.24%。住院分娩率95.06%，新法接生率100%，高危住院分娩率100%。收住院孕产妇33人。孕产妇接受健康教育率92%。年内，婚检170人次，其中，城镇90人、农牧区70人、驻地部队官兵10人，婚检率17.26%。

2009年，全旗孕产妇建卡率86.47%，产前检查率85.79%，早期检查率85.79%，产后访视率84.21%，孕产妇系统管理率84.21%；住院分娩率为94.74%，新法接生率100%，高危住院分娩率100%。

2010年，全旗孕产妇建卡率84.48%，其中，城镇85.45%、农牧区83.24%。产前检查率83.84%，其中，城镇84.68%、农牧区82.76%。孕早期检查率83.84%，其中，城镇84.68%、农牧区82.76%。产后访视率81.57%，其中，城镇82.43%、农牧区80.46%。孕产妇系统管理率81.57%，其中，城镇82.43%、农牧区80.46%。住院分娩率94.70%，其中，城镇94.59%、农牧区94.83%。非住院分娩新法接生率100%其中，城镇100%、农牧区100%。高危住院分娩率100%，母乳喂养率97.72%，婚检率90.45%。

2011年，全旗早孕建卡率88.92%，其中，城镇89.50%、农牧区88.13%。产前检查率88.92%，其中，城镇89.50%、农牧区88.13%。孕早期检查率88.92%，其中，城镇89.50%、农牧区88.13%。孕产妇系统管理率83.91%，其中，城镇84.47%、农牧区83.13%。住院分娩率98.94%，其中，城镇99.09%、农牧区98.75%。剖宫产率23.46%，高危管理100%，高危住院分娩率100%。妇女病筛查率13.15%，6个月内母乳喂养率98.15%，婚检率90.13%。

2012年，全旗早孕建卡率87.07%，产前检查率86.87%，孕早期检查率86.87%，孕产妇系统管理率82.03%，住院分娩率98.39%，剖宫产率18.21%，高危住院分娩率100%，高危管理率100%，妇女病筛查率10.77%。婚检率92.21%。

2013年，全旗早孕建卡率87.78%，产前检查率87.78%，孕早期检查率87.78%，孕产妇系统管理率81.67%，住院分娩率99.32%。产后访视率82.35%，高危住院分娩率100%，高危管理率100%，妇女病筛查率13.07%。门诊诊治病人2000人次。婚检率86.93%。婚前医学检查各种疾病198人，其中，男72人、女126人。

2014年，全旗出生467人，其中，男245人、女222人。早孕建卡率96.13%，产前检查率95.72%，孕早期检查率92.51%，孕产妇系统管理率94.22%，住院分娩率98.93%。产后访视率94.86%，高危住院分娩率100%，高危管理率100%。妇女病普查2000人，妇女病筛查率13.63%，6个月内纯母乳喂养率87.47%，母婴安全健康教育知晓率85%以上。

二、儿童保健

2001年，全旗出生新生儿621人。新法接生率99.68%，5岁以下儿童死亡10人，其中，新生儿死亡9人，5岁以下儿童死亡率16.10‰，新生儿死亡率14.49‰，孕产妇死亡率0例。全旗7岁以下儿童系统保健管理率73.88%，3岁以下儿童系统管理率65.06%。

2002年，全旗出生新生儿576人，新法接生率为96.19%，5岁以下儿童死亡率10.42‰，新生儿死亡率6.94‰。7岁以下儿童保健管理率74.91%，3岁以下儿童系统管理率67.67%。

2003年，全旗门诊诊治患儿1546人次。散居儿童门诊体检732人次，儿童头发微量元素检测101人次，集体儿童健康体检（民族幼儿园、赛汉塔拉镇幼儿园）814人次，健康体检率88.5%。出生新生儿437人。5岁以下儿童死亡10人，其中，新生儿死亡8人。7岁以下儿童保健管理率65.26%，3岁以下儿童系统保健管理率61.14%，婴儿死亡率23.04‰，新生儿死亡率18.43‰，5岁以下儿童死亡率23.04‰，低体重（小于2500克）出生发生率1.84%，新生儿访视率70.51%，出生缺陷发生率1.15%。全年，发放出生医学证明372份。

2004年，全旗2所公立幼儿园833名3~6岁入园儿童进行健康体检，健康体检率90.35%。出生人口437人（城镇306人、农牧区131人）。5岁以下儿童死亡5人其中，新生儿死亡2人。5岁以下儿童死亡率11.44‰，新生儿死亡率4.58‰，婴儿死亡率11.44‰，7岁以下儿童管理率85.30%，3岁以下儿童系统管理率80.64%，低出生体重（2500克以下）儿1.37%。全年发放出生医学证明326份。

2005年，全旗2所公立幼儿园727名集体入托儿童进行健康体检，健康体检率94.66%。保健所对21所私立幼儿园455名入托儿童进行健康体检，体检率90.00%。全旗出生新生儿493人，其中，城镇334人，农牧区159人。5岁以下儿童死亡10人，其中，新生儿死亡8人，婴儿死亡率16.23‰，新生儿死亡率16.23‰，5岁以下儿童死亡率20.28‰，7岁以下儿童管理率83.22%，3岁以下儿童系统管理率79.54%，出生低体重（2500克以下）1.01%。全年发放出生医学证明445份。

2006年，全旗出生人口500人，其中，城镇342人，农牧区114人，流动人口44人。5岁以下儿童死亡10人，其中，新生儿死亡6人。全旗新生儿死亡率12.00‰，5岁以下儿童死亡率20.00‰，出生体重低于2500克3.21%，出生缺陷发生率0.88%。7岁以下儿童管理率76.71%，3岁以下儿童系统管理率70.87%。

2007年，全旗5岁以下儿童死亡率10.06‰，其中，城镇7.83‰、农牧区17.54‰。婴儿死亡率10.06%，其中，城镇7.83‰，农牧区17.54‰。新生儿死亡率10.06‰，其中，城镇7.83‰，农牧区17.54‰。3岁以下儿童系统管理率83.00%，其中，城镇78.45%，农牧区93.00%。7岁以下儿童管理率82.90%，其中，城镇79.47%，农牧区92.58%。出生体重2500克2.21%，其中，城镇2.35%，农牧区1.75%。住院分娩出生缺陷发生率1.21%，其中，城镇1.56%，农牧区0%。全年发放出生医学证明453人份。

2008年，组织对434名学龄前儿童进行健康体检，查出贫血患儿2人、龋齿143人、上呼吸道感染86人。集体儿童健康体检率93.53%。全旗7岁以下儿童管理率83.50%，3岁以下儿童系统管理率83.75%。全旗婴儿死亡率14.12‰，5岁以下儿童死亡率21.18‰，低体重出生2500克为2.35%，出生缺陷发生率0.24%。全年发放出生医学证明532份。

2009年，组织对72名入学儿童进行健康体检，体检率88.88%。全旗婴儿死亡率10.53‰，新生儿死亡率7.89‰，5岁以下儿童死亡率10.53‰，新生儿访视率85%，7岁以下儿童管理率83.49%，3岁以下儿童系统管理率83.73%，出生体重低于2500克1.84%。全年发放出生医学证明409份。

2010年，组织对129名入园儿童进行健康体检体检率87.76%。全旗出生396人，婴儿死亡0例，新生儿死亡率0‰，5岁以下儿童死亡0例。新生儿访视率82.32%，其中，城镇83.33%，农牧区81.03%。7岁以下儿童管理率82.50%，其中，城镇84.17%，农牧区78.71%。3岁以下儿童系统管理率84.54%，其中，城镇83.83%，农牧区85.71%。低出生体重儿发生率1.26%，其中，城镇1.35%，农牧区1.15%。出生缺陷发生率0.51%，其中，城镇0.45%，农牧区0.57%。全年发放出生医学证明585人份。

2011年，组织对209名入园儿童进行健康体检，体检率80.38%。门诊诊疗儿童516人次。出生379人，新生儿死亡率2.64‰（城镇4.57‰，农牧区0），婴儿死亡率2.64‰，其中，城镇4.57‰，农牧区0。5岁以下儿童死亡率5.28‰，其中，城镇4.57‰，农牧区6.25‰。新生儿访视率84.16%，其中，城镇84.93%，农牧区83.13%。7岁以下儿童管理率81.74%，其中，城镇82.61%，农牧区80%。3岁以下儿童系统管理率85%，其中，城镇85.43%，农牧区84.34%。低出生体重儿发生率2.64%，其中，城镇3.19%，农牧区1.88%。出生缺陷发生率0.26%，5岁以下儿童血红蛋白检测率36.75%。全年发放出生医学证明333人份。

2012年，全旗出生458人，婴儿死亡率11.52‰，新生儿死亡率9.22‰，5岁以下儿童死亡率11.52‰。新生儿访视率82.26%，7岁以下儿童管理率81.56%，3岁以下儿童系统管理率84.74%，低出生体重发生率1.61%，出生缺陷发生率0.23%，5岁以下儿童血红蛋白检测率37.43%，6个月内母乳喂养率96.11%。全年发放出生医学证明319人份。

2013年，全旗婴儿死亡3人，婴儿死亡率4.5‰。新生儿死亡2人，新生儿死亡率4.5‰。5岁以下儿童死亡3人，5岁以下儿童死亡率0.93‰，新生儿访视率81.98%，7岁以下儿童管理率

83.74%，3岁以下儿童系统管理率86.42%，低出生体重儿发生率0.68%，出生缺陷发生率0.23%，母乳喂养率96.27%。儿童健康体检285人次，体检率88.79%。门诊诊治患儿1060人次。全年发放出生医学证明308人份。

2014年，全旗婴儿死亡率2.14‰，新生儿死亡率2.14‰。5岁以下儿童死亡率0.85‰，新生儿访视率95.50%，7岁以下儿童管理率88.84%，3岁以下儿童系统管理率88.07%，低出生体重儿发生率0.68%，发生出生缺陷发生率0.86%，5岁以下儿童血红蛋白检测率17.13%。集体儿童健康体检率87.19%。

2001—2015年苏尼特右旗孕产妇保健和健康情况表

表22-2-1

年份	活产数（人）	产妇数（人）	孕产妇管理（人次）						接生情况（人次）		孕产妇高危管理（人次）		产妇死亡（人）
			产妇建卡	产检	产检≥5次	早检	产后访视	产妇系统管理	住院分娩	非住院分娩	高危产妇人数	高危产妇住院分娩	
2001	621	628	535	535	532	532	448	447	547	79	48	47	0
2002	576	577	429	370	359	359	338	338	508	47	41	41	1
2003	243	250	155	153	149	149	148	148	213	21	6	6	0
2004	171	172	161	146	146	146	141	141	156	15	15	15	0
2005	234	235	185	184	184	184	182	180	269	9	14	14	0
2006	221	225	177	177	177	177	160	160	200	25	32	32	1
2007	497	495	425	425	425	425	423	423	468	29	22	22	1
2008	425	424	355	355	355	355	341	341	404	21	31	31	0
2009	380	377	326	326	326	326	320	320	360	20	28	28	0
2010	396	393	332	332	332	332	323	323	375	21	29	29	0
2011	379	379	337	337	318	337	318	318	375	4	31	31	0
2012	434	433	377	377	356	377	356	356	427	7	26	26	0
2013	447	445	388	388	373	388	364	361	442	5	20	20	0
2014	467	465	447	447	446	432	443	440	462	5	35	35	0
2015	388	381	372	375	372	372	358	358	388	0	34	34	0

2001—2015年苏尼特右旗七岁以下儿童保健和健康情况表

表22-2-2

年份	活产数（人）	儿童数（人）			5岁以下儿童死亡（人）			7岁以下儿童保健服务（人次）		
		7岁以下	5岁以下	3岁以下	1~4岁儿童死亡数	婴儿死亡数	新生儿死亡数	新生儿访视	7岁以下儿童保健覆盖	3岁以下儿童系统管理
2001	621	6102	4245	3934	1	9	9	444	4508	1909
2002	576	5955	4226	3010	1	5	4	338	4461	2037
2003	243	5399	3895	2800	0	4	4	148	4141	1921
2004	171	4299	2951	2052	0	3	1	141	3208	1522
2005	234	4008	2712	1838	0	5	3	182	3084	1522
2006	221	4369	2715	1787	1	4	2	179	2653	1227
2007	497	4070	2525	1600	0	5	5	425	3574	1328

续表21-2-2

年份	活产数（人）	儿童数（人）			5岁以下儿童死亡（人）			7岁以下儿童保健服务（人次）		
		7岁以下	5岁以下	3岁以下	1~4岁儿童死亡数	婴儿死亡数	新生儿死亡数	新生儿访视	7岁以下儿童保健覆盖	3岁以下儿童系统管理
2008	425	3401	2461	1397	3	1	5	341	2840	1170
2009	380	3150	2265	1291	0	1	3	323	2630	1081
2010	396	3155	2239	1248	0	0	0	326	2603	1055
2011	379	3068	2193	1220	0	1	1	319	2508	1037
2012	434	3449	2490	1520	0	1	4	357	2813	1288
2013	447	3023	2161	1299	0	1	2	364	2529	1120
2014	467	3108	2364	1467	0	1	1	446	2761	1292
2015	388	3177	2551	1548	0	0	0	378	2736	1418

三、初级卫生保健

2003年，全旗开展妇女病普查普治工作，普查诊治患者245人次。婚前医学检查438人次，婚前医学检查率97.56%。其中，城镇202人、农区29人、牧区166人、外地41人。

2006年，全旗门诊开展各类手术130人次。开展常规检验1883人次，心电图检查1140人次，B超检查2500人次，门诊静脉滴注806人次，肌注1041人次。

2009年，全旗妇女病普查普治291人次，门诊各类手术145人次，婚前医学检查106人次，婚前医学检查率11.05%，收治住院患者（孕产妇）24人次。发放叶酸1200瓶，200名备孕妇女服用叶酸，签订知情同意书40人，普通待孕妇女1200人，随访登记40人，出生缺陷2人。举办县级培训1次，参加人员40人次，发放宣传材料1万份。12月，启动农牧区妇女宫颈癌、乳腺癌筛查项目、“降消”项目。

2010年，全旗妇女病普查普治2801人次，门诊各类手术51人次，门诊诊疗患者1364人次。发放叶酸2684瓶，接受叶酸孕妇316人，签订知情同意书316人，普通待孕妇女43人，随访登记316人，发生出生缺陷3人。为1144人做乳腺彩超检查，80人在上级医院做乳腺钼靶检查。990人患不同程度的乳腺增生疾病、70人患良性肿瘤，病理检查出乳腺癌4人。对4193人进行宫颈癌筛查。其中，1900人患有不同程度生殖道感染（222人患滴虫性阴道炎、195人患霉菌性阴道炎、753人患细菌性阴道炎、其他疾病730人）。阴道镜检查316人，查出宫颈癌2人。

2011年，全旗妇女病普查普治2001人次，门诊各类手术50人次，门诊诊疗患者2100人次。全年向544人发放叶酸2279瓶（其中，孕妇87人），签订知情同意书398人，随访登记329人，出生缺陷发生率0.26%。宫颈癌筛查2810人，乳腺癌筛查2051人（确诊乳腺癌3人）。

2012年，全年发放叶酸924瓶，接受叶酸220人（农牧区接受叶酸已孕妇女91人），签订知情同意书220人，随访182人。增补叶酸知识知晓率79%。服用叶酸依从率54%。发生出生缺陷1人，出生缺陷发生率0.23%。宫颈癌筛查1304人，确诊宫颈癌4人。乳腺癌筛查1339人，确诊乳腺癌2人。9月，启动“消除婴幼儿贫血行动”项目工作，发放“营养包”730盒。现补助发放住院分娩产妇232人，补助资金9.28万元。年内，全旗农牧区产妇270人，住院分娩补助232人，补助率85.93%。

2013年，全年向216人发放叶酸1071瓶，接受叶酸备孕妇女140人，签订知情同意书210人，已孕妇女76人，随访登记190人，随访叶酸服用率78%，服用叶酸知识知晓率87.5%，叶酸服用依从率50.6%。出生缺陷发生1人，出生缺陷发生率0.23%。乳腺癌筛查1004人，其中，278人查出患不同程度的乳腺增生疾病，47 人患乳腺（纤维瘤）良性肿瘤，查出乳腺癌 2 人。宫颈癌筛查 1027 人，其中，209 人患不同程度生殖道感染，患其他妇科疾病 428 人。查出疑似宫颈癌前期病变 5 人，发放“爱心营养包”3717 盒。全年出生 447 人，其中，男 245 人、女 202 人。发放农村牧区住院分娩补助资金 8.88 万元，补助农牧区孕产妇 222 人。

2014 年，全年向 264 人发放叶酸 1083 瓶，接受叶酸备孕妇女 208 人，签订知情同意书 264 人，已孕妇女 125 人，随访登记 205 人，叶酸服用率 82.21%，服用叶酸知识知晓率 85.78%，叶酸服用依从率 61.06%，库存叶酸 1968 瓶。“两癌”筛查中，发现 215 人患不同程度的生殖道感染。年内，细胞学阳性诊断率 50%、阴性诊断率 99%。乳腺癌筛查 1000 人，完成任务 100%。筛查中有 40 人查出患不同程度的乳腺增生疾病，1 人患乳腺（纤维瘤）良性肿瘤，429 人进行乳腺彩超检查，建议 40 人进行乳腺钼靶检查。检出乳腺癌 2 人。

2015 年，全年向 185 人发放叶酸 984 瓶，接受叶酸备孕妇女 132 人，签订知情同意书 185 人，普通待孕妇女 232 人，已孕妇女 53 人，随访登记 100 人，随访叶酸服用率 78%，服用叶酸知识知晓率 84%，叶酸服用依从率 50%。乳腺癌筛查 1000 人，其中，262 人查出不同程度乳腺良性疾病，9 人患乳腺纤维瘤（良性肿瘤）。宫颈癌筛查 1000 人。筛查出生殖道感染 545 人。

第五节 公共卫生

一、环境卫生

2007 年，全旗做好苏尼特右旗乌兰牧骑成立 50 周年暨内蒙古自治区乌兰牧骑艺术节期间的公共卫生安全工作。

2008 年，为确保锡林郭勒盟两个文明建设经验交流会在苏尼特右旗召开期间的公共卫生安全。爱国卫生运动委员会在全旗开展改善城乡环境卫生，对城镇环境卫生、市容市貌等突出问题，开展爱国卫生月及除“四害”活动。

二、食品卫生

2007 年，全旗对从业人员进行食品卫生体检 692 人，监测从业户 330 家次，新发、校验卫生许可证 330 家，责令返回不合格食品 22 家 293.25 公斤。开展食品卫生知识培训 330 家 600 人次。

2008 年，全年对从业人员进行食品卫生健康体检 807 人，体检率 96%。查出乙肝 4 人。从业单位建档 341 家，建档率 95%。验证、监督 341 家，监督覆盖率 100%。

2009 年，全年对从业人员进行食品卫生体检 835 人，查出乙肝 6 人，病人调离率 100%，监督检查从业户 359 家次，停业整顿不合格 11 家，罚款 5 家 500 元，没收、销毁不合格食品 3 家 271.5 公斤。

2010 年，全年监督检查从业户 386 家次，健康体检 975 人，依法停业 16 家，没收销毁不合格食品 4 家 340 公斤，发放健康证 975 人。

三、公共场所卫生

2007 年，全旗公共场所从业户建档 516 家，建档率 100%，发放卫生许可证 516 家，健康证 1104 人。年内，对 516 家公共场所 975 名从业人员进行培训，培训率 88%。监督 516 家，监督率 100%。

2008 年，全旗公共场所体检 497 人，监督从业户 1050 家，监督率 100%。

2009 年，公共场所卫生从业户建档 542 家，建档率 100%，发放许可证 542 家，体检 1139 人，占应检人数的 94%。查出肺结核、乙肝各 1 人，病人调查率 100%。

2010 年，全旗公共场所卫生监督 575 家次，体检 1240 人，监测集中式水样 20 份。

2013 年，全旗出动卫生监督人员 275 人次，监督检查公共场所 258 家次。其中，住宿业 111 家，供水单位 4 家，美容美发 93 家，娱乐场所 5 家，洗浴 13 家，客运公司 1 家，健身 1 家，就餐场所 11 家，其他 19 家。年内，发放健康证 484 人。全旗对公共场所 152 家实行量化分级管理，其中，B 级 8 家，C 级 144 家。

2014 年，全旗对辖区 237 户公共场所进行经常性卫生监督检查，其中，住宿业 102 家，美容美发场所 100 家，洗浴 9 家，供水公司 4 家，其他 22 家。全年经常性巡回监督 400 余次，监督覆盖率 100%。对不符合卫生要求的 46 家单位提出书面意见，同时责令限期整改。对从事住宿、美容美发、洗浴行业的 211 家企业实行量化分级管理。其中，B 级 11 家，C 级 200 家。

2015 年，全年出动执法人员 1365 人次，出动执法车辆 546 车次。摸底、调查公共场所从业单位 273 家次，新办、校验公共场所 253 家。同时，对住宿、洗浴和美容美发进行量化分级管理，量化分级覆盖率 100%。发放健康证 395 份。查处违法案件 7 起，罚款金额 4500 元。

四、 学校卫生

2007 年，全旗对 11 所中小学、职业高中进行监督检查，建立学校档案，建档率 100%，抽检旗所在地 4 所学校379名学生健康调查，龋齿患病率30. 70%,氟斑牙 27. 2%，视力低下 27. 2%。

2008 年，全旗 11 所学校校医、保健室建立档案，对第一中学、第一小学、第二小学和蒙古族小学抽样调查 255 名学生，龋齿患病率36. 86%。氟斑牙 23. 53%，视力低下 22. 35%。

2009 年，加大全旗公共卫生监督执法力度，对全旗 11 个学校监测，建立完整学生档案 8139 人。

2010 年，开展学校常见病、多发病预防和矫治工作。建立学生体检档案 8363 人，随机抽取 585 份档案，近视眼患病率 37. 09%，龋齿 23. 76%，氟斑牙 3. 25%。

2013 年，对学校教学环境、教学设施、传染病疫情报告和消毒制度等进行监督检查 30 次。5 月，开展学校餐厅公共场所专项整治，为 11 所学校发放就餐场所卫生许可证。

2014 年，全年出动监督人员 132 人次、执法车辆 22 车次，对 16 所学校及幼儿园进行监督检查。

2015 年，对全旗 9 所学校和朱日和镇、乌日根塔拉镇 2 所小学的传染病防治工作、生活饮用水卫生、医务室、黑板照度及教室采光等进行监督检查，下达监督意见书 22 份。出动执法车辆 11 台次，监督员 36 人次。

第三章　爱国卫生运动

第一节　宣传教育

2001 年，全旗重点开展城镇爱国卫生运动、春季爱国卫生月、城镇灭鼠以及苏木镇环境卫生治理等知识宣传普及活动。

2003 年，全旗组织开展“防非典、讲卫生、除陋习、树新风”集中整治活动，印发《关于深入持久开展爱国卫生运动方案》通知。开展全民健康教育活动，普及卫生知识和宣传工作。

2007 年，全旗召开庆祝苏尼特右旗乌兰牧骑成立 50 周年暨内蒙古自治区乌兰牧骑艺术节和迎接 2008 年锡林郭勒盟两个文明建设经验交流会，爱国卫生运动委员会办公室针对全旗城镇环境卫生、市容市貌等方面存在的突出问题，开展爱国卫生月及除“四害”宣传活动。

2011 年，旗委、政府做好赛汉塔拉镇创建国家卫生（县城）宣传工作。将创建卫生城镇工作的目标、要求等宣传到每家每户，提高全民卫生意识，营造浓厚创建氛围。

2013 年 9 月 12 日，内蒙古自治区爱国卫生运动委员会办公室指导全旗开展创卫工作指导培训，各单位、社区、创卫指挥部各工作组联络员 138 人参加培训。年内，开展“全力打好创建国家卫生镇攻坚战”主题创建和“争创国家卫生镇，建设美好家园”主题宣教签名和义务劳动宣传教育活动。发放健康教育手册、防治布鲁氏菌病宣传册、健康教育应知应会等宣传单 1 万余册，健康教育工作组织率在 90%以上，社区居民健康知晓率 73.5%，健康教育覆盖率达 90%以上。5 月 31 日，开展以“禁止烟草广告、促销和赞助”为主题的“世界无烟日”宣传活动，印发“吸烟的危害”“二手烟怎样危害身体”“无烟日”等宣传单 1000 余份。年内，落实全旗食品安全、生活饮用水及公共场所等公共卫生创卫重点，组织开展《中华人民共和国食品卫生法》《公共场所卫生管理条例》宣传培训活动，严格把好发证、体检、培训关，“三证”持证率 100%。

2014 年 4 月 13 日，全旗召开创建国家卫生镇（县城）动员大会。6 月，开展以“文明从卫生做起、创造优美环境，共建和谐家园”为主题的创卫宣传活动。发放《创建国家卫生镇（县城）倡议书》300 余份。年内，贯彻《中华人民共和国传染病防治法》《中华人民共和国职业病防治法》，加强全旗传染病宣传力度。

2015 年，全旗举办“争创国家卫生县城——建设美好家园主题签名”“双创从我做起——环境卫生综合整治”等系列宣传活动。集中在各单位办公楼、乌兰牧骑广场电子屏播放创卫宣传标语，向居民发放创卫宣传册、宣传卡 5 万册，发放创卫倡议书 8000 余份，向餐饮、住宿、洗浴等单位印发创卫宣传卡 2 万个，编印创卫工作简报 80 期。

2015 年，旗委宣传部、创卫指挥部舆论宣传组制订创建卫生城镇宣传实施方案，设立创建卫生城镇专栏、专题，制作播出《苏尼特右旗召开创建全国卫生城镇推进会暨自治区文明旗县成动员大会》，开设“全力做好两个创建工作”新闻子栏目，制作播出“双品牌”创建公益广告。开通“文明西苏在行动”创建办官方微信公众平台。在电视台、综合门户网站、手机报和《苏尼特报》等刊载“双创”相关报道50条。年内，组织“全旗爱国卫生活动日启动暨大调研大走访动员活动”“开展居民区和交通干道环境卫生集中整治活动”。发放健康教育手册、防治布鲁氏菌病宣传册、健康教育应知应会等各类宣传单3万余册，制作立式宣传栏8个。政府将健康教育工作纳入全旗爱国卫生发展规划，疾控中心承担全旗健康教育工作，各社区均设立健康教育专栏。全旗中小学健康教育开展率为100%，学生健康知识知晓率和学生健康生活方式与行为形成率在90%以上。

第二节　基础建设

2003年，苏尼特右旗在抗击“非典”战役中，全旗爱国卫生基础建设工作得到加强。

2005年4月，根据《内蒙古自治区爱国卫生条例》，旗委、政府将爱国卫生工作纳入目标管理，成立爱国卫生运动委员会办公室。年内，争取中央转移支付建造农村牧区100座卫生户厕。10月，完成卫生户厕安装任务。

2012年，环境卫生部门加强城镇基础建设，购进压缩机、装载机、吸污车、挖掘机、压缩式垃圾车、压实机、高空作业车、厢式货车各1台，扫路车2台，垃圾收集车12台，压缩车大斗4个，合计26台机械设备，总支付金额80.53万元。

2013年，全旗卫生基础建设按照创建规划和要求，完善路网体系，平整街道、道路路面，实现排水设施完好、畅通，污水暗管（沟）排放，下水道管网覆盖率80%，乡镇下水道管网覆盖率60%。镇内建成区垃圾容器化覆盖率80%，垃圾日产日清，密闭储存清运率100%，生活垃圾和粪便无害化处理率80%。全旗建成区绿化覆盖面积1200万平方米，绿地率8.6%，镇区绿地覆盖面积1067万平方米，镇区绿化覆盖率8.9%，人均公共绿地每人6.7平方米。赛汉塔拉镇街道亮化覆盖率95%。

2014年，全旗加强城镇市容环境基础建设，建成区绿地率8.6%，绿地覆盖率8.9%，实施旱厕改建水冲式厕所改造维修工程。

2015年，围绕“精美、优雅、宜居、宜业”新型城镇发展思路，重点实施5个城镇基础建设项目。赛汉塔拉镇柏油路总里程53.8公里，主次干道16条，城区绿化面积146.4万平方公里，绿化覆盖率10.8%，绿地率10.1%，人均公共绿地30.81平方米。人行道硬化面积36万平方米，污水处理厂、垃圾处理场投入使用，供水普及率95%，排污管道45公里，全旗城镇化率64%，垃圾清运率85%。城镇供热管道52公里，供热面积145万平方米。全旗城镇楼房率43%，城镇居民人均住房面积31.08平方米。全旗通苏木镇及嘎查村柏油路和水泥路总里程788.2公里。其中，苏木镇通柏油路324.3公里，嘎查村通柏油路和水泥路463.9公里。年内，完成全旗农牧区饮水安全工程。总投资1430万元，新建供水基本井130眼，发放改水设备260套，解决1532人和11.25万头（只）牲畜饮水安全问题。

第三节　监督治理

2012年4月，印发《苏尼特右旗创建国家卫生镇（县城）2012年度工作计划》和《关于印发进一步加强国家卫生镇（县城）长效管理机制的通知》，加强监督检查和督察制度落实，建立人大代表、政协委员、新闻媒体等对创建工作的督查机制，加强城管执法、卫生监督、环境保护、工商行政、公安、交通等职能部门依法行政和执法检查。

2012—2013年，全旗建立健全市容环境卫生监管队伍，完善环境监督管理机制，集中对赛汉塔拉镇进行环境整治。累计出动1.5万余人次，整治范围30平方公里，清运垃圾4300公斤。全旗连续3年无环境污染事件。

2013年，按照《关于重新划分各单位清捡赛汉塔拉镇周边白色垃圾责任区的通知》（旗委办〔2013〕27号），全旗各单位干部职工参与环境卫生整治和创建工作。累计清理生活垃圾5.04万吨。整治32次，出动单位1860余次，出动人员1.11万余人次，整治范围30平方公里，清捡白色垃圾4000余公斤。年内，赛汉搭拉镇制定《赛汉塔拉镇春秋季家屋灭鼠活动方案》，发放鼠药2次5公斤、发放灭蟑螂药20余盒，将鼠密度控制在标准范围内。加强传染病防治和监管工作，苏木镇卫生院以上医疗机构传染病及突发公共卫生事件网络直报率100%。全旗法定传染病漏报率为0，及时率、准确率均为100%，辖区内未发生疫情和突发公共卫生事件。根据国家和自治区规划要求，按期完成艾滋病、肺结核、乙肝三种重大疾病的防治任务。儿童免疫规划疫苗全程接种率98%以上，企业劳动卫生达到国家规定标准和要求。

2014年，全旗通过采取停产整治、经济处罚等措施，加强环境监管和治理工作，严厉打击环境违法行为，对不符合《建筑工地现场环境与卫生标准》的工地，提出整改要求，发放停工整改通知书35份，质量、安全整改通知书19份，处罚监理不良行为1例，乱搭乱建违规催办通知3份，污水处理厂生活污水集中处理率84%。年内，对城镇居民环境卫生进行治理。累计清理占道经营328起、乱摆乱放189起、乱贴小广告836起、搭建违章建筑18起、在绿化带内乱倒污水、垃圾19起、不规范牌匾38起、破坏路面10起、在绿化带内乱拉乱挂15起、井盖破损16起、损坏公共设施5起、乱倒基建垃圾15起。实施服务食品安全监督量化分级管理，从业单位持有效餐饮服务许可证和有效健康合格证，持证率100%，“五病”调离率100%，监督覆盖率100%，从业人员体检率、培训率达100%。全旗自来水厂设施管理及自身卫生监督机构健全，卫生管理及制水卫生规范，供水水质及管网符合《城市供水水质标准》，自来水接通率100%，集中式饮用水水源地水质达标率100%。开展国家免疫规划疫苗常规接种、麻疹疫苗查漏补种和脊髓灰质炎疫苗强化免疫活动。儿童预防接种建证率、建卡率均在98%以上。年内，赛汉塔拉镇指导社区开展家屋灭鼠工作，为9个社区1.36万余户居民发放鼠毒饵256公斤。同时，开展夏季除害、秋季灭蚊、冬季灭鼠、灭蝇灭蜂周等专项行动，定期做好道路绿化带、地下排水管网、预留地，待建地等日常除“四害”工作，防止病媒生物传染疾病的发生和流行。

2015年3月9—12日，结合全旗创建自治区级文明旗县城行动，联合开展春季学校食堂及学校周边小商店、小餐饮食品安全专项检查，对全旗14所学校食堂进行拉网式检查。依法查处销售过期变质食品，没收过期食品两大类6个品种108桶（袋、瓶）。4月20日，全旗举行“创建国家卫生镇（县城）和自治区文明旗县城——环境卫生综合整治行动”。旗委、政府将每月15日定为“苏尼特右旗爱国卫生活动日”，集中开展环境卫生整治活动。年内，严格对照《国家卫生县城标准》和《苏尼特右旗创建国家卫生县城工作实施方案》，重点对全旗市容市貌、居民区环境卫生、病媒生物防制、全民健康教育、“创卫”宣传等开展专项整治工作。

第四节　创建活动

2004年，苏尼特右旗被锡林郭勒盟盟委、行政公署评为“盟级卫生标兵城镇”。

2005年，赛汉塔拉镇进入全盟级卫生城镇行列。

2006 年，苏尼特右旗赛汉塔拉镇被锡林郭勒盟盟委、行政公署评为“盟级卫生标兵城镇”。

2007 年，苏尼特右旗被评为自治区级七星文明镇，赛汉塔拉镇通过全区卫生镇检查进入自治区级卫生城镇行列。

2008 年，赛汉塔拉镇哈登胡舒嘎查是全旗唯一的自治区新牧区建设试点嘎查。经锡林郭勒盟爱卫办考评验收组实地调研和综合评定，哈登胡舒嘎查被评为盟级卫生嘎查（村）。

2011 年，旗委、旗政府要求赛汉塔拉镇创建国家级卫生县城。成立创建领导小组及各工作推进组，出台国家卫生镇（县城）工作分组职责和工作任务分解责任落实表。制定创建国家卫生镇（县城）方案。年内，赛汉塔拉镇通过自治区级卫生镇复审。

2012 年 4 月，全旗召开创建国家卫生镇（县城）动员大会，旗委、政府与各相关单位签订责任状，提出创建国家卫生城镇（县城）攻坚目标。及时成立全旗创建国家卫生（县城）指挥部，下设创建国家卫生城镇办公室。制定和完善《苏尼特右旗创建国家卫生县城工作实施方案》和《苏尼特右旗创建国家卫生县城工作任务分解细则》，明确提出全旗爱国卫生工作目标，制定切实可行的工作措施。年内，制定《苏尼特右旗创建国家卫生镇（县城）工作规划（2012—2014 年）》

2013 年 6 月，全旗开展申报创建自治区级卫生嘎查村工作。赛汉塔拉镇哈登胡舒嘎查、巴润宝拉格嘎查、巴彦高毕嘎查、巴彦杭盖嘎查 4 个嘎查进入自治区级卫生嘎查行列。7 月，开展申报创建自治区级和盟级卫生嘎查（村）的工作，协调朱日和镇以及赛汉塔拉镇哈登胡舒嘎查等 25 个嘎查开展创建盟级卫生镇和自治区级卫生嘎查活动。年内，朱日和镇通过盟爱卫办创卫考核组验收，进入盟级卫生镇行列。10 月 15 日，上报锡林郭勒盟爱国卫生运动委员会《关于申报国家卫生镇（县城）的请示》。

2014 年 3 月 8 日，苏尼特右旗创建国家卫生镇（县城）工作指挥部办公室向自治区爱卫办上报《苏尼特右旗创建国家卫生镇（县城）工作情况》报告。

2015 年 12 月 10 日，锡林郭勒盟爱国卫生运动委员会向自治区上报《关于苏尼特右旗申报创建国家卫生县城考核验收的请示》。年内，召开创建国家卫生县城推进会暨自治区文明旗县城动员大会。

第二十三编

档案·史志

第一章　档　案

第一节　机构设置

2001 年，苏尼特右旗档案史志局（馆）为正科级事业建制，设档案馆，准科级单位，合署办公。内设办公室、业务室。负责管理指导全旗档案工作、党史地方志工作。核定人员编制 14 名，实有在职人员 13 人。其中，正科级干部 1 人、副科级干部 3 人、副主任科员 2 人、干部 7 人。

2002—2008 年，档案史志局（馆）受旗委、旗政府的双重领导。内设办公室、档案业务室，核定人员编制 14 名。

2009 年，档案史志局被列入参照公务员法管理范围，有参照公务员法管理的人员 10 人。年内，党史办公室（原隶属于旗委组织部）划给档案史志局，机构名称不变，新增党史业务。核定人员编制 17 名，实有在职人员 12 人。其中，正科级干部 1 人、副科级干部 3 人、副主任科员 2 人、干部职工 6 人。

2010 年，档案史志局内设办公室、业务室、党史办公室。核定编制 17 名，在职人员 13 人，其中，正科级干部 1 人、副科级干部 2 人、副主任科员 2 人、科员 8 人。

2012—2014 年，档案史志局内设办公室、档案业务室、党史办公室、地方志办公室。核定编制 16 名，实有在职人员 16 人。

2015 年，档案史志局内设办公室、档案业务室、党史办公室、地方志办公室。核定人员编制 16 名，实有在职人员 15 人，其中正科级干部 3 人、副科级干部 3 人、主任科员 1 人、副主任科员 1 人、科员 6 人、工勤人员 1 人。

第二节　档案管理

一、 馆藏档案

2001 年，苏尼特右旗档案史志局（馆）馆藏档案 64 个全宗，251 册目录，各类档案 13850 卷（件），馆藏图书资料 58 种 7826 册。

2005 年，全旗档案馆藏档案全宗 64 个、目录 251 册，各类档案 13850 卷（件），资料 58 种 7826 册。

2006 年，全旗档案馆藏档案全宗 68 个、目录 352 册，各类档案 17283 卷（件），资料 58 种 8105 册。

2007 年，全旗档案馆藏档案全宗 70 个、目录 395 册，各类档案 18739 卷（件），资料 62 种 8147 册。

2008 年，全旗档案馆藏档案全宗 72 个、目录 427 册，各类档案 30719 卷（件），资料 62 种 8207 册。

2010 年，全旗档案馆藏档案全宗 72 个，目录 466 册，各类档案 34429 卷（件）。其中，文书档案 17927 卷（件），历史档案 63 卷，科技档案 110 卷，声像档案 76 盒，照片档案 1644 张，实物档案 717 件，其他专门档案 5542 卷，标本档案 5 盒，图书资料 64 种 8345 册。

2011 年，全旗档案馆藏档案全宗 78 个、目录 492 册，各类档案 48045 卷（件），资料 68 种 8494 册。

2013 年，全旗档案馆藏档案全宗 78 个，目录 503 册，各类档案 48383 卷（件）。其中，文书档案 29587 卷（件），历史档案 63 卷，科技档案 110 卷，声像档案 83 盒，照片档案 2599 张，实物档案 723 件，其他专门档案 6652 卷（件）；标本档案 5 盒，图书资料 68 种 8561 册。年内，接收档案 338 卷（件）册。

2014 年，全旗档案馆藏档案全宗 84 个，目录 503 册，各类档案 48790 卷（件）。其中，文书档案 29969 卷（件）。标本档案 5 盒，历史档案 57 卷，其中，旧政权档案（清朝、民国）21 卷，蒙古文、汉文 4026 张，宗教档案（清朝）32 卷，蒙古文、汉文、满文、藏文 3760 张，革命历史档案（1948 年 1 月至 1949 年 6 月）4 卷，蒙古文、汉文 303 张。新中国成立后的蒙古文档案 2450 卷、11544 件、141530 页，名人档案 68 件，磁带、录像带 9 盒，照片 54 张。

2015 年，全旗档案馆藏档案全宗 84 个、目录 505 册，各类档案 49436 卷（件），资料 70 种 8898 册。

二、 馆库建设

2001 年，档案史志局办公用房 7 间（旗委机要办公室），使用面积 612 平方米。

2002 年，档案史志局办公用房 9 间，面积 272.25 平方米。其中，档案馆（库）7 间，使用面积 168.4 平方米，各类档案资料存放于铁柜、木柜中，存放条件比较简陋。

2007 年，旗委、政府将档案馆（库）建设列入全旗规划。

2009 年，档案馆（库）楼落成，10 月，搬进新建档案馆办公楼，占地面积 907 平方米，档案馆（库）使用面积 400 平方米（档案库、阅览室、实物档案库、档案录入室等）。

2010 年 6 月，档案史志局购置 4 台电脑和档案软件，重新对全旗 3 万余卷各类档案资料进行科学分类、排列上架、编号和安全检查，更换部分档案盒和目录封皮，补充档案资料检索等工作。做好馆藏档案案卷级目录、文件级目录数据库建设，累计录入案卷级目录 806 条，文件级目录 8560 条。年内，单位内部办公楼、档案库全部安装监控系统。同时，指导有条件单位逐步建立室藏档案文件级目录数据库。

2015 年 8 月，根据政府安排，档案局（馆）迁址至发展和改革局新建办公楼合署办公，安排使用面积 1500 平方米。重新对档案、图书资料、办公资产等进行规范整理，特别是对档案下架、搬运、上架等制定明确工作流程。年内，上报《关于内蒙古锡林郭勒盟苏尼特右旗档案馆建设项目可行性研究报告的申请》，拟新建苏尼特右旗档案馆，拟总投资 538 万元，建档案馆面积 1995 平方米，内部设库房、对外服务用房、档案业务用房等设施。

三、 服务利用

2001 年，档案史志局为老干部查阅大量干部人事档案，切实解决老干部工资及福利待遇等情况。

提供全旗防空设施档案资料，解决幼儿园、技术监督局、社会保险事业管理局等单位施工难题和安全问题。

2010 年，全年接待查档 384 人次，提供案卷 1540 卷次，复印有效证明 216 张。

2014 年，全年接待查档 18 人次，查阅档案资料 70 卷册，提供利用档案（复印利用）33 张。主要为各修志单位提供利用服务，为编写史志、沿革、大事记、组织史提供第一手资料。年内，为苏尼特右旗博物馆陈列展出提供大量材料。

2015 年，全旗开发利用档案资料，为全旗各族人民提供档案资料。历年累计以查阅、复印、摘抄等方式利用各类档案 8485 卷（件）1918 人次，提供图书资料 695 册 467 人次。查阅档案者主要用于个人身份认定、史志编写、确定草场土地面积和归属等。

四、 档案征集

2013 年，档案史志局在全旗组织开展苏尼特民间文化有关资料和实物征集活动。征集传承年代久远、影响较大、具有历史文化和科学研究价值的苏尼特传统民间文化艺术。涉及苏尼特民歌、民间故事、神话传说、民间笑话、寓言、谚语、祝颂词、史诗等。征集以蒙古族为主的各民族服装、帽子、鞋靴、被褥、地毯，以及抽烟饮茶用品和装饰品，学习、生活、生产用品，箱柜、门窗图案的照片或实物等。

第三节　业务培训

一、 业务指导

2001 年，档案史志局组织业务人员对全旗各单位和苏木、镇派出所档案工作进行业务指导。年内，全旗档案晋升达标单位自治区一级 1 个、自治区二级 3 个、自治区三级 1 个。

2001—2004 年，中国农业银行苏尼特右旗支行和社会保险事业管理局分别在 2002 年、2004 年被升格为内蒙古自治区特级档案室。

2002 年，依据《中华人民共和国档案法》及其《内蒙古自治区档案管理条例》规定，制定编写《苏尼特右旗信用档案的收集及管理》，组织人员指导质量技术监督局、农业银行苏尼特右旗支行、工商银行苏尼特右旗支行、供电局、地税局、食品药品监督管理局、中央储备粮锡林郭勒直属库、额仁淖尔边防派出所等单位建立信用档案，累计归档信用档案 4041 件。2012 年，档案史志局对全旗拟晋升单位进行重点指导，对部分单位帮助整理档案，业务指导 420 余人次。

2012—2015 年，按照《内蒙古自治区盟市、旗县档案工作管理目标考评办法与考评标准》，旗档案史志局全面系统地加强档案室升级达标和档案指导工作。

2014 年 3 月，档案史志局对政协、组织部、政府办公室、公安局、边防大队、供电局、工会、红十字会、朱日和镇、赛罕乌力吉苏木、桑宝拉格苏木等单位进行档案业务指导，整理文书档案 20789 件、统计档案 210 件、会计档案 682 卷、干部档案 82 卷、科技档案 256 盒、照片档案 1038 张。

2015 年，档案史志局对群众路线教育实践活动办公室、蓝天牧业发展有限责任公司、赛汉塔拉镇政府、额仁淖尔苏木政府的档案室建设和档案工作进行指导，整理文书档案资料 3500 件、企业档案 85 盒、会计档案 500 余卷。

二、 岗位培训

2003 年 8 月，举办全旗档案人员岗位暨档案立卷改革培训班，聘请锡林郭勒盟档案管理局教师讲课，参加岗位培训人员 110 人，均取得内蒙古自治区颁发的培训证书。

2009 年 7 月 2—5 日，组织人员参加锡林郭勒盟档案局举办的档案业务培训班。

2011 年 9 月，举办全旗档案业务培训班，对全旗 114 名专（兼）职档案管理员进行专业岗位培训，重点学习《机关文件材料归档范围和文书档案保管期限规定》《会计档案标准化管理》。

第四节 档案定级升级

2001—2015 年，苏尼特右旗委、旗政府重视各部门档案目标管理工作，加强档案业务建设，配齐专（兼）职档案管理员，做好各部门、单位及行业的档案管理及晋升工作。

2013 年，旗档案史志局指导金曦黄金矿业有限公司做好企业档案工作。年内，该公司被评为自治区档案利用服务优秀级先进单位。

2015 年，中国人民银行苏尼特右旗支行晋级自治区一级档案室。

2001—2015 年苏尼特右旗档案管理晋级情况表

表 23-1-1

单位名称	档案晋升级别	晋升时间	备 注
苏尼特右旗卫生局	自治区一级	2001. 12	—
苏尼特右旗党委办公室	自治区二级	2001. 12	—
苏尼特右旗畜牧局	自治区二级	2001. 12	—
苏尼特右旗司法局	自治区二级	2001. 12	—
共青团苏尼特右旗委员会	自治区三级	2001. 12	晋升 5 个
中国农业银行苏尼特右旗支行	自治区特级	2002. 12	—
苏尼特右旗政府办公室	自治区一级	2002. 12	—
苏尼特右旗社会保险事业管理局	自治区一级	2002. 12	—
苏尼特右旗纪律检查委员会	自治区二级	2002. 12	—
苏尼特右旗城乡建设局	自治区二级	2002. 12	—
苏尼特右旗原巴彦舒图镇派出所	自治区二级	2002. 12	—
苏尼特右旗乌根塔拉派出所	自治区二级	2002. 12	—
苏尼特右旗原都呼木派出所	自治区二级	2002. 12	—
苏尼特右旗额仁边防派出所	自治区二级	2002. 12	—
苏尼特右旗额仁淖尔苏木	自治区三级	2002. 12	—
苏尼特右旗劳动就业局	自治区三级	2002. 12	—
苏尼特右旗扶贫开发办公室	自治区三级	2002. 12	—
苏尼特右旗交通运输管理站	自治区三级	2002. 12	—
苏尼特右旗原阿其图乌拉派出所	自治区三级	2002. 12	晋升 14 个
中国人寿保险公司苏尼特右旗公司	自治区一级	2003. 12	—
苏尼特右旗原格日勒图敖都边防派出所	自治区一级	2003. 12	—
苏尼特右旗原格日勒图敖都苏木	自治区三级	2003. 12	晋升 3 个
苏尼特右旗社会保险事业管理局	自治区特级	2004. 12	—
苏尼特右旗交通征费稽查所	自治区一级	2004. 12	—

续表23-1-1

单位名称	档案晋升级别	晋升时间	备 注
苏尼特右旗水利局	自治区二级	2004.12	—
苏尼特右旗交通局	自治区三级	2004.12	—
苏尼特右旗质量技术监督管理局	自治区三级	2004.12	晋升5个
中国人民银行苏尼特右旗支行	自治区一级	2015.12	—

第五节 行政执法

一、 法制宣传

2001—2004年，档案史志局每年集中时间开展国家档案法律法规和《内蒙古自治区档案条例》及地方档案相关规定的宣传活动。

2004年，档案史志局开展为期一周的《内蒙古自治区档案条例》公布施行5周年档案法律、法规宣传活动。

2010—2015年，档案史志局做好全旗综治、法制等宣传工作和“国际档案日”宣传活动。通过悬挂横幅、发放《中华人民共和国档案法》等相关宣传材料等方式，对档案法律、档案知识、档案保管利用等知识进行现场宣传，切实加强全旗依法管理档案工作，提高档案公共服务功能。

二、 行政执法

2001年7月13日，都呼木苏木与驻地某部队发生草场纠纷，政府通过查阅11号全宗1号目录397、392、371号卷，及时提供部队与都呼木苏木边界划分协议书，边界问题现场会议纪要等重要依据，避免由此引起纠纷。通过查阅原始档案，使10余起土地纠纷案得以解决，土地档案在处理违法占地，解决权属争议时显示权威性。年内，档案史志局组成2个档案执法检查小组，参照《中华人民共和国档案法》，对全旗机关企事业单位档案室和档案工作进行行政执法检查。

2005年6月20—28日，由人大常务委员会牵头，档案史志局、政府法制办公室组成联合检查组，对全旗16个未达标单位、档案管理滑坡单位进行执法检查。

2010年9月，政府法制办公室、档案史志局联合对全旗32个单位进行档案管理工作专项抽查。通过抽查，推进档案工作的规范化、制度化、科学化和档案信息化进程。

2012年9月12日，档案史志局对全旗搬迁单位档案开展执法专项检查。针对20多个搬迁单位档案存放温湿度不适合、档案管理不规范、档案数量不统计、没有温湿度记录、档案没有及时整理等诸多问题，进行现场指导和整改。

2013年，档案史志局依法做好全旗国家重点档案抢救和专项保护工作。

2015年，档案史志局制定《档案史志局“六五普法”工作实施方案》，重点做好档案法律法规宣传工作和档案行政执法工作。年内，依法对43个单位进行业务指导，累计整理档案资料75507卷（件）。

第二章　党史与地方志

第一节　党　史

一、党史、大事记

2001年5月，中共苏尼特右旗委组织部编写出版《中共苏尼特右旗党史大事记》（1945年8月至2000年12月），全书17万字。档案史志局提供中华人民共和国成立前档案、革命历史档案，图片档案2000余卷，为党史大事记编写提供第一手资料。

2008年5月17—21日，参加锡林郭勒盟党史地方志办公室举办的编写党史地方志培训班。

2011年，苏尼特右旗委组织部、档案史志局编纂出版《苏尼特右旗组织史》（1987年6月至2007年6月），全书12万字。年内，印发《关于做好党史大事记资料征集工作的通知》（苏右档发〔2011〕8号），要求各级党委、党支部、党组织将2001—2010年党史研究情况上报并组织做好党史大事记资料征集与编写工作。

2012年10月8—16日，参加全盟党史地方志主办党史地方志编写培训班。

2015年，做好全旗《中共苏右旗党史大事记（2001—2015年）》前期调研和筹备工作。

二、革命遗址普查

2010年，按照《锡林郭勒盟革命遗址普查实施方案》要求，全旗成立革命遗址普查工作领导小组，制定《苏尼特右旗革命遗址实施方案》。7月27日，举行全旗革命遗址普查动员会议及启动仪式。档案史志局组织专人进行现场普查，专访30多名老干部、老战士和知情人，查阅《苏尼特右旗志》《苏尼特右旗文史资料》和老干部回忆录等资料，对革命遗址进行丈量、拍照。10月中旬，完成革命遗址的调查、登记、拍照和填表说明等工作，确定革命遗址21处。

三、文史征集

2015年，档案史志局协助完成《苏尼特历史文化》一书，全书600万字、20章、100节。收集元朝、清朝、民国时期苏尼特右旗自然环境、政权、法律、军事、牧业、手工业、佛教、民俗、习惯、文化、艺术、医药、历史名人等历史文化资料。

第二节　地方志

一、 地方志编纂

2001年3月，档案史志局完成《苏尼特右旗志》（蒙古文版）的印刷出版，该书106.7万字。12月23日，完成《苏尼特右旗志》（汉文版）评审稿总纂任务，并通过上级部门评审。

2002年8月，档案史志局完成《苏尼特右旗志》（汉字版）的印刷出版，全书21编、83章，共110余万字。

2003年，《苏尼特右旗志》蒙古文版、汉文版参加内蒙古自治区第二届地方志评奖活动。蒙古文版《苏尼特右旗志》获二等奖，汉文版《苏尼特右旗志》获三等奖和最佳组织奖，旗档案史志局获全区修志工作先进集体标兵称号。

2012年7月，旗委调整《苏尼特右旗志（2001—2010）》编纂委员会。

2013年，档案史志局修改、充实《苏尼特右旗志（2001—2010）》内容有关事宜的通知。年内，完成《锡林郭勒盟志（2001—2010）》供稿任务。

2014年5月29日，全旗召开第二轮修志工作动员大会，正式启动《苏尼特右旗志（2001—2014）》编修工作。

2015年，全旗组织进行第二轮修志工作。旗委调整《苏尼特右旗志（2001—2015）》编纂委员会，修改制定《苏尼特右旗志（2001—2015）》编纂实施方案。

二、 行业志编纂

2001年，档案史志局协助指导人民武装部编写军事志，查阅提供人民防空机构设置、人防工程建设等相关档案资料。在编写苏尼特右旗人物志过程中，利用档案资料，将马头琴手扎都格尔等一批老艺人生平资料收录入志。年内，档案史志局先后为人事劳动局、法院、团委、妇联，劳动就业局等单位编写行业志期间提供档案服务。

2001—2005年，全旗出版的行业志有《苏尼特右旗公路交通志（1907—2000）》、《苏尼特游牧历史文化志》、《苏尼特右旗畜牧志（元朝—1998）》、《乌日根塔拉苏木志》（蒙古文版）、《苏尼特右旗政协志（1956—2005）》。

2006—2011年，全旗出版的行业志有《苏尼特右旗人力资源·社会保障志（1950—2010）》《苏尼特右旗人民代表大会志（1946—2011）》《苏尼特右旗原巴彦朱日和苏木志（1949—2006）》等。

2001—2015年苏尼特右旗行业志出版印刷情况表

表23-2-1

行业志名称	主要编纂人员	承编单位	出版、印刷单位	文　种
《苏尼特右旗公路交通志（1907—2000）》	庞学军	苏尼特右旗交通局	内蒙古人民出版社	汉　文
《苏尼特游牧历史文化志》	嘎林达尔	苏尼特右旗档案史志局（馆）	内蒙古人民出版社	蒙古文
《乌日根塔拉苏木志》（蒙古文版）	乌云毕力格、宝音陶格陶、嘎林达尔	苏尼特右旗档案史志局（馆）乌日根塔拉镇人民政府	呼和浩特市巴音印刷有限责任公司	蒙古文

续表23-2-1

行业志名称	主要编纂人员	承编单位	出版、印刷单位	文 种
《苏尼特右旗政协志（1956—2005）》	高永厚	政协苏尼特右旗委员会	呼和浩特市亿环印刷厂	汉 文
《苏尼特右旗人力资源·社会保障志（1950—2010）》	特木勒、贺·达布希拉图	苏尼特右旗人力资源和社会保障局	内蒙古自治区新闻出版局	汉 文
《苏尼特右旗人民代表大会志（1946—2011）》	乌兰图雅	苏尼特右旗人大	内蒙古教育出版社	蒙古文 汉 文
《苏尼特右旗原巴彦朱日和苏木志（1949—2006）》	乌·苏米雅、萨仁格日勒	—	内蒙古文化出版社	蒙古文

三、年鉴编纂

2001年，苏尼特右旗统计局编纂出版《苏尼特右旗统计年鉴》(年刊)。累计16万余字。

2001—2015年，档案史志局先后为锡林郭勒盟党史地方志办公室编纂上报《内蒙古自治区年鉴》《锡林郭勒盟年鉴》所需苏尼特右旗地情资料，累计28万余字。

2015年，档案史志局做好《苏尼特右旗年鉴（2016卷）》编纂部署工作。

四、地情类书籍

2001—2015年，全旗先后完成《苏尼特右旗辉煌62年》、《永远的故乡》（苏尼特右旗地名实录)、《乌日根高勒的60年》、《朱日恒珍珠》、《苏尼特右旗文物总集》等地情类书籍11部。

2009年10月18日，苏尼特右旗文学联合会举办乌·苏米亚、萨仁格日勒编辑出版的《朱日恒珍珠》首发仪式。

2001—2015年苏尼特右旗地情类图书统计表

表23-2-2

地情类图书名称	编者	承编单位	出版、印刷单位	文 种
《半个世纪足迹》	塔斯林、乌兰朝鲁、巴图朝鲁	中共苏尼特右旗委宣传部	呼和浩特市亿环印刷厂	蒙古文 汉 文
《苏尼特右旗辉煌62年》	娜仁高娃	苏尼特右旗统计局	西安合鑫统计资料印刷厂	汉 文
《永远的故乡》（苏尼特右旗地名实录）	嘎林达尔	苏尼特右旗档案史志局（馆）	内蒙古人民出版社	蒙古文
《家乡的人和故事》	照·斯琴巴特尔	—	呼和浩特市亿环印刷厂	蒙古文
《朱日恒珍珠》	乌·苏米雅、萨仁格日勒	—	内蒙古文化出版社	蒙古文
《苏尼特右旗文史资料》（第八辑）	金 花	政协苏尼特右旗委员会	内蒙古自治区新闻出版局	汉 文
《岁月留痕》（苏尼特右旗文史资料第九辑）	王永乐	政协苏尼特右旗委员会	内蒙古自治区新闻出版局	汉 文
《苏尼特民间文学》	陶·呼日勒巴特尔	—	呼和浩特市亿环印刷厂	蒙古文
《乌日根高勒的60年》	乌力吉	—	内蒙古新闻出版社	蒙古文
《苏尼特右旗文物总集》	梁耀君、呼日勒	自治区政协文史资料委员会 锡林郭勒盟政协文史资料委员会	呼和浩特市圣堂彩印有限责任公司	汉 文

第二十四编

民族·宗教

第一章 民 族

第一节 民族构成

2001 年，苏尼特右旗总人口 68022 人，其中，汉族 43624 人，蒙古族 23511 人，回族 296 人，满族 460 人，其他少数民族 131 人。2005 年，全旗总人口 68402 人，其中，汉族 44982 人，蒙古族 22534 人，回族 305 人，满族 442 人，其他少数民族 139 人。2010 年，全国第六次人口普查中，全旗总人口 68943 人，其中，汉族 44786 人，蒙古族 23285 人，回族 303 人，满族 428 人，其他少数民族 141 人。2015 年，全旗总人口 68337 人，其中，汉族 43590 人，蒙古族 23925 人，其他少数民族人口 822 人。

2001 年苏尼特右旗人口民族构成表

表 24-1-1 单位：人

名　称	合　计	汉　族	蒙古族	回　族	满　族	朝鲜族	达斡尔族	鄂温克族	其他
苏尼特右旗	68022	43624	23511	296	460	8	80	11	32
赛汉塔拉镇	27760	21875	5198	253	328	8	71	11	16
朱日和镇	4024	2280	1721	0	11	0	0	0	12
都仁乌力吉苏木	1999	666	1325	0	2	0	5	0	1
布图木吉苏木	2923	1129	1791	2	0	0	1	0	0
赛罕乌力吉苏木	3728	834	2894	0	0	0	0	0	0
阿其图乌拉苏木	2500	401	2096	0	0	0	0	0	3
桑宝拉格苏木	1931	347	1582	1	1	0	0	0	0
乌日根塔拉苏木	3318	1120	2186	6	6	0	0	0	0
额仁淖尔苏木	1174	109	1065	0	0	0	0	0	0
格日勒图敖都苏木	1184	176	1008	0	0	0	0	0	0
吉呼郎图苏木	1693	449	1227	1	15	0	1	0	0
都呼木苏木	1685	733	947	0	5	0	0	0	0
新民镇	10885	10767	78	0	40	0	0	0	0
巴彦舒图镇	3218	2738	393	33	52	0	2	0	0

2006 年苏尼特右旗人口民族构成表

表 24-1-2

单位：人

名　称	合　计	汉　族	蒙古族	回　族	满　族	朝鲜族	达斡尔族	鄂温克族	其他
苏尼特右旗	68773	45179	22720	302	434	8	84	12	34
赛汉塔拉镇	34404	26186	7517	263	330	8	72	12	16
朱日和镇	16121	12932	3120	1	42	0	8	0	18
乌日根塔拉镇	8641	3932	4631	33	43	0	2	0	0
桑宝拉格苏木	3640	932	2703	4	1	0	0	0	0
额仁淖尔苏木	2337	519	1799	1	18	0	0	0	0
赛罕乌力吉苏木	3630	678	2950	0	0	0	2	0	0

2015 年苏尼特右旗人口民族构成表

表 24-1-3

单位：人

名　称	合　计	汉　族	蒙古族	回　族	满　族	朝鲜族	达斡尔族	鄂温克族	其他
全　旗	68337	43590	23925	281	415	6	76	9	35
赛汉塔拉镇	33936	25697	7593	245	309	6	66	9	11
朱日和镇	15814	12420	3314	2	55	0	4	0	19
乌日根塔拉镇	5530	2862	2604	29	32	0	3	0	0
桑宝拉格苏木	3898	1007	2884	4	1	0	0	0	2
额仁淖尔苏木	2729	522	2189	1	17	0	0	0	0
赛罕乌力吉苏木	3709	641	3065	0	0	0	3	0	0
阿其图乌拉苏木	2721	441	2276	0	1	0	0	0	3

第二节　民族语言

一、蒙古族方言

1. 语种

苏尼特口语是以苏尼特部为主的苏尼特人民语言交际工具。属于阿尔泰语系蒙古语族中国蒙古语中部方言，是中国蒙古语基础方言之一。苏尼特方言特点与中国蒙古语标准语及以正蓝旗为代表的察哈尔方言语言范畴基本上一致，外语音特征也有很多相似点。例如，苏尼特口语的主—宾—谓句法特征，构词原理，名词的格、数领属范畴，动词体态，时间以及人称范畴，语言谐律等均大同小异。语言变化特征也有很多相同之处。不仅如此，苏尼特口语与现代蒙古语书面语也基本一致。苏尼特口语是现代蒙古语有代表性的方言之一。

2. 语系

苏尼特口语的语音系统虽然完整保留了蒙古书面语特征，但受元音的影响，正处于元音前化，辅音颚化进程中，所以音位变体较多，形式繁杂。归纳起来与蒙古书面语的语音系统基本相似。

二、 汉语方言

苏尼特右旗方言以新民乡汉族为主，在汉语上的主要差异是：声母，苏尼特方言 zh、ch、sh，读作 z、c、s，读 r 时不卷舌。韵母，苏尼特右旗方言前鼻韵母 en、in、un、都读成后鼻韵母 eng、ing、ueng、iong。声调，普通话有 4 个声调，即阴平、阳平、上声、去声。苏尼特右旗方言中有 5 个声调，即阴平、阳平、上声、去声、入声。入声是古声调的一种，它的发音短而促。

三、 蒙古语言文字工作

2001 年，按照《内蒙古自治区民委关于对各地贯彻执行党的民族语文政策情况进行检查的通知》，会同公安局、工商行政管理局等部门在全旗开展专项检查督查工作，对赛汉塔拉镇市面蒙古语言文字用文牌匾进行规范整顿。

自 2005 年 5 月 1 日公布实行《内蒙古自治区蒙古语言文字工作条例》以来，全旗组织开展蒙古语言文字宣传活动，发放宣传单，利用广播电视等媒体进行宣传，联系蒙古族中学、小学开展宣传《内蒙古自治区蒙古语言文字工作条例》活动。

2009 年，依照《中华人民共和国民族区域自治法》《内蒙古自治区蒙古语言文字工作条例》《国家民委关于进一步做好民族语文翻译工作的指导意见》等文件，统一和规范全旗党政机关蒙古语文翻译工作标准，对全旗范围内的少数民族语言文字公文使用和学习情况进行监督、指导。

2010 年，苏尼特右旗蒙医医院安装蒙古文开票、结算业务软件系统和蒙古文显示电子屏幕。

2012 年 2 月至 2013 年 9 月，全旗先后举办党政机关蒙古语文翻译工作者培训班 2 次，培训 210 人次。其间，翻译中心选派人员先后参加国家和自治区举办的翻译工作者培训。

2015 年，贯彻国家民族地区民品民贸企业贴息补贴政策。会同人民银行、财政局成立调研组，对全旗民品民贸企业进行摸底排查，注册登记，登记备案享受政策民品民贸企业 12 家，退税补贴 15 万元；争取小、中型民贸企业扶持资金 40 万元，用于双利牌蒙古包生产企业技术改造项目。年内，全旗翻译职称中，有副译审 2 人，翻译 28 人，助理翻译 48 人。

第三节 民族习俗

一、 蒙古族生产习俗

1. 苏尼特营地

苏尼特右旗牧民在长期畜牧业生产活动中，形成不同季节在不同营地放牧的独特习俗。其中，冬春营地在冬春季节寒冷且风大，营地选择在向阳避风、温暖、草料好、有水源的地方。冬春营地是入冬 11 月份至第二年 5、6 月份生产生活的地方，也是牧民的常年居住地，冬春营地是接羔保畜、剪羊毛、抗灾保畜的重要生产生活场所。夏秋营地主要选择在水源较好、牧草营养丰富、地势较高、凉爽的地方，便于牲畜抓膘。夏秋时期，牧民准备出售牲畜、打草搂草、准备饲草料。

2. 走敖特尔

走敖特尔是游牧生活的一种方式，又称“走场”。遇有旱灾、雪灾时，牧民赶着牲畜，到远处草场好的地方暂住下来放牧，有时到别的旗县走场。草畜双承包以后，划分牧民的草场，鼓励牧民种草种树，建设家庭草库伦，抗灾意识和抗灾能力增加，一般灾年，牧民都会自力更生解决困难，因此走敖特尔情况逐年减少。

3. 调驯役畜

调驯役畜如驯马、驯骆驼、驯牛等，是牧民在生产生活中不可缺少的一项习俗。

驯马　马到2岁时，就可调驯，驯出骑、驮等技能。马最普遍的是骑乘，可驯成跑马，用于赛马。有的驯为走马，用于走马赛。此外，还有驯套马、驯打狼、狩猎、驯拉车等。

驯骆驼　骆驼到3岁时捕捉，先穿鼻勒（鼻栓）后，再进行调驯，使其能骑、能驮，也有的能驯为赛骆驼用的良驼。

驯牛　牛在2岁时可驯为拉车牛，牛主要用于拉勒勒车、拉水。

4. 阉割

阉割羔羊　按照蒙古族传统习俗，每年春天阴历四月十二日对羊羔进行阉割。在阉割前，要先留种公羊。在羊羔中选择体长个大、毛色纯长、色泽好、遗传中没有明显病变的公羔，可留放种公羊。苏尼特右旗牧民对选种畜、骟仔畜很讲究，骟羊羔时，在蒙古包门前铺好毡子，准备好奶桶，桶内放奶油、小米、奶子等物品，以示吉祥与丰收。在已选好公羊羔脖子上系上哈达或彩带，给会骟羔羊的兽医人员敬献哈达和酒，点燃篝火，烧柏树，阉割者诵祝词，在火堆上烧奶皮、酹酒、撒黄油，寓意五畜兴旺。骟羔工作完成后，要宴请阉割者和帮忙者，赠送礼品。

阉割公马　骟马在春季进行，马到3岁时便骟。先要选留种公马。选择跑得快，鬃毛色泽好，双耳角尖如剪、胸高、腿长、脊背平长、眼亮、鼻孔大、蹄圆等具有良好特性的马做种马。骟马要请邻近浩特畜群点上的男女老幼，按规矩青年小伙子一定要帮忙。老年人烧铁棍，年青人套马、捉马。骟后，要诵赞颂词，祝骟过的马成为日行千里的好马。骟马完毕后，男女老幼都要参加宴饮祝贺。

阉割公牛　骟牛在牛到2岁时的春季进行阉割。要留公牛，必须选个体大、角小、腿短、头小、纯色的作为良种牛。

阉割骆驼　骆驼3岁时要骟，一般在秋季10月份进行。选种驼要选体大、绒毛多且细，腿长、驼峰挺立的良种。骟骆驼时请来邻近牧点牧民帮忙，并进行娱乐活动，以示喜庆，之后敬献礼物给所有帮忙者。

苏尼特牧民除以上传统牧业生产习俗，每年还要进行剪羊毛、制山羊绒、灌药驱虫、药浴洗羊等，还有一些手工艺活计，如打毛绳、擀毡子、拴鞍具等。

二、苏尼特蒙古族生活习俗

1. 苏尼特蒙古族服饰

帽子　蒙古帽有冬夏之分，冬帽多用狐狸皮、旱獭皮或羊羔皮做帽檐，圆形冬帽的帽顶织成吉祥顶子或用铜、银等金属或宝石装饰。帽檐下垂，有五彩布条配制。扁形皮帽是单色，全由羊羔皮或旱獭、水獭皮制成。夏帽多是礼帽或前进帽，妇女扎头巾。

蒙古袍　蒙古族主要民族服装。蒙古袍宽大，袖长，下端左右不分岔，立领，用铜银、珊瑚或布结纽扣，领口、袖口、袍襟都有漂亮的丝绸缎带等多色镶边点缀。蒙古袍的面料多颜色鲜艳，有卍字花、龙花、寿花、福字等花纹图案的绸缎、锦缎。蒙古袍根据穿着者的性别、年龄及季节、场合而分为不同花色、不同样式。男人多穿棕色、蓝色、黑色蒙古袍，女人多穿绿色、红色、粉色、黄色、蓝色蒙古袍。冬季的蒙古袍用羔皮制作，蒙古语称为德勒，德勒分为大茬德勒、二茬德勒、短毛德勒、光板德勒、羔皮德勒，有吊面和白茬之分。夏季穿夹袍或单袍，蒙古语为特尔利格。苏尼特蒙古袍镶四条边儿，根据年龄有单层边和多层边之别，脖领、胸襟都要缀三道纽扣，纽扣有金、银、铜和盘纽扣。

马蹄袖　蒙语称“脑都日嘎”，是袍子袖口上用羔皮、旱獭皮、绒做成的部分，形似马蹄，它不仅防寒护手，还有装饰作用。

腰带 苏尼特人腰带很长，一般的腰带长5米。腰带颜色与袍子颜色协调，蒙古袍外面扎腰带能保持腰骨的稳固笔直，冬天能起到保暖作用。男子扎腰带时，袍子要向上提起，下摆留得较短，以示精悍、潇洒、骑马方便。女子则相反，有的地区已婚女子不束腰带。

靴子 蒙古靴子有马靴、蒙古靴之分。靴子都要用上等牛皮制作，黑色者多，也有紫红色的。马靴美观、挺拔，能提起人的精气神，青年人很喜欢。古老的蒙古靴子样式是前尖向上翘起，靴帮上绣有漂亮的图案、花纹，是骑马狩猎、放牧的重要服饰。

坎肩儿 分为普通形和装饰形2种，装饰形坎肩儿用绸缎面料精制而成。领口、襟、腋窝和开叉口都用金、银、红、黄等鲜艳的锦缎镶边，坎肩的开襟分直襟、斜襟两种，并可挂羔皮或狐皮里子。

2. 苏尼特蒙古族女子服饰

蒙古族女子服饰自成体系，不同季节、不同场合穿戴不同样式的帽子、头巾、首饰等。服饰分季节、各种场合穿袍子、坎肩（奥吉）等。

帽子 苏尼特男子都戴帽子，妇女们有时戴帽子，扎头巾。在元代已经出现卷檐、圆顶或尖顶的帽子，用毡子或是皮子制成。从外形和作用上看，主要有圆顶立檐帽、尖顶立檐帽、风雪帽（也称“胡鲁布其”）、陶尔其克帽、三耳帽、四耳帽和圆帽几种。苏尼特人冬季无论男女老少，均戴风雪帽。护耳用水獭皮、貂皮、羔皮等，春秋季戴的一般用缎制作。苏尼特已婚妇女一般戴陶尔其克帽。三耳帽、四耳帽均为冬季戴的皮帽。

头巾 现代蒙古族女子普遍喜欢的。头巾一般用大幅绸子制作，上有各种精美花纹，色泽鲜艳，是年轻姑娘们最爱装饰。冬季有纯羊绒和驼绒围巾。

女式蒙古袍 传统苏尼特妇女袍子，一般宽大袖长。下端左右一般不分岔，立领子，纽扣在右侧。袍子的领子、袖口、边沿常用鲜艳的缎子镶边。

奥吉 即女式坎肩儿，这种服装只有已婚妇女穿，选料用红、绿、黑、金银花色鲜艳的缎子、库锦做镶边、贴边，用金银丝绒绣好各种图案花纹，是蒙古族家庭主妇在隆重场合如过年、婚礼、祭祀时穿的服装。

3. 苏尼特男子佩饰

戒指 一般用金、银、铜制作，有的镶有玛瑙、玉、绿松石等，男子通常戴在无名指上。

银碗 用银铂镶嵌包裹在木碗上，外面有花纹图案，露一小截木头，碗内全部镶银铂，是向客人敬酒的器具，现在迎来送往，使用银碗已经普及。

烟袋 牧民们用银、铜制作的烟锅头，长烟嘴用玉石、玛瑙等制成，中间烟袋杆用好木头制作，并有铜银制作的套环，挂有绸缎绣花烟口袋。牧民们见面时相互点上烟袋敬给对方，表示敬意。

鼻烟壶 牧民吸鼻烟者常带的烟具，制作材料有玛瑙、玉石、水晶、金、银、铜、景泰蓝等多种多样，是见面请安或互相赠送的礼仪之物，现在不常见。

褡裢 用来装银碗和鼻烟壶的一种装饰袋子，用鲜艳的绸缎制作，绣有精美图案，出门戴在腰带上。

蒙古刀 牧民不可缺少的生活用具，也是一种装饰物品，刀鞘用上等木料制作，两头镶有铜、银装饰的保护套，刀柄也做同样装饰，刀鞘一旁插有象牙筷子。平常男人们把刀插在蒙古靴内。

马鞭 马鞭有藤鞭、红木鞭、普通木制鞭，有大小之分，用于催马快跑，也可用于防卫。下马时，挂在马鞍前韂上，忌讳用马鞭作为礼物送人。

马鞍 牧民们非常讲究马鞍的装饰，鞍上配有各种装饰，用白银、铜等做鞍韂压条、鞍泡、八宝等，称为雕花马鞍，男女都可通用。

马嚼子 同样用铜、银装饰，不但坚固耐用，而且华贵漂亮。

4. 苏尼特妇女佩饰

常用妇女服饰有耳环、项链、手镯、戒指，一般用铜、银、玉、水晶、珊瑚制作，孕妇不戴手镯。

额箍　蒙古语称“达它古拉”，是妇女装饰额头用的饰品，用银子镶嵌珊瑚制成。

绥和　蒙古语称“下垂首饰”为“绥和”，如耳坠子等，用金、银、珊瑚、玛瑙制作。

发夹、发坠　发夹是妇女装饰束缚头发，发坠是姑娘佩戴首饰。

三、苏尼特蒙古族饮食

蒙古族饮食可分三大类，即肉食、奶食、粮食。重视和讲究“红、白”食。“红”食即肉食，“白”食即奶食，都是入席之上品，也是祭天地、祭敖包的祭祀食品。

1. 奶食

苏尼特右旗蒙古族牧民奶食种类很多，有嚼口、黄油、奶皮子、奶豆腐、奶酪、查嘎塔日格、俄吉给、发酵奶、酸马奶、奶果子等。嚼口是鲜奶发酵后浮在上面的脂肪层。黄油是将白油放在锅里慢火炼制而成。奶皮子是鲜奶煮开后，用勺子不断轻扬，使奶油浮在上面，成为泡沫状，逐渐冷却、晾干即成。奶豆腐是将酸奶熬煮后使其奶质与水脱离，放入布袋把水控干而成。奶酪是奶发酵沉淀后，放入布袋控干即成，奶果子是用白面和鲜奶、红糖、黄油混合起来做成饼或其他形状，油炸即成。

2. 发酵饮料

苏尼特右旗蒙古族牧民的发酵饮料有酸奶、塔尔格、额德木和奶酒。

酸奶　是发酵的奶子，酸奶能酿酒。牛奶、羊奶、驼奶、马奶都能制作成酸奶。用马奶制作的酸奶叫做酸马奶，发酵用的酵母可用小米和初乳制作，也可以从别人家借发酵的酵母。将酵母放到木制的奶缸里，加上奶子然后不停地搅拌，制成酸奶。驼奶制成的酸奶可直接饮用。

塔尔格　春季牧民们喝塔尔格，塔尔格是发酵的酸奶，酸度不大，可用生奶，也可用熟奶。制作时把奶子盛入小型陶罐中，用特制木棍慢慢搅拌，再加奶油，味道独特，有开胃、促进消化的功能。

额德木　额德木有生奶和熟奶之别，也有热和凉之分，用酸奶或自然分解的酸奶块加糖，味道鲜美可口。

奶酒　奶酒又叫蒙古酒、锅子酒。封建时代，蒙古人就掌握用奶子酿酒的技术。质量好的奶酒味道甘甜，清香宜人。特别是二次回锅的奶酒质量上乘。

3. 肉食

肉食是蒙古族最普遍最喜爱的食品，主要是牛羊肉，通常吃法为煮“手扒肉”。手扒肉有的剔骨有的不剔骨，按羊的部位割成块，白水加盐，煮熟即吃。全羊席是招待尊贵的客人和隆重的庆典时要办的酒席，蒙语称全羊为“布胡勒”，把熟羊四肢分放盘内，上面放好羊背，背上放熟羊头（不放羊蹄），就像一只羊站着一样。在羊头上放奶皮块或黄油，由两人端着，羊头朝客人方向敬献，由长辈或客人先动刀。有时向贵客敬献时，搭上哈达。客人先尝一点奶皮，用刀在羊头前额处划十字，从背侧面割一小块敬火、敬天。自己尝一小块，如果有老年人，可向长者敬献一小块，再由主持人切开，敬献客人，然后撤下全羊，割块，回锅再煮，重新端上席面，向客人献膳。

4. 炒米

炒米是蒙古族的一种常用食品，蒙古语称“保勒森巴达”（熟米）。是由糜子米经过蒸炒等工序加工而成，牧民们早餐或平常喝茶时食用，再加黄油、奶茶、奶豆腐、手扒肉泡茶共食，其香无比。

四、 苏尼特蒙古族居住

1. 蒙古包

蒙古语称蒙古包“蒙古格日”，其构造圆形穹顶（唐脑），周围用哈纳作壁，再用乌尼杆把唐脑和哈纳连接固定，再安好圆房门。蒙古包的构架成形后，里外包毡，毡子两层或三层，上部用顶毡，下面用围毡。现在比较富裕的牧民，在毡子外面加白帆布作为保护层，防潮、防露水、防雨。包外用牛毛绳子扎好。春冬季节，用绳子和铁橛子把唐脑和地面牢牢连接起来，以防大风刮走。蒙古包天窗分为串联式和插杆两种，哈纳墙少则4块，多则12块，富户住大包，贫户住小包，现在公用的蒙古包有8块哈纳、10块哈纳、12块哈纳等。大包里有4根柱子，雕梁画栋，美丽壮观，其摆设更加讲究。蒙古包的传统习俗较多，从搬迁、搭包、居住，男女座位有别，形成固定的习俗。现在牧民生活质量有很大改善，居住环境得到改善，住蒙古包的逐渐少。

2. 帐篷

帐篷是牧民们简易住所，它用4根梁和2根柱子顶起布篷，四周用橛子固定，用土埋上边角，主要用于临时走场、打草，或大伙聚会时使用。

五、 交通工具

1. 勒勒车

蒙古族运输工具，简单轻便，能载重350~450公斤。可用牛、马、骆驼拉车，可走山路、沙漠和雪地，行车时可多车串联，一人驾驭，号称“草原列车”。因用途不同，可做成各种不同类型的勒勒车。

2. 棚车

蒙古语称“哈木特尔格”，用木条制成半圆形车棚，外面包毡子或帆布，可防风避雨，用于搬家或走“敖特尔”。

3. 库房车

车体上放置一长方形木制柜，或围以牛皮，防潮防水，用来贮藏肉食等生活用品。

4. 水车

车上固定木制或铁制水桶，从远处拉水，供人畜饮用。

六、 年节 祀礼

1. 除夕

蒙古语称“毕图勒呼”，意为封口，即这一年从初一到年终正好一圈圆满，应封口。这天早起就准备过年终节，即送旧年。上午煮牛羊肉，苏尼特人一般煮全羊或羊背（羊背和四肢），午后5时许，准备好糕点、肉食、酒等，先供佛、拜神，除夕时，燃放爆竹，酹酒祭火、祀天地、敬祖先。

祭拜毕，青年人先到同浩特长者家拜访，品尝除夕食品、酒，之后，各家团聚欢宴。晚辈们给长者敬酒，长者给晚辈们压岁钱或礼品。晚宴后，可对下蒙古象棋、打扑克、玩麻将。等启明星升起时，约凌晨4时许，全家人穿上节日新装，在当院或选择高而平坦处，点起篝火，燃放爆竹、花炮、酹酒祭天、磕头拜天、祭拜灶火和佛神，欢庆一年复始。大年初一，到邻里家拜，要朝喜神方向出去，从福神方向返回。拜年时，先向长辈敬献哈达和酒，有的敬献鼻烟壶，长者祝福拜年者“长命百岁”“愉快安康”“吉祥如意”等。待拜年者走时，主人赠送礼品，受礼者双手接纳并道谢。

2. 祭火（祭灶）

祭火是蒙古人的最古老的习俗，大约可以追溯到人类使用火的初期。古人认为火是神圣的，能败一切有形和无形的邪恶，并且是最圣洁的。拜火就是求火神的保佑，祝福日子像火一样旺盛。苏尼特人祭火多在旧历腊月二十三日，也有人家在次日。祭火用羊胸叉、羊肉、奶食、酒等物品。将羊胸叉用白色羊毛线缠绕数圈，在羊胸叉里放满红枣、黄油、冰糖、块糖、奶酪、粥、柏叶、果点、哈达等物，放在灶内烧旺，酹酒磕头，求拜丰年的到来，保佑一家人吉祥兴旺。在煮肉的汤里煮米粥，并放奶酪、糖、黄油等，称为祭灶饭，祭灶后到除夕的7天，一般不做饭或主食，就吃祭灶饭。

3. 清明节

清明节标志着春天来到草原。牧民们有句俗话说："好清明吃，赖清明看"。意思是"好清明"风调雨顺、五畜兴旺。"赖清明"则干旱无雨，牲畜迟迟吃不到新草，只好望野兴叹。清明节苏尼特人要祭祖扫墓慰亡灵。由长辈带子女到祖先的坟地或向其所在方向遥祭，供以酒、肉、果品、糕点等食品，蒙古语谓"伊德乃德吉"。

4. 祭敖包

祭敖包是求山水神灵保佑，祀求风调雨顺。敖包为两种，一种是自然的山包，择其最高且秀丽的地方祭之。一种是人工垒砌的石头祭坛。蒙古人多在5—7月选固定的祭祀日，也有择吉日祭敖包。旗内最大的天然敖包在朱日和镇西北方向，叫白音敖包，是过去旗王爷德王亲往祭典的旗敖包。随着铁矿的逐年开采，无奈停止了祭礼活动。现在，比留图庙敖包，赛罕乌力吉敖包等处还有祭礼活动。

5. 千盏灯节（会）

苏尼特右旗蒙古族传统宗教活动。每年农历十月二十五日，苏尼特右旗毕留图庙（旧时各庙都进行）的喇嘛都会聚集诵经拜佛，到晚上满天星斗灿烂之时，庙中大雄宝殿释迦牟尼、文殊菩萨、观音菩萨座前点燃千盏神灯，牧民们则在家中的佛龛前点燃神灯，用新鲜黄油吃"阿玛素"粥，邻里互赠品尝，以祝万事如意。

6. 婚嫁

蒙古族自古对婚嫁之事很重视，首先请媒人说亲、过彩。婚礼在双方择定的吉日，男方请办事干练、有资历者做大、二、三"呼达"，即迎亲首席、次席、三席首长，带新郎、伴郎等去女方家迎新娘。迎亲人员必须是单数前往，回来时加女方送亲人员变为双数，成双成对以图吉祥。旧时新郎必须骑好马、穿盛装、佩弓挎箭、带蒙古刀，以示成年男子的威武。

女方自头天晚上开始邀请亲戚朋友摆筵并等候男方迎亲。女方的"和力木日齐"，即能言善辩者与男方的"和力木日齐"逐事争辩，都想难倒对方。如男方赢，则迎亲较顺利。否则，女方会继续提出多种考验对方的难题。会抢新郎帽子、佩饰等物，藏新娘，让新郎寻找，或出别的意想不到的招数，令男方难堪，事毕女方设宴，招待男方来客，并提出各种要求。次日4—5时，迎新者接新娘返回。迎亲的人们回来时，男方全体出来迎接，手捧哈达和酒，表示欢迎。让新娘骑马顺时针绕浩特三圈后，牵到毡子上，男方一名长者扶新娘下马，让她品尝鲜奶。送亲队进到父母蒙古包中请安问好，此时，婚礼正式开始。由尊敬的长者致颂词，让新娘过篝火以辟邪，然后饮酒唱歌，婚宴彻夜不散，送新娘的娘家人当晚返回。

7. 丧葬

土葬　蒙古族古老丧葬风俗之一，即埋葬。土葬时如亡者是男性，则以左侧弯腿，枕左手躺着，右手顺放右侧身上，亡者若是女性则反之。佛教传入后，土葬有改变，其一为坐棺，以坐式双手合十，形同释迦牟尼佛。其二，用白布缠裹全身，并请喇嘛诵经，超度亡灵，引亡灵入极乐世界。

火葬　火葬是佛教传入后对喇嘛特别是上层喇嘛的葬法。火葬之本意就是使灵魂升到极乐世界的意思，佛教说法就是"超度"。

野葬　是一种抛尸野外，渐渐自然消失的葬法。野葬也有两种，其一，是选择好地方，将死者送到目的地，简单地举行宗教仪式后便告结束。其二，将死者放在牛车上，往偏僻荒野走，在途中因牛

车震动颠簸，尸体掉下车的地方就是野葬之地。死者面向天仰卧为升天，面向下就是入地狱。有时野葬要脱掉死者身上的衣服，葬者相信这种葬法会为死者消除业障，忏悔生前罪孽。

七、祝寿 贺岁

1. 祝寿

这是晚辈对长辈表示的最高敬意。寿星老人一般在虚岁 61 岁、73 岁、81 岁时由儿女们筹办祝寿庆典，邀请周围的好友和所有亲戚参加。祝寿日期在腊月二十五日至除夕前几天进行。苏尼特人为 81 岁高龄者祝寿要开办小型那达慕会，进行摔跤、射箭、赛马。蒙古人忌讳 81 岁时死去，认为不吉利，所以提前一年举行祝寿。大年初一，周围牧民都先到祝寿者家，拜年祝贺，直到正月十五都有人拜见。

2. 贺岁

迎贺本命年是一种祝寿。苏尼特人习俗，每人从 13~73 岁的每一个本命年都进行迎本年祝福，贺本命年一般在冬天以后根据情况进行。晚辈自己去长辈家接受本命年的祝福和礼品。长辈的本命年是晚辈到长辈家中迎贺，并敬赠礼品。37 岁前的儿童和青年人，礼品多是牛、马、羊等牲畜，73 岁以后到 81 岁举办庆典。

八、忌讳

蒙古族在悠久的历史进程中形成自己的风俗习惯，其中忌讳也是一个重要的风俗之一。

骑马或乘车走近蒙古人家时，不能直接向家门走，要提前下马或减慢车速，对主人应称呼答话，不能惊动牲畜。骑马人到别人家，在进门前，必须将马鞭或马棒放在门外边，进门从右边上侧走，年纪小者从右边下侧或左边走。出了门，不能立即骑马就走，必须走一段再骑马。

做客时，主人端茶送到面前，应双手接，不能向佛龛伸腿露脚，不能随意用食指或无名指指人，不能在别人家里的火上烤脚，不能随便说不吉利的话，吃肉时，刀刃不能对着人，猎枪口也不能随便指向他人。

家里有患重病者、过世之人或刚出生的孩子，外边门上拴一条红布，表示外人不能入内。

九、娱乐

1. 蒙古象棋

相传国际象棋是成吉思汗的军队从亚洲带到欧洲的，后逐渐演变为国际象棋，所以国际象棋的造型同蒙古象棋一样。蒙古象棋由棋子和棋盘组成。棋子 32 枚，双方各 16 枚，分别为国王、雄狮各 1 枚，骆驼、马和战车各 2 枚，8 枚卒子，棋盘有黑白相间 64 块方格。比赛规则与国际象棋相似，下棋方式为：白格棋先走，以后轮流走棋、吃掉对方的棋子。苏尼特人很喜欢下棋，在较大集会上要比赛，在平时也经常玩。蒙古象棋的输赢都很有讲究，用各种“将”法将对方“将”死，用马“将”对方、有“花十”“花八”“马四”等走法，而且下棋高手都喜欢用马来“将”对方。此外还有卒子“将”，起步“将”等多种赢法。正式比赛还有用“五毒”赢法，先后用狮子、公驼、战车、骏马各“将”一镒，最后用卒子将军，结束比赛。如果双方均剩下或均剩同色单骆驼就算和棋。

2. “夏嘎”那达慕

“夏嘎”即羊的踝骨，“夏嘎”分四个面。宽凸面叫背，宽凹面叫心，窄凸面叫目，窄凹面叫耳，蒙古语中分别叫牛、马、骆驼、羊。用“夏嘎”可以玩多种游戏，如赛马、摔跤、射击、挤马奶、系羊、走场、九宝、顶丁等。

四只哲麦掷　如掷出四个同样的为“吉占”，掷出四个不一样的为“曹好日”，如出现带峰的马

（3马1绵羊）、带耳的马（3马1山羊）时掷者为赢。输者付一定数量的“夏嘎”。如掷出2马2绵羊或2马2山羊时，掷者输，应付给对方物品。最后按赢得“夏嘎”多少定名次。

赛马　参赛者各选一只有标记的“夏嘎”作为自己的“马”，然后将其余的“夏嘎”摆成长行，赛者掷自己的“马”，掷几个马则走几步，谁先到终点谁为赢。

打“夏嘎”　参赛者把数量相等的“夏嘎”混在一起，轮流掷，然后用手指弹，打相同的“夏嘎”，如马与马、牛与牛，但不能动别的“夏嘎”，否则为犯规。这样循环往复，将全部“夏嘎”收回者为胜。

九宝　用3颗“夏嘎”游戏，人数不限，掷出3颗“夏嘎”，若掷出3匹“马”为“金宝”，3只“羊”为“银宝”等，谁先掷完“九宝”谁为胜。

掷“马”　参赛者选定掷多少“马”，如掷10匹“马”或20匹“马”或更多，然后轮流掷“夏嘎”，谁先掷完约定数量的“马”，谁为胜。

3. 那达慕

那达慕　是蒙古族传统的娱乐活动，要进行赛马、摔跤、射箭等活动。现在又增添了篮球、门球、蒙古象棋、田径等。有嘎查、苏木办的中小型那达慕，也有旗和盟主办的大型那达慕大会，一般都会邀请友邻旗县或上级派代表团参加。

第四节　兴边富民

2007年，按照《兴边富民行动规划纲要》，苏尼特右旗被列入国家第三轮“兴边富民行动”重点旗。

2014年，苏尼特右旗争取国家兴边富民项目资金1100万元，全部投入全旗危房改造项目。

2015年，全旗投入兴边富民项目资金450万元，改善边远地区牧民居住条件，新建房屋1055套；投入兴边富民项目资金350万元，推进全旗广播电视全覆盖。同时，投入200万元，对全旗交通道路建设，注入项目带动资金，有效发挥国家兴边富民政策优势。

2007—2015苏尼特右旗“兴边富民”项目实施情况表

表24-1-4　　单位：万元

年　份	项目名称	总投资	合计
2007	赛罕乌力吉苏木肉牛产业化养殖基地项目	50	300
	蒙医院新增医疗设备项目	120	
	开发边境地区旅游产业试点项目一期工程	130	
2008	乌日根高勒嘎查建立良种肉牛养殖示范基地项目	50	300
	苏尼特右旗文化馆内部设施配套建设项目	100	
	开发边境地区旅游产业项目第二期工程	150	
2009	文体广电旅游局开通蒙古语、汉语广播自办节目项目	100	300
	赛汉塔拉镇苏尼特羊繁育基地建设项目	100	
	桑宝拉格苏木产业化肉业养殖基地建设项目	100	

续表23-1-4

年　份	项目名称	总投资	合计
2010	额仁淖尔苏木苏尼特羊良种繁育基地建设项目	300	500
	苏尼特右旗蒙古族中学购置教学仪器设备项目	200	
2011	苏尼特右旗边境地区风光互补供电项目	100	600
	苏尼特右旗广播电视台发射塔建设项目	100	
	苏尼特右旗牧民冬羔育肥棚圈建设项目	200	
	苏尼特右旗民族幼儿园购置设备教学仪器项目	200	
2012	苏尼特右旗改善牧民居住条件建设项目	250	600
	苏尼特右旗新宝拉格养羊专业社项目	50	
	朱日和镇苏尼特种公羊发育基地建设项目	300	
2013	苏尼特右旗牧民冬羔育肥棚圈建设项目	100	600
	乌日根塔拉镇苏尼特羊繁育基地建设项目	100	
	苏尼特右旗兴牧牛羊养殖专业合作社扩建项目	100	
	查干乌苏嘎查苏尼特羊专业合作社基地新建项目	100	
	苏尼特右旗王府原生态旅游区开发建设项目	200	
2014	苏尼特右旗改善牧民居住条件建设项目	1100	1100
2015	苏尼特右旗改善牧民居住条件建设项目	450	1000
	广播电视自办节目覆盖工程项目	350	
	阿其图乌拉苏木至赛罕乌力吉苏木穿沙公路	200	

第二章　宗　教

第一节　宗教派别

一、 佛教

1. 藏传佛教

藏传佛教从元朝初期传入蒙古，所传宗教属于藏传佛教的“格鲁派”。元世祖忽必烈经西藏高僧八思巴灌顶，成为佛教徒。因此，他在位期间，竭力弘扬佛教，拜八思巴为国师，定佛教为国教。诏令修建大量寺庙，还从印度、西藏获得大量佛陀和其他圣者遗物，并组织人力翻译，编成许多经文。

清政府对蒙古族信仰佛教予以保护，如清皇太极在土默特地区烧绝板升（土房子），唯独对寺庙进行保护，认为“兴黄教即可安众蒙古，所系非小，应保护之”。认为在蒙古地区建一座庙，胜养10万兵。因格鲁派喇嘛戴黄帽子，故俗称“黄教”。

苏尼特地区藏传佛教教规从大戒律到小戒律，从简单修行到高层修行，规定有几百条之多。喇嘛如庙门初学时有“不杀生、不偷盗、不淫邪、不妄语、不饮酒”五大戒。因此，考取“格楞”学位后，戒律253条。有施舍、奉纳、守戒、慎行、静思、冥祈等。藏传佛教教规繁多且严格，如不允许在寺庙内赤身裸体，不允许蓄胡须和头发等。

2. 汉传佛教

2001年以后，汉传佛教信教人数增至300余人。

2004年，民族宗教事务局报请上级有关部门研究，同意赛汉塔拉镇筹建一所汉传佛教活动场所，由信教群众筹资将原运输公司大院及内部房产买下（锡林北路），成立筹备活动小组，兴建汉传佛教活动场所。

2008年11月，“弥陀苑”被批准为苏尼特右旗汉传佛教宗教活动场所。

2013年，“弥陀苑”更名为“吉祥法寺”。

二、 伊斯兰教

2015年，全旗有伊斯兰教徒300余人，主要集中在赛汉塔拉镇，设清真寺1处。

三、天主教

2015年，全旗普查登记天主教徒530户1265人，全旗天主教徒约3000余人，主要分布在朱日和镇、赛汉塔拉镇、查干诺尔碱矿、乌日根塔拉苏木等地。

四、萨满教

蒙古语称萨满教为“阿塔腾格里音塔黑力嘎”。喇嘛教传入苏尼特地区之前，萨满教曾经是蒙古族信仰的宗教。成吉思汗时代，萨满教为蒙古国主要宗教，在蒙古社会有较高的地位和权威。

萨满教没有统一组织、统一经典教义和统一活动规范。当地现存的祭敖包仪式是萨满教主要宗教活动。信奉萨满教的人们，集中在敖包山，祭祀天地、日月、祖先等。

第二节　宗教场所

一、藏传佛教场所

至2015年，全旗仅存一座藏传佛教活动场所。毕鲁图庙位于朱日和镇境内。此庙是全旗最早建成且唯一保存至今的寺庙，建于乾隆十六年（1751），曾毁于1913年，1945年重修，1966年在“文化大革命”中毁坏严重。1989年落实宗教政策时修复，现为全旗藏传佛教活动中心。建庙至今，记载有12名活佛，活佛巴大玛嘎日布为政协苏尼特右旗第六届、第七届副主席。

二、汉传佛教场所

2008年11月，正式批准建立汉传佛教宗教活动场所——“弥陀苑”，占地面积8278.36平方米。其中，礼佛大殿由原汽车站候车室改建，面积388.8平方米，有办公室、寮房、斋堂等平房，面积547.2平方米。农历十月十九日，举行宗教场所落成及佛像开光法会。重要佛事活动每年有3次，分别在农历二月十九日、六月十九日、十月十九日举行。

2012年9月，新建礼佛大殿（弥陀殿），建筑面积694.71平方米，重新命名为大雄宝殿，大殿中央正面供奉三尊如来圣像、两侧供奉十八罗汉、背面供奉四大菩萨。山门处建有一座天王殿，建筑面积132.31平方米，殿前中央供奉弥勒菩萨，背面供奉护法韦驮尊天菩萨，殿两侧是四大天王。10月10日，举办“大雄宝殿”“天王殿”“佛像开光”庆典仪式。

2013年4月，弥陀苑更名为“吉祥法寺”，成为全旗汉传佛教主要活动场所。

三、伊斯兰教活动场所

清真寺位于阿其图街锡林路北侧，规划用地面积3000平方米。新建清真寺为阿拉伯建筑风格，建筑面积700平方米，其中，礼拜寺建筑面积470平方米，附属设施建筑面积470平方米。工程总造价160万元，其中，政府补助建设资金30万元，其余为穆斯林群众自筹资金所建。

四、天主教活动场所

2001年，天主教供信徒继续使用原二工程队简易木工车间所改造的“临时祈祷所”。

2008年，民族宗教局会同旗委统战部向建设局申请对天主教活动点房屋情况进行鉴定，经建筑工程质量监督站鉴定为危房，建议停止使用。

2009年，由部分天主教徒自筹资金20万元在原址重新修建建筑面积450平方米的教堂，供教友使用。

第三节　宗教活动

一、藏传佛教佛事

主要有诵经会（亦称法会），跳查玛舞、迈达尔出巡、送人令等。

1. 诵经会

诵经是佛事的长期活动。诵经有定期，有约定内容，也有按不同情况临时决定的。主要有正月初八的祝缘诵经会，持续至正月十五日。初八晚上星辰密布后念二十一佛母经，初九诵甘珠尔经至十六日结束，并在当天考试，确定全体喇嘛经文课程成绩。对喇嘛考试在四季都有定期：农历正月十六日、四月十六日、七月二十四日、十月二十六日，进行不同课程的考试。农历六月十三日诵经祭敖包、祭泉水，主要在毕鲁图庙进行。还有一种诵经是施者为专门事项的布施诵经，如为祖宗亡灵诵超度经，招福求子经，或为办法会而诵经等。

2. 查玛

查玛有多种内容，主要是祛除魔鬼的阿扎查玛，寿星老人与鹿舞，弥勒佛化猎人佛等。舞时，在场的一角不停地诵经，有各种鼓乐、法器、大小号齐鸣伴奏。扮演除害禳鬼的角色一般多是黑绿脸，青面獠牙，如钟馗一样，手持大刀作势向地下砍。舞者有吐火、吞刀，作狰狞面目之状，以助杀鬼阵势，意为祈福禳灾。

3. 迈达尔出巡

迈达尔系梵语弥勒佛的音译，汉文意译为“慈氏”。迈达尔出巡就是布教普度众生之意。在经会的正日，大经诵毕跳查玛，查玛快结束时，请迈达尔佛像于大殿外的特备宝座之上，跳查玛的喇嘛不卸妆，拥迈达尔佛像于特制的车内出巡。绕行寺庙一周，回来时，一路继续跳查玛舞，在器乐齐奏声中绕寺庙二周结束。

4. 送人令

送人令，蒙古语为“皂力格嘎日嘎胡”。“皂力格”是“鬼”的意思，“嘎日嘎胡”是“送”或“祛”的意思。

“人令”是藏语，送人令即是将这一地区或家庭之邪灾用咒语附在这些人令上，然后念诵经文，将其送到遥远的地方压下。送时必须反转绕住处（家园或寺庙）三周而远送。

二、 汉传佛教佛事活动

重要佛事活动每年有3次，分别为农历二月十九日、六月十九日、十月十九日。

三、 伊斯兰教

伊斯兰教教规称五功，即“念、礼、斋、课、朝”。

全旗伊斯兰教重大节日有开斋节、古尔邦节、圣纪节。

第二十五编

精神文明建设

第一章　思想道德建设

第一节　社会道德建设

2001年，苏尼特右旗开展学习宣传和贯彻落实《公民道德建设实施纲要》活动，提升干部、职工和群众的思想道德素质。4月，以“农牧业结构调整大学习、大讨论”为主题，开展社会主义市场经济理论大学习、大讨论活动。以“讲文明、树新风”实践活动为契机，解决各行业中广大干部、职工言行、举止、服务、秩序等方面存在的问题，树立全民“自尊、自强、自立”的社会道德意识。

2002年7月，根据锡林郭勒盟委、行政公署印发的《关于实施全民素质工程的决定》文件精神，认真部署全旗“公民道德建设年”各项工作，组织开展宣传教育和全民读书活动。

2003年，以纪念学习雷锋40周年活动为载体，组织全旗社会各界开展扶贫帮困、义务劳动、志愿服务、文明宣讲、慰问演出、影视展播、书画展览等社会公共服务教育活动，大力弘扬雷锋精神，做新时代的建设者。

2004年，开展“执政为民、加快发展”培训教育活动，加强全旗干部教育培训工作，推进全民素质工程，并组织实施全民素质工程及第六个全旗“全民读书日”等活动。

2008年，学习贯彻《公民道德建设实施纲要》。全旗17家单位联合举办“讲文明、树新风、讲卫生、保健康、讲公德、促和谐”主题百日创建活动启动仪式。以迎接“北京奥运会”和锡林郭勒盟两个文明建设经验交流会为契机，开展“三治六清”和“文明服务迎奥运”主题实践活动。编印和发放《苏尼特右旗居民文明读本》，宣传印发5000余份“创和谐家庭、促社会和谐”主题倡议书，张贴“做文明居民、创文明城镇”“文明礼仪从我做起”等宣传标语300余条，利用电视广告和手机短信做好“全民参与、共创文明、做好迎会工作”宣传活动。5月，教育局关工委和赛汉塔拉镇关工委联合举办“知荣辱、树新风、我行动，从小做一个有道德的人”实践动员大会。

2010年8月，全盟关心下一代工作会议暨全旗未成年人思想道德建设座谈会在赛汉塔拉镇召开。

2011年，组织实施“全民素质工程”建设。开展“庆祝建党90周年红歌大赛”“社区是我家、建设靠大家”“文明杯”活动和行风评议、“诚信西苏”建设、“中华魂”读书活动、“颂歌献给党”演讲比赛以及书画比赛、展览等系列主题活动。

2012年，学习宣传内蒙古自治区、锡林郭勒盟道德模范、“身边好人”活动，开展“讲文明、树新风”活动，举办培训班、专题讲座、文明礼仪知识大奖赛，组织举办文明礼仪知识“五进”活动（进机关、进学校、进企业、进社区、进牧区），不断深化“五项文明”活动和“五个推进”工程。4月，全旗举办中小学生“学雷锋、读好书、做好事”主题活动表彰大会。年内，1人被推荐全区诚实守信道德模范先进个人；3人被选为全盟孝老爱亲、敬业奉献、诚实守信模范候选人。

2013年，推进全旗公民道德建设。引导未成年人以“心向党、爱劳动、有礼貌”为目标，开展

“做一个有道德的人”主题实践活动。结合清明节、“六一”儿童节，组织全旗各中小学校学生开展“网上祭英烈”“做一个有道德的人”网上签名寄语活动。8月，精神文明办公室和赛汉塔拉镇宝拉格社区举办“孝老爱亲”主题道德讲堂，来自各社区干部及宝拉格社区部分居民代表60余人参加学习教育活动。10月，安顺客运六公司开展“以真诚服务提升公共服务水平”主题企业道德讲堂实践活动。

2015年，全旗以培育和践行社会主义核心价值观为主题，先后组织开展文明礼仪宣传教育、“文明礼仪、从我做起”“进嘎查、进家庭”等主题教育实践活动。开展全旗“身边好人”表彰活动，李佃英、张常喜、道仁托亚、阿拉坦敖都等22名被评为“身边好人”，12名获提名奖。额仁淖尔苏木、赛罕乌力吉苏木和社会保险事业管理局等单位开展“做文明有礼的西苏人”主题实践活动，践行公共道德，恪守文明规范，抵制不道德不文明行为。全旗中小学开展“做一个有道德的人”“网上祭英烈”主题活动和“美德少年”评选活动，建立“校园学雷锋”示范点。蒙古族小学、第二小学、综合高中设“校园学雷锋示范点”。授予第一小学、第四小学、蒙古族中学、第一中学、第二中学“道德讲堂示范校”；授予第三小学、蒙古族中学、第二中学“弘德校园”称号；18名学生被评为全旗“美德少年”称号。年内，全旗道德讲堂全面推广，涉及各单位、各部门、各类社会组织及社团，开展机关各类道德讲堂100余期，文明单位道德讲堂28期，社区道德讲堂17期、中小学校道德讲堂50余期。

第二节　理想信念建设

2001年，组织开展“庆祝中国共产党成立80周年和江泽民‘七一’重要讲话”学习教育活动，增强全旗党员、干部、群众对党的理解和信念。

2002年，全旗开展学习宣传廷·巴特尔先进事迹活动。组织学习《自觉实践“三个代表”的模范党支部》《心系牧民献身草原》《爱心铸就骨肉情》等内容，从不同角度讲述廷·巴特尔感人事迹。

2003年，组织学习胡锦涛在锡林郭勒盟视察时的重要指示，学习贯彻中共十六大精神专题报告，集中学习“五个模范教育”、中共十六大和十六届三中全会精神、《“三个代表”重要思想学习纲要》。开展“三新教育”（掌握新理论，投身新伟业，担当新任务）主题活动。5月，旗委决定，在全旗范围开展向额尔敦陶格陶学习活动。

2005年，组织学习宣传中共十六届四、五中全会精神，开展科学发展观和构建和谐社会教育，以及全旗“保持共产党员先进性教育”活动，增强广大党员干部的理想信念。

2006年，全旗开展社会主义荣辱观学习教育活动，组织“知荣辱、促和谐、谋发展”理论宣讲活动，开办社会主义荣辱观专题讲座和苏尼特“肉业杯”“八荣八耻”演讲比赛等活动。

2007年，开展学习贯彻中共十七大精神、“回顾六十年、展望新未来”等形势任务宣传教育活动，全旗组建宣讲团到苏木镇、嘎查村及旗直机关、企事业单位、学校、社区等地进行巡回宣讲，累计宣讲30余次，覆盖面1万余人次。年内，开展“迎大庆、知盟情、促发展”形势任务知识竞赛、“迎大庆、促转型、谋发展”主题征文、“爱岗敬业、奉献青春”歌咏比赛等活动。党校重视发挥旗、苏木、嘎查三级党员电教网络作用，组织党员干部观看有关农牧区经济发展电教片，培训和邀请专家作形势报告、召开座谈会。

2008年，全旗加强中小学生理想信念教育，关心下一代工作委员会、教育局联合举办全旗教育改革开放30周年专题图片展，2000余名中小学生参观图片展。

2009年，全旗成立“科学发展大讲堂”宣讲组，按照“党员干部受教育，科学发展上水平，人民群众得实惠”的目标要求，开展学习实践科学发展观活动。

2010年，开展以学习贯彻中共十七大、十七届五中全会为重点的理论宣讲活动。旗委中心组成员带头学习领会中共十七届五中全会精神。旗直各单位干部职工集中开展学习大讨论活动，基层苏木镇党员和群众收看收听中共十七届五中全会新闻报道或电视实况转播。6月，第四小学举行“中华魂”读书活动启动仪式。

2013年，全旗举办“塔木沁韵”青年歌手演唱会、“爱岗敬业、建设家乡”干部职工合唱比赛、首届牧民歌咏比赛及各苏木镇文化主题等活动。通过赛汉塔拉镇“广场文化月”、朱日和镇“心之韵”、乌日根塔拉镇“乌日根塔木棋”、赛罕乌力吉苏木“乌仁迪格尼”、阿其图乌拉苏木“阿其图杯”歌咏比赛、额仁淖尔苏木“边疆长廊”等系列文化活动，提升公民思想道德、理想信念和文化素养等综合素质和水平。

2015年，学习贯彻中共十八届三中、四中全会和习近平视察内蒙古重要讲话精神。先后组织开展旗党委中心组学习“习近平系列讲话精神专题教育”培训班、“三严三实”专题教育、领导干部“双休日”讲座和基层政策理论大讲堂等活动，切实增强各级干部、职工的理想信念。

第三节　爱国主义教育

2001—2003年，继续贯彻执行《爱国主义实施纲要》，利用全旗爱国主义教育基地开展爱国主义教育活动，各中小学组织开展唱国歌、升国旗、成人宣誓、报告会、演讲会、读书活动等，集中开展爱国主义教育活动。

2004年，全旗加强中小学生和干部职工爱国主义教育。先后组织8600名中小学生和干部职工参加中小学生军训活动、“爱中华、奔小康、强国防”签名活动和“爱中华、奔小康、强国防”知识答题等活动。

2005年，组织开展“纪念中国抗日战争及世界反法西斯战争胜利60周年”“红军长征胜利70周年”等爱国主义教育活动。

2007年6月，武装部组织全旗4所中学2000余名学生参加庆祝建军80周年及“皇城相府杯”国防知识竞赛答题活动，加强中学生爱国主义教育，丰富国防知识。

2008—2009年，第四小学、朱日和小学组织优秀教师、三好学生、优秀班干部、优秀少先队员与朱日和合同战术训练基地官兵联合开展爱国主义教育活动。综合高级中学组织40名学生到朱日和合同战术训练基地进行国防教育。聘请基地官兵为综合高中校外国防教育辅导员，并向基地赠送“支持国防教育，共铸钢铁长城”锦旗。

2010年，全旗组织干部、职工、群众、学生观看歌颂草原母亲大爱无疆情怀的爱国主义影片《额吉》，激发和弘扬爱国主义精神。

2011年，围绕迎接中国共产党成立90周年，全旗组织开展形式多样的爱国主义教育活动。旗委开展以弘扬爱国主义精神和“奉献、友爱、互助、进步”志愿主题服务活动，组织开展党群共建“创先争优”活动。第二中学志愿者服务队到赛汉塔拉镇乌兰社区开展重温历史、尊老敬老、奉献爱心志愿服务活动，为社区20余名老党员表演文艺节目。7月，团委和红十字会联合组织“苏尼特右旗2011暑期青少年红色之旅夏令营”活动，进一步培养青少年爱国主义精神，丰富青少年成长经历和暑期文化活动。年内，通过举办“苏尼特右旗革命遗迹、遗址展”，激发热爱祖国、建设家乡的爱国主义热情。此次展出图片资料100余张，包括21个革命遗址、28名革命烈士和110名骑兵战士事迹。

2013年，旗委宣传部、文明办、团委联合举办“中国梦·苏尼特梦·我的梦”主题演讲比赛和“童心向党”歌咏比赛活动。比赛中，来自不同岗位26名参赛选手从不同角度、不同层面表达各行各业干部、职工的爱国心；来自8所学校及幼儿园的120人以大合唱、小合唱及独唱等多种形式参加表演。

2015年，旗委、政府和各部门、各行业组织开展庆祝“中国人民抗日战争暨世界反法西斯战争胜利70周年”主题爱国主义教育活动。年内，通过开展“9·18”防空警报试鸣宣传活动，增强全旗公民爱国主义和国防观念，提高防空防灾及应对能力。

第四节　民主法制教育

2001年，全旗正式启动“四五”普法工作，与“三五”普法工作相比，“四五”普法着眼点由提高公民法律意识向增强公民法律素质转变。

2001—2005年，全旗开展第四个五年普法活动。“四五”普法工作分准备启动、全面实施、总结验收三个阶段。

2005年12月，全旗召开表彰“四五”普法依法治理先进集体、学法用法先进个人、普法依法治理先进工作者。

2008年，旗直机关、各部门、苏木镇集中开展法律宣传教育活动。5月，司法局与桑宝拉格苏木党委、政府联合组织牧民群众开展“法律进万家”宣传活动，司法工作人员现场开展法律咨询和发放法律常识宣传材料。7月，赛罕乌力吉苏木党委、政府领导到5个嘎查进行“确保一方平安，为民办实事”主题法律宣传、集中整治活动。结合“12·4”法制宣传日，集中在全旗中小学校开展“法制进校园”宣传活动。

2009年，公安局、司法局等单位联合开展“讲文明、树新风、讲卫生、守功德、保平安、促和谐”主题安全、法制宣传活动，为全旗第二届百日创建活动创造良好的社会治安和法治环境。4月，交警大队为全旗中小学生开展交通安全知识讲座，向学生发放《中华人民共和国道路交通安全法》《交通安全警示录》以及交通安全知识光碟等。

2011年，学习贯彻中共十七届五中全会精神，政法委与综合治理成员单位联合开展“净化青少年成长环境、保护青少年健康成长”主题综治维稳法律宣传活动。旗司法局、妇联与赛汉塔拉镇开展“法律进社区讲座”主题实践活动，司法局工作人员向广大干部职工和群众讲解《中华人民共和国人民调解法》《中华人民共和国婚姻法》《中华人民共和国妇女权益保障法》《中华人民共和国未成年人保护法》等法律法规知识。3月，党校和边防大队、额仁淖尔苏木联合创办“边防党校”，围绕适应边境地区各类党员干部培训需求，开展“三农三牧”政策、法规知识讲座活动。7月，农牧业局组织党员观看反腐倡廉警示教育片。

2012年，林业水利局、森林公安局结合《中华人民共和国宪法》施行30周年纪念日和第12个“全国法制宣传日”，开展“弘扬法治精神，促进社会和谐”主题宣传活动。

2013年，旗委、旗政府召开“五五”普法表彰会议，表彰民政局等普法依法治理先进单位和10名先进个人。

2015年，全旗举办“加强社会治安综合治理、推进平安法治西苏建设”宣传活动。3月，人民检察院以“防范岗位风险，远离职务犯罪”为主题，为全旗公安民警举办预防职务犯罪法律专题讲座。司法局、草原监督管理局联合开展“送法上门”活动，宣传普及《中华人民共和国草原法》《农牧民法律知识读本》《法律援助常识》等法律法规知识。8月，举办全旗“法在身边·法治北疆”主题普法宣传活动，发放《农牧民法律知识问答手册》和相关法律宣传单，进行法律咨询解答。9月，司法局、供电局、交警大队在赛汉塔拉镇各社区举办“平安建设宣传日”暨居民法治大讲堂活动，邀请内蒙古区委党校教授开展“防范执法风险、提升依法执政能力”专题讲座。

第五节　家庭美德教育

2002年，全旗结合实施全民素质工程，妇联在妇联系统和全旗广大妇女群众中开展“创建学习型组织、创建学习型家庭”的“双创建”活动。

2004年，旗委、旗政府、妇联召开表彰会议，对全旗先进妇联组织、优秀妇女干部、“五好文明家庭”“城镇文明示范户”“美德在家庭”等先进集体和先进个人进行命名和表彰。

2005—2010年，全旗制定实施家庭教育活动规划，分别在旗直机关、学校、苏木镇等建立家庭教育示范点。利用每年三八妇女节、“妇女维权周”“12·4”法律宣传日等节日节点，开展《婚姻法》《预防未成年人犯罪法》等法律宣传教育活动，以及创建“五好文明家庭”“美德在家庭”活动。

2014年，乌日根塔拉镇昌图锡力嘎查牧民额尔敦其其格在全国妇联家庭和儿童工作部、中国家庭教育学会开展的“传承家庭美德 树立良好家风”活动中，被评为“传承好家风的好妈好爸”称号。10月，苏尼特右旗央金策玛家庭组合经家教家风展演、才艺展示、知识问答三个环节比赛，获八省区第二届蒙古族传统家风家教大赛一等奖。

2015年，旗委、旗政府召开全旗“最美家庭”“妇女之家”表彰大会。桑宝拉格苏木额尔敦塔拉嘎查、额仁淖尔苏木查干哈达嘎查、阿其图乌拉苏木额尔敦宝拉格嘎查、赛罕乌力吉苏木脑干希力嘎查、朱日和镇巴彦宝拉格嘎查、赛汉塔拉镇贡宝拉格嘎查等7个嘎查被命名为旗级示范“妇女之家”；特木尔巴格那、乌云花、新琪琪格、娜仁通嘎拉、贺禄等的家庭被评为“最美家庭”；赛汉娜、额尔敦其其格被评为全盟“最美家庭”。

第二章　精神文明创建

第一节　文明城镇创建

2002 年，全旗进一步加强文明城镇创建活动，继续巩固和提高赛汉塔拉镇自治区（丙组）三星级文明镇创建成果的基础上，重点加强都呼木苏木自治区（丁组）一星级创建工作。

2005 年，内蒙古自治区精神文明委员会旗县验收考核组，对苏尼特右旗开展创建星级系列竞赛活动进行验收测评，赛汉塔拉镇从四星级文明城镇进入自治区丙级六星级文明城镇行列。

2007 年，精神文明委员会做好赛汉塔拉镇申报内蒙古自治区七星级文明城镇的验收工作。

2011—2013 年，按照内蒙古自治区《全区城市（区）公共文明指数测评》工作要求，精神文明办公室通过全盟文明旗县公共文明指数测评，提升公民文明素质和城镇文明程度，有力推进全旗争创文明城镇工作开展。

2011 年，在锡林郭勒盟旗县公共文明指数测评活动中，苏尼特右旗居全盟第三名。

2014 年，制定《全旗文明旗县城测评体系任务分解表》，细化责任与分工，明确工作目标，确保各项指标顺利达标。

2015 年，内蒙古自治区精神文明委员会旗县验收测评组，对苏尼特右旗开展全区文明旗县城创建活动进行验收测评。自治区文明城测评组通过查阅资料、实地查看、随机暗访、问卷调查等形式对全旗争创全区文明旗县城创建工作进行测评。

第二节　文明乡村创建

2006 年，全旗有 34 户被评为全盟“两牌五户”创建典型。

2006—2008 年，围绕创建“锡林郭勒草原千里边疆文明带”活动，旗委、政府坚持“抓精品、创品牌、出特色”的创建思路，不断巩固基础、总结经验，扎实推进“两牌五户”（生态牌、共建牌和文化特色牧户、文明诚信户、治安模范牧户、科技示范户、文明小康户）创评工作深入开展。

2007 年，全旗在各苏木镇选拔“两牌五户”480 户，加强培养选拔力度，切实提高农牧民的整体素质和文明程度。

2008 年，制定印发《关于在全旗盟级以上文明单位中继续开展联系嘎查（村）转移农牧民活动的通知》，深化五项文明活动，推进“两牌五户”创评工作。年内，全旗结对 43 户，转移牧民 30 人，整理归档全旗创建“两牌五户”专项档案建设。

2011 年，旗委、政府坚持以“封育、增绿、建家园”“减畜、精养、创新业”“算账增收做好当家”等为创建载体和工作思路，突出高效生态畜牧业的重要战略意义，切实提升农牧区精神文明建设水平，持续深化“两牌五户”创评活动。按照自治区精神文明委员会办公室关于“从试点建设向连片创建过渡”的思路和要求，以国、省道沿线农村牧区为重点，重点打造一批连片成块的文明生态嘎查（村）群落，把文明生态建设与新农村新牧区试点、联系点建设结合起来，整合资源，进一步推动全旗农村牧区精神文明建设。

2012 年，全旗以创建“文明生态嘎查（村）”和评选“全旗首届十佳十星级文明户”为内容，切实加强农村牧区精神文明建设。年内，额仁淖尔苏木被评选为全国军民共建社会主义精神文明先进单位。

2014 年，组织各苏木镇开展以讲文明、树新风为主题的“乡风文明大行动”创建活动。推进“德润草原·文明之行”主题实践活动，根除农村牧区“五风”（大操大办之风、封建迷信之风、酗酒赌博之风、薄养厚葬之风和家族宗亲之风）陋习。净化农村牧区社会风气，组织开展“家园清洁行动”“文明浩特”“卫生浩特”创建活动，以硬化、绿化、净化为重点，美化村庄庭院环境，推进改水、改厨、改厕、改圈等工作，坚决消除“五乱”（垃圾乱倒、粪便乱堆、禽畜乱跑、柴草乱放、污水乱泼）现象，做到庭院卫生整洁、物品摆放有序、环境整洁美观，营造整洁有序的农牧区环境。

2015 年，全旗以“美丽乡村建设”为主题，开展“乡风文明大行动”创建活动。额仁淖尔苏木、赛罕乌力吉苏木开展“入户送暖”“最美之花在边境绽放”“清理草原垃圾”“为雷锋精神点赞、为创卫活动助力”等主题创建服务活动。桑宝拉格苏木开展“巾帼维权·送法到家”妇女维权知识讲座。朱日和镇重点整治 208 国道公路两侧、居民区以及主街干道旁的生产生活垃圾。年内，全旗重点推进农村牧区宜居幸福工程、文明乡风工程、文化特色工程、道德塑造工程、志愿关爱工程等五大特色创建活动。

第三节 文明单位创建

2001 年，全旗新增创建盟级文明单位 4 个，盟级单位标兵 1 个，旗级文明单位 8 个。

2003 年，全旗文明创建结对达标 33 个，自治区级（丁组）一星级文明苏木 1 个，自治区级（丁组）一星级文明嘎查 1 个，培养创建文明示范户 13 个，上报创建典型 6 户。

2006 年，全旗新命名自治区文明单位 3 个，盟级文明单位 4 个。

2007 年，为迎接全盟文明单位复查验收做好准备，全旗组织开展文明单位抽检复查工作，对各级文明单位采取上门检查指导的方式，进一步指导规范精神文明创建工作。9 月，内蒙古自治区党委、政府、军区命名表彰全区“迎大庆、讲文明、树新风”创建文明城乡、文明行业、文明单位。苏尼特右旗被评为自治区级 7 星级文明城乡，交通征费稽查所被评为文明单位，供电局、林水局被评为文明单位标兵，人民法院、财政局、国税局被评为文明单位标兵。

2008—2009 年，协助内蒙古自治区、锡林郭勒盟精神文明委员会办公室完成全旗自治区级、盟级文明单位（标兵）复查验收工作，开展申报自治区、盟级文明单位（标兵）工作，指导规范各文明单位精神文明创建工作，进一步提高全旗精神文明创建水平。组织新申报的自治区级、盟级文明单位（标兵）负责人参加各级举办的培训班，进一步提高文明单位负责人工作业务水平；继续开展文明单位与所在社区、所帮扶的嘎查村结对共建活动，加大对盟级以上文明单位与所在社区、所帮扶嘎查村结对共建活动的监管和督促力度，整理“全旗盟级以上文明单位结对共建创建活动”档案，主动争取中央文明办、教育部开展的“向西部地区送电脑”活动，向各苏木镇、嘎查村、社区及学校赠送电脑 40 台。

2010—2011 年，根据内蒙古自治区《文明单位复查验收考评细则》《全区城市（区）公共文明指数测评》及锡林郭勒盟盟委通知精神，精神文明委员会安排部署全旗自治区级、盟级文明单位

（标兵）复查验收工作，对各级文明单位（标兵）全部进行复查、抽查验收，将复查验收结果以文件形式在全旗范围内进行通报，作为文明单位晋级的重要依据。继续开展文明单位与所在社区、所帮扶的嘎查村结对共建活动，主动参与中央文明办、教育部开展的“向西部地区送电脑”活动，向各苏木镇、嘎查村、社区及学校赠送电脑120台。组织开展全旗窗口单位“文明杯”规范化服务竞赛活动，重点抓好公安、供电、交通、税务等窗口单位和执法部门“文明杯”竞赛活动，不断改善经济社会发展软环境。

2012年，全旗举办文明单位创建与管理培训班，特邀包头市文明办督查处处长王亮清进行授课，重点培训《全国文明城市测评体系》《全区旗县城文明程度指数测评体系》《全旗各级文明单位（标兵）日常管理工作监督考评目标》《全国未成年人思想道德建设工作测评体系》及创建档案管理等内容。11月，全旗分成4个工作组，按照旗委办公室下发的《关于对全旗各级文明单位和文明单位标兵日常管理工作监督考评目标》文件，对120个各级文明单位进行监督检查验收工作。年内，继续开展文明单位与所在社区、所帮扶的嘎查村结对共建活动，加大对盟级以上文明单位与所在社区、所帮扶嘎查村结对共建活动的监管和督促力度，整理“全旗盟级以上文明单位结对共建创建活动”档案。主动争取中央文明办、教育部开展的“向西部地区送电脑”活动，向各苏木镇、嘎查村、社区及学校赠送电脑25台。组织全旗窗口行业（系统）、行政执法部门组织开展“文明杯”规范化服务竞赛活动。

2013年，全旗有区级文明单位标兵4个，区级文明单位7个，盟级文明单位标兵14个，盟级文明单位26个，旗级文明单位70个。各级文明单位占全旗单位总数的42.8%。5月，对全旗2011年命名表彰和重新认定的全区文明单位（标兵）、全盟文明单位（标兵）50个单位和新申请的8个单位进行全面测评。7月，锡林郭勒盟精神文明委员会办公室对新申报的发改局、汽车站、养路工区、森林公安局、地方道路管理段、水利抗旱服务站等7家各级文明单位（标兵）进行验收，并对2011年已命名的各级文明单位进行复查验收。苏尼特右旗精神文明委员会对5个成绩不达标的旗级文明单位摘匾。

2015年，内蒙古自治区文明旗县城测评组，对全旗区级文明旗县城创建进行测评，苏尼特右旗在全区29个测评旗县中取得第十三名、全盟第一名。锡林郭勒盟文明办对内蒙古高等级公路建设开发有限责任公司乌兰察布分公司赛汉塔拉收费所、人民检察院、地方税务局、老干部局4个盟级文明单位标兵及综合高级中学、农村信用联社、中国电信苏尼特右旗分公司3个盟级文明单位进行验收。

第四节　文明社区创建

2001—2003年，全旗各社区组织开展“讲文明、树新风”群众性精神文明创建活动。

2005年，全盟两个文明建设经验交流会在锡林浩特市举行。苏尼特右旗被评为机关“五化”活动分项活动先进地区和先进单位；赛汉塔拉镇乌兰社区获得“爱我家园”净化活动奖，并获“五项文明”（机关“五化”、“爱我家园”净化、文化市场净化、文明执法、文明优质服务）活动知识竞赛二等奖。

2007年，赛汉塔拉镇各社区组织开展各类文体娱乐活动。举办全旗“讲文明、树新风、迎大庆中储粮杯”乒乓球选拔赛，全旗小学生乒乓球赛及“移动杯”全旗妇女健身操大赛。网通苏尼特右旗分公司联合举办“讲文明、树新风、迎大庆”与奥运同行健身步走活动；结合第四届内蒙古乌兰牧骑艺术节庆典活动，开展“社区宣传月”活动，举办“苏尼特之声”文艺会演等活动。

2014年，苏尼特右旗以“责任网格化”创新社区管理模式。遵循“街巷定界、规模适度、动态调整”的原则，以街巷、小区、楼栋为基础建立网格化管辖单元，建立社区基础信息、居民互动、移动工作社区管理化信息平台，实现“服务人性化”管理目标，打造和谐温馨幸福社区。

2015年，全旗苏木镇各嘎查、社区开展“双品牌”（国家及卫生镇、自治区级文明旗县城）创建活动。开通“全力做好两个创建工作”电视新闻栏目和“文明西苏在行动”官方微信平台，向群众发放《建设美丽乡村 争做文明家庭》倡议书3万余份，印制文明礼仪宣传手册、“草原梦娃”社会主义核心价值观蒙古语和汉语宣传折页10万份。全旗各苏木、镇和嘎查村设立文化墙，图解社会主义核心价值观、“中国梦”等主题宣传内容。举行“双创从我做起”环境卫生综合整治行动，建立健全“讲文明、树新风公益广告”，在9个社区和12个“最美嘎查村”设立善行义举“四德榜”。年内，加强市场执法环境创建，开展食品药品、物流流通、特种设备等执法检查，先后出动执法人员799人次，检查经营企业213家，医疗机构10家。开展春灌护养、结核病防治工作，做好碘盐监测、“两癌”筛查、儿童疾病调查。做好全旗园林绿化、医疗危险废物监管、工业危险废弃物监管、生活污水排放等工作，全旗城市无公害生活垃圾无害化处理率85%以上，建成水厂2座，供水管网74.9公里。推进社区、农牧区专项创建，认真落实“双述双评双考”机制，推行“党员中心户+协会”“民情日记”等创建模式。

第五节　创建“青年文明号”

2002—2015年，苏尼特右旗授牌“青年文明号”单位有17个，其中，内蒙古自治区级“青年文明号”单位3个，锡林郭勒盟级“青年文明号”单位5个，旗级“青年文明号”单位9个。

2002—2015年苏尼特右旗“青年文明号”统计表

表25-2-1

年　度	自治区级青年文明号	盟级青年文明号	旗级青年文明号
2002	—	苏尼特右旗公安局刑警队	—
2004	二连浩特机动队二分队	—	
2005	苏尼特右旗国家税务局	苏尼特右旗国家税务局办税服务厅	—
2006	—	中国移动通信苏尼特右旗分公司	—
2007	苏尼特右旗国家税务局办税服务厅	武警苏尼特右旗中队	—
2008	—	—	内蒙古高路乌兰察布分公司赛汉塔拉收费所 苏尼特右旗公安局保安公司
2009	—	—	中国移动通信苏尼特右旗分公司
2010	—	—	苏尼特右旗碱矿移动营业厅
2012	—	—	中国电信苏尼特右旗分公司 苏尼特右旗公安边防大队 苏尼特右旗住房公积金办公室
2014	—	苏尼特右旗乌兰牧骑	—
2015	—	—	乌兰察布分公司赛汉塔拉南收费所 赛罕乌力吉苏木政府

第三章　精神文明服务

第一节　讲文明树新风

2001年，全旗开展资助困难学生活动。9月，旗委、政府在蒙古族中学举行自治区、盟、旗三级组织部门捐资助学仪式。捐助活动由自治区组织部牵头，盟、旗组织部广大干部职工积极响应，为蒙古族中学35名特困学生每年资助16000元，资助到初中毕业。

2001—2004年，全旗开展创建文明单位、文明行业、青年文明号、五好文明家庭、巾帼建功、民族团结、军警民共建等主题群众性精神文明建设活动。

2003年，全旗组织开展以“防非典、讲卫生、除陋习、树新风”为主题的70天集中整治活动。

2006年，全旗各部门各行业举办“知荣辱、树新风、促和谐”主题演讲比赛；举办“迎60年大庆，倡文明新风，促经济发展，创和谐西苏”等系列活动。

2007年，组织全旗各窗口服务行业开展“知礼仪、讲诚信、树新风、促和谐”优质服务活动。

2008年，精神文明委员会办公室联合全旗17家单位，举办“讲文明、树新风、讲卫生、保健康、讲公德、促和谐”主题百日创建活动启动仪式。以迎接北京奥运会和全盟两个文明建设经验交流会为契机，积极开展“三治六清”和“文明服务迎奥运”主题实践活动。

2009年，迎接全盟两个文明建设经验交流会，组织成立全旗“文明单位志愿者”队伍，维护城镇环境卫生，倡导文明行为。9月，旗总工会在综合高中举行“金秋助学”爱心捐助活动，为12名家庭困难学生每人发放1000元助学金。

2012年，青少年活动中心举行“弘扬雷锋精神，开展志愿服务”活动启动仪式，持续开展关爱空巢老人、扶贫助残等活动。组织全旗1000余人志愿者队伍，定期和不定期开展便民、惠民服务，开展科技、文体、法律、卫生进农牧区、进社区，普及文明风尚，主动参与重大自然灾害和突发事件的抢险救援、卫生防疫、群众安置、心理安抚等工作，在公共场所、道路交通等重点部位，开展文明行为规范宣传和维护公共秩序治理志愿服务活动等，推动全旗志愿者服务活动常态化。

2013年，精神文明委员会办公室联合各单位举行“传承雷锋精神，深化志愿服务”活动月启动仪式。志愿者走上街头向群众发放宣传资料，帮助贫困户擦玻璃、收拾屋子、清扫庭院，让他们感到亲人般的温暖。同时，各苏木、镇团委组织苏木青年志愿服务队以嘎查牧区为阵地，发挥机关青年党员干部骨干学雷锋的积极作用，开展以“学雷锋树新风”志愿者活动，到嘎查探望空巢老人、帮助困难残疾牧户义务劳动。

2014年，精神文明委员会办公室、团委在青少年活动中心联合举办“德润草原文明之行——学雷锋志愿服务在行动”志愿服务活动月启动仪式。仪式结束后，宝力嘎社区志愿者深入辖区内的贫困户家中帮助他们擦玻璃、收拾屋子、清扫庭院，妇幼保健所志愿者队伍医护人员为敬老院孤寡老人进行免费体检。为老人们做好常规查体、心肺听诊、测量血压、心电图、B 超、化验等各项检查，为每位老人建立健康档案，以便进行周期性的健康体检及诊疗活动，为敬老院老人膳食结构调整及健康管理提供有效科学数据。旗直机关、卫生局、红十字会的志愿者队伍为苏尼特右旗中心敬老院、朱日和镇敬老院和新民敬老院 3 所敬老院的 63 名孤寡老人，提供价值 5000 元的药品和保健品。

2015 年，全旗组织开展“爱心驿站”“职工志愿服务”活动。建立 14 个环卫工人爱心志愿服务点，其中，“爱心驿站” 12 个，“爱心理发店”“爱心浴室”各 1 个。每个“爱心驿站”为环卫工人提供休息场所及热水，“爱心理发店”常年为环卫工人免费理发，“爱心浴室”常年为环卫工人提供免费洗浴服务。为每位环卫工人发放“爱心礼包（包括毛巾、水杯、澡票、香皂、洗浴手袋）”及蚕丝被。5 月，组织开展爱心捐助活动，发放《苏尼特右旗爱心捐赠倡议书》，赛汉塔拉镇 9 个社区爱心超市收到衣物、生活用品、书籍、文体用品等物品上万件。6 月，组织志愿者联系朱日和镇赴乌兰社区、铁路社区将爱心捐赠物品分类、整理、清点、打包、装车，运到新民社区现场进行分发，实现城镇与农牧区爱心工作对接。旗文明办、教育科技局和交通运输局联合在赛汉塔拉镇出租汽车行业开展“爱心送考”志愿活动，赛汉塔拉出租汽车有限责任公司先后出动爱心车辆 52 辆，免费接送考生 158 人次。正大火锅城、华药堂、平霞液化气站、海尔专卖店、康赛健身中心、耐日太肉业等 8 支义工小分队组成民间义工队，开展那达慕环保志愿服务、自行车比赛保障志愿服务等系列活动，进一步提升全旗志愿服务工作体系化、制度化建设。

第二节 “三下乡”活动

一、文化下乡

2005 年，新华书店、文化馆、图书馆、电影公司及乌兰牧骑联合组成文化下乡服务队，开展送图书、送科技、送戏、送电影、送年画、送春联等直接为农牧民服务的活动。乌兰牧骑到牧区演出 40 余场。文化部门协助赛汉塔拉镇组织广场、各社区演出 150 余个节目，举办“苏尼特之声”业余文艺会演，全旗 13 个苏木镇选送 60 余个节目参加会演。新华书店向“草原书屋”工程捐赠点新民镇小学捐赠图书 311 册，价值 2735 元。配合全旗各校达标活动，向教育局捐赠图书 2043 册，价值 11037元。在“六一”国际儿童节各校举办运动会之际，向全旗各中小学校捐赠图书 40 册，价值 10346元。

2007 年，进一步做好“电视进万家工程”“万村书库工程”工作，争取到中央文明办赠送的电视 50 台，图书 500 册。

2008 年，全年下乡放映电影 205 场次，在乌兰牧骑广场放映 111 场，在华北石油放映 6 场。通过电视台播放 262 场，累计 584 场。为苏木镇放映爱国教育片、科教片 40 余部，观众人数约56000人。全年，乌兰牧骑完成下乡慰问演出 53 场，城镇演出 42 场，大小型接待 200 余次，观众人数 6 万余人，行程 3000 余公里。

2009 年，全旗实施“草原书屋工程”项目。各苏木镇、嘎查村、社区筹建 30 个草原书屋，6 个草原书屋被列入自治区“草原书屋工程”项目，累计下发科技图书、光盘、报纸、期刊等近万册张（价值 3 万元）。年内，乌兰牧骑下乡演出 60 余次，各类文化、图书下乡 28 次，文物普查下乡 40 余次，电影下乡 55 次，播出故事片 320 场、科教片 182 场。

2015 年，全旗苏木镇建有文化站 7 个，嘎查村建有文化室 63 个，建立“草原书屋” 56 个。积极推进“数字文化走进蒙古包工程”，增设 34 个接收点，建立 7 处“流动图书室”，为偏远地区基层读者提供方便。乌兰牧骑充分发挥“演出、宣传、辅导、服务”功能作用，先后演出103场，其中，下乡演出86场，城镇演出17场，观众8万余人次。认真实施农村牧区电影放映“2131”工程，全年流动放映电影673场。

二、科技下乡

2003年，开展以“依靠科技、战胜非典”为主题的科普宣传周活动，向各苏木镇、学校、机关单位散发防“非典”宣传画、科普手册、光盘等1万份（套）。

2005年，全旗举办科技下乡50次，赠送科技光盘50张，发放资料3850份，服务农牧民10000人次。培训内容主要以植被建设、人工草地、高产饲料种植、牛羊育肥、疫病防治、产业结构调整、畜牧业现代化管理为主。各类下乡人员75人次。

2007年，科学技术协会联合锡林郭勒盟科协青少年中心共同开展以“节约能源资源、保护生态环境、保障安全健康”为主题的科普活动。科普活动面向综合高中、第二中学和乌兰社区，活动中有2000名青少年和1000余名社区群众参加，发放蒙古文、汉文科普材料1500份。

2008年，开展全旗农牧业产业结构调整、农牧业实用技术等方面的培训，下乡15次，培训农牧民5000人次。

2009年，全旗6个苏木镇58个嘎查发放苏尼特羊育肥技术、西门塔尔牛与黄牛改良、牲畜常见病防治、牛肉肥育等蒙古文、汉文宣传材料、书籍技术手册35种5.2万余份，全年培训农牧民7000余人次，实地指挥农牧民科学生产技术。

2011年，全旗组织开展科技下乡宣传活动，贯彻落实《全民科学素质行动计划纲要》，在电视台播放“科普大篷车”电视科普宣传专栏，全年播出96期科普节目，收视人群2万余人次。到第三小学、影剧院广场开展科普展览宣传活动，发放科普知识手册3000册。5月，苏尼特右旗被中国科技协会命名为2011—2015年度全国科普示范县。

2015年，全旗分3批组织科技人员下乡指导，组织科普大篷车进社区、进校园2次，开展地震和知识产权专题科普宣传活动2次。全年累计组织科技人员开展科普下乡205人次。

三、卫生下乡

2005年，卫生局组织旗直3个医疗单位（人民医院、蒙医医院、妇幼保健所）到苏木镇嘎查村送医送药活动6次，免费义诊患者685余人，免费赠药价值3.5万元，下乡医护人员51人次。免费为乌日根塔拉苏木、桑宝拉格苏木安装防砷改水装置87套，向布吐木吉苏木白音杭盖帮扶点捐助1.4万元用于安装高压电。组织计划生育服务队154人次，落实计划生育技术服务，为农牧民免费诊治疾病3389人次，提供技术咨询3547人次。

2008年，组织卫生下乡活动70余次，派出下乡医护人员160人次，免费义诊、咨询、提供医疗卫生服务2900余人次，免费发放价值4.7万元的药品。发放宣传材料2万余份，为农村牧区嘎查村卫生室运送医疗器械和药品10余次，行程2000余公里。

2009年，全旗组织卫生下乡活动60余次，派出下乡医护人员180人次，免费义诊、咨询、提供医疗卫生服务2000余人次，免费发放价值2万元药品。

2013年，全旗举办“争创国家卫生镇，建设美好家园”主题签名活动。累计出动卫生监督人员275人次，监督检查公共场所258家次，完成公共场所监督监测工作，对公共场所152家实行量化分级管理。

2015年，蒙医医院与锡林郭勒盟蒙医医院开展为期2天的“治未病”义诊活动。上海复旦大学博士生医疗服务团在全旗开展医疗服务援助活动，接诊患者600余人次，为人民医院赠送医疗书籍。

海航集团联合全国防盲技术指导组、全国防聋技术指导组、海南省慈航公益基金会等组织共同开展“海航光明行”活动，为全旗20名白内障患者提供免费手术治疗。内蒙古医科大学附属医院、内蒙古人民医院、内蒙古国际蒙医医院专家分两组到人民医院、蒙医医院开展义诊活动，捐赠药品，接诊患者723人，做手术4台。卫生和计划生育局组织人民医院、蒙医医院、妇幼保健计划生育服务中心、赛汉塔拉镇第二社区服务中心的内科、外科、儿科、妇产科、蒙医科等专家组在第二社区服务中心开展义诊活动周，义诊居民200余人，发放药品28种，价值3000元，发放健康教育、妇幼保健、疾病预防、医学常识等宣传单及宣传手册30余种1000余份。

第三节　移风易俗

2001年，全旗开展普及科学知识，反对封建迷信教育，增强广大群众识别、抵制封建迷信和歪理邪说的能力。改变过去“你讲我听、你打我通”的陈旧教育方法，积极寻求灵活多样、求真务实的教育手段，做到春风化雨，润物无声。

2003年，集中开展“防非典、讲卫生、除陋习、树新风”整治活动。

2004年，以召开全旗首届乌兰牧骑艺术节为契机，全面开展春季爱国卫生运动，集中清除赛汉塔拉镇周边的白色垃圾活动。

2005—2007年，动员全旗各单位和学校开展白色垃圾清理活动，累计出动人员2万人次，并确定每周五为全民卫生清洁日。

2008年，联合开展爱国卫生运动和市容专项治理工作，全旗各大班子领导，各机关干部职工、社区居民、环卫工人、青年志愿者数千余人参加活动。年内，集中力量对全旗户外广告牌匾以及私搭乱建、乱贴乱画等有碍城市整体形象行为和现象进行治理。

2010—2013年，配合申报国家卫生城镇工作，精神文明办公室与爱国卫生委员会办公室、城管局成立联合检查指导小组，对全旗范围内各苏木镇公路及通乡公路两侧进行检查验收，动员全社会力量参加到环境卫生整洁活动中，践行文明行为，争做文明农牧民，共同建设整洁、文明、绿色家园。

2014年，精神文明办公室开展“文明餐饮、拒绝浪费”“德润草原·文明之行”等主题实践活动。制作2000余块文明用餐提示牌，以赛汉塔拉镇辖区餐饮店为重点，倡导全旗文明餐桌行动，参加文明用餐行动签名活动。集中解决当前农村牧区存在“五风”（大操大办之风、封建迷信之风、酗酒赌博之风、薄养厚葬之风和家族宗亲之风）问题，在各苏木镇开展以讲文明、树新风为主题的“乡风文明大行动”。在农牧区开展“家园清洁行动”“文明浩特”“卫生浩特”等创建活动，以硬化、绿化、净化为重点，美化村庄庭院环境，推进改水、改厨、改厕、改圈等工作，坚决消除“五乱”（垃圾乱倒、粪便乱堆、禽畜乱跑、柴草乱放、污水乱泼）现象，做到庭院卫生整洁、物品摆放有序、环境整洁美观，营造整洁有序的农牧区环境。

2015年，全旗倡导绿色、健康生活和低碳减排环保出行方式，在第44个世界环境日中，精神文明办公室、总工会、环境保护局等部门联合主办“绿色环保、低碳出行”为主题的全旗第二届职工群众“嘉利”杯自行车比赛。来自呼和浩特市、鄂尔多斯市、乌兰察布市、二连浩特市、四子王旗、苏尼特右旗的217名自行车运动爱好者参加比赛活动。

第二十六编

人　物

第一章 人物传略

（以卒年先后为序）

额尔敦陶格陶（1952—2003） 男，蒙古族，1952年5月生，苏尼特左旗赛罕高毕苏木人。大专文化，中共党员。

1970年12月，额尔敦陶格陶参军服役。1975年10月，加入中国共产党。1976年，部队转业后分配苏尼特左旗公安局工作。1986年9月至2002年10月，先后担任苏尼特左旗草原站站长，畜牧局副局长、局长，政府副旗长。1991年，被锡林郭勒盟委、行署评为劳动模范。1997年，被内蒙古自治区人民政府记二等功1次。2002年11月，调任苏尼特右旗工作，任旗委常委、常务副旗长。

2003年5月7日，额尔敦陶格陶前往格日勒图敖都苏木齐哈日格图，连续7昼夜工作在牧区“围封转移”和“抗非典型肺炎”一线时，因疲劳过度突发疾病，抢救无效病逝，享年51岁。5月21日，锡林郭勒盟盟委发出“关于开展向额尔顿陶格陶同志学习活动的决定”。2003年6月，中共中央组织部追授额尔敦陶格陶“全国优秀共产党员”和“全国防非典型肺炎工作优秀共产党员”。7月7日，人事部追授额尔敦陶格陶“人民满意的公务员”称号。

田永平（1958—2008） 男，汉族，1958年9月生，赛汉塔拉镇人，大专学历，中共党员。

1976年12月，田永平参加工作。1995年3月，调入中共苏尼特右旗委宣传部工作，特约记者。2002年，锡林郭勒日报社驻苏尼特右旗记者站成立，任记者站站长。多年来，他始终坚持事实是新闻工作“第一生命”的理想信仰，时刻保持政治敏锐性，坚持正确的舆论导向，辛勤耕耘在新闻采写的前沿阵地上，创作出4000余条（篇）新闻佳作，培养出数百名优秀通讯员和文学爱好者。他的作品《励志为沙丘披绿装》《牧民车登拉西登上通讯快车》《西苏旗122名青年牧民领到上岗绿卡》等30余篇（件），分别获锡林郭勒日报好新闻一、二、三等奖；《苏尼特右旗“两转双赢”见成效》《西苏旗：力建生态文明旗》《西苏旗为砷中毒区转移牧民创造良好生活环境》等作品分别刊登在区内外媒体报纸和广播电台，并为全旗的经济、社会和文化等建设提供科学准确的依据。他多次被各级党委、政府授予“全区精神文明建设先进工作者”“两个文明建设经验交流会先进工作者”和“先进个人”等称号，连续36次被各级媒体评为“优秀通讯员”“外宣先进工作者”和“优秀特约记者”。2008年9月10日去世，享年50岁。

敖　根（1930—2009）　女，蒙古族，1930年12月生，锡林郭勒盟西乌珠穆沁旗人。小学文化，中共党员。

1949年，敖根参加锡林郭勒盟干部培训班学习。1952年7月至1961年，分配到苏尼特右旗公安局工作，后到都仁乌力吉、都呼木等公社从事公安和妇联工作。1958年，敖根在国家困难时期，主动领养1名身材矮小、骨瘦如柴的3岁残疾男孩，并和丈夫付出常人难以想象的艰辛，终于将孩子抚养成人。1962年，响应国家精简干部号召，到赛罕乌力吉苏木赛罕布仁嘎查放牧。2009年，敖根被内蒙古自治区宣传部、文明委、妇联授予“感动草原——十杰母亲”称号。2009年10月病逝，享年79岁。

萨仁格日勒（1928—2010）　女，蒙古族，1928年12月生，赛罕乌力吉苏木赛罕布仁嘎查人。

1948年2月，萨仁格日勒在道日希图伯参与秘密建立革命组织“牧民会”，成为会员之一，主要负责户口登记和宣传工作。1949年7月1日，苏尼特右旗人民政府成立，任人民政府委员，是人民政府中最早的妇女成员。先后在苏尼特右旗民主政府、临时政府、人民政府和巴彦朱日和苏木、东乌珠穆沁旗畜牧局、苏尼特右旗赛罕乌力吉苏木政府工作。1985年2月离休，2010年8月逝世，享年82岁。

郝元春（1944—2011）　男，汉族，1944年2月生，山西省浑源县人。大学学历，中共党员。

1968年，郝元春大学毕业分配苏尼特右旗文化馆做美术宣传工作，先后担任苏尼特右旗第一届文学艺术联合会副主席、文化馆馆长等职务。美术、书法作品多在国内展览及报刊上发表。美术作品《起舞》在“北京艺术界名人作品展”中获优秀奖，《春消息》在首届海内外旅游书画艺术现场竞拍博览会中获金鹿奖，《春归》在“98文化艺术研讨会中”获二等奖，《群英图》在“纪念抗日战争胜利60周年全国诗书画大展”中获金奖。论文《业余书画辅导笔记》被《中国美术论文集》收录，评为二等奖。被海内外权威团体授予“敦煌飞天奖艺术家”“2005百名书画名家”“中日文化巨匠”“世界书画艺术名人”等称号。中国国画家协会会员，中国美术家协会内蒙古分会会员。2011年病逝，享年67岁。

乌·托亚（1953—2012）　女，蒙古族，1953年10月生，乌兰察布盟察哈尔右翼后旗人。大学学历，中共党员。

1969至1971年，乌·托亚在苏尼特右旗阿尔善图牧场下乡。1973年5月至1973年9月，在苏尼特右旗布吐木吉公社巴音车勒大队下乡。1973年至1975年，在乌兰察布盟师范学习。1975年至1977年，在乌兰察布盟民族中学任教。1977年至1984年，任苏尼特右旗革命委员会办公室翻译。1984年至1991年，任苏尼特右旗妇联副主任、主任。1991年至1999年，任苏尼特右旗政协副主席。1999年至2003年，任苏尼特右旗人大常委会副主任。2003年12月至2013年，任二连浩特市政协副主席。内蒙古自治区第六届、七届、八届、九届政协委员，内蒙古自治区八届、九届政协常委。2002年12月，政协内蒙古八届五次会议上，提出《紧急救助贫困大学生上学》提案获“优秀提案奖”。2003年，被内蒙古妇联评为全区“五好家庭”代表。2006年，被评为自治区优秀政协委员。2012年3月病逝，享年59岁。

第二章　人物简介

（以出生年先后为序）

达布嘎扎木苏　男，蒙古族，1933 年 10 月生，苏尼特右旗人。小学文化，中共党员。

1948 年 2 月，达布嘎扎木苏参加革命，加入查干宝格都军（即后来的中国人民解放军内蒙古骑兵连）服役。先后参加锡林郭勒盟境内战斗，解放张家口、土木尔台、商都、四子王等战役，1949 年，参加包头和平解放，多次获团嘉奖，记三等功 1 次。1956 年 6 月，加入中国共产党。1957 年，从部队转业到苏尼特右旗脑干诺如公社脑干锡力大队，担任大队党支部书记。1958 年，调乌兰牧骑工作，成立党支部，任第一任指导员。1960 年，第二次参军入伍，在苏尼特右旗人民武装部工作，记三等功 1 次。1982 年，再次转业任旗党校副校长。1983 至 1991 年，任额仁淖尔苏木党委书记、旗民政局局长等职务。1992 年，在民政局离休。2017 年，被中共苏尼特右旗委员会、苏尼特右旗人民政府授予“乌兰牧骑第一代队员”称号。

伊　兰　女，蒙古族，1935 年 6 月生，内蒙古乌兰浩特人。初中文化，中共党员。

1957 年 6 月，内蒙古自治区乌兰牧骑试点工作在锡林郭勒盟苏尼特右旗进行。6 月 17 日，在苏尼特右旗组建全区第一支乌兰牧骑，成为试点队员。1959 年，在内蒙古总工会学习，获一等奖。1960 至 1966 年，任乌兰牧骑队长。1963 年 6 月 10 日，乌兰牧骑队长伊兰代表锡林郭勒盟文艺界出席全国文教群英会，受到毛泽东、刘少奇、周恩来、朱德等党和国家领导人亲切接见，代表全区先进工作者参加国庆观礼。1982—1990 年，任乌兰牧骑指导员。1984 年，参加北京国庆观礼活动。1986 年，被评为苏尼特右旗劳动模范。1987 年，乌兰牧骑成立 30 周年获内蒙古自治区文化厅表彰。1992 年，获全盟创建第一支乌兰牧骑卓越贡献荣誉奖。2017 年，被中共苏尼特右旗委员会、苏尼特右旗人民政府授予“终身荣誉奖”“乌兰牧骑第一代队员”称号。2017 年 12 月 4 日，被中共内蒙古自治区委员会宣传部授予“乌兰牧骑事业特别贡献奖”。

荷　花　女，蒙古族，1936年10月生，赤峰巴林右旗人。初中文化，中共党员。

1952—1954年，荷花参加工作，在锡林郭勒盟干部团学习。1955年，调苏尼特右旗贸易公司工作。1957年6月，内蒙古自治区乌兰牧骑试点工作在锡林郭勒盟苏尼特右旗进行。6月17日，在苏尼特右旗组建全区第一支乌兰牧骑，成为试点队员。1957—1962年，在乌兰牧骑工作。1959年，参与创作的群舞《青年在马场上》获全盟乌兰牧骑文艺会演二等奖。1979年，加入中国共产党。2017年，被中共苏尼特右旗委员会、苏尼特右旗人民政府授予“终身荣誉奖”“乌兰牧骑第一代演员”称号。2017年12月4日，被中共内蒙古自治区委员会宣传部授予“乌兰牧骑事业特别贡献奖”。

靳相林　男，汉族，1937年11月生，籍贯山西省阳高县。初中文化，中共党员。

1956年，靳相林从山西省阳高县到苏尼特右旗温都尔庙政府工程小组工作。1958年，随政府搬迁至赛汉塔拉，组建苏尼特右旗首个工程队，当年，完成政府礼堂等基础建设。1969年，建成全旗第一个标志性建筑电影院。1971—1984年，完成全旗中小学全部教学营房建设，在综合高中建成全旗第一座教学楼。1979年，组建成立苏尼特右旗工程公司，并任经理。1998年5月13日，工程公司转成股份制公司，在苏尼特右旗工商行政管理局注册成立苏尼特右旗赛汉建筑安装有限责任公司，注册资本695.41万元，靳相林任董事长。2001年2月16日，该公司对华北石油公司1984年4月12日开采的油田进行开发，打造成地下温泉。2005年，完成全旗第一座职工家属楼。2008年，建成全旗第一座居民住宅小区。2009年，对华北油田原钻井重新进行开发，钻井深度达到800余米时，井口出水温度达67℃，水质富含多种矿物质元素，具有保健疗养功效。2015年7月29日，成立赛汉塔拉温泉有限公司。多年来，靳相林致力于家乡经济建设和发展，先后30余次受到自治区、盟级表彰，被评为“劳动模范”“先进个人”。

嘎林达尔　男，蒙古族，1938年生，苏尼特右旗人。大专文化，中共党员。

1949年至1961年，嘎林达尔在苏尼特右旗、锡林浩特市等地方就读小学和中学。1961年，考入内蒙古师范大学。1965—1981年，在呼和浩特市第十四中学、正蓝旗蒙古族中学等学校任教。1982—1984年，担任正蓝旗教育局副局长。1984年，调苏尼特右旗民族宗教事务局任副局长。1986—1997年，担任苏尼特右旗党史地方志办公室主任、调研员。1997年，退休。

1965年，嘎林达尔在中学教授初中、高中蒙古语文课程，发表《发展使用蒙古语标准音》《如何正确拼写蒙古字》《“都尔鲁斤”“尼伦”二词的词义探究》《胡都木蒙字的发展定律》《一些以短音拼写用长音拼读的字和它的写读法》《尹湛纳希先生的教育思想》《蒙古语文阅读能力速成法》《如何准确掌握蒙古语语根》《有些标准音的变音现象》《对于语根的记法》等20余篇学术性论文。1983年，完成20余万字著作《正确拼写蒙古字之指导》，出版15万字著作《尹湛纳希的诗歌理论》。1984年以来，整理、编辑、出版10万~20万字的作品有《苏尼特右旗解放与民主》《关于苏尼特游牧生活老人们的回忆》《苏尼特畜牧业巨变》《苏尼特部落起源与变迁》《赛汉乌力吉苏木志》《阿其图乌拉苏木志》《乌日根塔拉志》《苏尼特历史文化》《苏尼特博克》《蒙古包风俗录》《苏尼特原始信仰》《塔木其快骥》《保健长寿之精华——酸马奶》《毕鲁图庙史》等著作。编写40万~100余万字《蒙古民俗百科全书》的经济部分和50余万字的《苏尼特游牧文化历史》，均由内蒙古人民出版社出版。发表《对于（蒙古秘史）中有关苏尼特部落记载的疑义》《苏尼特部落汉金氏族及他们的信仰》《蒙古古登满林丹汗时期的苏尼特部落》《苏尼特部与苏尼特部首领吉鲁贡对建立大蒙古国的贡献》《苏尼特部落演变史》等学术论文。1993年，编写的《蒙古包风俗录》获内蒙古自治区第四届社会科学优秀作品三等奖。主持编纂的《苏尼特右旗志》（蒙古文版）在内蒙古自治区人民政府组织的地方志评比活动中获全区二等奖。《塔木其快骥》获自治区民间文化“阿尔丁”奖优秀作品。2004年，在内蒙古自治区首届民间文化“阿尔丁”奖评选活动中获终身成就奖。

优木吉德　女，蒙古族，1938年4月生，苏尼特右旗人，中共党员。

1955—1956年，优木吉德在张家口和海拉尔市学习专业技术。1956年6月，在苏尼特右旗供销系统工作。1963年10月1日，作为苏尼特右旗第一个女工人，参加全国青年观摩团，受到毛泽东、刘少奇等国家领导人的接见。1965年，加入中国共产党；3月，任格日勒图敖都公社团委书记。1972年，任格日勒图敖都公社妇联主任。1972—1988年，任苏尼特右旗妇联委员。1973年，任格日勒图敖都公社党委副书记，1976年10月，任吉呼郎图公社党委副书记，1981—1984年，任格日勒图敖都公社党委书记。1984—1988年，任苏尼特右旗文化局局长。1988—1993年，任苏尼特右旗政协办公室主任。1993年5月，退休。

王省德　男，汉族，1939年2月生，河北省怀安县人。中专文化，中共党员。

1958年3月，王省德在河北省怀安县任教。1963年12月，在河北省张北县任教。1969年，在乌兰察布盟“五七”干校任教。1971年，调苏尼特右旗知识青年上山下乡办公室工作。1976年，加入中国共产党。1976年，调中共苏尼特右旗革命委员会办公室任秘书。又先后在大庆办公室、公交办公室、经贸委员会、计划委员会等部门工作。1978年，调苏尼特右旗乡镇企业管理局任常务副局长。1993年，退休。1999年，应聘《苏尼特右旗志》编纂委员会，任编辑部编辑。2002年5月，与主编巴雅尔，副主编田珍，编辑贺禄、王永乐、乌兰朝鲁完成《苏尼特右旗志》编纂工作。

赵　珍　男，汉族，笔名林野，1939年5月生，内蒙古兴和县人，大专学历，中共党员。

1961年，赵珍从扎兰屯林校毕业参加工作。1964年，北京林学院造林专科函授毕业。1974年2月，加入中国共产党。曾任苏尼特右旗牧机厂厂长、农林局局长、林业水利局专职书记、林业工程师等职务。当选苏尼特右旗第九届、第十届人大代表。中国林学会会员，内蒙古作家协会会员。1999年退休。

1974年，赵珍发表散文《跃马扬鞭》。《山榆》等5首诗获伊春文联、作协′93“森林杯”大奖赛二等奖。诗《收获》收入《新世纪文学作品选》；长篇通讯《为了荒漠草原的水利事业》收入《走向卓越》丛书。1998年，由内蒙古人民出版社出版诗集《绿色旅程》；1999年，《绿色旅程》获林业部首届“梁希林业文学艺术奖”。2000年，诗《收获》获全国诗歌大奖赛优秀奖，《榆叶梅》等4首诗收入《锡林郭勒盟诗选》；2007年，诗《参观东苏白音淖尔苏木》收入内蒙古“天边的云”文丛诗词选中。2009年，《霸王滩》等3首诗入选《中华诗词文库·内蒙古诗词选》。2013年7月，被苏尼特右旗委宣传部、文学联合会授予“文学创作荣誉奖”。2015年，作品有诗歌散文集《绿色感赋》《大江南北》，搜集注解《三北及内蒙古中西部地方成语》，编选《古今诗词六百首》《古今诗词常用十六字飞花令》等作品。

王永乐 男，汉族，曾用名陈廷宇，字伯苗，1940年10月生，河南省汝南县人。高中文化，中共党员。

1962年，在河南省汝南县参军入伍。1964年5月至1972年8月，分配到内蒙古达尔罕茂明安联合旗民政科，在腾格淖尔牧场工作。1965年，加入中国共产党。1972年9月至1985年7月苏尼特右旗赛汉塔拉肉联厂工作。1985年8月至1992年12月，任苏尼特右旗商业局办公室主任。1993年，退休。

王永乐爱好书法和文学创作。1999年，应聘《苏尼特右旗志》编纂编辑。2002年5月，与主编巴雅尔，副主编田珍，编辑王省德、贺禄、乌兰朝鲁完成《苏尼特右旗志》编纂工作。2012年，由苏尼特右旗政协文史资料委员会出版诗词书法选《岁月留痕》。2015年，出版苏尼特右旗文史资料第十辑诗词选《草原拾零》，编著有诗词书法作品《草原拾遗》。先后有15副书法作品在庆祝内蒙古自治区成立60周年书法比赛和锡林郭勒盟书法比赛中获优秀奖。

贺　禄 汉族，笔名齐汉，1943年10月5日生，内蒙古武川县人，大专学历，中共党员。

1960年，贺禄由内蒙古大学预科班到内蒙古工学院学习机械制造。1963年，从锡林郭勒盟牧业机械化学校进修毕业，9月，在苏尼特右旗朱日和育草站（牧草种子繁殖场）实习。1965年，转正分配到苏尼特右旗农机厂工作。1981年，调到苏尼特右旗地毯厂工作，任厂长。1984年6月，调到苏尼特右旗人民政府办公室任秘书。1987年8月，任政府办公室副主任。1990年3月，任政府办公室副主任兼体制改革委员会主任。1999年，退休。2006年，任苏尼特右旗关工委委员，赛汉塔拉镇关工委常务副主任。2011年9月，当选中共苏尼特右旗第十届代表大会代表。

贺禄爱好书法、绘画创作和太极运动。1999年7月，应聘《苏尼特右旗志》编辑。2001年，获中国共产党成立80周年中国书画家精品海外展优秀奖。2002年5月，与主编巴雅尔，副主编田珍，编辑王省德、乌兰朝鲁完成《苏尼特右旗志》编纂工作。2005年、2008年、2010年，分获自治区老年人“松鹤杯”书法比赛一、二、三等奖，并获全盟老年书法比赛一等奖。先后多次被各级党委、政府评为“扶残助残先进个人”“劳动模范”“尊老爱幼星”等称号，2011年7月，被评为全盟第二届道德模范提名奖。2015年5月，被评为“全盟最美家庭”。

杨　威 男，回族，1947年11月21日生，籍贯内蒙古土默特右旗人，高中文化，无党派人士。

1968年，杨威毕业于苏尼特右旗第一中学。1968—1974年，在苏尼特右旗牧场下乡。1975—1981年，在苏尼特右旗外贸公司担任技术员。1981—1985年，在锡林郭勒盟驻赛汉塔拉畜产公司担任业务科长。1992—1998年，自筹资金成立宏达经贸公司，担任总经理。1998年，出资收购苏尼特右旗原绒毛梳纺厂。1998—2015年，成立苏尼特右旗宏达绒毛有限责任公司，担任董事长。1999—2015年，先后任锡林郭勒盟工商联合会副会长、内蒙古自治区工商联合会常委，内蒙古光彩事业促进会理事，锡林郭勒盟政协常委，苏尼特右旗第八届、第十届、第十一届人大代表，苏尼特右旗第九届政协委员。多年来，杨威致力于苏尼特右旗地方经济和绒毛产业发展，先后50余次受到国家、自治区级奖励，先后获得苏尼特右旗、锡林郭勒盟及内蒙古自治区“优秀乡镇企业家”“乡镇企业个体私营经济优秀企业家”“优秀企业经营者”“劳动模范”等称号。2003年2月，宏达绒毛有限责任公司注册“香泰”牌商标。2009年，“香泰”牌商标获自治区著名商标。2008—2015年，“香泰”牌驼、羊绒被等产品在全国、自治区获得地方名牌产品、乡镇企业名优产品等荣誉。产品远销日本、韩国、蒙古等国和中国香港地区。

李祥如 男，汉族，笔名郑瑄，1948年7月5日生，河北省张家口市人。函授大专文化。

1968年8月至1971年7月，李祥如在苏尼特右旗二轻局参加工作。1971年8月至1976年5月，在苏尼特右旗轮胎厂工作。1976年6月至1999年，二轻局工作；1993年5月，派往驻二连浩特市，任蒙古包旅游公司经理。苏尼特右旗首届统计协会会员、副秘书长，助理统计师。2000年1月，退休。

李祥如喜爱文学创作和新闻报道工作。1965年开始为各级报社、电台和杂志写稿，至今已有50余年，累计刊发各类稿件4000余条（篇），曾多次被中央、自治区及盟市报社、电台和杂志社评为优秀通讯员、优秀特约记者。1977年9月，参加《内蒙古青年》杂志社举办的第三次通讯员学习班。1979年2月，出席乌兰察布盟新闻先进代表会。1981年6月至1984年10月，参加山西刊授大学中文系学习。出席在西安召开的全国“刊授大学第二次自学成才促进会”，并在会上作为代表发言。1985年，苏尼特右旗民族用品厂生产的“双喜”牌蒙古包（被轻工业部评为优质产品）要出国展销。他得知消息，连夜写成《“双喜”将飞向国外》一稿，被《锡林郭勒日报》头版头条采用。他围绕宣传报道苏尼特右旗民族用品厂生产的“双喜”蒙古包这条新闻素材，在全国、全区累计发表各类稿件1200余条。

杨 毅 男，汉族，1949年11月生，苏尼特右旗人。中专学历，工程师，中共党员。

1968年，杨毅毕业于锡林浩特牧业机械化学校，分配在内蒙古毛泽东思想大学校第五分校工作。1969年3月，到内蒙古生产建设兵团任技术员。1975年12月，调苏尼特右旗第一中学任教师。1979—2001年，在苏尼特右旗科技局工作，先后任科员、能源工作站站长、新能源办公室主任、科技局副局长等职。1989年，加入中国共产党。系中国节能协会太阳能、风能分会理事，内蒙古太阳能学会理事，自治区可再生能源协会理事，中国农业工程协会会员，中国太阳能学会会员。政协第八届政协委员会委员。2002年退休。

杨毅退休后，继续参与“内蒙古无电牧区风光供电系统应用”“光明工程”“新能源通电工程”等重点项目。1979年开始从事新能源推广应用、科普工作以来，引领全旗新能源开发利用事业走在自治区前列，先后发表科普论文26篇。1987年，苏尼特右旗被评为“全国新能源示范先进旗（县）”。1990年10月，被农业部授予“全国农村能源建设先进工作者”。1991—1993年，编导制作科普电视片《小型风力发电机使用与维修》，获锡林郭勒盟科技进步二等奖，在全国学术会议上发表。1992年，完成“被动循环太阳能接羔棚试验示范”项目，项目研究报告被评为华北四省区优秀论文。1995年，

“寒冷地区太阳能房舍、棚圈研究”获锡林郭勒盟科技进步奖二等奖。2000年，被中国科学技术发展基金会授予“阳光奖”。2010年，《风光互补发电系统效益分析》论文在全国风电行业年会上交流。2009—2013年，参加实施“内蒙古新能源通电工程”项目，项目报告《新能源通电现状及发展前景》在2013年全国行业年会上交流。

丹金道尔基 男，蒙古族，1950年1月生，赛汉塔拉镇哈达呼舒嘎查人。初中文化，中共党员。

1971年5月，从原都呼木苏木哈达呼舒嘎查参军服兵役。1973年2月，因服役期间参与渤海湾大火救援行动，获得个人一等功的嘉奖。1976年3月退役，分配到苏尼特右旗巴彦哈尔公社武装部工作。1981—1987年，在苏尼特右旗委组织部工作。1987年以后，分别在阿其图乌拉苏木、苏尼特右旗乡镇企业局、物资局、畜牧局等单位工作，2004年，正科级退休。

贡·巴达拉夫 男，蒙古族，1950年生于蒙古国乌兰巴托市，祖籍苏尼特右旗人。大学学历，中共党员。

1958年，贡·巴达拉夫随父亲贡金扎布、母亲米德格回到祖籍苏尼特右旗。1968年，中学毕业后为下乡知青。1972年在苏尼特右旗原呼格吉勒图公社小学任教。1973—1976年在内蒙古医科大学学习。1973—2010年，先后在苏尼特右旗卫生局、科技局、民族事务委员会、文学艺术联合会等部门工作。先后加入中国作协内蒙古分会会员、中国少数民族作协会员，担任苏尼特右旗文联名誉主席。1989年，加入中国共产党。

1962年，贡·巴达拉夫创作的《我的学习》《向雷锋叔叔学习》2首儿童诗发表在少儿杂志，并在内蒙古广播电台播放，开始了文学创作之路。先后出版了《哈拉图戈壁之音》《那仁宝拉嘎在泉涌》《贡·巴达拉夫小说散文集》《广袤的塔木沁塔拉》《褐马的脊梁》《永恒的诺敏铃之碑》《国医大师苏荣扎布》《苏尼特吉鲁根巴特尔》《贡·巴达拉夫论文选》等作品。曾在内蒙古电视台节目中讲解“吉鲁根与苏尼特部落”，《吉鲁根与苏尼特部落》论文发表于《中国蒙古学》杂志。2002年，长篇小说《广袤的塔木其》获“索龙嘎”文学奖。2010年，获得“苏尼特文化贡献奖”。2014年，被自治区人民政府和中国作家协会评为中国现代蒙古族著名作家。《广袤的塔木沁塔拉》等作品翻译成日本语、蒙古语，在日本、蒙古国发行。

宝德巴雅尔 男，蒙古族，1952年5月生，苏尼特右旗布图木吉苏木人。大专学历，中共党员。

1976年9月至1983年12月，宝德巴雅尔先后在苏尼特右旗地震办公室、团委、宣传部从事办事员工作。曾在内蒙古蒙古文专科学校翻译专业和内蒙古区委党校大专班党政干部专业学习。1979年6月，加入中国共产党。1984年1月，任苏尼特右旗纪律检查委员会副书记。1991年4月，任旗委组织部副部长，兼任纪检委副书记。1994年1月，任苏尼特右旗副旗长。1996年2月，任旗委常委、组织部部长。1999年3月，任纪检委书记。2002年11月，任纪检委书记兼任旗委副书记。2004年1月，任旗政协主席。2007年12月，任政府调研员。2012年8月，正处级退休。

宝德巴雅尔喜爱文学创作，系内蒙古自治区作家协会、锡林郭勒盟作家协会会员。先后出版《乌兰德勒山》（短篇小说集）、《阿妈的香奶茶》（散文集）、《沙日善达之石》（诗歌集）及《苏尼特右旗文史》《苏尼特女子学校回忆录》《苏尼特王德穆楚克栋鲁普史诗》等著作。

那仁朝克图 男，蒙古族，1952年生，苏尼特右旗赛汉塔拉镇都呼木嘎查人，初中文化、中共党员。

那仁朝克图曾任苏木长、苏木党委书记等职务。利用业余时间训练赛马，参加赛马运动。他训练的快马乌那嘎从1996年参加比赛后，先后参加在自治区、各盟市那达慕比赛中获冠军70余次，创造7日内4次获冠军的纪录，成为苏尼特草原赛马的传奇故事。2015年，在苏尼特右旗第十三届那达慕大会上被授予“快马乌那嘎终身荣誉奖”。

苏德那木扎木苏 男，蒙古族，1952年生，苏尼特右旗桑宝拉格苏木人，小学文化。

苏德扎木苏6岁从师苏荣赫尔，参加赛马比赛。曾担任过桑宝拉格苏木公安特派员。1956年，受苏荣赫尔影响，开始训练赛马，训练出全区49个盟市地区著名快马金巴小黄毛马，并成为远近闻名的赛马训练手。1958年，在庆祝内蒙古自治区成立10周年活动中，被评为首个国家级赛马训练员。

巴图查干 男，蒙古族，1952年12月生，苏尼特右旗人。小学文化，中共党员。

巴图查干系锡林郭勒盟民间文艺家协会、中国民间文艺家协会、内蒙古民间文艺协会会员，苏尼特右旗手工艺协会主席，民间骨雕艺人。1998年，获中央电视台建台四十周年“大宝杯”艺术节大赛二等奖。2004年，作品《牛角杯》在锡林郭勒盟首届民族民间手工艺大赛中获二等奖。2007年，作品《马头琴》在内蒙古“察罕苏力德杯”首届蒙古族马文花博览会中获优秀奖；作品《牛车》在第二届内蒙古民间文化“阿尔丁”评选中获优秀成果奖；手工艺品获“天堂草原和谐锡林”全盟首届旅游商品展示比赛优秀旅游工艺品奖，在《锡林郭勒盟跨世纪英才》刊登骨雕艺术作品。部分优秀作品收录入《中国民间文艺家大辞典》《中国当代民间工艺作家名作选粹》等书。

田　珍 男，汉族。1953年9月21日生，籍贯内蒙古自治区商都县。本科学历，中共党员。

1975—1977年，田珍在内蒙古工业学校铸造专业就读。1977—1979年，在苏尼特右旗牧业机械厂任技术员。1979—1986年，在苏尼特右旗第二中学任语文教师。1980—1985年，毕业于内蒙古师范大学函授本科班汉语文学专业。1986—1995年，在苏尼特右旗委宣传部任新闻干事、秘书，并兼《锡林郭勒日报》驻旗记者。之后，先后任广播电视服务局副主任、档案史志局副局长、《苏尼特右旗志》编纂委员会办公室副主任等职务。2002年5月，与主编巴雅尔，编辑贺禄、王永乐、乌兰朝鲁完成《苏尼特右旗志》编纂工作。2008年，因在全区修志工作中成绩优异，被内蒙古自治区地方志编纂委员会、内蒙古自治区人民政府办公厅、内蒙古自治区人事厅记三等功1次。2014年，退休后被聘为编辑，参加《苏尼特右旗志》第二轮修志篇目设计工作。

格格日勒图 男，蒙古族，1954年7月生，苏尼特右旗乌日根塔拉镇巴彦朝鲁苏木人，函授大学学历、中共党员。

格格日勒图在乌日根塔拉镇卫生院工作。从事训练快骥、赛马运动30余年，先后训练出40余匹快马，200余次在全区及各盟市那达慕赛马比赛中获冠军。他训练的黄棕马于2009年首次在苏尼特左旗那达慕比赛中获冠军后，先后在各类那达慕比赛中获冠军20余次。其中，2012年，获苏尼特左旗查干葛根活佛开馆仪式那达慕比赛冠军；2015年，获锡林郭勒盟正蓝旗、正镶白旗那达慕比赛亚军。

白音吉日嘎拉 男，蒙古族，笔名明安，1954年生，苏尼特右旗人。大学文化，中共党员。

白音吉日嘎拉系中国摄影家协会、中国民俗摄影协会会员，内蒙古摄影家协会、内蒙古书法家协会、内蒙古文化遗产保护与发展协会会员，锡林郭勒盟书法、摄影家协会会员，苏尼特右旗摄影家协会名誉主席、苏尼特右旗书画协会主席、苏尼特右旗民俗协会主席、苏尼特右旗政协委员。1994年6月，书法作品“贤臣乃国之宝，良母乃家之柱”参加成吉思汗蒙汉合璧箴言书法大展，在北京民族文化宫展出。2004年9月，篆刻作品“万马奔腾”入选《内蒙古篆刻集》。2008年元月，摄影作品《祭火》获全区第十一届摄影艺术创作“百花奖”；5月，在呼和浩特市举办迎奥运“魅力苏尼特”摄影书法艺术作品展览。2010年1月，获内蒙古摄影艺术“特殊贡献奖”。参加在蒙古国乌兰巴托举办的以苏尼特骆驼为主题的“戈壁魂”摄影书法展，被评为蒙古国“有型艺术最佳展品”。2012年8月，在卡尔梅克共和国举办“骆驼之乡”骆驼文化摄影作品展，受到卡尔梅克共和国总理接见；9月，摄影作品《追风不羁》在中国首届“大美达茂”民族风情摄影展中获一等奖。2013年7月，在中韩两国第二届摄影展中，摄影作品《牧人的希望》获优秀奖。2014年10月，摄影作品《我深爱养育我的这块热土》获“锦绣中华”全国中老年风光摄影大赛优秀奖。2003—2014年，历时10余年，行程30余万公里，先后在21个省区市举办个人作品巡展和草原文化交流活动67场次。2015年2月，摄影艺术作品“骆驼之乡”参加美国佛罗里达州迈尔斯堡市“亚洲文化节”展览。

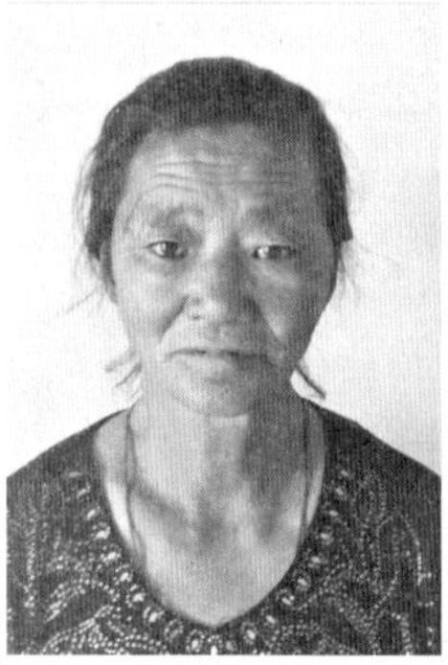

其木格 1956年11月生，额仁淖尔苏木人。小学文化，中共党员。

1958年9月，其木格被吉呼郎图大队图门嘎查牧民塔巴嘎扎木苏、阿迪亚夫妇收养。1970年，获全国“三八”红旗手称号。1981年7月，参加苏尼特右旗第七届妇女代表大会。1983—1984年被选为内蒙古自治区第六届人民代表大会代表。1984—1989年，当选苏尼特右旗第七届人民代表大会代表。1987年7月31日，以中国人民解放军英雄模范代表身份出席在北京的庆祝建军60周年纪念大会，并获解放军总参谋部、总政治部、总后勤部颁发的证书、奖章。

满都呼 男，蒙古族，1958年生，苏尼特右旗赛罕乌力吉苏木脑干塔拉嘎查人。大专文化，中共党员。

满都呼系全盟非物质文化代表性传承人。任苏尼特右旗总工会副主席、苏尼特右旗手工协会主席、苏尼特右旗骨雕专业合作社社长，政协第十一届委员会委员。

1975—1980年，满都呼担任脑干塔拉嘎查会计。1980—1999年，先后担任5个苏木党政领导职务。1989年加入中国共产党。2000—2010年，在苏尼特右旗畜牧局工作。2011年，在苏尼特右旗文联工作，成立“苏尼特右旗骨雕专业合作社”。2012年，获全盟“吉祥草原旅游文化节商品大赛”二等奖，骨雕艺术获得国家专利。2013年，在蒙古族中学开设骨雕兴趣班。2014年，获全盟第三批非物质文化遗产名录“蒙古族民间骨雕”项目代表性传承人。2015年，骨雕作品参加中国新丝绸之路锡林郭勒盟草原牧业创新品牌展示交易等活动。

额力毕格巴雅尔 男，蒙古族，1958年生，苏尼特右旗桑宝拉格苏木新宝拉格嘎查人，小学文化、牧民。

额力毕格巴雅尔从事训练快骥、赛马运动30余年，先后30余次在自治区及各盟市那达慕赛马比赛中获得冠军。他训练的黑克栗毛色马在各种比赛中获冠军35次、亚军4次，2012—2013年，连续2次获西乌珠穆沁旗“中国白马之乡”冠军；2015年，获二连浩特—扎门乌德国际那达慕冠军。棕色白额马在比赛中获冠军60余次、前三名40余次，其中，2012年，获达尔罕茂明安联合旗成立60周年那达慕万米比赛冠军；2015年，分别获呼伦贝尔市“中国冬季那达慕”、锡林郭勒盟“银色冬季那达慕”“诺敏阿巴嘎第四届冬季那达慕”比赛冠军。2015年9月，组建成立苏尼特右旗赛马协会，任会长。同时，在旗委、政府的领导下，筹划“中国草原快骥之乡”申报工作。

娜仁满都呼 女，蒙古族，1962年9月生，苏尼特右旗人，中专文化。

1984年7月至2013年12月，先后在苏尼特右旗桑宝拉格苏木、阿尔善图苏木、吉呼郎图苏木、额仁淖尔苏木任会计。2017年9月，在额仁淖尔苏木退休。1994年3月，在全国第三次产业普查工作中，成绩突出，被评为自治区级基层普查先进个人。2012年，被中共中央宣传部评为全国“孝亲敬老”之星。2014年6月，被评为锡林郭勒盟第三届道德模范提名奖。

巴雅尔 男，蒙古族，1963年3月15日生，内蒙古正蓝旗人。大专学历，中共党员。

1983—1985年，巴雅尔在内蒙古锡林郭勒盟财贸学校统计专业学习，毕业后参加工作。1985年9月至1987年8月，在苏尼特右旗政府地方志编纂办公室担任编辑。1987年8月至1988年，在正蓝旗商业局工作。1988—1993年，在苏尼特右旗监察局工作。1993—1997年，在苏尼特右旗边境贸易公司担任副经理。1994—1995年，参加内蒙古大学蒙古语言文学专业自学考试，获大专学历。1997—1999年，任苏尼特右旗吉呼郎图苏木党委副书记。1999—2003年，在苏尼特右旗档案史志局任局长，兼任党史地方志编纂委员会办公室主任、《苏尼特右旗志》主编。2003年，因在全区修志工作中成绩优异，被内蒙古自治区地方志编纂委员会、内蒙古自治区人民政府办公厅、内蒙古自治区人事厅记二等功1次。2003—2004年，在苏尼特右旗文化体育广播电视局任局长。2004—2005年，在苏尼特右旗文化体育旅游局任局长。2006—2007年，在苏尼特右旗委宣传部任副部长。2007年7月至2015年11月，任旗委统战部副部长，兼民族宗教事务局局长。2008年，因在第一轮修志工作中成绩显著，被中共锡林郭勒盟委员会、锡林郭勒盟行政公署评为先进工作者。

达布希拉图 蒙古族，1963年生，苏尼特右旗阿其图乌拉苏木额尔登宝拉格嘎查人。

1980年，达布希拉图开始参加那达慕摔跤比赛。1986年，在全旗那达慕大会上先后战胜巴其尔嘎迪、钢楚克扎布、浩毕斯哈拉图等选手，受到牧民群众和摔跤爱好者喜爱。1987年以后，在全国、全区各类比赛和那达慕大会上60余次获冠亚军、四强和八强等成绩。

浩毕斯哈拉图 男，蒙古族，1964年8月生，苏尼特右旗桑宝拉格苏木包日温都尔嘎查人，大专文化、中共党员。

1979—1981年，浩毕斯哈拉图在锡林郭勒盟职业中学上学。1981年，开始成为中国式摔跤手。1981—1988年，在锡林郭勒盟体工队任队长。1984年，参加全国中国式锦标赛，获100公斤级冠军，获得“运动健将”称号。1985—1987年，连续三届在全国中国式摔跤锦标赛获得冠军。1987年8月15日，加入中国共产党。1988—1990年在内蒙古师范大学体育系学习。1995年，参加全国第五届少数民族运动会，获搏克项目冠军。1980年以来，先后在国家级和自治区级各项重要赛事中获冠亚军18次，在全区那达慕大会上获冠亚军100余次。1987年，当选为内蒙古自治区第八届共青团代表大会代表。1988年，当选共青团第十二次全国代表大会代表，政协苏尼特右旗第六、七、八届政协委员。

乌兰朝鲁 女，蒙古族，1966年9月生，苏尼特右旗人。大专文化，中共党员。

1991年，乌兰朝鲁毕业于内蒙古大学蒙古语言文学系。先后在苏尼特右旗地方志办公室、档案史志局、旗委宣传部、民族宗教事务局、文体局、文联等部门工作。2015年任苏尼特右旗民族事务委员会副主任、翻译中心主任。内蒙古作家协会成员编辑、翻译，苏尼特右旗第十届、第十一届政协常委。曾参加《苏尼特右旗志》编辑工作，负责人物志编辑、史料翻译工作。编辑出版乌兰牧骑文史资料《半个世纪足迹》。与内蒙古师范大学扎格尔教授合编蒙古族传统祝颂词集《蒙古祝颂词》。翻译文史资料《苏尼特王府》《大爱无疆》《青春叙事》等。她撰写的讲述乌兰牧骑历程的纪实文学《永不凋谢的红山丹》被选入《锡林郭勒文学艺术集成（纪实文学卷）》。散文《爸爸的冬营盘》《不灭的烛光》被选入《锡林郭勒文学艺术集成（散文卷）》。曾担任《苏尼特》报蒙古文版主编、《苏尼特》杂志主编。

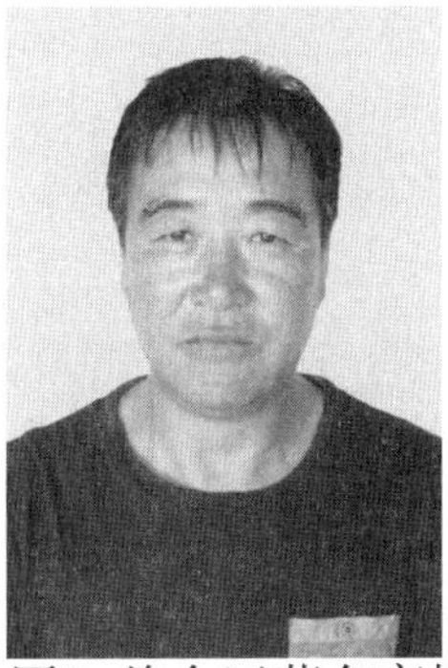

班凤斌　男，汉族，1967年2月12日出生，苏尼特右旗人，高中文化，中共党员。

1985年，班凤斌毕业于苏尼特右旗第一中学。1985—1998年，在苏尼特右旗民族用品厂工作，任工人、技术员、外销员、副厂长等职务。1998—2012年，苏尼特右旗民族用品厂转制，班凤斌下岗，从事个体民族用品制作业。2012年，自筹资金成立尼特右旗双利民族手工艺品制作有限公司，任董事长。班凤斌坚持挖掘和保护苏尼特传统游牧文化，传承蒙古包制作技艺，在继承苏尼特右旗民族用品厂“双喜”牌蒙古包制作技艺的基础上，研发和注册“双吉祥”“吉祥草原”牌全区著名商标和蒙古包。2013年5月，公司生产的蒙古包获首届中国游牧文化旅游节牧家乐传统蒙古包设计大赛一等奖。2014年5月，被命名为第三批非物质文化遗产名录“蒙古包营造技艺”项目代表性传承人。2014—2015年，当选政协苏尼特右旗委员会委员。

龚有军　男，汉族，1968年8月生，乌兰察布市察哈尔右翼后旗人。学士学位，中共党员。

1990年7月，毕业于内蒙古医学院临床医学本科，学士学位；1990年8月参加工作。2005年7月加入中国共产党，先后任苏尼特右旗人民医院内科医师、医院医务科主任、副院长、院长，三级主任医师，内蒙古自治区第十二届、十三届人大代表。2010年3月，被锡林郭勒盟行署评为全盟卫生系统先进个人。2013年6月，龚有军任医院院长，坚持和维护公立医院公益性，从当地老百姓就医实际出发，着力提高常见病多发病诊疗技术、急危重症抢救技术，提升医疗能力与质量，抓住旗县级公立医院综合改革和上级对口支援契机，引领全院职工，凝心聚力，先后创建了儿科、眼科、口腔科、血液透析科、皮肤科、感染性疾病科、内窥镜室、激光室、呼吸（C14. C13）试验室、肺功能室等医疗科室，新增诊疗技术160余项，切实缓解当地百姓看病就医困难。2013年，龚有军在全区“加强医德建设、争当医德标兵”活动中，被自治区总工会、卫生厅评选为全区医德先进个人。2014年12月，被锡林郭勒盟盟委、行署评选为全盟民族团结进步先进个人。作为内蒙古自治区人大代表，他长期致力于服务民族地区的医疗健康事业，让牧民群众看得起病、看得好病，敢于担当履职，勤于调查研究，察民情、集民意，把制约和影响区域卫生健康、医疗发展、医学人才引进、健康扶贫等因素作为重点专题调研内容，实事求是地提出了高质量的意见和建议。

斯琴满来　男，蒙古族，笔名塔木其，1971年2月生，籍贯内蒙古镶黄旗人。大专文化，中共党员。

塔木其喜爱文学创作和新闻报道工作，系内蒙古作家协会会员。1987年，开始为各级报社、电台和杂志写稿。1991年，参加工作。2000年，加入中国共产党，苏尼特右旗退役军人事务局干部。作为一名通讯员，多次参加中央、自治区、盟级新闻单位通讯员学习班。始终保持着对外界事物的敏感，善于捕捉信息，从看似不起眼的小事中发现素材、挖掘素材。经常深入基层生产生活一线，通过实地调研考察、与牧民交流沟通，挖掘具有报道价值的新闻素材。30年来，撰写的《民族团结一朵花》《科技兴牧人——策登叶西》《浅谈苏尼特双峰驼产业发展》《苏尼特右旗经济运行情况良好》《图说苏尼特骆驼节》等新闻稿件，先后在央视网蒙古语频道、新华网、人民网和《内蒙古日报》《锡林郭勒日报》及《内蒙古科技》《内蒙古畜牧业》等多家媒体、广播、报纸刊发。累计刊发各类稿件3000余条（篇），曾多次被中央、自治区及盟旗报社、电台和杂志社评为优秀通讯员、优秀记者站站长、优秀特约记者。始终执着于新闻事业创作，发挥党的喉舌作用，较好地宣传各行各业的典型人物和事迹，用图片和文字展现全旗经济、社会、文化等发展全貌，为全旗新闻宣传事业做出贡献。

乌云其木格　女，蒙古族，1972 年 5 月 11 日出生，内蒙古苏尼特右旗人，本科文化。

1992 年 9 月至 2000 年 7 月，乌云其木格在锡林诺如小学任教，担任少先队大队辅导员及团委书记。1996 年，毕业于内蒙古大学蒙古语言文学（专科），后在职函授。1990 年 7 月，被行署评为“锡林郭勒盟劳动模范”。2000 年 8 月，锡林诺如小学撤并，调到第三小学任教，从事蒙古语文教学工作。其间，担任过班主任、兼职年级组组长、学校教导主任等职务。2002 年 10 月，在全盟自制教学授课评比活动中获一等奖。2003 年，毕业于内蒙古大学蒙古语言文学专业（本科）。2005 年 12 月，在全国小学生语文读写等级评定暨能力大赛中获指导一等奖。2006 年 9 月，被评为自治区民族中小学“优秀教师”称号；11 月，在全盟小学语文教学改革中做出贡献，被评为“实验先进教师”。2007 年 8 月，被自治区党委、人民政府授予“全区民族团结进步模范个人”称号。2009 年 12 月，她讲授的优质课“只有一个地球”获盟级二等奖。2013 年 8 月，在全国首届蒙古语文学科“有效课展示活动”中获一等奖。2014 年 9 月，被人力资源和社会保障部、教育部评为“全国模范教师”称号。2015 年，被自治区教育厅评为首届全区蒙古语授课小学名师。

阿荣苏义拉　女，蒙古族，1972 年 10 月 7 日生，苏尼特右旗赛罕乌力吉苏木额很乌苏嘎查牧民。

阿荣苏义拉系苏尼特服饰盟级传承人。1991 年 7 月，在苏尼特右旗蒙古族中学初中毕业之后就读于锡林郭勒畜牧机械专业，1994 年，毕业回到苏尼特右旗。阿荣苏义拉出于传承民族传统文化的使命感，主动扛起苏尼特民族服饰文化传承的重任。1999 年 8 月，创建“苏尼特民族服饰”裁缝店，开始苏尼特民族服饰裁剪缝制生涯。2004 年，参加全盟举办的“鑫泰杯”民族服饰设计大赛，获传统蒙古服饰二等奖、现代服饰三等奖。2004—2015 年，在全旗举办的民族服饰大赛、旅游产品大赛中，先后 20 余次获传统蒙古服饰及流行蒙古服饰一、二、三等奖；多次被苏尼特右旗评为“两转双赢”先进个人、“全旗创业先进个人”。2008—2015 年，连续三届担任政协苏尼特右旗委员会委员。2009 年 7 月，在呼和浩特市举办的“响沙”杯蒙古民族服饰展示赛上，获三等奖。2010 年至 2015 年，每年开设“蒙古服饰培训班”，先后培养了 200 余名蒙古服饰裁缝。其间，担任苏尼特右旗文联委员、工商协会会员，商会副会长等职务。2011 年，获锡林郭勒盟劳动模范称号；12 月，被评为锡林郭勒盟“创业青年”。2012 年 7 月，在满洲里市举行的第九届中国蒙古族服饰艺术节暨蒙古族服装服饰大赛上，获民族服饰类二等奖。2014 年 10 月，在锡林浩特举办的“中国梦·劳动美”全盟蒙古服饰专业大奖赛中获二等奖。2015 年，被授予“自治区劳动模范”称号。

巴·斯琴图　男，蒙古族，1973 年 8 月生，苏尼特右旗都仁乌力吉苏木巴彦宝力嘎嘎查牧民，初中文化。

1997 年，巴·斯琴图开始为各级报社、电台和杂志写稿。20 余年来，累计刊发各类稿件 500 余篇。多次被授中央、自治区及盟旗报社、电台评为优秀通讯员。作为一名牧民通讯员，他贴近牧民生产生活一线，与牧民交流沟通，撰写具有报道价值的新闻素材。所采写的《牧民打草场的喜讯》《多彩的草原的那达慕》《牧民阿爸的思念》《巴彦宝力嘎的变化》《朱日和镇加强党员干部学习》等新闻稿件获得各级新闻媒体奖励和好评。2010年，出版发行个人作品诗集《地球的泪》。2014年，创办苏尼特右旗牧区《阿吉太书屋》，为广大牧民开展基层文化生活提供便利条件，成为全旗农牧区文化宣传的带头人。

宝力嘎 男，蒙古族，1974年12月生，苏尼特右旗赛罕乌力吉苏木脑干希力嘎查牧民，大专文化。

1991年12月至1995年12月，宝力嘎在内蒙古自治区满洲里市服兵役。2010年，参加苏尼特右旗文体广电局举办的射箭短期训练班，从此开始射箭生涯。2014年3月，在浙江宁波市举办的全国射艺射箭交流赛中获个人亚军；8月，在青海互助土族自治县举办的天佑德杯国际射箭邀请赛中获个人冠军、团体冠军；10月，在韩国举办的世界传统弓大会上代表中国队获团体冠军。2015年10月，在锡林郭勒盟正蓝旗举办的全国冠军争霸赛获个人第三名；10月27日，在云南石林举办的全国射箭公开赛中获个人冠军；11月，在浙江杭州举办的全国射箭比赛中获个人冠军和团体冠军。2010—2015年，宝力嘎热爱民族体育运动，继承和传播蒙古族射箭技艺，自愿为全旗各中小学和全区射箭爱好者组织射箭技艺培训，累计培训200余人次，个人在全区各盟市那达慕比赛中120余次获冠亚军。

张瑞文 男，汉族，1982年7月生，苏尼特右旗朱日和镇人。大专文化，中共党员。

2002年12月，参军入伍。2002年12月至2003年8月，在内蒙古乌兰察布盟武警支队任上等兵。2003年9月至2004年10月，在内蒙古军区司机训练大队。2004年11月至2006年4月，任内蒙古军区通信总站初级士官。2006年4月至2007年1月，到利比亚执行维和任务。2006年11月，被联合国授予维和一级勋章。2007年1月至2009年8月，任内蒙古军区通信总站工作中级士官。2009年8月至2010年5月，到利比亚执行维和任务。2010年3月，被联合国授予维和三级勋章。2010年5月至2013年12月，任内蒙古军区通信总站四级军士长。2012年6月，参加朱日和历剑演习保障。2013年12月至2015年7月，内蒙古军区赛汉油库工作。2015年12月，退役、转业。

孟克娜仁 女，蒙古族，1983年11月3日生，苏尼特右旗乌日根塔拉镇巴彦朝鲁嘎查人，本科学历。

2004年9月至2007年7月，考入内蒙古民族高等专科学校。2008年，参加工作，在苏尼特右旗蒙古族小学任英语老师。2014年3月，考入吉林师范大学。2014年5月，开始学习蒙古族射箭；年内，进入全盟体育运动会前8名。2014年至2015年，利用业余时间为学生开展蒙古族传统射箭辅导学习，并在全旗、全盟那达慕射箭比赛中获奖20余次。2015年10月，参加全国满族射箭邀请赛，获女子个人冠军、团体冠军；12月，在河南郑州举行的全国射箭俱乐部邀请中获第13名。

第三章　人物名录

（以授予的时间及奖项级别排序）

2001—2015 年苏尼特右旗各行业部分受省厅级以上表彰先进人物名录

表 26-3-1

获得者姓名	授予时间	荣誉称号	授予机关	授予时所在单位
杨玉春	2001	全国森林公安“人民满意警察”称号	国家林业局森林公安局	苏尼特右旗森林公安分局
余志杰	2001	全国婚育新风进万家活动先进个人	中共中央宣传部 国家计划生育委员会	苏尼特右旗人口和计划生育局
	2005	全国人口计生系统药具工作先进个人		
	2006	全国“婚育新风进万家”活动先进个人		
	2007	全国计划生育协会先进志愿者	全国计划生育协会	
永　红	2001	全区森林公安系统手枪射击比赛第二名	自治区森林公安局	苏尼特右旗森林公安局
郭　静	2001	全区森林公安系统手枪射击比赛第三名	自治区森林公安局	苏尼特右旗森林公安局
韩志洲	2001	全区微波系统技术标兵	内蒙古广播电视厅	赛汉塔拉广播电视转播台
李本岑	2001	全区微波系统技术标兵	内蒙古广播电视厅	赛汉塔拉广播电视转播台
	2001	全区广播电视技术维护先进个人		
尼格木图	2001	全区“优秀党务工作者”	内蒙古边防总队	苏尼特右旗边防大队
哈　达	2001	全区“优秀共产党员”	内蒙古边防总队	额仁淖尔苏木边防派出所
车日玛	2002	全国“双学双比”活动“女状元”称号	全国妇联	都仁乌力吉苏木
娜仁高娃	2002	第五次全国人口普查先进个人	国务院第五次全国人口普查领导小组	苏尼特右旗统计局
	2006	2005 年全国 1%人口抽样调查先进个人	国务院全国 1%人口抽样调查领导小组	
	2009	第二次全国经济普查先进个人	全国经济普查领导小组	
	2012	从事国家统计工作三十年以上工作者	国家统计局	
	2014	2013—2014 中国信息报统计宣传先进个人	中国信息报社	
王振海	2002	优秀共产党员	内蒙古边防总队	额仁淖尔苏木边防派出所
巴雅尔	2003	1998—2003 年全区修志工作二等功	自治区人民政府	苏尼特右旗档案史志局（馆）
田　珍	2003	1998—2003 年全区修志工作三等功	自治区人民政府	苏尼特右旗档案史志局（馆）
贾裕民	2003	全区广播电视技术维护先进个人	内蒙古广播电视厅	赛汉塔拉广播电视转播台

续表26-3-1

获得者姓名	授予时间	荣誉称号	授予机关	授予时所在单位
班建国	2003	全区广播电视技术维护先进个人	内蒙古广播电视厅	赛汉塔拉广播电视转播台
李秉义	2003	全区“西新工程”建设先进个人	内蒙古广播电视厅	赛汉塔拉广播电视转播台
张忠贵	2003	全区“优秀党务工作者”	内蒙古边防总队	苏尼特右旗公安边防大队
郑建军	2003	全区“优秀共产党员”	内蒙古边防总队	格日勒图敖都苏木派出所
刘建兵	2003	全区“优秀基层干部”	内蒙古边防总队	齐哈日格图工作站
翟英娥	2003	全区“抗击非典”先进个人	自治区人民政府	苏尼特右旗人民医院
锡　林	2004	全国林业“严打”先进个人	国家林业局	苏尼特右旗森林公安局
	2006	林业先进工作者	国家林业局	
赛汉其其格	2004	“希望杯”全国数学邀请赛“数学竞赛优秀辅导员”	“希望杯”全国数学邀请赛组织委员会	苏尼特右旗蒙古族中学
	2007			
	2008			
	2011			
	2014			
宋存荣	2004	全区实施“春蕾计划”先进个人	自治区教育厅	苏尼特右旗妇联
萨仁图雅	2004	全区优秀女企业家	自治区妇联	苏尼特右旗个体企业
	2005	全国“巾帼建功”标兵荣誉称号	全国妇联	
陈淑云	2004	全区“三八红旗手”荣誉称号	自治区妇联	731电台
梁　龙	2004	2003年度全区公安派出所预防犯罪能手	自治区公安厅	朱日和镇派出所
	2005	全区“四无小区”及责任区民警	自治区公安厅	
张　虎	2004	全区优秀刑事侦查员	自治区公安厅	苏尼特右旗刑警队
	2009	“神七”载人航天飞船安保工作先进个人	自治区公安厅	公安局治安大队
白永贵	2004	自治区级破案能手	自治区森林公安局	苏尼特右旗森林公安局
王贵元	2004	全国公安边防部队“优秀共产党员”	公安部边防局	齐哈日格图边防工作站
赵　鑫	2004	全国“百名优秀政治教育工作者”	公安部边防局	额仁淖尔边防派出所
	2005	全区“优秀共产党员”	内蒙古边防总队	
	2006	全国“爱民固边”主题教育优秀教员	公安部边防局	
赵玉杰	2004	全区“优秀共产党员”	内蒙古边防总队	齐哈日格图边防工作站
牛富宝	2005	全国农村科普工作先进个人	中国科学技术协会	苏尼特右旗科学技术协会
	2008	第四届全区科学技术协会先进工作者	自治区科学技术协会	
阿拉腾其其格	2005	全国课题研究优秀成果三等奖	中央教育科学研究所	—
乌　兰	2005	全区农牧业科技推广先进个人	自治区农牧业厅	苏尼特右旗草原工作站
	2006	全区草原建设先进工作者	自治区农牧业厅	
	2009	全区草原建设先进工作者	自治区农牧业厅	

续表26-3-1

获得者姓名	授予时间	荣誉称号	授予机关	授予时所在单位
王利琴	2005	荒漠草原边境青贮技术推广项目二等奖	自治区农牧业厅	苏尼特右旗畜牧业局
杨金昌	2005	全区国税 CTAIS 推广应用突出贡献嘉奖	自治区国税局	苏尼特右旗国税局
宋云敖	2005	全区“围封转移”扶贫工作先进个人	内蒙古广播电视厅	赛汉塔拉广播电视转播台
龙占河	2005	全区电视技术维护先进个人三等奖	内蒙古广播电视厅	赛汉塔拉广播电视转播台
张　亮	2005	全区“四无小区”及责任区民警	自治区公安厅	赛汉塔拉镇派出所
	2009	全区执法质量考评优秀执法民警	自治区公安厅	
毕雨泽	2005	全区“四无小区”及责任区民警	自治区公安厅	赛汉塔拉镇派出所
李金华	2005	全区“优秀党务工作者”	内蒙古边防总队	苏尼特右旗公安边防大队
王国强	2005	全区“优秀警官”	内蒙古边防总队	额仁淖尔苏木边防派出所
斯琴图雅	2005	全区统计系统先进个人	自治区人事厅、统计局	苏尼特右旗统计局
	2006	妇女儿童发展纲要（2001—2005）先进个人	自治区妇联	
王建平	2006	全区第五届优秀“青年卫士”	自治区团委	苏尼特右旗人民检察院
张延峰	2006	全区电视技术维护先进个人二等奖	内蒙古广播电视厅	赛汉塔拉广播电视转播台
斯琴苏义拉	2006	全区“民族服饰传承人”	自治区文化厅	赛罕乌力吉苏木
郝国梅	2006	全国人口和计划生育科技工作先进个人	国家计划生育委员会	计划生育服务站
乌云其木格	2006	自治区民族中小学“优秀教师”	自治区教育厅	苏尼特右旗第三小学
	2007	全区民族团结进步模范个人	自治区党委、人民政府	
	2014	全国模范教师	人社部、教育部	
	2015	首届全区蒙古语授课小学名师	自治区教学研究室	
孙智广	2006	全区“婚育新风进万家”活动先进个人	自治区计划生育委员会	人口和计划生育局
沈兴芝	2006	全区“业务质量竞赛”先进个人	自治区气象厅	苏尼特右旗气象局
吴冬梅	2006	全区检察系统“对公安机关刑事拘留、取保候审案件监督检查专项活动先进个人”	自治区人民检察院	苏尼特右旗人民检察院
刘文魁	2006	“神舟六号”飞船安全保卫工作先进个人	自治区公安厅	治安大队
张　勇	2006	“神舟六号”飞船安全保卫工作先进个人	自治区公安厅	苏尼特右旗公安局
孙雁军	2006	全区公共网络安全监察部门先进个人	自治区公安厅	公安局科技办
	2007	全区公安科技工作先进个人		
李　锋	2006	全区公安机关、检察机关对刑事拘留、取保候审案件进行监督检查工作先进个人	自治区公安厅	公安局法制办
赵格日勒图	2006	全区“优秀共产党员”	内蒙古边防总队	额仁淖尔边防派出所
	2010	全区“优秀共产党员”		
梁国华	2006	全区公安边防部队“岗位练兵能手”	内蒙古边防总队	苏尼特右旗边防大队
王金平	2007	全国预防交通事故专项行动先进个人	公安部交通管理局	公安局交警大队
	2009	全区创建平安畅通旗县区活动先进个人	自治区公安厅	公安局交警大队
托　亚	2007	内蒙古自治区“巾帼建功”标兵	自治区妇联	苏尼特右旗个体企业

续表26-3-1

获得者姓名	授予时间	荣誉称号	授予机关	授予时所在单位
塔　娜	2007	内蒙古自治区“巾帼建功”标兵	自治区妇联	苏尼特右旗人民检察院
娜仁图雅	2007	全区“双学双比”竞赛活动“女能手”	自治区妇联	乌日根高勒嘎查
	2008	内蒙古自治区“三八红旗手”	自治区妇联	
	2010	全国城乡妇女岗位建功先进个人	自治区妇联	乌日根塔拉镇
	2010	内蒙古自治区“三八红旗手”	自治区妇联	
	2011	全国“双学双比”岗位建功先进个人	全国妇联	
	2014	全国“三八红旗手”提名奖	全国妇联	
包图雅	2007	全区红十字系统先进个人	自治区红十字会	苏尼特右旗红十字会
	2008	全区红十字系统抗震救灾先进个人	自治区红十字会	
赵金梅	2007	全区老年人体育工作先进个人	自治区党委老干部局	苏尼特右旗文体广电局
	2009	全区老年体协先进个人	自治区老年体协	
	2010	全区群众体育先进个人	自治区体育局	
塔　娜	2007	全区检察系统先进个人	自治区人民检察院	苏尼特右旗人民检察院
伊　兰	2007	全区“乌兰牧骑事业奉献大奖”	自治区宣传部、文化厅	苏尼特右旗乌兰牧骑
乌力吉陶克套	2007	追授“乌兰牧骑特别贡献奖”	自治区宣传部、文化厅	苏尼特右旗乌兰牧骑
吴冬梅	2007	内蒙古自治区评为50佳“好军嫂”	自治区政府、军区	额仁淖尔边防派出所
李雅丽	2007	全区优秀教师	自治区教育厅	苏尼特右旗第二中学
贾　智	2008	全国计划生育流动服务车项目先进个人	国家人口和计划生育委员会	苏尼特右旗人口和计划生育局
刘金燕	2008	全区妇联系统信访工作先进工作者	自治区妇联	苏尼特右旗妇联
史占利	2008	全区税负调查分析工作先进个人	自治区国税局	苏尼特右旗国税局
梁春燕	2008	内蒙古自治区总工会“五一女职工”奖章	自治区总工会	苏尼特右旗人民医院
温　佳	2008	全区“优秀共产党员”	内蒙古边防总队	额仁淖尔苏木边防派出所
梁建荣	2009	全国青少年文明礼仪“优秀教育工作者”	全国青少年文明礼仪普及活动组委会	苏尼特右旗第一小学
德力格尔其其格	2009	内蒙古自治区“春蕾计划”先进个人	自治区教育厅	苏尼特右旗蒙古族小学
李秀莲	2009	内蒙古自治区“优秀家政服务员”	自治区总工会	赛汉塔拉镇
乌恩其	2009	内蒙古自治区优秀工会工作者	自治区总工会	苏尼特右旗工会
冯　坚	2009	“神七”载人航天飞船安保工作先进个人	自治区公安厅	苏尼特右旗公安局治安大队
	2011	全区科技强警示范建设先进个人	自治区公安厅	
杨文有	2009	全区公安监深挖犯罪专项行动先进个人	自治区公安厅	苏尼特右旗公安局看守所
柴小宝	2009	全区警务实战教官骨干培训班优秀学员	自治区公安厅	赛汉塔拉镇派出所
布仁格日勒	2009	全区出入境管理工作先进个人	自治区公安厅	苏尼特右旗公安局办证中心
王智慧	2009	全区优秀共青团员	自治区团委	苏尼特右旗公安局交警大队
于耀宏	2009	全区公安机关“清网行动”追逃能手	自治区公安厅	苏尼特右旗公安局刑警大队

续表26-3-1

获得者姓名	授予时间	荣誉称号	授予机关	授予时所在单位
陈　涛	2010	全国安全生产监管监察系统先进个人	国家安全生产监督总局	苏尼特右旗安全监督管理局
布仁朝克图	2010	全国优秀统计员	国家统计局	赛罕乌力吉苏木
王建东	2010	全国广播电视设施保护先进个人	国家广播电影电视总局	赛汉塔拉广播电视转播台
强文平	2010	全国计划生育科技大练兵活动先进个人	国家人口和计划生育委员会	苏尼特右旗人口和计划生育局
	2014	内蒙古自治区妇幼健康服务先进个人	人口和计划生育委员会	
荣永刚	2010	第一次全国污染源普查先进个人	环境保护部	苏尼特右旗环境保护局
睢　旭	2010	第一次全国污染源普查先进个人	环境保护部	苏尼特右旗环境保护局
王少东	2010	国家林业局警官培训中心优秀学员	国家林业局	苏尼特右旗森林公安局
赛音吉雅	2010	全区检察系统“优秀公诉人”	自治区人民检察院	苏尼特右旗人民检察院
斯日古楞	2010	内蒙古自治区“五好文明家庭”	自治区党委宣传部	苏尼特右旗妇联
萨日娜	2010	全区“敬老孝星”	自治区老龄委、民政厅	敦达乌苏嘎查
包金海	2010	全区电视技术维护先进个人二等奖	内蒙古广播电视厅	731电台
呼日勒巴特尔	2010	全区非物质文化遗产苏尼特长调传承人	自治区文化厅	乌兰牧骑
王培林	2010	2009年度“自治区优秀执法民警”	自治区公安厅	苏尼特右旗公安局刑警大队
特木其勒	2010	全区打击假币犯罪“09行动”先进个人	自治区公安厅	苏尼特右旗公安局经侦大队
巴雅尔	2010	2010年度全区道德模范提名奖	自治区党委宣传部	赛汉塔拉镇派出所
王秀玲	2010	内蒙古自治区劳动模范	自治区人事厅、劳动厅	今朝实业有限公司
吴晓华	2010	优秀党务工作者	自治区农村信用联社	农村信用联社
旭　日	2011	第二次全国R&D资源清查工作先进个人	国家统计局	苏尼特右旗统计局
布仁陶格陶	2011	全国公安边防部队“执法标兵”	公安部边防局	额仁淖尔边防派出所
	2011	“全区拥政爱民模范”	自治区双拥办	
	2012	全国公安边防部队“爱民固边先进个人”	公安部边防局	
斯琴高娃	2011	妇女儿童发展纲要（2001—2010）先进个人	自治区妇联	苏尼特右旗妇联（主席）
斯琴图雅	2011	全区“双学双比”竞赛活动“女能手”	自治区妇联	脑干塔拉嘎查
董建军	2011	全区公安机关先进个人	自治区公安厅	赛汉塔拉镇派出所
段春山	2011	全区科技强警示范建设先进个人	自治区公安厅	苏尼特右旗公安局交警大队
武建平	2011	全区科技强警示范建设先进个人	自治区公安厅	乌日根塔拉镇派出所
秦继啸	2011	全区科技强警示范建设先进个人	自治区公安厅	苏尼特右旗公安局刑警大队
刘海江	2011	全区科技强警示范建设先进个人	自治区公安厅	苏尼特右旗公安局刑警大队
呼　春	2011	全区科技强警示范建设先进个人	自治区公安厅	苏尼特右旗公安局刑警大队
额尔德木布日德	2011	全区科技强警示范建设先进个人	自治区公安厅	苏尼特右旗公安局刑警大队
玛拉钦夫	2011	全区科技强警示范建设先进个人	自治区公安厅	苏尼特右旗公安局刑警大队
张小玲	2011	全区科技强警示范建设先进个人	自治区公安厅	朱日和镇派出所

续表26-3-1

<table>
<tr><th>获得者姓名</th><th>授予时间</th><th>荣誉称号</th><th>授予机关</th><th>授予时所在单位</th></tr>
<tr><td>娜仁满都呼</td><td>2012</td><td>全国“孝亲敬老”之星</td><td>中共中央宣传部</td><td>额仁淖尔苏木</td></tr>
<tr><td>宝　德</td><td>2012</td><td>第二次地名普查工作先进个人</td><td>民政部</td><td>苏尼特右旗政协</td></tr>
<tr><td>巴特尔</td><td>2012</td><td>第二次地名普查工作先进个人</td><td>民政部</td><td>苏尼特右旗民政局</td></tr>
<tr><td>李素梅</td><td>2012</td><td>计划生育统计工作30年以上先进工作者</td><td>国家计划生育委员会</td><td>苏尼特右旗人口和计划生育局</td></tr>
<tr><td>白玉莲</td><td>2012</td><td>内蒙古自治区“五好文明家庭”</td><td>自治区党委宣传部</td><td>朱日和镇哈敦乌苏村</td></tr>
<tr><td>瑙敏格日勒</td><td>2012</td><td>全区“优秀巾帼”志愿者</td><td>自治区妇联</td><td>苏尼特右旗蒙医医院</td></tr>
<tr><td>图　雅</td><td>2012</td><td>全区民族团结进步模范个人</td><td>自治区民族宗教委员会</td><td>赛汉塔拉镇哈达呼舒嘎查</td></tr>
<tr><td>乌吉斯古冷</td><td>2012</td><td>全区广播电视技术能手竞赛一等奖</td><td>内蒙古广播电视厅</td><td>赛汉塔拉广播电视转播台</td></tr>
<tr><td rowspan="2">张志平</td><td rowspan="2">2012</td><td>全区广播电视技术维护先进个人</td><td>内蒙古广播电视厅</td><td>赛汉塔拉广播电视转播台</td></tr>
<tr><td>全区安全播出工作先进个人</td><td>内蒙古广播电视厅</td><td>赛汉塔拉广播电视转播台</td></tr>
<tr><td>张　彦</td><td>2012</td><td>全区广播电视技术能手竞赛一等奖</td><td>内蒙古广播电视厅</td><td>赛汉塔拉广播电视转播台</td></tr>
<tr><td>王金平</td><td>2012</td><td>全区道路交通安全工作先进个人</td><td>自治区公安厅</td><td>苏尼特右旗公安局交警大队</td></tr>
<tr><td rowspan="2">罗爱国</td><td>2012</td><td>全区社会治安集中打击整治“夏季攻势”专项行动先进个人</td><td>自治区公安厅</td><td rowspan="2">赛汉塔拉镇派出所</td></tr>
<tr><td>2013</td><td>全区公安机关加强和改进接处警工作专项行动先进个人</td><td>自治区公安厅</td></tr>
<tr><td>高志明</td><td>2012</td><td>“天宫一号”“神舟一号”对接任务安全保卫工作先进个人</td><td>自治区公安厅</td><td>苏尼特右旗公安局</td></tr>
<tr><td>冯　坚</td><td>2012</td><td>“天宫一号”“神舟一号”对接任务安全保卫工作先进个人</td><td>自治区公安厅</td><td>苏尼特右旗公安局治安大队</td></tr>
<tr><td>罗永霞</td><td>2012</td><td>全区吸毒人员动态管控工作先进个人</td><td>自治区公安厅</td><td>苏尼特右旗公安局禁毒大队</td></tr>
<tr><td>曲志国</td><td>2012</td><td>全区公安机关抗雪救灾先进个人</td><td>自治区公安厅</td><td>苏尼特右旗公安局交警大队</td></tr>
<tr><td>苏乙拉</td><td>2012</td><td>内蒙古边防委员会“边防工作先进个人”</td><td>内蒙古边防委员会</td><td>额仁淖尔边防派出所</td></tr>
<tr><td>斯琴图雅</td><td>2012</td><td>全区统计系统模范工作者</td><td>自治区统计厅</td><td>苏尼特右旗统计局</td></tr>
<tr><td>宝　德</td><td>2013</td><td>全区第二次全国地名普查先进个人</td><td>普查领导小组办公室</td><td>苏尼特右旗民政局</td></tr>
<tr><td>巴特尔</td><td>2013</td><td>全区第二次全国地名普查先进个人</td><td>普查领导小组办公室</td><td>苏尼特右旗民政局</td></tr>
<tr><td>赵进发</td><td>2013</td><td>京津风沙源治理工程先进个人</td><td>人社厅、发改委等五部门</td><td>苏尼特右旗发展和改革局</td></tr>
<tr><td>斯琴高娃</td><td>2013</td><td>全区城乡妇女岗位建功先进个人</td><td>自治区妇联</td><td>苏尼特右旗妇联</td></tr>
<tr><td>刘荣芳</td><td>2013</td><td>全区非公有制经济优秀个体工商户</td><td>自治区工商联</td><td>正大商务有限公司</td></tr>
<tr><td>王海军</td><td>2013</td><td>全区优秀人民警察</td><td>自治区公安厅</td><td>苏尼特右旗公安局治安大队</td></tr>
<tr><td>罗国英</td><td>2013</td><td>优秀建设者</td><td>自治区住建厅</td><td>苏尼特右旗保障性住房建设管理中心</td></tr>
<tr><td>张　磊</td><td>2014</td><td>全国安全生产监管监察系统先进个人</td><td>国家安全生产监督总局</td><td>苏尼特右旗安全监督管理局</td></tr>
<tr><td>额尔德木图</td><td>2014</td><td>中国骆驼产业发展突出贡献先进个人</td><td>中国畜牧业协会</td><td>苏尼特右旗畜牧局</td></tr>
<tr><td>额尔敦其其格</td><td>2014</td><td>全国百名“传承好家风的好妈好爸”</td><td>中共中央宣传部、中央文明办</td><td>乌日根塔拉镇</td></tr>
<tr><td>王永生</td><td>2014</td><td>全区农业综合开发宣传工作先进个人</td><td>自治区农牧业厅</td><td>苏尼特右旗财政局</td></tr>
</table>

续表26-3-1

获得者姓名	授予时间	荣誉称号	授予机关	授予时所在单位
张学军	2015	全国纺织产业转移园区建设突出贡献奖	中国纺织工业联合会	苏尼特右旗政府
其木德	2015	全国优秀护边员	公安部边防局	额仁淖尔苏木
孟克吉日嘎拉	2015	全区“服务基层、服务群众”先进个人	自治区宣传部	苏尼特右旗乌兰牧骑
阿拉坦敖都	2015	全区公安边防“优秀党务工作者”	内蒙古边防总队	额仁淖尔边防派出所
王文武	2015	全国第四届“夏青杯”朗诵大赛优秀奖	中央人民广播电台	苏尼特右旗文体广电局

2001—2015苏尼特右旗政法干警、驻军官兵获三等功以上奖励名录

表26-3-2

获得者姓名	授予时间	荣誉称号	奖励单位	授予时所在单位
贺希格陶克套	2001	二等功	自治区公安厅	苏尼特右旗公安局
巴雅尔孟都	2001	二等功	自治区公安厅	苏尼特右旗公安局
张　勇	2001	二等功	自治区公安厅	苏尼特右旗公安局
朝鲁孟	2001	二等功	自治区公安厅	苏尼特右旗公安局刑警队
王振海	2001	三等功	内蒙古边防总队	额仁淖尔苏木边防派出所
郭　静	2001	三等功	自治区森林公安局	苏尼特右旗森林公安局
永　红	2001	三等功	自治区森林公安局	苏尼特右旗森林公安局
季志春	2002	三等功	自治区森林公安局	苏尼特右旗森林公安局
李福生	2001	三等功	锡林郭勒盟公安局	苏尼特右旗公安局
李　锋	2001	三等功	锡林郭勒盟公安局	苏尼特右旗公安局法制股
郭万东	2001	三等功	锡林郭勒盟公安局	赛汉塔拉镇派出所
孟凡武	2001	三等功	锡林郭勒盟边防支队	苏尼特右旗公安边防大队
张　虎	2002	三等功	锡林郭勒盟公安局	苏尼特右旗公安局刑警大队
胡　勇	2002	三等功	锡林郭勒盟公安局	朱日和镇派出所
郭常在	2002	三等功	锡林郭勒盟公安局	苏尼特右旗公安局办公室
王金平	2002	三等功	锡林郭勒盟公安局	苏尼特右旗公安局交警大队
额尔登巴特尔	2002	三等功	内蒙古边防总队	苏尼特右旗公安边防大队
赵　鑫	2002	三等功	内蒙古边防总队	额仁淖尔苏木边防派出所
李慧敏	2003	二等功	自治区公安厅	苏尼特右旗交警大队
包麒麟	2003	三等功	锡林郭勒盟公安局	苏尼特右旗公安局法制股
贾歧俊	2003	三等功	锡林郭勒盟公安局	赛汉塔拉镇派出所
武建平	2003	三等功	锡林郭勒盟公安局	苏尼特右旗公安局刑警大队
锡　林	2004	二等功	国家林业局森林公安局	苏尼特右旗森林公安局
	2005	二等功	国家林业局森林公安局	
呼格吉勒图	2004	三等功	自治区森林公安局	苏尼特右旗森林公安局
	2015	三等功	自治区森林公安局	

续表26-3-2

获得者姓名	授予时间	荣誉称号	奖励单位	授予时所在单位
郭浩栋	2004	三等功	锡林郭勒盟边防支队	齐哈日格图边防工作站
崔志勇	2004	三等功	锡林郭勒盟边防支队	苏尼特右旗公安边防大队
铁　钢	2004	三等功	锡林郭勒盟边防支队	额仁淖尔苏木边防派出所
刘长城	2004	三等功	锡林郭勒盟边防支队	苏尼特右旗公安边防大队
赵立军	2005	三等功	内蒙古边防总队	苏尼特右旗公安边防大队
孙雁军	2005	三等功	锡林郭勒盟公安局	苏尼特右旗公安局科技办
王　勇	2005	三等功	锡林郭勒盟公安局	苏尼特右旗公安局刑警大队
王瑞君	2005	三等功	锡林郭勒盟公安局	苏尼特右旗公安局交警大队
韩　诚	2005	三等功	锡林郭勒盟公安局	苏尼特右旗公安局交警大队
格日勒	2005	三等功	锡林郭勒盟公安局	苏尼特右旗公安局交警大队
赵子君	2005	三等功	锡林郭勒盟公安局	苏尼特右旗公安局看守所
吴建军	2005	三等功	锡林郭勒盟中级人民法院	苏尼特右旗人民法院
刘海川	2005	三等功	锡林郭勒盟边防支队	苏尼特右旗公安边防大队
敖其尔	2005	三等功	锡林郭勒盟边防支队	苏尼特右旗公安边防大队
刘宝来	2005	三等功	锡林郭勒盟边防支队	齐哈日格图边防工作站
张　虎	2006	二等功	自治区公安厅	苏尼特右旗公安局刑警大队
刘润虎	2006	二等功	自治区公安厅	苏尼特右旗公安局刑警大队
朝鲁孟	2006	二等功	自治区公安厅	苏尼特右旗公安局刑警大队
张　勇	2006	三等功	锡林郭勒盟公安局	苏尼特右旗公安局
乌日根	2006	三等功	锡林郭勒盟公安局	苏尼特右旗公安局
王爱英	2006	三等功	锡林郭勒盟公安局	苏尼特右旗公安局国保大队
王建新	2006	三等功	锡林郭勒盟公安局	苏尼特右旗公安局国保大队
李　锋	2006	三等功	锡林郭勒盟公安局	苏尼特右旗公安局法制办公室
哈斯额尔德尼	2006	三等功（2次）	锡林郭勒盟公安局	苏尼特右旗公安局刑警大队
秦继啸	2006	三等功	锡林郭勒盟公安局	苏尼特右旗公安局刑警大队
王建刚	2006	三等功	锡林郭勒盟公安局	苏尼特右旗公安局刑警大队
王　文	2006	三等功	锡林郭勒盟公安局	苏尼特右旗公安局刑警大队
雷德民	2006	三等功	锡林郭勒盟公安局	苏尼特右旗公安局刑警大队
杨　华	2006	三等功	锡林郭勒盟公安局	苏尼特右旗公安局刑警大队
康玉柱	2006	三等功	锡林郭勒盟中级人民法院	苏尼特右旗人民法院
阿拉坦敖都	2006	三等功	锡林郭勒盟边防支队	额仁淖尔苏木边防派出所
宇文冲	2006	三等功	锡林郭勒盟边防支队	苏尼特右旗公安边防大队
塔　娜	2007	二等功	自治区人民检察院	苏尼特右旗检察院
包麒麟	2007	三等功	锡林郭勒盟公安局	朱日和镇派出所
马慧荣	2007	三等功	锡林郭勒盟公安局	苏尼特右旗公安局办证中心

续表26-3-2

获得者姓名	授予时间	荣誉称号	奖励单位	授予时所在单位
王瑞林	2007	三等功	锡林郭勒盟公安局	苏尼特右旗公安边防大队
赵格日勒图	2007	三等功	锡林郭勒盟边防支队	额仁淖尔苏木边防派出所
梁国华	2007	三等功	锡林郭勒盟边防支队	苏尼特右旗公安边防大队
王少东	2008	三等功	自治区森林公安局	苏尼特右旗森林公安局
	2013	三等功	自治区森林公安局	
江中国	2008	三等功	内蒙古边防总队	苏尼特右旗公安边防大队
王占权	2008	三等功	内蒙古边防总队	额仁淖尔苏木边防派出所
张　亮	2008	三等功	锡林郭勒盟公安局	赛汉塔拉镇派出所
张　勇	2008	三等功	锡林郭勒盟公安局	苏尼特右旗公安局
杨文有	2008	三等功	锡林郭勒盟公安局	苏尼特右旗公安局看守所
王海军	2008	三等功	锡林郭勒盟公安局	赛汉塔拉镇派出所
刘文魁	2008	三等功	锡林郭勒盟公安局	赛汉塔拉镇派出所
谢萨仁	2008	三等功	锡林郭勒盟公安局	苏尼特右旗公安局治安大队
贺其叶勒图	2008	三等功	锡林郭勒盟公安局	苏尼特右旗公安局治安大队
冯　坚	2008	三等功	锡林郭勒盟公安局	苏尼特右旗公安局治安大队
钟志强	2008	三等功	锡林郭勒盟公安局	苏尼特右旗公安局治安大队
盛　飞	2008	三等功	锡林郭勒盟公安局	赛汉塔拉镇派出所
张建国	2008	三等功	锡林郭勒盟公安局	苏尼特右旗公安局交警大队
贾歧俊	2008	三等功	锡林郭勒盟公安局	苏尼特右旗公安局交警大队
王瑞君	2008	三等功	锡林郭勒盟公安局	苏尼特右旗公安局交警大队
达布希拉图	2008	三等功	锡林郭勒盟公安局	苏尼特右旗公安局交警大队
韩　诚	2008	三等功	锡林郭勒盟公安局	苏尼特右旗公安局交警大队
张　亮	2008	三等功	锡林郭勒盟公安局	赛汉塔拉镇派出所
王　冰	2008	三等功	锡林郭勒盟边防支队	二连浩特机动队一分队
那顺布和	2008	三等功	锡林郭勒盟边防支队	二连浩特机动队一分队
单亦坤	2008	三等功	锡林郭勒盟边防支队	二连浩特机动队一分队
梁国华	2008	三等功	锡林郭勒盟边防支队	苏尼特右旗公安边防大队
胡其图	2009	三等功	锡林郭勒盟中级人民法院	苏尼特右旗人民法院
宋竹青	2009	三等功	锡林郭勒盟边防支队	苏尼特右旗公安边防大队
季洪伟	2009	三等功	锡林郭勒盟边防支队	苏尼特右旗公安边防大队
贺希格图	2010	三等功	内蒙古边防总队	额仁淖尔苏木边防派出所
呼日勒	2010	三等功	自治区森林公安局	苏尼特右旗森林公安局
罗丽芳	2010	三等功	锡林郭勒盟公安局	苏尼特右旗公安局政工监察室
冯　坚	2010	三等功	锡林郭勒盟公安局	苏尼特右旗公安局治安大队
王建刚	2010	三等功	锡林郭勒盟公安局	苏尼特右旗公安局刑警大队
刘润虎	2010	三等功	锡林郭勒盟公安局	苏尼特右旗公安局刑警大队

续表26-3-2

获得者姓名	授予时间	荣誉称号	奖励单位	授予时所在单位
盛 飞	2010	三等功	锡林郭勒盟公安局	赛汉塔拉镇派出所
梁 龙	2010	三等功	锡林郭勒盟公安局	苏尼特右旗公安局经侦大队
王 文	2010	三等功	锡林郭勒盟公安局	苏尼特右旗公安局禁毒大队
格日勒	2010	三等功	锡林郭勒盟公安局	苏尼特右旗公安局交警大队
杨志诚	2010	三等功	锡林郭勒盟公安局	苏尼特右旗公安局交警大队
宋玉虎	2010	三等功	锡林郭勒盟公安局	赛汉塔拉镇派出所
柴小宝	2010	三等功	锡林郭勒盟公安局	赛汉塔拉镇派出所
邢继军	2010	三等功	锡林郭勒盟公安局	赛汉塔拉镇派出所
郝建章	2010	三等功	锡林郭勒盟公安局	朱日和镇派出所
刘金亮	2010	三等功	锡林郭勒盟公安局	朱日和镇派出所
赵永清	2010	三等功	锡林郭勒盟中级人民法院	苏尼特右旗人民法院
闫 磊	2010	三等功	锡林郭勒盟边防支队	苏尼特右旗边防大队
刘丽媛	2011	二等功	自治区公安厅	苏尼特右旗公安局
图门扎力根	2011	三等功	自治区森林公安局	苏尼特右旗森林公安局
孟 琳	2011	三等功	锡林郭勒盟公安局	苏尼特右旗公安局政工监察室
杨立军	2011	三等功	锡林郭勒盟公安局	苏尼特右旗公安局科技办公室
贺其叶勒图	2011	三等功	锡林郭勒盟公安局	苏尼特右旗公安局治安大队
玛拉沁夫	2011	三等功	锡林郭勒盟公安局	苏尼特右旗公安局刑警大队
胡 勇	2011	三等功	锡林郭勒盟公安局	苏尼特右旗公安局禁毒大队
孙 健	2011	三等功	锡林郭勒盟公安局	苏尼特右旗公安局交警大队
巴雅尔	2011	三等功	锡林郭勒盟公安局	赛汉塔拉镇派出所
温 佳	2011	三等功	锡林郭勒盟边防支队	苏尼特右旗公安边防大队
艾长凯	2011	三等功	锡林郭勒盟边防支队	额仁淖尔苏木边防派出所
王 刚	2012	三等功	自治区森林公安局	苏尼特右旗森林公安局
钟力鸣	2012	三等功	内蒙古边防总队	额仁淖尔苏木边防派出所
秦继啸	2012	三等功（2次）	锡林郭勒盟公安局	苏尼特右旗公安局刑警大队
玛拉沁夫	2012	三等功（2次）	锡林郭勒盟公安局	苏尼特右旗公安局刑警大队
曲志国	2012	三等功	锡林郭勒盟公安局	苏尼特右旗公安局交警大队
斯日古楞	2012	三等功	锡林郭勒盟公安局	苏尼特右旗公安局交警大队
巴特尔朝克图	2012	三等功	锡林郭勒盟公安局	苏尼特右旗公安局交警大队
刘丽媛	2012	三等功	锡林郭勒盟公安局	苏尼特右旗公安局
杨 华	2012	三等功	锡林郭勒盟公安局	苏尼特右旗公安局刑警大队
呼 春	2012	三等功	锡林郭勒盟公安局	苏尼特右旗公安局刑警大队
布日德	2012	三等功	锡林郭勒盟公安局	苏尼特右旗公安局刑警大队
查日苏	2012	三等功	锡林郭勒盟公安局	苏尼特右旗公安局刑警大队
冯 坚	2012	三等功	锡林郭勒盟公安局	苏尼特右旗公安局治安大队

续表26-3-2

获得者姓名	授予时间	荣誉称号	奖励单位	授予时所在单位
罗爱国	2012	三等功	锡林郭勒盟公安局	赛汉塔拉镇派出所
邢继军	2012	三等功	锡林郭勒盟公安局	赛汉塔拉镇派出所
苏义拉巴特尔	2012	三等功	锡林郭勒盟中级人民法院	苏尼特右旗人民法院
呼日勒	2013	三等功	自治区森林公安局	苏尼特右旗森林公安局
娜仁其木格	2013	三等功	自治区森林公安局	苏尼特右旗森林公安局
哈斯额尔德尼	2013	三等功	锡林郭勒盟公安局	苏尼特右旗公安局
张艳斌	2013	三等功	锡林郭勒盟公安局	苏尼特右旗公安局刑警大队
杨子龙	2013	三等功	锡林郭勒盟公安局	苏尼特右旗公安局治安大队
于军良	2013	三等功	锡林郭勒盟公安局	桑宝拉格苏木派出所
王建刚	2013	三等功	锡林郭勒盟公安局	赛罕乌力吉苏木派出所
达布希拉图	2013	三等功	锡林郭勒盟公安局	朱日和镇派出所
杜贵斌	2013	三等功	锡林郭勒盟公安局	赛汉塔拉镇派出所
钟志强	2013	三等功	锡林郭勒盟公安局	苏尼特右旗出入境管理大队
曹建国	2013	三等功	锡林郭勒盟公安局	苏尼特右旗公安局国保大队
巴雅尔	2013	三等功	锡林郭勒盟公安局	赛汉塔拉镇派出所
赵利民	2013	三等功	锡林郭勒盟公安局	苏尼特右旗公安局治安大队
徐志文	2013	三等功	锡林郭勒盟公安局	苏尼特右旗公安局信通大队
杨　原	2013	三等功	锡林郭勒盟公安局	苏尼特右旗公安局交警大队
贾文军	2013	三等功	锡林郭勒盟公安局	苏尼特右旗公安局交警大队
谯守全	2013	三等功	锡林郭勒盟公安局	苏尼特右旗公安局交警大队
王建生	2013	三等功	锡林郭勒盟公安局	苏尼特右旗公安局交警大队
郭　玉	2014	三等功	自治区森林公安局	苏尼特右旗森林公安局
安　利	2014	三等功	自治区森林公安局	苏尼特右旗森林公安局
白玉泉	2014	三等功	内蒙古边防总队	苏尼特右旗边防大队
朱瑞琪	2014	三等功	锡林郭勒盟中级人民法院	苏尼特右旗人民法院
王　鹏	2014	三等功	锡林郭勒盟边防支队	苏尼特右旗边防大队
金　铿	2015	三等功	内蒙古边防总队	额仁淖尔苏木边防派出所
赵千红	2015	三等功	自治区森林公安局	苏尼特右旗森林公安局
查日苏	2015	三等功	锡林郭勒盟公安局	苏尼特右旗公安局刑警大队
熊建军	2015	三等功	锡林郭勒盟公安局	赛汉塔拉镇派出所
鲁　东	2015	三等功	锡林郭勒盟公安局	苏尼特右旗公安局交警大队
布日德	2015	三等功	锡林郭勒盟公安局	苏尼特右旗公安局刑警大队
阿斯汗	2015	三等功	锡林郭勒盟公安局	苏尼特右旗公安局刑警大队
曲志国	2015	三等功	锡林郭勒盟公安局	苏尼特右旗公安局交警大队
巴特尔朝克图	2015	三等功	锡林郭勒盟公安局	苏尼特右旗公安局交警大队
郭伍才	2015	三等功	锡林郭勒盟公安局	苏尼特右旗公安局交警大队

续表26-3-2

获得者姓名	授予时间	荣誉称号	奖励单位	授予时所在单位
王建生	2015	三等功	锡林郭勒盟公安局	苏尼特右旗公安局交警大队
霍　磊	2015	三等功	锡林郭勒盟公安局	苏尼特右旗公安局交警大队
陈继云	2015	三等功	锡林郭勒盟公安局	苏尼特右旗公安局政工督察室
照日格图	2015	三等功	锡林郭勒盟公安局	苏尼特右旗公安局国保大队
张艳斌	2015	三等功	锡林郭勒盟公安局	苏尼特右旗公安局刑警大队
布日德	2015	三等功	锡林郭勒盟公安局	苏尼特右旗公安局刑警大队
吕　强	2015	三等功	锡林郭勒盟公安局	苏尼特右旗公安局刑警大队
郝光明	2015	三等功	锡林郭勒盟公安局	苏尼特右旗公安局看守所
李　锋	2015	三等功	锡林郭勒盟公安局	苏尼特右旗公安局
谢萨仁	2015	三等功	锡林郭勒盟公安局	苏尼特右旗公安局出入境管理大队
贺海龙	2015	三等功	锡林郭勒盟中级人民法院	苏尼特右旗人民法院
孙　锐	2015	三等功	锡林郭勒盟边防支队	额仁淖尔苏木边防派出所

附　录

一、　文献资料

中共苏尼特右旗委员会文件

苏右党发〔2013〕18 号

关于印发《中共苏尼特右旗委员会工作规则》的通知

各苏木镇党委，旗直各党委（党组）、总支、支部，各垂直管理单位党支部：

经旗委研究决定，现将《中共苏尼特右旗委员会工作规则》印发给你们，请各地、各部门按照要求认真贯彻执行。

中共苏尼特右旗委员会

2013 年 5 月 23 日

中共苏尼特右旗委员会工作规则

为全面贯彻落实中共十八大精神，进一步提高旗委工作科学化、民主化和制度化水平，根据《中共锡林郭勒盟委员会工作规则》（锡党发〔2013〕1 号）、中共十八大关于《党章》修正案和中央关于改进工作作风、密切联系群众的精神，制定本规则。

一、主要职责

旗委领导全旗工作，贯彻执行上级党委的各项决策、部署和指示，定期向盟委报告工作。其职责是：

（一）制定贯彻上级重大决策部署和重要会议、指示精神的具体措施，并督促检查落实情况。

（二）对全旗经济建设、政治建设、文化建设、社会建设、生态文明建设和党的建设及其他涉及全局性重大事项作出决策和部署，并对政策实施中出现的重要情况、问题进行研究解决。

（三）组织国家机关、人民团体、经济组织、文化组织和其他群众组织主动、独立、负责地开展工作。

（四）按照干部管理权限和规定程序，负责选拔、任用、教育、监督和管理干部。

（五）听取和审议旗委常委的述职述廉报告，对旗委常委的工作进行监督和评议。

（六）审议以旗委名义上报的重要报告、请示和重要讲话、文章，以及向所属党组织发布的重要文件。

（七）对必须由旗委研究的其他重要问题作出决定。

二、工作原则

（一）坚持马克思列宁主义、毛泽东思想，以邓小平理论、“三个代表”重要思想和科学发展观作为行动指南。

（二）坚持解放思想、实事求是、结合实际贯彻党的路线、方针、政策和自治区党委以及盟委的决策、部署、指示。

（三）坚持立党为公、执政为民、改进工作作风，密切联系群众，实现好、维护好、发展好全旗各族人民群众的根本利益。

（四）坚持理论联系实际，用马克思主义中国化的最新理论成果武装头脑、指导实践、推动工作。

（五）坚持总揽全局、协调各方，发挥领导全旗各项事业发展的核心作用。

（六）坚持民主集中制，实行集体领导和个人分工负责相结合的组织制度。

（七）坚持党务公开，及时向下级党组织和党员通报旗委有关决定、决议，以适当方式向社会公开。

（八）坚持在宪法和法律规定的范围内活动，严格按照党的章程和党内规定行事。

三、组织原则

（一）旗委及各常委必须坚持民主集中制，凡属旗委职责范围内决定的事项，均按照“集体领导、民主集中、个别酝酿、会议决定”和“少数服从多数”的原则，由集体讨论决定，个人和少数人不能作出决定。各常委必须坚决执行旗委的决定，如有不同意见，在坚决执行的前提下，可以保留个人意见，也可以向上级组织报告。在旗委没有重新作出决定前，不得有任何违背旗委决定的言行。

（二）旗委书记主持旗委全面工作，对旗委工作负主要责任，负责组织旗委活动和旗委重要工作的调度。任政府正职的副书记负责政府全面工作，抓好政府党组工作。专职副书记根据职责分工和书记委托，负责有关工作。旗委常委根据分工分别负责一个方面或几个方面的工作。旗委常委、党办主任负责旗委政务事务的具体运转和协调。

（三）旗委应保证下级组织能够正常行使职权，支持下级组织积极主动、创造性地开展工作。作出同下级组织有关的决定，应征求下级的意见。需要下级组织了解的重要情况和问题，应及时向下级组织通报。

（四）旗委每年向盟委作一次全面工作情况报告。执行中央、自治区党委和盟委重要决定的情况应作专题报告。遇有突发性重大问题应及时报告。

（五）旗委书记、副书记、常委之间应加强经常性沟通协调。书记每年至少与副书记、常委进行一次谈心交流，听一次副书记、常委分管工作汇报，遇有重要情况随时交换意见。可通过召开专题会议等方式，交流、通报重要政策制定、决策执行等情况。可采取通报、列席会议等方式，加强与旗人大党组、政府党组、政协党组等方面的沟通。

（六）旗委书记、副书记、常委参加会议、调查研究、检查工作或其他活动时发表指导工作的意见，须符合上级党委和旗委精神。常委代表旗委发表讲话和文章，个人发表涉及重大敏感问题的讲话和文章，须报旗委批准。

四、议事和决策

（一）旗委（扩大）会议

旗委（扩大）会议由书记根据工作需要决定召开，也可由书记委托副书记主持召开，应有半数以上常委到会方能举行。根据会议议题并视内容确定列席人员。

1. 总结年度或阶段性工作，研究部署一个时期全旗经济社会发展和党的建设的思路、目标任务、重点工作。原则上每年召开 1 至 2 次。

2. 研究部署全旗经济建设、政治建设、文化建设、社会建设、生态文明建设和党的建设等方面的具体事项。根据工作需要可随时召开。

（二）旗委全委会议由旗委书记召集并主持，由书记、副书记、各常委和其他委员参加。书记不能参加会议时，可委托副书记召集并主持。旗委全委议会不定期召开，根据工作需要确定有关人员列席会议。

1. 旗委全委会必须有半数以上委员到会方可举行，讨论干部任免事项等重大问题必须有三分之二以上委员到会。

2. 对旗委委员、候补委员作出撤销党内外职务、留党察看或开除党籍的处分决定，必须有旗委全委会三分之二以上委员同意，并报经盟委批准。在特殊情况下，可先由旗委常委会作出处理决定，待召开旗委全委会时予以确认。

3. 旗委委员、候补委员因故不能出席会议时，会前要向旗委常委会请假，如有在会上发表的意见，包括对会议讨论事项的意见或建议可用书面形式送达。

4. 听取和审议常委会工作报告，监督和评议旗委常委会及其成员的工作。

5. 决定召开旗党代表大会，并向大会报告工作。

6. 选举旗委常务委员会委员、书记、副书记，通过旗纪律检查委员会常务委员会委员、书记、副书记，按《党章》规定通过由旗委候补委员递补旗委委员的出缺，并报盟委批准或备案。

7. 按照干部管理权限，讨论决定苏木镇党政正职拟任人选和推荐人选。

8. 对旗委常委会提出决定的问题或必须由旗委全委会决定的其他重要问题作出决定。

9. 按照《党章》规定由全委会讨论决定的其他事项。

（三）旗委常委会议

旗委常委会议由旗委书记召集并主持，由书记、副书记和各常委参加。书记不能参加会议时，可委托副书记召集并主持。旗委常委会议原则上每两月召开 1 次，遇有重要情况可随时召开。根据工作需要确定有关人员列席会议。

1. 旗委常委会议议事决策范围：组织传达学习党的路线、方针、政策和中央、自治区党委和盟委领导的重要指示，制定贯彻意见；研究涉及全旗经济建设、政治建设、文化建设、社会建设、生态文明建设和党的建设等方面的重要事项；研究审议全旗经济社会发展规划、计划和财政预算的建议，重大工程和重要项目安排、大额度资金使用，重要民生问题和社会稳定事项；研究讨论应对重大突发事件和紧急情况的处置意见；研究决定科级领导干部选拔任免、盟管干部的推荐意见、旗管干部违纪问题的处理；研究旗直单位党委（党组）和苏木镇党委请示的重要问题；审议以旗委名义上报的重要报告、请示和发布的重要文件。

2. 旗委常委会议议题，由旗委书记根据有关规定和工作需要，在听取常委意见的基础上确定。涉及旗委常委会议议事决策范围的事项，常委应及时提交报告。旗人大、政府、政协和人民法院、检察院党组以及各苏木镇各部门党委（党组）提请旗委常委会议审议的议题，由旗委办公室汇总，办公室主任把关并提出安排建议，报书记审定。

3. 旗委常委会议召开的时间、议题，一般应在会议召开 1 天前通知到各常委及列席会议人员，有关材料一般应同时送达，因特殊情况不能或不宜提前送达的，可在会场分发。

4. 旗委常委会议必须有半数以上常委到会方能举行。讨论干部问题时，应有三分之二以上常委到会方能举行。常委因故不能参加会议，应履行书面请假手续，报书记批准，其意见可用书面形式表达。

5. 旗委常委会议讨论决定重要事项之前，应当充分酝酿。提交旗委常委会议审议的重要事项，可先由书记和副书记、有关常委进行酝酿，也可由书记委托副书记、有关常委进行酝酿。

6. 旗委常委会议制定重要政策措施、决定重大事项前，应充分听取各方面的意见，科学、民主、依法决策。凡提交旗委常委会议审议的议题，提交部门应事先做好调查研究、分析论证和沟通协调，重大议题应广泛征求意见，特别是直接关系群众切身利益且涉及面广、容易引发社会矛盾问题的重大事项，应提前开展社会稳定风险评估。

7. 涉及干部人事任免事项，应按照《党政领导干部选拔任用工作条例》，在民主推荐、考察的基础上，经书记与副书记、分管组织、纪检工作的常委共同酝酿后向旗委常委会议提名。

8. 旗委常委会议讨论决定重要事项应充分发扬民主会议表决可根据内容不同，分别采取口头、举手或投票方式进行，赞成票超过应到会常委人数的半数为通过，未到会常委的书面意见不能计入票数。会议决定多个事项的，应逐项表决。表决的结果应做好记录，由会议主持人当场宣布。对于意见分歧较大的议题，除紧急事项外，应当暂缓作出决定；在特殊情况下，可将争论情况向盟委报告，请求裁决。

9. 旗委常委会议作出的决策，各常委必须带头执行，按照分工分别负责组织实施，书记对组织实施工作负总责。旗委常委会议决定的事项，由旗委有关部门负责工作落实情况的督查，旗委办公室主任负责旗委督查工作。决策执行和工作进展情况，应及时向书记、副书记和常委报告，并在一定范围内通报。对决策进行重大调整或变更，由旗委常委会议决定。

10. 旗委常委会议进行过程中，一般不临时变动议题。如有特殊情况必须临时变动议题的，原则上不作决定或决议。遇有重大突发事件和紧急情况，来不及召开旗委常委会议的，书记、副书记或常委可临机处置，事后应迅速向旗委报告。

11. 旗委常委会议应有专人记录，决定事项可根据需要编发会议纪要，经旗委办公室主任审核后由书记签发，或由书记委托副书记、旗委办公室主任签发。旗委常委会作出的决定，需传达的及时在规定范围内传达，需公布（公示）的及时在媒体公布（公示）。

12. 旗委常委会议参会人员对于会议讨论决定的事项，未经批准传达和公布的，必须严守秘密，不得泄露。未经允许不得将秘密文件或要求留在会场的材料带走。借阅、复制旗委会议记录或录音录像，须经旗委办公室主任提出意见，报书记批准。

（四）其他会议

经书记、副书记提议，可不定期召开党政联席会议，研究重大问题决策、重大项目安排、大额资金使用等重要工作；传达学习上级党委、政府重要会议和指示精神，研究贯彻意见；政府研究确定需要提交的其他议题。可不定期召开人大代表、政协委员情况通报会和党外人士、老干部座谈会等，通报全旗经济社会发展情况和其他重要工作情况，征询改进和加强工作意见建议。

五、公文处理和公务活动

（一）来文处理

1. 各常委要严格执行《党政机关公文处理工作条例》，规范、准确、高效、安全的处理公文，最大限度缩短公文运转时间，做好涉密文件保密工作。一般不得积压公文，紧急公文要急事急办、特事特办，一般性公文在 1 天内阅完退回。

2. 各常委要认真研习上级来文，确定专人负责上级文件的接收、登记、承办、管理、清退、上交工作。需要制定实施意见的，应结合实际工作提出具体落实措施，送书记或副书记阅批后，由旗委办公室或有关部门按指示办理。其中，密码电报、密传电报和重要绝密件等，按保密规定传阅办理。

3. 各地各部门报旗委的请示性公文，由旗委办公室提出拟办意见，送分管常委或副书记、书记审批，重要事项提请旗委常委会议讨论决定。旗委办公室或有关部门根据领导批示或会议决议，一般在 5 个工作日内批复请示单位。各地各部门报旗委的报告，一般送分管常委、旗委办公室主任阅批，重要事项的报送书记、副书记阅批。

4. 各地各部门报旗委的文件由旗委办公室负责签收、登记、承办。旗委（包括办公室）不受理以下级机关负责人个人名义报送的公文，不受理下级机关和个人报送旗委领导同志个人的公文。

5. 各常委以个人名义向旗委书记请示、报告工作，可使用旗委“便函”形式运转，除特殊问题或特殊情况外，一般应交由旗委办公室按程序办理。

（二）发文审批

1. 以旗委名义上报盟委、行署的重要公文，原则上由旗委常委会议讨论通过，由书记审签。

2. 以旗委名义下发的涉及全局工作的重要规范性公文，原则上由旗委常委会议讨论通过，由书记审签，或由书记授权副书记、党委办公室主任审签。

3. 旗委常委各部门报请旗委印发或转发文件，应对文件制定意图、起草及征求意见情况、主要内容等作出说明，至少预留5个工作日的办理时间，按程序报旗委办公室审核办理。需以旗委名义印发的公文，由旗委办公室主任和副书记或书记审签；需以旗委办公室名义印发的公文，由分管常委和旗委办公室主任审签。印发书记、副书记和常委讲话，由本人审签。

4. 减少党政联合发文，属于旗委职责范围内的工作，由旗委发文；属于政府职责范围内的工作，由政府发文。严格控制升格发文，由旗委各部门发文或部门联合发文能够解决的，不以旗委名义发文。

（三）公务活动书记、副书记和常委的公务活动按工作需要从严掌握，尽量减少不必要的应酬性活动，把更多的精力用于抓落实上。

1. 需要书记、副书记和常委参加的全旗性重大会议、活动等，由旗委办公室统一安排并通知。其中，涉外活动由旗外事办拟定工作计划，报旗委办公室，由旗委办公室送参加领导审定。

2. 除旗委统一安排的重大活动外，各常委参加各类剪彩、奠基、庆祝会、纪念会等活动的，举办单位应报旗委办公室，经旗委办公室主任协调，报书记审批，一般由1名常委参加。未经批准，常委不得参加活动，不得在活动中挂名，不发贺信、贺电，不题词、题字。严禁参加可能影响公正执行公务或用公款支付的高消费活动。

3. 各常委外出参加会议、培训、考察、招商引资等活动，事先向书记报告，书记不在时向主持工作的副书记报告。各常委组织赴外地考察和招商引资，应目的明确、严格控制随行人数，活动结束后形成专题报告，报旗委办公室送书记、副书记审阅。

4. 各常委下基层调研、指导工作，要主题明确，注重实效，轻车简从、减少陪同、简化接待。下基层发现的重要问题及意见建议，及时向旗委报告。

5. 各常委要带头执行上级和旗委关于因公出国（境）的各项规定，禁止一般性考察和重复考察。严格控制出国（境）人数和国（境）外停留时间，严格遵守外事纪律和保密规定。常委带团出访的团组应在回国后1个月内向旗委和盟委外事工作领导小组报送出访总结，填报《出国（境）访问成果表》。

6. 各常委参加会议活动和下基层调研的新闻报道，从严控制字数和时长。旗委召开重要会议、举办重大活动和处理重大事故、抢险救灾等重大专项工作，由旗委宣传部统一安排新闻媒体报道。

六、自身建设

按照上级有关要求，从思想、作风、制度和反腐倡廉等方面入手，不断加强自身建设，进一步提高领导水平和执政能力，把班子建设成为求真务实、开拓创新、勤政廉政、团结奋进的坚强领导集体。

（一）坚持旗委委员、旗委中心组学习制度

1. 旗委委员、中心组学习要坚持自学和集中学习相结合，保证集体学习研讨的时间和质量。集中学习每季度不少于1次，每次主题要明确，重点解决问题，可视需要邀请专家、学者授课。学习内容经书记审定后，提前告知中心组成员。

2。旗委委员、中心组学习要坚持理论与实践相结合，注重紧密联系工作实际，联系改革发展稳定中出现的新情况新问题，联系当前面临的新形势新任务，做到学以致用，用最新理论指导实践、推动工作。

3. 除特殊情况外，旗委委员、中心组集中学习不准请假，确需请假的应履行书面请假手续。旗委委员、中心组成员在集中学习和自学时，应做好学习笔记，并结合工作实际，每年至少撰写1篇调研报告或学习体会。

（二）加强领导班子作风建设

1. 加大对旗委领导班子和旗委其他委员党风廉政建设和反腐败工作力度，对“三重一大”、惩治和预防腐败体系建设等工作进行年终考核，发挥好旗委书记“第一责任人”作用，模范带头履行职责，为班子成员做出表率。

2. 加强制度建设，以严格的制度促进优良作风的形成。各常委要按照旗委要求，积极推行本部门各项工作的精细化管理，制定具体实施方案，健全各项规章制度，建立精细化管理的长效机制。要以身作则，带头执行制度，以高度的政治责任心，严把本部门各项工作的关口，确保上级党委和旗委的各项决策部署落到实处。

3. 经常深入基层、深入群众，多沉下身子研究问题。坚持基层工作联系点制度，各常委下基层指导工作和调研的时间每年不少于2个月，及时发现经济社会发展中可能出现的新情况新问题，结合上级部署和工作实际，深入分析研究解决问题的思路和办法，为旗委决策提供更多建设性的意见。

4. 各常委要参加双重组织生活。旗委班子每年至少召开1次民主生活会，围绕盟纪委、组织部和旗委确定的主题，结合实际查找问题、分析原因，深入开展批评与自我批评。同时，按规定以普通党员的身份参加所在党支部的组织生活。

5. 各常委要带头改进文风会风。严把本部门和分管领域的文件审签关口，规范发文格式、程序，压减发文数量、篇幅。进一步加快信息化建设，逐步实现文件简报网络传输和网上办理。要减少各类会议活动，以旗委名义召开的全旗性会议和举行的重大活动，由旗委办公室审核把关，报书记或副书记审批。旗委各部门召开的全旗性会议每年不超过1次，时间不超过半天，事先须向旗委办公室报批，一般由1位分管领导同志参加；召开的一般性会议，旗委领导同志原则上不参加。要控制会议规模，只安排与会议内容密切相关的部门参加，除有旗委主要领导同志到会讲话外，不安排苏木镇党委主要负责同志参加。要提高会议实效，带头开短会、讲短话，不讲空话、套话。要严格执行会议用餐、食宿标准，严禁组织高消费娱乐、健身活动，严禁以任何名义发放纪念品。会场布置要简朴，不摆放花草。

6. 各常委要带头执行上级关于公车配备使用管理的各项规定，不超标超编配备公车，不公车私用。对于到期应该更新车辆和干部调整需新配车辆，先由内部调剂使用，确需新购的按上级规定标准配备。

7. 各常委要大力弘扬艰苦奋斗的优良作风，厉行勤俭节约，反对铺张浪费。严格执行公务接待制度，严格落实各项节约措施，坚决杜绝公款浪费现象。

（三）加强领导班子内部监督

1. 严格执行党内监督条例和廉政准则，积极配合上级纪检部门的工作，自觉接受上级党委监督。

2. 旗委书记严格履行党风廉政建设责任制第一责任人的职责，加强对班子成员的组织监督，自觉接受其他成员的监督。班子成员之间要互相提醒、互相监督。

3. 充分发挥旗纪委的监督作用。旗委认真听取旗纪委关于全旗党风廉政建设和反腐败工作的意见，自觉接受旗纪委对旗委班子及成员的监督。

4. 进一步拓宽下级党组织、党员、群众监督旗委常委的渠道，旗委及各常委工作情况，按规定及时公开。旗委班子成员每年参加所在党支部民主评议党员活动，主动接受党员、群众、舆论的监督。

5. 旗委和旗纪委加强对下级党委及其成员的监督，健全对下级党委委员的经常性考察和定期考核机制，认真落实诫勉谈话和函询等制度。

中共苏尼特右旗委办公室
2013 年 5 月 23 日印发

中共苏尼特右旗委员会文件

苏右党办发〔2013〕18 号

关于印发《关于在全旗农村牧区开展“红色堡垒户”“党员中心户”“家庭牧场小康示范户”评选创建活动的实施方案》的通知

各苏木镇党委：

《关于在全旗农村牧区开展“红色堡垒户”“党员中心户”和“家庭牧场小康示范户”评选创建活动的实施方案》已经旗委研究同意，现印发给你们，请遵照执行。

中共苏尼特右旗委办公室
2013 年 8 月 8 日

关于在全旗农村牧区开展“红色堡垒户”“党员中心户”“家庭牧场小康示范户”评选创建活动的实施方案

为贯彻落实自治区“8337”发展思路关于“把内蒙古建成祖国北疆安全稳定屏障”的要求，增强基层党建工作的活力和水平，经旗委同意，决定延伸拓展党的工作领域，在全旗农村牧区开展“红色堡垒户”“党员中心户”和“家庭牧场小康示范户”（以下简称“三户”）评选创建活动，具体实施方案如下。

一、工作目标

立足全旗地处边境和农牧民居住分散的实际，通过在农村牧区开展“红色堡垒户”“党员中心户”和“家庭牧场小康示范户”评选创建活动，选树培育一批能力素质高、模范作用好、奉献意识强、群众满意度高，在防边固边安边稳边、联系群众服务群众、示范带动群众致富等方面能发挥作用的农牧民党员、群众，着力推动农村牧区经济发展、社会和谐、民族团结和边疆稳定。

二、主要任务

（一）全旗整体创建任务

2013 年在全旗农村牧区启动“三户”创建活动，第一批评选 40 户“红色堡垒户”、150 户“党员中心户”、100 户“家庭牧场小康示范户”，作为“三户”创建活动试点户。以后根据“三户”作用发挥情况和创建活动开展情况，逐年扩大“三户”创建数量。旗、苏木镇、嘎查村三级党组织联动联抓，建立完善“三户”的培育扶持、督促指导、考核验收、示范引导等长效工作机制，规范“三户”创建活动，调动广大农牧民党员、群众参与到农村牧区发展、社会和谐、民族团结和边疆稳定等重大工作当中来。

（二）“三户”具体的职责任务

“红色堡垒户”要履行以下四项职责任务：

一是拥军爱军。支持配合边防驻军和边防武警的工作，动员周边牧民参加边防党校集中授课、联合巡边等军民共建活动，充当边境地区军民共建的联络员。

二是防边守边。要及时上报本浩特及周边地区出现的可疑人群和异常事件，防范偷越国境事件和境外敌对势力渗透，充当边境地区防边守边的桥头堡。

三是自防自控。要担任治安联防队员，协助嘎查治保会做好浩特内治安防控工作，防范本浩特及周边地区治安、刑事案件的发生，充当边境地区联防联控的支撑点。

四是安边稳边。对周边牧民经常性开展民族团结教育，排查、调处上报牧民间各类矛盾纠纷，充当边境地区和谐稳定的助推器。

“党员中心户”要履行以下四项职责任务：

一是联系群众。要按照“集中连片、居住相邻、易于集中”原则，牵头组建党小组，联系 35 个浩特农牧民，每年上门走访群众不少于 12 次。

二是服务群众。为农牧民群众代办委托事项，组织农牧民之间开展互帮互助等活动，每年解决农牧民生产生活中的难题不少于 10 件。

三是宣传政策。宣传党的路线、方针、政策和国家的惠农惠牧政策，传达上级党委、政府决策部署，每年开展学习活动不少于 12 次。

四是收集民意。掌握群众反映的问题和要求，及时将群众的意愿向上级部门进行反馈，每年收集党员群众的意见或建议不少于 10 条。

“家庭牧场小康示范户”要履行以下四项职责任务：

一是传授经验。为农牧民提供产业项目技术指导、市场需求信息，将自己掌握的科学种植、养殖等技术和生产经验无偿传授给周边群众，帮助农牧民科学理财。

二是服务指导。充分利用自己的技术、管理、资金优势，帮助群众谋划发展思路、找增收门路、抓致富财路，拓宽致富增收渠道，指导农牧民立足实际发展生产，脱贫致富。

三是示范引领。认真总结自己的致富经验，主动向群众讲解传授，示范带动周边农牧民共同致富增收，起到家庭农牧场示范引领和农牧业科技示范户典型带动作用。实现从个人创业致富到带领群众共同创业致富的转变。

四是领富带富。通过诚实经营，不断扩大生产规模，增加经济效益，并通过发展牧业专业合作社等形式，组织农牧民共同闯市场，合力抵御经营风险。

三、评选命名

（一）评选范围、数量及条件

“红色堡垒户”从边境苏木牧民党员中评选，每个嘎查评选 5 户以上。评选对象应具备以下四个条件：

一是政治素质高，国防意识强，自觉维护军民团结、民族团结。

二是身体健康，有一定组织协调能力，在当地威望高，群众基础好。

三是拥有望远镜、电话、车辆等观察、报告设备。

四是热心参与防边固边安边稳边事业。

“党员中心户”从全旗农牧民党员中评选，每个嘎查村评选3户以上。评选对象应具备以下四个条件：

一是为民服务宗旨意识强，文化水平较高，熟知党的方针政策和上级惠农惠牧政策。

二是有一定组织协调能力，在当地威望高，群众基础好。

三是要有室内议事、活动场所，有通讯、交通工具，有电视、VCD或远程教育接收器等学习设备。

四是积极支持公共事业，热心参加公益活动。

“家庭牧场小康示范户”从全旗农牧民党员、群众中评选，每个嘎查村评选1户以上。评选对象应具备以下四个条件：

一是遵纪守法、诚实守信，家庭和睦、邻里和谐。

二是经济基础好，基础设施完备。符合《苏尼特右旗草原畜牧业家庭牧场建设标准》条件，并属于农牧业科技示范户。

三是通过畜种优化改良、稳定转移就业、发展牧人之家以及走种养结合道路、专业合作化道路等实现致富，能起到典型示范带动作用。

四是愿意带动群众共同致富。

（二）评选程序及完成时限

“三户”评选命名由旗委牵头抓总，旗委组织部、武装部、农牧业局分头组织，苏木镇党委、政府抓具体实施。

一是进行推荐。各嘎查村党支部按照“三户”评选范围、数量及条件，采取组织评选和群众推荐的办法，自下而上评选推荐“三户”初步人选，经本人同意后上报苏木镇党委、政府审核。“三户”创建对象可以交叉，但交叉比例不应超过40%推荐工作8月15日前完成。

二是审核上报。苏木镇党委、政府召开党政联席会议，认真征求包片领导意见，逐一审核后上报旗委组织部。审核上报工作8月20日前完成。

三是批准命名。旗委组织部对苏木镇党委、政府上报“三户”人选统一汇总后，转交旗相关部门批准命名，并颁发证书、牌匾。其中，“红色堡垒户”由武装部、旗委组织部批准命名，“党员中心户”由旗委组织部批准命名，“家庭牧场小康示范户”由旗农牧业局批准命名。批准命名工作8月25日前完成。

四、工作要求

（一）加强领导，强化管理

各苏木镇党委要把“三户”建设工作列入重要议事日程，成立“三户”建设领导机构，明确苏木镇党委书记、嘎查村党支部书记分别为第一责任人和直接责任人。要按照规定程序、条件及时限完成“三户”评选上报工作。要制定本地区创建实施方案，进一步明确“三户”的分布原则管理模式，细化“红色堡垒户”与边防驻军对接方式、“党员中心户”联系群众范围、“家庭牧场小康示范户”政治关怀等工作措施，建立“三户”扶持及工作台账，在政治待遇及科技培训、项目资金等方面对“三户”给予重点倾斜，促使“三户”切实发挥作用。

（二）搞好发动，形成共识

各苏木镇党委要运用多种形式，认真抓好宣传发动，使广大农村牧区党员干部充分认识开展“三户”建设活动的重要性和必要性，了解创建活动的工作要求和主要目标，自觉投身到活动中来。要充分发挥舆论导向作用，及时宣传报道“三户”活动的动态，大力弘扬先进典型，调动各个方面积极性，形成上下联动、互相配合、齐抓共管的工作格局。

（三）掌握情况，搞好督查

建立“三户”创建活动督查制度，由旗委组织部牵头组成“三户”活动督查组，对各苏木镇党委开展“三户”建设活动情况实行季度督查，半年检查，年底验收。在督促检查验收过程中，要注重总结创建活动经验，认真查找存在的问题，剖析原因，帮助整改，并将督查情况及时进行通报各苏木镇党委要切实加强日常督查指导，对工作力度不大的嘎查村党支部，要帮助他们提高认识，落实改进措施，必要时可对嘎查村“两委”责任人进行专项问责，促使他们自觉投入“三户”建设活动的行列中来。

（四）检查评比，兑现奖惩

旗委组织部将“三户”建设活动列为苏木镇党委年度考核的内容。各苏木镇党委负责做好对本苏木镇“三户”的统筹管理、考核验收和教育培训等工作。各嘎查村党支部每季度向苏木镇党委汇报“三户”工作开展情况，并结合“四议两公开”工作法，定期向牧民群众公布，接受群众监督。各苏木镇党委每年对“三户”开展一次考核验收，旗委两年举行一次评选奖励。同时对“三户”进行动态管理，对出现履行职责不到位、行为违法违纪或群众不满意等情况，苏木镇党委随时收回牌匾，取消其资格。

中共苏尼特右旗委办公室
2013 年 8 月 8 日印发

中共苏尼特右旗委员会
苏尼特右旗人民政府

苏右党发〔2010〕19 号

关于印发《关于促进残疾人事业发展的实施细则》的通知

各苏木镇党委、政府，旗委、政府各部门，各人民团体，各垂直管理部门：

现将我旗《关于促进残疾人事业发展的实施细则》印发给你们，请结合实际，认真贯彻落实。

中共苏尼特右旗旗委
苏尼特右旗人民政府
2009 年 6 月 30 日

关于促进残疾人事业发展的实施细则

中共中央、国务院 2008 年 3 月以（中发〔2008〕7 号）文下发了《关于促进残疾人事业发展的意见》，是中央在全面建设小康社会的关键时期对加快残疾人事业发展的重大部署，是指导新时期我国残疾人事业发展的行动纲领。自治区党委、政府和锡盟委、行署就贯彻落实中央 7 号文件精神分别下发了《关于促进残疾人事业发展的实施意见》（内党发）〔2009〕6 号）和《关于促进残疾人事业发展的实施办法》（锡党发〔2009〕6 号）。为贯彻落实中央、自治区、盟委文件精神，促进全旗残疾人事业全面发展，结合我旗实际提出如下实施细则。

一、正确认识残疾人事业发展的形势，明确目标任务

（一）全旗残疾人事业发展的形势。全旗现有各类残疾人1912人，涉及5731人家庭人口，旗委、政府历来高度重视发展残疾人事业，残疾人参与社会生活的环境和条件明显得到改善，残疾人事业不断发展进步。但是，全旗残疾人事业基础还比较薄弱，残疾人社会保障政策措施还不够完善，残疾人在基本生活、医疗卫生、康复、教育、就业、社会参与等方面还存在许多困难，总体生活状况与社会平均水平存在较大差距，加快残疾人事业发展已成为一项重要而紧迫的任务。

（二）发展残疾人事业的目标任务。促进我旗残疾人事业发展，必须高举中国特色社会主义思想伟大旗帜，以邓小平理论和“三个代表”重要思想为指导，深入贯彻落实科学发展观，紧紧围绕全面建设小康社会奋斗目标，以加强残疾人社会保障和公共服务体系建设为重点，以制定、完善和落实针对残疾人特殊困难和需求的专项社会保障政策措施为突破口，以加强农村牧区和城镇基层残疾人工作为切入点，从解决残疾人最关心、最直接、最现实的利益问题入手，开拓进取、扎实工作。到2020年，使残疾人事业与经济社会协调发展，残疾人生活状况得到根本改善，人人享有基本生活保障，人人享有基本医疗卫生和康复服务，人人享有安全的住房，残疾人儿童、少年人人享有九年义务教育，残疾人教育文化水平明显提高，就业更加充分，社会参与更加广泛，残疾人家庭普遍达到小康水平。

二、建立和完善社会保障体系，为残疾人基本生活提供稳定可靠的保障

（一）保障基本医疗卫生服务。落实好国家、自治区、盟委、行署关于残疾人医疗保障的有关补贴政策，制定实施符合我旗实际的有效办法。将残疾人纳入城镇职工、城镇居民基本医疗保险和新型农村牧区合作医疗范围，将贫困残疾人作为城镇医疗救助制度的重点救助对象。将白内障复明、精神病人服药、听力儿童助听器验配、残疾人辅助器具适配、康复训练等急需的基本医疗康复项目纳入农村牧区基本医疗和城镇居民医疗保险报销范围。农村牧区享受低保的残疾人参加新型农村牧区合作医疗、城镇居民中一、二、三级残疾人和享受低保的残疾人参加城镇居民基本医疗保险个人缴费部分，由政府从社会救助资金中足额代缴。重度残疾、一户多残、老残一体特殊困难家庭和重症残疾人患者超出报销封顶线个人承担部分，旗政府再给予20%的特殊救助。积极争取并实施中西部贫困儿童救治项目，对符合条件的贫困残疾人家庭的儿童在报销医疗费用的基础上，再给予一次性补助。对需要进行抢救性人工耳蜗制作治疗的儿童，财政、民政、卫生部门要实施集中救助。

（二）完善康复服务保障措施。制定我旗残疾人康复救助办法，对贫困残疾人康复训练、辅助器适配等基本康复需求给予补贴。完善残疾儿童抢救治疗和康复补贴政策，对智障、脑瘫、孤独症等符合条件的残疾儿童康复训练和辅助器具配置给予救助或补贴。加强对康复知识、康复理念宣传，大力推行康复进社区、服务到家庭活动，全面抓好康复示范社区建设，使其真正发挥作用。争取建立我旗康复中心，社区卫生服务中心、苏木镇卫生院都要设立残疾人康复场所，嘎查村卫生室也要根据实际情况，设立残疾人康复场所，开展康复服务。进一步加大对残疾人康复事业的投入，按覆盖人口每人不少于1元的标准落实我旗残疾人康复经费，列入财政预算管理，并随着经济发展逐步提高。旗财政每年拿出一部分资金，采取以奖代投办法对开展残疾人康复工作较好的地区予以支持。

（三）保障残疾人基本生活。按照重点保障和特别扶助、一般性制度安排和专项制度安排相结合的原则，将残疾人作为重点对象纳入城镇社会救助、社会保险和社会福利体系保障中，研究制定针对残疾人特殊困难和需求的专项社会保障措施。落实最低生活保障、五保供养、医疗救助、康复救助、教育救助等社会救助政策，重点推进困难残疾人家庭的基本生活保障，确保进入低保范围的城镇农村牧区残疾人应保尽保。对重度残疾人、一户多残、老残一体的残疾人，在享受最高档低保标准的基础上，每年每人再给予500元的救助。做好低收入残疾人家庭生活救助，安置和照顾好伤残军人。把农村牧区贫困残疾人家庭危房改造项目列入旗政府为民办实事民生工程，由发改、财政、建设、民政、扶贫、农牧业、残联等有关部门做出具体规划，按年度组织实施，并随着经济的增长不断加大改造力度。加大城镇贫困残疾人住房困难家庭住房保障力度，优先向符合廉租住房保障条件的残疾人家庭提供廉租住房，并适当提高租赁补贴标准。进一步明确残疾人家庭申请购买经济适用住房的优先及优惠照顾条件，切实把无房、危房的残疾人家庭纳入保障范围。

（四）提高残疾人参加社会保障比例。加大监督检查力度确保城镇残疾职工按照规定参加各项社会保险。探索落实城镇残疾人个体户参加基本养老保险补贴政策的有效途径，鼓励并组织个体就业残疾人参加其他社会保险。可用部分残疾人就业保障金适当补贴城镇居民残疾人参加社会保险。完善和落实农村牧区残疾人参加社会养老保险政策。

（五）发展残疾人社会福利和慈善事业。兴办社会福利机构，完善福利政策，逐步扩大残疾人社会福利范围，适当提高残疾人社会福利水平，重点做好残疾老人、残疾儿童和农村牧区贫困残疾人的福利服务。充分发挥残疾人福利基金会的作用，扩大筹资渠道，鼓励和动员社会捐赠，旗政府按照每年不低于福利彩票公益金本级使用部分15%的比例划出专项资金，用于支持残疾人社会福利和慈善事业。

三、加强残疾人服务体系建设，促进残疾人全面发展

（一）加快发展残疾人教育。普及残疾儿童少年义务教育，积极发展残疾儿童少年的学前教育和高中阶段的特殊教育。多渠道筹集资金补助特困残疾学生，逐步提高贫困残疾学生以及贫困残疾人家庭子女的教育救助标准，适当增加特殊教育学校学生生活补助标准。制定并完善特殊教育岗位津贴政策，特殊教育学校、聋儿语训机构教职工、随班就读教师，以及直接从事残疾人职业培训、职业指导、就业服务和手语翻译等人员享受特教津贴，津贴标准为25%。建立残疾人职业培训补贴制度，为就读中等职业学校的残疾学生给予补贴，对取得毕业证的残疾人学员全额补助学费。

（二）积极促进残疾人就业。认真贯彻落实促进残疾人就业的法律法规和政策措施，依法推进按比例安排残疾人就业制度，完善残疾人就业保护、资金扶持、税费减免、贷款贴息、专产专营、社会保险补贴、岗位补贴等政策措施，保障残疾人平等就业机会和权力。多形式开发适合残疾人就业的公益性岗位，劳动部门购买公益性岗位要按不少于10%的比例安排符合条件的残疾人就业，党政机关、事业单位及国有企业要带头安置残疾人。鼓励扶持残疾人自主择业、自主创业，鼓励扶持社会力量兴办残疾人就业基地、福利企业、盲人按摩机构、辅助性工场，拓宽残疾人就业岗位。认真做好全旗残疾人失业登记和就业信息网络建设工作，每年至少对一定规模的能够自理的残疾人进行职业培训、农牧业适用技术培训和就业服务指导。认真做好残疾高校毕业生求职登记，旗人才资源劳动力市场提供免费就业服务。进一步完善残疾人就业保障金审核、征收、使用、管理有关制度。党政机关、人民团体、全额拨款失业单位应缴纳的残疾人就业保障金由同级财政部门划转，非全额拨款事业单位，企业和民办非企业单位应缴纳的残疾人就业保障金由地税局足额征收。

（三）繁荣残疾人文化体育事业。组织残疾人开展形式多样、健康有益的群众性文化、艺术、娱乐活动，丰富残疾人精神文化生活。深入开展残疾人群众性体育健身活动，努力实现经常参加体育活动的残疾人达到残疾人总数15%以上的目标。发展残疾人特殊艺术，扶持残疾人文化艺术产品生产等公益性文化事业。建立残疾人文化体育培训基地。公共文化、体育设施、旅游景点对残疾人免费开放。

（四）大力发展残疾人服务业。严格执行国家、自治区、盟委有关残疾人服务领域的行业标准及管理政策，加强对残疾人服务的支持引导和监督管理。建立健全残疾人服务体系，公共服务机构要为残疾人提供优先优惠服务，残疾人专业服务机构要改善条件、完善功能、规范管理、提高服务水平。依托社区和福利院、敬老院残疾人康复中心等机构，开展残疾人托养服务，逐步为残疾人及老年残疾人提供生活照料、康复养护、技能培训、心理咨询、文化娱乐等公益性、综合性服务项目。制定政策措施，鼓励社会力量参与举办多种形式的残疾人托养服务。积极发展残疾人居家服务，有条件的地方，要建立残疾人居家服务补贴制度。积极培育专门面向残疾人服务的社会组织，鼓励各类组织、企业和个人建设残疾人服务设施。残疾人综合服务设施建设要纳入政府城镇公益性建设项目，给予重点扶持。对建设面积和功能未达到相关要求、影响到为残疾人服务的旗残疾人综合服务设施实施改扩建，基本形成覆盖全旗的残疾人综合服务网络。

（五）加快无障碍建设和改造。严格执行国家和自治区、盟有关无障碍建设的法律法规、设计规范和行业标准，加快推进与残疾人日常生活密切相关的住宅、社区、学校、福利机构、公共服务场所和设施的无障碍建设和改造。新建改建城镇道路、建筑物等必须建设规范的无障碍设施，已经建成的要加快无障碍改造。农村牧区要大力推行无障碍建设，交通运输、铁路、镇公共交通要加大无障碍建设和改造力度，公共交通工具要配置无障碍设备。完善残疾人驾驶机动车的有关规定和管理办法，公共停车区要优先设置残疾人专用停车位。积极推进信息和交流无障碍，苏尼特右旗新闻节目要加配手语，影视作品和节目要加配字幕，车站、图书馆、文化馆（会展中心）、大型市场（超市）、公园、影剧院等公共服务场所要提供语音、文字提示和盲文、手语等无障碍服务。

（六）加强残疾预防。认真实施国家残疾预防行动计划和出生缺陷干预工程，搞好婚前咨询指导和保健服务，提高出生人口素质。建立残疾报告制度，制定和落实预防措施。开展心理健康教育，注意精神残疾预防。做好防砷、防氟改水、大骨关节防治等工作，强化安全生产、劳动保护和交通安全，有效控制残疾的发生和发展。普及残疾预防知识，提高公众残疾预防意识。

四、加强对残疾人工作的领导

（一）健全残疾人工作领导体制。旗委和政府要高度重视残疾人事业，把残疾人工作列入重要议事日程，进一步完善党委领导、政府负责的残疾人工作领导体制。党委和政府要分别明确一位领导同志联系和分管残疾人工作，定期听取残联工作汇报，及时研究解决工作中遇到的困难和问题、旗政府残疾人工作委员会要强化职责，统筹协调促进残疾人事业发展的政策、规划实施，监督检查落实情况，总结推广典型经验，协调解决存在的问题。旗直有关部门、单位要将残疾人工作纳入职责范围和目标管理，切实提高为残疾人提供社会保障和公共服务的水平。残疾人事业纳入国民经济和社会发展总体规划、相关专项规划和年度计划。把残疾人事业经费列入财政预算，并随着国民经济发展和财政收入增长逐步增加。

（二）形成全社会支持残疾人事业发展的工作合力。把关爱残疾人、支持残疾人事业发展列入文明单位创建活动的中重要内容和评定标准，结合群众性精神文明创建活动，动员社会各方面力量广泛开展形成多样的扶残助残活动。组织实施党政机关、企事业单位“一助一”结对帮扶特困残疾人活动，每年使百户以上贫困残疾人员家庭得到稳定、有效帮扶。财政、民政、卫生、教育、发改、扶贫、劳动保障、科技、农牧业等部门要在残疾人事业资金、项目以及残疾人员就业、就医、生产、生活、教育等方面予以倾斜和支持。宣传、文化、新闻等部门和单位要采取有效措施，积极宣传残疾人事业，宣传残疾人自强模范和扶残助残先进事迹。组织部门要在残疾人组织网络建设工作上加强指导。教育部门要结合中小学德育教育等课程，开展人道主义、自强与助残教育。民政部门要为残疾人员专门协会注册登记提供方便。工会、共青团、妇联等人民团体和老龄协会等社会组织要发挥各自优势，支持残疾人工作，维护残疾职工、残疾青年、残疾妇女、残疾儿童和残疾老人的合法权益。红十字会、慈善协会、残疾人福利基金会等慈善团体要积极为残疾人事业筹集善款，开展爱心捐助活动。企事业单位要进一步增强社会责任感，积极为残疾人事业发展贡献力量。

（三）充分发挥残疾人组织作用。残疾人联合会（以下简称“残联”）是党委和政府联系残疾人的桥梁和纽带，即是各类残疾人的代表组织，又是残疾人工作的主管部门。党委、政府要支持残联依照法律法规和章程开展工作，参与残疾人事业社会管理和公共服务。政府对残联承办的社会事务和专业服务项目要给予相应的政策支持。充分发挥残疾人组织和残疾人代表在国家经济、政治、文化、社会生活中的民主参与、民主管理和民主监督作用，拓宽残疾人组织民主参与渠道。残联要切实履行职能，代表残疾人共同利益，维护残疾人的合法权益，努力为残疾人服务，发展和管理残疾人事业。要加强旗残联组织建设，完善“横向到边、纵向到底”的残疾人组织体系。健全基层残疾人组织，苏木镇（社区）残联配备专（兼）职理事长，苏木镇残联和嘎查村（社区）残协选聘专（兼）职委员，残疾人专职委员岗位应纳入政府公益性岗位，优先安排使用符合条件的残疾人。旗残联班子要适当配备残疾人干部。残联要组建各类残疾人专门协会，积极探索活跃专门协会工作的新思路、新办法，认真解决专门协会开展工作遇到的困难和问题。

（四）加强残联领导班子和干部队伍建设。落实残联领导干部双重管理规定，旗党委在配备、调整残疾领导班子时应征求上残联意见。关心、重视残联领导干部的成长进步，加快培养高素质残疾人事业专业技术人才。培育基层残疾人工作者队伍，抓好残疾人专职、专业和志愿者队伍建设。监督助残志愿者服务项目库和助残志愿者生活补贴、助残志愿者奖励等制度，促进助残志愿者服务和管理工作规范化、制度化、法制化。

中共苏尼特右旗委办公室
2010 年 6 月 30 日印发

中共苏尼特右旗委员会办公室
苏尼特右旗人民政府办公室

〔2012〕6 号

关于印发《苏尼特右旗创建国家卫生镇（县城）实施方案》的通知

各苏木镇党委、政府，旗委、政府直各部门，各人民团体、企事业单位、垂直管理部门，各驻赛部队：

经旗委、政府研究同意，现将《苏尼特右旗创建国家级卫生镇（县城）实施方案》印发给你们，请认真组织实施。

附：苏尼特右旗 2012 年创建国家卫生镇（县城）工作任务分解表。

苏尼特右旗创建国家卫生镇（县城）实施方案

为了进一步巩固自治区级卫生镇创建成果，全面提升全旗城镇建设与管理水平，优化投资发展环境，增加全旗的知名度和吸引力，创造良好的人居生活和工作环境，根据《国家卫生县城标准》和旗委、政府的工作安排，结合全旗实际，制定本实施方案。

一、指导思想

以“三个代表”重要思想和科学发展观为指导，以创建国家卫生镇（县城）为目标，以完善城镇基础设施建设，提高卫生管理水平为重点，按照“统一领导、全民参加、统筹兼顾、城乡联动、立体创卫”的工作思路，依法创卫、科学创卫、和谐创卫，求真务实、夯实基础，着眼于服务经济建设，促进社会全面进步，努力建设魅力、靓丽、文明、和谐的国家卫生镇（县城）。

二、工作目标及重点

2012年，全面启动创建国家卫生镇（县城）工作，进一步强化市政基础设施建设，增强城市综合服务功能，提高文明程度，全面达到国家卫生县城标准。

申报国家卫生镇（县城）必须具备以下10个基本条件：

1. 县城生活垃圾及粪便无害化处理率≥80%；

2. 县城生活污水集中处理率≥50%；

3. 建成区绿化覆盖率≥36%，绿地率≥31%，人均公共绿地面积≥7.5平方米；

4. 全年API指数<100的天数占全年天数比例≥70%；

5. 鼠、蚊、蝇、蟑螂有三项达到全国爱卫会规定的标准，另一项不超过国家标准的三倍；

6. 有爱国卫生工作管理法规或规范性文件；

7. 县城建成区无烟草广告；

8. 近两年未发生重大食品安全事故；9、近两年无甲、乙类传染病暴发疫情；10、本地居民对卫生状况的满意率≥90%。

三、实施步骤

苏尼特右旗创建国家卫生镇（县城）工作分四个阶段进行：

第一阶段：创建申报阶段（2012年4月—5月）完成建设规划、拟定创建计划，逐级向盟、自治区、全国爱卫会提出申报。

第二阶段：宣传动员及实施阶段（2012年4月—6月）召开动员会议，广泛宣传发动，营造创建氛围，使创建国家卫生县城的重要性、必要性及目标要求家喻户晓，动员全社会的力量积极投身到创建国家卫生县城活动中。有关职能部门根据考核指标抓好各项工作的完成落实。

第三阶段：组织自查及加强完善阶段（2012年6月至2013年5月）对照创建国家卫生镇（县城）标准，对各项创建卫生镇（县城）活动工作完成情况及时查漏补缺，组织整改，逐一进行自查，确保各项工作纳入各单位日常工作中，进一步推进创建国家卫生镇（县城）工作向广度深度发展。

第四阶段：迎检准备阶段（2013年5月起）进一步完善长效机制，做好迎接检查验收的准备工作。

四、工作任务

（一）营造氛围，形成声势

1. 召开动员大会。旗委政府召开苏尼特右旗创建国家卫生镇（县城）动员大会，动员机关、学校、街道、厂矿等社会各界共同参与国家卫生镇（县城）创建活动。

2. 设立宣传栏。宣传部门要充分发挥新闻媒体等舆论工具，把创建国家卫生镇（县城）作为今年我旗经济社会发展的热点和重点，大力宣传。在城区要道口、窗口单位、建筑物等各处设立醒目标语，并印发创建宣传资料，为全旗营造出良好创建氛围。

3. 宣传部、文体广电局负责制作温馨提示、负责制作完整的创卫音像资料。

4. 全旗文明单位全面动员，立即进入临战状态，准确把握创建卫生镇（县城）的要求，切实强化管理，扎实推进，起到表率作用。

（二）推进全旗生态建设，完善城市基础建设

1. 住建、林水、环保部门做出市政建设、园林绿化、环境保护、基础设施等的建设预算，坚持完善政府为主导的多元投入机制，在财政加大投入的同时，要吸引外来资金和企业参与城市建设。将

垃圾填埋厂建设、绿化绿地、排污排水、垃圾中转站、水冲式公厕、花草树木培植等公共设施建设列入规划，与建设项目同设计、同施工、同验收。

2. 住建部门负责制定生活污水处理项目规划和现阶段污水处理相应措施，继续实施道路改造和排污工程。

3. 环保部门制定实施工业废弃物综合利用、医源性废弃物焚烧处理、医源性污水集中处理、工业废水达标排放管理办法，相关指标达到国家卫生镇（县城）标准要求

4. 由住建、林水部门负责，做好绿化美化。扩大城区绿地，对城区人行道树木及花草进行整形修剪补植，形成特色，丰富街道景观。进一步做好城区路口的绿化工作。

5. 由城管局负责，完成各住宅区预留空地绿地培植，增加绿地率，提高住宅区绿化美化水平。大力推进社区和街道建设，居民住宅小区要按照文明小区的标准和要求进行管理，力争做到物业配套到位、卫生保洁到位、绿化和公共设施到位。要求居民住宅小区环境卫生管理实行责任区制度，居民住宅小区实行物业管理的由物业服务单位负责，未实行物业管理的由产权单位负责；住宅小区临街人行道由对应单位（业户）负责，无对应单位（业户）的由小区物业服务（产权）单位负责。

（三）环境卫生整治

1. 住建局、城管局按照城市公共设施设置标准，在城区各个主干道，设置垃圾箱和果皮箱；购进配套垃圾清运车；提高污水井、垃圾池、厕所等公用卫生设施档次，新增建水冲式厕所。

2. 城管局、赛汉塔拉镇落实城区环境卫生管理责任制。大力开展群众性卫生保洁活动。继续实行环境卫生月末清扫制度和门前“五包”责任制。同时，要落实公路沿线环境卫生责任制，以路面保洁和周边白色污染清除为重点，长期保持卫生整洁。

3. 城管局负责对镇区内的环境卫生进行治理。街道卫生实行全天保洁；对城郊周边的生活垃圾和建筑垃圾进行全面清理，清除卫生死角和白色垃圾；对垃圾填埋场及周边定期进行治理，垃圾实行统一堆放，统一清运；医用垃圾、居民区的垃圾、建筑垃圾处理要做到分类有序。

4. 城管局、工商局、卫生局和药监局要对沿街店铺、饭馆进行严格管理，不得堆放杂物，随意倾倒污水，饭馆须有卫生间，保证下水道畅通。

5. 由城管局负责，对 208 国道、101 省道进入赛汉塔拉镇公路两侧、铁道两侧、赛汉塔拉镇内以及城周边接合部的卫生死角进行治理。

6. 由城管局牵头对镇区内的所有公厕进行粉刷、装饰，定期清扫，同时清理公厕内外小广告，开展灭蚊蝇活动。

（四）城市管理工作

1. 公安、交通、运管等部门要对机动车乱停乱放、非法营运等违法违规现象加大整治力度，规范客运站前出租车辆，镇区内禁止大型货运汽车行驶，将大型汽车停放转移到城外，确保良好的交通秩序。对城区内的主要街道实行动态监控，强化管理，保障道路畅通。

2. 由城管局牵头，工商管理部门配合，坚决取缔“占道经营、店外店”等现象，严格控制沿街叫卖。治理赛汉塔拉镇集贸市场及周边环境卫生，逐步形成切实可行的长效管理机制。

3. 由城管局负责，根据《城市市容和环境卫生违法行为处罚规定》《内蒙古自治区爱国卫生条例》对各种不良行为予以追究，严格处罚。

4. 城管局在主要街道设立公共信息发布栏，归拢小广告，治理户外不法广告。在治理中做到疏、堵、清、罚“四管”齐下，把“城市牛皮癣”危害降到最低。

5. 由城管局牵头，文明办、工商管理局、民族事务局等部门协作，整顿镇区广告匾、霓虹灯箱、喷贴字画等，争取做到统一标准，统一格式，统一要求。

6. 实行城区“禁牧”。由城管局牵头，公安局、赛汉塔拉镇、兽医局协作，坚决取缔城区家禽家

畜饲养。

7. 由创建工作指挥部牵头，职能部门联合组建综合执法组织，依法整治城乡环境卫生，对卫生状况脏、乱、差的单位、行业和服务点，依据有关法律法规处罚，限期整改。

（五）做好卫生保健工作

1. 由卫生部门负责，做到传染病防治有制度、有措施，资料齐全。医疗机构按要求开设发热门诊，肠道门诊。传染病管理、预防消毒、免疫接种、疫情报告符合规范要求，工作任务落实到位。

2. 疾控中心定期对生活饮用水进行检测，每半年有一次水质全面分析。给排水公司要做到厂容整洁卫生，绿化美化，水源符合标准，有健全的管理、消毒制度和制作规程，工作人员熟知相关卫生知识，每月进行一次水质分析。

3. 药监局、卫生监督所组织公共场所卫生达标工作。督促街面各商铺做到卫生设施完善，确保管理制度落实到位。同时，要做好办证指导，保证相关营业场所均有卫生许可证，定期进行监督检查，保证从业人员持有健康证，定期进行健康检查，“五病”调离率达到100%。

（六）推进社会主义新牧区建设

1. 组织开展牧区创建活动，整治脏、乱、差问题，改善农牧民生产生活环境，增强农牧民卫生保健意识，引导农牧民养成卫生、文明的生产生活习惯，树立生产发展、生活宽裕、乡风文明、村容整洁、管理民主的新牧区样板。

2. 林水局和疾控中心要建设镇辖嘎查安全饮水工程，争取使嘎查安全卫生饮水普及率达到80%以上。

3. 爱卫办要积极争取中央财政补助内蒙古改厕项目，提高卫生厕所普及率。

（七）病媒生物防治工作

赛汉塔拉镇、疾控中心组织好“除四害”工作，开展大规模春、秋季灭鼠活动，集中行动与长效机制相结合，夏、秋季在蚊蝇活动高峰期进行大面积集中消杀，动员广大群众高度重视蟑螂的危害，积极参与灭杀活动。

（八）广泛发动群众

1. 宣传、文化等部门围绕“创建国家卫生镇（县城）”为主题，利用广播、电视等多种形式，广泛开展创建动员，加强全民健康教育，形成“个个爱清洁，人人讲卫生”的良好社会风尚。

2. 卫生部门和赛汉塔拉镇要在公共场所、窗口单位、街道社区设立健康教育园地。引导群众革除陋习、保护生活环境、掌握健康知识，自觉参与创建活动。

3. 赛汉塔拉镇要会同工、青、妇组织联合招募“夕阳红”爱国卫生监督宣传员、青年志愿者、卫生创建小使者参与宣传活动，投身保洁行动，参加监督检查。开展“爱护家园建设家园”“保护环境从我做起”“讲究卫生从细微入手”等主题活动。

4. 旗委办、政府办、文明办和爱卫办要组织开展卫生达标竞赛活动。在窗口单位、服务机构、商业网点等组织开展卫生达标单位、卫生先进单位、卫生示范单位等竞赛活动。

5. 文体广电局、卫生局、教育局、文明办、爱卫办组织开展健康教育活动，构建更加完善的健康教育网络，不断提高广大人民群众的卫生意识。开展禁烟，控烟活动。

五、保障措施

（一）提高认识，加强领导。各苏木镇、各单位、各部门要将创建工作提到日程上，单位主要领导对创建专项任务负总责，要将创建工作与业务工作一同部署，一同考核。

（二）精心组织，协作配合。创建国家卫生镇（县城）是全旗各级组织和广大干部群众共同任务，需要方方面面的通力合作，协调配合。各责任单位要进一步强化全局意识和纪律观念，坚决服从创建工作指挥部的统一安排部署。加强信息报送，沟通情况，完成任务，采取多种形式对创建国家卫生镇（县城）工作的督促检查，确保各项工作落到实处。

（三）保证投入，狠抓落实。加大投入力度，不断加快基础设施建设。不断完善内部硬件设施，规范各种文档资料，做到设施完善，资料齐全，保障有力。充分调动一切积极性，切实为创卫工作提供各种保障，顺利完成我旗创建国家卫生镇（县城）的目标。

中共苏尼特右旗委员会办公室
苏尼特右旗人民政府办公室
2012年5月4日印发

二、 前志补遗

一、勘误表

《苏尼特右旗志》（2002年版） 勘误表

编 名	页	行	错 误	纠 正	备 注
概述	3	上21	“金堑壕”等遗址	“金界壕”	—
概述	4	12	桑宝力嘎苏木	桑宝拉格苏木	全书地名进行更正
概述	4	7	为首的“蒙疆…”	为首的伪“蒙疆…”	—
大事记	16	11	改革旗政措施；	改革旗政措施：	—
大事记	21	22	苏右旗	苏尼特右翼旗	—
大事记	21	4	阿拉腾敖其尔	阿拉坦敖其尔	—
大事记	23	4	苏右旗	苏尼特右旗	简称表述不准确
大事记	23	12	旗政府	临时政府	—
大事记	24	3	苏右旗旗长	苏尼特右旗人民政府旗长	—
大事记	25	12	反对官僚主义	反官僚主义	—
大事记	26	4	桑宝力嘎牧民	桑宝拉格苏木牧民	—
大事记	26	14	苏右旗党支部	中共苏尼特右旗支部委员会	—
大事记	26	21	首届人民代表大会	首届苏尼特右旗人民代表大会	—
大事记	32	下3	牧业工具	牧业工作	—
大事记	33	上13	都呼木苏木公社	都呼木公社	—
大事记	35	16	苏尼特中学	苏尼特右旗中学	—
大事记	41	26	建幼儿园	幼儿园建成	—
大事记	47	20	蔡英领导	蔡英等	—
大事记	47	29	第五届委员会	第五届委员会议	—
大事记	52	8	办	将办字提上一行	—
大事记	52	23	苏右边防	苏尼特右旗边防	—
大事记	54	8	第五届委员会	第五届委员会议	—

续表

编 名	页	行	错 误	纠 正	备 注
大事记	57	27	有限责公司	有限责任公司	—
大事记	60	12	石恢石	石灰石	—
第 2 编	92	下 2	克化针茅	克氏针茅	自然环境编
第 2 编	93	上 13	乔禾科	乔木科	—
第 2 编	93	20	天冬	天门冬	—
第 2 编	95	下 5	头山沉积变质	火山沉积变质	—
第 2 编	104	上 7	草芸草	草芸香	—
第 4 编	129	下 9	叉枝雅葱	叉枝鸦葱	畜牧业编
第 4 编	129	7	阿氏旋花	阿氏旋花	—
第 4 编	131	上 3	蓝刺头	兰刺头	—
第 4 编	131	下 1	却芨芨草	芨芨草	—
第 4 编	132	上 1	盐瓜瓜	盐爪爪	—
第 4 编	132	2	硷蓬	碱蓬	—
第 4 编	135	8	疮耳、鹤蚤	苍耳、鹤虱	—
第 4 编	135	11	披针草黄华、鳞鄂、棘豆	披针叶黄华、鳞鄂棘豆	—
第 4 编	135	下 8	干草	甘草	—
第 7 编	242	上 9	马猛	猛犸	工业编
第 7 编	242	10	20 世纪 20 年代	20 世纪 80 年代	—
第 7 编	250	19	察汗敖包金矿	查干敖包金矿	—
第 10 编	378	10	呼和洁特	呼和浩特	土地 城建编
第 13 编	512	2	1983 年	1993 年	教育 科技编
第 13 编	537	23	每人每月	每人每年	—
第 13 编	547	4	教育附加费	教育费附加	—
第 13 编	548	—	36 万	37 万	—
第 14 编	572	12	（七）“八五”建军节	“八一”建军节	文化 体育编
第 14 编	572	19	农民业余汇演	农牧民业余会演	—
第 14 编	573	下 3	彩色事故片	彩色故事片	—
第 14 编	575	上 4	总结全	总结会	—
第 14 编	591	下 5	赛汉塔产镇	赛汉塔拉镇	—
第 15 编	644	下 1	防时疫	防鼠疫	医疗 卫生编
第 16 编	651	上 9	自治区运动	自治运动	政党 群团编
第 16 编	652	4	临时人民政府	临时政府	—
第 16 编	652	下 6	第一次党员代表大会	第一次代表大会	第二节组织系统
第 16 编	653	上 8	第三次党员代表	中苏尼特右旗第三次代表	1971 年 4 月

续表

编 名	页	行	错 误	纠 正	备 注
第 16 编	653	18	第四次党员代表	中苏尼特右旗第四次代表	1980 年 2 月
第 16 编	653	下 9	1985 年 6 月	另起一行	—
第 16 编	653	下 9	第五次党员代表	中苏尼特右旗第五次代表	1984 年 6 月
第 16 编	653	下 6	第六次党员代表	中苏尼特右旗第六次代表	1987 年 6 月
第 16 编	653	下 4	第七次党员代表	中苏尼特右旗第七次代表	1991 年 5 月
第 16 编	654	上 4	第八次党员代表	中苏尼特右旗第八次代表	1995 年 12 月
第 16 编	661	9	锡林浩特盟委员会	锡林郭勒盟委员会	二、基层组织
第 16 编	661	11	中共党委	党委	以此类推至 22 行
第 16 编	673	下 10	两	2	—
第 16 编	674	18	中共自治区	中共内蒙古自治区	—
第 16 编	674	2	中共内蒙古	内蒙古	—
第 16 编	684	3	不化阶	不化阶级	第六节统战工作
第 16 编	687	4	九个中共基层	9 个基层	第七节纪律监察
第 16 编	687	8	中共基层	基层	以此类推
第 16 编	687	11、16	1986 年、1987 年	另起一行	—
第 16 编	693	5	青年团	共青团	第二章群众团体
第 16 编	696	上 13	队员首届	首届	附：少年先锋队
第 16 编	701	9	个体得协会	个体劳动者协会	—
第 17 编	710	4	第六届代表	第六届人民代表	政权 政协
第 17 编	713	下 10	20 日在赛汉塔拉	20 日后加第九届三次会议	—
第 17 编	715	上 11	产生自治区	产生出席自治区	—
第 17 编	715	下 9	9595	95	—
第 17 编	716	上 2	选出国家	选出苏尼特右旗国家	—
第 17 编	716	4	选出政府	选出	—
第 17 编	717	12	办主任	办公室主任	—
第 17 编	717	15	人大党委会	人大常委会	—
第 17 编	719	4	一无化	一元化	—
第 17 编	720	—	自治区运动	自治运动	表 17-3
第 17 编	720	—	临时人民政府	临时政府	表 17-3
第 17 编	725	—	民主政权	民主政府	表 17-4
第 17 编	725	—	临时人民政府	临时政府	表 17-4
第 17 编	729	—	巴图·巴特尔	巴图巴特尔	续表
第 18 编	749	上 19	有期徒期刑	有期徒刑	政法
第 18 编	764	1	一名付书记	一名副书记	—

续表

编　名	页	行	错　误	纠　正	备　注
第 19 编	778	下 1	解放缴械	解放军缴械	—
第 19 编	779	8	能够雄持	能够维持	人民武装
第 19 编	779	5	盟军分区常委	盟军分区党委	—
第 19 编	779	2	领导人民	领导人	—
第 19 编	783	上 10	30 名干部	30 名干警	—
第 19 编	783	14	武装武装警察	武装警察	—
第 19 编	792	下 1	驻锡盟党支部	驻锡盟党部	—
第 20 编	812	上 15	一部分农民	一部分牧民	—
第 20 编	814	17	女干部 8830 人	女干部 830 人	—
第 20 编	815	下 1	始推行公务员制度	开始推行公务员制度	—
第 20 编	831	上 13	干部 600、500。	干部 600 元、500 元。	—
第 21 编	842	下 5	毕留图庙	毕鲁图庙	宗教 民族 语言
人物	875	上 3	格鲁公巴特尔	吉鲁格台或吉鲁根巴特尔	人物传
人物	875	17	美帝国义	美帝国主义	—
人物	877	下 11	内蒙古联合会	内蒙古自治运动联合会	—
人物	877	10	联合军队	联合大队	烈士名录
人物	878	上 2	受苏右旗	受西部联合旗	—
附录	886	6	扎萨克多罗杜陵王	扎萨克杜陵王	附录二
附录	887	3	各盟族王公	各盟旗王公	—
附录	887	9	三公名义	王公名义	—
附录	887	13	内务部长黄绍	内务部长黄绍雄	—
附录	887	16	民玛鄂特索尔	尼玛鄂特索尔	—
附录	887	18	草似	草拟	—
附录	888	4	成立“蒙古军政府”	成立伪“蒙古军政府”	—
附录	888	10	成立“蒙古联盟…”	成立伪“蒙古联盟…”	—
附录	889	1	“蒙古自治帮”	伪“蒙古自治帮”	—
附录	889	2	治“蒙疆”	治伪“蒙疆”	—
附录	889	11	9 月未	9 月末	—
附录	890	2	并让伪国防部	并让国防部	—
附录	891	1	苏尼特旗人民政府	苏尼特右旗人民政府	附录三
附录	897	3	旗委党委	旗委常委	—
附录	901	13	旗人大武部政委	旗人武部政委	

二、增加内容

1. 大事记

1992 年 6 月 17—18 日　锡林郭勒盟庆祝乌兰牧骑成立 35 周年大会在苏尼特右旗召开，其间，苏尼特右旗委、政府在桑宝拉格苏木举办牧民那达慕大会等文体活动。

1996 年 6 月 10—12 日　苏尼特右旗委、政府召开全旗教育工作会议，成立苏尼特右旗教育基金会，并首次集资捐款 17 万元。

1997 年 10 月 10—15 日　内蒙古自治区人民政府对全旗教育“两基”达标情况进行验收评估。

12 月 14 日　苏尼特右旗在自治区农牧区文化工作会议上被评为全区先进文化旗。

1998 年 4 月 27 日　苏尼特右旗委、政府召开全旗教育工作暨“两基”达标总结表彰大会。

10 月 2 日 日本无偿援助医疗器材完善计划项目设备经安装调试和专业人员培训，验收使用。

12 月　苏尼特右旗被国家教育委员会、财政部、计划委员会表彰为全国“两基”达标先进旗。

2. 第 16 编　政党　群团

第二节　组织系统

1962 年 11 月，苏尼特右旗第二次代表大会召开，选举产生中共苏尼特右旗第二届委员会。

三、人物传略

乌力吉陶克套（1922—1986 年）男，蒙古族，生于黑龙江省杜尔伯特蒙古族自治县都沁乡新庙屯。1947 年，乌力吉陶克套参加革命，先后在乌兰浩特军政干部学校，内蒙古军政大学第一团和第二团学习。1950—1952 年，在自治区公安厅宣传队工作。1956 年，任苏尼特右旗文化馆馆长。1957 年，组建自治区第一支乌兰牧骑，任试点第一任队长。1959 年，在首届乌兰牧骑会演上，编导舞蹈《牧马青年》获一等奖，《接羔舞》《打井舞》获三等奖。1982—1986 年，任政协苏尼特右旗第三、第四届委员。全区庆祝乌兰牧骑成立 60 周年编写《乌兰牧骑之歌》（作词作曲）传唱至今。1986 年 8 月，因病逝世。2007 年，内蒙古乌兰牧骑成立 50 周年，被追授“乌兰牧骑特别贡献奖”。

索　引

表格索引

续表

续表

续表

续表

续表

标题索引

一、本索引为标题索引。以三级以下标题为主，提取实用性较强的标题为索引词条。

二、本索引中的词条不含《大事记》《概述》《专记》《苏木镇概况》《人物》《附录》中内容。

三、本索引按汉语拼音字母（同音字按声调）顺序排列。

A

B

C

D

E

F

G

H

J

K

L

M

N

O

P

Q

R

S

T

W

X

Y

Z

修志始末

根据国务院颁布的《地方志工作条例》，按照《内蒙古自治区人民政府办公厅关于开展第二届新方志编纂工作的通知》和《锡林郭勒盟地方志事业发展实施细则（2016—2020年）》。2014年5月，苏尼特右旗启动第二轮修志工作。2020年10月，《苏尼特右旗志（2001—2015）》编写完成，历时6年，经历五个阶段。

宣传动员阶段（2014年5—7月）。2014年5月27日，全旗召开《苏尼特右旗志（2001—2014）》动员大会暨地方志编修业务培训班。旗委与各苏木镇、旗直部门有承编任务的140余个单位部门签订责任书。锡林郭勒盟党史地方志编纂委员会办公室主任魏琢出席动员会议，地方志科科长郭亚飞进行业务授课。经旗委、旗政府批准，苏尼特右旗地方志编纂委员会及其办公室成立，由旗委书记佈仁、旗长布仁金任总监修，旗委副书记蒋涛任编纂委员会主任。编纂委员会办公室设在旗档案史志局，图布新任办公室主任及主编。下设编辑部，田珍负责编辑部，编辑有娜仁其木格、田冬霞、斯琴、萨仁图雅、锡林花，负责档案资料收集工作的有阿拉腾陶格斯、呼格吉勒图 、金花、奥恩、斯日古楞巴雅尔，全旗第二轮续修县志工作全面开展。2014年7月，聘请退休干部高永厚担任编辑，志书资料收集整理完成40%。

资料收集阶段（2014年8—12月）。2014年8月，初步完成苏尼特右旗志篇目大纲，根据篇目设计，细化责任目标，编辑人员进行分工，并与全旗各部门、各单位140余名编撰人员建立联系制度，联系相关单位索取资料。同时，为确保资料准确、及时收集，旗委办公室不定期地对各部门、各单位资料收集工作进行指导督查。截至12月，全旗收集整理资料300余万字，查阅各类档案900余卷，摘录资料100余万字，实物（图片）资料600余张（个）。按照篇目大纲，完成资料收集的66%，苏尼特右旗志开始进入初稿整理编修过程。

初稿编纂阶段（2015年1月至2019年1月）。2015年3月，中共苏尼特右旗委、人民政府重新调整地方志编纂委员会领导及成员。旗委副书记刘长春任编纂委员会主任。7月，旗委编纂委员会重新修订了《苏尼特右旗志（2001—2015）》编纂实施方案，将下限调整延伸至2015年。2016年9月，聘请赵鑫为苏尼特右旗志的副主编、总纂，负责编辑部工作。根据《中国地方志指导小组关于第二轮地方志书编纂的若干意见》，编辑部重新对篇目大纲进行调整，新修改的篇目充分借鉴了安徽、湖南、河北、山西等省修志特点，结合自治区内赤峰市、呼伦贝尔市、巴彦淖尔市、阿拉善盟、锡林郭勒盟等5个盟市编纂方法，全面系统地对篇目大纲进行调整，吸收成果、研究对策。2017年3月，旗委、政府对地方志编纂委员会领导及成员单位进行调整。政府旗长布仁金任编纂委员会主任。2018年，编纂委员会再次对全旗地方志编修工作进行再动员、再部署。多次召开工作推进会，旗委办、政办定期通报编纂进展情况，并派专人前往呼和浩特市、包头、满洲里市等地实地考察和参加地方志业务培训。其间，针对志书编纂工作存在的短板问题，主编与编辑们进行系统分析，并走访了巴雅尔、贺禄、王永乐、乌兰朝鲁等参与第一轮修志的老同志，追根溯源、攻难克艰。2019年1月，完成初稿通稿。

总纂攻坚阶段（2019年2—11月）。2019年4月，旗委、政府对地方志编纂委员会领导及成员单位进行调整。旗委副书记王占奇任编纂委员会主任。10月26日，经历9个月的时间，对初稿进行2次总纂编辑工作，完成《苏尼特右旗志（2001—2015）》征求意见稿，共25编90余万字。为确保志书意见和建议能够准确及时反馈，编纂委员会组织开展全旗地方志专项攻坚工作。主编图布新分别联系各部门、各单位主官，协调做好重点攻坚克难任务；总纂采取以会代训的方式，采用线下重点突破、主动上门服务和线上搭建微信平台互动交流等措施，先后11次为全旗120余名编纂人员进行专题授课，主动为16家企事业单位上门服务，拍摄图片680余张，征集资料270余万字。同时，第二轮修志工作得到全旗各部门、各单位及社会各界人士的大力支持，并涌现出一大批优秀的撰稿人。诺日布、苏耀乐图、赵珍等退休老干部热情参与编审校对工作；吴长海、贺·达布希拉图、乌永刚、康建军、刘兵、李祥如、杨毅等主动提供各种文字资料320万字、图片3000余张；郝彪、牛晓峰与编辑人员累计行程2万余公里，走访、采访各类人员210余人次，拍摄音像图片资料2600张（份）。

评审出版阶段（2019年12月至2021年7月）。《苏尼特右旗志（2001—2015）》编辑部将征求意见稿呈报编纂委员会。分别呈送内蒙古地方志办公室、锡林郭勒盟地方志办公室以及旗委、政府、人大、政协分管领导、宣传部、保密局、统计局等部门，曾在旗委、政府任职，已退休的老领导，曾对苏尼特右旗自然、经济、政治、社会、文化发展比较熟悉并有一定业务和写作能力的30名领导干部、专业人士进行评审。2019年12月16日，锡林郭勒盟党史地方志编纂委员会办公室主任李建文在苏尼特右旗主持召开《苏尼特右旗志（2001—2015）》志稿评审会。会上，由自治区地方志办公室副主任查干浪涛带队，赵在旺、韩泽、郝文强、徐媛英、秦倩倩、董丽娜等专家评审组成员们对《苏尼特右旗志（2001—2015）》志稿给予客观公正的评价，盟党史地方志编纂委员会办公室苏德日古、郭亚飞、高建娣、张慧慧等专家提出了具体改进意见和建议。《苏尼特右旗志（2001—2015）》志稿通过自治区、盟、旗三级评审。2020年春节，一场突如其来的疫情打乱了正常的工作和生活秩序。苏尼特右旗档案史志局（馆）在积极应对新冠疫情防控工作同时，调整了编辑部组织机构，由副局长池波和额尔德木图为副主编，进一步加强地方志编纂工作力量。疫情期间，采取线上办公措施，先后与39家部门及企事业单位开展线上业务往来，往来纠错更误180余次，补充5家企业入志，整理文字30余万字、图片360余张。

“古来方志半人物。”人物历来是志书中的重要组成部分。2020年5月7日，编纂委员会召开《苏尼特右旗志（2001—2015）》人物收录标准座谈会，旗委常委、政府副旗长哈斯巴特尔主持会议，旗委副书记王占奇就全旗第二轮志书人物设置、收录、记述、审核等方面进行重点强调，会上征求了旗委、人大、政府、政协四大班子和编纂成员单位的意见和建议，下发了关于《苏尼特右旗志（2001—2015）》人物入志收录原则、范围的通知，为确保志书成为一部精品佳作奠定了扎实的基础和组织保障。5月15日，经过4个月的查漏补缺，顺利完成志书终审稿任务，经自治区地方志办公室批准同意进入出版流程。11月20日，正式交付方志出版社。

《苏尼特右旗志（2001—2015）》的出版问世，是苏尼特右旗委、旗政府带领全旗各族人民群众，经过“三个五年规划”，携手同行、团结奋斗的智慧和硕果；是全旗参与修志人员不计个人得失、淡泊名利、精心编修、辛勤耕耘的结果；是上级业务主管部门精心指导、大力支持的成果。编修《苏尼特右旗志（2001—2015）》是一项繁重而又浩大的文化工程，众手成书，难免有遗憾与错讹之处，恳请各界人士及读者指正。

编 辑 部

2021年7月

出版说明

根据国务院办公厅颁发的《全国地方志事业发展规划纲要（2015—2020年）》规定，到2020年必须全面完成第二轮地方志书规划任务。为确保这一目标顺利实现，针对当前部分民族地区与贫困地区志书出版经费困难的情况，在中国地方志指导小组组长王伟光、常务副组长李培林的亲自倡议和领导下，自2015年8月起中国地方志指导小组办公室启动民族地区与贫困地区志书出版资助工程，对经国务院扶贫开发领导小组办公室认定的国家级贫困县（区、旗、县级市），中西部地区、少数民族边疆地区、经济欠发达地区存在出版经费困难的省市县三级综合志书进行出版资助。

民族地区与贫困地区志书出版资助工程既是地方志系统的政治工程，又是全国地方志事业协调发展的促进工程，对于推进第二轮地方志书规划任务按期完成，实现地方志事业区域发展平衡，促进民族地区与贫困地区基础文化建设，具有重要的政治意义和文化意义。2016年4月，该工程入选国家新闻出版广电总局实施的“十三五”国家重点图书、音像、电子出版物出版规划项目。

本书经民族地区与贫困地区志书出版资助工程领导小组批准，入选民族地区与贫困地区志书出版资助工程。

民族地区与贫困地区志书出版
资助工程领导小组办公室
2015年9月